Essays
on
Deleuze

지은이 대니얼 W. 스미스 Daniel W. Smith

미국 퍼듀대학교 철학과 교수. 저서로『질 들뢰즈의 철학』*Essays on Deleuze*이 있고, 역서로 질 들뢰즈의『프란시스 베이컨: 감각의 논리』*Francis Bacon: The Logic of Senastion*(2012), 피에르 클로소프스키의『살아 있는 화폐』*Living Currency*(2017), 미셸 세르의『엄지공주』*Thumbelina*(2014), 미셸 푸코의『즐거운 학문: 장 르 비토와의 인터뷰』*The Gay Science, interview with Jean Le Bitou*(2011), 이사벨 스탕제의『현대 과학의 발명』*The Invention of Modern Science*(2000), 피에르 클로소프스키의『니체와 악순환』*Nietzsche and the Vicious Circle*(1998), 질 들뢰즈의『비평적인 것과 진단적인 것』*Essays Critical and Clinical*(1997) 등이 있다. 편編한 책으로『들뢰즈와 푸코 사이에서』*Between Deleuze and Foucault*(2016), *The Cambridge Companion to Deleuze*(2012),『들뢰즈: 사건의 철학』*Deleuze: A Philosophy of the Event, together with The Vocabulary of Deleuze, by François Zourabichvili*(2012),『들뢰즈와 윤리학』*Deleuze and Ethics*(2011),『질 들뢰즈: 이미지와 텍스트』*Gilles Deleuze: Image and Text*(2009) 등이 있다.

옮긴이 박인성

서울에서 태어나 연세대학교 영어영문학과, 동국대학교 대학원 불교학과를 졸업했다. 현재 동국대학교 불교대학 명예교수. 저서로『화두』,『법상종 논사들의 유식사분의唯識四分義 해석』등이 있으며, 불교 역서로『유식삼십송석-산스끄리뜨본과 티베트본의 교정·번역·주석』,『중中과 변邊을 구별하기-산스끄리뜨본·현장한역본』,『중변분별론소』,『유식삼십송 풀이-유식불교란 무엇인가』,『니야야빈두/니야야빈두 띠까-산스끄리뜨본』,『불교인식론 연구-다르마끼르띠의「쁘라마나바룻띠까」현량론』,『아비달마구사론 계품-산스끄리뜨본·진제한역본·현장한역본』,『중론-산스끄리뜨본·티베트본·한역본』,『반야심경찬』등이 있고, 철학 역서로『질 들뢰즈의 저작 I: 1953-1969』,『들뢰즈와 재현의 발생』,『생명 속의 마음-생물학·현상학·심리과학』,『현상학이란 무엇인가-후설의 후기 사상을 중심으로』,『현상학적 마음-심리철학과 인지과학 입문』,『유식사상과 현상학-사상구조의 비교연구를 향해서』,『현상학과 해석학』등이 있다.

대니얼 W. 스미스Daniel W. Smith 지음
박인성 옮김

Essays on Deleuze

들뢰즈 연구의 이정표

질 들뢰즈의 철학

그린비

일러두기

1 이 책은 Daniel W. Smith의 *Essays on Deleuze*(Edinburgh University Press, 2012)를 완역한 것이다.

2 [ ] 안의 말은 저자, (=) 안의 말은 역자의 것임을 밝혀 둔다.

3 단행본이나 정기간행물에는 겹낫표(『 』)를 사용했고, 논문, 단편, 영화, 미술 작품 등에는 낫표(「 」)를 사용했다.

4 외국 인명이나 지명, 작품명은 2002년 국립국어원에서 펴낸 외래어표기법을 따르는 것을 원칙으로 했다.

감사의 말

아래의 논문들과 장들의 자료를 전재하도록 허락해 준 데 대해 발행자 분들께 감사의 말씀을 드린다.

「들뢰즈와 플라톤주의의 전복: 시뮬라크르 개념」"Deleuze and the Overturning of Platonism: The Concept of the Simulacrum," in *Continental Philosophy Review*, Vol. 38, Nos. 1~2 (Apr 2005), 89~123. 편집인들의 허락을 받아 전재함.

「일의성 이론: 들뢰즈의 내재 존재론」"The Doctrine of Univocity: Deleuze's Ontology of Immanence," in *Deleuze and Religion*, ed. Mary Bryden (London: Routledge, 2001), 167~183. Taylor & Francis Group의 허락을 받아 재간함.

「G. W. F. 라이프니츠」"G. W. F. Leibniz," in *Deleuze's Philosophical Lineage*, ed. Graham Jones and Jon Roffe (Edinburgh: Edinburgh University Press, 2009), 44~66. Edinburgh University Press의 허가를 받아 재간함.

「들뢰즈, 헤겔, 그리고 칸트-이후의 전통」"Deleuze, Hegel, and the Post-Kantian Tradition," in *Philosophy Today* (Supplement, 2001), 126~138. 편집인들의 허가를 받아 전재함.

「논리와 실존: '실재적인 것의 조건들'에 관한 들뢰즈」"Logic and Existence: Deleuze on the 'Conditions of the Real'," in *Chiasmi International: Trilingual Studies Concerning the Thought of Merleau-Ponty*, Vol. 13 (2011), 361~377. 허가를 받아 전재함.

「들뢰즈의 감각 이론: 칸트의 이원성을 극복하기」"Deleuze's Theory of Sensation: Overcoming the Kantian Duality," in *Deleuze: A Critical Reader*, ed. Paul Patton (New York: Basil Blackwell, 1996), 29~56. Basil Blackwell의 친절한 허가를 받아 전재함.

「들뢰즈, 칸트, 그리고 내재적 이념 이론」"Deleuze, Kant, and the Theory of Immanent Ideas," in *Deleuze and Philosophy*, ed. Constantin V. Boundas (Edinburgh: Edinburgh University Press, 2006), 43~61. Edinburgh University Press의 허가를 받아 전재함.

「들뢰즈 철학에서의 윤리학의 위치: 내재성의 세 가지 물음」"The Place of Ethics in Deleuze's Philosophy: Three Questions of Immanence," in *Deleuze and Guattari: New Mappings in Politics and Philosophy*, ed. Eleanor Kaufman and Kevin Heller (Minneapolis: University of Minnesota Press, 1998), 251~269. the University of Minnesota Press의 허가를 받아 재간함.

「흐름, 코드, 증권: 들뢰즈 정치철학에 관한 주석」"Flow, Code, and Stock: A Note on Deleuze's Political Philosophy," in *Deleuze Studies*, Vol. 5, supplement, *Deleuzian Futures* (Dec 2011), 36~55. Edinburgh University Press의 친절한 허락을 받아 전재함.

「들뢰즈와 욕망의 물음: 내재적 윤리 이론을 향하여」"Deleuze and the Question of Desire: Toward an Immanent Theory of Ethics," in *Parrhesia: A Journal of Critical Philosophy*, No. 2 (2007), 66~78. 허가를 받아 전재함.

「"순수 내재성의 생명": 들뢰즈의 '비평과 진단' 기획」"'A Life of Pure Immanence': Deleuze's 'Critique et clinique' Project," translators' introduction to Gilles Deleuze, *Essays Critical and Clinical*, trans. Daniel W. Smith and Michael A. Greco (Minneapolis: University of Minnesota Press, 1997), xi~liii. the University of Minnesota Press의 허락을 받아 재간함.

「베이컨에 관한 들뢰즈: 『감각의 논리』의 세 가지 개념적 궤적」"Deleuze on Bacon: Three Conceptual Trajectories in *The Logic of Sensation*," translator's preface to Gilles Deleuze, *Francis Bacon: The Logic of Sensation*, trans. Daniel W. Smith (Minneapolis: University of Minnesota Press, 2003), vii~xxxiii. the University of Minnesota Press의 허락을 받아 재간함.

「새로운 것의 조건들」"The Conditions of the New," in *Deleuze Studies*, Vol. 1. No. 1 (Jun 2007), 1~21. Edinburgh University Press의 허락을 받아 전재함.

「들뢰즈와 데리다, 내재성과 초월성」"Deleuze and Derrida, Immanence and Transcendence: Two Directions in Recent French Thought," in *Between Deleuze and Derrida*, ed. John Protevi and Paul Patton (New York: Routledge, 2003), 46~66. Taylor & Francis Group의 허락을 받아 전재함.

「수학과 다양체 이론: 들뢰즈와 바디우 재고」"Mathematics and the Theory of Multiplicities: Deleuze and Badiou Revisited," in *Southern Journal of Philosophy*, Vol. 41, No. 3 (Fall 2003), 411~449. 허가를 받아 전재함.

「구조의 반대면: 들뢰즈에 관한 지젝, 라캉에 관한 들뢰즈」"The Inverse Side of the Structure: Žižek on Deleuze on Lacan," in *Criticism: A Quarterly for Literature and the Arts*, Vol. 46, No. 4 (Fall 2004), 635~650. 허가를 받아 전재함.

「클로소프스키의 니체 독해: 충동, 환영, 시뮬라크르, 스테레오타입」"Klossowski's Reading of Nietzsche: Impulses, Phantasms, Simulacra, Stereotypes," in *Diacritics*, Vol. 35, No. 1 (2007), 8~21. 허가를 받아 전재함.

「들뢰즈와 자유주의 전통: 규범성, 자유, 판단」"Deleuze and the Liberal Tradition: Normativity, Freedom, and Judgment," in *Economy and Society*, Vol. 32, No. 2 (May 2003), 299~324. Taylor & Francis Group의 친절한 허락을 받아 전재함.

이 책을 위한 연구는 퍼듀 대학교 인문과학연구소의 재정 지원, 미들섹스 대학교 현대유럽철학연구소 리버흄 트러스트의 방문 연구비, 뉴사우스웨일즈 대학교 대학 부총장의 박사후 연구비, 시카고 대학교의 프랑케 인문학연구소의 연구비, 미국의 프랑스대사관 샤토브리앙 연구비를 받아 착수되었다. 이 책은 내가 베이루트의 아메리칸 대학의 방문 교수였을 때 완성되었으며, 환대와 격려를 해 준 데 대해 철학과 동료들한테 감사드린다.

에든버러 대학교의 캐럴 맥도널드에게 진심으로 감사드린다. 그는 내가 이 시론들을 모아 출간할 것을 제안했으며, 내가 원고를 준비하는 동안 무한에 가까운 인내심을 보여 주었다.

약호

이 책에서 아래의 저작들을 참조할 때 다음과 같은 약호들을 사용했으며, 이어 페이지수를 표기했다. 나는 번역을 인용할 때 때로 약간 수정하기도 했다.

들뢰즈가 파리 8대학/뱅센-생드니 대학에서 개최한 세미나들은 리처드 핀하스Richard Pinhas(*Web Deleuze*, webdeleuze.com에서)와 마리엘 부르크할터Mareille Burkhalter(*La Voix de Gilles Deleuze*, www2. univ-paris8.fr/Deleuze에서)가 계속 필사하여 이용자들이 온라인에서 찾아볼 수 있게 하고 있는데, 이 책에서는 '1980년 4월 15일 세미나'와 같은 방식으로 날짜를 언급했다.

ABC *L'Abécédaire de Gilles Deleuze, avec Claire Parnet*, Paris: DVD Editions Montparnasse (1996, 2004). 『질 들뢰즈의 아베세데르, 클레르 파르네와의 인터뷰』. 찰스 스티베일이 작성한 이 인터뷰의 영역문은 www.langlab.wayne.edu/CStivale/d-g에서 찾아 읽을 수 있다. 참고 문헌은 페이지 숫자가 아니라 알파벳으로 표기되어 있다.

AO Gilles Dleuze and Félix Guattari, *Anti-Oedipus*, trans. Robert Hurley, Mark Seem, and Helen R. Lane (New York: Viking, 1977). 『안티-오이디푸스』(자본주의와

분열증 1)

B Gilles Deleuze, *Bergsonism*, trans. Hugh Tomlinson and Barbara Habberjam (New York: Zone, 1988). 『베르그손주의』

D Gilles Deleuze and Claire Parnet, *Dialogues*, trans. Hugh Tomlinson and Barbara Habberjam (New York: Columbia University Perss, 1987). 『대화』

DI Gilles Deleuze, *Desert Islands and Other Texts*, ed. Sylvère Lotinger, trans. Michael Taormina (New York: Semiotext(e), 2004). 『무인도 및 기타 텍스트』

DP Paul Patton, *Deleuze and the Political* (London and New York, Routledge, 2000). 『들뢰즈와 정치적인 것』

DR Gilles Deleuze, *Difference and Repetition*, trans. Paul Patton (New York: Columbia University Press, 1984). 『차이와 반복』

ECC Gilles Deleuze, *Essays Critical and Clinical*, trans. Daniel W. Smith and Michael A. Greco (Minneapolis: University of Minnesota Press, 1997). 『비평적인 것과 진단 적인 것』

EPS Gilles Deleuze, *Expressionism in Philosophy: Spinoza*, trans. Martin Joughin (New York: Zone, 1990). 『스피노자와 표현의 문제』

ES Gilles Deleuze, *Empiricism and Subjectivity: An Essay on Hume's Theory of Human Nature*, trans. Constantin V. Boundas (New York: Columbia University Press, 1991). 『경험론과 주체성』

F Gilles Dleuze, *Foucault*, trans. Seán Hand (Minneapolis: University of Minnesota Press, 1988). 『푸코』

FB Gilles Deleuze, *Francis Bacon: The Logic of Sensation*, trans. Daniel W. Smith (Minneapolis: University of Minnesota Press, 2003). 『프랜시스 베이컨: 감각의 논리』

FLB Gilles Deleuze, *The Fold: Leibniz and the Baroque*, trans. Tom Conley (Minneapolis: University of Minnesota Press, 1993). 『주름: 라이프니츠와 바로크』

K Gilles Deleuze and Félix Guattari, *Kafka: Toward a Minor Literature*, trans. Dana Polan (Minneapolis: University of Minnesota Press, 1986). 『카프카: 소수 문학을 향하여』

KCP Gilles Deleuze, *Kant's Critical Philosophy: The Doctrine of the Faculties*, trans. Hugh Tomlinson and Barbara Habberjam (Minneapolis: University of Minnesota, 1984). 『칸트의 비판철학』

LS   Gilles Deleuze, *The Logic of Sense*, trans. Mark Lester, with Charles Stivale, ed. Constantin V. Boundas (New York: Columbia University Press, 1990). 『의미의 논리』

M   Gilles Deleuze, *Masochism: Coldness and Cruelty*, trans. Jean McNeil (New York: Zone, 1989). 『마조히즘: 냉담함과 잔인함』

MI   Gilles Deleuze, *The Movement-Image*, trans. Hugh Tomlinson and Barbara Habberjam (Minneapolis: Univiersity of Minnesota Press, 1986). 『시네마 1: 운동-이미지』

N   Gilles Deleuze, *Negotiations, 1972~1990*, trans. Martin Joughin (New York: Columbia University Press, 1995). 『대담, 1972~1990』

NP   Gilles Deleuze, *Nietzsche and Philosophy*, trans. Hugh Tomlinson (New York: Columbia Unviersity Press, 1983). 『니체와 철학』

NVC   Pierre Klossowski, *Nietzsche and the Vicious Circle*, trans. Daniel W. Smith (Chicago: University of Chicago Press, 1997). 『니체와 악순환』

OB   Slavoj Žižek, *Organs Without Bodies: Deleuze and Consequences* (London: Routledge, 2003). 『신체 없는 기관』

PI   Gilles Deleuze, *Pure Immanence: Essays on A Life*, trans. Anne Boyman (New York: Zone, 2001). 『순수 내재성: 생명에 관한 시론들』

PS   Gilles Deleuze, *Proust and Signs: The Complete Text*, trans. Richard Howard (Minneapolis: University of Minnesota Press, 2000). 『프루스트와 기호들: 완본』

PV   Gilles Deleuze, *Périclès et Verdi* (Paris: Minuit, 1988). 『페리클레스와 베르디』

RP   "Reversing Platonism (Simulacra)," trans. Heath Massey, published as an appendix to Leonard Lawlor, *Thinking Through French Philosophy: The Being of the Question* (Bloomington and Indianapolis: Indiana University Press, 2003), 163~177. 「플라톤주의를 전복하기(시뮬라크르)」

SPP   Gilles Deleuze, *Spinoza: Practical Philosophy*, trans. Robert Hurley (San Francisco: City Lights, 1988). 『스피노자: 실천철학』

TI   Gilles Deleuze, *The Time-Image*, trans. Hugh Tomlinson and Robert Goleta (Minneapolis: University of Minnesota Press, 1989). 『시네마2: 시간-이미지』

TP   Gilles Deleuze and Félix Guattari, *A Thousand Plateaus*, trans. Brian Massumi (Minneapolis: University of Minnesota Press, 1987). 『천 개의 고원』(자본주의와 분열증 2)

TRM   Gilles Deleuze, *Two Regimes of Madness: Texts and Interviews 1975~1995*, trans. Ames Hodges and Mike Taormina (New York: Semiotext(e), 2006). 『광기의 두 체계들』

WP   Gilles Deleuze and Félix Guattari, *What is Philosophy?*, trans. Hugh Tomlinson and Graham Burchell (New York: Columbia University Press, 1994). 『철학이란 무엇인가?』

서문

이 책은 내가 지난 15년 동안 집필해 온 프랑스 철학자 질 들뢰즈 (1925~1995)에 관한 20편의 시론들을 한데 모은 것이다. 최초의 시론(시론 6)은 1996년에 발표되었지만, 가장 최근의 시론(시론 8)은 본서에서 처음 제시되고 있다. 원 논문들은 학술지 논문, 책 서문, 강연문으로 집필되었으며, 비록 도처에서 사소한 수정을 가했을지라도 ── 그리고 한 시론(시론 2)에서, 빠진 절을 다시 채워 넣었을지라도 ── 시론들은 대체로 원본 형태 그대로 본서에 재간되어 있다. 결과적으로, 각 시론은 서로 다른 궤적을 추구하고 있지만, 때로 다른 관점에서 같은 주제로 돌아갈 때가 있기에 시론들 사이에는 어떤 중첩이 남아 있다. 시론들은 네 부로 조직되어 있는데, 각 부는 들뢰즈 사상의 특정한 측면을 검토한다.

1. **들뢰즈와 철학사.** 들뢰즈는 철학사에 등장하는 다양한 인물들 ── 흄, 니체, 칸트, 베르그손, 스피노자 ── 에 관한 일련의 책으로 자신의 학문 도정을 시작했으며, 첫 번째 부의 시론들은 철학사에 대한 들뢰즈의 접근법에 보이는 세 가지 보편적인 궤적들을 탐구한다.

첫 번째 시론은 플라톤주의의 "전복"에 대한 니체의 요청에 비추어 들뢰즈의 플라톤 독해를 제시하는 반면, 두 번째 시론은 중세 아리스토텔레스 전통에 대한 스피노자의 전복을 탐구하기 위해 둔스 스코투스의 일의성 개념을 사용한다. 이후 세 편의 시론들은 들뢰즈가 칸트-이전과 칸트-이후의 전통들과 맺는 관계를 검토하는 삼부작을 구성한다. 시론 3은 라이프니츠 철학에 대한 들뢰즈의 독해를 제공하며, 시론 4는 들뢰즈에게 자주 가해지는 반-헤겔주의자라는 비난을 논한다. 다섯 번째 시론은 라이프니츠와 헤겔을 논리와 실존의 관계라는 문제의 맥락 속에 놓으면서 그들에 대한 이러한 독해를 개괄하고, 들뢰즈가 차이의 철학의 전개로 향한 이유를 탐구한다. 합쳐서 말하면, 이 시론들은 들뢰즈가 이러한 전통들에 깊이 빚지고 있음을, 뿐만 아니라 그가 이러한 전통들을 그 자신의 철학적 기획을 추구하며 변형한 방식을 보여 준다.

2. 들뢰즈의 철학 체계. 들뢰즈는 철학을, 비록 개방적이고 "이종발생적"인 체계이긴 하지만, 체계로 이해한다고 한때 발언한 바 있다. 이 부에 수록된 시론들은, 철학사에 등장하는 위대한 체계 중의 하나, 즉 칸트의 비판철학을 시작점으로 삼아, 들뢰즈의 철학 체계의 전반적인 윤곽을 해명하려고 시도한다. 특히, 이 시론들은 칸트 철학의 건조론적 구조에서 유래하는 다섯 가지 철학적 영역들, 즉 감성론(감각 이론), 변증론(이념 이론), 분석론(개념 이론), 윤리학(정동성 이론), 정치학(사회-정치적 이론)을 탐구한다. 각 시론은, 들뢰즈가 이 영역들에 대한 칸트의 정의를 취하여, 새로운 방식으로 재이해하고, 이 영역들을 매우 상이한 체계적 체제로 끼워 넣는 방식을, 많게든 적게든, 보여 준다. 이렇게 사용되는 칸트의 표제들은 주로 철학 체계에 대한

특수한 들뢰즈의 이해를 예시하기 위해 고안된, 우리의 발견을 돕는 장치이다. 그는 철학 체계가 "영속적인 이종성 속에 있어야 할 뿐만 아니라, **이종발생**이어야만 한다"고 말하는데, 이는 즉 철학 체계는 그 목표로서 이종적인 것의 발생, 차이의 생산, **새로운 것**의 창조를 가져야만 한다는 것을 의미한다.[*]

3. 들뢰즈의 다섯 가지 개념. 마찬가지로, 들뢰즈는, 유명한 일이지만, 철학을 개념의 창조로 정의했으며, 이 부는 들뢰즈의 철학 체계의 전반적인 윤곽에서 다섯 가지 특정한 들뢰즈의 개념들에 대한 고찰로 이동한다. "새로운" 것과 "열려진" 것에 관한 시론들은 주로 들뢰즈의 형이상학과 존재론에 담겨 있는 쟁점들을 다루는 반면, "욕망"에 관한 시론은 이 개념이 들뢰즈의 내재성의 윤리학에서 행하는 역할을 검토한다. 많은 들뢰즈 저술들은 예술들에 대한 철학적 분석에 할애되었는데, 그래서 "생명"과 "감각"에 관한 시론들은 각각 『비평적인 것과 진단적인 것』에 들어 있는 문학에 대한 들뢰즈의 분석, 그리고 화가 프랜시스 베이컨에 관한 그의 저작에 제시되어 있는 "감각의 논리"를 다룬다.

4. 들뢰즈와 현대철학. 마지막으로, 최종 부는 들뢰즈가 현대철학에서 점유하는 위치, 그리고 그의 사상이 미래 철학을 위해 가지는 함의를 분석하는 데 할애한다. 앞의 세 편의 시론들은 들뢰즈의 저작을, 논쟁의 특별한 주제와 관련하여 영향력 있는 그의 동시대인들 중 세

---

[*] 질 들뢰즈, 「편지-서문」, 장-클레 마르탱, 『변이들: 질 들뢰즈의 철학』, 콘스탄틴 V. 보운다스·수전 더크턴 옮김(Edinburgh: Edinburgh University Press, 2010), 8: "나는 체계로서의 철학의 존재를 믿고 있다. 나에게, 철학은 영속적인 이종성에 있을 뿐만 아니라, 이종발생 — 내 생각에, 결코 시도된 적이 없는 어떤 것 — 이어야만 한다."

사람, 즉 자크 데리다(내재성과 초월성의 관계에 관하여), 알랭 바디우(다양체의 본성에 관하여), 자크 라캉(구조 개념에 관하여)의 저작과 대조한다. 네 번째 시론은 들뢰즈에게 강력한 영향을 행사했지만 자주 간과되어 온 인물인 피에르 클로소프스키의 저작에 대한 들뢰즈의 독해를 제시한다. 맨 끝의 시론은 들뢰즈의 사상이 정치철학의 자유주의적 전통을 다시 활기를 띠게 하는 데 이바지할 수도 있는 방식들에 관한 폴 패튼의 중요한 저작을 검토한다.

차례

제4부 < 들뢰즈와 현대철학

들뢰즈와
철학사

플라톤주의

시뮬라크르 개념: 들뢰즈와 플라톤주의의 전복

시뮬라크르 개념에는, 이 개념의 다른 변이들(모조, 상사, 동시성, 가장)과 더불어, 20세기 프랑스 사상 내의 복잡한 역사가 담겨 있다. 이 개념은 주로 세 명의 사상가들 —— 피에르 클로소프스키, 질 들뢰즈, 장 보드리야르 —— 의 저작에서 전개되었다. 이들은 각자 이 개념을 상이하지만 독창적인 방식으로 이해했는데, 그래서 우리는 이들이 사용하는 이 개념을 주의 깊게 구별하지 않으면 안 된다. 자신의 일련의 비범한 신학적–성애적theologico-erotic 저술들에서 최초로 이 개념을 만들어 낸 클로소프스키는 로마 시대의 신들의 타락한 표상에 대한 교부들의 비판으로부터 이 용어를 구해 냈다(시뮬라크르는 "조상彫像" 혹은 "우상"을 뜻하는 라틴어로, 그리스어 phantasma를 번역한 것이다).¹ 들뢰즈는 클로소프스키에게 빚지고 있음을 인정하면서,

---

1 가령, 피에르 클로소프스키, 『목욕하는 디아나/로마의 여인들』, 소피 호크스 옮김(Boston: Eridanso, 1990)의 「로마 여인들의 어떤 관습의 성스럽고 신비로운 기원」, 또한 『리비도 경제학』[1974], 이언 해밀턴 그랜트 옮김(Bloomington and Indianapolis: Indiana University Press, 1993), 66~76의 장–프랑수아 리오타르의 주석(특히 아우구스티누스–바로 논쟁에 관한 주

『차이와 반복』에서 그 자신의 시뮬라크르 개념을 만들어 냈으며, "차이 나는 것이 차이 그 자체를 **통해서** 차이 나는 것과 관계를 맺는" 차이적 체계를 기술하기 위해서 이 용어를 사용했다(DR 299). 끝으로 보드리야르는 어떤 특정한 측면의 현대 문화의, 점점 더해 가는 "하이퍼리얼한" 지위를 지시하기 위해서 시뮬라크르 개념을 받아들였다.[2] 따라서 시뮬라크르 개념의 내재적 변환과 변양을 추적하면서, 이 개념의 철학적 역사를 쓰는 일이 가능할 것이다. 들뢰즈가 쓰고 있듯이, 그런 역사에서 "그것은 모든 종류의 사물들을 한 단일한 개념하에 가져오는 문제가 아니라, 각 개념을 그 변이를 설명하는 변수들과 관계를 맺게 하는 문제이다"(N 31). 그러나 그 역사는 여전히 써져야할 것으로 남아 있다. 다음에 오는 것은 그 역사의 단일한 경로인데, 이는 들뢰즈의 저작에 초점을 맞추고, 들뢰즈 자신의 시뮬라크르 개념의 구성요소들을 명시하고자 기도하는 경로이다. 그러므로 다음에 오는 것은 시뮬라크르 개념이 현대 사상에서 행해 온 역할을 폭넓게 다시 숙고하는 데 기여하는 것으로 이해될 수 있다.

석)을 보라. 클로소프스키의 경우, **환영**은 우리의 충동적 생명의 무의식적 힘들에 의해 우리 안에서 생산된 강박적이지만 전달 불가능한 이미지이다. **시뮬라크르**는 문학 작품, 회화나 조각, 철학적 개념에서 이러한 보이지 않는 영혼의 동요를 (필연적으로 부적합하게) 모조하려고 시도하는 환영의 재생산이다. 따라서 클로소프스키의 시뮬라크르 개념은 들뢰즈가 이 개념에 부여한 구성요소들과는 매우 다른 구성요소들을 가진다.

2　장 보드리야르, 『시뮬라크르와 시뮬라시옹』, 셰일라 파리아 글레이저 옮김(Ann Arbor: University of Michigan Press, 1994), 특히 「시뮬라크르의 자전」, 1~42를 보라. 보드리야르의 시뮬라크르 개념에 대한 분석에 관해서는, 더글러스 켈너, 『장 보드리야르: 마르크시즘에서 포스트모더니즘과 그 너머로』(Stanford: Stanford University Press, 1989), 76~84를 보라.

플라톤주의의 전복

들뢰즈는 자신의 시뮬라크르 개념을 주로 『차이와 반복』(1968)과 『의미의 논리』(1969)에서 전개했다.[3] 시뮬라크르의 문제는 들뢰즈가 플라톤을 독해하는 맥락에서, 혹은 더 정확히는 플라톤에 대한 니체의 독해를 독해하는 맥락에서 생겨난다. 니체는 철학의 과업을, 실로 미래 철학의 과업을 플라톤주의의 전복으로 규정했었다. 최초 논고의 초고(1870~1871)에서, 그는 이렇게 썼다. "나의 철학은 **전복된 플라톤주의**이다. 진정한 존재와 멀리 동떨어질수록 그만큼 그것은 더 순수하고 더 정세하고 더 훌륭하다. 헛닮음semblance을 목표로 삼아 사는 것."[4] 들뢰즈는 니체가 미래 철학에 행하는 이러한 도전을 받아들인다. 하지만 "플라톤주의를 전복한다"는 것은 정확히 무엇을 의미하는가? 이것이 들뢰즈가 관심을 가지는 물음이며, 문제는 처음에 그렇게 보이는 것보다 더 복잡하다. 아리스토텔레스 이래 모든 철학이 플라톤주의를 전복하려는 시도로 규정될 수는 없는가(그리고 화이트헤드가 한때 언급한 바와 같이 단순히 플라톤에 관한 각주로 규정될 수는 없는가)?[5] 플라톤은 본질을 현상에, 원본을 모상image에, 진리의 태양을 동굴의 그림자에 대립시켰다고 운위하는데, 그래서 플라톤주의

---

3 『의미의 논리』는 부록으로 들뢰즈의 유명한 논문, 「플라톤과 시뮬라크르」를 수록하고 있다 (LS 253~266). 이 논문 자체는 *Revue de métaphysique et de morale* 71/4(10~12월호, 426~438에서 최초로 간행된 「Renverser le platonisme」이라는 제목의 이전 논문을 수정한 버전이다. 히스 매시의 영역이 「플라톤주의를 전복하기(시뮬라크르)」라는 제목하에, 레너드 롤러, 『프랑스 철학을 통해 사유하기: 물음의 존재』(Bloomington and Indiananpolis: Indiana University Press, 2003)의 부록으로 수록되어 있다.

4 니체, 『대8절판』*Grossoktavausgabe*(Leipzig, 1905 ff.), 제9권, 190. 이는 마르틴 하이데거, 『니체 I: 예술로서의 힘에의 의지』(London: Routledge & Kegan Paul, 1981), 154에 인용되어 있다.

를 전복한다는 것은 처음에는 이러한 표준적인 관계의 전복을 의미하는 것으로 보일 것이다. 즉, 플라톤주의에서 아래에 약해져 있는 것은 위로 올려놓아져야 하며, 초감각적인 것은 감각적인 것에 복무하도록 놓여야 한다는 것을 의미하는 것으로 보일 것이다. 하지만 그러한 해석은, 하이데거가 보여 준 바와 같이, 실증주의positivism의 수렁으로 이끌 뿐이고, 에이도스eidos가 아니라 포지툼positum에 대한 호소를 이끌 뿐이다.[6] 더 심각하게는, 그런 표현은 본질의 세계와 현상의 세계 모두를 폐기함을 의미하는 것으로 보일 것이다. 더구나 이러한 기획은 니체가 표명한 기획이 아닐뿐더러, 들뢰즈는 "본질과 현상 둘 모두를 거부한다면 헤겔로 되돌아가게 되고, 더 나아가 칸트로 되돌아가게 된다"고 적고 있다(LS 253).

"'진정한 세계'는 마침내 어떻게 우화가 되었는가?"[7]를 발견하기 위해서, 들뢰즈는 우리는 플라톤 그 자신에게 더욱더 되돌아가서, 플라톤을 애당초 본질과 현상을 구분하도록 이끈 동기를 정확한 용어로 자리매김하지 않으면 안 된다고 주장한다. 들뢰즈의 해석에 의하면, 플라톤의 독특성은 이념Idea의 발견에 **선행하는** 선정 혹은 선별을 미묘하게 운용한다는 점에 있는데, 이러한 선별은 오로지 선택적 절차를 위해서만 본질의 세계를 기준으로 삼을 뿐이다. 최초에 이념 이

---

5 알프레드 노스 화이트헤드, 『과정과 실재』, 데이비드 레이 그리핀 · 도널드 W. 셔번 편(New York: Free Press, 1978), 29: "유럽의 철학 전통에 대한 가장 안전한 일반적 정의는 그것이 일련의 플라톤의 각주들로 구성되어 있다는 점이다."

6 하이데거, 『니체 I: 예술로서의 힘에의 의지』, 151~152. 하이데거는 진리와 예술 사이의 "격심한 불협화"에 의거하여 니체의 반-플라톤주의를 분석한다(151~220을 보라).

7 프리드리히 니체, 『우상의 황혼』, 『포터블 니체』, 발터 카우프만 옮김(New York: Viking, 1954), 485~486.

론의 동기는 선별하고자 하는 의지, 선정하고자 하는 의지, 참된 이미지와 거짓된 이미지 사이에 **차이를 만들고자**faire la différence(글자 그대로, "차이를 만들다") 하는 의지의 방향에 놓여 있다. 이 과제를 수행하기 위해서 플라톤은, 변증법의 모든 힘에 통달하고 이 힘을 신화의 힘과 융합할 방법, 즉 분할의 방법을 사용한다. 들뢰즈가 니체의 전복된 플라톤주의뿐만 아니라, 또한 플라톤주의 그 자체에 무엇이 결정적인 문제였는가 —— 즉, 시뮬라크르의 문제 —— 를 밝히는 것은 바로 이 방법이 기능할 때이다.

경쟁의 변증법으로서의 분할의 방법

들뢰즈는 "개념의 창조는 언제나 문제의 함수로서 일어난다"고 쓰고 있다(ABC H). 플라톤이 관심을 끈 문제는 아테네 민주주의 문제 —— 혹은 더 구체적으로는, **경쟁**이라는 논쟁상의 문제 —— 였다. 이 점은 『파이드로스』와 『정치가』라는, 분할에 관한 플라톤의 두 위대한 대화록의 **작업 방식**modus operandi에서 분명하게 간취될 수 있는데, 이 각 대화록은 수많은 경쟁자들의 요망들로부터 참된 정치가 혹은 참된 연인을 단계별로 솎아 내고자 시도한다. 예를 들어, 『정치가』에서 플라톤은 정치가를 사람들의 "목양자", 사람들을 양을 돌보듯 돌볼 줄 아는 사람, 인간들을 돌보는 사람으로 예비적으로 정의를 내릴 것을 제언한다. 하지만 대화가 진행되면서 —— 체육가들, 모든 부류의 의사들은 물론이고 상인들, 농부들, 빵 굽는 이들을 포함하는 —— 수많은 경쟁자들이 앞으로 나와서 "**나야말로** 사람들의 목양자요!" 하고 말한다. 마찬가지로 『파이드로스』에서 홀림madness을 정의하고자 하는 시도, 더 정확히 말해 충분한 이유가 있는 홀림 혹은 참된 사랑을 이와 반대되는 거짓된 사랑과 구별하고자 하는 시도가 행해진다. 여기서 다시 모든 종류의 경쟁자들 ── 연인들, 시인들, 성직자들, 예언자들, 철학자들 ── 이 앞으로 달려 나와 "**나야말로 홀린 사람이오! 나야말로 연인이오!**" 하고 주장한다. 두 경우 모두 대화의 과제는 거짓된 경쟁자들로부터 참된 지망자를 구별해 낼 수 있는 수단을 찾아내는 것이다. 들뢰즈는 "플라톤 철학을 통해 내내 되풀이되는 한 가지 문제는 경쟁자들을 측정해서 지망자들을 선별하는 문제이다"라고 쓰고 있다(DR 60).

경쟁의 이러한 관계들이 왜 플라톤에게 "문제화된 것problemati-zed"이 되었는가? 장-피에르 베르낭Jean-Pierre Vernant과 마르셀 드티엔Marcel Detinne은 그리스 사상의 기원들에 관한 그들의 저작에서 그러한 경쟁들이 아테네 도시의 본질적 특징을 형성했다는 점을 보여 주었다. 그들은 신화에서 이성으로 가는 길은 어떤 종류의 불가해한 "기적"이거나 "마음의 발견"이 아니라, 그리스 **폴리스**polis의 사회적 구조에 의해 역사적으로 조건 지어진 것이었으며, 이러한 그리스 폴리스의 사회적 구조는 인접하는 제국들을 **아고라**agora라는 논쟁을 벌이는 공공 공간으로 데리고 옴으로써 그 제국들을 특징짓는 사유의 신화적 형태들을 "세속화했다"고 주장한다.[8] 들뢰즈의 용어로 말

---

8 무엇보다도, 장-피에르 베르낭의 『그리스 사유의 기원』(Ithaca, NY: Cornell University Press, 1982), 그리고 마르셀 드티엔의 『고대 그리스의 진리의 대가들』, 재닛 로이드 옮김(New York: Zone, 1999), 특히 제5장 「세속화(프랑스어의 *laïcisation*)의 과정」을 보라. 두 사람 모두 "이성적" 사유를 그리스 폴리스의 구조와 연계시키고, 철학이 그 선도자들과 맺는 복잡한 관계를 탐구하고 있다. 피에르 비달나케는 「그리스 합리성과 도시」, 『검은 사냥꾼: 그리스 세계의 사유 형식과 사회 형태』, 앤드류 세게디 마스작 옮김(Baltimore: Johns Hopkins University Press, 1986, 249~262)에서 이 논쟁에 대한 유익한 개관을 제공하고 있다.

하면, 제국 국가들과 그리스 도시들은 주위의 촌락 영토들을 "탈영토화한" 사회구성체의 유형들이었지만, 그것들은 상이한 두 모델을 따라 그렇게 했다. 고대 국가들은, 촌락 영토들을 위로부터 부과된 **초월적인** 신화적 질서에 복속시켜서, 상위의 **산술학적**arithmetic 통일체(전제군주)에 관계를 맺게 함으로써, 촌락 영토들을 "초코드화했다". 이와 대조적으로, 그리스 도시들은 주변 영토들을, 도시 그 자체가 상업적인 해양 회로들의 내재적 네트워크에서 중계-점이 되는 **기하학적**geometric 연장에 적응시켰다. 이 회로들은 동부 제국들의 국경 지역에서 일종의 국제 시장을 형성하여, 다양한 독립 사회들로 조직되었는데, 이 독립 사회들에서 수공업자들과 상인들은 제국 국가들이 거부한 자유와 이동성을 발견했다.[9]

이 기하학적 조직은 이번에는 도시들의 내적 시민 공간에서 반영되었다. 국가의 제국적 **공간**spatium은 전제군주와 그의 신의 초월적 통치권을 나타내는 왕국이나 사원에 집중돼 있었던 반면, 그리스 도시의 정치적 연장extensio은 폴리스를 공동의 공공의 중심점(아고라)에 조직하는 새로운 유형의 기하학적 공간(**이소노미아**isonomia)을 모델로 삼고 있었으며, 이와 관련하여 "시민들"이 점유했던 모든 점들은 동등하고 대칭적인 것으로 나타났다.[10] 달리 말해서, 그리스인들이 발명한 것은, 일종의 일반화된 운동경기열 속에서 서로에게 힘을 발휘

---

9 WP 86~88. 사회구성체로서의 국가와 도시의 구별에 관해서는, TP 432~433을 보라.

10 그리스 폴리스의 공간적 조직에 관해서는, 장-피에르 베르낭의 『그리스인들의 신화와 사유』(London: Routledge & Kegan Paul, 1983), 제3부, 특히 제8장, 「고대 그리스의 공간 및 정치 조직」, 212~234를 보라. 경쟁 관계에 관해서는, 장-피에르 베르낭의 『고대 그리스의 신화와 사회』(New York: Zone, 1990), 특히 29, 41~42의 「도시-국가 전쟁」을 보라.

하고 요구를 행사하면서 다른 자유로운 사람들과 논쟁적인 경쟁의 관계에 들어서는 자유로운 사람들 혹은 시민들의 공동체로서의 아곤agon이었다. 예를 들자면, 그리스 도시에서 치안판사는 권리 주장의 대상이고 누구든 입후보할 수 있는 직능인 반면, 제국 국가에서 그러한 직책들은 황제에 의해 지명되었다. 이 새롭고 규정 가능한 유형의 (논쟁을 벌이길 좋아하는) 인간 관계는 그리스인의 모든 집회에 스며들었다. 논쟁을 벌이길 좋아하는 관계들은 도시들 사이에서(전쟁과 경기들에서), 도시들 내에서(정치적 입법기관과 법적 치안판사들에서), 가족과 개인적 관계에서(연애론, 경제학, 영양학, 체조에서), 심지어 자기 자신과의 관계에서(만약 자기 자신을 제어할 수 없다면 어떻게 다른 이들을 제어하겠다고 주장할 수 있겠는가?) 증진되었다.[11] 들뢰즈의 견해에 따르면, 무엇이 철학을 가능하게 만들었는가, 무엇이 철학을 가능하게 하는 역사적 조건을 형성했는가는 국가의 제국적이고 초월적인 통치권과 대립하는 **내재성의 환경**이었다. 이러한 **내재성의 환경**은 미리-주어진 관심을 함축하지 않았는데, 왜냐하면 그것은 이와 반대로 경쟁적 관심들을 전제했기 때문이다.[12]

---

11 이는 미셸 푸코의 『성의 역사 2: 쾌락의 활용』, 로버트 헐리 옮김(New York: Vintage, 1985)의 주제이다. 푸코는 역능 관계power relations의 이 고통스러운 장 내에서 그리스인들은 그가 "주체화"(자기 자신이 자기 자신과 맺는 관계)라고 칭하는 새롭고 특별한 형식의 역능 관계를 발명했다고 주장한다. 이 주체화의 역사적 변이들은 이후 다른 두 권의 『성의 역사』에서 탐구의 대상이 되었으며, 성 또는 성애는 오직 그 일부를 이루었을 뿐이다.

12 우리는 여기서 들뢰즈와 과타리가 두 권의 『자본주의와 분열증』(=『안티-오이디푸스』와 『천 개의 고원』)에서 전개하는 정치 이론에 의존하고 있다. 이 책들에서 그들은 상이한 사회구성체의 유형론("원시" 사회, 도시, 국가, 자본주의, 전쟁 기계), 그리고 이 사회구성체들이 함축하는 이와 상관관계에 있는 "사유의 이미지들"을 소묘하고 있다. AO 139~271과 TP 351~473을 보라.

마지막으로, 이 논쟁을 벌이길 좋아하는 경쟁 관계들은, 그리고 이러한 관계들을 생산했던 사회적 조건들은 사유하는 사람의 이미지를 새로운 방식으로 문제화했다. 제국적인 제국들imperial empires 혹은 국가들이 현자들이나 성직자들, 지혜를 소유하는 자들을 갖고 있었던 반면에, 그리스인들은 이러한 현자들 등을 철학자, 필로-소포스 philo-sophos, 지혜의 친구 혹은 지혜를 사랑하는 사람, 지혜를 추구하지만 소유하지는 않는 사람으로 대체했다. 그래서 이러한 사람은, 니체가 말했듯이, 지혜를 가면으로 사용할 수 있는 사람이며, 또 지혜를 새로운 목적에, 때로 심지어는 위험한 목적에 복무하도록 만드는 사람이다.[13] 들뢰즈에게, 사유하는 사람에 대한 이러한 새로운 정의는 결정적으로 중요하다. 그리스인들에게 친구는 사유 내적인 존재 presence가 된다. 친구는 또 다른 사람에 관련되는 것은 말할 나위도 없고, 욕망(에로스Eros)의 대상을 구성하는 실질Entity이나 본질Essence, 이념Idea에 관련되기도 한다. 철학자는 "나는 플라톤의 친구이다. 하지만 이보다 더욱더 그러하게 나는 지혜Wisdom의 친구이고, 진리the True의 친구이고, 개념the Concept의 친구이다"라고 말한다. 만약 철학자가 현자나 현인이 아니라 지혜의 친구라면, 이는 그가 지혜를 소유한다고 주장하기는 하나 실제로는 지혜를 소유하지 않기 때문이다. 그러나 이러한 방식을 따르면서, 우정은 지혜에 대한 사랑에 찬 욕망뿐만 아니라 경쟁 지망자들에 대한 질투에 찬 불신을 의미하게

---

13 NP 5~6, 107을 보라. 또한 레오 스트라우스의 『독재에 관하여』(New York: Free Press, 1963), 156에 실려 있는 알렉상드르 코제브의 「독재와 지혜」를 보라. 니체는, 비록 초기의 철학자들이 현자나 사제의 가면을 채택하지 않을 수 없었다 할지라도, 철학자는 점점 그 가면을 자신의 것으로 채택하게 되었으므로, 이 전략은 철학에 결정적이었음이 증명되었다고 덧붙인다.

되었다. 이것이 철학을 그리스답게 만드는 것이고, 철학을 도시들의 형성과 연관을 맺게 하는 것이다. 그리스인들은 친구들 혹은 동등한 사람들의 사회를 형성했지만, 동시에 그들 사이에 경쟁 관계를 조장했다. 만약 시민 각자가 무언가에 대한 소유를 주장한다면, 그는 반드시 경쟁자를 마주치게 되고, 그리하여 두 친구는 불가피하게 한 사람은 지망자가 되고 다른 한 사람은 경쟁자가 된다. 말하자면, 목수는 나무의 소유를 주장하지만, 그는 삼림 감독관, 벌목꾼, 소목장이와 충돌하게 되는데, 이들은 모두 사실상 "**나야말로** 나무의 친구다!"라고 말한다. 이 논쟁을 벌이길 좋아하는 관계들은 또한 사유의 영역을 규정하게 되는데, 여기에서 수많은 지망자들이 앞으로 나와서 "**나야말로 지혜의 친구다! 나야말로 진정한 철학자다!**" 하고 말한다. 플라톤의 대화록에서 이 경쟁은, 유명한 일이지만, "고대 현인의 유해를 두고 다투는" 소크라테스와 소피스트들 간의 충돌에서 절정에 이르게 된다.[14] "친구", "연인", "지망자", "경쟁자"는 들뢰즈가 그리스 사유 극장의 **개념적 페르소나**conceptual persona라 부르는 것을 구성하는 데 반해, '현자'와 '성직자'는 국가와 종교의 페르소나였다. 이들에게 통치 권력의 설립과 우주적 질서의 수립은, 다른 모든 사람들보다 우월한 위치에 있는 전제군주에 의해 혹은 신에 의해 위로부터 부과된 초월적 드라마의 분리 불가능한 측면들이었다.[15] 최초의 철학자들은 제국들로부터 도피하여 그리스로 이주해 오는 현인들이나 현자들이었을지

---

14 WP 9(번역 수정). 『철학이란 무엇인가?』 서론(WP 2~6)에서 들뢰즈와 과타리는 이 "친구" 개념을 탐구하고 있다. 또한 N 162~163, F 100~103, PV 16을 보라.

15 들뢰즈와 과타리는 『철학이란 무엇인가?』 제3장(WP 61~83)에서 "개념적 페르소나"라는 중요한 개념을 전개하고 있다. 또한 베르낭의 『그리스 사유의 기원』, 102~118을 보라.

도 모른다는 것은 과연 사실이긴 하지만, 그들이 그리스 도시에서 발견한 것은 이 **경연**agon과 경쟁의 내재적 경연장arena이었고, 오로지 이것만이 철학을 위해 필요한 환경을 제공했다.[16]

들뢰즈가 『파이드로스』와 『정치가』에서 발견되는 분할의 절차들을 문맥에 맞게 짜 넣는 것은 이러한 논쟁을 벌이길 좋아하는 환경 내에서이다. 플라톤이 아테네 민주주의에 대해서 비판한 것은 누구든 무언가에 대해서도 소유를 주장할 수 있다는 것이었으며, 수사학의 힘에 의해 승리를 얻을 수 있다는 것이었다. 소피스트들은, 플라톤에 따르면, 그들이 아무런 권리도 갖지 않는 무언가를 얻고자 하는 지망자들이었다. ──사랑의 영역에서든, 정치의 영역에서든, 사유 그 자체의 영역에서든 ── 그러한 경쟁의 상황에 봉착할 때 플라톤은 어떻게 우리는 거짓된 지망자로부터 참된 지망자를 분리해 낼 수 있는가 하는 물음에 직면했다. 플라톤이 **이념**Idea을 철학적 개념으로서 창조하려 했던 것은 이러한 문제에 응답할 때이다. 즉, 이념은, 이러한 경쟁자들을 솎아 내어 그들의 주장에 충분한 근거가 있는가 판단하고, 적법한 지망자들을 감정해 내어 가짜를 물리치고, 참된 것과 거짓된 것, 순수한 것과 불순한 것을 구별하기 위한 기준으로 사용되었다.[17]

---

16 장-피에르 파예, 『서사적 이성』(Paris: Balland, 1990), 15~18: "분명 에페소스의 헤라클레이토스가 발명한 '철학자'라는 단어가, 분명 아테네인 플라톤이 발명한 '철학'이라는 단어에서 그 상관자를 발견하는 데 한 세기가 걸렸다. 최초의 철학자들은 이방인들이었지만, 철학은 그리스인들에 의한 것이다."

17 "claimant"(=지망자)이라는 단어는 "가장하는 자", "구혼자", 또는 심지어 "후보자"를 뜻할 수도 있는 프랑스어 prétendant을 번역한 것이다. "claimant"으로 번역될 때 prétendant은 prétention("claim"=주장)과 맺는 관계가 강조되지만, 프랑스어에 또한 나타나는 "pretender"(=가장하는 사람)와 "pretentious"(=가장하는)라는 단어들과 관련된 내포들은 상실된다.

하지만 그렇게 할 때 플라톤은 결국 새로운 유형의 초월성, 국가들이나 제국들의 제국적이거나 신화적인 초월성과는 다른 초월성을 (비록 그가 이 초월 자체의 기능을 신화에 돌리려 할지라도) 세우게 되었다고 들뢰즈는 주장한다. 이념 개념과 더불어, 플라톤은 내재성 그 자체의 장 내에서 실행될 수 있고 처해질 수 있는 한 유형의 초월성을 창안해 냈다. 내재성은 필연적이지만, 초월적인 어떤 것에, 즉 이념성에 내재적이지 않으면 안 된다. "플라톤주의의 독 묻은 선물은 초월성을 철학에 도입한 것, 초월성에게 그럴듯한 철학적 의미를 부여한 것이다…. 현대철학은 이 점에서 플라톤을 계속해서 따를 것이며, 내재성 그 자체의 한복판에서 초월성을 마주치게 될 것이다"라고 들뢰즈는 논평한다(ECC 137).

이 관점에서 볼 때, 들뢰즈는 아리스토텔레스의 후기 비판들은 플라톤의 방법이 가지는 본질적인 논점을 곡해했다고 주장한다. 아리스토텔레스는 분할을, 탐구되고 있는 사물을 적합한 종species 아래 포함시키기 위하여, 유genus를 대립하는 종들로 분할하는 수단으로 해석한다 — 따라서 낚시꾼의 기술에 대한 정의를 탐색하기 위하여 끊임없는 종별화의 과정이 있게 된다. 아리스토텔레스는 플라톤의 분할이, 가령 낚시는 획득의 기술에, 포획에 의한 기술 등등에 속한다고 결론을 내리도록 이끌어 줄 수 있는 '이유reason' — 중명사로서 역할할 수 있는 개념의 동일성 — 를 결여하기 때문에 나쁘고 부적법한 삼단논법이라고 하며 반대하는데 이는 올바르다.[18] 하지만 플라톤의 분할 방법의 목적은 이와는 완전히 다른 것이다. 분할의 방법은 모순이나 반대대당의 변증법antiphasis, 종들의 규정이 아니라, 경쟁자들과 구혼자들의 변증법amphisbetesis, 지원자들의 선별이다.[19] 그것은 유를 종들로 분할하는 것으로 이루어진 것이 아니라, 불순하고 무차별인 물질로부터 순수한 선line을 선별하는 것으로 이루어진다. 그것은 무한정적 혼합체 혹은 다양체로부터 진짜인 것과 진짜가 아닌 것, 좋은 것과 나쁜 것, 순수한 것과 순수하지 않은 것을 구별해 내려는 시도이다. 그것은 "차이를 만드는" 물음이지만, 이 차이는 종들 사이에서 일어나지 않는다. 그것은 직접적인 것의 깊이 내에 전적으로 놓여 있는데, 여기서 선별은 **아무런 매개 없이** 이루어진다. 플라톤 그 자신은 분할을 금을 찾는 일, 이와 마찬가지로 불순함을 제거하는 일에 비유하고, 이와 유사하게 "같은 부류의" 다른 금속들을 제거하는 일 등 여러 선별들을 포함하는 과정에 비유한다. 이런 이유로 분할의 방법은, 개념의 상정된 동일성과 대조적으로, 한 특이성에서 다른 한 특이성으로 비약하는 변덕스럽고 일관되지 않은 절차로 나타날 수 있다. 하지만 들뢰즈는 "이념의 관점에서 볼 때 이것은 이념의 힘strength이 아닌가?" 하고 묻는다. 분할의 방법과 더불어, "미로 혹은 카오스가 풀려 나오지만, 실 없이 또는 실의 도움 없이 그렇게 된다"(DR 59).

선별의 기준으로서의 플라톤의 이념

"이념" 개념은 어떻게 경쟁 지망자들 사이에서 이러한 선별을 수행하는가? 들뢰즈는 플라톤의 방법은 어떤 특정한 아이러니에 의해서 진

---

18 아리스토텔레스, 『분석론 전서 I』, 31과 『분석론 후서 II』, 5와 13. 아리스토텔레스, 『아리스토텔레스의 주요 저작』, 리처드 매키언 편(New York: Random House, 1941), 92~93, 163~164, 175~179. 또한 LS 254와 DR 59~60에 있는 들뢰즈의 논평들을 보라.

19 플라톤, 『정치가』, 303 d~e. antiphasis와 amphisbetesis의 차이에 관해서는, DR 60과 LS 293을 보라.

행된다고 주장한다. 분할이 선별이라는 현실적 임무에 도달하자마자 플라톤은 **신화**를 개입시킨다. 『정치가』에서 고대의 신화가 분할의 노력을 방해하듯이, 『파이드로스』에서 영혼들의 순환 신화가 그렇게 한다. 그러한 것이 분할의 두 번째 덫, 두 번째 아이러니이다. 첫 번째 것은 경쟁 지망자들의 갑작스러운 출현이고, 두 번째 것은 회피 혹은 포기의 이러한 갑작스러운 출현이다. 신화의 도입은 아리스토텔레스의 모든 반대들을 확증하는 것처럼 보인다. 분할은 매개를 결여하기에 증명하는 힘force이 전혀 없으므로, 따라서 분할 그 자체가 상상적이거나 서사적인 방식으로 분할에다 매개와 동등한 것을 제공할 수 있는 신화에 의해 대체되는 것을 허용하지 않으면 안 된다. 그러나 다시 또 이러한 아리스토텔레스의 반대는 플라톤 기획의 의미를 놓치고 있다. 왜냐하면 신화는 아무것도 방해하지 않고, 오히려 분할 그 자체의 통합적 요소이기 때문이다라고 들뢰즈는 말한다. 만약 신화와 변증법이 플라톤주의 일반에서 두 구분되는 힘이라는 것이 사실이라면, 신화를 변증법 그 자체의 요소로 만들면서 이 이원성을 극복하여 변증법의 힘power과 신화의 힘을 내적으로 통합하는 것은 바로 분할이다.

플라톤의 대화록에서, 신화는 주로 **토대**foundation의 서사로서 기능한다. 고대 종교적 전통들을 좇아서, 신화는 상이한 지망자들을 판단하게 해 줄 수 있는 순환의 모델을 구축한다. 즉, 신화는 차이들을 솎아 내고, 여러 경쟁자들의 역할과 주장을 측정하며, 마지막으로, 참된 지망자들을 선별할 수 있는 토대를 확립한다.[20] 예를 들어, 『파이드로스』에서 플라톤은 육화에 선행하는 영혼들의 순환을, 그리고 영혼들이 담지하고 있는, 영혼들이 관조할 수 있는 **이데아**들의 기억을 기술한다. 플라톤에게 선별적 기준을 제공하여 그에게 상이한 유형의 홀림 — 즉, 연인, 시인, 성직자, 예언자, 철학자 등등의 홀림 — 의 가치와 질서를 규정하도록 해 주는 것은 바로 이 신화적 관조, 이 관조의 본성과 정도, 그리고 이러한 관조의 회상을 위해 요구되는 유형의 상황들이다. 토대가 잘 수립된 홀림이나 참된 사랑은, 많은 것을 보아 왔고, 잠자고 있지만 회복할 수 있는 기억들을 보유하는 저 영혼들에 속한다. 참된 지망자들은 관조와 회상에 "참여하는" 자들인 반면, 관능적 영혼들은 잘 잊으며 시야가 좁아서 그릇된 경쟁자들인 탓에 비난을 받는다. 마찬가지로『정치가』는 고대에서 인간과 세계를 지배하는 신의 이미지를 소환한다. 이 신화는, 정확하게 말하면, 오로지 이 고대의 신만이 "인간의 왕-목양자king-shepherd"로서 정치가의 정의를 받을 만하다는 것을 보여 준다. 하지만 또, 이 신화는 존재론적 측정을 제공한다. 도시의 상이한 사람들이 참여의 정도에 따라서, — 고대 목양자-신의 모델과 가장 가까운 정치적인 사람에서부터, 부모, 하인, 보조원, 그리고 끝으로 기만과 사기로 단지 진정한

---

20 DR 61~62. 플라톤주의와 고대 종교의 관계에 관해서는, 미르체아 엘리아데, 『영원회귀의 신화』(Princeton: Princeton University Press, 1954)를 보라. 엘리아데는 고대 종교를 신화적 원형의 반복 및 중심의 상징에 의해 특징지으며, 그것이 플라톤주의와 명백히 유사한 점이 있다는 점에 주목한다. 즉, "이 '원초적인' 존재론은 플라톤의 구조를 가진다고 말할 수 있을 것이며, 그 경우에 플라톤은 '원초적인 사고방식'의 탁월한 철학자로, 즉 고대 인간의 생활 양식과 행동 양식에 철학을 유포하는 데 성공한 사상가로 간주될 수 있을 것이다"(34). 그럼에도 불구하고, 들뢰즈는 엘리아데가 종교에 접근하는 방법의 측면들에 대해 비판적이다. 즉, "원시 사회가 역사가 없고, 원형들 및 원형들의 반복에 의해 지배된다는 발상은 특히 취약하고 부적절하다. 이는 종족학자들에 의해서가 아니라, '역사의 발명'이라고 믿고 싶어 했던, 유대-그리스도교의 불행한 의식에 고착된 이데올로기 신봉자에 의해 구상된 것이다"(AO 150, 번역 수정).

정치가를 흉내 낼 뿐인 협잡꾼, 사기꾼에 이르기까지 ── 신화적 모델을 부등하게 나누어 갖는 것으로 제시된다.[21]

플라톤의 "참여"(metachein, 글자 그대로 "~을 따라서 가지다") 개념은 이 토대의 역할로 이해되지 않으면 안 된다. 즉, 선별적 참여는 선별 방법의 문제에 대한 응답이다. "참여하는 것"은 ~의 일부를 가지는 것, ~을 따라서 가지는 것, 간접적으로 가지는 것을 의미한다. 어떤 것을 직접적으로 가지는 것은 바로 토대 그 자체, 이념이다 ── 오직 정의만이 정의이고, 오직 용기만이 용기이다. 이러한 진술들은 단지 분석 명제가 아니라 주어진 성질을 직접적으로 소유하는 토대로서 이념을 명시하는 것이다. 오직 이념만이 "사물 그 자체"이고, 오직 이념만이 "자기-동일적"(auto kath' hauto)이다. "그것은 객관적으로 순수한 성질을 소유하는 것, 혹은 그것 **자체와 다른** 것이 아닌 것이다."(WP 29~30) 경험적으로 말하면, 어머니는 어머니일 뿐만 아니라, 또한 딸이기도 하고 연인이기도 하고, 또 아마도 아내이기도 할 것이다. 하지만 혹 플라톤이 어머니의 이념이라 부르는 것은 오직 그것 자체인 것, 어머니 이외의 다른 것이 아닌 어머니이다(성모 마리

---

21 들뢰즈와 과타리는 철학은 개념의 창조를 본성으로 하는 학문 분야라고 주장하는데, 플라톤의 이념 개념은 이 주장의 복잡성을 실제로 보여 주는 예이다. 플라톤은 우리는 이념을 관조해야만 한다고 말하지만, **무엇보다도 그는 이념 개념을 창조할 필요가 있었다.** 들뢰즈는 이런 의미에서 플라톤은 그가 실제로 행하는 일과 반대되는 것을 가르치고 있다고 쓰고 있다: "플라톤은 이념들의 개념을 창조하지만, 이념들에 선행하는 창조되지 않은 것을 표상하는 것으로서 이념들을 정립할 필요가 있었다. 그는 시간을 이념들의 개념에다 놓지만, 이러한 시간은 선행자Anterior이지 않으면 안 되었다. 그는 이념들의 개념을 구축하지만, 그 가능한 구축자의 거리 혹은 근접을 측정할 수 있는 시간 안의 차이의 형식하에서, 한 대상체의 선재성을 증명하는 것으로서, 그렇게 했다. 이는, 플라톤의 면plane에서, 진리가 전제된 것으로서, 이미 거기에 존재하는 것으로서 정립되었기 때문이다."(WP 29)

아 개념은 순수한 어머니의 이념으로 향한 기독교인의 접근이라고 말할 수 있겠다).[22] 플라톤의 혁신은 순수한 어떤 것, 순수한 성질의 이념이라는 진정한 개념을 창조해 냈다는 데 있다. 그렇다면 이념은 토대로서 자신이 소유하는 것을 공유되도록 하여, 그것을 지망자(간접적 소유자)에게 주지만, 오직 지망자가 토대의 시험을 통과할 수 있는 한에서이다. 플라톤에게 있어서 (이념들과 대립되는 바의) 사물들은 언제나 그것 자체와 **다른** 어떤 것이라고 들뢰즈는 말한다. 고작해야 그들은 오직 간접적 소유자, 이념 그 자체로 향한 한낱 지망자들 혹은 "지원자들pretenders"에 불과할 뿐이다. 그들은 그 성질을 소유하겠다고 **주장할** 수 있을 뿐이며, 그들이 순수 이념에 **참여하는** 정도에 한에서만 그렇게 할 수 있을 뿐이다. 그러한 것이 판단의 이론이다. 유명한 신플라톤주의의 삼원 관계, 즉 참여되지 않는 자, 참여되는 자, 참여하는 자가 이로부터 따라 나온다. 우리는 또한 아버지(토대), 딸(지망의 대상), 구혼자(지망자)를 언급할 수 있을 것이다. 이 삼원 관계는 일련의 길고 긴 참여들, 즉 토대적 원리에서 멀리 떨어져 있느냐, 가깝게 붙어 있느냐에 따라서 참여의 상이한 정도와 질서를 구분하는 위계("존재의 연쇄")를 산출한다.[23]

이념이 선별적 참여의 이러한 정도를 판단하게 해 주는 메커니즘은 무엇인가? 만약 본질로서의 토대가 이념의 본원적이고 월등한 동일성 혹은 **같음**sameness으로 정의된다면, 지망자는 자신이 토대를

---

22 DR 85를 보라: "연인의 저편에, 어머니의 저편에, 연인과 공존하고 어머니와 동시간적으로 존재하며, 동정녀 마리아의 결코 체험된 적이 없는 실재가 놓여 있다."
23 신플라톤주의 유산에 대한 들뢰즈의 해석에 대해서는, 「내재성의 지대들」, TRM, 261~264, 그리고 「내재성 및 표현의 역사적 구성요소들」, EPS, 169~186을 보라.

닮거나 모방하는 정도에 한에서만 잘 토대가 수립될 것이다. 이러한 닮음resemblance은 한 사물과 다른 한 사물 간의 닮음으로서의 외적 일치일 뿐만 아니라, 사물과 이념 간의 내적이고 정신적인(혹은 "노에시스적인noetic") 닮음이다. 지망자는 오직 자신이 본질을 구성하는 관계들과 비례들을 포괄하는 이념을 내적으로 본뜨는 한에서만 지망의 대상과 부합한다. 토대를 수립하는 행위the act of founding는 지망자에게 이 내적인 닮음을 부여하며, 또 이러한 조건 위에서 지망자를 지망의 성질, 지망의 대상에 적법하게 참여하게 만든다. 따라서 지망자들 혹은 차이들의 자리매김(분류)은 두 유사물 ─ 즉, 원본적 동일성의 범례적 유사물, 그리고 더 혹은 덜 유사한 복제물의 모방적imitative 혹은 "모사적mimetic" 유사물 ─ 간의 경쟁적 유희 내에서 일어난다. 이것은 그 자체가 들뢰즈에게 가장 중요한 철학적 결정을 나타낸다. 즉, 플라톤주의는 차이들을 오직 같은 것the Same의 원리와 닮음Resemblance의 조건에 복속시킴으로써만 **사유되는** 것을 허용한다(DR 127). 따라서 이념 개념은, 들뢰즈의 분석에 따르면, 세 가지 구성요소로 이루어진다.

1. 소유될 수 있거나 참여될 수 있는 차별적 성질(가령, 정의로운 것)
2. 참여될 수 없는 것으로서, 이러한 차별적 성질을 직접적으로 소유하는 앞서-존재하는pre-existent 토대(가령, 정의 그 자체)
3. 이러한 차별적 성질(가령, 정의로운 사람인 것)의 소유를 주장하지만 오직 두 번째로, 세 번째로, 또는 네 번째로만 그 성질을 소유하는 경쟁자들, 혹은 전혀 소유하지 않는 경쟁자들(시뮬라크르) (WP 30)

그렇다면 플라톤에게 "주장pretension"은 여러 현상 중의 한 현상이 아니라, 모든 현상의 본성이다. 지망자claimant[prétendant]가 토대에 호소하며, 더한 정도든, 덜한 정도든 주장의 대상에 참여해야만 하는 것은, 혹은 토대가 없다고 비난받아야만 하는 것은 토대가 수립되어야만 한다는 주장claim[prétention](가령, 정의로워야 한다는 주장, 용감해야 한다는 주장, 경건해야 한다는 주장, 진정한 목양자이어야 한다는 주장, 연인이어야 한다는 주장, 또는 철학자이어야 한다는 주장)이다. 만약 플라톤주의가 그리스 세계에서 힘power의 논쟁적 관계에 대한 응답이라면, 토대는 로고스logos의 작동이다. 토대는 이 주장들 혹은 지망자들 사이의 차이들을 가려내고 측정해서, 어느 지망자가 주장의 대상에 진정으로 참여하는가를 결정하는 시금석이다.

소피스트의 역의 방법: 시뮬라크르

명백한 함축이 이 분석으로부터 따라 나온다. 즉, 참여의 한계에 **토대가 수립되지 않은** 주장pretension이 놓여 있지 않은가? "가장 참된" 지망자, 토대가 잘 수립된 진정한 지망자는 토대에 가장 가까운 지망자, 제2차의 소유자이다. 하지만 그렇다면 또한 제3차, 제4차의 소유자가 존재하고, 계속해서 n차의 저하로까지 내려가지 않겠는가? 그리하여 오직 토대의 신기루나 시뮬라크르를 소유할 뿐이고, 선별을 통해 모조품이라고 비난을 받는 그 자체 신기루나 시뮬라크르인 자로까지 내려가지 않겠는가?[24] 만약 정의로운 지망자가 경쟁자들을 가진다면, 이 지망자는 또한 모조품들과 시뮬라크르를 가지는 것은 아닌가? 플라톤에 따르면, 이 시뮬라크르의 존재는 플라톤 그 자신과 모순되고 모든 것에 대해 토대가 수립되지 않은 주장들을 행사하면서, 모든 곳에서 플라톤 그 자신을 방해하고 침해하는 소피스트, 곧 프로테우스적 존재와 사실상 다른 것이 아니다.

이렇게 해석될 때, 들뢰즈는『소피스트』의 결론을 플라톤주의의 가장 비상한 모험들 중의 하나라고 간주한다. 분할에 관한 위대한 대화록 중의 세 번째 책인『소피스트』는『파이드로스』나『정치가』와는 달리 어떠한 토대적인 신화도 제시하지 않는다. 오히려 이 책은 역설적인 방식으로 분할의 방법을 이용하는데, 이는 참된 지망자가 아니라 거짓된 지망자인 소피스트 그 자신을 분리해 내고자 시도하는 "역으로 이용하는 방법counter-utilization"이다. 이 관점에 입각해서, 들뢰즈는 플라톤 사유의 두 가지 공간적 차원을 구분한다.『파이드로스』와『정치가』의 대화들은 순수 모델(=모본)과의 닮음에 의해 적법화되고 순수 모델에의 근접에 의해 측정되는 "참된 연인"이나 "참된 정치가"를 향하여 위로 운동한다. 이런 점에서 플라톤의 아이러니는 상승의 기법이자, 금욕적인 높은 이상에 관한 원리를 향해 가는 운동이다.[25] 이와 대조적으로,『소피스트』는 유머의 하강하는 운동, 거짓된 복제물의 헛됨을 향하여 아래로 운동하는 하강의 기법, 자기-모순적인 소피스트를 따라간다. 여기서, 분할의 방법은 토대적인 신화나 모델에 전혀 호소할 수 없다. 왜냐하면 참된 소피스트 그 자신은 거짓된 지망자이므로 그것은 더 이상 참된 소피스트와 거짓된 지망자를 식별하는

---

24 예를 들어, 아우구스티누스의 경우, "절대적" 가장dissimulation은 무를 의미한다. 따라서 존재자들의 최후의 것은, 만약 그것이 무가 아니라면, 적어도 허상적illusory 시뮬라크르이다. 에티엔 질송,『성 아우구스티누스 연구 입문』(Paris: Vrin, 1929), 268을 보라.

25 사유의 정향들로서의 상층, 심층, 표면에 관해서는, LS, 계열 18「철학자들의 이미지에 대하여」, 127~133을 보라.

문제가 아니기 때문이다.

분할 방법의 이 역설적 사용은 대화를 놀라운 결론으로 이끌고 간다. "시뮬라크르의 방향 쪽에서 물음으로써, 플라톤은 시뮬라크르의 심연에 몸을 기울일 때 순간의 섬광 속에서 시뮬라크르가 단지 거짓된 복제물이 아니라, 복제물 개념이나 … 모델 개념 바로 그것에 의문을 제기한다"고 들뢰즈는 쓰고 있다(LS 294). 소피스트를 최종적으로 정의할 때, 플라톤은 독자들을 그들이 더 이상 소피스트와 소크라테스 그 자신을 구별해 낼 수 없는 지점으로까지 이끌고 간다. "자신과 대화 중인 사람을 사적으로 또 짧은 말로 스스로 모순되게 만드는 … 시치미를 떼거나 혹은 반어를 구사하는 모방자."[26] 소피스트는 들뢰즈에게 특정한 "유형"의 사유하는 사람, 즉 마치 플라톤 극장에서 소크라테스의 분신이나 되는 듯 사사건건 소크라테스에 붙어 다니는, "반감을 불러일으키는" 등장인물로 나타난다. 플라톤은 소피스트를 모순의 존재자 —— 가장 낮은 힘과 최종적 등급의 참여, 이른바 카오스 상태 —— 로 환원하고 싶어 했다. 하지만 소피스트는 오히려 모든 사물들을 시뮬라크르 상태로 상승시켜서 그 사물들을 그 상태로 유지시키는 존재자는 아닌가? 플라톤주의는 이런 식으로 "소피스트주의를 자신의 적으로 대하지만, 또한 자신의 한계와 분신으로 대하기도 한다. 소피스트는 어떤 것이든 소유하겠다고 주장하기 때문에, 선별을 뒤죽박죽으로 만들고 판단을 왜곡할 큰 위험이 존재한다"(ECC 136). 이것은 플라톤 아이러니의 세 번째 순간,

---

26 플라톤, 『소피스트』, 268b.

즉 그 한계로까지, 유머의 지점으로까지 밀어붙여진 아이러니이다. 이 아이러니는 들뢰즈에게 있어서 플라톤주의의 전복이 무엇을 수반하는지 우리에게 다시 또 알려 주고 있다. "아이러니가 이 지점까지 밀어붙여져야 할 필요가 있지 않았는가? 또 플라톤이야말로 플라톤주의의 전복을 위한 이러한 방향을 최초로 알려 주는 사람일 필요가 있지 않았는가?" 하고 들뢰즈는 묻는다(LS 295).

따라서 이 본질적인 플라톤의 구분은 모본과 복제물, 원본과 이미지(=모상), 본질과 현상 사이의 사변적인 구분보다 훨씬 더 심오하다. 더 깊고 실천적인 구분이 두 종류의 지망자나 '이미지', 혹은 플라톤이 에이돌론eidolon이라고 부르는 것 사이에서 작동한다.[27]

> 1. "복제물들"(에이코네스eikones)은, 이념적인 모본과 내적으로 닮았음에 의해 인가되었고, 토대에 긴밀하게 참여하고 있음에 의해 인증된, 근거가 잘 확립된 지망자들이다.
> 2. "시뮬라크르"(판타스마타phantasmata)는, 비유사성에 기반하고, 이데아(=이념)를 본질적으로 왜곡함, 혹은 이데아로부터 이탈함을 의미하는 거짓된 지망자와 같다.

"플라톤이 이미지-우상들image-idols의 영역을 한편으로는 아이콘적(=도상적) 복제물iconic copies, 다른 한편으로는 환영적 시뮬라크르phantastic

---

27 플라톤, 『소피스트』, 236c: "그렇다면 두 종류의 이미지-만들기[eidolopoïike] — 비슷한 것을 만들기[eikones]의 기술, 그리고 환영적인 것, 즉 외양들appearances[phantasmata]을 만들기의 기술 — 가 존재한다." 또한 『소피스트』, 264c~268d, 그리고 『공화국』, 권10, 601d ff.를 보라.

simulacra 이렇게 둘로 나누는 것은 바로 이러한 의미에서이다."[28] 이데 아와 이미지의 이 매우 명백한 이원성은 거기서 오직 이 두 유형의 이 미지들 간의 잠재적 구분을 보장하는 것일 따름이고, 선별의 구체적 기준을 제공하는 것일 따름이다. 플라톤은 모본이나 "이데아" 개념을 이미지들의 세계에 대립시키기 위해서가 아니라, 참된 이미지들 곧 아이콘들을 선별하고, 거짓된 이미지들 곧 시뮬라크르들을 제거하기 위해서 창조한다. 이러한 의미에서, 들뢰즈는 플라톤주의는 철학의 오디세이라고 말한다. 푸코가 "영원한 남편, 율리시스의 돌연한 출현 과 더불어, 거짓된 구혼자들은 사라진다. **퇴장하는 시뮬라크르들**"이 라고 논평하듯이.[29]

그렇다면 들뢰즈의 독해에 따를 때, 플라톤주의는 소피스트 그 자신, 사악한 궤변가(디오니소스)를 식별해 내기 위해서, 모든 영역 에서 환영들과 시뮬라크르를 추적하고 끝까지 찾아다니는 이러한 의 지에 의해 정의된다. 플라톤주의의 목적은 "도상학iconology"이다. 즉, 거짓된 지망자이기에 배격되고 제거되는 시뮬라크르에 대한 아이콘 의 승리이다. 플라톤주의의 방법은 신화적 원환을 설립함으로써 차 이를 선별하는 것(amphisbetesis)이고, 토대를 확립하는 것이며, 이데

---

28 LS 296. 장-피에르 베르낭은 「이미지의 탄생」, 『반드시 죽는 자와 영원히 죽지 않는 자: 논 문 모음집』, 프로마 I. 제틀린 편(Princeton: Princeton University Press, 1991), 164~185, 특히 169에서, 들뢰즈가 이 구별에 부여한 중요성에 의문을 제기했다. 하지만 그럼에도 불구하고 그는, 소피스트의 문제는 "이미지가 외양seeming에 있어서가 아니라 존재being에 있어서 무엇 인지를 분명히 표현하는 것, 즉 현상의 외양에 대해서가 아니라 외양의 본질, 헛닮음semblance의 존재에 대해서 말하는 것이다"(182)라고 말할 때, 들뢰즈 독해의 취지를 지지하고 있다.

29 미셸 푸코, 「철학 극장」, 『언어, 반-기억, 실천』(Ithaca, NY: Cornell University Press, 1977), 167. 들뢰즈는 LS에서 호메로스의 이미지를 사용하고 있다.

아 개념을 창조하는 것이다. 플라톤주의의 동기는 무엇보다도 **도덕적 동기**인데, 왜냐하면 시뮬라크르가 비난받는 것은 바로 그 모본과 복제물 개념에 도전하고, 이렇게 하여 우리를 선의 이데아로부터 돌아서게 하는 악의이기 때문이다(따라서 플라톤은 소피스트들과 더불어 어떤 시인들을 비난하게 된다). 자연주의의 용어를 써서 말하면, 플라톤주의의 목적은 자연에 내재하는 존재자를 자연으로부터 탈취하는 것이고, 자연을 순수한 현상으로 환원하는 것이며, 자연을 초월하는 도덕적 이데아에 의거하여, 즉 "반항적 물질에다 자신과 상사한 것을 부과할 수 있는 초월적 이데아"[30]에 의거하여 자연을 판단하는 것이다. 마지막으로, 플라톤주의는 철학이 그 자신의 것으로 인지하게 될, 들뢰즈가 "재현representation"이라 칭하는 영역의 개시를 알린다. 비록 "재현"이라는 용어가 철학사에서 다양한 모습들로 나타나긴 하겠지만, 플라톤주의는 재현에다 정확한 의미를 귀속시킨다. 즉, 토대가 잘 수립된 이 세상의 모든 주장pretension은 필연적으로 재현이다. 왜

---

30 DR 128. 자연주의적 노선을 따라서 들뢰즈를 읽기 위해서는, 알베르토 괄란디, 『들뢰즈』 (Paris: Les Belles Lettres, 1998)를 보라. 괄란디는 들뢰즈에게 진정한 자연철학의 과제는 "어떠한 초월성의 흔적도 제거하는 것이고, 이와 동시에 자연에다 자연의 진정한 깊이, 자연에 고유한 생성과 잠재성들, 자연에 내재적인 존재Being를 돌려주는 것"(36)이라고 주장한다. 니체의 경우, 이러한 자연주의적 기획은 그 선구자를 헤라클레이토스에게서 발견한다. 들뢰즈의 경우, 고대에 이러한 자연주의적 기획을 대표하는 위대한 철학자는 루크레티우스였는데, 들뢰즈는 루크레티우스의 자연주의를 그의 논문 「루크레티우스와 시뮬라크르」에서 분석하고 있다(LS 266~279): "인간에게 있어서, 신화에 해당하는 것과 자연에 해당하는 것을 구별하는 일, 그리고 자연 그 자체에 있어서, 진정으로 무한한 것과 그렇지 않은 것을 구별하는 일, 바로 그러한 일이 자연주의Naturalism의 실천적, 사변적 대상이다. 최초의 철학자는 자연주의자이다. 즉, 그는 신들에 대해 말하기보다 자연에 대해 말한다. 그의 조건은 그의 담론이, 자연으로부터 자연의 모든 실증성positivity을 빼앗을 **새로운 신화들**을 철학 안에 도입하지 않게 되리라는 것이다."(LS 278) 후반의 문구는 플라톤에 관한 언급이다.

냐하면 주장들의 질서에서 일차적인 것이라 하더라도 그것은 토대에 복속해 있으므로 그 자체 이미 이차적인 것이기 때문이다. 이데아는 사물들 그 자체 속에서 "재현 가능하지" 않은 것의 함수로서만 세계 속에서 소환된다.[31]

시뮬라크르 개념

이러한 플라톤주의의 "초상화"를 수중에 가지고 있으므로, 우리는 들뢰즈에게 니체의 "전복된 플라톤주의"가 무엇을 의미하는지 이해할 수 있는 위치에 있다. 그것은 단순히 복제물에 대한 원본의 우위, 이미지에 대한 모본의 우위("우상들의 황혼")를 부인하는 것을 의미하지 않는다. 복제물과 시뮬라크르의 차이는 왜 존재하는가? 플라톤은 시뮬라크르에서, 이념들(=이데아들)이 부과하고 사물들이 수용하는 질서를 영원히 피해 가는 전복적 요소를 가리키는 "무제한적 생성becoming-unlimited"을 보았다.[32] 하지만 시뮬라크르를 복제물에 복속시킬 때, 따라서 이념에 복속시킬 때, 플라톤은 시뮬라크르를 전적으로 부정적인 용어들로 정의한다. 즉, 시뮬라크르는 복제물의 복제물, 끝없이 강등되는 복제물, 무한하게 해이해지는 아이콘이다. 진정

---

31 "재현representation"이라는 용어의 사용에 관해서는, 미셸 푸코, 『사물들의 질서』(New York: Vintage, 1973)를 보라. 이 책에서 푸코는 17세기에서 재현의 "고전적" 세계를 발견하고, 그 한계들의 개요를 서술한다. 플라톤주의에 관한 들뢰즈의 정의는 리처드 로티의 다음과 같은 진술과 어떤 친연성들을 가진다. 즉, "철학의 주요 관심은 재현의 일반 이론, 즉 문화를, 실재를 잘 재현하는 영역, 실재를 덜 잘 재현하는 영역, (실재를 재현한다고 가장함에도 불구하고) 실재를 전혀 재현하지 않는 영역으로 나누는 이론에 관한 것이다". 리처드 로티, 『철학과 자연의 거울』(Princeton: Princeton University Press, 1979), 3.

32 『필레보스』 24d. 이 주제에 관해서는, LS, 계열 1 「순수 생성에 관하여」, 1~3을 보라.

으로 플라톤주의를 전복한다는 것은 복제물과 시뮬라크르의 차이가 단지 정도의 차이로서가 아니라 **본성상의 차이**difference in nature로서 간주되지 않으면 안 된다는 것을 의미한다. 달리 말해서, 플라톤주의의 전복은 시뮬라크르들 그 자체의 긍정을 의미한다. 그렇다면 시뮬라크르는 그 자신의 개념이 주어져서 긍정적인 용어들로 정의되지 않으면 안 된다. 그러한 개념을 창조할 때, 들뢰즈는 자신의 철학적 방법론의 핵심에 놓여 있는 격언을 따르고 있다. 즉, "위대한 철학자들이 말한 것을 반복하기 위하여, 혹은 **그들이 行한 것을 행하기 위하여**, 즉 필연적으로 변화하고 있는 문제들을 위한 개념들을 창조하기 위하여 그들을 따르는 가장 좋은 방법은 무엇인가?"(WP 28) 들뢰즈의 시뮬라크르 개념은 위에서 요약한 플라톤의 이념의 세 가지 구성요소들과 대조가 되는 세 가지 특징들로 정의될 수 있다.

1. 첫째로, 들뢰즈는 "복제물은 닮음이 부여된 이미지인 데 반해, 시뮬라크르는 닮음이 없는 이미지이다"(LS 257)라고 주장한다. 우리는 이 다소 기이한 공식적 문구를 어떻게 이해해야 하는가? 들뢰즈는 교부들의 신플라톤주의에 영향을 받은 초기 기독교 교리문답서는 닮음을 상실한 이미지 개념에 우리를 친숙하게 만들었다고 언급한다. 즉, 신은 인간을 창조하여 그 자신의 이미지 안에 있게 해서 자신을 닮게 했지만(Imago Dei), 죄로 인해서 인간은 이 이미지를 보유하더라도 닮음을 상실했다. 우리는 도덕적 실존을 상실했고 심미적 실존으로 진입하게 되었다(키르케고르). 우리는 시뮬라크르들이 되었다. 교리문답서는 시뮬라크르는 악마적 이미지라는 사실을 강조한다. 시뮬라크르는 여전히 이미지로 남아 있으나, 아이콘과 대조적으로 그 닮음은 **외부화되었다**externalized. 시뮬라크르는 더 이상 "닮음resemblance"

이 아니라 단지 "헛닮음semblance"에 불과하다.[33] 만약 아이콘의 "지적인noetic" 닮음이 아들이 아버지의 자식 혈통에 내적으로 참여한 데서 나와서 생긴 닮음과 같다면, 이와 달리 시뮬라크르의 헛닮음은 사기꾼의 계략이나 술책과 같다. 비록 아들의 외모가 아버지의 외모를 반영한다 할지라도, 이 관계는 전적으로 외적이고 우연적이며, 아버지한테서 물려받았다는 주장은, 이념을 통과함이 없이, "아버지에 반反해서" 행위하는 일종의 전복이다.[34] 시뮬라크르는 여전히 동일성과 닮음의 **효과들**effects인 척하지만, 그러나 이제 시뮬라크르들은 어떠한 내적인 원리들과도 단절되고, 복제물에서 작동하는 것들과는 완전히

---

33 스탠리 로젠은 "X와 닮지 않은 이미지는 X의 이미지일 수 없다"고 언급하며, 『소피스트』에 관한 들뢰즈의 독해를 비판했다. 하지만 여기서 로젠은 "이미지"는 닮음resemblance(모본에 내적으로 참여하는 참된 복제 또는 아이콘)이거나, 아니면 단순히 헛닮음semblance(단지 외적인 반영을 가장하는 거짓 시뮬라크르 혹은 환상)일 수 있다는 들뢰즈의 구별을 무너뜨리고 있다. 비록 이 두 영어 용어의 사용법은 겹치지만, 그럼에도 불구하고 이 용어들은 들뢰즈가 확립하려고 시도하고 있는 아이콘과 시뮬라크르 사이의 본질적인 구별을 보여 준다. 『옥스퍼드 영어 사전』(OED)은 닮음을 "비슷한 또는 유사한 성질… 어떤 사람이나 사물의 비슷함, 이미지, 재현, 재생산으로 정의한다"(OED가 드는 몇 가지 역사적 예들은, 의미심장하게도, 인류가 타락하기 이전의 창조 상태를 가리킨다). 이와 반대로, 헛닮음은 "나타나 보이는 사실로서… 실제로는 존재하지 않는 어떤 것, 혹은 실재와 다른 외관을 가지는 어떤 것의 외관 또는 외양으로서" 정의된다. 로젠의 논평은 이미지, 닮음, 헛닮음, 심지어 "미메시스"와 같은 용어들의 구별을 무너뜨려, 단지 동의어로 만드는 경향이 있는 것으로 보인다. 스탠리 로젠, 『플라톤의 소피스트: 원본과 이미지의 드라마』(New Haven and London: Yale University Press, 1983), 172~173을 보라.

34 자크 데리다는 자신의 시론 「플라톤의 약학」, 『파종』(Chicago: University of Chicago Press, 1981), 61~171에서, 로고스의 아버지, **로고스** 그 자체, 글쓰기라는 이와 유사한 삼원 관계를 플라톤주의 한복판에 위치시킨다. 데리다의 초기 저작의 많은 부분은 바로 다음과 같은 이유 때문에 플라톤의 "글쓰기" 개념에 초점을 두었다. 즉, 글쓰기는 아버지를 거치지 않고 폭력과 기만을 통해서 로고스를 포획하려고 한다는 점에서 **시뮬라크르**이고, 거짓 지망자이다. LS 297에서, 들뢰즈는 『정치가』에서 이와 같은 형태, 즉 법의 아버지로서의 선, 법 그 자체, 법령을 발견한다. 좋은 법령은 복제물이지만, 선을 회피함으로써 법을 위반하거나 침해하는 순간 시뮬라크르가 된다.

다른 수단에 의해 생산되는 (광학 효과와 같은) 전적으로 다른 효과들이다.[35]

　이러한 들뢰즈의 신학적 언급은 우발적인 것이 아니다. 왜냐하면 시뮬라크르에 친숙해 있었던 전 범위에 걸친 기독교적 경험이 존재했기 때문이다. 예를 들어, 『기독교 교리에 관하여』에서 아우구스티누스는 참된 기호들과 거짓된 기호들 간에, 아니 오히려 동일한 기호에 대한 두 방식의 해석 간에 **차이를 만드는 것**을 목적으로 삼는 플라톤의 기호학을 전개했다. 그는 선별의 기준을 이념에서가 아니라 신 그 자신, 스스로 향유될 수 있고 (향유되어야만 하는) 유일한 "사물"에서 찾아냈다. 그가 **카리타스**caritas라고 불렀던 것은 기호들을 "아이콘적 복제물"로 해석하는 것을 뜻하는데, 이는 (일차적 소유자로서, 자기 자신을 위해) 신이 누리는 향유를 향해 가는, 또 (이차적 소유자로서, 신을 위해) 우리 자신과 우리 이웃이 누리는 향유를 향해 가는 영혼의 끊임없는 운동을 추동한다. 이와 반대로, **쿠피디타스**cupiditas는 기호들을 그 자신을 위한 것으로 해석하는 것을 뜻하는데, 이는 신 이외의 어떤 것을 위해 "우리 자신이나 우리 이웃, 또는 모든 물질적인 사물"이 누리는 향유이다. 아우구스티누스는 자신의 신학의 목적이 "탐욕cupidity(시뮬라크르)의 지배를 파괴하는 것"이라고 분명히 한 바 있다.[36] 『신의 도시』에서 아우구스티누스가 바로Varro에게 가한 논박은 플라톤이 소피스트들에게 가한 논박의 많은 측면들을 반복하

---

35 요컨대, 시뮬라크르는 차이적 체계, 즉 "차이가 차이 그 자체를 통해서 차이와 관계를 맺는 체계"이다(DR 277). 들뢰즈가 『차이와 반복』에서 분석하는 것이 바로 그러한 체계이다.
36 아우구스티누스, 『기독교 교리에 관하여』(Indianapolis: Bobbs-Merrill, 1978), 특히 88~89.

게 된다.[37]

만약 시뮬라크르가 후에 기독교 사상에서 악마론demonology의 대상이 되었다면, 이는 시뮬라크르가 아이콘의 "반대물"이기 때문도 아니고, 악마적인 것이 신적인 것의 반대물이기 때문도 아니며, 사탄이 타자the Other, 신으로부터 가장 멀리 떨어져 있는 극, 절대적 반정립이기 때문도 아니라, 훨씬 더 당혹스럽고 현기증 나는 어떤 것, 즉 같은 것the Same, 완벽한 분신, 완전한 헛닮음semblance, 도플갱어이기 때문이며, 플라톤이 소크라테스와 소피스트가 식별 불가능하게 된 지점에 도달하듯이 기만이 너무 완벽해서 사기꾼(사탄, 마왕Lucifer)을 "실재"(신, 그리스도)와 구별할 수 없는 빛의 천사이기 때문이다. 이 지점은 더 이상 "기만" 혹은 심지어 "모조simulation"에 대해 말할 수 있는 지점이 아니라, 적극적이고 긍정적인 "거짓된 것(pseudos)의 역능power"에 대해 말할 수 있는 지점이다. 유혹Temptation과 심문Inquisition은 선Good 대 악Evil이라는 강한 대립상의 에피소드들이 아니라, 같은 것the Same의 복잡한 상입挿入, insinuation상의 변이들이다. 우리는 어떻게 신의 계시와 악마의 기만을 구별하는가? 혹은 우리는 어떻게 신앙이 약한 인간들을 유혹하도록 신이 보낸 기만과, 신의 시험을 가장하여 악마가 보낸 계시(신을 가장 잘 모방하는 사탄을 가장 가깝게 닮은 신…)를 구별하는가? 따라서 악마적인 시뮬라크르는 언제나 아이콘적이고, 초월적 심급의 유비적 현출인 (파울 틸리히 또는

---

37 아우구스티누스, 『이교도들에 대항하는 신의 도시에 관하여』, 헨리 베튼슨 옮김(New York: Penguin, 1984), 특히 책 VI. 클로소프스키의 텍스트, 『목욕하는 디아나』는 명시적으로 아우구스티누스의 일신론적인 『신의 도시』에 대한 일종의 다신론적인 전도로서 제시된다. 『목욕하는 디아나/로마의 여인들』, 82~84, 131~138에 있는 그의 주석들을 보라.

시론 1— 플라톤주의 51

미르체아 엘리아데가 정의하는 바의) 신학적인 "상징"과 뚜렷하게 대조를 이루고 있다. 클로소프스키가 그의 저작을 통해 내내 부활시키고 탐색했던 것이 바로 이 시뮬라크르의 경험이다. 푸코는 시뮬라크르에 대한 관심은 바로크 시기를 통해서 계속되었으며, 데카르트의 위대한 시뮬라크르가 등장하고 나서야 마침내 침묵에 떨어졌다고 언급한다. 이 위대한 시뮬라크르는 제1『성찰』의 악령the Evil Genius, 신의 놀라운 쌍둥이로, 신을 가장하여 신의 모든 능력들을 흉내 내며, 영원한 진리들을 법령으로 정하고 2 더하기 2가 5인 듯이 행동하지만, 악의 때문에 모든 가능한 실존으로부터 축출된다.[38] 만약 플라톤이 시뮬라크르를 비방한다면, 이는 시뮬라크르가 거짓된 것을 참된 것 위로까지, 악한 것을 선한 것 위로까지 격상시키기 때문이 아니다. 더 정확히 말해, 시뮬라크르는 "선과 악을 넘어" 존재하는데, 왜냐하면 선과 악을 **식별 불가능하게** 만들어 선과 악 사이의 차이를 내면화하고, 이렇게 하여 선별을 흩트려 놓고 판단을 왜곡하기 때문이다.

　2. 둘째로, 만약 시뮬라크르가 닮음 없는 이미지라면, 이는 이념 그 자체가 더 이상 자기-같음의self-same 모본의 동일성을 가지는 것이 아니라, **차이 그 자체**difference-in-itself에 의해 구성되기 때문이다. 만약 복제물이 비유사성에 잠겼다면, 이는 모본이 차이에 뛰어들었고, 그리하여 무엇이 모본이고 무엇이 복제물인지 말하는 것이 더 이상 가능하지 않게 되었기 때문이다. 만약 동일성과 닮음이 지속된다면,

---

38 이 모든 주제들에 관해서는, 미셸 푸코, 『푸코의 주요 저작: 1954~1984』, 제2권: 『미학, 방법, 인식론』, 제임스 D. 포비옹 편(New York: New Press, 1988), 123~135에 있는, 클로소프스키에 관한 푸코의 중요한 논문 「악타이온의 산문」(로버트 헐리 옮김)을 보라.

이는 동일성과 닮음이 이제 단순히 시뮬라크르의 차이적인(=미분적인) 내적 절차internal differential machinery의 **외적** 효과들이기 때문이다. 플라톤 그 자신이 시뮬라크르가 어떻게 닮음의 이러한 비-생산적인non-productive 외적 효과를 얻는가를 명시하고 있다.

> 시뮬라크르는 관찰자가 지배할 수 없는 거대한 차원들, 깊이들, 거리들을 의미한다. 관찰자가 닮음의 인상을 경험하는 것은 그가 저 거대한 차원들 등을 지배할 수 없기 때문이다. … 닮음은 언제나 외부에 존재하며, ─ 작든 크든 ─ 차이는 체계의 중심을 점유한다. (LS 258, RP 171)

시뮬라크르는 이념의 차이적(=미분적) 본성을 내면화했기 때문에, 따라서 근본적인 **차등**disparity ─ "본원적인 깊이 내의 차등성disparateness"(DR 51) ─ 위에 구축되었기 때문에, 복제물과 본성상 다르다. 달리 말해서, 시뮬라크르는 어떠한 선행하는 동일성으로부터도 유래하지 않는 **내적 차이**, 내적 차등 위에 구축되며, 측정과 소통의 단위로서 "차등이 나는 것the disparate"[le dispars]을 가진다. 따라서 "차등이 나는 것들을 소통, 공명, 강요된 운동에 놓는 것은 시뮬라크르의 특성일 것이다"(RP 170~171).

여기서 들뢰즈는 자주 간과되는 동일한 것the Identical이라는 개념과 같은 것the Same이라는 개념의 구별을 행한다. 플라톤주의에서, "모본은 동일성을 같은 것의 본질(auto kath' hauto)로서, 이념들의 본질로서 정립함에 의해서만 정의될 수 있고, 복제물은 내적 닮음의 촉발에 의해, 유사한 것의 성질에 의해 정의될 수 있다"(DR 265). 그러나 전복된 플라톤주의에서, 같은 것과 동일한 것 간의 이 연결은 절단된다. 같은 것은 이념들이 아니라 사물들의 측면을 통과하고, 그렇게 하여 사물들과 이 사물들의 시뮬라크르가 식별 불가능하다(소크라테스는 소피스트들과 식별 불가능하고, 신은 사탄과 식별 불가능하다)는 점을 나타낼 때, 이에 상응하는 상실을 겪는 것은 바로 사물들의 동일성이다.

같은 것과 동일한 것의 구별은 우리가 같은 것[이념]을 차이 나는 것에 관련시키는 전환에 놓이게 할 때만 결실을 본다. 이와 동시에 차이 나는 것 안에서 구별되는 사물들과 존재자들[복제물들]은 이에 상응하는, 자신들의 **동일성**의 근본적인 파괴를 겪는다. 오직 이러한 조건에서만 차이는 재현되거나 매개되지 않은 사유 그 자체이다.[39]

들뢰즈가 "현대성modernity은 시뮬라크르의 힘에 의해 정의된다"(LS 265)고 쓸 때, 그는 각 시대는 그 자체의 반-플라톤주의를 창조해야만 한다는 것을, 그리고 그 자신의 "시뮬라크르적" 버전은 모더니즘modernist 문학의 구조들과 기법들에 적어도 부분적으로 영향을 받는다는 것을 의미하는 것으로 보인다. 이 점에서 제임스 조이스, 알랭 로브-그리예, 레몽 루셀, 피에르 클로소프스키, 비톨트 곰브로비치를 포함하는 어떤 20세기 모더니즘 작가들은, 그들의 저작이 플

---

39 DR 66. 또한 DR 301을 보라: "일단 차이가, 존재 전체를 떠맡은 후, 존재 전체를 떠맡은 시뮬라크르에 적용되기만 하면, 같은 것the Same은 영원히 탈중심화되어 사실상 차이 주위를 돌 뿐이다."

라톤주의 또는 플라톤주의의 전복과 아무런 관계가 없긴 하지만, 그럼에도 불구하고 그들의 문학적 기법들에 분명히 나타나 있는, 예술 작품을 구성하는 "내적 차이"를 만들어내 왔으며, 들뢰즈는 빈번히 그들의 저술을 본보기로 호소한다. 예를 들어, 루셀의 소설들에서 한 단일한 서사가 두 상이한 이야기들을 **동시적으로** 말하도록 창작돼 있다. *La Doublure*의 절차는 동음이의어의 이중적 의미에 의존하는데 (이 소설의 제목은 "대역 배우"를 의미할 수도 있고, 또는 "안감"을 의미할 수도 있다), 이 동음이의어는 대상들이 이중적 의미를 띨 수 있게 해 주는 작품의 한가운데에서 공간을 열어 놓기에 각 대상은 동시에 두 가지 이야기들에 참여하게 된다. 『아프리카의 인상』은 이 절차를 복잡하게 만들어, 의사–동음이의어(billard/pillard)로 시작하고 첫 번째 이야기 내에 두 번째 이야기를 감춘다.[40] 마찬가지로, 조이스의 『피네간의 경야』는 "카오스모스chaosmos"의 모든 발산적 계열들 또는 이야기들을 횡단적 차원들 속에서 일시에 소통하도록 만드는 편지를 언급하면서, 이러한 내적 차등의 기법들을 그 한계로까지 밀어붙였다고 말할 수 있겠다. 그렇지만 들뢰즈는, 설사 현대 문학이 특권적인 본보기가 될지라도, 회화나 조각 같은 모든 예술은 ——심지어 전-모더니즘적pre-modernist 예술들조차도 —— 그 자체의 내적 차이의 기법

---

40 루셀의 저작에 관한 논의에 대해서는, 미셸 푸코, 『죽음과 미로: 레몽 루셀의 세계』(Garden City, NY: Doubleday, 1986), 특히 제2장을 보라. 들뢰즈의 분석에 대해서는, DR 22와 LS 39, 85를 보라. 루셀의 언어는 단지 언어의 조합적 가능성들 ——언어는 지칭되는 사물보다 더 적은 지칭의 용어들을 갖지만, 그럼에도 불구하고 이러한 빈곤으로부터 방대한 부를 추출할 수 있다는 사실 ——에 의존하는 것이 아니라, 더 정확히 말해, 같은 단어의 반복 내에 최대한의 차이를 기입하면서, 같은 단어로 두 사물을 말할 가능성에 의존한다.

들을 가진다고 주장한다.[41] 실로, 전복된 플라톤주의에서, **모든 사물들**은 시뮬라크르들이다. 그리고 시뮬라크르들로서 모든 사물들은 내적 차등에 의해 정의된다. 즉, "사물들은 시뮬라크르들 자체이고, 시뮬라크르들은 우월한 형식들이며, 모든 사물들이 직면하고 있는 어려움은 그 자신의 시뮬라크르가 되는 것이다. … 그 자체in-itself를 위하여 중요한 것은 차이는, 작든 크든, 내적이라는 점이다"(DR 67, 121).

　3. 마지막으로, 시뮬라크르의 세 번째 특징은 이 차등 혹은 차이가 파악되는 양식, 들뢰즈가 **문제적**problematic 양식으로 정의하는 것에 관한 것이다. 플라톤이 예술가를 도시the City에서 추방하는 내용이 담긴 『공화국』의 유명한 대문에서, 그는 모방(아파테apate 또는 "기만"이 아니라 **미메시스**mimesis로서의 모방)의 "아이콘적" 의미를 보존하기 위해서 사용자-생산자-모방자라는 삼원 관계에 호소한다.[42] 사용자는 모본 혹은 이념에 대한 지식인 참된 **지식**knowledge을 사용하기 때문에 플라톤의 위계에서 맨 꼭대기에 있다. 그 다음 장인(데미우르고스demiourgos)에 의해 생산된 복제물들은 이것들이 모본을 내적으로 재생산하는 정도만큼 아이콘적이다. 장인은 이념에 대한 지식에 의해

41　DR 69, 55~56을 보라: "관점주의를 확립하기 위해서 관점들을 배가하는 것으로는 충분하지 않다. 모든 관점에는 그 자체의 자기-충족적인 의미를 가지는 자율적인 작업이 상응해야만 한다. … 재현은 오직 서서히 물러나는 유일무이한, 단일한 중심을 가지며, 따라서 거짓 깊이를 가진다. … 운동 그 자체는 다수의 중심들, 관점들의 중첩, 관점들의 엉킴, 본질적으로 재현을 왜곡시키는 계기들의 공존을 함축한다. 즉, 회화나 조각은 이미 우리가 운동을 창조하도록 강요하는, 그러한 '왜곡하는 것들'이다."

42　플라톤, 『공화국』, X, 601b. 미메시스 개념은 5세기 이전에는 예술을 논할 때 사용되지 않았던 것으로 보인다. 그때까지, 시인의 기술은 "기만"(apate)의 하나로 간주되었으며, 플라톤이 추방하려고 노리는 것은 바로 이러한 형태의 이미지-만들기이다. 베르낭, 「이미지의 탄생」, 『반드시 죽을 수밖에 없는 자와 영원히 죽지 않는 자』, 165와 주석 2를 보라.

작업한다고 말할 수 없을지라도, 그럼에도 불구하고 사용자의 지식의 올바른 판단 혹은 **바른 의견**에 의해, 그리고 본질을 구성하는 관계들과 비례들에 의해 인도된다. 달리 말해, 바른 견해는 복제물과 이념 간의 내적 (지적noetic) 유사성에 의해 보장되는 정도만큼만 복제물과 이념 간의 외적 닮음을 파악한다.

그렇다면 시뮬라크르의 거짓된 닮음과 내적 닮지 않음을 위해 무엇이 남아 있는가? 플라톤의 경우, 모방은 그것이 **에이도스**를 재생산하는 것이 아니라, 외적이고 비생산적인 방식으로 닮음의 **결과**를 생산할 뿐인 시뮬라크르에 적용될 때에만 경멸적인 의미를 띠는데, 이러한 결과는 참된 지식을 통해서도(사용자) 바른 의견을 통해서도(장인) 얻어지는 것이 아니라, 속임수, 계략, 또는 지식과 의견 바깥에 놓여 있는 **맞닥뜨림**encounter의 기술인 전복에 의해서(예술가나 시인) 얻어지는 것이다.[43] 시뮬라크르는 **물음**으로서, 우리를 생각하도록 강요하는 물음으로서, 즉 플라톤이 "도발자provocative"라 부르는 것으로서 **문제**의 양식하에서 나타날 수 있을 뿐이다("그것은 참인가 거짓인가, 선인가 악인가?").[44] 『공화국』은 예술이나 시 그 자체를 공격하지 않는다. 이 책은 시뮬라크르적이고 환영적인 예술, 아이콘적이 아니거나 모방적이 아닌 예술을 제거하고자 시도한다. 아마도 20세기 팝아트의 정신은 모방적 복제물이 그 본성을 변화시켜서 시뮬라크르로 뒤바뀌는 지점으로까지 이미지들의 증식을 밀어붙이는 바로 그 능력

---

43 LS 265. 이 논점들에 관해서는, 마르틴 하이데거, 『니체 1: 예술로서의 힘에의 의지』, 162~199를 보라.

44 플라톤, 『공화국』, VII, 523b ff.

에 있을 것이다(이것이 앤디 워홀의 캠벨 수프 깡통 시리즈의 원래 모델일까?).[45]

　시뮬라크르의 "문제적" 본성은 복제물 개념과 모본 개념 둘 모두와 경합하며 바로 이 둘의 구분을 무너뜨리는 어떤 것이 존재한다는 사실을 가리킨다. "우리는 시뮬라크르를 단순한 모방으로 이해해서는 안 된다. 모본 혹은 특권적 위치라는 바로 그 관념에 도전하고 전복하는 작용으로 이해해야 한다."(DR 69) 시뮬라크르로 인해서 참여의 질서는 불가능하게 된다. 더 이상 어떠한 가능한 위계도, 이차적인 것도, 삼차적인 것도 존재하지 않기 때문이다. 특권적인 관점이 존재하지 않으며, 모든 관점들에 공통되는 한 대상도 존재하지 않는다. 같음과 닮음이 지속하지만, 오직 시뮬라크르의 차이적 절차의 효과들로서 지속할 뿐이다(힘에의 의지will to power). 시뮬라크르는 가면들을 겹쳐 놓음으로써 아버지, 약혼자, 지망자 모두를 동시에 흉내낸다. 왜냐하면 모든 가면 배후에 참된 사실이 존재하는 것이 아니라, 또 다른 가면이 존재하며, 그 가면 배후에는 또 다른 가면이 존재하기 때문이다. 니체가 플라톤의 동굴 알레고리에 응답하며 사려 깊게 말하듯이, "모든 동굴 뒤에 또 다른 더 깊은 동굴 — 표면 너머에 있는 더 포괄적이고, 더 생소하고, 더 풍요로운 세계, 근거들을 부여하려는 모든 시도하에 모든 근거 배후에 있는 깊은 심연의 근거? — 은 존재하지 않고 존재해서도 안 된다".[46] 들뢰즈는 "유일한 착각은 무언가

---

45 이 맥락에서 워홀의 작품에 대한 분석에 대해서는, 폴 패튼, 「반-플라톤주의와 예술」, 『질 들뢰즈와 철학 극장』, 콘스탄틴 보운다스·도로테아 올코우스키 편(New York: Routledge, 1994), 141~156을 보라.

또는 누구가의 가면을 벗긴다는 착각 —— 가면 뒤의 얼굴을, 복제물 뒤에 원본을, 겉에 보이는 세계 뒤에 참된 세계를 상정하는 착각 —— 이다"라고 논평한다(DR 106). 시뮬라크르로서 거짓된 지망자는 더 이상 이른바 참된 모본과 관련하여 거짓되다고 말할 수 없다. 오히려, "거짓된 것(pseudos)의 힘power"은 이제 그 자신의 긍정성을 띤다. 그 자신의 개념을 취하며, 가장 높은 힘으로 들어올려진다(NP 96). 거짓된 것은 거짓된 것의 힘과 구별되지 않으면 안 된다. 거짓된 것은 진리의 형식으로부터 해방될 때 —— 즉, 거짓된 것이 더 이상 거짓된 것으로(즉, "오류error"로) 제시되지 않을 때 —— 그 자신의 "힘"을 띤다.[47] 참된 세계는 더 이상 시뮬라크르의 거짓된 세계와 대립하지 않는다. 오히려, "진리truth"는 이제 시뮬라크르 그 자체의 긍정이 되며, 허위 falsity(예술)는 긍정되고 더 높은 힘으로 들어올려진다.[48]

---

46 프리드리히 니체, 『선악의 저편』, §289, 『니체의 주요 저술들』, 발터 카우프만 엮고 옮김(New York: Modern Library, 1968), 414.

47 거짓된 것을 ("모든 시간에 모든 장소에서 참인" 보편적이고 필연적인 것으로서의) 진리의 모델로부터 분리하는 것은 결국 시간 형식이다(1984년 6월 12일 세미나를 보라). "거짓된 것의 힘"이라는 어구는 니체의 신조어가 아니라 들뢰즈의 신조어인 것으로 보인다.

48 NP 103을 보라: "생명의 활동은 거짓의 힘과 같다. 즉, 속이기, 위장하기, 현혹시키기, 유혹하기. 하지만 결과를 낳기 위해서, 이 거짓된 것의 역능은 선택되거나 배가되거나 또는 반복되어야만 하고, 따라서 더 높은 역능으로 격상되어야만 한다. … 거짓된 것을 이 더 높은 긍정적인 역능으로 격상하고, 속이려는 의지를 거짓된 것의 역능 속에서 긍정되는 어떤 것으로 바꾸는 것은 거짓말을 창조하는 예술이다. 예술가에게 외양appearance은 더 이상 이 세계 속 실재적인 것의 부정을 의미하지 않고, 이러한 종류의 선택, 이러한 교정, 이러한 배가, 이러한 긍정을 의미한다. 그렇다면 진리는 새로운 의미를 띤다. 진리는 외양이다. 진리는 가장 높은 힘으로까지 상승되는 역능의 시행을 의미한다. 니체의 경우, '예술가들인 우리'='앎이나 진리를 추구하는 자인 우리'."(번역 수정) 또한 니체, 『우상의 황혼』, 「철학에서의 이성」 6을 보라. "왜냐하면 이 경우에 '외양'은 오직 선택, 강화, 교정을 거쳐서만 다시 한번 실재를 의미하기 때문이다. 비극적 예술가들은 결코 비관주의자들이 아니다. 즉, 그는 바로 의문스러운, 심지어 끔찍하기조차 한 모든 것에 '예'라고 말하는 자이다. 그는 디오니소스적이다."(484)

내재적 이념으로서의 순수 차이

시뮬라크르의 이러한 특징들은 전복된 플라톤주의에 대해 새롭게 숙고하도록 우리를 이끈다. 플라톤주의를 전복시키고자 하는 들뢰즈의 기획은 플라톤주의를 거부하는 것으로 간주되어서는 안 되며, 오히려 이와 반대되는 것이다. 들뢰즈는 "플라톤주의의 전복이 많은 플라톤적인 특징들을 보존해야 한다는 것은 불가피한 것일 뿐만 아니라 **바람직한 것이기도 하다**"(DR 59)고 쓰고 있다. 시뮬라크르는 플라톤에 대한 들뢰즈 분석의 중심이긴 하지만, 그렇다고 해서 최종적인 발언인 것은 아니다. 시뮬라크르는 플라톤이 확립한 선별의 기준을 흩트려 놓으며, 차이와 허위 두 가지 모두에게 그 자신의 개념을 부여한다. 그러나 들뢰즈의 전복된 플라톤주의는 플라톤주의 전반을 거부하는 것이 아니라, 플라톤 기획의 거의 모든 측면들을 회복한다. 하지만 플라톤의 기획은 이제 시뮬라크르 그 자체의 관점에서 다시 해석된다. 따라서 시뮬라크르는 들뢰즈가 플라톤주의를 독해할 때 이중적 역할을 행한다. 즉, 시뮬라크르는 플라톤이 "차이를 만들고자" 하는 시도에서 어떻게 실패했는지, 하지만 동시에 새로운 기반 위에서 플라톤의 기획을 회복하는 것으로 향하는 길을 어떻게 열어 주었는지를 보여 준다. 동시에 이런 의미에서 들뢰즈의 전복된 플라톤주의는 활기를 되찾은 플라톤주의로 간주될 수 있으며, 심지어 완성된 플라톤주의로 간주될 수도 있다.

무엇이 활기를 되찾은 플라톤주의의 본성인가? 플라톤의 실책은 저 옛 지혜old Wisdom에 여전히 "집착해서 그 초월성을 다시 전개하려 했던 점"이다(WP 148). 들뢰즈는 플라톤주의가 초월성에 호소하는 것을 거부한다. 즉, "플라톤주의에 대한 모든 반발은 어떠한 초월성의 회귀도 금하는, 충분한 범위의 순수한 내재성을 복원하는 것이다"(ECC 137). 따라서 순수하게 내재적인 이념 이론은 시뮬라크르로 시작되지 않으면 안 된다. 플라톤이 부인하려고 시도했던 시뮬라크르의 **존재자**가 있으며, 이 존재자로 시작해야만 한다. 만약 아이콘적인 복제물의 닮음이 이념적인 같음의 동일성의 모본에 기반한다면, 시뮬라크르의 차등성은 시뮬라크르의 비유사성 혹은 "내면화된 차이"가 자신의 힘을 끌어내는 또 다른 모본, **차이**의 모본에 기반한다. "시뮬라크르는 차이 나는 것이 차이 그 자체에 의해서 차이 나는 것에 관계하는 저 체계들이다. 본질적인 것은 우리가 이 체계들에서 어떠한 선행하는 동일성도, 어떠한 내적 닮음도 발견하지 못한다는 점이다. 즉, 그것은 전적으로 차이의 문제이다."(DR 299) 실로, 플라톤이 애당초 시뮬라크르를 몰아내도록 동기를 부여했던 것은 바로 이 시뮬라크르의 차이적 본성이 아니었던가? "첫 인상(차이는 악이다)을 기초로 하여, [플라톤은] 차이를 재현함으로써 차이를 '구할' 작정이었다."(DR 29) 대신에, 전복된 플라톤주의는 차이 그 자체를, 시뮬라크르 그 자체를 구성하는 차등성을 설명하는 "재현 이하적인sub-representative 원리"로 긍정하는 것을 의미한다. "보상을 요구하기에 처음에 우리에게 괴물같이 보였고, 오로지 재현적 매개에 의해서만 완화될 수 있었던 [시뮬라크르의] 잔혹성은 이제 우리에게 차이의 순수 개념 혹은 **차이의 이념**을 구성하는 것으로 보인다."(DR 67) 달리 말해서, 시뮬라크르는 이념들에 대한 새로운 이해, 즉 시뮬라크르에 (초월적이 아니라) **내재적인** 이념들, (동일성이 아니라) 순수 **차이** 개념에 기반하는 이념들을 요구한다. 따라서 **내재성**과 **내적 차이**는 『차이와 반복』에서 들뢰즈의, 활기를 되찾은 플라톤주의의 두 시금석이다.

들뢰즈는 자신의 내재적 변증법을 위한 자원들을 어디에서 찾아내는가? 들뢰즈는, 차이 및 유사하지 않은 것(생성)이 플라톤 그 자신의 몇 가지 중요한 텍스트들에서 때때로 나타난다고 적고 있다. 이 텍스트들에서, 창조된 복제물의 불가피한 특징이, 이미지들의 닮음에서 오는, 이미지들에 영향을 미치는 결함으로서(이미지들은 닮기 위해서는 달라야만 한다), 뿐만 아니라 데카르트의 사악한 악마에 해당하는 플라톤식 표현인, 같은 것의 좋은 모본과 경쟁하는 가능한 모본으로서 나타나고 있다.[49] 소크라테스가 아이러니의 방식으로 다음과 같이 물을 때 이러한 긴장 상태의 메아리가 대화들에서 울려 퍼진다. 즉, 모든 것의 이념, 심지어 진흙, 털, 쓰레기, 똥의 이념이 존재하는가? 아니면 오히려 이념을 항상 완강하게 피하는 어떤 것이 존재하는가?[50] 플라톤은 이 가능한 일들을 제기하고 결국 마법을 부려 쫓아내지만, 그러나 이 가능한 일들은 플라톤주의 그 자체의 한복판에서 디오니소스의 세계의 지하 활동을 통하여 집요하게 존속한다는 것을, 그리고 그 자신의 영역의 가능성을 증언한다.[51] 하지만 이념들에 대한 순수하게 **내재적인** 해석을 개시하여, 이념들에 초월적 대상을 부과하

---

49 DR 319 n30을 보라. 예를 들어, 『테아이테토스』에서, 소크라테스는 "인간 앞에 영원히 놓인 두 가지 패턴, 하나는 축복받고 신적인 것, 다른 하나는 신이 없고 비참한 것"(176e)에 대해 말한다. 마찬가지로, 『티마이오스』(27d~28d)는 데미우르고스 앞에 세계의 창조를 위한 두 가지 가능한 모델을 놓고, 인간 앞에 학문을 위한 두 가지 가능한 모델을 놓는다("명장이 세계를 창조했을 때 어느 패턴 ── 변화 불가능한 것의 패턴 또는 창조되는 것의 패턴 ── 을 마음에 두었는가?"). TP 361~374에서, 들뢰즈는, 상수를 추출해 냄으로써 법칙을 탐구하는 질료형상 모델(형상-질료의 정적 관계)을, 변수들 그 자체를 연속적 변이 상태 속에 놓는 수력학 모델(물질-힘의 동적 관계)로 대체하는, 그러한 생성 모델에 기반을 두는 다양한 "소수" 과학(아르키메데스의 기하학, 원자론자들의 물리학, 미분법 등등)을 분석한다.

50 플라톤, 『파르메니데스』, 130d.

는 가상을 폭로한 사람은 우선 칸트였다.『순수이성비판』의 「초월론적 변증법」에서 칸트는 그가 전통적 형이상학의 종착점이라고 단정을 내린 세 가지 주요한 초월적 이념들, 즉 자기, 세계, 신을 발견했다. 칸트는 이런 이념들은 우리 인식의 체계화를 인도하는, 경험 바깥의 지평들 혹은 초점들로서 단지 규제적 방식으로 사용될 때에만 적극적 사용을 가질 수 있다(이념들의 적법한 **내재적** 사용)고 주장했다. 하지만 우리가 이념들을 구성적 사용으로서 용인해서, 이념들이 이에 상응하는 대상들을 지시한다고 주장할 때, 우리는 이성의 **가상**illusion에 떨어진다(이념들의 부적법한 **초월적** 사용).

그렇지만 칸트조차도 내재적 이념 개념을 그 극한으로까지 밀어붙일 수 없었다.『실천이성비판』에서 칸트는 기꺼이 초월적 이념들을 부활시켜서, 초월적 이념들에다 도덕 법칙의 공준들이라는 실천적 규정을 부여했다. 들뢰즈 자신의 기획은, 칸트 자신의 내재성의 철학은 흄, 스피노자, 라이프니츠의 저작으로 회귀함을 통해서만 완성될 수 있다고 주장한 최초의 칸트-이후의 철학자였던 살로몬 마이몬 Salomon Maimon이 개시한 계획을 따른다. 들뢰즈에게 이념들은 경험에 내재적인데, 왜냐하면 이념들의 실재적 대상들은 **문제적**problematic 구조들, 즉 특이성들-사건들의 수렴하고 발산하는 계열에 의해 구성

---

51 DR 127을 보라: "플라톤의 우주 도처에 주입되어, 차이는 그것의 멍에에 저항한다. … 이는 마치 소크라테스 뒤를 바짝 따라가고, 심지어 플라톤의 문체의 반복과 변이들 안으로 그 자신을 삽입하면서, 플라톤의 문체에 늘 붙어 다니는 이상한 **분신**이 존재하는 것과 같다." 이 분신이 플라톤의 문체에 미치는 영향에 관해서는, DR 319 n29를 보라. "플라톤의 주장은 세부적인 것에 대한 세심한 관심을 증명하는 문제적 보복과 반복이라는 특징을 지니는데, 이는 마치 처음 주제에 끼어들어 오는 이웃이지만 같지 않은 주제에 대항하여 방어하기 위해 처음 주제를 교정하려는 노력이 존재하는 것처럼 보인다."

되는 다양체들을 가지기 때문이다. 칸트의 경우, 계열의 연접(범주적 "그리고 … 그리고")을 보장하는 것은 바로 자기Self의 초월적 형식일 뿐이고, 확장될 수 있는 연속적인 인과적 계열의 수렴(가언적 "만약 …, 그렇다면")을 보장하는 것은 세계의 초월적 형식이고, 배제적 혹은 제한적 사용 속에서 이접(선언적 "… 또는 … ")을 보장하는 것은 신의 초월적 형식이다. 초월성에 이렇게 호소하는 일로부터 벗어나서 들뢰즈는, 이념들은 마침내 순수하게 내재적인 지위를 떠맡게 되며, 자기, 세계, 신은 공동의 죽음을 나누게 된다고 주장한다.

> 긍정된 계열들의 발산은 "카오스모스"을 형성하지, 더 이상 세계를 형성하지 않는다. 계열들을 횡단하는 우발점은 반-자기counter-self를 형성하지, 더 이상 자기를 형성하지 않는다. 종합으로서 제기된 이접은 그 신학적 원리를 악마적 원리로 대체한다. … 세계의 그랜드 캐니언, 자기의 "균열", 신의 해체. (LS 176)

『차이와 반복』에서, 들뢰즈는 이 순수하게 내재적인 의미의 이념들을 위한 일단의 형식적 기준들, 즉 차이, 반복, 특이성, 문제적, 다양체, 사건, 잠재성, 계열, 수렴과 발산, 식별 불가능성의 지대 등등을 전개하고자 한다. 이런 의미에서 『차이와 반복』은 **변증법**에 대한 새로운 이해를 제시한다. 플라톤주의는 사물 자체와 사물의 시뮬라크르를 구별해서 선정하는 기준을 확립하겠다는 생각에 지배되어 있다. 즉, "플라톤은 차이를 변증법의 최상의 목표로 확립하고자 했다"(DR 67). 하지만 여기서 차이는 여전히 진짜인 것과 진짜가 아닌 것 간의 **외적** 차이로 남아 있다. 플라톤주의는 초월적 이념에 차이들이 어느 정도 닮았는가에 의해서 차이들을 평가하는 **같은 것**the Same의 모본을 세움으로써만 "차이를 만들" 수 있다. 그러나 들뢰즈의 전복된 플라톤주의에서, 이 개념들의 분배는 변화된다. 만약 사물과 사물의 시뮬라크르 간의 차이가 식별 불가능하게 된다면, 그렇다면 차이는 사물 자체에 **내적인** 것이 된다(동시에 닮음은 외적인 것이 된다). 차이는 더 이상 사물과 시뮬라크르 사이에 놓여 있지 않다. 사물과 시뮬라크르는 **같은 것**the Same이기 때문이다. 오히려 차이는 사물들에 내적이다(사물들은 그 자체 시뮬라크르이다). 따라서 요구되는 것은 차이의 순수 이념, 사물들 자체에 **내재하는** 이념이다. 내재적 이념은 더 이상 플라톤의 경우처럼 순수한 성질이 아니라, "성질들 배후에 있는 이유the reason behind qualities"(DR 57)이다. 들뢰즈는 그의 기획을 명백하게 차이적인 용어로 기술한다.

> 모든 대상, 모든 사물은 그 자신의 동일성이 차이 속에 삼켜지는 것을 보고 있음이 틀림없으며, 각 존재자는 오직 차이들 사이의 차이일 따름이다. 차이가 **차이 나는 것**으로 제시되고 있음이 틀림없다. … 그러므로 대상은 결코 동일하게 있는 것이 아니라, 보는 주체에 의해 보여지는 대상의 동일성이 사라지는 차이 속에서 갈기갈기 찢겨져 있음이 틀림없다. 차이는 요소, 궁극적 단위가 되고 있음이 틀림없다. 그러므로 차이는 결코 자신을 동일화하지 않고 차이화하는 다른 차이들을 지시하고 있음이 틀림없다. (DR 56)

들뢰즈가 "초월론적 경험론"이라 부르는 것을 구성하는 것이 바로 이 내재적 이념 이론이다. 동일성과 닮음이 여전히 지속하지만, 이

제 그것들은 단지 차이적 이념들에 의해 생산된 효과들일 뿐이다. 차이는,

> 동일성의 이미지를 마치 이것이 차이가 나는 것의 **목적**이라도 되는 양 생산한다. 차이는 닮음의 이미지를 "차등이 나는 것"의 외적 **효과**로 생산한다. … 그러나 이것들은 바로 모조된 동일성과 닮음이다. … 서로를 닮은 것, 유비적인 것, 대립하거나 동일한 것은 언제나 차이들이다. 즉, 차이는 모든 것의 배후에 존재하지만, 차이 배후에는 아무것도 존재하지 않는다. (DR 301, 357)

전도된 플라톤주의의 모습들

일단 이념 이론이 내재적이고 차이적인 것으로 재해석되고 나면, 플라톤의 변증법은 새로운 모습을 취할 수 있다. 즉, "그때 매 순간의 차이는 자신의 참된 모습, 즉 선별, 반복, 탈근거ungrounding, 물음-문제 복합체question-problem complex를 발견하는 것이 분명하다"(DR 68). 우리의 마지막 과제는 이 네 가지 모습들이 들뢰즈의 전복된 플라톤주의에서 행하는 기능, 그리고 이 모습들이 들뢰즈의 내재적 이념들의 이론과 맺는 관계를 분석하는 일이다.

1. **물음-문제 복합체.** 첫째로, 들뢰즈는 그의 전복된 플라톤주의를 그가 "물음-문제 복합체"(DR 66)라 부르는 것의 수준에서 비판을 수행함으로써 추구한다. 고대 신화에는 언제나 수행되어야 할 임무가 있고, 해결되어야 할 수수께끼가 있다. 신탁을 전하는 사제에게 묻지만, 사제의 대답은 그 자체 문제이다. 플라톤에서, 이 물음-문제 복합체는 새로운 형태로 다시 나타난다. 즉, 이념을 선별의 기준으로

호소하는 것이 대화록들에서 특정한 **형태의 물음**에 대한 대답으로 나타난다. "이념은, 이념의 발견은 어떤 유형의 물음과 분리할 수 없다. 이념은 무엇보다 물음들을 제기하는 방식에 부응하는 그 자체 대상체objectity[objectité]이다."[52] 플라톤에게 있어서, 이러한 묻기는 주로 …은 무엇인가?[ti estin?]라는 형식으로 나타난다.[53] 플라톤은 이런 주된 형식의 물음을 ── 누가? 어느 것이? 얼마나? 어떻게? 어디서? 언제? 어떤 경우에? 어떤 관점에서?와 같은 ── 다른 모든 형식들과 대립시키고 싶어 했는데, 이런 물음들은 난잡한 사유 방식을 표현하는, 억견opinion의 사소하고 저속한 물음들이라고 해서 비판을 받기 때문이다.

예를 들어 소크라테스가 "아름다움이란 무엇인가?"라고 물을 때, 대화 상대자는 거의 언제나 "아름다운 것"을 듦으로써 대답하는 것으로 보인다. 소크라테스는 승리한다. 정의가 존재하는 **장소**where 또는 **시간**when을 지적함으로써 "정의란 무엇인가?"라는 물음에 대답할 수 없듯이, 우리는 아름다운 것의 **예들**을 듦으로써, **누가** 아름다운가("젊은 처녀") 주시함으로써 "아름다움이란 무엇인가?"라는 물음에 대답할 수 없으며, 또 우리는 "둘"이 **어떻게** 얻어지는지 설명함으로써 둘의 본질에 도달할 수 없다, 등등. "아름다움이란 무엇인가?"라는 물음

---

52 들뢰즈의 논문 「극화의 방법」, DI 94~116, 특히 94~95를 보라. 또한 DR 64를 보라. "존재(플라톤이 이념이라고 부르는 것)는 문제의 본질 혹은 물음 그 자체에 '상응한다'. 이는 마치 존재와 물음을 서로 간에 관련을 맺게 하는 '틈', '간극', 존재론적 '주름'이 존재하는 것과 같다."
53 플라톤에게 있어서 "…란 무엇인가?"라는 물음의 역할에 대한 분석에 대해서는, 리처드 로빈슨, 『플라톤의 초기 변증법』, 제2판(Oxford: Clarendon, 1953), 특히 제5장 「소크라테스적 정의」, 49~60을 보라.

에 우리는 오직 우연적으로 또 생성에 따라서 아름다울 뿐인 아름다운 사물들을 지적해서는 안 되고, 오로지 아름다울 뿐인 아름다움 그 자체, 존재와 본질에 있어서 아름다운 아름다움 그 자체를 지적해야만 한다. 소크라테스는 본질들을 얻기보다 예들을 제시하는 데 만족하는 사람들을 비웃는다. 따라서 "…은 무엇인가?"라는 물음은 본질의 방향으로 우리의 주의를 돌리게 하는 특정한 사유 방식을 전제한다. 그것은 소크라테스에게 본질의 그 물음, 이념을 발견할 수 있는 유일한 물음이다.[54]

들뢰즈의 가장 변함없는 주제들 중의 하나는 철학자들의 비판이 이러한 수준의 물음이나 문제에서 일어나야만 한다는 것이다.

[들뢰즈는 자신의 첫 번째 책에서 이렇게 썼다.] 철학적 이론은 잘 발달한 물음이지, 이외에 다른 것이 아니다. 그 자체로, 철학적 이론은 문제를 해결하는 데 있는 것이 아니라, 잘 형성된 물음의 필연적인 함축들을 문제의 극한에 이르기까지 발달하게 하는 데 있다. 철학적 이론은, 물음이 적절하고 엄격하다면, 우리에게 사물들이 무엇인지, 사물

---

54 현대의 "반토대주의"는 적어도 이러한 플라톤적 형태의 캐물음, 토대적 본질에 대한 이러한 탐색에 대한 거부를 함축하고 있다. "[비트겐슈타인은 이렇게 썼다.] 나는 소크라테스가 플라톤의 대화록에서 표명하는 것과 대립한다고 말하는 것보다 내 입장을 더 잘 정의할 수는 없다. 왜냐하면, 앎이란 무엇인가?라는 물음을 받는다면(『논리-철학 논고』, 146a), 나는 앎의 예들을 나열할 것이고, '그리고 등등'이라는 단어들을 덧붙일 것이기 때문이다. … 이에 반해 소크라테스가 '앎이란 무엇인가?'라는 물음을 던질 때, 그는 심지어 앎의 사례들을 열거하는 것을 예비적인 대답으로 간주하지 않는다."(루트비히 비트겐슈타인, 수고 302, ¶14; 가스 헬릿, 『비트겐슈타인의 「철학적 탐구」에 대한 주해』, Ithaca, NY: Cornell University Press, 1977, 33~34에서 재인용) 그러나, 일반적으로, 들뢰즈는 비트겐슈타인의 저작을 언급하길 주저했는데, 왜냐하면 그는 비트겐슈타인의 저작이 영미 철학에 해로운 영향을 끼쳤다고 생각했기 때문이다. ABC W를 보라.

들이 무엇이어야 하는지를 보여 준다. 물음에 놓는다는 것은, 제약되고 강요된 종속 속에서 사물들이 본질, 본성을 드러내는 방식으로 사물들을 물음에 복속시키고 종속시킨다는 점을 의미한다. 물음을 비판한다는 것은, 물음이 어떤 조건들하에서 가능하고 잘 제기되었는지를, 즉 만약 물음이 그런 식으로 제기되지 않는다면 사물들이 어떻게 그 본성을 드러내지 않는지를 보여 준다는 것을 의미한다. 이는 두 가지 작동 방식이 동일하다는 점을 의미하는 것이다. 혹은 만약 여러분이 수긍한다면, 해결에 대한 비판은 존재하지 않고, 오직 문제에 대한 비판이 존재할 뿐이다. (ES 119)

따라서 플라톤주의의 전복은 필연적으로 "…은 무엇인가?"라는 물음에 대한 비판을 함의한다. 왜냐하면, "아름다움이란 무엇인가?"라는 물음을 받을 때 아름다운 어떤 것의 예를 드는 것은 실책이라는 점은 확실하지만, "…은 무엇인가?"라는 물음이, **심지어 그리고 무엇보다 본질을 발견하기 위해서**, 적법하고 잘 형성된 물음이라는 것은 덜 확실하기 때문이다.

이미 플라톤 그 자신의 경우, 소크라테스의 방법은 그저 초기 **아포리아적** 대화록들에 생기를 불어넣어 줄 따름이었다. 왜냐하면 "…은 무엇인가?"라는 물음은 이념을 단순하고 추상적인 본질로 예단하며, 그때 이러한 본질은 비-본질적인 것을 포함하지 않을 수 없기 때문이고, 또 이러한 본질 안에 비-본질적인 것을 포함하지 않을 수 없어서 이 대화들을 해결할 수 없는 아포리아들로 이끌고 가기 때문이다. 이는 아마도 이 초기 논파적(=문답적) 대화록들의 주요 목적이 예비적인 것이기 때문일 것이다. 즉, 이 대화록들의 목적은 이념 일반을 한 이념 혹은 한 문제로 규정하도록 다른 이들에게 맡겨 두면서, 이념 **일반**의 영역을 열어 놓기 위해 경험적 대답들을 침묵시키고자 하는 것이기 때문이다. 소크라테스의 아이러니가 더 이상 글자 그대로 취해지지 않을 때, 변증법이 더 이상 그 예비적인 것과 혼동되지 않을 때, 그것은 진지하고 적극적인 어떤 것이 되며, 다른 형태들의 묻기, 즉 우리가 보았듯이 『정치가』와 『파이드로스』에서 어느 것?, 『필레보스』에서 얼마만큼?, 『소피스트』에서 어디서? 언제?, 『파르메니데스』에서 어떤 의미로?를 취하게 된다. 들뢰즈는 소피스트들의 "사소한" 물음들은 플라톤의 변증법에 대립하고, 토대로서가 아니라 사건 혹은 다양체로서 **경험적이고 다원론적인** 본질 개념을 의미했던 계산된 방법, 소피스트적 기법 전체의 결과였다고 주장한다. "의심할 여지 없이, 만약 우리가 고집한다면, '본질'이라는 단어는 보존될지도 모르겠지만, 본질은 바로 사건accident, the event이라고 말하는 조건에서만 그럴 수 있겠다. … 이념의 사건들과 특이성들은 본질을 '사물의 무엇임 what the thing is'으로 정립하는 것을 조금도 허하지 않는다."(DR 191) 심지어 플라톤의 텍스트들에서도 그러한 이념 개념은 "본질들을 거부하지만 그렇다 해도 예들에는 만족하지 않는 사람", 소피스트 히피아스Hippias에 의해 예시豫示되었다(NP 76). 사실은 "…은 무엇인가?"라는 물음은 맹목적이고 혼란스런 방식으로 본질의 문제를 제기한다는 점이다. 니체는 "…은 무엇인가?"라는 물음을 "누가 …?"라는 물음으로 대체하고 싶어 했다. "진리란 무엇인가?"라는 물음을 제기하는 것 대신에 그는 "누가 진리를 추구하는가? '진리란 무엇인가?'라고 묻는 사람들이 무엇을 진정으로 원하는가? 어떤 유형의 의지가 그 물음들 속에 표현되고 있는가?"[55]라고 묻는다. 마찬가지로, "우리가 아름다움이란 무엇인가?"라고 물을 때 우리는 "어떤 관점에서 사물들이 아름답게 나타나는가?"라고 묻고 있는 것이다. 또, 우리에게 아름답게 나타나지 않는 어떤 것의 경우에, 어떤 관점에서 그렇게 되는가? 어디서, 언제 그렇게 되는가? 하고 묻고 있는 것이다(NP 75~79). 만약 소피스트들이 비난받아야만 한다면, 그들이 열등한 형태의 묻기를 사용했기 때문이 아니라, 경험적인 예들을 넘어 초월론적 의미와 이념적 의미를 취하는 조건들을 결정할 수 없었기 때문이다(DI 95).

들뢰즈는 만약 우리가 철학사를 고찰할 때 "…은 무엇인가?"라는 물음에 만족했던 철학자를 찾는다면 이는 사실상 수포로 돌아갈 것이다라고 언급한다. 아리스토텔레스의 "ti to on?"과 "tis a ousia?"는 "존재란 무엇인가?"나 "실체란 무엇인가?"를 의미하는 것이 아니라, "존재자들이란 **어떤 것**[어떤 사물들]인가?"["Qui, l'étant?"]를 의미한다(DR 244n). 칸트는 "대상이란 무엇인가?" 하고 물었지만, 더 심오한 물음 "이것이 **어떻게 가능한가?**" 하는 체재 내에서 물었을 따름이다. 라이프니츠가 "…은 무엇인가?" 하고 묻는 일에 만족했을 때 그 자신은 명목적이라고 생각한 정의들을 얻었을 따름이다. 그가 실재적인 정의들을 얻었을 때 이는 "어떻게", "어떤 관점에서", "어떤 경우에"와 같은 물음 때문이었다. 심지어 하이데거도, 그가 존재Being의 물음을 정식화했을 때, 우리는 "존재란 무엇인가?"가 아니라 "존재란 **누구인가?**"(**현존재**Dasein) 하고 물음으로써 존재에 접근할 수 있을 따

---

55 니체, 『힘에의 의지』, §556, 301: "'저것은 무엇인가?'라는 물음은 어떤 다른 관점에서 의미를 부과하는 것이다. '본질', '본질적 성격'은 관점적인 어떤 것이고, 이미 다양체를 전제한다. 그 것의 근저에는 언제나 '저것은 나에게(우리에게, 살아가는 모든 것에게 등등) 무엇인가?'가 놓여 있다."

름이라고 주장했다.[56] 만약 헤겔이 "무엇인가?" 하는 물음을 진지하게 취했다면, "X란 무엇인가?에 대한 대답은 언제나 추상적 가능성들의 결합 장소로서의 신이므로"(DR 188), 이는 그의 신학적 편견들 때문이었다. 들뢰즈의 다원론적인 기법은 반드시 본질을 부인하는 것이 아니라, 본질을 모든 경우에, 경험에 순수하게 **내재적**이며, 오로지 누가? 어떻게? 어디서 또 언제? 얼마만큼? 어떤 관점에서? 등등과 같은 물음들에 의해 규정될 수 있을 **뿐인** 문제적 이념의 시공간적이고 물질적인 좌표들에 의존하게 한다. 이 "사소한" 물음들은 다양체의, 차이의, 요컨대 사건(정리적인 것들theorematics에 대립하는 바의 문제적인 것들problematics)의 우연적이고 비본질적인 것의 물음들이다.[57]

2. 반복. 둘째로, 전복된 플라톤주의에서, **반복** 개념은 차이 개념과 더불어 자율적인 힘을 취하고 있다고 말할 수 있다(그래서 들뢰즈의 대표작의 제명으로 되어 있다). 플라톤주의는 들뢰즈가 반복의 "벌거벗은" 모델(재현)이라 부르는 것에 의존한다. 즉, 복제물은 (마치 고대 종교에서 제의가 신화를 반복하듯이) 위계적 계열의 첫 번째 항인 이념적인 모델의 동일성을 반복한다. 따라서 벌거벗은 반복은 같

---

56 마르틴 하이데거, 『현상학의 근본 문제』, 앨버트 호프스태터 옮김(Bloomington and Indianapolis: Indiana University Press, 1988), 119~120을 보라. 이 모든 논점들에 관해서는, DI 94~95, 105~107; DR 188; NP 75~78을 보라.

57 그러한 "작은" 물음과 문제 간의 관계에 관해서는, 고트프리트 빌헬름 라이프니츠, 『새로운 인간지성론』, 피터 렘넌트 · 조너선 베넷 엮고 옮김(Cambridge: Cambridge University Press, 1981), 368을 보라: "어떤 때는, 'whether' 물음, 즉 그러한지 아닌지에 관한 물음에 대답하는 것과 같은, 주어진 명제의 참 또는 거짓을 발견하는 문제라는 것을 명심해야 한다. 반면에 어떤 때는, ─더 많은 어떤 것이 추가되어야 하는, 가령 '누구에 의해 어떻게'라는 물음을 받을 때는─물음은 (다른 조건이 같다면) 대답하기가 더 어렵다. 수학자들이 '문제'라고 부르는 것은 명제의 일부를 공백으로 남겨 두는, 이것과 같은 물음일 뿐이다."

은 것의 기계적mechanical이거나 맹목적인brute 반복을 전제한다. 즉,
벌거벗은 반복은 궁극적이거나 본원적인 심급 혹은 첫 번째(A)에 토
대를 두며, 그런 다음 두 번째, 세 번째, 네 번째 등등(A¹, A², A³ 등등)
에서 반복된다. 심리적psychic 반복의 경우에, 이 본원적 항은 위장들
disguises과 전치들displacements을 겪는데, 이러한 위장들과 전치들은
이차적이지만 그렇다 해도 필연적이다. 예를 들어 프로이트의 경우,
성인 시절 우리의 사랑은 어머니에게로 향한 아동 시절 우리의 사랑
을 반복하지만, 우리의 본원적인 어머니의 사랑은 이 후속하는 사랑
들 속에 응축(환유)과 전치(은유)의 다양한 메커니즘들에 의해 억압
되고 위장된다. 나는 억압하기 때문에 반복하는데(기억상실), 치유의
과제는, 전이transference를 통하여, 이 숨겨진 기원을 회복하는 것(반
복을 제거하는 것이 아니라, 진정한 반복들을 입증하는 것)이다. 플라
톤의 경우, 시간의 형식이 상기reminiscence(anamnesis)의 범주하에서
사유에 도입된다. 궁극적 항 혹은 모본은 이념이지만, 이념이 현존했
던 과거에다 경험적 계기를 배정할 수 없으므로, 플라톤은 본원적 계
기를 소환한다. 즉, 이념은 보여졌지만, 그러나 또 다른 생 속에서, 신
화적 현재 속에서 보여졌다(가령 『파이드로스』에 나오는 영혼들의 윤
회). 만약 배우는 것이 회상하는 것이라면, 이는 배움의 실재적 운동
이 "전"과 "후" 사이의, 영혼의 구별을 의미하기 때문이다. 우리가 배
운 것을 망각한 첫 번째 시기가 존재하고, 우리가 망각한 것을 회복
하는 두 번째 시기가 존재한다.[58] 어느 경우든 헐벗은 반복은, 선행하

---

58 (프로이트에 관한) DR 16~19, 그리고 (플라톤에 관한) DR 86~88, 141~142를 보라.

는 동일성을 가지며, 반복되어야 할 "사물"을 제공하는, 경험적이든 신화적이든, 이전 현재를 되돌아 지시한다. 반복의 전 과정을 조건 짓고, 이런 의미에서 이 과정에서 독립한 채로 남아 있는 것은 이제 상실되거나 망각된 이 본원적 동일성이다.

하지만 들뢰즈가 제기하는 물음은 다음과 같은 것이다. 즉, 위장들과 변이들, 가면들과 변장들은 본원적인 항 "위에over and above" 이차적으로 첨가되는 어떤 것인가? 아니면, 이와는 반대로, "반복 그 자체의 내적인 발생적 요소들, 필수적이고 구성적인 요소들인가?"(DR 17) 이 경우에 우리는 더 이상 같은 것the Same의 "헐벗은" 반복이 아니라 차이 나는 것the Different의 "옷 입은" 반복을 갖게 될 것이다. 들뢰즈가 이 옷 입은 반복을 위한 모델을 발견하는 것은 바로 프루스트의 저작에서인데, 그는 이 프루스트의 저작을 『프루스트와 기호들』에서 상세하게 분석한다. 프루스트의 소설 『잃어버린 시간을 찾아서』에서 남자 주인공의 (질베르트, 게르망트 부인, 알베르틴 등으로 향한) 다양한 사랑들은 실로 계열을 형성한다. 각 연이은 사랑은 그 자체의 사소한 차이들, 앞선 사랑들과 대조를 이루는 관계들을 추가한다. (실로, 각 개별적인 사랑 자체는 그의 연인에게 감싸여 있는 enveloped 숨겨진 세계를 최초로 펼쳐 내며explicates, 이어서 그녀를 잊을 때 그의 발자국을 되밟아 가는 계열적 형식 ── 시작, 과정, 종료 ── 을 취한다.) 하지만 프루스트의 경우, 사랑의 계열들은 남자 주인공의 어머니에게 되돌아 지시하지 않는다. 어머니에게로 향한 어렸을 때의 사랑은 이미 다른 어른이 되었을 때의 사랑들의 반복이며(프루스트의 남자 주인공은 오데트에게로 향한 그의 어머니 스완의 연정과 함께 재연한다), 어머니의 사랑은 이제 그가 경험하지 않았던 반복을 지시한다. 달리 말해서, 반복되는 것에는 계열로부터 분리될 수 있는 **최초의 항이 존재하지 않는다.** 내 부모는 내 개별적 주체성의 궁극적 항들이 아니라, 훨씬 더 큰 상호주체성의 중간 항들이다. 그 극한에서, 우리의 모든 사랑들의 계열은 우리의 경험을 초월하며, 우리 자신의 것이 아닌 반복들과 연결돼 있고, 이렇게 하여 초주체적인transsubjective 실재에 응하고 있다. 따라서 우리 사랑들의 개인적인 계열들은 더 광대한 초개인적인transpersonal 계열을 지시하고, 또 개별적인 각 사랑에 의해 구성되는 더 제한된 계열을 지시한다.[59]

그렇다면 이 계열들 전체를 통해서 반복되는 것은 무엇인가? 이 계열들 내에서 촉발되고 있거나 변양되고 있는 "내용"은 무엇인가? 옷 입은 반복에서, 반복되는 것은 선행하는 동일성이나 본원적 같음이 아니라, 라캉의 용어로 말하자면, 자기 자신과 관련하여 언제나 자리를 옮기고(=전치하고) 고정된 동일성을 갖지 않는 잠재적 대상 혹은 사건(대상=x)이다. 반복되는 대상은 **반복되는 것 속에서 자기 자신을 차이화하는 차이이다.**[60] 실로, 우리는 사랑들의 계열을 통제하는 "본질"

---

59 프루스트에 나타나는 계열들이라는 주제에 관해서는, PS 67~83을 보라. 들뢰즈와 과타리가 정신분석에 가하는 본질적인 비판 중의 하나는 그것이 무의식적인 것을 오이디푸스 삼각형("아빠-엄마-나")의 원초적 장면의 가족적 좌표들로 환원한다는 점이다. 가령, AO 97, 91을 보라: "아버지, 어머니, 자기는 군인, 경찰관, 점령군, 부역자, 급진주의자, 저항자, 두목, 두목의 아내와 같은 정치적, 역사적 상황의 요소들과 직접적으로 결합되어 있다. … 가족은 본성상 편심적이고, 탈중심적이고… 언제나 미국에서 온 아저씨, 불량해진 형, 군인과 함께 떠난 숙모가 존재한다. … 아버지와 어머니는 오직 파편이… 완전히 상이한 본성의 과정을 유발하는 다양하고 모호한 의미의 유도자 혹은 자극이 실존할 뿐이다."

60 자크 라캉은, 매우 유명한 일이지만, 「도둑맞은 편지에 관한 세미나」, 제프리 멜먼 옮김, *Yale French Studies* 48(1972), 55에서 이 주제를 전개한다. 서재에서 잃어버린 책에 대해 말할 때 그 책은 열람카드에 적혀 있으므로, "숨겨진 것은 그것의 장소에서 분실된 것일 뿐이다. 그리고 설사 그 책이 곁의 책장이나 옆의 빈틈에 있다 할지라도, 아무리 보이게 나타난다 해도,

이 있다고 말할지도 모르지만, 이 본질은, 들뢰즈의 주장에 따르면, "언제나 차이이며", 이 차이는 반복될 때마다 자기 자신과 다르다.[61] 현실화될 때마다 차이화되는 것은 바로 잠재성이다. 달리 말해서, 변이들은 바깥에서 오는 것이 아니라, 본질에 속하는 차이적 메커니즘들, 그리고 반복되는 것의 기원을 표현한다. 위장들, 전치들, 그리고 반복의 가상들(복제물들) 배후에 끝내 노출되지 않는 본원적 사물(모본)이 존재하는 것이 아니라, **위장과 전치가 반복 자체의 본질**인 것으로, 이는 그 자체 본래적이고 적극적인 원리이다.

> 반복은 실재적 계열의 항들과 관계들에 영향을 미치는 **위장들**과 더불어, 위장들을 통하여 구성될 뿐이지만, 이는 무엇보다도 전치에 의해 작동되는 내재적 심급인 잠재적 대상에 의존하기 때문에 그러하다. … 계열 안에서 전치되고 위장되는 것은 동일화될 수도 없고 동일화되어서도 안 되지만, 그러나 차이를 차이화하는 것differenciator으로서 실존하고 행위한다. (DR 105, 300)

따라서 전복된 플라톤주의의 옷 입은 반복은 플라톤주의 그 자체의 벌거벗은 반복(재-현re-presentation)과 구분되지 않으면 안 된다.

거기에 숨겨져 있을 것이다". 또한 루이스 캐럴의 유사한 예를 인용하는 LS 40~41을 보라.

61 PS 75. 이 책의 제6장(「계열과 군」 67~83)은 프루스트의 일련의 사랑 개념에 예시되어 있는 차이와 반복의 메커니즘, 즉 계열의 법 또는 본질로서의 차이, 그리고 변이와 전치로서의, 용어들의 반복을 탐구하고 있다. 제1부의 결론(「사유의 의미지」 94~102)에서 들뢰즈는 프루스트에게서 발견되는 "반-그리스" 이미지를 분석하면서, 이를 전도된 플라톤주의라는 니체의 주제에 암암리에 보조를 맞추고 있다.

반-복re-petition은 재-현re-presentation과 대립한다. 즉, 접두사가 의미를 바꾸어 놓는다. 후자의 경우 차이는 동일한 것과 관련해서만 말해지는 반면, 전자의 경우 차이는 차이 나는 것에 대해 말해지는 일의적인 것이기 때문이다. … 사물들의 동일성이 해체될 때, 존재는 일의성을 얻기 위해 도피하고[존재Being=차이], 차이 나는 것의 주위를 돌기 시작한다. (DR 67)

시간적으로, 차이적 대상=x는 경험적 순간과 관련되지도, 신비적 순간과 관련되지도 않고, 본질적으로 과거에 속하며, 그러한 것이기에 본질적으로 기억 가능하지 않다. 반복되는 것은 결코 현재 속에서 재현될 수 없지만, 그러나 반복되는 것은 언제나 그것이 생산하는 역할들과 가면들 속에서 위장된다. 달리 말해서, 옷 입은 반복은 가면들 아래에 있는 무언가와 관련되는 것이 아니라, 끊임없는 차이화의 운동 속에서 한 가면에서 다른 한 가면으로 이동하면서 형성되는 것이다.

3. 탈근거. 셋째로, 차이와 반복이라는 이 두 내재적 원리들은 "탈근거ungrounding", sans-fond의 개념하에 한데 묶인다고 말할 수 있다. 플라톤은 카오스를 바깥으로부터 질서나 법칙을 부여받아야만 하는 모순적인 상태로 보았다. 데미우르고스는 같은 것the Same의 효과를 부과하며 반항적인 물질을 예속시킨다. 따라서 플라톤은 소피스트를 모순으로, 저 이른바 카오스의 상태, 즉 참여의 가장 낮은 힘과 최후의 등급으로 환원시켰다. 그러나 실제로 소피스트는 모순의 존재자(혹은 비-존재자)가 아니거니와, 부정적인 것의 존재자도 아니다. 오히려 소피스트는 모든 것을 시뮬라크르들의 수준으로 — 즉, 차이

의 수준으로 ── 끌어올리는 자이고, 시뮬라크르들을 그 상태에서 유지하고 긍정하는 자이다. 새로운 토대이기기는커녕 시뮬라크르는 토대-근거를 설치하는 것을 절대 허용하지 않는다. 오히려, 시뮬라크르는 모든 토대를 삼켜 버린다. 시뮬라크르는 보편적 와해, "토대 허물기un-founding[effondrement]"를 보장하지만, 순수 긍정적positive 사건, "즐거운 학문gay science"으로 그렇게 한다. 코스모스를 카오스에 대립시키는 플라톤의 기획은 카오스와 코스모스의 내재적 동일성, 곧 "카오스모스"에 의해 대체되는 상황에 놓이게 된다. 우리를 플라톤의 동굴을 벗어나도록 이끌어서 초월론적 이념으로 향하는 상승의 개시를 알리는 실thread은 더 이상 존재하지 않고, 니체가 보았듯이, 오직 모든 동굴 뒤의 더 깊은 동굴, 모든 토대 밑의 심연이 존재할 따름이다.

> [들뢰즈는 이렇게 쓰고 있다.] 우리는 "탈근거ungrounding"를, 매개되지 않은 근거의 자유, 다른 모든 근거 배후에 있는 근거의 발견, 근거 없는 것the groundless과 탈근거된 것the ungrounded 간의 관계, 형식 없는 것the formless과 영원회귀를 구성하는 우월한 형식the superior form 간의 관계에 대한 직접적 성찰로 이해해야 한다. (DR 67)

따라서 들뢰즈는 코스모스와 카오스의 내재적 동일성을 니체의 영원회귀 개념 ── 헐벗은 반복과 옷 입은 반복을 넘어서 있는 세 번째 형식의 반복 ── 과 연결한다. 영원회귀는 세계의 카오스에 부과되는 외적 질서가 아니다. 이와 달리 영원회귀는 세계와 카오스의 내적 동일성, 곧 카오스모스이다(DR 299). 만약 플라톤이 시뮬라크르를 참여의 가장 낮은 힘과 최후의 등급으로 환원했다면, 영원회귀는 시뮬라크르를 가장 높은 힘, "n승"의 힘으로 끌어올린다. "n승"의 힘은 참여의 변이하는 등급들(두 번째, 세 번째 …)을 통과하는 것이 아니라, 가장 높은 힘을 구성하기 위해서 카오스 그 자체를 즉각적으로 긍정한다. 차이 그 자체는 형식들 그 자체 너머에서 또는 아래에서 작동하는 유목적 가소성의 원리이다. 차이 그 자체는 "개체들을 구성할 수 있는 것 못지않게 개체들을 해체하고 파괴할 수 있는, 개체화의 과정과 동시에 존재하는"(DR 38) 원리이다. 영원회귀는 차이 그 자체를 긍정하고, 차이 그 자체를 가장 높은 힘으로까지 끌어올리는 반복의 형식이다.

> 영원회귀에서 반복은 차이의 특이한 힘으로 나타나며, 반복하는 것의 전치와 위장은 **디아스포라**diasphora 혹은 이동transport의 단일한 운동 속에서 오직 발산 및 차이의 탈중심화를 재생산할 따름이다. 영원회귀는 차이를 긍정한다. 영원회귀는 비유사성과 차등성, 우연성, 다양체, 생성을 긍정한다. (DR 300)

4. **선별**. 마지막으로, 선별의 기획은 또한 새로운 형태를 띠기도 한다. 플라톤의 변증법은 사물 그 자체와 사물의 시뮬라크르들 간의 선별의 기준을 확립하겠다는 생각에 의해 지배되어 있다.

> [들뢰즈는 이렇게 쓰고 있다.] 문제는, [플라톤주의에 대한] 그러한 반발이 경쟁자들을 선별하는 기획을 포기하느냐, 아니면 이와 반대로 스피노자나 니체가 믿었듯이, 완전하게 **다른 선별 방법**을 작성하느냐 하는 것이다. 그러한 방법은 더 이상 초월성의 행위로서의 주장과 관

런되지 않고, 실존하는 존재자가 내재성으로 가득 차는 방식과 관련
될 것이다. … 선별은 더 이상 주장과 관련되는 것이 아니라 힘과 관
련된다. (ECC 137)

이는 세계의 **도덕적 비전**(플라톤, 칸트)과 세계의 **윤리적 비전**(스
피노자, 니체)을 구별하는 그것이다. 만약 도덕성이 초월적 가치에 관
련시킴으로써 행위나 존재자를 **판단하는** 데 있다면, 윤리학은 우리의
행위나 생각이 함축하는 내재적 실존 양태에 따라서 우리가 행하는
것이나 생각하는 것을 **평가한다**. 이러한 내재적 방법들은 무엇을 수
반하게 되는가? 선별적 차이는 더 이상 외적 차이(규칙과 거짓된 지
망자들)일 수 없고, 내적 차이(능동적 힘과 반응적/수동적 힘)에 의
존하지 않으면 안 된다. 요컨대, 선별은 사물의 **역능**power 혹은 역량들
capacities이라는 순수하게 내재적인 기준에 기반을 두지 않으면 안 된
다. 즉, 선별이 그 자체가 할 수 있는 것의 극한으로 밀고 감으로써 능
동적으로 그 자체의 힘을 전개하는 방식에 의해서, 아니면 이와 반대
로 선별이 그 자체의 행위할 수 있는 역량을 단절하는 방식에 의해서
이다. 이와 같이, 내재적인 **윤리적** 차이(좋은good/나쁜bad)는 초월적
인 **도덕적 대립**(선Good/악Evil)을 대체한다. "나쁜" 것은 생명을 질병
의 관점에서 판단하고, 생명을 "더 높은" 가치(진, 선, 미)의 이름으로
평가절하하는, 탈진하고 퇴보하는 실존 양태이다. "좋은" 것은 넘쳐
흐르고, 상승하고, 특출한 실존의 형식이며, 마주치는 힘들에 따라서
그 자체를 변형시켜서, 살고자 하는 힘을 언제나 증가시키고, 생명의
새로운 가능성들을 언제나 열어 놓을 수 있는 존재의 유형이다.[62] 이
러한 윤리적 차이는 실존하는 존재자에 내적이며, 초월적 기준들에

호소하는 일을 요구하지 않는다. 들뢰즈는 "스토아학파에서 스피노자 또는 니체에 이르는, 오직 순수 내재성의 철학들만이 플라톤주의를 벗어나 있다"고 쓰고 있다.[63]

퇴장하는 시뮬라크르들

들뢰즈는 우리로 하여금 두 가지 공식, 즉 "오직 닮은 것만이 다르다"와 "오직 차이들만이 서로를 닮게 한다"를 고찰하도록 함으로써 복제물과 시뮬라크르 ─ 플라톤주의와 전복된 플라톤주의 ─ 간의 이 대조를 요약한다. 전자는 세계를 정확히 아이콘으로 정의하는 것이다. 전자는 차이의 조건이 되는 유사성, 또는 이전의 동일성에 의거해서만 차이에 대해 생각하도록 우리에게 명한다(플라톤). 후자는 시뮬라크르의 세계를 정의한다. 후자는 세계 그 자체를 환영 혹은 시뮬라크르로 정립하고, 우리로 하여금 유사성, 심지어 동일성을 근본적 차등의 결과, 일차적인 차이의 산물이나 효과, 또는 차이들의 일차적 체계로 생각하도록 만든다(니체).

> [들뢰즈는 이렇게 쓰고 있다.] 우리가 물어야 하는 것은, 이 두 공식이 크게 다르지 않은 두 가지 말하는 방식에 불과한 것인지, 아니면 만약 이 두 공식이 완전하게 다른 체계에 적용되거나, 혹은 만약 같은 체계에(그 극한에서, 세계the World의 체계에) 적용되더라도 동등하지 않

---

62 DR 54를 보라: "니체는 평균적 형식들의 이익에 따라 작업하고, '큰 수'의 이득에 따라 작동하는 대립이나 갈등에 기초하는 모든 선별 절차를 비난한다. 평균적 형식들을 제거하고, 존재하는 '모든 것의 우월한 형식'을 드러내기 때문에, 영원회귀만이 진정한 선별을 가져온다."

63 ECC 127. 내재적 윤리학에서 선별의 기준에 관한 논의에 대해서는, 본서 시론 4를 보라.

은 가치에 대한 두 양립 불가능한 해석을 의미한다면, 두 공식 중 하나는 모든 것을 변하게 할 수 있다.[64]

끝으로, 시뮬라크르에 대한 들뢰즈의 분석은 플라톤주의에 대한 독해 이상의 것을 수반한다. 이는 또한 현대 사상의 근본적 문제들 중의 하나를 형성한다.

[들뢰즈는 『차이와 반복』 서문에서 이렇게 쓰고 있다.] 현대 사상은 재현이 실패함으로써, 동일성들을 상실함으로써, 동일한 것의 재현하에서 작용하고 있었던 모든 힘들을 발견함으로써 탄생했다. 현대 세계는 시뮬라크르의 세계이다. … 모든 동일성들은 차이와 반복의 유희인 더욱 심원한 유희[jeu]에 의해 모방되어 "광학 효과"처럼 생산되었을 뿐이다. 우리는 차이 나는 것을 다시 같은 것으로 이끄는 재현의 형식들에서 벗어나서, 차이 그 자체, 그리고 차이 나는 것과 차이 나는 것의 관계를 사유하고자 한다.[65]

---

64 DR 117. 또한 LS 261~262를 보라. 두 가지 공식이 클로드 레비-스트로스, 『토테미즘』, 로드니 니담 옮김(Boston: Beacon, 1962), 77에서 유래한다. 아서 단토는 『예술의 철학적 공민권 박탈』(New York: Columbia University Press, 1986), 171에서 이와 유사한 주장을 편다: "철학적 차이의 패러다임은 두 세계 사이에 존재하는데, 그 중의 한 세계는, 인도인들이 환幻, illusion이 존재한다고 믿었듯, 순전히 환이고, 그 중의 다른 한 세계는 우리가 바로 이 세계가 존재한다고 믿듯이 실재적이다. 깨어 있을 때의 경험과 꿈 경험을 구별하는 데카르트의 문제는 같은 물음의 일정한 변이이다. … 순전한 결정론의 세계는 모든 것이 우연히 일어난다는 세계와 구별될 수 없다고 상상해도 될지 모른다. 신이 실존하는 세계는 신이 실존하지 않는 세계와 결코 구별될 수 없을 것이다. … 카르나프라면 그러한 선택은, 어떠한 관찰(들)도 구별을 행하도록 소환될 수 없다는 바로 그 이유 때문에, 의미가 없다고 말했을 것이다. … 경우가 어떠하든, 철학적 차이들은 그들이 구별하는 세계들에 외적이라는 점은 명백하다."

들뢰즈의 철학적 기획 전체는 이런 의지의 선언을 표명한 것으로 볼 수 있다.

(플라톤은 물론 칸트를 재평가하면서 이루어 낸) 들뢰즈의 이념 이론에 대한 평가는 이 논문의 범위를 넘어서 있다. 들뢰즈가 그의 이념 이론이 발생할 때 놓인 문제(시뮬라크르의 문제)를 제기하고, 그의 사유에서 플라톤주의의 전복이 행하는 역할을 보여 줄 수 있었던 것은 최초에는 플라톤의 독해를 통해서였다. 그러나 이 이야기에는 종결부가 있다. 『차이와 반복』(1968) 간행 이후, 시뮬라크르 개념은 agencement 곧 "배치assemblage" 개념을 위해 들뢰즈의 저작에서 거의 사라져 간다. 들뢰즈는 1993년에 "나는 내가 시뮬라크르 개념을 완전히 포기했다는 생각이 든다"고 적었다.[66] 이러한 진화에는 두 가지 이유가 있는 것으로 보인다. 한편으로, 사물들이 초월적 이념을 모방한다는 생각은 플라톤주의의 맥락에서만 의미를 가진다. 들뢰즈 자신의 존재론에서, 사물들은 더 이상 어떤 것도 "모방하지" 않으며, 오히려 그 자체 잠재적이지만 실재적인 내재적 이념들을 "현실화한다". 따라서 들뢰즈는 플라톤 그 자신 내에서 "반-플라톤주의"라는 니체식의 문제를 제기하기 위해서 시뮬라크르 개념을 사용하지만, 후에 그가 그 자신의 존재론적 용어를 구축할 때는 이 개념을 내버린다. 들뢰즈 자신의 저작 내에서, 시뮬라크르 개념은 결국 배치 개념으로 대체되며, 모조simulation 과정은 더 적절하게 현실화 과정(혹은 훨씬 더

---

65 DR ix(번역 수정). 또한 DR 301을 보라: "오랜 오류의 역사는 재현의 역사이자 아이콘의 역사이다."

66 장-클레 마르탱, 『변이들: 질 들뢰즈의 철학』, 콘스탄틴 V. 보운다스·수전 더크틴 옮김 (Edinburgh: Edinburgh University Press, 2010), 8에 있는 질 들뢰즈, 「편지-서문」을 보라.

정확히 말하면, "미/분화differen t/c iation")이라는 특징을 가지게 된다. 다른 한편으로, 들뢰즈는 우리가 (그리스 이후의 사상이 오랜 오류의 역사에 지나지 않는다고 하는) 니체[67] 또는 (그리스와 독일 언어와 사상을 탐닉하는 경향이 있었던) 하이데거에게서 발견하는 중요성을 그리스 사상으로 돌리지 않는다. 니체는 진리는 탄생할 때 자신을 결코 즉각적으로 드러내지 않고, 오직 성숙할 때만 드러낸다고 말했다. 마찬가지로, 들뢰즈의 이른바 철학적 영웅들은 철학적 사유의 기원들(소크라테스, 플라톤)에서 발견되지 않고, 17세기(스피노자, 라이프니츠)에 철학이 성숙했을 때 발견되는 경향이 있다. 『차이와 반복』, 『의미의 논리』이후에, 플라톤의 저작은 『철학이란 무엇인가?』가 나오기까지는 들뢰즈의 저술들에서 또 다른 지속적인 논의의 대상이 되지 않는다. 이런 의미에서, 니체의 반-플라톤주의에 대한 들뢰즈의 소묘는 들뢰즈 자신의 철학적 기획의 동기들에 대해 개요를 서술하는 것이 주요한 역할인 예비적인 시도로서 이바지하고 있다. 마지막으로, 우리는 (보드리야르 같은) 다른 저술가가 시뮬라크르를, 들뢰즈 저술들에서 사라진 시뮬라크르 개념으로서 수용했으며, 이를 상이한 방향에서, 상이한 좌표를 가지고, 상이한 문제점들에 응답해서 수용했다고 말할 수 있을 것이다. 개념들은, 이런 의미에서, 개념들을 추종하는 다양한 사람들을 넘어서는 그 자신의 자율성과 역사를 가진다.

---

67 LS 129를 보라: "니체는 플라톤 이래 일어난 일이 필연적으로 긴 타락의 연속이었다고 주장하며, 이에 별로 관심을 두지 않는다."

일의성

일의성 이론: 들뢰즈의 내재 존재론

"만약 신이 존재하지 않는다면, 모든 것이 허용될 수 있다." 들뢰즈는
『카라마조프 형제들』에 나오는 이 정형화된 문구를 뒤바꾸기를 좋
아하는데, 왜냐하면 그는 사실상 그 반대, 즉 "모든 것이 허용될 수 있
는 것은 신과 **함께할 때이다**"가 진실이라고 말하기 때문이다. 이는 도
덕적으로 분명 사실이다. 최악의 잔혹 행위들이 언제나 신적인 정당
화를 발견하고자 발버둥쳐 왔기 때문이고, 신에 대한 믿음이 도덕성
을 보장해 온 적은 단연코 없었기 때문이다. 하지만 이는 또한 미학적
으로도, 철학적으로도 사실이다. 예를 들어, 중세 미술은 신의 이미
지들로 가득 차 있는데, 우리는 이것을 단지 교회에 의해 바깥으로부
터 부과된 그 시대의 불가피한 제약으로 보고자 하는 유혹을 느낄 것
이다. 들뢰즈는 다른 가설을 제안한다. 엘 그레코El Greco, 틴토레토
Tintoretto, 조토Giotto와 같은 위대한 화가들의 손에서, 이 제약은 급
진적인 해방의 조건이 되었다. 신적인 것을 그릴 때, 사람들은 신은
재현되어서는 안 된다는 생각, 즉 선, 색깔, 형태, 운동의 이례적인 해
방을 초래했던 생각을 말 그대로 받아들일 수 있었을 것이다. 신과 함

께, 회화는 그렇지 않으면 갖지 못했을 자유 —— 정확히 말해 회화적 무신론 —— 를 발견했다.[1]

철학에서도 마찬가지였다. 18세기 혁명이 일어날 때까지, 철학자들은 철학이 신학 및 교회의 요구에 완전히 굴복한 것으로 보였던 지점에 이르기까지 줄곧 신에 대해서 말하고 있었다. 하지만 스피노자나 라이프니츠 같은 위대한 철학자들의 손에서, 이러한 제약은 마찬가지로 이례적인 해방의 조건이 되었다. 신과 함께, 철학적 개념들은 그동안 부과되었던 전통적 과제 —— 사물들의 재현 —— 로부터 해방되었으며, 환상적인 차원들을 떠맡도록 허용되었다. 신 개념과 함께, 모든 것은 허용될 수 있었다. 혹은, 신 개념과 함께 너무나 멀리 나아갔거나 너무나 빨리 나아갔던, 그것도 자주 위험을 무릅쓰고 그렇게 했던 (스피노자와 같은) 사상가들에게 거의 모든 것이 허용될 수 있었다. 따라서 들뢰즈는 신 개념이 구시대적인 것이라고 여기는 "세속인들"에게 적대감을 품지 않았고, 신의 상실이 위기를 유발하는 사람들에게 불안이나 애도를 품지도 않았으며, 신 개념을 새로운 형태로 되찾고 싶어 하는 사람들에게 믿음을 가진 것도 아니었다. 그는 신학적 개념들에 여전히 매료되었으며, 특히 중세 신학자들을 논리학과 물리학의 놀라운 체계들을 신의 이름으로 발명할 수 있었던 장대한 혈통의 사상가들로 간주하고 있다. 실로, 그는 자신의 저술들의 몇 지점에서, 정통성에 의해 차단되어 폐기된 것으로 보였던 신학적 사상의 어떤 "이단적인" 진로들로 다시 돌아가서, 그것들을 상이한 맥

---

1 FB 11, 그리고 1980년 11월 25일 세미나를 보라.

락에서 철학적으로 작동하도록 만든다.

들뢰즈가 중세 일의성 개념을 전유하는 것이야말로 기독교 신학 전통을 이렇게 비정통적으로 사용하는 가장 명백하고 중요한 예가 될 수 있다. "존재의 일의성univocity of Being" 이론은 13세기에 둔스 스코투스가, 들뢰즈가 "순수 존재론에 관한 가장 위대한 책"이라 부르는 *Opus Oxoniense*라는 제명의 그의 대표작에서, 겐트의 헨리Henry of Ghent를 따라서 전개한 존재론적 이론이다.[2] 중세 시대에, 일의성은 항상 이단에 접해 있는 이교적인 주장이었고, 스코투스 학파 바깥에서는 유통이 제한돼 있었다.[3] (영어 단어 "dunce[=지진아, 멍청이]"는 둔스 스코투스의 추종자들을 기술하기 위해 사용된 승인 용어에서 유래한다.) 더구나 이 개념은 들뢰즈 자신의 저작에서 다소 기이한 지위를 가진다. 이 용어는 일의성이 들뢰즈의 거의 모든 저술들에서 돌연 중요한 주제가 되는 1968년 전까지는 언급조차 되지 않았다. 일의성은, 이 용어가 스피노자에 대한 들뢰즈 해석의 "중추"을 이루는 『스피노자와 표현의 문제』에서 최초로 나타난다(제명 안의 "표현" 개념보다 훨씬 더 중추를 이루고 있다).[4] 그때 일의성 개념은 『차이와 반복』

---

2 DR 39(35~42에는 들뢰즈의 일의성 "노래"가 들어 있다). 또한 LS 177~180을 보라.

3 둔스 스코투스에 대한 들뢰즈의 해석은 주로 에티엔 질송의 결정판 『둔스 스코투스: 그의 근본 입장에 대한 입문』(Paris: J. Vrin, 1952)에 의존하고 있다. 영어로는, 『중세 기독교 철학사』(London: Sheed & Ward, 1955), 454~471, 그리고 『존재와 몇몇 철학자들』(Toronto: Pontifical Institute of Mediaeval Studies, 1952), 84~95에 있는 질송의 역사적 논의들을 보라.

4 들뢰즈는 국가 박사학위를 위한 스피노자에 관한 박사학위 "부"논문을 작성하는 동안 거의 확실히 일의성 개념을 전개했다. 그러나 프랑수아 도스는 들뢰즈는 비록 박사학위논문이 1968년이 되어서야 간행되었을지라도, 1962년에 『니체와 철학』이 간행되기 전에, 1950년대 후반에 스피노자에 관한 그의 논문을 거의 완성했다고 언급한다. 프랑수아 도스, 『질 들뢰즈와 펠릭스 과타리: 교차하는 생명들』, 데보라 글래스먼 옮김(New York: Columbia University

과 『의미의 논리』에서 훨씬 더 두드러진 역할을 담당하는데, 이 두 책에서 들뢰즈는 (토마스주의Thomism에 대항하는) 둔스 스코투스에서 (데카르트주의에 대항하는) 스피노자를 지나 (헤겔주의에 대항하는) 니체에 이르는, 철학사에 대두하는 일의성의 전 전통을 확인할 뿐만 아니라, 또한 그 자신의 존재론을 일의적 존재론으로 제시하고, 이렇게 해서 그 자신을 그 전통을 가장 최근에 계승한 사람으로 간주한다. 그러고 나서, 똑같이 급작스럽게, 또 아무런 설명도 없이, 이 개념은 거의 아무런 흔적도 남기지 않고 사라져서, 들뢰즈의 후속하는 어떠한 저작들에서도 거의 언급되지 않는다.

들뢰즈의 사유에서 일의성의 역할은 무엇인가? 그리고 왜 이 개념은 들뢰즈 저술들에서 마치 번쩍이는 유성처럼, 이토록 수명이 짧으면서도 강렬한 궤적을 가지는가? 들뢰즈의 도발적인 주장에도 불구하고, 철학사에는 들뢰즈 그 자신이 만들어 낸 것을 제외하고는 일의성의 "전통"이 존재하지 않는다. 스코투스주의 학파의 연구 이외에는 이 개념에 관한 이차 문헌은 거의 존재하지 않는다. 들뢰즈가, 한 세미나에서, 일의성은 "가장 기묘한 사상, **여지껏 사유된 적이 있더라도,** 사유하기가 가장 어려운 사상"이라고 발언했을 때 그는 이 개념을 더 정확하게 본 것이다.[5] 다음에 오는 것에서 나는, 서로 연결되지 않는 사상가들과 문제들 사이의 예기치 않은 "횡단들"을 창출하면서, 들뢰즈 사유의 흐름 내에서 등장하고, 성숙하고, 그러고 나서 말하자면

Press, 2010), 118, 143을 보라.

5 1974년 1월 4일 세미나. 이 세미나에는 존재 개념에 대한 스콜라주의적 접근법에 관한 논의들이 들어 있다.

사망하는 그대로, 이 기묘한 개념의 생을 따라가고자 시도해 보겠다. 만약 우리가 이 개념의 운동을 "극화"한다면, 그것은 아마도 네 개의 독립된 막으로 구성되어 무대에 올려질 수 있을 것이다.

중세의 배경

1막은 우리를 이 개념의 중세적 표현으로 거슬러 올라가게 할 것이다. 많은 스콜라 철학자들에게처럼, 둔스 스코투스에게 신학의 대상은 신이었던 반면, 철학의 대상은, 아니 오히려 철학의 최후를 장식하는 형이상학의 대상은 존재로서의 **존재**Being였다. 일의성 이론을 전개할 때, 둔스 스코투스는 존재의 본성에 관한 13세기의 활기찬 논쟁 —— 즉, 존재는 존재자들에 대해 말해진다. 하지만 **어떤 의미로?** —— 속으로 뛰어들고 있었다. 스콜라 철학자들은 이 문제를 해결하는 다양한 방법들을 가리키기 위해 세 가지 정밀한 용어들, 즉 다의성equivocity, 일의성univocity, 유비analogy를 사용했다. 존재가 다의적이라고 말하는 것은 "존재"라는 용어가 존재자들에 대해 여러 의미들로 말해진다는 것을, 그리고 이 의미들에는 **공통 척도가 없다는** 것을 의미한다. "신이 존재한다"는 가령 "인간이 존재한다"와 같은 의미를 갖지 않는다. 신은 인간과 같은 유형의 존재를 갖지 않기 때문이다. 이와 대조적으로, 둔스 스코투스가 단언하는 바와 같이, 존재가 **일의적**이라고 말하는 것은 존재가 오직 하나의 의미만을 가지며, 신이든 인간이든, 동물이든 식물이든, 존재가 말해지는 모든 것에 대해 **하나의 같은 의미로** 말해진다는 것을 의미한다. 이러한 주장들은 물의를 빚는 결론들(다의성은 우주의 질서를 부정했고, 일의성은 범신론을 함의했다)을 가져오는 것으로 보였으므로, 이 두 극단 사이에 세 번째 대안,

즉 존재는 다의적이지도 일의적이지도 않고 **유비적**이라는 주장이 전개되었다. 이 주장은 토마스 아퀴나스가 정식화한 바의 기독교 정통의 주장이 되었다. 실로, 존재의 형식들에는 공통 척도가 존재하지만, 이 척도는 유비적이지 일의적이지 않다.

들뢰즈는 왜 이렇게 모호해 보이는 스콜라 철학 논쟁을 재고하는가? 대답은 명백해 보인다. 즉, 들뢰즈가 1968년과 1969년에 간행한 세 권의 책들(『스피노자와 표현의 문제』, 『차이와 반복』, 『의미의 논리』)은 다른 무엇보다도 들뢰즈가 하이데거와 대치하는 상황이 최고조에 이르렀음을 나타내고 있다. 이러한 대치는, 설사 하이데거의 이름이 이 텍스트들에서 그저 지나가듯 언급되더라도, 들뢰즈의 저작에서 처음부터 보이고 있었다.[6] 늘 그렇듯, 들뢰즈는 **동시대적** 문제를 철학의 **역사** 속에서 그의 저작과 관련을 맺게 한다. (그 자신 둔스 스코투스에 관한 학위논문을 썼던) 하이데거가 "존재론적 차이"의 물음, 즉 존재와 존재자들의 차이는 무엇인가?를 제기함으로써 존재론의 현대적 르네상스를 창시했다는 것은 유명한 일이다. 혹은 더 정확히 말해, 존재는 어떻게 존재자들 사이에서 분배되는가? 중세 시대 동안, 이 존재론적 문제는 동일하지는 않지만 유사한 일단의 신학적 물음들과 얽혀 있었다. 그 물음들은 이렇다. 신과 신의 창조물 간의

---

6 들뢰즈의 1956년 시론, 「베르그손의 차이 개념」, 멜리사 맥마흔 옮김, 『새로운 베르그손』, 존 멀라키 편(Manchester: Manchester University Press, 1999)은 하이데거의 존재론적 차이 문제의 프리즘을 통하여 베르그손을 독해한 것이다. 『들뢰즈: 비판적 읽기』, 폴 패튼 편(London: Basil Blackwell, 1996), 81~106에 있는 「들뢰즈-베르그손의 잠재적인 것의 존재론」에서 두 철학자를 비교하는 콘스탄틴 V. 보운다스의 분석을 보라. 미겔 데 베이스테기의 『진리와 발생: 차이 존재론으로서의 철학』(Bloomington and Indianapolis: Indiana University Press, 2004)은 하이데거-들뢰즈 관계에 대한 매우 뛰어난 분석서이다.

차이는 무엇인가? 혹은 논리학적으로 말하면, "신의 이름들" 전통에 의해서이다. 즉, 어떤 의미로 우리는 우리가 신의 창조물들에 대해 사용하는 똑같은 용어들(가령 선성goodness)을 신에 대한 술어로 사용할 수 있는가? 일의성 개념은 이 복잡한 일단의 철학적이고 신학적인 물음들의 혼합 속에 처해 있었다.

그러나 들뢰즈에 따르면, 비록 존재론의 물음을 부활시켜서 "존재의 일의성에 새로운 광채"를 부여했을지라도, 하이데거는 "일의적 존재는 오직 **차이**에만 속한다"(즉, "존재"라는 용어는 "차이"인 하나의, 오직 하나의 의미만을 가진다)는 필연적인 전환을 가져오지는 않았다.[7] 달리 말해서, 하이데거는 존재론적 차이의 문제를 그 필연적 결론으로까지 밀어붙일 수 없었다 —— 혹은, 그렇게 하는 것을 아마도 꺼려했을 것이다. 이것이 들뢰즈가 『차이와 반복』에서 그 자신의 것으로 채택하는 기획이다. 이런 의미에서, 일의성은 들뢰즈가 하이데거의 존재론적 문제를 진술하고 그 자신의 방식으로 해결하기 위해서 사용하는 개념들 중의 하나로 간주되지 않으면 안 된다. 들뢰즈에게, 순수하고 충분히 실현된 유일한 존재론은 일의적 존재론**이어야만 하며**, 오직 일의적 존재론만이 차이-그-자체difference-in-itself를 사유할 수 있고, 차이를 그 자체의 개념으로 제공할 수 있다. 푸코가 말하듯이, 들뢰즈에 관한 그의 잘 알려진 논문에서, 존재의 일의성은 "차

---

7 DR 66. 『차이와 반복』서문에서, 들뢰즈는 "존재론적 차이의 철학으로 향한 늘 확연한 하이데거의 정향"(DR ix)을 자신이 이 책을 쓰게 된 요인들 중의 하나라고 언급한다. 그런데 유일한 직접적인 대립이 하이데거의 사상에 보이는 차이 개념에 관한 제1장의 긴 각주(DR 64~66)에 적혀 있다. 이 주석은 이 책에서 그려지고 있는 지하 전선을 분명히 인지한, 들뢰즈 학위논문 심사위원들이 주장해서 삽입된 것이 분명하다.

이를 동일성의 지배로부터 탈피하게 해 주는 으뜸가는 조건"이다.[8] 하지만 일의성과 차이의 이러한 연관은 모호해 보일지도 모른다. 만약 존재가 일의적이라면, 무엇이 존재자들 간의 **차이**를 구성하는가? 차이의 철학은 왜 일의적 존재론을 요구하는가?

스피노자에게서 발견되는 일의성의 세 가지 모습들

제2막에서 들뢰즈는, 선구자의 역할을 하는 둔스 스코투스가 아니라, 들뢰즈에 따르면, 일의성 개념에 가장 완전한 표현을 제공한 스피노자에게 향함으로써, 이 물음들에 대답하기 시작한다. 들뢰즈는 "일의성은 스피노자 철학 전체의 중추이다"라고 주장한다. 비록 이 단어가 스피노자의 텍스트들에서 단 한 번도 나타나지 않는다고 해도 말이다.[9] 그러나 들뢰즈는 철학사와 관련 있는 저서들에서 종종 이러한 "위상학적 방법"을 사용한다. 그가 베르그손을 (하이데거가 정식화한 바의) "차이" 개념에 의거해서 해석할 때, 혹은 라이프니츠를 (알베르 로트망에서 빌려 온) "특이성들"에 의거해서 해석할 때, 혹은 스피노자를 (둔스 스코투스에게서 들여온) "일의성"에 의거해서 해석할 때, 그는 방금 거론된 사상가들이 명시적으로 정식화하지 않은 "외래" 개념을, 모호한 채로 남아 있을지도 모를 그들 사유의 여러 측면들을 끌어내기 위해서 사용하고 있다.

여기서 들뢰즈가 스피노자에게 느끼는 친밀감은 우연적이지 않

---

8 미셸 푸코, 「철학 극장」, 『언어, 반-기억, 실천: 정선된 시론과 인터뷰』, 도널드 F. 부차드 편, 도널드 F. 부차드·셰리 시몬 옮김(Ithaca, NY: Cornell University Press, 1977), 172.

9 SPP 63. 내가 아는 한, 들뢰즈는 일의성 물음에 관한 둔스 스코투스와 스피노자의 이러한 관계를 도출한 유일한 논평자이다.

다. 하이데거 자신은 악명 높게도 스피노자에 관해 거의 아무것도 쓰지 않았다. 이는 놀라운 누락으로 보일 터인데, 왜냐하면 『윤리학』은 무한 실체(존재)와 유한 양태들(존재자들) 간의 차이에 의거하여 존재론적 차이의 문제를 제기하는 순수 존재론적 저작이기 때문이다. 이 관점에서 볼 때, 스피노자에 관한 들뢰즈의 저작은, 『차이와 반복』이 『존재와 시간』에 대한 응답으로 독해될 수 있듯이(들뢰즈에게, 존재는 차이이고, 시간은 반복이다), 존재론적 차이의 문제를 새로운 방식으로 해결하고자 작업하는 수단으로 독해될 수 있다. 하이데거가 그리스인들(시초)로 되돌아갈 때, 들뢰즈는 스피노자(중간)로 향한다. 들뢰즈에 따르면, 일의성은 스피노자 철학에서 세 가지 모습을 띠고 있다. 즉, 속성들의 일의성, 원인의 일의성, 양태의 일의성. 이 모습들이 스피노자가 유죄 선고를 감수하면서 중세의 신학적 전통 전체를 어떻게 전복했는지를 보여 주는, 제2막의 세 가지 중요한 장면들이다.

1. 속성들의 일의성. 중세 시대에, 하이데거가 말하듯이, 존재론은 존재-신-론onto-theo-logy이 되었다. 존재자들의 존재에 관한 물음은 신을 최고의 (존재적ontic) 존재자로서 사유하기 위하여 망각되는 경향이 있었다. 기독교의 신 개념은 존재 "위에" 혹은 "너머에"(hyperousios, epikeina tes ousias) 있는, 즉 존재Being를 초월하는 플라톤의 "선Good"과 신플라톤주의의 "일자One"의 계승자였다. 따라서 기독교 신학은 이중적 요구, 즉 **내재성**(제1원리는 **존재**여야 한다는 존재론적 요구)과 **초월성**(신의 초월성은, 존재 **너머**의 일자로서, 유지되어야 한다는 가장 강력한 요구) 사이에서 동요했다. 결국 "신의 이름들" 전통은 전통적 신의 속성들(가령, 선, 사랑, 지혜, 역능 등)이

신에 대해 술어가 될 수 있는 방식에 관련되었다. 부정적으로 혹은 긍정적으로? 어떤 결핍의 제거를 나타내는 조건부 긍정들로서 혹은 부정들로서? 기독교 전통은 이 물음에 대한 두 극단의 (이교적인) 대답, 즉 순수 초월성은 용어들의 다의성을 의미하고, 순수 내재성은 용어들의 일의성을 의미한다는 대답을 발견했다. 이 두 극 사이에서 정통파는 부정, 탁월성, 유비의 전략에 대부분 집중하는, 문제에 대한 중도via media의 접근법을 전개했다. 이 다섯 가지 방식들 — 다의성, 부정, 탁월성, 유비, 일의성 — 은, 비록 두 가지 일반적 접근법, 즉 부정의 방법과 긍정의 방법이 정통파의 지위를 떠맡긴 했지만, 기독교 사상에서 역사적으로 다양한 결합들을 취하게 되었다.

(위–디오니시오스Pseudo-Dionysius를 따라) "부정 신학"이라 부르게 되는 부정의 방식은, 긍정들은 내재성의 규칙을 받는, 원인으로서의 신을 가리킬 수 있다는 점을 인정하지만, 실체 혹은 본질로서의 신은 초월성의 규칙들을 따라서 오직 부정적으로만 정의될 수 있다고 주장한다. 예를 들어, 마이스터 에크하르트는 "신은 존재한다"보다는 "신은 존재하지 않는다"고 말하기를 더 좋아한다. 왜냐하면 "x는 존재한다"는 존재자들에 대해서 말해지는 진술인 데 반해, 신은 존재보다 탁월하게 우월하며 존재 너머에 있기 때문이다.[10] 이로 인해 신은 모든 긍정들에서 떨어져 있는 만큼이나 모든 부정들에서 떨어져서, "초–실체적"이거나 "초–본질적인" 탁월성 속에서 나타날 수 있게

---

10 라이너 쉬르만, 『마이스터 에크하르트: 신비론자와 철학자』(Bloomington: Indiana University Press, 1978), 172~192. 쉬르만은 에크하르트가 내재성(176, 252 n56을 보라) 및 내재적 인과성(177)과 맺고 있는 친연성을 인정하지만, 그럼에도 불구하고 그의 가르침에 대한 조건부의 유비적인 해석(179)을 제공하려고 시도한다.

된다. 그러므로 부정 신학은 그 역동성에 의해 정의될 수 있다. 우리는 부정들(신은 인간적 의미에서 선하지 않다)을 거쳐서 긍정들(신은 선하다)을 넘어가며, 신의 **탁월성**eminence(신은 "비교할 수도 없고" "형언할 수도 없는" 선성을 가지기에 선하다)을 얻기 위해 긍정과 부정을 넘어간다. 이와 대조적으로, 토마스 아퀴나스의 신학과 같은, 더 적극적인 야망을 품고 있는 신학은 새로운 긍정적인 규칙들을 정초하기 위해서 유비에 의존한다. 실로, 긍정적인 성질들은 실체적으로 신에 속할 수 있지만, 이 성질들이 두 비례들 간의 위계적인 관계 —— 가령 인간적 선성이 인간에 해당하듯이 신적 선성은 신에 해당한다(비례성의 유비) —— 에 의해서든, 혹은 중심적 의미나 최상의 유비체 —— 가령 신은 탁월하게 소유하지만 피조물은 오직 파생적으로만 소유하는 "선성Goodness" —— 와 관련해서든(비례의 유비), "유비적으로" 취급되는 한에서만 그럴 수 있다. 마찬가지로, 긍정의 방식은 특유한 역동성에 의해 정의되어야만 한다. 즉, 긍정의 방식은 부정적인 것과 탁월한 것을 유지하지만, 유비 내에서 그것들을 포함한다.[11]

스피노자의 "이단성"의 담대함은 이 두 정통적 교리의 접근법들 —— apophatic과 kataphatic 즉 부정적인 것과 긍정적인 것 —— 을 거부한 데 있고, 그 접근법들에 반대하여 신적 속성들에 대한 이교적 일의성 교리를 만들어 낸 데 있다. 스피노자에게, 우리는 신의 무한 속성들 중의 오직 둘(사유와 연장)만을 알고 있으며, 이 속성들은 신

---

11 유비에 관한 토마스 아퀴나스의 정식화들에 대해서는, 『신학 대전』 1. 13. 5를 보라. 긍정의 방식의 가장 위대한 문학적 표현은 단테의 『신곡』이며, 그리고 아마도 긍정의 방식의 가장 중요한 현대적 주창자는 찰스 윌리엄스에게서 찾아볼 수 있을 것이다. 찰스 윌리엄스, 『베아트리체의 모습: 단테 연구』(London: Faber & Faber, 1943).

과 신의 창조물들 모두에게 일의적으로 술어를 가할 수 있는 공통 형식들이다. 속성들은, 형상적으로는 구분되지만 존재론적으로 일의적이다. 예를 들어, 속성들이 일의적이라고 말하는 것은, 신체들은 연장을 의미한다는 것과 연장은 신적 실체의 속성이라는 것은 **같은** 형식에서라는 것을 의미한다(내재성의 입장). 만약 스피노자가 탁월성, 다의성, 심지어 유비 개념을 근본적으로 거부한다면, 이는 이 개념들이 신이 자신의 창조물들 안에 함축한 것과 **다른** 형식(더 "높은" 형식)으로 완전성들을 소유한다는 것을 의미하기 때문이다(초월성의 입장). 스피노자의 천재성은 이 정통적 교리의 입장들을 거부한 것에 대한 심오한 설명을 제공한 데에 있다. 즉, 그들이 해결하고자 시도하고 있었던 문제는 두 가지 이유 때문에 전적으로 거짓된 것이었다고 그는 말한다.

한편으로, 스피노자가 『짧은 논고』에서 주장하는 바와 같이, 신학자들은 신의 **속성들**attributes을 신의 **고유성질들**propria(properties)과 혼동하는 경향이 있었다. 아리스토텔레스를 따라서, 스피노자는 고유성질proprium을 사물에 속하지만 **사물이 무엇인지는 결코 설명할 수 없는** 것으로 정의한다. 전통적으로 신에게 귀속되어 온 속성들은 속성들이 아니라 단지 **고유성질들**에 불과하다고 스피노자는 설명한다. 그것들은 신적인 본질에 대해서는 **아무것도** 밝히지 않는다. 『짧은 논고』는 신의 세 가지 유형의 **고유성질들**을 구별한다. 즉, 첫 번째 유형은 신의 **모든** 속성들(무한하고, 완전하고, 불변하고, 영원하고, 필연적인… 그 자신의 원인)에 대해, 혹은 특유한 속성들에 대해 단언되어야만 하는(전지성은 사유에 대해 단언되고, 전재성은 연장에 대해 단언된다) 신적 본질의 양상들이다. 두 번째 유형은 신을 신의 산출물들이나 창조물들과 관련하여 한정하는 것들이다(모든 사물들의 원인, 예정, 섭리). 마지막으로, 세 번째 유형은 심지어 신에게도 속하지 않지만, 우리가 신의 진정한 본성(정의, 관용, 연민)을 이해하지 못하고 단지 신을 상상하는 방식을 가리키는 외재적 규정들을 의미한다. 신학의 근본적 오류는 신의 본질을 이러한 **고유성질들**과 혼동한다는 점이며, 이 혼동은 탁월성, 부정, 유비의 언어 전체에 스며들어 있다. 고유성질들은 이 고유성질들에 없는 실체적 가치가 부여될 때, 신적 실체는 이 신적 실체에도 또한 없는 표현 불가능한 본성이 부여된다. 그리고 이러한 오류는 이제는 철학 전체를 위태롭게 만들었다. 심지어 데카르트마저도, 완전성과 무한성이 속성들이 아니라 단지 신적 본질의 양상들(첫 번째 유형의 고유성질들)에 불과한데도, 신을 무한한 완전성으로 정의하는 데 만족했다.[12]

다른 한편으로, 스피노자는 『신학-정치 논고』*Tractatus Theologico-Politicus*에서 이러한 신학적 오류에 대해 발생적 설명을 제공한다. 신의 본성은 왜 이런 식으로 변성되었는가? 왜냐하면 스피노자의 설명에 따르면, 그의 전임자들은 성경을 해석하기 위한 고유한 **역사적-비판적** 방법을 결여했기 때문이다. 그들은 단지 신이 성경에서 자신의 본성을 계시했다고 가정했을 뿐이다. 하지만 사실, 성경의 목적은 삶의 모델을 제공하는 것이고, 우리로 하여금 복종하도록 만드는 것이고, 우리의 복종을 경고, 명령, 규칙을 통해 근거 짓는 것이다. "계시

---

12 스피노자, 『짧은 논고』, 『스피노자 저작집』, 에드윈 컬리 편(Princeton: Princeton University Press, 1985), 65~90, 또한 SPP 104~105와 EPS 49~51, 55~61, 70~77에 있는 들뢰즈의 주해를 보라.

신학"은 그 자체 우리의 상상에 호소하여 우리로 하여금 우리가 그 본성을 모르는 신을 섬기도록 만드는 오직 세 번째 유형의 고유성질들과 관련될 뿐이다. 신의 진정한 본성들(사유와 연장)에 대해 말하자면, 이 본성들은 자연의 빛을 통해서 알려지게 되는 것이지, 계시에 의해서 알려지게 되는 것이 아니다. 신의 본성은 자연의 질서 안에서 현출하게 되는 것이지, 성경의 가르침들 안에서 현출하게 되는 것이 아니다. 스피노자는 예언자들은 생생한 상상력을 지니고 있지만 약한 지성을 지니고 있는 사람들이라는 점을 상기시키기를 좋아한다. 아담, 아브라함, 모세는 신의 진정한 속성들을 몰랐을 뿐만 아니라, 첫 번째 유형과 두 번째 유형의 대부분의 고유성질들에 대해서도 몰랐다.[13] 해리 울프슨Harry Wolfson에 따르면, 『신학-정치 논고』는 몇 세기 전에 필론이 개시한 오랜 해석학적hermeneutical 전통을 전복시켰다. 스피노자 이후 성경은 정확히 철학적인 권위로 취급될 수 없을 것이고, 더 이상 그렇게 취급되지도 않을 것이다.[14]

따라서 속성들의 일의성은 Deus sive natura 즉 신과 자연의 절대적 내재성을 수반하며, 신에게서 모든 초월성을 벗겨 낸다(이것이 범신론으로 이해되는가, 무신론으로 이해되는가는 별로 중요하지 않다). 들뢰즈가 신학에 대한 흄이나 칸트의 비판, 또는 니체의 신의 죽음에 앞서서 스피노자에게서 발견하는 것은 고요하고 자신감에 찬 내재성의 철학이다. 우리는 스킬라와 카리브디스 사이에서 기동하는 들뢰

---

13 스피노자, 『신학-정치 논고』, 새뮤얼 셜리 옮김(Leiden: E. J. Brill, 1984), 특히 제2장을 보라.
14 해리 오스트린 울프슨, 『필론에서 스피노자까지: 종교철학의 두 연구』(New York: Behrman House, 1977)를 보라.

즈를 이미 감지할 수 있다. 일의성은 토마스주의자들의 긍정적 유비에 대립하는 것 못지않게 신플라톤주의자들의 부정적 탁월성에 대립하며, 각각에 상응하는 현대의 철학자들이 존재한다.

2. 원인의 일의성. 들뢰즈가 스피노자에게서 발견하는 일의성의 두 번째 모습은 원인의 일의성이다. 신은 그가 그 자신의 원인이라는 의미와 **똑같은 의미**에서 모든 사물들의 원인이다. 폭넓게 말해서, 중세 철학은 세 가지 유형의 원인들, 즉 이행적 원인, 유출적 원인, 내재적 원인을 구별했다. **이행적** 원인이란, 산출하기 위해서 그 자신을 떠나는 원인이며, 이 원인이 산출하는 것(이 원인의 결과)은 그 자신 바깥에 존재한다. 기독교는 신과 세계 간의 실재적 구별이라는 발상을 고수했다. 만약 신이 세계를 창조했고 세계가 신 외부에 존재한다면, 그렇다면 신은 세계를 창조하기 위해서 그 자신 바깥으로 나오지 않으면 안 된다. 그러므로 이 발상은 신을 순수하게 이행적 원인으로 볼 필요가 있었다(창조주의creationism). 이와 대조적으로, **유출적** 원인이란, 결과가 이 원인 외부에 존재하지만, 그럼에도 불구하고 그 결과를 산출하기 위해 그 자신 내에 여전히 머물러 있는 원인이다. 예를 들어, 태양은 산출하기 위해 그 자신 내에 머물러 있지만, 태양이 산출하는 것(빛)은 태양 바깥으로 나온다. 그런 조명의 은유들은 원인의 유출적 개념을 가장 멀리 나아간 지점까지 밀어붙였던 플로티노스와 신플라톤주의자들에 빈번히 나타난다. 마지막으로, **내재적** 원인이란, 산출하기 위해 그 자신 안에 머물러 있는 원인일 뿐만 아니라, 그 자신 안에 그 산출된 결과 또한 머물러 있는 원인이다. 이것이 스피노자가 전개한 인과성 개념이다.

여기서 다시, 기독교 신학은 혼합주의적 해결책을 택했다. 즉, 신은 이행적 원인인가, 유출적 원인인가, 내재적 원인인가?[15] 정통주의자들은 신은 세계에 초월적인, 이행적 원인이라고 주장했다(**무로부터의 창조**). 그렇다면 신은 어떻게 세계를 창조하는가? 신은 자신의 지성 속에 세계의 모델 혹은 이념을 가지고 있어야 하며, 신적 의지의 자유로운 행위를 통해서, 이 모델에 부합하게 세계를 창조한다. 하지만 이것은 완전히 내재적인 인과성을 의미한다. 이 모델 혹은 이념은 신의 지성 속에 머물러 있지 않으면 안 되며, 신은 모델 혹은 이념을 관조하기 위하여 그 자신 안에 머물러 있지 않으면 안 된다. 이 두 가지 운동을 화해시키기 위해서, 우리는 신의 지성 안에 있는 세계의 모델과, 이 모델에 부합하여 산출된 실제적 세계 사이의 유출적인 인과성이라는 생각을 요구한다. 따라서 중세 사상가들은 세 가지 유형의 인과성을 다양한 치환 속에서 결합해야 했다. 들뢰즈는 내재적 인과성 관념은 르네상스 시기에 이르기까지 철학자들과 신학자들(니콜라우스 쿠자누스, 에리우게나, 페트라르카, 브루노, 에크하르트, 라인 신비론자들)에게 일종의 내적인 이론적 한계로서 기능한다고 언급한다. 그러나 이 한계는 (자신의 창조물들을 넘어 있는 초월적인 존재자에 의해) 창조된다는 학설과 (존재 너머에 있는 초월적 일자로부터) 유출한다는 학설을 통하여, 범신론을 피하려는 관심으로 인해서 항상 배격된 한계이다. 어떤 의미에서, 내재적 원인은 역사에 항상 현존했지만, 스피노자는 인과성 개념을 그 내재적 한계로까지 기꺼이 (또 능히) 가져가서, 이 개념을 인과성의 다른 과정에 복속시키는 모

---

15 이 세 가지 유형의 인과성 사이의 차이에 관해서는, 1983년 3월 22일 세미나를 보라.

든 것으로부터 해방시킨 최초의 사상가였다.

내재적 인과성의 결과들은 무엇인가? 유출적 인과성에서, 일자 One는 존재Being의 "근본적 원인"이지만, 원인(일자)은 자신의 결과 (존재) 너머에 머물러 있다. 일자는 존재를 산출하기 위해서 그 자신 으로부터 나오지 않는다. 왜냐하면 만약 그 자신으로부터 나온다면 일자는 둘이 되고 말기 때문이다. 이것이 플로티노스의 **선물** 개념의 의미이다. 즉, 존재는 일자의 선물 혹은 선사이지만, 일자는 반드시 존재 너머에 머물러 있다. 일자는 "존재하지 않는다". 존재론적으로, 우주는 이런 방식으로 위계적으로 만들어져 있다. 존재자들은 초월 적인 최초의 원리인 일자와 얼마나 떨어져 있느냐, 혹은 얼마나 가까 우냐에 따라서 더 혹은 덜 실재를 가진다("존재의 광대한 연쇄"). 도 덕적으로, 일자는, 존재 그 자체보다 더 높은 권위가 있기 때문에, 존 재가 판단되는 것을 허용한다("판단의 체계"). 따라서 일자는 원인의 탁월성을 유지하기 위해 요구되는 부정 신학 또는 유비의 방법과 분 리될 수 없다. 우리는 "일의성"이라는 용어 안의 "일"이란 접두사로 인해 미혹되어서는 안 된다. 일의적 존재론은 정의상, 필연적으로 다 의적 존재 개념을 수반하는 일자의 철학과 타협을 이룰 수 없다.[16] 하

---

16 자신의 『들뢰즈: 존재의 함성』, 루이즈 버칠 옮김(Minneapolis: University of Minnesota Press, 2000)에서, 알랭 바디우는 하이데거가 들뢰즈에게 미친 영향을 올바르게 언급하지만, 들 뢰즈의 "일의적 존재론"을 마치 이 존재론이 신플라톤주의의 "일자의 철학"이라는 듯 그릇 되게 제시하고 있다. 가령 바디우가, 들뢰즈에게 있어서 "역설적 혹은 매우 탁월한 일자가, 내재적 방식으로, 자신이 분배하는 일의적 의미를 가지는 존재자들의 행렬을 생겨나게 한 다"(26)고 쓸 때, 그는 일의적 존재론이 아니라, **유출적** 존재론에 대해 기술하고 있는 것이다. 일반적으로, 많은 중세 철학자들처럼, 바디우는 일의성을 다룰 때 이행적, 유출적, 내재적 요 소들을 결합하고, 그리하여 일의성은 "가장 기묘한 사유이고, 사유하기가 가장 어렵다"는, 위에서 인용된 들뢰즈의 금언을 확정하는 것으로 보인다.

이데거는 '시간과 존재'에 관한 그의 유명한 강의에서 어떤 탁월성 개념에 여전히 매여 있었던 것으로 보인다. 이 강의에서 그는 es gibt(=그것이 준다)라는 주제, 즉 그것It에 의한 시간과 존재의 "선물"(Gabe)이라는 주제를 전개했다.[17] 자크 데리다는 그의 후기 저작들에서, 레비나스에게서 영향을 받아 부정 신학의 주제에 연계된 초월성의 철학을 향해 이동했다.[18]

들뢰즈는 이들과는 매우 다른 길을 따라갔다. 스피노자의 내재적 인과성에서, 원인은 그 자체 안에서 머물러 있을 뿐만 아니라, 또한 그 결과도 원인으로부터 유출하는 것 대신에 원인 안에 "내재적으로" 머물러 있다. 결과(양태)는 원인이 그 자체(실체) 안에 머물러 있는 것 못지않게 원인 안에 머물러 있다. 그래서 들뢰즈는 『차이와 반복』에서 그 자신의 목적들을 위해 채택하는 complicare와 explicare라는 르네상스의 표현주의적 개념을 애호하는 것이다. 모든 사물들은 자신들을 포괄하는complicate 신(혹은 자연)에 현존하고, 신은 자신을 펼치고explicate 접는implicate 모든 사물들에 현존한다.

거울 안의 영상의 내재성, 씨 안의 나무의 내재성, 이 두 발상은 표현주의 철학을 위한 기반이다. 심지어 위-디오니시오스에게 있어서도 위계들의 엄격함은 평등성, 일의성, 무정부 상태의 지대들을 위해 잠

---

17 마르틴 하이데거, 『시간과 존재에 관하여』, 조언 스탬보 옮김(New York: Harper & Row, 1972).
18 특히 자크 데리다, 『이름에 관하여』, 토마스 뒤투아 옮김(Stanford: Stanford University Press, 1995). 존 D. 카푸토는 『자크 데리다의 기도와 눈물』(Bloomington: Indiana University Press, 1997)에서 데리다의 신학적 전유들을 분석했다.

재적virtual 장소를 활짝 열어 놓고 있다. (TRM 262~263)

　　마찬가지로 스피노자의 경우, natura naturans(능산적 자연: 실체와 원인)와 natura naturata(소산적 자연: 양태와 결과)는 상호적 내재성을 통하여 서로 연결돼 있다. 원인은 산출하기 위해 그 자체 안에 머물러 있고, 결과 혹은 산출물은 원인 안에 머물러 있다(SPP 92). 내재적 존재론에서, 존재는 필연적으로 일의적이 된다. 존재는 그 자체에서 동등할 뿐만 아니라, 또한 매개나 중재 없이, 모든 존재자들에서 동등하게 또 직접적으로 현존한다. 먼 원인이나 최초의 원인, 최종의 원인, "존재의 연쇄", 위계가 있는 것이 아니라, 존재 내에 존재자들의 일종의 무정부 상태가 있다(일자는 더 이상 아르케 혹은 제1의 원리가 아니다). "바위, 백합, 짐승, 인간은 동등하게, 왕위에 오른 일종의 무정부 상태에서 신의 영광을 노래한다."[19] 인과성의 다른 과정들로부터 내재적 인과성을 빼냄으로써, 스피노자는 모든 속성들을 소유하고 모든 사물들을 자신의 양태로서 포함하는 절대적 무한 실체로 향하도록 모든 것을 평평하게 만든다. 신은 세계 안에 존재하고, 세계는 신 안에 존재한다. (실로, 이것은 모든 이단의 운명적인 죄과이다. 즉, 내재성의 죄과, 신과 신의 창조물들을 뒤섞어 놓는 일.) 들뢰즈의 언어로 말하면, 스피노자는 존재를 고정된 내재 면plane of immanence으로 향하도록 투사했는데, 이 내재 면 내에서 모든 사물들이 종극성, 목적,

---

19 TRM 261. "왕위에 오른 무정부 상태"라는 용어는 들뢰즈가 앙토냉 아르토의 "걸작"(AO 211)이라고 간주하는 것, 즉 3세기 로마 황제의 소설화된 전기, 『헬리오가발루스, 또는 왕위에 오른 무정부주의자』, 알렉시스 리키아드 옮김(Clerkenwell: Solar, 2004)으로부터 채택된 것이다.

미리 확립된 조화를 갖고서가 아니라, 오직 "내재적 원인의 다양한 결과들의 필연적인 연쇄"를 갖고서, 연속적 변이의 과정 속에서 운동한다(ESP 233).

3. **양상의 일의성(필연성).** 필연성은 일의성의 세 번째 모습 ─ 속성들의 일의성과 원인의 일의성 후에, 양상의 일의성 ─ 이다.[20] 양상의 일의성은, 그 자신을 통해서든 자신의 원인을 통해서든, 모든 것이 필연적이라는 것을 말한다. 자유 개념을 부정하지 않고, 양상의 일의성은, 실체와 양태 둘 모두와 관련하여, **자유 개념을 의지 개념으로부터 완전하게 분리시킴**으로써 철저히 활기를 되찾게 만든다.

한편으로, (실체와 관련하여) 지성(혹은 이해력)과 의지를 신의 본질에 귀속시키는 사람은 신을 일종의 군주 혹은 입법자로 상상하는 의인화된 술어들을 따라 신을 그릇되게 생각한다(세번째 유형의 고유성질). 창조의 전통적 개념에 대한 라이프니츠의 환상적인 수정을 생각해 보자. 라이프니츠는 신은 **무한 지성**을 갖고 있다고 말한다. 지성이라는 용어는 여기서 다의적으로 간주되어야만 하는데 ─ 그것은 단일한 의미를 갖지 않는다 ─, 왜냐하면 신의 무한 지성은 인간들의 유한 지성과 같지 않기 때문이다(존재의 유비). 신이 세계를 창조하기 전에, 신의 지성에는 "가능성들"(가능 세계들)의 무한한 집합이 있는데, 이 모든 가능성들은 완전성의 정도에 따라 어떤 일정한 중요성을 가진다. 이 가능성들은 모두 실존으로 들어갈 경향을 갖고 있지만, 그렇다 해도 이 모든 가능성들이 그렇게 될 수 있는 것은 아

---

20 우리의 분석은 SPP에서, 즉 93~94("필연적인" 것에 관한 항목)와 69~71("자유"에 관한 항목)에서 제시된 양상의 일의성에 관한 들뢰즈의 설명을 긴밀하게 따르고 있다.

넌데, 이 가능성들이 양립 불가능한(혹은 불공가능한) 결합들을 형성하고 있기 때문이다. 가장 큰 양의 완전성을 가지는 가능성들의 그 집합만이 실존으로 들어가게 되며, 바로 신의 의지가 가장 완전한 결합(가장 좋은 것)을 선택하는 미적분법에 따라서 모든 가능한 세계들 중에서 가장 "좋은" 세계를 선택한다.

라이프니츠에 반대하여, 스피노자는 신의 본질에 지성이나 의지를 귀속시키는 것은 불합리하다고 주장하고자 할 것이다. 지성과 의지는 필연성 개념과 자유 개념을 왜곡하는 두 큰 오류들이다.[21] 왜냐하면 신이 군주 또는 폭군의 이미지 속에서, 자신이 선택할(혹은 무로부터 창조할) 의지를 가지는 것으로 이해될 때, 혹은 입법자의 이미지 속에서, 모델들이나 가능성들을 담고 있는 지성을 가지는 것으로 이해될 때, 이른바 신의 자유는 물리적 우연성(의지) 혹은 논리적 가능성(지성)에 매여 있는 것이다. 그 결과, 우리는 신의 의지가 다른 무언가를 창조했었을 수도 있었으므로, 신의 힘에 **변덕스러움**을 귀속시키거나, 아니면 이해된conceived 가능성의 모델들에 의해 신의 힘이 제한돼 있으므로, 어떤 **무력함**을 귀속시킨다. 만약 신이 자연의 다른 질서를 산출했었을 수도 있다면, 즉 만약 자연에 관한 다른 무언가를 이해하고 의지를 행했었다면, 그렇다면 신의 지성과 의지 — 즉, 신의 본질 혹은 신의 본성 — 는 다른 것이 되었어야 했을 것이며, 신은 그 자신임what he is과 다르게 되었을 것인데, 이는 불합리하다. 마찬가지로, 만약 우리가 신이 선을 위해 혹은 최선의 것의 원리를 위해 모든

---

21 스피노자, 『윤리학』, I, 17, 방주("지성도 의지도 신의 본성에 속하지 않을 것이다")와 I, 32, 귀결 1("신은 의지의 자유에 의해 어떠한 결과도 생산하지 않는다").

일들을 한다고 주장한다면, 우리는 신이 종속하는 모델로서 혹은 신이 지향하는 목표로서, 신 외부에다 신에 의존하지 않는 무언가를 놓는 것인데, 이는 마찬가지로 불합리하다.[22] 두 경우 중, 무로부터의 창조의 경우에는 우리가 실존을 무와 같은 **추상적인 것들**에 바치는 것이고, 입법적 자유의 경우에는 선the Good이나 최선의 것the Best과 같은 **추상적인 것들**에 바치는 것이다.[23]

스피노자에게, 신은 자신의 지성 속에서 이해된 가능성들 혹은 모델들을 따라서 의지를 행하는 것이 아니기 때문에 자유롭다(이 관점에서 볼 때, 가능 세계들에 관한 양상논리학은 단지 논리학자들을 위한 신학일 뿐이다). 오히려, 신은 그가 (변덕스러운 "의지의 자유"로부터가 아니라) 그 자신의 본성에 따라서 필연적으로 행위하고 산출하기 때문에, 또 (가능성들이나 모델들을 이해하기conceive 때문이 아니라) 자신의 지성이 필연적으로 그 자신의 본성을 이해하기 comprehend 때문에 자유롭다. 만약 필연성이 존재하는 모든 것의 유일한 양상이라면, 이는 자유롭다고 불릴 수 있는 유일한 원인은 **본성의 필연성만을 통해서 실존하는 원인, 행위하는 것이 그 자체에 의해 결정되어 있는 원인**이기 때문이다. 따라서 무한한 속성들에 의해 구성되

---

22 첫 번째 주장에 대해서는, 스피노자, 『윤리학』, I, 33, 방주 2를 보라: "만약 신이, 자연과 그 질서에 관해서, 그가 명하는 것과 다른 어떤 것을 명했다면, 즉 자연에 관해서 다른 어떤 것에 의지를 내고 이해했다면, 그는 필연적으로 지금 그가 갖고 있는 것과 다른 지성, 그리고 그가 지금 갖고 있는 것과는 다른 의지를 가졌을 것이다." 두 번째 주장에 대해서는, 『윤리학』, I, 부록을 보라: "만약 신이 목적을 위해 행위한다면, 그는 필연적으로 그가 결여하는 어떤 것을 원한다."

23 스피노자가 추상화와 공통 관념 사이에 확립하는 계약에 관해서는, SPP 44~48, 54~58을 보라.

어 있는 신은 그 자신이 원인이라는 것과 동일한 의미에서 모든 사물들의 원인이다. 그리고 신은 가능성들이나 우연성들을 이해하는 일 없이, 모든 행위들과 산출들(혹은 창조들)이 자신의 본질만으로부터 필연적으로 나오기 때문에 자유롭다. 지성과 의지는 단지 신적 본성의 양상들일 뿐이다. 신적 지성(혹은 무한 지성)은 단지 양상일 뿐이며, 이 양상을 통해서 신은 오직 그 자신의 본질, 그리고 이 본질로부터 따라 나오는 것을 이해한다. 신의 의지 또한 오직 양상일 뿐이며, 이 양상에 따라서 모든 결과들이 신의 본질로부터 혹은 신이 이해하는 것으로부터 따라 나온다. 들뢰즈가 말하듯이, "우리는 결코 우리의 의지를 통해서, 혹은 우리의 의지가 본받는 것을 통해서[지성을 통해서] 자유롭지 않다".[24]

다른 한편으로, (양태들과 관련하여), 스피노자는 다시 한번 가능성과 우연성의 범주들의 기원에 관한 **발생적** 설명을 제시한다. 만약 인간들이 "속박"(『윤리학』의 제4부의 제목)을 향해 태어난다면, 이는 그들이 자신들 바깥의 원인들에 의해 결정되어 있기 때문이다. 바로 그 본성상, 인간적 의식은 결과들을 등록하지만, 그 원인들에 대해서는 아무것도 모른다. 원인들의 질서는 모든 자연에 무한히 영향을 미치는 관계들의 합성과 탈합성의 질서이다. 내 신체가 또 다른 신체와 마주칠 때, (혹은 내 마음이 또 다른 마음과 마주칠 때) 두 신체들은 어떤 때는 (음식이 나에게 자양분을 공급할 때처럼) 더 강력한 신체를 형성하는 합성에 들어가는 반면, 다른 때에는 (독이 나를 병들게

---

24 SPP 70. 그럼에도 불구하고, 스피노자는 "신의 이념"과 그의 "무한 오성" 또는 무한 지성을 구별한다. SPP 80을 보라.

만드는 것처럼) 한 신체가 다른 한 신체를 그 부분들의 응집을 파괴하면서 탈합성한다. 하지만 의식적 존재자들로서, 우리는 항상 이 합성과 탈합성의 **결과들**을 파악할 뿐이다. 어떤 신체가 우리의 신체와 마주쳐서 우리 신체와 합성에 들어갈 때 우리는 **기쁨**을 경험하고, 이와 반대로 어떤 신체가 우리 자신의 응집을 위협할 때 **슬픔**을 경험한다. 달리 말해서, 우리는 우리의 신체나 마음에 "일어나는 것"을 받아들일 따름이며, 우리의 의식은 더 작은 완성에서 더 큰 완성으로 옮겨 가는(기쁨), 혹은 더 큰 완성에서 더 작은 완성으로 옮겨 가는(슬픔) 이러한 추이의 연속적인 **알아차림**일 뿐이다. 따라서 의식은 다만 정보적 가치를 가질 뿐인데, 그러나 의식이 제공하는 정보는 필연적으로 혼란스럽고 왜곡되어 있다. 이러한 인간적 조건은 우리를 오직 **부적합 관념들**, 실재적 원인들과 분리된 결과들만을 가지는 운명에 처하게 만든다(첫 번째 종류의 인식).

따라서 의식은 세 가지 착각에 의해 구성된다. 오직 결과들만을 받아들이고 원인들에 대해서는 무지하므로, 의식은 사물들의 질서를 뒤바꾸어 놓아 결과들을 원인들로 오인하게 함으로써 자신의 무지를 만족시킨다(최종 원인들 혹은 목적들이라는 **우주론적 착각**). 더군다나, 의식은 그 자신을 최초 원인이라고 믿고서, ── 의식이 자신을 실제로 움직여서 행위하게 하는 원인들에 의해서 신체가 무엇을 "할 수 있는지" 알지조차 못하는데도 ── 자신의 의지에게 신체를 지배하는 상상적인 힘을 귀속시킨다(자유라는 **심리학적 착각**). 마지막으로, 의식은 더 이상 그 자신을 최초 원인, 혹은 목적을 조직하는 자라고 상상할 수 없는 영역에서, 의식은 섭리적인 신을 상상해 내는데, 이 신은 그 자신이 최종 원인들(지성) 혹은 자유로운 칙령(의지)에 의해 작동하여, 인간들을 위해 신의 영광과 신의 처벌에 어울리는 세계를 마련해 주기 위해서 모든 것을 수단-목적 관계들에 따라서 조직한다(신학적 착각).[25] 가능성과 우연성의 범주들 역시 착각들이다 ── 하지만 이것들은 유한한 양상의 조직에서 따라 나오는 착각들이다. 왜냐하면 양상의 본질은 자신의 실존을 결정하지 않기 때문이다. 따라서 만약 우리가 양상의 본질을 고찰한다면, 양상의 실존은 정립되지도 배제되지도 않으며, 우리는 양상을 우연적인 것으로 파악한다. 그리고 만약 우리가 양상을 실존하도록 만드는 외재적 원인들을 고려한다면, 이 원인들이 양상을 결정할지 어떨지 여전히 알지 못하며, 우리는 양상을 단지 가능한 것으로 파악할 뿐이다.[26] 달리 말해서, 우연성과 가능성은 우리의 무지를 표현하는 것일 따름이다. 들뢰즈에게, 스피노자의 비판에는 두 가지 절정에 이르는 논점들이 있다. 즉, 자연에는 가능한 것이 아무것도 없다(실존하지 않는 양상들의 본질은 신의 입법적 지성에 있는 모델들이나 가능성들이 아니다). 그리고 자연에는 우연적인 것이 아무것도 없다(실존들은, 군주처럼 다른 법들 혹은 다른 세계를 선택했었을 수도 있는, 신적 의지의 행위를 통해서 생산되지 않는다)(SPP 94).

---

25 들뢰즈는 SPP 20, 60에서 이 가상들을 논한다. 목적인의 가상에 대해서는, 『윤리학』, I, 부록을 보라("모든 목적인은 인간의 허구에 지나지 않는다"). 자유 의지의 가상에 대해서는, 『윤리학』, V, 서문("신체의 힘들은 결코 마음의 힘들에 의해 규정될 수 없다"), 또한 III, 2, 방주("아직 어떠한 사람도 신체가 행할 수 있는 것을 규정한 적이 없다")를 보라. 신학적 가상에 대해서는, 『윤리학』, I, 부록("그들은 신이 인간을 위해 모든 사물들을 만들었고, 신을 숭배하도록 하기 위해 인간을 만들었다고 말한다").

26 스피노자, 『윤리학』, IV, 정의 3과 4. 또한 I, 33, 방주를 보라: "사물은, 우리의 인식에 결함이 있기 때문에, 우연적이라고 불릴 따름이다."

『윤리학』의 전 노력은 자유와 의지 간의 전통적 연결을 깨부수는 것으로 향해 있다(SPP 69). 의식이 원인들을 알지 못하고, 가능성들과 우발성들을 상상하고, 신체를 지배하는 마음의 의지로운 행위를 믿는 **한**에서, 자유는 의식의 근본적인 착각이다.[27] 그렇지만 한 양태가 어떻게 해서든 적합 관념들을 형성해 내는 **한**에서, 이 관념들은 다른 실존하는 양태들과의 내적 일치를 표현하는 공통 관념들이거나 (두 번째 종류의 인식), 혹은 필연적으로 신의 본질 및 다른 모든 본질들과 내적으로 일치하는 그 자신의 본질의 관념이다(세 번째 종류의 인식).[28] 능동적 정동들은, 양태 자신의 역능에 의해 설명될 만큼, 이 적합 관념들 ―― 그 자신의 본질에 의해 설명되는 정동들 ―― 로부터 필연적으로 따라 나온다. 실존하는 양태는 이 양태가 자신의 역능을 소유하게 될 때, 즉 이 양태의 **코나투스**가 능동적 정동들이 따라 나오는 적합 관념들에 의해 결정될 때, 자유롭다. 다시 말해 인간들은 자유롭게 태어나지 않는다 ―― 인간들은 자유롭게 된다, 혹은 인간들은 그들 자신을 자유롭게 한다. 필연성의 일의성은 자유를 부인하는 것이 아니라, 자유가 의지의 고유성질이라는 것을 부인한다.

나는 오직 그 자신의 본성의 필연성에 의해 실존하고 행위하는 사물은 자유롭다고 말하고, 다른 어떤 것에 의해 결정되어 고정되고 규정

---

27 스피노자, 『윤리학』, I, 부록; II, 35, 방주; V, 서문. 또한 III, 2, 방주("인간은 그들 자신의 행위를 의식하고 있기 때문에, 그리고 행위를 규정하는 원인을 알지 못하기 때문에 그들 자신이 자유롭다고 믿는다")와 I, 32("의지는 자유로운 원인이라고 불릴 수 없다")를 보라.

28 "공통 관념"을 통하여 적합 관념을 형성하는 것은 들뢰즈의 스피노자 분석의 주요한 초점 중의 하나이다. EPS 255~288, 그리고 SPP 54~58에 제공된 요약을 보라.

적 방식으로 실존하고 행위하는 사물은 제약돼 있다(coactus)고 말한다. … 그러므로 여러분은 내가 자유를 자유로운 결정에다 놓는 것이 아니라 자유로운 필연성에다가 놓는다는 것을 안다.[29]

스피노자에게, 언제나 자유는 본질 및 본질에 의해 필연적으로 따라 나오는 것과 관련돼 있지, 의지 및 의지를 통제하는 것과 관련돼 있는 것이 아니다.

그렇다면, 이것들이 들뢰즈가 스피노자에게서 발견하는 일의성의 세 가지 모습들이다. 즉, 속성들의 일의성(속성들은 신과 신의 창조물들이 동일하다는 의미에서 말해진다), 원인의 일의성(신은 자신이 모든 사물들의 원인인 것과 동일한 의미에서 그 자신의 원인이다), 양상의 일의성(신은 모든 사물들이 필연적이라는 것과 동일한 의미에서 필연적이다). 한데 합쳐 말하면, 이 세 가지 일의성들은 들뢰즈가 "순수" 존재론, 즉 **존재 너머에, 존재 바깥에, 존재보다 우월한 아무 것도 없는 존재론**이라 부르는 것을 가져온다. 하지만 이것은 들뢰즈의 일의성 개념의 앞 절반을 전개한 데에 불과하다.

들뢰즈의 일의성

"내가 이해되었는가? ── 일의성 대 유비 ──." 이것이 바로 들뢰즈가 『차이와 반복』에서 니체를 인용하며 도전하는 내용의 핵심으로, 일의성 이야기에서 가장 중요한 제3막을 이룬다. 『차이와 반복』은 스피

---

29 스피노자, 「G.H. 슐러에게 보내는 편지 58」, 『스피노자: 전집』, 새뮤얼 셜리 옮김(Indianapolis: Hackett, 2002), 908~909.

노자가 전개한 순수 존재론의 기획을 하이데거가 정식화한 차이의 문제와 연결한다. 들뢰즈가 동일성에서 차이로 가져오는 전환은 초월성에서 내재성으로 옮겨 가는 스피노자의 이동만큼 중요하다. 클로소프스키의 논지에 따르면, 신 개념은 항상 동일성을 보장하는 것으로 기능해 왔다.[30] 심지어 스피노자에게서조차, 양태들은 실체의 변양들이며, 실체 개념(혹은 신)은 차이를 장악하는 동일성의 권리들을 여전히 유지한다고 말할 수 있다. 따라서 들뢰즈의 차이의 철학은 실체를 **빼놓은** 일종의 스피노자주의로, (필연성의 양상이 새로운 것의 조건으로서의, 혹은 차이의 생산으로서의 '잠재성'의 양상에 의해 대체되는) 순전히 양태적인 혹은 차이적인 우주로 간주되어야만 한다.[31] 『차이와 반복』은 동일성의 원리 대신에 차이의 원리의 관점에서 세계에 대한 (초월론적) 기술을 제공하는 것을 목적으로 하는, 형이상학의 실험이다. 들뢰즈는 "하이데거의 존재론적 직관을 따라서, 차이는 그 자체로 분절이고 연결이어야만 한다. 차이는 동일한 것, 유사한 것, 유비적인 것, 대립하는 것에 의한 **어떠한 매개도 없이** 차이 나는 것을 차이 나는 것에 관계시켜야만 한다"(DR 117)고 쓰고 있다. 그러나 하이데거에 빚지고 있음에도 불구하고, 들뢰즈는 결코 "형이상학의

---

30 『의미의 논리』에 수록된 클로소프스키에 관한 들뢰즈의 논문을 보라. 이 논문에서 들뢰즈는 "신의 질서"와 "반-그리스도의 질서"를 대조한다(LS 292, 294).

31 DR 40~41을 보라. 화이트헤드는, 『과정과 실재』, 데이비드 레이 그리핀·도널드 W. 셔번 편 (New York: Free Press, 1978)에서 스피노자에 대한 이와 유사한 수정을 제시한다: "스피노자는 그의 철학을 일원론적 실체에 기반을 두고 있으며, 이 일원론적 실체의 현실적 계기들은 열등한 양태들이다. 유기체의 철학은 이 관점을 전도시킨다."(81) 마찬가지로, 만약 들뢰즈가 라이프니츠주의자라면, 그것은 오직 모든 가능한 세계 중에서 미리 확립된 조화를 가진 "가장 좋은 세계"를 선택하는 신 이념을 제거함으로써이다. 들뢰즈의 경우, 불공가능성과 불협화가 하나의 같은 세계, 유일한 세계, 우리의 세계에 속한다.

극복"이라는 주제에 찬동하지 않는다. 그는 그 자신을 "순수한 형이상학자"로,[32] 그의 철학을, 비록 개방적이고 "이종발생적heterogenetic"인 체계이긴 하지만, 체계로 보는 고전적 철학자로 묘사한다.[33] 설령 스피노자, 라이프니츠, 베르그손과 같은 형이상학적 사상가들에게 빚지고 있음이 분명하다 하더라도, 들뢰즈는 그들 각자의 사상 체계를 "차이적" 극한으로까지 밀어붙임으로써, 그들로부터 전통적 형이상학의 세 가지 거대한 종착점(신, 세계, 자기)을 제거한다. 이런 의미에서 철학사의 인물들을 다루는 들뢰즈의 저서들은 『차이와 반복』이라는 큰 캔버스의 그림을 위한 예비적 소묘이다.

아리스토텔레스는 『차이와 반복』에서 중요한 등장인물로 나타나는데, 여기에는 충분한 이유가 있다. 아리스토텔레스는 **차이 나는 사물들은 그것들이 공통으로 가지고 있는 것을 통해서만 그 자신들을 차이화한다**는, 차이에 관한 유명한 논지를 주장했다. 차이를 이렇게 동일성에 복속시키는 것은 포르피리오스 나무로 알려진, 아리스토텔레스 존재론의 도식화에서 확인될 수 있다(도표 2.1). 이 나무의 중간 영역에서, 종적 차이(=종차)는 유 혹은 개념이 그 자체로 동일한 것(동일성)으로 머물 수 있도록 해 주는 반면, 이 유 혹은 개념을 분할하는 대립하

---

32 아르노 빌라니의 『말벌과 난초: 질 들뢰즈에 관한 시론』(Paris: Belin, 1999), 130에 수록된, 아르노 빌라니와 한 들뢰즈의 인터뷰를 보라: "나는 나 자신을 순수한 형이상학자라고 생각한다. … 베르그손은 현대 과학은 그 자체의 형이상학, 그 자체가 필요로 하는 형이상학을 발견하지 못했다고 말한다. 내가 관심을 가지는 것은 바로 이러한 형이상학이다."

33 장-클레 마르탱, 『변이들: 질 들뢰즈의 철학』, 콘스탄틴 V. 보운다스·수전 더크턴 옮김 (Edinburgh: Edinburgh University Press, 2010), 8에 수록된 들뢰즈의 「편지-서문」을 보라: "나는 체계로서의 철학의 존재를 믿는다. 나에게, 체계는 오직 영속적인 이종성 속에 있어야만 하는 것이 아니라, **이종발생**이어야만 한다. 나에게 그것은 한 번도 시도된 적이 없는 어떤 것으로 보인다."

·도표 2.1: 포르피리오스의 나무[34]

	차이의 유형	지배 원리
존재 ↓ 실체 등	유적 차이 (범주들)*	판단의 **유비**
↙ ↘ 물체적　　비물체적	종적 차이	개념의 **동일성**
↘ 신체	하위 유	
↙ ↘ 생명이 있는　　생명이 없는	종적 차이	
↘ 살아 있는 것	하위 유	술어의 **대립**
↙ ↘ 감각이 있는　　감각이 없는	종적 차이	
↘ 동물	하위 유	
↙ ↘ 이성적　　비-이성적	종적 차이	
↘ 인간	최종 종	
↙ ↙ ↘ 소크라테스　플라톤　아담　카이사르 등	개체적 차이	지각에서의 **유사성**

* 아리스토텔레스의 범주 목록: 실체, 양, 질, 관계, 장소, 시간, 양상, 상태, 능동, 수동

는 술어들(종적 차이들)에서 다른 것이 되고 있다. 이제 이 종별화의
과정은 이 일람표의 위와 아래의 양쪽 끝에서 한계에 도달하게 된다.
가장 낮은 아래 끝에서, 개체들 간의 감성적 유사성이 지각될 수 있는
조건에서만 다수의 상이한 개체들이 한 단일한 개념하에 놓일 수 있

---

34 이 포르피리오스 나무 다이어그램은 E. M. 컬리, 『스피노자의 형이상학: 해석적 시론』
(Cambridge, MA: Harvard University Press, 1969), 29에서 따와 고쳐 다듬은 것이다.

다. 가장 높은 위의 끝에서, 가장 높은 유들 혹은 "범주들" 간의 차이들은 유비로 알려지게 될 조작을 통해서만 존재Being 개념과 관련될 수 있다. 따라서 아리스토텔레스는 차이를 네 가지 서로 관련돼 있는 원리들, 즉 개념의 동일성, 술어들의 대립(종적 차이), 지각에서의 유사성(개체적 차이), 판단의 유비(유적 차이)에 복속시킨다. 독자들은 이 "재현"의 4원 구조가 『차이와 반복』의 반복되는 주제들 중 하나라는 것을 인지하게 될 것이다.

들뢰즈는 "존재의 일의성"을 스피노자에 선행하는 중세 철학을 지배했던 아리스토텔레스의 "존재의 유비" 이론과 하나하나 대조한다. 존재는 존재자들 사이에서 일의적으로 분배되는가, 아니면 유비적으로 분배되는가? 이 물음은 매우 특별한 문제, 즉 존재가 "범주들"과 맺는 관계에 관한 것이다. 칸트는 범주를 가능한 경험의 모든 대상에 대해 말해질 수 있는 개념으로 정의했다(인과성은, 모든 대상은 원인을 가지며, 또 그 자체로 다른 사물들의 원인이기 때문에, 범주이다). 아리스토텔레스의 정식화 역시 이와 마찬가지다. 즉, 범주들은 존재가 존재자들에 대해 말해지는 상이한 의미들이고, **존재라는 말의 상이한 의미들이다.**[35] 하이데거의 정식화에 따르면, 범주들은 "존재자들의 존재의 근본적 규정들", 근본적인 존재론적 술어들이다.[36] 하지만 그렇다면 가장 유적인 개념으로서의 존재가 가장 높은 유들로서의 범

---

35 『아리스토텔레스의 주요 저작』, 리처드 매키언 편(New York: Random House, 1941), 8, 220에 수록된 아리스토텔레스, 『범주들』, 4, 1b25(범주들 목록), 그리고 『물리학』, 제1권, 제2장, 185a21("'이다'는 여러 가지 의미로 사용된다")을 보라.

36 마르틴 하이데거, 『헤겔의 정신 현상학』, 파비스 에머드·케네스 말리 옮김(Bloomington: Indiana University Press, 1988), 102; cf. 117.

주들과 맺는 관계는 무엇인가? 아리스토텔레스는 존재가 범주들과 관련하여 일의적 유일 수 없다는 점을 인지했는데, 바로 이 이유 즉 **차이들이 "존재하기"** 때문이다. 존재를 모든 것을 포용하는 유로 술어화한다면, 이는 차이의 존재를 부인하게 될 것이며, 아니 오히려 이는 존재라는 유가 한 번은 자신의 종에 대해, 또 한 번은 그 자신의 종차에 대해 이렇게 두 번 술어화되어야 할 것이다.[37] 그러므로 유적 차이는 종적 차이와는 **또 다른 본성**을 가져야만 한다. 유는 자신의 종에 대하여 일의적인 반면, 존재는 범주들에 대하여 필연적으로 다의적이다. 그러므로 아리스토텔레스는 범주들은 서로 **유비적으로** 관련되어야만 한다고 결론을 내렸다. 아리스토텔레스에서 칸트를 거쳐서 헤겔에 이르기까지 범주들에 관한 모든 철학은 유비적 존재론을 의미한다. 아리스토텔레스의 경우, 범주의 유비는 두 가지 근본적인 형식을 가지는데, 둘 모두 아퀴나스와 같은 후대의 사상가들에 의해 신학적으로 채택된다. 한편으로, 존재 개념은 그 자체의 내용을 가지는 것이 아니라, 이 개념이 술어로 규정되는 형식적으로 상이한 범주들에 비례적인 **분배적** 내용을 가진다(비례성의 유비). 여기에서 말하는 "비례성"은 엄밀한 수학적인 의미($a{:}b{:}c{:}d$)에서 이해될 필요는 없다. 범주들은 존재와 맺는 동등한 관계를 가질 필요는 없고, 오직 내적 관

---

37 『아리스토텔레스의 주요 저작』, 723에 수록된 아리스토텔레스, 『형이상학』, III, 3, 998b22~ 27을 보라: "통일체 또는 존재가 사물들의 한 단일한 유이어야 한다는 것은 가능하지 않다. 유의 종차를 위해서 각각의 사물은 존재를 가져야만 하고 하나이어야만 하지만, 자신의 종과 별도로 취해진 유가 (유의 종들이 자신의 고유한 종차에 대해 술어화되는 것이 가능하지 않듯이) 자신의 고유한 종차들에 대해 술어화되는 것은 가능하지 않다. 그러므로 만약 통일체 또는 존재가 유라면, 어떠한 종차도 존재이거나 또는 하나이지 않을 것이다."

계를 가질 필요가 있기 때문이다. 다른 한편으로, 그러므로 존재는 실체 범주가 존재의 제1 범주 혹은 최초 의미(pros hen) 역할을 맡는 한에서 위계적 계열을 형성하는 경향이 있다. 즉, "존재하는is" 모든 것은 실체이며, 이제 실체인 모든 것은 성질, 양, 장소 등등을 가진다(비례의 유비).[38] 이 두 유비의 형식들은 들뢰즈가 각각 존재의 분배적 "공통감", 그리고 존재의 위계적 "양식"(혹은 최초 의미)이라 칭하는 것이다.[39]

아리스토텔레스의 유비적 세계관은 무엇이 잘못되었는가? 간단히 말해, 이 관점은 하이데거의 존재론적 차이의 문제에 대해 부적절한 해답을 제공한다. 한편으로, 이 관점은 우리가 존재Being를 공통 유로서 정립하는 바로 그 이유를 파괴하지 않고는, 즉 종적 차이를 위한 존재being의 가능성을 파괴하지 않고는 **존재를 공통 유로서 정립할 수 없다.** 이 관점은 존재의 보편성을 오직 의사-동일성(유비)으로 이해할수 있을 뿐이다. 다른 한편으로, 이 관점은 존재를 특수한particular 존재자들에 관련시켜야만 하는데, 그러나 이 관점은 **무엇이 특수한 존재자들의 개체성을 구성하는지 말할 수 없다.** 이 관점은 특수한 것(개체) 안에 오직 일반적인 것(개념)에 부합하는 것만을 보유할 뿐이다. 달리말해서, 존재의 다의적, 혹은 유비적 개념은 존재자들에서 일의적인것만을 파악할 수 있을 뿐이다. 진정한 개별자singular가 결여돼 있는것 못지않게 진정한 보편자가 결여돼 있다. 즉, 존재는 오직 분배적

---

38 『아리스토텔레스의 주요 저작』, 732에 수록된, 아리스토텔레스, 『형이상학』, IV, 2, 1003a33~ 34(인용자 수정)를 보라: "존재는 여러 의미로 말해지지만, 언제나 한 단일한 용어(pros hen) 와 관련해서이다."

39 "공통감"과 "양식"의 관계에 관해서는, DR 269와 LS 75~79를 보라.

공통감을 가질 뿐이고, 개체적인 것은 개념 안의 일반적이고 반성적인 것 외에 어떠한 차이도 갖고 있지 않다.[40]

『차이와 반복』에서 전개되는 들뢰즈의 논지는, 오직 일의성만이 우리에게 (유사성들의 네트워크 안에 있는 일반성들이 아니라) **개체화하는** 차이들의 유희에 대한 이해를 제공함으로써, (단지 분배적 의미가 아니라) 진정으로 **집체적인** 존재의 의미를 우리에게 제공할 수 있는 점이다. 하지만 이것은 우리를, 정확히, 일의적 존재론의 근본적인 문제로 데리고 간다. 만약 존재가 존재하는 모든 것의 하나의 **동일한** 의미로 말해진다면, 그렇다면 무엇이 존재자들 사이의 차이를 구성하는가? 일의적 존재론에는 (아리스토텔레스적-칸트적 의미에서) 범주들이 있을 수 없다. 만약 우리가 존재자들을 실체, 혹은 형식, 혹은 유적 차이와 종적 차이에 의해 구별한다면, 그렇다면 우리는 다시 유비적 세계관 속에 존재하게 된다. 그렇지만 만약 우리가 존재는 일의적이고, 존재라는 단어의 의미들 간에는 범주적 차이들이 없다고 말한다면, 그렇다면 우리는 오명의 사유, 즉 본질적이지 않은 것, 형식이 없는 것, 종적이지 않은 것, 유적이지 않은 것, 범주적이지 않은 것의 사유에 떨어지는 것으로 보인다. 신과 인간, 식물과 동물 간에는 어떠한 범주의 차이도, 실체의 차이도, 형식의 차이도 있을 수 없다. 이것이 들뢰즈가 일의성은 **사유하기**가 그토록 어려운 개념이라고 주장하는 이유이다. 우리는 어떻게 존재자들 사이에 차이들이 있다고 말할 수 있는가? 그럼에도 불구하고 존재가 어떻게 존재하는 모든 것

---

40 들뢰즈의 아리스토텔레스 비판에 관한 들뢰즈의 요약에 대해서는, DR 269~270을 보라.

의 하나의 동일한 의미로 말해지는가?

당연하게도, 이 문제에 대한 유일한 가능한 유형의 해법을 예견한 사람은 스피노자였다. 이 지점에서, 이해될 수 있는 유일한 차이는 **역능power의 정도**로서의 차이이다(강도량들의 물리학). 한 존재자의 힘 혹은 강도는 이 존재자가 존재와 맺는 관계이다. 힘의 정도로서의 차이의 관념이 왜 존재의 일의성의 관념에 연관되는가? 오직 힘의 정도에 의해서만 구별되는 존재자들은 힘의 정도의 차이(혹은 차이의 철회) 외에, 하나의 동일한 일의적 존재를 실현하기 때문이다. 힘의 정도로서의 차이는 그것이 존재의 일의적 의미를 보존한다는 점에서 **비범주적** 차이이다.[41] 존재자들은 더 이상 질적인 본질에 의해 구별되지(존재의 유비) 않고, 양화 가능한 역능의 정도에 의해서 구별된다(존재의 일의성). 우리는 사물의 본질이 무엇인지(가령, "이성적 동물"로서의 인간, 혹은 "깃털 없는 두 발을 가진 동물"로서의 인간) 더 이상 묻지 않고, 사물의 변용적 역량들affective capacities이 무엇인지 묻는다. 실존하는 개체의 힘은 변용될 수 있는 어떤 역량으로 표현된다.

이미 이러한 동향은 들뢰즈가 **도덕**에서 벗어나 **윤리**로 옮겨 가는, 철학에서 중요한 실천적 전환을 나타낸다. 들뢰즈에게, 도덕은 근본적으로 본질 개념 및 유비적 세계관과 연결되어 있다. 아리스토텔레스의 경우, 인간의 본질은 이성적 동물이어야 한다. 만약 그럼에도 불구하고 인간이 비이성적인 방식으로 행위한다면, 이는 인간을 그

---

41 강도 개념에 의한 스피노자의 "역능 정도"에 관한 해석은 또 다른 들뢰즈의 혁신이다. 그러나 『차이와 반복』에서, 강도 개념은 더 이상 스피노자의 경우처럼 실체의 그것과 관련되지 않고, (칸트를 따라) 강도=0인 한계와 관련하여, 그 자신 안으로 분할되는 차이, **개체화하는** 차이로서 형식적으로 정의된 자율적인 지위를 취한다.

본질적 본성에서 벗어나게 하는 **우유성들**accidents이 존재하기 때문이고, 인간의 본질은 필연적으로 실현되는 것이 아닌 **잠재태**potentiality이기 때문이다. 그러므로 도덕은 인간의 본질에 다시 합류하고자 하는 노력, 인간의 본질을 실현하고자 하는 노력으로 정의될 수 있다. 이와 대조적으로, 윤리에서 존재자들은 본질의 수준에서가 아니라 실존의 수준에서 존재와 관련되어 있다. 윤리는 한 인간을 그가 원리상 **존재하는 것**(그의 본질)에 의해서가 아니라 그가 할 수 있는 것, **발휘할 수 있는 것**(그의 역능)에 의해 정의한다. 역능은 언제나 발효되고 있으므로 —— 역능은 결코 잠재태가 아니고, 언제나 활동 속에 있다 ——, 물음은 더 이상 너는 너의 본질을 실현하기 위해 무엇을 **해야 하는가?**가 아니라 너는 너의 역능에 의해 **할 수 있는 것**이 무엇인가?이다. 에릭 알리에즈Eric Alliez가 말하는 바와 같이, 만약 유비가 신학적이라면(존재-신론), 일의성은 윤리학적(존재-행동학)이다.[42] 결국 정치적 문제가 이 역능의 발효와 관련돼 있다. 어떤 조건들이 우리의 역능이 가장 좋은 방식으로 발효되도록 해 주는가? 역으로, 어떤 조건들하에서 우리는 우리의 역능과 분리되기를 실제로 욕망할 수 있는가? 우리는 어떻게 이 존재론적 물음들이 『자본주의와 분열증』에서 전개된 윤리-정치철학을 위한 기초(그리고 이에 상응하는 "실존적" 개념들)를 형성할 수 있는지 분명하게 알 수 있다.

　여기서 우리는 들뢰즈와 에마뉘엘 레비나스가 내재성과 초월성이라는 각자의 철학을 갖고서, 현대 사상에 나타나는 윤리학의 물음

---

42 에릭 알리에즈, 『세계의 서명』(Paris: Cerf, 1993), 제3장, 「존재-동물행동학」, 67~104를 보라.

에 다가가는 매우 상이한 두 접근법을 나타낸다는 점을 주목할 수도 있겠다. 만약 타자가 초월성의 근본적인 문제라면, 차이는 내재성의 근본적인 문제이다. 레비나스에게, 윤리학은 존재Being와 필연적으로 "다른 방식으로" 있는 초월성의 요소(전적으로 타자인 것)를 도입하기 때문에 존재론에 선행한다. 들뢰즈에게 (또 스피노자에게) 윤리학은 존재자들은 실존(내재성의 요소로서의 강도 혹은 역능의 정도)의 수준에서 직접적으로 존재와 관련돼 있기 때문에 존재론이다. 이것이 스피노자가 그의 순수 존재론을 존재론 대신에 윤리학이라고 칭하는 이유이다. 일의성에 관한 그의 사변적 명제들은 이 명제들이 감싸고 있거나 함축하고 있는 윤리학의 수준에서 오직 실천적으로 판단될 수 있을 뿐이다.

하지만 이러한 윤리적 관심들은 『차이와 반복』에서 전개된 일의적 존재론, 그리고 이 존재론이 존재론적 차이의 문제에 제공하는 해답에서 직접적으로 유래한다. 존재는 존재자들 간의 외적 차이들뿐만 아니라, 또한 존재자들 그 자체가 "내적 차이"의 특징이 있는 다양체들이라는 사실을 설명할 수 있어야 한다. 그리고 존재론적 차이는 존재와 존재자들 간의 비범주적 차이를 지시해야 할 뿐만 아니라, 또한 존재가 그 자체와 다른 내적 차이를 지시할 수 있어야 한다. 『차이와 반복』에서 전개된 존재론적 개념들은 모두, 존재와 차이가 그 자체들 내에서 이루는 이러한 공-분절co-articulation을 포괄함으로써 존재의 일의성을 보존하는 비범주적 개념들이다. 이 존재론적 개념들은 "강도에서의 차이, 환영에서의 차등, 시간 형식에서의 비유사성, 사유에서의 미분적인 것 등이다. 대립, 유사성, 동일성, 그리고 심지어 유비조차 차이의 이러한 현시들에 의해서 생산된 효과들일 뿐이다".[43] 이

것이 "일원론=다원론"이라는 들뢰즈의 공식이 의미하는 것이다(존재의 일의성=차이의 다의성)(TP 20). 만약 유비가, (종적) 차이들이 "존재하기" 때문에 존재Being의 공통 유의 지위를 거부한다면, 그렇다면 역으로 존재는 (개체화하는) 차이들이 "존재하지 않고" 또 존재해서는 안 되는 한에서만 실로 공통적이다. 이것이 들뢰즈가 봉착해서 그 극한으로까지 밀고 나아가는 일의적 존재론의 두 번째 근본적 문제이다. 즉, 차이의 (비-)존재는 사실상 **잠재적인 것 혹은 문제적인 것**의 실재성이다. 달리 말해서, 일의적 존재는 언제나 "문제적" 형태로 그 자신을 현시한다. 만약 우리가 '차이'를 현실적인 것 혹은 경험적인 것the empirical, 경험experience 속에서 구성된 개체에 맡겨 둔다면, 우리는 불가피하게 유비적이거나 일의적인 존재론으로 물러나게 되고, 차이를 동일성과 부정의 권리들에 복속시키게 된다. 들뢰즈의 존재론을 독해하려면, 이 두 가지 근본적인 문제들에 초점을 맞추어야 하겠다.

---

43 DR 145. 우리는 범주들을 미분 개념들 혹은 이념들로, 새로운 방식으로 정의하는 조건이라면, 퍼스와 화이트헤드가 그러듯이, 일의적 존재론에 '범주' 개념을 보존할 수 있을 것이다(DR 284~285를 보라). 아르노 빌라니, 『말벌과 난초: 질 들뢰즈에 관한 시론』(Paris: Belin, 1999)에 수록된 한 대담에서 들뢰즈는 이렇게 논평하고 있다: "내 생각에, 『천 개의 고원』의 결론은 범주표(하지만 불완전한, 불충분한 범주표)이다. 칸트[혹은 아리스토텔레스]의 방식으로가 아니라, 화이트헤드[혹은 퍼스]의 방식으로. 따라서 범주는 새로운 의미, 매우 특별한 의미를 띤다. 나는 이 점을 궁구하고 싶다."(130) 프랑수아 도스는, 『질 들뢰즈와 펠릭스 과타리: 교차하는 생명들』, 데보라 글래스먼 옮김(New York: Columbia University Press, 2010)에서, 들뢰즈가 과타리에게 진화적 범주 이론이 그들 기획의 초점이어야 한다고 제안하는 1981년 편지를 인용하고 있다: "퍼스와 화이트헤드는 현대적 범주표를 만들었다. 가령, 이러한 범주들 관념은 어떻게 진화되어 왔는가?"(4) 『철학이란 무엇인가?』에서 전개된 개념 분석론은 들뢰즈가 범주들의 문제에 대해 다시 사유한 직접적 결과물로 독해될 수 있다.

하지만, 마지막으로, 제4막과 최종의 막에서, 일의성은 왜 들뢰즈의 저술들에서 사라지는가? 결국, 그 이유는 확인하기가 어렵다. 시뮬라크르 개념과 같은 다른 개념들도 비슷한 운명에 처해 있다.[44] 들뢰즈는 반-플라톤주의의 문제를 철두철미하게 사유하기 위해 클로소프스키의 "시뮬라크르" 개념을 사용했다. 하지만 맥락 바깥에서 이 개념은 (존재자들은 더 이상 어떤 것도 "모방하지" 않으므로) 더 이상 아무런 "관심"을 끌지 못했으며, 말하자면 "배치agencement/assemblage" 개념에 의해 대체되었다. 동일한 것이 일의성에도 적용된다. 일의성은 최초로 둔스 스코투스가 쏜 화살이었는데, 이어서 들뢰즈가 이 화살을 집어 들어 다른 데로 겨냥하여, 스피노자의 철학을 해석하고 정통 신학을 비판하는 데 사용했고, 그리고 하이데거의 존재론적 차이의 문제를 아리스토텔레스와의 대결을 통해서 철두철미하게 사유했다. 이에 대한 (이미 상당한) 저작을 끝내고 나서도, 들뢰즈는 계속 전진했다. 예를 들어, 『천 개의 고원』에서 est("is")의 논리학은 et("and")의 연언적 논리학에 길을 내주었는데, 이 연언적 논리학은 "존재론을 전복시키고", "존재, 일자, 또는 전체로 규정될 수 있는 모든 것 바깥에" 관계들을 놓는다.[45] 이것은 초월성에 호소하는 것이

---

44 장-클레 마르탱, 『변이들: 질 들뢰즈의 철학』, vii에 수록된 들뢰즈, 「편지-서문」을 보라: "나는 시뮬라크르 개념을 완전히 포기한 것으로 보인다."

45 D 57을 보라: "문법 전체, 삼단논법 전체는 결합들을 동사 '이다(있다)to be'에 종속시키는 일을 유지하는 방식, 결합들을 동사 '이다(있다)' 주위로 끌려가게 하는 방식이다. 우리는 더 나아가야만 한다. 즉, 우리는 관계들과의 마주침이 모든 것을 관통하여 오염시키고, 존재(=임, 있음)being를 붕괴시키고, 존재를 실각하게 만들어야만 한다. '이다'[EST]를 '그리고'[ET]로 대체하라. A 그리고 B. 심지어 특별한 관계 혹은 결합조차 아니다. '그리고'는 관계들을 그 항들 외부로, 그 항들의 집합 외부로, 그리고 존재, 일자, 전체로서 규정될 수 있는 모든 것 외부로 쏘아 대게 하는 그것이다." 또한, TP 25를 보라.

아니라, 후기 저작들에서 "내재 면", "외부", "틈interstice" 등등과 같은 새로운 개념들의 발명을 요하면서, 내재성을 심화하는 것이다.[46] 일의 성의 드라마가 예시하는 것은, 운동에 의해 정의되고 이해되어야 하는 들뢰즈 사상의 **역동적** 본성이다.

---

46 가령, TI 180을 보라: "전체는 사물들의 구성적 '그리고'가 되기 위하여, 둘 사이의[entre-deux] 구성적 '그리고'가 되기 위하여, 일자-존재이기를 그쳤기 때문에, 변이를 겪는다."

라이프니츠

라이프니츠에 관한 들뢰즈: 차이, 연속성, 미적분법

들뢰즈는 한때 그 자신을 "고전적" 철학자로 규정한 바 있는데, 의심할 여지 없이 이는 자신이 고전적 시기의 위대한 철학자들, 특히 스피노자와 라이프니츠에게 빚지고 있음(친밀감을 갖고 있음)을 암암리에 알리려는 의도를 갖고 있었다.[1] 스피노자는 들뢰즈에게 순수하게 내재적인 존재론을 위한 모델을 제공한 반면, 라이프니츠는 들뢰즈에게 개체화 문제들 및 이념 이론을 통하여 사유하는 방식을 제공했다.[2] 그러나 두 경우 모두에서, 들뢰즈는 스피노자와 라이프니츠의 사상을 그 자신의 방식으로 수용하고 변경해 놓았기에, 그가 이 각 사

---

1 장-클레 마르탱, 『변이들: 질 들뢰즈의 철학』, vii에 붙인 「편지-서문」에 담긴 들뢰즈의 발언을 보라: "나는 내가 매우 고전적인 철학자라고 생각한다. 나는 체계로서의 철학의 존재를 믿고 있다."
2 EPS 11을 보라: "내가 필요로 한 것은 (1) 특수한 개체들의 표현적 성격, 그리고 (2) 존재의 내재성이다. 라이프니츠는, 어떤 면에서, 첫 번째 논점에 관하여 스피노자보다 훨씬 더 멀리 나아가고 있다. 하지만 두 번째 논점에 관하여, 스피노자는 혼자 떨어져 있다. 우리는 그것을 오직 그에게서만 발견한다. 이런 이유로 나는, 비록 라이프니츠에게서 많은 덕을 보고 있긴 하지만, 내 자신이 라이프니츠주의자라기보다는 스피노자주의자라고 생각한다."

상가들을 원용하는 법을 주의 깊게 기술하지 않고는 "스피노자주의자"인지 혹은 "라이프니츠주의자"인지 말하는 것이 불가능할 정도이다. 들뢰즈는『주름: 라이프니츠와 바로크』(1988)라는 제명의 라이프니츠에 관한 책 한 권 길이의 연구물을 간행하긴 했지만, 그가 라이프니츠에 더 심오하게(아마도 더 중요하게) 간여한 내용은 이미『차이와 반복』(1968)과『의미의 논리』(1969)에 나타났었다.[3] 이러한 이전 저작들에서 들뢰즈는 단연코 칸트-이후의 관점에서 라이프니츠에 접근했으며, 초월론적 장의 본성을 재정의하려는 시도 속에서 라이프니츠로 되돌아갔다. 살로몬 마이몬을 따라서, 들뢰즈는 칸트의 비판철학이 그 자체의 목적들을 성취하기 위해서는 칸트의 **외적 조건 짓기**의 원리를 **내적 발생**의 관점으로 대체할 필요가 있다고 주장했었다.[4] 들뢰즈는 후에 "이 일을 행하는 것은 라이프니츠로 되돌아간다는 것을 의미하지만, 라이프니츠의 철학과는 다른 기반 위에서 그렇게 하는 것을 의미한다. 칸트-이후의 철학자들이 요구하는 바의, 발생을 창출하는 모든 요소들은 사실상 라이프니츠에 나타나 있다"고 설명한다(1980년 5월 20일 세미나). 이 다른 "기반들" 중의 하나는, 사유를 (유한한 것이든, 무한한 것이든) "재현"으로부터, 또 재현에 수반되는 동일성의 원리에 대한 복속으로부터 해방시킬 수 있는 순수 **차이**

---

3 들뢰즈는 또한 뱅센-생-드니 대학에 있었던 그의 세미나 중 두 번의 회기를 처음에는 1980년에, 또 다음에는『주름』을 저술하고 있었던 1987년에 라이프니츠에게 할애했다. 여기서 행하는 내 논의는 1980년 세미나에 제시된 연역을 거의 그대로 따르고 있다.

4 들뢰즈가 마이몬 그리고 칸트-이후의 전통과 맺는 관계에 관한 논의에 대해서는, 그레이엄 존스,『차이와 규정: 들뢰즈의 초기 형이상학에 관한 서설』(미간행 박사학위논문, Monash University, 2002) 참조.

의 원리를 정식화하는 것이었다. 마이몬이 보여 준 바와 같이, 동일성은 사유 일반의 가능성의 조건인 데 반해, **실재적** 사유의 발생적 조건을 구성하는 것은 바로 차이이다. 그러므로, 다음에 오는 것에서, 나는 들뢰즈가 라이프니츠를 원용하여, 라이프니츠 철학의 네 가지 근본 원리들, 즉 동일성, 충족이유, 식별 불가능성, 연속성의 법칙을 통하여 나아감으로써 차이의 원리의 필연성을 동일성 원리(=동일률)로부터 "연역하는" 방법을 보여 주고자 한다. 들뢰즈의 라이프니츠 독해에서 도출되는 것은, 그 자신이 이에 대해 말하는 바와 같이, "현상이 아니라 사건과 관련되는, 그리고 칸트의 조건 짓기를 대체하는 라이프니츠의 초월론 철학이다"(FLB 163).

동일성의 원리

우리는 동일성 원리에 대한 가장 간단한 진술로 시작한다. 동일성 원리의 고전적인 공식은 "A는 A이다"이다. 즉, "푸른 것은 푸른 것이다", "삼각형은 삼각형이다", "신은 신이다"이다. 하지만 라이프니츠는 "그러한 공식들은 우리에게 아무것도 말해 주지 않고 똑같은 것을 되풀이하는 것에 지나지 않는 것으로 보인다"고 말한다.[5] 이 공식들은 확실하지만 공허하며, 우리를 사유하도록 만들지 않는다. 동일성 원리에 대한 보다 일반적인 공식화는 "사물은 그 무엇임이다what it is"일 것이다. 이 공식은 우리에게 동일성 원리가 지배하는 존재론적 영역을 보여 주기 때문에, "A는 A이다"라는 공식보다 더 멀리 나아간다.

---

5 고트프리트 빌헬름 라이프니츠, 『새로운 인간지성론』, 조너선 베넷·피터 렘넌트 옮김
   (Cambridge: Cambridge University Press, 1981), 361.

즉, 동일성은 사물과, 사물의 무엇임, 즉 고전 철학에서 사물의 "본질"이라 칭한 것 간의 동일성을 나타내는 것을 특성으로 한다. 라이프니츠의 경우, 모든 원리는 라티오ratio 곧 이성이며, 동일성 원리는 본질들의 라티오 혹은 본질들의 규칙, 즉 라티오 에센디ratio essendi라고 말할 수 있다. 이는 "왜 아무것도 없지 않고 무엇인가 있는가?" 하는 물음에 상응한다. 만약 동일성(사물과 사물의 무엇임 간의 동일성으로 이해된 동일성)이 존재하지 않는다면, 아무것도 존재하지 않게 될 것이다. 하지만 라이프니츠는 또한 우리에게 동일성 원리에 대한, 논리학에서 유래한 더 기법적인 공식화, "모든 분석 명제는 참이다"를 제공한다. 분석 명제란 무엇인가? 그것은 주어와 술어가 동일한 명제이다. "A는 A이다"는 분석 명제이다. 술어 A가 주어 A에 내포되어 있으며, 그러므로 "A는 A이다"는 참이다. 하지만 라이프니츠 공식의 세부 사항을 완성하자면, 우리는 두 유형의 동일적 명제를 구별해야 한다. 즉, 분석 명제는 호환에 의해서든, 포함에 의해서든 참이다. 호환 명제의 한 예는 "삼각형은 세 각들을 지닌다"이다. 이것은 술어("세 각들")가 주어("삼각형")와 같기 때문에, 주어와 호환되기 때문에 동일적 명제이다. 두 번째 경우인 포함 명제는 조금 더 복잡하다. "삼각형은 세 변들을 지닌다"라는 명제에는 주어와 술어 간의 동일성이 존재하지 않지만, 이른바 논리적 필연성이 존재한다. 우리는 세 변들을 지니지 않으면서 세 각들을 지니는 단일한 도형을 개념화할 수 없다. 여기에는 호환이 존재하지 않지만, 주어 속에 술어가 포함되거나 내속되는 증명 가능한 사실이 존재한다. 우리는 호환의 분석 명제는 직관의 대상인 데 반해, 포함의 분석 명제는 증명의 대상이라고 말할 수 있을 것이다. 라이프니츠가 분석이라 부르는 것은 주어로 취해진 개념 속에서 술어를 발견하는 조작이다. 만약 내가 한 주어진 술어가 한 개념 속에 내포되어 있는 것을 보여 준다면, 그렇다면 나는 분석을 행한 것이다. 이 모든 것은 기본적 논리이다. 이 지점까지는 사상가로서의 라이프니츠의 위대함이 아직 드러나지 않았다.

충족이유의 원리

들뢰즈는 라이프니츠의 독창성은 더 이상 본질들의 영역을 지시하지 않고 실존들의 영역, 즉 현실적으로 실존하는 사물들의 영역을 지시하는 위대한 두 번째의 원리와 함께 처음 나타난다고 언급한다. 이와 상응하는 **라티오**는 더 이상 **라티오 에센디**가 아니고 **라티오 엑시스텐디**ratio existendi, 즉 실존을 위한 이성이다. 이와 상응하는 물음은 더 이상 "왜 아무것도 있지 않은 것이 아니라 무언가가 있는가?"가 아니고, "왜 저것이 아니라 이것인가?"이다. 이러한 원리의 일반적인 표현은 "모든 것은 이유를 지닌다"일 것이다. 이것은 라이프니츠가 그 극한으로까지 밀어붙이고자 시도하는 합리론의 위대한 외침이다. 라이프니츠는 왜 이 두 번째 원리를 필요로 하는가? 실존하는 사물은 동일성 원리 **바깥**에 있는 것으로 보이기 때문이다. 동일성 원리는, 설사 사물 그 자체가 실존하지 않는다 할지라도, 사물과 사물의 무엇임 간의 동일성에 관한 것이다. 나는 유니콘이 실존하지 않는다는 것을 알고 있지만, 여전히 유니콘이 무엇인지 말할 수 있다. 그래서 라이프니츠는 실존하는 존재자들을 우리가 생각하도록 하기 위해서 두 번째 원리를 필요로 한다. 그렇지만 "모든 것은 이유를 지닌다"와 같은 애매해 보이는 원리가 어떻게 실존하는 존재자들을 우리가 생각하도록 만드는가?

라이프니츠는 그의 철학적 공식화, "모든 술어화는 사물의 본성에 토대를 지닌다"고 하는 충족이유에 의해 어떻게 해서 그렇게 되는지 설명한다.[6] 이것이 의미하는 바는, 한 사물에 대해 참이 되어 술어가 되는 모든 것은 이 사물의 개념 속에 필연적으로 포함되거나 내포된다는 것이다. 한 사물에 대해 무엇이 말해지거나 술어가 되는가? 무엇보다도 먼저, 이 사물의 본질인데, 이 수준에서는 동일성 원리와 충족이유 원리 간에는 아무런 차이가 없다. 이 사물의 본질은 동일성 원리로 획득된 모든 것을 수용하고 추정한다. 하지만 한 사물에 대해 말해지거나 술어가 되는 것은 이 사물의 본질일 뿐만 아니라, 이 사물에 일어나거나 관련되거나 속하는 영향들과 사건들의 총체성이다. 카이사르가 루비콘강을 건넜다는 예를 생각해 보자. 이것은 참인 명제이므로, 라이프니츠는 술어 "루비콘강을 건넜다"는 카이사르 개념 속에(카이사르 그 자신 속에가 아니라, 카이사르 개념 속에) 내포되어야만 한다고 말할 것이다. "모든 것은 이유를 지닌다"는 것은, 어떤 것에 일어나는 모든 것 —— 이 어떤 것의 모든 "차이들" —— 이 한 사물의 개별적 개념 속에 영원히 내포되거나 **포함되어야만** 한다는 것을 의미한다.

만약 사물에 일어나는 것을 우리가 "사건"이라 부른다면, 사물이 사건을 따르든 떠맡든, 우리는 충족이유는 사건을 사물의 술어들의 하

---

6 고트프리트 빌헬름 라이프니츠, 『철학 논문과 서한』 제2판, 르로이 룀커 편(Dordrecht: D. Reidel, 1969), 307을 보라: "모든 참된 술어화는 사물들의 본성에 어떤 기반을 가지고 있음이 확실하며, 명제가 동일성이 아닐 때, 즉 술어가 주어에 특별히 내포되어 있지 않을 때, 술어는 주어에 잠재적으로 포함되어 있음에 틀림없다."(『형이상학 담론』 8)

나로, 즉 사물의 개념concept or its notion으로 포함하는 그것이라고 말할 것이다. "술어들 혹은 사건들"이라고 라이프니츠는 말한다.[7]

라이프니츠는 어떻게 이 놀라운 주장에 도달하는가? 들뢰즈는 쿠튀라Louis Couturat를 따라서, 라이프니츠는 호환에 대해 다시 숙고함으로써 그렇게 한다고 언급한다. 동일성 원리는 우리에게 확실하고 절대적인 진리의 모델 — 분석 명제는 필연적으로 참인 명제이다 — 을 제공하지만, 우리를 어떤 것도 **사유하도록** 만들지는 않는다. 그래서 라이프니츠는 동일성 원리의 공식을 호환 원리를 사용하여 뒤바꾸어 놓는다. 즉, **참인 명제는 필연적으로 분석 명제이다.** 충족이유 원리는 동일성 원리의 역이며, 이 덕분에 라이프니츠는 근본적으로 새로운 영역을 정복하게 된다.[8] 이 뒤바꿈에 의해서, 동일성 원리는 우리를 어떤 것에 대해 **사유하도록** 만든다. 동일성 원리의 형식적 공식("A는 A이다")은 술어가 주어와 **호환되기** 때문에 참이며, 그러므로 라이프니츠는 이 호환 원리를 동일성 원리 그 자체에 적용시킨다. 그러나 동일성 원리의 첫 번째 공식에서, "A는 A이다"의 역은 단지 "A는 A이다"일 뿐이며, 이런 의미에서 **형식적** 공식은 동일성 원리의 뒤바꿈을 방해한다. 충족이유 원리는 동일성 원리의 **논리적** 공식을 뒤

---

7   FLB 41. 라이프니츠, 『철학 논문과 서한』, 310을 보라: "어떤 사람에게 일어나는 모든 것은, 원의 고유성질들이 원의 정의에 내포되어 있듯이, 이미 그의 본성 혹은 개념에 잠재적으로 내포되어 있다."(『형이상학 담론』13)

8   루이 쿠튀라, 「라이프니츠의 형이상학에 관하여」, 『라이프니츠: 비평 논문 모음집』, 해리 G. 프랑크푸르트 편(Garden City, NY: Anchor, 1972), 22를 보라: "동일성 원리는 모든 동일성 (분석) 명제는 참임을 진술한다. 이와 반대로, 이유의 원리는 모든 참인 명제는 동일성 (분석)이라는 것을 단언한다."

바꿈으로써만 생산되지만, 이 후자의 뒤바꿈은 상이한 질서를 지니는데, 이는 더 이상 말할 필요가 없는 것이 아니다. 이러한 뒤바꿈을 정당화하는 것이 라이프니츠가 철학자로서 추구하는 과제이며, 이로 인해 그는 무한한 ― 그리고 아마도 불가능한 ― 기획을 착수하게 된다. 충족이유 원리는 주어 개념이 주어에 일어나는 모든 것 ― 즉, 주어에 대해 참이 되어 술어가 되는 모든 것 ― 을 내포한다는 것을 뜻할 뿐만 아니라, 또한 우리는 이것이 사실이라는 점을 **증명할** 수 있어야 한다는 것을 뜻한다.

그러나 일단 라이프니츠가 이런 방식으로 개념 영역으로 진수하기만 하면, 멈추지 않을 수 없다. 형이상학의 한 지점에서, ― 라이프니츠에게 강력한 영향을 미친 ― 아리스토텔레스는 개념 분석의 어떤 지점에서 **중단되는**(anankstenai) 것은 필연적이라는 정교한 공식을 제기한다.[9] 이는 아리스토텔레스에게 개념들은 **일반적**이지 개별적이지 않기 때문이다. 고전 논리학은 일반성을 지시하는 개념의 질서와, 개별성singularity을 지시하는 개체the individual(=개별자)의 질서를 구분한다. 본성상 개념은 **다수의** 개체들을 포괄하는 어떤 것으로 간주되었다. 개체 그 자체는 개념들에 의해 포괄될 수 없다는 것은 말할 필요조차 없었다. 달리 말하면, 철학자들은 항상 **고유명들**proper names은 개념들이 아니라고 여겨 왔다. 그렇다면 어떤 지점에서 개념적 종별화의 과정은 중단되지 않으면 안 된다. 우리는 다수의 개체들을 한

---

9 『아리스토텔레스의 주요 저작』, 714에 수록된, 아리스토텔레스, 『형이상학』, 권2, II, 994b, 22~25를 보라: "만약 우리가 멈추지 않는다면 … 우리는 어떻게 이런 식으로 무한한 사물들을 파악할 수 있는가?"

통치는 최종의 종(infima species)에 도달한다. 그러나 라이프니츠는 아리스토텔레스의 경고에 주의를 기울이지 않는다. 대신에 그는 개념을 개체 그 자체의 수준으로까지 밀어붙인다. 라이프니츠에게서, "아담"과 "카이사르"는 개념들이지 결코 고유명들이 아니다. 충족이유의 외침 ── "모든 것은 이유를 가져야만 한다" ── 은 라이프니츠를 거의 환각적인 개념적 창조로까지 추동해 갈 문제이다. "라이프니츠는 천재와 섬망의 길을 따라 내려가며, 그가 할 수 있는 한 고전 철학의 전제들을 밀어붙인다."(1980년 5월 20일 세미나) 들뢰즈는 라이프니츠에게 이의를 제기하고 반대 주장을 편다는 것은 별 소용 없는 일이라고 말한다. 먼저 우리는 우리 자신을 앞으로 나아가도록 내버려 두어, 개념들의 생산이라는 면에서 라이프니츠를 따라갈 필요가 있다. 그렇다면 라이프니츠가 뛰어드는 섬망의 깊은 틈은 무엇인가?

만약 내가 참이라고 하며 주어에 귀속시키는 모든 것이 주어 개념에 내포되어야만 한다면, 그렇다면 나는, 내가 참이라고 하며 주어에 귀속시키는 사물뿐만 아니라 또한 **세계의 총체성**도 주어 개념 안에 포함하지 않을 수 없다. 이것이 왜 사실인가? 충족이유의 원리와는 매우 다른 원리, 곧 **인과성**의 원리에 의하기 때문이다. 충족이유의 원리("모든 것은 이유를 가진다")는 인과성의 원리("모든 것은 원인을 가진다")와 같지 않다. "모든 것이 원인을 가진다"는 것은 A는 B를 원인으로 해서 일어나고, B는 C를 원인으로 해서 일어난다, 등등인 것 ── 무한대로 펼쳐지는 원인들과 결과들의 계열 ── 을 의미한다. 이와 대조적으로, "모든 것은 이유를 가진다"는 것은 우리가 인과성 그 자체를 위해 이유를 부여해야 한다는 것, 즉 A가 B와 유지하는 관계는 개념 안에 어떤 방식으로 포함되거나 포괄되어 있어야만 한다는 것을 의미한다.[10] 이것이 충족이유의 원리가 인과성의 원리를 넘어서는 방식이다. 즉, 인과성의 원리는 사물의 **필연적 원인**을 진술하는 것이지, 사물의 **충족이유**를 진술하는 것은 아니다. 충족이유는 사물이 그 자신의 개념과 맺는 관계를 표현하는 데 반해, 인과성은 단지 사물이 다른 어떤 사물과 맺는 관계를 표현할 뿐이다. 충족이유는 다음과 같은 방식으로 진술될 수 있다. 즉, 모든 사물에게는, 사물에 대한 설명, 그리고 원인들과 결과들을 포함해서 이 사물이 다른 사물들과 맺는 관계들에 대한 설명, 이 두 설명 모두를 제공하는 개념이 존재한다. 따라서 라이프니츠가 "루비콘강을 건너다"라는 술어가 카이사르 개념 안에 포함된다고 말하고 나서 바로, 그는 중단할 수 없다. 그는 카이사르 개념 안에 세계의 총체성을 포함하지 않을 수 없다. 이는 "루비콘강을 건너다"가 가령 로마 제국의 수립, 예수의 죽음과 같은 다양한 원인들과 결과들을 가지기 때문이고, 원인들과 결과들의 이중 유희에 의해서 앞과 뒤로 무한대로 뻗어 가기 때문이다. 그러므로 우리는 "루비콘강을 건너다"가, 이 사건의 원인들과 결과들이 또한 카이사르 개념에 포함된다고 말하지 않고는, 카이사르 개념에 포함된다고 말할 수 없다. 이것은 더 이상 내속이나 포함의 개념이 아니고, **표현**expression이라는 환상적인 라이프니츠의 개념이다. 즉, 주어

---

10 벤슨 메이츠, 『라이프니츠 철학: 형이상학과 언어』(Oxford: Oxford University Press, 1986), 157을 보라: "'A는 B이다'라는 본질 명제의 진리에 대한 이유를 발견하는 것은 개념 B를 개념 A에 내포되어 있는 것으로서 드러낼 만큼 매우 충분히 개념 A를 분석하는 것이다." 그러나 들뢰즈는, 여러 라이프니츠의 텍스트의 모호성에도 불구하고, 라이프니츠는 "'이유'라는 용어와 '원인'이라는 용어를 상호 교환적으로 사용하는 것으로 보인다"(158)는 메이츠의 진술에 동의하지 않을 것이다.

개념은 세계의 총체성을 표현한다. 우리들 각자는, 우리의 개념 안에서, 세계의 전체를 표현하거나 내포한다. 이것은 충족이유의 원리로부터 따라 나오는 최초의 환각적인 라이프니츠의 개념이다.

여기서 라이프니츠에게 도사리고 있는 위험이 존재하므로, 두 번째 개념이 즉각적으로 따라 나온다. 만약 각 주어 개념이 세계의 총체성을 표현한다면, 그것은 한 단일한 주어만이 존재하고, 개체들은 단지 이 보편적 주어(스피노자의 경우 한 단일한 실체, 혹은 헤겔의 경우 절대 정신)의 나타남에 지나지 않는다는 것을 보여 주는 것으로 보인다. 하지만 라이프니츠는 그의 철학 전체가 개체, 그리고 개념과 개체의 화해에 계속 집중되어 있으므로, 그 자신을 거부하지 않고는 그런 길을 따라가지 않는다. 이 위험을 피하기 위해서, 라이프니츠는 또 다른 새로운 개념을 창조한다. 즉, 그는 각 개체적 개념은 세계의 총체성을 포괄하거나 포함하지만, 어떤 일정한 **관점**point of view에서 그러하다고 말한다. 이것은 니체와 같은 후대의 철학자들이 수용하게 될 "관점주의perspectivist" 철학의 시작을 나타낸다(그럼에도 불구하고 니체는 라이프니츠와는 매우 다른 방식으로 관점주의를 이해했다). 그러나 관점은 우리가 라이프니츠의 관점주의 개념을 쉽사리 사소하게 여길 위험이 있는 흔한 관념이다. 라이프니츠는 모든 것이 주어의 관점에 "상대적"이라고 말하지 **않는다**. 이것은 들뢰즈가 "멍청한" 혹은 "진부한" 관점주의 관념이라고 부르는 것이다. 이것은 주어가 관점에 선행한다는 것을 의미하는 데 반해, 라이프니츠에게서 주어는 정반대의 것을 의미한다. 라이프니츠의 경우, 관점이 주어에 의해 구성되는 것이 아니라, 오히려 주어가 관점에 의해 구성된다. 달리 말해서, 관점은 주어들의 충족이유이다. 개별적 개념은 개체가 세계의 총체성을 표현하는 수단인 관점이다.

하지만 여기서 또, 라이프니츠는 중단할 수 없다. 그렇다면 이러한 관점을 결정하는 것은 무엇 때문인가? 라이프니츠는, 우리들 각자가 세계의 총체성을 표현하기는 하지만, 우리가 **무한히 작은 지각들**의 형식 속에서 지각하는 것은 단지 아우성, 배경의 소음이듯, 세계의 대부분을 모호하고 혼잡스러운obscure and confused 방식으로 표현한다고 말한다. 이러한 미세 지각들은 의식의 "미분들"(마이몬)인데, 이 미분들은 의식적 지각(통각)에 그 자체로서 주어지지 않는다. 그러나 내가 명료하고 판명하게clearly and distinctly 표현하는, 작고, 축소된, 유한한 부분의 세계가 존재하는데, 이것이 나의 **신체**를 촉발하는 세계의 바로 그 부분이다. 이러한 방식으로 라이프니츠는 관점을 점유하는 신체의 필연성을 연역하는 작업을 행한다. 나는 루비콘강을 건너감을 명료하고 판명하게 표현하지 않는다. 루비콘강을 건너감은 카이사르의 신체에 관한 것이기 때문이다. 하지만 내가 명료하게 표현하는 — 내가 이 논문을 작성하는 것과 같은 — 나의 신체에 관한 다른 사물들이 존재한다. 이에 대해 라이프니츠가 관점을 정의하는 방식은 이렇다. 즉, 관점은, 한 개체가 미세 지각들의 형식 속에서 모호하게 표현하는 세계의 총체성과 관련하여 그 개체가 명료하게 표현하는 세계의 부분 혹은 영역이다. 어떠한 것도 세계에 대한, 명료하고 판명한 동일한 표현의 지대를 갖지 않기 때문에, 어떠한 두 개별적 실체도 세계에 대한 동일한 관점을 점유하지 않는다.

따라서 충족이유의 원리에 의해 제기되는 문제는 라이프니츠를 표현, 관점, 미세 지각들 등등 개념들의 연속적 절차 전체를 창조하도록 이끈다. 들뢰즈는 "대부분의 위대한 철학자들의 경우, 그들이 창조하는 개념들은 분리 불가능하고 진정한 연속적 절차들 속에서 취해진다. 만약 한 개념이 부분을 이루는 연속적 절차를 이해하지 않는다면, 여러분은 그 개념을 이해할 수 없다"(1980년 11월 26일 세미나)라고 쓰고 있다. 하지만 관점 개념은 라이프니츠를 일단의 최종적 문제들로 이끌고 갈 것이다. 계속해서 라이프니츠는 세계는 이 세계를 표현하는 관점 바깥에 어떠한 실존도 갖지 않기 때문이라고 말한다. 세계는 모든 개별적 실체들 공통의 "표현되는" 사물이지만, 표현되는 것(세계)은 세계를 표현하는 것(개체들) 이외에 어떠한 실존도 갖지 않는다. 달리 말해서, 즉자적인 세계는 존재하지 않는다. 여기서 라이프니츠가 직면하는 어려움은 이렇다. 즉, 그럼에도 불구하고, 이러한 개별적 개념들 각각은 **동일한** 세계를 표현하지 않으면 안 된다. 이것이 왜 문제인가? 동일성 원리는 우리로 하여금 모순적인 것, 즉 **불가능한 것**이 무엇인지 결정하도록 해 준다. 네모난 원은 원이 아닌 원이다. 그것은 동일성 원리를 위반한다. 하지만 충족이유의 수준에서는, 사정이 더 복잡해진다. 카이사르가 루비콘강을 건너지 않음, 아담이 죄를 짓지 않음은 모순적이지도 않고 불가능하지도 않다. 카이사르는 루비콘강을 건너지 않았을 수도 있고, 아담이 죄를 짓지 않았을 수도 있는 데 반해, 원은 네모일 수 없다. 따라서 충족이유의 원리가 지배하는 진리들은 동일성 원리가 지배하는 진리들과 동일한 유형이 아니다. 하지만 그렇다면 라이프니츠는, 아담이 행한 모든 것은 그의 개별적 개념 안에 영원히 내포되어 있다는 것과, 그럼에도 불구하고, 죄를 짓지 않은 사람인 아담이 가능하다는 것을 어떻게 동시에 주장할 수 있는가? 이 문제에 대한 라이프니츠의 유명한 대답은 이렇다. 즉, 죄를 짓지 않은 사람인 아담이 그 자체로 가능했지만, 그

외의 실현된 세계와 **불공가능했다**. 라이프니츠는 여기서 불공가능성 incompossibility이라는 전적으로 새로운 논리적 관계, 즉 라이프니츠 철학에 특유한, 불가능성이나 모순으로 환원될 수 없는 개념을 만들어낸다. 실존하는 사물들의 수준에서, 실존하기 위해서 한 사물이 가능하다고 말하는 것으로는 충분하지 않다. 또한 사물이 무엇과 공가능한지compossible 아는 일이 필요하다. 라이프니츠가 이 개념에서 도출하는 결론은 아마도 그의 가장 유명한 학설일 텐데, 『캉디드』에서 볼테르가, 또 18세기 전반이 비웃었던 결론이다. 즉, 무한히 많은 불공가능한 세계들 중에서, 신은 계산을 해서 실존으로 들어가도록 모든 가능한 세계들 중에서 "가장 좋은 것", 즉 신에 의해 "미리 확립된" 조화가 지배하는 세계를 선택한다는 결론이다. 하지만 이 합리적 낙관주의는 가장 좋은 세계가 반드시 고통이 가장 적은 세계인 것은 아니므로, 무한한 잔혹성을 함축하는 것으로 보인다.

식별 불가능자들의 동일성의 원리

이것은 우리를 세 번째 원리, 즉 식별 불가능자들의 동일성의 길에 놓는다. 충족이유의 원리는 이렇다. 즉, 모든 사물과 관련하여, 사물에 일어날 모든 것을 포함하는 한 개념이 존재한다. 식별 불가능자들의 동일성의 원리는 이렇다. 즉, 모든 개념과 관련하여, 한 유일한 사물이 존재한다. 따라서 식별 불가능자들의 동일성의 원리는 충족이유의 원리의 역이다. 호환에 관한 라이프니츠의 제1막과 달리, 이러한 호환 작용은 절대적으로 필연적이다(이와 대조적으로, 동일성의 원리에서 충족이유의 원리로 옮겨 가는 이동은 철학자로서 라이프니츠의 **강권 발동**coup de force이었다. 그는 그렇게 할 수 있는 철학적 수단을 만들어 냄으로써만 그 일을 착수할 수 있었다). 진부하게 말하면, 이것은 절대적으로 동일한 두 사물은 존재하지 않는다는 점을 의미한다. 어떠한 두 개의 물방울도 동일하지 않고, 한 나무의 어떠한 두 개의 잎도 동일하지 않고, 어떠한 두 명의 사람도 동일하지 않다. 하지만 보다 심오하게는, 그것은 또한 ── 이것이 들뢰즈의 관심을 끄는 것인데 ── 최종적 분석에서 **모든 차이는 개념적 차이**라는 점을 의미한다. 만약 여러분이 두 개의 사물들을 가진다면, 두 개의 개념들이 존재해야만 한다. 만약 그렇지 않다면, 두 개의 사물들이 존재하는 것이 아니다. 달리 말해서, 만약 여러분이 차이를 두 개의 사물들에 배당한다면, 필연적으로 그 개념들에 차이가 존재한다. 식별 불가능자들의 원리는 우리는 개념들에 의해서만 **인식**을 가진다고 말하는 데 있으며, 이것은 제3의 이유, 제3의 라티오, 즉 **라티오 코그노센디**ratio cognoscendi, 곧 인식함의 이유으로서의 이유에 해당한다고 말할 수 있다.

　이 식별 불가능자들의 원리는 두 중요한 결과를 가진다. 첫째로, 우리가 보았듯이, 라이프니츠는 개념들은 고유명들이다, 즉 개념들은 **개별적 관념들**notions이다 하고 말한 최초의 철학자이다. 고전 논리학에서 개념들은 본성상 개별자의 특이성을 포괄할 수 없는 **일반성들**이다. 하지만 우리는 가령 "인간"이라는 개념이 카이사르와 아담 둘 모두를 포함하는, 모든 개별적 인간들에게 적용되는 일반성이라고 말할 수 없는가? 이에 라이프니츠는 이렇게 응수한다. 물론 그대들은 그렇게 말할 수 있지만, 그대들이 개념의 분석을 어떤 일정한 지점에서, 유한한 순간에 **차단했다**는 조건하에서만 그렇게 말할 수 있다. 하지만 만약 그대들이 분석을 밀고 나아간다면, 만약 그대들이 개념의 분석을 무한대로 밀어붙인다면, 카이사르와 아담의 개념들이 더 이상 같은 것이 아닌 지점이 존재하게 될 것이다. 라이프니츠에 따르면, 이것이 엄마 양이 새끼 양을 알아볼 수 있는 이유이다. 즉, 엄마 양은 개별적인 새끼 양의 개념을 안다. 이것은 또한 라이프니츠가 보편적 마음에 의지할 수 없는 이유이다. 왜냐하면 그는 계속 개별자 그 자체에 집중하고 있기 때문이다. 이것이 라이프니츠의 위대한 독창성이며, '실체는 개별적이다'라는 계속 반복되는 후렴의 공식이다.

둘째로, 식별 불가능자들의 원리(모든 차이는 개념적이다)를 정립할 때, 라이프니츠는 우리에게 중대한 결과를 받아들이라고 요청하고 있다. 왜냐하면 개념적 차이 외에, 우리가 개별적인 사물들을 구별하도록 해 줄지도 모르는 다른 유형의 차이들이 존재하기 때문이다. 예를 들면, 수적 차이이다. 즉, 나는 물 개념을 고정할 수 있고, 그런 다음 한 방울, 두 방울, 세 방울 등 개별성을 무시하고 물방울들을 수적으로 구별할 수 있다. 두 번째 유형의 차이가 있는데, 시공간적 차이이다. 나는 물 개념을 지니지만, 시공간적 위치에 의해서 상이한 물방울들을 구별할 수 있다(여기 이 물방울이 아니라 저기 저 물방울). 세 번째 유형의 차이가 있는데, 연장과 운동의 차이이다. 나는 물 개념을 보유할 수 있고, 연장과 형태(모양과 크기)에 의해서, 혹은 물방울들의 (빠르거나 느린) 운동에 의해서 물방울들을 구별할 수 있다. 우리로 하여금 동일한 개념을 지니는 두 사물을 구별하게 해 주기 때문에, 이것들은 모두 비-개념적 차이이다. 그러나 다시 한번, 라이프니츠는 돌진한다. 그는 조용히 우리에게 '아니다. 이러한 차이들은 순수 현상들이고, 또 다른 본성의 차이를 표현하는 잠정적 수단인데, 이 차이는 언제나 개념적이다'라고 말한다. 만약 두 개의 물방울들이 존재한다면, 이 물방울들은 동일한 개념을 지니지 않는다. 비-개념적 차이들은 언제나 개념적인 더 깊은 차이를 불완전한 방식으로 옮기는 구실을 할 뿐이다.

우리가 들뢰즈가 라이프니츠를 독해하는 작업의 핵심에 도달하는 것은 바로 이 지점에서이다. 충족이유를 탐구하는 일과 관련하여 그 누구도 라이프니츠보다 더 진전하지 못하긴 했지만, 그럼에도 불구하고 라이프니츠는 충족이유를 "재현"의 요건들에 종속시키고 말았다. 모든 차이들을 개념적 차이들로 환원시킴으로써, 라이프니츠는 충족이유를, 차이가 **개념** 안에 재현되거나 매개되는 능력에 의해서 정의했다.

> 충족이유의 원리에 따르면, 개별적인 사물당 언제나 하나의 개념이 존재한다. 식별 불가능자들의 동일성의 호환 원리에 따르면, 개념당 하나의 유일한 사물이 존재한다. 한데 합하면, 이 원리들은 개념적 차이로서의 차이 이론을 설명하거나 혹은 매개로서의 재현에 대한 설명을 전개한다.[11]

아리스토텔레스의 경우, 가장 작은 종들 너머 개념이 종별화되는 것을 "차단하는" 것은 개별자(=개체) 그 자체이다. 개념은 우리에게 **형식**을 제공하는데, 이 형식을 위해서 개별자는 **물질**을 구성한다. 칸트의 경우, 개념을 차단하는 것은 공간과 시간의 형식들이다. 라이

---

11 DR 12. 고전적 개념 이론에서 차이와 반복의 관계에 관해서는, DR 288을 보라: "차이는 언제나 개념 일반의 동일성 내에 기입되어 있으며, 반복은 개념 없는 차이로서 정의된다. 즉, 개념의 일반성 아래 포함되어 있고, 추가적인 개념적 특정화가 차단되어 있는, 수적으로 구분되는 예들 혹은 개체들($x^1, x^2, \cdots x^n$)에 의해 정의된다."

프니츠는 개념의 동일성에 **무한한** 포괄을 부여하는 이유만으로 개념과 개별자를 화해시킬 수 있다. 모든 개별적 실체 혹은 모나드는 세계의 상태를 구성하는 무한한 술어들을 감싸 안고 있다. 개념=1의 범위가 있는 곳에 개념=∞의 포괄이 있다. 개념이 무한대로 간다(충족이유)라고 말하는 것과 개념이 개별적이다(식별 불가능성)라고 말하는 것은 동일하다. 그러나 개념을 개별자의 수준으로까지 밀어붙일 때, 라이프니츠는 여전히 차이를 개념 안의 동일성 원리에 복속시키는 것을 유지하면서, 재현(혹은 개념)을 무한한 것으로 만들었을 뿐이다.

들뢰즈에게, 차이를 이렇게 동일성에 복속시키는 것은 부적법하고 근거 없는 것이다. 우리는, 라이프니츠의 경우, 충족이유의 원리는 동일성 원리의 역이고, 식별 불가능자들의 원리는 결국 충족이유 원리의 역이라는 점을 본 바가 있다. 하지만 역의 역은 우리를 다시 그저 동일성의 원리로 이끄는 것은 아닐까(1980년 5월 6일 세미나)? 라이프니츠의 경우에서도 그것이 **그렇지 않다**는 사실은 차이의 원리를 동일성의 원리로 환원할 수 없다는 점을 가리킨다. 들뢰즈의 논지는, 동일적 개념이 기능하는 작용의 뒤에 혹은 아래에 **이념** 내의 차이와 다양체의 운동이 놓여 있다는 것이다. 들뢰즈는 『차이와 반복』에서 "개념을 차단하는 것은 언제나 이념의 과잉인데, 이는 개념을 정지시키거나 혹은 재현의 요건들을 전복시키는 우월한 긍정성positivity을 구성한다"(DR 289)고 쓰고 있다. 『차이와 반복』 그 전체는 충족이유의 근원들을 탐색하는 것으로 독해될 수 있는데, 이러한 탐색은 비-재현적 이념들에 관한 이론으로 정식화된다. 하지만 "'재현 이하적인' 것으로 정의되는 직접적인 것(=무매개적인 것)은 재현들과 관점들을 배가함으로써 얻어지는 것이 아니다. 이와 반대로, 각 진정시키는 재현들은 ── 주어진 것의 직접성을 드러내기 위해서가 아니라 그 자체가 주어진 것의 발생적 조건들로서 기능하는 이념의 미분적 메커니즘을 드러내기 위해서 ── 그 중심으로부터 벗어나 왜곡되고, 다른 데로 향하고, 찢겨져야만 한다".[12] 들뢰즈의 이념들은 미분적이고, 발생적이고, 내재적인 데 반해, 칸트의 이념들은 총체화하고, 통일하고, 초월적이라는 점을 제외한다면, 들뢰즈는 "이념"이라는 용어를 대체로 칸트적 의미에서 이해한다. 들뢰즈가 『차이와 반복』에서 이념들에 관한 수정된 이론을 전개하는 것은 바로 칸트-이후의 입장을 견지하면서 라이프니츠에게 돌아가는 것을 기초로 해서이다.

연속성의 법칙

이러한 고찰들은 우리를 연속성의 법칙으로 데리고 간다. 본질의 진리들(동일성의 원리)과 실존의 진리들(충족이유의 원리와 식별 불가능성의 원리) 간의 차이는 무엇인가? 라이프니츠는, 본질의 진리들의 경우 분석은 **유한한데**, 술어가 주어 안에 포함되는 것이 유한한 계열의 규정적 조작들에 의해서 증명될 수 있다고 할 만큼(우리가 "Q.E.D."[= 증명되어야 할 것이었다 = 증명 끝]라고 말할 수 있을 만큼) 그러하다고 말한다.[13] 이와 대조적으로, 실존의 진리들의 분석은 필연적으로 **무한하다**. 즉, 실존들의 영역은 **무한 분석**의 영역이다. 이것이

---

12 DR 56. 또한 222를 보라: "차이는 잡다함이 아니다. 잡다함은 주어지지만, 차이는 주어진 것이 잡다함으로 주어지게 하는 그것이다."

13 그러나, 들뢰즈는 라이프니츠 그 자신에 반하여, 본질의 분석은, 신의 무한성과 분리 불가능하므로, 그 자체 무한할 수밖에 없다고 주장한다. FLB 42를 보라.

왜 사실인가? 왜냐하면, 만약 우리가 술어 "죄인"이 아담의 개념에 내포되어 있다면, 또 만약 그때 우리가 원인들을 추적하고 결과들을 색출한다면, 전 세계가 아담 개념에 내포되어야만 한다. 내가 이 분석을 수행할 때, 나는 죄인 아담에서 유혹하는 여자 이브로, 유혹하는 여자 이브에서 사악한 뱀으로, 사악한 뱀에서 금단의 열매로, 등등 이런 식으로 지나가게 된다. 앞으로 나아가면서, 나는 아담의 죄와, 그리스도의 수육受肉과 구속救贖의 직접적 연결을 보게 된다. 시간과 공간의 차이들을 가로질러 서로 간에 들어맞기 시작할 **계열들**이 있다. (이것, 즉 모든 연동하는 계열들과 더불어 이 세계를 선택한다는 것을 정당화하는 것이 라이프니츠의 『변신론』의 목적이다.) 그러한 분석은, 실제로 무한한 세계를 구성하는 요소들의 전 계열을 통해서 이동해야 하기 때문에 무한하다. 그리고 그것은 술어 "죄인"이 아담의 개별적 개념 안에 포함되어 있다는 것을 증명하기 때문에 분석이다. "실존의 영역에서, 우리는 계열들은 연장될 수 있고, 연장되어야 하기 때문에, 또 포함은 국지화될 수 없기 때문에 우리 자신을 멈출 수 없다."(FLB 51) 이것이 들뢰즈에게 중요한 라이프니츠의 대책이다. 즉, 실존의 진리들의 수준에서, 주어(아담) 안에 술어(죄인)가 포함되어 있음을 증명하는 무한 분석은 동일성의 증명에 의해 진행되지 **않는다**. 실존의 진리들의 수준에서 중요한 것은 술어와 주어의 **동일성**이 아니라, 한 술어가 또 다른 술어로 이동하고, 두 번째 술어에서 세 번째 술어로, 세 번째 술어에서 네 번째 술어로 등등 이런 식으로 이동하는 것이다. 간명하게 말한다면 이렇다. 즉, **만약 본질의 진리들이 동일성에 의해 지배된다면, 실존의 진리는 연속성에 의해 지배된다. 세계란 무엇인가?** 세계는 그 연속성에 의해 정의된다. 무엇이 불공가능한 세계를 분리하는가? 두 세계들 사이에 불연속성이 존재한다는 사실이다. 무엇이 모든 가능한 세계 중에서 가장 좋은 세계, 신이 실존으로 들어가도록 원인이 되는 세계를 정의하는가? 그러한 가장 좋은 세계가 최대치의 차이를 위해 최대치의 연속성을 실현한다는 사실이다.

이제 무한 분석 개념은 라이프니츠의 절대적으로 독창적인 개념이다. 그가 이 개념을 발명해 냈다. 그러나 유한한 존재자들로서 우리는 무한 분석을 떠맡을 수 없다는 점은 말할 필요조차 없는 것으로 보인다. 실존의 진리들의 영역에 처하기 위하여, 우리는 경험을 기다려야 한다. 우리는 경험을 통하여 카이사르가 루비콘강을 건넜다는 것, 혹은 아담이 죄를 지었다는 것을 알고 있다. 무한 분석은 한계가 없는 신적 지성을 지니는 신에게는 가능할지 모르겠지만, 이는 별로 만족스러운 대답이 아니다. 신에 만족할지도 모르지만, 우리는 또한 왜 라이프니츠는, 그러한 분석은 유한한 존재자들로서의 우리가 접근할수 있는 것이 아닌데도, 분석적 진리들과 무한 분석들에 관한 이 모든 이야기를 제시할 정도로 그토록 힘든 일을 했는가 하고 의아하게 여길 수도 있다. 그러나 우리가 라이프니츠에 관한 들뢰즈 해석의 독창성에 접근하는 것은 바로 이 지점에서이다. 왜냐하면 들뢰즈는, 라이프니츠는 유한한 인간인 우리들에게 신의 지성하에서 일어나는 일에 대해서 잘 정초된 접근을 행할 수 있도록 해 주는 계책을 제공하는데, 이 계책이 바로 미분의 기법이라고 말한다. 그럼에도 불구하고, 유한한 존재자들로서 우리는 **미분법**의 상징 덕분에 무한 분석을 행할 수 있다. 미분법은 우리를 복잡한 영역으로 데리고 가는데, 이는 라이프니츠와 뉴턴의 관계뿐만 아니라, 19세기와 20세기 초의 코시Augustin-Louis Cauchy와 바이어슈트라스Karl Weierstrass의 극한-개넘limit-concept이 발달하기 전까지는 해결되지 않았던 미분법의 수학적 토대에 관한 논쟁들과 관련이 있다.[14] 나는 여기서 들뢰즈 자신이 라이프니츠를 독해할 때 전면에 등장하는 미분법의 형이상학에 관한 라이프니츠 저작의 두 측면, 즉 미분 관계와 특이성 이론에 초점을 맞추고자 한다. 이 이론들은 우리가 유한자 내에 무한자가 현존하는 것을 생각하도록 해 주는 이론들이다.

미분 관계

먼저 미분 관계를 다루어 보자. 무한 분석에서 관건이 되는 것은 세계에 현실적으로 실존하는 일단의 무한한 요소들이 존재한다는 사실이 아니다. 문제는 다른 데에 놓여 있다. 왜냐하면, 만약 두 요소들 ─ 가령 죄인 아담과 유혹하는 여자 이브 ─ 이 존재한다면, 이 두 요소들 사이에는 여전히 차이가 존재한다. 그렇다면 이브의 유혹과 아담의 죄 사이에 (단순히 동일성이 아니라) 연속성이 있다고 말하는 것은 무엇을 의미하는가? 이는 두 요소들 사이의 관계가 무한히 작은 관계라는 점, 아니 오히려 둘 사이의 차이는 사라지는 경향이 있는 차이라는 점을 의미한다. 이것이 연속성의 정의이다. 즉, 차이가 사라지는 경향이 있는 한, 연속성은 차이의 작용으로 정의된다. 연속성은 사라지는 혹은 소멸하는 차이이다. 죄인과 아담 사이에서, 나는 결코 논리적 동일성을 증명할 수 없겠지만, 나는 연속성 ─ 즉, 하나 이상의 소멸하는 차이들 ─ 을 증명할 수 있을 것이다(그리고 여기서 증명이라는 단어

---

14 들뢰즈가 미적분법과 맺는 관계에 대한 분석에 대해서는, 본서 시론 15를 보라.

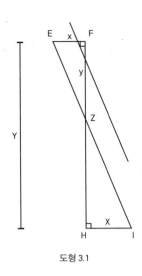

도형 3.1

는 분명 의미가 바뀐다).

　무엇이 소멸하는 차이인가? 1701년에 라이프니츠는 「일반 대수학의 극한 산법에 의해 극한 산법을 정당화하기」라는 제목의 3쪽 짜리 글을 썼는데, 그는 이 글에서 미분법은 그것이 발견되기 전에 가장 일반적인 대수학의 수준에서조차 어떤 방식으로 이미 기능하고 있었다는 것을 설명하려고 노력한다.[15] 라이프니츠는 우리에게 간단한 기하학적 도형을 제시한다(도형 3.1). 두 직각삼각형 ─ZEF와 ZHI ─ 은 꼭지점 Z에서 만난다. 이 두 삼각형 ZEF와 ZHI는 유사하므로, 비 y/x는 $(Y-y)/X$와 동등하다는 결론이 나온다. 이제 만약 직선 EI가 가변점 Z의 동일한 각을 항상 보존하면서 점점 더 점 F에 접근하

---

15 고트프리트 빌헬름 라이프니츠, 「일반 대수학의 극한 산법에 의해 극한 산법을 정당화하기」, 『철학 논문과 서한』, 545~546.

면, 직선 x와 y의 길이는 분명 꾸준히 감소할 터이지만, 그러나 y에 대한 x의 비는 여전히 불변인 채로 있게 될 것이다. 직선 EI가 F 자체를 통과할 때 무슨 일이 일어나는가? 점 Z와 E가 F에 직접적으로 떨어진 다는 것, 그리고 직선 x와 y가 소멸하리라는 것은 분명하다. 그것들은 제로와 동등하다. 그렇지만, x와 y가 제로와 동등하긴 하지만, 그것들은 여전히 Y에 대한 X의 관계로 표현되는 상호 간의 **대수적 관계**를 유지한다. 다시 말해서, 선 EI가 F를 통과할 때, 삼각형 ZEF가 이 말의 일반적 의미에서 "사라졌다"는 것은 사실이 아니다. 삼각형 ZEF는 여전히 "거기에" 존재하지만, 오직 "잠재적으로virtually" 거기에 존재할 뿐이다. 관계 x/y가 그 항들이 소멸했을 때에도 계속 실존하기 때문이다. 라이프니츠는, 삼각형 ZEF가 사라졌다고 말하기보다는, 비록 완전하게 규정되어 있긴 하지만, 우리는 그것이 배정될 수 없게 되었다고 말해야 한다고 말한다. 이 경우에 x=0과 y=0일지라도, x/y는 제로와 동등하지 않기 때문이고, 또 X/Y와 동등한 완전하게 규정 가능한 관계이기 때문이다. 배정 가능하지 않지만 완전하게 규정되어 있음, 이것이야말로 "소멸하는 차이"라는 용어가 의미하는 것이다. 그것은 심지어 관계의 항들이 사라졌을 때에도 관계가 계속될 때 존재한다. 관계 x/y는 Z와 E가 사라졌을 때 계속된다. 이 점이 미분 관계가 그토록 위대한 수학적 발견인 이유이다. 기적은 미분 관계 dx/dy가 제로와 동등하지 않고, 완전하게 표현 가능한 **유한한** 성질, 즉 Y에 대한 X의 비에서 유래하는 미분을 가진다는 점이다.

따라서 미분 관계는 자신의 항들에 **외적인** 관계일 뿐만 아니라, 어떤 의미에서 자신의 항들을 **구성하는** 관계이다. 이것은 들뢰즈에게 "즉자적 차이difference-in-itself"(『차이와 반복』 제2장의 제목)를 사유하기 위한 모델을 제공한다. 미분 관계는 자신이 유래하는 곳과 관련하여 — 즉, x와 y와 관련하여 — 구체적인 것을 아무것도 함의하지 않지만, **새로운 어떤 것**인, 구체적인 다른 어떤 것 — 즉, z — 을 함의하는데, 이것이 미분 관계가 극한(=한계)에 이르는 통로를 보증하는 방법이다. 따라서 여러 유명한 예들을 고려하면서, 라이프니츠는 정지를 무한하게 작은 운동으로, 합치를 무한하게 작은 거리로, 동등성을 부등성의 극한으로, 원을 변들을 무한대로 늘리는 다각형의 극한으로 이해할 수 있었다. 따라서 연속성 법칙의 "이유"는 **라티오 피엔디** ratio fiendi, 곧 생성(=되어 감)의 이유이다. 사물들은 연속성을 통하여 **되어 간다**. 즉, 운동은 정지가 되어 가고, 다각형은 변들을 늘림으로써 원이 되어 간다. 이것이 자연은 결코 도약을 하지 않는다(자연에는 결코 불연속성이 존재하지 않는다)는 라이프니츠의 유명한 연속성 법칙의 공식이다. 그렇다면 무엇이 무한 분석인가? 무한 분석은 다음과 같은 조건들을 충족시킨다. 더 이상 동일성에 의해 지배되는 영역이 아니라, 연속성과 소멸하는 차이들이 지배하는 영역 앞에 내가 처해 있을 때, 무한 분석이 존재하고, 무한 분석을 위한 자료가 존재한다.

이러한 미분 관계 이론이 구체적으로 무엇을 의미하는지 이해하기 위해서는, 이와 관련해서 라이프니츠가 전개한 상응하는 지각 이론을 고려해 볼 필요가 있다.[16] 라이프니츠는 우리는 우리가 의식적으로 알아차리지 못하는 사물들을 지각할 때가 자주 있다고 말했다. 우리는 한 친숙한 장면을 떠올리고 우리가 그 당시에 주시하지 않았

---

16 들뢰즈는 이 이론을 FLB 85~99에 있는 「주름들 안의 지각」이라는 제목의 한 중요한 장에서 분석한다.

던 세부 사항을 알아차리게 된다. 수도꼭지에서 물이 떨어지는 배경을 이루는 소리가 밤에 돌연 우리의 의식으로 들어온다. 그러므로 라이프니츠는 의식적 지각들("통각들" 혹은 몰적 지각들)과 무의식적 지각들("미세 지각들" 혹은 분자적 지각들)을 구별하고, 우리의 의식적 지각들은 공간과 시간 속의 재인 가능한recognizable 대상들과 관련돼 있는 것이 아니라, 이 지각들을 이루는 무의식적인 미세 지각과 관련돼 있음에 틀림없다고 주장했다. 예를 들어, 나는 바다의 소음 혹은 일단의 사람들이 웅성거리는 소음을 포착하는 것이지, 개개의 파도 소리, 혹은 웅성거림을 이루는 개개의 사람의 목소리를 포착하는 것은 아니다. 이러한 무의식적인 미세 지각들은 전체의 부분들로서가 아니라 일상적으로 주시될 수 있거나 주목될 수 있는 것으로서 의식적인 몰적 지각들과 관련되어 있다. 즉, 의식적 지각은 이 "잠재적인" 미세 지각들 중 적어도 두 지각이, 특이성singularity을 규정하는 **미분 관계** 곧 의식적 지각에 들어갈 때 생산된다. 바다의 소음을 생각해 보자. 적어도 두 파도들이 바다의 소음을 능가하여 의식적으로 되는 세 번째 것을 규정할 수 있는 미분 관계에 들어가기 위해서는, 이제 생겨나는 "잠재적인" 것으로 미세하게 지각되어야만 한다. 혹은, 녹색을 생각해 보자. 황색과 청색은 지각될 수 있지만, 만약 이 두 색들 간의 차이가 제로에 접근함으로써 소멸한다면, 이 색들은 녹색을 규정하는 미분 관계(db/dy=G)에 들어간다. 이제 황색 혹은 청색도 각각 자신의 방식으로, 우리가 감지할 수 없는 두 색들의 미분 관계에 의해 규정될 수도 있다(dy/dx=Y). 따라서 미분은 라이프니츠의 경우 지각의 심적 메커니즘으로서, 세계에 관한 나의 유한한 명료성 지대, 곧 나의 관점을 규정하는 일종의 자동작용으로서 기능한다. 모든 의식적 지각은 문턱을 구성하고, 미세 지각들 혹은 잠재적 지각들(무한히 작은 지각들)은 세계의 모호한 먼지, 세계의 배경 소음을 구성한다. 이것들은 의식적 지각의 "부분들"이 아니라, 지각의 "이념적인 발생적 요소들", 혹은 살로몬 마이몬이 "의식의 미분들"이라 부른 것이다. 발생적 요소들의 잠재적 다양체, 그리고 발생적 요소들 사이에 확립되는 접속들 혹은 미분 관계들의 체계는 들뢰즈가 감성의 "이념"이라 칭하는 것이다. (황색과 청색 같은) 어떤 모호하고 미소한 지각들로부터 (녹색 같은) 명료한 지각을 "현실화하는" 것은, 자신들을 명료성으로 이끌고 가는 이러한 무한히 작은 지각들 간의 미분 관계들이다. "세계의 이념 혹은 바다의 이념은 각각의 모나드가 오직 부분적 해결을 현실화할 뿐인 미분 방정식의 체계들이다."[17]

그렇다면, 라이프니츠의 경우, 미분은 수학적이되 심리학적인 영역, 심리-수학적인 영역을 지시한다. 곡선의 미분들이 존재하듯이, 의식의 미분들이 존재한다. 이로부터 여러 중요한 결과들이 따라 나온다. 여기서 공간과 시간은 칸트의 경우처럼 순수하게 **선험적으로** 주어지는 것들임을 그치고, 주체에서 이 미분 관계들의 앙상블 혹은 결합체에 의해 **발생적으로** 규정된다. 마찬가지로, 대상들 그 자체는 경험적으로 주어진 것들임을 그치고, 의식적 지각에서 이 미분 관계들의 산물이 된다. 더구나, 데카르트의 "명료하고 판명한" 관념들의 원리는 "자연적 빛"을 구성하기 위해 결코 재통합될 수 없는 두 환원될 수 없는 가치들로 분쇄된다. 즉, 의식적 지각들은 필연적으로 명료하

---

17 알베르토 괄란디, 『들뢰즈』(Paris: Les Belles Lettre, 1998), 49. 괄란디의 책은 들뢰즈의 자연 철학을 강조하는, 들뢰즈의 저작에 대한 가장 훌륭한 짧은 입문서들 중의 하나이다.

지만 (판명하지 않고) 혼잡한 반면, 무의식적 지각들(이념들)은 판명하지만 (명료하지 않고) 필연적으로 모호하다.[18] 실로, 라이프니츠는 무의식에 관한 최초의 이론 중의 한 이론, 프로이트가 전개한 것과는 매우 다른 이론을 전개했다고 말할 수 있다. 그 차이는 프로이트가 무의식을 의식과 **충돌 관계** 혹은 **대립 관계**에 있는 것으로 이해했지, 미분 관계에 있는 것으로 이해하지 않았다는 점이다. 이런 의미에서 프로이트는, 무의식을 더 이상 지각의 미분 쪽이 아니라 의지의 충돌 쪽으로 명시적으로 방향을 정했던 칸트, 헤겔, 그리고 이들을 계승하는 자들에 의존했다. 들뢰즈와 과타리가 『안티-오이디푸스』에서 제안했던 무의식 이론은 미분적이고 발생적인 무의식이며, 따라서 철저하게 라이프니츠에게서 영감을 얻은 것이다.[19]

특이성 이론

들뢰즈가 라이프니츠 사상에서 지적하는 마지막 문제가 있다. 외견

---

18 칸트는 마이몬이 라이프니츠에 회귀함으로써, 그렇게 하여 칸트의 비판 전체가 제거하려고 시도했던 유한 지성(의식)과 무한 지성(신적인 것) 간의 이원성을 재도입했다고 하며 이미 이의를 제기했었다. 임마누엘 칸트, 마르쿠스 헤르츠에게 보내는 편지, 26, May 1789, 아르눌프 츠바이히 편, 『임마누엘 칸트: 철학 서신, 1759~99』(Chicago: University of Chicago Press, 1967), 150~156을 보라. 그러나 칸트에 반대해서, 들뢰즈는 다음과 같이 주장한다. "여기서 무한한 것은 오직 무한한 지성에서 무의식이, 유한한 사유에서 무사유가, 유한한 자기self에서 무-자기non-self가 현존한 것에 불과하다. (칸트 그 자신은 규정하는 자아와 규정 가능한 자아 간의 차이를 도려냈을 때 이러한 것의 현존을 발견하지 않을 수 없었다.) 라이프니츠의 경우와 같이 마이몬의 경우도, 미분들의 상호 규정은 신적 지성을 가리키는 것이 아니라, 유한한 자기 안에서 세계를 표상하는 것으로서의 미세 지각들을 가리킨다."(FLB, 118~119) 또한 DR 192~193을 보라.

19 DR 106~108(또한 AO 전체)을 보라. 이는 들뢰즈가 미분적 무의식(라이프니츠, 페히너)이 갈등적 무의식(프로이트)보다 우위에 있다는 점을 가장 명시적으로 지지하는 내용을 담고 있다.

상, 식별 불가능자들의 원리와 연속성의 법칙 간에는 모순이 존재하는 것처럼 보일 것이다. 한편으로, 식별 불가능자들의 원리는 우리에게 모든 차이는 개념적이고, 어떠한 두 사물도 같은 개념을 갖지 않는다는 점을 말해 준다. 모든 사물에는 그 자신의 개념에 배정될 수 있는 규정적 차이들이 상응한다. 다른 한편으로, 연속성의 원리는 우리에게 사물들은 소멸하는 차이들, 배정될 수 없는 차이들을 통해서 진행된다는 점을 말해 준다. 라이프니츠는 모든 사물은 배정될 수 없는 차이에 의해서 진행된다는 점, 그리고 모든 차이는 배정될 수 있고 개념에 배정되어야만 한다는 점을 동시에 말하고 있는 것처럼 보인다. 물음은 이렇다. 식별 불가능자들의 원리와 연속성의 법칙을 화해시키는 일이 가능한가?

들뢰즈의 논지는, 이 문제에 대한 해결은 미분 방정식 이론의 확장인 **특이성** 이론에 의해 제기되어야 한다는 것이다. 논리학에서, "특이한 것singular"이라는 개념은 오랫동안 "보편적인 것"과 관련하여 이해되어 왔다. 그러나 수학에서, 특이한 것은 일단 매우 다른 개념들과 관련되어 있다. 즉, 특이한 것은 규칙적인 것과 구분되거나 대립된다. 특이한 것은 규칙의 규칙성regularity of the rule을 회피하는 것이다. 더욱 중요한 것은, 수학은 비범한 특이점과 평범한 보통점을 구별한다는 점이다. 예를 들어, 기하학의 도형들은 이 도형들을 규정하는 특이점들의 유형에 의해 분류될 수 있다. 사각형은 네 특이점, 네 모서리, 그리고 사각형의 네 변을 구성하는 무한한 보통점을 가진다(**극점**의 미분법). 원의 호 같은 단곡선은 최대치이거나 최소치 혹은 동시에 둘 다인 단일한 특이성에 의해 규정된다(**최대점과 최소점**의 미분법).[20] 미분법은 복곡선이라는 가장 어려운 경우를 다룬다. 복곡선의 특이성들은 초점, 안장점, 매듭점 등과 같은 점들로 이 점들의 근방에서 미분 관계가 기호를 변경한다. 곡선은 증가하고, 곡선은 감소한다. 이 증가점들 혹은 감소점들이 곡선의 특이점들이다. 보통점들은 두 특이성들 사이의 계열을 구성하는 그것이다. 특이성 이론은 들뢰즈에게 연속성의 법칙에 대한 그의 더 기법적인 최종적 정의를 제공했다. 즉, 연속체는 보통점 계열 너머 특이성을, 이 특이성이 다음에 오는 특이성의 근방에 도달할 때까지 연장하는 것이며, 이 지점에서 미분 관계가 기호를 변경하고, 다음 특이성으로부터 발산하거나 혹은 다음 특이성과 함께 수렴한다. 따라서 연속체는 연장prolongation의 이론 혹은 활동과 분리 불가능하다. 즉, 연속체는 산물이기 때문에 연속체의 **합성**composition이 존재한다.

이런 방식으로, 특이성 이론은 들뢰즈에게 개체화 혹은 규정의 모델을 제공했다. 우리는 모든 규정 일반(모든 "사물")에 대해 그것이 **특이한 것과 평범한 것의 결합**이라고 말할 수 있다. 즉, 그것은 특이점들과 보통점들에 의해 구성되는 "다양체"이다. 수학적 곡선들이 변곡점들(극점, 최소점과 최대점 등)에 의해 규정되듯이, 물리적 사태도 위상의 변화를 표하는 특이성들(비등점, 응결점, 용해점, 응고점, 결정점)에 의해 구성된다고 말할 수 있고, 사람의 심리도 "감수적인" 점들(어떤 사람이 화가 나거나 슬퍼서 "무너지는" 점들, 또는 기쁨, 병과 건강, 피로와 활기, 희망과 불안의 상태들)에 의해 구성된다고 말할 수 있다. 하지만 들뢰즈는 그러한 특이성들은 그럼에도 불구하고 물리

---

20 「텐타멘 아나고기쿰Tentamen Anagogicum: 원인들의 탐구에 관한 영적 해석 시론」, 『철학 논문과 서한』, 룀커 편, 477~485에 있는 라이프니츠의 단곡선에 대한 분석을 보라.

학적인 사태 혹은 심리학적인 인격의 경우에 현실화되는 것과는 **별도로** 고려될 수 있다고 주장한다(LS 52를 보라). 여기서 들뢰즈는, 후에 칸트가 초월론적 가상들 혹은 이념들이라 하여 비난하는 세 가지 영역들, 즉 자기, 세계, 신과 구분되고 논리적으로 선행하는 영역에 도달한다. 이 이념들 각각은 라이프니츠 철학에서 규정적 장소를 가진다. 즉, 신은 무한한 가능한 세계들에 직면하여 이 세계World를 선택해서 현실화하는 존재Being이다. 이 세계는 개별적 모나드들 혹은 자기들Selves 안에서만 실존하는 세계이다. 개별적 모나드들 혹은 자기들은 그들 자신의 관점에서 세계를 표현한다. 하지만 들뢰즈는 이 라이프니츠의 도식이 전제하는 것은 신, 세계, 자기에 선행하는 "초월론적 장", 즉 무-신학적이고 무-우주적이고 전-개체적인 특이성들이 거주하는 장에 대한 규정이라고 주장한다. 그것은 술어화의 형식논리학으로 환원될 수 없는 특이성들의 초월론적 논리학을 의미한다. 예를 들어, 여기에는 부정사 형으로 표현되는, 개체적 아담의 세 가지 특이성들이 존재한다. 즉, "최초의 사람임", "쾌락의 동산에서 삶", "한 여자가 자신의 갈비뼈에서 나옴"이 존재하고, 이어 네 번째 특이성 "죄를 지음"이 존재한다. 우리는 이 네 가지 특이점들 각각을 그것들이 모두 양방향에서 공통의 가치를 지니도록 일련의 보통점들 너머로 확장할 수 있다. 연속성이 네 가지 특이점들 사이에 확립된다. 하지만 그때 다섯 번째 특이성 "유혹에 저항함"이 첨가된다. 이 다섯 번째 특이성과 첫 세 특이점 사이의 연장의 선들은 더 이상 수렴적이지 않다. 즉, 이 선들은 공통의 가치를 통과하지 않는다. 이 특이성의 계열들에는 분기가 존재하며, **불연속성**이 도입된다. 따라서 죄를 짓지 않은 사람 아담은 이 세계와 공가능하지 않다. 그것은 이 세계와 더불어 발산하는 특이성을 의미하기 때문이다.

특이성 이론은 라이프니츠에 관한 들뢰즈 저작에서 이중적 역할을 행한다. 한편으로, 특이성 이론은 들뢰즈가 라이프니츠 자신의 철학 내에서 식별 불가능성과 연속성 간의 관계가 제기하는 수수께끼를 풀 수 있도록 해 준다. 특이성들이 자신들에 의존하는 평범한 것들의 계열 너머로 연장되는 한, 연속성은 특이성들의 합성과 다른 것이 아니므로, 실로 "즉자적" 세계는 연속성의 법칙에 의해 지배된다. 하지만 세계는 "즉자적으로" 실존하지 않는다. 세계는 세계를 표현하는 개체들 안에서만 실존한다. 그리고 개체에 대한 진정한 정의는 이렇다. 개체는 세계의 곡선으로부터 추출된 **어떤 일정한 수의 전-개체적 특이성들의 축적 혹은 합치**로서, 특이성들 각각은 불연속적이고 독특하며, 그래서 식별 불가능자들의 원리에 의해 지배된다. 달리 말해서, 개체화는 "분화의 규칙에 따라서, 유에서 점점 더 작아지는 종들로 이동하지 않는다. 개체화는 개체를 이러저러한 세계와 연결하는 수렴 혹은 연장의 규칙에 따라서, 특이성에서 특이성으로 이동한다"(FLB 64). 다른 한편으로, 들뢰즈는 단지 라이프니츠에 대한 독해를 제공하는 것만으로 만족하지 않는다. 들뢰즈는 "이 비인격적이고 전-개체적인 유목적 특이성들은 **실재적인 초월론적 장을 구성하는 그것이다**"라고 그 자신의 이름으로 말하면서 쓰고 있다(LS 109). 『차이와 반복』과 『의미의 논리』는 라이프니츠의 신학적인 전제들의 한계들로부터 벗어나서, 그 자신의 개념적 어휘(다양체, 특이성, 잠재성, 문제, 사건 등등)를 사용하며, 초월론적 장의 본성을 정의하고자 하는 들뢰즈의 시도이다. 들뢰즈의 경우, 신, 세계, 자기의 이념들은 라이프니츠의 경우와는 완전히 다른 모습을 취하고 있다. 신은 더 이상 가장 풍요로운 공가능한 세계를 선택하는 존재가 아니고, **모든 잠재성들이 발산적이고** 수렴적인 계열들의 무한한 망을 형성하면서 실존으로 들어가도록 하는 순수 과정Process이 된다. 세계는 더 이상 미리 확립된 조화에 의해 정의되는 연속적인 곡선이 아니고, 폭력적인 불협화음을 일으키면서, 끝없이 길들을 분기하며 발산적 계열들이 밟아 가는 카오스적 우주가 된다. 그리고 **자기**는 자신이 안으로부터 표현하는 공가능한 세계에 갇히지 않고, 이제 자신을 그 자신 바깥으로 끊임없이 끌어당기는 발산적 계열들과 불공가능한 앙상블들에 의해 찢겨져 열리게 된다.[21]

라이프니츠에 대한 들뢰즈의 독해가 끝나는 것은 이 지점에서일 것이므로, 들뢰즈 자신의 철학에 대한 독해가 시작되어야 할 것이다. 여기서 우리의 목적은, 라이프니츠 자신의 사상 내에서, 동일성 원리라는 가장 간단한 공식(A는 A이다)으로부터 차이의 원리를 끌어내는 들뢰즈의 연역을 따라가는 것이었다. 들뢰즈 자신의 사상을 상술한다면, 이는 들뢰즈가 차이의 원리에서 시작하는 그 자신의 연역을 산출하는 방법을 보여 주면서, 말하자면, 반대 방향으로 이동해야 할 것이다. 즉, **미분 관계** 그리고 이 관계의 규정 가능한 요소들, 그 결과로서 따르는 **특이성들**, 특이성들이 (연접적, 발산적, 수렴적 종합들과 더불어) 계열들 속에서 연장되고, 이렇게 하여 그 양상적 지위가 (라이프니츠에서 그렇듯, 일단의 "가능성들"을 구성하는 것과는 대립되

---

21 LS 174를 보라: "한 사물의 개념의 동일성에 힘입어 그 사물에 의해 배제되는 어떤 특정한 수의 술어들 대신에, 각 '사물'은 자신이 통과하는 무한한 술어들에 개방되어 있으며, 동시에 그 것은 자신의 중심을, 즉 개념으로서 또 자기로서의 자신의 동일성을 상실한다."

는 바의) 순수하게 **잠재적인 다양체**를 구성하는 일 등등. 거의 모든 들뢰즈의 근본적인 형이상학적 개념들(차이, 특이성, 다양체, 잠재성)은 라이프니츠의 모체로부터 유래한다고 말해도 과장이 아닐 것이다. 들뢰즈는 고전 이성은 발산, 불협화, 불공가능성의 타격하에 붕괴되었으며, 라이프니츠 철학은 고전 이성을 재구성하려는 최후의 시도들 중 하나였다고 말한다. 고전 이성은 발산들을 매우 많은 가능한 세계들로 격하시키고, 불공가능성들을 세계들 간의 매우 많은 경계선들로 삼고, 이 세계에 나타나는 불협화음들을 미리 확립된 조화의 선율적인 선들 안으로 해소하면서, **자신의 원리들을 증대함**으로써 그렇게 했다. 하지만 라이프니츠의 바로크 재구성은 일시적일 수밖에 없었다. 고전 이성의 붕괴와 함께, 철학의 과제는 원리들 없이 사유하는 것이고, 신, 자기, 세계의 동일성으로 시작하는 것이 아니라, 경험적 자기들과 현실적 세계의 구축을 조건 짓는 차이들과 특이성들의 초월론적 장으로 시작하는 것이리라. 이것이 들뢰즈가 그 자신의 것으로 채택하는 과제이다. 즉, "우리는 경험적 장들을 닮지 않은 비인격적이고 전-개체적인 초월론적 장을 규정하려고 노력한다"(LS 102). 그것은 철두철미하게 현대적인 기획이지만, 이는 들뢰즈로 하여금 그 자신의 목적을 추구하기 위해서 철학사를 돌이켜 보게 하고 라이프니츠 철학과 라이프니츠 개념들을 사용하도록 해 주는 기획이다.[22]

---

22 이 논문의 초기본은 『현금의 대륙 이론과 현대철학』, 스티븐 대니얼 편(Evanston, IL: Northwestern University Press, 2005), 127~147의 「차이, 연속성, 미적분법」이라는 표제하에 간행되었다.

헤겔

들뢰즈, 헤겔, 그리고 칸트-이후의 전통

들뢰즈는 자주 "반-변증법적인" 사상가로, 따라서 "반-헤겔적인" 사상가로 규정되어 왔다. 이렇게 규정하기 위한 증거는 수집하기가 어렵지 않다. 그의 잘 알려진 (『대담』에서 「한 혹평가에게 보내는 편지」로 전재된) 「미셸 크레솔에게 보내는 편지」에서, 들뢰즈는 1940년대와 1950년대 그의 전후戰後 학생 시절을 논하면서, 그 당시에 "내가 가장 혐오했던 것은 헤겔주의와 변증법이었다"(N 6)고 드러내 놓고 말한다. 들뢰즈가 1962년에 간행한 『니체와 철학』은 공공연히 반헤겔주의를 선언한 책자이다. 이 책의 마지막 장은 「변증법에 반대하며」(NP 147~194)라는 불길한 제목으로 되어 있다. 1968년 최근에 이르러서도, 들뢰즈는 자신의 대표작 『차이와 반복』의 주제는, 이 책 서문에서 진술하는 바와 같이, "전면적인 반-헤겔주의"(DR ix)로 부분적으로 귀결될 수 있다고 쓰고 있다. 이 주제는, 헤겔에 반발한다는 점을, 특히 알렉상드르 코제브의 헤겔 독해에 반발한다는 점을 ──자크 데리다, 미셸 푸코, 장 프랑수아 리오타르, 미셸 세르를 포함하는 ── 들뢰즈가 속하는 세대의 철학자들 전체를 규정하는 특징으로 보는 뱅상 데콩브Vincent Descombes의 영향력 있는 책 『현대 프랑스 철학』
에서 울려 퍼지게 되었다.[1] 푸코 그 자신이 콜레주 드 프랑스의 취임
강연에서 이렇게 말했다. "논리학을 통해서든 인식론을 통해서든, 마
르크스를 통해서든 니체를 통해서든, 우리 시대 전체는 헤겔로부터
벗어나려고 투쟁하고 있다."[2]

　　이러한 규정들은 이차문헌에서 매우 자주 반복되어, 거의 표준
적인 지위를 떠맡아 왔다. 이 규정들은, 들뢰즈 사상의 본성을 미리
판단하고 그 해석과 수용을 미리 프로그램화하는 (들뢰즈가 사용하
는 용어의 의미로) 클리셰가 되는 지점까지 들뢰즈 사상이 불가피하
게 독해되고 해석되는 렌즈이다. 그러나 그러한 규정들은 고작해야
부분적이고, 최악의 경우 부정확하다. 들뢰즈는 반-변증법적인 사상
가 그 자체가 아니다. 『차이와 반복』의 명시적인 목적 중의 하나는 모
순(과 부정)의 모델이 아니라 차이(와 긍정)의 원리에 기초해서 새로
운 변증법 개념을 제안하는 것이다.[3] 이런 의미에서, 들뢰즈의 초기

1　뱅상 데콩브, 『현대 프랑스 철학』, L. 스콧 폭스와 J. M. 하딩 옮김(Cambridge: Cambridge
　University Press, 1980), 12: "1945년, 현대적인 모든 것이 헤겔로부터 생겨났다. … 1968년, 현
　대적인 모든 것이 헤겔에 적대적이었다." 코제브의 헤겔 강좌가 1933년에서 1939년까지 고
　등연구원에서 행해졌으며, 다른 누구보다도, 레몽 아롱, 조르주 바타유, 알렉상드르 쿠아레,
　피에르 클로소프스키, 자크 라캉, 모리스 메를로-퐁티, 에릭 베일 같은 인물들이 이 강좌에
　정기적으로 참여했다. 이 강좌의 텍스트는 레몽 크노가 편찬했으며, 1947년에 출간되었다.
　영역은 1969년에 간행되었다: 알렉상드르 코제브, 『헤겔 독해 입문』, 앨런 블룸 편, 제임스 H.
　니콜스, Jr. 옮김(New York: Basic, 1969).
2　미셸 푸코, 「언어에 관한 담론」, 『지식의 고고학』, A. M. 셰리든 스미스 옮김(New York:
　Pantheon, 1972), 235. 이는 데콩브의 『현대 프랑스 철학』, 12에 인용되어 있다.
3　『차이와 반복』에서, 들뢰즈는 자신의 변증법 개념을 문제 개념과 관련짓고 있다: "변증법
　이 문제 형식의 이념들과 맺는 친밀한 관계를 잊을 때마다 … 자신의 진정한 힘을 잃고 만
　다."(DR 164) "문제들은 언제나 변증법적이다. 변증법은 이외의 어떠한 의미도 갖지 않는
　다."(DR 179)

반-헤겔주의는 주로 논박의 성격을 띠고 있으며, 이는 『차이와 반복』에서 제안된, 수정된 이념 이론의 맥락에서 이해되어야만 한다. 다음에 오는 것에서 나는 들뢰즈의 헤겔 독해 그 자체를 분석함으로써가 아니라, 이 독해가 이해되어야 하는 맥락을 분석함으로써 이러한 주장들을 옹호하고자 한다. 그 맥락은 들뢰즈가 철학사 일반과 맺는 관계를 포함할 뿐만 아니라, 또한 더 특정적으로, 헤겔이 속하는 칸트-이후의 전통과 맺는 관계를 포함한다. 반-헤겔주의 논박이 가장 강력했던 자신의 초기 저작에서, 들뢰즈는 칸트-이후의 전통 전체에 대한 수정적 해석 ── 살로몬 마이몬이 중추적 역할을 한 해석 ── 을 착수했다. 헤겔에 대한 들뢰즈의 명시적인 비판, 그리고 새로운 변증법 개념은 들뢰즈가 『차이와 반복』의 저술에 선행하는 그의 저작에서 추구한 더 광범위한 기획으로 이해되어야 한다.

들뢰즈와 철학사

헤겔에 대한 들뢰즈의 초기 논박은, 들뢰즈가 철학자로서 훈련을 받은 학술 제도적 환경이라는 맥락 속에서 파악되어야만 한다. (이러한 프랑스 환경은 『호모 아카데미쿠스』와 『국가 귀족』 같은 저작들에서 피에르 부르디외에 의해 분석된 바 있다.)[4] 들뢰즈가 소르본에 적을 두고 있었을 때, 철학을 한다는 것은 철학사를 한다는 것을 의미했다. 프랑스의 교육 제도에서 가르칠 자격을 부여하는 철학 교수자격시험

---

4 피에르 부르디외, 『호모 아카데미쿠스』, 피터 콜리어 옮김(Stanford: Stanford University Press, 1988); 『국가 귀족: 힘의 장 속의 엘리트 학교』, 로렛타 C. 클리프 옮김(Stanford: Stanford University Press, 1988).

을 통과하기 위해서, 학생들은 철학사의 고전 텍스트들에 대한 면밀한 독해를 하도록 요구되었다. 만약 학생들이 이 맥락 속에서 창조적 작업을 하기 원한다면, 철학 전공의 학생들은 이러한 유형의 해석적 독해들의 맥락 속에서 그렇게 해야 했다. 소르본 시절 학교 친구이자 후에 뱅센 시절 동료였던 프랑수아 샤틀레는 들뢰즈가 학생으로서 대학의 요구와 그 자신의 해석적 창조 사이의 긴장을 타개할 수 있었던 태도를 보여 주는 이야기를 전해 주고 있다.

> 나는 질 들뢰즈가 해낸 한 독해에 관한 기억을 간직하고 있다. 그 기억은 이렇다. 내가 우리의 가장 심오하고 가장 세심한 철학사가 앞에서 니콜라 말브랑슈의 학설의 고전적 주제가 무엇인지 알지 못하는 내용을 그는 다루어야 했고, 자신의 증명을 구축해 냈다. 이 증명은 아담의 갈비뼈의 환원 불가능성의 유일한 원리를 바탕으로 하고 있었고, 견고했으며, 단호한 언급들로 뒷받침되어 있었다. 이러한 채택된 원리들을 표현할 때 이 거장은 얼굴이 창백해졌다. 개입하고 싶어 하는 마음을 참아야 했음이 분명했다. 설명이 전개되었을 때, 분노는 불신으로 바뀌었고, 이어서 끝 무렵 찬탄할 만한 놀라움으로 바뀌었다. 그리고 그는 동일한 주제에 관한 우리 자신의 분석을 지니고서 다음 주에 우리 모두 다시 보자고 하면서 공정하게 마무리를 지었다.[5]

---

5 프랑수아 샤틀레, 『잃어버린 이념들의 연대기』(Paris: Stock, 1977), 46. 미셸 투르니에는, 『바람 정령: 자서전』, 아서 골드해머 옮김(Boston: Beacon Ness, 1988), 127~128에서 이와 유사한 헌사를 바치고 있다. 즉, 학생으로서 들뢰즈는 "바꾸어 놓고 다시 정리하는 비상한 힘을 소유하고 있었다. 즉, 모든 지겨운 교과 과정의 철학도 그를 거쳐 가면, 신선하고, 생생하고, 싱싱하게 새로운 모습을 띠고서, 알아볼 수 없을 정도로 다시 활기를 되찾아 출현하여, 우리의

그러므로 들뢰즈와 자크 데리다의 저작들이 철학사의 독해들에 빈번히 연동되어 있다는 것은 결코 우연이 아니다. (두 사상가는 데리다의 『우편엽서』, 들뢰즈와 과타리의 『천 개의 고원』과 같은 실험 후에도 줄기차게 철학사로 되돌아간다.)[6] 더구나, 그 당시에 어떤 인물들에 관한 저술은 어떤 정치적 함의들을 자주 동반했다. 가령 17세기 연구들에서, 데카르트주의자들은 우파에, 스피노자주의자들은 좌파에, 라이프니츠주의자들은 중도에 처하는 경향이 있었다.

또한 자주 간과되는 이러한 물음에는 특이한 구성요소가 존재한다. 젊은 사상가들이 선배들에게 항거하는 세대간 갈등을 통해 사상이 진행된다는 것이 언급되어 왔다. 이는, 철학을 처음 시작하는 이유를 따지고 들어가면 어떤 지점에서 특정한 스승 주변에서 결정結晶을 이루는 일종의 이론-연모적인 찬탄 —— 미셸 르 되프가 "이론-애욕적인 전이theoretico-erotic transference"라고 칭하는 것(그리고 플라톤이 단순히 "에로스"라고 부른 것) —— 을 갖는 것으로 밝혀지는 철학자들에게 특히 해당하는 것으로 보인다.[7] 『아베세데르』Abécédaire에서 들뢰즈는 그 자신이 열네 살 때에 철학을 처음 시작하게 된 것은 도빌Deauville 비치에서 만난 피에르 알박스Pierre Halwachs라는 이름의 교사와 호기심에 가득 찬 마주침 때문이라고 밝혔다(ABC E). 후에, 이

연약함과 게으름을 완전히 놀라게 하고 당황하게 만들었다". 또한 134~135, 그리고 157을 보라.

6 자크 데리다, 『우편엽서』, 앨런 배스 옮김(Chicago: University of Chicago Press, 1987).

7 미셸 르 되프, 「긴 머리, 짧은 이념들」, 『철학적 상상물』, 콜린 고든 옮김(Stanford: Stanford University Press, 1989), 105~106을 보라. 들뢰즈 그 자신이 『차이와 반복』에서 이와 유사한 주장을 펴고 있다: "모든 교육에는 고혹적인 어떤 것 —— 또한 치명적인 어떤 것 —— 이 존재한다."(DR 23)

역할을 담당하게 되는 것은 바로 페르디낭 알키에와 장 이폴리트와 같은 소르본의 어떤 교수들이었다. 르 되프는, 학생들이 이러한 최초의 전이를 극복하도록 해 주는 것은, 혹은 제자가 스승과 결별하도록 해 주는 것은, 바로 이원적 관계의 역동성을 넘어 제3의 항을 제공하는 제도적 체제라고 언급한다. 어떤 잘 알려진 대문들에서, 들뢰즈는 이러한 제도적 제약들과 이와 관련된 개인적 결연들이 그의 철학적 형성에 미치는 영향을 환기시켰다.

나는 내가 무척 좋아하고 찬탄하는 알키에와 이폴리트 두 교수에게서 가르침을 받았다. 전자는 손이 길고 희었고 또 말을 더듬거렸다. 말을 더듬거림은 어린 시절의 흔적이었을지도 모르고, 혹은 태어난 지역의 말투를 감추기 위해서일지도 모르는데, 이는 데카르트의 이원론에 복무하는 데에 이용되었다. 후자는 세련되지 않은 이목구비로 얼굴에 힘이 넘쳤으며, 박자에 맞추어 말하면서 리듬감 있게 헤겔의 삼원 구도를 주먹으로 치면서 설명했다. 리베라시옹Liberation에서 우리는 여전히 이상하게도 철학사에 매여 있었다. 우리는 단순히 헤겔, 후설, 하이데거에 뛰어들었을 뿐이다. 우리는 우리 자신을 애송이들처럼 중세 시대의 스콜라주의보다 더 나쁜 스콜라주의에다 내던졌다. … 리베라시옹 이후, 철학사는 언젠가 또한 가장 고대적인 사상이 될, 사상의 미래를 열어 준다는 미명하에 우리를 묶어 놓았다 —— 우리는 이를 깨달을 틈도 없었다. "하이데거 물음"은 나에게 "그가 약간은 나치인가?"가 (분명히, 분명히) 아니라, "철학사를 이렇게 새롭게 주입할 때 그의 역할은 무엇이었는가?"로 보였다. … 철학사는 언제나 철학에서 힘을 행사하는 자였고, 심지어 사유에서도 그러했다. 철학사는 탄압하는 자의 역할을 수행해 왔다. 즉, 그대들은 어떻게 플라톤, 데카르트, 칸트, 하이데거를 읽지 않고, 또 그들에 관한 이러저러한 책을 읽지 않고 사유할 수 있는가? 가공할 협박의 무리 … 그래서 나는 내가 여전히 지시를 받고 있었을 때 철학사로 시작했다. 나로서는, 나는 내 자신을 빼낼 어떠한 방법도 발견할 수 없었다. 나는 데카르트를, 이원론과 코기토를, 혹은 헤겔을, 삼원 구도와 부정의 조작을 참을 수 없었다. (D 12~14)

우리는 이 대문에서 들뢰즈 쪽에서 행하는 여러 "반발들"을 식별해 낼 수 있다. 데카르트의 이원론과 헤겔의 삼원 구도에 대한 반발이 보이는데, 이는 철학적 반발만큼이나 그의 스승들에 대한 개인적 반발이다. 또한 프랑스 대학에 있는 철학사의 제도화에 대한 반발, 특히 철학사에서 행한 하이데거의 역할에 대한 반발이 보이기도 한다. 예를 들어, 들뢰즈는 그리스인들에 대한 하이데거나 니체의 집착을 결코 공유하지 않았다. 의심할 여지 없이 스토아학파와 루크레티우스에 대한 공공연한 선호는 적어도 부분적으로 이러한 그리스 애착에 대한 반발이다. 마지막으로 리베라시옹 이후 성행했던, 그가 "세 명의 H들" ── 헤겔, 후설, 하이데거 ── 의 "스콜라주의"라고 부르는 것에 대한 반발이 보인다. 레비나스, 리쾨르, 데리다, 리오타르와 같은 많은 프랑스 철학자들은 그들의 경력을 후설에 관한 책으로 시작했다. 의미심장하게도, 들뢰즈는 "세 명의 H들"의 저작에 심취하긴 했지만, 이들 중 그 누구에 관해서도 직접적으로 책을 저술하지 않았으며, 대신에 이 목록에 그 자신의 네 번째 H를 추가하고 싶었다는 듯이, 그의 최초의 책인 흄에 관한 책(1953년에 간행된 『경험론과 주체성』)을 저술했다.

　사실, 학생으로서 흄에 관한 책을 저술하겠다는 결심은 그의 반-헤겔주의 이야기의 중요한 부분이다. 버트런드 러셀이 이끄는 영국 철학은 프랑스보다 무려 반세기 일찍 (브래들리Francis H. Bradley가 대표하는 바와 같이) 이미 헤겔에 대한 그 자체의 반발을 진행해 왔지만, 그러나 이는 매우 특별한 이유 때문에 그렇게 해 온 것이다. 프레게와 페아노의 작업에서 유래하는 논리학의 최근의 발달에 의존해서, 러셀은 관계들은 그 항들에 외적이라는 경험론적 주제를 전개했는데, 이 주제는 (라이프니츠와 마찬가지로, 관계들은 그 항들에 내적이라고 주장하는) 헤겔에게 가하는 전형적인 비판들 중 하나가 되었다. 프랑스에서, 영미 철학의 이 측면은 장 발에 의해 취택되었다. 들뢰즈는 그의 후기 저술들에서 장 발이 연결 동사 "이다"보다 접속사 "그리고"에 부여하는 우위성과 관련하여 그를 종종 인용한다.[8] 자신의 이력 내내 들뢰즈는 러셀을 무척 존경했으며, 비트겐슈타인의 저작이 영미 철학에 미쳐 왔던 영향들에 강한 적대감을 갖고 있었다 (ABC W). 흄에 관해서 저술한다는 것, 그리고 그 자신을 영국형 경험론자라고 선언하는 것은 이미 직접적인 반-헤겔주의적 도발이었다.[9] 헤겔에게, 경험론 그 자체는 거의 비-철학이었다. 왜냐하면 "이것", "저것", "여기", "지금"은 감성적 경험을 매개되지 않은 방식으로는 결코 포착할 수 없는 보편자들인데도, 경험론은 그런 문맥 의존

8　TP 526 n32를 보라: "장 발의 작품은 이러한 '그리고'의 의미에 관한, 또 동사 '이다'의 우위에 도전하는 방식에 관한 심오한 성찰들을 담고 있다."
9　D vii을 보라: "나는 언제나 내가 경험론자, 즉 다원론자라고 생각해 왔다."

지시어들을 직접적 방식으로 포착하려고 했기 때문이다.[10] 들뢰즈는 흄에 관한 자신의 책을 스승 장 이폴리트에게 헌정했는데 — 헌정사는 "진심으로 존경하는 마음을 내어"로 되어 있다 —, 도발은 이보다 더 분명할 수 없었다. 즉, 26살의 학생이 헤겔주의자인 스승에게 경험론의 위대성에 관한 논문을 존경을 담아 증정한 것이다.

실로, 들뢰즈의 흄 분석은 헤겔의 경험론 정의에 대한 명시적인 도전으로 읽힐 수 있다. 경험론의 논지는, 그 일반적 공식으로 보면, 인식은 경험에서 유래한다는 것이다. 즉, 지성적인 것은 감성적인 것에서 유래한다는 것이다. 하지만 들뢰즈는, 흄이 『인간본성론』에서 분석하는 거의 모든 특유 관념들(인과성, 세계, 자기, 신)에 대해서, 이 관념들을 이에 상응하는 인상으로 환원하려는 선적인 길을 향한 탐색은 거의 즉각적으로 난관에 이르고 만다는 것을 보여 준다. 대신에, 흄은 사실상 추론들인 관념들을 생산하기 위하여 습관적으로 별개의 인상들을 결합하며, 실제적으로 "주어진 것" 이상을 긍정하는 원리들(인간 본성의 원리들: 연합과 정념)의 더 복잡한 조직tissue을 풀어내려고 시도한다. 들뢰즈는 흄은 경험론을 더 높은 힘으로 옮겨 놓았다고 주장한다. 만약 관념들이 감성적 인상들을 더도 덜도 내포하지 않는다면, 이는 바로 관계들이 그 항들에 외적이고 이종적이기 때문이다. 달리 말해서, 흄이 행한 본질적 구별은 인상과 관념, 감성적인 것과 지성적인 것 사이에서가 아니라, 한편으로는 두 종류의 인상과 관

---

10 G. W. F. 헤겔, 『정신현상학』, A. V. 밀러 옮김(Oxford: Oxford University Press, 1979), 「감각 확실성」에 관한 절을 보라. 또한 NP 4에 있는 들뢰즈의 논평을 보라: "헤겔은 다원론을 — 가장 보잘것없는 욕구를 더듬거리며 내뱉는 아이처럼 — '이것, 저것, 여기, 지금'이라고 말하며 기뻐하는 소박한 의식과 동일시하면서, 다원론을 조롱하고 싶어 했다."

념, 즉 항들의 인상과 관념, 그리고 다른 한편으로는 관계들의 인상과 관념 사이에서 이루어진다.[11] 들뢰즈는 흄에게 있어서 최초로 경험론적 세계 — 러셀과 현대 논리학에 이르러서야 완전한 발달을 발견할 원자들과 관계들의 접속적 세계 — 가 최대한도로 전개되었다고 주장한다. 흄을 통해서, 초기 들뢰즈는 자기 자신을 초기 러셀의 반헤겔주의적 논박과 연결했던 것으로 보인다.

그럼에도 불구하고, 『경험론과 주체성』은 들뢰즈의 전 저작 내에서 다소 주변적인 위치를 점한다고 주장될 수 있을 것이다. 결국 들뢰즈는 흄의 경험론을 그가 후에 "초월론적 경험론"이라 부르는 것으로 향하게 한다. 이런 변화는, 헤겔에 대한 들뢰즈의 반발이 가장 강력하게 나타나는, 1953년 『경험론과 주체성』의 간행과 1962년 『니체와 철학』의 출현 사이에 다년간 이루어졌다. 들뢰즈는 이 시기를 그의 인생의 "8년의 공백"(1953년에서 1961년까지)이라 불러 왔는데, 이 시기 동안 그는 아무런 책도 간행하지 않았다.

[그가 후에 이렇게 말한다.] 나는 내가 그 시기 동안 무엇을 하고 있었는지, 내가 어디서 어떻게 살았는지 알고 있다. 하지만 있었다고 내가 믿지만 실제로는 갖지 않은 기억들을 다른 어떤 사람이 이야기하는 것처럼, 나는 이 점을 거의 추상적으로 알고 있을 뿐이다. … 그것은 내가 사람들의 삶이 흥미롭다고 여기는 것, 어떤 때는 극적이지만 어

---

11 윌리엄 제임스는 이미 관계들의 인상에 대해 말한 바 있다. 그의 『심리학의 원리』[1890] (New York: Dover, 1950), 제1권, 245를 보라: "우리는 파란색의 느낌, 추위의 느낌을 말하듯이 매우 수월하게 그리고의 느낌, 만약에의 느낌, 그러나의 느낌, 의해서의 느낌을 말해야 한다."

떤 때는 전혀 극적이지 않은 공백들, 틈들이다. 대부분의 삶에는 여러 해 동안 강경증, 혹은 몽유병이 존재한다. 아마도 움직임이 일어나는 것은 이 공백들에서일 것이다. (N 138)

대외적으로, 이 8년 동안, 들뢰즈는 결혼을 했고, 첫 아이를 보았으며, 오를레앙의 리세 대학에서 파리의 소르본 대학과 국립과학연구소에 이르는 잠깐 동안의 일련의 교수직을 거쳤다. 하지만 또한 심오하고 "강렬한" 사유의 움직임도 일어났다. 들뢰즈는 개별적 인물들 ── 니체(1962), 칸트(1963), 프루스트(1964), 베르그손(1966), 마조흐(1967) ── 에 관한 저서에서 성취될, 그리고『차이와 반복』에서 정점에 이를 특이한 철학적 궤적을 추구하면서 세상에 나타났다.

들뢰즈의 방법론: "되기becoming"의 역할

그러나 들뢰즈가 철학사를 활용하는 일은 결국 이 초기 제도적 제약들에 대한 반발을 넘어서는 중요성을 가지게 될 것이다. 들뢰즈는 그 자신의 "창조적인" 철학을 철학사에 등장하는 다양한 인물들에 관한 저서들의 맥락 속에서 선명하게 성취해 냈지만, 그가 그렇게 한 이유는, 후에 그가 설명하기를, 저술하고 사유하기 위하여, 함께 일종의 "되기"로 들어갈 수 있는 중재자들과 작업할 필요가 있었다(과거의 철학자들은 현재의 과타리처럼 이런 유형의 중재자였다).[12] 들뢰즈의 저서를 읽을 때, 자주 주목되어 온 바와 같이, 우리는 들뢰즈 자신

---

12 N 122~124를 보라. 제목의 프랑스 용어 "Intercesseurs"는 "Mediators(=중재자들)"로 번역되어 있다.

의 기획과 그가 다루는 저자의 기획이 식별 불가능하게 되는 것 같은 "지대"에 들어간다는 뚜렷한 인상을 받는다. 그들은 들뢰즈 그 자신이 "식별 불가능성의 지대"라고 부르는 것을 구성한다. 한편으로, 말하자면, 들뢰즈가 다루는 사상가의 들뢰즈-되기가 존재하고, 다른 한편으로, 들뢰즈 쪽에서 가령 스피노자-되기, 혹은 라이프니츠-되기, 베르그손-되기 등등이 존재한다(이것이 바흐친이 글쓰기의 "자유 간접 화법"이라 부르는 것이다).[13]

그러나 이제까지 친숙한 이러한 스타일은 해석의 어떤 심각한 난점으로 향한다. 즉, 들뢰즈는 어디서 끝나고, 가령 스피노자는 어디서 시작되는가? (들뢰즈가 피했던 해석학적 용어들을 사용하자면) 설명은 어디서 해석이 되고, 해석은 어디서 창조가 되는가? 이 물음들은 쉬운 물음들이 아니다. 그런 구별들은, 들뢰즈가 말하듯이, 식별 불가능하다. 조악하게 말하면 이렇다. 즉, 들뢰즈가 하는 모든 읽기에서, 우리는 그가 다루는 사상가에 대한 꽤 단도직입적인 "설명"에서부터, 외부 사상가들로부터 가져와서 합체가 된 개념들을 자주 사용하는, 더 한정적으로 들뢰즈적인 "해석"으로 이동하며(가령, 들뢰즈는 둔스 스코투스의 "일의성" 개념으로 스피노자를 해석하고, 수학의 "특이성" 이론으로 라이프니츠를 해석하는데, 이 용어들 중 어떤 것도 스피노자나 라이프니츠의 텍스트에 나타나지 않는다), 그리고 최종적으로 우리는 들뢰즈가 자신이 다루는 사상가의 사유를 "미분적" 한계

---

13 들뢰즈는 이 개념을 자신의 영화에 관한 책들에서 분석하고 있지만, 그 자신의 저작에도 똑같이 적용 가능한 것으로 보인다. MI 73을 보라: 자유 간접 화법은 "언제나 이종적인, 평형에서 벗어난 체계를 증명한다".

로까지 밀어붙여서, 그 사상가의 사유에서 형이상학의 세 가지 거대한 종단점(신, 세계, 자기)를 제거하고, 이렇게 하여 그의 사유가 담고 있는 차이의 내재적 운동을 드러내 보이는 일종의 "창조적인" 지점에 도달한다. 이곳이 바로 들뢰즈 자신의 "체계"가 시작되는 지점이다. 이러한 다른 지점들이 어디에 놓여 있는지 평가한다는 것은 ─ 이행이 이루어지는 뚜렷한 지점들이 존재하지 않기 때문에 ─ 들뢰즈를 읽을 때 가장 어렵고 힘든 과제 중의 하나이다.

그러나 때로 해석자들은 매우 상이한 과제, 즉 들뢰즈를 그의 "적들"로부터 그의 "친구들"을 분리해 내면서, 철학사의 어떤 철학자들과 동일시하는 (혹은 거리를 두게 하는) 과제에 만족해 왔다. 예를 들어, 우리는 다음과 같은 네 가지 목록을 작성하는 일을 어렵지 않게 상상해 볼 수 있을 것이다. 첫 번째 목록은 들뢰즈가 별도의 저서를 바친 그의 "모범적인" 철학자들, 즉 니체, 베르그손, 스피노자, 라이프니츠의 목록일 것이다. 이어서 여기에다 우리는 부차적 이름들, 들뢰즈가 별도의 저서를 저술한 적은 없지만 매우 좋아하고 자주 언급하는 철학자들, 즉 루크레티우스, 스토아학파, 둔스 스코투스, 마이몬, 화이트헤드의 목록을 추가할 수 있을 것이다. 이어서 플라톤, 칸트, 헤겔을 포함하는, 들뢰즈의 표면상의 적들의 목록이 존재할 것이다. 그리고 마지막으로, 우리는 들뢰즈가 근본적인 방식으로 대결하지만, 직접 빈번히 논의되지는 않는 어떤 "숨겨진" 사상가들 ─ 무엇보다도 특히 하이데거 ─ 을 발견할 수 있을 것이다. 지금 언급한 이 목록들과 더불어, 우리는 들뢰즈의 "진정한" 스승이 누구인지에 관하여, 말하자면, 논쟁을 시작할 수 있을 것이다. 그 사람은 알랭 바디우가 주장하고 싶어 하듯이, "실제로" 베르그손인가?[14] 그 사람은 니체인가? 스피노자인가? (「미셸 크레솔에게 보내는 편지」와 같은) 어떤 텍스트들에 보이는 들뢰즈 자신의 논평은 이러한 접근법을 부추기는 경향이 있다. 들뢰즈는 자신이 헤겔주의를 혐오했다고, 플라톤주의를 전복시키는 방법을 추구했다고, 칸트에 관한 그의 연구서를 "적에 관한 책"으로 생각했다고 말하고, 자신의 저작은 "스피노자와 니체의 위대한 합일"로 향해 있다고 말한다(N 125를 보라). 하지만 들뢰즈의 친구와 적을 구별하는 일, 혹은 들뢰즈의 진정한 스승들을 확인하는 일은 기껏해야 예비적인 연습일 뿐이다. 즉, 아마도 필요한 일일 테지만, 분명 충분한 일은 아니다. 사실은 들뢰즈는 ── 친구이든 적이든 ── 철학사에 등장하는 모든 철학자들을 동일한 방식으로 읽으며, 동일한 전략을 따라 각 사상가를, 말하자면, 미분적 한계로까지 밀어붙인다는 점이다. (실로, 이것이 헤겔과 친연성을 맺고 있는 점이다. 헤겔은 사유를 그 모순의 지점까지 밀어붙이고, 들뢰즈는 사유를 차이의 지점까지 밀어붙인다.) 실로 들뢰즈는 칸트에 관한 그의 책을 "적에 관한 책"으로 묘사하지만, 다른 곳에서 그는 칸트는 위대한 내재성의 철학자였다고 더 정확하게 적고 있으며, 들뢰즈는 (칸트가 내재성의 사상을 그 필연적인 결론, 즉 그 미분적 결론으로까지 밀어붙이지는 못했을망정) 주저 없이 당당하게 그 자신을 칸트의 유산 안에 놓는다.[15] 역으로, 그리고 정확히 동일한 이유에서 들뢰즈는 자주 그의 "친구들"로부터 떠난다. 그는 『시간과 자유 의지』에서 서술되는

---

14 알랭 바디우, 『들뢰즈: 존재의 함성』, 루이즈 버칠 옮김(Minneapolis: University of Minnesota Press, 2000), 39: "들뢰즈는 베르그손의 놀라운 독자이다. 내 견해로, 베르그손은 스피노자보다 훨씬 더, 혹은 아마도 심지어 니체보다 훨씬 더 들뢰즈의 진정한 스승이다."

베르그손의 강도 비판을 거부한다. 들뢰즈의 라이프니츠주의는 신을 빼놓은 라이프니츠주의이다. 그의 스피노자주의는 실체를 빼놓은 스피노자주의이다. 또 스피노자 그 자신은 규정을 부정으로 정의했는데, 이는 들뢰즈가 자신의 초기 저작에서 강력하게 깨부순 입장이다. 하지만 이것은 들뢰즈가 반-헤겔주의자라는 점을 의미하지 않는 것과 마찬가지로, "반-스피노자주의자", 혹은 "반-라이프니츠주의자", 혹은 "반-베르그손주의자"라는 점을 의미하지 않는다. 그런 규정들은, 전적으로 부정확한 것은 아니지만, 너무 지나치게 단순화한 것이다. 그런 규정들은 들뢰즈 사유의 운동과 "되기"를, 들뢰즈 사유 그 자체에 있어서든, 들뢰즈 사유가 철학사와 맺는 복잡한 관계에 있어서든 놓치고 있다.

칸트-이후의 전통: 마이몬의 역할

그렇다면 왜 들뢰즈는 자신이 혐오했다고 말하는 헤겔에 관하여 직접 저술해서 그를 미분적 한계로까지 밀어붙이지 않았는가? 자크 데리다는, 자신의 초기 저작에서, 헤겔과 직접 대결하는 일을 피하는 한 가지 가능한 이유를 언급했다. 즉, 헤겔과 대립하는 것은 불가능한데, 왜냐하면 대립은 헤겔 체계의 원동력이고, 헤겔과 대립한다는 것은

---

15 N 145를 보라: "내재 면을 제시하는 일, 내재성의 장을 그려 내는 일은 내가 궁구해 왔던 모든 작가들이 행해 왔던 어떤 것이다(심지어 칸트도, 비록 실재적 실험이 아니라 가능한 경험을 고수하긴 하지만, 종합들의 초월적 사용을 비난함으로써, 그렇게 했다)."(번역 수정) 더욱이, 『니체와 철학』의 중심적 장은 「비판」이라는 제목으로 되어 있다. 이 책의 명시적인 "반-헤겔주의" 아래에는 칸트 및 칸트-이후의 전통 일반과 맺는, 헤겔은 그 일부에 불과한, 깊은 관여가 놓여 있다(니체 및 칸트 이후의 철학 간의 관계에 관한 들뢰즈의 논평에 대해서는 NP 51~52를 보라).

이 체계의 부분이 되는 것이기 때문이다. 그러나 이것은 들뢰즈에게 문제가 되지 않았는데, 그의 초기 저작은 데리다의 저작과는, 그들 저작 간의 어떤 수렴하는 점이 있었음에도 불구하고, 매우 상이한 궤적을 따르고 있다. 우리는 들뢰즈에게서 우리가 데리다의 초기 저작에서 발견하는 종류의 "이항 대립들"에 대한 비판을 발견하지 못한다. 또한 우리는 들뢰즈의 저술들에서 "폐쇄" 개념을 발견하지 못한다. 즉, 들뢰즈는 처음부터 구조들을 개방적이고 차이적인(=미분적인) 것으로 정의했으므로, 우리는 그에게서 "구조적 폐쇄"를 발견하지 못하고(들뢰즈가 구조주의라 부른 것은 후에 "후기-구조주의"로 칭해졌다),[16] 또 들뢰즈는 형이상학이 그 가능성들을 소진했다고 보지 않고, (둔스 스코투스가 창시한 일의성의 전통 — 기독교 정통주의에 의해 봉쇄되었던 궤적 — 과 같은) 차단된 사유 양식들을 되찾고, 다시 젊게 만들고, 변형시키기 위하여 빈번히 철학사에 몸을 담갔으므로, 우리는 들뢰즈에게서 형이상학의 폐쇄를 발견하지 못한다. 데리다와 들뢰즈는 둘 모두 당시 공유되었던 반-헤겔주의적 반발에 참여하긴 했지만, 그럼에도 불구하고 그들은 상이한 방식으로 반-헤겔주의 문제를 제기했으며, 이것은 결국 그들을 매우 상이한 철학적 궤적을 추

---

16 들뢰즈의 1972년 논문 「우리는 구조주의를 어떻게 인지하는가?」(DI 170~192에 수록되어 있다)는 사실상 구조주의를 차이, 다양체, 잠재성 등과 같은 들뢰즈 자신의 "후기-구조주의적" 용어에 의해서 정의한다. 들뢰즈는 구조주의를 철저히 비판했으므로 라캉은 『안티-오이디푸스』 이전의 들뢰즈의 저작에 관심을 가진 것으로 보인다. "그[들뢰즈]가, 구조주의의 본질은, 만약 이 단어가 조금이라도 의미를 가진다면 … 공백, 의미화 연쇄 속의 결핍이라고, 그리고 의미화 연쇄 속의 그릇된 대상들에서 기인하는 것이라고 어딘가에서 말한다는 것을 여러분은 알게 될 것이다." 자크 라캉, 세미나, 책 XVI: 『타자로부터 타자로(1968~1969)』(Paris: Seuil, 2006), 134. 이는 프랑수아 도스, 『질 들뢰즈와 펠릭스 과타리: 교차하는 생명들』, 데보라 글래스먼 옮김(New York: Columbia University Press, 2010), 188에 인용되어 있다.

구하도록 이끌었다.

그렇다면, 이것은 우리를 들뢰즈의 반-헤겔주의 궤적의 특수성은 무엇인가 하는 물음으로 데리고 간다. 이 점에서, 들뢰즈 사상에서 18세기 철학자 살로몬 마이몬이 행한 역할을 아무리 강조해도 지나치지 않을 것이다. 살로몬 마이몬은 영어권 세계에서 거의 잊혀진 무명의 인물이다. 그러나 프랑스에서, 그는 꽤 권위가 부여된 인물로 남아 있으며(마르샬 게루는 마이몬에 관한 중요한 책을 저술했다), 그를 "위대하고 위대한 철학자"로 간주했던 들뢰즈에게 막대한 영향을 행사했다.[17] 칸트와 동시대인인 마이몬은 대학을 다닌 적이 없는 폴란드-러시아계 유대인이었는데, 그의 유일한 교육은 랍비가 되고자 훈련을 받는 동안 탈무드 전통으로부터 받은 것이 전부였다. 마이몬은 자신의 비정통적이고 급진적인 견해들 때문에 (스피노자처럼) 그의 공동체로부터 추방되어, 여인숙에서 끊임없는 가난 속에서 대부분의 시간을 보내며, 수년간 길을 헤매는 거지로 살았다. 그는 사람들이 거의 알아들을 수 없는 히브리어, 리투아니아어, 이디시어, 폴란드어를 즉각적으로 혼합해서 말을 하긴 했지만, 투박하고, 소박하고, 단순했으며, 때로 당혹스러울 정도로 노골적으로 말을 했다. 어떻게 하다가 그는 베를린으로 가게 되었으며, 거기서 (숙련된 언어학자로서,

---

17 1978년 3월 14일 세미나. 마르샬 게루의 책은 『살로몬 마이몬의 초월론 철학』(Paris: Alcan, 1929)이다. 게루의 후속 연구, 『피히테에게 있어서 학문 이론의 진화와 구조』 2권(Paris: Les Belles-Lettres, 1930). 또한 마이몬에 관한 중요한 논의를 담고 있으며, 들뢰즈는 이 두 책에 크게 의존하고 있다. 마이몬은 자서전에서 자신의 특이하고 비극적인 삶에 대해 자세히 이야기했는데, 이 책은 축약된 영역본으로 구해 볼 수 있다: 『살로몬 마이몬: 자서전』[1888], J. 클라크 머레이 옮김(Champaign-Urbana, University of Illinois Press, 2001).

마이몬이 말하는 것을 이해할 수 있는 몇 안 되는 사람들 중의 한 사람으로 보이는) 멘델스존을 포함해서 일부 지식인들과 접촉하게 되었다. 베를린에서, 그는 칸트의 비판철학의 매력에 빠졌고, 『초월론 철학 시론』이라는 제목의 원고를 작성했다.[18] 1789년 4월에, 칸트의 옛 학생이자 친구인 마르쿠스 헤르츠는 자신의 예전 스승에게 마이몬의 원고 한 부를 보내, 칸트에게 일독을 권하고 간행 전에 그의 승인을 받기를 희망했다. 칸트는 나이가 예순여섯이고 건강이 허약한 데다 (1년이 지나서야 출간될) 세 번째 비판서를 완성하길 열망했기 때문에 짜증을 냈는데, 그래서 하마터면 원고를 헤르츠에게 열어 보지도 않은 채 돌려보낼 뻔했다. 6주 후에 칸트는 마침내 헤르츠에게 답장을 했다.

> 하지만 이 저작을 일독하고서 나는 그 우수성을 알게 되었고, 나를 비평하는 이들 중에서 마이몬 씨처럼 나를 이해하고 중요한 물음들을 이해한 사람은 단 한 사람도 없을 뿐만 아니라, 또한 이 사람처럼 깊은 탐구를 위한 안목을 소유한 사람이 거의 없다는 것을 깨닫게 되었다.[19]

---

18 살로몬 마이몬, 『초월론 철학 시론』(1790), 닉 미즐리·헨리 소머스-홀·앨리스테어 웰치먼·머튼 레글리츠 옮김(London: Continuum, 2010).

19 임마누엘 칸트, 『철학 서신』, 아르툴프 츠바이크 옮김(Chicago: University of Chicago Press, 1967), 151. 그러나 5년 후, 마이몬한테서 온 몇 통의 편지에 대답을 하지 않고 나서, 칸트는 라인홀트에게 보내는 편지에서 마이몬의 기획에 대한 어떤 몰이해를 표현했다. "지난 3년여 동안, 노령이 내 사유에 영향을 미쳐 왔다. … 내가 내 자신을 다른 사람들의 생각에 투영하려고 할 때 설명할 수 없는 어려움을 느낀다. 그래서 나는 다른 누군가의 체계를 파악하고, 이에 대해 성숙한 판단을 형성할 수 없는 것으로 보인다. … 이것이 내가 내 자신의 시론들을 말끔히 정리할 수 있는 이유인데, 예를 들어, 마이몬이 제기한 비판철학의 '개선'과 관련하여

이 편지는 마이몬 원고의 두 절에 대한 지루할 정도로 긴 대답을 담고서 계속되었다. 그것은, 조금도 과장하지 않고 말해, 놀라운 사건의 전환이었다.

하지만 그것이 이 이야기의 끝이 아니다. 마이몬의 책이 간행되었고, 칸트보다 훨씬 더 큰 인상을 받은 또 다른 젊은 철학자가 이 책을 읽었다.

[그는 라인홀트에게 이렇게 편지를 썼다.] 마이몬의 재능에 대한 나의 존경심은 한이 없습니다. 나는 마이몬의 저작을 통해 당신 자신을 포함해서 모든 사람이 이해하는 바의 칸트 철학 전체가 완전히 전복되었다고 굳건하게 믿고 있고, 이를 증명할 준비가 되어 있습니다. … 아무도 이 책을 주목하지 않았는데도, 사람들이 심지어 그에게 거들먹거리는 동안에도, 그가 성취한 이 모든 것 … 나는 미래 세대가 우리 세기를 몹시 조롱하리라고 생각합니다.[20]

이 대문은 마이몬의 책에 현혹된 피히테가 쓴 편지에서 인용한 것이다. 실로, 피히테의 철학뿐만 아니라, —— 보통 피히테, 셸링, 헤겔에 의해 표시되는 —— 칸트-이후의 전통 전체는 비판철학이 만들어낸 열기 한가운데에서 마이몬이 칸트에게 가한 비판에 의해 발생되

그러하다. … 나는 결코 그가 추구하는 것을 정말이지 이해한 적이 없으니, 다른 사람들의 질책을 받아야 마땅하다."(K. L. 라인홀트에게 보내는 편지, 1794년 3월 18일, 211~212) 그러나 이런 평가는 마이몬에게 한정되지 않았다. "나는 심지어 라인홀트 교수의 저작도 선명하게 이해할 수 없다."(J. S. 벡에게 보내는 편지, 1794년 7월 1일, 217)

20 J. G. 피히테, 『서한집』, III/2, 282. 임마누엘 칸트, 『철학 서신』, 28, 서론에 인용되어 있다.

었다고 말할 수 있다. 프레더릭 바이저Frederick Beiser가 그의 탁월한 연구서 『이성의 운명』에서 말하는 바와 같이, 마이몬을 읽지 않고 피히테, 셸링, 혹은 헤겔을 연구하는 것은 흄을 읽지 않고 칸트를 읽는 것과 같다.[21] 확실히, 들뢰즈는 칸트-이후의 전통에서 마이몬의 역할을 충분히 알아차리고 있었으며, 그 전통에 접근할 때 취하는 들뢰즈의 전략은 다음과 같은 것으로 보인다. 즉, 헤겔을 직접 공격하지 않고, 대신에 그는 마이몬으로 — 즉, 애당초 칸트-이후의 전통을 발생하게 한 논박들로 — 돌아갔고, 그 동일한 문제들에 대한 대안적 해결을 고안해 내기 위해서 그 논박들을 그 자신의 방식으로 새롭게 수용했다.

그렇다면, 칸트, 피히테, 들뢰즈가 마이몬의 원고에서 그토록 놀랍다고 여긴 것은 무엇인가? 들뢰즈를 보자면, 들뢰즈는 그의 초기 저작에서 적어도 마이몬 사상의 세 요소를 채택한 것으로 보인다. 첫째로, 비판 전통의 맥락 내에서, 마이몬은 내재성의 위대한 철학자이다.[22] 칸트는 자신의 초월론 철학을 순수하게 내재적인 이성 비판으

---

21 프레더릭 C. 바이저, 『이성의 운명: 칸트에서 피히테까지의 독일 관념론』(Cambridge, MA: Harvard University Press, 1987), 286. 바이저의 연구는 마이몬의 사상의 주요 논제들을 분석하는 한 장(285~323)을 담고 있다. 그의 논문「헤겔 및 형이상학 문제 서설」,『캠브리지 헤겔 지침서』, 프레더릭 C. 바이저 편(Cambridge: Cambridge University Press, 1993), 1~24, 그리고『칸트-이후 철학의 맥락과 문제, 대륙철학 지침서』, 사이먼 크리츨리 편(Oxford: Blackwell, 1998), 21~34는 칸트-이후의 사상에 미친 마이몬의 영향을 논하고 있다. 참조할 수 있는 영어로 된 원서에는 다음과 같은 것들이 있다. 새뮤얼 애틀라스, 『비판적 관념론에서 사변적 관념론으로: 살로몬 마이몬의 철학』(The Hague: Martinus Nijhoff, 1964); 사무엘 H. 베르그만, 『살로몬 마이몬의 철학』, 노아 L. 제이콥스 옮김(Jerusalem: Magnes, 1967); 얀 브란센, 『사유의 이율배반: 마이몬의 회의론 및 사유와 대상의 관계』(Dordrecht and Boston: Kluwer Academic, 1991).

로 이해했으며, 들뢰즈가 그 자신의 철학을 "내재 면"을 구축하는 것
으로 이해하는 한, 그 자신을 당당히 비판 전통 내에 놓고 이와 나란
히 가고 있는 것이다.[23] 그러나 마이몬의 위대성은 칸트 철학의 내재
적 주장들을 그 논리적 결론으로까지 밀어붙이는 것이었다. 칸트에
대한 거의 모든 마이몬의 비판은, ── 들뢰즈 그 자신도 물론 결별하
고자 하는 ── 초월론적 주체의 전제들을 고려할 때, 칸트에게 여전히
남아 있는 초월성의 부적법한 잔재들을 제거하는 일을 목적으로 하
고 있다. (가령 물자체는, 야코비Friedrich Heinrich Jacobi가 이미 주장한
바와 같이, 인과성 범주의 부적법한 초월적 적용이다.)

둘째로, 내재성의 관점으로 볼 때, 칸트에 대한 마이몬의 주요한
반대는 칸트가 **발생적** 방법의 요구들을 무시한 데에 있었다. 이는 두
가지의 것을 의미한다. 칸트는 이성의 선험적 "사실들"(첫 번째 비판
서에서의 인식의 "사실", 그리고 두 번째 비판서에서의 도덕의 "사실")
이 존재한다고 가정하며, 단지 이 사실들의 "가능성의 조건"을 초월
론적인 것 안에서 추구할 뿐이다. 이는 조건(가능한 것)이 자신의 이
미지를 재생산하는 동안 조건으로 하여금 조건 지어진 것(실재적인
것)을 지시하게 만드는 악순환이다. 마이몬은 칸트는 이 사실들을 가
정해서는 안 되고, 이 사실들이 이성의 필연적 현출 방식들로서 이성

---

22 게루, 『피히테』, 제1권, 110: "마이몬에게, 비판철학의 흠잡을 데 없는 유일한 측면은 방법의
코페르니쿠스적 정신이었다. 즉, 내재적 의식의 관점에서 즉각적으로 정당화될 수 없는 것은
어떤 것도 제기될 수 없다. 내재적 의식에서만 주체가 대상과 맺는 관계가 규정되어야만 하
기 때문이다."
23 칸트의 내재적 비판에 관해서는, NP 91을 보라. 들뢰즈가 칸트와 맺는 관계에 관해서는 N
145를 보라.

으로부터만 내재적으로 연역될 수 있거나 **발생될** 수 있다는 것을 보여 주어야만 한다고 주장한다. 비판철학은 조건 짓기의 방법에 만족해서는 안 되고, 발생의 방법으로 변경되어야만 한다. 이로부터 중요한 결과가 따라 나온다. 마이몬은 설사 칸트의 경우 범주들이 가능한 경험에 적용될 수 있다 할지라도, 이 범주들이 실재적 경험에서 어떤 대상들에 자신들을 적용하는지를 결코 명시할 수 없다. 예를 들어, 인과성은 모든 가능한 경험에 필연적 개념일 수는 있겠지만, 이 개념 자체는 우리에게, 실재적 경험 내에서, 필연적이고 보편적인 연관들인 것과 단지 우연적이고 불변적인 결합들인 것을 구별할 어떠한 수단도 제공하지 않는다. 흄의 회의주의는 대답되지 않은 채 그대로 남아 있고, 칸트의 유명한 개념과 직관 간의 이원성은 가교가 놓이지 않은 채 그대로 남아 있다. 마이몬은 이 이원성은 차이의 원리를 수립함으로써 극복될 수 있을 뿐이라고 말한 최초의 사람이었다. 즉, 그는 동일성은 사유 일반의 가능성의 조건인 데 반해, 실재적 사유의 발생적 조건을 구성하는 것은 차이라고 주장한다.

마이몬이 설정한 이 두 핵심 요건 —— (단지 가능한 사유의 조건들이 아니라) 실재적 사유의 발생적 요소들을 탐색하는 일, 그리고 차이의 원리를 이 조건의 이행으로서 정립하는 일 —— 은 1969년에 이르기까지 마이몬의 이름이 언제나 명시적으로 언급되는 것은 아니더라도 들뢰즈의 거의 모든 책에 라이트모티브처럼 나타난다. (실로, 이것들은 들뢰즈의 초월론적 경험론의 두 주요한 구성요소들이다.)[24] 피

---

24 가령, 들뢰즈는 다양한 사례의 이 마이몬의 공식을 셸링, 베르그손, 니체, 푸코에게, 그리고 심지어 파솔리니에게도 적용한다. "우리는 우리 자신을 가능한 경험의 조건들에 관한 조건

히테로 시작되는 칸트-이후의 철학자들 그 자신들은 마이몬의 도전을 수용했지만, 이들 각자는 차이의 원리를 어떤 방식으로 동일성의 원리에 여전히 복속시키고 있었다. 예를 들어, 피히테의 경우 동일성이 사유하는 주체의 고유성질로서 정립되고, 차이는 오직 바깥(비-자아)으로부터 부과되는 외재적 제한으로서만 나타날 뿐이다. 헤겔은 피히테에 반대하여, 차이와 동일성을 변증법적 대립 속에 놓음으로써 차이의 원리에 어떤 일정한 자율성을 부여하려고 시도했다. 하지만 심지어 헤겔의 경우도 모순은 언제나 그 자체를 해소하고, 그 자체를 해소할 때 그 자체를 근거와 관계하게 함으로써 차이를 해소한다(이것, 즉 동일성, 차이, 차이화, 대립, 모순, 근거가 우리가 헤겔의 논리학에서 발견하는 운동이다).[25] 들뢰즈는 (가장 가까운 선구자가 의심의 여지 없이 셸링이긴 하지만) 칸트-이후의 철학이 추구하지 않았던 방안을 채택하기 위해서 마이몬으로 돌아가는 것으로 보인다. 들뢰즈의 경우, "즉자적 차이"(=차이 그 자체)의 원리는 실재적 경험의 발생적 요소로 기능하도록 되어 있다. 차이는 다른 모든 관계들(동일

들이 아니라 실재적·경험의 조건들에 관한 조건들을 향해 들어 올려야 한다. 셸링은 이미 이 목표를 제시해서 그의 철학을 우월한 경험론으로 정의한 바 있었다. 이 공식은 또한 베르그손에게도 타당하다."(DI 36, 번역 수정) "니체, 그리고 칸트의 비판 개념은 다섯 가지 주요 논점에서 대립한다. 즉, 1. 이른바 사실들을 위한 조건들인 초월론적 원리들이 아니라 믿음, 해석, 평가의 의미와 가치에 대해 설명하는 발생적, 조형적 원리."(NP 93) "푸코는 어떤 특정한 근본적인 면에서 칸트와 다르다. 즉, 조건들은 실재적 경험의 조건들이지, 가능한 경험의 조건들이 아니다."(F 60; 이 문장의 마지막 문구는 부주의로 영역에서 생략되어 있다) "만약 철학적 비교를 행할 만한 가치가 있다면, 파솔리니는 칸트-이후의 사상가라고 불릴 수도 있겠다(적법성의 조건들은 실재 그 자체의 조건들이다). 반면에 메츠와 그의 추종자들은 여전히 칸트주의자들로 남아 있다(원리가 사실에 의존한다)."(TI 286 n8, 번역 수정)

25 G. W. F. 헤겔, 『논리학』, A. V. 밀러 옮김(London: George Allen & Unwin, 1969), 제1권, 제2책, 제1절, 제2장과 3장, 408~480을 보라.

성, 유비, 유사성, 대립, 모순, 부정)이 유래하는 원리이다.[26]

셋째로, 이 내재적 목적들을 추구할 때, 마이몬은 그가 Koalitions-system, 즉 "연립 체계"라고 기술하는 그 자신의 수정된 초월론 철학을 산출해 냈는데, 이는 칸트-이전의 철학자들로 되돌아가서 흄, 스피노자, 라이프니츠의 요소들과 합체하는 체계, 즉 흄의 회의주의로 시작해서 결국 라이프니츠와 스피노자의 합리주의로 끝나는 칸트식 철학이었다.[27] 이런 의미에서, 마이몬은, 들뢰즈가 그 자신의 연립 체계를 수립할 때 흄, 스피노자, 라이프니츠를 —— 동시적으로는 아니지만 —— 원용하는 들뢰즈의 진정한 선구자로 기능한다. (후기 저작인 『주름』에서도, 들뢰즈의 라이프니츠 독해의 여러 측면들은 명시적으로 마이몬에게서 유래한다.)[28] 하지만 들뢰즈는 마이몬의 칸트-이전의 삼인조를 단순히 채택하는 것 이상의 일을 한다. 아마도 더욱 중요한 것은, 초기 저작에서 들뢰즈는 궁극적으로 마이몬을 니체나 베르그손과 같은 후기 철학자들과 연결하고, 이렇게 하여 말하자면 그 자

---

26 게루, 『피히테』, 제1권, 126~127은 마이몬 그 자신의 경우 차이와 동일성의 관계가 여전히 매우 모호해서 이 모든 입장들 사이에서 동요하고 있음을 보여 주고 있다. 여기서 행하는 마이몬에 관한 논의는 불가피하게 단순화되어 있다.

27 마이몬은 "연립 체계"라는 어구를 칸트 그 자신으로부터 채택한 것으로 보인다. 칸트는 이 용어를 『실천이성비판』에서 경멸적인 의미로 사용했다(제1권, 제1장, 정리 II, 논평 1). 『임마누엘 칸트: 실천 철학』, 메리 J. 그레고르 옮김(Cambridge: Cambridge University Press, 1996), 158. 여기서 또 그는 동시대인들이 일관성을 성취하려고 시도하지 않고, "모순되는 원리들의 **연립 체계**"를 채택했다고 동시대인들을 비난했다.

28 FLB 89를 보라: "피히테보다 훨씬 더 많이, 마이몬은 라이프니츠로 돌아간 최초의 칸트-이후의 철학자로서, 지각의 그러한 심리적 자동장치의 결과들을 그려 냈다. 즉, 우리를 촉발할 수 있는 대상을 전제하는 지각이 아니라, 우리가 촉발될 수 있는 조건들을 전제하는 지각이 아니라, 미분들의 상호 규정(*dy/dx*)이 지각으로서의 대상의 완결된 규정을 수반하고, 조건으로서의 시공간의 규정 가능성을 수반한다. 조건 짓기라는 칸트의 방법을 넘어서, 마이몬은 내적인 주관적 발생을 복원하고 있다."(번역 수정)

신의 지하의 혹은 "소수의" 칸트-이후의 전통을 구축하는, 대안적인 칸트-이후의 전통을 그려 내기 시작한다는 점일 것이다. 달리 말해서, 피히테, 셸링, 헤겔이라는 칸트-이후의 전통 대신에, 들뢰즈는 마이몬, 니체, 베르그손이라는 그 자신의 삼인조로 대체하고자 한다.

이것이, 마이몬의 주제들이, 설령 베르그손과 니체에 관한 들뢰즈의 저술들에 언제나 명시적으로 확인되는 것은 아니더라도, 그러한 들뢰즈의 저술들에 스며들어 있는 이유이다.[29] 예를 들어, 『니체와 철학』에서 발췌한 다음과 같은 텍스트들을 생각해 보자.[30] 들뢰즈는 "대상들에 대해서 조건을 부여할 뿐만 아니라 또한 실제로 발생적이고 생산적인 원리(내적 차이 혹은 규정의 원리)를 요구한" 이들은 바로 칸트-이후의 철학자들이라고 적고 있다. 마이몬의 이름이 오직 각주에 나타나긴 하지만, 그것은 마이몬이 행한 비판의 진술이다. 들뢰즈는 계속해서 "만약 니체가 칸트주의의 역사에 속한다면, 이는 그가 이러한 칸트-이후의 철학자들[즉, 마이몬주의자들]의 요구들을 다루는 독창적인 방식 때문이다"라고 말한다. 니체는 이러한 요구들을 어떻게 만족시키는가? 한편으로, 니체는 그 자신의 계보학적 방법을 사용하여, 칸트에는 빠져 있는, 인식과 도덕에 대한 발생적 설명, 즉 거짓인 인식이나 거짓인 도덕에 대한 비판이 아니라, 참인 인

---

29 니체에 관한 들뢰즈의 논평은 그 자신에게도 똑같이 적용될 수 있다: "한 작가의 철학적 배움은 인용들의 수에 의해 평가되는 것이 아니라, 그의 저작 자체의 변론적이고 논박적인 방향에 의해 평가된다."(NP 162)

30 NP 51~52. 각주를 읽을 때 독자들은 마이몬에 관한 게루의 책을 찾아보게 될 뿐만 아니라, 또한 들뢰즈가 자신의 초기 저술들에서 빈번히 인용하는, 쥘 뷔유맹의 『칸트의 유산과 코페르니쿠스적 혁명』(Paris: Presses Universitaires de France, 1954)을 찾아보게 된다.

식과 참인 도덕에 대한 비판을 제시할 수 있었다.[31] 다른 한편으로, 계보학적 방법 그 자체는 니체를 다시 실재적인 것의 조건인 차이의 원리, 즉 모든 가치의 원리로서 제구실하는 능동적인 실존 방식과 반응적인 실존 방식 간의 차이로 이끌었다. 들뢰즈는 "니체는 칸트주의의 근본적 변형, 칸트가 착상하자마자 곧바로 저버렸던 비판의 재창출을 추구했던 것으로 보인다"고 결론을 내린다. 『니체와 철학』의 중심 주제는 니체는 마이몬의 칸트-이후의 요구들을 충족시키고자 진정으로 애썼던 최초의 철학자였다는 점이다. (이 책의 중심이 되는 장은, 정확히, "비판"이라는 제목이 달려 있다.) 달리 말해서, 『니체와 철학』은 소매에 반-헤겔주의를 두르고 있지만, 그러나 이 책의 더욱 심오한 논지들은 마이몬에게서 유래하고 있으며, 칸트-이후의 전통에 대한 대규모의 수정을 목적으로 하고 있다. 베르그손에 관한 들뢰즈의 저작에서 이와 동일한 마이몬의 영향들을 찾아낸다는 것은 어려운 일이 아니다.[32]

---

31 인식과 도덕에 대한 니체의 문제제기에 대해서는, 『니체의 주요 저술들』, 발터 카우프만 엮고 옮김(New York: Modern Library, 1968) 중의 『도덕의 계보』를 보라: "진리에의 의지는 비판을 필요로 한다. 따라서 우리 자신의 과제를 정의해 보자. 진리의 가치는 이번만은 실험적으로 의문에 붙여져야만 한다."(에세이 III, §24, 589) "이 새로운 요구를 표현해 보자. 우리는 도덕적 가치의 비판을 필요로 한다. 이 가치들의 가치가 먼저 의문에 붙여져야만 한다."(서문, §6, 456)

32 마이몬의 주제들이 들뢰즈의 1966년 『베르그손주의』에 간간이 끼어들어 가 있다. (1) 발생적 방법, 그리고 (단지 가능한 경험의 조건들이 아니라) 실재적 경험의 조건들에 대한 탐색에 관해서는, B 23, 26~28, 96~98을 보라(가능한 것의 범주에 대한 베르그손의 비판). (2) 차이의 원리에 관해서는, B 91~93, 그리고 『새로운 베르그손』, 존 멀라키 편(Manchester: Manchester University Press, 2000), 32~51에 있는 들뢰즈의 초기 논문, 「베르그손의 차이 개념」(멜리사 맥마흔 옮김)을 보라.

헤겔과 변증법

요컨대, 마이몬은 초기 들뢰즈에게 적어도 이 세 부문, 즉 내재성의 입장을 고수하는 부문, 발생적 방법의 문제 및 차이의 원리를 정립하는 부문, 그리고 흄, 스피노자, 라이프니츠를 통합하는 연립 체계를 구축하는 부문에서 영향을 미쳤다. 이 세 주제들은 들뢰즈가 헤겔이나 칸트-이후의 전통과 맺는 관계를 정하는 — 그리고 평가하는 — 중요한 맥락을 제공한다. 어떤 논평가들은 『니체와 철학』에서 제시된 헤겔의 자화상은 지나치게 단순하다고 주장해 왔는데, 어느 정도 이는 의심의 여지 없이 맞는 말이다.[33] 하지만 만약 들뢰즈가 헤겔에 관해 결코 직접적으로 저술한 바가 없다면, 또 만약 헤겔에 관한 들뢰즈의 규정들이 대체로 지나가듯 행해진다면, 이는 이러한 비판들이 헤겔이 아니라 주로 칸트로 향해 있는 들뢰즈의 더 큰 기획(초월론적 경험론)과 관련해서만 적절한 것이기 때문이다. 이 관점에서 보면, 들뢰즈의 집요한 비판은 헤겔이 마이몬의 주요한 칸트-이후의 문제 — 단지 가능한 경험이 아니라 실재적인 경험의 조건들에 대한 탐색 — 에 대한 부적절한 해결을 제공한다는 점이다.

도식적으로 말하면, 들뢰즈의 비판은 헤겔 변증법의 여러 본질적인 구성요소들을 반대하는 쪽으로 향해 있다. 첫째로, 헤겔의 변증법은 일반성으로서의 개념들로 시작하는데, 이러한 유형의 변증법적 방법 속에서 우리는 헐렁한 옷과 같이 너무나 큰 개념들, 즉 일반적 일자, 일반적 다자, 일반적 비존재 … 로 시작하게 된다. 그런 경우,

---

33 가령, 「헤겔-니체 문제」, 『니체 연구 4』(1975), 146~164에 있는, 대니얼 브리질의 비판들을 보라.

실재적인 것은 추상성과 일반성으로 재구성된다(B 44). 둘째로, 개념의 일반성을 보완하기 위하여, 헤겔은 모순의 방법에 호소한다. 하지만 "너무나 폭넓은 개념의 적절성을, 그 못지않게 폭넓고 일반적인 반대 개념을 소환함으로써 보완할 때, 자신이 실재적인 것과 재통일된다고 믿는 변증법이 무슨 소용이 있겠는가?"(B 44)『철학이란 무엇인가?』에서 전개된 개념 분석론은 이러한 비판에 비추어서 평가되어야 한다. 마지막으로, 모순의 운동은 부정의 노동에 의해서 추동된다. 헤겔의 경우, 차이의 기호는 "not-X"이다. 동일성 원리 "X는 X이다"가 "X는 not-X가 아니다"로 재정식화될 수 있는데, 이는 한 사물이 자신의 존재 안에 자신이 아닌 비존재를 포함한다는 것을 의미한다. 한 사물의 존재는 부정의 부정(아님의 아님)과 분리 불가능하다(1978년 3월 14일 세미나). 이러한 비판들을 요약하면서, 들뢰즈는 『차이와 반복』에서, "헤겔에 반대하는 이유는 그가 거짓인 운동 — 달리 말해, 추상적인 논리적 매개 운동 — 을 넘어서지 못하기 때문이라고 쓰고 있다"(DR 8).

그러나, — 모순에 반대하고, 부정에 반대하고, 매개에 반대하는 — 이러한 명시적인 헤겔 비판들은 오직 들뢰즈 그 자신이 제공하는 대안적인 "변증법"의 관점에서만 그 힘과 타당성을 얻을 뿐이다. 철학을 개념의 창조로 규정하는 자신의 착상에 충실하게, 『차이와 반복』에서(특히 제4장 「차이의 이념적 종합」에서) 그는 "문제틀problematics"이라는 개념과 거의 같은 뜻을 갖는, 새로운 개념의 변증법을 전개하려고 시도한다. 즉, 변증법은 (들뢰즈가 칸트처럼 개념과 구별하는) 이념의 형식으로 표현되는, 문제를 제기하거나 구축하는 기술이다. 실로, 들뢰즈의 전기 작가, 프랑수아 도스에 따르면, 『차이와 반복』은 원래 "문제의 이념"에 관한 학위논문으로 의도되었다.[34] 이러한 방식으로 들뢰즈는 그 자신을 바로 자신의 이른바 "적들" —— 변증법의 위대한 철학자들, 즉 플라톤, 아리스토텔레스, 칸트, 헤겔 —— 의 유산 내에 놓고, 이들을 통해서, 하지만 또한 이들을 넘어서 자신의 변증법 개념을 전개한다.

예를 들어, 아리스토텔레스는, 분석론은 삼단논법을 필연적 결론으로 이끌고 감으로써 우리에게 문제를 해결하는 수단을 제공하는 반면, 변증법은 삼단논법의 주제로서의 문제들을 제기하는 기술이라고 정의한다. 하지만 아리스토텔레스는 그의 문제들을 상식의 명제들(가령, 이성적 동물은 인간에 대한 정의인가, 아닌가?)로부터 이끌어 내는 데에 만족하고, 또 문제들을 일반적 관점들에 관계시키고, 이렇게 하여 문제들이 "토론 속에서 확립되거나 거부되게" 하는 장소들(topoi)을 형성하기 위해 … 다수가 받아들이는 의견들opinions을 고려함으로써, 문제들의 정당성을 평가하는 데에 만족했다.[35] (이 것의 가장 단순한 형태는 우리가 TV 뉴스 쇼들에서 발견하는 종류의 의견의 변증법이다. 이러한 뉴스 쇼들에서, 대립하는 관점들 혹은 명제들의 대표자들은 찬반 양론으로 나뉘어 있는 그들 각자의 의견을 끝까지 주장한다.) 들뢰즈에게, 이것은 변증법을 근본적으로 왜곡하는 것이다.

---

34 프랑수아 도스, 『질 들뢰즈와 펠릭스 과타리: 교차하는 생명들』, 119.

35 『아리스토텔레스의 주요 저작』, 리처드 매키언 편, W. A. 피커드-캠브리지 옮김(New York: Random House, 1941), 188에 있는, 아리스토텔레스, 『토피카』, 책 1, 100a30~100b30. DR 160을 보라.

[들뢰즈는 이렇게 쓰고 있다.] 문제들이라는 형식의 이념들과 맺는 친숙한 관계를 "잊을" 때마다, 변증법은 진정한 힘을 상실하고 부정적인 것의 힘의 지배하에 놓여서, 대립하고, 반대되고, 모순되는 명제들 간의 간단한 대치에 의해 **문제적인 것**인 이념적 대상성을 필연적으로 대체하게 된다. 이 오래된 왜곡은 변증법 그 자체와 더불어[즉, 플라톤과 더불어] 시작되어, 헤겔주의에서 그 극단적 형태를 얻는다. (DR 164)

플라톤은 그 자신의 입장에서 이념과 문제 간의 심오한 연관을 인지했다. 하지만 만약 그가 이념을 초월적 본질로서 정립했다면, 이는 그가 이념을 한 특정한 문제, 아니 오히려 한 특정한 형식의 물음, 즉 "…은 무엇인가?"라는 물음에 대한 대답들로 보았기 때문이다. 칸트의 천재성은, "초월론적 변증론"에서, 이념에 새로운 지위를 배정하는 데 있었다. 칸트는, 이념들은 모든 규정적 대상을 결여하므로 필연적으로 "문제적problematic"이며, 이는 이념의 진정한 대상은 문제 그 자체라는 것을 의미한다고 주장했다.[36] 그러나 칸트는 여전히 이념들의 초월론적 지위를 모든 가능한 경험을 초월하는 "초점들" 혹은 "지평들"로서 기꺼이 보존하고자 했는데, 마이몬이 칸트를 근본적으로 전복하겠다고 제안한 것은 바로 이 점에서이다. 마이몬은 이념들은 경험에 내재적이다, 즉 이념들은 감성적 본성 안에 현존하며, 지

---

36 임마누엘 칸트, 『순수이성비판』, 노먼 켐프 스미스 옮김(London: Macmillan, 1929). 이념은 "해가 없는 문제이다"(319, A328/B384). "만약 보편적인 것이 **문제적인** 것으로서만 인정되고 단지 이념에 지나지 않는다면, 특수한 것은 특정되지만, 이 특수한 것을 결과로 삼는 규칙의 보편성은 여전히 문제이다."(535, A646/B674) DR 168~170에 있는, 들뢰즈의 분석을 보라.

성에 의해 이해될 수 있다고 주장했다. 들뢰즈가 『차이와 반복』에서 그 극한으로까지 밀어붙인 것은 바로 이 내재적인 변증법 개념이다. 그는 "문제들은 우리의 머릿속에서만 실존하는 것이 아니라, 현실적인 역사 세계의 생산 속에서 여기저기에서 일어난다"(DR 190)고 쓰고 있다. 이러한 이유로, 순수하게 내재적인 변증법은 누가? 어디서? 언제? 어떻게? 얼마만큼? 얼마나 많이? 어떤 경우에?와 같은 물음들 ── 이것들은 더 이상 본질의 물음들이 아니고, "실사건accident, 사건event, 다양체의 물음이다" ── 과 같은 차이의 물음으로부터 유래되어야만 한다(DR 188).

그렇다면 이것이 들뢰즈가 헤겔과 맺는 관계가 이해되어야 하는 맥락이다. 즉, 들뢰즈는 자기 자신을 변증법적 사상의 긴 전통 속에 명시적으로 놓고 있으므로, 분명 반-변증법적이지 않다. 한 수준에서, 일단의 유사한 칸트-이후의 문제들을 해결하고 대답하고자 시도하고 있는 한, 그는 전적으로 반-헤겔주의자가 아니다. 하지만 또 다른 수준에서, 그는 헤겔과는 다른 방식으로 이 문제들을 추구한다는 점에서 반-헤겔주의자이다. 이런 의미에서, 들뢰즈-헤겔 관계는 헤겔에 "반대하는" 들뢰즈의 명시적인 논급들에 의거해서 평가되기보다는 자신의 전 저작을 통해서 들뢰즈가 전개하는 대안적 개념의 변증법 ── "문제적인 것"의 긍정적 개념이 부정적인 것의 노동을 대체하고, 차이의 원리가 모순의 운동을 대체하는 변증법 ── 에 의거해서 평가될 필요가 있다.

칸트-이전과 칸트-이후의 철학

논리와 실존: 실재적인 것의 조건들에 관한 들뢰즈

여기에, 합리론자들, 특히 라이프니츠에 대해 들뢰즈가 가지는 관심의 핵심에 놓여 있는 철학적 문제가 하나 있다.[1] 사유는 혼자서는 가능한 것과 실재적인 것을 구별할 수단을 갖고 있지 않다. 나는 마음속으로 100달러 개념을 가질 수 있으며, 그리고 내가 내 주머니 속에 현실적으로 100달러를 갖고 있느냐, 갖고 있지 않느냐는 나에게 실제로 중요하지만, 실재적인 100달러의 실존은 개념의 관점에서는, 즉 순수 사유의 관점에서는 아무것도 바뀌지 않는다. 실재적인 것의 위치는 **개념 바깥**에 있다. (이것이 존재론적 주장에 반대하는 칸트의 주장이었다. 즉, **실존은 술어가 아니다.** 개념의 관점에서 볼 때, 실존하는 신은 실존하지 않는 신과 마찬가지로 완전하지 않다.) 비록 내가 유니콘이 실존하지 않는다는 것을 알지라도, 나는 여전히 유니콘의 개념 혹은 표상을 형성할 수 있고 혹은 유니콘의 본질을 정의할 수 있다.

---

1 이 논문은 런던 미들섹스 대학 소재 현대유럽철학 연구소에서 2007년 3월 16~17일에 개최된 "들뢰즈와 합리론" 학술회의에서 최초로 제출되었다.

들뢰즈에게, 이것은 사유 이론의 근본적인 문제들의 하나이다. 사유는 실재적인 것을 사유하기 위해서, 즉 실존 그 자체를 사유하기 위해서, 실존하는 사물들을 사유하기 위해서 어떻게 이 빈약한 가능한 것의 영역을 떠날 수 있는가? 라이프니츠와 같은 칸트-이전의 철학자들은 **본질**의 진리("삼각형은 세 변을 가진다")와 **실존**의 진리("카이사르가 루비콘강을 건넜다")를 구별함으로써 이 문제에 접근했다. 마이몬과 같은 칸트-이후의 철학자들은 **가능한** 경험의 조건과 **실재적인** 경험의 조건을 구별함으로써 이 문제에 접근했다. 나는 반은 영화 같은 관점으로부터 이러한 논리학적 문제에 접근하고자 한다. 들뢰즈는 한때 "이론적으로, 장-뤽 고다르는 칸트의 『비판』 혹은 스피노자의 『윤리학』을 영화로 만들 수 있을 것이다"(DI 141)라고 사색한 적이 있었다. 1990년대에 고다르는 「시네마의 역사」라는 제목의 여러 부로 되어 있는 영화를 제작했다. 들뢰즈의 제안을 따라서, 나는 고다르가 「철학의 역사」라는 제목의 유사한 기획을 착수하는 모습을 상상하고 있다. 물론 나는 고다르가 그 영화에서 무엇을 했을지 모르지만, 그럼에도 불구하고 나는 이 시론의 첫 번째 부분을 저 여러 부로 되어 있는 영화의 한 단일한 시퀀스를 위한 가능한 시나리오로 제시하고 있다. 이 영화의 제목은 「논리와 실존」인데, 나는 이 제목을 장 이폴리트의 유명한 책에서 빌려 오고 있다.[2]

---

2 장 이폴리트, 『논리와 실존』[1952], 레너드 롤러·아미트 센 옮김(Albany: State University of New York Press, 1997). 이 책은 이폴리트가 『헤겔 정신현상학의 발생과 구조』, 새뮤얼 처니악·존 헤크먼 옮김(Evanston, IL: Northwestern University Press, 1979)로 시작한 기획을 완성하고, 현상학과 논리학의 관계를 검토한다. 들뢰즈는 1954년에 이 책에 관한 중요한 서평 「장 이폴리트의 『논리와 실존』」(『논리와 실존』 영역 부록, 191~195)을 썼다.

여기에 첫 번째 숏이 있다. 즉, 아무것도 없는 한가운데에서 맴돌고 있는 빛나는 구체가 있다. 이 구체 위에는 아무것도 쓰여 있지 않지만, 우리는 그것이 논리의 구체라는 점을 알고 있다. 영화는 한 명백한 이유 때문에 여기에서 시작된다. 즉, 만약 사유가, 단독으로, 가능한 것을 사유할 수만 있다면, 사유는 **논리적 원리들**이라고 불릴 수 있는 것을 기초로 하여 그렇게 한다. 유명한 일이지만, 고전 논리학은 그런 세 가지 원리를 발견했다. 이 원리들은 ("A는 A이다" 혹은 "사물 A는 그 자신인 것이다"를 뜻하는) **동일성의 원리**(=동일률), 그리고 이어서 동일성 원리의 세목들로 보이는 보다 작은 두 원리, 즉 ("A는 non-A가 아니다", 혹은 "A는 그 자신이 아닌 것이 아니다"를 뜻하는) **무-모순의 원리**(=모순율)와 ("A이거나 not-A이다", 즉 "A와 not-A 사이에는 중간 항이 없다"를 뜻하는) **배중의 원리**(=배중률)이다. 한데 합쳐 말하면, 이 세 가지 원리는 불가능한 것, 말하자면, 모순 없이는 **사유 불가능한** 것을 결정한다. 즉, (동일성의 원리와 모순되는) 그 자신인 것이 아닌 어떤 것, (무모순의 원리와 모순되는) 그 자신이 아닌 것인 어떤 것, (배중의 원리와 모순되는) 그 자신이면서 그 자신이 아닌 어떤 것을 결정한다. 이러한 논리의 구체는 우리를 가능한 것의 영역 내로, 혹은 고전 철학이 본질의 영역이라 부른 것 내로 에워싸는 것으로 보인다. 하지만 이 시작 숏은 시각적 이미지로 문제를 설정한다. 즉, 이 세 고전적 원리가 논리의 구체를 빠져나가 **실존** 그 자체를 관통하도록 사용될 수 있는 어떤 길이 있을까?

이 물음에 대한 대답은 우리를 철학사의 세 가지 긴 시퀀스에 상응하는 세 가지 장면들을 통해서, 즉 이 논리학적 원리들 중 하나를 사용하여 이 문제를 해결하려는 세 가지 시도들을 통해서 데리고 간다. 첫 번째 장면은 칸트-이전의 철학자들, 합리론자들에 초점을 맞춘다. 이 장면의 스타는 라이프니츠이다. 동일성의 원리를 실존 전체로까지 확장하려고 시도한 사람이 바로 라이프니츠였기 때문이다. 두 번째 장면은 칸트-이후의 철학자들, 주로 독일 관념론자들에게 초점을 맞춘다. 이 장면의 이야기는 헤겔에서 막을 내린다. 무-모순의 원리를 실존 전체로까지 확장하려고 시도했던 사람이 바로 헤겔이었기 때문이다. 마지막으로, 세 번째 장면은 바로 "실존주의자들"이라 불리는 경향이 자주 있는 느슨하게 관련되어 있는 사상가들의 집단을 바라보고 있다. 배중의 원리를 실존으로까지 확장하려 시도한 사람들이 바로 이 사상가들이었기 때문이다. 이 영화 대본은 들뢰즈와 더불어 절정에 도달한다. 즉, 끝에서, 이 영화 대본은 들뢰즈가 한때이 세 명의 철학자들이 모두 실존을 사유하려는 시도들에 매료되었지만, 그럼에도 그들이 실패했다고 생각하는 이유, 그리고 그가 결국이 문제에 대한 그 자신의 대답을 계획하는 이유를 간결하게 검토한다. 안타깝게도, 제작 작업이 제작비를 넘어섰기 때문에 결말 장면은 약간 줄여져 있다. 이는 장면들 전체가 결국 편집실 바닥에 내던져졌다는 것을 의미한다.

라이프니츠와 동일성 원리

첫 번째 장면은 모순적인 사람이었기에 철학 영화의 완벽한 스타가되었을 라이프니츠에 초점을 맞추고 있다. 그는 약간은 반동적이었지만, 법과 질서의 옹호자, 현상을 유지하고자 하는 사람, "경찰이고자" ─ 이 용어의 모든 의미에서 ─ 하는 사람이었다. 그는 스피노자에 관해 악의적인 말을 했지만, 그러나 동시에 미적분을 창안해 내기도 했다. 그리고 철학사에서 가장 주목할 만한 모험들 중의 하나를 감행하기도 했다. 그 이유는 이렇다. 즉, 라이프니츠는 논리학의 가장 기초적인 원리 ─ 동일성의 원리 ─ 를 택해서, 동일성 원리의 **호환**, 즉 충족이유의 원리를 정식화함으로써 이 원리가 실존 전체를 관통하도록 하려는 시도를 행했다. 첫 번째 장면은 이것이 어떻게 성립하는지 간결하게 보여 준다.[3]

동일성 원리의 고전적 공식은 "A는 A이다"이다. 이 공식에서, 동일성 원리는 절대적으로 확실한 사유이지만, 그럼에도 불구하고 공허한 사유이다. "A는 A이다" 하고 말할 때 우리는 진정으로 **사유하고** 있는가? 이는 분명하지 않다. 동일성 원리의 통속적인 공식화는 "사물은 사물의 무엇임이다"일 것이다.[4] 이 공식은 진부해 보이긴 하지만, 동일성 원리가 지배하는 존재의 영역 ─ 즉, 본질들의 영역 ─ 을 가리키기 때문에, 공식 "A는 A이다"보다 실제로 더 많은 것을 나타낸다. 즉, 동일성의 원리는 사물과 사물의 무엇임(사물의 본질)의 동일성을 주장한다. 하지만 라이프니츠의 독창성은 그가 동일성의 원리에 제공하는 논리학적 공식 "모든 분석적 명제는 참이다"에 놓여 있다. 동일성의 원리를 본질들의 영역을 넘어 실존의 영역으로까지 확장하려는 라이니츠의 시도의 기초에 놓여 있는 것이 바로 이 공식이다. 분석 명제란 무엇인가? 분석 명제는 주어와 술어가 서로 호환되는 명제이다. 동일성의 원리는 호환 명제의 형식으로 제시된다. 즉,

---

3 다음에 나오는 문단들은 시론 3에서 제시된, 라이프니츠에 대한 독해의 부분적인 개요이다.
4 고트프리트 빌헬름 라이프니츠, 『새로운 인간지성론』, 피터 렘넌트·조너선 베넷 엮고 옮김 (Cambridge: Cambridge University Press, 1981), 408.

주어 A가 있고, 이어서 동사 **이다**가 있고, 이어서 술어 혹은 속성 A가 있다. 동일성의 원리는, "A는 A이다"라는 명제에는, 설령 주어와 술어 간의 차이가 남아 있다 하더라도, 주어와 술어 간의 호환성이 존재한다고 진술한다. 라이프니츠가 **분석**이라고 부르는 것은 주어로 간주된 개념 안에서 술어를 발견하는 조작이다.

하지만 이 새로운 공식은 어떻게 우리가 실존하는 사물들을 사유하도록 해 줄 수 있는가? 동일성의 원리는, 설사 사물 그 자체가 실존하지 않더라도, 사물과 사물의 무엇임을 정립한다. 따라서 실존하는 사물들은 동일성의 원리 바깥에 놓여 있는 것으로 보인다. 실존하는 사물들을 사유하기 위해서, 라이프니츠는 동일성의 원리로부터, 그가 충족이유의 원리라고 부를 새로운 원리를 끌어내고자 한다. 충족이유 원리의 통속적 공식화는 "모든 것은 이유를 가진다"일 것이다. 이것이 합리론의 근본적 구호이며 ── 모든 것은 이유를 가져야 하고, 일어나는 모든 것에는 이유가 존재해야만 한다 ──, 합리론자 중 가장 위대한 사람, 라이프니츠의 전 철학적 기획은 충족이유의 문제를 추구함으로써 활기가 불어넣어지고 있다. 하지만 충족이유의 원리는 어떻게 우리가 실존하는 존재자들을 사유하도록 해 주는가? 이 점은 충족이유에 대한 라이프니츠의 형이상학적 공식, 즉 "모든 술어화는 사물들의 본성에 토대를 가진다"(FLB 42)에서 분명해진다. 이것이 의미하는 바는, 한 사물에 대해 술어가 되는 모든 것은 이 사물의 개념 안에 포함되어야만 한다는 것이다. 한 사물에 대해 무엇이 말해지거나 혹은 술어가 되는가? 만약 우리가 한 사물에 대해 술어가 되는 것은 이 사물의 본질(무엇임이 **존재한다**)이라고 말한다면, 그렇다면 동일성의 원리와 충족이유의 원리 간에는 아무런 차이가 없다.

하지만 한 사물에 대해 말해지는 것 혹은 술어가 되는 것은 이 사물의 본질일 뿐만 아니라, 또한 이 사물의 실존에 있어서 이 사물에 일어나는 사건들의 총체이다.[5] 예를 들어, "카이사르는 루비콘강을 건넜다"를 보자. 이것은 참인 문장이므로, 라이프니츠는 술어 "루비콘강을 건넜다"가 카이사르의 개념notion or concept 안에 내포되어야 할 뿐만 아니라, 또한 우리는, 분석을 통해, 이것이 사실이라는 것을 **증명할** 수 있어야 한다고 주장할 것이다.

만약 사유 그 자체가 영화로 제작될 수 있다면, 이것은 극적인 영화로 향해 가는 놀라운 철학적 운동이다. 동일성의 원리는 우리에게 확실한 진리의 모델을 제공하지만, 우리가 그 어떤 것도 사유하지 못하도록 만들며, 그래서 라이프니츠는 호환의 원리를 사용하여 동일성의 원리를 뒤바꾸어 놓는다. 동일성의 원리는 분석 명제는 필연적으로 참인 명제라는 점을 뜻하는 데 반해, 충족이유의 원리는 참인 명제는 필연적으로 분석 명제라는 점을 뜻한다. 달리 말해서, 충족이유의 원리는 동일성 원리의 호환이지만, 이러한 전도는 라이프니츠가 동일성의 원리를 논리적으로 재공식화하는 것을 통해서만 가능하게 된다. 라이프니츠가 실존의 영역을 정복하기 위해서 동일성의 원리를 사용하는 시도를 하고자 하는 것은 바로 이러한 전도를 통해서이다.

라이프니츠의 충족이유 원리를 두고 제기될지도 모르는 두 가지

---

5 윌프레드 셸러스, 「라이프니츠의 성찰들」, 『라이프니츠: 형이상학과 과학철학』, R. S. 우드하우스 편(Oxford: Oxford University Press, 1981), 31을 보라: "만약 실체의 본성이 실체의 개체성을 설명하는 것이라면, 그것은, 단순히 사물의 본성과 전통적으로 연관되어 있는 ─ 원리상, 반복 가능한 ─ 역량, 역능, 성향이 아니라, 일화[사건]를 설명하지 않으면 안 된다."

문제점이 있다. 첫 번째 문제점은 이 원리는 완전히 정상이 아닌 것으로 보인다는 점이다. 이 원리를 누군가가 진지하게 받아들이는 모습을 보기란 어려운 일이다. 이언 해킹Ian Hacking은 한때 "모든 참인 명제에서 술어가 주어에 내포된다는 라이프니츠의 주장은 이제껏 제기된 것 중 가장 불합리한 진리 이론이다"라고 쓴 바 있다.[6] 그 이유를 알기란 어렵지 않다. 즉, 라이프니츠는 우리가 술어 "세 변"이 주어 **삼각형**에 포함된다는 것을 증명할 수 있듯이, 우리는 술어 "루비콘강을 건너다"가 **카이사르**에 내포된다는 것을 증명할 수 있어야 한다고 주장하기 때문이다. 만약 우리가 신 그 자신이 아니라면, 신의 무한 지성이나 할 수 있는 그러한 일을 하게 될 조건들을 우리로서는 거의 상상할 수 없다. 하지만 두 번째 문제점은 이렇다. 즉, 라이프니츠가 충족이유의 문제를 제기할 때 이는, 만약 그가 이 문제의 조건들을 탐구하는 데 필요한 철학적 개념을 **창조할** 수단을 갖지 않았다면, 아무것도 의미하지 않을 것이다. (이것이 철학에 대한 들뢰즈의 정의이다. 즉, 변하는 문제들에 응답하여 개념을 창조하는 것.) 여기서, 우리는 라이프니츠가 연속체의 미로, 현실 무한의 소용돌이에 막 뛰어들려고 하는, 낭떠러지 위에 서 있는 숏을 들여온다. 그러나 그는 조용하고, 평온하고, 자신감에 차 있다. 그가 충족이유를 탐색하면서 제기한 모든 문제에 대해서, 심연으로 떨어지고 있을 때조차도, 그는 거기에 적합한 개념을 창조해 낼 것이기 때문이다. 여기에 —— 라이프니츠 사유의 힘을 충분히 느낄 만한 —— 그 개념들이 몇 가지 있다.

---

6 이언 해킹, 「수학은 일부 철학자들에게, 일부 철학자들에게만 무엇을 행해 왔는가?」, 『영국 학사원 회보』 103(2000), 83~138: 105.

첫째로, 만약 우리가 참이라고 하며 주어에 귀속시키는 모든 것이 주어 개념 안에 내포되어 있다면, 그렇다면 또한 우리는 세계의 총체를 주어 안에 포함시키지 않으면 안 된다. 왜 그런가? 왜냐하면 충족이유의 원리는 인과성의 원리와 동일한 것이 아니기 때문이다. "모든 것이 원인을 가진다"고 말하는 것은 A는 B가 원인이고, B는 C가 원인이고, 그리고 등등 — 모든 방향으로 무한히 뻗어 가는 원인들과 결과들의 계열 — 을 의미한다. 그러나 "모든 것이 이유를 가진다"고 말하는 것은 우리가 이 인과 관계들에 이유를 부여해야만 한다는 것을 의미한다. 이는 A와 B 사이의 인과 관계가 그 자체로 A 개념 안에 포함되어야만 한다는 것을 의미한다. 이것이 충족이유의 원리가 인과성의 원리에 근거를 제공하는 방식이다. 즉, 인과성의 원리는 사물의 **필연적 원인**을 표명하지, 사물의 **충족이유**를 표명하는 것은 아니다.[7] 하지만 라이프니츠가 열어 놓는 이러한 근거는 그가 뛰어드는 심연이다. 그가 술어 "루비콘강을 건넘"이 카이사르 개념 안에 포함된다고 말하는 즉시, 그는 그 자신을 멈추게 할 수 없다. 그는 카이사르 개념 안에 우주의 총체를 포함시키지 않을 수 없다. 사건 "루비콘강을 건넘"은 로마 제국의 수립, 예수가 십자가에 못 박혀 죽음과 같은, 무한대로 뻗어 가는 다기다양한 원인들과 결과들을 가지며, 그래서 라이프니츠는 "루비콘강을 건넘"의 모든 원인들과 결과들이 또한 카이사

---

7 라이프니츠, 「사물들의 근원적 발생에 관하여」[1697], 『철학 논문과 서한』, 르로이 E. 룀커 편(Dordrecht, Holland: D. Reidel, 1956), 486: "그대가 아무리 멀리 초기 상태들로 되돌아간다 한들, 그대는 결코 그 상태들에서, 아무 세계도 존재하지 않는 것이 아니라 무언가 세계가 존재해야 하는, 또 그 세계가 존재하는 그대로 존재해야 하는 완전한 이유를 발견하지 못할 것이다."

르 개념 안에 포함된다고 말하지 않고는 이 사건이 카이사르 개념 안에 포함된다고 말할 수 없다. 이것이 라이프니츠가 창조하는 최초의 환각적인 개념, 즉 표현 개념이다. 우리들 각자는, 우리의 개념 안에서, 우주의 전체를 표현하거나 내포한다.

하지만 라이프니츠는 곧바로 또 다른 위험에 봉착한다. 만약 각 주어 개념이 세계의 총체를 표현한다면, 이는 오직 (스피노자의 실체 같은) 한 단일한 주어가 존재하고, 개체들은 이 우주적 주체의 현상들이나 변양들에 불과하다는 것을 의미하지는 않겠는가? 하지만 라이프니츠의 철학은 개체에 고정되어 있어서, 그는 충족이유의 원리를 포기하지 않고는 그러한 주장을 인정할 수 없다.[8] 아무 문제가 없다고 라이프니츠는 대답한다. 이런 위험을 피하기 위해서, 그는 단지 또 다른 개념을 창조할 뿐이다. 즉, 각 개별적 개념은 실로 세계의 전체를 포함할 수 있긴 하지만, 그것은 어떤 특정한 관점에서 그렇게 한다. 이것은 라이프니츠가 원뿔 곡선 이론으로부터 이끌어 내는 "관점주의적" 철학의 시작을 나타낸다.[9] 라이프니츠의 주장은 모든 것이 주체의 관점에 따라 "상대적"이라는 듯이, 각 개체가 그 자신의 관점에서 세계의 전체를 표현한다는 것이 아니다. 사실은 이와 정반대되는 말이 맞기 때문이다. 즉, 관점에 의해 구성되는 것이 바로 주체이

---

8 라이프니츠는 「단일한 보편적 마음의 이론에 관한 성찰」이라는 제목의 짧은 텍스트를 썼는데, 이 텍스트는 『철학 논문과 서한』, 룀커 편, 554~560에 실려 있다. 이 논문에서 라이프니츠는 실로 보편적 마음(신)이 존재한다 할지라도, 보편적 마음은 결코 실체들이 개체적인 것이 되는 것을 막지 못한다는 점을 보여 주고 있다. 1980년 4월 15일 세미나의 들뢰즈의 주해를 보라.

9 라이프니츠가 원뿔 곡선 이론에서 관점 개념을 이끌어 내는 것에 관해서는, 미셸 세르, 『라이프니츠의 체계와 그의 수학적 모델』(Paris: PUF, 1968), 제3편, 「고정점」, 647~712를 보라.

다. 달리 말해서, 관점이 주체의 충족이유이다. 개별적 개념은 개체가 세계의 총체를 표현하도록 해 주는 관점이다.[10]

하지만 이것은 라이프니츠를 세 번째 문제로 나아가게 한다. 무엇이 이 관점을 결정하는가? 우리는 관점들을 어떻게 구별하는가? 다시 또, 라이프니츠는 뛰어든다. 즉, 그는, 우리들 각자는 어떤 일정한 관점에서 세계의 총체를 표현하지만, 단지 배경의 소음에 불과하다는 듯이, 필연적으로 대부분의 세계를 모호하고 혼잡한 방식으로 표현한다고 우리에게 말한다. 세계의 총체는 개별적 개념 안에 실제로 포함되어 있지만, 주로 **무한히 작은 지각들** —— 이는 또 다른 개념이다 —— 의 형태로 포함되어 있다. 그럼에도 불구하고, 만약 내가 명료하고 판명하게 표현하는 세계의 유한한 근방이 존재한다면, 이는 이 세계의 근방이 나의 **신체**를 촉발하기 때문이다. 여기서 라이프니츠는 관점을 점유하는 것으로서의 신체의 필요성을 연역한다. 나 자신은 가령 루비콘강을 건넘을 명료하고 판명하게 표현하지 못한다. 그것은 카이사르의 신체에 관한 것이기 때문이다. 각 개별적 실체는 세계에 대한 명료하고 판명한 표현의 상이한 지대를 갖기 때문에, 세계에 대한 상이한 관점을 점유한다.

하지만 라이프니츠는 여전히 멈출 수 없다. 그는 지금 마지막 위험에 봉착해 있기 때문이다. 우리는 이 개체들 각자가 **같은** 세계를 표현하고 있다는 것을 어떻게 아는가? 이것은 다음과 같은 이유에 대

---

10 라이프니츠, 「모나드론」[1714], §57, 『철학 논문과 서한』, 룀커 편, 648을 보라: "상이한 측면들에서 본 동일한 도시가 상이한 것으로 나타나듯이, 말하자면, 관점들 속에서 증대되듯이, 그렇듯이 아주 많은 상이한 우주들인 것으로 보이는, 무한한 크기의 단순 실체들은 그럼에도 불구하고 각 모나드의 상이한 관점들에 따르는 한 단일한 우주의 관점일 뿐이다."

한 문제이다. 동일성의 원리는 우리가 무엇이 모순적인지, 즉 무엇이 **불가능한지** 결정하도록 해 준다. 네모난 원은 원이 아닌 원이다. 네모난 원은 동일성의 원리를 위반하기 때문에 불가능하다. 하지만 충족이유 원리의 수준에서, 루비콘강을 건너지 않는 카이사르, 혹은 에덴동산에서 죄를 짓지 않은 아담은 모순적이지도 않고 불가능하지도 않다. 카이사르는 루비콘강을 건너지 않았을 수도 있고 아담은 죄를 짓지 않았을 수도 있는 데 반해, 원은 네모일 수가 없다. 난점은 이렇다. 즉, 라이프니츠는 아담이 행한 모든 것이 그의 개별적 개념 안에 영원히 내포되어 있거늘, 그런데 어떻게 죄를 짓지 않은 사람 아담이 가능하다고 주장할 수 있는가? 이것이 라이프니츠가 아마도 그의 가장 악명 높은 개념일 **불공가능성** ─ 사실상 완전히 새로운 논리적 관계 ─ 을 창안해 낸 이유이다. 실존하는 사물들의 수준에서, 실존하기 위해서 사물이 가능하다고 말하는 것으로는 충분하지 않다. 또한 이 사물이 무엇과 공가능한지 아는 것이 필요하다. 죄를 짓지 않은 사람 아담은 그 자신 안에서는 가능했지만, 나머지 현실화된 세계와는 불공가능했다. 라이프니츠는 그의 가장 유명한 학설을 불공가능성 개념으로부터 이끌어 냈다. 신이 창조의 순간에 마음에 품고 있었던 무한한 불공가능한 세계 중에서, 신은 실존으로 들어가도록 모든 가능한 세계 중에서 신이 미리-확립한 조화에 의해 지배되는 "가장 좋은 것"을 선택했다. 따라서 라이프니츠는, 내가 술어 "죄를 지은 사람"이 아담의 개념에 내포되어 있다는 것을 증명하고 싶을 때 ─ 즉, 개념 "아담"에 대한 분석을 수행할 때 ─ 나는 아담 죄를 지은 사람에서 이브 유혹하는 여자로, 이브 유혹하는 여자에서 사악한 뱀으로, 사악한 뱀에서 사과로, 등등 후진하고, 또 전진하면서 나는 한편으로는 아담의 죄와 다른 한편으로는 예수의 수육과 부활 간에는 연속성이 존재한다는 것을 보여 준다고 말한다. 달리 말해서, 시간과 공간의 차이들을 가로질러 서로 맞물리는 일이 시작될 **계열**들이 존재하며, 라이프니츠의 위대한 책『변신론』의 궁극적 목적은 신이 모든 연동하는 계열들이 있고 모든 고통과 잔혹성이 있는 이 세계를 "가장 좋은" 세계로 선택한 것을 정당화하는 것이다.[11] 그런 분석은, 현실적으로 무한한 이 세계를 구성하는 요소들의 전 계열을 통과해야 하기 때문에, **무한하다**. 그리고 그것은, 아담이라는 개별적 개념 안에 숨어 "죄를 지은 사람"이 내포되어 있음의 충족이유를 증명하기 때문에 **분석**이다.

우리가 첫 번째 장면을 종료하는 것은 여기에서이다. 우리가 장애물에 도달한 것으로 보이기 때문이다. 우리는 유한한 존재자들이기에 무한 분석을 감행할 수 없다는 것은 말할 필요조차 없는 것으로 보인다. 실존의 진리들의 영역에 처하기 위해서, 우리는 경험을 기다릴 필요가 있다. 분명 무한 분석은 신에게나 가능한 일이지만, 이는 별로 만족할 만한 대답이 아니다. 우리는 신이 있어 행복할지 모르지만(웃고 있는 신이 클로즈업된다), 그때 우리는 라이프니츠가 왜 그토록 고생을 해서, 유한한 존재자들로서 우리가 접근할 수 없는데도, 충족이유에 관한 이 모든 이야기를 제시하는지 의아하게 여기게 될 것이다. 라이프니츠 사상에 보이는 이 명백한 장애물은 우리의 시나리오 끝에서 되돌아오게 되겠지만, 우리가 첫 번째 장면에서 보아 온

---

11 라이프니츠, 『변신론: 신의 선성, 인간의 자유, 악의 기원에 관한 시론』, E. M. 허거드 옮김, 오스틴 패러 엮음(La Salle, IL: Open Court, 1985).

것은 라이프니츠에게서 발견하는 개념들의 "미친 듯한" 창조이다. 표현, 관점, 미세 지각, 불공가능성, 이 모든 것들은 충족이유의 문제를 정립한 결과, 라이프니츠에게서 산출된 ─ 라이프니츠에 의해 창조된 ─ 개념들이다. 이런 이유로 들뢰즈는 어떤 철학자에게 이의를 제기한다는 것은 부질없는 일이라고 말한다. 보다 중요한 것은, 적어도 최초에, 그들의 사상을 발생시키는 "문제적인 것"을 추출해 내는 일이다.

헤겔과 무-모순의 원리

하지만 이제 두 번째 장면이 끼어든다. 수많은 철학적 인물들, 즉 (다시, 잠시, 플래시백으로) 데카르트, 라이프니츠, 이어서 칸트와 피히테, 그리고 마지막으로 헤겔을 지나가는 이동 촬영으로 시작한다. 헤겔은 두 번째 장면이 막을 내리는 지점으로, 이는 철학이 라이프니츠의 경우처럼 더 이상 동일성의 원리를 통해서가 아니라, 무-모순의 원리를 통해서 실존을 정복하려고 시도했던 궤적을 기록하고 있다.

두 번째 장면은 철학 영화의 또 다른 위대한 스타인 데카르트로 시작된다. 그는 온화하고, 정중하고, 긴 머리를 하고 있고, 염소 수염을 하고 있으며, 매일 정오까지 잠을 자고, 침대에서 작업하길 좋아하는데, 나는 개인적으로 이 모습을 좋아한다. 스웨덴의 여왕, 크리스티나는 그더러 아침 일찍 일어나라고 윽박질렀고, 이 때문에 그는 폐렴을 얻어 죽었다는 이야기가 있다. 그러나 죽기 전에 데카르트는 실존을 그 자신의 방식으로 사유하려고 시도했으며, 그의 감행은 라이프니츠의 그것보다 훨씬 큰 반향을 불러왔다. 『성찰』에서 데카르트는 의심하기 위해서 나는 생각하고 있어야만 하고, 따라서 나는 생각하는 존재자라고 주장했다. 의심의 물음은 사물들의 실존에 관련되어 있는 것이 아니라, 사물들의 실존에 대해 내가 가지는 인식knowledge과 관련되어 있다는 것은 맞는 말이다. 내가 의심하는 한, 내가 의심할 수 없는 인식, 생각하는 존재자로서의 나 자신에 대한 인식이 있다. 하지만 이렇게 볼 때, 데카르트는 철학 안에다 후에 독일 철학에서 광범위하게 전개될 정식, 즉 "나=나", 혹은 "자기=자기"(Ich=Ich)를 도입한 최초의 사상가였다. 이제, 비록 "나=나"가 동일성의 원리 "A=A"를 단지 재정식화한 것으로 보일지라도, 그것은 사실 완전하게 다른 지위를 가진다. 동일성 A=A는 사유된 사물의 동일성이며, 그러므로 그것은 **가언적** 판단이다. 그것의 완전한 정식화는 만약 거기에 A가 존재한다면, A는 A이다, 혹은 만약 A가 **실존한다면**, 그렇다면 A=A이다. 하지만 아마도 A는 실존하지 않을 것이고, 아마도 거기에는 아무것도 존재하지 않을 것이다. (이런 이유로 동일성의 원리는 "왜 아무것도 존재하지 않는 것이 아니라 무언가가 존재하는가?" 하는 물음과 일치한다.) 데카르트가 보여 준 것은 동일성의 원리는 순수하게 **가언적인** 판단이라는 점이다. 나는 언제나 A를 A의 실존에서뿐만 아니라 **심지어 A의 개념에서도** 의심할 수 있다. 따라서, 데카르트가 의심할 수 없는 것 한 가지, 나=나가 존재한다고 말할 때, 그는 철학에서 근본적으로 새로운 어떤 것을 행한 셈이다. 즉, 그는 더 이상 가언적 조건을 받지 않는 동일성을 발견했다. 그는 **조건이 부여되지 않는** 동일성, 혹은 **정립적**thetic 혹은 **범주적** 판단이라 부르게 되는 것을 발견했다. 이것은 주체성의 발견이다. 즉, 주체의 정립position, 혹은 주체의 자가정립 auto-position, 나=나의 발견이다. 피히테는 이 논지를 그 궁극적 결론으로까지 전개하게 된다. 즉, A는 **사유된** 것이지만, 사유된 것의 동일성을 근거 짓는 것은 사유하는 주체의 실재성, 유한한 "나"의 동일성이기 때문에, 우리는 오직 A=A이다라고 말할 수 있을 따름이다. 따라서 동일성의 원리, "A는 A이다"는 그 근거를 주체의 자가정립, "나는 나이다"에 근거를 정초한다. 데카르트의 경우, 동일성의 원리는 논리학의 영역을 떠나, 실재적인 것, 혹은 실존으로 첫걸음마를 떼었다.

라이프니츠로 돌아가는 짧은 플래시백. 왜냐하면 이것이 바로 그의 철학이 끼어든 지점이기 때문이다. 왜냐하면, 비록 데카르트가 나=나에 의해서 작은 실존의 섬을 정복할 수 있었다고 할지라도, 말하자면 데카르트의 **코기토**는 성채 안에 갇혀 있기 때문이다. 사유하는 주체 **이외**의 어떤 것 —— 가령 사유된 어떤 것의 실재성(수학) 혹은 경험된 어떤 것의 실재성(감성적 세계)과 같은 것 —— 을 긍정한다는 것은 데카르트에게 모든 곡예술, 일련의 복잡한 추리들을 요구할 터인데, 이 모든 것은 신이 실존한다는 것, 진실한 존재자라는 것을 보장해 달라고 호소할 것이다. 그래서, 비록 데카르트가 그의 작은 실존의 섬 —— **코기토** —— 을 얻었다 할지라도, 라이프니츠가 얻고자 추구한 것은 실존 **전체**, 실재하는 것 **총체**와 사유의 일치였다. 데카르트가 보지 못한 것은, 나=나가 단지 그 자체의 확실성 속에서 정립된 **코기토**의 작은 섬을 가리키는 것이 아니라, 그 자신의 술어들의 집합으로서 세계의 총체를 표현하거나 포괄한다는 점이다. 그러한 것이 데카르트의 **코기토**에서 라이프니츠의 **모나드**로 옮겨 가는 이동의 중요성이다.

하지만 이제 두 번째 장면은 펄쩍 뛰어넘어서 칸트로 향해 가는데, 그는 매일같이 규칙적으로 하는 산책, 양말을 내려오지 않게 고정하는 그가 만든 기이한 밴드로 유명하다. 칸트와 칸트-이후의 철학자들은 라이프니츠의 기획을 채택했지만, 다른 방향으로 가져가며 새로운 방식으로 그렇게 했다. 이유는 이렇다. 라이프니츠 이후, 그 누구도 모든 참인 명제가 분석적이라는 것을 수긍할 수 없었다. 끼어든 것은 **종합** 판단들에 대한 칸트의 근본적인 발견이었다. 칸트에게 "삼각형의 세 각은 두 직각과 동등하다"와 같은 판단은, 이 판단의 증명이 사각형 개념을 반드시 통과해야 하므로, 더 이상 분석 판단이 아니고, **종합** 판단이다. 그러므로 이 명제는 두 개념의 종합이다. 이 발견의 결과들은 심오한 것이었다. 비록 데카르트가 동일성의 원리를 "나=나"에 자리매김했더라도, 칸트가 발견한 것은 "나=나"는 더 이상 **분석적** 동일성에 불과한 것이 아니라, **종합적** 동일성이라는 점이다.

논리와 실존을 화해시키려는 시도에서 가장 유명한 에피소드가 시작되는 것은 바로 이 지점에서이다. 칸트-이후의 철학자들은 바로 칸트를 그들의 환상적인 출발점으로 간주하며, "종합적 동일성이란 무엇인가? 자기self의 종합적 동일성은 무엇으로 이루어지는가?"라는 물음을 추구하는 철학자들이다. 칸트-이후의 철학자들은 칸트는 그 자신이 제기한 물음에 대해 적절하게 답하지 못했다고 주장했다. 종합적 동일성에 대한 설명을 제시하기 위해서, 칸트는 **다른** 어떤 것, 사유로도 자기로도 환원될 수 없는 어떤 것, 즉 감성, 혹은 공간과 시간의 **선험적**a priori 형식들을 소환해야 했다. 이와 대조적으로, 칸트-이후의 철학자들은 종합적 동일성을 자아 그 자체에 근거 짓고 싶어 했고, 따라서 그들은 더 이상 동일성의 원리로부터 유래하지 않고 **무-모순의 원리**(=모순율)로부터 유래하는 새로운 원리를 정립했다. 그들에게, 자아는 그 자신을 비-자아와 대립시키지 않고는, 자아 바깥에 존재하는 것과 대립시키지 않고는, 그 자신을 그 자신과 동일한 것으로 정립할 수 없다. 피히테가 보여 주듯이, 종합적 동일성은 "나는 나-아님이 아니다"라는 정식으로 표현될 수 있다. 여기서 또, 이것은 철학에서 엄청난 발견을 표시했던 ── 거의 화학 공식과 같은 ── 또 다른 놀라운 철학적 공식이다. 이는 "나"는 나-아님과 대립되는 것으로써만, 즉 나-아님의 부정을 통해서만 그 자신과 동일한 것으로 정립될 수 있다는 것을 의미한다(1983년 5월 17일 세미나).

우리는 이 사유 방식의 궁극적 결과를 헤겔에게서 발견할 수 있는데, 그는 자신이 "사물들은 그 자신과 모순되지 않는다"고 말했을 때 사물들에 관한 어떤 것 ── 실존에 관한 어떤 것 ── 을 말하고 있는 것이지, 단지 가능한 것에 관한 어떤 것을 말하고 있는 것이 아니었다는 점을 사유하는 최초의 철학자였다. 그는 사물들에 관한 어떤 것을 말하고 있었을 뿐만 아니라, 또한 사물들이 태어나고 성숙하는 방법에 관한 어떤 것을 말하고 있었다. 즉, 사물들은 서로 간에 모순되지 않음으로써 태어나고 성숙한다. 헤겔의 변증법은 무-모순의 원리를 배척하는 데 있는 것이 아니라, 이 원리를 극한으로까지 밀어붙여서, 실존의 수준에서 무-모순의 원리를 전개하는 데 있다. 만약 분석적 동일성의 원리가 이것으로 우리가 헤겔이 추상적 본질성abstract essentiality이라 부르는 것을 사유할 수 있을 뿐인 공허한 본질들의 원리라면, 무-모순의 원리는 이를 통해 사유와 실재하는 것이 ── 실재적인 것은 개념이고 개념은 실재적인 것이다라고 말할 수 있는 지점까지 ── 동시적으로 생겨나고 성숙하는 원리이다.

실존주의자들과 배중의 원리

이것은 우리를 단축된 세 번째 장면으로 데리고 가는데, 이 장면의 스타들은 더 이상 (분석적이든 종합적이든) 동일성 원리의 수준에서나, 혹은 심지어 (헤겔의 경우처럼) 무-모순의 원리의 수준에서가 아니라, 배중의 원리(A이거나 또는 not-A이지, 둘 다는 아니다)의 수준에서 사유와 실존을 화해시키고자 했던 사상가들의 부류이다. 이것은 "…이거나 또는 …이다"의 사유이며, 더 이상 모순의 사유가 아니다. 이것은 **대안적인 것**the alternative의 방식이지, 더 이상 부정적인 것the negative의 방식이 아니다. 만약 사유가 배중으로 실존에 합류할 수 있다면, 이는 그것이 사유한다는 것은 선택한다는 것을 의미하기 때문이고, 나의 실존의 본성이 나의 선택에 의해 결정되기 때문이다. "실존주의"로, 광범위하게 알려지게 된 것은 바로 실존을 정복하는 이러한 수단이다. 실존주의는 그 자신의 출연진을 가지는 사유 방식이다. 즉, 실존주의는 파스칼(가톨릭 신자)로 시작되어, 키르케고르(종교개혁의 소산)와 사르트르(무신론자)에 이어지고, 바디우(전투적인 활동가)에서 변양된 형태로 수용된다. 예를 들어, 파스칼의 내기에서 관건이 되는 것은 초월적 신의 실존 혹은 비-실존이 아니라, 신의 실존 혹은 비-실존 사이에서 **선택해야만** 하는 자들의 내재적 실존 양태들이었다. 결과는 상이한 실존 양태들의 복잡한 유형론이다. 즉, 아무런 선택의 물음이 없는 **독실한 사람들**, 어떻게 선택해야 할지 모르거나 또는 선택할 수 없는 **회의주의자들**, 자유롭게 선택하지만, 최초의 선택이 그들을 더 이상 선택을 반복할 수 없는 상황 속에 놓는, 괴테의 메피스토펠레스 같은, 악의 창조물들, 그리고 마지막으로, 선택을 의식하면서, 변함없는 영적인 결정 속에서 반복될 수 있는 "진정한

authentic" 선택을 행하는, **믿음** 또는 은총의 사람들.[12] 키르케고르는 이 사유 방식의 필연적인 결과들, 즉 결정 혹은 선택은 사유 그 자체만큼이나 넓은 영역을 포괄한다는 점을 도출해 냈다.

하지만 둘째로, 이것은 또한, 자기 자신이 선택하는 것이 아니라 **남자**의 선택에 따르고 있을 뿐이라고 말하는 조건에서 남자에게 자신을 내주는 여자와 같이, "나는 아무런 선택을 하지 않는다"고 말하는 조건에서만 내가 행하는 선택들이 있다는 것을 의미한다 — 이것은 사르트르가 "나쁜 믿음bad faith"이라 부른 것이다. 2차 세계대전 후 사르트르가 "우리는 강점기하에서보다 더 자유로운 적이 없었다"고 썼을 때, 그는 "나는 아무런 선택을 하지 않았다!"고 말하는 조건에서 행하는 저 수치스러운 선택들에 대해 말하고 있었다. 달리 말해서, 결국 우리는 선택과 비-선택 사이에서 선택한다. 비-선택 그 자체도, 내가 아무런 선택을 하지 않는다고 믿고 있을 때 내가 호소하는 선택의 **형식**이므로, 그 자체로 선택이다. 보다 최근에는, 알랭 바디우가 그 자신을 명시적으로 파스칼과 사르트르의 계보에 놓고, 그러고 나서 사건에 충실함을 유지하기 위해 주체의 조건을 주체의 선택에 위치시키고, 이렇게 해서 이 전투적인 활동가를 가장 높은 실존 양태로 격상시켰다(더 이상 믿음의 사람 혹은 "신앙의 기사"가 아니다). 이 모

---

12 블레즈 파스칼, 『팡세』, W. F. 트로터 옮김(New York: E. P. Dutton, 1958), §418. 들뢰즈는 그의 두 권의 『시네마』에서 이 기독교 전통을 분석하면서, 한쪽은 파스칼과 키르케고르, 다른 한쪽은 브레송과 드레이어의 영화 사이의 유사성을 이끌어 낸다. MI 114~116과 TI 176~179를 보라. 아마도 브레송은 그의 위대한 영화 「당나귀 발타자르」에서 다섯 번째 유형의 실존 양태를 제공하는 것인지도 모른다. 당나귀 발타자르는 선택할 수 없는데도, 결국 자신을 살해하는 인간들의 선택 혹은 비-선택의 결과를 겪고 있는 — 영화사에서 가장 비통한 장면들 중의 하나 — 자의 순진무구함을 소유하고 있는 당나귀이다(MI 116을 보라).

든 경우에서, 우리는 배중의 원리의 진정한 전치가 존재한다는 점을 알 수 있다. 즉, 선택은 더 이상 두 항(A 또는 A-아님) 사이에 존재하는 것이 아니라, 두 실존 양태 사이에 존재한다. 궁극적으로 그것은 선택과 비-선택 사이의 선택이다. 이런 방식으로, 배중의 원리 —— 우리의 세 논리적 원리 중의 최후의 원리 —— 는 이제 실존 그 자체와 관련을 맺게 되었지만, 근본적으로 새로운 방식으로 그러하다.

들뢰즈와 차이의 원리

이제 우리는 이 영화의 절정, 혹은 아마도 실망스러운 결말에 도달한다. 라이프니츠나 데카르트와 달리, 들뢰즈는 영화 스타의 반열에 가담하지 않는 것으로 보인다. 그는 (아프지 않았을 때) 읽었고, 썼고, 가르쳤는데, 그것이 그의 인생을 압축해서 보여 준다. 진짜 드라마가 그의 사유함에서 일어났다. 그래서 우리의 마지막 이미지는 책상 앞에 앉아서 글을 쓰는 숏이다 —— 그리고 타르콥스키의 경우처럼, 시간이 흘러간다는 느낌을 주기 위해 우리는 몇 분간 이 숏을 유지한다. 들뢰즈는 어디에서 우리가 방금 상영했던 이러한 논리와 실존 이야기에 부합하는가? 어떤 의미에서, 대답은 아무 데에도 없다. 그는 이 세 선택지 모두에 관해 쓰고 있고, 이 선택지들에 매료되어 있고, 정확히 동일한 문제에 관심을 갖고 있다. 즉, 사유는 실존을 어떻게 사유할 수 있는가? 1956년 이래 들뢰즈의 초기 강좌 중의 하나가 최근에 공개되었는데, 이 강좌에서 우리는, 들뢰즈가 마침내 『차이와 반복』(1968)에서 이 문제에 대해, 말하자면, 그 자신의 "해결책"을 간행하기 12년 전에, (내가 여기서 행했던 것과는 다른 방식으로) 이 세 전통을 모두 연구하고 있는 모습을 확인할 수 있다.[13] 들뢰즈에게, 많은 현대철학에 활기를 불어넣었던 이 논리와 실존 기획을 완수하는 일은 오직 동일성의 원리를 (동일성, 모순, 배중이라는 이 원리의 모든 변형들에 있어서) 차이의 원리로 대체함으로써 일어날 수 있을 뿐이다. 마지막 장면은 들뢰즈가 그 자신의 방식으로 논리와 실존 기획에 접근하는 방식의 소묘를 제공할 수 있을 따름이다.

우리가 방금 검토한 이야기 — 근대 사상사의 특정한 시퀀스 — 는 신과 자기, 무한 실체와 유한 실체라는 두 극 사이를 오고 간다고 말할 수 있다. 칸트-이전의 철학자들의 사상은 그 원리를 신적 실체의 분석적 동일성에 토대를 두는 반면, 칸트-이후의 철학자들의 사상은 그 원리를 유한 실체의 종합적 동일성에 토대를 두고 있다. 들뢰즈에게, 이른바 이러한 변신은, 즉 신 혹은 자기, 분석적 동일성 혹은 종합적 동일성은 더 이상 아무런 의미를 갖지 않는다. 후자의 동일성은 그 조건을 전자의 동일성에서 발견하므로, 이 변신은 똑같은 것이다. 들뢰즈가 『차이와 반복』에서 쓰고 있듯이, "사실, 신적 실체의 하나임과 동일성은 유일무이하고 동일한 자기의 유일한 보증이며, 자기가 보존되는 한 신은 보존된다"(DR 58). 니체는 신의 죽음은 자기의 죽음과 함께할 때만 실질적인 것이 된다는 점을 이미 본 바가 있으며, 푸코와 클로소프스키는 그들의 저작에서 이 주제를 전개하게 된다.

결과적으로, 칸트-이후의 철학에서 "A는 A이다"에서 "나는 나이다"로 옮겨 가는 이동, 신에서 자기로 옮겨 가는 이동은 들뢰즈가

---

13 "Qu'est-ce que fonder?"[근거 짓기란 무엇인가?], 고등사범학교 수업준비반 1년차 학급, 루이르그랑 고등학교, 파리, 1956~1957. webdeleluze.com에서 구해 볼 수 있다.

"공통감"이라 부르는 것의 형식 —— 이 **형식**하에서 동일성이 철학 사상에서 보존되어 왔다 —— 을 봉인하는 것일 뿐이다. 주관에 의거할 때, 지각하고, 인식하고, 상상하고, 기억하는 것은 **같은** 자기이다. 숨 쉬고, 잠자고, 걷고, 먹는 것은 **같은** 자기이다. 객관에 의거할 때, 이러한 자기에 의해서 보이고, 기억되고, 상상되고, 이해되는 것은 **같은** 대상이다. 그리고 내가 한 대상에서 다른 한 대상으로 이동할 때, 내가 지각하고, 숨 쉬고, 걷는 것은 **같은 세계** 속에서 이루어진다(LS 78). 이런 이유로 칸트는 "대상=x" 혹은 대상 일반을 "나는 생각한다" 혹은 주관적 의식 통일의 객관적 상관물로 제시할 수 있었다. 심지어 키르케고르조차 신앙극에서 재발견된 신과 자기에 대해 꿈꾸었다. 한데 합쳐 말하면, 이것들은 들뢰즈가 사유의 독단적 이미지라 부르는 것의 두 극, 즉 자기 및 자기의 능력들의 **주관적** 동일성, 그리고 이 능력들이 적용되는 사물(그리고 세계)의 **객관적** 동일성을 구성한다고 간주될 수 있다. 이것은 형이상학의 세 가지 거대한 종착점으로서의 **자기, 세계, 신** 간의 동맹을 확정 짓고 있다. 차이 —— 혹은 다양한 것the diverse —— 는 신이 동일성의 최상의 원리인 채, 주체의 동일성의 형식에, 대상의 혹은 세계의 영원성의 형식에 관련되어 있다.

그렇다면, 칸트 이전에 혹은 이후에 일어나는 것보다 더 중요한 것은, 칸트가 자기, 세계, 신을 초월적 가상들이라 하며 비판할 때, 따라서 (모든 것을 "지칭할" 수 있는 언어의 정합성은 물론이고) 자기의 정합성, 세계의 정합성, 신의 정합성을 배제하는 신비로운 정합성을 불러올 때, 첫 번째 비판서에서 칸트 내에서 일어나는 것이다. 만약 들뢰즈가 그 자신을 "순수한 형이상학자"로 간주할 수 있다면, 만약 그가 하이데거의 "형이상학의 종말"이라는 관념을 거부한다면, 이는 그가 자기, 세계, 신의 좌표들로부터 벗어난 형이상학을 구축하는 것이 가능하다고 믿기 때문이다. 들뢰즈는 『차이와 반복』에서 "그때 드러나는 것은 실체에도 주체에도 있지 않은 차이에 대해 말해지는 존재이다"라고 쓰고 있다(DR 58). 이런 이유로 들뢰즈의 형이상학은 더이상 자기 안에 갇혀 있지 않은 **비인격적 개체화들**, 더 이상 신 안에 갇혀 있지 않은 **전-개체적 특이성들**에 초점을 맞추게 된다. 이는 『차이와 반복』에서 기술하는 디오니소스적인 것인데, 이 책에서 그는 다음과 같이 적고 있다.

> 긍정된 계열들의 발산은 카오스모스를 형성하지, 더 이상 세계를 형성하지 않는다. 계열들을 횡단하는 우발점은 반-자기를 형성하지, 더 이상 자기를 형성하지 않는다. 종합으로서 제기된 이접은 그 신학적 원리를 악마적 원리로 대체한다. … 세계의 그랜드 캐니언, 자기의 "균열", 신의 해체.[14]

들뢰즈가 주체와 대상이 동일성을 가진다는 점을 부인하는 것은 아니다. 이 동일성들이 부차적이라는 점을 말할 따름이다. 주체와 대상은 차이의 보다 깊은 관계들의 결과이다. 들뢰즈가 말하는 바와 같이, "순수" 이성이 존재하지 않고 오직 역사적으로 가변적인 "이성화 rationalization"의 과정들만이 존재하듯이, 보편적인 혹은 초월론적인 주체는 존재하지 않고 오직 다양하고 역사적으로 가변적인 "주체화"

---

14 이 인용은, 비록 『의미의 논리』(LS 176)에서 따온 것이긴 하나, 『차이와 반복』의 주요 주제들을 요약하고 있다.

의 형식들만이 존재하고, 대상 일반이 존재하지 않고 오직 가변적인 "대상화"의 형식들만이 존재한다. 그러나 이러한 변동과 더불어, 들뢰즈가 우리의 고다르풍 영화에서 우리가 위에서 본 길들을 따라가는 것은, 이 길 각각이 실존을 사유하기 위해 동일성 원리의 변형을 사용하므로, 절대로 불가능하게 된다. 들뢰즈에게 있어서 자기, 세계, 신의 동일성은 이미 해체되어 있기 때문이다.

하지만 그때 어떻게 우리는 순수하게 차이적인 세계의 실존을 사유할 수 있는가? 분명 사유는 차이를 직접적으로 사유해야 하지만, 들뢰즈는 그러한 기획의 역설을 충분히 알아차리고 있었다. 라이프니츠의 기획과 마찬가지로, 그런 기획은 불합리해 보인다. 우리가 가지고 시작한 이미지 ─ 논리의 구체球體 ─ 는 사유는, 단독으로, 가능한 것을 사유할 수 있을 뿐이지, 개념이 차단되어 있기 때문에 실재적인 것을 직접적으로 사유할 수는 없다는 문제를 예시해 주었다. 실재적인 것은 사유와 **다른** 것이라는 바로 그 이유 때문에, **실재적인 것은 차이 그 자체**라는 바로 그 이유 때문에 개념은 차단되어 있다. 개념을 차단하는 것은 무엇인가? 아리스토텔레스에게 그것은 **물질의 우유성**들이었다. 칸트에게 그것은 환원 불가능하게 **시-공간적인** 직관의 차원이었다. 이 중 어느 것도 개념적이지 않다. 들뢰즈 그 자신은 이 문제를 분명하게 진술한다. 즉, "동일한 것을 갖고서, 우리는 전력을 다해 사유하지만, 가장 적은 사유도 생산하지 못한 채 그렇게 한다. 이와 대조적으로, 차이 나는 것을 갖고서, 우리는 가장 높은 사유를 가질 뿐만 아니라, 또한 사유될 수 없는 것을 가진다"(DR 226). 이는 들뢰즈의 기획 한복판에 놓여 있는 역설이다. 즉, 차이는 가장 높은 사유이지만, 또한 사유될 수 없는 것이다. 이런 이유로 들뢰즈의 선구자들은 사유 그 자체의 원리들 ── 동일성, 무-모순, 배중 ── 을 이용하는 전략을 채택했고, 그러고 나서 이 원리들을 통해서 차이(혹은 실존)를 사유하려고 시도했다. 들뢰즈에게, 개념을 차단하는 것은 물질(아리스토텔레스)도 아니고 감성(칸트)도 아니다. 그는 『차이와 반복』에서 "이념이 아니라면, 무엇이 개념을 차단하겠는가? 개념 바깥에 남아 있는 것은 이념 안에 있는 것을 보다 심오하게 지시한다"고 묻고 있다(DR 220). 이념 이론은 우리를 이 문제의 가장 중요한 지점으로 데리고 간다. 즉, 들뢰즈가 차이는 개념 안에서가 아니라 이념 안에서 파악될 수 있다고 말하는 것은 무엇을 의미하는가? 이는 분명 우리 영화의 결말이 상호 관련된 세 가지 이미지들로 제시하는 복합적인 물음이다.

첫째로, 첫 번째 장면의 결론에서 우리는 라이프니츠의 충족이유의 철학이 차단되는 것을 보았다. 왜냐하면 개념들에 대한 무한 분석은, 우리 유한한 인간 존재자들을 모호함과 혼잡함의 수렁에 빠뜨려 놓는, 오직 무한 지성을 지닌 신만이 수행할 수 있는 것으로 보였기 때문이다. 하지만 이것은 라이프니츠가 (니체의 "자기-극복"이란 의미에서) 자신의 명시적인 의도들을 **극복한** 지점이다. 왜냐하면 라이프니츠는 결국 우리 유한한 인간들에게, 신의 지성에서 일어나는 것에 잘 정초된 접근을 행할 수 있는 계책을 제공했기 때문이다. 이 계책이 바로 극한 산법infinitesimal calculus 혹은 미분 분석differential analysis이라는 기법이다. 인간들로서 우리는 **미분법**의 상징 체계 덕분에 무한 분석을 수행할 수 있다. 미분법에서, 미분 관계는 **순수 관계**라고 말할 수 있다. 미분 관계는 그 항들이 사라질 때도 지속하는 관계이며, 따라서 들뢰즈에게 그가 **즉자적 차이** 개념이라 부르는 것의 예를 제공한다. 통상적으로, 우리는 차이를 선행하는 동일성을 가지는 두 사물 간의 관계로 생각한다("x는 y와 다르다"). 미분 관계의 개념을 갖고서, 들뢰즈는 차이 개념을 올바른 의미에서 초월론적인 수준으로 가져간다. 미분 관계는 그 항들에 **외적**일 뿐만 아니라(버트런드 러셀의 경험론적 금언), 또한 그 항들을 **규정한다**. 달리 말해서, 여기서 차이는 동일성을 **구성**하게 된다. 즉, 차이는 생산적이고 발생적이다. 이것이, 들뢰즈가 『차이와 반복』에서 동일성, 유비, 대립, 유사성과 같은 관계들은 모두 선행하는 차이 관계들의 부차적 효과들 혹은 결과들이다라고 말할 때 의미하는 것이다. 달리 말해서, 들뢰즈는 동일성을 자신의 모델로 삼는 논리학을 통해서가 아니라, 차이를 사유할 수 있는 상징 체계를 전개한 수학 —— 수학의 어떤 분야들 —— 을 통해서 실존의 문제에 접근한다.[15] 만약 플라톤이 유클리드 기하학에서 정적이고 불변적인 본질들의 모델을 발견했다면, 들뢰즈는 미분법에서 순수 변화의 모델을 발견하고, 이렇게 해서 이와 상응하는 변형인, 이념 이론을 창조한다. 미분법은 실존의 탐구를 위한 일종의 상징 체계이다. 이른바 과학 혁명의 한복판에 놓여 있는 자연의 "수학화"가

---

15 이른바 "분석 형이상학"의 한계는 이 형이상학이 논리주의자, 형식주의자에 의존한다는 점이며, 19세기에서 물려받는 이론적 형이상학을 설정한다는 점이다. 가령, 『4차원주의』(Oxford: Oxford University Press, 2001)에서, 테드 사이더가 진술하는 가정, "현대 논리학의 정량화 장치는 실재의 구조를 반영한다"(xvi)를 보라. 화이트헤드가 지적하듯이, **변수** 개념은 그 자체 동일률의 파생물이다. 알프레드 노스 화이트헤드, 『사유의 양태들』(New York: Free Press, 1938), 106: "변수는, 비록 규정되지 않았을지라도, 논증 전체를 통하여 그 자체의 동일성을 유지하고 있다." 또한 프리드리히 니체, 『힘에의 의지』, 발터 카우프만·R.J. 홀링데일 옮김(New York: Random House, 1967), §512, 227: "논리학은 조건에 구속되어 있다. 즉, 동일한 사례들이 존재한다고 가정하고 있다." 그리고 §516, 279를 보라: "논리학(과 수학)의 모든 명제가 전제하는, 자기-동일적인 'A'가 존재하지 않는다고 가정한다면…."

미분법을 통해서 일어난 것은 우연이 아니다. "자연의 법칙"은 미분 방정식의 형식으로 표현된다("법칙"은 사회적 개념이므로, 니체는 자연의 법칙 운운하는 것을 못마땅하게 여겼다).[16] 이런 이유로 19세기에 — 마이몬에서 노발리스에 이르기까지 — 자연 철학들은 자주 미분법의 형이상학을 탐구하는 형태를 취했으며, 들뢰즈는 비록 그가 형이상학보다는 미분법의 변증법에 대해 말하는 것을 선호하긴 했지만, 분명 이 전통을 계승하는 철학자이다.

둘째로, 잡다한 것the diverse의 감성이 개념 바깥에 존재하는 것이 사실이지만(칸트의 경우, 직관들은 시-공간적이지만, 개념들은 그렇지 않다), 사유는 차이를 잡다한 것의 충족이유로 사유할 수 있다. 들뢰즈는 **강도**(강도적 크기)가 감성적인 것의 충족이유라고 주장한다. 강도는 전개될 때 자신을 취소하므로, 경험의 잡다성diversity에서 결코 주어지지 않지만, 그럼에도 불구하고 사유는 이념의 형식 속에서 차이를 사유할 수 있다. 예를 들어, 번개 현상은 구름 속 전위 potential의 차이(=전위차), 전하의 차이의 결과이지만, 번개가 나타나는 조건은 이 전하의 해소, 이 차이의 해소이다. 그러므로 들뢰즈는 잡다성과 차이 간에 날카로운 구별을 행한다. 즉, "잡다성은 주어지지만, 차이는 주어지는 것을 주어지게 하는 것, 주어지는 것을 잡다

---

16 프리드리히 니체, 『만년의 공책들에 적어 놓은 글』, 뤼디거 비트너 편, 케이트 스터지 옮김 (Cambridge: Cambridge University Press, 2003), 36[18], 24: "나는 화학 '**법칙들**'에 관해 이야기하지 않도록 각별히 조심한다. 그것은 도덕적 뒷맛을 가진다…." 또한 EPS 268을 보라: "자연의 법칙, 즉 삶의 규범을 덜 이해하면 할수록, 그만큼 더 우리는 법칙을 질서와 금지로 더 해석하게 된다. 철학자가 '법칙'이라는 단어를 사용하기 전에 주저해야만 하는 지점까지, 그토록 많이 법칙은 도덕적 뒷맛을 보유하게 된다. '영원한 진리'를 말하는 편이 더 좋을 것이다."

한 것으로 주어지게 하는 것이다"(DR 222). 달리 말해서, 차이는 개념 안에 주어지지 않고 이념 ── 다양한 방식으로 현실화될 수 있는 이념 ── 안에 주어지는, 잡다한 것의 충족이유이다. 이것이 라이프니츠의 충족이유의 문제에 대한 들뢰즈의 응답이다. 즉, 물질의 이념이 존재하듯이, 감성의 이념이 존재하며, 사유 그 자체는 이 이념을 통찰할 수 있다. 두 예를 더 고찰해 보자. 개념 "산" 덕분에 우리는 에베레스트산을 인식할지 모르지만, 그러나 이 개념은 에베레스트가 인도 지각판이 아시아 지각판과 쾅 하고 충돌할 때의 압력, 지각의 접힘, 히말라야 산맥의 풍화와 침식을 포함하는 복잡한 과정이 현실화되며 진행 중에 있다는 사실에 관해 아무것도 말해 주지 않는다. 개념 "사자" 덕분에 우리는 우리 앞에 있는 동물을 인식할지 모르지만, 그러나 사자의 영역들, 사자가 다니는 길들, 사자가 사냥하고 휴식하는 시간에 관해 아무것도 말해 주지 않는다. 후자는 개념에서 유래될 수 없는 **시-공간적 역동성들**spatio-temporal dynamisms이며, 미분적 이념을 현실화하는 것이다. 들뢰즈는 "한 사물을 현실적으로 구성하는 역동적인 공간과 시간이 발견된다면, 이 사물의 동일성이 개념들에 의해 구성될 때 그 동일성을 상실하지 않는 일은 없다"고 쓰고 있다(DR 218~219).

세 번째로, 아마도 가장 중요할 텐데, 사유가 차이를 감성적인 것의 충족이유로 사유할 수 있는 조건은 무엇인가? 들뢰즈의 대답은 이념들은 언제나 **문제들**의 형식하에 사유에 주어진다는 것이다. 만약 차이가 사유될 수 없는 것이라면, 그렇다면 사유는 차이를 오직 **문제적** 형식하에서만 ── 달리 말해서, 사유를 유발하는 어떤 것, 사유를 생겨나게 하는 어떤 것, 사유에게 문제제기하는problematize 어떤 것으로 ── 사유할 수 있을 뿐이다(이런 이유로, 미분법에서, 미분적인 것은 문제 안에 실존하지만, 해 안에서 반드시 사라진다). 이것이 들뢰즈가 사유의 독단적 이미지라고 부르는 것에 반대하는 그의 위대한 주제이다. 즉, 사유함은 선행하는 성향의 결과가 아니라, 바깥으로부터 사유에게 작용을 가하는 힘들, 우리에게 폭력을 행하는 맞닥뜨림의 힘들, 우리에게 사유하도록 강요하는 힘들의 결과이며, 사유함을 생겨나게 하는 것은 언제나 문제와의 맞닥뜨림이다. 사실상 진리를 추구하는 자는 **누구인가?** 가장 좋은 모델은, 플라톤의 대화 중인 친구들의 모델이 아니라, 문제 내에 살게 되어 있고 부지불식간에 문제의 조건들을 탐색하게 되어 있는 프루스트의 질투하는 연인의 모델이다. 들뢰즈가 형이상학에 부여하는 역설적 지위는 이렇다. 즉, 실로 형이상학은 우리에게 실재의 궁극적 요소들이 무엇인지 말해 줄 수 없지만, 이 구성요소들은, 비록 우리를 사유하도록 유발할지라도, 우리가 그 자체로는 아무런 "인식"도 가질 수 없는 **문제들**로 드러난다 (이 구성요소들 곧 문제들은 "모호하다"). **존재는 언제나 우리에게 문제적 형식하에서 그 자신을 현시한다.** 이 역설은 일의성 이론에서 표현된 것과 유사하다. 존재는 단일한 일의적인 의미를 갖지만, 이 단일한 의미는 **차이**이다. 즉, "실체에도 주체에도" 존재하지 않으며, "개체들을 일시적으로 구성하는 것 못지않게 해체하고 파괴할 수 있는", 위장하고 전치되는 차이이다(DR 38).

　그래서 우리는, 사실상 경험에는 주어지지 않지만 실재적인 것의 조건들을 구성하는 세 가지 이미지들 ── 순수 관계로서의 즉자적 차이, 감성의 충족이유로서의 강도, 사유를 유발하는 문제들의 존재 —— 로 결론을 맺는다. 그리고 실로 이것은 우리가 여기서 논리와 실존의 제목하에서 제시하고자 했던 시나리오의 결말이다. 우리는 이런 문제를 가지고 시작했다. 즉, 사유는 실존을 어떻게 사유할 수 있는가? 사유는 어떻게 자신의 개념들과 논리학적 원리들로부터 빠져나와 실재적인 것을 사유하는가? 우리의 영화 대본은, 고전 논리학의 세 원리들 —— (칸트-이전의 철학자인 라이프니츠에서 절정에 이르는) 동일성의 원리, (칸트-이후의 철학자인 헤겔에서 절정에 이르는) 무-모순의 원리, (실존주의자들에서 절정에 이르는) 배중의 원리 —— 중의 하나로부터 영감을 이끌어 내며, 이 문제를 해결하려고 시도했던 근현대철학사의 세 가지 큰 궤적들에서 장면들을 제시했다. 하지만 사유가 실존을 통찰하려는 시도 속에서 논리학의 원리들을 사용할 때, 사유는 그 자신의 요소(동일성)에 머물러 있게 된다. 이 사유는 그 자신의 원리를 실존에 부과하는 사유이다. 우리의 결론을 맺는 —— 속편에 해당하는 —— 이미지들은, 들뢰즈의 기여가, 말하자면, 이 절차를 어떻게 전복했는지 보여 준다. 들뢰즈에게, 사유는 사유의 원리들에 반대되는 어떤 것을 사유해야만 하고, 차이를 사유해야만 하고, 사유와 절대적으로 다르지만, 그럼에도 불구하고 그 자신을 사유에게 주고, 자연적인 혼수상태로부터 사유를 비틀어 떼어 내는 것을 사유해야만 한다. 이것은 더 이상 실존을 사유하려고 시도하는 사유가 아니라, 비록 이해 가능한 문제 혹은 이념의 형식 속에서라 할지라도, 그 자신을 사유에게 강요하고 그 자신이 사유되기를 강요하는 실존이다. 따라서 존재Being에는 이해 가능성이 있고, 감성 그 자체 안에 이념들이 있지만, 이념들은 언제나 문제적problematic 형식하에서, 그 자신이 사유되기를 강요하는 차이로서 그 자신을 현시한다. 이런 의미에서 우리는, 들뢰즈는 여전히 합리론자로 남아 있지만, 이 합리론은 수정된 합리론, 활기를 되찾은 합리론, 구속되지 않은 합리론이며, 요컨대 아마도 경험론이라고 말할 수 있을 것이다.

제2부 ——————————————

들뢰즈의
철학 체계

감성론

들뢰즈의 감각이론: 칸트의 이원성을 극복하기

칸트 이래 감성론은 매우 다루기 힘들어 보이는 이원론에 시달려 왔다. 한편으로, 감성론은 가능한 경험의 형식으로서의 감성 이론을 가리킨다. 다른 한편으로, 감성론은 실재적 경험에 대한 반성으로서의 예술 이론을 가리킨다. 전자는 공간과 시간이라는 선험적 형식들에 의해 조건 지어지는 감각의 객관적 요소이다(『순수이성비판』의 "초월론적 감성론"). 후자는 쾌와 불쾌로 표현되는 감각의 주관적 요소이다(『판단력비판』의 "미감적 판단 비판"). 들뢰즈는, 감각 이론(감성론)의 이 두 측면은 칸트가 정식화한 바 있는 초월론적 기획을 근본적으로 다시 조정해서, 셸링이 한때 "우월한 경험론"이라 부른 것의 방향으로 밀고 나가는 대가를 치르고서만 재통일될 수 있다고 주장한다. 이 두 측면이 예술 작품의 구조들과 더불어 재통일될 수 있는 것은, 경험적 일반의 조건들이 **실재적** 경험의 발생적 조건들이 될 때뿐이다. 이런 경우라면, 감각의 원리들은 동시에 예술 작품의 조성 원리들을 이룰 것이며, 역으로 이 조건들을 드러내는 것이 바로 예술 작품의 구조일 것이다.[1] 다음에 오는 것에서, 나는 들뢰즈가 감성론의 이 이원성을 극복하려고 시도하는 데 사용하는 수단을, 그의 사상의 네트워크를 통해 이 한 가닥 실을 따라가며 ─ 설사 이 노선을 밟아 갈 때 우리가 어떤 일정한 명료함을 위하여 어떤 일정한 양의 상세함을 희생할지라도 ─, 검토하고자 한다. 첫 번째 부분에서는 들뢰즈의 감각 이론을 분석하고, 두 번째 부분에서는 이 이론을 예술 작품의 구조들에 연결하려는 그의 시도를 분석하겠다.

감각 이론: "감성적인 것의 존재"

1. 재인과 공통감을 넘어서. 들뢰즈는 자주 『공화국』의 한 대문을 언급함으로써 감성론에 관한 논의를 시작한다. 이 대문에서 플라톤은 두 유형의 감각을 구분하는데, 하나는 마음을 평온하고 비활동적인 상태로 놓아두는 감각이고, 다른 하나는 마음을 사유하도록 강요하는 감각이다. 전자는 재인의 대상이며("이것은 손가락이다"), 이 경우 감각은 재인을 위해 어느 정도 적절한 재판관이다.

> [플라톤은 이렇게 쓰고 있다.] 이 사례들에서 어떤 사람이든 "무엇이 손가락인가?" 하고 사유에게 묻도록 강요받지 않는다. 왜냐하면 시각은 이 사람에게 손가락은 손가락 이외의 것이다라는 점을 결코 암시하지 않기 때문이다. … 여기에는 지성을 유혹하거나 자극하는 것이라곤 아무것도 없다.[2]

---

1 감성론 문제에 대한 들뢰즈의 체계적 기술에 대해서는, DR 56~57, 68과 LS 260을 보라.
2 플라톤, 『공화국』, VII, 523b. 들뢰즈는 DR 138~142, 236; NP 108, 210 n33; PS 100~101에서 이 텍스트에 호소하고 있다.

들뢰즈는 재인을, 칸트의 용어들을 써서, 이러한 능력들 각각에 대하여 **동일하다고** 추정되는 대상에 행하는 조화로운 실행으로 정의한다. 즉, 그것은 보일 수 있고, 기억될 수 있고, 상상될 수 있고, 이해될 수 있는 등등의 **동일한 대상**이다. 확실히, 각 능력(감성, 상상력, 기억, 지성, 이성)은 그 자신의 특정한 주어진 것을 가지며, 주어진 것에 작용하는 그 자신의 방식을 가진다. 그러나 한 능력이 자신의 주어진 것을 또 다른 능력의 주어진 것과 동일한 것으로 위치시킬 때, 혹은 더 정확히 말해, 모든 능력들이 함께 자신들의 주어진 것을, 그리고 자신들 그 자체를 대상의 동일성의 형식에 관계시킬 때, 우리는 하나의 대상을 재인한다. 따라서 재인은 —— 칸트가 특수한 "감각 기능" 혹은 특정한 경험적 능력으로서가 아니라 우리 능력들의 토대로서 기능하는 상정된 주체의 동일성에 의해서 정의하는 —— **공통감**의 이상 속에서 자신의 상관물을 발견한다. 이것들은 들뢰즈가 사유의 "독단적" 이미지라고 칭하고 그의 비판의 주요 대상을 이루는 두 극, 즉 자기self 및 자기의 능력들의 주관적 동일성(공통감), 그리고 이 능력들이 적용되는 사물의 객관적 동일성(재인)이다. 따라서 칸트의 경우, "대상 일반" 혹은 "대상=x"는 "나는 생각한다" 혹은 의식의 주관적 통일의 객관적 상관물이다.[3]

하지만 플라톤은 이어서 세계에는 또한 두 번째 종류의 감각, 우리를 사유하도록 강요하는, 사유를 일으키는 감각들이 실존한다고 말한다. 이 감각들은 우리가 아래에서 보게 될 이유 때문에, 들뢰즈가

---

3 KCP, 특히 15에 있는 들뢰즈의 분석을 보라.

"기호들"이라 칭하는 것이다. 이 감각들은 더 이상 재인의 대상들이 아니라, 근본적인 맞닥뜨림의 대상들이다. 더 정확히 말해서, 이 감각들은 더 이상 대상들로서 재인 가능하지 않을뿐더러, 무제한적 생성에, 반대되는 것들의 끊임없는 운동에 휘말려 있는 감성적 성질들 혹은 관계들을 가리킨다. 손가락은 손가락 이외의 아무것도 아니지만, 단단한 것은 또한 부드러운 것 없이는 결코 단단하지 않은 예 등과 같이, 큰 손가락은 동시에 제3의 손가락에 비해서 작다고 말할 수 있다. 재인은 이 역설적 성질들을 한 대상과 관계를 맺게 함으로써 측정하고 제한하지만, 이러한 "동시에 반대되는 감각들"은 그 자체로 영혼을 당혹하게 하고 움직이게 한다고 플라톤은 말한다. 이 감각들은 "더 많은 탐구"를 요구하기 때문에, 영혼을 사유하도록 강요한다. 자발적이고 조화로운 일치 대신에, 여기서 능력들은 플라톤 교육 모델의 기초에 놓여 있는 비자발적인 불일치에 들어간다. 감성은 지성에게 큰 것과 작은 것을 뒤섞어 놓은 감성적 나타남들sensible appearances로부터 큰 것과 작은 것을 구분해 내도록 강요한다.[4]

들뢰즈는 모든 가능한 미학을 위한 기초를 이루는 것이 바로 두 번째 유형의 감각이라고 주장한다. 메를로-퐁티, 슈트라우스Erwin Straus, 말디네 같은 현상학자들은 미학을 재인의 전제로부터 해방시키기 위해 이미 많은 일을 해냈다. 그들은 감각, 더 정확히 말해 "감각

---

4 플라톤, 『공화국』, 524b. 또한 『필레보스』, 24d; 『파르메니데스』 154~155; 『테아이테토스』, 152~155를 보라. 고대에 메가라 학파의 연쇄논법으로 알려진 이 역설("얼마나 많은 낟알들이 무더기를 이루는가?")은 형식논리학에서 "애매한 술어"로 취급되고 있다. 파스칼 엥겔, 『참의 규범』(Toronto: University of Toronto Press, 1991), 199~215를 보라. 들뢰즈는 LS 1~3에서 생성의 주제를 다루고 있다.

경험"[le sentir]이 감성적 성질들을 동일화 가능한 대상에 관계를 맺게 하는 한에서뿐만 아니라(구상적figurative 계기), 또한 각 성질이, 설령 끊임없이 다른 성질들에 간섭할지라도, 독자적으로 존재하는 장을 이루는 한에서도("감수적感受的, pathic" 계기) 분석되어야만 한다고 주장했다.[5] 하지만 그들은 여전히 공통감의 형식에 매여서, "자연적 지각"을 규범으로 정하고, 이 지각의 조건들을 ── 세계의 지평 내에 처해 있는 "지향적 의식" 혹은 "체험적 신체lived body"의 기능으로서 지각 장을 조직하는 ── 감성적 형식 혹은 게슈탈트Gestalt에 위치시켰다. 만약 『프루스트와 기호들』이 들뢰즈의 전 저작에서 비상하게 중요한 위치를 차지한다면, 이는 『잃어버린 시간을 찾아서』가, 들뢰즈의 독해를 따르면, 이 두 번째 유형의 감각들을 갖고서 행하는, 하지만 재인과 공통감 **둘 모두**의 전제들에서 벗어난 방대한 실험으로서 제시되기 때문이다. 프루스트의 경우, 이 기호들은 플라톤의 경우처럼 더 이상 단지 반대적인 감성적 성질들을 가리키는 것이 아니라, 함축된 층위들의 기호들로 이루어진 훨씬 더 복잡한 네트워크를 나타낸다. 이러한 함축된 층위들의 기호들은 사교계 생활의 경박한 기호, 사랑의 기만적 기호, 물질적 세계의 감각적 기호, 예술의 본질적 기호이며, 이 기호들은 다른 기호들을 변형시킨다. 프루스트의 화자는 그가 시간을 낭비하고 있다고 생각했을 때, 그는 도제 생활을 하며 이

---

5 모리스 메를로-퐁티, 『지각의 현상학』, 콜린 스미스 옮김(London: Routledge & Kegan Paul, 1967), 216~217; 에르빈 슈트라우스, 『일차적 감각 세계: 감각 경험의 정당성』, 제이콥 니들먼 옮김(New York: Free Press, 1963), 316~331; 앙리 말디네, 『시선 말 공간』(Lausanne: L'Age d'homme, 1973), 134~138을 보라. 들뢰즈의 비평에 대해서는, MI 57, FB 37~39, DR 137을 보라.

기호들을 지적으로 수습修習하는 일, 이 기호들의 의미를 탐색하는 일, 이 기호들의 진리를 노정하는 일을 사실상 이미 착수했다는 것을 발견한다. 이 각각의 층위에서, 이러한 추구는 불가피하게 두 본질적인 계기, 즉 기호를 발하는 대상(그의 연인, 마들렌) 속에서 기호의 의미를 모색하는 "객관적 유혹", 그리고 관념들의 주관적 연합 속에서 기호의 의미를 모색하는 "주관적 보상"을 통과한다. 하지만 각 경우에서, 주인공은 기호들의 진리는 "대상의 고유성질들을 초월하는 것 못지않게 주관성의 상태들을 초월한다"는 것을 발견한다. 기호들의 본성이 노정되고 기호들의 진리가 현출하게 되는 것은 오직 예술 작품에서이다.[6]

들뢰즈는 재인된 대상과 맞닥뜨려진 대상의 구별은 사유의 두 이미지들 간의 보다 일반적인 구별과 상응한다고 주장한다. "독단적" 혹은 합리론적 이미지는 몇 가지 상호 관련된 공준들로 요약될 수 있다.

1. 사유로서의 사유는 진리를 형식적으로 내포한다(관념들의 선천성, 개념들의 선험적 본성). 사유함은 능력의 자발적이고 자연적인 실행이고, 사유하는 사람은 진리에 대한 자연적인 사랑, 곧 philia를 소유하고 있다(따라서 philo-sophos, 곧 지혜의 친구 또는 연인).

---

6 PS 37~38. 들뢰즈의 독해에 의하면, 플라톤은 두 가지 방식으로 여전히 재인의 모델에 묶여 있다. 즉, 기호를 질적 반대대당으로 정의할 때, 플라톤은 감성적인 것의 존재를 단순한 감성적 존재자[aistheton]와 혼동했으며, 재인의 작동을 단지 상기의 과정으로 이동시켰을 뿐인 이미 실존하는 이념에 감각을 관련지었다. 플라톤에 대한 비판에 대해서는, DR 141~142를 보라. 프루스트가 플라톤주의와 결별하는 것에 대해서는, PS 108~115를 보라.

2. 우리는, 사유에 이질적이고, 마음을 그 소명으로부터 일탈하게 하
는 외적 힘들(신체, 정념들)로 인해 오류에 떨어지고, 진리로부터 일
탈하게 된다.

3. 그러므로, 진리와 부합하게 사유하기 위해서 우리가 필요로 하는
모든 것은 오류를 방지하고, 우리를 진리와 부합하는 사유의 본성으
로 다시 데려다 주는 "방법method"이다.[7]

들뢰즈는 이 대략 그리스적인 이미지에 대항하여 기호들의 경험
적 힘과 "이미지 없는" 사유의 가능성을 대치시킨다.

1. 사유함은 결코 자발적인 성향의 산물이 아니라, 바깥으로부터 비
자발적으로 사유에게 작용하는 힘의 결과이다. 진리를 추구하라는,
사유하라는 강요를 당할 때에만, 우리를 자연적인 혼수상태로부터
비틀어 떼어 내는 폭력을 겪을 때에만, 우리는 진리를 추구하고, 사유
하기 시작한다. 하이데거는 사유를 요구하는 것은 "우리가 아직 사유
하고 있지 않다"는 영속적인 사실이라고 말한다.[8]

---

7 사유의 이미지에 대한 분석은 들뢰즈 철학의 중심 목표 중의 하나이다. 전반적인 내용에
   관해서는 PS 94~102, NP 103~110, DR 127~167을 보라. 이 "지식체계학적noological" 주
   제들에 관한 더 명확한 분석은 LS 127~133(사유의 좌표들로서의 상층, 심층, 표면), 그리
   고 TP 3~25(사유의 이미지들로서의 나무와 리좀), 374~380(국가-형식 대 "유목적" 사유),
   474~500(매끄러운 것 대 홈 파인 것)에서 발견될 수 있다.

8 마르틴 하이데거, 『사유란 무엇인가』, 프레드 D. 위엑·글렌 그레이 옮김(New York: Harper
   & Row, 1968), 28. 그러나 하이데거는 폭력의 은유들을 "선물"의 은유로 대체하면서, 그리고
   선-존재론적인 존재 이해에 대한 주체적인 전제를 고수하면서, 여전히 욕구 또는 필리아philia
   의 주제를 유지하고 있다. 만약 아르토가 들뢰즈의 사유에 중요한 역할을 행한다면, 이는 아
   르토의 사례가, 사유가 사유하지 않을 수 없는 것은 혼자서는 형식을 갖출 수 없는 그 자신
   의 무능력, 그 자신의 무역량이라는 사실을 가장 명료한 형태로 제시하기 때문이다. 아르토

2. 사유의 부정적인 것은 오류가 아니라 ─심지어 미신(루크레티우스, 스피노자)도 아니고, 가상(칸트)도 아니고, 소외(헤겔, 마르크스)도 아니라─, 사유의 발생을 막는 더 심각한 적들, 즉 인습, 억견, 진부한 생각, 어리석음[bêtise]이다.[9]

3. 마지막으로, 우리를 진리로 이끄는 것은 "방법"이 아니라 "제약"과 "우연"이다. 어떠한 방법도 우리를 사유하도록 강제하는 것을 사전에 결정할 수 없다. 오히려 우리를 진리로 이끄는 것은 우리를 사유하도록 강요하는 것의 필연성을 보장하는 맞닥뜨림의 우발성이다.

사실상 진리를 추구하는 자는 **누구인가?** 프루스트는, 다른 이들과 대화하면서 진리에 대한 자연적 욕망을 실행하는 **친구**가 아니라, 사랑하는 사람의 거짓말들에, 이 거짓말들이 안기는 고통에 압박을 받는 **질투하는 연인**이라고 말한다.[10] 질투하는 연인은 문제에 봉착하지 않을 수 없는데, 이런 문제와 동등한 것들이 소크라테스의 "…은 무엇

의 문제는 그의 사유의 방향을 정하는 데 있었던 것이 아니라, 단지 어떤 것을 가까스로 사유하는 데 있었다. 그러므로 사유의 이미지들을 규정하는 중요성은 이렇다. 즉, 미쳤다는 것은 원리상 사유에 속할 수 있는가, 아니면 단순한 사실로 간주되어야 할 뇌의 우연적 특징인가? DR 146~147(아르토에 관한 주해)와 321 n11(하이데거에 대한 비판)을 보라.

9 들뢰즈는 부정성의 이러한 특징들을 각각 분석해 놓았다. 즉, NP 105를 보라("어리석음은 사유 그 자체의 구조이다. … 그것은 오류 혹은 오류투성이다. … 전적으로 진리들로 이루어진 우둔한 사유, 우둔한 담론들이 존재한다"). 인습에 관해서는, PS 95를 보라("진리들은 사유함의 선의에 기초하는 한 자의적이고 추상적인 채로 있다. 오직 인습적인 것만이 명백하다. … 사람들은 서로에게 오직 인습적인 것만을 전달한다"). 억견에 관해서는, 'WP 144~150을 보라(억견은 철저하게 재인의 형식에 따라 주조된 사유이다). 클리셰에 관해서는, 특히 예술가들에게 문제를 제기하는 바의 클리셰에 관해서는, MI 208~209와 FB 71~80을 보라.

10 프루스트에 따르면, 질투는 사랑의 병이 아니라, 사랑의 진리, 사랑의 궁극성이며, 모든 사랑은 "증거를 두고 벌이는 분쟁", "기호들의 섬망"이다(PS 132, 138).

인가?"를 통해서가 아니라, 플라톤이 거부한 유형의 물음들, 즉 무엇이 일어났는가? 언제? 어디서? 어떻게? 누구와? 같은 물음들을 제기함으로써 발견된다. 진리를 추구하는 일에다 "필연성의 발톱"을 부과하는 것이 바로 이 문제이다. 즉, 칸트가 말하는 바와 같은 "범주적 명법"이 아니라, "문제적 명법problematic imperative", 즉 문제가 부과하는 명법이다. 이 점에서, 들뢰즈는 한때 그는 그 자신을 "순수한 형이상학자"라고 생각한다고 말한 바 있고, 형이상학을 "극복하기"라는 하이데거와 데리다의 주제들에는 별로 관심이 없다고 말한 바 있다. 그는 만약 옛 형이상학이 나쁜 것이라면, 그렇다면 단연코 우리는 새로운 형이상학을 건설할 필요가 있다고 말한다. 이런 의미에서, 그는 그 자신을 그의 세대의 가장 소박한 철학자 중의 한 사람이라고 생각한다고 말한다(N 88). 하지만 이것은 들뢰즈 쪽에서 보면 아마도 약간 꾸며 낸 이야기로 보일 것이다. 왜냐하면 누군가가 들뢰즈에게 그의 형이상학의 본성, 혹은 궁극적 실재의 본성, 혹은 존재 그 자체의 본성에 대해 묻는다면, 그의 대답은 존재는 **문제**이다일 것이기 때문이다. 존재는 언제나 우리에게 그 자신을 문제적problematic 형식하에서, 일련의 문제제기들problematizations로서 제시한다. 들뢰즈는 『차이와 반복』의 심장부에 있는 두 난해한 장에서 이 점에 대해 말한다. 즉, 제4장(「차이의 이념적 종합」)에서는 존재 그 자체를 구성하는 문제들의 이념적이고 지성적인 본성을 분석하고, 제5장(「감성적인 것의 비대칭적 종합」)에서는 이 문제들이 사유에게 폭력을 행하는 강도의 감성적 형식하에서 우리들에게 주어지는 방식을 분석한다. 만약 들뢰즈가 항상 그 자신을 경험론자라고 생각했다면, 그렇다면 이는 "사유되어야 하는 것으로 가는 도정에서, 모든 것은 감성과 더불어 시작되기"

때문이다.[11]

그렇다면 기호란 무엇인가? 『차이와 반복』에서 들뢰즈는 기호에게 두 주요한 특징을 부여한다. 첫 번째 특징은 기호가 영혼에 대해 소동을 일으켜서, 맞닥뜨려진 기호가 문제의 담지자인 듯이, 영혼을 당혹하게 만든다는 점이다. 두 번째 특징은 기호는 오직 느껴지거나 감각될 수 있을 뿐인 어떤 것[ce qui ne peut être que senti]이다. 프랜시스 베이컨이 말하듯이, 기호는 뇌의 우회로를 거치지 않고 직접 신경계에 작용한다.[12] 맞닥뜨려진 기호와 재인된 대상 간의 차이를 가장 분명하게 드러내는 것은 바로 이 두 번째 특징이다. 후자는 느껴질 수 있을 뿐만 아니라, 또한 기억될 수 있고, 상상될 수 있고, 이해될 수 있고, 등등이 될 수 있으며, 따라서 칸트가 공통감이라 부르는 능력들의 일치를 떠맡는다. 맞닥뜨려진 기호를 감각의 주요한 요소로 간주함으로써, 들뢰즈는 객관적으로는 재인의 모델에서 벗어난 감성적인 것의 과학을 시사하고 있고, 주관적으로는 공통감의 이상에서 벗어난 능력들의 사용을 시사하고 있다. 이제 칸트 그 자신이 최초로 유일하게 공통감의 형식에서 벗어난 능력을 숙고한 『판단력비판』에서 이미 이 후자의 가능성을 암시한 바 있다. 그 지점에 이르기까지, 칸트는 합리적 사유

---

11 DR 144. 또한 EPS 149를 보라: "우리는 언제나 경험론자와 합리론자의 다양한 영감에 충격을 받는다. 한 집단은 다른 한 집단을 놀라게 하지 못하는 것을 보고 놀란다. 만약 우리가 합리론자들의 말을 듣는다면, 진리와 자유는 무엇보다도 권리들이다. 그들은 우리가 어떻게 우리의 권리를 잃고, 오류에 떨어지고, 또는 우리의 자유를 잃을 수 있는지 궁금해한다. … 경험론적 관점에서 볼 때, 모든 것은 그 반대이다. 즉, 우리를 놀라게 하는 것은 사람들이 어떤 때는 진리를 가까스로 이해하고, 어떤 때는 다른 한 사람을 가까스로 이해하고, 어떤 때는 그들을 구속하는 것으로부터 그들을 가까스로 해방시킨다는 점이다."

12 프랜시스 베이컨, 『사실의 야생성: 데이비드 실베스터와의 인터뷰』(London: Thames & Hudson, 1975), 18.

의 자연적인 관심들(인식, 도덕, 반성)만큼이나 많은 공통감들, 재인될 수 있는 조건들(인식의 대상, 도덕적 가치, 미적 효과 …)에 따라 다른 공통감들을 창조하는 데 만족했었다. 예를 들어,『순수이성비판』에서 능력들은 사변적인 관심 속에서, 지성이 다른 능력들의 기능을 입법화하고 규정하는 조화로운 일치에 들어가게 된다("논리적 공통감").『실천이성비판』에서 능력들은 실천적 관심 속에서 이성의 입법 하에 상이한 일치에 들어간다(도덕적 공통감). 그리고 심지어『판단력비판』의 "아름다운 것에 관한 분석"에서도 여전히 반성적 상상력이 미적 공통감하에 있다고 말할 수 있다.[13]

하지만 세 번째 비판서는 새로운 영역의 가능성, 능력들에 관한 "이접적" 이론의 가능성을 열어 놓았다. "숭고한 것의 분석"에서, 상상의 능력은 그 자신의 한계, 그 자신의 최대 한도에 봉착하지 않을 수 없다. 광대한 대상(사막, 산, 피라미드) 혹은 강력한 대상(바다의 폭풍, 분출하는 화산)에 직면할 때, 상상력은 이 감각들을 총체적으로 포괄하려고 분투하지만, 그렇게 할 수 없다. 상상력은 힘의 한계에 도달하고, 무기력하게 되었다는 것을 문득 깨닫게 된다. 이 실패는 상상될 수 있는 것과 사유될 수 있는 것 간의, 상상과 이성 간의, 주체 안의 분열이라는 고통을 야기한다. 하지만 상상력을 이 한계로까지 밀어붙이는 것, 광대한 감성적 세계를 하나의 전체로 통일하려는 시도를 행하도록 강요하는 것은 무엇인가? 칸트는 그것이 이성 그 자신의 능력 이외의 것이 아니라고 대답한다. 절대적 광대함과 힘은 이성의

---

13 칸트는 이 공통감 이론을『판단력비판』, 크리드 메러디스 옮김(Oxford: Oxford University Press, 1952), §18~22(81~89), §40(150~154)에서 제시한다.

이념들, 즉 사유될 수는 있지만 인식되거나 상상될 수는 없는, 그래서 오직 이성의 능력만이 접근할 수 있는 이념들이다. 따라서 숭고한 것은 우리에게 이성의 요구들과 상상의 힘 사이의 불화, "부조화의 조화"를 제시한다. 하지만 이 고통스러운 허용은 또한 쾌감을 일으킨다. 즉, 그 자신의 한계에 봉착할 때 상상력은 동시에, 이 이성적 이념이 접근 불가능하다는 것을 그 자신에게 보여 줌으로써, 비록 부정적인 방식으로이긴 하지만, 이 한계를 넘어선다. 상상력은 현시될 수 없는 것이 실존한다는 사실을, 그리고 그것은 **감성적 본성으로 실존한다**는 사실을 그 자신에게 현시한다.[14] 경험적 관점에서 볼 때, 이 한계는 접근 불가능하고 상상 불가능하다. 하지만 초월론적 관점에서 볼 때, 이 한계는 상상력의 초월론적 실행 속에서 **오직 상상될 수만 있는 것**, 오직 상상력만이 접근할 수 있는 것이다.

"숭고한 것의 분석"이 주는 교훈은 이러한 분석이 이 부조화의 조화를, 칸트가 첫 두 비판서에서 소환한 능력들의 조화로운 일치의

---

14 칸트, 『판단력비판』, §29, 전반적 논평(127)을 보라. 칸트의 "숭고한 것의 분석론"은 장-프랑수아 리오타르의 "포스트모던" 예술 개념의 중심에 놓여 있는데, 그는 포스트모던 예술을 현시 불가능한 것을 현시하는 예술로 정의한다. 『포스트모던의 조건: 인식에 관한 보고서』, 제프 베닝턴·브라이언 마수미 옮김(Minneapolis: University of Minesota Press, 1984), 71~82에 있는, 그의 시론 「포스트모더니즘이란 무엇인가?라는 물음에 답한다」를 보라. 들뢰즈와 리오타르 사이에는, 그들 각각의 예술 이론 사이의 수많은 수렴 선들에도 불구하고, 극심한 차이가 존재한다. 즉, 들뢰즈의 이론은 감성(강도)에 대한 분석에서 유래하고, 반면에 리오타르의 이론은 상상력의 능력(숭고한 것)에서 유래한다. 리오타르는 때로 같은 문장 내에서 "상상력이나 감성"에 대해 말하지만(가령, 80, 81), 정확히 상상력의 한계-요소가 아닌, 감성의 한계-요소를 추출하는 추가적인 조치를 전혀 취함이 없이 그렇게 말한다. 그 차이는 각 경우에 호소되는 이념들의 본성, 즉 상상력의 경우에는 초월적인 것, 감성의 경우에는 내재적인 것과 관련이 있다. 숭고한 것에 대한 리오타르의 분석에 대해서는, 『숭고한 것의 분석론에 관한 수업』, 엘리자베스 로텐버그 옮김(Stanford: Stanford University Press, 1994)에 들어 있는, 그의 중요한 주해들을 보라.

가능성의 조건으로서, 즉 선재하는 '사실들'(인식의 "사실", 도덕의 "사실")에서 유래하는 것이 아니라 주체 안에서 내적으로 생겨나는 일치를 위한 가능성의 조건으로서 발견한다는 것이다. 들뢰즈가 비판적 기획 전체로 확장하고자 하는 것은, 칸트가 상상력과 관련하여 눈결에 일별했던 능력들의 이접적 사용이라는 이러한 가능성이다. 모든 능력들이 한 재인의 작용 속에서 조화롭게 통일되는 것이 아니라, 각 능력이 그 자신의 미분적 한계에 봉착하게 되고, 비자발적인 "초월론적" 실행으로까지, 즉 어떤 것이 한 능력에서 다른 한 능력으로 폭력적으로 소통되지만 공통감을 형성하지는 않는 실행으로까지 밀어붙여지게 된다. 이러한 것이 프루스트가 제시하는 능력들의 사용이다. 즉, 기호들을 포착하고 수용하는 감성; 각각 어떤 일정한 유형의 기호를 따라서 기호들을 해석하고 해명하는 지성, 기억, 상상력; 그리고 기호들의 본질을 기호의 충족이유와 기호의 의미로서 발견하는 순수 사유. 그러므로 들뢰즈가 기호라고 부르는 것은 재인 가능한 대상도 아니고, 심지어 대상의 특정한 성질도 아니라, 감성의 능력의 한계를 이루는 것이다(그리고 각 능력은 이제 그 자신의 한계에 봉착하지 않을 수 없다). 들뢰즈가 쓰고 있듯이, 기호는 감성적 존재도 아니고, 심지어 순수하게 질적인 존재(aisthēton)도 아니지만, 감성적인 것의 존재(aisthēteon)이다. 경험적 관점에서 볼 때, 우리의 감관들이 파악하기에는 기호는 너무나 작고 너무나 멀다고 하는 식으로 우연적인 방식으로가 아니라, 감성은 오직 다른 능력들이 포착할 수 있는 것만을 포착할 수 있다고 하는 재인과 공통감의 관점에서라는 본질적인 방식으로, 기호는 그 자체로 감각 불가능하다. 하지만 초월론적 관점에서 볼 때, 기호는 초월론적 실행 속에서 오직 느껴질 수 있거나 감각될 수 있는 것, 오직 감성의 능력만이 접근할 수 있는 것이다. 요컨대, 기호는 감성의 한계에 놓여 있는 순수하게 감성적인 것pure aesthetic, 즉 공통감과 재인을 넘어서 있는 내재적 이념 혹은 미분적 장을 가리킨다. 그렇다면 이 감성의 이념은 무엇인가? 바깥에 있으면서도 사유를 일으키는 "바깥"의 이 힘들은 무엇인가?

2. 감성의 이념: 미분 관계들과 강도상의 차이들. 이미 1790년에, 라이프니츠로 회귀하는 최초의 칸트-이후의 철학자인 살로몬 마이몬은 바로 이 점에 관하여 칸트를 본질적으로 수정해야 한다고 제안했다.[15] 라이프니츠는 의식적 지각은, 공간과 시간에 처해 있는 재인 가능한 대상이 아니라 이 지각을 이루는 무의식적인 미세 지각들과 관련되어 있음에 틀림없다고 주장했다. 예를 들어, 나는 바다 소리noise 혹은 일단의 사람들이 웅성거리는 소리를 포착하는 것이지, 개개의 파도 소리sound 혹은 그 집단을 이루는 개개의 사람들 목소리를 포착하는 것이 아니다. 이러한 무의식적인 "분자적molecular" 지각들은, 전체의 부분들로서가 아니라 주시될 수 있고 주목될 수 있는 것에 늘상 있는 것으로서, 의식적인 몰적molar 지각들과 관련되어 있다. 의식적 지각은 이 분자적 지각들 중 적어도 두 지각이 특이점을 규정하는 미분 관계에 들어갈 때 생산된다.[16] 예를 들어, 녹색을 생각해 보자. 황색

---

15 살로몬 마이몬, 『초월론 철학 시론』[1790], 닉 미즐리 · 헨리 소머스-홀 · 앨리스테어 웰치먼 · 메르텐 레글리츠 옮김(London: Continuum, 2010). 주해에 대해서는, 무엇보다도 마르샬 게루, 『살로몬 마이몬의 초월론 철학』(Paris: Alcan, 1929), 특히 55ff.와 76ff.; 실뱅 자크, 『살로몬 마이몬: 칸트 비판』(Paris: Cerf, 1988), 특히 제6장; 프레더릭 바이저, 『이성의 운명: 칸트에서 피히테까지의 독일 철학』(Cambridge, MA: Harvard University Press, 1987), 295~303을 보라.

과 청색은 지각될 수 있지만, 만약 이 색들의 지각이 식별 불가능하게 되는 지점까지 감소한다면, 이 색들은 녹색을 규정하는 미분 관계(db/dy=G)에 들어간다. 이제, 황색이나 청색은, 각각 단독적으로, 우리가 감지할 수 없는 두 색깔의 미분 관계(dy/dx=Y)에 의해 규정될 수도 있다. 혹은, 바다 소리를 생각해 보자. 적어도 두 미세하게 지각된 파도들이 다른 파도들을 "능가해서" 의식적이 되는 세 번째 파도를 규정할 수 있는 관계에 들어간다. 이 무의식적 지각들은 "지각의 이념적인 발생적 요소들", 혹은 마이몬이 "의식의 미분들"이라 부른 것을 구성한다. 들뢰즈가 "이념"이라 칭하는 것은 바로 그러한 발생적 요소들의 잠재적 다양체이며, 발생적 요소들 사이에 수립되는 연관들의 체계 혹은 미분 관계들이다. 즉, 이 요소들이 다양한 지각들과 형식들 속에서 현실화되듯이, 이 관계들은 다양한 시-공간적 관계들

---

16 『미분 관계에 관한 주석』. 미분 관계의 본성은 수학에서 구별하는 세 가지 유형의 관계를 비교함으로써 분명해질 수 있다. 첫 번째 유형은 그 자체 3+2나 $\frac{2}{3}$와 같은, 독립적이거나 자율적인 요소들 사이에서 확립된다. 이 요소들은 실재적이며, 이 관계들은 그 자체 실재적이라고 말해져야만 한다. 두 번째 유형, $x^2+y^2-R^2=0$(원의 대수 방정식)은, 가치가 특정되어 있지는 않지만, 그럼에도 각 경우에 규정된 가치를 가져야만 하는 항들 사이에서 확립된다. 그런 관계들은 **상상적**이라고 불릴 수 있다. 하지만 세 번째 유형의 관계는 그 자체 **규정된** 가치를 갖지 않지만, 그럼에도 관계 속에서 상호적으로 규정되는 요소들 사이에 확립된다. 따라서 $ydy+xdx=0$(원주의 전칭 명제 혹은 이에 상응하는 함수), 혹은 $dy/dx=-\frac{x}{y}$ (곡선 및 이 곡선의 삼각 탄젠트의 표현)가 성립한다. 이것들이 **미분** 관계들이다. 이 관계들의 요소는 미규정적이며, 실재적인 것도 상상적인 것도 아니다. 즉, dy는 y와 관련하여 완전히 미규정적이고, dx는 x와 관련하여 완전히 미규정적이다. 그렇지만 이것들은 미분 관계 속에서 완전히 규정 가능하다. 항들 그 자체는 미분 관계와 별도로 실존하지 않으며, 항들은 이 미분 관계 속으로 들어가고, 이 미분 관계에 의해 상호적으로 규정된다. 결국 이 미분 관계는 특이점을 규정하며, 주어진 다양체 혹은 다중체의 위상학적 공간을 규정하는 것이 바로 이 점들의 집합이다(가령, 삼각형은 세 특이점들을 가지며, 반면에 곡선들과 도형들은 더 복잡한 분배들에서 유래한다). DI 170~192, FLB 88, DR 172~175에 있는, 들뢰즈의 「우리는 구조주의를 어떻게 인지하는가?」를 보라.

속에서 현실화된다. 따라서 기호는, 첫 번째 국면에서, 이 요소들과 관계들의 "효과"이다. 즉, 명료한 지각(녹색)은 어떤 잠재적인 요소들(황색과 청색)이 우리 신체의 함수로서 미분 관계에 들어갈 때 현실화되고, 이 모호한 지각들을 명료성으로 이끌어 낸다.[17]

들뢰즈는 베르그손이 『창조적 마음』에서 색깔의 영역을 예로 사용하며 이념과 다소 유사한 개념을 전개했다고 언급한다. 색깔들이 공통으로 가지는 것을 결정하는 두 가지 방식이 있다. 첫째로, 우리는 ("붉은 것에서 붉게 만드는 것을, 파란 것에서 파랗게 만드는 것을, 푸른 것에서 푸르게 만드는 것을 제거함으로써") 특정한 색깔들로부터 추상적이고 일반적인 색깔 이념을 추출해 낼 수 있다. 둘째로, 우리는 이 모든 색깔들을 "수렴 렌즈를 통과하게 해서 한 단일한 점으로 가져올" 수 있는데, 이 경우 "음영들 간의 차이들을 두드러지게 하는 '순백의 광선'이 획득된다".[18] 첫 번째 경우는 다수의 대상들을 지니는 일반적 "개념"을 정의한다. 개념과 대상의 관계는 포섭 관계의 일종

---

17 라이프니츠의 지각 이론에 관한 들뢰즈의 해석에 대해서는, 위의 예들을 취한 FLB, 제7장, 「주름들 안의 지각」, 85~99를 보라. 라이프니츠의 주요 텍스트에 대해서는, 『철학 논문과 서한』, 르로이 E. 룀커 편(Dordrecht: D. Reidel, 1969), 특히 『형이상학 담론』, §33(324~325); 『모나드론』, §20~25(645); 『자연과 은총의 원리』, §12(640); 또한 『새로운 인간지성론』, 피터 렘넌트·조너선 베넷 엮고 옮김(Cambridge: Cambridge University Press, 1981), 제1장을 보라.

18 앙리 베르그손, 『창조적 마음』, 마벨 L. 앤디슨 옮김(Totowa, NJ: Littlefield, Adams, 1946), 225. 들뢰즈는 이 예를 DI 32~52에 실려 있는, 「베르그손의 차이 개념」에서 분석하고, 그 결과를 LS 136에서 기술하고 있다: "색깔을 가짐은 녹색임보다 더 일반적이지 않다. 왜냐하면 이 뉘앙스인 것, 개별적 주체에 관련되는 것은 오직 이 색깔일 뿐이고, 이 녹색이기 때문이다. 이 장미는 이 장미의 붉음을 갖지 않고는 붉지 않다." 들뢰즈는 뉴턴보다는 괴테에 더 가깝다. 괴테의 색채 이론이 어떤 특정한 동시대의 과학 이론에서 마찬가지로 부활되었다. 붉음은 더 이상 빛의 대역폭으로 지각되지 않고, 그 경계들을 기술하기가 언제나 쉽지 않은, 카오스적 우주 내의 특이성으로서 지각되었다. 제임스 글릭, 『카오스: 새로운 과학을 만들다』(New York: Viking, 1987), 164~166을 보라.

이고, 차이의 상태는 사물에 외적인 것으로 남아 있다. 두 번째 경우는 들뢰즈의 의미에서 미분적 이념을 정의한다. 상이한 색깔들은 더이상 한 개념 아래 있는 대상이 아니라, 이념 내의 공존과 계기 속에서 혼합체의 질서를 구성한다. 이념과 주어진 색깔 간의 관계는 포섭 관계가 아니라, 현실화actualization와 미분화differentiation의 관계이다. 그리고 개념과 대상 간의 차이의 상태는 이념 그 자체에 내면화되어 있다. 백색 광선은 만약 여러분이 그렇게 말하고자 한다면, 보편적일 수도 있겠지만, 그러나 그것은 구체적인 보편, 보편적 변이이지, 유나 일반성이 아니다. 색깔 이념은, 마치 소리 이념이 백색 소음으로 이해될 수 있듯이, 그 자체 내에 모든 색깔들의 발생적 요소들과 관계들을 "뒤섞어 놓는perplex" 백색 광선과 같다.[19]

　이러한 미분적 이념 개념은 그 보완물을 **강도** 개념에서 발견한다. 즉, 이러한 요소들과 관계들은 강도적 크기 속에서 필연적으로 현실화된다. 칸트 그 자신이 "지각의 예료들"에서 강도의 원리를 정의한 바 있다. 즉, 우리는 감각들의 물질은 강도의 정도를 가지리라는 것을, 그리고 이 크기는 강도=0인 지점에서 시작되는 연속체에 따라 변하리라는 것을 선험적으로 알고 있다.[20] 하지만 칸트는 감성의 **형식**

---

19 마찬가지로, 우리는 다양한 언어들 속에서, 같은 언어의 특출한 부분들 속에서 현실화되도록 예정된 잠재성 안에 모든 음소들과 관계들을 담고 있는 흰 사회 혹은 흰 언어에 대해 말할 수 있을 것이다. DR 203~207를 보라. 이 노선을 따르는 음악 형식에 대한 더 충분한 분석에 대해서는, 『표류 작업』, 로저 맥키온 편(New York: Semiotext(e), 1984), 99~110에 있는, 장-프랑수아 리오타르, 「몇 가지 침묵」을 보라.

20 임마누엘 칸트, 『순수이성비판』, 노먼 켐프 스미스 옮김(London: Macmillan, 1929), 203~204, A169/B21: "모든 감각은 정도, 즉 [강도=0인 지점까지] 언제나 감소될 수 있는 강도적 크기를 가진다. … 모든 색깔은, 가령 붉은 색깔을 예로 들면, 정도가 아무리 작을지라도, 결코 가장 작은 것이 아닌 정도를 가진다. 그리고 이것은 열, 중력의 모멘트에도 해당한다."

을 연장된 공간으로 정의했으므로, 그는 강도를 적용할 때 그 공간을 채우게 되는 감성적 직관들의 **물질**에 제한했다. 하지만 마이몬은, 그 자신 이후의 헤르만 코헨Herman Cohen과 마찬가지로, 순수 직관으로 서의 공간은 연속체이므로, 선험적으로 강도적 양으로서 정의되어 야만 하는 것은 바로 공간 그 자체의 형식이라고 주장했다. 그러므로 (공간이 **다수**의 형식들로 현실화되는 것을 의미하는) 외재성exteriority 의 형식으로서의 전체the whole의 표상에 **선행하는** 내적이고 역동적인 공간 구조가 존재한다.[21] 경험적 체험empirical experience에서, 확실히, 우리는 연장된 공간에서 이미 국지화되어 분배되어 있는 강도들 혹 은 에너지의 형식들을 알고 있을 따름이다. 강도는 자신을 연장된 공 간과 관련을 맺게 하고 공간을 채우는 질들에 자신을 복속시키는 연 장extension의 과정과 분리 불가능하다. 하지만 이와 상응하는 경향 역 시 사실이다. 모든 외연extensity은 필연적으로 그 자신 내에 그런 효과 를 내는 강도를 감싸 안고 있거나 함축하고 있기 때문이다. "질"은 강 도가 크기의 주어진 질서에 도달하고 이 관계들이 의식 안에서 조직 될 때 나타나는 데 반해, "기호"는, 두 번째 국면에서, 미분 관계들의 비대칭성에 의해 생산된 강도이다.[22] 따라서 감각들은 이중적 국면을 현시한다. 즉, 감각들은 구성적 차이들의 잠재적이고 함축된 질서를

---

21 헤르만 코헨, 『칸트의 경험 이론』, 제2판(Berlin: Dümmler, 1885), 428: "공간과 시간 그 자체,
   곧 의식 통일의 감성적 조건들은, 이것들이 양 연속체를 표상하는 한, 사유의 조건으로서
   의 강도적 크기의 실재에 의해서 연속체로서 구성된다. 따라서 강도적 크기는 외연적인 것
   의 선행 조건으로서 직접적으로 나타난다. … 일One과 관련해서가 아니라 영Zero과 관련해
   서 통일체가 된 어떤 것을 정립하는, 유한하게 작은 것을 가져오는 필연성과 같은 그런 것."
   『칸트의 유산과 코페르니쿠스적 혁명: 피히테, 코헨, 하이데거』(Paris: Presses Universitaires de
   France)에 있는, 쥘 뷔유맹의 주해를 보라.

필연적으로 지시하지만, 그 차이들이 펼쳐지는 연장된 질서 속에서 그 차이들을 취소하는 경향이 있다. 이러한 강도적 힘들은 결코 그 자체로 주어지지 않는다. 이 강도적 힘들은 경험적 감각들empirical senses에 의해 파악될 수 없다. 경험적 감각들은 강도를 오직 강도가 창출한 질에 의해 이미 재생되거나 혹은 매개된 것으로 파악할 뿐이기 때문이다. 강도적 힘들은 강도를 감성 그 자체의 한계로서 맞닥뜨림 속에서 직접적으로 포착하는 초월론적 감성의 관점에서만 감각될 수 있을 뿐이다. 들뢰즈는, 강도 개념과 더불어 "감각은 표상적이 되기를 멈추고, 실재적인 것이 된다"고 쓰고 있다. 따라서 공식은 이렇다. "강도는 감각 불가능한 것이면서 동시에 오직 감각될 수 있는 것일 뿐이다."(DR 230) 마이몬이 이 라이프니츠의 주장으로부터 끌어내는 것은 단순한 조건 짓기의 방법이 아니라 발생의 초월론적 방법이다. 명료한 감각이 **발생적** 과정에 의해, 일련의 필터들, 일련의 잇달은 통합들 혹은 종합들을 통해서, 모호성으로부터 출현한다. 『순수이성비판』에서 칸트는 능동적 "나는 생각한다"를 위해, 지성의 능동성을 위해 종합의 역능을 따로 확보했으며, 수동적 자아를 종합의 역능을 소유하지 않는 단순한 수용성으로 이해했다. 감성적인 것을 감성이 수동적으로 직관한 대상과 관련을 맺고 있는 질로 간주했기 때문에, 그는 외감의 조건으로서의 공간의 초월론적 형식을 기하학적 연장에 의해서 정의했다(대상들 혹은 신체들에 대한 순수 직관). 그리고 만약 이

---

22 DR 20을 보라: "'기호'라는 말로 우리는 그러한 [미분] 체계 내에서 일어나는 것, 즉 이질적인 것들 사이에서 소통이 발생할 때 그 간격을 가로질러 번쩍이는 것을 의미한다. 실로 기호는 효과이지만, 두 측면을 가지는 효과이다. 즉, 한 측면에서 그것은, 기호로서, 생산적 비대칭을 표현하고, 다른 한 측면에서 그것은 그 자신을 취소하는 경향이 있다."

제 개념들이 직관에 적용될 수 있다면, 만약 조화가 지성과 감성 간에 가능하다면, 직관의 시-공간적 관계들을 개념의 논리적 관계들과 일치하게 만드는, 오직 "상상력"의 도식이라는 신비로운 중재자를 통해서일 뿐이다. 하지만, 칸트의 조건 짓기 방법의 문제는, 마이몬과 코헨이 지체 없이 지적하듯이, 그것이 규정 가능한 것(순수하게 주어진 것으로서의 공간)과 규정(사유로서의 개념) 간의 순전히 **외적인** 이원성을 설명하지 않고 놓아두면서, 서로에게 외적인 채로 있는 항들 사이의 숨겨진 조화들을 불러온다는 점이다.[23] (프로이트가 그랬듯이) 칸트-이후의 철학자들이 주장한 것은, 수동적 자아 그 자체가 "나는 생각한다"의 능동성에 선행하고 이를 조건 짓는 방대한 영역의 무의식적이고 수동적인 종합들에 의해 구성된다는 점이다. 칸트의 조건 짓기라는 외적인 방법을 넘어, 마이몬은 규정 가능한 것과 규정이 이념 안에 내면화된 발생이라는 내적인 방법을 제안한다. 그것은, 우리를 촉발할 수 있는 대상을 전제하는 지각, 그리고 우리가 촉발될 수 있는 조건들이 아니라, 지각으로서의 대상의 완결된 규정과, 조건들로서의 시-공간의 규정 가능성 둘 다를 내함하는 미분들(dx/dy)의 상호적 규정이다. 즉, 시-공간은 주체에서 미분 관계들의 총체성 혹은 연계성이 되기 위해서 순수한 주어진 것이기를 그치고, 대상은 의식적 지각에서 이

---

23 칸트는, 『순수이성비판』에서, 상상력의 이 도식화하는 힘은 "맹목적"(112, A78/B103)이며, "인간 영혼의 심층에 감추어져 있는 기술", "자연이 우리가 발견하는 것을 거의 허용할 것 같지 않은 활동"(183, A141/B180~181)이라는 점을 인정했다. 하이데거가 『칸트와 형이상학의 문제』, 제임스 S. 처칠 옮김(Bloomington: Idiana University Press, 1962)에서 상상력을 그의 칸트 독해의 초점으로 간주한 것은 바로 이러한 이유 때문이다. 하지만 들뢰즈는 하이데거의 독해와 결별한다.

미분 관계들의 산물이 되기 위해서 경험적으로 주어진 것이기를 그친다.

들뢰즈는 "차이는 잡다성이 아니다. 잡다성은 주어진 것이지만, 차이는 주어진 것을 주어지게 하는 것, 주어진 것을 잡다한 것으로 주어지게 하는 것이다"라고 쓰고 있다(DR 222). 독단적 이미지의 오류는 잡다성을 부인하는 데에 있는 것이 아니라, 잡다성을 오직 일반성들 혹은 유들로만 이해하는 경향이 있는 데에 있다. 들뢰즈의 철학적 목적들 중의 하나는, 잡다한 것의 특이성과 개별성이 오직 차이 그 자체의 관점에서만 이해될 수 있다는 점을 보여 주는 것이다. 감각의 이념은 두 상호 관련된 차이의 원리들, 즉 발생적 요소들의 미분 관계들, 그리고 이 미분 관계들을 현실화하는 강도상의 차이들에 의해 구성된다. 이 원리들은 감각들senses을 넘어서는 어떤 종류의 형이상학적 실재를 가리키지 않는다. 이 원리들은, 비록 경험 그 자체에 주어지지 않을지라도, 감성을 설명하기 위해 이념들로서 정립된다. 칸트의 경우 이념들은 통일하고, 총체화하고, 초월적인 데 반해, 들뢰즈의 경우 이념들은 미분적이고, 발생적이고, 내재적이다. 예를 들어, 니체가 망각하는 능력이라고 부르는 것에 이유가 되는 것, 그리고 지각은 필연적으로 소거하는 것이고 공제하는 것이라는 베르그손의 주장에 이유가 되는 것은 바로 이 일련의 필터들이다. 주체성은 불완전하고, 편향적이고, 부분적인 지각이다.[24] (그러한 지각을 단지 가지는

---

24 『니체의 주요 저술들』, 발터 카우프만 엮고 옮김(New York: Modern Library, 1968), 493~494에 있는, 니체의 『도덕의 계보』, 에세이II, §1: "우리가 경험하고 흡수하는 것은 우리가 그것을 소화하고 있는 동안 … 신체적 자양분을 주는 천 배의 과정만큼이나 적게… 우리의 의식 안으로 들어온다. … 그러므로 망각이 없이는 어떻게 행복이, 명랑함이, 희망이, 자부심이, 현재가 존재할 수 없는지는 즉각적으로 명백할 것이다." 앙리 베르그손, 『물질과 기억』, 낸시

것이 아니다.) 역으로, 약-역학적pharmaco-dynamic 경험들 혹은 현기증과 같은 신체적 경험들에서 이루어지는 것과 같은 감각적 왜곡들의 중요성은 자주, 연장의 지각에 함축되어 있는 강도적 깊이에 접근하는 데에 있다. 즉, 들뢰즈는 초월론의 필수불가결한 부분을 형성하는 것이 바로 "감각들의 교육학"이라고 말한다.[25] 들뢰즈는 "자연적" 지각에 대해서뿐만 아니라, 또한 그가 그 자체의 확실한 입지를 부여하는 "병리적인" 것으로 종종 분류되는 경험들에 대해서도 설명을 제공한다. 실로, 라이프니츠에 관한 주해에서, 들뢰즈는 심지어 **"지각은 어떠한 대상도 갖지 않기 때문에 환각적이다"**라고 쓰기까지 하는데, 이는 지각이 오로지 무의식적 지각들 간의 미분 관계들의 정신적 메커니즘에 관한 것이기 때문이다(FLB 93). 이런 이유로 차이는 경험적 사실 혹은 심지어 과학적 개념으로서가 아니라, 초월론적 원리로서, 감성적인 것의 충족이유로서, 감성적인 것의 존재로서 이해되지 않으면 안 된다.

데카르트는 "명료하고 판명한clear and distinct" 것을 공통감의 원리로서 정립하는데, 이 원리는 피히테와 헤겔을 통해 가며 확장되는 칸트-이후의 전통에서 다양한 형식들로 연장된다. 즉, 유한한 마음

마거릿 폴·W. 스콧 팔머 옮김(New York: Zone, 1988), 35~36: 우리는 결코 사물 자체를 지각하는 것이 아니라, 우리의 필요에 따라, 우리의 관심을 끌지 않는 측면들을 뺀 대상들을 지각한다.

25 DR 237. 『운동-이미지』의 「지각-이미지」에 관한 장에서, 들뢰즈는 만약 영화가 통상적 지각을 넘어선다면, 이는 영화가 모든 가능한 지각의 이러한 발생적 요소에 도달한다는 의미에서라고 주장한다. 즉, "「키노-아이」에서, 베르토프는 모든 지각의 발생적 요소이기도 한, '또 다른' 지각에 도달하기 위하여, 보편적 변이 그 자체의 체계를 얻거나 되찾는 일을 목적으로 하고 있었다"(MI 80~86).

은 혼잡하고 모호한 세계 이해에서 출발점을 발견하고, 이성은 명료하고 판명한 것을 향해 나아가는 보편적 진보, "능력들의 공통된 실행 속에서 사유를 가능하게 만드는 빛"을 구성한다.[26] 마이몬과 코헨이라는 덜 알려진 인물들에서, 들뢰즈는 간접적으로 베르그손과 니체로 가는 "작은" 칸트-이후의 전통을 발견한다. 명료한 관념은 그 자체로 혼잡하며, 그것은 **명료한 한에서** 혼잡하다. 예를 들어, 바다 소리에 대한 의식적 지각은 명료하지만 혼잡한데, 왜냐하면 우리의 지각은 그 전체를 혼잡하게 포괄하고, 우리의 신체에 의해 규정된 식역識閾에 의존하는 오직 명료하게 확실한 요소들과 관계들만을 표현하기 때문이다. 역으로, 이념의 구성요소들은 판명하지만 모호하다. 물방울들은 미분 관계들, 이 관계들의 변이들, 이 관계들이 규정하는 특이점들이 있는, 지각의 발생적 요소들로서 판명하게 머물러 있는 한에서, 판명하다. 하지만 물방울들은 의식적 지각에서 아직 "구분되지" 않고 혹은 현실화되지 않는 한에서, 모호하다. 요컨대, 모든 감각은 명료하지만 혼잡하나, 자신이 출현한 곳인 판명-모호함으로 끊임없이 다시 돌진하게 된다. 들뢰즈의 경우, **명료하고 판명한 것의 원리는, 자연적 빛을 구성하기 위해 재통일되는 일이 결코 없는 두 환원 불가능한 가치들로 분해된다.**

요약하건대, 들뢰즈의 감성 이론은 이 세 가지 상호 관련돼 있는 논점의 면에서 칸트의 감성 이론과 대립한다. 그 논점들은 이렇다. 첫

---

26 DR 213. 마르샬 게루는 『피히테에게 있어서 학문 이론의 진화와 구조』(Paris: Les Belles Lettres, 1930), 제1권, 14~15에서 이 개념이 칸트-이후의 철학에서 행한 역할을 논하고 있다. "유한한 마음에 우주의 총체성이 최초로 주어질 수 있는 유일한 형식인 혼잡한 지성을 출발점으로 하여 연속적으로 발달한 결과로서, 명료하고 판명한 지성이 정립되었다."

째, 감각의 요소는 기호에서 발견되어야 하지 재인 가능한 대상의 성질들에서 발견되어서는 안 된다. 둘째, 기호는 재인과 공통감의 공준들을 넘어서는 감성 능력의 한계-대상이다. 감성의 이념은, 사유에게 발생적 설명을 제공하고, ── 조건들은 그것들이 조건 짓는 것보다 결코 더 크지 않으므로 ── 단지 가능한 경험이 아니라 실재적인 것의 조건들을 구성하는 미분 관계들과 강도상의 차이들에 의해 구성된다.

예술 이론: "감각의 순수 존재자들"

1. 철학과 예술. 들뢰즈의 감각 이론을 지금까지 다소 이렇게 요약하듯 소묘했으므로, 우리는 이제 이 감각 이론이 예술 이론과 맺는 관계를 규정할 수 있는 위치에 있다. 만약 예술에 관한 들뢰즈의 많은 저술들이 그의 철학의 필수불가결한 부분을 구성한다면, 이는 예술 작품 그 자체가 감성의 이러한 초월론적 영역에 관한 탐구이기 때문이다. 들뢰즈에 따르면, 예술의 가장 일반적인 목적은 감각을 생산하는 것, "감각의 순수 존재자", 기호를 창조하는 것이다(WP 167). 예술 작품은, 말하자면, 그 자신의 효과들을 생산하기 위해서 감각의 이러한 수동적 종합을 이용하는 "기계machine" 혹은 "장치apparatus"이다. 따라서 감각의 발생적 원리들은 동시에 예술 작품의 조성의 원리이다. 그리고 역으로, 이 조건들을 드러내는 것은 바로 예술 작품의 구조이다. 따라서, 들뢰즈는 그의 감각의 "논리"를 다양한 예술들과의 창조적 상호 과정을 통해서 전개했다. 『철학이란 무엇인가?』에서 들뢰즈는 철학을 개념들의 실천으로, 즉 개념들을 형성하고, 발명하고, 혹은 창조하는 학문 분야로 정의했다. 그는 "우리는 개념들 없이 아주

수월하게 사유할 수 있다. 하지만 개념이 존재하자마자 진정으로 철학이 존재한다"고 쓰고 있다(WP 32). 예술은 그 자체가 사유의 창조적 기획이지만, 이러한 기획의 대상은 개념들을 창조하는 것이 아니라 감성적 결집체들assemblages — 혹은 정동들 — 을 창조하는 것이다. 위대한 예술가들 또한 위대한 사상가들이지만, 그들은 개념들에 의해서가 아니라 감각들에 의해서 사유한다. 예를 들어, 화가는 선들과 색들에 의해서 사유하고, 음악가는 소리들로 사유하고, 영화감독은 이미지들로 사유한다, 등등. 어떤 분야도 다른 분야 위에서 군림하는 아무런 특권을 지니지 않는다. 개념을 창조하는 일은 새로운 시각적 혹은 청각적 결합체들combinations을 창조하는 일보다 더 어렵지도 더 추상적이지도 않다. 그리고 역으로, 개념을 이해하는 일보다 이미지를 읽는 일이 결코 더 쉽지도 않다.

철학자로서, 예술 연구를 할 때 들뢰즈의 목표는 이 감성적 집적체들aggregates에 상응하는 개념들을 창조하는 것이다. 『프랜시스 베이컨: 감각의 논리』는 일련의 철학적 개념들을 창조하는데, 이 개념들은 각각 베이컨 회화들의 특정한 국면과 관련을 맺고 있다. 이 텍스트는 준-음악적 방식으로 조직되어, 국소적 개념들을 마치 선율인 양 전개하는 열일곱 개의 시퀀스 혹은 시리즈로 분할되며, 결국 복잡한 대위법적 관계들로 들어가서, 베이컨의 감성적 조성들에 상응하는 일종의 개념적 조성들을 함께 형성한다. 마찬가지로, 들뢰즈는 그의 두 권의 『시네마』를 "어떤 영화적 개념들, 즉 영화에 고유한 개념들을 분리해 내기 위해" 제시하는 "논리학의 책, 영화의 논리학"으로 기술하지만, 이는 오로지 철학적으로 형성될 수 있을 뿐이다(N 47, MI ix). 똑같은 것을 음악, 문학, 연극에 관한 들뢰즈의 시론들, 특히 『비평적인 것과 진단적인 것』에 대해서도 말할 수 있다.

현대 예술과 현대철학은 한 유사한 문제에 수렴되었다. 즉, 둘 모두 재현의 영역을 포기하고, 대신에 재현의 **조건들**을 대상으로 삼았다. 파울 클레Paul Klee의 유명한 문구, 즉 보이는 것을 만들지 말고, 보이도록 만든다는 문구는 일종의 모티프처럼 예술에 관한 들뢰즈의 저서들을 통해 울려 퍼진다.[27] 많은 20세기 회화들은 보일 수 있는 형태들을 재생하는 일이 아니라, 이 형태들 뒤에서 혹은 밑에서 작용하는 보일 수 없는 힘들을 현시하는 일을 목표로 했다. 이러한 회화들은 이 강도적 힘들로부터 이 힘들을 "포획할" 수 있는 물질을 생산하기 위해서 "한 덩어리의 감각"을 추출해 내려고 시도했다. 신앙심이 두터운 비평가들이 감자 자루 같은 볼품없는 봉납물을 운반하고 있는 농부들을 그렸다고 밀레를 비난했을 때, 밀레는 회화에서 중요한 것은 농부가 운반하고 있는 **어떤 것**이 아니라 두 대상들에 공통되는 바로 그 무게라고 말함으로써 응답했다. 그의 목표는 회화에서 그 무게를 보일 수 있게 만드는 것이었다. 이 힘 개념에 최초로 완전한 표현을 부여한 세잔의 회화에서, 산들은 산들이 이용하는 지질학적인 접는 힘들을 통해서, 풍경들은 열적이고 자기적인 힘들을 통해서, 사과들은 발아의 힘들을 통해서 독특하게 실존하도록 형성되어 있다. 반고흐는 심지어 해바라기의 비상한 힘과 같은 미지의 힘들을 창안해

---

27 파울 클레, 「창조적 고백」, 『조형적 사유』, 위르그 슈필러 편(Basel: Schwabe, 1964), 76. 이는 FB 48과 TP 342에 인용되어 있다. 또한 『시선 말 공간』, 143~146에 있는, 말디네의 주해를 보라. 이와 유사한 리오타르의 정식 — "재현하는 것이 아니라, 현시 불가능한 것을 현시하는 것" — 이 「숭고한 것과 아방-가르드」, 『비-인간적인 것: 시간에 관한 성찰』(Stanford: Stanford University Press, 1988), 89~107에서 논의되고 있다.

내기도 했다(FB 49). 프루스트는 기호의 세계들이 보일 수 있게 만드는 것은 다양한 보일 수 없는 시간 구조들(지나가는 시간, 낭비된 시간, 되찾은 시간)과 다른 것이 아니라는 점을 발견했다.[28] 현대 음악은, 시간의 비-음향적 힘들을 들릴 수 있게 만들 수 있는 고도로 복잡하고 정교한 소재를 개발하고자 노력했을 때, 즉 스트라빈스키Igor Stravinsky와 불레즈Pierre Boulez에 보이는 음색의 발흥, 에드가르 바레즈Edgard Varèse가 행한 소리의 이온화(=전리電離), 혹은 준비된 피아노와 같은 존 케이지John Cage가 행한 소음의 실험들에서처럼 지속적으로 울려 퍼지게 하는 소재를 개발하고자 노력했을 때, 아마도 더 직접적으로 이 문제에 봉착했을 것이다.[29]

정확히 말해, 들뢰즈에게는 "예술 이론"이 존재하지 않는다. "예술" 그 자체는 개념이지만, 순수하게 명목적인 개념이다. 해들이 이질적인 예술들에서 발견되는 다양한 문제들이 필연적으로 실존하기 때문이다. 헤르만 브로흐Herman Broch는 "소설의 유일한 **존재 이유** raison d'être는 오직 소설만이 발견할 수 있는 것을 발견한다는 데에 있다"고 썼는데,[30] 각 예술은, 각 예술 작품은 그 자신의 특정한 물질과 기법들을 이용해서, 매우 다양한 유형의 강도적 힘들을 포획하려고

---

28 PS 18을 보라: "시간은 보이는 것(=가시적인 것)이 되기 위하여 신체들을 찾아내면서, 마법
    랜턴을 비추고자 신체들을 마주치는 곳마다 신체들을 붙잡아서", 우리가 오래전에 알고 있
    었던 어떤 사람의 이러한 모습을 수정하고, 잡아 늘이고, 흐릿하게 만들고, 으스러뜨린다.
    들뢰즈는 프루스트에게서 보이는, 시간의 네 가지 구조를 구별했다. 즉, 잃어버린 시간은 "지
    나가는 시간"이자 "낭비된 시간"이다. "되찾은 시간"은 잃어버린 시간의 한복판에서 "회복된
    시간"이자 예술에서 긍정된 "본래적 시간"이다.

29 이 예들에 대해서는, TP 343과 FB 48을 보라.

30 밀란 쿤데라, 『소설의 기술』, 린다 애셔 옮김(New York: Grove, 1988), 5, 36에 인용되어 있다.

시도할 때, 그 자신의 특정한 문제들에 직면한다. 예술의 목적은 세계를 재현하는 것이 아니라, (그 자체가 힘들의 합성이고, 미분 관계들의 강도적 종합인) 감각을 현시하는 것이라고 말하는 것은, 모든 감각, 모든 예술 작품은 **독특하다**singular고, 감각의 조건들은 동시에 **새로운 것**의 생산을 위한 조건들이라고 말하는 것이다. 이런 이유 때문에, 여기서 우리는 우리 자신을『프랜시스 베이컨: 감각의 논리』에 나오는 한 단일한 예술가의 전 작품에 대한 들뢰즈의 고찰에 한정하고자 한다.

2. "**형상**Figure." 베이컨에 관한 들뢰즈의 분석에서 가장 중요한 개념들 중의 하나는 들뢰즈가, 리오타르를 따라서, "형상적인figural" 것이라 부르는 것으로, 이는 구상figuration 혹은 재현representation과 대립한다. 회화에서 구상이나 재현의 위험은 그것이 삽화적illustrative이면서 서사적narrative이라는 점이다. 구상은 이미지를, 아마도 자신이 예시하고, 이렇게 해서 눈을 재인의 모델에 복속시키는 바람에 감각의 직접성을 상실하는 대상에 관계를 맺게 한다. 또 구상은 회화에서 이미지를 다른 이미지들과 관계를 맺게 하고, 이렇게 해서 우리를 이미지들 사이의 연관을 발견하도록 유혹한다. 베이컨이 말하듯이, "한 구상과 다른 한 구상 사이에 이미 들려지고 있는 이야기는 회화 단독으로 행해질 수 있는 것의 가능성들을 말소하기 시작한다".[31] 구상은 재인이 철학에서 하는 것과 유사한 역할을 회화에서 행한다. 회화는 말할 이야기도, 재현할 대상도 갖지 않는다. 회화 그 자체는 감각

---

31 베이컨,『사실의 야생성』, 23.

이고, 맞닥뜨려진 기호이다. 하지만 이것이 예술가의 과업의 어려움을 구성하는 것이다. 즉, 베이컨은 "왜 어떤 회화는 신경계로 **직접적으로** 전달되고, 어떤 회화는 뇌를 통해서 긴 비판 속에서 이야기를 들려주는지를 안다는 것은 매우 매우 까다롭고 어려운 일이다"라고 말한다.[32] 우리는 들뢰즈의 공식, "회화에 의해 생산된 감각은 오직 느껴질 수 있거나 감각될 수 있을 뿐인 어떤 것이다"로 되돌아간다.

우리는 어떻게 회화에서 감각을 얻는가? "비명을 그리고자" 하는 베이컨의 노력은 좋은 사례이다. 그의 목적은 우리가 비명을 지르는 곳인 세계의 보이는 공포들을 그리는 데에 있는 것이 아니라, 비명을 생산하는 **강도적 힘들**, 비명을 지르는 입을 창조하기 위해 몸을 뒤틀리게 만드는 강도적 힘들을 그리는 데에 있다. 공포스런 광경의 폭력은 감각의 폭력을 얻기 위해 포기되지 않으면 안 된다. 딜레마로 표현해서 우리는 이렇게 말할 수 있겠다. **한편으로**, 그는 공포를 그리지("선정적인 것") 비명을 그리지 않는다. 그는 공포스런 광경을 재현하고 이야기를 도입하기 때문이다. **또 한편으로**, 그는 직접적으로 비명을 그리고("감각"), 보이는 공포를 그리지 않는다. 필연적으로 비명은 보이지 않는 힘의 포획이기 때문이다. 만약 베이컨이 세잔처럼 그 자신의 작품에 매우 엄격해서 그의 비명들을 포함하는 많은 그의 회화들을 파괴하거나 파기했다면, 이는 그 회화들이 감각을 얻지 못했고, 구상과 서사의 클리셰로 후퇴했기 때문이다. 들뢰즈는 이런 방식으로 문제를 제기한다. 즉, "힘[강도]이 감각의 조건일지라도, 감각되는

---

32 앞의 책, 18.

것은 힘이 아니다. 감각은 감각을 조건 짓는 힘들과는 완전히 다른 어 떤 것을 '주기' 때문이다." 그래서 예술가의 본질적 물음은 이렇게 된 다. 즉, "어떻게 감각은 주어지지 않은 힘들을 우리에게 주어진 것에 서 포획하기 위하여, 또 우리로 하여금 이러한 감각 불가능한 힘들을 감각하게 만들고 **감각 그 자체를 감각 그 자체의 조건들로 격상시키기** 위 하여, 자기 자신 안으로 돌아가서 충분하게 팽창하거나 수축할 수 있 는가?"(FB 48) 그렇다면 이것이 예술가가 직면하는 과업이다. 즉, 예 술가가 사용하는 소재(물감, 단어들, 돌)가 어떻게 이 수준의 힘들을 얻는가? 이러한 소재가 어떻게 감각을 "담지할" 수 있는가?

들뢰즈는 현대 회화가 클리셰를 피하며 감각을 직접적으로 얻고 자 시도했던 두 가지 일반적인 길이 존재한다고 언급한다. 하나는 추 상화를 향해 움직이는 길이고, 또 하나는 형상적인 것을 향해 움직이 는 길이다. 추상으로 향하는 첫 번째 움직임은 여러 방향으로 전개되 었지만, 아마도 두 극단으로 나타났을 것이다. 한 극단에서, 몬드리 안이나 칸딘스키의 미술과 같은 **추상 미술**은, 비록 그것이 고전적 구 상을 거부했다 하더라도, 감각을 정련하고, 감각을 탈물질화하고, 감 각을 순수하게 광학적인 코드로 환원하고자 노력하는 추상적 형태들 의 무기를 여전히 보유하고 있었다. 이러한 추상 미술은 회화가 일종 의 정신적 존재, 느껴지기보다는 주로 사유되는 빛나는 물질이 되고, 관객을 일종의 "지적 금욕주의"로 소환하는 건조론적 조성 면으로 경 사되어 있었다. 다른 한 극에서, 잭슨 폴록의 미술과 같은 추상적 **표 현주의**는 추상적 형태들을 그림으로써가 아니라, 모든 형태들을 선들 과 색깔들의 유동적이고 카오스적인 질감 속에 용해시킴으로써 재 현을 넘어서고 있었다. 추상적 표현주의는 물질에다 최대한도의 연장extension을 주어, 물질이 눈에 복속하는 것을 전복시키고, 순전히 손이 움직이는 ― 더 이상 어떤 것에 대해서도 윤곽을 보이거나 한계를 정하지 않고 표면 전체에 퍼져 나가는 ― 선에 의해 힘들을 드러내고자 시도했다.

이제 재현과 절연할 때, 이 두 추상의 극은 또한 예술가의 과업을 형상form을 질료matter에 부과하는 일로 이해했던 고대의 질료형상론적hylomorphic 모델과도 절연했다. 추상주의자들은 광학적 코드 속에서 **형상**을 해방시키고 싶어 했고, 반면에 표현주의자들은 손 움직임의 카오스 속에서 **질료**를 해방시키고 싶어 했다. 질료형상론적 도식이 형상과 질료를 두 별개의 항들로 정의할 때 간과하는 것은, 질베르 시몽동이 보여 주었듯이, 형상과 질료 배후에서 작동하는 "연속적 변조continuous modulation"의 과정이다.[33] 질료는 결코 형상들을 수용할 수 있는 단순하거나 동질적인 실체가 아니라, 그 작업(=형상들을 수용하는 작업)을 가능하게 할 뿐만 아니라 연속적으로 그 자체를 변경하는 강도적이고 에너지적인 **특성들**traits로 이루어져 있다(진흙은 물이나 공기가 더 스며들 때도 있고 덜 스며들 때도 있으며, 나무는 더 딱딱할 때도 있고 덜 딱딱할 때도 있다). 그리고 형상들은 결코 고정된 틀이 아니라, 왜곡과 변형의 암묵적 과정들을 부과하는 물질의 **특이성들**singularities에 의해 규정된다(쇠는 높은 온도에서 녹고, 대리석과 나무는 결과 섬유질에 따라 쪼개진다). 이것이 들뢰즈의 강도 개념의 중요성이다. 즉, 미리 준비된 질료를 넘어 에너지적인 물질성이 연속적

---

33 질베르 시몽동, 『개체와 그 물리-생물학적 기원』(Paris: Presses Universitaires de France, 1964). 들뢰즈는 시몽동의 텍스트에 강력한 영향을 받았다.

변이에 놓여 있고, 고정된 형상들을 넘어 왜곡과 변형의 질적 과정들이 연속적 전개에 놓여 있다. 달리 말해서, 현대 예술에서 본질적이된 것은 더 이상 질료-형상 관계가 아니라, **물질-힘**material-force 관계이다. 예술가는 특성들과 특이성들로 이루어진, 주어진 에너지적인 물질material을 취해서, 이러한 물질이 이 강도들, 파울 클레가 "우주의 힘들"이라 부른 것을 이용하거나 포획할 수 있는 그런 방식으로 물질의 요소들을 종합한다.

이 과업은 기법적이든 그 밖의 방식이든 애매성이 없는 것이 아니다. 물질의 이질적 요소들의 종합은 어떤 **견실성의 정도**degree of consistency를 요구하는데, 이런 견실성의 정도가 없다면 감각을 구성하는 요소들을 구별하는 일은 불가능할 것이다. 예를 들어, 클레는 복잡한 감각을 생산하기 위해서, 우주의 힘들을 이용하고 이 힘들을 보일 수 있도록 하기 위해서, 우리는 물질을 단순화해서 이를 선택하고 이를 제한하는 냉철한 제스처로 진행해야만 한다고 말했다. 우리가 필요로 하는 모든 것은 단순한 선, 굴절이었기에, 사람들이 그의 그림이 "어린애 같다"며 불평을 토로했을 때 그는 격노했다.[34] 만약 우리가 선들을 배가한다면, 만약 우리가 너무나 풍요롭고 복잡한 물질을 정교하게 다듬는다면, 그의 주장은, 우리가 우리 자신을 모든 사건들에, 힘의 모든 분출들에 열어 놓고 있지만, 사실상 우리는 결국 모든 선들을 지우는 휘갈겨 쓴 글씨, 감각을 지우는 "질퍽질퍽함" 외에 아무

---

34 파울 클레, 『현대 미술에 관하여』, 폴 핀드레이 옮김, 허버트 리드 서문(London: Faber, 1966), 53: "내가 사람을 '있는 그대로' 제시하고 싶었다면, 나는 당혹케 하는 매우 혼란스러운 선들을 사용하므로 단순한 초급적인 재현이 불가능했을 것이다. 결과는 재인을 넘어서는 애매함이었을 것이다."

것도 생산할 수 없게 될 뿐이라는 점이다.

베이컨이 세잔에서 전조를 발견하고, 리오타르가 "형상적figural"
이란 용어를 만들어 붙인 두 번째 길을 따라간 것은, 형식주의의 위험
은 물론 이러한 위험을 피하기 위해서였다. "구상figuration"은 자신이
재현하게 되어 있는 대상과 관련이 있는 형식(재인)을 가리키는 데
반해, 형상figure은 감각과 연결되어 있고, 이 감각의 폭력을 신경계에
직접 전달하는 형식(기호)이다. 베이컨의 회화들에서 이 형상의 역
할을 하는 것은 바로 인간의 신체이다. 인간의 신체는 적확한 감각을
지탱하게 하는 물질적 버팀대 혹은 뼈대로서 기능한다. 베이컨은 빈
번히 인간의 신체를 윤곽 안에다 **격리시킴**으로써, 원, 정육면체, 평행
육면체 안에다 넣음으로써, 난간 위에 균형을 잡고서 놓음으로써, 안
락의자 혹은 침대 위에 놓음으로써 시작한다. 그런 다음 격리된 인물
은 일련의 손으로 하는 기법들을 통해서 일련의 **왜곡**들을 받게 된다.
즉, 닥치는 대로 흔적을 내고, 물감을 캔버스에 내던지고, 이를 문질
러 씻어 내거나 솔질을 해서 털어 낸다. 이 기법들은 이중 효과를 지
닌다. 즉, 한편으로, 이 기법들은 신체의 유기적이고 연장적인 통일
성을 풀어헤치고, 대신에 들뢰즈가 신체의 **강도적**이고 **비유기적인** 실
재라고 부르는 것을 드러낸다. 다른 한편으로, 이 흔적들은 또한 회화
그 자체의 광학적 조직성을 풀어헤친다. 이 힘은 눈에다 폭력을 행사
하는 적확한 감각 속에서 만들어지기 때문이다. 이 흔적들은 신체를
일그러뜨리는 강도적 힘이 적용되는 정확한 지점, 인물을 안으로부
터 뒤틀리게 하고, 신체를 격렬하게 떨리거나 진동하게 만드는 경련
혹은 발작을 드러낸다. 베이컨의 주요한 소재는 다수의 힘들, 즉 딸
꾹질, 비명, 토하고 싶거나 똥이 마려울 때, 성교할 때 등의 격렬한 힘,

몽롱하게 만드는 잠의 힘으로 인해 왜곡되는 신체이다. 베이컨의 그림들이 끔찍하다고 여기는 사람들에도 불구하고, 베이컨의 인물들은 극심한 고통에 시달리는 신체들이 아니라, 수 시간 동안 앉아 있을 수밖에 없는 어떤 사람이 어쩔 수 없이 일그러진 자세를 취하는 것처럼, 불편한 일상적인 상황 속에 있는 일상적인 신체들이다.

베이컨에서 형상은 적확한 감각을 위한 버팀대이다. 이 버팀대가 없다면, 감각은 분산되고 덧없는 것으로 남게 되어, 명료성과 지속성을 결여하게 될 것이다. 많은 방식에서, 표현주의에 대한 베이컨의 비판은 인상주의에 대한 세잔의 비판에서 이미 예견되어 왔다. 감각은 빛과 색깔의 "자유로운" 혹은 신체가 없는 유희가 아니다. 감각은, 인간의 신체(베이컨)이든 사과의 신체(세잔)이든, 신체 속에 있는 것이지, 공기 속에 있는 것이 아니다. 들뢰즈는 "감각은 그려지고 있는 그것이다. 캔버스 위에 그려지는 것은, 대상으로서 재현되는 한에서의 신체가 아니라, 이 감각을 지탱하는 것으로서 경험되는 한에서의 신체이다"(FB 32)라고 쓰고 있다. 그렇다면 이것이 베이컨이 따르는 중도이다. 즉, 물질적 뼈대가 없다면 감각은 카오스 상태로 머물러 있게 되고, 단독으로 있다면 물질적 뼈대는 추상적 상태로 머물러 있게 된다.

3. 감성적인 것의 비대칭적 종합. 베이컨의 회화에서 인물은 어떻게 "감각"을 얻는가? 우리는 모든 감각은 강도적이고, 그 자체 안에 부등한 힘들 간의 양적 차이를 함축하고 있음을 본 바 있다. 따라서 감각은 필연적으로 종합적이며, 힘들 간의 수동적이고 비대칭적 종합을 성취하고 있다. "모든 감각은 이미 '축적된' 혹은 '응집된' 감각이다."(FB 33) 달리 말해서, 감각은, 만약 예술가가 소재 속에서 그러한

종합을 성취할 수 없다면, "우주의 힘들"을 포획할 수 없다. 만약 우리가 이 종합들의 본성을 지금까지 탐구하지 않은 채 놓아두었다면, 이는 이 종합들이 가장 명료하게 밝혀지는 것은 바로 예술 작품에서이기 때문이다. 이 점에서, 들뢰즈는 베이컨이 그의 작품에서 성취하는 힘들의 비대칭적 종합들 중 세 가지 근본적인 유형을 분석해 놓았다.[35]

"진동", 혹은 연접적 종합: 한 단일한 계열의 구축. 첫 번째 유형의 종합은 진동인데, 이는 단순한 감각을 특징짓는다. 그러나 심지어 이 단순한 유형의 감각조차 이미 합성적이다. 상승하거나 하강하고, 감소하거나 증가하는 강도상의 차이, 뇌보다는 신경과 더 관련이 있는 보이지 않는 맥동에 의해 정의되기 때문이다. 모든 위대한 화가들과 마찬가지로, 베이컨은 주로 색의 복합적 사용을 통해서 이 진동 상태를 얻고자 한다. 인상주의자들은 이미 회화에서 보색이 하는 역할을 발견한 바 있다. 만약 우리가 풀밭을 그리고 있다면, 캔버스에는 녹색이 있어야 할 뿐만 아니라, 또한 이 색조를 진동하게 해서, 햇빛에 반짝이는 감각을 성취할 보색인 적색이 있어야 한다. 이 햇빛에 반짝이는 감각은 녹색과 적색 두 보색들 사이의 "번쩍임"에 의해서 생산되기 때문이다. 세잔은 대상을 물속에다 처넣어 버리고 분위기를 묘사했다고 하며 인상주의 화가들을 비난하고 난 후, 색조들을 시각적 스펙트럼에 따라 분리하기(뉴턴의 색 개념)를 거부하고, 대신에 임계적 비례로(뉴턴의 색채 이론보다 괴테의 색채 이론에 더 가까운 방식으로) 보색을 혼합했는데, 이렇게 해서 색채 뉘앙스의 점진적 **변조**를 통

---

35 예술의 이 감성적 종합들에 관한 주요 텍스트들은 FB 60~61, WP 167~168, PS 148~160이다.

해서 대상에 "형상Figure"을 복원하고자 시도했다.[36] 베이컨은 그의 인물들의 살을 구성할 때 청색과 적색, 고기의 색들이 빈번히 우위를 차지하는 다색의 색채들을 통해서 매우 비슷한 일을 행한다. "각 부서진 색조는 이에 상응하는, 몸이나 머리의 지대에 직접적으로 힘을 행사하는 것을 가리키며, 직접적으로 힘을 보이도록 만든다."(FB 121) 들뢰즈가 『프랜시스 베이컨』에서 감각의 논리의 절정은 "색채를 띠는 감각"에 놓여 있다라고 쓸 때, 이는 화가에게 모든 것은 색채의 순수 관계들을 통해 "만들어지고", 색채가 다른 모든 것이 의존하는 미분 관계로서 발견되기 때문이다. 심지어 단순한 감각조차도 색채들 간의 관계, 진동이다. 장-뤽 고다르는 영화의 위대한 색채가들 중의 한 사람인데, 「주말」에 관한 그의 진술 —— 그것은 피가 아니다. 붉은색이다 ——은 색채주의의 위대한 공식 중의 하나를 이루고 있다.[37]

"공명", 혹은 통접적 종합: (적어도) 두 계열의 수렴. 두 번째 유형의 종합은, 더 복잡한데, 공명의 종합이다. 이 경우에, 두 단순한 인물들, 혹은 감각들은, 단지 격리되거나 왜곡되는 것이 아니라, 마치 두 레슬링 선수처럼, "손을 마주 움켜잡고 싸우면서" 서로 대치하고, 이렇게 해서 공명하게 된다. 예를 들어, 베이컨은 성교하고 있거나 뒤엉켜서 잠자고 있는 두 신체를, 둘로 환원될 수 없는 어떤 것 —— 즉, 이 감각, 이

---

36 가령, 뉴턴의 경우, "광학적" 회색은 검정색과 백색의 결합을 통해 획득되는 데 반해, 괴테의 경우 "햅틱적haptic" 회색은 녹색과 적색의 결합을 통해 획득된다. 괴테, 『색채 이론』, 루프레히트 마테이 편(New York: Van Nostrand, 1971)을 보라. 색채와 관련하여 세잔이 인상주의자들과 맺는 관계에 관해서는, 모리스 메를로-퐁티, 「세잔의 회의」, 『주요 저술들』, 올든 피셔 편(New York: Harcourt, Brace & World, 1969), 236을 보라.
37 MI 118. 색채의 이러한 관계들에 관해서는, FB, 제15장 「베이컨의 궤적」, 109~115에 있는 들뢰즈의 논의를 보라.

인물 —— 을 나타나게 하기 위해서, 신체들 그 자체가 식별 불가능하게 되고, 한 단일한 "사실a matter of fact" 속에서 함께 공명하게 되는 그러한 방식으로, 빈번히 한 단일한 회화 안에 집어넣는다. 들뢰즈는 문학에 보이는 공명의 좋은 예는 두 감각들 간의 차이를 내면화하는 순수 인물(즉, 즉자적 콩브레Combray-in-itself)이 나타나도록 하기 위해 두 감각들(가령, 현재의 마들렌 맛과 과거의 콩브레 기억)이 함께 결합되는 프루스트의 비자발적 기억에서 발견될 수 있다고 주장한다. 공명에서 중요한 것은 (적어도) 두 감각들이 함께 **결합되며**, 이 감각들로부터 둘 중 어느 것으로도 환원 불가능한, 형언할 수 없는 "본질"(프루스트) 혹은 "형상figure"(베이컨)이 추출된다는 점, 즉 새로운 어떤 것이 생산되는 점이다.[38]

강요된 운동, 혹은 이접적 종합: 발산적 계열의 긍정. 마지막으로, 들뢰즈가 **강요된 운동**이라 부르는, 이 종합들 중 가장 복잡한 것이 존재한다. 이것은 더 이상 감각들의 결합이 아니라, 반대로 감각들의 팽창 혹은 일탈이다. 베이컨의 경우 이것은, 형상들이 고립되거나 결합되는 것이 아니라 별개의 판들 안에 서로 따로 놓여 있는 삼면화(=세 폭짜리 그림)에서 가장 명료하게 나타난다. 이 그림에서 삼면화의 별개의 형상들이 어떻게 한 단일한 "사실a matter of fact"을 제시한다고 말할 수 있는가? 이는 삼면화에서 별개의 형상들은 감각의 한계들이 부서질 정도로 형상들 사이의 비상한 진폭을 성취하기 때문이다. 감각

---

38 비자발적 기억의 공명에 관해서는, PS, 제6장 「기억의 이차적 역할」, 52~66을 보라(들뢰즈는 조이스의 "에피파니"도 같은 방식으로 분석될 수 있다고 주장한다). 베이컨의 커플링에 관해서는, FB, 제9장 「커플과 삼면화」, 55~61을 보라.

은 더 이상 그 자체로서의 형상에 의존하지 않으며, **힘 그 자체의 강도적 리듬**이 삼면화의 형상이 된다. 형상들은 서로 쥐고 있던 것을 풀어버리고, 형상들을 분리시키는 거리 이외의 어떤 것으로도 더 이상 통일되지 않으며, 형상들 사이에 쐐기처럼 빛, 공기, 허공이 끼어든다. 이는 들뢰즈가 베이컨 작품의 삼면화에 특권적 지위를 부여하는 이 진폭 때문이다.[39]

진동, 공명, 강요된 운동은 들뢰즈가 베이컨이 "감각을 그리기" 위해 이용하는 이 세 가지 유형의 종합들을 기술하기 위해서 창조하는 개념들이다. 일반적으로, 이 종합들은 감각의 강도적 조건들, 감각 조성의 세 가지 "변이태들varieties", "감각 존재자a being of sensation"의 세 가지 변양태들modalities을 구성한다. 분명히, 이 종합들 각각은 차이들의 구체적인 결집체, 혼합된 상태인 베이컨의 회화에 함께 존재한다. 예를 들어, 개별적 회화들에서, 균일한 색채의 넓은 장들이 이미 삼면화의 그것과 유사한, 거리를 만드는 기능을 성취하고 있지만(이접), 마찬가지로 장들 그 자체가 강도 혹은 포화도의 미묘한 변이들로 구성되어 있다(연접). 그리고 진동들은, 함께 다양한 수준들의 감각을 결합하므로, 이제 이미 공명의 효과들이다(통접).[40] 중요한 것은 예술가는 "감각의 순수 존재"를 생산하기 위해서 이 강도적 종합

---

39 베이컨에게 있어서 "강요된 운동"에 관해서는, FB, 제10장 「삼면화란 무엇인가?」, 62~70을 보라. 이접을 (사물 개념의 동일성에 의거하여 사물의 술어들을 배제하는 분석적 절차가 아니라) 종합의 한 형식일 수 있게 하는 조건들에 관한 물음은, 비록 그것이 이 논문의 범위를 넘어 놓여 있기는 하지만, 차이의 철학이 제기하는 결정적인 물음들 중의 하나이다. 이 문제에 대한 들뢰즈의 논의에 대해서는, *L'Arc* 43(1970), 54~62에 있는 (과타리와 함께 쓴) 「이접적 종합」, 그리고 LS 172~176, 294~297을 보라.

들을 활용한다는 점이다. 예술 작품은 진동, 공명, 강요된 운동을 생산하는 기능적 "기계"이다. 그러므로 예술 작품에 제기되어야 하는 물음은 "그것이 무엇을 의미하는가?"(해석)가 아니라, "그것이 어떻게 작동하는가?"(실험)이다. 즉, "무엇이 연접들인가? 무엇이 이접들인가? 무엇이 통접들인가? 이 종합들이 어떻게 사용되는가?"이다(AO 109).

그러나 감각 그 자체는 이 종합들이 촉발되는 곳인 물질과 혼동되어서는 안 된다. 예술은 조성composition이지만, 물질의 기술적 합성technical composition과 감각의 감성적 조성aesthetic composition은 같지 않다. 사실상(quid facti?) 감각은 감각의 지지물 혹은 물질들(돌, 캔버스, 화학 물감 등)보다 결코 더 오래 지속되지는 않는다. 하지만 적어도 원리상(quid juris?) 감각은 물질과 다른 질서를 가지며, 물질이 지속하는 것만큼 오랫동안 그 자체로 존재한다. 들뢰즈는, 유화는 두 가지 방식으로 접근될 수 있으므로 이러한 구분의 유용한 예를 제공한다고 언급한다. 첫 번째 경우, 감각이 물질 속에 구현되고 투영된다. 윤곽선이 흰 배경 위에 소묘되고, 이후 색, 명암이 추가된다. 현대 예술이 점점 더 채택하는 경향이 있어 온 두 번째 경우, 물질이 감각으로 화한다. 화가는 소묘로 시작하는 것이 아니라, 감각의 건축물이 매

---

40 WP 168에서, 들뢰즈는 모든 예술 중에서, 거의 순수한 상태로 이 세 가지 종합들을 현시하는 것은 아마도 조각일 것이라고 언급하고 있다. 즉, 첫째로, 강하고 약한 비트에 따라서 진동하는 돌, 대리석, 금속 등의 감각들이 존재한다. 둘째로, 서로 간에 연동하고 공명하는 강력한 투쟁을 확립하는, 소재의 요철(=볼록함과 오목함)이 존재한다. 그리고 마지막으로, 빛이나 공기가 조각하는 것인지 조각되는 것인지 우리가 더 이상 알지 못하는, 집단들 사이에, 혹은 심지어 한 단일한 집단 내에 큰 빈 공간들이 있는, 조각의 설정set-up이 존재한다.

체 그 자체에서 출현하는 방식으로 색 옆으로 나란히 색을 추가하고, 물질을 쌓아 올리거나 접어 들이면서 점차적으로 배경을 "두텁게 하는데", 이렇게 되면 물질과 감각은 식별 불가능하게 된다. 그러나 어느 경우든, 표현적이 되는 것은 물질 그 자체이며, 그래서 우리는 감각에 대해 금속 같다, 수정 같다, 돌 같다, 색소 같다 등등이라고 말할 수 있는 것이다. 물질은 감각의 사실상의 조건을 구성하며, 이 조건이 설사 (팅겔리Jean Tinguely의 자기-파괴하는 창작물들에서처럼) 단지 몇 초 동안이라 하더라도 만족되는 한, 그것은 창조된 감각들의 복합체에게 그 자체로 실존할 수 있고 보존될 수 있는 힘, "기념비"를 부여한다.[41]

따라서 예술 작품은 종합적 통일체이다. 하지만 만약 이 통일체가 종합하는 이질적 요소들이 서로 간에 단순한 차이 외의 아무 관계도 갖지 않는다면, 이 통일체의 본성은 무엇인가? 예술 작품이 결합하는 요소들은 상실된 통일성 혹은 부서진 총체성의 파편들이라고 말할 수 없다. 또한 그 부분들이 논리적이거나 변증법적 전개, 혹은 유기적 진화를 통하여 예술 작품의 통일성을 형성하거나 예시豫示한다고 말할 수도 없다. 예술 작품은 총체화하거나 통일하는 원리로서 기능하는 것이 아니라, 오직 다양한 비연결된 부분들의 **효과**로서 이해될 수 있을 뿐이다. 예술품은 한 통일체를 생산하지만, 이 생산물은 단지 다른 부분들 옆에 나란히 추가되는 새로운 부분일 뿐이다. 예술 작품은 이 부분들을 통일하거나 총체화하는 것이 아니라, 이 부분

---

41 감각이 소재와 맺는 관계에 대해서는, WP, 제7장, 특히 191~197을 보라.

들에 영향을 미친다. 왜냐하면 그 자체로는 소통하지 않고, 그 자체의 차원들 안에 모든 차이를 보유하는 요소들 간의 종합들을 수립하기 때문이다. 예술은 다양체들의 요소들 사이의 "횡단선"을 설립하지만, 요소들의 차이를 동일성의 형식으로 환원하지 않거나, 다양체를 총체성으로 합집하지 않고 그렇게 한다. 감각들의 복합체로서 예술 작품은 차이들을 통일하거나 총체화하는 것이 아니라, **새로운 차이를 생산하는 것**이며, 예술에서의 "스타일"은 언제나 이질적인 차이들 간의 종합적 관계들로 시작한다.[42]

들뢰즈의 미학 이론은 예술 작품에 대한 관객들의 판단을 분석하는 수용 이론이 아니라, 창조의 관점에서 작성된 미학 이론이다. 이 미학 이론의 주도적 물음은 이렇다. 즉, **새로운 것의 생산을 위한 조건들은 무엇인가?** 이 물음에 비추어 볼 때, 우리의 목적은 들뢰즈의 "차이"의 철학이 어떻게 칸트 이래 미학이 시달려 온 이원성을 극복하는가를 보여 주는 것이었다. 한편으로, 재인과 공통감, 그리고 이것들이 유래하는 사유의 이미지와 결별하면서, 들뢰즈는 감각의 요소를 재인 가능한 대상이 아니라 맞닥뜨려진 기호에 위치시킨다. 기호는 감성의 한계-대상, 미분 관계들의 강도적 생산물이 되어 있다. 단지 가능한 것이 아니라 실재적인 것의 조건을 구성하는 것은 강도이지, 공간과 시간의 **선험적** 형식이 아니다. 다른 한편으로, 감성의 이 발생적

---

42 AO 42를 보라: 예술 작품은 "그 구성 부분들의 전체이지만, 이 부분들을 총체화하지 않는다. 예술 작품은 그 특수한 부분들의 통일체이지만, 이 부분들을 통일하는 것이 아니라, 새로운 부분이 개개로 제작되어 이 부분들에 더해진다." 본래 과타리가 정식화한, 횡단성 개념을 들뢰즈가 사용하는 일에 관해서는, PS 168(그리고 199 n5)을 보라.

원리들은 동시에 예술 작품의 조성의 원리들이기도 하다. 예술가는 일단의 감각들을 생산하기 위해서 이 강도적 종합들을 사용하며, 결국 이 종합들의 본성을 드러내는 것은 예술 작품 그 자체이다. 이런 방식으로, 들뢰즈의 감각의 논리는 감성론의 두 분리된 반, 즉 ("감성적인 것의 존재"로서의,) 경험의 형식들에 관한 이론과 ("감각의 순수 존재"로서의,) 실험으로서의 예술 작품을 재통합한다. "예술 작품은 '경험', 초월론적 경험론 혹은 감성학the science of the sensible이 되기 위해서 재현의 영역을 떠난다."(DR 56) 만약 예술에 관한 들뢰즈의 다양한 저술들이, 그가 말하듯이, "철학, 오로지 철학"이라면, 이는 바로 그 저술들이 이 감성의 초월론적 영역에 대한 탐구들, 그리고 이 영역 내의 실험들을 구성하기 때문이다.

변증법

들뢰즈, 칸트, 그리고 내재적 이념 이론

『차이와 반복』에 보이는 들뢰즈의 주요한 목적들 중의 하나는, 이념들이 내재적이면서 미분적인 것으로 이해되는 새로운 이념 이론(변증법)을 제시하는 것이다. 이 시론에서 내가 검토하고자 하는 것은 특히 칸트의 세 비판서에서 발견되는 이념 이론과 관련되는, 들뢰즈의 이념 이론과 내재성 주제 간의 관계이다.[1] "이념Idea"이라는 용어를 사용할 때, 들뢰즈는 이 용어의 상식적인 사용이나, 혹은 흄이나 로크 같은 경험론자 — 이들한테 "관념idea"이라는 단어는 주로 심적 표상들을 가리킨다 — 의 사용을 가리키고 있는 것이 아니다. 이와 달리, 들뢰즈는 플라톤이 최초로 제시하고, 그 후 칸트와 헤겔이 수정한 이념 개념을 가리키고 있다. 플라톤, 칸트, 헤겔은 이념 이론사에서 세 명의 위대한 인물들인데, 이들에게 이념들은 인식론적인 만큼 존재

---

1 이 논문은 본래 레너드 롤로가 주관한, 2003년 7월 31일 이탈리아 카스텔로 시에서 개최된 현상학 대회에 있었던 「들뢰즈의 이념과 내재성」이라는 제목의 강연문으로 제출되었으며, 대회 구성원들의 비판적 논평으로부터 도움을 받았다.

론적이다. 이제 들뢰즈의 이름이 이 목록에 추가될 수 있다. 그는 이념 이론을 심원하고 본질적인 방식으로 수정했기 때문이다.

들뢰즈는 그 자신의 이념 이론을 주로 칸트와 연동하는 경향이 있으므로, 나는 들뢰즈가 플라톤이나 헤겔과 맺는 관계보다는 칸트와 맺는 관계에 초점을 맞출 것이다. 이에 대해서는 두 가지 이유가 있다. 한편으로, 플라톤의 이념 이론에 대한 들뢰즈의 비판은 대부분 칸트를 독해하기 위한 예비 작업으로 기능한다. 들뢰즈가 볼 때, 플라톤은 사물과 사물의 시뮬라크르 ── 가령, 소크라테스(참된 철학자)와 소피스트들(시뮬라크르적 모방꾼) ── 를 구별하거나 "선별하는" 기준을 제공하기 위해서 이념 개념을 창조했다. 들뢰즈는 이념들에다 초월적 지위를 부여했다고 하며 플라톤을 비판하고, 따라서 플라톤의 기획을 새롭게 수용하여 이를 활기롭게 만든다. 들뢰즈는 이념들은 반드시 **내재적**이 되어야 하고, 그래서 **미분적**이어야 한다고 주장한다. 그렇지만 이는 이미 칸트의 기획이었다. 초월론적 변증론 서두의 매혹적인 텍스트에서, 칸트는 이념들에다 "초월적 대상"을 부여했다고 하며 플라톤을 비판하는 반면, 동시에 플라톤의 이념 개념을 그 자신이 전유하는 것을 정당화하면서 이념들에다 새로운 지위를 부여한다.[2] 다른 한편으로, 만약 플라톤이 이념 이론과 관련하여 칸트

---

2 임마누엘 칸트, 『순수이성비판』, 노먼 켐프 스미스 옮김(New York: Macmillan, 1929), 309, A312/B368을 보라: "우리 언어의 엄청난 풍부함에도 불구하고, 사상가는 자주 그의 개념에 정확히 걸맞는 표현을 찾느라 쩔쩔맬 때가 있고, 또 그런 표현이 부족하여 실로 다른 사람들을 이해시킬 수 없어서, 혹은 심지어 자기 자신도 이해시킬 수 없어서 쩔쩔맬 때가 있다." 우리는 이와 유사한 대목을 『실천이성비판』서문[임마누엘 칸트, 『실천 철학』, 메리 J. 그레고어 엮고 옮김(Cambridge: Cambridge University Press, 1996), 서문, 5:11, 145]에서 발견한다.

의 선구자로 기능한다면, 헤겔은 경쟁적 계승자로 기능한다. 세평에
도 불구하고, 들뢰즈는 "변증법에 반대하고" 있지 않다. 비록 이 어구
가 『니체와 철학』의 한 장의 제목으로 나타나긴 하지만, 이 책에서 변
증법에 반대한다는 것은 거의 헤겔의 특정한 변증법 개념을 두고 하
는 말이다. 『니체와 철학』의 가장 중요한 장은 바로 「비판」이라는 제
명이 붙어 있는 이 책의 중심적인 장인데, 이 장은 이 책의 중심적 초
점이 칸트-이후의 유산 내에 있는 니체 자신의 입장이라는 점을 보
여 준다. 칸트를 따라서, 헤겔과 들뢰즈는 변증법의 내재적 개념들을
창조하고자 시도했다. 하지만 들뢰즈는 헤겔이 사용하는 모순과 부
정을 ── 초기 저술들에서 말하고 있듯이 ── 차이와 긍정에 대한 호
소로 대체했다.[3] 따라서 들뢰즈는 헤겔과 가깝기도 하고 멀기도 하다.
즉, 그들의 기획이 유사하다는 점 ── 칸트-이후의 변증법을 개발하
기 ── 에서, 가깝다. 하지만 그들이 이 기획을 상이한 방식으로 추구
한다는 점에서, 멀다.

비록 들뢰즈의 초기 저서들이 명시적으로 반-헤겔주의를 표방
하고 있긴 하지만, 들뢰즈의 초기 철학적 저술들의 명백한 반-헤겔
주의는 칸트에 더욱더 깊게 간여함으로써 지탱되었다. 다른 누구보
다도 마이몬의 저작을 따라서, 피히테, 셸링, 헤겔과 같은 칸트-이후
의 철학자들은 칸트의 사상을, 여전히 그 근거를 동일성의 원리(무-
모순의 원리에 대한 헤겔의 호소)에 정초하는 방향에서 전개했다. 들
뢰즈의 초기 저작의 전략은 칸트 그 자신에게 돌아가서, 칸트-이후의

---

3 차이와 긍정 ── 또한 헤겔과의 대치 ── 의 주제들은 1968년 『차이와 반복』 출간 후 들뢰즈
   의 저술들에서 대부분 사라진다.

전통을 발생하게 한 문제들을 다시 수용하는 것이었지만, 헤겔로 가는 해결들과는 매우 다른, 그 문제들에 대한 해결을 전개하는 것이었다. 새로운 이념 이론과 새로운 변증법 이론을 전개하고자 하는 시도 속에서, 들뢰즈는 결국 칸트-이후 철학의 "주류" 전통 — 피히테, 셸링, 헤겔 — 을 마이몬, 니체, 베르그손으로 이루어지는 그 자신의 "비주류" 전통으로 대체했다.

우리가 들뢰즈의 철학에서 발견하는 것은 변증법의 거부가 아니라, 이전 개념과 결별하는 **변증법의 새로운 개념**이다. 아리스토텔레스는 변증법을, 문제들을 삼단논법의 주제로서 제기하는 기술이라고 정의했다. 반면에 분석론은, 삼단논법을 필연적 결론으로 이끎으로써, 우리에게 문제를 해결하는 수단을 제공한다. 따라서 변증법 일반은 문제들의 본성에 관한 것이며, 변증법 개념은 변증법과 관련이 있는 **문제적인 것**the problematic의 개념에 따라 변한다(『차이와 반복』은 본래 "문제의 이념"에 관한 학위논문으로 작성되었다).[4] 소크라테스와 플라톤의 변증법은 특정한 유형의 문제 혹은 물음의 형식, 즉 "…은 무엇인가?" 하는 물음에 그 근원을 두고 있다. 칸트 그 자신은, 결국, 후에 변증법적 이념들을 "해가 없는 문제들"이라고 정의한다.[5] 하지만 변증법에 대한 이러한 초기 규정들이 놓치고 있었던 것은, 문제 그 자체의 내적 혹은 내재적 성격, 즉 "애초에 진리 혹은 허위를 결정하고, 내적인 발생적 힘을 측정하는 명법적인 내적 요소 — **변증법적인**

---

4 프랑수아 도스, 『질 들뢰즈와 펠릭스 과타리: 교차하는 생명들』, 데보라 글래스먼 옮김(New York: Columbia University Press, 2010), 119를 보라.

5 칸트, 『순수이성비판』, 319, A328/B384. 이념은 "해가 없는 문제"이다.

것 혹은 결합적인 것combinatory의 대상 바로 그것, 미분적인 것 ──"라고 들뢰즈는 주장한다.[6] 다음에 오는 것에서, 나는 칸트가 그의 세 권의 비판서에서 전개한 이념 이론과 비교하면서, (내재적이고 미분적인 것으로서의) 들뢰즈의 이념 이론을 다소 에두르는 방식으로 검토하고자 한다. 이념 이론의 관점에서 볼 때, 『차이와 반복』은, 『안티-오이디푸스』가 『실천이성비판』(욕망의 이론)으로 독해될 수 있듯이, 들뢰즈의 『순수이성비판』으로 독해될 수 있다. 만약 이념 이론이 칸트의 비판적 기획을 통합하는 실로 간주될 수 있다면, 들뢰즈 자신의 미분적이고 내재적인 이념 이론(내재 면)은 마찬가지로 들뢰즈 자신의 철학적 기획의 다양한 가닥들을 한데 모으는 (그러나 총체화하지 않는) "리좀"으로 간주될 수 있다.

『순수이성비판』에서의 이념들

『순수이성비판』으로 시작해 보자. 이 첫 번째 비판서에서 칸트는 세 가지 유형의 개념들, 즉 경험적 개념, **선험적 개념** 혹은 범주, 그리고 이념을 구분한다. 경험적 개념들은 우리에게 진정한 인식을 제공하는 "흰"과 "백합" 같은 개념들이다. 인식 판단에서 그런 개념들은 감각들의 다양multiplicity(혹은 잡다manifold)에 적용된다. 상상력을 통해서 나는 이 지각들을 종합하며, 한 개념을 이 지각들에 적용할 때 나는 내 앞의 대상을 재인할 수 있다("그래서 그것은 흰 백합이다"). 하지만 칸트는 또한 **선험적** 개념, 혹은 자신이 아리스토텔레스를 따

---

6 DR 161~162. 미적분법에서, 문제의 본성을 정의하는 것은 미분이며, 이 때문에 미분은 해에서 사라져야만 한다.

라서 "범주"라고 부르는 두 번째 유형의 개념을 발견한다. 범주들은, 탁자와 장미와 같은 경험적 대상들이 아니라 가능한 경험의 모든 대상들에 적용 가능한 개념들이다. 모든 대상들이 흰 것은 아니고, 또 모든 흰 대상들이 백합들인 것은 아니므로, 개념 "흰"이나 개념 "꽃들"은 범주가 아니다. 하지만 나는 원인을 갖지 않는 대상은 생각할 수 없기 때문에, "원인" 개념은 범주이다. 만약 천사가 갑자기 나타나서 방 한가운데를 맴돈다면, 이 천사는 다른 어떤 것이 원인이 되어 일어난 우리의 **모든** 대상 개념의 일부이므로, 우리의 첫 번째 물음은 "저것이 어디에서 왔을까?"일 것이다. 따라서 범주들은 가능한 경험의 모든 대상에 적용 가능한 **선험적** 개념들이다. 실로, 칸트의 "가능한 경험" 관념은 그의 범주 관념에서 유래한다. 즉, 가능한 경험의 영역을 정의하는 것은 바로 범주들이다.

마지막으로, 『순수이성비판』에는 칸트가 (수정된 플라톤 용어의 의미에서) "이념들"이라고 부르는 세 번째 유형의 개념이 존재한다. 이념은 모든 가능한 경험을 넘어서거나 초월하는 대상의 개념이다. 다양한 종류의 초월적 개념들이 존재한다. 즉, 가령, 우리가 "순수한" 혹은 "절대적인" 어떤 것 — 예를 들어, 데리다의 "순수한 선물", 혹은 물리학의 "절대 영도", 혹은 심지어 (칸트의 예에서) "순수한 땅, 순수한 물, 순수한 공기" — 에 대해 말할 때마다 우리는 가능한 경험 영역 바깥에 존재한다. 왜냐하면 경험은 우리에게 순수하지 않은 혼합체들과 절대적이지 않은 것들을 제시하기 때문이다.[7] 비록 우리는

---

7 칸트, 『순수이성비판』, 534, A645~646/B673~674: "이 이성 개념들은 자연에서 유래하는 것이 아니다. 이와 반대로, 우리는 이 이념들을 따라서 자연을 심문하며, 자연이 이념들에 적합

그러한 대상들을 **사유할** 수 있긴 하지만 우리는 결코 그것들을 **인식할** 수는 없다. 왜냐하면 칸트에게 인식은 개념을 직관들에 적용하는 일을 요구하기 때문이고, 우리는 결코 이념들의 대상들에 대한 직관을 가질 수 없기 때문이다. 그러나 칸트 그 자신은, 유명한 일이지만, 세 가지 큰 종단점을 이루는 세 가지 초월적 이념들, 즉 영혼, 세계, 신에 우선적으로 초점을 맞춘다. 이 각각의 이념들은 모든 가능한 경험을 넘어서 있다. 그런 이념들에 상응할 수 있는 대상이 전혀 존재하지 않는다. 우리는 결코 이 이념들에 대한 "가능한 경험"을 가질 수 없다.

예를 들어, (존재하는 것의 총체성으로서의) 세계 이념은 그것에 상응할 수 있는 직관이나 지각을 전혀 갖지 않는다. 우리는 최초에 원인성 범주를 확장함으로써, 즉 가언적 삼단논법(만약 A라면, B이다)을 사용함으로써 — 만약 A가 B의 원인이 되고, B가 C의 원인이 되고, C가 D의 원인이 되고, 등등 해 나간다면 — 이 이념에 도달한다. 이러한 계열은 우리에게 일종의 **문제**이다. 우리는 마침내 존재하는 모든 것의 총체성, 즉 세계 혹은 우주의 인과적 연쇄의 "이념"에 도달할 때까지, 무한정하게 계속해서 이 계열을 통해 가면서, 계속해서 문제를 해결해 나갈 수 있다. 다른 말로 해서, 이성은 쉽사리 세계 개념을 구축할 수 있지만, 결코 세계에 대한 지각이나 직관을 가질 수 없다. 그러므로 유명한 칸트의 이러한 구별이 있다. 즉, 우리는 세계를

하지 않는 한 우리의 인식에 결함이 있다고 간주한다. 일반적으로 인정하는 바에 의하면, 순수한 흙, 순수한 물, 순수한 공기 등등은 발견될 수 없다. 그러나 우리는 이 자연적 원인들 각각이 현상들을 생산하는 데 가지는 몫을 제대로 규정하기 위하여(비록, 이 자연적 원인들의 완전한 순수성에 관한 한, 그것들은 그 기원을 오직 이성에만 가지고 있을지라도) 그 자체의 개념을 필요로 한다."

대상인 양 **사유할** 수 있지만, 결코 세계를 **인식할** 수는 없다. 엄격하게 말해서, 세계는 우리 경험의 대상이 아니다. 우리가 실제로 인식하는 것은 인과성의 **문제틀**problematic, 즉 우리가 무한정하게 확장할 수 있는 인과 관계의 계열이다. **세계 이념의 진정한 대상인 것은 바로 이러한 문제**problem라고 칸트는 말한다. 그러므로 우리가 세계가 경험의 대상인 양 세계에 관한 물음들을 물을 때 우리는 불가피한 가상들로 이끌린다. 예를 들면 이렇다. 세계는 시간상 시초를 가졌는가, 아니면 세계는 영원한가? 세계는 공간상 한계들을 가지는가, 아니면 세계는 영구히 계속되는가? 이것들은 가능한 경험의 대상으로서 실존하지 않는 대상에 관해 물어지고 있기 때문에 거짓 물음들이다. 우리가 세계를 (조건들의 계열의 문제적인 것으로서가 아니라) 대상으로서 생각할 때마다 우리는 거짓 물음의 영역으로 들어간다. 같은 것이 영혼과 신에 관한 우리의 이념들에도 해당된다. 『순수이성비판』의 가장 긴 절인 "초월론적 변증론"에서, 칸트는 이 가상들 때문에 이성이 불가피하게 이끌리는 논리적 패러독스들 혹은 아포리아들 ── 즉, 영혼의 **오류추리들**, 세계의 **이율배반들**, 신의 **이상** ──의 본성을 분석한다. (어떤 이는 여기서 자크 데리다의 후기 철학이 순수한 선물, 무조건적 용서, 완전히 다른 것 등등과 같은 초월적 이념들의 아포리아적 지위를 거의 전적으로 다루고 있다는 점을 언급할지도 모르겠다.)

이런 이유로 칸트는 초월성과 내재성이라는 고대 철학의 주제들 간의 차이를 명시적으로 정식화한 최초의 철학자들 중의 한 사람이었다. 즉, "우리는 가능한 경험의 한계들 내에 완전히 국한되어 적용되는 원리들을 **내재적**이라 칭할 것이고, 다른 한편으로 이 한계들을 넘어선다고 천명하는 원리들을 **초월적**이라고 칭할 것이다."[8] 하지만 우리는 "초월적"과 "초월론적"이 동일한 용어가 아니라 사실상 서로 대립한다는 것을 곧바로 덧붙이지 않으면 안 된다.[9] 칸트의 초월론적 기획의 목표는 의식의 종합들에 대한 두 가지 상이한 사용들, 즉 적법한 내재적 사용들과 부적법한 초월적 사용들(초월적 이념들)을 구별할 수 있는 지성에 내재적인 기준을 발견하는 것이다. **초월론적** 철학은 내재성의 철학이며, **초월성**에 대한 가차 없는 비판을 의미한다(이 때문에 적어도 이 점에서 들뢰즈는, 그들 간의 명백한 차이들에도 불구하고, 그 자신을 칸트의 비판철학과 동렬에 놓는 데 주저하지 않는다). 내재적 사용은 규제적이다. 즉 이념들은 우리의 개념적 인식의 통일성을 **문제로서** 정립하는, 경험 외부의 이념적 초점들 혹은 **지평들**을 구성한다. 그러므로 이념들은 순수하게 내재적인 방식으로 우리의 학적 인식의 체계화를 규제하는 일을 돕는다. 부적법한 초월적 사용은 구성적이다. 즉, 이 사용은 아마도 문제에 상응하는 대상을 그릇되게 정립하거나 혹은 구성한다. 기껏해야, 이성은 조화를 상정하거나 혹은 (칸트의 용어법에 의하면) 이념들과 경험의 물질적 대상들 간의 "유비"를 상정할 수 있을 따름이다. 여기서 이성은 "모든 것은 **마치 …처럼** (마치 세계가, 혹은 영혼이, 혹은 신이 … 존재하는 것처럼) 일어난다"고 말하는 능력이다.

『차이와 반복』에서, 들뢰즈는 플라톤의 이념의 구성요소들과 구별될 수 있는 칸트의 이념 개념의 구성요소들을 발견한다.[10]

---

8 칸트, 『순수이성비판』, 298~299, A295~296/B352.
9 칸트, 『순수이성비판』, 299, A296/B352. "초월론적과 초월적은 상호 교환 가능한 용어들이 아니다."
10 플라톤의 이념의 구성요소들에 대해서는, 본서 시론 10을 보라.

1. 첫째로, 이념들은 자신의 대상들과 관련하여 **미규정적**이다. 이념들의 대상은 모든 가능한 경험의 외부에 존재하므로, 그 대상은 주어지거나 인식될 수 없고, 오직 문제로서 표상될 수 있을 뿐이다. 달리 말해서, 이념들의 진정한 대상은 오직 문제로서, 문제적인problematic(=문제설정적인, 문제제기적인) 형식 속에서 이해될 수 있을 뿐이다. (문제틀 problematics이라는 개념은 들뢰즈가 불문에 붙이고 채택하는 칸트의 이념 이론의 유일한 구성요소이다.)

2. 둘째로, 그럼에도 불구하고 이념들은 (현상들의 내용과 관련한) 경험의 대상들과의 유비에 의해 **규정 가능**하다. 왜냐하면 개념들은 고유하게 무한한 연속성의 장을 기초로 하여 점점 더 많은 차이들을 포괄할 수 있기 때문이다.

3. 셋째로, 이념들은 지성(혹은 현상들의 형식)의 개념들과 관련하여 **무한한 규정**의 규제적 이상을 의미한다. 왜냐하면 나의 개념들은 고유하게 무한한 연속성의 장을 기초로 하여 더욱더 많은 차이들을 포괄할 수 있기 때문이다.

이제, 사실상, 이것은 『차이와 반복』의 제4장 ——"차이의 이념적 종합"이라는 제명이 붙은 장 —— 이 시작되는 지점이다.[11] 한 중요한 대문에서, 들뢰즈는 이념을 "미규정적인 것, 규정 가능한 것, 규정의 문제적이고 대상적인 내적 통일성"으로 정의한다. 하지만 그는 계속해서 "아마도 이 점은 칸트에게 있어서 충분히 분명하게 나타나지 않

---

11 DR 168~221. 프랑스어 제목은 "Synthèse idéal de la différence", 곧 "차이의 이념적 종합"이다.

는다"고 말한다. 왜 그러한가? 왜냐하면 칸트에게 있어서,

> [이념 개념의] 세 가지 계기들 중의 두 계기는 외재적 특징으로 남아
> 있기 때문이다. 즉, 만약 이념들이 그 자체 미규정적[혹은 문제적]이
> 라면, 그것들은 오직 경험의 대상들과 관련해서만 규정 가능하며, 오
> 직 지성의 개념들과 관련해서만 규정의 이상을 지니기 때문이다. (DR
> 170)

그러므로 그는 "차이로서의 차이가 통합 역할을 하는 '임계'점,
지평 혹은 초점이 아직 배정되지 않았다"(DR 170)고 결론을 내린다.
달리 말해서, 우리는 아직 이념들에 대한 순수하게 내재적인 이해에
도달하지 않았다. 왜냐하면 이념들 그 자체의 문제적 본성을 규정하
고, 이렇게 하여 (미규정적인 것, 규정 가능한 것, 상호적으로 규정된
것이라는) 이념의 세 측면들을 통합할 수 있는 것은 오직 차이의 원
리이기 때문이다. 들뢰즈가 『순수이성비판』의 이념 이론에 대한 그
의 독해로부터 도출해 내는 것은 본질적으로, 칸트 자신의 궤적을 그
내재적 결말로까지 밀어붙여서, 순수하게 내재적인 이념 이론을 개
발하는 그 자신의 프로그램이다. 간단히 말해서, 칸트의 이념들은 통
합하고, 총체화하고, 조건 짓는 것(초월적 이념들)인 데 반해, 들뢰즈
에게, 그러한 이념들은 다양체적이고, 미분적이고, 발생적인 것(내재
적 이념들)이 된다. 물음은 이렇다. 즉, 무엇이 들뢰즈로 하여금 순수
하게 내재적인 이념 이론을 개발하도록 이끄는가?

『판단력비판』에서의 이념들

이 물음에 대한 대답은 우리를 어떤 면들에서 첫 번째 비판서에서 전
개된 이념 이론을 넘어서는, 칸트의 세 번째 비판서, 『판단력비판』으
로 데리고 간다. 나는 세 번째 비판서에 대해 들뢰즈가 언급하는 내용
에 관해 단지 세 가지 논점을 펴고자 할 따름이며, 각 논점은 의심할
여지 없이 더 상세하게 설명될 수 있는 의제의 개요를 서술하고 있다.

첫째로, 우리가 세 번째 비판서에 도착하지 않았는데도 어떤 이
가 우리의 분석에 끼어든다. 즉, 리투아니아 태생의 철학자 살로몬
마이몬(1753~1800)이다. 영어권 세계에서는 그다지 잘 알려져 있지
않지만, 마이몬은 칸트-이후의 역사에서 매우 중요한 인물이다.[12] 칸
트-이후의 유산에 활기를 불어넣었던 본질적 문제들을 제기한 사
람이 바로 마이몬이었으며, 들뢰즈 자신의 철학적 전개에 있어서 중
요한 인물이다. 1790년 —— 칸트의 『판단력비판』이 간행되기 만 1년
전 —— 에 마이몬은 『초월론 철학 시론』이라는 제목의, 칸트의 사상에
관한 책을 간행했는데, 칸트 그 자신이 이 책의 중요성을 인지하고 있
었다("나를 비평하는 이들 중 그 누구도 마이몬 씨만큼 잘 나를 그리고
주요 문제들을 이해하는 사람은 없다").[13] 마이몬의 주된 이의제기는
칸트가 **발생적 방법**의 요구들을 무시했다는 점이었는데, 마이몬은 발
생적 방법이라는 용어로 두 가지 것을 의미한다. 한편으로, 칸트는 이

---

12 프레더릭 C. 바이저, 『이성의 운명: 칸트에서 피히테까지의 독일 철학』(Cambridge, MA:
  Harvard University Press, 1987), 286을 보라: "마이몬의 『초월론 철학 시론』을 읽지 않고 피히
  테, 셸링, 헤겔을 연구하는 것은 흄의 『인간본성론』을 읽지 않고 칸트를 연구하는 것과 같다."
13 임마누엘 칸트, 『철학 서신』, 아르놀프 츠바이히 엮고 옮김(Chicago: University of Chicago
  Press, 1967), 151.

성의 선험적 "사실들"(인식의 "사실", 혹은 도덕의 "사실")이 존재한다는 점을 가정하고, 그런 다음 이 사실들의 "가능성의 조건"을 초월론적인 것 속에서 추구할 따름이다. 칸트와 반대로, 마이몬은 이른바 인식 혹은 도덕의 "사실들"을 가정하는 것은 부적법하다고 주장한다. 대신에, 우리는 이 사실들이 어떻게 이성의 필연적인 현출 양식들로서 이성으로부터만 내재적으로 생겨나는지 보여 주지 않으면 안 된다. 요컨대, **발생**의 방법은 칸트의 **조건 짓기**의 방법을 대체해야 한다. 다른 한편으로, 마이몬은 그러한 발생적 방법은 기능하기 위해서 차이의 원리를 정립하는 일을 요구한다고 말한다. 동일성은 사유 일반의 가능성의 조건인 데 반해, 실재적 사유의 발생적 조건을 구성하는 것은 바로 **차이**이다. 마이몬이 설정한 이 두 가지 급선무 — (단지 가능한 경험의 조건들이 아니라) 실재적 경험의 발생적 요소들, 그리고 차이의 원리를 이러한 조건을 이행하는 것으로서 정립하는 일 — 가 『차이와 반복』에 이르기까지의 들뢰즈의 거의 모든 책들에 다시 나타난다.

둘째로, 들뢰즈는 칸트는 마이몬을 읽고서 그를 자신의 가장 영민한 독자라고 선언한 후, 『판단력비판』에서 마이몬에게 효과적으로 대응하려고 노력했다고 가정한다. 『판단력비판』은 단지 조건 짓기의 관점이 아니라 발생적 관점을 채택하는, 칸트의 비판서 중 유일한 비판서이다. 이런 이유로 들뢰즈는 『판단력비판』이 칸트의 계승자들이 여전히 따라잡지 못한, 그토록 경악스러운 책, 노년의 "거리낌 없는 저작"이라고 여긴다. 즉, 모든 마음의 능력들이 자신들의 한계들, 칸트가 전성기의 저작들에서 매우 주의 깊게 설정해 놓은 바로 그 한계들을 극복한다(WP 2). 『판단력비판』에서 무엇이 발생적 역할을 행하는가? 아니나 다를까, 그것은 이성의 이념들이다. 세 번째 비판서는, 유명한 일이지만, 취미의 미감적 판단들에 대한 비판으로 시작되는데, 여기서 **자유로운** 것으로서의 상상력은 **미규정적인** 것으로서의 지성과 자발적 일치에 들어간다. 이것이 칸트가 능력들의 "자유로운 유희"라고 부르는 것이다. 인식 판단("이것은 흰 백합이다")에서, (종합하고 도식화하는) 상상력의 활동은 지성 개념들을 따라서 규정되므로 자유롭지 않다. 이와 대조적으로, 미감적 판단("이 흰 백합은 아름답다")에서, 상상력은 더 이상 도식화함으로써가 아니라 대상의 **형식** 혹은 조성composition을 반성함으로써 자신의 자유를 내보인다. 규정적 개념하에 태어나는 것이 아니므로, 이 자유로운 유희는 지적으로 인식될 수 있는 것이 아니라, 오직 쾌감으로 **느껴질** 수 있을 뿐이며, 그래서 우리는 이것이 다른 이들에게 전달될 수 있다고 가정한다(미적 공통감). 이 최초의 분석을 기초로 하여, 칸트는 능력들 — 즉, 모든 유형의 판단들 — 의 **모든** 규정적 일치는 그 가능성의 근거가 "반성적" 판단들에서(즉, 개념 없이 행해지는 판단들에서) 제시되는 능력들의 자유롭고 미규정적 일치에 있다는 것을 발견한다는 더 심오한 주장을 내놓는다. 이것이 세 번째 비판서에 활기를 불어넣는 문제이다. 즉, 만약 능력들(혹은 마음의 "역능들")의 이러한 자유로운 일치가 **모든** 판단 작용을 근거 짓지 않는다면, 이러한 일치는 어디에서 오는가? 미감적 판단은 이러한 자유로운 일치를 단지 **정립하는** 것일 뿐, 그것이 주체 안에서 어떻게 **생겨나는지** 설명하지는 않는다. 이것이 이성의 이념들이 개입하는 지점이다. 만약 반성적 판단들이 개념 없이 행해진다면, 이 판단들은 언제나 이념들과 작동적 관계를 가지며, 『판단력비판』의 목표는 네 가지 특유한 이념들, 즉 숭고한 것, 상징, 천재, 목적론적 이념(자연의 목적)의 발생적 역할을 분석하는 것이다. 앞 세 가지 (미감적) 계기들이 우리의 목적을 위해 특별히 실례가 되어 준다.[14]

첫 번째 계기에서, 칸트는 하나의 모델로서 숭고한 것에 의지한다. 숭고한 것을 느낄 때, 상상력은 자연에서 광대한 어떤 것, 무한하고 형태가 없는 어떤 것에 봉착하고, 이 광대함을 자신의 총체성 안에 포괄하려고 노력한다. 하지만 상상력은 실패하고 힘의 한계에 도달한다. 하지만 상상력을 이런 식으로 제약하는 것은 무엇인가? 칸트는 숭고한 것이 감성적 본성과 관련을 맺는 것은 오직 나타남appearance에서일 뿐이라고 우리에게 말한다. 우리로 하여금 감성적 세계의 무한함을 하나의 전체 혹은 하나의 총체성 속에 통합하도록 노력하라고 강요하는 것은, 실제로, 이성 — 이성의 이념 — 이외의 것이 아니다. 취미는 상상력과 지성 간의 관계를 내포하는 데 반해, 숭고한 것은 상상력과 이성 간의 관계를 내포한다. 이성은 쉽사리 광대한 크기들을 **사유할** 수 있지만, 상상력은 한 번에 한 계열의 일곱 또는 여덟 부분들을 겨우 보유할 수 있을 뿐이다. 광대한 어떤 것에 직면할 때, 이성은 "총체화하라!"고 말하고, 상상력은 "나는 그렇게 할 수 없다!"고 응답한다. 그 능력들 간에 불일치, 불화, 불쾌감이 존재한다. 그렇지만 동시에, 그것은 쾌감을 일으킨다. 이성의 폭력 탓에 자신이 자유를 상실했다고 생각할 때, 상상력은 자신의 초감성적

---

14 다음에 오는 분석들은 『판단력비판』에 대한 들뢰즈의 상세한 독해를 요약한 것이다. 이 들뢰즈의 독해는 그의 논문 「칸트 감성론에서의 발생 이념」, 대니얼 W. 스미스 옮김(*Angelaki*, Vol. 5, No. 3, Dec 2000, 39~70)에서 찾아볼 수 있다.

인 목적지, 즉 상상력이 그 자신에게 이성적 이념의 접근 불가능성을 표상할 수 있다는 사실 —— 우리로 하여금 도덕 법칙의 도래를 준비하게 하는 무한한 것에 대한 일종의 부정적 현시 —— 을 발견한다. 들뢰즈에게, 중요한 논점은 숭고한 것은 진정한 **발생**의 대상이라는 점이다. 숭고한 것은 주체 안의 이 두 능력들 —— 상상력과 이성 —— 간의 갈등에 의해 발생되며, 숭고한 것의 느낌의 발생에 놓여 있는 것은 바로 이성의 이념이다.

두 번째 계기 —— 상징화 —— 는, 숭고한 것이 제공하는 모델을 사용하면서, 훨씬 더 멀리 나아간다. 만약 내가 내 앞에 있는 꽃을 본다면, 나는 그것에 관해 몇 가지 상이한 유형들의 판단을 행할 수 있다. 즉, 나는 지성 개념을 사용하면서 인식 판단을 행할 수 있거나("이것은 흰 백합이다"), 혹은 상상력과 지성의 "자유로운 유희" 속에서 아름다움의 판단을 행할 수 있다("이 흰 백합은 아름답다"). 하지만 이성은 상상력과 지성의 어깨 너머로 보면서, 세 번째 유형의 판단을 행할 수 있다. 이성은 "상징화할" 수 있다. 즉, 이성은 색깔과 꽃의 개념들을 더 이상 흰 백합 그 자체가 아니라 다른 어떤 것 —— 이념에, 가령 순진무구함의 이념에("이 흰 백합은 순진무구함의 '상징'이다") 관련을 맺게 할 수 있다. 이런 식으로 우리는 직관의 대상에 대한 반성을 완전히 새로운 개념, 아마도 어떠한 직관도 직접적으로 상응할 수 없는 개념으로 이전시킨다.[15] 상징화에서, 자연의 형식들이 아니라 자연의 내용들 혹은 재료들(색깔, 소리 …)은 지성의 규정적 개념들을 압

---

15 임마누엘 칸트, 『판단력비판』, 제임스 크리드 메러디스 옮김(Oxford: Oxford University Press, 1952), §59, 223.

도한다. 그것들은 개념 안에 함유돼 있는 것보다 훨씬 더 많이 사유를 위한 양식을 제공한다. 흼과 백합의 개념들은 여기서 일상적 사용을 넘어 확대되며, 비록 이념이 결코 직접적으로 주어지지는 않을지라도, 백합의 흼의 반성적 유사물인 이념(순진무구함)을 상징화하도록 만들어진다. 요컨대, 상징화에서 이성의 이념들은 자연의 자유로운 재료들 속에서 간접적 현시의 대상이 된다.

상징화는 결국 칸트의 미감적 판단의 "연역"을 이해할 수 있는 열쇠를 제공한다. 상징화는 우리에게 "아름다운 것에 대한 단순한 분석"이 설명할 수 없는 것을 설명하기 위한 단서 ── 즉, 미감적 판단에서 **어떻게** 상상력이 자유롭게 되었고, 지성이 미규정적이 되었는지 ── 를 제공한다. 비록 미감적 쾌가 무관심할지라도(그것은 대상들의 실존에 관심이 없다), 칸트는 그럼에도 불구하고 미감적 쾌는 이성의 관심과 **종합적으로 통합**될 수 있다고 말한다. 이러한 이성적 관심은 상상력 안에서 반성될 수 있는 아름다운 형식들을 생산하기 위해 자연이 소유하는 **적성**aptitude과 배타적으로 관련된다. 이 관심은 아름다운 것 그 자체와는 직접적으로 관련되지 않고, 형식적으로 반성될 수 있는 대상들을 생산하기 위해 자연이 사용하는 내용과 관련된다. 확실히 자연은 자신의 내용들과 형식들을 기계적으로 생산하며, 그리고 미감적 판단에서, 자연이 우리의 쾌감에 **필연적으로** 종속되는 일은 결코 존재하지 않는다. 그럼에도 불구하고, 이성 그 자체는 자연의 생산들이 우리의 미감적 쾌와 **우발적으로** 일치하는 일에 "초-미감적meta-aesthetic" 관심을 갖고 있다.

이념들은 객관적 실재를 가져야 한다는 것이… 자연은 그것이 그 자체 내에 자신의 생산물들과 우리의 만족 간의 적법한 일치를 우리에게 허용하는 원리를 에워싸고 있다는 점을 적어도 흔적이나 기호에 의해 보여 주어야 한다는 것이 이성의 관심사이다.[16]

이것이 상징화에서 나타나는 것이다. 즉, 자연의 자유로운 물질들이 우발적으로 이성의 이념들을 상징화할 때, 이 물질들은 지성을 확장하도록 해 주고(지성의 개념들은 확대된다), 상상력을 자유롭게 되도록 해 준다(상상력은 더 이상 지성의 입법하에 도식화할 필요가 없고, 형식을 자유롭게 반성할 수 있게 된다). 자유로운 것으로서의 상상력과 무규정적인 것으로서의 지성 간의 일치는 더 이상 단지 가정되는 것이 아니라, 자연과 우리 능력들의 우발적 일치 속에서 이성의 관심에 의해 **산출된 것으로** 드러난다. 칸트의 미감적 판단의 연역에서, 아름다운 것에 대한 느낌의 초월론적 발생의 원리를 제공하는 것은 바로 이성의 이념들 ── 그리고 이성의 관심 ── 이다.

마지막으로, 세 번째 계기는 두 번째 계기를 보완한다. 즉, 상징화가 자연 안의 아름다운 것과 맺는 관계는 천재의 원리가 예술 안의 아름다운 것과 맺는 관계와 같다. 천재는 주체의 선천적 성향으로, 이것에 의해 자연은 **또 다른** 자연(예술)을 창조한다. 자연의 현상들은 마음의 진정한 사건들일 터이며, 이 역시 마찬가지로 "사유를 위해 양식을 제공하고", 우리로 하여금 사유하도록 강요한다. 칸트는 천재를 미감적 이념들의 능력으로 정의하지만, 미감적 이념은 실제로 이

---

16 칸트, 『판단력비판』, §42, 159(번역 수정).

성적 이념과 같은 것이다. 즉, 전자는 후자에서 표현될 수 없는 것을 표현하여, 자연의 현상(죽음, 사랑…)을 정신적 사건으로 전환한다. 따라서 천재는 상징화에 가깝지만(천재는 지성을 확장하고 상상력을 해방시킨다), 이념을 간접적으로 자연 속에 현시하지 않고, 이념을 예술 작품의 창조를 통해서 이차적으로 표현한다. 따라서 칸트의 천재 이론은 성숙기의 고전주의와 발생기의 낭만주의 간의 미약한 평형을 지탱한다(KCP 57). 즉, 예술은 예술 작품 속에 이념을 육화하는 것이며, 천재는 자연이 예술에다 종합 규칙과 풍부한 재료를 수여하는 수단이다. 20세기 예술이 낭만주의에서 벗어날 때 이는 이러한 칸트의 두 주제와 결별하는 일, 즉 (가령, 뒤샹의 레디메이드, 일시적 설치, 해프닝, 즉흥에 찬동하는) 예술 작품의 세속화, 그리고 (일상생활 내에 예술 행위가 확산하는 일에 찬동하는) 예술가들에게 수여된 권력의 무력화를 수반한다.[17] 그러나 이러한 세 계기들 각각은 이성의 이념들이 감성적 본성 속에 현시될 수 있는 칸트의 주제를 예화한다. 숭고한 것은 투사에 의해 생산되지만, 이념의 접근 불가능성과 관련이 있어서, 여전히 부정적인 것으로 남아 있는 이념들의 직접적 현시이다. 상징화에서, 현시는 긍정적이지만 간접적이며, 반성에 의해 성취된다. 천재 혹은 예술가적 상징화에서, 현시는 긍정적이지만 이차적이며, "다른" 본성의 창조를 통해서 성취된다. (『판단력비판』 후반부에서 분석되는 네 번째 양식은 목적론적이다. 즉, 이념들의 긍정적

---

17 알랭 바디우는 『세기』, 알베르토 토스카노 옮김(Cambridge: Polity, 2007), 153~154에서, 그 자신의 초기 이념 이론을 전개하는 문맥 속에서 이 주장을 펴고 있다. 또한 『공산주의 가설』, 데이비드 매시·스티브 코코란 옮김(London: Verso, 2010), 229~260에 있는 그의 「공산주의의 이념」을 보라.

현시는 일차적이고 직접적이며, 목적들의 체계로 간주되는 자연 속에서 생산된다.)

따라서 『판단력비판』의 첫 번째 부분은 세 가지 병렬 발생들 — 숭고한 것으로부터, 이성-상상력 일치의 발생; 아름다운 것과 연관된 이성적 관심으로부터, 자연 안의 아름다운 것과 관련한 상상력-지성 일치의 발생(상징화); 천재로부터, 예술 안의 아름다운 것에 관련한 상상력-지성 일치의 발생 — 을 제시하는데, 이 모든 것은 이념 이론에 그 기원을 갖고 있다. 이것이 들뢰즈의 칸트 독해가 하이데거의 칸트 독해와 예리하게 구별되는 지점이다. 즉, 칸트 사유의 비밀은, 하이데거가 언급하듯이, 상상력에 놓여 있는 것이 아니다. 왜냐하면 상상력은 언제나 이념 이론을 향하여 그 자신을 넘어 가리키기 때문이다.[18] 앞의 두 비판서에서, 능력들은 입법하는 능력의 규제하에 조화로운 관계 속으로 들어가지만, 세 번째 비판서에서 칸트는 능력들은 자유롭고 규제되지 않은 실행들로 들어갈 수 있다는 것을 보여 준다. 이러한 실행에서 각 능력은 그 자신의 한계로 밀어붙여져서, 서로 간에 불협화적 일치, "시간의 근원들로서 기묘한 결합들을 형성하기 위하여 자유롭게 진화하도록 놓아두는 페이소스"를 형성한다(ECC 34). 들뢰즈에게, 공간과 시간성과 윤리학과 감성과 사유의 비밀이 발견될 수 있는 것은 바로 이념들 이론에서이다. 심지어 칸트에게서조차 그러하다.

셋째로, 들뢰즈는 (비록 칸트가 발생의 방법을 도입할 만큼 멀리

---

18 마르틴 하이데거, 『칸트와 형이상학의 문제』, 제임스 S. 처칠 옮김(Bloomington: Indiana University Press, 1962).

나아갔을지라도) 결국 칸트는 심지어 세 번째 비판서에서도 충분히
나아가지 못했다고 주장한다. 들뢰즈가 『차이와 반복』에서 그 자신
의 이념 이론을 전개하고자 시도할 때, 그는 — 이념들에 관한 장 서
두에서 오직 두서너 쪽의 분석을 받을 뿐인 — 칸트에 의지하지 않고
라이프니츠에 의지했다. 이 점에서, 그는 바로 그 마이몬에게서 단서
를 얻는다. 마이몬은 칸트주의는 흄, 라이프니츠, 스피노자로 돌아감
으로써 ("초월론적 관념론"이 아니라 "초월론적 경험론"으로) 수정될
수 있을 뿐이라고 주장한 바 있다. 이런 의미에서, 마이몬은 이 모든
세 명의 사상가에 관해 단행본을 저술했던 들뢰즈의 진정한 선구자
로 기능한다. 들뢰즈 그 자신은 이 점에 대해 명확하다. 그는 자신의
한 세미나에서 이렇게 발언한 적이 있다. "이 일을 한다는 것(즉, 내재
적 이념 이론을 개발한다는 것)은 라이프니츠로 돌아간다는 것을 의
미하지만, 그러나 라이프니츠의 것과 다른 기반에서 그렇게 한다는
것을 의미한다. 칸트-이후의 철학자들이 요구하는 바의, 발생을 창조
하는 모든 요소들은 거의 라이프니츠에게 나타나 있다."(1980년 5월
20일 세미나) 이는 다소 놀라워 보인다. 즉, 자칭 경험론자인 들뢰즈
가 자신의 가장 중요한 개념들을 (그 자신이 결코 칸트적 의미에서 이
념 이론을 단 한 번도 실제로 언급한 적이 없는) 대합리론자인 라이프
니츠로부터 끌어오다니? 하지만 들뢰즈가 왜 라이프니츠에게 의지
하는지를 안다는 것은 전혀 어려운 일이 아니다. 칸트에게 보이는 개
념-직관 이원성을 극복하는 데에는 두 가지 길이 있다. 즉, 로크의 경
우처럼 개념들이 감성적인 사물들이거나 혹은 라이프니츠의 경우처
럼 감성 그 자체가 지성적인 것(감성 그 자체에 이념들이 존재한다)이
거나이다. 사실상, 들뢰즈는 이 후자의 길을 택한다.

들뢰즈의 라이프니츠 독해는, 『주름』에서뿐만 아니라 『차이와 반복』과 『의미의 논리』에서 훨씬 더 그러하지만, 라이프니츠를 단호히 비판적으로 또 칸트-이후의 방식으로 전유한 것이다. 들뢰즈가 내재적 이념들을 정의하고자 사용하는 근본적인 기준들의 많은 것은, 비록 대부분은 아니지만, 라이프니츠에게서 유래하거나 혹은 미분법의 후속 역사에서 유래한다. 미분 관계, 특이점, 보통점, 유동 또는 흐름, 잠재적인 것, 다양체 또는 다중체 등등인데, 이것들은 그 자체 들뢰즈 저술들에서 연역을 겪게 된다. 예를 들어, 미분 관계는 관계의 항들이 사라졌을 때에도 지속하는 관계이다. 따라서 미분 관계는 "순수" 관계이며, 들뢰즈가 "즉자적 차이difference-in-itself"라는 용어로 의미하는 것이다. 더구나, 미분 관계는 그 항들에 외적일 뿐만 아니라, 또한 그 항들에 대해 **구성적**이다. 관계의 항들은 미분 관계에 들어가기 전까지는 완전히 미규정적(혹은 잠재적)이다. 독립해 있을 때, 이 요소들은 순수하게 규정 가능한 채로 남아 있다. 그러한 요소들이 일단 미분 관계에 들어가면, 결국, 그 요소들의 상호적 규정이 특이성, 특이점을 규정한다. 모든 다양체(즉, 모든 **사물**)는 특이점과 보통점의 결합을 특징으로 한다. 예를 들어, 기하학에서, 정사각형은 네 개의 특이점 ── 모서리 ── 을 가지는데, 이 특이점들은 이 점들을 연결하는 무한한 보통점들 속에서 연장된다. 마찬가지로, 정육면체는 여덟 개의 특이점을 가진다. 곡선들의 경우는 더 복잡하다. 즉, 미분 관계는 곡선 안의 특이점을 규정하는데, 이 특이점은 그것이 또 다른 특이성에 도달할 때까지 보통점들의 계열 위로 연속된다. 이 또 다른 특이점에서 곡선은 방향을 바꾸며 ── 그것은 증가하거나 감소한다 ──, 이 특이점이 또 다른 특이성에 도달할 때까지 보통점들의 또 다른 계열을 따라 연속된다, 등등.

들뢰즈에게, 이것은 정확히 생명이 ── 특이성에서 특이성으로 ── 합성되거나 구축되는 방식이다. 예를 들어, 어떤 이가 슬피 울면서 무너지거나 혹은 화가 나서 끓어오르는 점point은 ── 마치 물리학에서 물이 끓는(또는 물이 어는) 점이 그 물리적 체계 안의 특이성이듯이 ── 어떤 이의 심적 다양체 중의, 보통점들에 의해 둘러싸여 있는 특이점이다. 무엇이 특이한 것이고 무엇이 평범한 것인가? 하는 물음은 들뢰즈의 다양체 혹은 이념 이론에 의해 제기되는 근본적인 물음들 중 하나이다. 한 지인이 갑자기 나에게 화를 내고, 그의 예기치 않은 화는 그의 심적 존재에 있어서 임계점, 상 전이, 특이성을 표하는 것으로 보일 수도 있다. 하지만 그때 어떤 이가 나에게 몸을 기대며 속삭인다. "걱정하지 마시오. 저분은 늘 저렇답니다. 그건 완전히 평범한 일입니다." 물이 끓거나 얼 때, 그것은 상 전이, 특이성이지만, 동시에 그것은 완전히 평범한 사건이다. 우리는 이것들, 곧 "모든 것은 평범한 것이다!"와 "모든 것은 특이한 것이다!"가 들뢰즈 철학의 두 극이라고 말할 수 있을 것이다.[19] 여러분이 여기서 지금 책을 읽는 일은 특이한 순간이지만, 동시에 그것은 완전히 평범한 사건이다. 그렇지만 이념들은 복잡한 시간성을 특징으로 한다. 즉, 책을 읽는 일은 평범한 일일 수도 있지만, 회고할 때 그것은 특이한 것으로 나타날 수도 있다. 아마도 그것은 여러분이 생각하는 방식을 바꾸거나, 혹은 여러분 안에 아무 관련이 없는 관념을 유발하기 때문일 것이다. 우

---

19 질 들뢰즈, 『주름: 라이프니츠와 바로크』, 톰 콘리 옮김(Minneapolis: University of Minnesota Press, 1993), 61. 라이프니츠 철학 전체를 특징짓기 위해 이 두 문구를 사용한다.

리는 물론 사전에 그러한 결과들(혹은 "현실화")을 알 수 없다. 사실상, 들뢰즈의 이념 이론은 플라톤의 물음, 즉 사물은 무엇인가, 사물의 본질은 무엇인가?에 대답하고자 하는 시도이다. 그의 대답은, 간단히 말하면, 모든 사물은 다른 다양체들과 맺는 끊임없이 계속되는 관계 속에서, 그 자신의 시-공간적 좌표들(그 자신의 "내적 매트릭스") 내에서 펼쳐져서 되어 가는 다양체이다. 들뢰즈는 소크라테스의 근본적인 물음 "…은 무엇인가?"는, 설사 철학을 위해 이념의 영역을 열어 놓은 것이 바로 이 물음이었다 할지라도, 이념 이론을 **처음부터** 그릇된 길에 놓은 것이라고 주장한다. 하지만 들뢰즈가 이념들과 연결하는 근본적인 물음들은 어떻게? 어디서? 언제? 얼마큼? 어떤 관점에서? 등등과 같은 물음들이다. 이것들은 더 이상 오래된 의미에서 본질의 물음들이 아니라, (비록 들뢰즈 그 자신이 이 맥락들에서 "본질"이라는 용어를 사용하길 주저하지 않을지라도) 생성과 사건과 시간성의 물음들이다.[20]

엄밀한 의미에서, 들뢰즈가 ── 마이몬 그리고 칸트의 『판단력비판』의 선도를 따라가며 ── 라이프니츠에게서 취하는 것은 이념들에 대한 순수하게 내재적인 규정이다(이에 반해 칸트에게 있어서, 이념들의 세 구성요소들 중의 둘은 외재적으로 정의된다). 첫째로, 이념의 요소들은 완전히 미규정적(혹은 잠재적)이다. 둘째로, 이 요소들은 그럼에도 불구하고 미분 관계(dx/dy) 속에서 상호적으로 규정 가능하다. 그리고 셋째로, 이 상호적 규정에는 (보통점들의 계열 속에서

---

20 DR 191을 보라: "의심할 여지 없이, 만약 누군가가 주장한다면, '본질'이라는 단어는 보존될지도 모르지만, 그러나 본질이 곧 사건이라고 말하는 조건에서만 그러하다."

이루어지는 연장prolongation과 더불어) 다양체를 정의하는 한 조의 완전한 규정(dx/dy의 가치들)이 상응한다. 이념들에다 발생적 역능을 부여하는 것은 바로 이 세 가지 공존적 계기들 ── 미규정적인 것, 규정 가능한 것, 규정된 것 ── 이다.

『실천이성비판』에서의 이념들

이념들의 "발생적" 역능에 대해 말하는 것이 무엇을 의미하는지 더 잘 파악하기 위해서, 마지막으로 나는 칸트의 두 번째 비판서,『실천이성비판』에 의지하고자 한다. 우리는 두 번째 비판서가 초월성(도덕 법칙과 범주적 명법)에 호소한다는 점에서 들뢰즈가 이 비판서에 대해 거의 공감을 갖지 않으리라 하고 쉽사리 ── 그리고 올바르게 ── 추측할지도 모른다.[21] 그렇지만『안티-오이디푸스』의 앞 장들은 두 번째 비판서에 빚지고 있다(그리고 실로 이 비판서로부터 유래하고 있다).『안티-오이디푸스』와『실천이성비판』은 둘 모두 욕망의 이론들로서 제시되며,『안티-오이디푸스』의 목적 중의 하나는 내재적 욕망 이론을 제시하는 것이다. 이는『차이와 반복』에서 전개되는 내재적 이념 이론에서 유래하는 것이다.

---

21 칸트가 첫 번째 비판서에서 두 번째 비판서로 이동할 때 내재성과 초월성의 관계를 도치시키는 방법에 주목하라: "경험적으로 조건 지어진 이성이, 단독으로 또 배타적으로, 의지[혹은 욕망]의 규정적 근거를 제공한다고 가정하지 못하도록 하는 것이『실천이성비판』그 자체의 책무이다. 만약 순수 이성이 존재한다는 것이 증명된다면, 순수 이성의 사용은 내재적일 뿐이다. 이와 반대로, 절대적 규칙의 권리를 주장하는, 경험적으로 조건 지어진 사용은 초월적이며, 그 영역을 완전히 넘어서는 요구와 명령 속에서 표현된다. 이는 사변적 사용에서 순수 이성에 대해 말할 수 있는 것과 정반대의 관계이다."(『실천이성비판』, 서론, 5: 16, 148~149)

칸트는 마음의 세 가지 근본적인 역능 혹은 능력을 정립했다. 즉, 인식의 능력(첫 번째 비판서), 욕망의 능력(두 번째 비판서), 그리고 쾌pleasure와 불쾌displeasure의 느낌의 능력(세 번째 비판서)이다.[22] 능력들의 이러한 분배는 우리의 표상들의 본성으로부터 유래한다. 즉, 우리가 가지는 모든 표상은 그 자체와 다른 어떤 것, 즉 대상과 관련되거나 혹은 주체와 관련될 수 있다. 인식의 능력에서, 표상은 대상에 동의하거나 순응하는 관점에서 대상과 관련된다(지시 혹은 지칭 이론). 쾌pleasure와 불쾌pain의 느낌의 능력에서, 표상이 활력vital force을 강화하거나 약화하여 주체에게 영향을 미치는 한에서 주체와 관련된다. 마지막으로, 욕망의 능력에서, 표상은 마찬가지로 대상과 관련되지만, 이 경우 표상의 대상과 인과적 관계에 들어간다. 칸트의 욕망 정의는 비범하다. 즉, 욕망은 자신의 표상에 의해서 현실적인 그 표상 대상의 원인이 되는 능력이다.[23] 이 정의는 결핍에 의해 욕망을 정의했던 철학의 오랜 전통과 결별한다. 즉, 욕망은, 마음 안의 표상을 감안할 때, 표상과 상응하는 대상을 생산할 수 있는 능력이다라고 칸트는 말한다.

우리는 칸트가 왜 욕망의 능력을 인과적 혹은 생산적 용어들로 정의하는지 알고 있다. 자유의 문제는 자유로운 존재가 어떤 것의 원인이 된다고 말할 수 있도록 하는 작동과 관련이 있다. 즉, 자유롭게 행위할 때, 행위자는 기계 장치의 인과적 결정론으로 환원할 수 없는

---

22 칸트, 『판단력비판』, 서론, §3, 15~16: "영혼의 능력들은 세 가지 능력으로 환원 가능하며, 공통 근거로부터 이 이상의 파생을 허용하지 않는다. 그 세 가지 능력은 인식의 능력, 쾌와 불쾌의 느낌의 능력, 욕망의 능력이다."
23 칸트, 『실천이성비판』, 서문, 5: 9n, 143~144.

어떤 것을 생산한다. 칸트는 "실천이성은 대상들을 인식하기 위하여 대상들과 관련되는 것이 아니라, 대상들을 실재적인 것으로 만드는 그 자신의 능력과 관련이 있다"고 쓰고 있다.[24] 물론, 칸트는 실재적 대상들이 오직 외적 인과성과 외적 기계 장치에 의해서만 생산될 수 있다는 점을 알고 있다. 그렇지만 이렇게 알고 있는 것이 우리가 —— 만약 오직 비실재적이거나, 환각적이거나, 또는 섬망적인 형태로만 —— 그 자신의 대상을 창조하는 **욕망**의 내재적 역능이 존재한다는 점을 믿지 못하게 하는 것은 아니다. 칸트가 "병리학적인 생산물"이라고 부르는 것에서, 욕망에 의해 생산되는 것은 단지 심적 실재일 뿐이다. 그럼에도 불구하고, 칸트는 들뢰즈가 크게 빚지고 있는 실천철학에서 코페르니쿠스적 혁명을 가져온다. 즉, 욕망은 더 이상 **결핍**(나는 어떤 것을 갖고 있지 않기 때문에 그 어떤 것을 욕망한다)에 의해서가 아니라, **생산**(나는 대상을 욕망하기 때문에 그 대상을 생산한다)에 의해 정의된다. 『안티-오이디푸스』의 근본적인 논지는 칸트의 주장을 더 강력하게 변형한 것이다. 즉, "만약 욕망이 생산한다면, 욕망의 생산물은 실재적이다. 만약 욕망이 생산적이라면, 욕망은 오직 실재 세계에서만 생산적일 수 있고, 또 오직 실재만을 생산할 수 있다"(AO 26). 그렇다면 들뢰즈는 어떻게 이 내재적 욕망 개념을 실재적인 것을 생산하는 것으로 풀어내는가?

칸트에게, 실천철학의 본질적 물음은 각 능력이 할 수 있는 상위 형식 —— 더 이상 단지 "병리학적"이 아닌 형식 —— 과 관련이 있다. 한

---

24 칸트, 『실천이성비판』, 5: 89, 212.

능력은 그 자신 내에서 그 자신의 실행의 법칙을 발견할 때 상위 형식을 가지며, 따라서 자율적으로 기능한다. 칸트에게, 욕망의 상위 형식은 그가 "의지"라고 부르는 그것이다.[25] 의지는 욕망과 동일한 것이지만, **자신의 상위 형식으로까지 끌어올려진 욕망이다.** 즉, 욕망은 순수 형식의 표상에 의해 규정될 때, 즉 보편적 입법의 순수 형식인 도덕 법칙(보편적 명법)에 의해 규정될 때 의지가 된다. 실천이성은 "이성이 자신의 규정하는 근거를 내포하는 한, 인과성인 의지"[26]와 관련이 있다. 그런 조건들하에서 우리는 자유롭게 행위하고 있다. 그러나 칸트의 경우 도덕 법칙은 세 가지 거대한 초월적 이념들의 개입을 공준들로서 요구한다. "자유"는, 도덕의 사실로서, 어떠한 감성적 조건과도 무관한 초-감성적 세계의 우주적 이념을 함축한다. 결과적으로, 본체적 법칙과 현상적 세계를 분리하는 심연 ── 영혼의 불멸성이라는 심리학적 이념을 요구하는 무한 진행의 공준을 통해서만 다리가 놓아질 수 있는 심연 ── 은 감성적 자연의 지적 창시자 혹은 "세계의 도덕적 원인"(최고의 존재자 곧 신의 신학적 이념)이라는 중재자를 요구한다. 이것이 칸트 윤리학의 단점이다. 즉, 첫 번째 비판서에서 영혼, 세계, 신을 규탄하고 난 후, 칸트는 두 번째 비판서에서 이것들을 하나하나 부활시켜서, 이것들에다 실천적 규정을 부여한다.

『안티-오이디푸스』는, 우리가 이 책의 전반적 구조를 들뢰즈 자신이 『실천이성비판』을 다시 쓰고자 하는 시도로 보지 않는 한, 이해

---

25 칸트, 『도덕의 형이상학』(in 『실천 철학』, 6: 213, 373): "그 내적 규정 근거가… 주체의 이성 내에 놓여 있는 욕망의 능력은 의지라고 불린다. 그러므로 의지는 행위와 관련해서가 아니라, 행위의 선택을 규정하는 근거와 관련해서 고려되는 욕망의 능력이다."
26 칸트, 『실천이성비판』, 5: 89, 212.

불가능한 책으로 남는다. 하지만 순수하게 내재적인 욕망 이론은 실천이성의 영역에서 어떠한 모습일까? 그것은 우리가 더 이상 도덕 법칙 — 그리고 필연적인 공준들로서 역할을 하는 초월적 이념들 — 에 호소할 수 있는 것이 아니라, 욕망을 순수하게 내재적인 이념 개념과 종합해야 한다는 것을 의미할 것이다. 이것이야말로 『안티-오이디푸스』의 앞 두 장에서 들뢰즈가 행하는 그것이다. 즉, 들뢰즈와 과타리가 "욕망 기계들"을 정의하는 수단인 세 가지 종합들은 사실 칸트가 실천이성의 공준들(영혼, 세계, 신)로서 정의하는 것과 같은 세 가지 이념들이지만, 그러나 이제 이 이념들의 초월적 지위는 신도, 세계도, 자기도 존속하지 않는 지점으로까지 완전히 박탈당한다.

> 긍정된 계열들의 발산은 "카오스모스"를 형성하지, 더 이상 세계를 형성하지 않는다. 계열들을 횡단하는 우발점은 반-자기counter-self를 형성하지, 더 이상 자기를 형성하지 않는다. 종합으로서 제기된 이접은 신학적 원리를 악마적 원리로 대체한다. … 세계의 그랜드 캐니언, 자기의 "균열", 신의 해체. (LS 176)

『안티-오이디푸스』에서, 들뢰즈는 세 가지 종합 — 연접[세계], 이접[신], 통접[자기]에 대해 순수하게 내재적인 특징을 부여하고, 그런 다음 주어진 사회적 배치 내에서 이 종합들을 따라가는 계열들과 궤적들을 그려 냄으로써 욕망 그 자체가 구성된다는 점을 보여 준다. 물론, 『안티-오이디푸스』에는 다른 많은 중요한 주제들, 즉 마르크스와 (라캉을 통한) 프로이트 간의 관계의 문제, 정치경제학과 리비도 경제학의 동일성, 그리고 마르크스와 프로이트에 이어서, 끝에

가서, 니체와 스피노자의 내재적 모델에 호소하는 것과 같은 주제들이 존재한다. 하지만 만약『차이와 반복』이 들뢰즈의『순수이성비판』으로서 독해될 수 있다면,『안티-오이디푸스』는 들뢰즈의『실천이성비판』으로서 독해될 수 있다. 두 짝의 책들을 각각 통합하는 것은 이념 이론 ── 이론철학과 실천철학을 함께 꿰는 실 ── 이다. 이 두 짝의 책들을 분리하는 것은 이 책들 각각에 있는 이념 이론(변증법)의 지위, 그리고 이념들의 **사용**이다. 칸트는『순수이성비판』에서 이념들의 초월적 사용을 비판하지만, 결국『실천이성비판』에서 그 이념들을 부활시켜서, 그 이념들에게 실천적 사용을 부여한다. 이와 대조적으로,『차이와 반복』에서 들뢰즈는『순수이성비판』의 내재적 야망들을 그 종결부로까지 밀어붙여서, 칸트가 소묘한 이념의 세 가지 측면들을 (내재적 차이의 원리 안에서) 통합한다(이념들의 요소는 미규정적이고 규정 가능하면서 동시에 상호적으로 규정된다).『안티-오이디푸스』에서 전개된 실천철학에서, 들뢰즈는 욕망을 초월론적 공준들(영혼, 세계, 신)과 종합하는 일을 조건으로 삼는, 의지 안의 욕망의 "상위" 형식을 추구하지 않고, 대신에 순수하게 **내재적인** 욕망의 종합들(연접, 이접, 통접)을 그려 냄으로써, 칸트에 못지않게 형식적인 방식으로 욕망의 운동을 탐구하고자 모색하는 욕망 이론을 제안한다. 들뢰즈가『차이와 반복』에서 전개하는 형식적 구성요소들을 가지는 이 새로운 변증법(이념 이론)은『안티-오이디푸스』에서 ── 들뢰즈의 경우, 이념들의 규정은 **처음부터** 실천적이라는 차이와 더불어(그러므로 어떻게? 어디서? 언제? 얼마만큼? 어떤 관점에서? 등등과 같은 물음의 중요성) ── 실천적 규정을 받는다고 말할 수 있을 것이다.

내재적 이념들과 체험

앞 절들에서는 칸트의 이념 이론 —— 이 이론의 가닥은 세 비판서 각각을 통해서 추적될 수 있다 —— 과, 칸트에 의존하면서도 비판적인 들뢰즈의 수정된 이념 이론 간의 관계를 탐색하고자 시도했다. 이 마지막 절에서 나는 체험lived experience을 분석하면서 들뢰즈의 내재적 이념 이론이 지닐지도 모르는 함축들의 몇 가지 구체적인 예들을 제시하고자 한다. 적어도, 그런 예들은 들뢰즈의 내재적 이념 이론이 단지 사변상의 연습에 불과한 것이 아니라는 점을 증명하는 데 이바지한다.

1. 첫째로, 다음과 같은 일상적인 시나리오를 생각해 보자. 여러분은 어느 날 아침 깨어나고, 일터로 가고, 커피를 조금씩 마시면서 몇몇 친구들과 이야기를 나누고, 점심 시간 동안 바깥에 앉아 햇볕을 쬐고, 저녁 늦게 저녁 식사를 하며 술 한두 잔을 마시고, 집으로 오고, 약간 아픈 게 느껴지고, 일찍 잠자리에 든다. 이와 같은 일상적인 궤적을 들뢰즈는 어떻게 묘사할까? 만약 모든 "것"이 다양체라면, 나의 다양체는 또 다른 다양체, 즉 햇볕의 열기, 친구와 나누는 대화, 커피의 카페인에 영향을 받을 때마다 필연적으로 차원들을 바꾸고, 생성에 들어간다. 이 각각의 맞닥뜨림은 스피노자가 나의 "실존함의 힘"(vis existendi) 혹은 "행위함의 역능"(potentia agendi)이라고 부르는 것에 변이를 들여온다. 나는 친구 피터를 홀에서 우연히 만나지만, 우리는 사이가 틀어져 있고, 그래서 나는 그에 대해 불편함과 못마땅함을 느끼기에, 나의 실존함의 힘은 감소한다. 이어서 나는 내 친구 폴을 우연히 만나는데, 그는 나를 칭찬하고 나에게 마실 것을 사주기에, 나의 실존함의 힘은 증가한다. 공원에서, 햇볕은 나를 따뜻하게

해 주고, 나의 역능을 확충해 준다. 후에 나는 내가 햇볕에 심하게 탔다는 것을 깨닫고, 나의 역능은 감소한다. 음주는 처음에는 나의 역능을 증가시키는 듯 보이지만, 다음 날 아침 숙취는 나의 역능을 제로로 감소시키는 것으로 보인다. 이런 이유로 라이프니츠와 스피노자는 우리를 "정신적 자동장치"로 특징짓는다. 즉, 이 사건들은 우리에게 자동적으로 일어나며, 우리 자신의 주체성과 거의 무관하다.[27] 나는 맞닥뜨림을 가지며 다른 다양체들에 의해 영향을 받는다. 매 순간 이 영향들은 멜로디나, 연속적 변이의 선이나, 연속적인 생성처럼 나의 역능의 강도를 증가시키거나 감소시킨다. 들뢰즈는, 이러한 연속적 변이의 멜로디 같은 선을 따라가며, 여유롭게 산책하면서 하나의 다양체로서 그 자신의 실존을 살아가는 스피노자의 모습을 상상하는 일을 좋아했다고 말한다.

2. 둘째로, 이제 여러분 자신이, 비록 여러분의 마음이 때때로 다른 곳으로 떨어져 나가 헤매고 있을지라도, 교실에 앉아서 강의를 듣고 있는 모습을 상상해 보자. 유명한 일이지만, 라이프니츠는 우리는 밤에 수도꼭지에서 물 떨어지는 소리와 같은, 우리가 의식적으로 알아차리지 못하는 것들을 자주 지각한다고 언급했었다. 그러므로 라이프니츠는 우리의 의식적 지각들은 우리 주위의 대상들 그 자체에

---

27 스피노자, 『지성교정론』, 『스피노자 전집』, 제2판, E. 컬리 엮고 옮김(Princeton: Princeton University Press, 1985), §85, 37을 보라: "내가 아는 한, 그들[고대인들]은 영혼을 (우리가 여기서 그러듯이) 정신적 자동장치와 같은, 특정한 법칙들에 따라서 행위하는 것으로 이해하지 않았다." 그리고 라이프니츠, 「베일 씨가 영혼과 육체의 합일에 관한 새로운 체계에서 발견한 어려움의 해명」, 『철학 논문과 서한』, 르로이 E. 룀커 편(Dordrecht: D. Reidel, 1969), 495를 보라: "영혼은 가장 정밀한 정신적 자동장치이다."

서 유래하는 것이 아니라, 대상들을 이루고, 나의 의식적 지각이 통합하는, 미세한 무의식적인 지각들에서 유래한다는 주장을 내놓았다. 예를 들어, 나는 바다 소리나 사람들 한 집단의 수군거림을 포착할 수 있지만, 그것들을 이루는 각 파도의 소리나 각 사람의 목소리를 반드시 포착하는 것은 아니다. 의식적 지각은 이러한 미세하고 잠재적인 지각들 중 적어도 둘 ─ 두 파도 혹은 두 목소리 ─ 이 나의 필요나 관심이나 내 신체의 상태를 기초로 하여, 다른 것들을 "능가하여" 의식적이 되는, 특이성을 규정하는 미분 관계에 들어갈 때 생산된다. 모든 의식적 지각은 끊임없이 변하는 문턱을 이룬다. 미세하거나 잠재적인 지각들은 세계의 모호한 먼지, 세계의 배경 소음과 같으며, 마이몬이 "의식의 미분들"이라고 부르기를 좋아했던 것이다. 그리고 미분 관계는 이 미세 지각들로부터 세계에 대한 유한한 명료성이라는 내 자신의 작은 지대를 추출하는 메커니즘이다. 이것은 들뢰즈가 나의 현실적 지각들과 동일하지는 않지만 그럼에도 감성 그 자체의 실재적 조건을 구성하는 내재적이고 잠재적인, 감성의 이념이 존재한다고 말할 때 의미하는 것이다.

3. 셋째로, 이런 이유로 들뢰즈는 스피노자를 따라서, 데카르트의 "명료하고 판명함"이라는 개념에 이의를 제기한다. 예를 들어, 해변의 바다 소리에 대한 나의 지각은 명료할지도 모르지만, 그러나 그것은 본성상 혼잡한 것이다. 왜냐하면 바다 소리를 이루는 미세 지각들 ─ 각 파도나 각 물방울의 지각들 ─ 은 의식적 지각에서 "구별되어" 있거나 또는 현실화되어 있지 않으므로, 그 자체 명료하지 않고 모호한 채로 있기 때문이다. 미세 지각들은 이념 안에서, 오직 사유에 의해서만 ─ 혹은 기껏해야 현기증이나 졸음 또는 어지럼 발작에 가

까운 순식간의 상태 속에서 — 포착될 수 있다. 들뢰즈는 철학자들은 모호한 것으로부터 출발해야 한다고 언급한다. 명료한 지각은 발생적 과정(미분 메커니즘)을 통해서 모호한 것(혹은 잠재적인 것)으로부터 출현한다. 그렇지만 동시에 나의 명료한 지각들은 끊임없이 모호한 것으로, 미세 지각들의 잠재적 이념으로 다시 뛰어든다. 그 본성상 지각은 명료하면서 모호하다(chiaroscuro). 우리는 쉽사리 반대의 경우를 상상할 수 있기 때문이다. 즉, 여러분은 교실을 나갈 때 나른하게 졸려서, 어지러움을 느끼게 되고, 균형을 잃고 계단 아래로 내려가서, 의식을 잃기 시작한다. 무슨 일이 일어나고 있는가? 여러분의 의식은 와해되고 느슨해져서, 미세 지각들의 소함대에게 침입을 당한다. 여러분은 이 미세 지각들을 의식하지 못하고, 이 미세 지각들은 무의식적이기를 그치지 않는다. 오히려, 의식적이기를 그치는 사람이 바로 여러분이다. 하지만 그럼에도 불구하고 여러분은 이 미세 지각들을 경험한다. 말하자면 이 미세 지각들에 대한 무의식적 체험이 존재한다. 여러분은 이 미세 지각들을 표상하지 못하고, 지각하지 못하지만, 그것들은 세계의 모호한 먼지처럼 여러분 안에서 떼 지어 다니며 거기에 존재한다. 우리 모두는 주의가 모였다가 흩어졌다가 하며 표류하면서 강의를 들을 때마다 이와 유사한 어떤 것을 경험한다. 지각이 본성상 명료하고-모호하다고 말하는 것은 지각이 모든 순간에, 모든 방향에서 이루어지면서 안 이루어지며, 명료한 것을 끊임없이 추출하는 동안 모호한 것으로 끊임없이 다시 뛰어든다고 말하는 것이다.

4. 마지막 넷째로, 우리는 우리가 "자유", 자유로운 행위라고 부르는 것은 이와 동일한 메커니즘을 사용한다고 말할 수 있을 것이다.

내가 계속해서 작업을 할까와 밖에 나가서 친구와 술을 마실까 사이에서 머뭇거리며 집에 있다고 가정해 보자. 나는 어떻게 결정하는가? 그러한 상황에서 무엇이 나의 "자유로운 선택"을 구성하는가? 들뢰즈의 경우 "결정 이론decision theory"에 호소하는 일은 없다. 결정 이론은 나로부터 모든 이른바 자유를 박탈할 것이다. 이 이론 자체는 대답을 제공하지 않을 것이기 때문이다. 오히려, 나의 지각들이 미세 지각들에 의해 조건 지어지듯이, 나의 결정을 구성하는 문턱에 도달할 때까지, 나의 결정들은 무의식적인 채로 있는 나의 미세 지각들과 동기들로 조건 지어진다. "집에 머물러 있음" 또는 "밖에 나감"은 균형 내의 대상들이 아니라, 끊임없는 유동 속에 있는 정향들 혹은 경향들로, 이것들 각각은 수많은 미세 지각들과 동기들을 통합하고 있다. 밖에 나가려는 나의 최초의 성향들은 음주의 감각뿐만 아니라, 또한 술집의 냄새, 친구와 나누는 우정 등등을 통합하고 있다. 하지만 동시에, 나의 영혼은 또한 나의 저술 작업뿐만 아니라, 나의 고적함, 내 환경의 고요함을 통합하고 있는 집에 머물러 있음 쪽으로 기울어져 있다. 그때 나는 다시 밖에 나가는 쪽으로 기울어져 있지만, 시간이 흘러갔고 정동 상태가 다르기 때문에, 성향이 이전과는 같지 않다. 이와 같은 간단한 경우에서조차, 결정을 하는 일은 결코 x(집에 머물러 있음)와 y(밖에 나감) 중 하나를 선택하는 문제가 아니다. 왜냐하면 두 성향들은 청각적, 미각적, 후각적, 시각적 지각들의 무의식적 다양성 ─ 완전한 "지각적-성향적 앙상블" ─ 을 포함하는 다양체들이기 때문이다. 심사숙고할 때 나는, 끊임없이 변하는 방향들로 내 영혼을 "접는다"고 들뢰즈가 말하는 두 복잡한 지각적이고 성향적인 극들 ─ 내 집과 술집 ─ 사이에서 참으로 동요하고 있다. 결정에 도달하는 일은 두드러지거나 현저한 성향 속에서 미세한 성향들을 "통합하는" 문제이다. 어느 쪽에서 나는 내 영혼을 접을 것인가? 어느 미세한 성향들과 지각들을 갖고서 나는 "결정적인" 접음을 행할 것인가? 우리가 자유롭다고 말하는 것은, 라이프니츠의 어구로 말하면, 우리는 "강제됨이 없이 기울어져 있다"는 것을 의미한다. 낮 동안, 대부분의 행위들 속에서 —— 우리의 모든 습관적이고 기계적인 행위들 속에서 —— 우리는 자유의 물음에 전혀 봉착하지 않는다. 그러한 행위들은, 말해 본다면, 단지 우리의 불안한 동요를 진정시키도록 행해질 뿐이다. 자유의 물음은 "어느 주어진 순간에 영혼의 진폭을 채울" 수 있는(또는 채울 수 없는) 행위의 물음을 우리가 제기할 때만 일어난다 (1987년 2월 24일 세미나). 자유로운 행위는 잠재적 지각들과 잠재적 성향들을 현저한 성향으로 통합하는 행위이며, 그때 이 현저한 성향은 영혼의 성향이 된다. 우리의 결정은 의식적이고 무의식적인 이 모든 동기들 사이에 벌어지는 투쟁 ——"밀고 당기며 다투기, 저울의 올라감과 내려감" ——의 결과이다.[28] 우리가 결과를 숙고하는 일은 단지 여럿 중의 하나의 요인, 하나의 충동, 하나의 요소로서 이러한 전쟁터에 들어갈 뿐이다.

체험으로부터 이러한 예들을 제시하는 목적은, 들뢰즈는 자신이 구사하는 언어의 추상적 본성에도 불구하고, 자신의 내재적 이념 이론과 더불어 구체적인 어떤 것에 도달하고자 시도하고 있다는 점을 보여 주는 것이고, 또 내재적 이념들이 어떤 방식으로 **실재적 경험**

---

28 프리드리히 니체, 『아침놀』, R. J. 홀링데일 옮김(Cambridge: Cambridge University Press, 1982), §129, 129.

의 조건들을 구성하는가가 설명될 수 있다는 점을 보여 주는 것이다. 들뢰즈는 "이것이 내재 면에서 이루어지는 모습이다. 즉, 다양체들은 이 면을 채우고, 특이성들은 서로 간에 연결되고, 과정들이나 생성들은 펼쳐지고, 강도들은 오르고 내려간다"(N 146~147)고 쓰고 있다.

분석론

개념의 생성에 관하여

개념에 대한 들뢰즈의 개념은 무엇인가?[1] 『철학이란 무엇인가?』에서, 들뢰즈와 과타리는, 유명한 일이지만, 철학을 "개념들을 형성하고, 발명하고, 제조하는"[2] 활동으로 정의한다. 들뢰즈는 그의 학문 이력의 출발부터 철학을 개념들의 창조로 이해하는 일을 견지한 것으로 보인다.[3] 그는 초창기 책들 중 하나에서 "철학의 힘은 철학이 창조하는 개념들, 혹은 철학이 다시 활기차게 만드는 개념들의 의미 ―

---

1 이 논문의 초기본은 2009년 9월 18~19일에 이탈리아 베니스의 팔라초 페사로-파파파베에
   서 열렸던, "들뢰즈와 시몽동 사이"라는 제목의 워크숍에서 제출되었다. 이는 현대 프랑스 철
   학의 유럽 네트워크에서 후원한 네 번째 워크숍이었다. 나는 이 네트워크의 창립자들과 조
   직 위원들, 곧 미겔 데 베이스테기, 아놀드 I. 데이비드슨, 프레더릭 보름스, 마우로 카르보네
   의 도움을 받았다.

2 WP 2. 여기서 니체,『힘에의 의지』, 발터 카우프만·R. J. 홀링데일 옮김(New York: Random
   House, 1967), §409, 220을 인용하고 있다: 철학자들은 "더 이상 개념들을 선물로서 받아들이
   거나, 순화하고 정제해서는 안 된다. 우선 개념들을 **만들고 창조해야** 하고, 또 개념들을 제시
   하고 설득력 있는 것으로 만들어야 한다". 화이트헤드도 이와 유사한 철학 개념을 가졌던 것
   으로 보인다. "진리의 진보는 … 주로 개념들을 만들어 내는 일의 진보이다." 알프레드 노스
   화이트헤드,『형성 중인 종교』(New York: Fordham, 1996), 131.

사물과 행위에다 일단의 새로운 분할을 부과하는 개념들 ─ 에 의해 측정된다"고 썼다.[4] 들뢰즈는, 심지어 처음 철학에 입문하던 고등학교 때에도, 그들 자신의 기질과 활력을 가지고, 그들 자신의 풍경화에 거주하는, 문학 작품의 등장인물들과 똑같은 힘으로 개념들이 그에게 일격을 가했다고 이야기한다(ABC E). 그러나 생의 만년에, 『철학이란 무엇인가?』(1991)에 이르러서야 비로소 들뢰즈는, 과타리와 함께 작업하며, 마침내 "나는 내 평생 동안 무엇을 해 왔는가?"[5] 하고 물을 수 있는 지점에 도달하여, 칸트의 어구를 빌리자면, 그 자신의 "개념 분석론"을 제시했다. 들뢰즈는, 지나가듯 말하며, 이 책을 칸트의 『판단력비판』과 비교했는데, 그 비교는 적절한 것이다. 즉, 사상가들은 "체계"가 이미 잘 확립되어 있어서 말할 만한 새로운 것을 별로 갖고 있지 않을 때가 자주 있는데, 두 책 모두 이럴 때 쓰여진 노년의 저

---

3 철학자의 역할을 명쾌하게 가정하지 않았던 과타리는, 사유의 활동을 다른 식으로 보아, 개념의 창조보다 흐름이나 다이어그램의 생산을 선호한 것으로 보인다(TRM 238). 과타리의 "다이어그램주의"에 대한 분석에 대해서는, 게리 제노스코, 『펠릭스 과타리: 일탈적 입문서』(London and New York: Continuum, 2002), 그리고 자넬 왓슨, 『과타리의 다이어그램적 사유』(London: Continuum, 2009)를 보라. 과타리의 『안티-오이디푸스 문건들』(New York: Semiotext(e), 2006)의 출간은 과타리의 작업 방법으로 들어가는 흥미로운 문을 열어 놓았다. 서평으로는, 대니얼 W. 스미스, 「뒤집어놓기: 과타리의 『안티-오이디푸스 문건들』」, *Radical philosophy* 140(Nov-Dec 2006), 35~39를 보라.

4 EPS 321. 비록 이 책이 1968년에 출간되긴 했지만, 프랑수아 도스는 들뢰즈는 1962년 『니체와 철학』 출간 전인 1950년대 후반에 스피노자에 관한 박사학위 부논문(『스피노자와 표현의 문제』)을 대체로 완성해 놓았다고 언급한다. 프랑수아 도스, 『질 들뢰즈와 펠릭스 과타리: 교차하는 생명들』, 데보라 글래스먼 옮김(New York: Columbia University Press, 2010), 118, 143을 보라.

5 WP 1. 사건 개념 주변으로 향해 있는, 들뢰즈의 개념 분석론에 대한 다른 접근법에 대해서는, 대니얼 W. 스미스, 「순수 사건들의 인식: 들뢰즈의 개념 분석론에 관한 주석」, 『프랑스어로부터의 사건. 프랑스 현대철학의 경험 개념: 시간성, 자유, 언어』, 마르크 룔리 편(Munich: Wihelm Fink, 2003), 363~374.

작이다.[6] 그렇지만 칸트의 세 번째 비판서는 칸트가 주의 깊게 구축한 건조론architectonic의 한계에서 밀어붙이고, 오늘날 우리가 바로 칸트-이후의 철학이라고 부르는 것과 낭만주의를 위한 무대를 마련해 준 새로운 개념들로 가득 찬 책이다. 같은 방식으로, 『철학이란 무엇인가?』는 들뢰즈 학문 이력의 자기반성적인 정점에 그치는 것이 아니라, 이보다 훨씬 이상으로 미래의 철학에게 물려줄 유산이며, 넘겨줄 배턴이다. 또한 이 책은 들뢰즈-이후의 철학으로 판명나는 모든 것에 의해 의심할 여지 없이 수용될 운명에 놓인 풍부한 새로운 개념들과 문제들을 제기한다. 다음에 오는 것에서, 나는 『철학이란 무엇인가?』의 한복판에 놓여 있는 일군의 문제들, 즉 들뢰즈가 개념, 시간, 진리 사이에서 확립하는 일단의 복잡한 관계들을 탐구하고자 한다.

개념의 생성

들뢰즈의 개념 분석론의 가장 명백한 특징 중의 하나는, 들뢰즈의 관점에서 볼 때, 개념들은 **동일성**을 갖는 것이 아니라 오직 **생성**을 갖는다는 사실에 놓여 있다. 예를 들어, 『의미의 논리』 이탈리아어 역본 서문에서, 들뢰즈는 스스로 그 자신의 개념들 중의 하나, 곧 강도 개념의 생성을 간략하게 그려 내고 있다(TRM 65~66). 『차이와 반복』(1968)에서 그는 강도 개념은 주로 깊이의 차원과 관련되어 있다고 적고 있다. 『의미의 논리』(1969)에서, 강도 개념은 유지되지만, 이제는 주로 표면의 차원과 관련되어 있다. 개념은 동일하지만 구성요소

---

6 WP 2. 들뢰즈는 『판단력비판』을 "모든 철학의 가장 중요한 책들 중의 하나"로 간주했다(31 Mar 1981).

들은 상이하다. 『안티-오이디푸스』(1972)에서, 이 개념은 깊이와도 표면과도 관련이 없는 세 번째의 생성에 들어간다. 상승하고 하강하는 강도들이 이제는 기관 없는 신체 상에서 발생하는 사건들이다.[7] 우리는 들뢰즈의 목록에 네 번째의 생성을 추가할 수도 있겠다. 즉, 『철학이란 무엇인가?』(1991)에서 강도 개념은 외연적인extensive 것으로서가 아니라 내포적인intensive 것으로서 규정되는 개념들의 구성요소의 지위를 기술하기 위해 사용된다(이는 들뢰즈가 그 자신을, 개념들을 외연적인extensional 것으로 보는 프레게와 구별하는 한 가지 방식이다). 달리 말해서, 강도 개념은 들뢰즈 자신의 전 저작 내에서도 동일한 의미를 띠지 않는다. 강도 개념은 내적 변이를 겪는다.[8]

이 점에다, 우리는 들뢰즈가 사용하는 많은 개념들은, 그가 의존하고 전유하며, 개념에 관한 들뢰즈 자신의 작업이 삽입되는 많은 개념들은 철학사에서 오랜 "생성"을 가진다는 사실을 덧붙이지 않으면 안 된다. 예를 들어, 외연량과 내포량의 구분은 중세철학과 플로티노스로까지 거슬러 올라간다. 들뢰즈의 다양체multiplicity 개념은 ── 또 다른 예를 들면 ── 베른하르트 리만이 그의 비유클리드 기하학에서

---

7 또한 DI 261을 보라: "나는 변화를 겪어 왔다. 표면-심층 대립에 더 이상 나는 관심이 없다. 지금 내 관심을 끌고 있는 것은 충만한 신체, 기관 없는 신체, 이동하는 흐름 사이의 관계이다."

8 같은 것이 들뢰즈의 다른 개념들에도 해당한다. 가령, 정동 개념이 스피노자에 관한 들뢰즈의 연구에서 최초로 생겨나는데, 여기서 이 개념은 기쁨 또는 슬픔으로 경험되는, 유한 양태에 있어서 한 강도에서 다른 한 강도로 향하는 이행을 가리킨다. 그러나 『천 개의 고원』과 『철학이란 무엇인가?』에서, 정동은 더 이상 한 체험 상태에서 다른 한 체험 상태로 향하는 이행이 아니라, 두 다양체 사이에서 발생하는 생성으로서 ── 지각percept과 더불어 ── 자율적인 지위를 떠맡았다. WP 173을 보라: "정동은 한 체험 상태에서 다른 한 체험 상태로 향하는 이행이 아니라, 사람의 비인간적nonhuman 생성이다."

수학적으로 최초로 정식화했었다. 이어 리만은 자신의 다양체 개념을 칸트의 다양성the manifold 개념과 연결시켰다. 후설과 베르그손 둘 모두 자신들의 철학적 목적을 위해 리만의 개념을 채택했으며, 들뢰즈는 베르그손의 두 유형의 다양체(연속적 다양체와 이산적 다양체) 구분과 관련하여 이 개념에 관해 최초로 글을 썼다. 들뢰즈는 리만의 다양체 개념을 그 자신의 방식으로 전개하고, 이 개념을 현대 사상의 근본 문제들 중의 하나라고 생각했다.[9] 이 점에서, 철학사에서 위대한 텍스트들 중의 하나는 칸트의 초월론적 변증론의 서두 글인데, 여기서 칸트는 그 자신의 용어를 주조하기보다는 플라톤의 이념 개념을 왜 전유하려고 하는지 설명한다. 왜냐하면, 칸트에 따르면, 비록 플라톤이 자신의 개념을 "충분하게 규정하지 않았다"[10] 할지라도, 그는 칸트가 다루고 싶어 하는 것과 유사한 문제틀을 다루고 있었기 때문이다. 이어서 들뢰즈는 『차이와 반복』에서 칸트의 이념 이론을 수용하

---

9 들뢰즈에게 중요한 것은 단지 다양체 개념이 아니라, 또 심지어 그가 분석하는 다양체의 유형들이 아니라, 이 유형들 사이의 관계와 변형이다(WP 152). 즉, 연속적인 것에서 이산적인 것으로, 문제적인 것에서 공리적인 것으로, 내포적인 것(=강도적인 것)에서 외연적인 것으로, 비-계량적인 것에서 계량적인 것으로, 비-가산적인 것에서 가산적인 것으로, 리좀적인 것에서 수목적인 것으로, 매끄러운 것에서 홈 파인 것으로, 분자적인 것에서 몰적인 것으로 바뀌는 변형이다. 1981년 아르노 빌라니와의 인터뷰에서 "미시 물리학" 개념에 관해 질문을 받았을 때, 들뢰즈는 다음과 같이 대답했다: "거시와 미시의 구별은 매우 중요하지만, 그것은 아마도 나 자신에게보다는 펠릭스에게 더 속하는 일일 것이다. 나에게, 거시와 미시의 구별은 오히려 두 유형의 다양체 사이의 구별이다. 나에게는, 이것이 본질적인 논점이다. 즉, 이 두 유형 중의 하나가 미시-다양체를 가리킨다는 것은 오직 결과일 따름이라는 점이다. 심지어 사유의 문제를 위해, 심지어 과학들을 위해, 리만이 소개하는 바의 다양체 개념은 미시 물리학 개념보다 훨씬 더 중요한 것으로 보인다."(아르노 빌라니, 『말벌과 난초: 질 들뢰즈에 관한 시론』, Paris: Belin, 1999, 130).

10 칸트, 『순수이성비판』, 노먼 켐프 스미스 옮김(London: Macmillan, 1929), 「이념들 일반」, 309~314, A312~320/B368~377.

고 이를 그 자신의 방식으로 수정할 때 또 다른 변형을 수행하면서, 칸트는 그 자신의 이념 이론의 "내재적" 야망들을 그 한계로까지 밀어붙이지 못했다고 주장한다.

마찬가지로, 들뢰즈는 처음에 『철학이란 무엇인가?』가, 적어도 부분적으로, "범주" 개념에 관한 책이 되기를 의도했던 것으로 보이며, 따라서 칸트의 개념 분석론의 재작업이 되기를 의도했던 것으로 보인다.[11] 『순수이성비판』의 초월론적 분석론에서, 유명한 일이지만, 칸트는 그가 가능한 경험의 조건들로서 연역하기를 시도했던, 판단들의 유형 분류 체계에서 유래하는, 그 자신의 범주 목록을 작성했다. 『차이와 반복』에서 들뢰즈는 명시적으로 그 자신의 근본 개념들(문제적인 것, 잠재성, 특이성 등등)을 아리스토텔레스나 칸트의 범주들과 구분해 놓았다.[12] 화이트헤드와 퍼스 둘 모두 칸트와는 매우 다른 범주표를 작성했으며, 그 과정에서 그들은 범주 개념을 다시 **발명하거**

---

11 들뢰즈는 1981년 아르노 빌라니와의 인터뷰에서, 『천 개의 고원』을 완성하고 난 후 쓰기를 희망하는 책들에 관한 물음에 대답할 때 『철학이란 무엇인가?』(1991)를 최초로 언급했다: "나는 방금 프랜시스 베이컨에 관한 책을 마쳤는데, 이제 나에게 남은 모든 것은 두 가지 기획이다. 즉, 하나는 '사유와 영화'에 관한 것이고, 다른 하나는 『철학이란 무엇인가?』에 관한 (범주 문제를 다룬) 큰 책이다." 아르노 빌라니, 『말벌과 난초』, 130을 보라.
12 『차이와 반복』, 284~285를 보라. "우리는 끊임없이 기술적descriptive 개념들을 제시해 왔다. … 그러나 이 중의 어떤 것도 범주 목록에 해당하지 않는다. 범주 목록이 원리상 열려질 수 있다고 주장하는 것은 무의미하다. 즉, 그것은 사실상 그럴 수는 있지만, 원리상 그럴 수는 없다. 왜냐하면 범주들은 정착적 비례성의 규칙들을 따르는 존재자들 가운데에서 존재를 분할하는 분배의 형식들을 이루는 재현의 세계에 속하기 때문이다. 이런 이유로 철학은 종종 범주들에 반대하여 매우 다른 종류의 개념들, 즉 실제로 열려져 있고 경험적이고 다원주의적 의미의 이념들을 드러내는 개념들을 제시하고자 하는 유혹을 받아 왔다. 본질적인 것에 반대하는 것으로서의 '실존적인 것', 개념들에 반대하는 것으로서의 지각들percepts, 혹은 실로 우리가 『과정과 실재』를 현대철학의 가장 위대한 책 중의 하나로 만드는, 화이트헤드에게서 발견하는 경험-이념적empirico-ideal 개념들의 목록 등."

나 다시 창조했다. 들뢰즈는 이와 동일한 빛 속에서 그 자신의 작업을 보게 되었던 것 같다.

> 『천 개의 고원』의 결론은, 내 생각으로는, 범주표이다(하지만 완전하지 않고, 충분하지 않은 범주표이다). 칸트의 방식으로서가 아니라 화이트헤드의 방식으로. 따라서 범주는 새로운 의미, 매우 특수한 의미를 띠게 된다. 나는 이 점을 궁구하고자 한다.[13]

들뢰즈에게, 범주 개념을 발생시킨 **문제**는 변동되었다. 그것은 더 이상 가능한 경험의 조건들을 규정하는 사안이 아니라, **실재적 경험**의 조건들을 규정하는 사안이었다. 그리고 실재적인 것의 조건들은 동시에 **새로운** 것의 생산을 위한 조건들이었다. 여기서 다시, 들뢰즈 자신의 저작 내 개념들의 생성은 철학사 내 개념들의 생성을 뒤이은 것이다.

훨씬 더 강력하게 들뢰즈는, 그와 과타리는 "'기관 없는 신체'를 결코 꼭 같은 방식으로 이해하는 법이 없었다"(TRM 238)고 말하는데, 이 말은 아마도 『자본주의와 분열증』을 이해하고자 분투하는 독자들은 아주 조금은 위안을 받을지도 모른다는 점을 드러내 보이고 있다. 그렇지만 이것은 저자의 의도의 문제가 아니다. 만약 우리가 들

---

13 들뢰즈는 아르노 빌라니와의 인터뷰에서 이 발언을 했다. 아르노 빌라니, 『말벌과 난초: 질 들뢰즈에 관한 시론』, 130을 보라. 프랑수아 도스는 『질 들뢰즈와 펠릭스 과타리: 교차하는 생명들』에서 들뢰즈가 과타리에게 보낸 1981년 편지를 인용하고 있다. 이 편지에서 들뢰즈는 범주의 문제를 그들의 공동 기획의 필수 불가결한 부분으로 제시했다: "퍼스와 화이트헤드는 현대적 범주표를 만들었다. 가령, 이러한 범주들 관념이 어떻게 진화되어 왔는가?"(14)

뢰즈와 과타리가 공동 저술한 책들을 완전히 들뢰즈 저술들의 궤적에 속하는 것으로 간주한다면, 그리고 마찬가지로 완전히 과타리 저술들의 궤적에 속하는 것으로 간주한다면, 그렇다면 우리는 들뢰즈의 논급을, 『안티-오이디푸스』와 같은 저작 내에서조차, "기관 없는 신체" 개념은 들뢰즈 궤적의 맥락에서 읽느냐, 과타리 궤적의 맥락에서 읽느냐에 따라서 상이한 의미, 상이한 생성을 가진다는 점을 의미하는 것으로 여길 수 있을 것이다. 달리 말해서, 한 단일한 저작이나 기획 내에서조차, 들뢰즈와 과타리의 개념들은 한 단일한 정의로 환원될 수 있는 동일성을 갖지 않는다. 실로, 들뢰즈는 이 점을 주장한다. 즉, "[과타리와] 함께 작업한다는 것은 결코 균질화가 아니라, 증식이고, 분기들의 축적이다"(TRM 238). 더구나, 만약 들뢰즈가 과타리와 공동 저술한 저작들에서 "과타리-되기"로 들어간다면, 우리는 그가 스피노자-되기, 혹은 라이프니츠-되기에 들어갔던(그리고 이번에는 스피노자와 라이프니츠가 들뢰즈-되기로 들어가지 않을 수 없었던), 그의 연구서들에서도 같은 것을 행했다고 말할 수 있을 것이다. 그리하여 그의 단독 저작들에서조차, 들뢰즈의 개념들은 이 생성의 지위를 결코 상실하지 않는다. 들뢰즈가 말한 바와 같이, "나는 거의 내 자신의 이름으로 말할 수 없다[en mon nom]"(TRM 65). 이런 의미에서, 자기 혹은 자아의 동일성에 대한 들뢰즈의 비판은 개념의 동일성에 대한 비판을 정확히 대등한 것으로 가진다. 만약 "우리 자신에 대한 실험이 우리의 유일한 동일성이라면"(D 11), 그렇다면 동일한 것이 개념에도 해당한다. 즉, 개념의 유일한 동일성은 실험에 — 즉, 개념들의 고유한 가변성과 변이성에 — 놓여 있다. 마지막으로, 이런 이유 때문에, "들뢰즈-되기"는 마찬가지로 들뢰즈의 저작에 관

해 글을 쓰고자 시도하는 사람들은 물론이고 들뢰즈의 독자들에게
도 영향을 미친다. 넬슨 굿맨Nelson Goodman의 용어법에 따르면, 들뢰
즈의 저술들은 그것들이 표현하는 것을 예화한다. 즉, 그의 텍스트들
은 그 자체 특이성들이 다양한 방식으로 연결될 수 있는 문제들, 벡터
장들, 다양체들, 리좀들이다. 그래서 들뢰즈의 텍스트들에 관한 저술
은 그 자체 (단지 해석학자들이 말하는 바의 "해석"이 아니라) 그 자체
생성이자, 새로운 것의 생산이다.[14] 우리는 들뢰즈의 저작들에서 "입
장position"(들뢰즈는 … 라고 생각한다)을 거의 발견하지 못한다. 오
히려, 들뢰즈에 관해 읽거나 쓴다는 것은 우리의 읽기나 쓰기에 앞서
방향이 주어지지 않는 우리의 궤적을 그린다는 것이다. 다양한 "-주
의"("생기주의", "초월론적 경험주의")에 대해 가끔 행하는 들뢰즈의
호소들은 충성에 대한 서약이 아니라 모순어법적인 도발이다. 요컨
대, 들뢰즈의 전 저작 내에서뿐만 아니라, 또한 각각의 책과 각각의
개념에, 철학사로 확장되고 철학사로부터 도입되는 개념들의 생성이
존재하며, 이는 각각의 읽기 행위에서 반복된다.[15]

창조로서의 철학

그러나 이것이 우리가 들뢰즈와 같은 철학자한테서 — 이론적으로
든, 실천적으로든 — 대하게 되는 그것이다. 즉, 만약 들뢰즈의 철학
이 차이의 철학이라면, 이 차이적 지위는 동일성을 가질 수 없는 그

---

14 표현과 예시의 차이에 대해서는, 넬슨 굿맨, 『예술의 언어』, 제2판(Indianapolis: Hackett,
   1976)을 보라.
15 이 모든 생성들을 요약하면서, 들뢰즈는 이렇게 논평한다: "고정되어 보이는 어떤 것의 끊임
   없는 운동보다 더 불안하게 하는 것은 없다."(N 157)

자신의 개념들 속에서 그의 기획의 성격 전체를 어기지 않고 성찰되지 않으면 안 된다. 하지만 그렇다면 어떻게 우리는 이 개념들의 생성을 이해해야 하는가? 이 물음에 대한 최초의 접근법으로서, 우리는 들뢰즈가 철학을 개념들의 창조로서 이해하는 것은 몇 가지 상호 관련된 결과들을 갖고 있다고 말할 수 있을 것이다.

첫째로, 그것은 철학을, 전통적으로 예술과 나란히 해 왔던 활동, 즉 **창조**의 활동으로 정의한다. 들뢰즈에게, 철학자들은 예술가들만큼 창조적이며, 차이는 그들이 창조하는 것은 회화, 조각, 영화, 소설 등이 아니라 공교롭게도 개념들이라는 점이다. 들뢰즈의 언어로 말하면, 예술가는 **지각**percept이나 **정동**의 감성적 집적체를 창조하고, 과학자는 **함수**를 창조하는 데 반해, 철학자들은 **개념**을 창조한다. "철학이란 무엇인가?"라는 물음에 대한 들뢰즈의 접근법은 철학을 단순히 **태도** —— 예를 들어, 너 자신을 알라, 또는 왜 아무것도 없는 것이 아니라 무엇인가 있는가 하는 경이, 또는 자명하지 않은 것은 어떤 것도 취하지 않음 —— 가 아니라 잘 정의된 작업occupation 혹은 정밀한 **활동**activity에 의해서 특징짓는다는 이점을 갖고 있다. "개념들을 창조한다는 것은 적어도 무엇인가를 **행하는** 것이다"(WP 7)라고 들뢰즈는 쓰고 있다. 더구나, 예술 작품들이 예술가의 서명을 간직하듯이, 개념적 창조물들은 개념들을 창조한 철학자의 서명을 간직하고 있다. 우리는 철학에서 데카르트의 **코기토**나 라이프니츠의 모나드 또는 니체의 힘에의 의지에 대해 이야기하듯이, 회화에서 반 고흐의 해바라기나 재스퍼 존스Jasper Johns의 깃발에 대해 이야기한다. 마찬가지로, 의학에서 우리는 알츠하이머 병과 파킨슨 병에 대해 이야기하고, 수학에서 피타고라스 정리나 해밀턴의 수, 그리고 과학에서 도플러 효과나 켈빈 효과에 대해 이야기한다(LS 70). 이 모든 경우들에서, 고유명은 사람이 아니라 예술 작품 혹은 개념 그 자체를 가리킨다. 즉, 고유명은 여기서 **비인격적 개체화 양식**을 가리키기 위해 사용된다. 이런 의미에서, 철학사를 예술사의 선들을 따라가며, 즉 위대한 창작품들이나 걸작들에 의거해서 서술하는 일이 가능할 것이다. "우리는 때로 위대한 철학자가 창조한 새로운 개념들 ─ 그의 가장 본질적이고 창조적인 기여 ─ 의 목록만을 작성하는 철학사를 꿈꾸고 있다."(ES ix) 실로, 들뢰즈는 다른 곳에서 우리는 각 철학자에게 그들이 창조하거나 변형한 개념들(아마도 수학에서 에르되시Erdős의 수와 같은 철학적 대등물)에 상응하는 일종의 매직 넘버를 부여하며, 심지어 철학을 양화할 수 있기까지 한다고 사려 깊게 말하고 있다(ABC H). 이런 관점에서 볼 때, 데카르트의 코기토와 플라톤의 이데아는 레오나르도 다 빈치의 「모나리자」나 미켈란젤로의 「최후의 심판」에 상당하는 철학적 대등물들 ─ 창조자들이 서명한 위대한 철학적 걸작들 ─ 일 것이다.

둘째로, 들뢰즈가 철학을 개념들의 창조로 정의하는 것은 철학자가 예술가만큼 창조적이라는 점을 의미할 뿐만이 아니라, 더욱 중요하게는, 아마도 또한 예술가가 철학자만큼 사상가라는 점을 의미할 것이다. 예술가는 개념들이 아니라 단순히 지각percept과 정동에 의해서 사유한다. 음악가가 소리들로 사유하고, 작가가 단어들로 사유하고, 영화감독이 이미지들로 사유하듯이 등등, 화가는 선들과 색채들에 의해서 사유한다. 예를 들어, 장 뤽 고다르는 영화를 제작할 때, 전경 촬영이 아니라 이동 촬영을 사용하겠다고 하는 결정은, 각 유형의 촬영은 상이한 유형의 공간을 산출하므로, 사유의 심오한 활동이었다고 한때 말한 적이 있다. 전경 촬영은 사영기하학에서처럼 우리에게 전반적인 광경을 제시하므로 포괄적인 데 반해, 이동 촬영은 오히려 리만 기하학에서처럼 선을 구축하고, 그 자체로 파편적이고 단절된 채 남아 있을 수 있는 국소적인 공간들과 이웃들을 연결한다(N 58). 사유가 필연적으로 명제적이거나 재현적이거나 언어적이거나 또는 심지어 개념적이기도 하다는 발상은 들뢰즈에게는 전적으로 낯선 것이다.[16] "사유하고 창조하는 다른 방식들, 즉 과학적 사유처럼, 개념들을 통과할 필요가 없는, 이념화ideation라는 다른 양식들이 존재한다."(WP 8) 조각가가 한 덩어리의 진흙을 주조하거나, 화가가 색채들이나 선들을 캔버스에 적용하거나, 또는 영화감독이 한 숏을 구성할 때, 수반되는 사유 과정이 존재하지만, 그 사유 과정은 개념적 매체 속에서 발생하지도 않고, 심지어 개념들을 감성적 매체에 적용함으로써(칸트) 발생하지도 않는다. 그렇기는커녕, 그것은 감성적 매체 그 자체 속에서, 그리고 감성적 매체 그 자체를 통해서 발생하는 한 유형의 사유함이다.

세 번째 결과가 이로부터 따라 나온다. 이 활동 중 어느 것 —— 예술 혹은 철학 —— 도 다른 것을 압도하는 우위성을 갖지 않는다. 개념을 창조한다는 것은 예술에서 새로운 지각percept이나 정동을 창조하는 것보다 더 어렵지도 않고 더 추상적이지도 않다. 역으로, 이미지나 회화 또는 소설을 이해하는 것이 개념을 이해하는 것보다 더 쉬운

---

16 들뢰즈의 논문 「창조적 행위란 무엇인가?」(TRM 312~324)를 보라. 이 논문은 최초에 '영화에서 이념을 가지다'라는 제목으로, 파리에 있는 페미스La Fémis 영화 학교의 강연문으로서 제출되었다.

것도 아니다. 들뢰즈에게, 철학은 결코 예술(또는 과학이나 정치나 의학 등등)과 무관하게 수행될 수 없으며, 끊임없이 상호 공명의 관계를 형성하고 다른 이 사유 영역들과 교환하고 있다. 철학자는, 마치 예술가와 작가가 — 가령, 이른바 개념 예술에서처럼 — 철학적 개념들과 연계하여 창조할 수 있듯이, 예술에 관한 개념들을 창조할 수 있다. 이런 이유로 들뢰즈는 그가 예술들, 과학, 의학, 정신의학 등에 관해 글을 썼을 때 그는 한 사람의 철학자로서 그렇게 했다고, 또 이 모든 영역들에서 행한 그의 저술들은 철학이라는 단어의 전통적 의미에서 "철학의 저작들로서, 오직 철학의 저작들로서만 읽혀져야만 한다"고 부단히 주장할 수 있었을 것이다.[17] 예술에 관한 연구들에서, 들뢰즈의 목표는, 철학자로서, 예술가나 작가가 창조하는 감성적 집적물들에 상응하는 개념들을 창조하는 것이었다. 『프랜시스 베이컨: 감각의 논리』에서, 들뢰즈는 일련의 철학적 개념들을 창조하는데, 그는 이 각각의 개념은 베이컨 회화들의 특수한 측면들과 관련되지만, 또한 "감각의 논리 일반"에 자리 잡고 있다고 말한다.[18] 이와 유사한 방식으로, 들뢰즈는 두 권의 『시네마』는 "어떤 특정한 영화적인 개념들", 즉 영화에 특유하지만 오직 철학적으로만 형성될 수 있는 개념들을 분리해 내고자 나서는 "논리학의 책, 영화의 논리학"으로 읽힐 수 있다고 주장했다(MI ix; N 47).

---

17 TRM 176(번역 수정). 질 들뢰즈, 「8년 후: 대담 1980」(카트린 클레망과의 인터뷰), *L'Arc* 49(개정판, 1980), 들뢰즈 특집호, 99를 보라.
18 『프랜시스 베이컨: 감각의 논리』에서 들뢰즈가 창조하는 개념들에 대한 분석에 대해서는, 대니얼 W. 스미스, 「베이컨에 관한 들뢰즈: 『감각의 논리』의 세 가지 개념적 궤적」 FB vii~xxxiii 을 보라.

이러한 세 가지 표제들은, 요약 형식으로, 철학과 예술의 관계 ─ 혹은 더 일반적으로 말해서, 철학과 창조 행위의 관계 ─ 에 관한 들뢰즈의 정의를 압축하고 있다. 즉, 철학자는 예술가 못지않게 창조적이고(철학자는 개념을 창조한다), 예술가와 작가들은 철학자 못지않게 사유하는 자들이다(그들은 단순히 비개념적 재료 또는 소재로 사유할 따름이다). 그리고 둘 중 어느 창조 활동도 다른 하나에 대해 우위성을 전혀 갖고 있지 않다. 그럼에도 불구하고, 『철학이란 무엇인가?』의 일부 독자들은 들뢰즈가 철학(개념의 창조), 예술(정동과 지각percept의 창조), 과학(함수의 창조)에다 다소 간결한 배당을 하는 데 놀라움을 표현해 왔다. 하지만 여기서 들뢰즈는 그가 초기 저작들에서 채택한 것과 같은 준-베르그손적semi-Bergsonian 절차를 따르고 있다. 『물질과 기억』에서, 베르그손은 그가 순수 지각과 순수 기억이라고 부르는 것을, 비록 경험은 언제나 우리에게 이 둘의 혼합체를 제시할지라도, 분석하고자 시도했다. 개념들은 우리로 하여금 경험 안에 섞여 있는 채로 있는 경향들을 분리하도록 해 준다. 마찬가지로, 들뢰즈는 『니체와 철학』에서 실존의 능동적 양식과 반응적 양식을 구별할 때, 혹은 『안티-오이디푸스』에서 상이한 사회구성체들("원시" 사회, 국가, 자본주의)을 구별할 때, 혹은 영화에서 상이한 종류의 이미지들을 구별할 때, 그는 언제나 그것들을 경험에서 제시된 혼합체들을 풀어헤쳐 내기 위해 사용될 수 있는 분리 가능한 유형들로 제시한다.[19]

---

19 들뢰즈가 『철학이란 무엇인가?』에서 개념들을 다루는 방식과, 『자본주의와 분열증』에서 사회적 배치들을 다루는 방식 사이의 관계에 대한 분석에 대해서는, 크레이그 런디, 『들뢰즈의 창조성 철학에서 역사와 생성』(Edinburgh: Edinburgh University Press, 2012)을 보라.

한 다양체에 상응하는 개념들을 추출하는 것은 이 다양체를 이루는 선들을 추적하는 것이다. 이 선들의 성격을 규정하기 위하여, 이 선들이 어떻게 얽혀지고, 연결되고, 분기하게 되나를 알아보기 위하여. … 우리가 "지도" 혹은 때로 "다이어그램"이라고 부르는 것은 일단의 상호 작용하는 선들이다. (D viii; N 33)

들뢰즈는 『철학이란 무엇인가?』에서 이와 동일한 접근법을 사용한다. 들뢰즈가 철학, 예술, 과학 사이에서 확립하는 구별들의 중요성은 무엇보다 이 구별들이 (의학, 정치학, 정신의학 등등은 물론이고) 이 세 영역 사이에서 발생하는 공명들과 교환들 — 생성들 — 을 평가하고 탐색하는 준거점을 제공한다는 점이다. 가령, 개념들은 필연적으로 정동과 지각percept과 분리 불가능하다. 개념들은 우리로 하여금 사물들을 상이하게 지각하도록(지각percept) 만들고, 우리 안에 새로운 양식들의 느낌을 고취하도록(정동) 만들며, 이렇게 하여, 스피노자가 말하듯이, 우리의 실존함의 역능을 변경한다(1983년 12월 13일 세미나). 순수하게 지성적이어서 새로운 정동과 지각percept을 생산하지 않은 개념은 공허한 개념일 것이다. 역으로, 들뢰즈는 "과학적 명제들을 과학 영역 바깥에서 인용하는 위험들" — 과학적 개념들을 다른 영역들에 "적용하는" 위험들, 아니면 과학적 개념들을 은유적으로 따라서 자의적으로 사용하는 위험들 — 을 예리하게 알아차리고 있었다. 들뢰즈는 "하지만 만약 우리가 과학적 조작자들로부터, 그 자체 비과학적인 영역들을 지시하는, 개념화 가능한 특수한 성격을 뽑아내는 데에 우리 자신을 제한한다면, 그리고 과학적 조작자를 적용하지 않고서, 또는 그것을 은유로 만들지 않고서 과학과 대화를 나눈다면, 아마도 이 위험들은 회피될 수 있을 것이다"라고 결론을 내렸다.[20] 이 두 사례들에서, 들뢰즈는 분리 가능한 영역들 간의 상호 관계들의 성격을 탐색하고 있다. 늘 그렇듯, 들뢰즈의 분석들은 주로 차이에 ── 사이에 있는 것, 중간적인 것, 관계적인 것, 간적間的인 것the interstitial에 ── 초점을 맞추고 있다.

개념 창조와 철학: 특이성들로서의 "생기적" 개념들

들뢰즈는 그의 개념 이론을 의자나 진주 같은 일상적 재인 개념이 아니라 특히 철학적 개념들 ── 철학자들이 창조한 개념들 ── 에 적용하려고 의도한 것으로 보인다. "미쇼Henri Michaux가 말하듯이, 통용되는 관념들에 충분한 것은 '생기적 관념들' ── 창조되어야만 하는 관념들 ── 에는 충분하지 않다."(WP 207) "생기적 개념" ── 창조되어야 했던 개념 ── 의 한 예는 "바로크" 개념인데, 들뢰즈는 이 개념의 구성요소들을 『주름: 라이프니츠와 바로크』에서 분석하고 있다.

---

20 TI 129. 이 시론에서, 나는 들뢰즈와 과타리가 과학을 다루는 방식을 한쪽으로 제쳐 놓았지만, 그럼에도 불구하고, 그것은 어떤 진화를 겪어 온 것으로 보인다. 1983년에 들뢰즈는 한 세미나에서 "개념들은 다른 유형을 가질 수 있고, 과학일 수 있고, 철학적일 수 있다"고, 간단하게 언급한 바 있다(13 Dec 1983). 그러나 1984년 5월경, 분명 들뢰즈는 철학으로부터 과학을 구별해 내어, 과학을 "조작자들operators의 체계"라고 정의하려 하고 있었다. 비록 들뢰즈가 곧바로 조작자opérateur는 우리가 "수학적 조작자, 물리적 조작자, 화학적 조작자의 차이는 무엇인가?" 하는 물음에 대답할 수 있기만 하다면 과학의 정의로서 기능할 수 있다고 덧붙이기는 했지만(1984년 5월 29일 세미나). 들뢰즈는 1985년 『시간-이미지』에서도 조작자opérateur라는 용어를 사용하곤 했다(TI 129). 같은 세미나에서, 들뢰즈는, 마치 그가 아직 분명히 『철학이란 무엇인가?』에서 철학적 개념 창조를 위한 조건으로서 역할을 하는 "개념적 페르소나" 개념을 떼어 내지 못했다는 듯, 예술을 "성격들[personages]"을 창조하는 것을 본성으로 하는 창조적 활동으로 정의했다. 따라서 『철학이란 무엇인가?』(1991)에서 함수들에 의해 과학을 정의한 것은 그 자체 일련의 실험들과 생성들의 결과인 다소 늦은 정식화였던 것으로 보인다.

[들뢰즈는 이렇게 쓰고 있다.] 우리가 유니콘이나 분홍 코끼리를 부인하는 식으로 바로크의 실존을 부인한다는 것은 이상한 일이다. 왜냐하면 이 경우들에서 개념은 주어지는 데 반해, 바로크의 경우에서 이는 우리가 바로크에다 실존을 부여할 수 있는(혹은 부여할 수 없는) 개념을 발명할 수 있는지 아는가 하는 문제이다. 들쭉날쭉한 진주들은 실존하지만, 바로크는 바로 이 이유를 형성하는 개념 없이는 실존할 이유를 갖지 않는다. (FLB 33)

달리 말해서, "바로크"와 같은 생기적 개념은 이 개념과 상응하는 대상을 **창조한다**. 대상은 개념의 형성에 앞서 존재하지 않기 때문이다. 창조될 때, 개념은 그 자신과 대상을 동시에 정립한다. 달리 말해서, 개념은 **자기-지시적**self-referential이다(WP 22). 이것은 이미 구성된 대상이나 또는 대상의 부류를 **지칭하기** 위해 사용되는 일상 언어의 개념(러셀)에 해당하지 않는다. 이런 이유로 들뢰즈는 개념을 다양체multiplicities 혹은 다중체manifolds로 간주했다. 즉, 계량 공간들은 데카르트의 좌표들과 같은 공간 외적인 좌표들에 의해 규정되는 데 반해, 비계량 공간들은 내적 변형들, 변이들, 추이들(화이트헤드의 "자연의 추이"의 의미)을 표시하는 내적 계량들을 가진다.[21]

하지만 이것은 철학이 유일한 개념 창조의 환경이 아니라는 점을 의미하는 것으로 보인다. 가령, 하인리히 뵐플린Heinrich Wölfflin

---

21 알프레드 노스 화이트헤드, 『자연의 개념』(Cambridge: Cambridge University Press, 1920)을 보라: "비록 베르그손이 '시간'을, 내가 '자연의 추이'라고 부르는 근본적인 사실을 위해 사용하기는 하지만, 내 생각은 그의 생각과 완전히 일치한다."

이 『미술사의 기초 개념』에서 다루었던 퍼즐은 바로크 시기에 생산되었던 모든 예술 작품들은 바로크 예술 작품들 … 과 같은 모습을 하고 있다는 사실이다. 하지만 바로크는, 스타일로서, 자신의 개념을 제쳐 놓고 실존하지 않으며, 뵐플린이 (바사리Giorgio Vasari와 대조적으로) "이름들이 없는" 그의 예술사에서 시도했던 것은, 더 광범위한 시각 양식사에 복무하는 고전 예술 개념과 바로크 예술 개념의 구성요소들 ── 선적인 것 대 색채적인 것, 평평함 대 움푹 들어감, 닫힌 형태 대 열린 형태, 선명도 대 명암 대비, 다양성 대 단일성 ── 을 분리해 내는 것이었다.[22] 비록 들뢰즈가 ── 특히 주름이 바로크 개념의 근본적인 구성요소라고 주장함으로써 ── 뵐플린의 분석들의 측면들과 결별할지라도, 우리는 그럼에도 불구하고 뵐플린의 선구적인 저작에서 개념 창조에 대한 방대한 노력을 간취할 수 있다.[23] 이와 유사한 개념 창조가 의학에서 발생한다. 만약 파킨슨 병이나 아스퍼거 증후군 같은 조건들이 환자들이 아니라 의사들을 따라 이름이 지어진다면, 이는 의사들이 병에 대한 최초의 진단 개념을 구축함으로써 그 병을 "분리해 낼" 수 있기 때문이다. 개념의 구성요소들은 **증후들**symptoms, 병의 기호들이며, 개념은 이 증상들이 만나는 장소, 이 증후들이 일치

---

22 하인리히 뵐플린, 『미술사의 기초 개념: 근세 미술에서의 양식 발달 문제』(1915), 독일어 제7판(1929)의 M. D. 호팅거 옮김(New York: Dover, 1932). 빌헬름 보링거는 후에 고딕 양식 개념에 대한 이와 유사한 개념적 분석을 시도하는데, 들뢰즈는 자주 이 분석에 호소한다. 빌헬름 보링거, 『고딕의 형식』(1911), 허버트 리드 편(London: G. P. Putnam's Sons, 1927); 또한 『추상과 감정이입: 양식 심리학 논고』(1908), 마이클 불록 옮김(Chicago: Elephant Paperbacks, 1997)을 보라.

23 이 노선을 따르는, 뵐플린의 저작에 대한 통찰력 있는 분석에 대해서는, 아놀드 I. 데이비드슨, 「추리의 양식들: 예술사에서 과학 인식론으로」, 『성애의 출현: 역사적 인식론 및 개념들의 형성』(Cambridge, MA: Harvard University Press, 2001), 125~141을 보라.

하거나 수렴하는 지점을 나타내는 증후군syndrome의 이름이 된다(M 15~16).

[들뢰즈는 한때 이렇게 인정한 바 있다.] 내가 만약 증후학의 문제를 다루고 있지 않았다면, 나는 결코 나 자신이 정신분석학과 정신의학에 관해 글을 쓰도록 허용하지 않을 것이다. 증후학은 예술가와 철학자와 의사와 환자가 서로 마주칠 수 있는, 거의 의학 외부에, 중립점에, 영점에 위치한다. (DI 134)

이 맥락에서, 아놀드 데이비드슨은, 성애 개념의 창발에 대한 그의 저작에서, 엄격히 말해, 19세기 이전에는, 성도착자나 동성애자 개념이 아직 정식화되지 않았기 때문에, ── 말하자면, 남색꾼pederast이나 남색자sodomite가 아니라 ── 성도착자나 동성애자가 존재하지 않았다는 점을 보여 주었다.[24] 마찬가지로, 이언 해킹은 특히 인문 과학에서, 다중 인격과 같은 개념들의 창조가 현상들을 창조하거나, 새로운 양식의 실존을 가능하게 하는 "사람들을 만들어 내는" 효과를 가질 수 있다는 점을 보여 주었다.[25] 요컨대, 개념 창조는 철학의 배타적

24 아놀드 I. 데이비드슨, 「주검을 자세히 살피다: 성애의 질병 및 추리의 정신의학적 스타일의 출현」, 그리고 「성, 그리고 성애의 출현」, 『성애의 출현』, 1~65. 또한 데이비드 핼퍼린의 이 제는 고전이 된 분석, 『동성애의 일백 년: 그리고 그리스인의 사랑에 관한 다른 시론들』(New York: Routledge, 1989)을 보라.

25 전반적으로는, 이언 해킹, 「사람들을 만들다」, 『역사적 존재론』(Cambridge, MA: Harvard University Press, 2002), 99~114, 그리고 「바이오파워biopower와 인쇄체 숫자들의 사태」, *Humantitie in Society* 5(1982), 279~295를 보라. 특정한 개념들, 그리고 이에 상응하는 실존 양태들에 대한 해킹의 분석에 대해서는, (1) 다중 인격에 관해서는, 「이중 인격의 발명」, 『인간 본성과 자연적 인식』, 앨런 도너건·앤서니 N. 페로비치, Jr.·마이클 V. 웰들린 편(Dordrecht:

322   제2부 들뢰즈의 철학 체계

인 영역인 것으로 보이지 않는다. 비록 들뢰즈가 때로 이런 식으로 말할지라도, 그럼에도 불구하고 그는 "개념들을 창조하기 위한 시간과 장소가 존재하는 한, 이러한 의지를 수행하는 활동은 언제나 철학이라고 불리거나, 혹은 설사 그 활동이 다른 어떤 것으로 불릴지라도 철학과 구분될 수 없을 것이다"라고 쓰고 있다(WP 9).

달리 말해서, 개념 창조에 관해 중요한 것은, 철학과 맺는 특유한 관계가 아니라, 창조된 개념 —"생기적" 개념들— 은 개념이 창조되는 어떠한 영역에서든, 특이성들로 (정확히 말해, 일단의 **특이성들**, 혹은 다양체들로) 이해되지 않으면 안 된다는 사실이다.

> [들뢰즈는 이렇게 적고 있다.] 두 종류의 개념, 즉 보편자와 특이성이 존재한다. ⋯ 철학의 제1원리는 보편자는 무언가를 설명하는 것이 아니라, 그 자체 설명되어야만 한다는 점이다. ⋯ 개념은 보편자가 아니라, 다른 특이성의 이웃으로 연장되는 특이성이다. (N 156~157; WP 7)

하지만 한 개념을 일단의 특이성들로 간주한다는 것은 무엇을 의미하는가? 들뢰즈는 레비-스트로스가 구별한, 오직 유사한 사물만이 서로 다를 수 있다는 명제와 오직 차이들만이 서로 닮을 수 있다는 명제 이러한 두 유형의 명제에 자주 호소한다.[26] 첫 번째 유형의

Springer, 1986), 63~85; (2) 아동 학대에 관해서는, 「아동 학대의 제조와 주조」, *Critical Inquiry* 17(Winer, 1991), 253~288; (3) 자폐증에 관해서는, 「톰은 모린에게 무엇을 말하고 있는가?」, *London Review Books,* Vol. 28, No. 9(May 2006), 3~7을 보라.

명제에서, 사물들 간의 닮음이 일차적이다. 두 번째 유형의 명제에서, 사물들 그 자체는 다르고, 사물들은 무엇보다 그것들 자체와 다르다(내적 차이). 첫 번째 명제는 유사성을 차이의 조건으로서 정립하며, 서로 다른 두 사물들을 위한 (붉음 같은) 동일하거나 보편적인 개념의 상정을 요구한다. 두 번째 명제에 따르면, 유사성 혹은 심지어 동일성도 일차적인 차이 혹은 차이들 체계의 효과이다. **직선** 개념은 모든 직선들은 서로 유사하고, 또 이 개념은 유클리드 기하학에서처럼 공리적으로 정의될 수 있기 때문에 보편적이다. 이와 대조적으로 **주름**fold 개념은, 주름들은 변이하고 모든 주름은 다르기 때문에, 특이성이다. 모든 접음folding은 차이화에 의해 진행된다. 어떠한 두 사물 ── 두 개의 바위, 두 장의 종이 ── 도 같은 방식으로 접히지 않으며, 또 같은 사물이 언제나 같은 방식으로 접힐 것이다라고 말할 일반 규칙도 존재하지 않는다. 이런 의미에서, 모든 곳에 주름들이 존재하지만, 주름은 보편자가 아니다. 그렇기는커녕 주름은 "차이소(=차이를 빚는 것)differentiator", "미분differential"이다. 들뢰즈가 쓰고 있듯이, "그것은 사물들을 동일한 하나의 개념[보편자]하에 합치는 문제가 아니라, 각 개념을 변이들[특이성들]을 규정하는 변수들과 관계를 맺게 하는 문제이다."(N 31) 혹은 또, 그 자신의 개념적 창조에 관해 쓰고 있다. "**욕망**이나 **기계**, 또는 **배치**와 같은 개념들에 관해 흥미로운 것은 이 개념들이 오직 이 개념들의 변수들에서 또 이 개념들이 허용

---

26 N 156, LS 261~262, DR 116을 보라. 이 텍스트들은 모두 클로드 레비-스트로스, 『토테미즘』, 로드니 니담 옮김(Boston: Beacon, 1963), 77을 언급하고 있다: "서로가 서로에게 닮은 것은 닮음이 아니라 차이들이다."

하는 최대한의 변수들에서 가치를 갖고 있다는 점이다."(D 144) 생기적 개념이나 창조된 개념에 관해 중요한 것은 이러한 개념의 보편성들이 아니라 내적 특이성들 — 이 개념이 연결하는 특이점들, 이 개념이 압축하는 강도적 구성요소들, 이 개념이 착수하는 생성들과 변이들 — 이다. 이런 이유로 주름 개념은 레비-스트로스의 두 번째 개념과 연관된다. 즉, 모든 주름들은 다르고, 또 이 다름difference은 일차적이다. 하지만 모든 주름들은, 이차적으로, 개념 안에서 서로 유사하도록 되어 있다. 주름 개념은 특이성이며 — 더 정확히 말하면, 그것은 개념의 구성요소들을 형성하는 일군의 특이성들의 수렴을 나타내는 다양체이다 —, 이 개념은 그 자체 내에서 변이함으로써, 분기함으로써, 변용함으로써 지형을 얻을 수 있을 따름이다.

> 우리는 오직 산들이 견고성을 상실하는 접음의 관점에서만, 산들의 천년이 다시 한번 자신들의 본질이 되는, 즉 영원이 아니라 **순수 상태의 시간**이 되는 접음의 관점에서만 산들을 이해해야 한다 — 그리고 무엇보다도, 산들을 보고 만져야 한다. (N 157)

개념들이 일군의 특이성들(혹은 다양체들)인 이러한 주장과 더불어, 우리는 들뢰즈 개념들의 부단한 "생성"에 대한 이유에 다다랐다. 즉, 들뢰즈의 개념 분석론의 목표는 그가 "연속적 변이" 혹은 "순수 가변성"이라고 부르는 형식 속에서, **시간의 순수 형식**을 개념들에 도입하는 것이다. "목표는 영원한 것 또는 보편적인 것을 재발견하는 것이 아니라, 새로운 어떤 것을 생산하는 조건들(창조성)을 발견하는 것이다."(D vii)

근원적 시간에서 일상적 시간으로

하지만 시간을 개념들 안으로 도입하는 것은 무엇을 의미하는가? 이 물음에 대답하려면, 우리는 들뢰즈의 시간 철학을 통해 가는 짧은 우회로를 밟아야만 한다. 더 구체적으로 말해, 우리는 들뢰즈가 시간의 순수한 빈 형식 ─ 그의 저술들에서 빈번히 반복해서 나타나는 어구 ─ 을 언급할 때 그가 의미하는 것을 이해할 필요가 있다.[27] 들뢰즈에 따르면, 우리의 시간 개념의 현대적 변화는 칸트에게서 일어났다. 칸트의 저작에서, 시간은 처음으로 그 자체의 독립성과 자율성을 띠었다. 그 전에, 고대에서 17세기를 거쳐 오며, 시간은 운동에 종속되어 왔다. 시간은 운동의 척도 혹은 "수"였다. 다수의 운동들은 다수의 시간들을 의미했으므로, 고대인들은 다음과 같은 물음으로 인도되었다. 즉, 운동 ─ 혹은, 적어도 매우 완전한 운동 ─ 외부에, 다른 모든 운동들이 측정될 수 있는 부동의 어떤 것, 거대한 천체 도식, 혹은 라이프니츠가 일종의 "메타도식성metaschematism"이라고 불렀던 것이 존재하는가? 다른 모든 운동들이 통합될 수 있는 운동들 중의 운동이 존재하는가? 두 가지 주요한 유형의 운동 ─ 코스모스의 외연적 운동과, 영혼의 내포적 운동 ─ 이 존재했으므로, 이 물음은 결국 두 가지 상이한 방식으로 대답되었다. 가령, 『티마이오스』에서 플라톤은 코스모스의 운동들을 상상의 "플라네타륨planetarium" 안으로 병합하

---

27 우리가 여기서 단지 요약하고 있을 뿐인 들뢰즈의 시간 개념에 대한 포괄적인 분석에 대해서는, 제임스 윌리엄스, 『질 들뢰즈의 시간 철학』(Edinburgh: Edinburgh University Press, 2011)을 보라. 윌리엄스는 『시네마』에 관한 책들에서 제시된 시간 분석들보다는 주로 『차이와 반복』과 『의미의 논리』에 중점을 두고 있다. 하지만 후기의 저작들이 시간에 관한 들뢰즈의 초기 논의들을 매우 중요한 방식으로 확장하고 있는 것으로 보인다.

려고 모색했다. 이 플라네타륨은 가운데에 부동의 지구가 있는 여덟 개의 구체로 이루어져 있다. 또 자전하고 있는 "고정된 것"인 구체(항성들)에 의해 둘러싸여 있고, 이 구체들 사이에는 반대 방향으로 회전하고 있는 일곱 개의 구체들(행성들)이 있다. 이 회전하고 있는 구체들은 최초의 위치에서 출발해서, 결국 같은 위치로 되돌아간다. 플라톤 년, 즉 일부 추산에 따르면, 만 년 지속된다고 생각되는 "영원회귀"의 순환이다. 다른 모든 운동들이 측정될 수 있는 준거점을 제공한 것은 바로 이 운동 중의 운동, 즉 불변적인 것, 영구적인 것이었다. 이런 식으로, 시간은 영원한 것, 비-시간적인 것, 비-시제적인 것에 종속되었다. 플라톤의 적절한 공식으로 표현하면, 시간은 "영원한 것의 움직이는 이미지"[28]였다. 마찬가지로, 플로티노스는 영혼의 내포적 운동을 전진과 전환의 유출적 과정이 있는 일자의 운동 안으로 병합했다.[29] 두 경우 모두에서, 결과는 영원한 것 —— 즉, 코스모스 안의 특권적 위치 혹은 영혼 안의 특권적 순간들을 특징으로 하는 **근원적 시간** —— 과 가까운 것에 아니면 먼 것에 의존하는 운동들의 위계화였다. 이 불변하는 것의 발견은 진리적인 것의 발견이었다. 진리적인 것의 형식은, **모든 시간**에 또 **모든 장소**에서 보편적인 것이었다. 시간을 이렇게 운동의 척도로 이해하는 일은 우리의 공통 연대기적 시계 시간

---

28 플라톤, 『티마이오스』, 37d. 아리스토텔레스의 정의는 마찬가지로 운동에 지침을 두고 있다. "시간은 전과 후와 관련하여 운동의 수이다."(『물리학』, 219b2)

29 들뢰즈는 플라톤과 플로티노스의 시간 개념들을 논하고 있다. 1984년 2월 7일에서 1984년 3월 27일까지 행한 일련의 세미나들을 보라. 같은 문제에 대한 데카르트의 근대적 해결은 운동 "속의" 불변적인 어떤 것, 즉 운동의 양, mv, 질량 곱하기 속도의 산물을 보존하는 것이었다.

에서 계속 안정되게 자리 잡고 있다. 즉, 일, 월, 년은 지구, 달, 해의 운동을 측정하는 반면, 주week와 시hour는 주로 영혼의 종교적인 규정들이다(신은 일곱 번째 날에 휴식을 취했다). 그리고 우리의 손목시계와 괘종시계는 진자이든 수정 진동자이든 간에 운동에 계속 의존해 있다. 현대는 고대 못지않게 여전히 시간과 운동을 동질적이고 균일적으로 만드는 막대한 노력에 종사하고 있다(시간표, 표준시간대, 위성 항법 시스템).

그럼에도 불구하고 칸트의 혁명은, 이 두 영역 — 코스모스와 영혼 — 에는 **파생된** 시간이 점점 정립된 근원적 시간에서 벗어나는 경향이 있는, 운동의 근본적인 **일탈들**이 붙어 다닌다는 사실에 의해 준비되었다. 지구("달 아래에 있는 것")에 더 가까이 다가갈수록, 코스모스의 운동들은 점점 변칙적이 되는 경향이 있었다. 즉, 기상학적 운동들의 예측 불가능성, 생겨나고 사라지는 모든 것의 운동의 예측 불가능성이 있었다. (미셸 세르가 적고 있는 바와 같이, "과학자들은 식触, eclipse의 시간을 예측할 수 있지만, 그들이 그 식을 볼 수 있을지는 예측할 수 없다". 프랑스어와 많은 라틴 언어들에서, 같은 단어 — le temps[=시간] — 가 이 단어와 어원이 같은 여러 가지 말들, temperature, tempest, temperate, temperament, intemperate, temper와 함께 시간과 날씨를 위해 사용된다는 것은 결코 우연에 의해서가 아니다.[30]) 달 아래에 있는 세계가 자신의 비례적인 규칙들을 갖고서 메타도식성에 순종하는가, 아니면 그 자신의 변칙적인 운동들과 부조화

---

30 미셸 세르, 『물리학의 탄생』, 데이비드 웹 편, 잭 호크스 옮김(Manchester: Clinamen, 2000), 67, 그리고 미셸 세르, 『아틀라스』(Paris: Julliard, 1994), 100을 보라.

를 갖고서 메타도식성으로부터 독립을 향유하는가? 피타고라스의 무리수 발견은 이미 속도와 다양한 우주적 구체들의 위치 간의 근본적인 통약 불가능성을 가리켰다. 요컨대, "운동들의 운동"에 의해 제공되는 불변자는 운동이 점점 일탈적인 것이 되었을 때 **위기들의 위협**을 받았다. 마찬가지로, 영혼의 내포적 운동은 파생된 시간 속에서 동요하는 불안한 운동들이 그 자신의 독립성을 띠고, 일자 혹은 신의 근원적 시간에 종속되기를 그치는(몰락) **공포**라는 특징을 갖게 되었다. 어떤 의미에서, 철학에서 "보편자들"을 향한 추구는 이러한 공포의 잔재이다. 바로 이 보편자라는 용어는 "일자로 향해진"을 의미하는 라틴어 universus(uni-"일자" + vertere의 과거분사 versus "향해진")에서 유래한다.

그러나 ── 기상학적이고, 지구적이고, 정신적인 우발성을 특징으로 하는 ── 이러한 일탈적인 또는 파생된 운동들은 여전히 운동의 모험들에 의존하는 하향적인 경향으로 남아 있었다. 이러한 운동들 또한 문제, 선택을 제기했다. 즉, 우리가 운동의 우위성을 "구하려고" 할 수 있느냐(외양을 구하기), 아니면 운동과 관련한 시간의 해방을 받아들일 뿐만 아니라 또한 이에 대해 **의지를 낼** 수 있느냐 하는 것이다. 운동이 구해질 수 있는 두 가지 방식이 있었다. 세계의 외연적인 조화는 자연의 근원적 시간 속에서 특권적인 준거점이 되는 계절들이나 수확들이 있는 **전원적** 시간의 리듬에 호소함으로써 구해질 수 있었을 것이다. 영혼의 내포적 조화는 기도와 저녁기도의 특권적인 순간들이 있는 **수도원적** 시간에 호소함으로써, 혹은 더 일반적으로 말해서, 근원적이고 정신적인 내면성의 생활에 호소함으로써(루터) 구해질 수 있었을 것이다. 이와 대조적으로, 시간의 해방은 "적enemy"인

도시에서 발생할 터인데, 이는 그럼에도 불구하고 전원 공동체와 수도원 그 자체에 의해서 생겨난 "적"이다. 도시의 시간은 전원적 생활의 시간도 정신적 생활의 시간도 아니라, 일상생활의 시간이다. 더 이상 근원적 시간도 파생된 시간도 없으며, 오직 **일상적** 시간이 있을 뿐이다. 이 시간 해방의 근원들은 다양하며, 자본주의의 발달에는 물론이고 종교개혁에 뿌리들을 갖고 있다. 가령, 막스 베버는 종교개혁이 두 관념의 "직업" ─ 신앙의 직업과 직업적 활동 ─ 을 결합함으로써 이러한 시간 해방을 의식하게 되었음을 보여 주었다. 그리하여 구두 수선공의 직업과 같은 세속적 직업들은 모든 성스러운 직업만큼 품위 있는 것으로 간주되었다. 의무가 세속적이지 않고 자기와 세계를 부인하는 수도사와 달리, 세간사에서 자신의 의무를 이행하는 것이 개인들의 도덕적 활동이 취할 수 있는 최상의 형식이 되었다. 오로지 하나의 시간(일상적 시간)만이 있었으며, 우리가 이제 우리의 구원을 발견하게 되는 것은 바로 이 시간에서이다.[31] 마찬가지로, 마르크스는 더 이상 우주적 리듬이나 정신적 조화에 근거하지 않는 이러한 시간 **활동**관(당신은 당신의 시간을 갖고서 무엇을 하는가?)은 결국, 모든 순간의[l'instant quelconque] 기계화된 노동을 갖고서 농업 노동의 특권적인 순간들을 대체하는 "추상적인" 자본주의 시간에서 시간의 새로운 모델을 발견한다는 점을 보여 주었다. 시간은 화폐가 되었고, 화폐하에서 화폐가 화폐를 생산하는 형식(고리대금업이나 신용 거래)이 되었으며, 화폐 그 자체는 "시간의 흐름"이 되었다. 즉, 자본주의

---

31 막스 베버, 『프로테스탄트 윤리와 자본주의 정신[1905], 그리고 그 밖의 저술들』(London: Penguin, 2002). 또한 1984년 3월 27일 세미나를 보라.

의 추상적 시간은 도시의 구체적인 시간이 되었다(1984년 2월 7일 세미나). 비록 여전히 근원적 시간(본래적)과 파생적(비본래적) 시간의 예스러운 구별을 유지하고 있긴 했지만, 결국 엄청난 철학적 일상 개념과 이 개념이 시간과 맺는 관계를 산출하게 되는 사람은 바로 하이데거였다.

들뢰즈에게, 시간 해방의 결과는 철학이 일상생활의 사유(의견)와 맺는 관계에 있어서 근본적인 변화일 것이다. 17세기 내내 우리는, 철학적으로, 일상생활은 일상이 아닌 어떤 것, 즉 영원한 것에 관한 성찰에 응하기 위하여 유예되었다고 말할 수 있을 것이다. 이와 대조적으로, 도시의 일상성everydayness의 일상적ordinary 시간은 더 이상 영원한 것에 관련되지 않고, 매우 상이한 어떤 것, **새로운 것의 생산**에 관련되어 있다. 평균적 일상성의 흐름을 감안할 때, 나는 나 자신을 적어도 일요일마다(또는 토요일마다) 초월성 혹은 영원한 것을 향하여 수직적으로 상승시킬 수 있거나, 아니면 나는 시간성이 영원한 것이 아니라 새로운 것을 향해 있는 일상성의 수평적 흐름에 남아 있을 수 있다. 새로운 것의 생산은, 고대인들에게 있어서 진리적인 것the true의 발견이 근원적 시간의 발견인 것과 꼭 같은 방식으로, 일상적 시간의 상관자일 것이다. 철학의 목표는 더 이상 선재하는 진리들을 시간 외부에서 **발견하는** 것이 아니라, 선재하지 않는 개념들을 시간 내에서 **창조하는** 것이리라.[32]

---

32 이 주제들에 대한 들뢰즈의 해명에 대해서는, 1984년 4월 17일 세미나와 1984년 5월 4일 세미나를 보라. 또한 TRM 238을 보라: "철학은 일반성도 아니고 심지어 진리도 아닌 개념을 창조한다. 개념들은 특이한 것, 중요한 것, 새로운 것의 층위를 가지는 것이다."

시간의 순수한 빈 형식

만약 칸트가 이 새로운 시간 개념에 최초로 철학적 표현을 부여할 수 있었다면, 이는 그가 시간을 운동에 종속되는 것으로부터 완전히 해방시켜서 시간을 독립적이고 자율적인 것으로 만들었기 때문이다.[33] 칸트는 운동의 우주론적이고 심리학적인 변칙으로부터 필연적인 결과들을 이끌어 냈다. 즉, 그는 시간을 영원한 것으로부터는 물론이고 우주론과 심리학으로부터 해방시켰다. 칸트의 경우, 자기, 세계, 신은 모두 우리의 새로운 시간상의 위치에서 유래하는 이성의 초월론적 가상으로 제시된다. 시간은 운동의 수이기를 그치며, 더 이상 그 자체 외에는 아무것에도 의존하지 않는다. 시간은 더 이상 운동을 측정하는 것이 아니라, 운동 그 자체가 (근원적이든 파생적이든, 변칙적이든 일탈적이든) 이제 시간 내에서 장소를 점한다. 이 역전은『순수이성비판』의 서두 페이지들에서 간취될 수 있다. 칸트 이전에, 대체로 시간은 계기에 의해, 공간은 공존에 의해, 영원eternity은 영속성 permanence에 의해 정의되었다.[34] 칸트의 경우, 계기, 동시성, 영속성은 모두 시간의 **양식들** 혹은 **관계들**로 제시되었다. 즉, 계기는 다른 시간들에 존재하는 것의 규칙이고, 동시성은 같은 시간에 존재하는 것의 규칙이고, 영속성은 모든 시간들에 존재하는 것의 규칙이다. 달리

---

33 들뢰즈의 2부작『시네마』의 주제들 중의 하나는, 훨씬 더 짧은 역사 속에서, 영화는 그럼에도 불구하고 이 철학적 혁명을 운동-시간 관계 속에서 집약했다는 점이다. 시간 개념으로 이 혁명을 유용하게 요약한 것에 대해서는, 들뢰즈의 관점과 약간 다른 관점에서이긴 하지만, 존 듀이, 「시간과 개체성」(1940),『듀이의 주요 저작』, 제1권,『실용주의, 교육, 민주주의』, 래리 A. 히크먼·토머스 M. 알렉산더 편(Bloomington and Indianapolis: Indiana University Press, 1998), 217~226을 보라.

말하면, 계기(계열)는 시간 부분들 간의 종합적 관계이고, 동시성(집합)은 시간 내용들 간의 종합적 관계이고, 영속적인 것(지속)은 계기적 상태들을 통해 지나가고 동시적 상태들을 소유함으로써 시간 안에서 지속하는 어떤 것이다. 칸트의 경우, 자기self는 시간 안에서 지속하고(영속성), 내포적 상태들을 지니고(동시성), 한 외연적 상태에서 다른 한 외연적 상태로 지나가는(계기) 시간 실체temporal entity이다. 그렇다면 이것이 들뢰즈가 칸트는 시간을 순수한 빈 형식으로서 재구상했다고 말할 때 그가 의미하는 것이다. 즉, 시간은 더 이상 외연적이거나 내포적인 운동에 의존하지 않는 빈 형식이다. 대신에, 시간은 움직이고 변화하는 모든 것의 순수하고 불변적인 형식 — 영원한 형식이 아니라, 정확히 말해 영원하지 않은 것의 형식 — 이 되었다(ECC 29). 그렇지만 시간 그 자체는 계기도, 동시성도, 영속성도 아니다. 왜냐하면 시간은 시간 양식들의 어떤 것으로도, 혹은 시간 내에서 발생하는 것(시간 내용)으로도 환원될 수 없기 때문이다. 우리는 시간의 불변적 형식이 영속적이라고 말할 수조차 없다. 왜냐하면 영속적인 것은 — 계기적이거나 동시적인 것 못지않게 — 시간 안에서 나타나고 지각되는 데 반해, 시간의 불변적 형식 그 자체는 지각될 수 없기 때문이다. 변화의 순수 형식으로서, 시간 그 자체는 무한한

---

34 고트프리트 빌헬름 라이프니츠, 『라이프니츠-클라크 서신』, H. G. 알렉산더 편(Manchester: Manchester University Press, 1956), 15를 보라: "제 자신의 의견으로는, 저는 공간을, 시간이 그렇듯이, 순수하게 상대적인 어떤 것이라고 생각한다고 — 시간이 계기의 질서이듯이, 공간을 공존의 질서라고 생각한다고 — 두세 번 말한 바 있습니다. 왜냐하면 공간은, 개개의 실존 방식에 들어감이 없이 함께 실존하는 것으로 간주되는, 동시에 실존하는 사물들의 질서를, 가능성의 면에서, 지시하기 때문입니다. 그리고 많은 사물들이 함께 보일 때, 우리는 그것들 사이에서 사물들의 질서를 의식적으로 지각합니다."

가변성으로 정의되며, 들뢰즈가 『철학이란 무엇인가?』에서 제시하는 카오스에 대한 정의는 그 자체로 시간의 순수 형식에 대한 기술이다. "카오스는 규정들의 부재가 아니라, 규정들이 생겨나고 사라지는 무한 속도를 특징으로 한다."(WP 42; cf. DR 28) 달리 말해서, 다양한 시간 내에서, 카오스는, "솟아오르지만 결국 견실성이나 준거 없이, 결과 없이 즉각적으로 사라지는"(WP 118) 이러한 규정들 간의 모든 종합이나 리듬의 결핍에 의해 정의된다.

만약 이 시간의 순수한 빈 형식 내에 구원 ── 일상적인 것이 된 시간 ── 이 조금이라도 존재한다면, 칸트의 경우 그것은 존재와 인식을 가능하게 하기 위하여 시간 그 자체가 아니라 시간의 양식들에 행사되는 과정인 **종합**의 활동을 통해서 발생한다.[35] 계기의 측면에서 보면, 시간 안에서 나타나는 것은 다양한 부분들인데, 이 부분들은 늘 가변적인 현재에 그것들을 고정시키는 **포착 작용**apprehension을 행하는 주체에 의해 종합되어야만 한다. 동시성의 측면에서 보면, 더구나, 나는 인식이 가능하기 위해 부분들을 포착해야만 할 뿐만 아니라, 또한 나는 지나간 부분들을 **재생산해야만** 한다. 즉, 나는 시간 안의 선행하는 부분들을 기억해서 현재적 부분들과 함께 그것들을 종합하거나 "수축해야"만 한다. 마지막으로, 영속성의 측면에서 보면, 나는 포착된 현재와 재생산된 이전 현재들을, 시간 안에서 지속하는, 재인 작용 안의 개념과 관련 있는 어떤 것의 영속성과 함께 종합할 수 있다

---

35 들뢰즈는 시간의 종합을 시간 그 자체와 혼동하지 않는 것이 중요하다고 주장한다. 마르틴 하이데거는 『칸트와 형이상학의 문제』, 제임스 S. 처칠 옮김(Bloomington: Indiana University Press, 1962)에서, 시간의 종합을 근원적 시간으로 그릇되게 간주했기 때문에, 근원적 시간을 재도입했다. 1984년 4월 14일 세미나에서 행한 들뢰즈의 비판을 보라.

("그래서 그것은 테이블이다"). 『차이와 반복』── 특히 반복에 관한 제3장 ── 의 독자들은 들뢰즈가 종합에 관한 칸트의 분석을 **수동적 종합**의 개념의 방향으로 수정하는 방식을 인지하게 될 것이다.[36] 첫 번째 종합(현재)은 칸트의 의미에서 모든 수용성을 가능하게 만드는 유기적이고 물질적인 수동적 종합(습관)으로 재정식화된다. 두 번째 종합(과거)은, 베르그손을 따라가며, "순수" 과거 개념 ── 이 개념이 없다면 시간의 지나감은 불가능하게 될 것이다 ── 의 필요성을 정립한다. 그리고 세 번째 종합(미래)은, 재인에 호소하지 않고, 대신에 **새로운 것**의 생산을 위한 조건이다. 베르그손은 후에 "우리가 시간의 본성을 연구하면 할수록, 그만큼 더 우리는 지속duration이 발명, 형식들의 창조, 절대적으로 새로운 것의 끊임없는 정교화를 의미한다는 점을 이해하게 될 것이다"라고 썼다.[37] ── 철학, 과학, 예술에서 발견되는 창조 활동을 포함하는 ── 새로운 것의 생산은 이러한 시간 해방의 직접적인 결과이다. 비록 이 용어가 텍스트에 거의 나타나지 않는다 할지라도, 『철학이란 무엇인가?』는 시간에 관한 책이며, 더 정확히 말해, 시간의 순수 형식 내에서 발생하는 사유의 규정들에 관한 연구서이다. 흄이 관념들의 연합이라고 불렀던 것(유사성, 인접성, 인과성)은 최소한의 변함 없는 규칙들을 갖고서 시간 안에서 우리의 관념들을 연결하고, 이렇게 하여 우리를 카오스로부터 보호하는 의견의 영

---

36 칸트에서 발견되는 초월론적 자아의 **능동적 종합**을 들뢰즈는 부분적으로 후설로부터 끌어온 수동적 종합 이론으로 대체한다. 조 휴즈는 『들뢰즈와 재현의 발생』(London and New York: Continuum, 2008), 특히 8~19에서 수동적 종합 개념에 대한 통찰력 있는 분석을 제공하고 있다. 또한 키스 포크너, 『들뢰즈와 시간의 세 가지 종합』(New York: Peter Lang, 2005)을 보라.
37 앙리 베르그손, 『창조적 진화』, 아서 미첼 옮김(New York: Henry Holt, 1911), 13.

역을 형성한다. 하지만 철학, 과학, 예술은 이것 이상의 일을 행하며, 들뢰즈는 그 자신의 (창조된) 어휘를 사용해서 그것들 각각의 활동을 기술한다. 시간의 무한한 **가변성**(=변이 가능성)variability으로부터, 철학자들은 일관된 개념의 구성요소들로서 수렴하는 **변이들**variations을 추출하고, 과학자들은 함수 안에서 규정 가능한 관계들로 들어가는 **변수들**variables을 추출하고, 예술가들은 감각 존재의 조성으로 들어가는 **다양성들**varieties을 추출한다(WP 202).

새로운 개념 분석론

『철학이란 무엇인가?』에서 제시되는 새로운 개념 분석론은 시간의 형식을 철학적 개념들 안으로 삽입해서, 이 개념들에다 미분적이고 시간적인 종합적 구조를 배정하고자 하는 시도이다. 개념들은 동일성을 갖지 않는 반면, 그것들은 **견실성**을 가져야만 하지만, 이 견실성은 개념의 가변성을 필연적인 보완으로 가져야만 한다.[38] 들뢰즈는 외-견실성exo-consistency과 내-견실성endo-consistency의 표제하에서 개념의 이 두 가지 시간적 측면을 분석한다. 들뢰즈에게, 어떠한 개념도 결코 단일한 법이 없다. 그것은 다른 개념들과 연결되어 있을 뿐만 아니라(외-견실성), 각 개념은 또한 그 자신의 내적 구성요소들을 가지며(내-견실성), 이렇게 해서 이것은 그 자체 결국 개념으로 간주될 수 있다. 가령, 데카르트의 코기토 개념은 세 구성요소, 곧 생각함, 의

---

38 벨루르(Raymond Bellour)는 들뢰즈가 "개념은 어떻게 중지하고, 저지하고, 양립하는 것인 동시에 또한 도주하는 것, 모든 도주선을 개방하는 것일 수 있는가?"라고 물을 때 들뢰즈의 분석에 내재하는 긴장을 멋지게 요약하고 있다. 레몽 벨루르, 「생각하기, 이야기하기: 질 들뢰즈의 영화」, 멜리사 맥마흔 옮김, *Discourse*, Vol. 20, No. 3(Fall 1998), 56~75: 71.

심함, 존재함을 가진다고 말할 수 있다. 즉, "(의심하는) 나는 생각한다. 그러므로 나는 존재한다(생각하는 존재자)". 그러므로 개념은 언제나 다양체이다. 즉, 개념은 구별되고, 이질적이지만, 그럼에도 불구하고 분리 불가능한 유한한 수의 성분들이나 변이들로 이루어져 있다. 개념 그 자체는, 개념이 그 자체 안에서 일관된 것으로 만드는 이러한 구성요소들의 합치점이나 응축점 또는 누적점이다. 그리고 이러한 내적 견실성은 결국 이 구성요소들 사이에서 개념이 창조하는 이웃[voisinage] 지대나 식별 불가능성에 의해 정의된다. 하지만 하이퍼텍스트hypertext와 마찬가지로, 코기토 개념은 다른 데카르트 개념들로 가는 연결들이나 교차로를 제공하는 다리들을 위한 잠재력을 내포하는 개방형 다양체이다.[39] 무한성 관념은 코기토 개념에서 신 개념 — 신의 실존을 위한 "증거들"을 형성하는 세 구성요소를 가지는 새로운 개념 — 으로 인도하는 다리이다. 이어서, 세 번째 (존재론적) 증거는 개념의 폐쇄를 보증하지만, 신 개념이 우리의 다른 명료하고 판명한 관념들의 객관적 진리치를 보장하는 한, 또한 새로운 다리를 펼쳐 놓거나 확장된 존재 개념으로 분기한다.

이러한 개념들의 외-견실성은 또한 철학사로까지 확장된다. 칸트가 후에 데카르트의 코기토를 비판했을 때, 그는 새로운 문제적 장의 이름으로 그렇게 했다. 즉, 데카르트는 어떤 형식하에서 "나는 생각한다"가 "나는 존재한다"를 규정할 수 있는지 말할 수 없었는데, 칸트는 이 규정 가능한 형식이 바로 시간의 형식이라는 점을 주장했

---

39 폴 패튼은 *Times Literary Supplement*, 23(Jun 1995), 10~12에 있는, 『철학이란 무엇인가?』 서평에서 들뢰즈의 개념들과 하이퍼텍스트 문서들을 비교하고 있다.

다. 이런 식으로, 칸트는 데카르트의 **코기토** 안으로 새로운 구성요소를 도입했다. 그렇지만 칸트가 데카르트를 "비판했다"고 말하는 것은 단지 칸트가 데카르트의 **코기토**에 의해서는 점유될 수 없거나 완결될 수 없는 문제를 구축했다는 점을 말하는 것일 따름이다. 데카르트는 **코기토** 개념을 창조했지만, **선재성**anteriority의 형식으로서의 **코기토**로부터 시간을 추방하여, 연속적인 신적 창조에 의해 지탱되는 단순한 계기繼起 양식으로 만들어 놓았다. 만약 칸트가 시간을 **코기토**의 새로운 구성요소로서 도입했다면, 그는 시간의 **새로운 개념**을 창조한다는 조건하에서 그렇게 한 것이다. 즉, 시간은 이제 그 자신의 내적 구성요소들(계기, 뿐만 아니라 동시성과 영속성)을 가지는 **내면성**의 형식이 된다. 마찬가지로 ── 가령, 아우구스티누스의 경우 ── **코기토**의 선구자가 존재하는가 하고 묻는 것은 다음을 묻는 것이다.

> 유사하거나 거의 동일한 구성요소들을 갖지만, 그중 한 구성요소가 결여하거나 혹은 다른 구성요소들이 첨가되었기에, 구성요소들이 아직 자기self 안에서 합치하지 않아서 코기토가 결정화하지 않는, 이전 철학자들이 조인한 개념들이 있는가? (WP 26)

요컨대, 개념들은 **내적 역사**, 다른 개념들로의 변환을 위한 잠재력을 소유하고 있는데, 이는 들뢰즈가 철학의 "내재 면"이라고 부르기를 좋아하는 그것이다.

> 개념을 창조하는 것은 면 안에서 어떤 구역을 구축하는 것, 실존하는 구역들에 새로운 구역을 더하는 것, 새로운 구역을 탐색하는 것, 빠

진 것을 채우는 것이다. 개념은 합성물, 선들의 혼합물, 곡선들의 혼합물이다. 만약 새로운 개념이 항상 도입되어야 한다면, 이는 단지 내재면이, 한 점에서 다음의 한 점으로 가면서 구역별로 구축되어야 하고, 국소적으로 구축되어야 하기 때문이다. (N 147)

우리가 들뢰즈 자신의 저작에서 발견하는 다양한 종류의 개념적 생성들을 설명할 수 있는 것은, 그리고 그 자신이 철학사로부터 이끌어 내는 개념들 안으로 도입한 변형들을 설명할 수 있는 것은, 바로 이러한 종류의 분석을 통해서이다. 들뢰즈는 "철학사는 우리가 철학자가 창조한 개념들의 역사적 참신성을 평가하는 것을 의미할 뿐만 아니라, 또한 이러한 개념들이 서로가 서로의 안으로 들어갈 때 그 생성의 힘을 평가하는 것을 의미한다"고 쓰고 있다(WP 32).

들뢰즈의 개념 분석론을 완전하게 연구하려면, 시간 형식이 들뢰즈 분석의 다른 측면들로 스며들어 가는 방식을 검토해야 할 것이다. 가령, 개념들은 결코 닥치는 대로 창조되지 않으며, 언제나 **문제**의 함수로서 창조되는데, 『철학이란 무엇인가?』에서 전개된 개념 분석론은 그 필연적 상관자를 『차이와 반복』에서 정식화된 문제들의 변증법에서 찾아볼 수 있다. 들뢰즈는 그 자신을 "순수한 형이상학자"로 간주했지만, 그의 근본적인 형이상학적 입장은 존재Being는 문제라는 점이다. 존재는 언제나 그 자신을 문제적problematic 형식하에서, 그 자체 시간적인 일련의 문제화들problematizations로서 현시한다.[40] 말하자면, 플라톤은 그리스 도시들에 있었던 경쟁(소크라테스 대 소피스트들)의 문제에 대답하여 이념 개념을 발명했고, 데카르트는 절대적인 주관적 확실성의 문제에 대답하여 **코기토**를 창조했고, 라이프니츠는 모든 것은 이유를 가진다, 모든 것은 이유를 가져야 한다는 충족이유의 문제에 대답하여 일련의 모든 환각적 개념들 —— 표현, 관점, 공가능성, 조화 —— 을 정식화했다. 철학은 개념의 창조이지만, 개념의 창조는 그 조건으로서 그 자체 시간적인 하나의 문제 또는 문제들의 구축을 가진다. 따라서 개념을 "문제화한다"는 것은 우리가 개념을 물음 속에 놓는다는 것을 의미할 뿐만 아니라, 개념이 해로서 역할을 하는 문제의 성격을 규정하고자 모색한다는 것을 의미하기도 한다. 이미 진술된 문제들을 가지는 해들과 관련하여 참과 거짓을 정의하는 일은 상대적으로 쉬운 반면, 잘 제기된 문제와 잘못 제기된 문제를 구별하는 일은 훨씬 더 어려운데, 이런 이유로 철학은 자주 그릇된 문제들에 대한 비판의 형식을 취해 왔다(B 16~17). 칸트는 영혼, 세계, 신 개념을 "解 없는 문제들"로부터 유래했다고 하며 비판했다.[41] 마찬가지로, 베르그손은 "아무것도 없지 않고 왜 무엇인가가 있는가?" 혹은 "질서가 아니라 왜 무질서가 존재하는가?" 혹은 (저것이 동등하게 가능했을 때) "저것이 아니라 왜 이것이 존재하는가?"와 같은 물음들은 더 많은 것과 더 적은 것을 혼동한 데에서 유래한다고 주장했다.[42] 비트겐슈타인은 언어 사용에 대한 분석을 통해서, 가장 철

---

40 아르노 빌라니, 『말벌과 난초: 질 들뢰즈에 관한 시론』, 130을 보라: "베르그손이 현대 과학은 그 자체의 형이상학, 그 자체가 필요로 하는 형이상학을 발견하지 못했다고 말할 때, 나는 내가 베르그손주의자라는 생각이 든다. 내 관심을 끄는 것은 바로 이러한 형이상학이다. … 철학이 과학으로 간주될 수 있는 것은 문제의 조건들을 규정하기라는 바로 이러한 방식에서라고 생각된다." 미셸 푸코는 후에 그 자신의 작업 과정을 해석할 때, 들뢰즈를 따라서 이 "문제화" 개념을 다룬다. 미셸 푸코, 「논쟁술, 정치학, 그리고 문제화」, 『푸코 읽기』, 폴 라비노 편 (New York: Pantheon, 1984), 381~390을 보라.

41 임마누엘 칸트, 『순수이성비판』, 319, A328/B384: "현상들의 절대적 전체[세계]는 해가 없는 문제로 계속 남아 있으므로, 오직 이념일 뿐이다."

학적인 문제들은 사실상 "물 속의 한 덩어리의 설탕처럼" 용해될 수 있으리라는 것을 보여 주려고 시도하기까지 했다.[43] 그렇지만 그릇되거나 또는 잘못-정식화된 문제들보다 훨씬 더 어려운 것은, 키르케고르와 화이트헤드가 주장한 바와 같이, 문제가 중요하거나 흥미로운 것인가, 그렇지 않은가 하는 평가이다.[44] 앙리 푸앵카레는 수학에서, 중요하지 않은 문제를 위한 증거를 구축하는 일은 주목할 만한 문제를 위한 우리의 증거에서 결함을 발견하는 일보다 더 나쁘다고 말했다. 전자는 영원히 하찮은 것으로 남아 있게 되지만, 후자는 교정될 수 있고, 이미 중요한 지형을 얻었을지도 모른다.[45] 달리 말해서, 해의 진리는 다루어지고 있는 문제의 진리나 관심보다 덜 중요하다(문제는 언제나 그것이 "받을 만한" 해를 가진다). 같은 것이 철학에도 해당한다. 즉, 우리는 그릇된 것이 아니라, 관심 또는 중요성이 없는 페이지들을 읽고 또 읽어 나갈 수 있다. 철학에 활기를 불어넣는 문제가 언제나 명료하게 서술되는 것은 아니라는 점은 사실이다. 철학사를 탐구하는 것은 이러한 문제들을 회복하는 것이며, 이렇게 하여 창

---

42 B 17~18. 베르그손의 고전적 논문 「가능한 것과 실재적인 것」, 『창조적 마음』, 마벨 L. 앤디슨 옮김(Totowa, NJ: Littlefield, Adams, 1946), 91~106을 보라.

43 루트비히 비트겐슈타인, 『철학적 계기, 1912~1951』, 제임스 클라게·알프레트 노르트만 편(Indianapolis: Hackett, 1993), 193. 의심할 여지 없이, 이것이 들뢰즈가 비트겐슈타인에 공감하지 않은 한 이유였다. 즉, 거짓인 문제의 해체는 그 필연적 상관물로 참인 문제의 구축을 가진다.

44 키르케고르는 흥미로운 것은 철학의 근본 범주들의 하나라고 주장했다. 쇠렌 키르케고르, 『두려움과 떨림』, 앨러스테어 해네이 옮김(London: Penguin, 1985), 109: "내가 조금 더 면밀히 검토하고 싶은 범주는 흥미로운 것이라는 범주이다…."

45 N 130을 보라: "푸앵카레는 많은 수학 이론들은 전적으로 부적절하고 무의미하다고 말하곤 했다. 그는 그 이론들이 틀렸다고 말하지 않았다. 그렇게 말했더라도 그렇게 나쁘지 않았을 것이다."

조되는 개념들에서 혁신적인 것을 발견하는 것이다. 평범한 철학사들은 개념들이 상응하는 문제들을 규정하지 않고서, 개념들에 대해 말할 필요도 없다는 듯이 —— 마치 개념들이 창조되지 않았다는 듯이 —— 개념들을 연결한다. 마찬가지로, 평범한 철학자들은 아무런 개념도 창조하지 않고, 대신에 기성의 개념들을 사용한다. 그들은 쟁점이 되는 문제들을 알지 못한 채 계속 억견의 영역에 남아 있다. 결국 문제들은 물음들의 형식으로 표현되며, 들뢰즈는 초기 저술들에서 누가? 어느 것? 얼마만큼? 어떻게? 어디서? 언제? 어느 경우에? 어떤 관점에서?와 같은 물음들을 지지하며, "…은 무엇인가?" 하는 물음의 형식을 본질을 얻는 수단이라 하면서 이를 비판한다. "오랫동안 개념들은 어떤 것은 무엇인가(어떤 것의 본질)를 규정하도록 사용되어 왔었다. 이와 반대로, 우리는 어떤 경우에, 어디서, 언제, 어떻게 등등 사물의 환경에 관심을 갖는다. 우리에게, 개념은 더 이상 본질이 아니라 사건을 표현해야 한다."[46] 만약 우리가 개념 혹은 문제를 갖지 않는다면, 우리는 철학을 하고 있지 않다. 우리는 개념을 창조하는 도제가 되어야만 할 뿐만 아니라 또한 문제와 물음을 구성하는 도제가 되어야만 한다.

더구나, 문제와 물음은 모두 결국 사유의 전-철학적 이미지들, 즉 문제를 해결하거나 개념을 창조하는 어떠한 특수한 "방법"보다도 앞서 존재하는, 사유하는 것이 의미하는 바의 이미지들을 전제한다. 바흐친이 주조한 용어를 빌려와서, 들뢰즈는 철학의 모든 명시적인

---

46 N 25. "정황의 철학"의 이념에 대해서는, 미셸 세르, 『오감』, 마거릿 생키·피터 코울리 옮김 (London: Continuum, 2008), 특히 282~288을 보라.

방법은 사유의 암묵적인 "크로노토프chronotope"를 감싸 안고 있다고 언급한다. 여기서 크로노토프란 들뢰즈가 개념적 페르소나conceptual persona — 들뢰즈의 저술들 중 『철학이란 무엇인가?』에서 최초로 나타나는 "다소 신비로운"(WP 61) 개념 — 라고 부르게 되는 것이 거주하는, 그 자신의 지리를 갖고 있는 시공간의 노에시스적 풍경을 말한다.[47] 사유의 시간적 측면(이전과 이후)은 한 사상가가 개념들 사이에서 창조하는 이유들의 질서이다. 공간적 측면은 목적, 수단, 장애물의 분배이다. 하지만 철학자들의 개념적 등장인물은 — 심리-사회적이거나 역사적인 등장인물이 아니라 — 자신들의 개념들을 생산하기 위한 내적 조건이다. 이러한 개념적 등장인물은, 설사 그것이 경험적, 심리학적, 사회적 규정들과 분리 불가능한 채로 있더라도, 권리상 사유에, 오직 사유에만 속하는 것과 관련이 있다(WP 69). 단순한 예를 제시해 보면, 우리는 플라톤, 데카르트, 칸트가 모두 같은 목적 — 진리 — 을 공유했지만 그들은 다른 개념적 등장인물들을 통해 진리의 문제에 거주했다고 말할 수 있을 것이다. 만약 가령 플라톤이 진리를 찾기를 원했다면, 만약 플라톤이 현상 배후의 지적 본질(이념)을 찾기를 원했다면, 이는 그가 아테네 민주주의에서 찾은, 진리에 대한 거짓된 지망자들(소피스트, 수사학자, 웅변가, 예술가)에 의해 속임을 당하기를 원하지 않았기 때문이다. 이것, 즉 "나는 속임을 당하기를 원하지 않는다"가 그의 사유가 봉착한 체험적인 문제

---

47 미하일 M. 바흐친, 「소설 속의 시간과 크로노토프의 형식」, 『대화적 상상력: 4편의 시론』, 마이클 홀퀴스트 편, 케릴 에머슨·마이클 홀퀴스트 옮김(Austin: University of Texas Press, 1981), 84~258.

이다. 하지만 데카르트가『성찰』에서 진리를 추구했을 때, 그는 주관적 확실성의 상이한 문제와 관련하여 그렇게 했다. 즉, 감관들이 나를 속이고, 학자들이 나를 속이고, 아마도 신은 나를 속이는 악의적인 악마이며, 결국 나 자신을 속이고 나 자신이 속임을 당하도록 허용하는 것은 바로 나이다. 이것은 진리를 제기하는 같은 방식이 아니다. 이 방식은 상이한 개념적 등장인물에 의해 활기가 불어넣어지며("나는 나 자신을 속이기를 원하지 않는다"), 상이한 진리 개념을 생산한다. 데카르트에게 중요한 것은 속임과 실수 그 자체가 사유의 양식들이며, 따라서 데카르트가 찾아내는 첫 번째 확실성 — 첫 번째 진리 — 은 "나는 생각한다"이다. 즉, 심지어 내가 속임을 당하고 있거나 또는 실수에 처해 있을 때조차, 나는 여전히 생각하고 있다. 칸트가 자기 차례가 되어 "나는 진리를 원한다"고 말할 때, 그는 다시 매우 상이한 어떤 것, 즉 "나는 속이기를 원하지 않는다"를 의미한다. 이것은 진리와 관련하여 살아가는 또 다른 방식을 내포한다. 만약 플라톤이 아테네 민주주의를 특징으로 하고 있다면, 칸트는 종교개혁의 예속자이며, 도덕적 엄격함을 발견했다. 따라서 칸트는 인식(사변 이성)을 도덕(실천 이성)에 종속시켰다. 도덕은 더 이상 (현자나 지자의 덕에서처럼) 우리의 인식에 의지하지 않는다. 그렇기는커녕, 인식은 그 자체 상위의 목적성, 도덕 이성의 목적성에 종속되게 된다. "나는 속이기를 원하지 않는다"는 실로 칸트의 진리 추구 — 인식 활동 — 를 생겨나게 하지만, 그것은 인식을 실천적 목적성에 엄격하게 복속시킴으로써 그렇게 한다. 만약 칸트가 속이기를 원하지 않는다면, 이는 오직 속이지 않는 존재자들만이 자유롭거나, 혹은 심지어 자유롭다고 주장할 수 있기까지 하기 때문이다. 칸트의 경우, 지적 본성은 더 이상 플라톤의 경우처럼 본질에서 발견되는 것이 아니라, 도덕적 존재들의 공동체, 목적의 왕국에서 발견된다. 요컨대, 플라톤, 데카르트, 칸트가 창조한 개념들은 이유들의 시간적 질서와, 목적, 수단, 장애물의 공간적 질서를 따르는 노에시스적 시간-공간을 채우지만, 그것들 각각은 "나는 속임을 당하기를 원하지 않는다", "나는 나 자신을 속이기를 원하지 않는다", "나는 속이기를 원하지 않는다"는 외침으로 요약될 수 있는 매우 다른 개념적 페르소나들이 거주하는 사유의 선행하는 이미지를 참조한다. 세 명의 철학자들의 상이한 방법들 — 변증법적 방법, 분석적 방법, 초월론적 방법 — 은 모든 명시적인 방법론에 앞서 존재하는 이러한 이미지들로부터 유래한다.

거짓인 것의 힘

달리 말해서, 들뢰즈의 개념 분석론은, 사유의 이미지들의 변형은 물론이고, 또 이러한 이미지들에 거주하는 개념적 등장인물은 물론이고, 개념 안에다 시간을 도입할 뿐만 아니라, 또한 문제와 물음의 구축 안에다 시간을 도입하기도 한다. 실로, 들뢰즈 분석의 가장 중요한 함축들 중의 하나는 시간 형식이 진리 개념을 위기에 처하게 한다는 점이다. 철학자들은 신적인 것에 대해 한때 유보해 둔 숭배심을 갖고서, 참인 것the true에 관해서 마치 그 가치가 의심할 여지가 없다는 듯이 말하는 경향이 있다.[48] 그렇지만 진리the truth는 그 자체 그 자신의 생성을 지니는, 일종의 개념이다. 니체는, 자신이야말로 진리 개념이

---

48 마찬가지로 우리는, 우리의 문화는 아직 과학과 맺는 세속화된 관계를 발전시키지 않았다고 말할 수 있을 것이다. 세르, 『오감』, 334~335를 보라.

철학적 문제를 제기한다는 것을 안 최초의 사람이라고 말했을 때, 옳았던 것으로 보인다.

> 따라서 우리 자신의 과제를 정의해 보자. 진리치는 이번만은 실험적으로 **물음에 붙여져야만** 한다. … 우리가 진리를 원한다고 가정해 보자. 왜 우리는 오히려 비진리, 또는 불확실성, 또는 무지를 원하지 않는가? … 진리가 거의 신뢰할 만한 것으로 보이지 않는데도, 마침내, 문제가 이제까지 한번도 제기조차 되지 않은 것처럼 ── 우리야말로 최초로 진리를 보고, 최초로 눈을 진리에 고정시키고, 최초로 진리를 **위태롭게 하는** 사람들인 것처럼 ── 우리에게 보일 지경이다. 왜냐하면 진리는 정말 위험을 수반하고, 그리고 어쩌면 진리보다 더 큰 것은 있지 않을 것이기 때문이다.[49]

들뢰즈의 논지는 진리 개념은 시간 형식에 직면할 때 위기에 봉착한다는 점이다. **참인 것의 형식**은 **거짓인 것의 역능**에게 길을 내준다. 대략적으로 말해서, 참인 것은 실재적인 것과 같은 것이 아니라, 실재적인 것과 상상적인 것(혹은 본질과 현상)을 변별하는 것이다. 거짓인 것은 상상적인 것이 아니라, 상상적인 것과 실재적인 것(혹은 현상적인 것과 본질적인 것)을 혼동하는 것이다. 우리가 오류라고 부르는 것은 이러한 혼동을 빚는 것으로 이루어지는 행위이다. 상상적인 것과 실재적인 것을 혼동하는 거짓인 것은 오류 속에서 이루어진다

---

49 프리드리히 니체, 『도덕의 계보』, 에세이 III, §24, 153을 보라.

(DR 148). 그렇다면 어떻게 우리는 거짓인 것과 참인 것을 구별하는 가? 오직 참인 것만이 **형상**(eidos)을 갖는다. 거짓인 것은 형상을 갖지 않으며, 오류는 거짓인 것에다 참인 것의 형상을 부여하는 데에 있다. 아리스토텔레스 이래로, 참인 것의 형상은 보편적인 것과 필연적인 것이라는 명확한 의미를 지녀 왔다. 참인 것은 언제나 모든 곳에서, 모든 시간과 모든 장소에서 보편적이고 필연적인 그것이다. 이것은 **사실**의 보편성이 아니라 **권리**의 보편성이다. 사실상, 사람들은 좀처럼 사유하지 않고, 좀처럼 참인 것을 사유하지 않을지도 모른다. 하지만 오직 참인 것만이 형상을 가진다고 말하는 것은, 원리상, 만약 여러분 이 삼각형을 사유한다면, 여러분은 삼각형의 세 각은 두 직각과 필연 적으로 동등하다는 점을 부인할 수 없다는 것을 주장하는 것이다. 보 편성과 필연성은 참인 것의 형상으로 이루어지는 **판단들**에 적격성을 부여한다. 거짓인 것은 아무런 형상을 갖지 않으므로, 그것에 관해 행 해지는 판단들은 당연히 모든 보편성과 필연성이 박탈되어 있다. 그 렇다면 누가 참다운truthful 사람인가? 고전 철학의 경우, 관념 안에 서, 실재적인 것에 상응하는 것은 관념의 **표상하는** 역능인 반면, 상상 적인 것에 상응하는 것은 내 신체 혹은 영혼의 **변양**modification을 생산 하는 관념(혹은 이미지)의 역량이다. 전자는 본질을 얻는 반면, 후자 는 우리를 현상의 수렁에 빠지게 놓아두고, 정념의 고뇌에 빠지게 만 든다. 따라서 참다운 사람은 그들의 신체와 영혼이 오직 참인 것의 형상에 의해서만 변양되도록 놓아두는 어떤 사람이다. 이러한 변양 을 발생하게 하는 활동은, 영원한 것(보편적인 것과 필연적인 것)을 자신의 모델로 삼는, 참인 것에 의해 영혼에 형상이 부여되는 작용in-formation이라고 불릴 수 있다.[50]

만약 시간이 진리 개념을 위기에 처하게 한다면, 그것은 시간 내용의 수준에서("진리는 시간과 더불어 변한다")가 아니라, 시간 형식의 수준에서 그렇게 한다. 시간 형식은 참인 것의 (보편적) 형상을 대신한다. 이렇게 하여 거짓인 것은 그 자신의 힘power이 주어진다. 설사형식을 갖지 않을지라도, 거짓인 것은 힘을 가진다. 거짓인 것은 언제 힘을 띠는가? 그것이 진리의 모델로부터 벗어날 때이다. 즉, **거짓인 것이 더 이상 참인 것으로 제시되지 않을** 때이다. 무엇이 거짓인 것의 개념을 진리의 모델로부터 떨어져 나오게 할 수 있는가? 대답은, 시간이다. 들뢰즈는 동일성 개념에 대한 복속에서 벗어난 차이-그-자체 개념을 정식화하려고 시도하듯이, 그는 진리(와 오류) 개념에 대한 복속에서 벗어난 거짓인 것-그-자체 개념을 정식화하려고 시도한다. 하지만 이는 이제 진리로서 제시될 "모든 것은 거짓이다"라는 진부한 결론을 결코 의미하지 않는다. 자신의 가장 심오한 어구들 중의 하나에서 니체가 말한 바와 같이, 참인 세계를 폐기했을 때 우리는 또한 거짓인 현상 세계를 폐기한 것이다.[51] 진리나 현상이 더 이상 존재하지 않으면, 거짓인 것은 더 이상 참인 것으로서 제시되지 않는다. 대신에, 거짓인 것은 그 자신의 힘을 갖춘다. 그렇다면, 거짓인 것의 "힘"은 무엇인가? 만약 참인 것의 형상이 **판단**의 힘에서 유래한다면, 거짓인 것의 힘은 변용metamorphosis의 힘, 즉 **창조**의 힘이다. 무엇을 창조하는가? 이 지점에서, "진리"라는 단어를 다시 사용할 이유는 없

50 이런 의미의 정보 개념에 관해서는, 질베르 시몽동, 『형태와 정보 개념에 비추어 본 개체화』(Grenoble: Jérôme Millon, 2005)를 보라.
51 프리드리히 니체, 『우상의 황혼』, 「참된 세계가 어떻게 우화가 되었는가?」, 『포터블 니체』, 발터 카우프만 엮고 옮김(New York: Viking, 1954), 486.

다. 거짓인 것의 힘은 진리를 창조한다. 하지만 이것은, 정확히, 새로운 개념의 진리이다. 즉, 진리는 더 이상 발견되어야 할 무시간의 보편자가 아니라, (시간 속에서) 창조되는 특이성이다. "철학은 일반성도 아니고 심지어 진리도 아닌 개념을 창조한다. 오히려 개념은 특이한 것, 중요한 것, 새로운 것의 질서의 그것이다."(TRM 238)

시간 형식이 개념 안으로 넣어질 때, 위조자[le faussaire] — 즉, 예술가, 창조자 — 가 참다운 사람을 대신한다. 위조자는 거짓말쟁이가 아니다. 왜냐하면 거짓말쟁이는 국소화될 수 있는(거짓말쟁이는 자신의 거짓말들을 "소유한다") 반면, 위조자는 국소화될 수 없기 때문이다. 거짓인 것의 힘은 오직 일련의 힘들의 형식하에서만 실존한다. "위조자는 무엇인가?"라고 묻는 것은 잘못 제기된 물음이다. 위조자는 환원 불가능한 다수성이나 다양성과 별도로 실존하는 것이 아니기 때문이다. 모든 위조자 배후에는 오직 또 다른 위조자가 존재할 따름이다(모든 가면 배후의 가면). 물음은 다음과 같이 된다. 즉, 위조자들의 연쇄 내에서 우리는 어디에 놓이는가? 니체가 보여 준 바와 같이, 참다운 사람 그 자신은 거짓인 것의 첫 번째 힘 이외의 다른 것이 아니다. 플라톤은 참인 세계와 현상 세계를 구분했지만, 그렇게 하면서 그는 맨 먼저 이념 개념을 창조해야 했다. 만약 거짓인 것의 힘이 니체가 힘에의 의지라고 부른 것이라면, 우리는 의지 내의 두 극단 또는 두 힘 — 즉, 판단하려는 의지와 창조하려는 의지 — 을 구분할 수 있으며, 상위의 힘을 이루는 것은 바로 후자이다. 이 점에서, 들뢰즈는 위조자의 주제에 대한 세 가지 위대한 설명이 있었다고 언급한다. 즉, 철학에서, 니체의 『차라투스트라는 이렇게 말했다』의 마지막 책(각자 거짓인 것의 힘에 상응하는 "상위의" 인간들의 연쇄), 문학에서, 허먼 멜빌의 마지막 걸작, 『사기술사』*The Confidence Man*, 그리고 영화에서, 오슨 웰스의 마지막 영화, 「거짓의 F2」.[52] 후자는 화가 페르메이르Johannes Vermeer와 유명한 한 판 메이헤런Han van Meegeren, 즉 페르메이르 작품의 유명한 위조범 간의 차이에 대한 교훈적인 탐색을 제공한다. 판 메이헤런은 어떻게 그의 위조품들을 페르메이르의 작품 진본이라고 속여 넘겼는가? 그가 바로 전문가들의 기준을 사용했기 때문이고, 전문가는 **판단하는** 어떤 사람이기 때문이다. 전문가는 페르메이르의 스타일과 시기들에 관해서 그 자신이 확립한 기준에 의해서 참인 페르메이르를 인지할 수 있다. 그렇다면 위조범은 이 기준들을 공부하고, 전문가가 "분명히 이것은 모든 기준들에 일치하기 때문에 진짜 페르메이르 작품이다"라고 선언할 지점에 이르기까지 이 기준들을 위조품을 생산하는 데에 사용한다. 전문가는 그 자신 내에 위조범을 가진다. 그 둘은 같은 실체, 곧 판단 체계로부터 자양분을 제공받기 때문이다(TI 146). 그렇다면, 페르메이르와 그의 위조범 간의 차이는 무엇인가? 화가와 위조범은 모두 위조자들의 연쇄에 속하지만, 페르메이르는 변용의 힘을 가지는 데 반해, 위조범과 전문가는 변화시키는 방법을 거의 알지 못한다. 그들의 생은 이미 다른 이들의 창조품을 거의 판단하는 일밖에 할 수 없는 소진된 생이다. 전문가와 위조범은 **형상**(참인 것의 형식)에 대한 과장된 기호 속에 통합되어 있지만, 화가는 거짓인 것의 힘을 형식 속에서가 아니라 **변형** transformation 속에서 실현되는 상위의 정도로까지 데리고 갈 수 있다.

---

52 TI 134, 145. 또한 1983년 11월 8일과 1984년 6월 12일 세미나를 보라.

들뢰즈의 철학 개념에 활기를 불어넣는 것은 바로 이러한 통찰력이다. 즉, 철학은 진리 창조의 기획(개념의 창조), 즉 "판단과 결별하려는"(ECC 126) 의지를 필연적인 상관자로 가지는, 가장 높은 정도의 힘에의 의지이다.

보편적 사유 흐름

『철학이란 무엇인가?』가 암시하고 있지만 상세히 논하지 않은, 숙고해야 할 마지막 주제가 있다. 만약 철학이 개념의 창조라면, 개념들의 **실재적 발생**이나 사유함의 **실재적 기원**에 놓여 있는 과정은 무엇인가? 어떻게 "시작하는가" 하는 물음은 철학에서 언제나 미묘한 물음이었는데, 비록 들뢰즈가 『차이와 반복』에서 이 물음을 제기하긴 하지만(DR 129), 우리는 여기서 들뢰즈의 라이프니츠 세미나들 중의 하나로부터 다음과 같은 (다소 모호한) 대문을 숙고함으로써 이 문제에 접근할 것이다.

> 주어지는 것은, 그 극한에서, 흐름[flux]이라고 불릴 수 있을 것이다. 주어지는 것은 흐름들이며, 창조는, 그것이 소모되거나 또는 흐름들로부터 추출되는 어떤 특이성들 주변에서 만들어지는 그러한 방식으로, 흐름들을 자르고, 조직하고, 연결하는 데 있다. … 보편적 사유 흐름을 일종의 내적 독백, 사유하는 모든 이의 내적 독백이라고 상상해 보라. … 개념은 사유 흐름으로부터 추출된[prélevé] 특이성들의 체계이다. … 우리는 또한 세계를 횡단하고, 심지어 침묵(아마도 오직 이념Idea이겠지만, 이 이념이 정당화되는지는 별로 중요하지 않다)을 포함하는 연속적인 음향 흐름에 대해 생각해 볼 수 있다. 음악가는

이 흐름으로부터 어떤 것을 추출해 내는 어떤 사람이다. (1980년 4월 15일 세미나)

　　다소 느닷없이, 그리고 애매하게 스피노자식으로, 여기서 들뢰즈는, 그가 "보편적 사유 흐름"이라고 부르는 것의 실존을 정립한다. 설사 "보편적 사유 흐름"의 지위가 정당화 가능한 이념의 지위에 지나지 않는다 할지라도 말이다. 우리가 우주의 연속적인 물질 흐름의 이념을 가지듯이 — 우리 자신은 이러한 물질 흐름의 변양들이다 —, 마찬가지로 우리는 우주 안의 연속적인 사유 흐름을 가진다 — 우리 자신은 이러한 사유 흐름의 변양들이다 — 라고 생각해 볼 수 있다. 이와 유사하게 스피노자는 "나는 자연에는 무한한 사유함의 힘이 존재한다고 주장한다".[53] 우리가 기원도 아니고 창시자도 아닌, 우리의 머릿속에서 오고 가는 생각들은 이러한 사유 흐름의 산물들이다. 혹은 더 정확히 말해서, 이 생각들은 그 자체 이러한 보편적 사유 흐름 — 연속적인 내적 독백처럼, 익명적이고, 비인격적이고, 무규정적인 흐름 — 의 운동 바로 그것이다. 라이프니츠는 데카르트에 반대하여, "나는 존재한다"가 "나는 생각한다"에서 나오지 않기 때문이 아니라, 나는 사유의 활동에서 결코 "나"를 이끌어 낼 수 없기 때문에, "나는 생각한다. 그러므로 나는 존재한다"고 말하는 것이 부적법하다는 점을 이미 주장한 바 있다. 기껏해야, 데카르트는 "사유함이 존재한다"거나 "사유가 발생했다"고 주장할 수 있을 뿐이다.[54] 스피노

---

53 스피노자, 올덴부르크에게 보내는 편지 32, 1665년 11월 20일, 『스피노자: 전집』, 새뮤얼 셜리 옮김(Indianapolis: Hackett, 2002), 849.

자와 라이프니츠는 모두 신체의 메커니즘이 있듯이 사유에는 자동장치가 있다고 주장했다. 우리는 모두 "자동작용"이다. 우리가 사유하는 것이 아니라, 사유가 우리 안에서 발생한다.[55] 마찬가지로 니체는 "사유는 '그것'이 원할 때에 오지, '내'가 원할 때 오는 것이 아니다"[56]라고 언급했는데, 그의 한 공책에는 다음과 같은 말이 첨가되어 있다.

한 생각은 … 나에게 일어난다. 어디로부터? 어떻게? 나는 도저히 알 길이 없다. 한 생각은 보통 느낌, 욕망, 혐오, 그리고 또한 다른 생각들에 둘러싸여 모호한 상태로, 내 의지와 무관하게 온다. … 우리는 그 것[그 생각]을 이 덩어리 바깥으로 당겨서 끌어내어, 그것을 깨끗이 하고, 그것을 착수하고, 그런 뒤에 그것이 어떻게 일어나고 어떻게 견는지 본다. 이 모든 것은 놀랍도록 매우 **빠르게**, 그렇지만 급하다는 느낌이 없이 일어난다. 누가 이 모든 것을 하는지 나는 알지 못하며, 나

---

54 제임스는 그가 "사유의 흐름"이라고 부르는 것에 대한 분석에서 이와 유사한 주장을 폈다. 윌리엄 제임스, 『심리학의 원리』(1890), 제1권(New York: Dover, 1950), 224~225. "우리에게 첫 번째 사실은… 어떤 종류의 사유함이 진행된다는 점이다. … 만약 우리가 'it rains' 혹은 'it blows'를 말하듯이, 영어로 'it thinks'라고 말할 수 있다면, 우리는 가장 단순히 또 최소한의 가정을 갖고서 사실을 진술하고 있는 것이어야 한다. 그렇게 할 수 없으므로, 우리는 단지 **사유가 진행된다**고 말하지 않으면 안 된다."

55 스피노자, 『지성교정론』, §85, 『스피노자 전집』, 에드윈 컬리 엮고 옮김(Princeton: Princeton University Press, 1985), 37: "내가 아는 한, 그들[고대인들]은 결코 영혼을 정신적 자동장치와 같은, 어떤 법칙들에 따라서 행위하는 것으로 이해하지 않았다." 라이프니츠는, 그 자신의 이유 때문에, 같은 이미지에 호소했다. 「베일 씨가 영혼과 육체의 합일이라는 새로운 체계에서 발견한 어려움들에 대한 해명」, 고트프리트 빌헬름 라이프니츠, 『철학 논문과 서한』, 제2판, 르로이 E. 룀커 편(Dordrecht: D. Reidel, 1969), 495를 보라: "영혼은 가장 정밀한 정신적 자동장치이다."

56 프리드리히 니체, 『선악의 저편』, §17, 『니체의 주요 저술들』, 발터 카우프만 엮고 옮김(New York: Modern Library, 1968), 214.

는 분명 이 과정의 창시자가 아니라 관객이다.[57]

그렇다면 개념은 "사유 흐름으로부터 추출된[prélevé] 특이성들의 체계"라고 말한다는 것은 무엇을 의미하는가? 이 물음에 답하기 위해서, 우리는 우리가 보편적 사유 흐름의 "평상적" 지위라고 부를 수도 있는 것을 고찰할 필요가 있으며, 들뢰즈는 그것을 묘사하는 개념, 즉 어리석음[bêtise]을 정식화했다. "어리석음은 사유 그 자체의 구조이다."(NP 105) 더 적절하게, 어느 정도까지는, 어리석음은 보편적 사유 흐름의 기초적 구조이다. 매일 같이 우리의 마음을 지나가는 생각들은 허위인 것도 아니고, 오류 또는 오류투성이인 것도 아니다. 모든 생각들은 참일 수 있지만, 그럼에도 불구하고 어리석음들, 우둔함들이다. 의심할 여지 없이, 들뢰즈가 이 용어를 사용하는 일과 관련된 어떤 도발이 있다(프랑스어 bêtise는 짐승 또는 동물을 뜻하는 단어 bête에서 유래한다). 왜냐하면 다른 철학자들은 다른 개념들에 호소함으로써 이와 유사한 주장을 했기 때문이다. 하이데거는 부질없는 객담 또는 하릴없는 수다에 대해, 그리고 대부분 동안 우리의 생각들은 "그들They(=세인)"(Das Man)이 생각하는 것의 생각들이라는 사실에 대해 이야기했다.[58] 플라톤은 독사doxa의 영역 또는 억견opinion의

---

57 프리드리히 니체, 『만년의 공책들에 적어놓은 글』, 뤼디거 비트너 편(Cambridge: Cambridge University Press, 203), 34(=공책 38[1]=KSA 11:38[1]). 또한 DR 118을 보라: "사유는, 그것이 철학 체계에 독특한 동력을 이루는 한, 데카르트의 코기토와 같은, 실체적이고, 완결되고, 잘 구성된 주체와 관련될 수 있다는 것은 심지어 분명하지도 않다. 오히려, 사유는 애벌레 주체의 조건들하에서만 지속될 수 있는 저 끔찍한 운동들 중의 하나이다."
58 마르틴 하이데거, 『존재와 시간』, 존 맥쿼리·에드워드 로빈슨 옮김(New York and San Francisco: Harper & Row, 1962), §§25~27, 35.

영역에 대해 이야기했으며, 그리고 그는 철학의 과업을, 우리 자신을 억견으로부터 빼내기 위해 **독사**와 결별하고자 하는 시도라고 보았다. 하지만 어느 경우든 논점은 같은 것이다. 즉, 보편적 사유 흐름을 따라 실려 가면서, 우리의 머릿속을 지나가는 생각들은 어리석은 생각들 ─ 우리를 둘러싸고 있는 문화의 어리석음에 의해 자주 규정되는 생각들 ─ 이다. 이것은 세탁물을 더 밝게 만드는 것 또는 우리의 치아를 더 희게 만드는 것에 관한 익명적인 생각들로 사유 흐름을 변경하고, 이주시키고자 하는 마케팅과 광고의 목적이 아닌가? 들뢰즈에게, 사유함을 끊임없이 위협하는 재난은 오류나 허위가 아니라, 어리석음(클리셰, 기성 관념들, 인습들, 억견들…)이다. 윌리엄 제임스는 진리의 창조를 방해하는 것은 우리가 이미 소유하고 있다고 생각하는 진리들이라고 말한 바 있다.[59] 더구나, 더 깊은 수준에서, 우리는 정신분열증 또한 사유를 위한 가능성을 드러낸다고 말할 수 있을지도 모른다. 이런 이유로 아르토는 들뢰즈의 저작에서 그토록 중요한 역할을 한다.

> 아르토는 (그에게) 문제는, 자신의 사유의 방향을 정하는 데라든가, 자신이 사유한 것에 대한 표현을 완전하게 하는 데라든가, 응용과 방법을 획득하는 데라든가, 자신의 시들을 완전하게 하는 데 있는 것이 아니라, 단지 무언가를 어떻게 해서든 사유해 내는 데 있다고 말했다. 그에게, 이것이 생각할 수 있는 유일한 "작업"이었다. (DR 147)

---

59 윌리엄 제임스, 『실용주의』[1907](New York: Dover, 1995), 24.

서로 다른 방식으로, 어리석음과 정신병의 흐름 둘 모두 사유 그 자체가 부단히 봉착하는 내적 문제를 드러낸다. 하이데거가 말하듯이, "사유를 유발하는 우리의 시간 속에서 가장 사유를 유발하는 것은 우리가 아직 사유하고 있지 않다는 사실이다".[60] 이 점에서, 들뢰즈는 프랑스의 영화감독 장-뤽 고다르의 문구, 즉 pas une image juste, juste une image("정의로운 이미지가 아니라, 단지 이미지")를 인용하기를 좋아한다. 우리는 부단히 클리셰들일 뿐인 이미지들에 의해 포위되어 있으므로, 영화감독의 과업은 정의롭거나 도덕적이거나 행복감을 주는 이미지들을 창조하는 것이 아니라, 간단히 말해 단지 이미지를 창조하는 것이다. 즉, 클리셰가 아닌 이미지를 어떻게 해서든 창조하는 것이다. 클리셰가 아닌 심지어 단일하기까지 한 이미지를 창조하는 것 그 자체로 충분하다. 같은 것이 사유의 영역에서 개념들의 창조에도 해당한다. 즉, "사유하는 것은 창조하는 것이지만 ── 다른 창조는 존재하지 않는다 ──, 창조하는 것은 무엇보다도 사유 없이 '사유함'을 산출하는 것이다"(DR 147).

　　사유의 영역에서 군림하는 어리석음을 감안할 때, 그리고 예술의 영역에서 군림하는 클리셰를 감안할 때(그리고 심지어 우리의 정동적이고 지각적인 생에서 군림하는 심리적 클리셰를 감안할 때), 그렇다면 실재적 창조 행위를 구성하는 과정은 무엇인가? 사유함은 어떻게 보편적 사유 흐름의 습관적인 클리셰 내에서 산출되는가? 우리는 들뢰즈의 대답을 이미 본 바가 있다. 즉, 사유함은 언제나 (강도의

---

60 마르틴 하이데거, 『사유란 무엇인가?』, 프레드 D. 윅·글렌 그레이 옮김(New York: Harper & Row, 1968), 64.

형식하에서) 문제와의 마주침의 우발성 ─ 이것만이 우리에게 사유하도록 강요하는 것의 필연성을 보장한다 ─ 을 통해서 산출된다. 철학은 이와 같은 것들, 즉 사유함은 자발적 활동이다, 사상가는 진리와 자연적인 친연성을 가진다, 우리는 사유에 낯선 것(신체, 정념들)에 의해 오류로 인도된다, 따라서 우리가 잘 생각할 필요가 있는 것은 단지 오류를 경계해서 멀리하고, 우리를 사유의 참다운 본성으로 다시 데리고 가는 방법이다 등을 전제하는 사유의 "독단적" 이미지를 가정하는 데에 오랫동안 만족해 왔다(NP 103). 하지만 들뢰즈는 걱정을 없애 주는 이러한 독단적 이미지로 포괄될 수 없는 광범한 사유 과정을 가리키고 있다. 사유함은 결코 자발적 의지의 결과가 아니라, 바깥으로부터 우리에게 작용하는 힘들의 결과이다. 즉, 우리는 강요를 당할 때만, 즉 진리를 추구하도록 우리를 추동하고 자연적인 감각 마비로부터 우리를 비틀어 빼내는 폭력을 겪을 때만, 그러한 "진리"를 추구하고 사유하기 시작한다. 학급 친구와 사랑에 빠졌기 때문에 갑자기 라틴어를 잘하게 되는 학생은, 충족이유의 문제에 대한 라이프니츠의 끈질긴 추구 못지않은, 이것의 예이며(PS 22), 우리를 사유하도록 강요하는 것을 사전에 규정할 수 있는 방법은 전혀 존재하지 않는다. 우리가 들뢰즈에게서 발견하는 "개념적 페르소나"는, "…은 무엇인가?"라는 물음에 관해 다른 이들과 대화를 나누며 진리에 대한 자연적인 욕망을 자발적으로 실행하는 플라톤이 말하는 **친구**가 아니라, 플라톤이 거부한 물음들, 즉 무엇이 일어났는가? 언제? 어디서? 왜? 누구와 함께?에서 유래하는 좌표들을 가지는 문제에 비자발적으로 직면하도록 강요되는 **질투에 찬, 사랑에 빠진** 사람과 유사한 어떤 것이다. 들뢰즈는 비록 이러한 물음들이 사람들에게서가 아니라 영화와 회화에서 더 자주 일어나긴 했지만, 그 자신은 빈번히 철학 외부의 마주침들에서 소재들을 모색했다고 말한 바 있다(ABC C). 하지만 바로 이런 이유로 들뢰즈는, 칸트와 마찬가지로, 인식을 사유함과 구별한다. 인식은 오직 성과나 결과일 뿐이다. 인식은 영역, 능력, 또는 전문화의 확립이다. 하지만 사유함은 문제와의 마주침에 의해서 창도되는 배움 혹은 도제 생활의 과정이며, 필연적으로 우리 자신의 무지의 깊이에서 유래한다(N 7).

> [들뢰즈는 『차이와 반복』 서문에서 이렇게 묻고 있다.] 우리가 알지 못하거나, 혹은 잘못 알고 있는 저것들을 빼놓고서 우리는 어떻게 달리 쓸 수 있겠는가? 우리가 말할 어떤 것을 갖고 있다고 상상하는 것은 바로 거기에서이다. 우리는 우리 인식의 경계에서만, 우리의 인식과 우리의 무지를 분리시키고 하나를 다른 하나로 변경시키는 경계선에서만 쓰고 있다. 오직 이러한 방식에서만 우리는 쓰도록 정해져 있다. 무지를 만족시키는 것은 내일까지 쓰기를 연기하는 것이다. 혹은 쓰기를 불가능하게 만드는 것이다.[61]

그렇지만 문제와의 마주침은, 만약 보편적인 사유 흐름이 오직 어리석음의 흐름일 뿐이라면, 즉 만약 보편적 사유 흐름이 그 자신의 특이성들을 갖지 않는다면, 아무것도 의미하지 않을 것이다. 실로, 이것이 "특이성" 개념이 들뢰즈의 철학에서 그토록 중요한 역할을 하

---

61 DR xxi. 이와 유사하게 들뢰즈와 과타리는 『안티-오이디푸스』는 무지로부터 쓰여졌다고 언급한다: "우리는 절대적인 무능력의 이름으로 말하고자 한다."(AO 380; cf. 232, 238, 334)

는 이유이다. 수학에서, 특이한 것은 규칙적인 것과 대립한다. 특이한 것은 규칙의 규칙성을 회피하는 것이다 — 특이한 것은 새로운 것(곡선이 방향을 바꾸는 점)의 생산이다. 더욱 중요하게는, 어떤 특이성들은 특출한 반면, 어떤 특이성들은 평범한데, 이런 의미에서 우리는 들뢰즈 철학의 두 극, 즉 "모든 것은 특출하다!"와 "모든 것은 평범하다!"가 존재한다고 말할 수 있을 것이다(FLB 91; cf. TI 15). 개념들의 실재적 생산을 이해할 수 있는 것은 바로 이 두 극에 의해서이다. 들뢰즈의 존재론에서, 모든 순간, 모든 사건, 모든 개체, 모든 사유는 특이하다. 존재는 차이이다. 즉, 존재는 차이의 소진 불가능한 창조, 새로운 것의 부단한 생산, 이질적인 것의 끊임없는 발생이다. 그렇지만 차이의 존재론적 조건은, 생산될 때, 특이성들이 규칙화되고, 평범한 것이 되고, (푸코의 의미에서) "규범화된다". 특이한 것이 평범한 것으로 이렇게 환원되는 것이야말로 들뢰즈가 "포획"의 장치라고 부르는 것이다(TP 424). 이는 곧 층화, 규칙화, 규범화의 불가피한 과정 — 혹은 아마도 우리가 사유의 영역에서 "어리석음화stupidization"라고 부를 수도 있는 것 — 이다. 따라서 사유 흐름의 "평상적" 지위는 어리석음의 구조를 지닌다는 정의는 파생적 정의였다. 왜냐하면 사유 흐름은 실로 특출한 특이성들로 구성되기 때문이다 — 하지만 이 특이성들은 평범하고 진부한 것이 되어 온 특이성들이다. 니체가 썼듯이, 약간 다른 맥락에서, "근본적으로, 우리의 모든 행위들은 완전히 비교 불가능하게 개인적이고, 독특하고, 무한하게 개체적이다. 이 점에는 아무런 의심이 없다. 하지만 우리가 우리의 행위들을 의식 안으로 변환하자마자, 그것들은 더 이상 그렇게 보이지 않는다". 이런 이유로 들뢰즈는 규칙적인 것(규칙에 속하는 것)과 특이한 것(규칙을 회피하는 것)의 차이는 ── 특출한 것과 평범한 것 사이에서 훨씬 더 그러한데 ── 참인 것과 거짓인 것의 차이보다 철학에서 훨씬 더 중요하다고 주장한다.

만약 개념이 "사유 흐름으로부터 추출된 특이성들의 체계"라면, 이 추출 과정은 두 필연적으로 상관관계적인 측면들 ── 파괴(클리셰의 파괴)와 창조(새로운 것의 창조)를 가진다. 들뢰즈가 이 두 겹의 사유의 과정을 『프랜시스 베이컨: 감각의 논리』에서 서술한 회화 행위에 대한 분석보다 더 상세하게 검토한 곳은 없다(FB 71~90). 들뢰즈는, 캔버스는, 현실적이든 잠재적이든, 화가들이 자신들과 더불어 가져오는 이미지들(클리셰, 지각적 도식들)로 가득 채워져 있으므로, 그들은 결코 단순히 캔버스의 흰 표면 위에다 작업하는 것이 아니라고 언급한다. 그러므로 화가의 첫 번째 과업은 캔버스를 덮는 것이 아니라, 캔버스를 텅 비워 내는 것, 즉 클리셰를 파괴하는 것이다. 베이컨의 기법은 ── 이제 생겨나는 클리셰를 파괴하고 이미지의 창조를 가능하게 하는 국지들 혹은 지대들을 깨끗이 비워 내기 위하여 ── 무작위적인 점들을 만드는 것, 다양한 각도와 다양한 속도로 물감을 내던지는 것, 혹은 캔버스를 문지르고, 휘젓고, 쓸어버리는 것이다. 그것은 ── 비록 회화를 망치거나 아니면 클리셰로 물러날 수 있는 영구적 가능성과 함께하는 것일지라도 ── 마치 "파국catastrophe" 혹은 "카오스"가 시각적 조직화의 클리셰를 느슨하게 하며 캔버스를 압도하는 것과 같고, 하지만 동시에, 창조되고 있는 출현하는 이미지가 "사실의 가능성들"을 윤곽 짓는 것과 같다.[62] 그리고 화가가 이미지를 창조하기 위해 클리셰를 파괴해야만 하듯이, 철학자는 먼저 억견의 인습들을 파괴함으로써만 창조할 수 있다. 만약 ── 다른 예술들은 물론이고 ── 회화와 철학 사이에 차이가 있다면, 그 차이는 철학에서 클리셰와 벌이는 전투는, 설사 그것이 작가에 내적이라 하더라도, 보통 작품에 외적인 것으로 남아 있다는 사실에 놓여 있다. 다른 예술들과는 달리, 들뢰즈는 회화는 파국의 모체를 그 자신 안으로 통합하는 경향이 있고, 작품은 캔버스 위에 계속 현존하는 광학적 파국으로부터 출현한다고 언급한다. 아르토와 같은 사상가들처럼 드문 경우에, 일상적인 언어학적 좌표들의 붕괴가 실로 작품 그 자체에 완전히 속할 수 있다(TRM 184). 하지만 철학에서든, 과학에서든, 예술에서든, 모든 경우에서, 모든 창조 ── 사유 내에서 사유함이 산출되는 것 ── 는 문제와의 대치를 통해서 클리셰에 대항하는 전투를 불가피한 조건으로 삼고 있다.

그렇다면, 이것이 모든 창조 행위의 발생에 놓여 있고, 들뢰즈의 개념 분석론의 다양한 측면들을 통합하는 실재적 과정이다. 즉, 만약 특이한 것이 자신을 규칙적인 것 또는 평범한 것으로 부단히 환원하는 조건들하에서 생산된다면, 그렇다면 창조의 과업은 특이성들을 사유 흐름으로부터 추출하여 이 특이성들을 새로운 창조 면에서 **가변성들**variabilities ── 철학적 개념의 **변이들**variations(내재 면), 과학적 함수의 변수들variables(준거 면), 그리고 예술 작품의 다양성들varieties(조성 면) ── 로서 견실하게 기능하도록 만들기 위해, 클리셰의 군림에 대항하는 늘 새로워지는 부단한 투쟁이 된다.

---

62 회화에 고유한 시간(혹은 시간적 종합)에 관해서는, 1981년 3월 31일 세미나를 보라.

윤리학

들뢰즈 철학에서의 윤리학의 위치: 내재성의 세 가지 물음

·

미셸 푸코는,『자본주의와 분열증』제1권에 대한 그의 서문에서, (이 책의 저자들에게 사과하며, 의미심장하게도) "『안티-오이디푸스』는 윤리학서이며, 참 오랜만에 프랑스에서 저술되는 최초의 윤리학서이 다"(AO viii)라고 썼다. 분명 푸코의 논평은 도발적이게 보이도록 의 도되었다. 프랑스가 "도덕철학"의 강한 전통을 갖고 있지 않다는 것 은 사실이다. 이 학문 분야의 관심은 프랑스에서 심리학과 사회학 같 은 다양한 인간 과학들에 의해 대부분 수용되었다고 언급되어 왔다.[1] 그렇지만『안티-오이디푸스』는 그 자체 정신분석학에 대한 비판으 로 주로 알려졌으며, 학계에서 보통 도덕철학으로 통하는 것과 그다 지 유사점을 지니고 있지 않았다. 푸코가 윤리학서라고 주장하는 것 은, 적어도, 그의 독자들이 "윤리학" 개념을 새로운 방식으로 받아들 이도록 강요하는 것과 진배없는 것이었다. 푸코가 1977년에 서문을

---

1 모니크 칸토-스페르베르, 「도덕철학을 위하여」, *Le Débat* 72(Nov-Dec 1992), 40~51을 보라.

썼을 때, 그 자신이 바로 이러한 "윤리적 물음"을 바탕으로 하여 『성의 역사』의 기획 전체를 재주조하는 과정에 있었다는 것을 우리는 현재 알고 있다.[2] 푸코가 들뢰즈의 철학에서 인지하고, 그리고 후에 그의 최후 저작들에서 그 자신의 방식으로 탐구한 윤리학의 이러한 재개념화의 기초에 있었던 것은 무엇인가?

들뢰즈는 어디에서도 그 자신의 "윤리적 이론"이라고 불릴 수 있는 것을 제시하려고 명시적으로 시도하지 않는다. 그렇지만 그는 스피노자와 니체 두 사람을 언제나 자신의 주요한 철학적 선구자들로 간주해 왔으며, 이 두 사람 각각에 관한 중요한 단행본을 저술했다.[3] 들뢰즈의 저작에서, 이 두 사상가는 윤리적 사유의, 일종의 "소수" 전통을 이룬다. 그들이 공유하는 것은 순수하게 내재적인 관점에서 윤리학(그리고 철학 전체)을 재사유하려는 시도이다. 1986년 『푸코』의 출간 이후에 있었던 몇몇 인터뷰에서, 들뢰즈는 "윤리"와 "도덕" 사이의 구분에 대한 그 자신의 설명을 제공하며 이 내재적 윤리학 개념을 특징지으려고 시도했다. 이러한 구분은 (아리스토텔레스나 스토아주의 같은) 선하거나 덕 있는 삶이나 혹은 (칸트주의와 같은) 도덕법칙에 각각 더 강조점을 두는 반성의 양태들을 구별하기 위해 자주 도입되어 왔다. 그는 보편적이거나 초월적인 가치들에 관련시킴으로써 행위와 의도를 판단하는 데 있는, 도덕적 코드와 같은, 모든 부류의 "제약적" 규칙들을 매우 일반적인 용어로 정의하기 위해 "도덕"이

---

2 미셸 푸코, 『쾌락의 활용』, 로버트 헐리 옮김(New York: Vintage, 1985), 서론, 3~32를 보라. 여기에서 푸코는 이 기획을 다시 정식화한 데에 대해 설명하고 있다.
3 N 135를 보라: "모든 것은 위대한 스피노자와 니체의 동일성으로 향하는 경향이 있다."

라는 용어를 사용한다("이것은 선하고, 저것은 악하다").[4] 이와는 반대로, 그가 "윤리"라고 부르는 것은 우리가 행하고, 말하고, 생각하는 것이 함축하는 내재적 실존 양태에 따라 그러한 것들을 평가하는 일단의 "촉진적"(능력적) 규칙들이다. 우리는 이것을 말하거나 행하고, 저것을 생각하거나 느낀다. 그런데 그러한 것들은 **어떤 실존 양태를 함축하는가?** 들뢰즈는 "우리는 언제나 우리의 존재 방식 혹은 우리의 생명 스타일에 주어지는, 우리가 받을 만한 믿음, 느낌, 생각을 갖고 있다"고 쓰고 있다.[5] 용어 "실존 양태"는 심리학적 개념이 아니라, 존재론적 개념이다. 스피노자와 니체는 각각 자신의 방식대로, 우리가 생명에 반대하여 앙갚음 혹은 원한ressentiment을 품고 있지 않다면(니체), 우리가 여전히 수동적 변용의 노예 상태로 있지 않다면(스피노자), 약하거나 저열하거나 굴종적인 조건이 없이는, 우리가 행하거나 생각하거나 말하거나 느낄 수 없는 어떤 것들이 존재한다고 주장했고, 또 우리가 삶을 긍정하거나 혹은 능동적 변용들을 얻지 않는다면, 강하거나 고귀하거나 자유로운 조건이 없이는, 우리가 행하거나 말할 수 없는 다른 어떤 것들이 존재한다고 주장했다. 들뢰즈는 이것을 "극화"의 방법이라고 부른다. 즉, 행위와 명제는 화자의 실존 양태를 표현하거나 "극화하는" 매우 많은 일단의 증후들로서 해석된다. "주

---

4   마르틴 하이데거, 『니체 4: 허무주의Nihilism』, 데이비드 패럴 크렐 편, 프랭크 A. 카푸치 옮김 (San Francisco: Harper § Row, 1982), 제12절 "형이상학에 대한 니체의 '도덕적' 해석", 76~77: "니체는 보통 '도덕'을, 초월적 세계가 이념화된 측정 기준으로서 정립되어 있는 평가 체계로 이해한다."

5   NP 1. '도덕'과 '윤리'의 차이에 대해서는, N 100, 113~114를 보라. "임의 규칙règles facultatives"은 들뢰즈가 더 이상 상수들이 아니라 내적 변이들의 기능을 지시하기 위해서 사회언어학자 윌리엄 라보프로부터 채택하는 용어이다. F 147 n18을 보라.

어진 명제를 발하는 사람의 실존 양태는 무엇인가?"라고 니체는 묻는다. "그 명제를 발할 수 있기 위해서는 어떤 실존 양태를 필요로 하는가?"[6] 행위와 사유를 초월적이거나 보편적인 가치들에 호소함으로써 판단하는 것이 아니라, 우리는 행위와 사유를 그 원리로서 역할을 하는 실존 양태를 규정함으로써 **평가한다**. 내재적 실존 양태에 의한 다원론적 설명 방법은 초월론적 가치들에 대한 의존을 대체하도록 이런 방식으로 만들어진다. 내재적인 윤리적 차이(고귀한/저열한)가 초월적인 도덕적 대립(선/악)을 대체한다.

그러나 "도덕 없는 윤리"라는 내재적 개념은 철학사에서 편히 지내지를 못했다. 스피노자와 니체보다 더 중상을 받고 조롱을 받은 철학자는 거의 없었다. 그들은 무신론자라고 해서, 뿐만 아니라 또한 훨씬 더 나쁘게는 "비도덕주의자들"이라고 해서, 그들의 동시대 사람과 후대 사람 모두에 의해서 비난을 받았다.[7] 잠재적인 위험이 『윤리학』과 『도덕의 계보』에 도사리고 있는 것으로 감지되었다. 즉, 초월성이 없다면, 보편자가 없다면, 우리는 카오스의 어두운 밤으로 떨어질 것이고, "주관주의" 또는 "상대주의"로 환원될 것이다. 내재성의 철학은, 전혀 정당화의 물음을 해결하는 것이 아니라, 문제를 해결 불

---

6 "극화" 개념에 관해서는, NP 75~79를 보라.
7 잘해야, 스피노자와 니체의 비판들은 부정적인 계기들로서, 윤리-도덕적 영역에서 우리가 대항하고 거부해야 하는 전형적인 사례들로서 수용되었다. 가령, 알래스데어 매킨타이어의 『덕 이후: 도덕 이론 연구』, 제2판(Notre Dame, Indiana: University of Notre Dame Press, 1984)을 보라. 이 책에서 매킨타이어는 그 자신의 입장에서 「아리스토텔레스 혹은 니체?」라는 제목의 장에서 현대적인 윤리적 선택지들을 요약했다: "니체의 입장을 옹호할 수 있는 그 가능성은 결국 아리스토텔레스를 거부하는 것이 애당초 옳았는가? 하는 물음에 대한 대답에 달려 있다."(117)

가능한 지대로 계속 이동시키는 것으로 보인다고 주장되고 있다. 내재성의 철학은 어떤 실존 양태들은 수용 가능한 것으로, 다른 어떤 실존 양태는 비난 가능한 것으로 판단될 수 있는 규범적 기준을 제시할 수 없어서, 결국 모든 "차이들"이 차례대로 긍정되는 일종의 도덕적 허무주의를 옹호하는 것으로 보인다. 들뢰즈 그 자신은 만년의 시론에서, 그 문제를 이런 식으로 진술하고 있다. 즉, "우리를 혼란스럽게 만든 것은, 판단을 포기할 때 우리는 마치 모든 것이 이제는 동등한 가치를 갖는 것처럼, 실존하는 존재자들 간의, 실존 양태들 간의 차이들을 평가하는 모든 수단들이 박탈당한다는 인상을 가졌다는 점이다"(ECC 134). 예를 들어, 니체는, 유명한 일이지만, 반응적이거나 저열한 실존 양태에서 유래했다고 하며 도덕을 비판했다. 하지만 어떤 "권리"에 의해, 어떤 기준들에 따라서, 고귀하거나 능동적인 실존 양태가 저열한 실존 양태보다 더 "좋거나" 또는 "더 가치가 있는가"? 간결하게 말하면 이렇다. 즉, 어떻게 우리는 양태 그 자체에 내재적인 기준들을 사용하여, 비교적 평가를 위한 어떠한 기반도 포기하지 않고서, 실존 양태들을 평가할 수 있는가?

내재성의 윤리학 중심에 놓여 있는 것은 바로 이러한 문제이며, 이에 대한 들뢰즈의 대답은 엄중한 것이다. 한 실존 양태는 초월적이거나 보편적인 가치를 제쳐 놓고도, **역능**power이나 역량capacity(puissance)이라는 순수하게 내재적인 기준들에 의해 평가받을 수 있다. 즉, 그 실존 양태가 행할 수 있는 것의 극한으로까지 나아감으로써 자신의 역능을 능동적으로 배치하는 방식으로(혹은 이와 반대로, 행위할 수 있는 역능을 단절하고 무역능으로 축소되는 방식으로), 평가받을 수 있다. 들뢰즈는 자신의 여러 저작을 통해 이 점을 다양한 공식들로 표현한다. 즉, 실존 양태들은 "'가능성들', 자유, 창조성의 상태에 따라서"(TRM 343~344), "실존하는 존재자(existant)가 내재성으로 채워지는(s'emplit de) 방식"에 의해서(ECC 137), 평가된다. 윤리적 과업은 "증폭, 강화, 역능의 고양, 차원들의 증가, 구별의 증대"를 내포한다(FLB 73). "실존의 행로, 생명의 강화 이외에는 결코 어떠한 기준도 없다."(WP 74) 달리 말해서, 실존 양태들은 영향을 주고 영향을 받는 역능과 역량이라는 순수하게 **강도적인** 기준에 따라서 평가받지 않으면 안 된다. 멀리서 볼 때, 이 원리의 의미는 모호해 보이고, 때로 (예를 들어, 이 원리는 다른 이들에게 힘과 의지를 변덕스럽게 행사하는 강력한 실존 양태들인 "초인간적" 개인들에게 가치를 할당할 뿐인) 소박한 캐리커처를 그린 것에 지나지 않았다. 들뢰즈의 내재적 윤리학의 성격을 탐구하기 위해서, 나는 먼저 이 윤리학이 칸트주의와 맺고 있는 복잡한 관계들을 분석하고자 하며, 이어서 주로 스피노자에게서 단서를 얻으면서 이 윤리학이 제기하는 몇 가지 문제들과 긍정적인 과제들을 간략한 방식으로 검토하고자 한다.

칸트와 내재적 윤리학

다소 놀랍게도, 들뢰즈는 이 내재적 윤리 개념을, 아마도 우리가 예상하는 바와 같이, 칸트주의를 거부하는 것으로서가 아니라, 이와는 반대로 칸트주의를 **이행하는** 것으로서 제시한다. 들뢰즈의 해석에 의하면, 칸트의 천재성은 순수하게 **내재적인** 이성 비판을, 외적 원인(신체, 감각들, 정념들)에서 유래하는 오류들을 이성 내에서 찾은 것이 아니라, 의식의 종합들에 대한 부적법한(초월적) 사용 때문에 이성 그 자체 내에서 생기는 가상들을 찾는 비판으로서 이해했다는 점에 있다.

그러나 살로몬 마이몬에서 헤르만 코헨에 이르기까지 칸트-이후의 철학자들은, 칸트 그 자신은 이성에게 그 자신의 재판관이 되는 과제를 부여하지 않고서 이성을 내적으로 비판에 처하도록 해 주는 방법을 결여했기 때문에, 이 내재적 비판의 기획을 충분히 실현할 수 없었다고 주장했다. 칸트의 기획은 이성 그 자체에 의한 이성 비판이었다. 이성은 재판관이자 재판을 받는 자이고, 판결 기관이자 피고이다. 그러므로 그는 비판을, ──이성의 "자연적 관심들"로 간주되어 결코 물음에 놓이지 않았던 인식과 도덕 그 자체에 대해서가 아니라── 인식과 도덕에 관한 모든 주장들에 대해서 가해져야 하는 힘으로 보았다. 칸트가 비난한 것은, 이성이 자연적 상태에서 그 관심들을 혼동하여, 이 영역들이 서로 간에 침범하는 것을 허용하는, 그 부적법한 사용들(가상들)이었을 뿐이다.

따라서 총체적 비판은 타협의 정치학으로 변하고 만다. 즉, 심지어 전투가 있기 전에 이미 영향의 영역들이 배당되었다. 세 가지 이상이 구분되어 있다. 즉, 나는 무엇을 알 수 있는가? 나는 무엇을 해야 하는가? 나는 무엇을 희망할 수 있는가? 각각에 대해 한계를 긋고, 오용과 침범이 규탄되지만, 각 이상의 무비판적 성격이 과일 안의 벌레처럼 칸트주의의 중심에 여전히 남아 있다. 즉, 참된 인식, 참된 도덕, 참된 종교. 칸트가 ──그 자신의 용어로── 여전히 사실이라고 부르는 것. 즉, 도덕의 사실, 인식의 사실.[8]

들뢰즈는, 자신의 획기적인 책 『니체와 철학』에서, 니체가 인식과 도덕에 대한 거짓된 주장들에 대해서뿐만 아니라 진리truth 그 자체에 대해서, 즉 참된true 도덕과 참된 인식에 대해서 비판을 가했다는 바로 그 이유 때문에, 니체야말로 비판 기획의 목적을 최종적으로 완수할 수 있었던 사람이라고 주장한다. 니체는 『도덕의 계보』에서 "우리는 도덕적 가치들에 대한 비판을 필요로 한다. 이 가치들의 가치가 맨 먼저 물음에 붙여져야만 한다"고 쓰고 있다. 그리고 또, "진리로 향한 의지는 비판을 필요로 한다. 따라서 우리는 우리 자신의 과제를 정의할 필요가 있다. 진리의 가치는 이번에는 실험적으로 물음에 붙여져야만 한다"고 쓰고 있다.[9] 니체는 이성의 "사실들"(인식의 "사실", 도덕의 "사실")을 위한 가능성의 조건을 구성하는 초월론적 원리들을 발견하는 데 만족하지 않았다. 그렇기는커녕, 그는 인식과 도덕의 발생에 대한 설명을 제공하는, 진정으로 발생적이고 생산적인 내재적 원리들을 발견하는 데 몰두했다. 그가 "계보학"이라고 부른 것은 인식과 도덕의 기원을 그 원리로서 역할을 하는 미분적 실존 양태로까지 추적하는 방법이었다. 들뢰즈가 쓰고 있는 바와 같이,

> 비판의 문제는 인식과 도덕의 가치를 생기게 하는 평가의 가치들[인식, 도덕]의 가치의 문제이며, 따라서 그 가치들의 창조의 문제이다. 평가는 이에 상응하는 가치들의 미분적 요소, 비판적이고 창조적인

---

8 NP 89~90. 임마누엘 칸트, 『실천이성비판』, 『임마누엘 칸트: 실천 철학』, 메리 J. 그레고어 옮김(Cambridge: Cambridge University Press, 1996), §7, 논평, 165. 도덕 법칙의 의식은 "경험적 사실이 아니라, 순수 이성의 유일한 사실이며, 이 순수 이성의 사실은, 그것에 의해, 그 자체가 본원적으로 입법적임을 명시한다".

9 프리드리히 니체, 『도덕의 계보』, 『니체의 주요 저술들』, 발터 카우프만 엮고 옮김(New York: Modern Library, 1968), 서문, §6, 456; 에세이 3, §24, 589.

요소로서 정의된다. 평가들은 본질상 가치들이 아니라, 가치들을 판단하는 기초가 되어 가치들을 위한 원리들로서 역할을 하는, 존재 방식들, 판단하고 평가하는 것들의 실존 양태들이다. (NP 1)

따라서 칸트의 도덕 법칙 이론에 대한 들뢰즈의 비판은, 사실상 그것은 칸트주의 그 자체를 니체가 시동을 건 비판적 전도顛倒에 처하게 하므로, 여기서 다소 상세히 검토할 만하다. 들뢰즈는 『순수이성비판』이 인식의 대상들을 주체 주위를 돌게 함으로써 코페르니쿠스적 혁명을 가져왔듯이, 『실천이성비판』은 선the Good을 법칙the Law 주위를 돌게 함으로써 마찬가지로 중요한 혁명을 가져왔다고 언급한다. 이렇게 해서 그는 고대 이래 성행해 왔던 관계를 뒤집어 놓았으며, 니체가 "금욕적 이상"이라고 불렀던 것을 뒤집어 놓을 위치에 있는 것으로 보였다. 하지만 두 번째 비판서에서 실제로 발생하는 것은 무엇인가? 플라톤의 경우, 법칙들은 선에 복속되는 이차적이거나 파생적인 역능이었다. 만약 인간들이 선을 알고 있고, 선을 따르는 방법을 알고 있다면, 그들은 법칙들을 필요로 하지 않을 것이다. **원리들**의 관점에서 보면, 법칙들은 오직 "이차적인 수단", 즉 참된 정치가 결여할 때에 인간들에게 주어지는 선의 모방일 따름이다. **결과들**의 관점에서 보면, 정의로운 사람은 그의 나라의 법칙들을 준수할 때, 비록 선에 대해 생각하고 또 선을 위해 생각할 수 있는 자유를 보유하고 있다고 할지라도, 그럼에도 불구하고 "최선의" 것the Best을 위해 행위하고 있다고 말할 수 있다. 들뢰즈의 독해에 따르면, 칸트는 법칙이 수반하는 결과들만큼이나 법칙이 의존하는 원리들의 관점에서, 이 고전적인 법칙 개념을 전복시켰다.[10]

1. 원리들의 관점에서 보면, 법칙들은 더 이상 자신들의 권능이 유래하는 상위의 원리에 토대를 두는 것으로 간주되지 않는다. 대신에, 법칙the Law은 대상도 갖지 않고, 내용도 갖지 않는(내용은 법칙이 모방하는 선을 의미할 것이므로…) 보편성의 순수 형식, 즉 제1원리가 된다. 법칙은 우리가 행해야만 하는 것을 말하지 않는다. 법칙은 비교적인 또는 심리학적인 보편자로 제시되지 않는다("다른 이들에게 … 하라"). 그렇기는커녕, 법칙은 우리의 행위가 무엇일지라도 우리가 준수해야만 하는 주체적 규칙, 논리적 시금석을 제공한다. 즉, 보편적인 것으로서 모순 없이 **사유될** 수 있는 격률을 가지며, 이 격률 이외의 어떤 대상도 갖지 않는 동기를 가지는 모든 행위는 도덕적 행위일 것이며, 혹은 적어도 도덕과 일치할 것이다. 예를 들어, 거짓말하는 행위는 보편적인 것으로 간주될 수 없는데, 왜냐하면 그것은 그 거짓말을 믿는 사람들을, 그리고 그 거짓말을 믿을 때 거짓말하고 있지 않은 사람들을 적어도 함의하기 때문이다. 칸트의 경우, 법칙은 모든 내용들이 박탈되어 있으며, 법칙의 명법적 존재는 단지 범주적 존재일 뿐이다. 법칙은 우리에게 어떤 **대상**이 의지가 추구해야만 하는 선한 대상인지를 말해 주는 것이 아니라, 단지 어떤 **형식**이 의지가 취해야만 하는 도덕적 형식인지를 말해 줄 따름이다. "법칙은 우리에게 우리가 무엇을 해야만 하는가 말해 주지 않고, 단지 우리에게 '너는 해야만 한다!You must!'고 말해 줄 뿐이며, 우리가 법칙으로부터 선the Good, 즉 이 순수 명법의 대상들을 연역하도록 놓아둘 뿐이다."(ECC 32)

---

10 다음에 오는 논의는 「유머, 아이러니, 그리고 법」이라는 제목의 『마조히즘: 냉담함과 잔인함』, 제7장(M 81~90)에 있는, 도덕 법칙에 대한 들뢰즈의 분석을 요약한 것이다.

2. 결과의 관점에서 보면, 정의로운 사람은 최선의 것the Best을 위하여 법칙the Law을 준수한다고 말하는 것은 더 이상 가능하지 않다. 법칙은 법칙의 형식에 의해서만 타당하고 법칙의 내용은 여전히 미규정적인 채로 남아 있으므로, 법칙은 지성 영역의 일부가 아니다. 법칙은 그것 안에 "인식될" 수 있는 것이 없다는 바로 그 이유 때문에 인식되지 않으며, 결코 인식될 수 없다. 우리는 오직 법칙의 행위를 통해서만, 모든 사변적이거나 이론적인 명제에 대립하는 순수하게 **실천적인 규정을 통해서만** 우연히 법칙을 만난다. 법칙은, 우리가 **법칙이 무엇인지 전혀 알지 못한 채** 법칙을 어기는 위반의 영역을 정의한다. 『소송』에서 카프카가 그 메커니즘을 무서울 정도로 상세하게 묘사하는 것이 바로 이 영역이라고 들뢰즈는 언급한다. 즉, 법칙은 그 자신을 선고를 통해 행위하고 표현하며, 우리는 이러한 선고에 대해 오직 그것이 형벌에 적용되는 것을 통해서만 알 수 있을 뿐이다(K 44~45). 따라서, 법칙의 도덕적 명법을 준수하고자 노력하는 사람은 더 이상 정의롭지 않게 되거나 심지어 정의롭다고 느낄 수도 없다. 그 반대로, 법칙은 우리가 죄를 지었다고, 필연적으로 죄를 지었다고, **사전에 죄를 지었다고** 느끼게 만들며, 그리고 우리의 순종이 엄격하면 엄격할수록 우리의 죄는 그만큼 더 크다. 프로이트는 초자아에 대한 그의 분석에서, 이러한 양심의 역설의 비밀을 밝혀냈다. 즉, 만약 의무가 우리의 관심과 욕망의 포기를 전제한다면, 불가피하게 도덕 법칙은 그만큼 더 강력하게 또 엄격하게, 우리의 포기를 더 깊게 하도록 행사될 것이다. 이렇게 하여 법칙은 우리가 법칙을 정확성을 갖고서 준수하는 만큼 그만큼 더 잔혹해진다.[11] 그리고 심지어 죄와 형벌조차 우리에게 우리의 잘못에 대한 최종적 인식을 제공하지 않을 것이다. 법칙

은 미규정의 상태 속에서 극히 특정한 형벌과 대등하게 존속하고 있다. 법칙은 우리의 잘못을 면제해 주지 않는 것과 같이 우리의 덕을 면제해 주는 것도 아니다.

요컨대, 들뢰즈는 칸트의 도덕 법칙을 두 가지 역설적인 극에 의해 정의한다. 그 두 극은 원리의 관점에서 볼 때 형식적인 초월성, 그리고 결과의 관점에서 볼 때 선험적인 죄이다. 칸트의 도덕철학에 대한 현대의 비판은 이 두 극을 출발점으로 택하는 경향이 있어 왔다. 가령 법칙에 대한 분석이 최초에 나타났던, 『마조히즘』이라는 제목의 1967년 연구서에서, 들뢰즈는 사드와 마조흐는 도덕 법칙의 전복을 자신들의 목표로 삼았던 두 "도착된" 실존 양태를 제시했다고 주장했다. 즉, 하나는 법칙을 넘어서 있는 최고의 상위 원리를 목표로 하는, 즉 더 이상 선이 아니라 악의 이념 혹은 최초의 자연일 아이러니적 원리를 목표로 하는 반란에 의해서(사드의 제도적 무정부 모델), 다른 하나는 형벌을 금지된 쾌락으로 만드는 조건으로 전환시킴으로써 법칙의 명법을 피하는 유머적인 복종에 의해서(마조흐의 계약적 모델) 도착된 실존 양태를 제시했다.[12] 결국, 『마조히즘』에서 행한 들뢰즈의 분석은 "윤리적인 것의 중지"에 관한 키르케고르의 분석을 무신론적으로 설명한 것으로 읽힐 수 있다. 즉, 욥은 "모든 간접적인 설명들을 거부하고, 가장 특이한 것을 원리로서, 보편자로서 얻기 위해 일반적인 것을 내버리며", 아이러니한 방식으로 법칙에 이의를 제기한

---

11 지그문트 프로이트, 『문명과 그 불만』, 제임스 스트레이치 옮김(New York: W. W. Norton, 1961), 72~73.

12 M 86~90. "도착"은 그 자체의 적극성을 보유하는 특정한 유형의 실존 양태로서 들뢰즈의 저술에서 중요한 역할을 한다.

다. 이에 반해 아브라함은 유머러스하게 법칙에 복종하지만, "그러나 이 복종 속에서 그는 법칙이 그에게 희생하라고 명했던 독생자의 특이성을 회복한다"(DR 5~8). 하지만 이러한 비판들은, 중요하긴 하지만, 법칙을 넘어 종교적인 것으로 향하는 "도약", 혹은 도착을 통한 법칙의 "위반"을 가리키는, 오직 칸트의 법칙의 역설, 한계를 드러낼 뿐이다.

이와 대조적으로, 니체의 극화 방식은 역설들에 대해서가 아니라 도덕 법칙의 원리 바로 그것에 대한 내재적 비판을 제공한다. "너는 해야만 한다!"고 말하는 사람은 누구인가? 그 사람은 사제이며, 판단하려는 의지의 순수하게 형식적인 측면을 표현하는 범주적 명법이다. 언제나 이미 죄를 범한 사람은 누구인가? 그 사람은 그 자신에게 결코 무죄를 선고할 수 없을 만큼의 죄책감으로 가득 차 있는 노예이다. 니체가 『도덕의 계보』에서 노예의 세 가지 주요한 심리학적 범주들을 제시했을 때, 그는 또한 "도덕" 승리의 진화 과정, 도덕 법칙의 계보학적 기원들을 그려 놓았다. 즉, 원한("그것은 너의 잘못이다. …", 투출적인 비난과 힐책의 순간이다), 양심의 가책("그것은 나의 잘못이다", 투입의 순간이다. 잘못은 내면화되어, 다시 자기 자신으로 되돌아가며, 죄를 지었다고 느끼게 된다), 그리고 마지막으로 금욕적 이상(승화의 순간, 반응적 힘들의 승리, 생명은 생명보다 우월한 가치들의 이름으로 "판단된다"). 동시에, 그는 또한 노예가 자신의 필연적인 상관자를 사제에서 어떻게 발견하는가를 보여 주었다("나는 판단하기를 원한다, 나는 판단해야만 한다. …" 사제는 이 죄 형식을 부여하고, 자신의 권력을 확립하기 위해 이 죄 형식을 이용하고, 판단의 권력으로서 새로운 형식의 권력을 발명하는 사람이다.[13] 이런 의미에서, 도덕은 들뢰즈가 "판단의 체계"라고 부르는 것을 구성한다. 니체는, 유명한 일이지만, 판단의 조건을 "신성으로 향한 빛을 가지고 있는 의식" 속에서 발견한다. 그는 윤리-도덕적 영역의 기원에 놓여 있는 것은 바로 채무자-채권자의 관계라고 주장했다. 약속들이 주어져 있었고, 약정들은 미래로 향해 행해져 있었으며, 그리고 "법들의 정의"는 우리가 우리의 빚에 책임을 지도록 하기 위해, "미래를 위한 기억을 창조하기 위해" 실제로 존재했다. 판단의 체계는 이 빚이 **무한하고**, 그래서 갚을 수 없게 되었을 바로 그때 나타났다(기독교). 우리는 더 이상 또 다른 당사자에게 빚을 지고 있었던 것이 아니라, 신에게 빚을 지고 있다. 이 신에게 우리는 우리 자신이 결코 방면될 수 없는 무한한 빚을 지니고 있다. "빚은 갚기를 결코 마칠 수 없는 채무자가 빚에 대한 이자를 써 버리기를 결코 마치지 않을 채권자와 맺는 관계가 된다."(NP 142)

들뢰즈에게, 칸트의 도덕 법칙은 단지 "무한한 빚이 취하는 사법적 형식"일 뿐이다(AO 215). 이 판단 체계를 진정한 비판에 처하게 한 것이 아니라, 칸트는 주체 내에 사제와 노예를 두는 "환상적인 주관적 재판소"를 세웠다(ECC 126). 이제 사제와 신자, 입법자와 종속자, 재판관과 재판을 받는 자가 되는 것은 **같은** 사람이다. 실천이성의 이름으로, "이성" 그 자체는 우리의 노예 상태와 예속 상태를, 우리를 이성적 존재로 만드는 우월한 어떤 것으로서 표상하게 된다. "네가 복종하면 할수록, 너는 주인이 될 것이다. 왜냐하면 너는 순수이

---

13 실존 양태들로서의 노예와 사제에 대한 들뢰즈의 분석에 대해서는, NP, 제4장 「원망에서 양심의 가책으로」, 111~145를 보라. 들뢰즈는 PI 17~41에서 자신의 해석에 대한 유용한 요약을 제공하고 있다.

성에만, 달리 말해 … 너 자신에만 복종하고 있게 될 것이기 때문이다."(TP 376) 칸트의 저작 그 어디서도 이 전략은 초월적 이념들(영혼, 세계, 신)의 궤적에서보다 더 명료하게 서술된 곳은 없다. 첫 번째 비판서에서, 칸트는 종합들을 부적법하고 가상적인 것으로 사용하는 모든 초월적 사용을 맹렬히 비난하며, 이념들을 주체에 내재적인 장의 "지평"으로 격하시켰다. 하지만 이 이념들은 하나하나 각각 두 번째 비판서에서 부활했으며, 실천적 규정이 부여되었다. "자유"는, 도덕의 "사실"로서, 모든 감성적 조건과 무관한, **초감성적 세계라는 우주론적 이념**을 의미했다. 결과적으로, 본체론적 법칙과 현상적 세계를 분리하는 심연은 감성적 자연의 지성적 창시자 또는 "세계의 도덕적 원인"의 중재를 요구했으며(**최고 존재자라는 신학적 이념**), 무한 진행의 "상징"을 통해서 다리가 놓일 수 있었을 뿐이다. 무죄 방면은 오직 지금 여기에서가 아니라, 훨씬 더 엄혹한 법칙에 순응하면서 무한대로 계속되는 진행의 관점에서 희망될 수 있을 뿐이다. 이 길은 우리 생의 한계를 넘어가므로, 그것은 **영혼의 불멸성이라는 심리학적 이념**을 요구한다(만약 빚이 무한하다면, 채무자는 끝까지 살아남아야만 한다). 이 무한정한 연기는 위의 천국이 아니라 아래 여기의 지옥을 가져온다. 그것은 불멸성을 수여하는 것이 아니라, "서서히 이루어지는 죽음"에 처하게 만들며, 카프카가 제안한 것, 즉 "외관상의 방면" 혹은 "무제한적 연기" 이외의 다른 사법적인 대안을 우리에게 남겨 두지 않는다. 더 정확히 말해, 들뢰즈는 판단이 지연되거나, 내일로 연기되거나, 무한대로 억압되는 것이 아니라고 주장한다. 또 그는, 이와는 반대로, 판단을 가능하게 만드는 것은, 지연하거나, 무한대로 사물을 실어 나르거나, 빚을 무한하게 만드는 바로 이러한 행위라고 주장한다. 판단의 조건은 실존과, 시간 질서 안의 무한 간의 이 관계이며, "이 관계 속에서 그 자신을 유지하는 사람은 판단하고 판단되는 권능이 주어진다". 따라서 도덕 법칙은 "우리를 끝없는 노예 상태에 처하게 하고, 모든 해방 과정을 무효화하는" 판단의 체계이다(ECC 127~128).

그러나 초월성과 내재성의 차이는 절대적인 것이 아니다. 왜냐하면 초월성의 가상들조차도 "내재성 그 자체를 갖고서 내재 면을 충전하는 데" 역할을 할 수 있기 때문이다(WP 73). 예를 들어, 기독교 전통은 파스칼에서 키르케고르에 이르기까지 추적될 수 있는 중요한 영감의 방식을 내포한다. 파스칼의 유명한 내기에서 걸려 있었던 것은, 들뢰즈가 해석하는 바와 같이, 초월적 신의 실존 혹은 비-실존이 아니라, 자신의 실존 혹은 비-실존 사이에서 선택해야만 하는 자들의 내재적 실존 양태들이다. 복잡한 유형론이 이로부터 따라 나온다. 즉 첫째, 아무런 의심 없이 선택하는 **독실한** 자들, 명령의 수호자들이 존재한다. 둘째, 선택하는 방법을 알지 못하거나 선택할 수 없는 **회의론자들**이 존재한다. 셋째, 괴테의 메피스토펠레스처럼, 최초의 선택이 그들을 더 이상 선택을 반복할 수 없는 상황 속에 놓는 악의 인물들이 존재한다. 마지막으로, 선택을 의식하면서, 확고한 정신적 규정 속에서 반복될 수 있는 "진정한" 선택을 행하는 믿음 혹은 은총의 사람, "신앙의 기사"가 존재한다.[14] 키르케고르는 선택이 사유 그 자체만큼 큰 영역을 포괄한다는 점을 보여 주며, 사유 방식의 필연적인 결과들

---

14 이 전통에 대한 들뢰즈의 분석은 그의 두 권의 『시네마』에서 발견된다. 이 책들에서 그는 파스칼과 키르케고르의 철학과 브레송과 드레이어의 영화 사이의 유사점을 끌어내고 있다. MI 114~116과 TI 176~179를 보라.

을 그려 냈다. 그것은 더 이상 초월적 신의 실존에 관한 문제가 아니라, 믿기를 "선택하는" 자들의 내재적 가능성들의 실존에 관한 문제이다. 그럼에도 불구하고, 파스칼의 "도박꾼"(주사위를 던지는 사람)과 키르케고르의 "신앙의 기사"(도약을 하는 사람)는 여전히 신앙의 인간들로 남아 있다. 비록 신의 실존이 내기에 동원되지 않는다 할지라도, 그것은 내기가 전제하는 관점이며, 이 관점에 따라 우리는 이기거나 지게 된다. 우리는 여전히 내재성의 한복판에서 초월성을 마주치려고 애쓴다. 이런 이유로 들뢰즈는 한쪽에는 니체와 다른 한쪽에는 파스칼과 키르케고르(혹은 레프 셰스토프와 샤를 페기) 사이에서 자주 행해지는 비교들은 어떤 지점까지만 타당하다고 주장한다. 니체가 쓴 바 있듯이, "파스칼은 '기독교 신앙이 없다면, 그대는, 자연과 역사 못지않게, 스스로 괴물과 카오스가 될 것이다'라고 생각했다. 이 예언을 우리는 성취했다".[15]

내재성의 세 가지 물음

들뢰즈에게, 니체의 "극화의 방법"은 칸트의 비판 기획의 전도와 완성을 수반하고 있다. 이 극화의 방법은 진정으로 내재적인 비판 원리를 발견함으로써 칸트의 비판 기획을 완성하지만, 또한 이 방법은 그 기획으로부터 초월성의 모든 잔재를 제거함으로써 칸트의 철학을 전도시킨다. 칸트는 내재 면을 의식의 장으로서 취급함으로써 초월성을 구하려는 근대적 시도를 개시했다. 내재성은 순수 의식, 즉 경험

---

15 프리드리히 니체, 『힘에의 의지』, 발터 카우프만·R. J. 홀링데일 옮김(New York: Random House, 1967), §83, 51~52.

의 장을 능동적으로 종합하는 초월론적 주체에 내재적인 것이 되었다. 그러므로 들뢰즈의 학문 이력의 많은 부분은 칸트의 도덕철학 개념에 대한 심오한 비판으로서뿐만 아니라, 동시에 그 토대로서 역할을 하는 칸트의 주체에 대한 비판으로서 간주될 수 있다. 엄격하게 칸트-이후의 철학의 관점이 이미 배어 있는 그의 최초의 저서, 『경험론과 주체성』(1953)에서 들뢰즈는, 흄의 경험론의 본질적 물음은 "경험이 어떻게 주체에 주어지는가?"가 아니라, "주체가 주어진 것 내에서 어떻게 구성되는가?"였다고 주장했다(ES 87). 『차이와 반복』(1968)에서 흄의 대답 — 주체(인간 본성)는 연합 원리들의 파생태이다 — 은 "초월론적 경험론"으로 변형되었다. 즉, 주체는 더 이상 능동적으로 경험을 종합하는 초월론적 심급이 아니라, 그 자체 수동적인 종합들에 의해 내재 면 내에서 구성된다.[16] 하지만 윤리학을 초월론적 "주체"에 대한 호소를 통해서가 아니라 내재적인 "실존 양태들" 개념에 근거 짓는 "변환"을 가져오는 자원들을 들뢰즈에게 제공하는 사람은, 니체보다 훨씬 더, 스피노자일 것이다. 우리는 실존 양태들에 관한 세 가지 물음을 제기함으로써 내재적 윤리학의 성격을 간략하게 소묘할 수 있다.

1. 실존 양태는 어떻게 규정되는가?
2. 실존 양태는 어떻게 평가되는가?
3. 새로운 실존 양태들을 창조하기 위한 조건들은 무엇인가?

---

16 DR 86~87. "수동적 종합" 개념은 후설에게서 가져온 것이다. 조 휴즈, 『들뢰즈와 재현의 발생』(London: Continuum, 2008), 10~19를 보라.

이 물음들은 들뢰즈가 스피노자의 윤리학에 대한 분석에서 그 윤리학적 물음이라고 부르는 것의 세 가지 계기들에서 유래한다. 비록 우리가 이 세 가지 계기들을 보다 일반적인 의미에서 여기에다 적용할지라도 말이다.[17] 이와 더불어 이 세 가지 계기들은 들뢰즈가 "판단의 체계"를 대체하는 "정동들의 체계"에 의해 제기된 문제들과 과제들을 요약 방식으로 그려 내는 데 일조한다.

1. 실존 양태는 어떻게 규정되는가? 니체와 스피노자는 신체를 실존 양태들의 분석을 위한 본보기로 취한다. "요점: 신체에서 출발하여 신체를 안내자로 활용하는 것."[18] 『윤리학』에서, 스피노자는 신체를 주로 두 가지 근본적인 축들에 의해 정의한다. 한편으로, 신체는 서로 간에 무한대로 영향을 미치는, 다양한 부분들이 포함되어 있는 복잡한 일단의 관계들에 의해, 외연적으로extensively 또는 운동학적으로kinetically 정의된다. 다른 한편으로, 신체는 또한 어떤 정도의 역능에 의해, 즉 다른 신체들에게 영향을 미치거나affect 또는 영향을 받는 어떤 역량에 의해, 내포적으로(=강도적으로)intensively 혹은 역학적으로dynamically 정의된다. 첫 번째 축에서, 나는 내 신체가 또 다른 신체의 행위에 굴복하는 한에서, 주어진 순간에 내 신체의 상태를 가리키는 "변용affections"(affectio)을 통해서만 내 신체에 대한 인식을 가진다. 가령 어떤 때는 (내가 음식을 소화할 때처럼) 두 영향을 받은 관계

---

17 스피노자의 "윤리적 물음"에 관한 들뢰즈의 세 가지 정식적 서술에 대해서는, EPS를 보라:
   1) 우리는 어떤 변용들을 행할 수 있는가? 우리 역능의 정도는 무엇인가?(226)
   2) 우리는 최대한의 기쁜 정념들에 의해 촉발되기 위해 무엇을 해야만 하는가?(273)
   3) 우리는 어떻게 능동적 변용들을 생산하게 될 수 있는가?(246)
18 니체, 『힘에의 의지』, §532, 289. 또한 §489, 270을 보라.

들이 새로운 합성적 관계를 형성하기 위해 결합할 것이고, 어떤 때는 (독이 피를 분해할 때처럼) 한 신체가 다른 한 신체를 분해해서, 그 구성 부분들 중 한 부분의 응집을 파괴할 것이다. 두 번째 축에서, 나는 내 신체가 할 수 있는 "정동affects"(affectus)을 통해서, 즉 내 정동이 내 역능을 증가시키거나 감소시키는 방식을 통해서 내 신체에 대한 인식을 가진다. 나는 한 신체가 내 신체에 마주치고 내 신체와 합성에 들어가서 나의 역능을 증가시킬 때 **기쁨**이나 쾌감을 경험하고(음식은 나에게 자양분을 준다), 이와 반대로, 또 다른 신체가 내 응집성을 위협하고 내 역능을 감소시킬 때 **슬픔**이나 불쾌감을 경험한다(독은 나를 병들게 한다). 혹은 그 극한에서, 나를 파괴시킨다. 기쁨과 슬픔은 한 상태에서 또 다른 상태로 지나가며 부단한 변이 속에 있는 추이들, 생성들, 내 역능의 상승들과 하강들이다.

실존 양태들에 대한 스피노자의 분류를 위한 기초를 형성하는 것은 바로 이러한 신체 개념이다. 한 양태는 아리스토텔레스의 생물학(수목형 분류 도식)에서처럼 유와 종의 추상적 개념들에 의해 분류될 수 있는 것이 아니라, 영향을 미치고 영향을 받는 역량에 의해, 즉 그 양태가 "할 수 있는" 변용에 의해 분류되어야만 한다(리좀적 도식).[19] 가령, 우리가 인간을 "깃털 없는 두 발 동물" 혹은 "이성적 동물"로 정의할 때, 우리는 단지 어떤 정동들이나 특성들traits을 다른 정동들이나 특성들을 희생하고서 선별해 낼 뿐인 **명목적** 정의들에 의존한다. 우리는 우리가 실존 양태를 영향을 받는 역능 또는 역량 ── 단순

---

19 "수목형" 사유 모델과 "리좀형" 사유 모델의 차이에 관해서는, TP 3~25를 보라. 아리스토텔레스 전통에 대한 스피노자의 비판에 대해서는, SPP 44~48과 EPS 277~278을 보라.

히 논리적 가능성이 아니라 모든 순간에 필연적으로 현실화되는 역량 ── 에 의해 정의할 때만 실존 양태에 대한 **실재적인** 정의에 도달한다. 한 주어진 존재자를 두고 우리는 이렇게 물을 수 있다. 이 존재자는 세계의 무엇에 의해 영향을 받는가? 무엇이 이 존재자를 영향을 받지 않도록 놓아두는가? 이 존재자는 무엇에 긍정적으로 또는 부정적으로 반응하는가? 이 존재자의 자양분과 독은 무엇인가? 이 존재자는 어떻게 다른 존재자들을 자신의 세계 속으로 데리고 가는가? 어떤 정동들이 이 존재자의 응집을 위협하여, 그 역능을 감소시키거나 또는 심지어 이 존재자를 파괴하는가? **이 존재자의 신체는 무엇을 할 수 있는가?** 우리는 이 존재자의 정동이 무엇이고, 이 존재자의 신체가 다른 신체들의 정동들과 어떻게 합성에 들어갈 수 있는가(혹은 들어갈 수 없는가) 알 때까지는 한 양태의 역능에 관해 아무것도 알지 못한다.[20] 이런 방식으로, 우리는 거의 전반적인 실존 양태들의 내재적 "유형들"의 분류에 도달할 수 있다. (이 관점에서 보면, 가령 역용마와 황소 사이보다 경주마와 역용마 사이에 더 큰 차이들이 존재한다. 즉, 역용마는 경주마와 같은, 영향을 받을 역량을 갖는 것이 아니라, 황소와 공통되는 정동들을 가진다.) 신학적인 무한한 빚 이론이 불멸의 영혼이 판단들의 체계와 맺는 관계를 규정한 데 반해, 스피노자의 윤리학은 실존하는 신체가 자신에게 영향을 미치는 힘들과 맺는 유한한 관계를 규정하려고 시도한다(ECC 128).

---

20 스피노자, 『윤리학』, 3권, 명제 3, 방주; 『스피노자 전집』, 제2판, 에드윈 컬리 옮김(Princeton: Princeton University Press, 1985), 495를 보라: "그 누구도 신체가 무엇을 할 수 있는지 아직 규정한 적이 없다." 이 문구는 들뢰즈의 여러 책들에서 라이트모티브처럼 반복되어 있다.

그렇다면 이것이 내재적 윤리학의 첫 번째 특징이다. 즉, 내재적 윤리학은 초월론적 주체를 역능의 정도, 그리고 정동성affectivity의 관계들에 의해 규정되는 내재적 실존 양태들로 대체한다. 후기 저작들에서, 푸코는 "주체"라는 용어를 "주체화"라는 용어로 대체하자고 제안했다. 푸코는 "순수" 이성Reason 혹은 **탁월한 이성성**rationality이 존재하는 것이 아니라, (인식론 분야에서 알렉상드르 쿠아레, 가스통 바슐라르, 조르주 캉길렘, 사회학에서 막스 베버, 철학에서 프랑수아 샤틀레가 분석한 종류의) 다수의 다원적인 이질적 **이성화**rationalization **과정**들이 존재하듯이, 보편적 윤리학을 위한 기초로서 기능할 수 있는 보편적이거나 초월론적인 주체가 존재하는 것이 아니라, 오직 가변적이고 비상하게 다양한 **주체화 과정**들이 존재할 뿐이라고 주장했다 (PV 14~17). 최초의 적극적인 윤리학적 과제는 실존 양태들을 규정하는 주체화 과정들(수동적 종합들)을 분석하는 것이리라. 푸코는 『성의 역사』 개정판(이 책들에서 성애는 이러한 과정들의 한 측면을 형성할 뿐이다)에서 스스로 설정한 것은 바로 이 과제였다. 이 책들에서 그는 그리스, 로마, 기독교 시기에 이루어진 주체화의 역사적 형성물들formations ── "너 자신을 알라!"(그리스인), "너 자신을 정복하라!"(로마인), "너 자신을 부정하라!"(기독교인)와 같은 정식들로 간소하게 코드화되었다고 할 수 있는 실존 양태들 ── 을 분석했다.[21]

이 과제는 사회구성체social formation, 혹은 들뢰즈가 "배치"

---

21 미셸 푸코, 『성의 역사』 뒤의 두 권, 즉 제2권 『쾌락의 활용』, 로버트 헐리 옮김(New York: Vintage, 1985), 제3권 『자기 배려』, 로버트 헐리 옮김(New York: Pantheon, 1986)을 보라. 이 시리즈의 제4권 *Les Aveux de la chair*(『육체의 고백』)은 작성되었지만, 아직 간행되지는 않았다.

(agencement)라고 부르고, 푸코가 "장치"(dispositif)라고 부르는 것에 대한 분석과 불가피하게 묶여 있다. 윤리학은 필연적으로 정치경제학과 연결되어 있다. 하지만 정치경제학은 국가의 정치 형태와 필연적으로 묶여 있는 것은 아니다. 근대 독일 철학은, 특히 칸트와 헤겔의 경우, 원리(법칙)의 보편성에 순종하는, 자유롭게 사유하는 개인들의 공동체라는 이성적 조직체로서 정의되는, 원리상 보편적인 국가라는 허구를 지어냈다. 원리의 보편성에 비하여 국가들의 특수성은 불완전성 혹은 왜곡성을 나타내는 단지 사실의 우연에 불과했기 때문이다.[22] 국가와 이성은 이런 방식으로 기묘한 교환에 들어가도록 되어 있었다. 즉, 실현된 이성은 합법적인 국가와 동일시되었고, 국가는 이성의 생성으로서 간주되었다.[23]

하지만 보편적 주체가 존재하지 않듯이, 보편적 국가 또한 존재하지 않는다. 들뢰즈의 경우 주체에 대한 비판은 필연적으로 국가 장치에 대한 비판, 그리고 정치학(그러므로 윤리학)의 문제를 국가의 운명과 결부시킨 사유 양식들에 대한 비판과 연결되어 있다. 주체화의 과정은 언제나 구체적인 사회적 배치들 내에서 발생하므로, 『자본주의와 분열증』의 목표는, 그 제목이 가리키듯이, 다양한 사회적 배치들과 그에 상응하는 주체화 과정의 일반적 유형론을 상술하는 것

---

22 이것은 특히 여전히 정치철학을 지배하며, 사유의 운명을 국가에 결합시키는, 권리에 대한 어떤 특정한 헤겔주의(프랑스의 알렉상드르 코제브와 에릭 베일, 미국의 레오 스트라우스와 앨런 블룸)에 해당한다. TP 556 n42를 보라.

23 따라서 현대 사상은 그 자체 국가의 입법적이고 사법적인 조직에서 유래하는 ── 정치철학에서, 자유로운 정신들의 공화국, 이성의 재판소, 인간의 권리들, 합의적 계약, 지성에 대한 탐구(방법, 재인, 물음과 대답, 판단) 등등과 같은 범주들의 유포를 초래하는 ── 사유의 이미지에 종속되어 있다는 것을 알게 되었다. 이 주제에 관해서는, TP 374~380을 보라.

이었다. 그 책의 이론적 핵심은 칸트가 첫 번째 비판서에서 제시한 종합 이론(정언적, 가언적, 선언적)에서 유래하는데,[24] 들뢰즈와 과타리는 이 종합 이론을 수동적 종합 이론(연접적, 통접적, 산술적, 이접적)으로 재정식화한다. 그 결과는 네 가지 기본적 유형의 사회적 배치들의 유형론이다.

첫째는, 이른바 "원시" 사회들(그리고 이 사회들의 현대적 대응체들)이다. 원시 사회들은 혈연과 결연의 유연한 선들을 따라서, 분획된 코드들과 영역들에서 연접의 종합들을 행하고, 중심화된 국가의 형성을 막는 특유한 메커니즘들을 가진다.

둘째는, 국가 장치들이다. 국가 장치들은 다양한 메커니즘의 포획 혹은 초코드화를 따라서 국소적 코드들을 한 단일한 중심으로 수렴하도록 강요하는 통접의 종합을 행한다.

셋째는, 유목적 전쟁 기계들이다. 전쟁 기계들은 매끄러운 공간을 점유할 수 있고 이 공간 위로 이 기계들 자체를 분배할 수 있으며, 본성상 국가에 외적인 산술적 종합을 행한다.

마지막으로 넷째는, 자본주의이다. 자본주의는 노동과 자본 간의 이접적 종합을 행하며, 이전 구성체들의 코드들과 초코드화들을 효과적으로 탈코드화한다.[25]

---

24 임마누엘 칸트, 『순수이성비판』, 노먼 켐프 스미스 옮김(London: Macmillan, 1929), 316, A323/B379: "우리는 첫째로, 주체에서의 범주적 종합의 조건 지어지지 않은 것을, 둘째로, 계열 성원들의 가언적 종합의 조건 지어지지 않은 것을, 셋째로, 체계 부분들의 선언적 종합의 조건 지어지지 않은 것을 모색해야 한다."
25 『안티-오이디푸스』는 "원시" 사회, 국가, 자본주의를 분석하고 있다(AO 139~271). 『천 개

이 구성체들 중 어떤 것도 순수하게 실존하지 않는다. 각 유형은 단지 개념의 견실성consistency을 나타내려고 할 뿐이며, 그것이 ─ 정의상, 종합들 및 이 종합들이 현실화하는 선들에 대한 "미시적 분석"을 요하는 혼합된 상태들인 ─ 구체적 배치들과 실존 양태들을 위한 비판적 공구를 제공하는 정도에서만 타당하다(N 86). 그중 무엇보다 국가는 그 자신의 역사, 다른 사회구성체들과 맺는 그 자신의 복잡한 관계들, 그리고 그 자신의 포획, 통일화, 총체화의 과정들을 가지는 하나의 사회 유형이다. 실존 양태들은, 역능의 정도로서, 정동들에 의해, 즉 이 양태들이 실존하는 구체적인 사회적 배치의 종합의 선들에 의해 규정된다. 들뢰즈와 과타리는 "우리가 분열분석, 미시정치학, 화용론, 도표학diagrammatics, 리좀학, 지도제작법 등 다양한 이름으로 부르며 추구하는 것들은, … 이 선들의 위험을 연구하기 위해, 이 선들의 차이는 물론이고 이 선들의 혼합체들을 나타내기 위해… 이 선들에 관한 연구 이외의 목적을 갖고 있지 않다"고 쓰고 있다.[26]

2. 실존 양태는 어떻게 평가되는가? 양태들의 규정에 관한 첫 번째 윤리학적 물음은 곧바로 두 번째 물음을 가져온다. 즉, 이렇게 규정된

의 고원』은 여기에다 유목적 전쟁 기계를 더하고 있으며(TP 351~423), 또 「포획 장치」라는 표제의 매우 중요한 장에서, 이 다양한 유형들 사이의 복잡한 관계들을 특정한 용어로 제시하려고 시도하고 있다. 『자본주의와 분열증』에서 전개된 사회구성체의 유형들에 대한 분석에 대해서는, 유진 홀랜드, 『들뢰즈와 과타리의 안티-오이디푸스: 분열분석 입문서』(London and New York: Routledge, 1999), 이언 뷰캐넌, 『안티-오이디푸스 읽기』(London: Continuum, 2008)를 보라.

26 D 125, TP 277. 존 프로테비는, 무엇보다도 특히 『정치적 물리학: 들뢰즈, 데리다, 그리고 정치 통일체』(London and New York: Athlone, 2001), 그리고 『정치적 정동: 사회적인 것과 신체적인 것을 연결하기』(Minneapolis: University of Minnesota Press, 2009)에서 들뢰즈의 정동 이론의 정치적 함의를 탐구해 왔다.

실존 양태들을 우리는 어떻게 평가하는가? 말하자면, 이것은 정확히 윤리학적 과제인데, 들뢰즈(그리고 푸코)가 규범적 판단 기준을 제시하지 않는, 겉보기의 무능력(또는 거부)에 대해서, 그들에게 공감하는 독자들로부터도 비판을 받는 것은 여기에서이다. 이 겉보기의 무능력으로 인해서 비평가들은 그러한 철학의 정치적 결과들을 "유아적 좌파주의"에서 "신보수주의"에 이르는 모든 것으로서 희화화했다.[27] 순수하게 내재적인 기준들을 따라서 실존 양태들을 평가한다는 것은 무엇을 의미하는가?

만약 실존 양태들이 역능의 정도(영향을 미치고 영향을 받는 역량)로서 정의된다면, 실존 양태들은 이 양태들이 그 자신의 역능을 소유하게 되는 방식에 의해 평가될 수 있다. 인간 행동학의 관점에서, 스피노자는 두 유형의 변용을 구별한다. 즉, 하나는 **수동적** 변용으로, 이것은 개체 외부에서 비롯되며 개체를 자신의 작용하는 역능power of acting과 분리시킨다. 또 하나는 **능동적** 변용으로, 영향을 받는 개체의 본성에 의해 설명되며, 개체가 자신의 역능을 소유하도록 해 준다. 영향을 받는 신체의 역능이 수동적 변용들로 채워지는 한, 이 역능 그 자체는 **작용을 받는 역능**power of being acted upon으로서 제시된다. 역으로, 신체가 능동적 변용들에 의해 영향을 받는 자신의 역능을 어떻게 해서든 (적어도 부분적으로라도) 채우는 한, 이 역량은 **작용하는 역능**으로서 제시될 것이다. 한 주어진 개체에 있어서, 영향을 주고 영향을

---

27 "유치한 좌익주의"에 관해서는, 마이클 왈저, 「미셸 푸코의 정치학」, 『푸코: 비판적 읽기』, 데이비드 쿠젠스 호이 편(New York: Basil Blackwell, 1986), 51을 보라. 「신보수주의」에 관해서는, 위르겐 하버마스, 『현대성의 철학적 담론』(Cambridge, MA: MIT Press, 1988)을 보라.

받는 역량(그 개체의 역능의 정도)은 불변인 채로 있으면서, 연속적으로 변이 가능한 조건들하에서, 일련의 정동들과 변용들에 의해 채워지는 반면, 작용하는 역능과 작용을 받는 역능은 서로 간에 역비율로 크게 변한다. 하지만 사실상 수동적 변용과 능동적 변용의 이 대립은 순전히 추상적인 것이다. 왜냐하면 **오직 작용하는 역능만이, 엄격히 말해서, 실재적이고, 적극적이고, 긍정적이다.** 작용을 받는 우리의 역능은 작용하는 우리의 역능의 한계이며, 우리가 "할 수 있는" 것과 분리되는 정도를 표현할 뿐이다.[28]

　스피노자가 다양한 유형의 실존 양태들 간의 "윤리학적 차이"를 도입하게 해 주는 것은 바로 이러한 구별이다. 스피노자의 경우, 작용하는 자신의 역능과 여전히 단절되어 있고, 노예 상태나 무능력의 상태에 여전히 남아 있는 개체는 "나쁜"(또는 비굴하거나 나약하거나 어리석은) 것으로 간주될 것이고, 역으로, 작용하는 자신의 역능이 증가하는 방식으로 영향을 받을 수 있는 자신의 역량을 능동적 변용들과 적합 관념들을 생산하는 지점까지 행사하는 실존 양태는 "좋은"(또는 자유롭거나 이성적이거나 강한) 것으로 불릴 것이다. 들뢰즈에게, 이것은 니체와 스피노자를 통합하는 수렴점이다. 그것은 결코 역능의 정도를 양적으로 판단하는 문제가 아니다. 역능의 가장 적은 정도는, 일단 그것이 행할 수 있는 것과 분리되지 않는 한, 가장 큰 정도와 동등하다. 그것은 오히려 실존 양태가, 아무리 작든 크든 간에, 자신의 역능을 활용하여, 자신의 작용하는 역능power of acting을 자신

---

28 들뢰즈는 EPS, 특히 제16장 「윤리적 세계관」, 255~272에서 이 구별을 상세하게 분석하고 있다. 또한 SPP, "역능"의 첫머리, 97~104를 보라.

이 "행할 수 있는" 극한으로까지 가는 지점까지 증대시킬 수 있는지 어떤지를 아는 문제이다(DR 41). 양태들은 더 이상 외적 원리와 가까운가 먼가에 의해서 "판단되는" 것이 아니라, 양태들이 자신의 실존을 "점유하는" 방식, 즉 자신의 역능의 강도, 생명의 "행로"에 의해서 평가된다.[29]

그렇다면 내재성의 윤리학이 비판하고자 하는 것은 단지 저열한 실존 양태들에서 유래하는 사유 양태들이 아니라, 작용하는 역능으로부터 실존 양태를 분리하는 모든 것이다. 이것이 내재적 윤리학의 두 번째 적극적인 과제이다. 스피노자와 니체가 초월성을 비판할 때, 그들의 관심은 단지 이론적이거나 사변적인 것이 아니라, 실천적이고 윤리적인 것이다. 초월성은 우리를 구원하는 것이 아니라, 가장 낮은 지점에 있는 우리의 노예 상태와 무능력을 표현한다.[30] 이런 이유로 푸코는, 우리를 지배하고 착취하는 바로 그것을 욕망하도록 만

---

29 WP 74를 보라: "실존 양태들이 서로와 관련하여 비교되고, 선택되고, 판단될 수 있는 초월적 가치를 필요로 한다고 우리가 생각할 이유는 조금도 없다. 오직 내재적 기준들이 존재할 뿐이다. 생명의 가능성은 생명이 펼치는 운동들과 생명이 내재 면에서 창조하는 강도들 속에서 그 자체를 통하여 평가된다. 즉, 펼쳐지지 않거나 창조되지 않는 것은 거부된다. 실존 양태는, 선이나 악 혹은 어떠한 초월적 가치와도 상관없이, 좋거나 나쁘고, 귀하거나 천하고, 완결되거나 공허하다. 즉, 실존의 행로, 생명의 강화 이외에는 어떠한 기준들도 결코 존재하지 않는다."

30 가령, 어떤 면들에서 『도덕의 계보』에서 행하는 니체의 분석들과 유사한 한 유명한 텍스트에서, 스피노자는 법 개념이 변용적 관계들에 대한 오해로부터 히브리인들 사이에서 어떻게 생겨났는지 보여 주었다. 신이 아담에게 에덴 동산의 열매를 먹는 것을 금했을 때, 신은 그 열매가 마치 독처럼 아담의 신체에 영향을 미쳐 그 구성적 관계를 해체하리라는 것을 알고 있었기 때문에 그렇게 했다. 하지만 이러한 변용적 관계를 지각할 수 없었던 아담은 금지를 계명으로, 해체의 결과를 별로, 신의 말을 법으로 오인했다. 스피노자 『전집』, 357~361에 있는, 블리엔베르그에게 보내는 편지 19를 보라. 내재적으로 악한 실존 양태들이 존재할 수 있는가? 하는 물음에 관해서는, SPP 30~43을 보라.

들고, 또 그것이 우리의 구원이라도 되는 양 집요하게 우리의 노예 상태를 얻기 위해 투쟁하도록 만드는 — 정신분석학 등에 보이는 — "미시-파시즘"의 현대적 메커니즘을 진단하려고 『안티-오이디푸스』가 시도한 한에서, 이 책을 윤리학의 저서로 해석할 수 있었을 것이다. 동시에, 이 책은 실존 양태가 역능을 소유하게 될 수 있는 구체적인 역사적 조건들을, 달리 말해서, 실존 양태는 **능동적**이 될 수 있는 방법을 제시하려고 시도했다. 이것은 우리를 세 번째 물음으로 인도한다.

3. 새로운 실존 양태들을 창조하기 위한 조건들은 무엇인가? 실존 양태들은 단지 수동적으로 규정되는 것이 아니라 어떻게 능동적으로 창조될 수 있는가? 이 물음은, 새로운 실존 양태의 능동적 창조는 양태들이 **자신들에게 영향을 미칠** 수 있는 조건에서만 일어날 수 있는 한에서, 두 번째 물음으로부터 곧바로 따라 나온다. 이것은 들뢰즈가 의지하는 윤리적 사상의 소수 전통을 통합하는 실이다. 즉, 스토아학파는, 피에르 아도Pierre Hadot가 보여 주었듯이, 윤리학의 사상을 자기 변형을 목적으로 하는, 자기self가 그 자신에게 영향을 미침, 곧 **아스케시스**askesis라고 생각했다.[31] 스피노자는 영향을 받는 역량에 의해서 양태를 정의한 후에, 능동적 변용들과 적합 관념들의 획득을 가능하게 만드는 수단을 정의하려고 노력했다. 그리고 니체는 힘에의 의지의 예술적 활동이 새로운 "생명의 가능성들"이라는 점을, 가치 정립적 요소에 대한 가치 변경transvaluation이라는 점을 발견했다. 이 자가변

---

31 피에르 아도, 『생명의 길, 철학』, 아놀드 I. 데이비드슨 편(Cambridge, MA: Blackwell, 1995), 특히 81~125를 보라. 또한 LS 142~153(「스토아 철학의 도덕적 문제에 관하여」)을 보라.

용auto-affection의 문제는, 들뢰즈의 가장 어렵고 통찰력 있는 몇몇 대문들이 대상으로 삼고 있는 것이다. 그 대문들은 능동적 변용들을 창조하고 지복을 획득하는 데 공통 관념이 필요하다는 점을 기술하는 스피노자의 대문들, 혹은 들뢰즈가 부정에서 긍정으로, 반응적에서 능동적으로 옮겨 가는 가치 변경을 설정하는, 『니체와 철학』 마지막 장의 대문들이다.[32]

이 창조적이거나 혹은 생산적인 주체화 과정들에 나타나는 변이들에 관한 연구는 들뢰즈의 윤리학 개념이 제기하는 세 번째 적극적인 과제이다. 푸코는, 그 자신의 방식으로, 『쾌락의 활용』에서 한 양태가 자기 자신과 맺는 관계는 네 가지 측면 혹은 항목의 관점에서 역사적으로, 분석될 수 있다고 언급했다.

1. 첫째는 **윤리적 실체**이다(존재론). 이것은 우리의 윤리적 행동과 관련이 있고 변형에 열려 있다고 간주되는 우리 자신의 물질적 요소를 가리킨다(느낌, 의도, 욕망).
2. 둘째는 **복종 양태**이다(의무론). 이것은 우리가 (신적 법칙, 우주 질서, 이성적 규칙, 감성적 형식과 관련하여) "윤리적" 의무들이라고 생각하는 것을 인지하도록 조장하는 수단을 가리킨다.
3. 셋째는 **윤리적 수행**이다(금욕주의). 이것은 우리가 우리 자신에게 행사하는 "자기-형성적 활동"(자기-관찰, 명상, 고백, 운동, 다이어트, 모범적인 롤모델을 따르는 일)을 가리킨다.

---

32 EPS 273~320(제17~19장), 그리고 NP 147~198(제5장)을 보라.

4. 넷째는 **텔로스**이다(목적론). 이 윤리적인 자가변용의 활동이 향하는 존재의 목적 혹은 양식을 가리킨다.[33]

여기서 또, 푸코가 개시하려고 시도한 자가변용의 양식들의 역사는 도덕적 코드들의 역사와는 예리하게 구별되어야만 한다. 왜냐하면, 이 역사는 근본적으로 도덕적 코드들로 환원 불가능한, 새로운 실존 양태들이 나타나는 복잡한 지형과 조건들을 설정하기 때문이다.

마지막으로, 들뢰즈와 푸코 둘 다에게, 이 유형론적이고 역사학적인 탐구는 언제나 현재와 관계가 있다. 무엇이 우리의 현재 상황인가? 무엇이 우리 자신의 실존 양태이고, 우리의 생명의 가능성이고, (우리의 도덕적 코드로 환원될 수 없는) 주체화의 과정인가? 어떻게 또 어떤 장소들에서 새로운 실존 양태들이 생산되는가? 새로운 실존 양태의 창조자들은 "고귀한 사람들"(니체), "이성적인 사람들"(스피노자), "자유로운 사람"의 심미화된 실존(푸코), (들뢰즈가 말하는 의미에서) "소수자들"이다.[34] 우리는 사전에 알 수 없으며, 이러한 창조의 초점들은 서로 다른 사회적 배치들에 따라 변한다. 들뢰즈는 「통제 사회에 관한 추신」이라는 제목의 시론에서 우리의 현재 구성체에 관한 한 가지 그러한 분석을 내놓았다.[35] 만약 푸코가 **규율**의 사회들, 그리고 이 사회들의 주요한 포위 기법(감옥, 병원, 공장, 병영, 가족)에

---

33 푸코, 『쾌락의 활용』, 25~30을 보라.
34 "소수" 개념에 관한 들뢰즈와 과타리의 전개에 대해서는, TP 105~106, 291~292, 469~473, K 16~27을 보라.
35 N 177~182. 또한 폴 비릴리오, 『속도와 정치학』, 마크 포리조티 옮김(New York: Semiotext(e), 1986)의 분석들을 보라.

대해 말했다면, 들뢰즈는 지금 우리는, 더 이상 포위에 의해 작동하는 것이 아니라(따라서 이 각각의 기관들은 위기에 직면한다), 폴 비릴리오Paul Virilio가 보여 주었듯이, 연속적 통제와 순간적 의사소통의 과정들에 의해 **통제**의 사회들에 들어가고 있다고 언급한다. 그리하여 이에 따라서 저항과 비행의 형식들이 변화되었다. 즉, 19세기의 파업과 "태업"은 20세기 후반의 불법 복제 및 바이러스의 유입에게 길을 내주었다. 미래에 점점 중요하게 될지도 모르는 것은 "비-의사소통의 공포空胞, vacuole, 회로 차단기를 창조할 수 있는 실존 양태들이며, 이렇게 될 때 우리는 통제를 피할 수 있다"고 들뢰즈는 언급한다(N 175). 하지만 들뢰즈가 주장하는 바와 같이, 우리는 이 실험의 초점들이 어디에서 일어날지 결코 사전에 예측할 수 없다. 우리는 문을 두드리고 있는 미지의 것에 주의를 기울일 수 있을 뿐이다.

내재적 윤리학 개념의 주요 결과는 아마도 보편적인 것을 벗어나 **특이한 것**을 향하는, 그리고 역사적인 것을 벗어나 **현행적인**actual 것을 향하는 정향의 변화에 놓여 있을 것이다. 우리는 판단하기 위해 보편자들을 모색하는 것이 아니라, 새로운 것을 창조하고 생산할 수 있는 특이성들을 모색한다.

> 푸코가 영원한 것the eternal과 관련해서가 아니라 지금the Now과 관련해서 철학의 문제를 제기했다고 칸트를 찬탄할 때, 그는 철학의 대상이 영원한 것을 관조하거나 역사를 반성하는 것이 아니라, 우리의 현행적 생성들을 진단하는 것이라는 점을 의미한다. (WP 112)

역사는 과거, 현재, 미래에 의해서 사유한다. 하지만 만약 역사가 이런 식으로 우리를 둘러싸고 우리를 획정할지라도, 그럼에도 불구하고 역사는 우리가 누구인지를 말해 주는 것이 아니라, 우리 자신이 무엇과 달라지는 과정에 있는지를 말해 준다. 푸코가 규율적인 사회들에 관해, 혹은 가령 그리스와 기독교의 주체화 양식들에 관해 썼을 때, 우리가 어떤 방식으로 더 이상 규율적이지 않은지, 어떤 방식으로 더 이상 그리스인이나 기독교인이 아닌지, 어떤 방식으로 다르게 되고 있는지를 발견하기 위해서 그렇게 한 것이다. 들뢰즈에게, 현재적인 것과 현행적인 것의 이러한 차이는 현재와 과거의 차이보다 훨씬 더 중요하다. 현재적인 것은 곧 우리가 존재하는 것이며, 그 이유 때문에 우리가 존재하는 것을 이미 그치고 있는 것이지만, 현행적인 것은 우리가 존재하는 것이 아니라, 우리가 생성하고 있는 것, 우리가 생성 과정 속에 있는 것이다. 역사라는 용어의 이런 의미에서, 역사는 우리를 우리 자신과 분리시키는 것이고, 우리 자신을 사유하기 위해서 우리가 횡단해야 하는 것인 데 반해, 현행적인 것은 새로운 것의 형성, 푸코가 우리의 "현행성actuality"이라고 불렀던 것의 출현이다.[36] 지나가는 매 현재 속에서 생성들을 진단하는 것은 니체가 의사로서의 철학자, "문명의 의사", 또는 새로운 내재적 실존 양태들의 발명가에게 부여한 과제이다. (우리가 희망하는) 오는 시간을 위하여, 과거에 반해서 행위하는 것, 그러므로 현재에 행위하는 것, 그러한 것이 들뢰즈에게, 철학자의 과제이다. 이 오는 시간은 역사의 미래가 아니라, 모든 현재와 구별되는 지금the Now이다. 오는 시간은 순간이 아니

---

36 이 상호 관련된 푸코의 주제들에 관해서는, F 115~119를 보라.

라, 생성, "현행적인" 것이거나 "때 아닌 것untimely", 새로운 것을 생산하기 위한 조건들이다.

> [들뢰즈는 이렇게 결론을 내린다.] 이것은 아마도 무언가를 판단하는 것이 아니라 실존하게 만드는 비밀일 것이다. 만약 그것이 판단하기를 그토록 혐오한다면, 이는 모든 것이 동등한 가치를 지니기 때문이 아니라, 이와는 반대로 가치를 지니는 모든 것은 판단에 저항함으로써 오직 그 자신을 창조하고 구별할 수 있기 때문이다. (ECC 135)

실존 양태들의 규정, 평가, 창조에 관한 이 세 가지 물음들은 순수하게 내재적인 윤리학의 문제들과 과제들을 획정하는 데 이바지한다. 초월론적 주체 관념을 거부할 때, 그것은 가변적인 실존 양태들을 규정하는 내재적 주체화 과정을 정의하려고 모색한다. 모든 형태의 초월성을 거부할 때, 그것은 순수하게 내재적인 역능의 기준을 기초로 하여 이 실존 양태들 사이의 차이들을 평가한다. 마지막으로, 보편자들을 거부할 때, 그것은 특이한 것의 생산을 위해서, 즉 새로운 실존 양태들의 창조를 위해서 자신이 제시하는 조건들에 의해서 현재를 분석한다.

정치학

흐름, 코드, 증권: 들뢰즈 정치철학에 관한 주석

『자본주의와 분열증』 기획의 첫 번째 책 『안티-오이디푸스』에서, 들 뢰즈와 과타리는 "사회의 일반 이론은 광범위한 흐름 이론이다"라 고 쓰고 있다(AO 262).[1] 이 책의 기본 논지는 이 흐름들을 코드화하 는 것이 모든 사회의 소관이라는 점이며, 모든 사회의 "끔찍한 악몽" 은 그 사회의 코드를 피하는 흐름, 즉 탈코드화되거나 혹은 **미코드화된** 흐름일 것이라는 점이다(AO 139~140). 이러한 용어는 들뢰즈와 과 타리의 독자들에게 친숙하게 되었지만, 그것은 그다지 단도직입적인 주장을 담고 있는 것은 아니다. 내가 아는 한, 그 어떤 사상가도 **흐름** 개념이 정치철학의 근본 개념이라는 점을 주장한 적이 없었다. 이러 한 주장을 펼 때에, 들뢰즈는 분명 사회 이론에 대한 다른 접근법들과

---

1   이 논문은 이탈리아 카스텔로시에서, 2009년 7월 13~31일에 열렸던 현상학 대회에서 행한
    일단의 강연문들에서 발췌한 것이다. 이 대회는 페그 버밍햄이 조직했는데, 나는 그에게 깊
    이 감사하는 마음을 갖고 있다. 초기본은 2009년 8월 10~13일에 쾰른 대학에서 열렸던, 레일
    라 하퍼캄프와 한조 베레셈이 조직한, 제2차 국제 들뢰즈 학술 대회, *ConnectDeleuze*에 논문
    으로 제출되었다.

거리를 두고 있는데, 다른 접근법들은 가령 국가 이론(플라톤)이나 사회계약(홉스)이나 법의 정신(몽테스키외)에 기초하고 있었고, 혹은 "영구 평화"의 문제(칸트)나 합법화(뒤르켐, 하버마스)에 기초하고 있었다. 따라서 내가 다루고자 하는 물음, 즉 들뢰즈는 왜 그의 사회-정치철학이 흐름 이론에 기초를 둘 필요가 있다고 주장했는가?는 들뢰즈 정치철학의 고찰을 위한 필요한 서설로 일조하게 될 것이다.[2]

이 물음에 대한 첫 번째 접근법으로서, 들뢰즈와 과타리는, 한 인터뷰에서, 흐름 개념은 "한정되지 않고 규정되지 않은 개념[notion quelconque]으로서, 즉 순수하게 **명목적인** 개념으로서 우리가 필요로 하는 개념"이었다고 설명했다.[3] 이 단계에서, 실로 우리는 엄청나게 다양한 유형의 구체적 흐름들, 그리고 이 흐름들이 제어되거나 코드화될 필요가 있는 방식들에 대해 생각해 볼 수 있다. 매우 명백하게도, 물의 **흐름**, 그리고 물을 제어하고 수로로 공급하는 댐과 제방의 건설이 존재한다(오늘날 미국 서부에서는, 제한 급수에 대한 권리의 문제가 점점 절실해지고 있다). 시장의 제어와 더불어, 화폐와 자

---

2 나는 이 논문이 『안티-오이디푸스』에 관한 선행 연구들에 빚지고 있음을 참조나 인용을 통해 일일이 고지할 수 없었다. 나는 다음과 같은 연구들을 참조했다. 특히 유진 홀랜드, 『들뢰즈와 과타리의 안티-오이디푸스: 분열분석 입문서』(New York: Routledge, 1999), 닉 소번, 『들뢰즈, 마르크스, 그리고 정치학』(New York and London: Routledge, 2003), 이언 뷰캐넌, 『안티-오이디푸스 읽기』(London: Continuum, 2008), 또한 *Deleuze studies* 특집호(2009), 「들뢰즈와 마르크스」, 권3, 보유(2009년 9월)에 수록된 논문들. 마르크스와 케인스에 관계에 관해서는, 안토니오 네그리, 『되찾은 혁명: 마르크스, 케인스, 자본주의 위기, 그리고 새로운 사회적 주제에 관한 저술들(1967~1983)』(London: Red Notes, 1983)을 보라.

3 질 들뢰즈와 펠릭스 과타리, 「흐름 속에서」, 『카오스학』, 실베르 로트랭제 옮김(New York: Semiotiext(e), 1995), 98. 또한 1971년 11월 14일 세미나를 보라: "우리가 흐름들에 대해 실재적 정의를 가진다는 것은 아직 중요하지 않지만, 그러나 명목적인 정의를 가진다는 것은, 출발점으로서 중요하므로, 이 명목적 정의는 우리에게 최초의 개념 체계를 제공해야만 한다."

본 같은 **경제적** 흐름들이 존재한다. 배관망과 기름 공급의 제어와 더불어, 기름과 전기와 같은 원자재와 공공재의 **물질적** 흐름들이 존재한다. 마케팅과 운송과 더불어, **상품들**의 흐름이 존재한다. (교통 체증을 피하는) 속도의 통제와 제어는 물론 고속도로와 순환도로의 규제와 더불어 **교통**의 흐름이 존재한다.[4] (여권을 발급하고, 관세를 부과하는 등) 국경을 통제하고 감시하는 능력과 더불어, 인구의 흐름들, 그 국경을 넘어오는 이민자들과 외국인들과 같은 **사회적** 흐름들이 존재한다. **하수**와 **쓰레기**의 흐름들, 그리고 이것들을 어떻게 처리해야 하는가의 문제가 존재한다. 소변, 피, 정액, 땀, 대변, 젖, 생리 혈 등과 같은 **육체적** 흐름들이 그것들의 다양한 코드화와 더불어 존재한다(이것이 『안티-오이디푸스』의 서두에 나오는 예이다. 즉, 가슴이 젖의 흐름을 발하면, 이 흐름은 아기의 입에 의해 절단되고, 배설물의 흐름이 되어 항문에 의해 절단된다, 등등. 그러한 것이 유아의 체험이기에, 유아는 기관적 신체를 감지하는 것이 아니라, 배고픔과 같은 강도들, 또는 배설하고 싶은 욕구, 그리고 그러한 욕구들을 실컷 만족시키는 흐름들 및 흐름들의 절단을 감지한다). 우리는 심지어 (어리석음과 억견은 물론이고, 과학적 지식의 흐름과 같은) **사유**의 흐름들에 대해서도, 그리고 사유의 흐름을 (마케팅, 광고, 미디어를 통하여) 코드화하고 제어하고자 하는 시도에 대해서도 사유할 수 있다.[5]

---

4 폴 비릴리오는, 경찰에게 문제는 감금의 문제(푸코)가 아니라, "고속도로"의 흐름, 속도나 가속도, 속도의 지배와 통제, 열려진 공간 속에 설정된 회로들이나 격자들과 관련 있다는 점을 보여 주었다. F 42를 보라.
5 들뢰즈와 과타리는 TP 468에서 이와 유사한 목록을 제공하고 있다: "세계 경제 혹은 공리적인 것을 대표하는 것들을 괴롭히는 네 가지 주요한 흐름은 물질-에너지의 흐름, 인구의 흐름,

이제 이러한 모든 예들은 실로 우리에게 들뢰즈가 따로 떼어 내어 그의 정치철학의 중심에 놓았던 문제 ── 흐름들 및 흐름들의 코드화와 제어의 문제 ── 에 대한 이해를 제공하는 반면, 그것은 우리에게 들뢰즈가 어디에서 이 개념을 얻었는지, 이 개념이 왜 그의 사회철학의 기초에 놓여 있는지, 그의 철학에서 철학적으로 어떻게 기능하는지에 대해서는 말해 주지 않는다. 그 점을 알기 위하여, 우리는 경제학 영역과 들뢰즈의 자본주의 분석에 의지할 필요가 있다. 왜냐하면 들뢰즈가 흐름이 무엇인가에 대한 그의 진정한 정의를 이끌어 내고, 이어서 이 정의를 경제학 외부의 영역으로까지 확장하는 것은 바로 여기에서이기 때문이다. 한때 로버트 하일브로너Robert Heilbroner 는 『세속의 철학자들』Worldly Philosophers이라고 불리는 위대한 경제 사상가들에 관한 대중적인 개설서를 썼는데, 제목 "세속의 철학자들"은, 이 위대한 경제학자들 ── 세 명의 위대한 경제학자들은 애덤 스미스, 카를 마르크스, 존 메이너드 케인스이다 ── 이 물질 중에서 가장 실용적인 것 곧 화폐, 그리고 화폐와 어울리는 모든 것을 철학적으로 다루므로, 그 책에 적합한 제목이다.[6] 들뢰즈는 오직 가끔만 애덤 스미스를 언급하므로, 내가 여기서 중점을 두고자 하는 것은 마르크스와 케인스에 대한 그의 논급이다.

음식의 흐름, 도시의 흐름이다."

6 로버트 L. 하일브로너, 『세속의 철학자들: 위대한 사상가들의 생애, 시대, 사상』, 개정 7판 (New York: Touchstone, 1999).

들뢰즈, 마르크스, 케인스

1990년 한 인터뷰에서, 들뢰즈는 이렇게 발언한 바 있다. "나는 펠릭스 과타리와 나 자신은 여전히 마르크스주의자라고 믿고 있다. 이는 자본주의 및 자본주의의 발달에 대한 분석에 집중하지 않는 정치철학의 존재를 우리는 믿지 않기 때문이다."[7] 그럼에도 불구하고, 리오타르가 『안티-오이디푸스』 간행 직후 이 책에 관해 썼던 한 서평에 언급했듯이, 『자본주의와 분열증』이 명시적으로가 아니라 암묵적으로 서술돼 있는, 마르크스에 대한 비판을 담고 있다는 것은 사실이다. 왜냐하면 놀라울 정도로 많은 수의 고전적 마르크스의 개념들(소외, 이데올로기, 계급 투쟁, 노동-가치 이론, 모순의 변증법)이 들뢰즈와 과타리의 분석에서 완전히 빠져 있기 때문이다. 이 개념들은 분석되지도, 비판되지도 않았으며, 그저 무시되었을 뿐이다.[8] 그렇지만 들뢰즈와 과타리가 마르크스의 분석들 중 간직하고 있는 것은 『자본론』의 한복판에 놓여 있는 자본주의에 대한 정의이며, 『자본주의와 분열증』이 마르크스의 자본주의 이론을 제시한다고 말할 수 있는 것은 바로 이런 의미에서이다. 하지만 이것은 변형되어 새로운 조건들에 적응된 것이다. 마르크스가 『자본론』 제1권에서 제공하는 자본주의에

---

7 N 171. 자크 데리다는 『마르크스의 유령들: 채무 상태, 애도 작업, 새로운 인터내셔널』(Paris: Galilée, 1993), 101에서 이와 유사한 주장을 폈다: "마르크스주의는 필수불가결하고 구조적으로 불충분한 채로 남아 있지만, 우리가 그것을 변형시켜서 새로운 조건에 적응시키는 것을 제공했다." 또한 알랭 바디우, 『모호한 재앙: 권리, 상황, 정치』(Paris: Éditions de l'Aube, 1991)에 나오는 분석들, 그리고 펠릭스 과타리와 안토니오 네그리, 『우리와 같은 공산주의자들』(New York: Semiotext(e), 1991)을 보라.

8 장-프랑수아 리오타르, 「자본주의 광신자」(『안티-오이디푸스』 서평), *Critique* 306(1972년 11월), 923~956.

대한 정의는 추상화의 두 가지 요소들의 마주침을 둘러싸고서, 혹은 들뢰즈가 두 가지 탈코드화된 흐름들이라고 부르는 것, 즉 **주관적 노동**의 흐름과 **객관적 자본**의 흐름의 마주침을 둘러싸고 조직되어 있다. 한편으로, 노동의 흐름은 더 이상 노예제도나 농노제도로서 규정되거나 코드화되어서는 안 되고, 노동자가 자신의 노동력을 팔아야 하는 형태로, 벌거벗은 자유로운 **노동**이 되어야만 한다. 그리고 다른 한편으로, 부는 더 이상 토지를 소유한 부 혹은 상인들의 화폐 거래이어서는 안 되고, 이 노동을 살 수 있는 순수하고, 동질적이고, 독립적인 **자본**이어야만 한다. 자본주의는 한정되지 않는 자본과 한정되지 않는 노동이라는 이 두 가지 순수하게 양적인 흐름들이 서로 마주치고 결합할 때만 나타난다. 나는 노동과 자본의 이 탈코드화된 흐름들의 결합이 **어떻게** 발생했으며, 그리고 그것들이 **왜** 다른 곳이 아니라 유럽에서 최초로 발생했는가에 대한 복잡한 역사적 분석들 —— 이것은, 부분적으로, 알튀세르와 발리바르의 영향력 있는 책 『자본을 읽자』의 목표이다 —— 을 한쪽으로 제쳐놓을 것이다.[9] 나는 단순히 들뢰즈가 이 마르크스의 자본주의 정의를 어떻게 해석하고 사용하고 있나에 관한 두 가지 간략한 관찰을 행하고자 한다.

　1. **정치경제학과 리비도 경제학.** 첫째로, 들뢰즈에게, 노동과 자본의 결합의 **철학적** 중요성은 재현에서 벗어나 들뢰즈가 몇몇 군데에서 "**생산 활동 일반**"이라고 부르는 것으로 향하는 노동과 자본의 공통된 운동에 놓여 있다(AO 270, 302). 마르크스는 루터의 공적은 종교

9　루이 알튀세르·에티엔 발리바르, 『자본을 읽자』, 벤 브루스터 옮김(London: Verso, 2009).

의 본질을 대상의 측면(신은 실존하는가 아닌가?)에서가 아니라, 주체의 측면에서, 혹은 키르케고르가 "내면성"이라고 불렀던 것의 측면에서, 즉 종교의 근원으로서의 신앙의 측면에서 규정한 데에 있다고 말했다. 마르크스에 따르면, 애덤 스미스와 리카도는 정치경제학에서 결국 이와 유사한 어떤 것을 행했다. 즉, 그들은 부의 본질을 대상(토지나 화폐)에 위치시킨 것이 아니라, 나의 **노동 능력**, 혹은 나의 생산 능력인 추상적인 주체적 본질에 위치시켰다. 신앙과 종교의 관계는 노동과 정치경제학의 관계와 같다. 즉, 자동차를 생산하는 것과 같은 방식으로, 인간은 신을 생산한다. 더구나, 같은 것이 프로이트에게도 해당했다. 즉, "그의 위대성은 욕망의 본질 혹은 본성을 더 이상 대상이나 목적, 또는 심지어 근원과 관련하여 규정한 데 있는 것이 아니라, 추상적인 주관적 본질 ── 리비도 혹은 성애 ── 로서 규정한 데에 있다"(AO 270). 이것이 들뢰즈가 (스미스와 리카도에 의한) 노동의 발견과 (프로이트에 의한) 리비도의 발견은 실제로 하나의 동일한 것이다라고, 즉 정치경제학과 리비도 경제학은 **하나의 동일한 경제학**이다라고 말할 수 있는 이유이다. "**구별 없는 생산 활동 일반**의 발견은, 이러한 활동이 자본주의에서 나타나는 바와 같이, 재현의 규정적 체계를 넘어서는 정치경제학과 정신분석학 둘 모두의 동일한 발견이다."(AO 270, 302) 달리 말하면, "욕망은 하부구조의 일부이다"(AO 104; cf. 63). 즉, 우리의 충동들impulses과 정동들, 그리고 우리의 무의식적 충동들drives도, 우리 자신의 가장 개체적이고 개인적인 부분으로 보이는 것도(리비도 경제학) 그 자체가 곧 마르크스가 경제적 하부구조, 즉 모든 사회구성체의 물질적 기반이라고 부른 것(정치경제학)의 일부이다. 달리 말해서, 심적 실재를 사회적 생산의 물질적 실재와 상이한 욕망에다 정립하는 것은 불가능하다("'심적 실재'라고 명명될 수 있는 특수한 실존 형식은 존재하지 않는다." AO 27). 또한 우리는, 프로이트가 주장하듯이, 리비도는 사회적 장에 투여하기 위해서 "승화되어야"(또는 탈성화되거나 해결되어야) 한다고도 주장할 수 없다(AO 352). 또한 우리는 사회적 생산과 욕망의 관계들이 "투출"과 "투입"의 관계들이라고도 말할 수 없다(AO 28). 이것이 『안티-오이디푸스』의 본질적 논지 중의 하나이다. 즉, 리비도 경제학과 정치경제학은 하나의 동일한 것이다. 그것들은 동일한 본성을 갖는다.

하지만 들뢰즈와 과타리는 곧바로 보완적인 논지를 추가한다. 즉, 비록 두 경제학 사이에 **본성상의 차이**difference in nature가 존재하지 않는다 할지라도, 그들 간에는 **체제상의 구별**distinction in regime이 존재한다는 것은 사실이다(AO 31). 예를 들어, 기술 기계들은 그것들이 고장 나지 않았을 때만 확실하게 작동하는데, 이로부터 마르크스는, 정치경제학 내에서, 생산 수단과 생산물 간의 엄격한 구별을 정립할 수 있었다. "마르크스의 경고 중의 하나를 다시 한번 기억하도록 하자. 즉, 우리는 밀의 맛만 보고는 누가 이 밀을 재배했는지 알 수 없다. 생산물은 체계와 생산 관계들에 관해 어떠한 단서도 제공하지 않는다."(AO 24) 이와 대조적으로, 리비도 경제학에서, 생산물은, "욕망-기계들"이 끊임없이 고장 나고 있는 조건에서만(AO 31~32, 37, 151, 230) ── 조울증 또는 양극성 장애, 정신병, 그리고 그 극한에서 정신분열증이 있는 곳에서만 ── 기능할 정도로, 언제나 생산 속으로 다시 이식된다. 『안티-오이디푸스』의 주장의 많은 부분은, 본성nature은 동일하지만 체제regime가 상이하다는 점을 감안하여, 이 두 경제학 사이의 관계들에 대한 평가를 둘러싸고 전개된다. 제1장과 제2장은 무의식의 **종합들**의 본성에 관한 이론을 전개한다. 즉, 욕망-기계들은 내재적 종합들(국지적이고 비특정적인 연접들, 포괄적 이접들, 유목적이고 다의적인polyvocal 통접들)에 의해 **생산하는** 데 반해, 사회 기계들은 초월적 종합들(전역적이고 특정한 연접들, 배제적 이접들, 격리적이고 이의적인biunivocal 통접들)에 의해 전자를 **재현한다.** 두 경우에서, "**같은 종합들**이 쟁점이 되고 있다"(AO 116) —— 그 종합들은 같은 본성을 가진다. 하지만 그것들은 상이하게 사용된다. 욕망적 생산과 사회적 생산은 "그러므로 같은 기계이지만, 전혀 같은 체제가 아니다. … 혹은 종합들의 같은 사용들이 아니다"(AO 288). 사회적 생산은 분자적 수준에서 욕망적 생산에 의해 **생산된** 것을 몰적 수준에서 **재현한다.** 결과적으로, 욕망적 생산은 재현의 요구들에 의해 부숴지게 되고, 그 자신의 억압을 욕망하게 된다.

『안티-오이디푸스』의 제3장에서, 들뢰즈와 과타리는 세 분지로 되어 있는 사회구성체("원시 사회", 국가, 자본주의) 유형론을 차례대로 전개한다. "사회적 생산과 욕망적 생산이 동일한 본성과 상이한 체제를 가진다고 한다면, 그들은 사회적 생산과 욕망적 생산 간의 관계는, 각 경우에, 무엇인가?"라고 묻는다(AO 262). 그들은 결국 "그 체제들이 가장 가까울 때 그 본성상의 동일함은 이와는 반대로 최소 상태에 있을 것이다[원시 구성체와 전제군주 구성체]. 또 그 본성상의 동일함이 최대 상태로 나타날 때, 그 체제들은 가장 높은 정도로 상이할 것이다[자본주의]"라고 결론을 내린다(AO 336). 그러므로 사회구성체들은, 욕망 기계들이 자신들의 내재적 연관들을 사회 기계들의 체제로 이동하게 할 수 있는 가능성을 갖느냐(능동적인 분열증적 도주선), 아니면 이와 반대로 사회 기계들이 재현의 초월적 종합들을 통하여 욕망을 초코드화하느냐(반동적인 편집증적 투여)에 따라서 두 극 사이에서 요동칠 수 있다. 그렇지만 들뢰즈와 과타리가 주장하듯이, "우리는 체제상의 차이가 우리로 하여금 본성상의 동일성을 잊게 만들도록 놓아둘 수 없다. … 욕망 기계들이 대규모로 형성하는 사회 기계들 외부에 실존하는 욕망 기계들은 존재하지 않으며, 또 사회 기계들에 소규모로 거주하는 욕망 기계들이 없는 사회 기계들은 존재하지 않는다"(AO 340). 리비도 경제학과 정치경제학이 상이한 체제를 갖지만 그럼에도 동일한 본성을 갖는다는 이러한 생각은 『안티-오이디푸스』의 사회-정치적 분석 전체를 서로 이어 주는, 근저에 놓여 있는 실들 중 하나이다.[10]

미셸 푸코는 『사물들의 질서』에서, 재현에서 생산으로 향하는 유사한 운동이 사실상 수많은 영역에서 일어난다는 점을 보여 준 바 있는데, 들뢰즈는 이 점에 자주 의지한다. 예를 들어, 생물학에서 우리는 더 이상 성체 유기체의 외적 특질들이나 고유성질들에 의해서 생물들을 정의하지 않고, 유전학과 태생학을 통해서, 즉 유기체가 생산되는 과정을 통해서 정의한다. 이는 한때 "자연사"라고 불렀던 것(아리스토텔레스)에서 분자생물학(혹은 유전학)과 태생학이라는 현대 과학들로 향한 역사상의 변형을 나타낸 그것이다. 들뢰즈의 사회적 **코드화** 개념은 부분적으로 유전자 코드 개념에서 유래한다. 마찬가지로, 현대 지질학에서, 에베레스트산은 "대상"으로 간주되지

---

10 AO 116을 보라: "이 연구가 시작될 때부터 우리는, 사회적 생산 형식은 욕망적 생산에 대한 본질적 억압을 행사하고, 또 욕망적 생산 —'실재적' 욕망 — 은 사회적 형식을 잠재적으로 파괴할 수 있다는 결과를 갖고서, 그 사회적 생산과 욕망적 생산이 동일하되, 상이한 체제를 가진다는 점을 주장해 왔다."

않고, 일단의 진행 중인 지질학적 과정들 —— 산들을 동시적으로 뭉개 버리는 빙하 작용과 침식 작용의 힘들, 뿐만 아니라 아시아로 세게 밀어붙이는 인도 지각판, 히말라야 산맥을 만들어 내는 지각의 접힘 —— 의 결과로서 간주된다. 『천 개의 고원』에서, 들뢰즈는 지질학에서 끌어온 "층화stratification" 개념을 전개한다(이 책은 바로 '도덕의 지질학'[TP 37~74]이라고 불리는 장을 포함한다). 그렇다면 이는 들뢰즈가 마르크스(그리고 후에 푸코)에서 끌어온 첫 번째 철학적 논점, 즉 재현에서 생산으로 향하는 운동이다.

2. 보편사. 두 번째 관찰은 첫 번째 관찰에서부터 나온다. 즉, 마르크스는, 생산 활동 일반에 대한 이러한 관찰을 감안할 때, 자본주의 관점에서, 즉 노동과 자본이라는 두 탈코드화된 흐름의 관점에서, 보편사에 대한 회고적인 독해가 가능하다고 주장했다(AO 140). 이전 경제들은 자본주의를 예기하지만, 이 경제들이 막고 피하고 싶은 어떤 것으로 예기한다. 가령, 원시 경제는 재현의 수준에서 작동하는 코드들에 기반하고 있었는 데 반해, 자본주의는 생산의 수준에서 작동하는 탈코드화된 흐름들에 기반하고 있었으며, 그것은 이전 사회구성체들이 피하려고 했던 탈코드화된 흐름들이라는 "악몽"이었다. 하지만 우리는 어떻게 흐름 개념을 사용하여 보편사에 대한 회고적 독해를 행하기를 시작하는가? 마르크스 그 자신은 명시적인 흐름 개념을 갖지 않았다. 그는 노동도 자본도 흐름에 의해서 정의하지 않는다. 들뢰즈의 흐름 개념을 이해하려면, 우리는 20세기 영국 경제학자 존 메이너드 케인스에 의지해야 한다. 들뢰즈는 케인스의 위대한 책, 1936년에 간행된 『고용, 이자, 화폐에 관한 일반 이론』*The General Theory of Employment, Interest, and Money*의 세 가지 기여를 구분한다.[11] 첫

째로, 이 책은 최초의 현대 흐름 이론을 제시했다. 들뢰즈는 "케인스가 정식화한 바와 같이, 증권과 흐름은 현대 정치경제학의 두 근본 개념이다"라고 논평한다. "최초의 위대한 흐름 이론이 케인스의 『고용, 이자, 화폐에 관한 일반 이론』에서 발견될 수 있다."(1971년 12월 14일 세미나) 둘째로, 이 책은 욕망의 문제를 화폐 이론에 주입했다. 들뢰즈와 과타리는 "케인스의 공헌 중의 하나는 욕망을 화폐 문제에 재도입한 일이었다"고 쓰고 있다. "특히 재정과 금융 관행과 관련하여 마르크스가 행한 분석의 요구를 받아야만 하는 것은 바로 이것이다."(AO 23) 심리학과 경제학은 상호 관련되어 있다고 말하는 것은 이제는 뻔한 말이 되었으며, 증권 시장은 인간 마음의 거울이다. "증권 시장은 우울증을 앓고 있다(=침체되어 있다). 증권 시장은 심지어 완전한 쇠약을 앓을 수 있다(=완전한 붕괴를 겪을 수 있다)."[12] 셋째로, 케인스는 경제를 위한 새로운 모델의 규제와 자극을 제안했다. 들뢰즈에 의하면, 케인스주의는 뉴딜 정책 동안 그리고 그 이후에, 공리들의 생산을 위한 실험실들 중의 하나였다(TP 462). 규제의 문제는 흐름 개념에서 곧바로 이끌려 나온다. "문제는 자유와 구속의 문제가 아니라, 또 중심화와 탈중심화의 문제가 아니라, 우리가 흐름들을 장

---

11 존 메이너드 케인스, 『고용, 이자, 화폐에 관한 일반 이론』(New York: Harcourt, 1964). 들뢰즈는 『흐름과 증권 연구』(Paris: Sedes, 1957)라는 제목의, 대니얼 앙티에의 케인스 연구에 부분적으로 의존했던 것으로 보인다. 1971년 12월 14일 세미나를 보라.

12 니얼 퍼거슨, 『화폐의 상승: 세계의 재정사』(New York: Penguin, 2008), 121. 욕망에 대해 말할 때, 케인스는 종종 "동물 정기"라는 문구에 의지했다: "앞으로 다가올 많은 날들을 거쳐 충분한 결과들을 도출할 적극적인 무언가를 행하는 우리 결정의 대부분은, 양적 개연성들에 의해 배가된 양적 이익들의 가중 평균의 결과로서가 아니라… 오직 동물 정기들의 결과로서 간주될 수 있을 뿐이다."(케인스, 『고용, 이자, 화폐에 관한 일반 이론』, 161)

악하는 방식의 문제이다."(TP 462)

케인스는 대공황이 한창일 때『고용, 이자, 화폐에 관한 일반 이론』을 썼는데, 그는 이 책에서 대공황에 대해 진단책과 치료법을 제공하려고 시도했다. 흐름 이론, 그리고 욕망을 경제학에 주입한 것은 자본주의의 상태에 대한 케인스의 새로운 진단책의 일부였는데, 이는 들뢰즈가 볼 때 마르크스의 분석들을 본질적으로 보완하는 것이었다. 이와 대조적으로, 규제와 정부 개입을 추진한 것은 케인스의 치료법의 일부였으며, 그래서 오늘날 "케인스주의"라는 용어는 대체로 경제에서의 개입과 동의어가 되었다(1971년에, 닉슨은 "이제 우리는 모두 케인스주의자들이다"라는 유명한 말을 했다). 하지만 케인스의 저작에서 들뢰즈의 관심을 끄는 것은 개입주의 그 자체가 아니라, 케인스가 흐름과 증권 개념을 통하여 자본주의에 대해 행한 새로운 분석이다. 케인스를 뒤따라서, 흐름과 증권은 동적 체계 일반을 분석할 때 이제 두 기본 개념이 되었다.[13] 그래서 우리가 들뢰즈의 흐름 개념의 철학적 의의를 파악할 수 있게 되는 것은 바로 케인스의 분석으로부터이다.

흐름, 코드, 증권

늘 그렇듯이, 들뢰즈는 케인스의 경제학으로부터 그 자신의 철학적 목적을 위해 사용할 많은 개념들을 추출해 내는데, 이 개념들은 모두 **단절-흐름**break-flow(coupure-flux) 혹은 **분열**schiz 개념으로 요약될 수 있다.

---

13 동역학 체계 이론은 제이 W. 포레스터의『체계들의 원리』, 개정 2판(New York: Pegasus, 1968)에서 정식화되었다. 그는 증권을 "수준", 흐름을 "비율"이라고 일컬었다.

1. **흐름.** 경제적 관점에서 볼 때, **흐름**은 한 극에서 다른 한 극으로 이동하는 화폐의 ── 혹은 더 일반적으로 말해서, 화폐 가치의 ── 전달(혹은 교환)이다. 즉, 들어오고 나가는 흐름이 존재한다. 여기서 "극"이라는 용어는 단순히 (가령, 우리의 계좌에서) 이러한 들어오고 나가는 흐름을 **가로채는 것**으로서 기능하는 개인이나 집단(회사, 기업, 조합)을 가리킬 따름이다. 한 세미나에서 들뢰즈는 "우리는 정치경제학에서 흐름을 정의하고 있다. 현대 경제학자들에게 그것이 중요하다는 점이 내가 말해 왔던 것을 확인해 준다"(1971년 11월 16일 세미나)고 언급했다.

2. **코드.** 둘째로, 흐름 개념의 상관자는 코드 개념인데, 이는 자본주의 구성체에서 **회계 제도**의 형식을 취하는 일종의 기입이나 등록이다. 개인이나 회사의 계좌에 들어간 거래가 이 흐름 전달(자산이나 부채의 변화)의 **기록**이나 **기입**이다. 급료는 들어오는 흐름이고, 청구서의 지불은 나가는 흐름이다. 흐름과 코드는 상호적으로 규정된다. 흐름을 코드화하는 조작에 의하지 않고서 또 그 작동을 통하지 않고서 흐름을 파악하는 것은 불가능하다. 엄격히 말하면, 화폐는 단지 기입에 불과하며(세계에서 오직 적은 비율의 화폐 덩어리만이 현금으로 실존할 뿐이다), 이런 이유로 두 원장 회계 제도가 자본주의 발달에 있어서 본질적이었다. 들뢰즈에게 코드는, 칸트의 개념이 직관에 적용되듯이, 흐름에 "적용되는" 어떤 것이 아니라는 점을 주목하는 일이 중요하다. 흐름이 먼저 존재하고 그 다음에 흐름에 부과되거나 적용되는 코드가 존재하는 것이 결코 아니다. 사회체socius 위에 흐르는 것은 코드와 상관관계를 맺지 않고는 흐름으로서 나타날 수 없다. 흐름을 코드화하는 조작에 의하지 않고서 또 그 작동을 통하지 않

고서 흐름을 붙잡는 것은 불가능하다. 흐름은 흐름을 코드화하는 코드에 의하지 않고서 또 그 코드를 통하지 않고서, 가령 경제적 흐름이나 사회적 흐름 또는 신체적 흐름으로서 재인 불가능하다. 이런 이유로 들뢰즈는 비-코드화된 흐름은 명명 불가능한 힘이라고 말하곤 한다. 모든 사회의 악몽은 비-코드화되거나 탈코드화된 흐름의 공포이다. 나의 급여는 코드화된 흐름이며, 나는 그것의 정확한 가치를 알고 있다. 하지만 2009년 불경기를 일으키게 한 서브프라임sub-prime 담보 대출 파생상품들의 문제는 이 상품들이 가치를 상실했다는 사실에 기인한 것이 아니라, 아무도 그 상품의 가치를 알지 못했거나 혹은 심지어 그 상품의 가치를 평가할 방법을 알지 못했다는 사실에 기인했다. 그 상품은 탈코드화된 흐름이 되었다.

3. 증권. 흐름과 코드 다음의, 세 번째 개념은 증권 개념이다. 만약 흐름이 한 극에서 다른 한 극으로, 한 계좌에서 다른 한 계좌로 이동하는 그것이라면, 증권은 이 극들 중 하나를 물질적이거나 사법적인 소유, 즉 내 은행 계좌나 내 투자의 가치로서 관계를 맺는 것이다 — 이것은 흐름의 내 몫이다, 이것은 흐름의 내 지분이다, 그래서 "이것은 나의 것이다".

여기서 우리는 경제학에서 유래하는 세 가지 기본 개념 — 흐름, 코드(혹은 회계 제도), 증권 — 을 가지는데, 이 개념들은 모두 서로 관련되어 있고, 상호적으로 규정된다. 즉, 화폐 흐름은 연속적 변이 속에 있고, 우리는 오직 기입이나 코드화를 통해서 흐름을 알 뿐이며, 증권은 한 주어진 시점에 나의 것인 흐름의 몫이다. 『안티-오이디푸스』 독자들은 이 세 개념이 세 종합에 상응한다는 점을 인지할 것이다. 즉, 흐름은 **생산**의 연접적 종합이고, 코드는 **등록**이나 기입의 이접적 종합이며, 증권은 소비의 통접적 종합이다. 나는 이 논문의 남은 부분에서 들뢰즈가 흐름, 코드, 증권 간에 확립하는 복잡한 상호 관계를 검토하기 위해서 이 용어들 각각을 간략하게 논할 것이다.

흐름 개념

먼저 흐름 개념으로 돌아가 보겠다. 들뢰즈는 케인스에게서 흐름 개념을 얻어 내어, 이 개념을 마르크스의 생산 개념과 연결시킨다. 우리는 마르크스가 보편사의 회고적 독해는 자본주의 관점에서 가능하다고 주장했다는 것을 본 바 있다. 들뢰즈는 이 생각을 알아채지만, 역사를 흐름의 점진적인 탈코드화로서 해석하는데, 화폐의 역사는 들뢰즈의 회고적 독해에 있어서 주요한 화제들 중의 하나이다.[14] 원시 경제는 물물교환의 코드에 의해서, 즉 물건들을 직접적으로 교환하는 관계에 의해서 기능했다. 하지만 식민지 건설 시기 동안 이 경제 안으로 화폐를 "일반적 등가물"로서 도입한 일은 이 코드를 파괴하기에 충분했다(가령, 적화積貨 신앙). 화폐가 보여 준 것은, 원시 경제에서 물물교환되고 있는 물건들은 그 자체 가치의 주어진 양이 상응하는 단지 노동의 질화된 단편들이었을 뿐이라는 점이었다. 이 물건들은 질화된 흐름들 혹은 증권의 형식들이었다. 달리 말해서, 원시 코드

---

14 우리는 들뢰즈가 언급하지 않은 많은 "탈코드화"의 예들을 지적할 수 있다. 가령, 중세 시대에, 고리대금업, 곧 이자를 붙여 돈을 빌려주는 직업은 죄라고 간주되었다. 기독교의 구속을 받지 않은 유태인 대금업자 중 샤일록 같은 인물의 경우가 그러하다. 이는 다른 방식으로 초코드화된 경제 속의 도주선이다. 마찬가지로, 『안티-오이디푸스』가 출간되기 몇 달 전인 1971년이 되어서야 비로소 미국 달러는 금 본위제에서 빠져나오고, 대신에 외환 시장에서 자유로이 표류하게 되었다. 이는 화폐와 귀금속 간의 몇 세기 동안의 연관을 깨부순 화폐의 추가적인 탈코드화이다.

들은 이미 이 흐름들과 더불어 작동하고 있었지만, 이 흐름들을 막고 있었다. 즉, 원시 사회는 상인과 대장장이를 종속적인 위치에 두었으며, 교환과 상업을 차단했다. 화폐의 "추상적이거나 허구적인 양"은 원시 코드를 파괴하기에 충분했다.

들뢰즈는 ── 에두아르 윌Édouard Will을 따라서 ── 화폐는 상업을 장려하기 위한 수단으로서가 아니라, 과세를 통하여 상업을 제어하기 위한 수단으로서 국가에 의해서 발명되었다는 논지를 고수한다. 화폐의 도입은 국가가 모든 거래에 끼어들어 세금의 형식으로 그 자신을 위한 몫을 빼돌릴 수 있다는 것을 의미했다. 설사 처음에는 여전히 귀금속에 매여 있었다 하더라도, 순수 흐름, 순수 추상체로서 화폐를 도입한 것, 이것이 탈코드화의 최초 단계였다. 하지만 탈코드화의 두 번째 단계가 뒤따랐다. 즉, 원시 사회는 가동적이고 유한한 빚 덩어리와 더불어 작동했지만, "화폐 ── 화폐의 순환 ── 는 그 빚을 무한하게 만들기 위한 수단이다"(AO 197). 달리 말해서, 화폐는 국가에 대한 끝날 줄을 모르는 봉사의 의무를 개시한다. 우리는 언제나 국가에 빚지고 있을 것이다. 세금은 우리가 갚기를 결코 끝낼 수 없는 빚이다. 기독교는, 적어도 사도 바울의 형식으로, 이 무한한 빚이라는 개념을 효과적으로 "영성화했다". 즉, 죄의 대가는 죽음, 내가 영원한 벌에 의해서만 갚을 수 있는 빚이다. 신은, 우리를 불쌍히 여겨, 우리 대신 죽음으로써 무한한 빚을 혼자서 다 갚겠다고 결정한다. 신은, 로마인들이 노예들 값을 치름으로써 그들을 구했듯이, 우리를 구한다. 이런 의미에서, 우리는 기독교 신학은 경제학의 영성화된 형식이라고 말할 수 있을 것이다.

하지만 화폐의 도입 혹은 화폐적 기입 그 자체만으로는 자본주의를 형성하기에 충분하지 않다. 화폐는 아직 그 자신의 신체를 갖고 있지 않으며, 단지 선재하는 사회적 신체들(토지, 전제군주)의 작은 틈 안으로 끼워 넣어졌을 뿐이다. 자본주의는 화폐가, "생산된 물건들을, 그리고 심지어 화폐와 무관하게 기입된 물건들을 … 형식적으로 통합하는" 추상체이기를 그칠 때에만, 그리고 그 자신이 자식을 보는 자본이 될 때, 즉 화폐가 화폐를 낳을 때에만 나타날 뿐이다(AO 226~227). 달리 말해서, 자본주의는 **탈코드화 혹은 탈영토화의 새로운 문턱**을 나타낸다. 이것은 무엇을 의미하는가? 자본주의 구성체에서, 노동과 자본이라는 두 탈코드화된 흐름은 화폐의 두 형식, 곧 지불과 금융에 의해 표현된다. 첫 번째 형식은 화폐가 지불의 수단으로 사용되는 단순한 순환에 뿌리를 두고 있다. 즉, 나는 내 급여를 받고, 그것으로 청구서들을 지불한다. 그러나 금융-화폐는 완전히 다르다. 금융-화폐는 들뢰즈가 무한한 빚의 자본주의 형식이라고 부르는 것, (비록 금융 구조가 그 자신의 영토성을 가진다 할지라도) 화폐의 방대한 "탈물질화" 혹은 "탈통화화"를 이룬다. 선재하는 통화를 지불의 수단으로 이전시키는 것이 아니라, 금융 자본은 은행들이 그 자신들에게 지는 빚으로서 무로부터 창조하는 흐름이다. 금융 자본은 (은행들의 부채로서 들어간 빚으로서의) 한 극단에서는 음 화폐를 오목하게 하는 반면, (은행들에 의해 생산적 경제에 제공된 신용으로서의) 다른 한 극단에서는 양 화폐를 불룩하게 한다. 자본주의의 진정한 "경제적 힘", "자본주의의 완전체를 이루는 광대한 탈영토화된 흐름"을 이루는 것은 바로 이 두 번째 형식의 화폐이다(AO 237). "오늘날 우리는 국가의 통제를 피해, 다국가적인 전 세계적 조직을 형성하고, 정부의 결정에 간섭받지 않는 사실상 초국가적인 힘을 이루면서, 외환을 통해 또 국경을 넘어 순환하는 방대한, 이른바 국가 없는, 화폐 집적체를 그려 볼 수 있다."[15] 이것이 우리 각자의 욕망이 꽂아 넣어지는 완전체의 자본이다.

엄격히 말하면, 이 두 흐름의 화폐 사이에는 공통의 척도가 전혀 존재하지 않는다. 지불 형식으로서의 화폐는 교환가치를 갖지만, 금융 구조로서의 화폐는 창조와 파괴의 순수 운동이다. 은행들의 중요성이 여기에 있다. 즉, 은행들은 이 두 흐름에 참여하고, 금융과 지불 사이의 축이 되는 지점에 위치해 있다. 은행들은 — 부단한 변화 속에 있는 돌연변이적 흐름인 — 금융의 흐름을 지불의 구획으로 전환시키는 교환기 혹은 진동자로서 기능한다. 비록 이 두 흐름 사이에는 공통 척도가 없을지라도, 들뢰즈가 "심원한 가장profound dissimulation"이라고 부르는, 두 흐름의 "허구적 동질성"을 보장하는 것은 바로 은행들이다(AO 229). 우리 시대에, 국가들은 자본주의 체계에 내재적인 것이 되었으며, 그리고 국가의 주요한 기능들 중의 하나는, 규제자로서, 신용, 일률적인 이자율, 자본시장의 통일성 등등을 보장함으로써 이 두 형식의 화폐 사이의 전환성을 보증하는 것이다. 이런 이유로 들뢰즈는 마르크스의 자본 분석은 케인스의 분석에 의해 보완되어야 한다고 주장한다.

마르크스주의 경제학자들이, 금융 관행, 금융 조작, 신용 화폐의 특수

---

15 TP 453. 베르나르 슈미트는, 자신의 『화폐, 임금, 이윤』(Paris: PUF, 1966)에서 들뢰즈가 많이 인용하는 심오한 화폐 이론을 전개했다. 슈미트는 이 화폐 이론에서 자본의 충만한 신체를, 수입으로 들어가지 않고 구매, 순수한 이용 가능성, 비-소유, 비-부유에 배정되지 않는 "돌연변이의 역능을 소유하는 흐름"으로 기술한다. AO 237과 N 152를 보라.

한 순환에 충분한 중요성을 부여함이 없이, 생산 양식에 관한 고찰들을, 그리고 『자본론』 첫 절에서 발견되는 일반적 등가물로서의 화폐에 관한 이론을 너무나 자주 숙고하는 것은 불행한 일이다. (AO 230)

하지만 이 화폐 집적체에 관해 최종 결정을 내리는 세계 초-정부를 상정하는 것은 어리석은 일일 것이다. 왜냐하면 자본 그 자체의 흐름을 규제하는 힘은 결코 존재하지 않으며, 은행들도 국가도 화폐 공급의 증가를 심지어 예측을 할 수조차 없기 때문이다.

이제 리비도 경제학과 정치경제학이 하나의 동일한 것이라고 말하는 것은 다음과 같은 것을 말하는 셈이 될 것이다.

가장 사회적 혜택을 받지 못한 인간들의 욕망이 그 자신에 대한 어떠한 경제적 이해나 결여와 상관 없이, 전력을 다하여, 자본주의 사회 장 전체에 투여할 것이다. 흐름들, 누가 흐름들[자본], 흐름들 간의 관계, 흐름들의 중단을 욕망하지 않겠는가? (AO 229)

이런 이유로 들뢰즈는, 어떤 의미에서, "체계 전체 그리고 욕망의 투여를 제어하는 것은 바로 은행이다"라고 말할 수 있다(AO 230).

은행 업무 또는 증권 시장 거래, 지불 요구, 할인권, 신용대출이, 반드시 은행가들인 것은 아닌 사람들을 일깨우는 것은 은유에 의해서가 아니다. … 또한 진정한 무의식의 복합체들인 사회경제적 '복합체들'이 존재하며, 이 복합체들은 위계질서의 꼭대기에서 밑바닥까지 육감적인 물결을 전달한다. … 왜냐하면 그것은 흐름들, 증권의 문제이기 때문이고, 흐름들의 침입과 동요의 문제이기 때문이다. 욕망은 무언가가 흐르고 달리는 곳에서라면 어디에서든 현존하면서, 치명적인 목적지를 향하여 이해관계가 있는 주체들 — 뿐만 아니라 술에 취해 있거나 잠자고 있는 주체들 — 을 데리고 다닌다. 그러므로 분열분석의 목표는 경제적 영역과 정치적 영역에서 행해지는 리비도적 투여의 특수한 성격을 분석하는 것이며, 이렇게 하여 욕망하는 주체 안에서, 욕망이 어떻게 그 자신의 억압을 욕망하게 될 수 있는가 보여 주는 것이다. (AO 105)

그렇다면, 들뢰즈가 욕망은 "흐름과 증권의 문제이다"(AO 105)라고 말할 때, 혹은 "모든 대상은 흐름의 연속성을 전제한다"(AO 6)고 말할 때 그가 의미하는 것은 무엇인가? 내가 이 논문을 이탈리아의 한 대회에서 최초로 발표했다는 사실을 생각해 보자. 내가 비행기 표를 구입했던 돈은 내 급여에서 나왔고, 내 급여는 내 대학의 기금에서 나왔는데, 이 기금은 결국 학생들의 수업료, 여러 기업체에 투자한 투자금, 어쩌면 불법 저임금 작업장에 연결되는 흐름이다. 나는 내 푯값을 지불하기 위해 이 흐름으로부터, 내가 살 때까지 계속 변하고 있었던 비행기 표의 코드화된 가격을 빼내었으며, 그때 비행기 표는 나의 증권이 되었다("그것은 나의 것이다"). 비행은, 내가 기내에서 먹은 음식(치킨 샐러드, 밥, 초콜릿케이크)이 그렇듯이, 그 자체 물질적인 흐름이었다. 내가 기내에서 먹은 음식들은 다른 곳으로부터 도착하는 흐름들로부터, 항공사의 거점 도시에서 수합된 것이었다. 적포도주는 나파 밸리에서, 커피는 중앙 아메리카에서 흘러 들어왔다. 이 흐름들은 내 음식에 수합되어 있다. 나는 먹을 때 이 흐름들을 깨고 들어간다. 그것은 내 안에서 만족(voluptas)의 물결 ── 나에게 떨어지는 이 흐름들의 몫 혹은 지분 ── 을 만들어 낸다. 심지어 사유조차 흐름이다. 즉, 나는 의견의 흐름을 받아들이고, 아이디어들을 받아들였다. 심지어 들뢰즈의 텍스트들에 대한 나의 독해로부터 들어오는 흐름이 존재하고, 이 텍스트를 생산하기 위해서 나는 이 흐름들을 절단하여, 단절들과 포획들을 생산한다. 들뢰즈에게, 사람들은 흐름을 **가로채는 이들**이다. 즉, 나는 내가 가로채는 수많은 흐름들을 위한 종착 지점이고, 나는 또한 새로운 흐름들의 생산을 위한 출발 지점이기도 하다. 그리고 들뢰즈가 **욕망**이라고 칭하는 것은 바로 흐름들의 이러한 종합과 생산이다. 심지어 우리의 사랑조차 흐름들의 가로챔이다.

> 욕망은 사람이나 사물을 자신의 대상으로 취하는 것이 아니라, 자신이 횡단하는 환경 전체, 자신이 접합하는 모든 종류의 진동과 흐름을, 자신 안에 단절과 포획을 들여오면서, 자신의 대상으로 취한다. … 우리의 부모를 포함하여, 우리가 우리의 사랑을 바치는 사람들은 흐름들의 연접, 이접, 통접의 지점들로서만 개입하며, 본래 무의식적인 투여의 그 리비도적 행로를 옮겨 놓는다. (AO 292~293)

코드 개념

우리는 흐름과 코드는 상호적으로 규정된다는 점을 보았다. 즉, 흐름을 코드화하는 조작에 의하지 않고서 또 그 조작을 통하지 않고서 흐름을 파악하는 일은 불가능하다. 코드화는 기입이나 등록의 과정을 통하여 작동한다. 달리 말해서, (은행 계좌의) 입출금 내역서 위의 숫자들이든, 신체 위에 직접적으로 기입돼 있는 표시이든, 기호들에 의해서 작동한다. 이 기호들은 비-의미화한다. 즉, 이 기호들이 무엇을 "의미하는지" 혹은 "상징하는지"는 그 자체로 중요하지 않다. 중요한 것은 이 기호들이 흐름을 규정할 때 어떻게 기능하는가이다. 들뢰즈의 코드 개념을 이해하고자 할 때 우리가 마주치는 어려움들은 바로 이 용어가 모든 것이 사전에 주어져 있는 "모스 부호Morse code" 혹은 "민법civil code"과 같은 어구들을 떠올리게 한다는 점이다. 우리는 전보를 보내기 위해서 모스 부호를 사용하거나, 혹은 위반 행위가 발생했는가 알아보기 위해 민법을 조회한다. 하지만 들뢰즈가 이 용어를 사용하는 법 배후에 놓여 있는 모델은 주로 **유전 부호**genetic code라는 생물학적 개념이다. 즉, 코드(=부호) 개념은 "생물학적 재생산(=생식) 못지않게 사회적 재생산의, 인간 문화와 생물 종들의 공통 특징이다"(AO 289; cf. 248: "코드를 특징짓는 일반 특성들이 오늘날 유전 부호라고 불리는 것으로 재발견되어 왔다"). 생물학적 코드화와 사회적 코드화 사이에는 우리가 지적할 수 있는 적어도 세 가지 유사점이 존재한다.

1. 기입(혹은 정보). 두 경우 모두에서, 코드는 정보의 전달과 재생reproduction을 허용하는 그것이다. 이런 이유로 들뢰즈는 코드를 기입 혹은 등록의 종합이라고 칭한다. 그러나 이러한 정보는 결코 미리 주어지는 것이 아니라, 각 전달과 더불어 **생산된다**.『차이와 반복』에서 이미, 들뢰즈는 생물학에서 (무성 생식이 아니라) 유성 생식sexed reproduction의 중요성은 그것이 "다양한 개체적 차이들의 끊임없는 생산"을 수반한다는 사실에 놓여 있다고 언급했었다(DR 249). 무성 생식에서는 부모 중 하나는 단지 그 자신을 생산하는 데 반해, 유성

생식에서는 부와 모 둘의 유전 물질이 **새로운** 개체, 돌연변이를 생산
한다. 부모의 유전 부호 안에 담겨 있는 정보는 실로 전달되지만, 새
로운 개체의 바로 그 본성은 결코 사전에 규정되지 않는다.[16] 같은 것
이 사회적 생산에도 해당한다. 심지어 이른바 원시 사회에서조차, 친
족 체계는 단순히 적용될 필요가 있는 구조가 아니라, 전략 혹은 **프락
시스** 전체를 수반하는 실천들이다. 그들이 누구와 결혼할지 누구도
사전에 알지 못한다. "인종학자들은 친족 규칙들은 실제 결혼에 적용
되지도 않고 적용될 수도 없다는 점을 끊임없이 말하고 있다. 이 규칙
들이 이상적이기 때문이 아니라, **배치**apparatus**가** 다시 시작되는 임계점
을 규정하기 때문이다."(AO 151)

2. **분자적인 것과 몰적인 것.** 둘째로, 우리는 유전학에서 생산(분자
적 수준에서 벌어지는 것)과 우리가 생산물(몰적 유기체)에서 **재현되
어 있음**을 보는 것 간의 동일한 구별을 발견한다. 코드는 분자적 수준
에서 작동한다. 들뢰즈가 볼 때, 이것이 라캉의 약점 중의 하나였다.
즉, 라캉은 그가 상징적인 것의 영역에서 일어나는 (은유와 환유를 통
해서 기능하는) "의미화 연쇄signifying chains"라고 부른 것에서 코드를
발견했다. 하지만 언어 혹은 상징적인 것은 유기체처럼 몰적 조직체
이다. 상징적인 것의 반대면은 들뢰즈가 몇몇 군데에서 "욕망의 실재
적 비조직화real inorganization"라고 부르는 그것이다. 자크 모노가 말
하는 바와 같이, 유전 부호는 구조가 아니라 "오직 맹목적인 결합들

---

16 AO 290을 보라: "분자생물학은 재생산되는 것은 단백질이 아니라 오직 DNA뿐이라는 점을
우리에게 가르치고 있다. 단백질은 생산물이자 생산의 단위이다. 단백질은 원환으로서의 무
의식, 혹은 무의식의 자가 생산으로서의 무의식을 이루는 그것이다."

의 유희 이외에는 아무것도 식별될 수 없는" 영역이다. 수동적 종합들의 분자적 영역은 모든 것이 가능하고 아무것도 사전에 주어지지 않는 "우연적 가능성 혹은 **실재적 비조직화**"의 영역이다(AO 328, 289; cf. 39, 289, 309). 달리 말해서, 모든 코드화는 코드화 이전에 온 것에 대한 부단한 탈코드화를 수반한다. 즉, "유전 부호는 유전적 탈코드화를 가리킨다"(AO 328). 그렇다면, 이것이 들뢰즈가 분자적인 것과 몰적인 것을 구별하는 일차적 의미이다. 즉, 사회구성체들은,

> 상당수의 법칙들을 따르는 통계학적 축적을 통하여 분자적 힘들의 통일화, 총체화를 가져온다. 따라서 통일은 사회체의 생물학적 통일 혹은 종 아니면 구조적 통일이다. 즉, 사회 유기체든, 생물 유기체든, 유기체는 전체로서, 전면적이거나 완전한 대상으로서 구성된다. (AO 342)

하지만 욕망은 반드시 분자적 수준에서 기능한다.

3. **코드의 잉여가치.** 마지막으로, 유전 부호는 **혈연**(x가 y를 낳다)의 차원뿐만 아니라, 또한 **결연**의 차원을 함축한다. 들뢰즈는 이 경우에 말벌과 난초의 관계를 자주 인용한다. 즉, 말벌은 난초의 꽃가루를 실어 나르기 때문에, 난초의 재생적 배치에 있어서 본질적 요소이다. 여기에는 "코드의 포획, 코드의 잉여가치, 진정한 되기, 난초의 말벌-되기, 그리고 말벌의 난초-되기"가 존재한다(TP 10). 레미 쇼뱅 Rémi Chauvin은 여기서 "서로 간에 절대로 아무 관계가 없는 두 존재자들의 **평행적 진화**aparallel evolution"에 대해 말한다.[17] 그러한 전이들은 사실상 우리가 유전 공학이라고 부르는 것을 위한 기초이며, "고대와

중세에 소중한 가공할 커플링들"의 전이들과 유사한 결과를 가진다.[18]
이는 또한 들뢰즈가 진화 도식들은 이질적인 것 속에서 작동하는, 그
리고 이미 분화된 선에서부터 또 다른 이미 분화된 선으로 향하는 도
약 속에서 작동하는 **리좀형** 모델을 위하여 **수목형** 하강 모델(나무와
그 가지들의 도식)을 포기했다고 주장할 수 있는 이유이기도 하다. 이
러한 것이 혈연과 결연 간의 구별이다. 즉, 가계도(혈연)는 상이한 선
들 사이의 "횡단적" 소통(결연)에 의해 뒤섞여진다. 바이러스의 위협
이 여기에 있다. 즉, "우리는 유전병, 혹은 그 자신의 혈통 선을 가지
는 병으로가 아니라 다형적이고polymorphous 리좀적인 독감으로 인
해 진전하고 사망한다"(TP 11).

들뢰즈와 과타리는 사회적 재생산을 논할 때 동일한 구별을 사
용하면서, 혈연보다 우위에 있는 결연 개념을 강조한다. 즉, 사회적으
로 말하면, **빚**은 결연의 단위이다. 하지만 여기서 또한, 그들은 역사
를 회고적으로 재독해할 필요가 있음을 강조한다. 이른바 원시 사회
에서, 사회적 재생산은 인간 재생산(x가 y를 낳았다)을 통과한 데 반
해, 자본주의 사회적 재생산에서는 자본(화폐가 화폐를 낳는다)과 인
간 재생산을 통과하며, 따라서 관계들은 **사유화된다**. 관계들은 일차
적으로 사적인 문제가 된다. 더구나, 만약 자본주의가 코드들에서부
터 들뢰즈가 "공리적인 것"이라고 부르는 것으로 향하는 운동을 수
반한다면, 이는 주로 코드들이 대상들(이미 질화된 흐름들)을 다루

---

17 TP 10. 여기서 레미 쇼뱅, 『성애에 관한 대담』, 막스 아롱·로베르 쿠리에·에티엔 울프 편
(Paris: Plon, 1969)을 인용하고 있다.
18 TP 10~11. 여기서 프랑수아 자콥, 『생명의 논리』, 베티 E. 스펠먼 옮김(New York: Pantheon,
1973)를 인용하고 있다.

는 데 반해 자본주의는 오직 공리적인 취급을 받을 수밖에 없는 자본과 노동의 추상적 질들에 의해 작동하기 때문이다. 마지막으로, "탈코드화"라는 용어는 두 가지 것을 의미할 수 있다. 하나는 코드의 비밀을 해독하는 것, 또 하나는 코드를 무효로 만드는 것이다. 들뢰즈와 과타리가 이 용어를 사용할 때, 그들은 후자를 가리키고 있다. 그렇지만, 들뢰즈와 과타리에게, 코드화되지 않은 흐름은 한계 개념 혹은 이념Idea이다. 다시 말해, **문제적인 것이다.** 획득되어야 하는 것은 이상이 아니라, 부단히 해결을 요구하는 문제이다. 우리가 고대 창조 신화에서 발견하는 "카오스" 개념, 또한 『철학이란 무엇인가?』에서 복구된 카오스 개념은 순수하게 탈코드화된 흐름들의 종말론적 상태의 두 가지 조짐들이다.

증권 개념

마지막으로, 증권 개념에 대해 간략하게 말하겠다. 다시 한번, 우리는 증권과 흐름은 동일한 것이지만, 근본적으로 상이한 단위들에 관련된다는 점을 주목하지 않으면 안 된다. 즉, 증권은 한 주어진 시점에 이루어지는 가치의 귀속인 데 반해, 흐름은 시간이 흐르는 동안 증권의 가치를 변하게 하는 것이다(들어오는 흐름은 증권의 가치를 더하고, 나가는 흐름은 증권의 가치를 뺀다). 증권은 시간이 흐르는 동안 가치가 축적되거나 혹은 격감하는 모든 실체인 데 반해, 흐름은 증권에서의 변화율이다. 증권은 매 시점에 어떤 특정한 가치를 가지는 데 반해, (들어오고 나가는) 흐름은 시간이 흐르는 동안 증권의 가치를 변하게 하는 것(가치 절상과 가치 절하)이다. 수학 용어로 말하면, 증권은 흐름의 적분인 반면, 증권에서의 변화의 흐름은 도함수이다. 이

것이 회계의 근본 원리 중의 하나이다. 즉, "오직 흐름에 관한 연구를 할 때에만 우리는 증권 변이들에 수반되는 들어오고 나가는 운동의 역할을 깨달을 수 있다"(1971년 12월 14일 세미나).

증권-흐름 관계는 오늘날 "동역학 체계 이론"이라 불리는 것의 기초에 놓여 있는 것이다. 비록 내가 경제학의 예로부터 끌어왔을지라도, 이 두 개념은 모든 동역학적 체계에 적용될 수 있다. 한 동물 종의 모집단 밀도는 증권으로 간주될 수 있다. 들어오는 흐름은 출생들이고, 나가는 흐름은 사망들일 것이며, 이 흐름들은 시간이 흐르는 동안 증권의 가치(가령, 모집단 밀도)를 변하게 할 것이다. 호텔의 투숙객들은 증권으로 간주될 수 있다. 들어오는 흐름은 도착하는 투숙객들이고, 나가는 흐름은 출발하는 투숙객들일 것이며, 증권은 어떤 주어진 시점에 투숙객들을 측정하는 데 반해, 가변적인 흐름은 일정한 기간 동안 ─ 가령 1년 동안 ─ 의 투숙객들을 측정할 것이다. 욕조의 물은 증권으로 간주될 수 있을 것이다. 만약 1갤런의 물이 매 순간 욕조에서 빠져나가는 반면, 이와 동시에 1갤런의 물이 수도꼭지에서 더해진다면, 비록 끊임없는 흐름이 존재한다 할지라도, 증권은 여전히 같은 상태로 남아 있을 것이다. 요컨대, 증권은 시간이 흐르는 동안 축적되거나 격감하는 모든 실체를 위한 용어인 데 반해, 흐름은 증권에서의 변화율이다. 흐름들은 증권에서 축적된다. 한 주어진 체계에서 흐름과 증권을 확인하는 것은 언제나 쉬운 일은 아니다. 예를 들어, "적자"는 (수입을 초과하여 지출하는) 흐름인 데 반해, "부채"는 축적된 증권이다. 더구나, 본성상 증권의 특징들 중의 하나는 흐름들을 방해하거나 "분리한다"는 점이다.

들뢰즈의 사회-정치적 이론은 현대 경제학 이론, 특히 케인스로부터 이끌어 낸 세 가지 상호 관련된 개념들을 기초로 하여 구축되어 있다. 즉, 가치의 생산인 **흐름**, 흐름의 기입 혹은 등록인 **코드**, 한 주어진 시점에 나에게 속하는, 내가 지출할 수 있고 소비할 수 있는 흐름의 몫인 **증권**. 확실히, 이것들이 『안티-오이디푸스』에서 작동하는 유일한 개념들인 것은 아니다. 들뢰즈는 이어서 이 세 가지 개념들을 칸트로부터 이끌어 낸 세 가지 수동적 종합들(연접, 이접, 통접), 그리고 이 종합들이 상응하는 세 가지 유형의 생산(생산의 생산, 기입의 생산, 소비의 생산)과 연결시킨다. 이 세 가지를 들뢰즈는 흐름들의 모든 코드화에 수반되는, **분열** 혹은 **단절-흐름**(혹은 더 글자 그대로 말하면, 흐름-절단flow-cut, "coupure-flux") 개념으로 요약한다.[19] 이러한 성찰의 유일한 목표는 『자본주의와 분열증』 전체의 기초에 놓여 있는 예기치 않은 주장들에다 내용을 부여하는 것이었다. 즉, 현대 상황에서, 적합한 사회-정치적 이론은 흐름 이론의 형식을 취하지 않으면 안 된다는 것이었다.

---

19 AO 141~142를 보라: "사회적 기계는 그것이 부동의 원동기를 제시하고 다양한 종류의 절단들 ── 흐름들로부터의 선취先取[prélèvement], 연쇄로부터의 분리, 부분들의 분배 ── 을 떠맡는다는 점에서, 어떠한 은유와도 무관하게, 글자 그대로 기계이다. 흐름들을 코드화하는 것은 이 모든 작동들을 함의한다. 이것은, 생산의 생산, 등록의 생산, 소비의 생산을 조직하는 욕망과 운명의 전역적 체계에서, 생산의 선취[prélèvement]가 연쇄들의 분리와 상응한다는 점에서, 각 성원을 위한 잔여 지분을 초래하는, 사회적 기계의 가장 높은 과제이다.

제3부

들뢰즈의
다섯 가지 개념

욕망

들뢰즈와 욕망의 물음: 내재적 윤리 이론을 향하여

내가 명명한 이 제목은 두 가지 물음——내재적 윤리학이란 무엇인가? 그리고 욕망의 철학적 문제는 무엇인가? ——을 제기하며, 나의 궁극적인 초점은 이 두 쟁점 사이의 연결에 관한 것이다.[1] 역사적으로, 첫 번째 물음은 주로 스피노자와 니체(그리고 이들 배후에, 라이프니츠)라는 이름들과 연관돼 있다. 가장 엄밀한 형식으로 내재적 윤리학의 물음을 제기한 사람들은 바로 이들이었기 때문이다. 두 번째 물음은 프로이트와 라캉과 같은 이름들(그리고 이들 배후에, 칸트)과 연결돼 있다. 가장 예리한 형식으로, 즉 무의식적 욕망에 의해서 욕망의 현대적 개념화를 정식화한 사람들은 바로 이들이었기 때문이다. 들뢰즈가 (공저자인 펠릭스 과타리와 함께) 그 자신의 욕망 이론——그가 순수하게 **내재적인** 욕망 이론이라고 불렀던 것 ——을 정식화하려고 시도했던 것은 1972년에 간행된 『안티-오이디푸스』에서였다.

---

1 이 논문의 축약본은 2005년 11월 30일 채플 힐 소재 노스캐롤라이나 대학의, 그레고리 플랙스먼이 조직한 "윤리학과 최근의 비판 이론" 강의 시리즈에서 강연할 때 최초로 제출되었다.

『안티-오이디푸스』서문에서 푸코는, 유명한 일이지만, "『안티-오이디푸스』는 윤리학의 책, 참 오랜만에 프랑스어로 쓰여지는 최초의 윤리학 책"이라고 주장했다 —— 이렇게 해서 『안티-오이디푸스』에서 전개된 욕망 이론과, 들뢰즈가 니체와 스피노자에 관한 자신의 연구서에서 강구한 내재적 윤리 이론 사이의 연결이 명확해지게 되었다 (AO viii).

이 물음들에 대한 내 접근법은 세 부분으로 이루어진다. 첫 번째 부분에서, 나는 내재적 윤리학의 한복판에 놓여 있는 두 가지 쟁점을 분리시키고자 한다. 두 번째 부분에서, 나는 내재적 윤리학의 몇몇 세부 사항에 살을 입힐 니체와 라이프니츠에서 끌어온 두 벌의 텍스트를 약간 상세하게 검토하고자 한다. 나는 욕망의 본성에 관한, 그리고 『안티-오이디푸스』에서 발견되는 많은 주제들에 관한 매우 간략한 몇몇 논평들로 결론을 내릴 것이다.

내재적 윤리학의 본성에 관하여

첫 번째 물음, 즉 내재적 윤리학이란 무엇인가?로 시작해 보겠다. 그의 전 저작을 통해서, 들뢰즈는 자주 도덕과 윤리를 구별해 왔다. 그는 "도덕"이라는 용어를, 행위와 의도를 초월적이거나 보편적인 가치들에 관련시킴으로써 행위와 의도를 판단하는 일을 본분으로 하는 도덕 코드와 같은, 모든 일단의 "제약적" 규칙들을 기술하기 위해 사용하는 반면, 그는 "윤리"라는 용어를, 내재적 실존 양태에 따라서 우리가 행하는 것을 평가하는 모든 일단의 "촉진적"[능력적] 규칙들을 기술하기 위해 사용한다. 들뢰즈에 따르면, 윤리의 물음에 대한 이러한 내재적 접근법은 철학사에서, 들뢰즈가 자주 그 자신의 철학적 선구자로서 간주한 바 있는 스피노자와 니체에 의해 거의 완전하게 전 개되었다.[2] 스피노자와 니체는 각각 그 자신의 방식으로, 우리가 생명에 반대하여 앙갚음 혹은 원한을 품고 있지 않다면(니체), 우리가 여전히 수동적 변용의 노예 상태로 있지 않다면(스피노자), 약하거나, 저열하거나, 굴종적인 조건이 없이는 우리가 행할 수 없는(또는 말하거나 느끼거나 생각할 수 없는…) 어떤 것들이 존재한다고 주장했고, 또 우리가 삶을 긍정하지 않는다면, 능동적인 변용들을 얻지 못한다면, 강하거나 고귀하거나 자유로운 조건이 없이는 우리가 행할 수 없는 다른 어떤 것들이 존재한다고 주장했다(SPP 22~23). 내재적 실존 양태들에 의해 행해지는 다원주의적인 설명 방법은 초월적 가치들에 의지하는 방식을 대체한다. 즉, (선과 악 사이의) 초월적인 도덕적 대립은 (니체의 경우 고귀한 실존 양태와 저열한 실존 양태 사이, 스피노자의 경우 수동적 변용과 능동적 변용 사이의) 내재적인 윤리적 차이에 의해 대체된다. 니체는 "선Good과 악Evil을 넘어서는, 적어도 '좋은 것 Good과 나쁜 것Bad을 넘어서'를 의미하지 않는다"라고 썼다.[3]

가령, 스피노자의 경우, 작용하는 역능power of acting이 계속 차단되어 있고, 또 정념들과 관련하여 계속 노예 상태로 있는 개인은 "나쁜"(또는 굴종적이거나 약하거나 어리석은) 것으로 간주될 것이다.

---

2 N 135: "모든 것은 위대한 스피노자-니체 동일성으로 향하는 경향이 있었다." 들뢰즈는 장편의 단행본과 단축 입문서를 이 두 사상가에게 할애했다. 그 책들은 『니체와 철학』(1962)과 『니체』(1965), 『스피노자와 표현의 문제』(1968)와 『스피노자: 실천 철학』(1970; 개정 증보판, 1981)이다.

3 프리드리히 니체, 『도덕의 계보』, 에세이 1, §17, 『니체의 주요 저술들』, 발터 카우프만 엮고 옮김(New York: Modern Library, 1968), 491.

역으로, 작용하는 역능이 능동적 변용들과 적합 관념들을 생산하는 지점까지, 그 역능이 증가하는 방식으로 역량을 행사하는 실존 양태는 "좋은"(또는 자유롭거나 이성적이거나 강한) 것으로 간주될 것이다. 들뢰즈에게, 이것이 내재적 윤리학을 추구하는 니체와 스피노자를 통합하는 수렴점이다. 즉, 양태들은 더 이상 외적 원리에서 가깝거나 먼 정도에 따라서 **판단되는** 것이 아니라, 양태들이 자신의 실존을 "점유하는" 방식 ─ 역능의 강도, 생명의 "행로" ─ 에 따라서 **평가된다.**[4] 언제나 그것은 한 실존 양태가 ─ 작든 크든 ─ 자신의 역량들을 활용할 수 있는가, 작용하는 역능을 자신이 "행할 수 있는" 것의 한계로까지 나아간다고 말할 수 지점까지 증대할 수 있는가 어떤가 하는 것을 아는 문제이다(DR 41). 윤리의 근본적 물음은 (도덕의 물음인) "내가 무엇을 행해야 하는가?"가 아니라, (도덕 없는 윤리의 고유한 물음인) "나는 무엇을 행할 수 있는가? 나는 무엇을 행할 **능력**이 있는가?"이다. 내 역능의 정도를 감안할 때, 무엇이 내 능력이고 역량인가? 나는 어떻게 내 역능을 능동적으로 소유할 수 있게 되는가? 나는 어떻게 내가 "행할 수 있는" 것의 한계로까지 나아갈 수 있는가?

　　그렇다면 내재성의 윤리학이 비판하는 것은 실존 양태를 작용하는 역능으로부터 **떼어 내는** 모든 것이다. 그리고 우리를 작용하는 역

4　WP 74를 보라: "실존 양태들이 서로와 관련하여 비교되고, 선택되고, 판단될 수 있는 초월적 가치를 필요로 한다고 우리가 생각할 이유는 조금도 없다. 오직 내재적 기준들이 존재할 뿐이다. 생명의 가능성은 생명이 펼치는 운동들과 생명이 내재 면에서 창조하는 강도들 속에서 그 자체를 통하여 평가된다. 즉, 펼쳐지지 않거나 창조되지 않는 것은 거부된다. 실존 양태는, 선이나 악 혹은 어떠한 초월적 가치와도 상관없이, 좋거나 나쁘고, 귀하거나 천하고, 완결되거나 공허하다. 즉, 실존의 행로, 생명의 강화 이외에는 어떠한 기준들도 결코 존재하지 않는다."

능으로부터 떼어 내는 것은, 결국, 초월성의 가상들이다. (우리는 초
월성의 가상들이 신의 초월성을 넘어 멀리 나아간다는 점을 곧바로 지
적해야 한다. 『순수이성비판』에서 칸트는 초월성의 세 가지 거대한 가
상들이라고 하면서 이미 자기, 세계, 신 개념을 비판한 바 있다. 그리고
그가 두 번째 비판서에서 "도덕 법칙"이라고 부르는 것은, 칸트 자신이
시인하는 바와 같이, 인식 불가능한 초월적 법칙이다.) 스피노자와 니
체가 초월성을 비판했을 때, 그들의 관심은 — 초월성의 허구적이거
나 가상적인 지위를 드러낼 때 — 단지 이론적이거나 사변적인 것이
아니라, 실천적이고 윤리적인 것이다.[5] 이것은 의심할 여지 없이 들뢰
즈를, 에마뉘엘 레비나스 — 타자the Other가 초월성의 전형적인 개
념인 한에서, 초월성의 위대한 철학자 — 의 윤리적 사유로부터, 뿐
만 아니라 이 문제들에 관하여 들뢰즈보다는 레비나스에 훨씬 더 가
까운 자크 데리다의 윤리적 사유로부터 아주 멀리 떼어 놓는다. 우리
가 레비나스나 데리다의 철학과 같은 초월 철학에서 발견하는 윤리
적 주제들 — 내가 결코 떠맡을 수 없는 타자에 대한 절대적 책임감,
혹은 내가 결코 만족할 수 없는 정의에 대한 무한한 소명감 — 은, 들
뢰즈의 내재성의 관점에서 볼 때, 행위할 수 있는 나의 역량으로부터

---

5 가령, 『도덕의 계보』에서 행하는 니체의 분석들과 유사한 한 유명한 텍스트에서, 스피노자는
   법 개념이 변용적 관계들에 대한 오해로부터 히브리인들 사이에서 어떻게 생겨났는지 보여
   주었다. 신이 아담에게 에덴동산의 열매를 먹는 것을 금했을 때, 신은 그 열매가 마치 독처럼
   아담의 신체에 영향을 미쳐 그 구성적 관계를 해체하리라는 것을 알고 있었기 때문에 그렇
   게 했다. 하지만 이러한 변용적 관계를 지각할 수 없었던 아담은 금지를 계명으로, 해체의 결
   과를 벌로, 신의 말을 법으로 오인했다. 스피노자 『전집』, 357~361에 있는, 블리엔베르그에
   게 보내는 편지 19를 보라. 내재적으로 악한 실존 양태들이 존재할 수 있는가? 하는 중요한
   물음에 관해서는, SPP 30~43에 있는 들뢰즈의 논문 「악에 관한 편지들(블리엔베르그와 주고
   받은 서신)」을 보라.

나를 떼어 놓는 것을 결과로 삼는 명법들일 따름이다. 달리 말해서, 내재성의 관점에서 볼 때, 초월성은 결코 우리를 구원하는 것이 아니라, 가장 낮은 지점으로까지 줄어든 우리의 노예 상태와 무능력을 나타낸다.

하지만 바로 이런 이유로 욕망의 물음은 내재적 윤리학의 주제와 연결되고, 또 정치적 물음이 된다. 내재적 윤리학에 제기하는 가장 어려운 문제들 중의 하나는 다음과 같은 것이다. 즉, 만약 초월성이 나의 무능력(그 한계에서, 제로로 줄어든 나의 역능)을 나타낸다면, 그렇다면 어떤 조건들하에서 실제로 나는 초월성을 **욕망하도록** 이끌렸는가? 니체의 용어로 말하자면, "가치를 정립하는 눈의 전도"를 이끌 수 있었던 —— 니체가 분석하는 허무주의nihilism의 전 역사를 이끌 수 있었던(그리고 니체에게, 허무주의는 초월성의 승리, 즉 생명 그 자체에 영nil, 허무nihil의 가치가 주어지는 지점과 다른 것이 아니다) —— 조건들은 무엇인가? 이것이 내재적 윤리학이 제기하는 근본적인 정치적 문제이다. 즉, 사람들은 어떻게 예속과 노예 상태를 마치 그 **상태가 그들의 구원인 양** —— 왜냐하면 권력을 쥐고 있는 자들은 행위할 수 있는 우리의 역량으로부터 우리를 분리시키는 데 명백한 관심을 가지기 때문이다 —— 실제로 욕망하는 지점에 도달할 수 있는가? 우리는 어떻게 역능으로부터, 행위할 수 있는 우리의 역량으로부터 분리되기를 **욕망할 수 있는가?**[6] 들뢰즈가 쓰고 있는 바와 같이, "놀라운 것

---

6 AO 29를 보라: "정치철학의 근본 문제는 여전히 스피노자가 매우 분명하게 본 바로 그것이다. 즉, '인간은 왜 노예 상태가 마치 그들의 구원이라도 되는 양 그들의 노예 상태를 얻기 위해 싸우는가?'" 들뢰즈는 스피노자의 『신학-정치 논고』, 새뮤얼 셜리 옮김(Indiana and Cambridge: Hackett, 1998), 서문, 3의 텍스트를 언급하고 있다: "전제주의의 최고 신비, 전제주의의 지주와 버팀목은 사람들을 기만 상태에 두는 것이며, 그것도 그들을 억누를 수밖에 없

은 일부의 사람들이 도적질하거나 혹은 또 일부의 사람들이 때때로 시위에 나선다는 점이 아니라, 굶주리고 있는 모든 사람들이 규칙적 습관으로 도적질하는 것이 아니며, 착취당하고 있는 모든 사람들이 계속 시위에 나가고 있는 것은 아니라는 점이다"(AO 29). 달리 말해서, 다른 도덕 이론들은 초월성 — 가령, 칸트의 경우 도덕 법칙의 초월성, 혹은 레비나스의 경우 타자의 초월성 — 을 필연적 원리로서 간주하는 데 반해, 들뢰즈에게 초월성은 윤리학의 근본적인 **문제**, 말하자면 윤리학이 발생하는 것을 가로막는 것이다.

이 간략한 분석은 내재적 윤리학의 두 측면을 떼어 놓는 데 일조를 한다. 즉, 이러한 분석은 한 측면에서는 내재적 역량 혹은 역능(니체의 경우 능동적 대 반응적, 스피노자의 경우 능동적 대 수동적)에 의한, 실존 양태들의 차이에 중점을 두고, 또 다른 측면에서는 우리가 실제로 우리 자신의 "억압"을, 즉 우리 자신의 역량과 역능으로부터의 분리를 욕망할 수 있는 지점으로까지, 사실상 욕망을 "도착시키는 pervert" 초월성을 향한 충동의 문제를 근본적인 문제들 중의 하나로서 제기한다.

니체와 라이프니츠: 충동 이론

이 두 측면을 염두에 두면서, 들뢰즈가 사실상 어떻게 역능과 역량을 가지는 실존 양태들을 특징짓는가 하는 물음을 다루는 내 논문의 두

는 두려움을 가리기 위해 그럴듯한 종교라는 타이틀을 갖고서 그렇게 하는 것이다. 그리하여 그들은 노예 상태가 구원인 양 그 상태를 얻기 위해 싸우고, 그 상태가 수치가 아니라 가장 높은 영예라고 생각하면서, 한 사람을 찬양하기 위해 자신들의 피와 생명을 버릴 것이다."

번째 부분으로 향하도록 하겠다. 간명하게 말하면, 들뢰즈는, 윤리적으로 말해서, 의지에 의해서가 아니라, 또는 (칸트의 경우처럼) 결정을 내리는 의식적인 역능에 의해서가 아니라, 또는 (가령, 마르크스의 경우처럼) 관심에 의해서가 아니라, 충동들에 의해서 실존 양태들에 접근한다고 말할 수 있을 것이다.[7] 들뢰즈에게, 의식적인 의지(칸트)와 전의식적인 관심(마르크스)은 둘 다 우리의 무의식적 충동들(욕망) 후에 오는 것이며, 우리가 우리의 윤리적 분석을 목표로 하는 것은 바로 충동들의 수준에서이다. 이 논점을 탐구하기 위해, 나는 니체와 스피노자로부터가 아니라 니체와 라이프니츠로부터 취한, 충동들에 관한 두 벌의 텍스트를 검토하고자 한다. 왜냐하면 라이프니츠는 무의식 이론을 전개한 바 있는 최초의 철학자들 중의 한 사람이기 때문이다.

첫 번째 부류의 텍스트들은 1881년 7월에 간행된, 『아침놀』이라는 제목의 니체의 초기 저서에서 가져온 것들이다. 니체는 먼저 우리에게 일상적으로 일어날 수 있는 내용을 담은 시나리오를 제시함으로써 충동들의 문제에 접근한다.

[니체는 이렇게 쓰고 있다.] 우리가 어느 날 시장에 있는데, 지나갈 때 어떤 사람이 우리를 보고 웃고 있다는 것을 알아차렸다고 가정해 보

---

7   나는 들뢰즈 그 자신은 "충동drive"이라는 언어를 거의 사용하지 않는다고 언급하지 않을 수 없다. NP에서, 대신에 그는 니체의 저작을 분석할 때 "힘force"이라는 언어를 사용한다. 또한 AO 35를 보라: "현금의 충분한 정의들이 신경증 환자, 성도착자, 정신병 환자에게 주어질 수 있는 것은 분명 충동과 관련해서가 아니다. 충동은 단지 욕망 기계 그 자체이기 때문이다. 충동은 현대적 영토성과 관련하여 정의될 수 있을 뿐이다."

자. 이 사건은 이 충동 혹은 저 충동이 우연히 그 순간에 우리 안에서 고조되어 있는가 여부에 따라서, 이것 혹은 저것을 우리에게 의미할 것이다. 그리고 이 사건은 우리가 어떠한 종류의 사람인가에 따라서 매우 상이한 사건이 될 것이다. 어떤 이는 그 웃음을 빗방울처럼 빨아들일 것이고, 또 어떤 이는 그 웃음을 벌레를 떨구어 내듯 떨구어 내려 할 것이고, 또 어떤 이는 다투려고 할 것이고, 또 어떤 이는 웃음을 일으키는 그럴 만한 일이 있는지 알아보려고 자신의 옷을 훑어볼 것이고, 또 어떤 이는 웃음 그 자체의 본성을 성찰하도록 이끌릴 것이고, 또 어떤 이는 세계 속의 명랑함과 햇빛의 양이 자신도 모르게 늘어난 데 대해 기뻐할 것이다. 그리고 각 경우에 충동은 그것이 짜증을 내고 싶은 충동이든, 싸움질하고 싶은 충동이든, 성찰하고 싶은 충동이든, 베풀고 싶은 충동이든 간에 그 자체를 충족시킨다. 이 충동은 사건을 자신의 먹이로 포착했다. 왜 바로 이것인가? 왜냐하면 목마름과 배고픔, 그것은 숨어서 기다리고 있었기 때문이다.[8]

이것은 니체의 **관점주의**perspectivism 이론의 원천이지만("사실들은 존재하지 않고, 오직 해석들이 존재할 뿐이다"), 자주 간과되는 것은 니체에게, 세계를 해석하는 것은, 관점적인 것은 —— 우리의 의식이나 지각들이 아니라 —— 바로 충동들이라는 점이다. 내가 세계에 관한 너와 상이한 관점을 갖는다는 것이 아니라, 우리의 다양한 충동들 —— 서로 간에 자주 모순되는 충동들 —— 때문에 우리 각자가 세계

---

8 프리드리히 니체, 『아침놀: 도덕적 편견들에 대한 사상』, R. J. 홀링데일 옮김(Cambridge University Press, 1982), §119, 76.

에 관한 다양한 관점들을 갖는다는 것이다. 니체는 "우리 자신 내에서, 우리는 이기적이거나 이타적일 수 있으며, 무정하거나 너그럽거나 공정하거나 관대하거나 불성실할 수 있으며, 고통을 일으키거나 쾌락을 줄 수 있다"고 쓰고 있다.[9] 우리 모두는 모순되는 충동들의 매우 방대한 혼란을 담고 있기에, 니체가 좋아하는 말로 하면, 우리는 통일체들이 아니라 다양체들multiplicities이다. 더구나, 이 충동들은 서로 간의 부단한 투쟁 혹은 전투 속에 존재한다. 담배를 피어 니코틴을 흡입하고자 하는 나의 충동은 그만두고자 하는 나의 충동과 전투 속에 (하지만 또한 공존하며) 존재한다. 이것이 니체가 최초로 — 충동들의 수준에서 — 힘에의 의지라는 개념을 전개한 지점이다. 그는 "모든 충동은 일종의 지배하고자 하는 열망이다. 각 충동은 다른 모든 충동들에게 자신을 규범으로 받아들이라고 강요하고자 하는 자신의 관점을 가진다"고 쓰고 있다.[10]

확실히, 우리는 충동들과 전투를 벌일 수 있고, 충동들에 대항하여 싸울 수 있다. 참으로, 정념들에 대항하여 싸우는 것, 이것이야말로 철학의 가장 공통된 주제들 중 하나이다. 『아침놀』의 또 다른 대목에서, 니체는 자신은 충동들과 전투를 벌이기 위해 우리가 원하는 대로 사용하는 오직 여섯 가지 근본적인 방법들만을 알 수 있다고 말한

---

9 프리드리히 니체, 『전집: 비판적 연구판』, 조르조 콜리·마치노 몬티나리 편(Munich: Deutcher Taschenbuch, 1980), 제9권, 공책 6, §70. 이는 그레이엄 파크스, 『영혼을 작곡하다: 니체 심리학의 범위』(Chicago: University of Chicago Press, 1994), 292에 인용되어 있다. 여기서 펴는 내 논의는 파크스의 저작에 힘입고 있다.
10 프리드리히 니체, 『힘에의 의지』, 발터 카우프만·R. J. 홀링데일 옮김(New York: Random House, 1967), §481, 267.

다. 예를 들어, 만약 우리가 담배를 피우고 싶은 우리의 충동과 싸우기를 원한다면, 우리는 (담배가 더 떨어질 때를 대비해 더 이상 집에 담배갑을 숨겨 두지 않으면서) 만족을 위한 기회들을 피할 수 있거나, 혹은 우리는 (네 시간마다, 적어도 그 사이에 담배 피우는 것을 피하기 위해, 담배 한 개비를 피면서) 충동에 규칙성을 심어 줄 수 있거나, 혹은 우리는 충동으로 인해 구역질이 나는 지점까지 걷잡을 수 없고 제멋대로인 만족에 푹 빠지면서(가령, 한 달 내내 쉬지 않고 담배를 피면서) 그 충동으로 인해 구역질이 나게 할 수 있다. 그리고 등등. 하지만 그렇다면 니체는 묻는다. 정확히 누가 이러한 다양한 방식으로 충동들과 전투를 벌이고 있는가? (『아침놀』에서 취한 두 번째 경구에서 주어진) 그의 대답은 이러하다. 즉,

> 그러나 우리가 충동의 격렬함과 전투를 벌이고자 **욕망한다**는 사실은 우리 자신의 역능 내에 있지 않고, 또 모든 특수한 방법의 선택에도 있지 않으며, 또 이 방법의 성공이나 실패에도 있지 않다. 분명한 사실은 이러한 전 절차에서 우리의 지성은 그 격렬함이 우리를 괴롭히고 있는 충동의 **경쟁자**인 또 **다른** 충동의 맹목적인 도구일 뿐이라는 점이다. … 우리가 한 충동의 격렬함에 관해 불평하고 있다고 "우리"가 믿고 있는 동안, 근저에서 **이 한 충동에 관해 불평하고** 있는 것은 바로 이 또 다른 한 충동이다. 즉, 우리가 한 충동의 **격렬함**[혹은 맹렬함]을 겪고 있음을 알아차리는 일은 또 다른 똑같이 격렬하거나 혹은 훨씬 더 격렬한 충동의 실존을 전제하고, 또 **투쟁**이 우리의 지성이 편들어야 할 가망성 속에 있다는 점을 전제한다.[11]

우리가 사유함, 의지를 냄, 느낌이라고 부르는 것은 모두 "단지 이 충동들이 서로 간에 맺는 관계에 불과하다."[12]

따라서, "내가 담배를 끊으려 하고 있다"고 말할 때 나는 무엇을 의미하는가 ─ 비록 그 동일한 나가 끊임없이 앞서가고 계속해서 담배를 피우려고 하고 있을지라도 말이다 ─? 이는 단지 나의 의식적 지성이 편들며 한 특수한 충동과 연합하고 있다는 점을 의미할 뿐이다. "때때로 나는 담배를 끊고자 하는 이 기묘한 충동을 느끼지만, 다행히도 나는 그럭저럭 그 충동과 전투를 벌여서 내가 원할 때마다 담배를 꺼내들 수 있었다"고 말하는 것도 똑같은 이치가 성립할 것이다. 거의 자동적으로, 우리는 우리의 우세한 충동을 취하여, 잠시 이 충동을 자아 **전체**로 전환하고, 우리의 모든 보다 약한 충동들을, 마치 이 다른 충동들이 나가 아니라 그것이라는 듯이(그래서 "이드", "그것"이라는 프로이트의 개념 ─ 분명 니체로부터 차용한 개념 ─ 이 있는 것이다), 관점적으로 더 먼 곳에다 놓는다고 니체는 말한다. "나"에 관해 말할 때, 우리는 단지 어떤 충동이 그 순간에 탁월하고 가장 강력한지를 가리키고 있을 뿐이다. 즉, "나의 느낌은", 충동에서 충동으로 명멸해 갈 때, "우세함[Übergewicht]이 존재하는 곳에서 언제나 가장 강력하다."[13] 우리가 무언가(일을 끝내는 것과 술집에 가는 것) 하고자 "의지"를 낼 때, ("강제, 힘, 압박, 저항, 동의의 느낌들"이 수반되는) 명

---

11 니체, 『아침놀』, §109, 64~65. 『영혼을 작곡하다』, 제8장 「충동의 지배와 인격」, 273~318, 특히 290~292에 있는 파크스의 분석을 보라.
12 프리드리히 니체, 『선악의 저편』, §36, 『니체의 주요 저술들』, 발터 카우프만 엮고 옮김(New York: Modern Library, 1968), 237.
13 파크스, 『영혼을 작곡하다』, 292.

령하는 충동과 **복종하는** 다수의 충동들이 존재하지만, 우리는 우리의 "나"를 복종하는 충동들이 아니라 명령하는 충동과 동일시한다(후자는 역능과 우월성의 느낌이 수반되기 때문이다).[14] 하지만 충동들 그 자체는 대부분 우리가 때로 의식적 지성이라고 부르는 것에 알려지지 않은 채로 남아 있다.

어떤 사람이 자기-인식 속에서 제아무리 멀리 나아갈지라도, 그러나 그 무엇도 그의 존재를 구성하는 **충동들**의 총체성의 이미지보다 더 불완전할 수 있는 것은 없다. 그는 더 조야한 충동들을 거의 명명할 수 없다. 즉, 충동들의 수와 힘, 충동들의 썰물과 밀물, 충동들 서로 간의 작용과 반작용 —— 그리고 무엇보다도 충동들의 **자양분**의 법칙들 —— 은 그에게 알려지지 않은 채로 남아 있다.[15]

달리 말해서, 충동들에 대항하는 이성의 투쟁은 존재하지 않는다. 우리가 "이성"이라고 부르는 것은 그 자체 "다양한 정념들 간의 관계들의 어떤 체계", 충동들의 어떤 질서화 이상의 것이 아니다.[16]

실로 이것이, 성장함에 따라 우리는 더 성숙하게 된다, 더 **합리적** reasonable이 된다는, 우리가 갖고 있는 친숙한 의미를 니체가 설명하는 방식이다. 니체는 "그대가 이전에 진리라고 사랑했던 어떤 것이 지금은 오류가 되어 그대를 가격하고 있다". 그래서 그대는 그것을

---

14 니체, 『선악의 저편』, §19, 『니체의 주요 저술들』, 215~217.
15 니체, 『아침놀』, §119, 74.
16 니체, 『힘에의 의지』, §387, 208.

내버리고, "이렇게 하는 일이 그대 이성의 승리를 나타낸다고 상상한다"고 쓰고 있다. 하지만 사실상, 이렇게 하는 일은 그대 이성의 승리라기보다는 그대 충동들 간의 관계들의 변화이다.

> [니체는 계속해서 이렇게 쓰고 있다.] 아마도 이 오류는, 그대가 '진리들'이라고 하며 제시하는 모든 것이 그대에게 필요한 만큼이나, 그대가 다른 사람이었을 그때 ─ 그대는 언제나 다른 사람이다 ─ 그대에게 필요한 것이었으리라. … 그대를 위해 그 의견을 불식시킨 것은 그대의 새로운 생명[즉, 다른 충동]이었지 그대의 이성이 아니었다. 즉, 그대는 더 이상 이성을 필요로 하지 않으며, 이제 이성은 붕괴하고, 비이성이 마치 한 마리의 벌레처럼 이성으로부터 기어나와 빛으로 간다. 우리가 어떤 것을 비판할 때, 이는 결코 자의적이거나 비개인적인 사건이 아니다. 이는 적어도 매우 자주, 자라서 허물을 벗고 있는, 우리 안의 생기적 에너지의 증거이다. 우리는 우리 안의 어떤 것 ─ 아마도 우리가 아직까지 알지 못하거나 보지 못했을 어떤 것 ─ 이 살기를 원하고 긍정하기를 원하기 때문에, 부정하고, 부정해야만 한다.[17]

들뢰즈가 쓰고 있는 바와 같이, 보편적 윤리학의 기초로서 기능할 수 있는 보편적이거나 초월론적인 주체가 존재하는 것이 아니라, 오직 가변적이고 비상하게 다양한 주체화의 과정들만이 존재하듯이, "순수" 이성 혹은 탁월한 이성성rationality이 존재하는 것이 아니라,

---

17 니체, 『즐거운 학문』, 발터 카우프만 옮김(New York: Vintage, 1974), §307, 245~246.

오직 다수의 이성화rationalization의 이질적인 과정이 존재할 따름이다(PV 14~17).

그러나 이것은, 니체에게 도덕의 문제가 들어오는 곳이다. 왜냐하면 도덕의 주요한 기능 중의 하나는 충동들 사이에 "위계 질서"를 확립하는 것이기 때문이다. 즉, 니체는 "도덕을 마주치는 곳마다, 우리는 또한 가치 평가들 및 인간 충동들의 위계 질서에 마주친다. … 지금은 한 인간 충동과 상태가, 또 지금은 또 다른 인간 충동과 상태가, 매우 높게 평가를 받기 때문에, 첫 번째 지위를 차지했고 고귀하게 되었다"고 쓰고 있다.[18] 무엇이든 충동들의 목록을 생각해 보라 ── 현재 우리의 도덕에서, 근면이 태만보다 더 높게, 복종이 반항보다 더 높게, 순결이 문란보다 더 높게 등등 순위가 매겨진다, 우리는, 충동들에 대해 다른 선택을 행하여, 가령, 공격성과 잔인성과 같은 충동들에 중요성을 부여하는 다른 도덕(전사 문화)을 어렵지 않게 상상해 볼 수 있으며, 그리고 실로 발견할 수 있다. 도덕의 **계보**를 탐구할 때, 니체는 충동들의 특정한 도덕적 순위의 **조건들**, 즉 어떤 충동들은 왜 **찬동하여** 선택되고, 어떤 충동들은 왜 **반대하여** 선택되는지를 모두 탐구하고 있다. 이 주장의 배후에는, 충동들의 수준에서는 본성과 책략 사이에 아무런 차이가 없다는 근본적인 통찰이 존재한다. 그것은 우리가 단순히 도덕의 메커니즘을 제거하여 충동들이 "자유롭고" "구속받지 않는" 상태로 실존하도록 해 주는 것과 같은 것이 아

---

18 니체, 『즐거운 학문』, §§116과 115, 174.

니다. 아마도 이념Idea으로서가 아니라면 그러한 것은 결코 존재하지 않을 것이다. 칸트는 우리는 우리의 세계 표상들을 결코 넘어설 수 없다고 말하기를 좋아했다. 니체는 우리가 결코 넘어설 수 없는 것은 충동들의 실재라고 추정했다.[19] 사실상 또 원리상, 언제나 충동들은 애초부터 다른 방식들 속에서, 다른 개인들 속에서, 다른 문화들 속에서, 다른 시대들 속에서 조합되어 있거나 정리되어 있다. 이런 이유로 니체는 다수의 도덕이 존재한다고 주장했다(그리고 그가 그의 시대에 결여해 있다고 발견한 것은 도덕들에 관한 적합한 비교 연구였다).

『도덕의 계보』에서, 니체는 우리가 지금 도덕이라고 부르는 것은 한 특수한 충동이 전면에 등장하여 다른 모든 충동들의 선택과 조직을 지배할 때 생겨난다는 것을 보여 주려고 시도한다. 그는 이러한 충동을 기술하기 위해 프랑스어 — ressentiment — 를 사용한다. 왜냐하면 프랑스어 동사 ressentir는 기본적으로 "to resent(=원한을 품다)"를 의미하는 것이 아니라, "~의 결과를 느끼다, ~을 겪다"를 의미하기 때문이다. 어떤 의미에서, 도덕은 미학과 다르지 않다. 즉, 많은 미학 이론은 창조하는 예술가의 관점에서 쓰여진 것이 아니라, 예술 작품들에 관해 판단을 내리고 있는 관람자들의 관점에서 쓰여졌다. 관람자들은 예술 작품을 창조하지도 않았거니와, 아마도 예술 작

---

19 니체, 『선악의 저편』, §36, 『니체의 주요 저술들』, 237~238. "욕망과 정념의 우리의 세계를 제하고는 다른 어떤 것도 주어지지 않았다고 상상해 보라. 그러면 우리는 우리의 충동의 실재 외에 다른 어떠한 '실재'에로도 내려갈 수도, 올라갈 수도 없을 것이다. … 또한 이러한 종류의 사물을 기초로 하여 이른바 기계론적인(혹은 '물질적인') 세계를 이해하기 위해 실험을 행하고, 이 '주어진' 것이 '충분하지' 않을지 물음을 묻는 일이 허락되지 않겠는가? … 결국 이러한 실험을 행하는 일이 허용될 뿐만 아니라, 또한 **방법**의 양심이 이 일을 요구한다."

품을 창조할 수도 없었을 것이다. 마찬가지로, 도덕은 행위하는 이들의 관점에서가 아니라, 다른 이들의 행위의 결과를 느끼는 자들의 관점에서 전개된 경향이 있어 왔다. 둘(=미학 이론과 도덕) 모두 판단하고자 하는 열광에 의해 추동된다. 이것이 철학자들이 "미감적 판단들"과 "도덕적 판단들"을 분석하는 데 사로잡혀 있는 이유이다. 근본적 충동이 ressentiment인 사람은 니체가 "반응적reactive" 유형이라고 부르는 사람이다. 그들은 행위하는 것이 아니라, 다른 이들의 행위에 반-응한다re-act. 더구나 그들의 반응reaction은 기본적으로 행위가 아니라 느낌 혹은 정조(원한으로서의 ressentiment)의 형식을 띤다.

이것이 니체가 양과 맹금에 관한 그의 유명한 우화에서 펴는 논점이다.

양들이 거대한 맹금들을 좋아하지 않는다는 것은 이상하게 보이지 않는다. 오직 그것은 작은 양들을 낚아채 간다고 이 맹금들을 비난하는 아무런 근거도 제시하지 않을 뿐이다. 그리고 만약 양들이 그들끼리 "이 맹금들은 악하다. 그리고 맹금과 같은 자가 아니라 그 반대인 양과 같은 자라면 그 자는 선하지 않겠는가?" 이렇게 이상을 설립하는 것을 흠잡을 아무런 이유가 없다. 다음과 같은 경우를 제외하고 말이다. 아마도 맹금들은 이 점을 약간 반어적으로 보고 말할지도 모른다. "우리는 그들을, 이 선하고 작은 양들을 싫어하는 것이 아니다. 우리는 심지어 그들을 사랑하기까지 한다. 부드러운 양만큼 맛있는 것은 없다."[20]

이 우화에서, 양들은 반응적reactive 유형들이다. 능동적으로 행위할 수 없으므로, 혹은 엄격한 의미에서, 반-작용할re-act 수 없으므로, 그들의 반응은, 도덕 영역에서 니체가 능동적으로 행위하는 자들에 반대하는 원한의 정동이라고 기술하는 느낌이나 정동의 형식을 띨 수 있을 뿐이다 ── 나는 겪고 있다. 능동적으로 행위하는 너는 내 고통의 원인이다. 내가 겪고 있는 것은 너의 잘못이다. 그러므로 나는 너의 능동적 행위activity를 비난한다 ── .『도덕의 계보』에 담겨 있는 니체의 근본적인 퍼즐은 이러하다. 즉, 이 ressentiment의 근본적인 충동에서 나온 하나의 도덕이 어떻게 다른 모든 충동들을 지배하게 되었는가? 반응적 충동들이 어떻게 능동적 충동들을 이기고 승리를 거두게 되었는가?

　니체는『도덕의 계보』첫 번째 에세이에서 대답을 제시하려고 시도한다. 즉, 반응적 힘들은 우리가 자유로운 의지를 부여받은 주체들이라는 허구를 정립함으로써 승리를 거둔다. 이것이 들뢰즈가 "한 힘이 행할 수 있는 것으로부터 분리된 그 힘의 허구"라고 부르는 것으로, 이는 부분적으로 언어의 주어-술어 문법에서 유래한다. 우리가 가령 "번개가 번쩍인다"고 말할 때, 우리는 언어상에서, 번개를 번쩍임으로부터 분리시킨다. 마치 번쩍임이 번개라고 불리는 주어가 수행하는 행위 혹은 작업인 것처럼, 마치 번개가 번쩍임으로부터 분리돼 있는 것처럼, 그리고 번개가 번쩍이지 않음을 선택했다면, 아마도 번개가 번쩍이지 않겠다고 결정할 수 있었을 것이다 하는 것처럼 말이다. 하지만 이것은 명백히 허구이다. 번쩍임 배후에 번개가 존재

---

20 니체,『도덕의 계보』, 에세이 I, §13,『니체의 주요 저술들』, 480~481.

하는 것이 아니며, 번개와 번쩍임은 하나의 동일한 것이기 때문이다. 그렇지만 도덕의 기초에 놓여 있는 것은 바로 이러한 허구이다. 즉, 우리가 "한 주체가 행위한다"고 말할 때, 우리는 모든 행동 배후에 행동하는 자가 존재하고, 모든 행위나 활동 배후에 행위자가 존재한다고 가정하고 있는데, 선과 악의 도덕적 판단들이 세계 안으로 들어가는 것은 바로 이러한 허구를 기초로 해서이다. 양들이 "맹금들은 악하다"라고 말할 때, 그들은 "맹금은 자신의 힘을 드러내 보일 수 없다는 것을, 또 번쩍이지 않겠다고 결정하는 번개처럼, 자신의 결과들을 억제하고 그 자신을 자신이 행할 수 있는 것으로부터 분리시킬 수 있다는 것"(NP 123)을 가정하고 있으며, 그래서 그들은 맹금들의 행위를 악하다고 비난하면서, 맹금들이 그 악한 행위에 대해 **책임이 있다**고 단정한다. 동시에, "선하다"고 간주되는 것은 양들의 비-능동적인 non-active 입장이다. 양들은 이렇게 결론을 내린다. "그들 자신의 것이 아닌 활동(작은 양들을 낚아채 가는 일)을 수행하기를 '선택하기' 때문에, 맹금들은 악하다. 그들은 억제하지 않는다. 이에 반해, 우리 양들은 만약 우리가 그렇게 하기를 원한다면 맹금들을 낚아채 갈 수 있을 것이다. 그렇지만 우리는 그렇게 하기를 선택하지 않는다. 그러므로 우리는 선하다." 동일한 힘이 유덕한 양의 경우는 효과적으로 억제되고 있고, 맹금의 경우는 제멋대로 할 수 있는 자유가 주어져 있다는 것이 여기서 가정되고 있다. 하지만 우리는 여기서 교묘한 속임수가 작동하고 있음을 볼 수 있다. 즉, 맹금들은 그들 자신의 것인 활동을 수행하기 때문에 악하다고 판단되는 데 반해, 양들은 그들이 … 갖지 않는 활동을 수행하지 않기 때문에 — 마치 그들의 "반응적" 입장이 자발적인 성취, 선택된 의지적 행동, 칭찬받을 만한 행위인 것처

럼 ─ 그들 자신을 선하다고 판단한다.[21]

『도덕의 계보』의 나머지 부분에서, 니체는, 유명한 일이지만, 비록 주어의 정립이 허구일지라도, 그럼에도 불구하고 그것이 전염병처럼 실재적 효과를 가진다는 점을, 그리고 능동적 행위는 그 자신을 수치스럽게 여기게 되고, 그 자신에게 등을 돌린다는 점을 보여 준다. "바깥으로 그 자신을 방출하지 않는 모든 본능들은 **안으로 향하며,** 이것이 양심의 가책의 기원이고", 죄책감guilt과 죄악sin의 기원이다라고 니체는 쓰고 있다.[22] "잘못"이라는 용어는 더 이상 다른 이들을 가리키는 것("그것은 너의 잘못이다")이 아니라, 나 자신을 가리킨다 ("그것은 나의 잘못이다"). 니체가 "금욕적 이상"이라고 부르는 것은, 그 부정적인 의미에서, 반응적 힘들의 승리를 나타낸다. 생명은 생명보다 월등한 초월적 가치들에 의해 "판단된다".

『안티-오이디푸스』에서 들뢰즈는 이러한 니체의 도식을 필요한 부분만 약간 수정하여 받아들인다. 들뢰즈가 "욕망"이라고 부르는 것은 충동들의 상태와 다른 것이 아니다. "충동들은 욕망-기계들 그 자체이다"라고 그는 쓰고 있다(AO 35). 더구나, 니체와 마찬가지로, 들뢰즈는 충동들은 결코 구속되지 않은 상태로 실존하지 않으며, 결코 단지 개인적인 것이 아니다라고 주장한다. 충동들은 언제나 사회구성체들에 의해 조합되어 있으며, 『안티-오이디푸스』의 목표 중

---

21 니체, 『도덕의 계보』, 에세이 I, §13, 『니체의 주요 저술들』, 482.
22 니체, 『도덕의 계보』, 에세이 II, §16, 『니체의 주요 저술들』, 520~521. 이는 NP 128에 인용되어 있다.

의 하나는 그러한 구성체들의 유형론 —— 원시 사회, 국가, 자본주의, 후에 『천 개의 고원』에서 유목적 전쟁 기계 —— 을 구축하는 것인데, 이것들 각각은 상이한 방식으로 충동들을 조직하고 조합한다. 이러한 주장 배후에, 마르크스와 프로이트에 관한 오래된 논쟁을 해결하려는 시도가 놓여 있다. 니체와 마찬가지로, 마르크스와 프로이트는 우리의 의식적 사유는 의식을 넘어서 있는 힘들과 충동들, 말하자면 "무의식적"(우리는 이 단어에 너무나 익숙해 있긴 하다. 새로운 단어를 정식화하는 것이 더 좋을 수도 있겠다) 힘들에 의해 규정된다고 각자 그 자신의 방식으로 주장했다. 조야하게 말해서, 마르크스의 경우, 우리의 사유는 우리의 계급에 의해 규정된다("계급 의식"). 프로이트의 경우, 우리의 사유는 (보통 가족 갈등에서 오는) 무의식적 충동에 의해 규정된다. 이 두 무의식 간의 관계의 본성 —— 마르크스의 "정치경제학"과 프로이트의 "리비도 경제학" —— 은 20세기의 많은 사상가들(마르쿠제, 브라운Norman O. Brown, 라이히 등)이 다루려고 노력했던 문제였다. 오랫동안 이 둘의 관계는 보통 "투입"과 "투출"의 메커니즘에 의해서 정식화되었다. 개인으로서, 나는 내 계급, 내 문화, 내 사회적 환경의 관심들을 투입하는데, 이는 나의 (그릇된) 의식을 규정하게 된다. 동시에, 정치경제학은 이 경제학을 생산한 집단의 개인적 욕망들의 투출로 간주되었다. 들뢰즈와 과타리는, 유명한 일이지만, 『안티-오이디푸스』에서 이 메커니즘을 거부한다. 그들은 한편으로는 정치경제학(마르크스), 그리고 다른 한편으로는 리비도 경제학(프로이트)은 하나의 동일한 경제학이라고 주장한다. 그들은 "우리가 프로이트와 마르크스 사이에서 허우적거리는 무익한 평행론을 회피하는 유일한 수단"은 "정동들이나 충동들이 하부구조 그 자체의 부분을 어떻게 형성하고 있는가를 … 발견함으로써" 존재한다고 쓰고 있다(AO 63). 이것이 비범한 주장이다. 즉, 여러분에 관하여 매우 개인적인 것으로 보이는, 여러분의 바로 그 충동들은, 심지어 무의식적인 충동들도 그 자체 경제적이다. 즉, 이러한 충동들은 이미 마르크스가 "하부구조"라고 부른 것의 일부이다.

　이러한 니체의 성찰들을 간직하면서, 나는 라이프니츠의 『새로운 인간지성론』에 들어 있는, 내재적 윤리학의 두 번째 텍스트로 향하고자 한다.[23] 비록 일반적으로 니체의 이름과 라이프니츠의 이름이 철학자들에 의해 연결되지 않는다 할지라도, 이 두 사상가의 관계는 우연적인 것이 아니다. 『즐거운 학문』에서, 니체는 라이프니츠의 의식 비판, 그리고 무의식에 대한 미분적 이해를 칭찬했으며, 그 심원함은 "오늘날까지 소진되지 않았다"고 말한다.[24] 『새로운 인간지성론』에서, 라이프니츠는 이렇게 묻고 있다. 이러한 충동 이론을 감안할 때, "자유롭게" 행위한다는 것은 무엇을 의미하는가? 라이프니츠는 우리에게 한 단순한 예를 고려해 볼 것을 청한다. 내가 집 안에 머물면서 이 논문을 쓰는 일, 혹은 몇 친구들과 더불어 술을 마시려고 술집에 가는 일 사이에서 머뭇거리고 있다고 상상해 보자. 이 두 가지 일 사이에서 나는 어떻게 결정을 내리기 시작할까? 그는 이렇게 언급한

---

23 고트프리트 빌헬름 라이프니츠, 『새로운 인간지성론』, 피터 렘넌트·조너선 베넷 엮고 옮김 (Cambridge: Cambridge University Press, 1981), 특히 제20장과 21장. 이와 관련된 텍스트에 대해서는, 『라이프니츠-클라크 서신』, H. G. 알렉산더 편(Manchester: Manchester University Press, 1956), 라이프니츠의 다섯 번째 문건, §§14~17, 58~60을 보라.
24 니체, 『즐거운 학문』, §357, 305.

다. 오류는 이 두 선택지를 대상화하는 데 있을 것이다. 마치 "집 안에 머물러 있는 일"과 "밖에 나가는 일"이 균형 속에서 저울질될 수 있는 대상인 양, 또 마치 심사숙고하는 일이 "나" ─ 나의 자기, 나의 자아, 나의 지성 ─ 가 "모든 것은 동등하다"라는 균형이 기울고 있는 쪽을 가늠하고자 시도하는 판단 행위인 양 말이다. 하지만 사실상 이 두 선택지는 분리 가능한 "대상들"이 아니라 두 충동들, 혹은 라이프니츠가 부르는 바와 같이, 영혼의 "동기들" 혹은 "성향들"이다. 『새로운 인간지성론』에서 행하는 라이프니츠의 분석의 힘은 충동들 혹은 동기들은 단일한 사물들이 아니라, 복합적 "정향들" 혹은 "경향들"이며, 이것들 각각은 그 자체 내에 다수의 "미세한 성향들"을 통합하고 있다는 점을 보여 주는 데 있다. 가령, 술집으로 가려는 내 성향은 알코올의 효과, 또는 술의 맛과 온도에 대한 미세한 지각뿐만 아니라, 또한 바 안에서 술잔들이 부딪히며 쨍그랑 하고 내는 소리, 허공 속의 담배 연기, 친구들과 나누는 대화, 잠깐 외로움을 풀기 등등을 포함한다. 같은 것이 집에 머물려는 성향에도 해당하는데, 이것은 종이의 바스락거리는 소리, 컴퓨터를 톡톡 두드리는 소리, 내가 두드리기를 멈출 때 방의 고요함의 성질, 내가 내 작업에서 발견하는 안온함(혹은 좌절감)에 대한 미세한 지각을 포함한다. 두 성향은 모두 청각적, 미각적, 후각적, 시각적 지각들의 무의식적 복합체 내에서, 전 **지각-성향적 앙상블** 내에서 형성된다. 우리가 무의식적 지각들을 가지듯이, 마찬가지로 우리는 우리가 알아차리지 못하지만 무수한 방향으로 우리를 끌어당기는 "감각되지 않은 성향들" 혹은 "동요들disquietudes"에 의해 이루어져 있다.[25] 우리 모두는 아주 많은 무의식적 충동들에 의해 이루어져 있을 뿐만 아니라, 각 충동은 그 자체 다중적이고, 미세한 지각들과 성향들의 무한한 복합체이기도 하다. 영혼의 바로 그 조직tissue을 이루며, 모든 방향으로 부단히 그 조직을 접는 것이 바로 이 충동들과 동기들이다. 이것이 로크가 영혼의 "불안uneasiness", 끊임없이 동요하는 불균형한 영혼의 상태라고 칭했던 것이고, 라이프니츠가 영혼의 어두운 배경, **푸스쿰 수브니그룸**fuscum subnigrum이라고 칭했던 것이다.

그렇다면 심사숙고의 행위란 무엇인가? 내가 집 안에 머물러 있음과 술을 마시러 집 바깥으로 나감 사이에 쪼개져 있을 때, 내 영혼의 조직tissue은 ─ 각각 그 자체 무한한 미세한 지각들과 성향들로 우글거리는, 두 복합적인 지각적 극들(술집과 공부) 사이에서 동요하는 ─ 비평형의 상태에 있다. 이 경우, 라이프니츠가 말하듯이, 영혼의 운동은 균형보다는 추 혹은 "용수철" ─ 그것도 자주 꽤 요란스럽게 흔들리는 추 ─ 과 유사하다고 하는 편이 더 적절하다.[26] 결정의 물음은 이렇다. 즉, 어떤 쪽으로 나는 내 영혼을 접을 것인가? 어떤 미세한 성향들과 지각들을 갖고서 나는 "결정적인" 접음을 행할 것인가? 결정을 내린다는 것은 미세한 지각들과 성향들을 하나의 "두드러진" 지각 혹은 하나의 "현저한" 성향 속에서 (수학 용어를 사용하자면)

---

25 라이프니츠, 『새로운 인간지성론』, 165, 188. "보통 우리를 추동하는 것은, 만약 고통 개념이 알아차림을 수반하지 않는다면, 우리가 알아차리게 될 수 없는 고통들이라고 불릴 수 있는 저 미세한 감각 불가능한 지각들이다. … 우리는 결코 완전하게 평형 상태에 놓이지 않으며, 두 선택지들 사이에서 균등하게 균형을 이룰 수 없다."(188)

26 라이프니츠, 『새로운 인간지성론』, 166. "이 충동들은 풀어지려고 하고, 그래서 우리의 기계를 몰아가는 아주 많은 작은 용수철들과 같다. … 이런 이유로 우리가 가령, 길 끝에서 왼쪽으로 돌지, 오른쪽을 돌지에 대해 가장 무관심해 보일 때조차도 우리는 결코 무관심하지 않다. 왜냐하면 우리가 하는 선택은, 우리가 운동의 한 방향이 다른 한 방향보다 더 편안하게 만든다는 것을 발견하게 하는,… 이 감각 불가능한 자극들에서 생겨나기 때문이다."

"적분한다"는 것이다.

　　통상적인 판단 도식의 오류는, 내 두 선택지(집에 머물러 있는 일, 또는 밖에 나가는 일)를 마치 그것들이 균형 속에 있는 무게들인 양 대상화할 때, 이는 두 선택지가 내 앞에서 계속 동일한 상태로 있다는 것을, 그리고 심사숙고하는 자기가 단지 어떤 종류의 결정 절차(나의 관심, 확률 계산, 잠재적 결과들에 대한 평가 등등)에 의해서 두 선택지를 평가하면서, 마찬가지로 계속 동일한 상태로 있다는 점을 가정하고 있다. 하지만 이것은 심사숙고의 본성을 왜곡하고 있다. 즉, 만약 선택지들이든 자기이든 늘 변하지 않는다면, 내가 어떻게 늘 결정을 내릴 수 있겠는가? 이 문제의 본질은 심사숙고가 진행되는 동안 내내 자기는 부단히 변화하고 있으며, 따라서 자기를 동요하게 하고 있는 두 가지 느낌들을 변경시키고 있다는 점이다. 라이프니츠(뿐만 아니라, 의미심장하게도 베르그손)가 "자유로운" 행위라고 부르는 것은 어떤 특정한 순간에, 그 행위가 수행되는 순간에, 내 영혼의 진폭을 달성하는 행위일 것이다. 자유로운 행위는 작은 지각들과 작은 성향들을 통합하여 하나의 특출한 성향으로 만드는 행위이고, 그때 이 특출한 성향은 영혼의 성향이 된다. 하지만 이러한 통합은 시간을 요구한다. 거기에는 심리적 통합, 그리고 심리적 통합 시간이 존재한다. 따라서, 오후 10시 15분에 나는 술집에 가려는 애매한 충동을 가진다. 나는 왜 가지 않는가? 그 시점에, 그 충동은 미세한 성향, 작은 지각, 무리의 상태로 여전히 남아 있기 때문이다. 거기에는 동기가 존재하지만, 만약 내가 여전히 집에 남아 공부를 하고 있다면, 나는 내 영혼의 진폭을 알지 못한다. 실로, 대부분의 시간 동안 내 행위들은 내 영혼의 진폭에 상응하지 **않는다**.

[들뢰즈는 이렇게 말한다.] 우리가 수행하는 모든 행위들을 그 행위가 자유로운가, 그렇지 않은가라는 판단의 기준에 처하게 할 이유는 존재하지 않는다. 자유는 오직 어떤 특정한 행위들에 대하여 존재할 뿐이다. 자유의 문제들에 봉착할 필요가 없는 모든 종류의 행위들이 존재한다. 모든 종류의 행위들, 즉 우리의 모든 습관적이고 기계적인 행위들은 오직 우리의 불안한 동요를 진정시키기 위하여 행해질 뿐이라고 우리는 말할 수 있을 것이다. 우리는 우리가 한 주어진 순간에 영혼의 진폭을 채울 수 있느냐 없느냐 하는 물음을 제기할 때만 자유에 대하여 말할 것이다. (1987년 11월 14일 세미나)

오후 10시 30분에, 나는 드디어 술 한잔하러 밖에 나가겠다고 혼 잣말을 한다. 이는 밖에 나가려는 충동이 집에 머물며 공부하려는 충동을 이겼기 때문인가? 이것 역시 그 작동을 단순화하고 있다. 왜냐하면 작동하기 시작한 것은 대부분 우리에게 알려지지 않은 채 남아 있는 다른 동기들이었을지도 모르기 때문이다. 이 다른 동기들은 이런 것들이다(이것들은 니체가 『아침놀』에서 든 예들이다). "우리가 습관적으로 우리의 에너지를 쏟는 방식", 혹은 "가장 쉬운 것을 행하기를 선호하는 우리의 게으름", 혹은 "어떤 직접적이고, 매우 사소한 사건에 의해 결정적 순간에 유발된 우리의 상상력의 흥분", 혹은 "헤아릴 수 없이 많은 신체적 영향들", 혹은 "우연히 앞으로 튀어나오는 이러저러한 정서".[27] 베르그손이 라이프니츠와 매우 유사한 용어로 말하

---

27 니체, 『아침놀』, §129, 129.

듯이,

> 심사숙고가 진행되는 동안 내내, 자기는 변하고 있고, 따라서 자기를
> 동요하게 하는 [알려지지 않는 일이 자주 있는] 느낌들을 변경시킨다.
> 따라서 서로 간에 스며들고 서로를 강화하는, 그리고 자연적인 진전
> 에 의해 자유로운 행위를 가져올 일련의 동적인 상태들이 형성된다.
> … 사실상 두 가지 경향들 혹은 심지어 두 가지 방향들이 존재하는 것
> 이 아니라, 자유로운 행위가 마치 과도하게 익은 과일처럼 자기로부
> 터 떨어질 때까지, 바로 그 머뭇거림들로 살고 성장하는 자기가 존재
> 한다.[28]

라이프니츠의 술어로 말하면, 우리가 "자유롭다"고 말하는 것은
우리가 "강요됨이 없이 경도되어" 있다는 것을 의미한다. 자유로운
행위는 단지 지속의 한 주어진 순간에 영혼의 전체를 표현하는 행위
── 즉, 한 주어진 순간에 영혼의 진폭을 채우는 행위 ── 일 뿐이다.

잠시 이야기를 돌려 본다면, 우리는 이 결정 이론을 데리다가 그
의 유명한 시론 「법의 힘」에서 제기한 결정 이론과 대조해 볼 수도 있
겠다. 데리다와 들뢰즈 둘 모두 결정은 거의 칸트적 의미에서 이념을
전제한다고 주장한다. 그러나 데리다에게, 이 이념들 ── 예를 들어,
우리의 법률적 결정을 인도하는, 정의의 이념 ── 은, 그가 말하듯이,
"무한히 초월적"이며, 따라서 이념들을 달성하는 바로 그 가능성의

---

28 앙리 베르그손, 『시간과 자유 의지: 의식에 직접 주어진 것들에 관한 시론』, F. L. 포그슨 옮김
  (London: George Allen, 1913), 171, 176.

조건은 이념들의 불가능성이다. 들뢰즈에게, 그런 이념들은 순수하게 내재적이며, 이념은 모든 결정의 조건을 이루는, 이러한 충동들과 미세한 성향들의 문제적 다양체와 다른 것이 아니다. 이런 의미에서, 우리는 들뢰즈는 "판단의 역능을 결정의 힘으로 대체하고 있다"고 말할 수도 있겠다(ECC 49).

욕망 이론

이제 이 두 분석들 — 실존 양태들의 본성에 접근하는 방법으로서의, 니체의 충동 이론, 그리고 미세 성향들 이론과 관련한, 라이프니츠의 "자유" 이론 — 을 간직하면서, 우리는 이제 욕망의 물음, 그리고 욕망이 어떻게 그 자신의 억압을 욕망할 수 있는가 하는 문제로 향할 수 있다(들뢰즈가 "욕망"이라는 용어로 의미하는 것은, 물론, 이 용어의 통상적 용법과는 다르다. 그것은 우리의 무의식적 충동들과 성향들의 상태를 가리킨다). 이 분석들에서 따라 나오는 많은 결과들이 존재한다.

첫째로, 인간을 언제나 그 자신의 관심을 최대화하는 방식으로 행위하는 합리적 행위자로 보는 경제학(때로 "합리적 선택 이론"이라고 불리는 것) 학파가 존재한다. 들뢰즈는 욕망과 관심을 구별하면서 그 주장을 그 주장의 고유한 맥락 속에 두려고 노력한다. 가령, 어떤 이는 교수가 되는 데 관심이 있을 수도 있고, 그래서 그 또는 그녀는 대학에 지원하고, 학위논문을 쓰고, 학술 대회에 참석하고, 교수직을 얻겠다는 희망으로 구직 시장에 들어간다. 우리는 실로 고도로 합리적인 방식으로 추구될 수 있는, 그 모든 것에 대한 관심을 가질 수도 있다. 하지만 그 관심은 특수한 사회구성체의 맥락 내에서만 가능성으로 실존한다. 즉, 만약 우리가 합의된 방식으로 그 관심을 추구한다면, 이는 무엇보다도 우리의 욕망 — 우리의 충동들drives and impulses — 그 자체가 그 관심을 가능하게 만드는 사회구성체에 투여되어 있기 때문이다. 우리의 욕망들은 우리가 이 특수한 관심을 갖는 것을 허용하는 방식으로 구축되고 조합되어 왔다. 이 점이 들뢰즈가 욕망 그 자체는 언제나 순수 긍정적positive이라고 말할 수 있는 이유이다. 통상적으로, 우리는 욕망을 결여의 면에서 생각하는 경향이 있다. 즉, 만약 우리가 어떤 것을 욕망한다면, 이는 우리가 이 어떤 것을 결여하기 때문이다. 하지만 들뢰즈는 욕망 개념을 재설정한다. 즉, 우리가 욕망하는 것, 우리가 우리의 욕망을 투여하는 곳은 사회구성체이며, 이런 의미에서 욕망은 언제나 순수 긍정적이다. 결여는 언제나 관심의 수준에서만 나타난다. 왜냐하면 우리가 이미 우리의 욕망을 투여한 사회구성체(하부구조)가 이제는 그 결여를 생산했기 때문이다. 이러한 분석의 결과는, 순수하게 내재적인 윤리학의 고유한 대상은 우리의 의식적 의지나 우리의 의식적 결정이 아니고, 또한 나의 전-의식적 관심(마르크스의 의미에서, 계급 관심)이 아니라는 점을 우리가 알 수 있다는 것이다. 내재적 윤리학의 진정한 대상은 욕망(충동들)이며, 따라서 그것은, 스피노자와 니체 둘 모두가 보여 준 바와 같이, 모든 윤리학 이론의 기초에 있는 **정동성**affectivity 이론 전체를 수반한다.

두 번째 결과가 첫 번째 결과로부터 따라 나온다. 관심과 의지 둘 모두보다 욕망 물음이 위에 있다는 것이, 들뢰즈가 정치철학의 근본 문제는 스피노자에 의해 가장 명료하게 정식화된 문제라고 들뢰즈가 말하는 이유이다. 즉, "사람들은 왜 노예 상태가 마치 그들의 구원이라도 되는 양 집요하게 노예 상태를 얻기 위해 싸우는가?"(AO 29) 우리는 왜 부단히 우리를 억압하는 사회 체계에 투여하여, 우리의 관심을 좌절시키고, 우리의 생명에 결여를 끌어들이는가? 이론적으로, 대답은 간단명료하다. 즉, 그 이유는 우리의 욕망들 — 즉, 우리의 충동들과 정동들 — 이 우리 자신의 것이 아니기 때문이다. 우리의 욕망들은, 만약 내가 이런 식으로 말할 수 있다면, 자본주의 하부구조의 일부이다. 우리의 욕망들은 단순히 우리 자신의 개인적인 심적 혹은 심리적 실재들이 아니다("'심리적 실재'라고 명명될 수 있는 특수한 실존 형식은 존재하지 않는다." AO 30). 충동들과 정동들을 직접적으로 조작하는 일을 목표로 삼고 있는 광고와 마케팅보다 이 점을 더 명백히 하는 것은 아무것도 없다. 나는 거의 자동적으로 다른 브랜드보다 이 브랜드의 치약에 손을 뻗친다. 왜냐하면 나는 상쾌하게 호흡하고 충치가 없는 치아를 가지는 데 관심이 있기 때문이다. 하지만 이것은 내 욕망이, 그 관심을 만들어 내고, 또 만약 내 호흡이 상쾌하지 않거나 내 치아가 하얗지 않다면 내가 느끼는 결여의 감각을 만들어 내는 사회구성체에 이미 투여되어 있기 때문이다.

셋째로, 관심과 욕망 간의 차이는 합리적인 것과 비합리적인 것 간의 차이와 평행을 이루고 있다고 말할 수 있을 것이다. 일단 관심들이 한 사회의 경계 내에서 정의되고 나면, "합리적인" 것은 사람들이 그 관심들 — 직업이나 충치 없는 치아에 대한 관심 — 을 추구하고 또 실현하려고 시도하는 방식이다. 하지만 그 밑에서, 우리는 욕망을 발견한다. 관심의 투여와 혼동되어서는 안 되는 욕망의 투여, 그리고 관심이 자신의 규정과 바로 그 분배를 위해 의존하는 투여, 즉 "광대한 흐름, 이 사회의 섬망을 구성하는 모든 종류의 리비도-무의식적

흐름들"을 발견한다(DI 263). 들뢰즈가 말하는 바와 같이,

> 이성은 언제나 비이성적인 것으로 조각되는 영역이다. 이성은 결코
> 비이성적인 것으로부터 피해 있는 것이 아니라, 비이성적인 것에 의
> 해 횡단되고 오직 비이성적 요인들 간의 어떤 특정한 종류의 관계에
> 의해 정의될 뿐이다. 모든 이성 밑에는 섬망과 표류가 놓여 있다. 자
> 본주의에 관한 모든 것은 자본을 제외하면 이성적이다. … 증권 시장
> 은 완전하게 이성적인 메커니즘이며, 여러분은 증권 시장을 이해할
> 수 있고, 증권 시장이 어떻게 작동하는지 알고 있고, 자본가들은 증권
> 시장을 어떻게 사용해야 하는지를 알고 있다. 그렇지만 증권 시장은
> 완전히 섬망적이며, 미친 듯이 굴고 있다. … 증권 시장은 신학을 빼
> 닮았다. 즉, 신학에 관한 모든 것은, **만약** 여러분이 그 자체 비이성적
> 인 요소들인 죄, 무원죄 잉태, 성육신을 인정한다면, 매우 이성적이다.
> (DI 262~263, 번역 수정)

넷째로, 들뢰즈는 이러한 욕망의 운동을 어떻게 개념화하는가?
흥미롭게도, 『안티-오이디푸스』는 칸트의 『실천이성비판』의 근본적
논지들을 재작업하려는 명시적인 시도로 독해될 수 있다. 칸트는 두
번째 비판서를 욕망 이론으로 제시하는데, 그는 욕망을, 다소 놀랍게
도, **인과적** 용어들로 정의한다. 즉, 욕망은, 자신의 표상들에 의해서
"그 표상들의 현실적 대상의 **원인**이 되는 능력"이다. 하위 형식에서,
욕망의 산물은 환상들이고 미신들이지만, 그러나 상위 형식(의지)에
서, 욕망의 산물은 도덕 법칙하의 **자유**의 행위 —— 그러나 기계론적 인
과성으로 환원될 수 없는 행위 —— 이다. 들뢰즈는 칸트의 욕망 모델

을 받아들이지만, 두 가지 근본적인 방식으로 수정한다. 첫째로, 만약 욕망이 생산적이거나 인과적이라면, 욕망의 산물은 그 자체 (가상적이거나 본체적인 것이 아니라) 실재적이다. 사회-정치적 장 전체는 역사적으로 규정된 욕망의 산물로 간주되어야만 한다고 들뢰즈는 주장한다. 둘째로, 이 주장을 견지하기 위하여, 들뢰즈는 완전히 새로운 "이념" 이론을 정식화한다. 칸트의 경우, 실천이성의 공준들은 그 자체 관계 판단의 유형들(정언적, 가언적, 선언적)에서 도출되는 신, 세계, 영혼이라는 초월적 이념들에서 발견된다. 이에 대응하여, 들뢰즈는, 『안티-오이디푸스』의 앞 장들에서, 욕망이 일단의 구성적인 (연접적, 이접적, 통접적) 수동적 종합들에 의해 구성되는, 순수하게 내재적인 이념 이론을 정식화한다.

그러나 들뢰즈의 욕망 이론은 또한 부분적으로 라캉과 관련하여 전개되지만, 그러나 대부분의 라캉주의자들이 결코 가지 못하는, 그리고 실제로 그들이 우리는 그곳에 갈 수 없다고 주장하곤 했던 라캉의 사상을 취함으로써 그렇게 한다. 『안티-오이디푸스』는, 그 부제(『자본주의와 분열증』)가 가리키듯이, 정신병을 무의식을 위한 모델로 취한다. 라캉 그 자신이 무의식은 정신병에서 가장 순수한 형식으로 나타나지만, 그러나 사실상 무의식은, 정신병자는 상징화를 거부한다는 바로 그 이유 때문에, 그들에게는 접근 불가능한 것으로 남아 있다고 말했었다. 따라서, 라캉의 경우, 실재적인 것the Real의 차원은 일종의 부정적 계기로서, 내재성 장의 일종의 "간극" 혹은 "균열"로서 나타날 수 있을 뿐이며, 이렇게 하여 초월성의 요소를 재도입하게 된다. 이런 점에서, 들뢰즈는 라캉을 효과적으로 뒤집어서, 『안티-오이디푸스』 전체를 온전한 긍정성으로 기술되는 실재적인 것의 이론

으로서 제시한다. 즉, 간접적 종합들에 들어가는 미분적 부분대상들
이나 강도들, 모든 것이 가능한 순수 긍정적 다양체들(횡단적 연접들,
다성적 통접들, 포괄적 이접들), 의미화 연쇄를 조성하지만 그 자체는
비-의미화하는 것인 욕망의 기호들 등등에 의해 정의되는 재현-이
하적 장에 관한 이론으로서 제시한다(AO 309). 이러한 이론은 **섬망**
에 대한 분석인바, 이는, 자기self의 중심을 위협하는 섬망(정신분열증)
은 우리 사회의 중심에 실존하는 섬망과 하나의 동일한 것이며, **자본
주의**에서 가장 극명하게 나타난다 ── 아무 데에도 "실존하지" 않는
화폐 집적체는 아무에게도 통제되지 않으며, 그 작동에 있어서 글자
그대로 섬망적이다 ── 는 것을 보여 준다.

　　마지막으로, 이것은 ── 칸트 철학에서 매우 결정적인 역할을 하
는 ── 자유 개념이 또한, 비록 새로운 형식으로이긴 하지만, 즉 **새로
운 것**의 생산을 위한 조건의 물음으로서이긴 하지만, 들뢰즈 자신의
욕망의 철학에서 중요한 위치를 점한다고 언급하는 방식이다. 하지
만 들뢰즈가 자주 말하는 바와 같이, 살로몬 마이몬과 같은 사상가들
을 따라서, 칸트-이후의 철학에서 일어날 필요가 있었던 것은 **외적 조
건**이라는 칸트의 관점을 **내적 발생**의 관점으로 대체하는 것이었다. 이
것이 라이프니츠에 대한 들뢰즈의 칸트-이후적 (니체적) 독해에서
발견되는 그것이다. 즉, 의식의 "나는 생각한다"라는 관념은 무의식
속에, 즉 ── 의식 속에서 나타나는 것의 미분들을 담고 있고, 그래서
조건에 따라서 조건 지어진 것의 발생을 수행할 ── 충동들, 동기들,
성향들의 무의식 속에 잠겨 있다. 이런 의미에서, 들뢰즈의 윤리 철학
은, 일견, 도덕 법칙의 초월성을 호소하는 칸트의 윤리 이론과 대립하
는 것으로 보일지도 모른다. 그렇지만 칸트 그 자신은, 설사 실천철학

에 관한 자신의 책에서 내재성의 원리를 저버렸을지라도, 그의 철학 도처에서 이 원리를 주장했다. 아마도 이런 이유로, 들뢰즈는, 내재적 윤리학의 **내용**은 니체와 스피노자에게서 취했지만, 그 내재적 **형식**은 결국 주로 칸트에게서 취했을 것이다. 이런 의미에서, 우리는 실천철학과 정치철학과 관련하여, 들뢰즈의 저작이 결국 칸트의 비판철학의 **전도**이자 동시에 **완성**이라고 말할 수 있을 것이다.

생명

"순수 내재성의 생명": 들뢰즈의 "비평과 진단" 기획

(문학적 의미에서) 비평적인 것과 (의학적 의미에서) 진단적인 것은
상호 배움이라는 새로운 관계에 들어가도록 운명 지어져 있을지도
모른다. (M 14)

비록 『비평적인 것과 진단적인 것』이 주로 문학에 할애된, 들뢰
즈가 저술한 유일한 책이긴 하지만, 문학적 언급은, 철학적 언급과
거의 비등한 수준으로, 그의 저작 모든 곳에 나타나 있다. 들뢰즈는
1967년에 간행한 자허-마조흐 연구에서 최초로 "비평적인" 것과 "진
단적인" 것을 서로 연결시켰다.[1] 1969년 『의미의 논리』는 부분적으로
루이스 캐럴의 저작에 관한 독해이며, 클로소프스키, 투르니에, 졸라,
피츠제럴드, 라우리Malcolm Lowry, 아르토에 관한 보완적인 자료와 장

---

1 들뢰즈의 『마조히즘: 냉담함과 잔인함』은 「마조히즘의 자허-마조흐」, *Arguments* 5/21 (Jan-
   Apr 1961), 40~46에서 최초로 전개한 생각의 확장이다. 또한 마들렌 샵살과의 짧지만 중요
   한 인터뷰, 「신비주의와 마조히즘」, DI 131~134를 보라.

들을 포함하고 있다. 문학적 언급은 펠릭스 과타리와 함께 1970년대에 쓴 두 권의 『자본주의와 분열증』의 상당한 부분을 차지한다. 들뢰즈는 프루스트(1964)와 카프카(1975, 과타리와 함께)에 관한 책들을 쓴 바 있고, 또한 카르멜로 베네(1970)와 사뮈엘 베케트(1992)에 관한 두 편의 긴 시론을 쓴 바 있다. 1977년 클레르 파르네와의 『대화』는 '영미 문학의 우월성에 관하여'라는 중요한 장을 포함하고 있다. 『비평적인 것과 진단적인 것』은 이 책에서 최초로 발표하는 열 편의 시론들과 더불어, 1970년과 1993년 사이에 들뢰즈가 처음에 발표한 여덟 편의 논문들의 새로운 개정본을 포함하고 있다. 또다시, 철학자들(플라톤, 스피노자, 칸트, 니체, 하이데거)의 이름이 문학 쪽 인물들의 이름(멜빌, 휘트먼, D. H. 로렌스, 베케트, 아르토, 자허-마조흐, 자리, 캐럴)과 더불어 나란히 나온다. 비록 들뢰즈가 1988년 인터뷰 때 이 책의 발상을 최초로 발표하긴 했지만, 그가 "비평과 진단" 기획을 자신의 학문 이력 초기에 구상하고, 출간된 자신의 작품 전체를 통하여 다양한 형태로 추구했다는 점은 분명하다.[2]

　　들뢰즈의 전 철학적 저작에서 이러한 문학적 분석들은 어떤 역할을 행하는가? 『철학이란 무엇인가?』에서 들뢰즈와 과타리는 철학을 개념들의 실행, 즉 개념들의 형성이나 발명, 또는 창조에 존재하는 활

2　N 142: "나는 '비평과 진단'이라는 포괄적 제목하에 일련의 연구들을 취합하는 것을 꿈꾸어 왔다." 이 기획에 대한 다른 명시적인 언급에 대해서는, M 15; LS 83, 92, 127~128, 237~238; D 120, 141을 보라. 프랑수아 도스는 그의 『질 들뢰즈와 펠릭스 과타리: 교차하는 생명들』, 데보라 글래스먼 옮김(New York: Columbia University Press, 2010)에서, "『비평적인 것과 진단적인 것』에 들어 있는 대부분의 미간행 논문들은 들뢰즈 가족의 여름 별장이 있는 곳인 리무쟁에서 작성되었다"고 언급하고 있다(359).

동으로 정의하고 있으며, 실로 그들의 저작은 도처에서 비상한 개념적 창의성이라는 특징을 지니고 있다. 하지만 철학은 필연적으로 과학, 의학, 예술과 같은 다른 영역들과 다양한 관계들에 들어간다고 들뢰즈는 덧붙여 말한다. 예를 들어, 예술은 철학과 마찬가지로 창조적 사유의 기획이지만, 개념들이 아니라 감성적 집성물을 창조하는 것을 목적으로 하는 기획이다. 달리 말해서, 위대한 예술가와 작가들은 또한 위대한 사상가들이지만, 개념들이 아니라 지각percept과 정동에 의해서 사유한다. 말하자면, 화가는 색들과 선들이라는 매체로 사유하고, 음악가는 음향들로 사유하고, 영화감독은 이미지들로 사유하고, 작가는 단어들로 사유한다 등등. 이 중 어떠한 활동도 다른 활동 위에 군림하는 특권을 누리지 않는다. 개념을 창조하는 일은 새로운 시각적, 음향적, 또는 언어적 조합들을 창조하는 일보다 더 어렵거나 더 추상적인 것이 아니다. 역으로, 개념을 이해하는 일보다 이미지, 회화, 또는 소설을 읽는 일이 결코 더 쉬운 것은 아니다. 들뢰즈의 주장에 따르면, 철학은 과학이나 예술과 무관하게 수행될 수 없으며, 비록 철학 그 자체에 언제나 내적인 이유들 때문이기는 하지만, 철학은 언제나 이 다른 영역들과 맺는 상호 공명과 교환의 관계에 들어간다.[3]

그러므로 들뢰즈는 비평가로서가 아니라 철학자로서 예술에 관해 글을 쓰기에, 다양한 예술들에 관한 그의 책들과 시론들은, 그 자신이 주장하는 바와 같이, "철학의 작품들"로서, 철학이라는 단어의

---

3 DR xv를 보라: "철학의 개념은 결코 과학의 함수나 예술의 조성과 혼동될 수 없지만, 과학의 이런저런 영역에서 혹은 예술의 스타일에서 함수나 조성과 친연성을 가진다." 들뢰즈와 과타리는 『철학이란 무엇인가?』에서 철학, 예술, 과학, 논리학 사이의 정확한 관계를 분석하고 있다. 그런 조정자 혹은 중재자를 철학이 필요로 한다는 것에 대해서는, N 123~126을 보라.

전통적 의미에서 오직 "철학의 작품들"로서 읽혀야만 한다.[4] 가령, 영화는 운동하는 이미지들, 시간 속에서 운동하는 이미지들을 생산하는데, 들뢰즈가 『운동-이미지』와 『시간-이미지』에서 분석하는 것은 바로 이 영화의 두 측면이다. "영화가 다른 예술들은 보여 주지 못하는 공간과 시간에 관해 우리에게 보여 주는 것은 정확히 무엇인가?"(N 58) 따라서 들뢰즈는 그의 두 권의 『시네마』를 "어떤 영화적 개념, 영화에 특유하지만… 오직 철학적으로만 형성될 수 있는 개념을 분리해 내고자" 나서는 "논리의 책, 영화의 논리"로 기술한다(MI ix; N 47). 마찬가지로 『프랜시스 베이컨: 감각의 논리』는 일련의 철학적 개념들을 창조하는데, 각 개념이 베이컨 회화들의 특수한 측면과 관련되지만, 또한 "감각의 논리 일반"에서 제자리를 발견하는 것이기도 하다(FB 3). 『비평적인 것과 진단적인 것』은 이와 같은 방식으로 평가되어야만 한다. 즉, 들뢰즈가 검토하는 문학 작품들에서 그가 추출하는 개념들에 의해서, 그리고 그가 철학, 문학, 그리고 다른 예술들 사이에서 확립하는 연관들에 의해서 평가되어야만 한다.[5] 이 책은

---

4 TRM 176을 보라. 들뢰즈는 『천 개의 고원』의 "장르"에 관한 물음에 대답하고 있었다. 하지만 그의 대답은 그의 모든 저서들에 똑같이 적용될 수 있다.

5 들뢰즈는 자신의 저작들에서 ──가령 체호프의 단편소설과 푸코의 「파렴치한 인간들」의 관계(N 108, 150), 셰익스피어의 햄릿과 칸트의 『순수이성비판』의 관계(ECC 28), 알프레드 자리와 마르틴 하이데거의 관계(ECC 91~98), 그리고 영화에서, 키르케고르와 드레이어의 관계, 파스칼과 브레송의 관계(MI 114~116) 등──, 그러한 수많은 관계들을 확립해 왔다. 우리는 스탠리 카벨이 이와 유사한 용어들로 영화에 대한 그 자신의 관심을 표명한다고 언급할 수도 있겠다: "나는 영화 「어느 날 밤에 생긴 일」에 나오는 담요를 칸트 철학에서 인간의 인식과 염원을 검열하는 일에 의거하여 논한다. 그리고 나는 버스터 키튼의 표정에서 하이데거의 사색이 예시되거나 설명되고 있음을 본다." 「영화의 사유」, 『학교를 벗어난 주제들: 결과와 원인』(Chicago: University of Chicago Press, 1984), 6~7을 보라.

단순히 논문들을 모아 놓은 것이 아니다. 비록 대부분의 시론들이 개인적인 작가들에게 할애되긴 하지만, 이 책은 여러 편의 시론들에 등장하고 또 재등장하는 아주 많은 모티프들과 같은 일련의 개념들을 전개한다. 이 개념들은 서로 간에 점점 더 복잡한 대위법적 관계에 들어가며, 마찬가지로 문학의 논리 —— 더 정확히 말해, "생명Life"의 논리 —— 에서 제자리를 발견한다고 말할 수 있을 것이다. 왜냐하면, 만약 두 권의 『시네마』가 주로 공간과 시간을 다루고, 『프랜시스 베이컨: 감각의 논리』가 감각의 본성을 다룬다면, 문학에 관한 들뢰즈의 저술들은 주로 **생명**의 문제틀과 연결되어 있다. 들뢰즈는 한때 한 논평가에게 "당신은 저에게 본질적인 것이 무엇인지를 보았습니다. 즉, 이러한 '생기론vitalism', 혹은 비유기적 힘non-organic power으로서의 생명 개념을 보았습니다"라고 쓴 적이 있다. 이후 한 인터뷰에서, 그는 "제가 쓴 모든 것은 생기론적입니다. 적어도 나는 그러하기를 희망합니다"라고 덧붙여 말했다.[6]

문학이 생명과 어떤 관계가 있다는 발상은 분명 새로운 것이 아니다. 그러나 들뢰즈의 저작에서, 생명 개념은, 철학적 개념으로서, 복합적인 존재론적, 윤리학적 지위를 지닌다. 그가 1995년 11월 죽기 전에 발표한 최후의 시론들 중의 하나 —— 짧고, 난해하고, 추상적이지만, 이상하게도 감동적인 작품 —— 에서, 들뢰즈는 찰스 디킨스의 『우리 공통의 친구』에서 따온 한 장면에 대해 글을 썼다. 모든 이의

---

6 질 들뢰즈, 「편지-서문」, 미레유 부이당스, 『사하라: 질 들뢰즈의 미학』(Paris: Vrin, 1990), 5, 그리고 N 143. "비유기적 생명"이라는 용어는 빌헬름 보링거, 『고딕 형식』(London: G. P. Putnam's Sons, 1927), 41~42에서 따온 것이다(TP 496~498을 보라). 보링거는 고딕 미술의 추상적 선을 기술하기 위해 이 용어를 사용했다.

경멸을 받는 한 불한당이 죽음에 임박하여 연행되어 오자, 그를 돌보고 있는 사람들은 이 죽어 가고 있는 남자에게 가까스로 남아 있는 생명의 흔적에 대한 존경과 사랑을 갑자기 드러내 보인다.

[디킨스는 이렇게 쓰고 있다.] 아무도 그 남자에게 존경심을 추호도 갖고 있지 않다. 그 모든 것에도 불구하고, 그는 회피, 의혹, 혐오의 대상이 되어 왔는데, 하지만 그 남자 안에 들어 있는 생명의 불꽃이 지금 신기하게도 그 자신으로부터 분리되어 있으며, 그들은 그것에 대해 깊은 관심을 보이고 있다. 아마도 그것은 생명이고, 그들은 살아 있고 죽음을 면치 못하기 때문일 것이다.[7]

그 남자가 소생함에 따라, 그를 구한 사람들은 점점 냉담해지고, 그는 자신의 모든 잔인과 악의를 회복한다. 그렇지만 들뢰즈는 다음과 같이 논평한다.

그의 삶과 죽음 사이에는 죽음과 함께 작동하는 삶 이외에는 더 이상 아무것도 아닌 순간이 존재한다. 한 개인의 삶은, 내적인 삶과 외적인 삶의 현실 사건들로부터 해방된, 즉 현실 속에 일어나는 것의 주체성과 대상성으로부터 해방된 순수 사건을 풀어놓는 비인격적인 그러나 특이한 생명에게 길을 내주었다. 모든 이가 공감하며, 일종의 지복을 달성하는 **인간 그 자체**homo tantum. 이것은 더 이상 개체화가 아니라 특

7 찰스 디킨스, 『우리 공통의 친구』, Book 3, 제3장, 『옥스퍼드 디킨스 삽화 사전』(London: Oxford University Press, 1952), 443.

이화singularization인 특개성haecceity이다. 즉, 선과 악을 넘어서 있는, 중성적인, 순수 내재성의 생명이다.

이 비유기적 생명력은 아마도 갓난애에게 있어서 가장 명료하게 드러나게 된다.

작은 유아들은 모두 서로 닮았으며, 거의 어떠한 개체성도 갖지 않았으나, 그들은 주관적인 특징들이 아닌 특이성들 ─ 방그레 웃음, 몸짓, 찡그림 ─ 을 갖고 있다. 유아들은 그들의 고통과 연약함을 통하여, 순수한 힘, 그리고 심지어 지복인 내재적 생명에 의해 횡단된다. … 어린아이와 더불어, 우리는 이미 유기적이고, 인격적인 관계를 갖고 있지만, 포석鋪石을 산산조각 내는 작은 에너지를 자신의 작음 속에 결집하는 아기와 더불어서가 아니다. 아기와 더불어, 우리는 오직 정동적이고, 활력 있고, 비인격적이고, 생명적인 관계를 가질 뿐이다. 힘에의 의지가 전사 속에서보다 아기 속에서 무한히 더 정확한 방식으로 나타난다는 점은 분명하다. (PI 30; ECC 133)

들뢰즈에게, 생명은 모든 체험lived experience을 넘어서는 비인격적이고 비유기적인 힘이다. 이는 니체("힘에의 의지"로서의 생명), 베르그손(생명의 약동[=엘랑 비탈élan vital])", 현대의 진화생물학(변이와 선택으로서의 생명)만큼이나 다양한 원천들에 의지하는 존재론적 생명 개념이다. 그리고 만약 생명이 문학과 직접적 관계가 있다면, 이는 글쓰기 그 자체가 "살 수 있는 것the livable과 산 것the lived 둘 모두를 횡단하는 생명의 추이"이기 때문이다(ECC 1).

하지만 생명 개념은 또한 들뢰즈 사상에서 윤리적 원리로서 기능한다. 그의 저작 전체를 통하여, 들뢰즈는 도덕과 윤리 사이의 날카로운 구별을 지어 왔다. 그는 "도덕"이라는 용어를, 대략적으로 말해서, 초월적 혹은 보편적 가치들에 관련시킴으로써 판단하는 행위들과 의도들("이것은 선하고, 저것은 악하다")에 존재하는, 도덕 코드와 같은, 모든 부류의 "제약적" 규칙들을 정의하기 위해 사용한다. 그가 "윤리"라고 부르는 것은, 이와는 반대로, 우리가 행하고, 말하고, 생각하고, 느끼는 것이 함축하는 내재적 실존 양태에 따라서 이런 작용들을 평가하는 일단의 "촉진적"(**능력적**) 규칙들이다. 우리는 이것을 말하거나 행하고 저것을 생각하거나 느낀다. 이 작용들은 어떤 실존 양태를 함축하는가?[8] 이것이 들뢰즈가 자신이 언제나 그의 철학적 선구자들로서 간주해 왔던 스피노자와 니체 사이에서 발견하는 고리이다. 스피노자와 니체 각각은 그들 자신의 방식으로, 우리가 생명에 대해 **원한**을 품고 있지 않다면(니체), 우리가 수동적 변용의 노예 상태로 있지 않다면(스피노자), 약하거나, 저열하거나, 굴종적인 조건이 없이는 우리가 행하거나 생각할 수 없는 어떤 것들이 존재한다고 주장했으며, 그리고 우리가 삶을 긍정하지 못하거나 혹은 능동적 변용들을 얻지 않는다면, 강하거나 고귀하거나 자유로운 조건이 없이는 우리가 행하거나 말할 수 없는 다른 어떤 것들이 존재한다고 주장

---

8 NP 1을 보라: "우리는 언제나 우리의 존재 방식 혹은 우리의 생명의 스타일이 주어진, 우리가 받을 만한 믿음, 느낌, 생각을 갖고 있다." 윤리와 도덕의 차이에 관해서는, N 100, 114~115, 그리고 SPP 17~29를 보라. 임의 규칙règles facultatives은 들뢰즈가 "더 이상 상수들이 아니라 내적 변이의 기능들"을 지시하기 위해 사회언어학자 윌리엄 라보프에게서 차용한 용어이다(F 146~147 n18).

했다. 내재적인 윤리적 차이(좋음/나쁨)가 이런 식으로 초월적인 도덕적 대립(선/악)을 대체한다. "선과 악을 넘어서는 적어도 '좋음과 나쁨을 넘어서'를 의미하지 않는다"라고 니체는 썼다.[9] "나쁘거나" 혹은 병든 생명은 소진적이고 퇴보적인 실존 양태, 즉 병듦의 관점에서 생명을 판단하고, "상위" 가치의 이름하에 생명을 평가 절하하는 실존 양태이다. 이와 대조적으로, "좋거나" 혹은 건강한 생명은 흘러넘치고 상승하는 실존 형식, 즉 그것이 마주치는 힘들에 의존하여 그 자신을 변형시킬 수 있는, 살아감의 역능을 언제나 증대시키며, 새로운 생명의 가능성들을 열어 주는 생명 양식이다. 들뢰즈에게, 모든 문학 작품은 살아감의 방식, 생명의 형식을 의미하며, 비평적으로뿐만 아니라 진단적으로도 평가되어야만 하는 형식이다. "위대한 작가에게 스타일이란, 언제나 또한 생명의 스타일이다. 이는 전혀 개인적인 어떤 것이 아니라, 생명의 가능성, 실존함의 방식을 지어내는 그것이다."(N 100)

다르게 말하면, 문학과 생명을 존재론적 측면과 윤리학적 측면 둘 모두에서 연결하는 문제는 건강의 문제이다. 이는 한 작가가 반드시 강건한 건강을 누린다는 점을 의미하지 않는다. 이와 반대로, 예술가들은, 철학자들과 마찬가지로, 허약한 건강, 연약한 체질, 취약한 개인적 삶을 가질 때가 자주 있다(스피노자의 허약함, D. H. 로렌스의 각혈, 니체의 편두통, 들뢰즈 자신의 호흡기 질환). 그러나, 이러한 허약함은 단순히 질병이나 신경증에서 나오는 것이 아니라, 그들에게

---

9   프리드리히 니체, 『도덕의 계보』, 에세이 1, §17, 『니체의 주요 저술들』, 발터 카우프만 엮고 옮김(New York: Modern Library, 1968), 491.

는 너무나 큰, 생명의 어떤 것, 즉 "그들에게 죽음의 고요한 징조를 부과한" 참을 수 없는 어떤 것을 보거나 느낀 데서 나오는 것이라고 들뢰즈는 말한다(WP 172). 하지만 이 어떤 것은 또한 니체가 "위대한 건강"이라고 부른 것, 즉 체험lived experience의 질병들을 통과하며 그들을 부조하는 생기력vitality이다. 이런 이유로, 들뢰즈에게 글쓰기란 결코 개인적인 문제가 아니다. 그것은 결코 단지 우리의 체험의 문제가 아니다. "'나'는 많은 것을 보았다, 또 많은 곳을 가 보았다 하는 체계를 가진 문학 속에서 우리는 그다지 멀리 나아가지 못한다."(N 134) 소설들은 우리의 꿈과 환상으로 창조되는 것도 아니고, 우리의 고통과 슬픔, 우리의 의견과 착상, 우리의 기억과 여행으로 창조되는 것도 아니며, 우리가 만난 흥미로운 인물들이나 어쩔 수 없이 우리 자신인 흥미로운 인물로 창조되는 것도 아니다(누군들 흥미롭지 않겠는가?)(WP 170). 작가가 체험에 의해 "영감을 받는" 것은 사실이지만, 오직 그들 자신의 삶만을 이야기하는 것처럼 보이는 토머스 울프나 헨리 밀러 같은 작가들에게 있어서조차, "생명을 개인적인 것 이상의 어떤 것으로 만들고자 하는, 생명을 그것을 가두는 것으로부터 해방시키고자 하는 시도가 존재한다".[10] 들뢰즈는, 문학이 언어에 미치

---

10 N 143; WP 171. 들뢰즈가 ECC 81~82에서 새로운 것과 생명이 맺는 관계에 대한 멜빌의 개념을 들뢰즈가 요약한 것을 보라: "생명은 그 자체로 결코 아무것도 설명하지 않으며 해명하고자 하는 어떠한 시도도 거부하는 아주 많은 미규정적이고, 모호하고, 식별 불가능한 지대들을 자신의 창조물들 속에 남겨 놓는데, 왜 소설가는 인물들의 행동을 설명해야 하고 그들에게 이유를 제공해야 할 의무가 있다고 믿어야 하는가? 정당화하는 것은 바로 생명이기에, 생명은 정당화되는 것을 필요로 하지 않는다. … 미국 소설을 정초하는 작용은, 러시아 소설의 그것과 마찬가지로, 소설을 이유들의 질서로부터 떼어 놓는 것, 무 속에서 실존하는 인물들을 탄생시키는 것, 오직 공허 속에서만 살아남는 것, 논리학과 심리학에 거역하는 것, 끝까지 인물들의 신비를 유지하는 것이었다. … 소설은, 생명과 마찬가지로, 정당화되는 것을

는 효과를 결코 무시하지 않지만, 문학 작품을 우선적으로 텍스트로 읽는 것도 아니고, 글쓰기를 "텍스트성textuality"에 의해서 다루는 것도 아니다. 따라서 문학에 대한 그의 접근법은 자크 데리다의 해체적 접근법과 구별되어야만 한다.

[들뢰즈는 한때 이렇게 발언한 적이 있다.] 텍스트의 해체의 방법에 대해 말하자면, 나는 그 방법이 무엇인지 분명하게 알고 있고, 매우 존중하지만, 그 방법은 나 자신의 방법과 아무 관련이 없다. 나는 나 자신을 텍스트 논평가로 내세우지 않는다. 나에게 텍스트란, 텍스트 외적 실천 안에 있는 한 작은 톱니에 불과하다. 그것은 해체의 방법에 의해, 혹은 텍스트적 실천에 의해, 혹은 그 밖의 방법들에 의해 텍스트를 논평하는 문제가 아니라, 텍스트를 연장시키는 텍스트 외적 실천에서 그것이 어떤 사용을 가지는가를 보는 문제이다.[11]

들뢰즈에게, 문학의 문제는 텍스트성의 문제, 혹은 심지어 역사성과 연관되는 것이 아니라, 문학의 "생기력", 생명의 "행로"와 연관되는 것이다.

필요로 하지 않는다."

11 들뢰즈는 1972년 니체에 관한 스리지 콜로키움Cerisy colloquium에서 그에게 제기된 물음에 대답하고 있었다. 『오늘날의 니체』(Paris: Union Générale d'Éditions, 10/18, 1973), 권1, 『강도들』, 186~187을 보라. 더구나 들뢰즈와 과타리는 데리다가 수용한 어떤 하이데거식의 문제에 거리를 두어 왔다: "형이상학의 죽음 혹은 철학의 극복은 우리에게 결코 문제가 된 적이 없었다."(WP 9) 그럼에도 불구하고 들뢰즈는 많은 경우에 데리다를 인용하므로, 그들 각자의 저작 사이에 수렴하는 많은 선들이 여전히 탐구되어야 할 것으로 남아 있다.

그렇다면, 어떻게 우리는 문학과 생명 간의, 비평적인 것과 진단적인 것 간의 이러한 연관을 이해해야 하는가? 들뢰즈는 그의 1967년 책 『냉담함과 잔인함』에서 구체적인 문제의 맥락 속에서 이 물음을 처음 제기했다. 문학 쪽의 두 인물, 사드와 마조흐의 이름이 왜 임상 정신의학에서 두 기본적 "도착들"을 지칭하기 위해 19세기의 표지로 사용되었는가? 문학과 의학 간의 이러한 마주침은 증후학적 방법의 독특한 성격에 의해 가능하게 되었다고 들뢰즈는 주장한다. 의학은 적어도 세 가지 상이한 활동으로 이루어진다. 세 가지 상이한 활동은 증후학 혹은 기호들 연구, 병인론 혹은 원인들 탐색, 치료법 혹은 치료의 발달과 적용이다. 병인론과 치료학이 의학의 필수적 부분인 반면, 증후학은 의학에서만큼이나 예술에 속하는, 전前-의학적이거나 아亞-의학적인 일종의 한계-점에 호소한다(DI 134). 증후학에서, 병은 때로 전형적인 환자들을 따라서 이름이 붙여지지만(루 게릭 병), 더 자주 병에 부여되는 것은 의사의 이름이다(파킨슨 병, 로제 병, 알츠하이머 병, 크로이츠펠트-야콥 병). 이 명명 과정 배후의 원리들은 주의 깊은 분석을 받을 만하다고 들뢰즈는 언급한다. 의사는 분명 병을 "발명하는" 것이 아니라, 병을 "분리해 낸다"고 말할 수 있다. 그 혹은 그녀는 이전에는 함께 무리 지어 있었던 증후들을 분리해 냄으로써, 그리고 그 증후들을 이전에는 분리되어 있던 다른 증후들과 병치함으로써 그때까지 혼동되어 왔던 사례들을 구분한다. 이런 방식으로, 의사는 그 병에 대한 최초의 진단 개념을 구축한다. 이 개념의 구성요소들은 증후들, 곧 질병의 기호들이며, 이 개념은 이러한 증후들이 합류하는 장소를 나타내는, 즉 이러한 증후들이 합치하는 점 혹은 수렴하는 점을 나타내는, 증후의 이름이 된다. 의사가 질병에다 자신의 이름을 붙일 때, 그것은, 고유명이 증후들이나 기호들의 주어진 집단과 연결되는 한에서, 의학상의 중요한 진보를 이룬다. 더구나, 만약 병이 원인들이 아니라 그 증후를 따라서 이름이 붙여진다면, 이는, 심지어 의학에서도, 올바른 병인론은 무엇보다도 엄밀한 증후학에 의존하기 때문이다. 즉, "의학의 과학적이거나 실험적인 측면인 병인론은 의학의 문학적, 예술적인 측면인 증후학에 종속되지 않으면 안 된다".[12]

들뢰즈의 "비평과 진단" 기획 배후의 근본적 구상은 작가와 예술가가, 의사와 임상의처럼, 그들 자신이 심오한 증후학자로 간주될 수 있다는 점이다. 사디즘과 마조히즘은 분명 파킨슨 병이나 알츠하이머 병과 동등한 병이 아니다. 그렇지만 만약 크라프트-에빙Richard von Krafft-Ebing이, 1869년에, 근본적인 도착을 명명하기 위해 (마조흐 자신은 대경실색하겠지만) 마조흐의 이름을 사용할 수 있었다면, 그것은 마조흐가 환자로서 이 도착을 "앓았기" 때문이 아니라, 그의 문학 작품들이 특수한 실존 방식을 분리해 내어, 계약을 이 도착의 주된 기호로 만드는, 이 병에 대한 새로운 증후학을 제시했기 때문이다. 프로이트는 오이디푸스 콤플렉스를 창조했을 때, 대체로 같은 방식으

---

12 M 133. 들뢰즈는, 그러므로 의학의 역사는 적어도 두 측면에서 고려될 수 있다고 언급한다. 첫 번째 측면은 사라질지도, 물러날지도, 다시 나타날지도, 혹은 수많은 외적 요인들(새로운 미생물이나 바이러스의 출현, 변경된 기술적·치료적 기술들, 변화하는 사회 조건들)에 따라서 모습을 바꿀지도 모르는 질병의 역사이다. 하지만 증후학의 역사가 이것과 뒤엉켜 있다. 증후학은 어떤 때는 치료상의 변화나 질병의 본성에 후속하고 어떤 때는 선행하는 일종의 의학의 "통사론"이다. 즉, 증후들은 다양한 방식으로 분리되고, 명명되고, 재편성된다. 외적 요인들은 새로운 증후학을 가능하게 할 수 있지만, 증후학 그 자체를 규정할 수는 없다. 가령 N 132~133에 있는, 2차세계대전 후 증후학의 발달에 관한 들뢰즈의 논평을 보라.

로 소포클레스를 사용했다.[13] 들뢰즈는 "작가들은, 만약 그들이 위대하다면, 환자들보다는 의사들과 같다"고 쓰고 있다.

> 우리는 그들 자신이 놀라운 진단 의사 혹은 증후학자라는 점을 의미한다. 증후들을 집단화하는 일에 관여하는, 즉 한 특수한 증후가 다른 한 특수한 증후와 분리되고, 제3의 증후와 병치되어, 새로운 형태의 장애 혹은 질병을 형성하는, 그림[tableau]의 조직에 관여하는 수많은 예술이 언제나 존재한다. 증후학적 그림을 새롭게 할 수 있는 임상의들은 예술 작품을 생산한다. 이와 역으로, 예술가들은 임상의들이다. 그들 자신의 사례와 관련해서도 아니고, 심지어 사례 일반과 관련해서도 아니다. 정확히 말해, 그들은 문명의 임상의들이다. … 증후학은 언제나 예술의 문제이다. (LS 237; M 14)

예술가와 철학자들은 생리학자들, "문화의 의사들" —— 이들에게 현상은 어떤 상태의 힘들을 반영하는 기호들 혹은 증후들이다 —— 이라는 점을 처음 제기한 사람은 바로 니체였다.[14] 실로, 들뢰즈는 예술가와 작가들은, 예술 작품이 "그들에게 새로운 수단을 제공한다는 바로 그 이유 때문에, 아마도 또한 그들이 원인들에 대하여 덜 관심을

---

13 LS 237을 보라: "프로이트의 천재성의 관점에서 볼 때, 우리에게 오이디푸스와 햄릿에 관한 정보를 제공하는 것은 콤플렉스가 아니라, 우리에게 콤플렉스에 관한 정보를 제공하는 것이 오이디푸스와 햄릿이다."

14 비록 문화 의사로서의 철학자라는 생각이 니체의 저술들 전체에 걸쳐서 일어나기는 하지만, 특히 프리드리히 니체, 「문화 의사로서의 철학자」(1873), 대니얼 브리질 엮음, 『철학과 진리』 (Atlantic Highlands, NJ: Humanties Press, 1979), 67~76을 보라. 니체의 증후학적 방법에 대한 들뢰즈의 분석에 대해서는, NS x, 3, 75, 79, 157을 보라.

가질 것이기 때문에, 의사와 임상의들보다 증후학에 있어서 더 많이 나아갈 수 있다"고 강력하게 시사한다(DI 133).

　이 관점은, 설사 창작자들에게 "승화"의 혜택이 수여되어 있을지라도, 창작자들을, 그들 작품을 통하여, 가능하거나 실재적인 환자들로 보는 경향이 있는, 작가와 예술가들에 대한 많은 정신분석학적 해석들과는 매우 다르다. 예술가들은, 제아무리 숭고하게 취급되더라도, 마치 아픈 사람인 양 임상 사례들로 취급되며, 비평가는 그들 작품 속에 담겨 있는 비밀과 같은 신경증의 기호, 이 기호의 숨겨진 코드를 모색한다. 그때 예술 작품은 두 극 사이에 기입되는 것으로 보인다. 그 두 극은, 하나는 작품이 아동기의 해결되지 않은 갈등을 철저히 검토하는 역행적인 극, 그리고 다른 하나는 작품이 그 자체를 "문화적 대상"으로 전환시키며, 인류의 미래에 관한 새로운 해결을 가져오는 길들을 창안하는 진행적인 극이다. 이 두 관점에서 보면, 정신분석학을 예술 작품에 "적용할" 필요가 존재하지 않는다. 왜냐하면, 작품 그 자체가 해결로서든, 승화로서든, 성공적인 정신분석학을 구성하는 것으로 보이기 때문이다. 오이디푸스 형식을 예술 작품에 부과하는, 문학에 대한 이 유아적이고 "이기적인" 개념은, 문학을 문학 시장의 요구에 종속되는 소비의 대상으로 환원하는 데 있어서 중요한 요인이 되어 왔다고 들뢰즈는 언급한다.[15]

---

15 이 모든 논점에 관해서는, 특히 문학에서 말하는 정신병의 지위(아르토)에 관해서는, AO 132~136에 있는 중요한 대문을 보라. 프로이트의 경우, 리비도는 "탈성화되어야" 하고 "승화되어야" 하는 조건하에서를 제외하고 사회적 장 그 자체에 투여하지 않는다. 그러므로 사회적 차원을 가지는 모든 성적인 리비도적 투여는, 나르시시즘의 "고착"이든 전-오이디푸스적 상태들로의 "퇴행"이든, 그에게 병원성 상태를 증언하는 것으로 보인다. "문학의 공간"

『냉담함과 잔인함』은 문학에 대한 들뢰즈의 "증후학적" 접근법이라고 칭해질 수도 있는 가장 분명한 예 중의 하나를 제공한다. 개념적 수준에서, 이 책은 사디즘과 마조히즘이 동일한 병리학적 실체에 속하는 상호 보완적인 힘들이라고 가정하는 "사도마조히즘 sadomasochism"의 임상 개념에 대한 예리한 비판서이다. 정신과 의사들은 부분적으로 그들이 성급한 병인론적 가정(이른바 성적 본능의 전도와 변형)에 의존했기 때문에, 또 부분적으로 그들이 "마조흐 그 자신에게서 발견되는 것보다 훨씬 덜 정확하고 훨씬 더 혼란스러운 증후학에 만족했기" 때문에, 그러한 "조야한 증후"를 정립하도록 인도되었다고 들뢰즈는 주장한다.[16] 임상의들의 판단은 자주 편견을 가지기 때문에, 들뢰즈는 『냉담함과 잔인함』에서 문학적 접근법을 채택하여, 최초의 정의들이 유래하는 작품들에 기초하는, 사디즘과 마조히즘에 대해 차등적인 진단을 제공한다. 들뢰즈가 행한 분석의 세 가지 결과들이 우리의 목적을 위해 중요하다. 임상적 측면에서, 들뢰즈는 사디즘과 마조히즘은 증후학이 완전히 다른 두 공약 불가능한 실존 양태들이라는 점을 보여 준다. 『냉담함과 잔인함』의 각 장은 사도마조히즘적 "증후"의 특수한 측면(페티시의 본성, 환상의 기

의 현재 상태, 그리고 문학적 생산을 위한 취약한 조건들에 관한 들뢰즈의 성찰에 대해서는, N 22~23, 128~131을 보라. 문학과 철학 둘 모두에 미치는 마케팅의 영향에 관해서는, "새로운 철학자들"에 대한 들뢰즈의 비판을 보라. 「새로운 철학과 더 일반적인 문제에 관하여」A propos des nouveaux philosophes et d'un problème plus général, *Minuit* 4, 증보판(5 Jun 1977, n.p.).

16 질 들뢰즈, 「자허-마조흐로부터 마조히즘으로」, *Arguments* 5/21(1961년 1~4월), 40~46: 40을 보라. 변형과 전도가 19세기 정신의학에서 "도착"을 설명하기 위해 사용되는 "성적 본능"의 역할에 대한 분석에 대해서는, 아놀드 I. 데이비드슨, 「주검을 자세히 살피다」, 『성애의 출현: 역사적 인식론 및 개념들의 형성』(Cambridge, MA: Harvard University Press, 2001), 1~29를 보라.

능, 탈성화와 재성화의 형식들, 아버지와 어머니의 지위, 자아와 초자아의 역할 등등)을 분석하고, 각 사례에서 사도마조히즘이 어떻게 분해되어 사디즘과 마조히즘의 세계의 특유한 "증후들"이 될 수 있는지를 보여 준다. 비평적 측면에서, 들뢰즈는 이 임상적 증후들은 사드와 마조흐의 문학적 스타일이나 테크닉과 분리 불가능하다는 점을 보여 주는데, 이 두 사람 모두 언어를 "상위 기능"에 복속시킨다고 주장한다. 즉, 사드의 경우, 순수 이성의 이념(절대적 부정)이 실재적인 것 안으로 투사되어, 양적 반복을 통해 작동하는 언어에 대한 사변적-논명적speculative-demonstrative 사용을 생산한다. 이와 대조적으로, 마조흐의 경우, 실재적인 것은 초-감수적supra-sensual 이상 속에서 유예되어, 질적 유예를 통해 작동하는 언어에 대한 변증법적-상상적 사용을 생산한다. 마지막으로, 들뢰즈는 이러한 새로운 실존 양태들과 새로운 언어 사용들이 어떻게 정치적 저항 행위들과 연결되었는가를 보여 준다. 즉, 사드의 경우, 이 행위들은 프랑스 혁명과 연결되었다. 그는 만약 프랑스 혁명이 법을 제정하는 일을 중단해서 영구적인 운동의 제도를 설립하지 않았다면, 이 혁명이 불모의 것으로 남아 있으리라고 생각했다(자유사상파). 마조흐의 경우, 마조히스트적 실천들은 오스트리아-헝가리 제국의 소수자들의 장소, 그리고 이 소수자들 안에 있는 여성들의 역할과 연결되었다.[17] 들뢰즈는 처음에 『냉담함과 잔인함』을 일련의 문학적-진단적 연구

---

17 이 책의 마지막 문단에서 열일곱 명제들로 그의 진단적 분석의 결과를 요약하고 있다(M 134). 사드와 마조흐의 문학적 기법에 대한 분석에 대해서는, M 25~35를 보라. 소수자들과의 관계에 대해서는, M 9~10, 93; N 142를 보라.

서들 중 최초의 책으로 보았다. "내가 연구하고자 하는 것(이 책은 단지 최초의 사례일 뿐이다)은 문학과 임상 정신의학 간의 표현 가능한 관계이다."[18] 이 착상은 정신의학적 개념들을 문학에 적용하는 것이 아니라, 그 반대로 선재하지 않는 임상 개념들을 작품들 그 자체로부터 추출해 내는 것이다. 그런 구상에는 흔히 있는 일이지만, 들뢰즈는 그 기획을 구체적인 형태로 정확히 깨닫지 못했다. 그렇지만 들뢰즈가 10년 후에 "왜 거기에는 광범한 임상의의 노선을 따라 '니체주의', '프루스트주의', '카프카주의', '스피노자주의'가 존재하지 않는가?"라고 물었을 때, 그는 이 각 사상가에 관한 그의 저서는, 정도의 차이는 있지만, "비평과 진단"의 범위 안에 들어간다는 점을 의미했다(D 120). 가령, 『니체와 철학』은, 증후들(원한, 양심의 가책, 금욕적 이상)을 분리해 냄으로써, 병인론을 능동적 힘과 반응적 힘의 어떤 일정한 관계로까지 추적함으로써(계보학적 방법), 예후(그 자체에 의해 타파되는 허무주의)와 치료(가치의 재평가) 둘 모두를 제시함으로써, 니체가 어떻게 병(허무주의)을 진단하고자 나서는지를 보여 준다. 들뢰즈는 자신의 박사학위논문, 『스피노자와 표현의 문제』의 가장 독창적인 기여는 스피노자의 유한 "양태들"의 구성에 대한 분석이라고 생각했는데, 이 분석은 유한 양태들의 수동적 상태(인간 속박)에 대

---

18 DI 133. 「신비론자와 마조히즘」, 12~13. 왜 그가 이 관점에서 사드와 마조흐만을 다루었는가 하는 질문을 받았을 때, 들뢰즈는 다음과 같이 대답했다. "사실, 다른 사람들이 존재하지만, 이들의 저작은 당초 마조흐의 경우에서처럼, 아직 창조적 증후학의 측면에서 인지되지 않았습니다. 거기에는 사뮈엘 베케트의 저작에 상응하는 증후들의 엄청난 일람표[tableau]가 있습니다. 그것은 단순히 질병을 식별하는 문제가 아니라, 증후로서의 세계의 문제, 증후론자로서의 예술가의 문제입니다."(DI 132)

한 임상적 진단, 그리고 유한 양태들이 능동적이 되기 위한 치료("윤리적" 과제)를 포함하고 있다(EPS 11). 『프루스트와 기호들』(1964)의 제1판에서, 들뢰즈는 『잃어버린 시간을 찾아서』를 비자발적인 것과 무의식적인 것을 동원하는 다양한 기호 세계들(다른 모든 세계들을 변형시키게 되는, 사랑의 세계, 사교의 세계, 물질적 세계, 예술의 세계)의 증후학으로서 해석한다.[19] 심지어 『카프카: 소수 문학을 향하여』에서도, 들뢰즈와 과타리는 카프카의 저작이, 문을 두드리고 있는 미래의 "악마적인 힘들"(자본주의, 관료주의, 파시즘, 스탈린주의)에 대한 증후학적 진단을 어떻게 제공했는지를 보여 준다. 『비평적인 것과 진단적인 것』에 수록된 어떤 시론들은 역시 특정한 작가들에 대한 문학적-임상적 연구로 독해될 수 있을 것이다. 이 모든 저작들에서, 푸코가 "저자 기능"이라고 불렀던 것이 거의 사라졌다. 고유명은 저자로서의 특수한 사람을 지칭하는 것이 아니라, 기호들이나 개념들의 유형, 규정된 다양체 혹은 배치를 지칭한다. 들뢰즈는 니체의 철학이나 프루스트의 소설을 우리가 의학의 알츠하이머 병, 과학의 도플러 효과나 켈빈 효과, 수학의 해밀턴 수나 망델브로 집합에 대해 이야기하는 것과 대체로 같은 방식으로, 즉 비인격적인 개체화 양식이라고 보고 이야기한다. 만약 우리가 들뢰즈가 사용하는 증후학적 방법을 특징짓는다면, 우리는 이 두 가지 근본적인 구성요소들에 의해서, 즉 고유명의 기능, 그리고 이 이름이 지시하는 배치 혹은 다양체에 의해 그렇게 할 수 있을 것이다.[20]

---

19 N 142를 보라: "찾기는 일반 기호학, 상이한 세계들의 증후학이다."

그러나 1972년에 『안티-오이디푸스』 간행과 더불어, "비평과 진단" 기획은 새로운 전환을 이루었거나, 혹은 적어도, 들뢰즈 자신의 저작이 진전을 보임에 따라 훨씬 더 확연해지게 되는 경향을 전면에 내세우게 되었다. 『안티-오이디푸스』는 주로 증후학적인, 정신분석학에 대한, 이제는 유명해진 비판을 제공한다. 즉, 정신분석학은 기호와 증후를 오해하고 있다고 들뢰즈와 과타리는 주장한다. 이 책의 부제, 『자본주의와 분열증』을 감안할 때, 우리는 들뢰즈와 과타리가 정신분석학의 오류와 남용을 바로잡을, 정신분열증에 대한 증후학적 분석을 제공하리라고 기대할지도 모르겠다. 하지만 사실 이것은 꼭 맞는 말은 아니다. 정신분열증은 임상 방법에 많은 문제들을 제기하는 첨예한 현상이다. 즉, 정신분열증의 병인론에는 어떠한 합의도 존재하지 않을 뿐만 아니라, 심지어 그것의 증후학조차도 불확실한 채로 남아 있다. 정신분열증에 대한 초기 정신의학적 설명들(크레펠린 Emil Kraepelin, 블로일러Eugen Bleuler)에서, 진단학적 기준들은, 가령 파괴에 의해 주체에 장애 —— 해리, 자폐증, 현실과의 유리 —— 가 생겨난다 등, 순수하게 부정적인 용어들로 주어져 있다. 정신분석학은, 무의식의 종합들을 오이디푸스 콤플렉스의 아버지-어머니-아이 삼각구도(자아)에 관련시키는 한에서, 부정적인 관점을 보유한다. 즉, 신경증에서 자아는 현실의 요구들에 복종하고 이드의 충동을 억압하는 데 반해, 정신병에서, 자아는 이드의 지배하에 놓여, 현실과의 괴리를 초래한다(AO 122). 정신의학과 정신분석학 둘 모두가 안고 있는 문

---

20 D 123에 보이는 "비평과 진단" 기획의 세 가지 구성요소들에 관한 들뢰즈의 논의를 보라. 세 번째 구성요소(도주선들)는 이 시론 후반 절들에서 논의된다.

제는 이러한 부정적인 증후들이 흩어져 있고 산산조각 나 있어서, 정합적인 임상적 실체 안에서, 혹은 심지어 국소화 가능한 "실존 양태" 안에서조차 총체화하거나 통일하기가 어렵다는 점이다. 즉, "정신분열증은 언제나 그 자체로부터 탈출하고 있는 불협화적 증후이다"[21]라는 점이다.

그러므로 『안티-오이디푸스』는 "비평과 진단" 기획을 정확히 초월론적 수준으로까지 가져간다. 임상적 관점에서, 이 기획의 목표 중의 하나는 정신분열증을 더 이상 생명의 양식 속에 현실화된 것으로서가 아니라 생명 그 자체의 **과정**으로서 그 **긍정성** 속에서 기술하는 것이다. 들뢰즈와 과타리는 과정으로서의 정신분열증과 (니체의 경우에서처럼, 그 과정의 **중단**에서 기인하는) 임상적 실체로서의 정신분열증을, 비록 그들이 이 두 현상을 기술하기 위해 같은 용어를 사용한 탓에 많은 오해가 생기긴 했지만, 날카롭게 구분했다.[22] 왜냐하면, 『안티-오이디푸스』에서 "과정으로서의 정신분열증"이라고 칭하는 것은 『천 개의 고원』에서 비유기적이고 비인격적인 힘으로서의 "생명의

---

21 질 들뢰즈, 「정신분열증과 욕망의 실증성」, 『대백과사전』(Paris: Encyclopedie Universalis France, 1972), 제14권, 735. 영역은 TRM 17~28에 실려 있다.

22 정신분열증을 과정으로서 정의하는 데에는 복잡한 역사가 있다. 에밀 크레펠린이 조발성 치매("조로") 개념을 근거 지으려 했을 때, 그는 이 개념을 원인이나 증후로 정의한 것이 아니라, 과정으로, 진화 및 말기 상태로 정의했다. 하지만 그는 이 말기 상태를 완전하고 총체적인 붕괴로 이해했는데, 이는 환자가 정신병동 안에 감금되어 죽음을 기다리는 일을 정당화했다. 들뢰즈와 과타리의 개념은 칼 야스퍼스와 R. D. 랭의 개념과 더 가깝다. 야스퍼스와 랭은 인격의 연속성을 깨뜨리는 파열, 난입, 열개(percée)의 과정이라는 풍요로운 개념을 정식화했다. 그들에 따르면, 이러한 과정은 자연과 역사, 유기체와 인간을 삼켜 버리는 도주선을 따라가면서, 더 강렬하고 섬뜩한 것을 통해 가는 일종의 여행 속에서 인격의 연속성을 채워 간다. AO 24~25를 보라.

과정"이라고 칭하는 것과 다른 것이 아니기 때문이다.

치료로서의 정신분열증화의 문제는 다음과 같은 점에 존재한다. 즉, 정신분열증은 어떻게 정신분열증자가 생산됨이 없이 **인류와 자연의 힘**이 되어 풀려나올 수 있겠는가? 버로스의 문제와 유사한 문제(중독자가 됨이 없이 어떻게 마약의 힘을 구현할 것인가?), 혹은 밀러의 문제(깨끗한 물로 어떻게 취할 것인가?).[23]

비평적인 측면에서, 들뢰즈와 과타리는 다시 한번 문학 쪽 인물들, 특히 많은 영미 작가들의 작품에 호소하는데, 이들의 작품은 여기서 들뢰즈의 초기 저작에서는 보이지 않았던 중요성을 띤다. 그들은 후에 "우리는 문학 쪽 저자들을 지나치게 인용한 데 대해 비판을 받아 왔는데, 하지만 로렌스, 밀러, 케루악, 버로스, 아르토, 베케트가 정신과 의사들이나 정신분석가들보다 정신분열증에 관해 더 많은 것을 안다는 사실이 우리의 잘못인가?"라고 논평한 바 있다.[24] 만약 여기서 문학이 정신분열증 소명을 떠맡는다면, 그것은 이 작가들의 작품이 더 이상 생명의 한 양식에 대한 증후학을 제시하기 때문이 아니라, 비유기적 생명Life 그 자체의 잠재적 힘virtual power을 추적하려고 시도하기 때문이다.

우리는 어떻게 문학의 이 "정신분열증 소명"을 이해해야 하겠는

---

23 질 들뢰즈와 펠릭스 과타리, 「이접적 종합」, *L'Arc* 43(1970), 피에르 클로소프스키에 관한 특집호, 56.
24 TP 4; N 23. 또한 TRM 25를 보라: "어떤 예술가나 작가들은 정신의학자나 정신분석가들보다 정신분열증에 관하여 더 많은 계시들을 가져왔다는 생각을 순순히 받아들이도록 하자."

가? 1970년에 들뢰즈는 「문학 기계」라는 제목의 프루스트에 관한 새로운 시론을 썼는데, 이는 『프루스트와 기호들』의 제2판에 추가되었다. 『프루스트와 기호들』의 제1판은 찾기를 기호들에 대한 해석의 관점에서 고려한 데 반해, 「문학 기계」는 창조의 관점에서, 기호들의 생산의 관점에서 이 작품을 고려한다.[25] 예술은 본질적으로 생산적이다라고 들뢰즈는 주장한다. 예술 작품은 규정 가능한 절차들에 의해서 어떤 일정한 결과들을 생산하거나 혹은 발생하게 하기 위한 기계이다. 프루스트는, 조이스가 그의 작품들을 "에피파니epiphany"를 생산하기 위한 기계로서 기술한 것과 대체로 같은 방식으로, 독자들이 그의 책을 광학 기기, 즉 그들에게 "그들 내에서 읽을 수단"을 제공하는 "일종의 확대경"으로 사용할 것을 제안했다.[26] 따라서 우리가 광학 효과 혹은 전자기 효과에 대해 이야기하는 바와 대체로 같은 방식으로 문학에 의해 생산된 "문학 효과"가 존재한다. 그리고 "문학 기계"는 이 효과들을 창조하여 상이한 층위의 기호들을 생산할 수 있고, 따라서 효과적으로 기능할 수 있는 장치이다. 들뢰즈가 여기서 문학 작품에 제기하는 물음은 "그것은 무엇을 의미하는가?"(해석)가 아니라, "그것은 어떻게 기능하는가?"(실험)이다. "현대 예술 작품은 의미의 문제를 갖는 것이 아니라, 오직 사용의 문제를 가질 뿐이다."[27] 하지만

---

25 이 텍스트는 "문학 기계"라는 제목으로 영역(PS 105~169)에 포함되어 있다.

26 PS 145. 조이스의 에피파니와 비교하려면, PS 155를 보라.

27 PS 146. "의미는 사용이다"라는 생각은 비트겐슈타인에게서 나온 것이다. 하지만 내가 아는 한 들뢰즈는 자신의 책들에서 비트겐슈타인을 단 두 번 언급할 뿐이다. 첫 번째 언급에서, 그는 "비트겐슈타인과 그의 신봉자들은 의미를 사용에 의해 정의한다는 점에서 옳다"고 그들에게 찬동하며 쓰고 있다(LS 146). 두 번째 언급에서, 그는 비트겐슈타인의 신봉자들이 그들의 안개, 그들의 충분성, 그들의 공포를 펼쳐 놓기 직전에 화이트헤드가 "최후의 위대한 영미

"의미는 사용이다"라는 주장은 초월론적 분석을 요한다.

> 언어학자와 논리학자들이 의미를 제거한 정도를 제외하고는, 그 누구도 언어의 문제를 제기할 수 없었다. 그리고 언어의 **가장 높은** 힘은 작품이 어떤 효과들을 생산하고, 어떤 사용을 잘 받아들이는 기계로 간주될 때만 발견되었다. … 의미는 사용과 다른 것이 아니라는 발상은 우리가 사용을 상정된 의미에 회부하고 일종의 초월을 복구하는 부적법한 사용들과 대립되는 바의 적법한 사용들을 규정할 수 있는 내재적 기준을 원하는 대로 처리할 때에만 원리가 된다. 초월론적이라고 칭해진 분석은 바로 이 내재적 기준들의 규정인 것이다. (AO 109)

들뢰즈에게, 이 내재적 기준들은 두 가지 원리로 요약될 수 있다. 첫째로, 의미가 사용이라는 주장은 우리가 사용과 별도로, 그 자체 어떠한 의미도 결여하는 요소들로 시작할 때에만 타당하다. 현대문학은 부스러기들과 카오스로 환원된, 통일성이 박탈당한 세계, **파편들의 세계**라는 문제에 의해서 이러한 물음을 제기하는 경향이 있어 왔다. 우리는 더 이상 우리가 상실한 원초적 통일성 혹은 로고스(플라톤주의)에 의해, 혹은 변증법이나 진화의 결과로서 우리를 기다리는 어떤 미래(헤겔주의)에 의해, 심지어 혹은 보편적이든 아니든, 세계에다 응집성 혹은 통일성을 부여할 수 있는 주체성(칸트주의)에 의

인으로서 잠시 우뚝 서 있다"고 쓰고 있다(FLB 76). 그가 찬동하지 않는 것은 아마도 어떤 비트겐슈타인의 추종자들이 엄밀하게 철학적인 문법을 가장하는 공통감의 형식, 그리고 속적으로 인간적인, 삶의 형식을 재도입한 데서 오는 것이리라.

해 생각하지 않는 시대에 살고 있다. 예술 작품이 그 자신의 완전한 의미 ——"즉, 우리가 예술 작품이 그 자신의 기능을 따라서 갖기를 원하는 바로 그 모든 의미들(본질적인 점은 예술 작품이 기능한다는 것, 그 기계가 작동한다는 것)이다."[28] ——를 띠는 것은 오직 객관적인 내용들과 주관적인 형식들이 붕괴하여 파편들의 세계에, 카오스적이고 다양한 비인격적 실재에 길을 내주었을 때뿐이다. 요컨대, 문학 기계의 요소들 혹은 부분들은 그 상호 독립, 순수 특이성들, 통일성이나 총체성 없는, "완전히 산개된 무정부적 다양체에 의해 인지되지 않으면 안 된다. 문학 기계의 요소들은 실재적 구별, 혹은 연관의 바로 그 부재에 의해 함께 용접되어 붙여지고 풀로 붙여진다".[29] 이것이 첫 번째 기준을 이루는 차이의 원리이다. 유일한 관계가 순전한 차이인 파편들 혹은 부분들은 각각이 다르다는 점에서만 서로 간에 관계를 맺는다. 여기서 "해리"는 정신분열증적인 것의 부정적 특성이기를 그치고, 생명Life과 문학Literature의 긍정적이고 생산적인 원리가 된다.

---

28 PS 156. 또한 145를 보라. 여기서 들뢰즈는 맬컴 라우리가 쓴 자신의 소설의 "의미"에 관한 기술을 인용하고 있다. 『맬컴 라우리의 서한 선집』, 하비 브라이트·마저리 보너 라우리 편 (Philadelphia and New York: Lippincott, 1965), 6: "그것은 일종의 심포니, 혹은 또 다른 방식으로 일종의 오페라, 혹은 심지어 서부극으로도 간주될 수 있다. 그것은 강렬한 음악, 시, 노래, 비극, 희극, 소극笑劇 등등이다. 그것은 취미에 따라, 얄팍하기도 홍겹기도 지루하기도 하다. 그것은 예언, 정치적 경고, 암호, 파격적인 영화, 벽에다 쓴 글씨이다. 그것은 심지어 일종의 기계로 간주될 수도 있다. 그것은 또한 정말이지 내가 간파한 대로 **작동한다.**"

29 AO 324. 또한 「욕망 기계들을 위한 대차대조표 프로그램」, 펠릭스 과타리, 『카오스학』, 실베르 로트랭제 편(New York: Semiotex(e), 1995), 145를 보라: "연결 고리가 부재하는데 어떻게 요소들이 한데 결합될 수 있는가? 어떤 의미에서, 데카르트주의는, 스피노자와 라이프니츠에게 있어서, 이 물음에 답하기를 그치지 않았다고 말할 수 있다. 특별한 논리학을 의미하는 한에서, 그것은 실재적 구별의 이론이다. 궁극 요소들이나 단순 형식들이 같은 존재에 속하거나 같은 실체에 속하는 것은 그것들이 실제로 구별되기 때문이고, 서로 간에 완전히 독립해 있기 때문이다."

둘째로, 예술 작품의 문제는 그 자체 비-소통적인 이러한 부분들과 요소들 사이의 소통 체계를 확립하는 것이다. 문학 작품은, 비록 그것이 부분들을 통일하지 않을지라도, 부분들의 통일성으로서 간주되지 않으면 안 된다고 들뢰즈는 주장한다. 오히려, 작품에 의해 생산된 전체는 분리되어 제조된 새로운 특이성으로서의 부분들이 나란히 더해지는 "말초적인" 총체성이다. 프루스트는 찾기를 이질적인 요소들을 한데 가져오고, 그것들을 함께 기능하도록 만드는 문학적 장치로 기술한다. 따라서 작품은 전체를 구성하지만, 이 전체는 그 자체 그것이 통일하지도 총체화하지도 않는 다른 부분들과 나란히 실존할 뿐인 부분이다. 그렇지만 이 전체는 그럼에도 불구하고 이 부분들에 영향을 미친다. 왜냐하면 이 전체는, 그 자체로 연결되지 않은 채로 남아 있고, 손대지 않은 채로 남아 있는 요소들 사이의 선재하지 않는 관계들을 창조할 수 있기 때문이다.[30] 이것이 들뢰즈 철학에 스며들어 있는, 두 번째 기준을 이루는 경험론적 원리이다. 즉, **관계들은 언제나 그 항들에 외적이며, 그리고 전체**the Whole**는 결코 원리가 아니라, 이 외적 관계들로부터 유래하는, 이 관계들과 함께 부단히 변하는 효과이다.** 러셀은 집합론이 모든 집합들의 집합을 전체로서 다룰 때 빠져드는 해결 불가능한 모순들을 증명해 냈다. 이는 전체 개념이 의미

---

30 PS 105~169를 보라. 토머스 울프는 자신의 시론 「한 소설의 이야기」, 『한 미국 예술가의 자서전』, 레슬리 필드 편(Cambridge, MA: Harvard University Press, 1983)에서 이와 유사한 용어로 그의 작문 기법을 기술하고 있다: "이는, 마치 내가 화학 요소들의 새로운 우주 전체를 발견하고, 일부 화학 요소들 사이의 어떤 특정한 관계들을 보기 시작했지만, 이 요소들이 조화롭고 일관성 있는 통합체로 결정화되는 방식으로 전체 시리즈를 결코 조직하고 정리하기를 시작하지 않았던 것과 같았다. 이 시간부터 앞으로, 나는 내 노력이 그 조직을 완성하려는 노력으로 기술될지도 모른다고 생각한다."

sense를 결여하기 때문이 아니라, 집합이 아니어서 부분들을 갖지 않기 때문이다. 오히려 전체 개념은 각 집합이 그 자체 안에 갇히지 못하게 하여, 각 집합을 더 큰 집합으로, 무한대로 확장하도록 강요하는 그것이다. 달리 말하면, 전체는, 새로운 것을 부단히 생산하거나 창조하는 것이 그 본성이기 때문에, 열려진 것이다.

따라서 들뢰즈는 자신의 철학을 "다양체의 논리학"으로 기술하는 한편, 또한 "다양한 것the multiple은 **만들어져야만 한다**", 다양한 것은 결코 그 자체로 주어지는 것이 아니다라고 주장한다(N 147; TP 6). 이러한 다양한 것의 생산은 두 가지 과제를 수반한다. 즉, 하나는 순수 특이성들을 획득하는 것, 또 하나는 연결되지 않은 부분들의 "효과"일 가변적인 전체를 생산하기 위해 특이성들 사이의 관계들 혹은 종합들을 확립하는 것이다. 다음과 같은 것들이 바로 비유기적이고 비인격적인 힘으로서의 생명의 두 가지 역설적인 특징들이다. 즉, 하나는 특이성들을 추출하거나 생산할 수 있고, 또 특이성들을 연속적 변이 속에 놓을 수 있는 추상의 힘이고, 또 하나는 이러한 특이성들 사이의 늘 새로운 관계들과 결합들을 발명할 수 있는 창조의 힘이다. 전자는 생명의 생기력을 정의하고, 후자는 생명의 혁신력을 정의한다. 여기서 들뢰즈는, 적어도 부분적으로, (진화적 의미에서의) 변이의 분자적 생산 및 이 변이들의 **후험적** 선택으로 구성되는 과정으로서 생명을 정의하는, 생물학에서 빌려 온 모델에 호소하고 있다.[31] 확

---

31 에른스트 마이어, 「자연 도태 개념에 대한 분석」, 『새로운 생물학 철학을 향하여: 한 진화론자의 관찰』(Cambridge, MA: Harvard University Press, 1988), 98을 보라: "도태는 변이성의 연속적인 복원 없이는 가능하지 않다."

실히, 들뢰즈는 그 자신의 영역 바깥에 있는 과학적 명제들을 소환하는 일의 위험을 알아차리고 있다. 그것은 자의적인 은유 혹은 강요된 응용의 위험이다. 그는 "하지만 만약 우리가 과학을 응용하거나 은유로 만드는 일 없이 과학과 수렴하는, 그 자체 비-과학적인 영역들을 지시하는, 특수한 개념화 가능한 성격을 과학 조작자들로부터 추출하는 데에 우리 자신을 제한한다면, 아마도 이러한 위험들은 회피될 수 있을 것이다"라고 또 다른 텍스트에서 쓰고 있다.[32] 이것이 들뢰즈가 주장하는 "생기론"이다. 즉, 신비로운 생명력life force이 아니라, 창조의 원리로서의 생명의 추상적인 힘.

　이 관점에서 보면, 비평적인 것과 진단적인 것 사이의 관계는 더 복잡해진다. 한편으로, "비평적인 것"이라는 용어는 문학적 의미에서 비평을 가리킬 뿐만 아니라, 또한 이 단어의 칸트적 의미에서 비판을 가리키기도 한다. 이제 철학적 물음은 문학 작품의 생산을 조건 짓는 발생적 요소들에 관련된다(우리는 들뢰즈는 칸트와 완전히 다른 의미에서 "초월론적 장"을 기술한다는 점에 주목해야 한다. 초월론적 장은 단지 가능한 경험이 아니라, 유전 "부호code"와 대체로 같은 방식으로, 실재적 경험의 조건들을 이루며, 또 초월론적 장은 그것이 조건 짓는 것보다 결코 큰 것이 아니라, 그것이 조건 짓는 것을 규정하는 것과 동시적으로 그 자체가 규정된다). 다른 한편으로, "진단적인 것"이라는 용어는 단지 특수한 실존 양태에 대한 진단을 의미하는 것이 아니라, 우리가 한 주어진 작품에서 "생명"의 잠재력들을 평가하는 기준과 관

---

32 TI 129. 과학적 함수들에 대한 철학적 사용에 관해서는, N 123~126을 보라.

련이 있다. 진단적인 것은 더 이상 단지 특수한 생명 양식의 증후학을 확인하는 문제가 아니라, 과정으로서의 생명의 이중적 힘의 발생적 수준을 달성하는 문제이다.

이제 이 두 가지 생기론적 힘들을 완수할 때, 현대 문학은 다섯 가지 상호 관련된 효과들 ── 들뢰즈가 클로소프스키에 관한 그의 시론에서 언급하는 바와 같이, 신의 죽음에서 따라 나오는 불가피한 결과들인 효과들, 즉 세계의 파괴, 주체의 해체, 신체의 비-통합, 정치학의 "소수화", 그리고 언어의 "말 더듬기"[33] ── 을 가져왔다고 말할 수 있다. 아니 오히려, 그 자신의 저작의 맥락에서, 특별한 작가와 예술가들의 작품과 맺는 어떤 공명 혹은 친연성에 들어가는 들뢰즈 자신의 철학의 다섯 가지 주제들이라고 말하는 것이 더 정확할 것이다. 들뢰즈는 이 각 영역에서 가공할 개념적 창조를 수행했는데, 다음에 오는 것에서 나는 이 각 주제가 들뢰즈의 "비평과 진단" 기획의 맥락에서 행하는 역할을 다소 요약적인 방식으로 간단하게 보여 주고자 한다.

1. 세계의 파괴(특이성과 사건). 존재론적으로 그리고 논리학적으로, 들뢰즈는 현대 문학을 위한 철학적 기초를 라이프니츠에 위치시킨다. 라이프니츠는 세계를 "특이성들의 순수한 방사"로 이해하고, 개체들(모나드들)은 그것의 "최초의 술어들"이 되는 어떤 특정한 수의 이러한 특이성들의 수렴과 현실화에 의해 구성된다. 가령, 여기에 아담의 삶의 네 가지 특이성들이 있다. 즉, 최초의 남자임, 낙원의 뜰

33 「클로소프스키, 혹은 신체-언어」, LS 292~294를 보라. 여기서 들뢰즈는 "신의 질서"와 "반-그리스도의 질서"를 대조하고 있다.

에 삶, 한 여자가 그의 갈비뼈에서 나옴, 죄를 지음. 이 특이성들은 아직 술어들로 정의될 수 없지만, 들뢰즈가 순수 "사건들"이라고 부르는 것을 구성한다. 언어학적으로, 이 특이성들은 규정적 양상, 시제, 인칭, 태로 아직 현실화되지 않은 무규정적 부정사와 같다. 『주름』과 『의미의 논리』두 책 모두에서 행한 들뢰즈의 라이프니츠 독해의 위대한 독창성은 술어들(현실적인 것)과 관련하여 이 특이성들(잠재적인 것)의 영역이 선행한다는 그의 주장에 놓여 있다.[34] "죄를 지은 자임"은 구성된 개체 혹은 주체의 분석적 술어이지만, 부정사 "죄를 지음"은 잠재적인 특이성-사건으로, 모나드 "아담"이 이것의 근방에서 현실화될 것이다. 이러한 특이성들은 개체적 생명의 발생적 요소들일 뿐만 아니라, 또한 특이성들이 현실화되는 세계의 발생적 요소들을 구성한다. 왜냐하면 우리는 이 네 가지 특이성들에다 다섯 번째 특이성, 곧 유혹에 저항함을 추가할 수 있기 때문이다. 이 특이성은 그 자체로는 불가능하지 않지만, 라이프니츠가 말하듯이, 그것은 아담이 죄를 지은 세계와는 불공가능하다. 여기에, 앞 세 가지 특이성들을 통해 지나가는 계열에 발산 혹은 분기가 존재한다. 이 다섯 번째 특이성으로부터 다른 세 가지 특이성들로 확장하는 벡터들은 수렴하지

---

34 FLB, 제5장, 59~75, 그리고 LS 110~111. 잠재적인 것과 현실적인 것의 차이에 대하여, 들뢰즈는 『시간의 문제』(Paris: Hermann, 1946), 42에 나오는 알베르 로트망의 미분 방정식 이론에 의존한다. 로트망은 특이성은 두 가지 방식으로 파악될 수 있다고 주장한다. 한 문제의 조건들은 잠재적 공간 안에 있는 특이점들의 유목적 분배에 의해 규정되며, 이때 각 특이성은 객관적 미규정성의 지대(보통점들)와 분리 불가능하다. 해는 오직 적분 곡선들과 함께, 그리고 적분 곡선들이 벡터들의 장 내에 있는 특이성들의 근방에서 취하는 형식과 함께 나타나는데, 이는 특이성들의 현실화의 시작을 이룬다(한 특이성은 다른 한 특이성의 근방에 도달할 때까지 일련의 보통점들을 넘어 분석적으로 확장된다, 등등).

않고, 공통의 가치들을 통해 지나가지 않으며, 이러한 분기는 두 불공 가능한 세계 사이의 경계를 표시한다. 즉, 죄를 짓지 않은 자, 아담은 우리 자신의 세계와 불공가능한 가능한 세계에 속한다. 라이프니츠 에게, 이 불공가능한 세계들을 공존하지 못하게 만드는 유일한 것은 일종의 신적 게임 속에서 이 세계들 중 하나를 계산하여 선택하는 신 의 신학적 가설이다. 즉, 이 무한한 가능한 세계들로부터 신은, 이 세 계를 구성하는 일단의 수렴적 계열들에 의해 정의되는, 또 이 세계를 다양한 정도의 명료성으로 표현하는 일단의 모나드들에 의해 정의되 는 "가장 좋은" 것, 가장 풍요로운 실재를 갖는 것을 선택한다. 각 모 나드는, 비록 문도 창문도 갖지 않을지라도, 무한한 계열의 술어들 속 에서 같은 세계를 표현하며("미리 확립된 조화"), 모나드들 각각은 신 이 자신들로 하여금 감싸 안게 만드는 단일한 공가능한 세계에 대한 상이한 관점이다("관점주의").

문학은 자신의 조건으로서의 언어로 향했을 때뿐만 아니라, 또 한 잠재적인 것을 현실화들로부터 해방시키고 잠재적인 것이 그 자 체의 타당성을 취하는 것을 허용했을 때도, 그 자신의 현대성에 응했 다고 들뢰즈는 언급한다. 들뢰즈는 한 예로, 추이펀이라는 이름의 중 국인 철학자의 미로 같은 책에서 순수하게 잠재적인 세계가 묘사되 는, 보르헤스의 유명한 이야기 「두 갈래로 갈라지는 오솔길들의 정 원」을 자주 인용한다.

모든 소설에서, 한 남자가 대안들에 직면할 때, 그는 다른 대안들을 희생하고 한 대안을 선택한다. 거의 불가해한 추이펀의 소설 속에서, 그는 모든 대안들을 ─ 동시적으로 ─ 선택한다. … 팡Fang은, 말하자면, 비책을 갖고 있다. 한 낯선 이가 문을 두드린다. 당연히 거기에는 여러 가지 결과들이 존재한다. 팡이 침입자를 죽일 수 있고, 침입자가 팡을 죽일 수 있고, 둘 다 살아남을 수 있고, 둘 다 죽을 수 있다, 등등. 추이펀의 작품 속에서, 모든 가능한 해결책들이 일어나며, 각각은 다른 분기들을 위한 출발점이다. … 당신이 내 집에 들어왔지만, 우리의 가능한 과거들 중의 하나 속에서, 당신은 나의 적이고, 또 다른 하나의 가능한 과거 속에서 당신은 나의 친구이다.[35]

라이프니츠는 사실상 『변신론』 — 들뢰즈는 이 책을 두고 "우리가 모든 현대 문학의 근원으로 여기는 정말 놀라운 텍스트이다"라고 말한다 — 의 결론에서 우주에 대한 이와 유사한 설명을 제시했다.[36] 그러나 추이펀의 미로에서, 신은 더 이상 『변신론』에서처럼 가장 풍요로운 공가능한 세계를 비교하여 선택하는 존재Being가 아니다. 이제 신은 발산하는 계열과 수렴하는 계열의 무한한 망을 형성하는, 이모든 잠재적 가능성들을 통해 지나가는 순수 과정Process이 되었다. 이제 발산, 분기, 그리고 불공가능한 것들이 **하나의 동일한** 우주, 즉 발산적 계열이 한없이 분기하는 길들을 그리는 카오스적 우주 — "카오스모스"이지 더 이상 세계가 아니다 — 에 속한다.

　신학적인 절박한 사정에 의해 방해를 받았기에, 라이프니츠는

35　호르헤 루이스 보르헤스, 「두 갈래로 갈라지는 오솔길들의 정원」, 『픽션들』(New York: Grove, 1962), 98(강조 첨가). 이 이야기에 대한 들뢰즈의 여러 언급에 대해서는, FLB 62; LS 114; TI 131; DR 73; F 145 n3을 보라.

36　TI 303. 라이프니츠의 서술에 대해서는, 그의 『변신론』, 오스틴 패러 편, E. M. 허거드 옮김(La Salle, IL: Open Court, 1985), §§405~417, 365~373을 보라.

그 자체로 고려되는 특이성들 간의 관계들을 통제하는 "이념적 유희"의 원리를 암시할 수 있었을 뿐이다. 왜냐하면, 표현적 모나드 안의 술어들의 내속은 표현되는 세계의 공가능성을 전제하지만, 모나드와 세계 둘 모두 이제는 무-우주적이고 전-개체적인 순수 특이성들의 분배를 전제하며, 수렴과 발산의 규칙들을 따라서 계열 속에서 함께 연결되기 때문이다. 이 잠재적인 것의 해방은 근본적으로 새로운 유형의 서사 행위를 의미하는데, 그 조건들을 들뢰즈는 「거짓의 힘들」이라는 제목의, 『시간-이미지』의 장에서 개요를 서술하고 있다.[37] 기술 행위description는 더 이상 선재하는 현실적 실재를 기술하지 않고, 로브-그리예Alain Robbe-Grillet가 말하듯이, 오히려 자신의 대상들을 나타내며, 동시에 자신의 대상들을 창조하고 말소한다. 시간은 연대기적이기를 그치고, 불공가능한 현재의 동시성 혹은 반드시-참인 것은-아닌 과거들의 공존을 정립하기를 시작한다. 추상적 공간은 분할되게 되고, 그 부분들은 이제 (현대 수학의 리만 공간 혹은 위상학적 공간들에서처럼) 국소화 불가능한 관계들을 통하여 무한한 수의 방식으로 연결될 수 있다. 구체적 공간은 더 이상 안정적이거나 불안정적인 것이 아니라, 준안정적이며, 양립 불가능하나 공존하는 "세계 안의 다수의 존재 방식"을 현시한다. 힘들은 자신들의 운동 중심들과 고정된 준거점을 상실하고, 이제 단지 다른 힘들에 관련될 뿐이다. "관점주의"는 더 이상 같은 세계 혹은 대상에 대한 다수의 관점을

---

37 TI 126~155를 보라. 다음에 오는 주제들은 이 장을 요약한 것인데, 이 중 일부는 『주름』에 상세하게 개진되어 있다. 이 책에서 들뢰즈는 "바로크" 개념을 전개하기 위해 라이프니츠의 저작을 원용한다.

의미하지 않으며, 각 관점은 이제 그 자체 또 다른 세계들을 포함하는 다른 한 세계에 계속 열려 있다. 라이프니츠의 세계의 "조화"는 한 조성으로 귀결되지 않는 불협화음과 미해결 화음의 해방, "다성음악들 중의 다성음악"(불레즈Pierre Boulez)에게 길을 내준다. 가장 중요하게는, 아마도 현실적 술어들의 형식 논리는 잠재적 특이성들의 정확히 "초월론적인" 논리에 의해 대체될 것이다. 들뢰즈와 과타리가 "리좀"에 대해 이야기하는 것은 바로 이 잠재적 조건들하에서이다. 리좀은 한 특이성이 다른 모든 특이성들과 무한한 수의 방식으로 연결될 수 있는 다양체이기 때문이다. 들뢰즈는, 일반적으로, 특이성들 간의 세 가지 유형의 종합을 구분한다. 즉, 한 단일한 계열의 구축과 관련된 연접적 종합(만약 … 그렇다면), 수렴적 계열들을 구축하는 방법인 통접적 종합(그리고 … 그리고), 또 가장 유명하게는, 발산적 계열들을 긍정하고 분배하여 선언을 긍정적, 종합적 원리로 전환시키는 역설적인 이접적 종합(… 또는 …). (『의미의 논리』가 제기하는 본질적인 물음들 중의 하나는 선언이 단지 배제의 절차가 아니라 종합적 원리일 수 있는 조건들과 관련된다.)[38] 요컨대, 서사 행위는 근본적으로 거짓을 행하는 것, 즉 내용상 참이거나 거짓이 되는 것이 아니라 ── 결정 불가능한 양자택일 ──, 형식상 거짓인 것, 니체가 거짓인 것의

---

38 LS 174를 보라: "물음 전체는, 또 올바르게도 그렇지만, 이접이 개념의 동일성(부정적인 것, 제한적인 것, 혹은 이접의 배제적 사용)에 의해서 사물로부터 술어들을 배제하는 일에 만족하는 분석 절차가 아니라, 어떤 조건하에서 진정한 종합인지 아는가 하는 것이다. 이접에 의해 규정되는 발산 혹은 탈중심화가 긍정 그 자체의 대상이 되는 한에서 대답은 주어져 있다. … 한 항에서 다른 한 항으로 표류하며 항들 사이의 거리를 뒤따라감으로써 종합 그 자체를 이행하는 포괄적 이접." 리좀 개념에 대해서는, TP 3~25, 특히 7을 보라.

창조적 역능이라고 불렀던 것이 됨으로써만 이 잠재적 영역을 기술할 수 있다.[39]

『차이와 반복』과 『의미의 논리』에서 행한 많은 들뢰즈의 문학 분석은 그러한 이접적 종합들이 다양한 작가들의 언어로 쓰여진 다양한 기법들에 관한 것이다. 가령, 『의미의 논리』는 캐럴이 창조한, 언어를 모든 방향으로 분기하게 하고 두 갈래로 나뉘게 만드는 다양한 유형의 "혼성어들portmanteau words"에 관한 것이다. 즉, 한 단일한 계열들을 가로지르는 연접적 종합을 형성하는 압축적 단어("Your Royal Highness"는 "y'reince"로 압축된다), 두 이질적 계열 사이의 통접적 종합을 형성하는 순환적 단어(Snark=snake+shark; slithy=slimy+lithe 등등), 그리고 공존하는 계열의 무한한 분기를 창조하는 이접적 단어(frumious=furious+fuming. 이 단어에서 진정한 이접은 "fuming-furious"와 "furious-fuming" 사이에 존재하는데, 이는 다시 다른 계열들에서 분기들을 창조한다).[40] 레몽 루셀은 두 이접적 계열을 공명하게 함으로써 자신의 텍스트들을 생산해 냈다. *La Doublure*에서 이 절차는 동음이의어의 이중적 의미에 의존한다(이 제목은 "대역" 또는 "안감"을 의미할 수 있다). 이 단어의 한복판에서 열려진 공간은 한 이야기에 의

---

39 N 126. 또한 TI 133을 보라: "서사 행위는, 주관적인 변이들을 따라서가 아니라 분리된 공간들과 탈연대기적인 순간들의 결과들로서, 각 에피소드에서, 끊임없이 수정되고 있다."

40 루이스 캐럴의 저작에 나타나는 세 가지 유형의 혼성어에 대한 들뢰즈의 분석에 대해서는, 「비의어에 관하여」, LS 42~87을 보라. 들뢰즈는 이접적인 혼성어에 관한 캐럴의 설명을 다음과 같이 인용하고 있다. "만약 여러분의 생각이 조금이라도 'fuming'에 기울어져 있다면, 여러분은 'fuming-furious'라고 말할 것이다. 만약 여러분의 생각이 간발의 차이로라도 'furious'에 기울어져 있다면, 여러분은 'furious-fuming'이라고 말할 것이다. 하지만 만약 여러분이 가장 희귀한 재능, 완전히 균형 잡힌 마음을 가지고 있다면, 여러분은 'frumious'라고 말할 것이다."(46)

해, 그리고 그 자체 이중적 의미를 띠는 대상들에 의해 채워지는데, 각각은 동시에 두 이야기들에 참여한다. 『아프리카의 인상』은 유사동의어, "billard/pillard"로 시작하여, 그 절차를 복잡하게 형성하지만, 첫 번째 이야기 안에 두 번째 이야기를 숨겨 놓는다.[41] 이와 마찬가지로 곰브로비치의 『코스모스』는 한 계열의 목을 매달은 동물들과 한 계열의 여자의 입들을 둘러싸고 구조화되는데, 기묘한 간섭하는 대상들과 비의어들에 의해서 서로 간에 소통한다. 조이스의 『율리시스』는 거의 서사 양식들의 고고학을 구성하는 다양한 절차들, 즉 비의어와 혼성어의 엄청난 사용, 수들 간의 일치의 체계, 물음/응답의 "설문지" 방법, 일련의 다양한 사상들의 제도를 사용하면서, 두 계열, 곧 율리시스/블룸 간의 이야기를 함축하고 있다. 『피네간의 경야』는 그 한계로까지 기법을 가져가서, "카오스모스"를 구성하는 모든 이접적 계열이 횡단적 차원에서 소통하게 만드는 편지를 소환한다.[42] 그런 우주는 모든 살아진 경험이나 살 수 있는 경험(=체험)을 넘어간다. 이 우주는 오직 사유 속에서만 실존하고 예술 작품 이외의 결과를 갖지 않는다. 하지만 이 우주는 또한 "사유와 예술을 실재적인 것으로 만들고, 세계의 실재와 도덕과 경제를 흐트러지게 만드는 것이다"라

---

41 미셸 푸코, 『죽음과 미로: 레몽 루셀의 세계』(Garden City, NY: Doubleday, 1986), 특히 제2장을 보라. 들뢰즈의 분석에 대해서는, DR 22, 121, 그리고 LS 39, 85를 보라. 루셀의 언어는 단지 언어의 조합적 가능성들 — 언어는 지칭되는 사물들보다 더 적은 지칭의 용어들을 갖지만, 그럼에도 불구하고 이러한 빈곤으로부터 방대한 부를 추출할 수 있다는 사실 — 에 의존하는 것이 아니라, 더 정확히 말해, 같은 단어의 반복 내에 최대한의 차이를 기입하면서, 같은 단어로 두 사물을 말할 가능성에 의존한다.

42 곰브로비치에 관해서는, DR 124, 그리고 LS 39를 보라. 조이스에 관해서는 DR 121~123, 그리고 LS 260~261, 264를 보라.

고 들뢰즈는 쓰고 있다(LS 60).

2. **주체의 해체**(정동과 지각percept). 그러한 카오스적이고 분기하는 세계에서, 개체의 지위 또한 변화한다. 즉, 모나드론은 노마드론(=유목론)이 된다. 존재자들은 자신들이 안으로부터 표현하는 공가능하고 수렴적인 세계에 닫혀 있는 것(모나드적 주체)이 아니라, 이제 끊임없이 그들 자신의 외부로 그들을 당기는 발산적 계열들과 불공가능한 앙상블들을 통하여 찢겨져 열리고, 계속 열린 채로 있게 된다(유목적 주체).

> 한 사물에 의해, 한 사물의 개념의 동일성에 의해 배제되고 있는 어떤 일정한 수의 술어들 대신에, 각 "사물"은 자신이 지나가는 무한한 특이성들 쪽으로 열려지며, 동시에 그것은 중심을, 즉 개념으로서의 동일성과 자기self로서의 동일성을 상실한다. (LS 174)

개체는 다양체이다. 개체는, 함께 기능하고, 공생에 들어가고, 어떤 특정한 견실성consistency을 달성하는 일단의 잠재적 특이성들의 현실화이다. 하지만 잠재적인 내재 면을 정의하는 특이성들과, 특이성들을 현실화하여 그것들을 초월적인 어떤 것으로 변형시키는 개체들 사이에는 커다란 차이가 존재한다. 부상은 사물들의 상태 속에서 혹은 개체의 체험 속에서 현실화되지만, 그 자체로 부상은 한 생명 속에서 우리를 휩쓸고 가는 내재 면상의 순수 잠재성이다. 제1차 세계대전에서 총을 맞아 큰 부상을 입은 프랑스 시인 조에 부스케는 "나의 부상은 나 이전에 실존했다. 나는 부상을 구현하려고 태어났다"고 쓰고 있다.[43] 들뢰즈가 주체와 관련하여 제기하는 물음은 "개체가 어떻게 사건의 보편적인 소통을 달성하기 위하여 자신의 형식 그리고 세계와 맺는 자신의 통사적 연관을 초월할 수 있는가?"이다(LS 178). 그가 "정신분열증화"라고 부르는 것은 개체의 동일성이 해체되어, 포괄적 이접들의 잠재적 카오스모스로 완전히 들어가는 한계-과정이다. 정신분열증자는, 결코 같은 방식으로 사건들을 설명하지 않고서, 결코 같은 혈통을 소환하지 않고서("나, 앙토냉 아르토는 나의 아들, 나의 아버지, 나의 어머니, 나 자신이다"), 결코 같은 동일성을 취하지 않고서(니진스키: "나는 신이다. 나는 신이 아니었다. 나는 신의 광대이다. 나는 아피스이다. 나는 이집트인이다. 나는 흑인이다. 나는 중국인이다. 나는 중국인이다. 나는 일본인이다. …"), 한 특이성에서 다른 한 특이성으로 급속히 이동해 간다.[44] 만약 들뢰즈가 사뮈엘 베

---

43 조에 부스케, 『중심지들』(Paris: Le Cercle du liver, 1955), 103. LS 148에 인용되어 있다. 들뢰즈가 윤리를 개인이 특이성들과 맺는 관계에 의해 정의하는 것은 그가 부스케를 논하는 문맥에서이다. 개인은 특이성들을 구현한다. 능동적 생(=생명)은 이 생에 일어나는 사건들을 받을 만한 것이 되기 위하여, 이 생을 구성하는 특이성들을 긍정할 수 있는 생이다. 부스케는 "내가 내 생의 사건들을 나의 것으로 만들기 전에 모든 것이 그 사건들에 알맞게 이루어져 있다"고 쓰고 있다. "내 생의 사건들을 사는 것은 내 자신이 그 사건들과 동등한 것이 되고 싶어 하는 그것이다." 이와 대조적으로, 반응적 생은 사건의 원한에 의해 추동되어, 그 생에 일어나는 모든 것이 불공정하고 부당하다고 이해한다. 들뢰즈는 "윤리는 도저히 말이 되지 않거나, 아니면 이것이 윤리가 의미하는 것이니, 이것 외에 달리 할 말이 없다. 즉, 우리에게 일어나는 것을 받을 만한 가치가 없는 것은 없다"고 쓰고 있다(LS 149).

44 앙토냉 아르토, 「여기에 묻혀 있도다」, 『저작 선집』, 수전 손택 편, 헬렌 위버 옮김(New York: Farrar Straus & Giroux, 1977), 540. 바츨라프 니진스키, 『일기』(New York: Simon & Schuster, 1936), 20, 156. 이는 AO 15, 77에 인용되어 있다. 분열증적 과정에서 포괄적 이접들의 역할에 관해서는, 들뢰즈와 과타리, 「이접적 종합」(AO 59)을 보라: "분열증화: 다른 하나에 의해 제한하거나 혹은 하나를 다른 하나로부터 배제함이 없이, 여전히 이접적인 것으로 존속하는 이접, 그리고 그럼에도 불구하고 분리된 항들을 긍정하고, 그 항들의 모든 거리를 통해서 그 항들을 긍정하는 이접."

케트의 작품과 정신분열증 간의 근본적인 연관을 간취한다면, 이는 베케트가 마찬가지로 자신의 등장인물들을 잠재적인 것 혹은 가능한 것의 영역에 완전히 위치시키기 때문이다. 즉, 등장인물들은 가능성을 實現하려고 하는 것이 아니라, 가능한 것의 영역 내에 계속 남아 있으면서, 포괄적 이접들의 모든 계열들과 치환들을 통하여 가능한 것 전체를 논리적으로 소진하려고 시도하기 때문이다(『몰로이』에서 "빨아 대는 돌들", 『머피』에서 다섯 개의 비스킷들의 조합, 『와트』에서 신발의 계열들). 그 과정에서, 등장인물들은 자신들을 생리학적으로 소진하면서, "자기self의 환상적인 분해 속에서" 자신들의 이름, 자신들의 기억, 자신들의 목적을 상실한다.[45]

　그러나 이 한계를 달성하지 않을 때조차도, 자기self는 동일성에 의해 정의되는 것이 아니라, "생성" 과정에 의해 정의된다. 들뢰즈와 과타리는 『천 개의 고원』의 길고 복잡한 한 장에서 이 개념을 분석한다(TP 232~309). 생성 개념은 단지 자기는 정적 존재를 갖지 않고 부단한 유동 속에 있다는 사실을 지시하는 것이 아니다. 더 정확히 말하면, 생성 개념은 모든 두 다양체들 사이에서 언제나 실존하는 무구별성 혹은 식별 불가능성의 객관적 지대, 즉 다양체 각각의 자연적 차이화에 무매개적으로 선행하는 지대를 지시한다.[46] 분기하는 세계에

---

45 ECC 154. "논리학에 행한 베케트의 위대한 기여는 소진(소진성)은 일정한 생리학적 소진 없이는 일어나지 않는다는 것을 보여 주었다는 점이다. … 아마도 그것은 한 단일한 사물의 앞면과 뒷면과 같을 것이다. 즉, '자기'의 환상적인 해체와 더불어, 가능한 결합된 것, 아니 오히려, 가능한 분리된 것에 대한 예리한 감각 혹은 지식."(ECC 154) 그러나 들뢰즈 그 자신은 잠재적인 것과 가능한 것 간의 날카로운 구별을 행하고 있다. DR 211~214를 보라.

46 WP 173. 철학사에 관한 들뢰즈의 저서들은 모두 그런 식별 불가능성의 지대에 머물면서, 그가 숙고하는 인물들의 다양성에도 불구하고 충분히 "들뢰즈적"인 의미를 설명하고 있다.

서, 다양체는 중심에 의해서가 아니라, 이 다양체가 다른 다양체들과 맺는 관계로 들어가서 본성을 변화시키고, 그 자신을 변형시키고, 도주선을 따라가는 한계와 경계에 의해 정의된다. 자기는 "나는 또 다른 것이다"라는 랭보의 공식에서처럼, 문턱, 문, 두 다양체들 사이의 생성이다. 우리는, 만약 그렇게 할 수 있는 문학적이거나 예술적인 수단들을 우리가 발견한다면, 어떤 것과도 생성의 지대에 들어갈 수 있다. 이러한 생성의 사상은 어디에서도 허먼 멜빌의 『모비 딕』에서보다 더 잘 예시된 것을 찾아볼 수 없기에, 들뢰즈와 과타리는 이 작품을 "생성에 관한 가장 위대한 걸작 중의 하나"로 간주한다(TP 243). 에이해브 선장과 흰 고래 사이의 관계는 모방이나 미메시스도 아니요, 체험의 공감도 아니요, 심지어 상상적인 동일시도 아니다. 그렇기는커녕, 에이해브는 모비 딕이 된다. 그는, 그가 그 고래를 찌를 때 그 자신을 찌르는 지점으로까지, 그가 더 이상 그 자신을 모비 딕과 구분하지 않는 식별 불가능성의 지대에 들어간다. 그리고 에이해브가 고래-되기에 종사하듯이, 그 동물도 동시에 다른 어떤 것, 즉 견딜 수 없는 힘, 아른아른 빛나는 순수한 흰 벽이 된다. "나에게, 흰고래는 내 가까이 밀쳐져 오는 그 벽이다. 때때로 나는 너머에 영naught이 존재한다고 생각한다. 하지만 그것으로 충분하다."[47] 이 생성의 실재는 무엇인가? 에이해브가 "실재적으로" 고래가 되지 않은 것과 마찬가지로 모비 딕은 "실재적으로" 다른 어떤 것이 되지 않는다. 생성에서, 한 항은 다른 한 항이 되지 않는다. 그렇기는커녕, 각 항은 다른 항

---

47 허먼 멜빌, 『모비 딕』, 제36장 「뒷갑판」. 이는 TP 245에 인용되어 있다.

을 마주치며, 생성은 두 항 외부에 있는, 두 항 사이의 어떤 것이다. 이 "어떤 것"은 들뢰즈가 주체의 정감들affections 혹은 지각들perceptions 로 환원될 수 없는 순수 정동affect 혹은 지각percept이라고 부르는 것이다. "지각percept은 지각들perceptions이 아니며, 지각들을 경험하는 자들보다 오래 사는 감각들과 관계들의 다발이다. 정동들은 느낌들[sentiments]이 아니며, 느낌들을 겪으며 사는 자들을 넘어서는 생성들이다(정동들은 다르게 된다)."(N 137)『모비 딕』에서, 에이해브와 고래 둘 모두는 형태를 피하는 정동과 지각의 "무한하게 증식하는 쪽모이patchwork"를 위하여 주체들로서의 그들의 직물을 상실한다. 이는 마치 벽의 순수한 힘, 혹은 "에이해브의 이마에서 고래의 이마까지 뒤틀리는 고랑들, 혹은 고정된 삭구를 빠져나가서 쉽사리 선원을 바다로, 주체를 죽음으로 끌고 가는, 펄럭거리는 밧줄의 '끔찍한 일그러짐'"과 같다(ECC 77). "더 이상 그것들을 경험하거나 혹은 경험한 자들에게 추호도 신세 지지 않는 자율적이고 충분한 존재들에 관해서만 우리는 지각과 정동을 얻는다."(WP 168)

순수 정동을 "자율적 존재자"라고 말하는 것은 무엇을 의미하는가?『운동-이미지』의 "정감-이미지affection-image"에 관한 장에서, 들뢰즈는 G. W. 팝스트의 영화「판도라의 상자」의 절정 장면을 한 예로 든다. 토막살인자 잭은, 램프의 불빛 속에서 룰루의 자애로운 얼굴을 꿈꾸듯 들여다볼 때, 갑자기 그녀의 어깨 위에서 빵 자르는 칼이 어슴푸레 빛나는 것을 본다. 클로즈업되는 그의 얼굴은 두려움에 헉헉대고, 그의 눈동자들은 점점 커지며, "공포는 발작이 된다". 그때 무기의 부름에 저항할 수 없고, 룰루를 희생자로 쓸 수 있는 자신의 운명을 그가 받아들이자, 그의 얼굴은 다시 이완된다. 이 장면은 두 가지 방식으로 파악될 수 있다고 들뢰즈는 언급한다. 한편으로, 이 장면은 개체화된 인물들(룰루, 잭), 특수한 사용을 가진 대상들(램프, 칼), 그리고 이러한 대상들과 인물들 간의 일단의 실재적 연관들과 더불어, 어떤 특정한 장소와 시간 속에 국소화돼 있는 "현실적 사태"를 정의한다. 다른 한편으로, 이 장면은 또한 일단의 성질들을 그 자신의 이념적 특이성들과 잠재적 결합들 ── 룰루의 자애로운 표정, 불빛의 밝음, 칼날의 번쩍임, 잭의 두려움, 포기, 최후의 결단 ── 을 갖고서 시-공간적 좌표들 외부에서, 순수한 상태 속에서 정의한다고 말할 수 있다.[48] 이것들, 즉 특이한 성질들 혹은 역능들이 들뢰즈가 순수 "가능태들"이라고 부르는 것이다.

팝스트의 영화에서, 밝음, 두려움, 결단함, 자애로움은 매우 상이한 성질들이고 역능들이다. 즉, 첫 번째 것은 감각의 성질이고, 두 번째 것은 느낌의 성질, 세 번째 것은 행위의 성질, 마지막 것은 상태의 성질이다. 하지만 이 성질들은 그 자체 감각, 느낌, 행위, 상태가 아니다. 오히려 이 성질들은 가능한 감각이나 느낌의 성질을 표현한다. 밝음은 특수한 감각과 같은 것이 아니고, 결단함은 특수한 행위와 같은 것이 아니다. 오히려 그것들은 어떤 특정한 조건들하에서, 특수한 감

---

48 MI 102. 우리는 여기서 들뢰즈의 용어 사용법에 발생하는 것으로 보이는 변화에 주목해야만 한다. 스피노자의 경우, "변용affection"(affectio)은 다른 한 신체에 의해 영향을 받는 한에서 한 신체의 상태를 가리키고, "정동affect"(affectus)은 변용에 따른 신체 역능의 감소 또는 증가로서 한 상태에서 다른 한 상태로 옮겨 가는 추이를 나타낸다. 들뢰즈가 『스피노자와 표현의 문제』에서 상세하게 분석하는 이 술어는 『천 개의 고원』 도처에서 대체로 그대로 유지되고 있다. 그러나 『운동-이미지』와 『철학이란 무엇인가?』에서, 들뢰즈는 이 용어들을 각각 지각perception과 정감affection으로 대체하고, 변용들로부터 추출되어 자유로운 지위를 성취하는 순수 성질들 또는 역능들을 위해 단어 "정동"을 그대로 보존한다.

각(램프 불빛 속의 칼날) 속에서, 혹은 특수한 행위(객의 손안의 칼) 속에서 현실화될 성질들이다. 그것들은 C. S. 퍼스가 "일차성", 곧 가능한 것의 범주라고 불렀던 것에 상응하는데, 이 범주는 다른 어떤 것도 지시함이 없이, 특수한 사태 속에서 현실화되는 일과 무관하게, 성질들 그 자체를 긍정적positive 가능성들로 간주한다. 들뢰즈에 따르면, 퍼스는 여기서 이미 순수 촉발들pure affections에 대해 언급한 바 있는 멘 드 비랑의 영향을 받은 것으로 보인다. 이 순수 촉발들은 "'거기에 … 존재한다'라는 유일한 형식 속에 현존하는, 규정적 공간과 아무런 관계가 없기 때문에, 주체와 아무런 관계가 없기 때문에(반신불수 환자의 고통, 잠들 때의 표류하는 이미지들, 광기의 환각들)" 장소를 정할 수 없다. 이와 대조적으로, "이차성"은 이 성질들이 서로 간에 관련을 맺는 "힘들"(힘의 행사-힘의 저항, 작용-반작용, 흥분-반응, 상황-행동, 개체-환경)이 된 실재적인 것the Real의 범주이며, 규정적 시-공간, 지리적 또는 역사적 환경, 그리고 개체적 사람들 속에서 현실화된다.[49]

이제, 들뢰즈가 정동이라고 부르는 것은 바로, 각 순간에 일단의 그러한 특이한 성질들이나 힘들(밝음, 두려움, 자애로움)의 잠재적 결합을 확보하는 "복합 존재complex entity"이다. 예술은 이 잠재적 정동들을 현실화하지 않고, 이 정동들에게 "신체, 생명, 우주"를 부여한다 (WP 177). 『운동-이미지』에서 행하는 들뢰즈 논의의 힘은 그러한 성질들 혹은 힘들이, 영화에서 클로즈-업을 통해 획득되는 방식에 대

---

49 MI 98. 이 텍스트는 퍼스의 일차성과 이차성에 대한 들뢰즈의 분석을 담고 있으며, 멘 드 비랑과 비교하고 있다.

한 분석에 놓여 있다. 도망치는 군중들의 얼굴을 클로즈-업 속에서 볼 때, 우리는 한 특수한 사람 속에서 실현되는 현실화에서 벗어난 직접적인 "겁먹음"을 본다. 잉마르 베리만은 "인간 얼굴에 다가올 가능성은 영화의 주된 독창성이고 독특한 성질이다"라고 쓰고 있다(MI 99). 통상적으로, 인간 주체의 얼굴은 개체화하는 역할, 사회화하는 역할, 의사소통적인 역할을 행한다. 그러나 클로즈-업에서 얼굴은 이 3중의 기능을 파괴하는 자율적인 실체가 된다. 즉, 사회적 역할은 폐기되고, 의사소통은 중단되고, 개체화는 중지된다. 얼굴의 조직은 건설 자재, 정동의 "휠레hyle", 혹은 심지어 정동들의 체계가 되는, 그 자체의 물질적 특성들("딱딱하고 부드러운, 음영지고 조명을 받은, 들쭉날쭉하고 굽어진, 어둡고 빛나는, 부드럽고 오톨도톨한 부분들")을 위해 행해진다(MI 103). 때로 얼굴은 반성적, 불변적일 수 있으며, 생성이 없이, 사유나 대상에 고정되어 최대한의 통일을 위한 최소한의 운동을 표하는 순수한 성질Quality을 표현할 수 있다(룰루의 자애로움). 이와 대조적으로, 얼굴은 강도적일 수 있으며, 전 계열의 성질들 — 각 성질은 순간적인 독립을 띠지만 이어 새로운 성질로 계속 출현하는 문턱을 건너간다(두려움의 상태가 상승하는 토막살인자 잭의 계열) — 을 통해 지나가는 순수한 힘Power을 느낄 수 있다. 이 두 극 사이에, 수많은 혼합들이 존재할 수 있다. 하지만 이것, 즉 마치 모든 얼굴이 아직 탐험되지 않은 미지의 풍경화를 봉인하고 있는 듯이, 얼굴을 알몸 상태, 심지어 비인간성의 지점으로까지 밀어붙이는 것이 얼굴이 사물들의 비유기적 생명Life에 참여하는 방식이다. 들뢰즈에게, 탁월한 정동적 영화는 거의 배타적으로 짧은 클로즈-업들로 이루어져 있는, 칼 드레이어의 「잔다르크의 수난」이다. 잔다르크의 재판은 개체화된 인물들과 역할들(존, 주교, 판사)을 가지는, 이 인물들의 정동(주교의 화냄, 잔의 순교)을 가지는, 역사적 상황 속에서 현실화된 사건이다. 하지만 드레이어 영화의 야심은 재판에서 "수난"을 추출해 내는 것이다. "역들과 상황들로부터 보호될 모든 것은, 정동이 추출되고 이 정동의 결합들을 이행하기 위해 요구되는 것 ─ 화냄 또는 계략의 이러한 '힘', 희생 또는 순교의 이러한 '성질' ─ 일 것이다."(MI 106) 베리만은 어쩌면 얼굴의 정감-이미지를 그 극한적 한계로까지 밀어붙였을 것이다. 즉, 「페르소나」에서 얼굴들이 합성되는 장면에서, 이미지는 두 존재자를 흡수하고, 이 존재자들을 허공 속에서 해체하면서, 유일한 정동으로서 말없는 두려움, 즉 그 자신의 "말소"에 봉착할 때의 얼굴의 두려움을 가진다(MI 99~101).

문학은 정동들을 추출하는 그 자신의 수단을 가진다. 들뢰즈와 과타리는 "위대한 소설가는 무엇보다도 인지되지 않은 미지의 정동들을 발명하여 이 정동들을 그의 인물들의 생성으로 드러내는 예술가이다"라고 쓰고 있다(WP 174). 위대한 소설가들은 순수 성질들의 미학을 제안하는 것이 아니다. 왜냐하면, 언제나 정동은 이 정동을 붙잡는 생성의 관점에서 간주되어야만 하기 때문이다. "순수 정동은 탈주체화의 기획을 함축한다."(TP 270) 들뢰즈에게, 문학의 목표는 형식들의 전개 혹은 주체들의 형성이 아니라, 생성들을 정동과 지각percept으로 옮겨 놓거나 내던지는 것인데, 이 정동과 지각은 이어서 그 잠재적 결합을 통해 결합되어 "감각의 블록들"이 된다. 가령, 에밀리 브론테의 『폭풍의 언덕』에서, 캐서린과 히스클리프는 사랑보다 더 깊고 체험보다 더 높은 이중 생성("나는 히스클리프이다"), 즉 두 인물 사이의 식별 불가능성의 지대를 따라가며, 강도적 정동의 전 계열을 통해 지나가는 생성의 블록을 창조하는 극심한 수난에 휘말린다.[50] 카프카의 『변신』에서, 그레고르 잠자는, 에이해브처럼, 동물-되기에 휘말리지만, 그 자신이 그의 가족에 의해 오이디푸스화되어 있음을 발견하고 죽음으로 향한다(K 39). 크레티앵 드 트루아Chrétien de Troyes의 소설들에서, 우리는 긴장증의 기사들을 발견하는데, 그들은 말 위에 앉아 긴 창에 기대어, 기사도와 모험을 기다린다. 베케트의 인물들처럼, "궁정풍 연애소설의 기사는 자신의 이름, 자신이 무엇을 하는지, 사람들이 자신에게 무엇을 말하는지, 자신이 어디로 가고 또는 누구에게 말하고 있는지를 잊으며 시간을 보낸다" ── 비운동성 기억상실증, 긴장증 환자, 정신분열증자, 기사의 생성을 이루는 일련의 순수 정동(TP 174). 생명과 문학이 서로 간에 수렴하는 것은, 바로 발생적 요소로서의, 정동의 이 수준에서이다. "생명만이 생명체들이 선회하는 그러한 지대들을 창조하고, 예술만이 공동-창조의 기획 속에서 그러한 지대들에 도달하고 관통할 수 있다."(WP 173)

우리가 정동에 대해 말해 온 것은 지각percept에도 똑같이 적용된다. 정동이 인물의 정감들affections을 넘어서듯이, 지각percept은 풍경에 대한 인물의 지각들perceptions을 넘어선다. 지각percept은 "생성 속의 지각perception이고, 광경을 n승의 역능으로까지 끌어올리며 규정적 환경들에 대한 인간의 지각perceptions과 결별하는 잠재력화potentialization이다"라고 들뢰즈는 말한다(ECC 88). 인물이 풍경과 맺는 관계는 "더 이상 자율적이고 선재하는 내적 생명과, 이 생명

---

50 에밀리 브론테, 『폭풍의 언덕』(New York: Norton, 1990), 제9장, 62~64.

을 반영하게 되어 있는 독립적인 외적 실재 간의 관계가 아니다"라고 프랑수아 주라비슈빌리는 쓰고 있다. 또 그는, 오히려 풍경은 "주체가 더 이상 그 자신과 동연적이 아닌 곳인 생성 안에서 생명을 수반한다"고 쓰고 있다.[51] 『모비 딕』에서, 에이해브 선장은 바다에 대한 지각들perceptions을 갖지만, 그는 그를 고래-되기로 만들고, 더 이상 에이해브일 필요도 없고 고래일 필요도 없는 감각들의 복합체를 형성하는, 모비 딕과 맺는 관계에 들어가기 때문에 지각들을 가질 뿐이다. 즉, 순수 지각percept으로서의 바다the Ocean. 『지혜의 일곱 기둥』에서, T. E. 로렌스는 아라비아 사막에 대한 지각들을 갖지만, 그는 수치와 영광의 정동과 더불어, 사막의 환각적인 연무에 거주하는 아랍-되기에 들어갔다. 즉, 지각percept으로서의 사막. 버지니아 울프의 『댈러웨이 부인』에서, 댈러웨이 부인은 마을에 대한 지각들을 갖지만, 이는 마치 그녀 자신이 지각 불가능한 것이 된 지점까지, "모든 것을 통과하는 칼"처럼, 마을을 통과했기 때문이다. 그녀는 더 이상 인격이 아니라, 생성이다(그녀는 혼잣말을 하곤 했다. 나는 이것이다, 나는 저것이다). 즉, 지각percept으로서의 마을.[52] 지각percept이 보이도록 만드는 그것은 우리에게 영향을 미치고 우리를 생성하게 만드는, 우주에 거주하는 보이지 않는(=비가시적인) 힘들이다. 인물들은 풍경

---

51 프랑수아 주라비슈빌리, 「지각percept에 관한 여섯 가지 주석」(비판과 진단의 관계에 관하여), 『들뢰즈: 비판적 읽기』, 폴 패튼 편(Cambridge, MA: Blackwell, 1996), 190. 주라비슈빌리의 논문은 들뢰즈의 저작에 보이는 지각percept의 진단적 지위에 대한 심오한 분석을 제공하고 있다.

52 버지니아 울프, 『댈러웨이 부인』(New York: Harcourt Brace & World, 1925), 11. 이는 TP에 인용되어 있다. T. E. 로렌스의 『지혜의 일곱 기둥』에 보이는 정동과 지각percept의 역할에 대한 들뢰즈의 분석에 대해서는, 그의 시론 「수치와 영광: T. E. 로렌스」(ECC 115~125)를 보라.

들 안으로 들어가고, 그 자체로 감각들의 복합체의 일부가 된다. 이 지각percept은 울프가 "세계의 순간들"이라고 부른 것이며, 들뢰즈가 "특개성들haecceities"이라고 칭하는 것인데, 여기서 "한 생명"의 개체화 양식은 "기후", "바람", "안개", "하루의 한 시간"과 본성상 다르지 않다. 그것들은 잠재적 결합 안으로 들어가는 비-주체화된 정동과 지각의 배합체들assemblages이다. "죽어 가고 있는 쥐가 공기와 합성 composition에 들어가듯이, 길은 말과 합성에 들어가고, 짐승과 보름달은 서로 간에 합성에 들어간다."(TP 262) 풍경은 더 이상 외적 실재가 아니라, "생명의 추이"의 바로 그 요소가 되었다. "우리는 세계 속에 있지 않고, 우리는 세계와 함께 되어 간다."(WP 169)

그런 "세계의 순간"이 자율적인 지위를 성취하기 위해, 어떻게 스스로 실존하게 될 수 있는가? 『운동-이미지』의 「지각-이미지」 장에서, 들뢰즈는 베르토프의 "키노-아이kino-eye"가 영화적 수단을 통하여, 어떻게 인간들 "이전에" 존재했던 대로의 지각perception을 달성하려고 시도했는지를 보여 준다. 이러한 지각은 인간적 좌표들로부터 해방된 "어떠한 공간"의 구축도 가능하게 하는, 물질 그 자체 속에 존재할 비-인간적 눈(카메라)의 순수한 시각이다. 마찬가지로, 회화에서, 세잔은 언제나 근거리에서 그릴 필요가 있음에 대해 이야기했다. 즉, 너무나 가까이 있어서, 더 이상 형태들 혹은 심지어 물질들을 보는 것이 아니라, 힘들, 밀도들, 강도들 ── 가령, 산의 접는 힘, 사과의 싹트는 힘, 풍경의 열적·자기적 힘 ── 만을 보는 지점으로까지, 랜드마크 없이 풍경 속에 잠기기에, 더 이상 밀밭을 볼 필요가 없음에 대해 이야기했다. 이것이야말로 세잔이 인류 이전의 세계라고 부른 것, "우리 자신의 새벽", "무지개 빛깔의 카오스", "세계의 처녀성"

이다. 즉, 우주적 변이 혹은 상호작용 속에서 시각적 좌표들이 붕괴한 것이다. 이후, ── 결국 다시 또 "재앙" 속에서 사라질지도 모르는 끊임없는 위험과 더불어 있다 할지라도 ── 지구가 출현할 수 있고, "완고한 기하학", "세계의 척도", "지질학적 토대"가 출현할 수 있다.[53] 파울 클레는 회화 행위를 이와 유사한 용어로, 즉 "보이는 것을 만드는 것이 아니라, 보이도록 만드는 것" ── 그 자체로는 보이지 않는 힘들을 보이도록 만드는 것 ── 으로 기술했다. 음악에서, 메시앙은 "리듬적 특징들"이 거주하는 "멜로디적 풍경들"로서의 음향적 지각percept에 대해서 이야기했다.[54] 문학에서, 울프의 공식은 "모든 원자들을 포화 상태로 만드는 것"이었다. 이는 "모든 쓰레기, 생기 없는 것, 남아도는 것을 제거하는 것", 우리의 체험적 지각들perceptions을 고수하는 모든 것을 제거하는 것이었을 뿐만 아니라, 또한 지각percept을 포화 상태로 만드는 것, 모든 것을 지각percept 안에 넣는 것, 모든 것을 포함하는 것이었다.[55] 수반되는 기법적 수단이 무엇이든 간에, 그런 지각percept들은, 우리가 갖지 않는 눈에 속하므로, 오직 예술에서만 구축될 수 있을 뿐이다. "체험적 지각들perceptions을 지각percept으로, 체험적 정감들affections을 정동affect으로 끌어올리기 위해서, 각 경우에 스타일 ── 작가의 신택스syntax, 음악가의 양식과 리듬, 화가의 선과

---

53 조아킴 가스케, 『세잔: 대화를 담은 회고록』, 크리스토퍼 펨버튼 옮김(London: Thames & Hudson, 1991), 160: "풍경에 없는 그러나 완전히 풍경 안에 있는 사람." 세잔의 문구는 지각 percept의 역설을 정확히 포착하고 있다.

54 클로드 사뮈엘, 『올리비에 메시앙과의 대화』, 펠릭스 아프라하미언 옮김(London: Stainer & Bell, 1976), 61~63.

55 버지니아 울프, 『버지니아 울프의 일기』, 앤 올리비에 벨 편(London: Hogarth, 1980), Vol. 3, 209. 이는 TP 280과 WP 172에 인용되어 있다.

색채 —— 이 요구된다."[56]

따라서 정동과 지각은 생명을 구성하는 발생적이고 내재적인 요소들이다. 들뢰즈와 과타리는 "생명의 개체화는 생명을 인솔하거나 혹은 생명의 지주 역할을 하는 주체의 개체화와 같은 것이 아니다" 라고 쓰고 있다(TP 261). "생명"은 오직 정동과 지각의 관계만을 알고 있는 **견실성의 내재 면**immanent plane of consistency 위에서 구축되며, 생명의 정동과 지각의 합성이, 감각들의 블록들의 창조를 통하여, 순수 사건의 무한정하고 잠재적인 시간(아이온) 속에서 발생한다. "주체" 는 형태들, 기관들, 기능들의 전개를 이미 수반하는 **조직성의 초월 면** transcendent plane of organization 위에서 구축되며, 측정되고 현실화된 시간(크로노스) 속에서 발생한다. 이 두 유형의 면들 사이의 대립은, 끊임없이 알아차리지 못한 채 우리가 하나에서 다른 하나로 이동하므로, 추상적이라는 점은 사실이다. 어쩌면 두 가지 운동 혹은 경향에

---

56 WP 170. 문학적 창조에 미치는 마약과 술의 영향을 들뢰즈가 고찰하는 것은 바로 이 맥락에 서이다. 비록 마약이 지각perception의 문을 열어 주긴 하지만, 마약으로 유발된 작품들은 지각percept의 수준을, 설사 달성한다 하더라도, 거의 달성하지 못한다. 들뢰즈는 그런 지각적 실험들perceptive experimentations의 효과들은 "완전히 다른 수단에 의해" —— 예술 속에서 —— 야기되어야만 한다고 주장한다. 마약에 대한 들뢰즈의 논의에 대해서는, TP 282~286을 보라. 이 글은 *Recherches*, 39 bis(1979. 12.)에 실린 이전 논문 「Deux questions」(두 가지 물음)을 가다듬은 것이다. 첫 번째 물음은 들뢰즈가 —— 지각 체계system of perception에 직접 투여하는 —— "도주선"에 위치시키는 마약의 "특수한 인과성"에 관한 것이다. 마약은 "세계를 정지시키고", 순수한 청각적, 시각적 지각들percepts을 방출시킨다. 마약은 물질, 형태, 색채, 소리에 미소 간격의 분자적 구멍들을 만들어 낸다. 또 마약은 속도의 선들을 이 간격들을 통과하게 만든다(MI 85를 보라). 그러나 두 번째 물음은 불가피한 "전환점"에 관한 것이다. 그 자체로, 마약은 이 도주선의 행위에 필요한 면plane을 그려 낼 수 없고, 대신에 그릇된 지각들perceptions(아르토), 나쁜 느낌들(미쇼), 의존성, 중독 등등을 초래한다. 이런 이유로 버로스는 마약에 의해 제기되는 미학적 문제를 다음과 같은 방식으로 정식화한다: "중독자가 되지 않고서 어떻게 마약의 힘을 구현할 수 있을까? 화학적 수단에 의해 획득될 수 있는 모든 것이 다른 길에 의해 접근될 수 있다는 점을 상상해 보라."(LS 161)

대해 말하는 것이 더 나을 것이다. 왜냐하면 생성 과정에 휘말리지 않는 주체는 존재하지 않으며, 정동과 지각은 자신들이 추출되는 적어도 최소한의 주체, 혹은 자신들이 의사소통되도록 해 주는 봉투로서의 주체를 전제하기 때문이다.[57] 『천 개의 고원』에서, 괴테와 클라이스트는 문학에 나타나는, 이 두 경향의 거의 전형적이라 할 수 있는 예들로 제시된다. 괴테는, 헤겔처럼, 글쓰기는 주체Subject의 규제된 형성이나, 혹은 형식Form의 조화로운 발달을 목표로 해야 한다고 주장했다. 따라서 그는 감정 교육, 인물들의 내적 견고성, 형식들 간의 조화, 형식들의 발달의 연속성 등등과 같은 주제들을 강조했다. 이와 대조적으로, 클라이스트의 경우, 느낌들은 주체의 내면성으로부터 뿌리째 뽑혀져, 바깥 순수 외면성의 환경으로 투사된다. 가령, 사랑과 미움은 무기처럼 몸을 찌르는 순수 정동(Gemüt)이다. 사랑과 미움은 인물들의 생성의 심급이다(아킬레우스의 여자-되기, 펜테실레이아의 개-되기). 클라이스트의 경우 주체가 존재하는 것이 아니라, "생성의 블록들"로 결합되는, 생명의 정동과 지각이 존재할 뿐이다. 이 생성의 블록들은 긴장증적인 동결 속에서 돌이 될지도 모르고, 이어 갑

---

57 『천 개의 고원』에 나오는 들뢰즈와 과타리의 논평을 보라: "최소한의 층들, 최소한의 형식들이나 기능들, 그리고 물질들, 정동들, 배치들을 방출하는 최소한의 주체를 보유하는 일이 필요하지 않은가?"(270) "여러분은 거칠게 탈층화해서는 견실성 면plane of consistency에 도달하지 못한다. … 층화되어 ─ 조직되고, 의미화되고, 종속되어 ─ 머물러 있다는 것은 일어날 수 있는 최악의 것이 아니다. 일어날 수 있는 최악의 것은 여러분이 층들을 이전보다 더 심하게, 층들을 우리에게 도로 가져다주는 발광이나 자살의 붕괴로 던져넣느냐 아니냐 하는 것이다. 이것이야말로 층이 행해져야 하는 방식이다. 즉, 층 위에 자리 잡아라, 층이 제공하는 기회들을 갖고서 실험하라, 층 위에서 유리한 자리를 발견하라, 탈영토화의 잠재적 운동들, 가능한 도주선들을 발견하라, 이 도주선들을 경험하라, 여기저기서 흐름 결합들을 생산하라, 강도들의 연속체를 단편별로 행하라, 항상 새로운 땅의 작은 부지를 소유하라."(160~161)

자기 광기의 번득임이 극한 속도까지 가속될지도 모르는 블록들이다 ("긴장증은 이렇다. '이 정동은 나에게 너무나 강하다.' 그리고 번득임은 이렇다. '이 정동의 힘은 나를 휩쓸고 가 버린다.'").[58] 들뢰즈의 저작들에서 아마도 가장 빈번히 준거점이 되는 프루스트는 거의 모범적이라 할 수 있는 방식으로 이 두 경향을 결합한다. "잃어버린 시간" 동안에, 프루스트는 인물들과 풍경들로부터 정동과 지각을 점차적으로 추출해 내는데, 그래서 찾기의 "조성 면"은, 작품이 진행됨에 따라, 작품의 길 안의 모든 것을 서서히 휩쓸고 가면서, 오직 점진적으로 출현하고 나서야만, 마침내 "되찾은 시간" ── 이제 그 자체로 지각 가능하게 된 순수 시간의 힘들 ── 속에서 대자적으로 나타난다.[59] 들뢰즈에게, 우리가 진정한 개체성을 성취하고 고유명을 획득할 수 있는 것은 "주체의 죽음"을 통과함으로써뿐이다.

그대 자신의 이름으로, 그대 자신을 위해 말한다는 것은 기묘한 일이다. 왜냐하면 그것은 그대 자신을 자아나 인격이나 주체로 본다고 해서 오는 것이 결코 아니기 때문이다. 개체들은, 그들 안의 모든 곳에서 그들 자신을 다양체들에게 열어 줌으로써, 그들을 빠르게 통과하는 강도들에게 열어 줌으로써, 오직 탈인격화의 혹독한 연습을 통해

---

58 TP 356. 괴테와 클라이스트를 비교하기 위해서는, TP 268~269를 보라.

59 WP 88~89. 이것이야말로, 즉 보이는 것을 시간의 보이지 않는 힘으로 만들기야말로 들뢰즈가 프루스트의 기획을 정의하는 방식이다. "'보통 보이지 않는 시간은, 보이게 되기 위해서 신체들을 찾고, 또 신체들을 찾는 곳마다 자신의 마법 랜턴을 신체들에 비추기 위해서 그 신체들을 붙잡아', 자신의 '이해 불가능한 차원'에 따라서, 늙어 가는 얼굴의 파편들과 특징들을 자른다."(PS 160)

서만 그들 자신을 위한 진정한 이름을 발견한다. … 우리 자신에 대한 실험이야말로 우리의 유일한 동일성이다. (N 6; D 11)

3. 신체의 붕괴(강도들과 생성들). 주체의 논리적 동일성의 해체는 유기적 신체의 물리적 붕괴를 상관자로 갖는다. 유기적 신체 아래에, 이 신체의 조건으로서, 아르토가 발견하고 명명한 것, 즉 순수하게 강도적인 신체인 **기관(들) 없는 신체**가 존재한다. 기관 없는 신체는 들뢰즈의 가장 악명 높은 개념들 중의 하나이다. 이 신체는『의미의 논리』에서 최초로 나타나서, 『안티-오이디푸스』에서 개념적으로 발전되며, 「그대는 그대 자신을 어떻게 기관 없는 신체로 만들 것인가?」라는 제목의, 『천 개의 고원』의 강령적인 장의 목표이다(TP 149~166). 들뢰즈는 기관 없는 신체의 생물학적 모델을, 오직 축과 벡터, 변화도와 역閾, 전치와 이행에 의해서만 정의되는, 말 그대로 기관들이 없는, 강도 장場인 알에서 발견한다.[60] 하지만 여기서 다시, 들뢰즈는 알에서부터 철학적 개념을 추출해 내기 위하여 태생학에 호소할 따름이다. 즉, 기관 없는 신체는 생명 그 자체의 모델, 즉 유기체를 횡단하는 강력한 비유기적이고 강도적인 생기력의 모델이다. 이와 대조적으로, 형식과 기능을 지니는 유기체는 생명이 아니라, 오히려 생명을 가두는 그것이다. 하지만 들뢰즈에게, 기관 없는 신체는 유기체 "이전에" 실존하는 어떤 것이 아니다. 기관 없는 신체는 신체의 강도적 실재, 즉 유기체의 "아래에" 혹은 "이웃하여" 존재하는 강도적

---

60 들뢰즈가 태생학 및 알의 모델을 사용하는 것에 관해서는, DR 214~217, 249~252를 보라.

환경이며, 끊임없이 그 자신을 구축하는 과정 속에 있다. 가령, 기관 없는 신체는 내적이거나 외적인 "자기상 환시autoscopia"로 알려진 현상 속에서 "보여지는" 그것이다. 즉, 그것은 더 이상 나의 머리가 아니라, 나는 나 자신을 머리 내부에서 느낀다. 혹은 나는 나 자신을 거울 속에서 보는 것이 아니라, 나는 나 자신을 내가 보는 유기체 속에서 느낀다 등등.

『안티-오이디푸스』에서, 들뢰즈와 과타리는 정신분열증자들의 경험을 기술하기 위해 기관 없는 신체 개념을 사용한다. 정신분열증자들에게 기관(들) 없는 신체는, 마치 기관들이 무한히 많은 방식으로 연결될 수 있는 순수 강도들로서 경험되는 듯이, 유기체의 통합된 조직 아래에서 일차적으로 느껴지는 어떤 것이다. 『벌거벗은 점심』에서, 버로스는 그러한 생기력 있는 정신분열증적 신체에 대한 생생한 문학적 묘사를 제공하고 있다.

> 모든 기관들이 기능이나 위치와 관련하여 변치 않는 것이 아니다. …
> 성 기관들이 모든 곳에서 돋아나고 … 직장이 열리고, 똥을 누고, 닫
> 히고 … 유기체 전체는 순식간의 조정 속에서 색깔과 밀도를 변화시
> 킨다. … 인간 신체는 아연할 정도로 비효율적이다. 질서 문란한 입과
> 항문 대신에 왜 하나의 다목적적 구멍이 먹고 배설하지 않는가? 우리
> 는 코와 입을 봉하고, 위장을 메꾸고, 공기 구멍을 애초에 그것이 존
> 재해야 했었던 폐 안으로 향하도록 만들 수 있을 것이다.[61]

---

61 윌리엄 버로스, 『벌거벗은 점심』(New York: Grove, 1966), 8, 131. 이는 TP 153, 150에 인용되어 있다.

「렌츠」에서, 게오르크 뷔히너는 강도적 기관들이 자기와 비-자기, 인간과 자연, 내부와 외부 사이의 구별이 더 이상 아무런 의미도 갖지 않는 지점으로까지, 자연의 모든 요소들과 함께 생성으로 들어가는 정신분열증자의 산책을 묘사하고 있다.[62] D. H. 로렌스는 『무의식의 환상』에서 이와 유사한 기관 없는 신체의 그림을 그렸다.[63] 이 그림에서 기관 없는 신체는 자신의 두 극으로서의 해와 달, 그리고 다양한 평면들, 단면들, 망상 조직들을 갖고 있다. 하지만 정신분열증자들 역시 강도들이 강도=0인 한계에 접근함에 따라, 기관들의 이러한 비유기적 기능이 완전히 멈추는 상태들을 경험한다. 기관 없는 신체가 생명Life과 동연적인, 죽음의 모델이 되는 것은 바로 여기에서이다. 호러 소설의 작가들은, 그들이 유기적 시체에 대한 공포가 아니라, 긴장증적 정신분열증자에 대한 공포에 호소할 때, 이 점을 잘 알고 있다. 유기체는 멍한 시선과 굳은 자세로서 남아 있지만, 신체의 활력 있는 강도는 중지되고, 얼어붙어 있고, 막혀 있다. 기관 없는 신체의 이 두 극은 ── 기관들 사이에 실존하는 견인과 반발의 모든 변이들을 갖는, 기관들의 활력 있는 비유기적 기능, 그리고 기관들의 얼어붙은 긴장증적 정지 ── 정신분열증자의 고통 전체를 번역하고 있다. 왜냐하면 정신분열증자들은 이러한 벌거벗은 강도들을 순수한 그리고 거

---

62 게오르크 뷔히너, 「렌츠」, 『희곡과 산문 전집』, 칼 리처드 뮐러 옮김(New York: Hill & Wang, 1963), 141. 이는 AO 2에 인용되어 있다: "그는 모든 형태의 심오한 생명과 접촉하는 것, 바위, 금속, 물, 식물을 위한 영혼을 가지는 것, 달이 차고 기우는 것에 맞추어 숨 쉬는 꽃들과 같은, 자연의 모든 요소들을, 꿈속에서처럼, 그 자신 안으로 가져오는 것이 무한한 지복의 느낌임에 틀림없다고 생각했다."

63 D. H. 로렌스, 『무의식의 환상』(New York: Viking, 1960).

의 참을 수 없는 상태 속에서 경험하기 때문이다. 즉, 감각들("나는 본다", "나는 듣는다")의 환각 아래에서, 사유("나는 생각한다")의 섬망 아래에서, 더 심원한 어떤 것, 강도의 느낌, 즉 **생성** 혹은 이행("나는 느낀다")이 존재한다. 변화도가 교차되고, 역國이 초과되거나 철수되고, 이주가 초래된다. 가령, "나는 여자가 되고 있음을 느낀다", "나는 신이 되고 있음을 느낀다", "나는 순수 물질이 되고 있음을 느낀다". 프로이트가 분석한 유명한 사례에서, 슈레버 판사가 자신이 여자가 되고 있다, 자신의 벌거벗은 몸통 위에서 젖가슴을 느낄 수 있다고 말할 때, 그는 젖가슴을 닮거나 재현하는 것이 아니라, 자신의 기관 없는 신체 위의 순수 강도의 지대를 가리키는 체험적 정서를 표현하고 있는 것이다(AO 18~19).

이제, 들뢰즈와 과타리에 따르면, 우리가 "섬망"이라고 부르는 것은 기관 없는 신체의 강도들과 생성들을 사회-정치적 장에다 직접적으로 투여하게 하는 전반적 모체이다. 『안티-오이디푸스』의 본질적 논지들 중의 하나는 섬망적 형성물들은 오이디푸스 콤플렉스의 아버지-어머니-아이 좌표들로 환원될 수 없다는 점이다. 섬망적 형성물들은 가족적이거나 개인적인 것이 아니라, 세계-역사적이다. 정신분열증자들을 걱정하게 만드는 것은 러시아인들이나 중국인들이다. 정신분열증자의 입은 바싹 말라 있고, 누군가가 지하철 안에서 자신을 비역하고, 모든 곳에서 정충이 헤엄치고 있으며, 그것은 프랑스인의 잘못이거나 유대인의 잘못이다. … 정신분석학의 커다란 오류는 사회적이고, 정치적이고, 지리적이고, 종족적인 것, 그리고 무엇보다도 섬망의 **인종적** 내용을 크게 무시했다는 점, 혹은 그것을 가족적이거나 혹은 개인적인 것으로 환원했다는 점이다. 더 중요하게는,

들뢰즈에게, 이 섬망적 형성물들은 "광적인" 것의 예술적 생산품들이 그 자신의 지정학적이고 종족적인 좌표들을 가지는, 그 자체로 기관 없는 신체의 구축으로 간주될 수 있는 한에서, "예술의 핵심들"을 구성한다(AO 88~89). 아르토의 "잔혹 극장"은 그가 "종족들"에 직면한 일, 멕시코의 힘들과 종교들에 직면한 일과 분리될 수 없는데, 이 모든 것은 그의 기관 없는 신체에 거주한다. 랭보의 "지옥의 계절"은 몽고인-되기나 스칸디나비아인-되기와 분리될 수 없다. "종족들과 대륙들의 광대한 전치", 야수, 니그로가 되는 강도적 느낌, 영원토록 열등한 종족이 되는 느낌("나는 먼 종족 출신이다. 즉, 나의 조상들은 스칸디나비아인들이었다. 그들은 자신들의 옆구리를 꿰뚫었고, 그들 자신의 피를 마셨다. 나는 온몸에 깊은 상처를 낼 것이며 문신을 새길 것이다. 나는 몽고인 못지않게 흉측해지고 싶다. … 나는 십자군을, 미기록 탐험 여정을, 아무런 역사도 없는 공화정을, 은밀한 종교 전쟁을, 관습들의 혁명을, 종족들과 대륙들의 전치를 꿈꾸었다").[64] 차라투스트라의 "위대한 정치"는 니체를 "나는 독일인이 아니다. 나는 폴란드인이다"라고 말하도록 이끈 종족들의 삶과 분리될 수 없다.[65] 섬망은 우리의 자아를 여러 역사적 인물들과 동일시하는 데 있는 것이 아니

---

64 아르튀르 랭보, 『지옥에서 보낸 한 철』, 『시 전집, 서한 선집』, 월리스 파울리 옮김(Chicago: University of Chicago Press, 1966), 177, 179, 189, 193.

65 피에르 클로소프스키, 「토리노에서의 희열」, 『니체와 악순환』, 대니얼 W. 스미스 옮김 (Chicago: University of Chicago Press, 1997). 클로소프스키는 섬망의 두 극이 섞여 있는, 니체의 최종 미완성 유고 중의 하나를 인용하고 있다: "나는 여기서 종족 문제를 다루고 있다. 나는 폴란드 신사요, 불순한 피가 한 방울도, 단 한 방울도 섞여 있지 않은 순혈인이다. 만약 내가 나의 가장 극심한 반대편을 찾는다면 … ─ 나는 언제나 내 어머니와 내 누이를 찾고 있다. 나 자신이 그러한 독일 쓰레기들과 동맹을 맺고 있음을 안다는 것은 나의 신성에 대한 모독이었다. 바로 이날까지 내 어머니와 누이 쪽의 조상은(─)거대한 흉물덩어리였다."(250)

라, 기관 없는 신체 위에서 횡단되는 강도의 문턱들을 고유명과 동일시하는 데 있다. 가령, 니체는 갑자기 이성을 상실하여, 그 자신을 낯선 저명 인사와 동일시하는 것이 아니다. 오히려 그의 섬망은 여러 고유명을 수용하는 일련의 강도적 상태들을 통과하는데, 이 중 일부는 그의 협력자, 혹은 조증의 강도적 상승(프라도Prado, 레셉스Ferdinand de Lesseps, 샹비주Chambige, "정직한 범죄자들")을 가리키고, 또 다른 일부는 그의 적들, 혹은 우울증의 강도적 하강(가야바, 빌헬름, 비스마르크, "반유대주의자들")을 가리킨다 ― 정신분석학이 주장하듯이 "아버지의 이름"에 의해서가 아니라, "역사의 모든 이름들"에 의해 투여된 순수 진동의 카오스. 그가 움직이지 않고 가만히 있을 때조차, 정신분열증자는 광대한 여행을 착수하지만, 이는 강도상의 여행이다. 정신분열증자는 자신의 기관 없는 신체의 사막을 건너며, 그 과정에서 다른 종족들과 투쟁을 벌이고, 문명들을 파괴하고, 여자가 되고, 신이 된다.

들뢰즈와 과타리는 더 멀리 나아가는 것으로 보인다. 만약 기관 없는 신체가 생명의 모델이고, 섬망이 그 강도들이 직접적으로 역사와 지리에 투여되는 과정이라면, 그렇다면 ― 광적인 것의 산물들뿐만 아니라 ― 모든 문학 작품들은 일종의 섬망을 구성하는 것이라고 임상적으로 분석될 수 있다. 우리가 물어야 하는 것은 한 주어진 예술 작품이 투여하는, 역사와 우주의 영역들이란 무엇인가, 국가와 종족이란 무엇인가?이다. 우리는 예술 작품이 창조하는 리좀의 지도를 제작할 수 있고, 예술 작품의 기관 없는 신체의 지도 제작을 행할 수 있다. 『천 개의 고원』에서, 들뢰즈와 과타리는 미국 문학에 관한 간략한 지도 제작적 소묘를 제시한다. 동부에는, 미국의 코드, 그리고 유럽과 함께하는 재코드화에 대한 탐색(헨리 제임스, T. S. 엘리엇, 에즈라 파운드), 남부에는, 노예 제도 붕괴의 초코드화(윌리엄 포크너, 어스킨 콜드웰, 플래너리 오코너)에 대한 탐색, 북부에는 자본주의적 탈코드화(존 더스 패서스, 시어도어 드라이저)에 대한 탐색이 존재했다. 하지만 서부에서는, 늘 물러나는 한계들, 이동하고 전치되는 경계, 인디언과 문화, 광기를 가지는 심원한 도주선이 존재했다(잭 케루악, 켄 키지, 비트족).[66] D. H. 로렌스는 프랑스 문학은 생명을 **창조하는** 것이 아니라, 판단을 행하고 판단을 받고자 하는 열광으로 가득 차서 생명을 **비판한다**고 하며 프랑스 문학을 비난했다. 하지만 영미 작가들은 떠나는 법을, 그 과정을 더 멀리 밀고 나아가는 법을, 도주선을 따라가는 법을, 개인들의 **원한**ressentiment 및 확립된 질서들의 지배를 피하는 생성에 들어가는 법을 알고 있다. 그렇지만 들뢰즈와 과타리는 그러한 도주선의 애매성을 거듭 지적한다. 왜냐하면, 도주선이 막히게 되거나 궁지에 다다를 만큼(케루악의 슬픈 결말, 셀린의 파시스트적 발광), 혹은 심지어 순전한 파괴 선으로 전환할 만큼(울프의 자살, 피츠제럴드의 파탄, 니체와 휠덜린의 광기), 그 과정을 완성하지 못한 것이 문학, 미국인 등등의 운명이 아닌가? 하고 말하고 있기 때문이다.[67] 케루악은 수단 중의 가장 냉철한 수단을 갖고서 혁명적인 "도주"(『길

---

66 D 36~51. 들뢰즈의 저술에서 가장 빈번히 나타나는 영미 작가들은 사뮈엘 베케트, 윌리엄 버로스, 루이스 캐럴, 찰스 디킨스, F. 스콧 피츠제럴드, 앨런 긴즈버그, 토머스 하디, 헨리 제임스, 잭 케루악, D. H. 로렌스, T. E. 로렌스, H. P. 러브크래프트, 맬컴 라우리, 허먼 멜빌, 헨리 밀러, R. L. 스티븐슨, 버지니아 울프다.
67 미국 문학의 지형도에 대해서는, TP 19, 520 n18을 보라. 파괴 과정에 관해서는, AO 133, 277~278, 그리고 D 38~39, 140~141을 보라.

위에서』)를 했지만, 후에는 위대한 미국의 꿈에 빠지고 말아, 브르타뉴의 조상들을 찾아 길을 떠났다. 셀린은, 위대한 실험 후에, 점점 더 파시즘과 소통하는 섬망의 희생자, 그리고 그의 아버지의 편집증 희생자가 되었다. 『안티-오이디푸스』에서 들뢰즈와 과타리는 섬망으로서의 문학의 "보편적 임상 이론"은 예술 작품을 두 극 사이에 위치시켜야 한다고 언급한다. 그 두 극 중 하나는 "편집증적" 극, 혹은 기관 없는 신체의 강도들이 파시즘화하고, 도덕화하는 민족주의적·종족주의적 경향들에 투여되는 질병으로서의 문학이고("나는 너의 부류, 우월한 종족의 한 사람, 아리안이다"), 다른 하나는 언제나 그 과정을 더 멀리 밀어붙이고, 도주선을 따라가고, 생명을 부수고 가두는 모든 것에 저항하는 잡종의 불순한 종족을 소환하는 "분열증적" 극, 혹은 건강의 척도로서의 문학이다("나는 짐승, 깜둥이… 이다. 나는 영원토록 열등한 종족이다").

4. 정치의 "소수화"(발화 행위들과 우화 기능). 우리가 문학의 정치적 운명이라는 들뢰즈의 개념에 직면하는 것은 바로 여기에서이다. 작가들이 그들의 자아와 함께 글을 쓰고 있지 않듯이, 이미 실존하는 사람들을 "위하여" 글을 쓰거나 혹은 계급이나 국민에게 "말을 건네지" 않는다. 말라르메, 랭보, 클레, 알반 베르크, 스트로브Jean-Marie Straub와 같은 위대한 예술가들이 한 국민을 소환할 때, 그들이 발견하는 것은 "그 국민은 행방불명되어 있다"는 점이다.[68] 들뢰즈에게, 이것은 문학의 "혁명적" 잠재력이라는 새로운 개념을 의미한다. 미국과 소련의 두 위대한 현대 혁명들은, 설사 이 혁명들이 맹목적이고 무의식적인, 억압적이고 예속적인 상태에서 실존할지라도, 국민의 현실

화, 국민의 의식적이-되기"를 기다리면서, "국민이 이미 거기에 존재하는" 보편사의 최종성에 대한 믿음을 공유했다. 마치 러시아가 그 힘이 전 세계적인 프롤레타리아화에 놓여 있을 혁명을, 소유물이나 가족 개념이 없는, 동지들의 공동체 사회에 놓여 있을 혁명을 하려고 모색했듯이, 미국은 그 힘이 전 세계적인 이민에 놓여 있을 혁명을, 모든 나라들로부터 온 망명자들이 만장일치적 공동체 속에서 융해되는 용광로에 놓여 있을 혁명을 창조하려고 모색했다. 그러므로 문학, 혹은 심지어 영화(예이젠시테인의 「10월」, 그리피스의 「국가의 탄생」)도 대중들의 예술이 될 수 있을 것이라는 믿음이, 최고도로 혁명적이거나 민주적인 예술이 될 수 있을 것이라는 믿음이 있었다. 하지만 수많은 요인들에 의해 예고되었던, 이 두 혁명의 실패(남북전쟁 및 미국 국민들의 파편화; 국민들의 만장일치를 일당의 독재적 통일, 이후 소비에트 제국의 붕괴가 대체한, 스탈린주의 및 소비에트 연방의 해산) 때문에 이러한 만장일치주의적 믿음은 위태롭게 되었다. 영화에서, 최후의 조종을 울린 것은 바로 히틀러의 흥기였다. 벤야민, 이어서 지버베르크는 나치즘에서 어떻게 자동적 운동의 예술로서의 영화가 "대중이 주체가 된다"와 일치하는 것이 아니라, 심리학적 자동장치로 복속되고 환원된다는 점 — "예술"로서의 정치, 영화감독으로서의 히틀러(리펜슈탈의 「의지의 승리」) — 을 보여 주었다. 만약 예술이 정치적 과제를 발견하고자 한다면, 새로운 기반 위에 존재해야 할 것,

---

68 가령, 파울 클레, 『현대 미술에 관하여』, 폴 핀드레이 옮김(London: Faber, 1966), 55를 보라: "우리는 부분들을 찾아 온 것이지, 전체를 찾아 온 것은 아니다. 우리에게는 여전히 궁극적 힘이 결여돼 있다. 왜냐하면 국민이 우리와 함께 있지 않기 때문이다. 하지만 우리는 국민을 찾고 있다."

즉 바로 이 파편화와 붕괴를 기반으로 해서 존재해야 할 것 ── 이미 실존하는 국민들을 다루는 과제가 아니라, 행방불명된 국민을 발명하는 일에 기여하는 과제이다 ── 이라고 들뢰즈는 주장한다. 휘트먼은 미국에서 국민과 작가는 이중적 문제 ── 일단의 소통하지 않는 파편들 곧 이민자들, 그리고 부단히 창조되거나 획득되어야만 하는 파편들 곧 이민자들 사이의 일단의 변화하는 관계들 ── 에 직면한다고 언급한 바 있었다. 하지만 이 조건들은, 권력의 메커니즘 및 다수자의 체계들로 인해 서구에서는 감추어져 있었으므로, 어쩌면 제3세계에서 더 분명히 나타날 것이다. 왜냐하면 식민주의자가 "여기에는 결코 국민이 존재한 적이 없다"라고 선언할 때, 국민은 필연적으로 생성의 조건들에 들어가고, 그들은 투쟁의 새로운 조건들 속에서 그들 자신을 발명해야만 하며, 정치 문학의 과제는 이 아직 언어를 갖지 않은, 이 태어나지 않은 국민의 발명에 기여하는 것이기 때문이다.[69]

만약 국민이 행방불명되었다면, 이는 바로 국민이 소수자의 조건 속에 실존하기 때문이라고 들뢰즈는 말한다. 『자본주의와 분열증』에서, 들뢰즈와 과타리는 모순과 계급에 의해서가 아니라, "도주선"과 소수자에 의해서, 자본주의 현 상태에 대한 분석을 제공한다.[70] 들뢰즈와 과타리가 전개한 "소수적인" 것이라는 개념은 사법적, 정치

---

69 이 모든 논점에 관해서는, 현대적인 정치적 영화의 조건들을 분석하는 『시간-이미지』(TI 215~224)에 있는 짧은 절을 보라. 별도로 논할 만한 이 책의 이와 유사한 절(TI 262~270)에서, 들뢰즈는 영화가 정보 과학과 통신 기술에 대항하여 내적 전쟁을 벌일 수 있는 조건들 ("정보를 넘어서는 창조")을 분석하고 있다.

70 N 171~172를 보라. 계급 개념에 대한 들뢰즈와 과타리의 비판에 대해서는, AO 252~262를 보라.

적 지시를 가지는 것은 물론 음악적, 문학적, 언어학적 지시를 가지는 복합적인 개념이다. 정치적 맥락에서, 다수성과 소수성 간의 차이는 양적인 것이 아니라고 그들은 주장한다. 다수성은 많은 수들에 의해서가 아니라, 평가의 기준이 될 수 있는 항상적이거나 표준적인 이념적 척도(가령, 백인, 서양인, 남성, 성인, 합리성, 이성애, 도시 거주, 표준어 구사…)에 의해 정의된다. 이 공리적 모델을 벗어나는 모든 규정은, 정의상 그리고 수에 관계없이, 소수주의자로 간주될 것이다. 가령, "남자"는, 비록 여자들이나 어린이들보다 수가 적다 하더라도, 다수성을 구성한다. 그리고 소수자들은 자주 다수자들보다 수가 더 많다.[71] 들뢰즈와 과타리에게, 진정한 이론적 대립은 자본주의의 계급 공리적인 것에 들어가는 그 요소들과, 이 공리적인 것으로부터 피하거나 벗어나는 (공리적인 것의 "결정 불가능한 명제들"로서의, 혹은 비-가산 다양체들로서의) 그 요소들 사이에 존재한다. 소수자들이 "객관적으로" 정의될 수 있는 ─ 그 자신의 영토성을 지닌 언어, 민족, 성별에 의해 정의될 수 있는 ─ 상태들이라는 것은 사실이다. 소수자들이 다수자가 되기 위해서 ─ 공인되고, 권리들을 갖고, 자율적인 지위 등을 성취하기 위해서 등등(투표권, 낙태, 직업을 얻기 위한 여성들의 투쟁, 제3세계의 투쟁, 동양과 서양의 억압받는 소수자들

---

71 TP 469~470에서, 들뢰즈와 과타리는 다수적인 것/소수적인 것의 차이에 대한 집합론적인 해석을 제공하고 있다. 다수성을 정의하는 것은 그 수가 아니라 수에 내적인 관계들이다. 즉, 다수성은 가산적 집합에 의해 구성되는 데 반해, 소수성은 그것이 제아무리 많은 요소들을 가진다 하더라도, 비-가산적 집합으로 정의된다. 자본주의 공리는 오직 가산적 집합들만을 다루는 데 반해, 소수자들은 공리적인 것이 아니라 문제적인 것의 미분법을 함의하는 애매하고, 비가산적이고, 공리화 불가능한 집합들을 구성한다.

의 투쟁) —— 반드시 투쟁을 벌여야만 한다는 것 또한 사실이다. 하지만 들뢰즈와 과타리에게, 이러한 투쟁들은 또한 또 다른 공존하는 거의 지하 전투에 가까운 전투의 지표이기도 하다. 왜냐하면 다수자성은 사실상 "아무도 없음"에 대한 분석적 사실을 이루는 추상적인 표준이지만, 모든 사람은, 이러저러한 측면하에서, 소수자-되기에 휘말려 있기 때문이다. 더구나 어떤 방식에서, 우리는, 다수자성은 모델에 대한 종속을 수반하므로, 지배의 상태를 의미하는 것은 다수자성이지 그 반대가 아니라고 말할 수 있을 것이며, 또 "자율성"이라고 부르는 것을 이루는 것은 보편적 인물로서의 소수자-되기의 과정이라고 말할 수 있을 것이다(TP 291, 106). 소수자성은 정의상 모델을 갖지 않는다. **소수자성은 그 자체 끊임없는 변이 속에 있는 생성이거나 과정이며**, 소수자성의 힘은 다수자 체계 안으로 들어가서 그 안에서 그 자신을 느껴지게 하는 능력에 의해서 측정되지 않는다. 소수자들은 국가 구성체를 거쳐 지나가지 않듯이, 자본주의 경제를 거쳐 지나가지 않는 조성들(연접들, 통접들, 이접들)을 증진시키는 잠재력을 갖고 있다. 『천 개의 고원』의 가장 독창적이고 중요한 텍스트들 중의 하나인, 「유목론—전쟁 기계」에서, 들뢰즈와 과타리는 본성상 가변적이고 유목적인, 도주선을 따라 구축된 사회구성체들의 조직적 조건들을 기술하려고 시도한다.[72] 이것이, 소수자들은 평균적인 것이나 다수

---

72 TP 351~423에 있는 「1227년: 유목론—전쟁 기계」. 이는 니체의 『도덕의 계보』에서 개요가 서술된 "능동적" 실존 양태에 상응하는 정치 구성체의 유형을 제시하려는 시도로 독해될 수 있을 것이다. 우리가 새롭게 알게 된 것인데, 『안티-오이디푸스 문건』(스테판 나도 편, 켈리나 고트망 옮김, New York: Semiotext(e), 2006)에서, 과타리는 『안티-오이디푸스』가 출간된 지 채 6개월도 안 되는 1972년 9월에 들뢰즈가 이미 『천 개의 고원』, 「유목론」 장에 관한 작업

적인 것 내에서 제어 불가능한 운동들을 유발할 수 있는 가치를 가지는 생성의 씨앗 혹은 결정체로 간주되어야만 하는 한에서, 들뢰즈와 과타리가 정치의 "소수화"라고 칭하는 것이다.

만약 현대의 정치 문학과 영화가 소수자들의 구성에 역할을 행할 수 있다면, 이는 더 이상 현대의 정치 문학과 영화가 자신들이 의식적-되기를 기다리면서, 혁명의 가능성을 기다리면서, 이미 거기에 존재하는 "국민들"을 기반으로 하여 기도되는 것이 아니기 때문이다. 오히려, 현대 정치 문학과 영화는 국민이 행방불명된 일단의 불가능성 위에서 구성되는데, 이 불가능성 속에서 유일한 의식은 폭력, 파편화, 모든 혁명을 저버림, 정서들과 충동들이 산산조각 난 상태, 즉 전방면의 난국이다. 들뢰즈에게, 이것, 곧 **참을 수 없는 것** ── 즉, 그러한 조건들 속에 사는 일의 불가능성을 이와 동시에 증명하는 체험적 현실성 ── 이 정치 문학 혹은 영화의 새로운 대상을 이루는 그것이다. 그리고 문맹의 대중과 횡행하는 탈문화화에 직면하는 소수자 작가들과 영화감독들은 그들의 작품에서 이와 동일한 부류의 난국들에 봉착한다. 한편으로, 그들은 도저히 그들의 국민의 집체 소설들과 고대 신화들에 호소할 수 없다. 왜냐하면 로샤Glauber Rocha의 영화 「검은 신, 하얀 악마」에서처럼, 식민지 주민들이 자신들에게 등을 돌려 자신들이 겪고 있는 바깥으로부터의 자본주의적 폭력으로(이 경우에는, 우상화할 필요가 있어서) 향하도록 ── 또 강화하도록 ── 만드는

에 열중하고 있었다는 점을 보여 준다. 과타리는 "거의 마치 들뢰즈는 『안티-오이디푸스』를 마치기 전에도 사회구성체의 세 가지 유형(원시 사회, 국가, 자본주의)은 불충분하며, 네 번째 유형 ── 유목적 전쟁 기계 ── 으로 보완되어야 한다는 점을 깨달았다는 듯", "질은 마치 미친 사람처럼 그의 유목에 열중하고 있었다"(397)고 쓰고 있다.

것은 자주 바로 이 동일한 신화(예언자의 권위와 노상강도의 권위)이기 때문이다. 문화적으로, 우리는 소수자들은 이야기들, 영화들, 텔레비전 프로그램들, 바깥으로부터 그들에게 강요되는 광고들에 의해서뿐만 아니라, 안으로부터 식민주의자에게 복무하는 그들 자신의 신화들에 의해서, 이렇게 이중으로 식민지화되어 있다고 말할 수 있을 것이다. 그렇지만 다른 한편으로, 작가들은 발명된 이야기들이나 소설들과 같은 개인적인 발화들을 생산하는 데 만족할 수 없다. 왜냐하면 그들 자신의 특권적인 경험에 호소함으로써("…과 같은 입장에 있는 나"), 그들은 식민지 주민의 조건들과 결별하고 ── 설사 예술적인 영향을 통해서, 오직 미학적으로 그렇게 한다 할지라도 ──, 식민주의자들의 측면으로 이동해 가기 때문이다. 장─루이 코몰리Jean-Louis Comolli가 말하듯이, 작가와 영화감독은 이중적 불가능성, 즉 "집단으로부터 탈출할 불가능성, 그리고 집단에 만족할 불가능성"을 그들의 대상으로 삼는다(TI 219).

그러나 이 두 불가능성들 사이에서, 들뢰즈는 협소한 길을 가리키는데, 그 길은 예술가가 (허구적인 인물이 아니라) 실재적인 인물들을 취하여, 그들을 "중재자들"로 사용하는 길이다. 이 길에서 이러한 인물들은 "허구들을 만들어 내거나", "전설들을 창작하거나", "이야기를─말하는" "노골적인 행위"에 휘말리는 조건들 속에 놓여 있게 된다(피에르 페로, 글라우버 로샤, 장 루슈). 참을 수 없고 살아갈 수 없는 상황 가운데에서, 생성은 행방불명된 "국민"과, 이제는 부재하는 작가의 "나" 사이에서 통과하며, 비인격적 신화나 인격적 소설이 아니라 **집체적 발화**collective utterance ── 지배하에서 살아갈 불가능성을 표현하지만, 이렇게 하여 저항 행위를 구성하고 행방불명된 국민의 예시豫示로서 기능하는 발화 —— 인 "순수 발화 행위(=화행)"를 방출한다. 작가는 실재적 인물들을 향해 발걸음을 내딛지만, 이 인물들은 이제 작가를 향해 발걸음을 내딛는다. 이중적 생성이다. 그러한 집체적 발화는 파솔리니가 **자유 간접 화법**이라고 칭한 것을 구성한다. 즉, 이는 그 자신을 자율적인 형식으로서 설정하는 새롭게 창조된 발화 행위이다. 또 이는, 마치 작가가 실재적 인물을 통해서 또 다른 사람이 됨으로써만 그 자신을 표현할 수 있는 것처럼, 그리고 이어 인물이 오직 자신의 제스처와 말들이 제3자에 의해 보고되고 있을 때에만 행위하고 말할 수 있는 것처럼, 두 주체화의 행위를 동시적으로 달성하는 순수 사건이다.[73] 작가가 이런 방식으로 진술을 생산할 때, 그것은 —— 설사 이 공동체의 객관적 조건들이 문학적 언술 행위enunciation 외에는 당분간 아직 주어져 있지 않을지라도 —— 국가적, 정치적, 사회적 공동체의 기능으로서 필연적으로 일어난다. 문학에서, 들뢰즈는 문학을 소수 국민의 집체적 발화로서 제시하는 (중부 유럽) 카프카와 (미국) 멜빌의 텍스트들에 자주 호소하는데, 거기서 소수 국민은 그들의 표현을, 고독 속에서 그만큼 더 잠재적인 힘들을 표현할 수 있는 위치에 있고, 진정한 집체적 행위자, 효모나 촉매가 될 수 있는 위치에 있는 작가의 특이성 안에서, 또 작가의 특이성을 통해서 발견한다 (클레가 말하듯이, "우리는 더 이상 아무것도 할 수 없다").[74] 이 조건들 하에서, 발화 행위는 진정한 **발생적 요소**로서 나타난다. 즉, 발화 행위

---

73 피에르 파올로 파솔리니는 『이단적 경험』(Paris: Payot, 1976), 39~65(문학)에서, 그리고 139~155(영화)에서 이 자유 간접 화법 개념을 전개한다. 들뢰즈의 분석에 대해서는, MI 72~76을 보라.

는, 설사 아직 "다가올 악마적인 힘들 혹은 구축될 혁명적인 힘들"의 잠재력으로서만 실존하더라도, 국민 혹은 소수자의 자유 간접 화법을 이루기 위해서, 조금씩 조금씩 다른 발화 행위들과 연결할 수 있는 잠재성으로서 나타난다(K 18).

다른 맥락에서, 이것은 베르그손이 "우화 기능fabulation"이라고 칭한 것으로, 그는 이것을 신들과 거인들, "반-인간적 힘들, 또는 효과적 존재들"을 창조하는 일을 본성으로 하는 몽상적 능력으로 보았다. 비록 종교에서 최초로 실행되어 있을지라도, 우화 기능은 예술과 문학에서 자유롭게 전개되는 능력이며, 집체적 발화들 혹은 발화 행위들을 다가올 국민의 싹으로서 생산하기 위하여 **실재적** 당사자들을 합치는, 신화를 창작하거나 우화를 창작하는 기능이라고 들뢰즈는 언급한다. 들뢰즈는 "우리는 베르그손의 우화 기능 개념을 받아들여, 이 개념에다 정치적 의미를 부여해야 한다"고 말한다.[75] 소수자 작가들은 그들 자신이 식민주의자의 이데올로기, 식민지 주민의 신화들, 지식인들의 담론, 그리고 그들 모두를 포섭하겠다고 위협하는 소통 매체의 정보에 둘러싸여 있음을 알게 될 수도 있다. 이것은 그들이 궁구해야 할 자료이다. 하지만 "우화 기능"은 그것들로부터 순수 발화 행위를 추출해 내는 기능이며, 말하자면, 지배적인 신화들과 소설들

---

74 허먼 멜빌의 미국 문학에 관한 에세이, 「호손과 그의 모세스」, 『포터블 멜빌』, 제이 레이다 편 (New York: Viking, 1952), 411~414를 보라. 그리고 "작은 민족들의 문학"에 관한 프란츠 카프카의 일기(1911년 12월 25일), 『프란츠 카프카의 일기: 1910~1913』, 막스 브로트 편, 조지 프 크레시 옮김(New York: Schocken, 1948), 191~198을 보라.

75 N 174. 베르그손은 『도덕과 종교의 두 원천』, T. 애슐리 오드라·클라우즐리 브레러튼·W. 호 스폴 카터 옮김(New York: Henry Holt, 1935), 제2장에서 우화 기능 개념을 전개한다.

의 반대면인 창조적 스토리텔링이고, 즉각적이고 도피 불가능한 정치적 영향을 가지는 저항 행위이자, 소수자 담론과 국민이 구성될 수 있는 도주선을 창조하는 저항 행위이다. "소수자는 결코 이미 만들어진 것으로 실존하지 않는다. 소수자는 전진하거나 공격하는 자신의 길이기도 한 도주선들상에서 형성될 뿐이다."[76] 예술 작품과 행방불명된 국민의 이 근본적인 친연성은 결코 온전하게 분명하지 않을지도 모른다. 아직 실존하지 않는 국민에게 호소하지 않는 예술 작품은 존재하지 않는다. 하지만 예술가들이 오직 국민을 **소환할** 따름이라는 것은 사실이다. 비록 그들이 국민을 필요로 하는 일이 그들이 행하는 것의 바로 그 한복판으로 갈지라도, 그들은 국민을 **창조할** 수 없으며, 억압된 국민은 자신을 예술과 관련을 맺게 할 수 없다. 그렇지만 국민이 그 자신의 자원과 고통을 통하여 그 자신을 **창조할** 때, 국민은 예술 안의 어떤 것과 연관을 맺는 방식으로, 혹은 더 정확히 말해 예술을 국민 자신이 결여하고 있었던 것과 연관을 맺게 하는 방식으로 그렇게 행한다고 들뢰즈는 언급한다. 이런 의미에서 우화 기능은 민족과 예술에 공통된 기능이다.

   5. 언어의 "말 더듬기"(통사법과 스타일). 마지막으로, 들뢰즈에게, "소수-되기" 과정은 또한 문학이 언어에 미치는 영향을 나타낸다. 프루스트는 위대한 문학은, 마치 작가가 그 자신의 언어 내에서 외국인 혹은 소수자로서 쓰고 있다는 듯이, 그것이 쓰여진 언어 내에서 일종

---

76 D 43. "소수성" 개념에 대해서는, TP 105~106, 469~471을 보라. 소수자들과 관련하여 정치
   영화를 위한 조건들, 그리고 베르그손의 우화 기능 개념에 관해서는, TI 215~224를 보라.

의 외국어를 가능하게 한다고 말했다.[77] 이 외국어는 또 다른 언어, 심지어 주변화된 언어가 아니라, 언어 그 자체의 소수-되기이다. 혹은, 들뢰즈가 그의 시론 「그는 말을 더듬거렸다」에서 말하는 바와 같이, 작가는 언어 안에 말 더듬기를 도입했는데, 이는 단순히 발화상의 말 더듬기가 아니라, 언어 그 자체의 말 더듬기이다(ECC 107~114). 이러한 언어학적 맥락에서, 들뢰즈와 과타리는 다수와 소수라는 용어는 두 상이한 언어를 지정하는 것이 아니라, 언어에 대한 두 상이한 취급, 동일한 언어의 두 용법이나 기능을 지정하는 것이며, 직접적 방식으로 소수자의 정치적인 문제와 연관되어 있다고 주장한다.

이것은 다수 언어와 소수 언어, 권력의 언어와 국민의 언어 간의 실재하는 구별을 부인하는 것이 아니다. 소수자들과 이민자들은 자주 2개 국어 혹은 다국어를 구사하면서, 그들이 자주 서투르게 말하는, 그리고 그들이 정치적 관계에서 어려움을 겪는 "다수" 언어 속에서 살아가고 있다. 어떤 경우에, 그들은 심지어 그들 자신의 "소수" 언어나 모국어를 더 이상 알지 못할 수도 있다. 하지만 이러한 구별은 발생적 설명을 요한다. 즉, 어떤 조건들하에서 언어는 한 나라에서, 혹은 심지어 세계적 규모에서 권력을 취하는가? 이와 역으로, 어떤 수단에 의해 우리는 언어적 권력을 막아 낼 수 있는가? 승리자들이 그들의 언어를 피정복자들에게 강요한다고 말하는 것으로는 (비록 이것이 일반적으로 맞는 말이라고 해도) 충분하지 않다. 왜냐하면, 언

---

77 마르셀 프루스트, 『생트-뵈브에 반(反)하여』, 실비아 타운센드 워너 옮김(London: Chatto & Windus, 1978), 194~195: "위대한 문학은 일종의 외국어로 쓰여진다. 매 문장에다 우리는 종종 오역인 의미, 혹은 적어도 심적 이미지를 부가한다. 하지만 위대한 문학에서 우리의 모든 오역은 결국 아름다움을 가져온다."

어적 권력의 메커니즘들은 더 미묘하고 장황해서, 능동적인 정치적 투쟁, 심지어 소규모 투쟁의 대상인, 확장 가능하고 역전 가능한 기능들을 통과한다. 앙리 고바르는, 들뢰즈가 짧은 서문을 썼던, 자신의 책『언어학의 소외』에서 네 가지 상이한 유형의 언어, 즉 **토착 언어**(시골 기원의 모성적 또는 영토적 언어), **운송 언어**(주로 도시적인, 상업과 외교의 언어), **지시 언어**(과거의 회상 또는 재구축을 통하여 작동하는 민족적이거나 문화적인 언어), **신화 언어**(정신적이거나 마법적이거나 종교적인 영역을 가리키는 언어)를 구분함으로써 단순한 다수–소수 이원성을 넘어서려고 기도한 바 있다.[78] 더 정확히 말하면, 이 구별들은 다양한 언어들이 담당할 수 있거나(혹은 상실할 수 있거나), 혹은 시간이 흐르는 동안 한 단일한 언어가 담당할 수 있는 상이한 **기능들**을 가리키는데, 이는 각각 그 자신의 권력의 메커니즘을 갖는다. 예를 들어, 권력의 언어로서, 라틴어는 지시 혹은 문화 언어가 되기 전에 유럽에서 운송 언어였고, 그 후 신화 언어가 되었다. 근본주의자들이 토착 언어로 미사를 보는 일에 대해 항의할 때, 그들은 라틴어가 신비적 혹은 종교적 기능들이 빼앗기는 것을 막으려 하고 있다. 마찬가지로, 고전주의자들은, 라틴어가 한때 행사했던 교육적 권력 형식들이 다른 형식들에 의해 대체되었기에, 라틴어가 지시적 혹은 문화적 기능이 빼앗겼다는 사실을 개탄한다. 전 세계적인 언어적 권력으로서,

---

78 앙리 고바르의『언어학의 소외』(Paris: Flammarion, 1976), 서문, 9~14에 있는, 질 들뢰즈, 「Avenir de lingustique」를 보라. 이 들뢰즈의 서문은 TRM 67~71에 「언어학의 미래」로 번역되어 있다. 또한 K 23~27을 보라: "이 언어들의 시공간적 범주는 뚜렷이 다르다. 즉, 토착 언어는 '이곳에' 있고, 운송 언어는 '모든 곳에' 있고, 지시 언어는 '저곳에' 있고, 신비 언어는 '너머에' 있다."(K 27)

미국 영어의 현 제국주의는 오늘날의 운송 언어로서의 지위에만 기인하는 것이 아니라, 이 언어가 어떻게 해서든 다양한 문화적, 신비적, 그리고 심지어 다른 언어들 속의 토착적 기능들에 잠입해 들었기 때문이다(따라서 현대 프랑스 토착어를 영어가 오염시켜 생긴 "프랑글레Franglais"를 언어 순화주의자들이 비난하고 있다).

하지만 한 언어가 다른 언어들 위에 군림하는 제국주의적 권력을 획득하게 하는 이 다양한 권력의 메커니즘은 동시에 매우 상이한 경향들이 수반된다. 왜냐하면, 한 언어가 다수 언어의 특징들을 더 많이 획득할수록, 이 언어는 이 언어를 "소수" 언어로 바꾸어 놓는 내적 변이들에 의해 영향을 받기 때문이다. 영어는, 바로 그 헤게모니 때문에, 그 헤게모니를 야금야금 갉아먹으며 새로운 신화적 기능들, 새로운 문화적 지시들, 그 자신의 용도를 갖는 새로운 토착 언어들의 가능성을 창조하는 세계의 소수자들에 의해 안으로부터 부단히 영향을 받고 있다. 영국 영어는 게일어와 아일랜드 영어로 인해 변이 속에 놓여 있다. 미국 영어는 단순히 표준 영어에 대한 실수나 위반의 총합으로 정의될 수 없는 흑인 영어와 다양한 "게토 영어"로 인해 변이 속에 놓여 있다. 소수 언어들은 단순히 이차 언어(방언이나 개인어)가 아니라, 모든 차원들과 요소들에 있어서 소수-되기에 들어가는 다수 언어의 잠재력을 표현한다. 확실히, 그러한 운동들은 혁명적인 열망과, 반동적이고 심지어 파시스트적이기도 한 경향(의고주의, 신-세력권, 지역주의)을 혼합할 수 있으므로, 그 자신의 정치적 애매성을 갖고 있다. 더구나, 정치적 관점에서 볼 때,

만약 소수 언어를, 공식적 인정을 강요할 수 있는 지역적으로 다수인

언어로 만드는 불변성과 동질성을 이 소수 언어에다 부여함으로써가 아니라면(소수 언어로만 글을 씀으로써라면), 소수 언어의 옹호자들이 어떻게 작동할 수 있는지(따라서 소수 언어의 권리를 주장하는 작가들의 정치적 역할)를 안다는 것은 어려운 일이다. (TP 102)

달리 말해서, 한 언어에 의한 권력의 획득과 그 언어의 소수-되기는 양방향으로 부단히 이동하면서 서로 간에 전환하고 있는 공존하는 운동들이다. 이러한 방식으로, 들뢰즈와 과타리는, 고바르를 따라가며, 언어의 내적 기능들은 탈영토화와 재영토화의 부단한 운동들과 분리 불가능한 일종의 "지리-언어학", (푸코가 말하는 의미의) 언어의 "미시-정치학"을 제시한다.

그렇다면 "소수 문학"에 대해 말한다는 것은 무엇을 의미하는가? 들뢰즈의 관심을 끄는 많은 작가들은 실로 그들 자신을 2개 국어나 다국어의 상황 속에서 발견하는 사람들이다. 가령, 독일어로 글을 쓰는 체코계 유대인 카프카, 프랑스어와 영어로 글을 쓰는 아일랜드인 베케트, 프랑스어로 글을 쓰는 루마니아인 루카Gherasim Luca가 그러한 사람들이다. 카프카야말로 이 상황이 작가로서의 그에게 부과하는 일단의 언어적 "불가능성들"에 대해 가장 강력하게 말한 사람이었다. 이러한 언어적 불가능성들은, "불확실하든, 억압되었든, 국민적 의식은 문학에 의해 필연적으로 실존하기 때문에" 글 안 쓰는 일이 불가능하다는 것을 뜻하고, 또 프라하 유대인들은 그들의 태생적인 체코 토착어를 잊어버렸거나 억압했고, 이디시어를 경멸이나 의혹의 시선으로 보았으며, 오직 히브리어를 시오니즘의 신비 언어로서 꿈꿀 수 있었을 뿐이기 때문에 독일어라는 지배적 언어로 글 쓰는 일 이외의 글 쓰는 일이 불가능하다는 것을 뜻하며, 또 "문서 언어"로서의 표준화되어 있고 운송적인 지위 때문뿐만 아니라, 또한 프라하 독일인이 빈과 베를린의 중세 고지 독일어에 들여온 "타락한" 요소들이 독일어의 문화적 기능을 위협했기 때문에도 독일어로 글 쓰는 일이 불가능하다는 것("약해진 어휘, 전치사의 부정확한 사용, 대명사의 남용, 유순한 동사들의 사용" 등등)을 뜻한다.[79] 그러나 들뢰즈에게, 카프카가 묘사한 상황은 모든 작가들이, 심지어 2개 국어를 구사할 줄 모르는 작가들이 직면하는 상황이다. 창조는 필연적으로 그런 숨 막히는 상황에서 발생한다고 그는 말한다.

> 우리는 창조를 불가능성들 사이에 난 길을 따라가는 것으로 보아야 한다. … 일단의 불가능성들이 목을 쥐지 않은 창조자는 창조자가 아니다. 창조자는 그 자신의 불가능성들을 창조하는 어떤 사람이며, 그렇게 하여 가능한 것들을 동시에 창조하는 어떤 사람이다. … 일단의 불가능성들이 없다면, 우리는 도주선, 창조인 출구, 진리인 허위의 힘을 갖지 못할 것이다. (N 133)

그리고 이 문제에 대한 카프카의 해결, 난국에서 벗어나는 그의 탈출구는 또한 그 자신의 상황을 넘어 확장하는 타당성을 가진다. 체코어나 이디시어, 또는 히브리어가 아니라, 그는 아주 빈곤한 체코의

---

79 이 모든 논점들에 관해서는, K 15~16, 23을 보라. 피에르 페로는 퀘벡에서 이와 유사한 상황에 마주쳤다. 즉, 말하지 않을 수 없음, 영어 이외의 언어로 말할 수 없음, 영어로 말할 수 없음, 프랑스어를 말하기 위해 프랑스에 정착할 수 없음(TI 217을 보라).

독일어로 글을 쓰는 일을 선택했고, 그것을 탈영토화의 방향으로 훨씬 더 멀리 "근엄함의 지점까지" 밀고 나아가기를 선택했다. 소수 언어로 글을 쓰는 일 대신에, 그는 다수 언어의 소수적 사용을 발명해 냈다.

달리 말해서, 소수 문학은 반드시 소수적이거나 주변화된 언어로 쓰여진 문학인 것은 아니다. 들뢰즈에게, "소수"라는 용어는 특별한 문학들을 가리키는 것이 아니라, 심지어 (그리고 특히) 위대하거나 정평이 나 있는 문학 가운데에서조차, 모든 문학을 위한 혁명적인 조건들을 가리킨다. 즉, "오직 다수 언어의 소수적 실행을 안으로부터 설정하는 가능성만이 우리가 대중 문학, 주변 문학 등등을 정의하도록 해 준다"(K 18). 들뢰즈와 과타리가 『천 개의 고원』의 「언어학의 공준들」이라는 제목의 장에서 주장하듯이, 본질적 구별이 언어의 두 상이한 취급들이나 사용들, 다수적 사용과 소수적 사용 사이에 존재한다. 언어는 본성상 이질적이고 가변적인 실재이지만, 언어의 변수들은 두 상이한 방식으로 취급될 수 있다. 한편으로, 우리는 변수들로부터 일단의 **상수들**을 추출해 냄으로써, 혹은 변수들 간의 **불변적 관계**를 규정함으로써 동질적이거나 표준적인 체계를 조각하듯이 만들어내고, 이렇게 하여 실용적인 것들을 외적 요인들로 강등시킬 수 있다(촘스키). 다른 한편으로, 우리는 언어의 변수들을 **연속적 변이들**의 고유한 선들과 관련시키고, 이렇게 하여 실용적인 것들을 다른 모든 언어 차원들의 전제로 삼을 수 있다(라보프). 가령, 수행적인performative "나는 맹세합니다!"는 아들이 아버지에게 하는 말이냐, 연인이 자신의 약혼녀에게 하는 말이냐, 또는 증인이 판사에게 하는 말이냐에 따라서 매우 다른 진술이다. 하지만 이러한 가변성은 두 상이한 방식으로 해석될 수 있다. 즉, 한편으로, 이 진술은 원리상 불변인 채로 남아 있고, 이 진술의 변이들이 **사실상**de facto 그리고 언어 체계 외적인 비언어적인 환경들에 의해서 생산된다고 말할 수 있다. 다른 한편으로, 우리는 또한 이 진술의 각 시행은 체계에 내재적인, 연속적 변이의 잠재적인 선, 즉 이 진술이 행하는 불연속적인 도약과 무관하게 연속적인 것으로 남아 있는 선, 이 진술을 상수로서의 지위로부터 뿌리째 뽑아내고 변이-속에-놓음을 생산하는 선이 현실화된 변수라고 말할 수 있을 것이다. 첫 번째 것은 언어 체계가 원리상 평형 속의 체계로 나타나고, 통사론적, 의미론적, 또는 음성학적 상수들에 의해 정의되는, 언어에 대한 다수적 취급이다. 두 번째 것은 언어 체계 그 자체가 끊임없는 비평형 혹은 분기 속에서 나타나고, 이러한 상수들을 연속적인 내적 변이와 관련하여 실용적 사용을 하는 것에 의해 정의되는, 언어에 대한 소수적 취급이다. 언어 대상의 항상성을 보장하기 위하여, 언어에 대한 **과학적인 연구**는 (비록 『천 개의 고원』이 이러한 유형의 공식화에 의해 작동하지 않는 "소수 과학"에 대한 흥미로운 분석을 포함하고 있을지라도) 언어로부터 체계적 구조를 추출해 내는 일을 요할지도 모른다(TP 361~374). 하지만 들뢰즈와 과타리는 이러한 과학적 언어 모델은 불가분하게 자신의 정치적 모델, 그리고 언어가 권력의 언어가 되는 메커니즘들, 즉 균질화되어 있고, 중심화되어 있고, 표준화되어 있는, 지배적이거나 다수적 언어가 되는 메커니즘들과 연관되어 있다고 언급한다. 예를 들어, 학교 교사가 학생들에게 문법의 규칙을 가르칠 때, 그들은 단순히 한 개의 정보를 전하고 있는 것이 아니라, 질서나 명령을 전달하고 있는 것이다. 문법적으로 올바른 문장들을 정식적으로 표현하는 능력("competence")은 사회 법칙들에 복종하기 위한 전제 조건이다. 들뢰즈와 과타리는 "상수들과 항상적 관계들을 추출해 내는 과학적 기획은 그것들을 화자들에게 강요하는 정치적 기획과 언제나 짝을 이루고 있다"[80]고 말한다. 이런 이유로 소수-되기의 문제는 정치적 문제이자 예술적 문제이다. 즉, "소수자들의 문제, 소수 문학의 문제는 또한 우리 모두를 위한 문제이기도 하다. 즉, 그 자신의 언어로부터 어떻게 소수 문학을 떼어 내어, 소수 문학이 그 언어에 도전하도록 해 주고, 진지한 혁명적 길을 따라가도록 만들 것인가?"(K 19)

그렇다면 들뢰즈에게, 언어에 대한 "소수적" 사용은 모든 언어적 — 음성학적, 통사론적 또는 문법적, 의미론적 — 변수들을 취하여, 그것들을 변이 속에 놓는 일을 수반하는데, 이는 언어 전체를 마주 대하면서, 그 자체 부적합적이고, 비통사론적이거나 비문법적이고, 비의미론적인 연속적 변이의 잠재적인 선을 따라가는 일이다. 문학이 모국어의 해체나 혹은 심지어 파괴를 가져오는 것은, 또한 작가 자신의 언어 내에서 새로운 소수 언어의 창조를 가져오는 것은 바로 이러한 소수적 사용을 통해서이다. 『비평적인 것과 진단적인 것』에 수록된 많은 시론들은 언어를 통사론이나 문법에서 "더듬거리게" 하기 위하여 많은 작가들이 사용하는 특정한 절차들을 분석한다. 가령, 자신들의 정신병의 바로 그 과정을 구성하는 루셀, 브리세, 울프슨의 정신분열증적 절차들, 살아 있는 언어 내부의 죽은 언어를 재활성화함으로써 살아 있는 언어를 변형하고 변환하는 자리Alfred Jarry와 하

---

80 TP 101. 또한 TP 76을 보라: "문법의 규칙은 통사적 표지이기 이전에 역능의 표지이다."

이데거의 시적 절차들, 일련의 통상적인 문법적 변수들의 한계에 존재하는 e.e.커밍스e.e.cummings의 비문법성("he danced his did"). 그리고 언어의 한계를 표시하는 아르토의 cris-souffles라는 일탈적 통사법 syntax("ratara ratara ratara / Atara tatararana / Otara otara katara")을 그 예로 들 수 있다.[81] (다른 맥락들에서, 들뢰즈는, 명확한 음 높이가 없는 로버트 윌슨의 속삭임, 혹은 카르멜로 베네의 오르락내리락하는 변이들에서처럼, 연극에 나오는 언어의 음성학적 더듬거림을 분석한다).[82] 이런 작가들은 언어의 요소들을 취하여, 그것들을 연속적 변이의 취급을 받게 하고, 이로부터 그들은 새로운 언어적 가능성들을 추출해 낸다. 그들은 단음계가 끊임없는 비평형 속에 있는 동적인 조합들에서 파생되는, 음악에서처럼 언어에 대한 소수적 사용을 발명한다. 어떤 의미에서, 변이-속에-놓음placing-in-variation이라는 이러한 절차는 이 세상에서 가장 자연스러운 것이다. 그것은 우리가 **스타일**이라고 부르는 것이다. 스타일이란 언어상의 일단의 변이들, 일종의 변조이며, 바로 이러한 스타일을 통해서 언어는 그 자신의 한계를 향해서 밀어붙여지고, 더 이상 언어적인 어떤 것이 아니라 언어만이 가능하게 할 수 있는 (작가의 단어들과 통사법을 제외하면 아무런 실존도 갖지 않는 정동과 지각과 같은) 어떤 것을 향해서 세계 잡아당긴다.[83]

---

81 『비평적인 것과 진단적인 것』에 수록된 시론들 외에, 캐럴과 아르토의 절차를 비교하는, LS 82~93에 있는 들뢰즈의 시론 「정신분열증과 어린 소녀에 대하여」를 보라. 특히, 들뢰즈가 비교는 진단적인 수준과 비평적인 수준 둘 모두에서 행해져야만 한다고 언급하는, LS 83을 보라.

82 질 들뢰즈, 「하나 부족한 선언문」, 『들뢰즈 입문서』, 콘스탄틴 V. 보운다스 편(New York: Columbia University Press, 1994).

[들뢰즈와 과타리는 이렇게 쓰고 있다.] 언어가 더 이상 언어가 말하는 것에 의해서가 아니라 언어가 움직이도록, 흐르도록 유발하는 것에 의해서 정의되는 순간, 이것이 스타일인 것이다. … 왜냐하면 문학은 분열증과 같기 때문이다. 즉, 목적이 아니라 과정이다. … 그 자신을 성취하며, 문학이 진행됨에 따라 성취에 달하기를 결코 그치지 않는 순수 과정 —— "실험"으로서의 예술.

마찬가지로, 한 텍스트를 읽는다는 것은 결코 해석의 행위가 아니다. "그것은 기의적인 것을 탐색하는 학술적인 실천이 결코 아니며, 더더구나 기표를 탐색하는 고도로 텍스트적인 실천이 아니다." 그것은 또한 실험의 행위, "문학 기계의 생산적 사용 … 텍스트로부터 그 혁명적 힘을 추출해 내는 분열증적 실천이다."[84]

들뢰즈의 "비평과 진단" 기획은, 결국, 세 근본적인 구성요소들을 특징으로 한다고 할 수 있다.

1. 고유명의 기능

---

83 N 140~141. 철학에 나타나는 이 언어의 "외부"와 관련하여, 들뢰즈는 "철학에서 스타일은 이 세 극을 향하는 경향이 있다. 그 세 극은 개념들, 혹은 새로운 사유 방식들; 지각percept, 혹은 보고 듣는 새로운 방식들; 정동, 혹은 느끼는 새로운 방식들이다"라고 쓰고 있다(N 164~165).

84 AO 133, 370~371, 106. 실험이라는 용어의 이러한 사용에 대해서는, 존 케이지, 『침묵』(Middletown, CT: Wesleyan University Press, 1961), 13을 보라: "실험적이라는 단어는, 이 단어가 성공과 실패에 의거하여 후에 판단되는 행위를 기술하는 것이 아니라, 단지 그 결과를 알지 못하는 행위를 기술하는 것으로 이해된다면, 적절하게 이해된 것이다."

2. 이 이름이 지시하는 비인격적 "다양체" 또는 "배합체"
3. 이 다양체들을 구성하는 능동적 "도주선들"

앞의 두 구성요소는 우리가 증후학적 방법이라고 부르는 것을 정의한다. 들뢰즈에게, 작가들은 그들의 작품에서 제시되는 증후학을 가지는 "생명의 특수한 가능성", 즉 어떤 특정한 존재 방식 혹은 실존 양태를 분리시키는 임상의들이나 진단의들과 같다. 이 조건들에서, 고유명은 작가라는 사람을 가리키는 것이 아니라, 작품 그 자체에 집결된 기호들과 증후들의 집합체이다. 작가의 문학적 기법과 스타일(비평적인 것)은, 우리가 임상적 "사디즘" 혹은 "마조히즘"에 대해 말하듯이, 임상적 "베케트주의", "프루스트주의", 또는 "카프카주의"에 대해 말할 수 있도록, 생기적 기호들의 차등적 일람표의 창조(진단적인 것)와 직접적으로 연관된다. 하지만 증후학적 방법이 들뢰즈 기획의 유일한 측면인 것은 아니다. 더 깊은 철학적 물음이 이 새로운 실존 양태들의 생산을 가능하게 만드는 조건들과 관련된다. 그것은 곧 비유기적이고 비인격적인 힘으로서의 생명의 존재론적 원리이다. 우리는 생명의 이러한 능동적 힘의 두 측면을 본 적이 있다. 즉, 한편으로, 그것은 그 자체로 비의미화적이고, 무우주적이고, 무주체적이고, 비유기적이고, 비문법적이고, 비통사론적인 요소들(특이성들과 사건들, 정동과 지각, 강도들과 생성들)을 생산할 수 있는, 그리고 그 요소들을 연속적 변이의 상태에 놓을 수 있는 추상의 힘이다. 다른 한편으로, 그것은 이 미분적이거나 발생적인 요소들 사이의 늘-새로운 관계들(특이성들의 종합, 생성들의 블록, 강도들의 연속체)을 창조할 수 있는 발명의 힘이다. 생명의 이 두 존재론적 힘들 —— 변이variation

의 생산, 그리고 변이들variants의 선택과 종합 ── 은 들뢰즈에게 모든 창조의 필수불가결한 조건들이다.

들뢰즈는 작가의 예술적 활동을 같은 용어들로 기술한다. 글쓰기의 목표는 생명을 비인격적 힘의 상태로까지 운반하는 것이라고 그는 말한다(D 50). 우리 각자와 마찬가지로, 작가는 그 또는 그녀를, 현실화된 세계 속에서 형성된 주체로서 창조한 다양체들로 시작한다. 이러한 주체는, 주어진 정치적 질서 속에서, 어떤 특정한 언어를 학습한 유기적 신체를 가진 주체이다. 하지만 가장 높은 지점에서, 글쓰기는, 일종의 활동으로서, 체험의 이러한 다양체들로부터 미분적 요소들을 추출하거나 생산하고 이 요소들을 내재적인 "조성 면" 위의 변수들로서 기능하게 하는 도주선의 추상적인 운동을 따른다. "이것이 그것이 내재 면 위에 보이는 모습이다. 즉, 다양체들이 이 면을 채우고, 특이성들이 서로 간에 연결되고, 과정들 혹은 생성들은 펼쳐지고, 강도들은 오르고 내린다."[85] 작가의 과제는 이러한 변수들이 특이적이고 비-동질적인 전체 속에서 함께 기능하도록 만들기 위하여, 따라서 "생명의 새로운 가능성들"의 구축에 참여하기 위하여, 이 변수들 간의 선재하지 않은 관계들을 확립하는 것이다. 가령, 언어의 새로운 조성들의 발명(스타일과 통사법), 감각의 새로운 블록들의 형성(정동과 지각), 새로운 실존 양태들의 생산(강도들과 생성들), 국민의 구성(발화 행위들과 우화 기능), 세계의 창조(특이성들과 사건들)가 그러한 것이다. 그러므로 위와 같은 표제들을 기술하고자 우리가 사

---

85 N 146~147. 또한 TP 100을 보라: "오직 연속적 변이만이 잠재적인 선, 이 연속체의 생명, '일상생활 근저에 있는 실재적인 것의 본질적 요소'"를 가져온다.

용한 부정적 용어들(파괴, 해체, 붕괴)은 단지 창조와 발명이라는 이러한 긍정적 활동에 대한 필연적인 예비 지식일 뿐이므로, 오직 부분적인 정의들일 따름이다. "세계의 새벽에 현존한다는 것은…."

마지막으로, 들뢰즈 철학의 윤리적 원리로서 기능하는 것은 바로 생명의 이러한 존재론적이고 창조적인 힘이다. 왜냐하면, 실존 양태의 건강 혹은 활동을 구성하는 것은 바로 그러한 도주선들을 구축하고, 생명의 힘을 긍정하고, 마주치는 힘들에 따라서 그 자신을 변형시키는 실존 양태의 역량이기 때문이다(세계에 대한 "윤리적" 비전). 이와 대조적으로, 능동적 행위나 변형의 힘과 단절된 반응적이거나 병약한 실존 양태는 오직 생명을 그 소진의 면에서, 혹은 이 양태가 생명에 대항하여 세우는 상위 가치의 관점에서 생명을 판단할 수 있을 뿐이다(세계에 대한 "도덕적" 비전). "비평과 진단"은, 처음부터 끝까지, 미학적 기획만큼이나 윤리적 기획이다. 이 점에서, 『비평적인 것과 진단적인 것』에 수록돼 있는, 들뢰즈 자신의 전 저작의 면에서 아마도 가장 중요한 논문은 「판단과 결별하기 위하여」라는 제목의 강령적인 시론일 것이다.[86] 왜냐하면 들뢰즈에게, 그것은 초월적이거나 보편적인 기준의 면에서 예술 작품을 **판단하는** 문제가 결코 아니라, 예술 작품을 "생기력", "생명의 행로"의 면에서 임상적으로 **평가하는** 문제이다. 즉, 작품은 생명의 과정을 비인격적 힘의 이러한 상태로까지 운반하는가? 혹은, 작품은 생명의 과정을 방해하고, 생명의

---

86 ECC 126~135. "초월적 판단"과 "내재적 평가"의 차이에 관해서는, TI 141을 보라: "그것은 선한 것, 참인 것이 더 높은 권위의 이름으로 생명을 판단하는 문제가 아니다. 이와 반대로, 그것은 수반되는 생명과 관련하여 모든 존재, 모든 능동과 수동, 심지어 모든 가치를 평가하는 문제이다. 초월적 가치로서의 판단 대신에, 내재적 평가로서의 정동."

운동을 중단시키며, 사람들의 **원한**, 유기적 조직체의 준엄함, 표준 언어의 클리셰들, 확립된 질서의 지배, "있는 그대로"의 세계, 신의 심판 속에서 봉쇄되게 되는가? 판단의 포기는 "좋음"과 "나쁨"을 구별하는 수단 중의 하나를 빼앗는 것이 아니다. 이와는 반대로, 좋음과 나쁨은 생명의 생성의 두 상태이며, 실존 양태 혹은 예술 작품 그 자체에 엄격히 내재적인 기준에 의해 평가될 수 있다.[87] 생명은 들뢰즈의 철학에서 판단의 초월적 원리로서 기능하는 것이 아니라, 생산 혹은 창조의 내재적 과정으로서 기능한다. 생명은 기원이나 목적, **아르케나 텔로스**가 아니라, 언제나 한가운데서(au milieu) 작동하고, 실험들과 보이지 않는 생성들에 의해서 진행하는 순수 과정이다. 판단은, 이와 대조적으로, 새로운 것의 창조를 결코 포착할 수 없는 선재하는 기준을 갖고서 작동하며, 가치를 가지는 것은 오직 "판단을 거역함으로써" 생겨날 수 있을 뿐이다.

때로 우리는 생명으로부터 배워야만 하고 우리 자신을 책들 속에 묻으면 안 된다고 말하는 것을 듣는데, 어떤 의미에서 이는 의심할 여지 없이 맞는 말이다. 그렇지만 우리는 또한 예술과 문학은 생명 이외의 다른 대상은 갖지 않으며, "생명의 추이"는 오직 생명의 비유기적이고 비인격적인 힘에게 그 자신의 견실성과 자율성을 부여하고, 우리를 그 자신의 생성 안으로 끌어당기는 창조 과정에서만 보일 수 있거나 혹은 느껴질 수 있다고 말하지 않으면 안 된다.

---

87 내재적 기준 개념에 관해서는, K 87~88과 TP 70을 보라: "비록 생성들과 다양체들에는 수행된 논리적 질서가 존재하지 않긴 하지만, 기준들은 존재하는데, 중요한 것은 이 기준들이 사실 이후에 사용되어서는 안 된다는 점, 사건들의 과정 속에서 적용되어야 한다는 점이다."(TP 251)

[들뢰즈와 과타리는 이렇게 말한다.] 예술은 결코 끝 그 자체가 아니다. 예술은 생명들의 선을 추적하기 위한 도구일 뿐이다. 말하자면 이렇다. 이 모든 실재적 생성들은 단순히 예술 안에서 생산되는 것이 아니며, 이 모든 능동적 도주들은 예술 안으로 도주하는 것이 아니다. 그렇기는커녕 … 비의미화적인 것, 무주체적인 것의 영역들을 향하여 자신들과 더불어 예술을 휩쓸고 가는 그것이다. (TP 187)

생명이 인격적이기를 그치고 작품이 단지 문학적이거나 텍스트적이기를 그칠 때, 순수 내재성의 생명, 이것이 "비평"과 "진단"이 하나의 동일한 것이 되는 지점이다.[88]

---

88 D 141을 보라: "비평과 진단: 생명과 작품은, 이것들이 그 자체를 동일한 전쟁 기계의 구성요소들로 만드는 도주선에 적응했을 때, 동일한 것이다. 이 조건 속에서, 생명은 오랫동안 인격적이기를 그쳐 왔고, 작품은 문학적이거나 텍스트적이기를 그쳐 왔다."

감각

베이컨에 관한 들뢰즈:『감각의 논리』의 세 가지 개념적 궤적

『프랜시스 베이컨: 감각의 논리』는 들뢰즈가 아일랜드 태생의 영국 화가 프랜시스 베이컨(1909~1992)의 작품과 만났을 때의 기록이다.[1] 이 책은 베이컨과 들뢰즈 둘 모두가 권위를 한창 누리고 있을 때인 1981년에 처음 출간되었다. 비록 그 당시에 이미 잘 알려져 있긴 했지만, 베이컨은 별로 규범적인 화가가 아니었으며, 형상을 주로 하는 성향 때문에 일각에서는 심지어 의구심을 받기도 했다. 들뢰즈의 책이 출간되었을 때, 이 책은 많은 호평을 받긴 했지만, 이후 대체로 침묵 속에서 간과되었다.[2] 그러나 오늘날『감각의 논리』는 들뢰즈 미학

---

1   질 들뢰즈,『프랜시스 베이컨: 감각의 논리』(Paris: Éditions de la Différence, 1981)는 La Vue le texte 시리즈(해리 장코비치 편, 현재는 절판)에 들어가 있다. 개정판이 1983년에 Éditions de la Différence에서 출간되었는데, 이 판에는 베이컨의 15점의 새 회화들과 한 군데(25쪽)의 사소한 교정이 포함되어 있다. 불어본은 현재 2002년에 Éditions de Seuil에서 간행한 페이퍼백으로 구해 볼 수 있다. L'Ordre philosophique 시리즈에 들어가 있고, 알랭 바디우와 바르바라 카생이 편집했다. 들뢰즈는 또한, 이 책이 작성된 후 분명 1981년 3월 31일에서 1981년 6월 2일까지, 예술에 관한 일련의 중요한 세미나를 열었는데, 이 세미나들은 더 이상 베이컨의 작품에 특별히 중점을 두지는 않았다.

의 가장 중요한 텍스트들 중의 하나로 인정받게 되었다. 이 책은 펠릭스 과타리와『자본주의와 분열증』에 관해 십 년간 공동 작업을 한 후에 들뢰즈가 간행한 첫 번째 책이다. 그 후 여러 해에 걸쳐, 들뢰즈는 두 권의『시네마』(1983, 1985),『주름: 라이프니츠와 바로크』(1988), 그리고『비평적인 것과 진단적인 것』(1993)에 수록된 문학에 관한 저술들을 포함하는, 예술들에 관한 많은 저작들을 간행한다. 따라서『감각의 논리』는 베이컨의 회화들에 관한 철학적 연구로서뿐만 아니라, 또한 들뢰즈의 더 광범위한 예술철학 내의 매우 중요한 텍스트로도 독해될 수 있다.[3]

들뢰즈는 비평가로서가 아니라 철학자로서 예술들에 관해 글을 썼고, 그러므로 다양한 예술들에 관한 그의 저작들은 철학이라는 단어의 전통적 의미에서 "철학"의 저작들로 독해되어야만 한다고 주장했다.[4]『철학이란 무엇인가?』(1991)에서, 들뢰즈는, 유명한 일이지만, 철학을 개념의 창조를 본성으로 하는 활동으로 정의한다. "우리는 개념들 없이 매우 쉽게 사유할 수 있지만, 개념이 존재하는 즉시, 거기에는 진정으로 철학이 존재한다."(N 32) 물론, 예술 그 자체도 역시 창조적인 활동이지만, 그것은 개념들을 창조하는 것이 아니라 감

---

2 가령, 파트릭 보데의 *Critique* 426(1982)에 실려 있는 초기 서평, 또한 크리스틴 뷔시-글뤽스만, 「회화 속의 바로크 주름」, *Magazine littéraire* 257(1988년 9월)을 보라.

3 『들뢰즈와 음악, 회화, 그리고 예술 일반』, 『들뢰즈와 영화』, 『들뢰즈와 문학』(New York: Routledge, 2005)을 포함하는, 들뢰즈와 예술에 관한 로널드 보그의 3권의 저작은 들뢰즈의 "예술철학"에 관한 결정적 연구서이다. 여기서 행하는 나의 논평들은 보그의 광범위한 저작에 힘입은 것이다.

4 질 들뢰즈, 「8년 후: 대담 1980」(카트린 클레망과의 인터뷰), *L'Arc*(개정판, 1980), 들뢰즈 특집호, 99.

성적 집성물들을 창조하는 것을 대상으로 하는 활동이다. 그렇다면, 철학자로서, 예술들을 분석할 때의 들뢰즈의 목표는 이 감성적인 집성물들에 상응하는 개념들을 창조하는 것이다. 『감각의 논리』에서 들뢰즈는, 베이컨 회화들의 특수한 측면들과 관련되지만, 또한 그가 "감각의 일반 논리"라고 부르는 것에서 제자리를 발견하는, 일련의 철학 개념들 전체를 창출하고자 한다(FLB 3). 이 텍스트는 준-음악적 방식으로 조직되어 있는데, 마치 개념들이 멜로디의 선들인 것처럼, 개념들을 전개하는 열일곱 개의 시퀀스들로 나뉘고, 결국 점차적으로 복잡한 대위법적 관계들에 들어가서, 한데 합쳐져서, 베이컨의 감성적 조성들과 유사한 일종의 개념적 조성을 형성한다. 예술 비평의 저작이리라 기대하며 이 책에 접근하는 독자들은 실망하고 말 것이다. 이 책에는 베이컨이 살았고 작업을 했던 사회-문화적 환경에 대한 논의도, 그의 예술적 영향들이나 루치안 프로이트Lucian Freud나 프랑크 아우어바흐Frank Auerbach와 같은 동시대인들에 대한 논의도, 베이컨의 작품들과 주제 선택에 매우 분명한 역할을 했던 그의 사생활(동성애, 연인과 친구들, 음주와 도박, 콜로니 룸 클럽Colony Room Club에서 보낸 밤들)에 대한 논의도 거의 존재하지 않는다. 심지어 이차 자료도 희박하다. 프랑스 작가들인 미셸 레리스Michel Leiris, 마르크 르 보Marc Le Bot가 쓴 두 짧은 텍스트를 제외한다면, 들뢰즈가 참조하는 유일한 이차 문헌은 존 러셀John Russell의 1971년 당시의 고전적 연구서인 『프랜시스 베이컨』이다.[5] 들뢰즈가 베이컨의 작품에 대

---

5 존 러셀, 『프랜시스 베이컨』(New York: Oxford University Press, 1971; 개정판, 1979).

해서 확립하는 관계들은 대체로 들뢰즈의 다른 저술들에서 대단히
중요한 부분을 이루는 작가들(콘래드, 프루스트, 베케트, 카프카, 버
로스, 아르토)이나 음악가들(메시앙, 슈만, 알반 베르크)에 대해서 확
립하는 관계들이지만, 베이컨은 이 작가들이나 음악가들에게서 영향
을 받았을 수도, 받지 않았을 수도 있으며, 심지어 그들을 읽었을/들
었을 수도, 읽지/듣지 않았을 수도 있다. 이런 의미에서, 『감각의 논
리』는, 비록 거의 사적인 스타일로 쓰여지지 않았다고 할지라도, 대
단히 사적인 책이다.

들뢰즈는 'La Vue le texte'라는 시리즈의 편집자인 해리 장코비치
의 제안으로 자신의 베이컨 연구서를 집필했다. 처음 출간되었을 때
이 책은 이 시리즈에 들어가 있었다. 이 시리즈의 목적은 시각 예술들
과, 철학이나 문학과 같은 영역들 사이의 공명을 탐구하는 것이었으
며, 여기에 철학자 장-프랑수아 리오타르, 작가 미셸 뷔토르가 쓴 텍
스트들이 포함되게 된다.[6] 들뢰즈는 그가 왜 특히 베이컨에 관해 쓰기
로 정했는지 결코 설명하는 법이 없으며, 또 그는 이 책을 쓰고 난 직
후에 개최한 회화에 관한 세미나들에서 베이컨을 거의 언급하지 않
았다. 그러나 베이컨은 1970년대와 1980년대 파리에서 강력한 입지
를 누리고 있었다. 그는 보주 광장Place des Vosges 근처에 작업실을 갖
고 있었으며, 미셸 레리스와 가까운 친구 사이로 지냈다. 베이컨은 미
셸 레리스의 초상을 여러 번 그렸고, 이를 받아 레리스 또한 베이컨

---

6 장-프랑수아 리오타르, 『무엇을 그리는가? 아다미, 아라카와, 뷔랑』(Paris: Éditions de la
   Différence, 1987), 그리고 미셸 뷔토르, 『재스퍼 존스를 위해 글을 쓰는 방법』(Paris: Éditions
   de la Différence, 1992).

에 관한 중요한 텍스트를 여러 권 썼다.[7] 베이컨의 국제적 명성을 확고히 한 것은 1971년 파리에서 열린 그랑 팔레Grand Palais 전시회였고, 1977년 클로드 베르나르 화랑Galerie Claude Bernard에서 열린 전시회는 그의 입지를 더 굳건히 다져 주었다.[8] 들뢰즈는 의심할 여지 없이 파리에서 열린 전시회의 어떤 시점에서 베이컨의 작품을 마주쳤다. 만년의 한 인터뷰에서 들뢰즈는 이러한 종류의 "마주침"을 살피고자 주말이면 자주 미술 전시회를 가거나 영화를 보러 갔다고 말한 바 있다.[9] 이 책 자체는 들뢰즈가 그 자신의 저작과 베이컨의 회화들 사이에서 발견한 깊은 공명들을 증명하고 있다.

그러나 이 두 사람의 관계는 사적인 것이 아니었다. 들뢰즈와 베이컨은 이 책이 간행된 후 좀 지나 오직 한 번 만났을 뿐이다. 들뢰즈는 베이컨에게 최초의 원고를 보냈으며, 베이컨은 이 책에 호기심이 동했고 관심을 기울여 준 것에 아주 기뻐했다. 이 두 사람은 저녁을 함께 보내기로 약속을 했고, 들뢰즈는 베이컨이 찬미자들의 작은 "법정"이라고 묘사한 것과 더불어 도착했다. 마이클 페피아트는 그가 쓴 전기 『프랜시스 베이컨: 수수께끼의 해부』에서, 그 두 사람 사이에는

---

7 미셸 레리스, 『프랜시스 베이컨: 앞모습과 옆모습』, 존 웨이트먼 옮김(New York: Rizzoli, 1983), 그리고 『프랜시스 베이컨』, 존 웨이트먼 옮김(New York: Rizzoli, 1998)을 보라.

8 마이클 페피아트, 『프랜시스 베이컨: 수수께끼의 해부』(New York: Farrar, Straus & Giroux, 1996), 276을 보라.

9 ABC C를 보라. [들뢰즈는] "문화의 존재를 믿는 것이 아니라, 오히려 이 마주침들rencontres 의 존재를 믿는다. 하지만 이 마주침들은 사람들과 더불어 일어나지 않는다. 사람들은 마주침들이 일어나는 것은 콜로키움에 참석한 지식인들 사이에서처럼 다른 사람들과 더불어서라고 생각한다. 마주침들은 오히려 사물들과 더불어, 한 점의 회화와 더불어, 한 곡의 음악과 더불어 일어난다. 그러나 사람들과 더불어라면, 이런 만남들은 결코 마주침들이 아니다. 이런 종류의 마주침들은 보통 매우 실망스럽고, 파국을 가져온다."

바로 감지할 만한 공감과 찬탄이 있긴 했지만, 우정으로 발전하지는 않았다고 보고하고 있다.[10] 들뢰즈는 후에 한 인터뷰에서 몇몇 인상들을 회상했다.

여러분은 그 사람 안에서 역능과 폭력을 감지할 수 있고, 또한 매우 커다란 매력을 감지해 낼 수 있다. 한 시간여 앉아 있고 난 후, 그는 마치 그 자신이 베이컨의 회화인 듯이, 그 자신을 모든 방향으로 뒤튼다. … 내가 베이컨을 만났을 때, 그는 파도를 그리기를 꿈꾸었지만 그러한 모험이 성공할 수 있으리라고는 감히 믿지 않았다고 말했다. 그것은 "만약 내가 한 작은 파도를 잡아내기만 할 수 있다면…" 하고 혼잣말을 하는 화가, 한 위대한 화가의 교훈이다. 그것은 매우 프루스트답거나 세잔답다. "아, 만약 내가 한 작은 사과를 그려 내기만 할 수 있다면."[11]

페피아트의 말을 따르면, 그 둘은 다시 만난 적이 없다.

들뢰즈는 그는 이 책을 자신 앞에 놓여 있는 두 가지 것을 갖고서 주로 썼다고 말했다. 그 두 가지 것은 베이컨 회화들의 복제품, 그리고 『사실의 야생성』이라는 제목으로 1975년에 간행된, 베이컨과 나눈 데이비드 실베스터David Sylvester의 인터뷰를 담은 텍스트들이다.[12]

---

10 페피아트, 『프랜시스 베이컨: 수수께끼의 해부』, 305~306.
11 「화염에 휩싸인 회화」, 에르베 기베르와의 인터뷰, *Le Monde*, 1981년 12월 3일, 15; TRM 181~187: 185, 187.
12 데이비드 실베스터, 『사실의 야생성: 프랜시스 베이컨과의 인터뷰 1962~1979』, 제3판(New York: Thames & Hudson, 1987).

어느 정도, 이러한 접근법은 지각percept과 개념들 사이에 실존하는 긴장을 반영한다. 즉, 우리는 어떻게 한 매체(개념들) 속에서 다른 한 매체의 실천들(지각percept)에 관해서 말을 하는가? 우리가 예술가들이 말하는 것이 아니라 그들이 행하는 것에 유의해야 한다는 금언은 다른 예술가 못지않게 베이컨에도 해당하는 말이다. 베이컨은 "나는 자주 회화에 관해 말하려고 노력했지만, 회화에 관해 글을 쓰고 말을 하는 것은 오직 근접하는 것일 뿐이다. 회화는 그 자체의 언어이며, 말로 번역될 수 없기 때문이다"라고 하며 주의를 주었다.[13] 그럼에도 불구하고, 베이컨의 인터뷰들은 회화의 실천에 관한 통찰력 있는 논의들을 담고 있으며, 들라크루아의 일기와 다 빈치의 공책과 호의적으로 비교가 되어 왔다. 들뢰즈 그 자신이, 우리는 화가들이 말하는 것에 충분히 자세히 귀를 기울이지 않는다고 주장하고 있다.

> 화가들의 텍스트는 그들의 회화와는 많이 다르게 작동한다. … 일반적으로, 화가들이 자신들이 행하는 것에 관해 말할 때, 그들은 비범한 겸손, 스스로 과한 엄격함, 커다란 힘을 지니고 있다. 그들은 자신들의 작품과 분리된 개념과 정동의 본성을 최초로 언급하는 사람들이다.[14]

따라서 들뢰즈는 이 인터뷰들을 베이컨 쪽의 최종적 진술들로서

---

13 런던 국립미술관에서 열린 「예술가의 눈」 전시회에 붙인, 프랜시스 베이컨의 입문자를 위한 텍스트에서. 이는 페피아트, 『프랜시스 베이컨: 수수께끼의 해부』, 310에 인용되어 있다. 이 텍스트에는 다양하게 해석되는 유명한 문구, 즉 "음악을 두고 이야기하는 것은 건축을 두고 춤추는 것과 같다"가 있다.
14 「화염에 휩싸인 회화」, *Le Monde* 15, TRM 181~187: 185.

가 아니라, 그 자신의 개념적 발명들을 위한 출발점으로서 사용한다. 들뢰즈는 한때 "우리는 때로 위대한 철학자가 창조한 오직 새로운 개념들 ─ 위대한 철학자의 가장 본질적이고 창조적인 공헌 ─ 만을 열거하는 철학의 역사를 꿈꾼다"고 쓴 적이 있다(TRM 55). 『감각의 논리』는 정확히 같은 방식으로 접근할 때, 즉 철학적 개념들의 책으로서 접근할 때 가장 잘 접근할 수 있다. 들뢰즈가 전개하는 개념들은 어떤 때는 일상어로부터, 어떤 때에는 특정한 과학적 전통과 예술 사적 전통으로부터, 어떤 때는 베이컨의 인터뷰들로부터, 어떤 때는 들뢰즈 자신의 철학적 어휘들로부터 도입된다. 하지만 개념들 그 자체는 이 책의 "리좀"을 통하여 수많은 궤적들을 추적하는 일이 가능할 만큼 다양한 공명들과 상호작용들 속으로 들어간다. 다음에 나오는 발언들은 『감각의 논리』에 보이는 그러한 세 가지 개념적 궤적들을 분리시키려는 시도인데, 이 궤적들 각각은 베이컨 회화에 대한 들뢰즈의 형식적 분석들, 이러한 분석들 기저에 놓여 있는 "감각의 일반 논리", 화가들이 그러한 감각의 논리("색채 감각")에 참여하는 수단이라고 할 수 있는 기법들에 관한 것이다.

첫 번째 궤적은 들뢰즈가 베이컨 회화들의 "가장 단순한 측면에서 가장 복잡한 측면으로" 이동하는 자신의 형식적 분석들에서 사용하는 개념들에 관한 것이다. 들뢰즈가 예술 작품에 제기하는 물음은 "그것은 무엇을 의미하는가?"가 아니라, "그것은 어떻게 기능하는가?"이다. 따라서 들뢰즈는 (그가 비록 이 책에서 이 용어를 사용하지 않을지라도) 베이컨의 작품을 다양체로 취급하며, 그 다양체의 구성요소들을 분리하여 식별해 내려고 시도한다. 들뢰즈는 베이컨 회화의 세 가지 가장 단순한 측면들 ── 형상Figure, 그 주위의 색채 장, 이 둘을 분리하는 윤곽 혹은 윤곽선 ── 로 빈번히 되돌아가는데, 이러한 측면들은 한데 합쳐져서 베이컨 회화 속의 형상을 분리하는 역할을 하는, "고도로 정확한 체계"를 형성한다(제1장). 하지만 첫 번째 수준의 복잡성이 곧바로 개입한다. 즉, 색채 장들은 윤곽선을 말아 형상을 감싸는 경향이 있고, 이와 동시에 형상 그 자체는 이 장들을 향해 뻗어 나가면서, 세면기, 우산, 거울 등을 뚫고 지나가는 경향이 있다. 이 과정에서 형상은 자신을 뒤트는 힘들, 즉 일종의 "보잘것없는 몸놀림" 속에서 자신을 왜곡하거나 수축하는 힘들을 받아, 외연적인 extensive 유기적 신체 밑에 있는 강도적인intensive "기관 없는 신체"를 드러낸다(제3장). 일부 사례들에서, 형상은 오로지 모래 언덕이나 물의 분출 ── 형상을 대체하는 순수한 힘 ── 만을 뒤에 남기며 완전히 흩어져 사라진다(제5장). 두 번째 수준의 복잡성은 베이컨이, 그럼에도 불구하고 한 단일한 "사실의 문제" 속에서 함께 공명하는, 짝을 이룬 형상들을 그리는 작품들 속에서 나타난다(제9장). 세 번째 수준의 복잡성은 삼면화(=세 폭짜리 그림)에 출현한다. 삼면화에서 이러한 "사실의 문제"는 각각의 화판을 분리하는 거리뿐만 아니라, 또한 삼면화의 진정한 형상을 구성하는 강요된 운동이나 혹은 리듬들 ── 즉, 일정하거나 "부수적인" 리듬, 능동적이거나 상승적이거나 또는 음절 연장적 리듬, 수동적이거나 하강적이거나 또는 음절 단축적 리듬 ── 을 포함한다(FB 60~70). 들뢰즈는 베이컨의 삼면화에서 발견되는 이 세 가지 근본적인 리듬들을 식별해 내지만, 또한 그는 심지어 단순한 회화들조차도 복잡한 운동과 조합적인 가변성을 갖고서 삼면화처럼 이미 기능하고 있음을 보여 준다. 마지막 수준의 복잡성은 베이컨의 색채 처리와 관련하여(제10장), 그리고 정확히 말해 그의 "햅틱적haptic" 공간의 구축과 관련하여 일어난다. 왜냐하면 베이컨이 그의 작품들에서 이 모든 결과들(분리, 왜곡, 커플링, 리듬…)을 가져오는 것은 주로 색채(색조의 관계들)의 사용을 통해서이기 때문이다. 들뢰즈의 책은 도처에서 개별적인 회화들에 대한 특정적인 상세한 분석들을 행한다는 특징이 있을 뿐만 아니라, 또한 베이컨의 작품 전체의 운동 내에서 개별적인 회화들이 차지하는 위치에 대한 평가를 행한다는 특징이 있다.

그러나 이 모든 분석들에서 근본적인 개념은 **형상**Figure 개념이다. 현대 미술과 현대철학 둘 모두 유사한 문제로 수렴되었다고 말할 수 있다. 즉, 재현의 영역을 포기했으며, 대신에 재현의 조건들을 자신들의 대상으로 삼았다. 들뢰즈는, 20세기 미술은 이 점에서 철학에 한참 앞서 존속하며, 그리고 철학자들은 여전히 화가들로부터 배워야 할 많은 것을 갖고 있다고 언급한다. 하지만 그는 또한 현대 미술이 재현의 클리셰들을 회피하고, "감각"을 직접적으로 얻으려고 시도했던 두 일반적인 노선이 존재한다고 언급한다. 두 노선 중 하나는 **추상**abstraction을 향하여 움직임으로써, 다른 하나는 리오타르가 **형상적**figural이라고 칭한 것을 향하여 움직임으로써 형성되었다. 몬드리안이나 칸딘스키의 그것과 같은 추상 미술은, 비록 이 미술이 고전적인 구상figuration을 거부했을지라도, 사실상 감각을, 그 자체를 주로 눈에 전달하는 순수하게 **광학적인**optical 코드로 환원했다. 이와 대조적으로, 추상 표현주의는, 폴록의 그것과 같이, 추상적인 형태들을 그림으로써가 아니라, 모든 형태들을 **손적인**manual 선들과 색채들의 유동적이고 카오스적인 질감 속에서 해체함으로써 재현을 넘어섰다(제

14장). 사실상 베이컨은 세잔에서 그 선구자를 발견하는 이 두 극단 사이의 "가운뎃길(=중도中道)", 형상의 길을 따라갔다. "구상"은 자신이 재현하도록 되어 있는 대상과 관련되어 있는 형태를 가리키는 데 반해, "형상"은 이 감각의 폭력을 직접적으로 신경계에 전달하는 감각과 연관되어 있는 형태이다. 베이컨의 회화들에서, 이 형상의 역할을 하는 것은 주로 인간의 신체이다. 인간의 신체는 정밀한 감각을 지속하는 물질적 받침대 또는 체제로 기능한다. 이것이 베이컨이 세잔과 공유하는 문제에 대한 그의 해결책이다. 즉, 형상을 구상적이고, 서사적이고 삽화적인illustrational 연관들로부터 어떻게 추출해 낼 것인가? "감각을 어떻게 그리고" 또는 "사실을 기록할" 것인가?

이것은 우리를 개념들의 두 번째 궤적으로 데리고 가는데, 이는 이 책에서 행하는 들뢰즈의 분석들의 대상을 구성하는 "감각의 논리"의 본성에 관한 것이다. 우리가 들뢰즈에게서 발견하는 "감각" 개념은 처음에는 현상학적 전통으로부터 취해졌다. 에르빈 슈트라우스 Erwin Straus는, 그의 고전적인 책 『감각의 일차적 세계』(1935)에서, 지각과 감각 사이의 근본적인 구별을 확립했었다.[15] 그는, 지각은 감각(혹은 "감각 경험", le sentir)의 일차적이고 비-이성적인 차원에 대한 이차적인 이성적 조직이라고 주장했다. 20세기 초에, 마리우스 폰 젠덴Marius von Senden은 백내장을 제거하는 수술을 받은 후 시력이 주어

---

15 에르빈 슈트라우스, *Vom Sinn der Sinne*(1935). 이는 *The Primary World of Senses: A Vindication of Sensory Experience*(감각의 일차적 세계: 감각 경험의 옹호), 제2판, 제이콥 니들먼 옮김(New York: Fress Press, 1963)으로 번역되어 있다.

진, 선천적으로 눈이 먼 사람들의 경험들을 기록했었다. 처음에는 그런 환자들은 형태들과 색채들의 고통스러운 카오스, 형태들도 공간도 구분할 수 없는 요란한 시감각들의 혼란에 괴로움을 겪었다. 그들은 이 전-반성적인 감각 경험에다 일상적인 지각에 친숙한 좌표들을 제공할 수 있는 도식들과 "게슈탈트들"을 발달시킨, 자주 고통을 겪는 학습과 도제 과정 이후에만 세계에 대한 지각을 획득하곤 했다.[16] 유아에 관한 연구들은 아기가 아직 그 자신과 세계를 구분할 수 없는 순수 강도들(소리, 빛, 굶주림)이 거주하는, 이와 유사한 감각적 세계를 밝혀 왔다.[17] 슈트라우스는 "감각적 경험에서, 주체의 되어 감과 세계의 일어남 둘 모두가 펼쳐진다. 무언가가 일어난 한에서만 나는 되어 가고, 내가 되어 가는 한에서만 무언가가 (나에게) 일어난다"라고 쓰고 있다. "… 감각할 때, 감각하는 주체 대신에 자기와 세계 둘 모두가 동시적으로 펼쳐진다."[18]

　　이러한 전-이성적 감각 세계는 지각의 세계 혹은 재현에 선행하는 것이 아니라, 엄격히 말하면, 지각의 세계와 공존한다. 현상학자들이 기술하려고 시도해 온 것은 바로 이러한 세계, "살아지는 경험(=체험)lived experience"의 세계이다. 가령, 슈트라우스는 그가 지리와 풍경이라고 부른 것 사이의 이와 관련 있는 구별에 대해 언급했다. 지리학적 세계, 지도상에 기록된 세계는 지각적이고 개념적이다. 그것은 특

---

16 마리우스 폰 젠덴, 『공간과 시각: 수술 전과 후의 선천적 맹인에게 있어서 공간과 형태의 지각』, 피터 히스 옮김(London and Glencoe, IL: Free Press, 1960).

17 대니얼 N. 스턴, 『유아의 대인관계적 세계: 정신분석학과 발달심리학의 한 관점』(New York: Basic, 1985)과 『아기의 일기』(New York: Basic, 1992).

18 슈트라우스, 『감각의 일차적 세계』, 351.

정화되지 않은 관점을 가진 추상적인 좌표 체계이다. 이와 대조적으로, 풍경은 감각적이다. 풍경은 우리의 신체가 움직임에 따라 움직이는 지평에 에워싸여 있는 관점적 세계이다. 풍경에서, 우리는 공간 속에서 움직이는 것이 아니라, 공간이 우리와 함께 움직인다. 마찬가지로, 모리스 메를로-퐁티는, 쿠르트 골드슈타인Kurt Goldstein을 따라, "만짐"과 "가리킴"을 구분했다. 모기가 코를 물어뜯고 있을 때 바로 그 지점의 코를 긁을 수 있는 환자는 한 순간 후에, 손가락으로 코를 가리킬 수 없다. 전자는 신체적 공간(감각)의 "지향적 체계"(감각) 내에서 발생하지만, 이에 반해 후자는 외적 공간(지각) 속에 놓이는 점들의 추상적 정렬을 요구한다. 어떤 병리학적 사례에서는, 첫 번째 것에서 두 번째 것으로 향하는 이행이 차단되어 있다.[19] 지각에서 감각을, 지리에서 풍경을 분리해 내는 것은 자주 어려운 일이다. 왜냐하면 개념적 지각은 우리의 일상적인 세계 경험의 매우 필수적인 부분이기 때문이다.

그렇지만 슈트라우스, 메를로-퐁티, 앙리 말디네와 같은 사상가들에게 빚지고 있음에도 불구하고, 들뢰즈는 현상학자가 아니다. 현상학은 "살아지는 신체(=체험적 신체)lived body"를 소환하는 데 그치기에 불충분하다. 하지만 살아지는 신체는 카오스와 대치 속에 있는 리듬의 역능인 더 심오하고 거의 살아질 수 없는 역능unlivable Power에 비하면 여전히 보잘것없는 것이라고 들뢰즈는 말한다(FB 39). 감

---

19 모리스 메를로-퐁티, 『지각의 현상학』, 콜린 스미스 옮김(New York: Routledge & Kegan, 1962), 102~106. 『아내를 모자로 착각한 남자』(New York: Harper & Row, 1970)라는 올리버 색스의 유명한 사례는 이와 반대되는 조건(시각인식불능증), 즉 추상적이고 범주적인 것은 보유하지만, 구체적인 것은 상실한 환자를 탐구한다(7~22).

각은 그 자체 리듬의 "생기력vital power"에 의해 구성되며, 들뢰즈가 부제로 제시된 "감각의 논리", 즉 뇌적인 것도 아니고 이성적인 것도 아닌 논리를 위치시키는 것은 바로 리듬에서이다. 감각과 리듬 사이의 이러한 연관성은 아마도 『감각의 논리』에 대한 일종의 보완적인 텍스트를 형성하는, 칸트의 지각 이론에 대한 들뢰즈의 독해를 통해 가는, 다소 장황한 우회에 의해서 아마도 가장 잘 예시될 수 있을 것이다.[20]

　『순수이성비판』에서, 칸트는 지각은 공간과 시간 속에 나타나는 것의 종합을 요구한다고 주장한다. 초월론적 연역 제1판에서, 칸트는 종합을 이루는 세 가지 작동, 즉 포착, 재생, 재인을 식별해 낸다. 모든 것은 다양체이고, 다양한 부분들을 가지므로, 지각은 내가 이 부분들을 포착 작용 속에서 계기적으로 종합할 때 시작된다. 나는 또한 만약 종합이 발생하려면 후속하는 부분들이 일어날 때 선행하는 부분들을 재생하거나 "수축해야"만 한다. 공간적 종합의 이러한 두 측면들 —— 부분들의 포착과 재생 —— 은 생산적 상상력의 활동이지 더 이상 감성의 활동이 아니다.[21] 하지만 지각적 종합이 완전한 것이 되려면 세 번째 계기가 요구된다. 즉, 이러한 공간과 시간의 감성적 복합체는 이제 대상의 형식(재인)과 관련되어야만 한다. 분명, 우리는 공간과 시간의 다양성diversity이, 환각들과 같은, 대상-형식과 관련되지 않는 수

---

20 이러한 독해는 1978년 3월 28일과 4월 4일 들뢰즈의 세미나에서 찾아볼 수 있다. 이는 멜리사 맥마흔의 영역으로 webdeleuze.com 온라인에서 접할 수 있다.

21 임마누엘 칸트, 『순수이성비판』, 노먼 켐프 스미스 옮김(London: Macmillan, 1929), 144(A 120)를 보라: "다양한 것의 종합을 위한 능동적 능력이 우리 안에 실존함이 틀림없다. 이 능력에다 나는 상상력이라는 표제를 붙이겠다."

많은 감각들을 상상할 수 있다. 감성적 다양성이 대상의 형식과 관련되는 그러한 방식으로 구성되는 것은 오히려 **지각** 그 자체이다. 달리 말해서, 내가 대상들을 지각한다기보다는, 나의 지각이 대상-형식을 자신의 조건들 중의 하나로서 전제한다. 칸트는 이 대상-형식을 위한 유명한 공식, 즉 대상=x를 발명했다. 대상=x는, 공간-시간이 감각의 순수 형식이듯이, 지각의 순수 형식이다. 대상=x는, 내가 "그래 그것은 사자이다!"라고 말할 수 있을 만큼, 시공간적 다양성의 종합된 부분들(긴 갈기, 큰 으르렁거림, 묵직한 발걸음…)에 관련될 때만 (가령, 사자-대상과 같은) 구체적인 규정을 수용할 것이다. 하지만 경험의 잡다함manifold 속에서 우리에게 나타나는 감각들의 다양성 multiplicity은, 만약 우리가 대상=x의 빈 형식을 원하는 대로 사용하지 않는다면, 결코 대상에 회부되지 않을 것이다. 왜냐하면 감각 경험 그 자체 내에는, 내가 대상이라고 부르는 어떤 것을 향해서 감성적 다양성을 넘어서는 작동을 설명하는 것은 아무것도 존재하지 않기 때문이다. 이러한 형식은 어디에서 오는가? 대상 일반은 "나는 생각한다"의 상관자, 혹은 의식의 통일체라고 칸트는 우리에게 말한다. 대상 일반은 **코기토**의 표현, **코기토**의 형식적 대상화이다. "그러므로 코기토의 실재적인(종합적인) 공식은 이렇다. 즉, 나는 나 자신을 생각하며, 나 자신을 생각할 때, 나는 나에 의해 표상된 다양성과 관계를 맺게 되는 대상 일반을 생각한다."(KCP 15~16) 대상=x에 귀속하는 술어들은 칸트가 **범주들**이라고 부르는 것, 혹은 지성의 순수 **선험적** 개념들이며, 개념 아래에 감성적 다양성을 포함시키는 것은 칸트가 **판단** 작용이라고 부르는 것이다.[22]

따라서 『순수이성비판』은 우리에게 지각의 구조물에 대한 분석,

즉 계기적인 부분들의 포착, 선행하는 부분들의 재생, 대상 일반의 형식에 의한 재인에 대한 분석을 제시한다. 칸트의 분석은 사실상 공간과 시간의 형식(감각의 순수 형식)에서 한 규정된 시-공간적 형식(상상력의 종합들로서의 포착과 재생)으로, 대상=x의 형식(지각의 순수 형식)으로 이동한다. 들뢰즈가 『감각의 논리』에서 탐사하는 모험은 이 지점에서 시작된다. 헤겔 같은 칸트-이후의 철학자들은 칸트의 "통각의 초월론적 통일" 이론을 출발점으로 삼았던 반면, 들뢰즈는 사실상 반대 방향으로 움직이며, 그 통일을 근거 짓는 재인의 형식과 결별한다. 들뢰즈에게는 (칸트의 의미에서) 범주들도 존재하지 않고, (헤겔의 의미에서) 매개도 존재하지 않는데, 그의 가장 집요한 주제들 중의 하나는 "판단과 결별하는 것"(아르토)이다. 『감각의 논리』에서 들뢰즈는 칸트가 지성의 입법으로부터 해방된 상상력의 역할을 탐구한 『판단력비판』에서 개시된 궤적을 그 한계로까지 밀고 나아갔다. 그가 분석하는 네 가지 요소들은 『감각의 논리』의 주제들과 특히 관련이 있다.

1. **미감적 포착**aesthetic comprehension. 첫 번째 요소는 "미감적 포착"(척도)의 주제이다. 『순수이성비판』에서 칸트는 종합 작용은 계기적 부분들의 포착으로 시작된다고 우리에게 말한다. 그러나 그는 사실상 『판단력비판』에서 다시 시작하면서 첫 번째 비판서에서 정식화하지 않고서 넘어간 물음, 무엇이 부분으로 간주되는가?를 묻는다. 부분을 구성하는 것을 규정하기 위해서, 상상력은 불변적이거나 혹

---

22 칸트, 『순수이성비판』, 105(A68/B93): "지성이 이 개념들에 대해 할 수 있는 유일한 사용은 이 개념들로 판단하는 것이다."

은 적어도 공통적인 측정 단위를 원하는 대로 사용해야만 한다. 분명, 지성은 개입하여 크기들에 대한 수학적 평가를 고정된 형식의 수 개념으로 제공할 수 있을 것이다("높이가 10미터이다" 혹은 "너비가 4인치이다"). 하지만 상상력은 개념들에 의지하지 않으며, 대상들의 본성에는 그러한 불변적 척도가 존재하지 않는다. 따라서 상상력은 오직 **감성적**이거나 질적인 측정 단위를 선택함으로써만 자신의 종합들을 이행하기 시작할 수 있다. 칸트는, 처음에는 그러한 측정 단위는 주로 **인간 신체**에서 발견된다고, 거의 지나가듯이 언급한다. "인간의 키에 의해 판단된 나무는, 여하튼 산을 위한 기준을 제공한다."[23] 달리 말해서, 나는 나무의 부분들을 포착하기 위한 측정 단위로서 사람의 키를 사용할 수 있다("이 나무의 높이는 열 사람의 키의 높이다…"). 이어서 다음에 나는 나무 뒤의 산을 측정하기 위해 나무의 높이를 사용할 수 있다("그 산은 스무 그루의 나무들의 높이다…"). 단순 지각의 수준에서조차, 포착은 이미 측정 단위에 대한 "체험적lived 평가" 혹은 "미감적 포착"과 같은 어떤 것을 의미하며, "이 최초의 (주관적이고, 감각적이고, 무매개적이고, 체험적인living) 측정은 신체로부터 진행된다".[24] 이것이 칸트에게 있어서 현상학의 계기이다. 즉, 미감적 포착은 우리의 신체가 세계 속에 처해 있음, 우리의 "세계-속에-있음being-in-the-world"을 전제한다. 『지각의 현상학』(1962)에서, 메를로-

---

23 임마누엘 칸트[1952], 『판단력비판』, 제임스 크리드 메러디스 옮김(Oxford: Oxford University Press, 1978), 5§26, 105. 들뢰즈는 『판단력비판』을 모든 철학의 가장 중요한 책들 중의 하나라고 간주했다(1981년 3월 31일 세미나).

24 자크 데리다, 『회화에서의 진리』, 제프 베닝턴·이언 맥레오드 옮김(Chicago: University of Chicago Press, 1967), 140.

시론 13 ─ 감각 **561**

퐁티는 우리의 신체가 우리에게 "형체적이거나 체위적인 도식"을 제공하는 방식을 상세하게 분석했다.[25]

2. 리듬. 이것은 두 번째 주제, 곧 리듬의 주제로 이끈다. 칸트가 『판단력비판』(§26)에서 말하고 있는 것은 지각의 가장 기본적인 종합 작용조차도 논리적 작용을 전제한다는 점이다(비록 칸트가 여기서 논리라는 용어에 새로운 의미를 부여하긴 하지만). 부분들의 계기적 포착 밑에, 측정 단위에 대한 순수 미감적 포착을 요구하는 일종의 논리적 종합이 존재한다. "자연의 대상들의 크기에 대한 모든 평가는 결국 미감적이다(즉, 객관적으로 규정되는 것이 아니라 주관적으로 규정된다)."[26] 척도는 주관적으로 규정되기 때문에, 끊임없는 평가와 재-평가를 받고, 그러므로 **끊임없는 변이** 속에 존재한다. 지각되는 사물이 선택된 단위에 따르듯이, 측정 단위는 지각되는 사물에 따라서 각 경우에 다르다. 나는 나무를 인간의 신체와 관련하여 평가할 수도 있지만, 그러나 밤에 나는 떠오르는 달을 가까이에 쥐고 있는 동전에 의해서 평가할 수도 있다. 미감적 포착의 관점에서 볼 때, 나는 부단히 내 지각들에 따라서 내 측정 단위를 변화시키는 과정 속에 있다. 말디네를 따라서, 들뢰즈는 측정 단위에 대한 이러한 미감적 포착이, **개념 없이** 발생하는, **리듬**(비록 칸트 그 자신은 이 용어를 사용하지 않을지라도)에 대한 파악이라고 기술한다.[27] 미감적 포착은 측정되는 사

---

25 모리스 메를로-퐁티, 『지각의 우위성』, 제임스 에디 편(Evanston: Northwestern University Press, 1964), 5.

26 칸트, 『판단력비판』, §26, 98.

27 앙리 말디네, 「리듬의 미학」, 『시선 말 공간』(Lausanne: L'Age d'Homme, 1973), 147~172: 149~151.

562   제3부 들뢰즈의 다섯 가지 개념

물과 측정 단위 둘 모두와 관련하여 리듬을 파악하는 작용이다. 이런 의미에서, 개념들은 **계량적**이다. 개념들은 우리에게 비트를 제공하지만 개념 아래에는 리듬이 존재한다. "리듬들은 언제나 이질적이고, 우리는 일종의 탐험 속에서", 일종의 실험 속에서 "리듬들 안으로 뛰어든다". "여러분은 설사 개념을 가진다 할지라도, 개념에 복속되어 있는 사물들의 리듬성을 아직 갖고 있는 것은 아니다. 개념은, 잘해야, 여러분에게 비트 혹은 템포를 줄 따름이다."(1981년 3월 28일, 1981년 4월 4일 세미나) 개념들 아래에서, 우리는 언제나 시공간의 리듬적 블록들이나 복합체들, 시공간적 리듬들, 공간 안과 시간 안의 존재 방식들을 발견한다. 지각적 종합들의 **토대**foundation는 미감적 포착이지만, 이 토대가 의존하는 **근거**ground는 리듬의 평가이다.

3. 카오스. 하지만 우리가 일단 이 지점에 도달하면, 우리는 멈출 수 없다. 『판단력비판』에서, 마침내 칸트는 임박한 파국catastrophe을 알아차리게 된다. 즉, 종합의 토대가 의존하는 근거(리듬)는 마치 지진처럼 떨리기 시작한다. 칸트는 우리를 불안하게 만드는 한 시나리오를 제시한다. 즉, 나는 무언가를 바라보지만, 상상력이 흔들리고, 어지럽고, 현기증이 난다. 첫 번째 파국은 이렇다. 즉, 나는 적절한 측정 단위를 구하지만, 하나도 찾을 수 없다. 혹은 나는 하나를 선택하지만, 그것은 파괴되고 만다. 나는 또 다른 것을 선택하지만, 그것 또한, 마치 내가 보고 있는 것이 모든 측정 단위와 공약 불가능한 것처럼, 부적절함이 판명 나고 만다. 두 번째 파국은 이렇다. 즉, 공황 속에서, 나는 어쩌면 부분들을, 전적으로 이질적인 부분들을 볼 수 있을 터이지만, 내가 다음 부분으로 나아갈 때, 나의 어지럼 발작은 더 나빠질 뿐이다. 나는 선행하는 부분을 잊고 만다. 나는 더 멀리 나아가

서 더욱더 많은 것을 잃도록 추동된다. 세 번째 파국은 이렇다. 즉, 나의 감관들에 충격을 가하는 것은 재인 불가능하다. 그것은 미감적 포착의 모든 가능성을 넘어서는 어떤 것이다. 총합해서 말하면, 내 지각의 구조 전체가 붕괴하는 과정 속에 있다. 즉, 나는 더 이상 계기적 부분들을 포착할 수 없고, 나는 선행하는 부분들을 후속하는 부분들로서 재생할 수 없으며, 그리고 마지막으로 나는 더 이상 사물이 무엇인지를 재인할 수 없다. 나는 더 이상 대상 일반을 한정할 수 없다. 왜 이런 일이 일어나는가? 나의 미감적 포착 — 즉, 측정의 토대 역할을 하는 리듬의 평가 — 이 위태롭게 되고, 위협받기 때문이다. 이것은 칸트가 **숭고한 것**의 경험이라고 부르는 것이다. 숭고한 것은 종합의 구조물이 붕괴할 때 발생한다. 나는 더 이상 부분들을 포착하지 않고, 나는 더 이상 부분들을 재생하지 않고, 나는 더 이상 아무것도 재인하지 않는다. 리듬 대신에, 나는 나 자신이 **카오스**에 빠져 있음을 발견한다.

칸트가『판단력비판』에서 발견하는 것은 인식의 구조물을 구성하는 상상력의 종합(포착, 재생, 재인)이 상이한 본성의 기반 — 측정되는 사물과 측정 단위 둘 모두에 대한 미감적 포착 — 에 의존한다는 점이다. 미감적 포착은 종합의 일부가 아니다. 미감적 포착은 종합이 의존하는 토대이다. 하지만 이 토대를 발견하는 것과 동시에, 칸트는 또한 이 토대의 근거(리듬)의 비상한 가변성 및 근본적인 취약성(카오스)을 발견한다. 종합과 이 종합의 토대 사이에, 어떤 것이 근거 밑으로부터 출현하여 종합을 분쇄하는 끊임없는 위험이 존재한다. 왜 이러한 근본적인 취약성인가? 칸트에 따르면, 이는 측정 단위에 대한 미감적 포착을 전복시키는 위험을 무릅쓰는, (광대한 대양 혹은 별이 총총한 하늘과 같은) 공간과 시간 속의 무한한 현상들이 존재하기 때문이다. 상상력은 그 자신의 한계 앞에서 그 자신이 전복되고, 차단되는 것을 발견한다. 상상력은 그 자신의 무능력을 발견한다. 여기서 우리는 들뢰즈가 충족이유에서의 "굽은 곳bend"이라고 부르는 지점에 도달한다. 즉, 우리가 종합의 근거(리듬) 및 종합의 탈근거적 본성(카오스)을 발견하는 것은 하나의 동일한 시간에서이다. 다행히도, 우리는 끔찍한 경험일 숭고한 것에 항상 휘말리지 않는다. 통상적으로 우리는 그럭저럭 우리의 지각을 고수하고, 시-공간적 다양성들을 대상-형식에 관련시킨다. 그러나 숭고한 것은 지각의 억압에 의존하고, 무형태의 것 혹은 왜곡된 것에 대한 경험에 의존한다. 그렇지만, 카오스 그 자체는 또한 질서 혹은 리듬의 씨앗일 수 있으며, 『감각의 논리』의 한복판에 놓여 있는 것은 이러한 리듬-카오스 이행연구二行聯句, couplet이다.

들뢰즈는 『감각의 논리』의 목표가 독자들로 하여금 베이컨의 회화들을 더 잘 보게 만드는 것인가 하는 물음을 받았을 때, 그는 만약 성공한다면 이 책은 그 결과를 반드시 갖게 될 것이라는 점을 인정했다.

> [그는 이어서 말했다.] 하지만 나는 이 책이 더 높은 염원, 모든 사람이 꿈꾸는 어떤 것, 즉 단어들, 선들, 색채들, 심지어 소리들의 공통 근거[fond]인 어떤 것에 접근하는 것을 갖고 있다고 믿는다. 회화에 관한 글을 쓰는 것, 음악에 관한 글을 쓰는 것은 언제나 이러한 염원을 함의하고 있다. (TRM 186)

이 "공통 근거"는 바로 리듬이다.

리듬은 그것이 청각적인 수준에 투여할 때 음악으로 나타나고, 그것이 시각적 수준에 투여할 때 회화로 나타난다. 이것은, 세잔이 말한 바와 같이, 이성적인 것도 아니고 뇌적인 것도 아닌 "감각들의 논리"이다. 따라서 궁극적인 것은 감각과 리듬의 관계로, 이 관계는 각 감각 속에 자신이 통과하는 수준들과 영역들을 놓는다. (FB 37)

회화에서, 카오스와 리듬의 이러한 복잡한 관계를 가장 잘 예시한 사람은 세잔과 클레였다. 세잔은 화가는 풍경 너머로 그 카오스까지 보아야만 한다고 말했다. 그는, 밀밭에 너무나 가까워서 우리 자신을 풍경 속에서 상실하여, 우리가 더 이상 형태들, 혹은 심지어 물질을 보지 못하고 오직 힘들만을 볼 정도로, 언제나 가까이서 그릴 필요가 있음에 대해 이야기했다. 세잔은 이것을 보편적 변이 혹은 상호작용 속에서 시각적 좌표들이 완전히 붕괴한 "인류 이전의 세계"라고 불렀는데, 이 세계로부터, 회화 행위 속에서, 지구가 자신의 "완강한 기하학"를 갖고서 출현할 수 있을 것이다.[28] 마찬가지로, 파울 클레는, 『현대 예술에 관하여』라는 그의 텍스트에서, 리듬이 어떻게 카오스로부터 출현하는지, 그리고 "회색 점"이 어떻게 그 자신 위로 도약해서 리듬을 조직하는지에 대해 썼다. "회색 점은, 그것이 그 자신 위로 역동적으로 도약하는 한에서 카오스이면서 동시에 리듬인 이중 기

---

28 조아킴 가스케, 『세잔: 대화를 담은 회고록』, 크리스토퍼 펨버튼 옮김(London: Thames & Hudson, 1991), 160. 1981년 3월 31일 세미나에서 이 텍스트에 대한 들뢰즈의 주해를 보라.

능을 가진다."[29] 칸트의 용어로 번역하면, 세잔과 클레 둘 모두 우리가 지각의 종합(포착, 재생, 재인)에서 미감적 포착(리듬)으로, 파국(카오스)으로 움직이는 운동, 그리고 역방향의 운동을 보여 준다. 역방향의 운동에서 화가는 파국을 통과하고(다이어그램diagram), 또 그 과정에서 완전하게 상이한 본성의 형태를 생산한다(형상Figure).

4. 힘. 하지만 이 칸트의 궤적에는 최종적 계기가 존재한다. 칸트그 자신은 우리에게 일종의 위안을 안겨 준다. 즉, 상상력이 자신의무능력을 발견하는 바로 그 순간, 그것은 우리가 우리 자신 내에서 상상력보다 더 강력한 상위 능력, 즉 무한한 것의 능력, 초감성적인 것의 능력과 같은, 이념들의 능력을 발견하도록 만든다. 이러한 이념들의 능력은 무엇인가? 칸트는, 유명한 일이지만, 수학적 숭고와 역학적 숭고라는 두 가지 유형의 숭고한 것을 발견했다. 들뢰즈에게, 역학적 숭고는 자신의 특질을 "무형태의 것" 혹은 "왜곡된 형태의 것"(대상-형식을 깨뜨리기)에서 발견하기 때문에, 역학적 숭고가 수학적 숭고보다 더 심오하다. 홍수, 화재, 산사태, 항해 중의 허리케인 등과 같은 자연의 힘은 묶어 둘 수가 없다. 나는 무엇을 경험하는가? 내가 아무것도 아니라는 사실을 경험한다. 자연의 힘은 나에게 너무나 과한 것이고, 너무나 강력한 것이고, 너무나 압도하는 것이어서, 나는 일종의 공포를 경험한다. 단지 일개 인간으로서 나는 자연에 비하면 아무것도 아니다. 자연의 무형태의 힘 혹은 왜곡된 형태의 힘을 직면할 때, 나 자신의 강도적 힘은 영에 가까운 것으로 환원된다. 하지만 동

---

29 파울 클레, 『현대 예술에 관하여』, 폴 핀들레이 옮김(London: Faber & Faber, 1966), 43. TP 312, 또한 1978년 3월 28일 세미나를 보라.

시에, 이렇게 하여 내 안에서 일깨워지는 것은, 자연을 넘어 도덕적 존재자들로서의 우리의 정신적 운명(초월적인 것으로서의 본체적인 것)을 가리키는, 새로운 힘, 정신적 힘, 칸트가 이성의 능력으로 간주하는 이념들의 힘이며, 이 힘에 의해서 인류는 자연보다 우월한 것임이 드러난다.[30]

하지만 이것은 들뢰즈가 칸트와 결별하며 비판철학을 뒤집는 지점이다. 들뢰즈에게, 이념들의 능력은 더 이상 이성과 동일시되는 것이 아니라, 들뢰즈는 이념들을 감성 그 자체 내에 정립하고, 이념들을 자연에 대한 초월성에 의해서가 아니라, 경험 그 자체에 대한 내재성에 의해서 정의한다. 이념들은 여전히 초-감성적이지만, 이제 감각들 배후에 놓여 있으면서, 우리를 무-인간적non-human 혹은 비인간적inhuman **생성들**로 이끌고 가는 힘들 혹은 강도들을 드러낸다. 달리 말해서, 들뢰즈의 경우, 무형태의 것 혹은 왜곡된 형태의 것에 있는 자연의 힘은 **사물들의 비유기적 생명**의 형태로 나타난다.

> 사물들의 비유기적 생명, 지혜가 감지하지 못하는, 유기체의 한계들인 무서운 생명 … 그것은 잠재적인 전-유기적인pre-organic 배아성으로서 생기적인 것이며, 생물the animate과 무생물the inanimate에, 그 자신을 생명의 지점으로까지 끌어올리는 물질에, 그리고 그 자신을 모든 물질을 통해 펼쳐 가는 생명에 공통되는 것이다. (MI 50~55)

---

30 칸트의 경우, 감성은 단지 수용 능력일 뿐이다. 감성은 단순히 공간과 시간 안의 다양한 잡다한 것을 현시할 따름이다. (종합을 통한) 상상력, (개념들을 통한) 지성, 그리고 (이념들을 통한) 이성의 임무는 이 다양성을 통일하는 것(재인과 공통감의 형식)이다.

베이컨의 일차적 주제는 유기체 아래에 놓여 있는 "기관 없는 신체", 즉 딸꾹질, 교미, 비명의 폭력적인 힘, 토하거나 배변하고 싶은 욕구, 잠의 눕히는 힘 등과 같은 수많은 보이지 않는 힘들에 의해 왜곡되는 한에서의 신체이다. 마찬가지로 세잔의 경우, 산들은 자신들이 이용하는 지리학적인 펴는 힘들을 통하여, 풍경들은 열적이고 자기적인 힘들을 통하여, 사과들은 발아하는 힘들을 통하여 독특하게 존재하도록 형성되어 있다. 반 고흐는 해바라기의 비상한 힘과 같은, 심지어 아직까지 알려지지 않은 힘들을 이용하기까지 했다. 클레의 유명한 공식, 보이는 것을 만드는 것이 아니라, 보이도록 만드는 것은 일종의 라이트모티프처럼 들뢰즈의 저술들을 통하여 메아리친다. 감각들은 주어지지만, 그러나 감각의 조건을 구성하는 것은 바로 힘이다. 그렇다면 예술가의 물음은 이렇게 된다. 즉, 그 자체 감각 가능하지 않은 힘들을 어떻게 감각 가능한 것으로 만들 것인가? 회화에서 어떻게 보이지 않는 것을 보이는 것으로 만들 것인가? 혹은 음악에서 들리지 않는 것을 어떻게 들리는 것으로 만들 것인가?

이것은, 마지막으로, 우리를 화가들 ── 특히 베이컨 ── 이 이러한 "감각의 논리"를 생산하는 방식에 관한, 들뢰즈의 책에서 말하는 개념들의 세 번째 선으로 이끌고 간다. 들뢰즈는 그의 책의 목표는 감각의 논리 "일반"을 건립하는 것일 뿐만 아니라, 또한 베이컨의 작품에서 감각의 논리의 절정이 색채의 감각에서 어떻게 발견되는가를 보여 주는 것이기도 하다고 우리에게 말한다. 이 결론에 도달할 때, 들뢰즈는 다시 한번 우리를 일종의 개념들의 연역을 통해서 데리고 간다. 첫 번째 개념은 클리셰 개념이다. 들뢰즈는 클리셰에 대해 이렇게 쓰고 있다.

> 외적 세계 속에서 순환하지만, 또한 우리 각자를 관통하고 우리의 외
> 적 세계를 구성하는 익명의 부유하는 이미지들이다. 그래서 모든 사
> 람은 오직 심리적 클리셰들만을 소유하는데, 우리는 이 심리적 클
> 리셰에 의해 생각하고 느끼며, 생각되고 느껴지며, 우리 자신이 우
> 리를 둘러싸고 있는 세계 속의 클리셰 중 하나의 클리셰이다. (MI
> 208~209)

만약 들뢰즈의 철학이 **발생적** 철학이라면, 클리셰는 억견과 인습
이 사유의 발생을 가로막듯이, 바로 이미지의 발생을 가로막는 그것
이다. 이런 의미에서, 들뢰즈 철학의 근본적인 물음 중의 하나는 **새로
운 것**(이미지, 사유…)의 생산을 위한 조건들은 무엇인가?이다. 그러
므로 파국의 본질적 역할은 이렇다. 즉, 이미지(혹은 감각)의 발생을
위한 조건은 동시에 클리셰의 파괴를 위한 조건이다.

그렇다면 화가들은 어떻게 파국을 통과하여 클리셰를 파괴하는
가? 이것이 들뢰즈가 C. S. 퍼스의 기호 이론에서 유래하는 용어인 다
이어그램 혹은 그래프라고 부르는 것(제12장)의 역할이다. 퍼스는 수
학적 사유에서 다이어그램이 행하는 중요하지만 자주 간과되는 역할
에 주목했었다. 비록 수학이 자주 순수하게 연역적이거나 혹은 공리
적인 과학으로서 제시될지라도, 정리적인 추리가 보통 다이어그램의
구축을 수반하고, 점들, 선들, 표면들, 관계들로 구성되는 도식들을
가지는 일종의 "이념적 실험"을 수반한다. 즉, "점들은 만들어지고 뻗
쳐진다. … 핀들이 지도들 위에 꽂혀진다. … 페이지들은 낙서가 되어

있다".[31] 수학은 그 실험들이 필연적으로 이념적 혹은 "다이어그램적"
형식을 띤다는 점을 제외하면, 물리학이나 화학만큼이나 실험적이다
라고 퍼스는 주장했다. 그의 기호 이론에서, 퍼스는 다이어그램을 아
이콘의 특수한 경우, 즉 "지적 관계들의 아이콘"으로 분류했었다.[32] 비
록 들뢰즈가 자신이 퍼스에게 빚지고 있음을 인정할지라도, 퍼스가
다이어그램에 배정한 아이콘적 지위는 거부한다. 왜냐하면 그것은
다이어그램을 단순히 지적 관계들 혹은 좌표들의 "복사" 혹은 그래
프적 재현으로서 이해하는 경향이 있기 때문이다.[33] 오히려, 들뢰즈는
다이어그램에다 훨씬 더 강력하게 창조적 역할 혹은 발생적 역할을
배정하기를 선호한다. 즉, "다이어그램적 혹은 추상적 기계는 심지어
실재적인 어떤 것을 재현하는 것이 아니라, 아직 오지 않은 실재, 새
로운 유형의 실재를 구축한다"(TP 142). 들뢰즈가 제13장에서 설명
하듯이, 다이어그램은 아날로그적 **변조기**로서, 물질과 기능의 결합으
로서 작용한다.

  들뢰즈는 화가들은 그들 자신의 다이어그램주의의 유형을 가진
다고 주장한다. 그가 화가적 다이어그램(작동적인 일단의 비-재현적
이고 비-의미화적 선들과 색채들)이라고 칭하는 것은 화가들이 그 자

---

31 게리 제노스코, 『펠릭스 과타리: 일탈적 입문서』(London and New York: Continuum, 2002),
   180. 제노스코는 178~185에서 과타리의 "다이어그램주의"에 대한 분석을 제시한다.
32 찰스 샌더스 퍼스, 『논문집』, 찰스 하트숀·폴 웨이스 편(Cambridge, MA: Harvard University
   Press, 1935~1966), Vol. 4, 531. 이는 제노스코, 『펠릭스 과타리: 일탈적 입문서』, 179에 인용
   되어 있다.
33 TP 531 n41. 들뢰즈와 과타리는, 자신들은 퍼스의 용어들을 차용하여, 설사 그 용어들의 함
   축을 바꿀 때에도, 다이어그램에다 아이콘이나 상징으로 환원될 수 없는 "독특한 역할을 부
   여할 수 있도록 하고 있다"고 언급한다. 다이어그램이라는 용어에 대한 그들의 사용에 대해
   서는, TP 141~144를 보라.

신의 방식으로 파국의 경험을 거치는 수단이다. 화가의 다이어그램은 지각의 종합의 광학적 조직(클리셰)을 무효로 만들지만, 또한 다가올 회화적 질서의 "발생적" 요소로서 기능한다. 들뢰즈는 모든 화가는 서로 다른 방식으로 이 과정을 거친다고 언급한다. 그는 "다이어그램은 실로 카오스, 파국이지만, 또한 질서 혹은 리듬의 싹이다"라고 쓰고 있다(FB 83). 비트겐슈타인의 용어를 사용하면서, 들뢰즈는 다이어그램은 사실 그 자체가 출현하는 "사실의 가능성"을 구성한다고 말한다. 『천 개의 고원』'고원 11'은, 더 일반적인 방식으로, 그 자신의 영토들과 환경들을 갖는 리듬의 요소들이 카오스로부터 나오는 복잡한 출현을 분석한다(TP 310~350). 예술, 철학, 과학에서 행하는, 카오스에 대항하는 투쟁은 또한 『철학이란 무엇인가?』, 특히 「카오스에서 뇌로」라는 이름의 마지막 장의 중심 주제이기도 하다.[34]

만약 베이컨 자신의 감각의 논리의 정점이 "색채 감각"에서 발견된다면, 이는 베이컨이 자신의 다이어그램적 절차들을 달성하는 것은 주로(비록 배타적으로는 아니지만) 색채의 사용을 통해서이기 때문이다. 이 점에서, 들뢰즈는 회화사에서 두 가지 근본적인 색채 사용법을 발견한다. 첫 번째 것은, 더 전통적으로, 색채들 간의 **가치**의 관계들, 즉 그림자와 빛의 대조(chiaroscuro)를 강조한다. 그것은 들뢰즈가 **촉각적-광학적**tactile-optical 공간이라고 부르는 것, 즉 그리스인들에 의해 개시되고, 르네상스 시기에 세련화된 재현적 공간의 구축을 자신의 상관자로 가진다. 구상figuration은 그 자체 이 촉각적-광학적

---

34 WP 203: "세잔과 클레가 그림을 그릴 때의 행위에서, 그림 그리기의 한가운데에서 보여 준 카오스와의 투쟁은 과학에서, 그리고 철학에서 또 다른 방식으로 발견된다."

572   제3부 들뢰즈의 다섯 가지 개념

공간의 결과이다. 그런 공간에서, 신체들은 광학적으로 지각될 뿐만 아니라, 조각적 혹은 촉각적 질(깊이, 윤곽, 양각)을 띠며, 액자 배후에 3차원 공간의 착각을 생산한다. 제14장에서 들뢰즈는 회화사에서 이러한 촉각적-광학적 세계가 어떻게 이후에 쪼개져서 서로 다른 두 방향으로 발전하는지를 보여 준다. 즉, 하나는 심지어 종속적이기도 한 감촉과의 관련으로부터 벗어난 순수하게 **광학적인** 공간의 노출로 향하는 방향(비잔틴 예술)이고, 다른 하나는 손이 그 자체를 독립적인 방식으로 표현하기 시작하여, 아무것도 묘사하지 않는 선을 생산하는, 눈이 거의 따라갈 수 없는 폭력적인 **손적인** 공간의 부과로 향하는 방향(고딕 예술)이다. 이러한 전개에 대한 들뢰즈의 분석은, 비록 "예술에의 의지"(Kunstwollen)에 대한 빌헬름 보링거Wilhelm Woringer의 호소가 빠져 있기는 하지만, 알로이스 리글Aloïs Riegl, 하인리히 뵐플린, 빌헬름 보링거의 독일 예술사적 전통에 크게 의존한다.[35] 결국, 이러한 전개들은 그들 자신의 방식으로 현대 예술에서 반복된다. 즉, 추상은 순수하게 광학적인 코드를 전개하는 데(몬드리안) 반해, 표현주의는 순수하게 손적인manual 선의 추출로 향해 움직인다(폴록).

그러나 제15장에서 들뢰즈는 베이컨의 참신성은 색채와 공간에 대한 이러한 초기 개념들과 결별하는 이중적 방식이라고 정의한다. 한편으로, 색채를 사용할 때, 베이컨은 세잔과 반 고흐를 따라가며, 가치의 관계들을 **색조**의 관계들로, 즉 스펙트럼의 색채들 간의 순수한 관계들로 대체한다. 질베르 시몽동을 따라서, 들뢰즈는 이것

---

35 그럼에도 불구하고 들뢰즈는 때때로 이 용어를 사용한다. 가령 TP 497을 보라: "형상적인 것 그 자체는 어떠한 '예술에의 의지'에도 전혀 내재하지 않는다."

을 색채들 간의 관계들 혹은 색조들의 병치에 의존하는 **변조**modulation 의 기법이라고 부른다. "색채주의자들의 공식은 이렇다. 즉, 만약 당신이 색채를 그것의 순수한 내적 관계들(뜨거운-차가운, 확장-수축)로 밀고 나아간다면, 그렇다면 당신은 모든 것을 가진다."(FB 112) 색채주의자들에게, 회화의 모든 것 ── 형form과 지반ground, 빛과 그림자, 밝음과 어두움 ── 은 순수한 색채 관계들에서 유래한다. 이 점에서, 들뢰즈는 베이컨을 회화사에서 가장 위대한 색채주의자들 중의 한 사람으로 간주한다. 제16장은 베이컨 회화의 세 가지 형식적 요소들 ── 형상, 윤곽, 구조 ── 이 모두 어떻게 색채에 의해 구축되는지를, 즉 구조에서의 강도의 내적 변이들, 형상들의 "부숴진 색조들", 색칠된 윤곽선을 분석한다. 따라서 베이컨 회화의 각 요소는 색채에 수렴하며, 전체의 통일성, 각 요소의 분배, 그리고 각 요소가 다른 요소들에 작용하는 방식에 이유가 되는 것은 바로 변조(색채들 간의 관계)이다. 이런 이유로 들뢰즈는 베이컨의 감각의 논리의 정점에 있는 것은 바로 "색채 감각"이라고 말한다.

다른 한편으로, 이러한 색채 사용법은 시각으로부터 독특한 종류의 감각, 즉 빛의 광학적 시각과 대립하는 바의 **햅틱적**haptic 시각을 끌어내는 것을 요구한다. 들뢰즈가 햅틱적 시각이라고 부르는 것은 바로 이러한 색채 "감각들"이다. 재현의 **촉각적-광학적** 공간은 복합적인 눈-손 관계를 제시한다. 이 공간은 그럼에도 불구하고 감촉성과의 잠재적 관계항들(깊이, 윤곽, 양각)을 유지하는 이념적인 광학적 공간이다. 이로부터 두 가지 유형의 복속이 일어날 수 있다. 하나는 광학적 공간에 있어서 눈에 대한 손의 복속(비잔틴 예술), 다른 하나는 손적 공간에 있어서 손에 대한 눈의 엄격한 복속(고딕 예술)이다. 하지만 들뢰즈가, 리글을 따라서, (그리스어 동사 aptō, 만지다에서 유래하는) **햅틱** 공간이라고 칭하는 것은 더 이상 양방향으로 손-눈 복속이 존재하지 않는 공간이다. 그것은 광학적인 것과 구분되는 봄 seeing의 유형, "시 감각이 촉 감각처럼 작용하는" 클로즈-업 봄viewing 을 의미한다.[36] 리글은 햅틱적 공간은 이집트인이 발명한 것으로, 형과 지반이 동일한 평면에 존재하는 것으로 경험되는 얕은 돋을새김이며, 근접 시각을 요구한다고 주장했다. 이어서 들뢰즈는 새로운 이집트가 베이컨의 작품에서 일어나고 있는데, 이번에는 독특하게 색채로 또 색채에 의해 구성되어 있다고 언급한다. 즉, 평평한 표면 위에 점차적으로 배열된 순수한 색조의 병치가 정확히 햅틱적인 공간을 생산하며, 눈의 정확히 햅틱적인 기능을 의미한다(표면의 평면적 성격이 오직 표면 위에 배열되는 서로 다른 색채들을 통하여 부피들을 창조한다). 이 점에서, 들뢰즈는 베이컨을 터너J.M.W.Turner, 모네, 세잔, 반 고흐 ─ 가치의 관계들을 색조의 관계들로 대체한 위대한 현대 색채주의자들 ─ 의 위대한 전통 속에 놓는다.

우리는 각각 베이컨 회화의 형식적인 측면들(분리, 왜곡, 커플링…), 비-이성적 감각의 논리(리듬, 카오스, 힘…), 그리고 채색 그 자체의 행위(클리셰, 다이어그램, 변조…)에 관한, 『감각의 논리』에 나오는 세 가지 개념적 궤적들을 구분하려고 시도했다. 분명히, 세 가지 궤적들은 상호 연결되어 있다. 회화는 감각의 논리를 갖고서 실험

---

36 말디네, 『시선 말 공간』, 195.

하는 그 자체의 방식을 가지며, 베이컨의 길은 추상이나 표현주의 같은 다른 길들을 부정하지 않는 그 자체의 타당성을 가진다. 결국, 이 궤적들 각각은 그 자체를 넘어 음악, 영화, 문학과 같은 다른 예술들과의 연관성을 가리키며, 그리하여 『감각의 논리』는 그 자체 들뢰즈 철학 전체, 그리고 예술들에 관한 그의 다른 저술들의 개념적 증식 안으로 들어가는 입구점으로 간주될 수 있다.

새로운 것

새로운 것의 조건들

새로운 것에 대한 물음: 변화, 인과성, 창발

철학적 문제로서의 새로운 것the new의 지위는 무엇인가?[1] 들뢰즈는 참신성novelty(베르그손) 혹은 창조성creativity(화이트헤드)의 생산을 위한 조건들에 대한 물음은 영원한 것을 벗어나 새로운 것으로, 보편적인 것에서 특이한 것으로 향하는, 철학에서의 심원한 변화를 수반하는, 현대 사상의 근본적인 물음 중의 하나라고 자주 말한 바 있다.[2] 아주 대략적으로 말해서, 이 물음에 대한 들뢰즈의 대답은 새로운 것의 조건들은 오직 차이의 원리에서만 발견될 수 있으며, 혹은 더 강력하게

---

1 이 논문의 초기본은 '새로운 것의 문제'라는 주제로 2005년 4월 옥스퍼드 대학 세인트 힐다 칼리지에서 열렸던, 로빈 듀리가 조직한, 영국 현상학회의 연례 대회에서 제출되었다.

2 가령 다음을 보라: "목표는 영원한 것 혹은 보편적인 것을 재발견하는 것이 아니라, 새로운 어떤 것(창조성)이 생산되는 조건들을 발견하는 것이다."(D vii) 베르그손은 영원한 것의 물음 대신에 '새로운' 것의 물음(새로운 어떤 것의 생산과 현현이 어떻게 가능한가)을 제기함으로써 철학을 변형시켰다(MI 3). "새로운 것 ─ 다시 말해, 차이 ─ 은 오늘이든 내일이든 재인의 힘들이 아니라, 인식된 적이 없고 인식될 수 없는 미지의 땅에서 온 완전히 다른 모델의 역능들을 사유에 불러일으킨다."(DR 136) 그럼에도 불구하고, 새로운 것은 단지 들뢰즈 철학의 운용 개념일 뿐이며, 그 자신은 이를 차이의 표제하에 주제화하는 경향이 있다.

말해서, 차이의 **형이상학**에서만 발견될 수 있다는 것이다. 그 이유는 이렇다. 즉, 만약 동일성이 일차적 원리라면 ─ 즉, 만약 동일성들이 미리 주어지거나 전제된다면 ─, 그렇다면 원리상 새로운 것의 어떠한 생산도(어떠한 새로운 차이들도) 존재하지 않을 것이다.[3] 그렇지만 새로운 것의 지위는 대단히 복잡한 문제이다. 한편으로, "새로운" 것은 세계에서 가장 명백한 현상들 중의 하나로 보일 것이다. 모든 새벽은 새로운 낮을 낳고, 모든 낮은 풍요로운 새로운 것 ─ 새로운 경험들, 새로운 사건들, 새로운 마주침들, 새로운 "뉴스들" ─ 을 자신과 더불어 가져온다. 만약 새로운 것이 "이전에 존재하지 않았던 것"을 의미한다면, 그렇다면 모든 것은 새롭다. 다른 한편으로, 우리는 「전도서」(1: 9~10)의 저자와 더불어, 거의 동등한 확신을 갖고서, 태양 아래 새로운 것은 어떤 것도 존재하지 않는다고 말할 수 있다. 오늘의 새벽은 어제의 새벽과 똑같고, 단지 자신과 더불어 더 많은 같은 것을 가져올 따름이다. 새로운 것은 낡아빠지고 예측 가능한 패턴들과 규칙들 속에서 오는 것으로 보인다. 달리 말해서, 새로운 것에 대한 이야기는 곧바로 낡은 것에 대한 이야기로 다시 잡아당겨질 조짐을 보인다. 프랑스 속담이 말하는 바와 같이, "plus ça change, plus c'est la même chose"(사물들은 변하면 변할수록, 그만큼 더 그것들은 같은 것으로 머물러 있다).

---

3 이 쟁점에 관하여, 들뢰즈는 그 자신을 전통적 의미에서 형이상학자로 규정하기를 머뭇거리지 않았다. "나는 나 자신이 순수한 형이상학자라고 생각한다. 베르그손은 현대 과학은 그 자체의 형이상학, 그 자체가 필요로 하는 형이상학을 발견하지 못했다고 말한다. 내 관심을 끄는 것은 바로 이러한 형이상학이다."(아르노 빌라니, 『말벌과 난초: 질 들뢰즈에 관한 시론』 Paris: Belin, 1999, 130)

이러한 복잡성들은, 부분적으로, 새로운 것의 문제가 변형과 변화, 인과성과 결정론, 그리고 창발의 가능성(창발적 질들)의 물음들을 포함하는, 관련되지만 그럼에도 불구하고 구분될 수 있는 수많은 문제들과 쉽게 혼동된다는 사실에 기인한다. 예를 들어, 우리는 **변화** 혹은 **변형**의 물음에 의해서 새로운 것의 물음을 제기할 수 있을 것이다. 예술가들이 한 폭의 회화 혹은 한 점의 조각물을 창조할 때, 그들은 단지 이미 세계 속에 실존하는 물질을 새로운 방식으로 재배열하고 있을 뿐이다. 참신성에 대한 그러한 견해는 단지 조합을 뜻하는 것일 뿐이리라. 즉, 멜로디는 음들을 모아 만들고, 회화는 물감을 칠해 만들고, 조각은 돌을 깎아서 만든다. 이것이 질료형상적 도식의 단순화된 캐리커처일 것이다. 즉, 창조는, 설사 질료가 형상을 위한 어떤 특정한 잠재성을 함유하고 있다고 할지라도, 주어진 물질 혹은 질료(휠레)에다 새로운 형식(모르페)를 부과하는 것이다. 여기서, 참신성은 형상의 측면에서 발견되며, 질료는 수동적인 수용자 혹은 이 새로움을 담는 용기이다. 이 경우에, 참신성은 우주 속의 질료를 늘 새로운 형상들 안으로 재배열하는 일에 거의 지나지 않을 것이다. 그러한 참신성이 결국 소진되는가 어떤가의 물음은 우주 속 질료(그리고 시간)의 유한성 혹은 무한성에 관한 형이상학적 물음에 달려 있을 것이다.

　참신성의 물음은 또한 **인과성**의 물음과 연결되어 왔다. 즉, 만약 모든 것이 원인을 가진다면, 또 만약 결과가 원인 속에 미리 존재한다면, 그렇다면 오직 낡은 사물들만이 변화 없이 나올 수 있다. 만약 원인 속에 미리 존재하지 않았던 결과에 아무것도 있지 않다면(혹은, 논리학 용어로 말해서, 만약 전건 속에 존재하지 않았던 후건에 아무것도 있지 않다면), 그렇다면 인과 과정은 수에 있어서 새로운 대상들을 생기게 할 수는 있지만, 종류에 있어서 새로운 대상들을 생기게 할 수는 없다. 가령, 대량 생산된 대상들에서처럼 **양적**이거나 수적인 참신성은 존재할 수 있지만, **질적** 참신성은 존재할 수 없다. 그런데, 마리오 붕헤Mario Bunge가 그의 고전적인 책 『인과성과 현대 과학』에서 주장했듯이, 이러한 견해는, 비록 일관될지라도(또 많은 사람들이 수용하는 것일지라도), 인과성에 대한 단순화된 선적인 견해에 의존하므로, 극단적이다. 즉, 결과들은 많은 원인들에 의해 규정될 수 있고(보통 그렇게 규정되고)(열은 마찰, 연소, 핵 연쇄 반응, 극초단파 등등에 의해 생산될 수 있다), 원인들은 많은 결과들을 가질 수 있다(페니실린은 내 감염을 치료할 수도 있지만, 페니실린에 알레르기가 있는 어떤 사람을 죽일 수도 있다).[4] 달리 말해서, 인과성은 **규정**에 대한 더 일반적인 물음과 구별되지 않으면 안 된다. 왜냐하면 규정은 인과적일 뿐만 아니라, 또한 통계적이거나 확률적일 수도 있고(독립된 실체들의 합동 작용에 의해 결과를 규정하는 것), 구조적이거나 전체론적일 수도 있고(전체에 의해 부분들을 규정하는 것), 목적론적일 수도 있고(목적들이나 목표들에 의해 규정하는 것), 변증법적일 수도 있으며(내적 투쟁 혹은 대립물의 종합에 의해 규정하는 것), 게다가 역학적이거나 인과론적일 수도 있기 때문이다. 들뢰즈의 제언은 그런 모든 형태의 규정이 차이의 형이상학적 원리로부터 파생될 수 있다고 보는 것이다. 즉 "차이의 상태 속에서 우리는 **그러한 것**으로서의 규정

---

4 마리오 붕헤, 『인과성과 현대 과학』, 제3판(New York: Dover Books, 1979), 17~19('규정 개념들의 범위')를 보라.

에 대해 말할 수 있다"(DR 28).

　마지막으로, 새로운 것에 대한 물음은 또한 **창발**에 대한 물음과 구별되어야만 한다. 비록 두 사안이 밀접하게 관련돼 있다 할지라도 그러하다. 창발은 현대 과학과 철학에서 넓게 퍼져 있는 관심의 현상이다. 창발은 "물리주의적" 존재론에서 최초로 생겨난 사안으로, 이 존재론에서는 모든 존재자들은 물리적 실체들이고, 따라서 모든 과학은 원리상 물리학으로 환원될 수 있어야 한다고 주장한다. 문제는 물리주의는, 적어도 이 주의의 급진적으로 환원주의적인 버전으로는, 의식의 창발, 혹은 새로운 개체, 종, 인공물, 제도 등등의 창발과 같은, 물리적 구성요소들이 결여하는 초-물리적(혹은 창발적) 성질들을 가지는 현상을 설명할 수 없다는 점이다.[5] 그러나 만약 본래적 참신성이 창발과 구분될 수 있다면, 이는 창발이 한 체계 내의 복잡성의 "상위 수준들"에서 새로운 질을 생산하는 것을 의미하는 데 반해, 들뢰즈 ── 뿐만 아니라 화이트헤드와 베르그손 ── 에게 있어서 새로운 것의 개념은 참신성 혹은 창조성(차이)이 가장 기초적인 존재론적 수준에서 근본적 개념이 되는 조건들이기 때문이다.

　따라서 새로운 것의 문제는 변화나 인과성, 또는 창발의 문제들과 구분되어야만 한다. 왜냐하면 이 각각의 사례에서 새로운 것(차이)은, 필요한 부분만 약간 수정하여, 이차적인 결과로서 나타나기 때문이다. 만약 들뢰즈가, 베르그손과 화이트헤드를 따라서, 새로운 것에 대한 독창적인 개념을 정식화한다면, 이는 그가 새로운 것을 근본

5　마리오 붕혜, 『위기의 철학: 재구축의 필요성』(Amherst, NY: Prometheous, 2001), 특히 49, 222에 있는 논의들을 보라.

적인 존재론적 개념, 즉 존재=차이=새로운 것으로서 재배치하기 때문이다. "새로운 것은, 시작하고 다시 시작하는 힘을 갖고서, 영원히 계속 새롭다."(DR 136) 베르그손이 말하듯이, "우리가 시간의 본성을 연구하면 할수록, 그만큼 더 우리는 지속이 발명을, 형식들의 창조를, 새로운 것의 부단한 정교화를 의미한다는 점을 이해하게 될 것이다".[6] 그럼에도 불구하고, 새로운 것은 들뢰즈의 철학에서 주로 운용 개념으로 남아 있는데, 그는 이 개념을 차이(『차이와 반복』) 또는 사건(『의미의 논리』) 또는 시간(『시간-이미지』)의 표제하에 명시적으로 주제화하는 경향이 있다. 새로운 것이라는 주제가 들뢰즈의 저술들에서 명시적으로 나타날 때, 그것은 거의 언제나 새로운 것의 조건들의 물음과 결합되어 있다.

세 가지 유형의 조건들: 논리적으로 가능한 것, 가능한 경험, 실재적 경험

그러므로 정확히 말해 들뢰즈의 물음은 이러할 것이다. 즉, 새로운 어떤 것을 생산할 수 있는 존재론적 조건들은 무엇인가? 하지만 이 물음은, 결국, "조건"을 이루는 것에 대한 새로운 개념을 수반하는 것으로 보인다. 왜냐하면 만약 새로운 것이 조건 지어져 있다면, 이는 그것은 새로운 것이 아니라, 이미 그것의 조건들 속에서 주어져 있었다는 점을 의미하는 것으로 보일 것이기 때문이다. 이 문제에 접근하기 위하여, 우리는 철학자들이 관심을 가지는 경향이 있어 왔던 세 가지 유형의 조건들을 구분할 수 있다. 즉, 논리적으로 가능한 것을 획정하

---

6 앙리 베르그손, 『창조적 진화』, 아서 미첼 옮김(New York: Henry Holt, 1911), 1.

는 조건들, 가능한 **경험**의 한계들을 규정하는 조건들(칸트), 그리고 실재적 경험의 조건들이다. 들뢰즈에게, 새로운 것의 문제는 (실재적인 것은 새로운 것이기 때문에) **실재적** 경험의 조건들을 규정하려는 시도와 동연적이다. 그렇다면 실재적인 것의 조건들을 사유한다는 것은 무엇을 의미하는가?

첫째로, 우리는 사유는, **단독으로는**, 가능한 것을 오직 사유할 수 있을 뿐이고, 또 사유는 우리가 **논리적 원리들**이라고 부를 수 있는 어떤 원리들의 이름하에 그렇게 한다고 말할 수 있을 것이다. 논리적 원리들은 가능한 것과 가능하지 않은 것을 규정하는 원리들이다. 고전 논리학은 이러한 세 가지 원리들을 식별해 놓았다. 즉, 동일성의 원리(=동일률 ─ A는 A이다. 한 사물은 그 자신인 것이다), 무-모순의 원리(=모순율 ─ A는 비-A가 아니다. 한 사물은 그 자신이 아닌 것이 아니다), 그리고 배중의 원리(=배중률 ─ A와 비-A 사이에 중간 항[중명사]이 존재하지 않는다)이다. 합쳐서 말한다면, 이 세 가지 원리들은 불가능한 것 ─ 즉, 모순 없이는 **사유 불가능한 것** ─ 을 규정한다. 불가능한 것이란, 그 자신인 것이 아닌 어떤 것, 그 자신이 아닌 것인 어떤 것, 그리고 자신인 것과 자신이 아닌 것 둘 모두인 어떤 것이다. 이 세 가지 원리들에 의해서, 사유는 또한 가능한 것의 세계(혹은 전통 철학이 "본질들"의 세계라고 부른 것)를 사유할 수 있다. 하지만 이런 이유로 고전 논리학은 오직 그만큼만 나아갈 뿐이다. 즉, 그것은 우리를 가능한 것의 영역 내에 남겨 놓는다.

칸트는 그가 단지 논리적으로 가능한 것의 영역뿐이 아니라, 가능한 **경험**의 영역을 획정하려고 했을 때 이보다 한 걸음 더 나아간다. 가능한 경험의 이러한 영역은 더 이상 형식논리학의 대상이 아니라,

칸트가 **초월론적** 논리학이라고 불렀던 것의 대상이며, 가능한 경험을 획정하기 위한 초월론적 조건들은 **범주들**에서 발견된다. 만약 논리적 원리들이 가능한 것의 영역을 획정한다면, 초월론적 범주들은 가능한 경험의 영역을 획정한다. 가령, 칸트에게 인과성은 범주이다. 우리는 다른 어떤 것이 원인이 되어 생기지 않은, 우리의 가능한 경험의 대상을 생각할 수 없기 때문이다. 이 초월론적 논리학 덕분에 칸트는 이러한 경험 영역에 내재적인 것과 초월적인 것을 구분할 수 있었다. 경험적 개념들의 대상은 경험에 내재적이고, 따라서 가설과 실험에 의해 검사될 수 있는 데 반해, **초월적** 개념들의 대상 — 칸트가 플라톤을 따라서 **이념들**이라고 부른 것 — 은 모든 가능한 경험을 넘어선다. 칸트가 초월론적 변증론에서 식별해 낸 세 가지 거대한 초월적 이념들 — 영혼, 세계, 신 — 은 **사유 가능하지만**(형식논리학의 원리들을 감안할 때, 이 이념들은 논리적으로 부정합하지 않다), **인식 가능하지는** 않다. 왜냐하면 이 이념들과 상응하는, 경험의 대상은 결코 존재할 수 없기 때문이다. 이 이념들은 가능한 경험의 영역 외부에 놓여 있다.

하지만 살로몬 마이몬을 필두로 하는, 칸트-이후의 철학자들은 칸트의 초월론적 기획을 **가능한** 경험의 조건들에서 **실재적** 경험의 조건들로 한 걸음 더 밀고 나아갔다. 칸트는 이성의 **선험적인** "사실들"(인식, 도덕)이 존재한다고 가정했고, 그런 다음 이 사실들의 가능성의 조건을 초월론적인 것에서 구했으며, 이렇게 하여 경험적인 것을 벗어나서 초월론적인 것을 "추적하고" 조건 지어진 것의 이미지 속에서 조건을 사유했다. 마이몬은 칸트가 이른바 이 사실들을 단순히 **가정한** 것은 부적법했다고 주장했다. 비판적 기획의 야망을 진정으로 성취하기 위해서, 칸트는 이 사실들이 어떻게 이성의 필연적인 현출 양식들로서 이성으로부터 내재적으로 **생겨나는지** 보여 주어야 했다. 요컨대, **발생**의 방법이 **조건 짓기**의 단순한 방법을 대체해야 했다. 더구나, 이 과업을 성취하기 위해서, 발생적 방법은 차이의 원리를 정립하는 일을 요구한다. 동일성은 사유 일반의 가능성의 조건일 수는 있지만, 실재적인 것의 발생적 조건이 되는 것은 차이라고 마이몬은 주장했다. 마이몬이 정한 이 두 가지 요구 —— **실재적 경험의 발생적 요소들**을 탐색하기, 그리고 **차이의 원리**를 이러한 조건을 성취하는 것으로서 정립하기 —— 는 들뢰즈가 그의 **초월론적 경험론**이라고 부르게 되는 것의 두 가지 주요한 구성요소들이라고 말할 수 있을 것이다. 들뢰즈는 한때 "이 [마이몬의] 반전이 없다면, 코페르니쿠스적 혁명은 무로 화하고 만다"라고 쓴 적이 있다(DR 162).

그렇지만, 마르샬 게루가 보여 준 바와 같이, 마이몬 그 자신은 발생의 문제를 해결하는 두 길 사이에서 머뭇거린 바로 그 이유 때문에 칸트-이후의 사상에서 중추적인 인물이다.

> 마이몬은 두 가지 해결책 사이에서 동요한다. 첫째로, 차이를 동일성과 같은 순수 원리로 전환하는 것… 어떤 방식에서 이것은 셸링이 자연철학에서 택하는 길이다. … 이러한 이해는 모든 곳에서 동일한 결과들을 가진다. … 즉, 내재성을 인식의 구성적 요소들을 인식하는 주체 속에 숨겨 놓는 것. 유한한 주체 자아[Moi]는 자신이 인식하는 실재들보다 **뒤에 온다.** … 하지만 또 다른 해결책이 제시된다. 즉, 동일성은 절대적으로 순수하고, 다양성은 언제나 (**선험적으로** 또 **후험적으로**) 주어지는 것이므로, 동일성은 사유 주체의 고유성질로서 정립될 수 있고, 차이는 주체의 한계로부터 결과하는 동일성의 부재로서 정립

될 수 있다.[7]

후자는 피히테가 "나=나"를 동일성의 테제적thetic 원리로서 정립할 때 따르는 길이다. 우리가 여기서 요약한 바 있는 전자의 입장이 들뢰즈가 복구하고 추구하는 길인데, 이 길에서는 실재적인 것의 조건들이 새로운 것(차이)에 대한 물음과 통합된다.

실재적 경험의 조건들: 다섯 가지 요건들

그렇다면, 조건들에 대해 말할 때, 우리는 (논리적 원리들에 의해 규정되는) **논리적으로 가능한 것**을 이루는 것으로부터, (범주들에 의해 규정되는) **가능한 경험**을 이루는 것으로부터, 그리고 들뢰즈가 그 자신을 위해 설정한 문제, 즉 **실재적 경험**의 발생적이고 미분적인 조건들을 이루는 것으로부터 하나의 궤적을 그려 낼 수 있다.[8] 들뢰즈의 기획이 조건들의 탐색 — 혹은, 칸트 이전의 용어로 말하면, 충족이유의 탐색 — 인 한에서, 들뢰즈의 철학은 초월론적 철학이라고 말할 수 있다. 하지만 들뢰즈가 절제된 표현으로 말하는 바와 같이, "초월론적 장을 규정하는 법을 아는 문제는 매우 복잡하며"(LS 105), 이는 우리를 자주 "초월론적 논증들"을 특징으로 삼는 매우 상이한 영역으로 데리

---

7 마르샬 게루, 『피히테에게 있어서 학문 이론의 진화와 구조』, 2권(Paris: Les Belles Lettres), I, 126.

8 들뢰즈의 맥락에서, 실재적 경험의 조건들이 아니라 **실재적인 것**의 조건들이라고 말하는 편이 더 좋을지도 모른다. 전자는 (초월론적) 주체성과의 연관을 함의하는 것으로 보이기 때문이다. 하지만 만약 우리가 그 대신 실재적 경험을 제임스의 의미에서 순수 경험 ─ 즉, 주체나 객체가 없는 경험 ─ 개념과 연관시킨다면, 어쩌면 우리는 그 어구를 그대로 사용할 수 있을 것이다.

고 간다. 칸트는 거대한 초월론적인 것의 영역을 발견한 철학자였다. "그는 또 다른 세계가 아니라 이 세계의 상부와 하부의 모든 범위를 탐사하는 위대한 탐험가와 유사한 철학자이다"라고 들뢰즈는 쓰고 있다(DR 135). 그러나 들뢰즈는 초월론적인 것을 칸트와는 매우 다른 방식으로 이해한다. 자신의 전(全) 저작을 통하여, 그는 실재적 경험의 조건들을 규정할 때 충족되어야만 하는 다양한 요건들을 펼쳐 왔는데, 그중 일부는, 비록 그것이 절대로 이 문제에 접근하는 방식들을 샅샅이 검토하는 것은 아니지만, 우리의 관심과 특히 관련이 있다.

첫째로, 우리가 본 바와 같이, 조건이 단지 가능한 경험이 아니라, 실재적 경험의 조건이 되기 위해서, 그것은 "외재적인 조건 짓기가 아니라 내재적인 발생"을 형성해야만 한다(DR 154). 발생적 방법은 실재적 경험의 조건들이 참신성 혹은 새로운 것을 설명할 수 있어야만 한다는 점을 의미하는데, 이는 **미래**가 근본적인 시간 차원이 되어야만 한다는 점을 의미한다.

둘째로, 조건은 조건 지어진 것의 이미지 속에서 존재할 수 없다. 즉, 초월론적 장의 구조들은 경험적인 것으로부터는 도저히 추적될 수 없다. 이것이 칸트-이후의 철학자들이 칸트에게 가하는 근본적인 비판들 중 하나였다. 칸트는 초월론적인 것을 단지 경험적인 것의 이미지 속에서 이해했을 따름이다. 이것은 『순수이성비판』 제1판의 연역에서 특히 분명히 나타났는데, 여기서 초월론적 구조들(포착, 재생, 재인)이 심리학적 의식의 경험적 작용들로부터 추적되었다. 비록 칸트가 제2판에서 이 텍스트를 숨겨 놓긴 했지만, 추적하는 방법이, 설사 더 잘 숨겨져 있다 할지라도, 모든 "심리학주의"와 더불어, 여전히 계속되고 있다(DR 135). 들뢰즈는, 사르트르를 따라서, 초월론적 장으로부터 초월론적 주체의 전제 혹은 의식의 형식을 박탈한다. 초월론적 관념론은 초월론적 경험론이 된다(LS 105~106). 하지만 더 중요하게는, 초월론적인 것과 경험적인 것의 관계에서 모든 유사성이 박탈된다. 즉, "의식의 함정들과 코기토에 떨어지지 않기를 바라는 철학의 과업은 초월론적 장에서 모든 유사성을 제거하는 것이다"(LS 123). 들뢰즈에게, 초월론적인 것은 "차이 나는 것이 차이 그 자체를 **통하여** 차이 나는 것과 관계를 맺는" 장으로서 이해되어야만 한다(DR 299). 그러므로 이 장이 현실화될 때, 차이 나는 것은 차이 나는 것 그 자체와 다르다. 즉, 현실화의 모든 과정이 바로 그 본성상 새로운 것의 생산, 즉 새로운 차이의 생산인 것이다. 이것은 들뢰즈가 『차이와 반복』의 후반부 장들에서 스스로 설정하는 과업이다. 제4장(「차이의 이념적 종합」)은 초월론적 장의 완전히 **미분화된**differentiated 본성을 검토하는 반면, 제5장(「감성적인 것의 비대칭적 종합」)은 이 장이 필연적으로 현실화들 속에서 **분화되는**differenciated 방식을 검토한다.

셋째로, 실재적 경험의 조건이 되기 위해서, 조건은 자신이 조건 짓는 것보다 더 넓을 수 없다. 그렇지 않으면, 그것은 실재적인 것의 발생을 설명할 수 있는, **실재적** 경험의 조건이 되지 않을 것이다. 들뢰즈의 철학에 (적어도 아리스토텔레스의 의미에서든 혹은 칸트의 의미에서든) 범주가 존재할 수 없는 것은 바로 이러한 이유 때문이다. 왜냐하면 들뢰즈가 말하듯이, 범주들은 너무 넓은 그물을 던지기에 모든 고기(실재적인 것)가 그물을 뚫고 빠져나가도록 놓아두기 때문이다. 하지만 조건들은 조건 지어지는 것보다 더 넓지 않다는 이 요건은 조건들이 자신들이 조건 짓는 것과 **더불어** 규정되어야만 하며, 따라서 조건 지어지는 것이 변함에 따라 변해야만 한다는 것을 의미한다. 달리 말해서, 조건들 그 자체는 가소성과 유동성이 있어야만 하고, "개체들을 일시적으로 구성하는 것 못지않게 해체하고 파괴할 수 있어야만 한다".[9]

넷째로, 이 긴급한 문제에 계속 충실히 대응하기 위해서, 들뢰즈는 이어서 "우리는 조건과 조건 지어지는 것 둘 모두를 규정할" 수 있고(LS 123, 122), 실재적인 발생만을 보증할 수 있는 조건 지어지지 않은 "어떤 것을 가져야만 한다"고 말한다.[10] 들뢰즈가 칸트-이후의 전통의 전반적 움직임과 벌이는 논쟁의 기초에 놓여 있는 것이 바로 이 조건 지어지지 않은 요소의 본성이다. 즉, 이 조건 지어지지 않은 것은 필연적으로 동일성의 원리(주체)에 호소하는 "총체성"(칸트, 헤겔)인가, 아니면 "미분"(라이프니츠가 암시한 입장을 수정하는 들뢰즈의 입장)인가? 실로, 토대[fondation], 근거[fond, fondement], 탈근거[sans-fond]라는 상호 관련된 개념들에 대한 들뢰즈의 호소는 칸트-이전과 칸트-이후의 전통과 맺는 그의 복잡한 관계를 반영하고 있다. 반-데카르트적 반발을 공유하는 스피노자와 라이프니츠는, 데카르트는 인식의 토대를 확보하려는 그의 시도가 충분히 멀리 나아가지 못했다고 불평을 토로했다. 토대를 세우는 일은 만약 근거 그 자체가 굳건하고 안전하지 않다면 무용한 기획이다. 달리 말해서, 토대를 놓기 전에, 우리는 근거를 준비해야만 한다. 즉, 우리는 토대의 **충족이유**를 탐

---

9 DR 38. 또한 DR 54를 보라: "근거에 대한 탐구는 우리 안에 새로운 사유 방식을 고취시키는 비판의 본질적인 단계를 형성한다. … [하지만] 근거가 근거 지어지는 것보다 여전히 더 넓다면, 이 비판은 단지 전통적인 사유 방식을 정당화하는 데 이바지할 뿐이다."

10 LS를 보라. 실재적 발생을 보장하기 위해서, 발생은 "조건 지어진 것의 형식과는 다른" 그 자체의 요소, 조건 지어지지 않은 어떤 것, "이념적 자료 혹은 '층'"을 필요로 한다.

구해야만 한다.[11] 들뢰즈는 『차이와 반복』 전체가 충족이유를 탐구하는 것이라고 기술하지만, 다음과 같이 추가적인 통고를 하면서 그렇게 한다. 즉, 충족이유의 길을 따라갈 때, 우리는 언제나 충족이유의 "굽은 곳bend" 혹은 "비틀린 곳twist"에 다다르는데, 이것은 충족이유가 근거 짓는 것을, 진실로 근거가 없는 것that which is truly groundless, 조건 지어지지 않는 것the unconditioned에 관련시킨다고 들뢰즈는 주장한다(DR 154). 이것은 근본적으로 근거를 변경시키고, 근거 속에 놓여 있는 토대들을 파괴하는 재앙이나 지진과 같다. 이 세 가지 측면 모두 — 토대, 근거, 탈근거 — 는 들뢰즈의 기획에 필수적이다.

> [들뢰즈는 이렇게 쓰고 있다.] 충족이유 혹은 근거는 기묘하게 굽어져 있다. 한편으로, 충족이유는 자신이 근거 짓는 것을 향해, 재현의 형식들을 향해 기울어 있다. 다른 한편으로, 충족이유는 근거를 넘어, 모든 형식들에 저항하고 재현될 수 없는 무근거성으로 방향을 돌려 뛰어든다. (DR 274~275)

예를 들어, 들뢰즈의 반복(시간적 종합) 이론에서, 현재는 토대의 역할을 하고, 순수 과거는 근거이지만, 미래는 탈근거된 것 혹은 조건 지어지지 않는 것, 즉 새로운 것의 조건이다.

---

11 가령, 라이프니츠와 스피노자는 둘 모두 데카르트의 **명료하고 판명한** 관념들은 오직 그 충족이유를 **적합** 관념들에서 발견할 뿐이라고 주장한다. 토대가 근거와 맺는 관계에 관해서는, DR 79를 보라: "토대는 땅과 관련이 있다. 토대는 어떤 것이 이 땅 위에서 어떻게 확립되는지, 토대가 어떤 것을 어떻게 점유하고 소유하는지를 보여 준다. 반면에 근거는… 소유권에 의거하여 소유주와 땅을 서로 비교하여 측정한다."

마지막으로, 그러므로 여기에서 작동 중인 발생의 본성은 들뢰즈가 **정적** 발생(잠재적인 것과 그것의 현실화 사이에 일어나는 발생)이라고 부르는 것으로 이해되어야 하지, **동적** 발생(한 현실적 항에서 다른 한 현실적 항으로 이동하는, 현실적 항들 사이의 역사적 혹은 발달적 발생)으로 이해되어서는 안 된다.

이 다섯 가지 주제들은 들뢰즈의 거의 모든 초기 저술들에서 반복되는데, 이는 실재적 경험의 발생적 요소들을 탐색하기, 그리고 차이의 원리를 이 요구의 이행으로서 정립하기라는, 마이몬으로부터 전유하는 두 가지 칸트-이후의 요구들을 정교하게 발전시킨 것이다.

미분법 모델

그러나, 이와 같은 전반적 기획을 제시하는 일과 실재적인 것의 조건들을 **사유하는** 방식을 제공할 수 있는 (들뢰즈가 좋아하지 않는 용어를 사용한다면) "방법"을 발견하는 일은 별개의 일이다. 만약 논리적 원리들이 가능한 것의 조건들을 규정하고, 범주들이 가능한 경험의 조건들을 규정한다면, 우리는 실재적 경험의 조건들(즉, 참신성 그 자체를 위한 조건들)을 찾기 위해 어디로 갈 수 있는가? 사실상 들뢰즈는 자신의 저작에서 여러 비-철학적인 모델들에 호소한다. 그중 하나는 예술적 창조이며, 어떤 의미에서 들뢰즈의 초월론적 경험론은, 대부분, 칸트의 초월론적 감성론의 재작업으로 독해될 수 있다.[12]

---

12 예술적 창조에서 sans-fond(=탈근거)의 역할에 관해서는, 질 들뢰즈, 『프랜시스 베이컨: 감각의 논리』, 대니얼 W. 스미스 옮김(Minneapolis: University of Minnesota Press, 2003), vii~xxxiii에 있는 역자 서문, 「베이컨에 관한 들뢰즈: 『감각의 논리』의 세 가지 개념적 궤적」을 보라.

또 다른 모델은 개체들을, 그 외적이고 가시적인 고유성질들의 실재적 조건들을 이루는, 따라서 "자연사"의 전통적 접근법과 극심한 단절을 이루는 발생적 구조에 의해서 정의하는 분자생물학이다(DR 214~221). 하지만 내가 여기서 주력하고자 하는 모델은 미분법이라는 수학적 모델이다. 들뢰즈가『차이와 반복』에서 실재적인 것의 조건들을 정의하고자 전개하는 많은 개념들(미분 관계, 특이성, 다양체 혹은 다중체, 잠재적인 것, 문제적인 것 등등)은 미분법의 역사에서 유래한다.

들뢰즈가 미분법 모델로 향하는 많은 이유가 존재한다. 물론, 철학은 언제나 수학과 복잡한 관계를 가져 왔지만, 철학자들에 의해 특권이 부여된 수학의 특수한 **부문**은 그들 철학의 본성에 관해서 자주 많은 것을 말해 준다. 가령, 19세기 후반과 20세기 이래로 철학자들은, 수학의 토대들의 물음에 사로잡혀 있었고, 형식화와 이산화라는 쌍둥이 프로그램에 사로잡혀 있었으므로, 공리적 집합 이론에 치중해 온 경향이 있었다. 이와 대조적으로, 플라톤은, 유명한 일이지만, 이념들을 위한 모델로서 유클리드 기하학에 호소했다. 왜냐하면 유클리드 기하학은 정적이고, 불변적이고 자기-동일적인 형상들 혹은 본질들을 정의했기 때문이다. 들뢰즈는 정반대의 이유 때문에 미분법에 호소했다고 우리는 말할 수 있을 것이다. 그에게 차이의 원리의 수학적 모델을 제공하는 것은 바로 미분법이다. 미분법은 우리가 실재의 본성, 실재적인 것의 본성 —— **실재적인 것의 조건들** —— 을 탐구하기 위해 우리가 원하는 대로 사용할 수 있는 주요한 수학적 공구이다. 물리학자들이 물리적 체계의 본성을 고찰하기를 원할 때, 혹은 공학자들이 중량을 견디는 하중의 압력을 분석하기를 원할 때, 그들은 미분법의 상징주의를 사용하는 체계를 모델로 삼는다. 지난 3세기 동안의 "과학 혁명"을 낳은 것은 이언 스튜어트Ian Stewart가 "자연을 이해하는 방식은 미분 방정식들을 통해서이다"라는 **미분 방정식 패러다임**이라고 부른 것이었다.[13] 헤르만 바일Hermann Weyl은 "자연의 법칙은 필연적으로 미분 방정식이다"라고 썼고(FLB 47), 버트런드 러셀은 아마도 훨씬 더 강력하게, "과학 법칙은 오직 미분 방정식들로만 표현될 수 있다"고 주장했다.[14] 이런 의미에서, 우리는 미분법은 수학의 실존주의, "수학과 실존자의 일종의 통합"이라고 말할 수 있을지도 모른다.[15]

이런 이유로 ── 뉴턴과 더불어, 미분법을 발명한 ── 라이프니츠는 들뢰즈에 여전히 중요한 인물로 남아 있다. 철학사에서, 두 서로 다른 방향이긴 하지만, 실재적인 것의 조건들을 해명하는 두 가지 위대한 시도가 있었다고 들뢰즈는 언급한다. 즉, 헤겔(무한하게 큰 것)과 라이프니츠(무한하게 작은 것)이다.[16] 철학사와 관련한 들뢰즈

---

13 이언 스튜어트, 『신은 주사위를 던지는가? 카오스의 수학』, 제2판(London: Blackwell, 1989), 32~33.

14 붕헤, 『인과성과 현대 과학』, 74~75. 여기서 그는 버트런드 러셀, 『철학개론』(London: Routledge, 1996), 122를 인용하고 있다. 그러나 붕헤가 언급하듯이, "과학의 진보는 새로운 수학적 공구들의 발명을 이끌어 내며"(75), 따라서 미분 방정식 자체에 특권을 부여할 이유는 없다.

15 1980년 4월 22일 세미나를 보라: "이는, 미분법이 결과적으로 실존의 실재성에 대한 탐구의 기초적이고 실재적인 수단인 것은 미분법이 수학적 진리와 관련하여 잘 정초된 허구이기 때문이다." 들뢰즈는 1980년 4월 29일 세미나에서 이와 유사한 주장을 펴고 있다: "모든 사람은 미분 기호들이 모든 수학적 실재에, 즉 기하학적, 산술적, 대수적 실재에 환원될 수 없다는 점에 동의한다. 그 차이는, 어떤 사람들은, 결과적으로, 미분법은 오직 약정 ── 다소 수상쩍은 약정 ── 에 불과하다고 생각하고, 또 어떤 사람들은, 이와 반대로, 수학적 실재와 관련한 그 인위적 성격 덕분에 물리적 실재의 어떤 측면에 적합하다고 생각할 때, 일어난다."

16 DR 42~50을 보라. 여기서 들뢰즈는 이 점에서 헤겔과 라이프니츠의 기획을 분석하고 비교

의 전략은, 마이몬의 칸트 비판을 수용하여, 피히테와 헤겔과 같은 칸트-이후의 철학자들의 방식이 아니라, 마이몬 자신의 제안을 따라 칸트-이전의 흄, 스피노자, 라이프니츠의 사상으로 돌아감으로써 마이몬의 칸트 비판을 해결하는 것이었던 것으로 보인다. 이 세 철학자들 중 —— 적어도 여기서 우리가 관심을 가지는 실재적인 것의 물음과 관련하여 —— 결정적인 역할을 행하는 것은 바로 라이프니츠이다. 왜냐하면 들뢰즈의 독해에 따르면, 라이프니츠는 마이몬이 정식화한 두 가지 칸트-이후의 요구들에 암묵적으로 이미 대답을 한 바 있다. 들뢰즈는 자신의 한 세미나에서 "칸트-이후의 철학자들이 요구하는 바의, 발생을 창조하는 모든 요소들은 사실상 라이프니츠 안에 현존한다"고 언급했다(1980년 5월 20일 세미나). 분명, 미분법은 그 자체의 복잡다단한 역사와 함께, 우리를 복잡하고 많은 것이 매설된 영토로 데리고 간다. 더구나, 미분법은 들뢰즈가 호소하는 유일한 영역이 아니다. 다른 무엇보다도, 군 이론, 위상학, 비-유클리드 기하학이 또한 들뢰즈의 텍스트들 전반에 걸쳐서 자주 등장한다. 들뢰즈는 수학 철학을 전개하고자 나서고 있는 것도 아니고, 심지어 미분법의 형이상학을 건립하고자 나서고 있는 것도 아니다. 들뢰즈는 주로 **철학적** 차이 개념을 전개하고자, 즉자적 차이 개념을 제시하고자 미분법에 호소한다. 들뢰즈는 『차이와 반복』에서 "수학의 미분 함수로부터 철학적 개념을 구성하려고 노력했다"고 쓰고 있다. "불행히도, 우리는 과학적이지 않았던 방식으로 과학에 관해 말해 왔다는 점을 잘 알고 있

한다: "미분법은 변증법 못지않게 '역능'의 문제이자 극한의 역능의 문제이다."(43)

다."(DR xvi, xxi) 미분 관계를 시작으로 해서, 우리는 들뢰즈가 자신의 철학적 목적을 위해 미분법으로부터 추출해 내는 개념들의 "연역"을, 다소 도식적인 방식으로, 따라가 볼 수 있다. 이러한 분석은 들뢰즈의 차이의 철학에 관한 더 넓은 고찰의 한 부분을 이룰 것이다.[17]

관계들의 논리학

먼저 미분 관계의 본성으로 향해 보자. 들뢰즈에게 이 개념이 중요하다는 점 —— 이 관계 유형이 논리적 관계와 다른 방식, 혹은 심지어 수학의 실수 관계나 허수 관계와 다른 방식 —— 을 이해하기 위해서, 우리는 아마도 관계들 일반에 관한 철학적 문제로 잠시 진입해 볼 수 있을 것이다. 관계들의 문제는 시작부터 철학을 괴롭혀 왔으며, 그리스인들 이후 관계들의 물음은 판단의 문제와 연결되어 왔다. 가장 간단한 판단 형식은 A는 B이다(가령, 하늘은 파랗다)라는 **귀속 판단**judgment of attribution이다. 비록 모든 귀속 판단이 동일성의 원리를 어기는 일종의 위반이라는 점이 일찍부터 인지되었을지라도 말이다 (1982년 12월 14일 세미나). 동일성의 관계, A는 A이다(하늘은 하늘이다. 사물은 그 자체와 동일하다)를 이해하는 것은 쉽지만, A는 B이다라고 말하는 것은 어떻게 가능한가? 철학자들은 귀속 판단에서, A와 B는 같은 사물이 아니다라고 말함으로써 이 점을 설명했다. 즉, 귀속 판단은 **고유성질**property(파랗다)을 주어(하늘)에, 혹은 **속성**을 실체에

---

17 엄격히 말해서, 다음에 오는 개념들 목록은, 들뢰즈가 지적하듯이, 범주들 목록이 아니고, 또한 (범주 개념을 바꾸지 않고는) 그럴 수도 없다: "범주들은 개념의 보편성으로, 지금 여기의 특수성으로 환원될 수 없는… 공간과 시간의 복합체들이다."(DR 285)

귀속시키는데, 따라서 이 판단은 모든 실체 형이상학의 기원에 놓여 있다고 말할 수 있을 것이다. 그러나 판단의 더 복잡한 형식은 A는 B 보다 작다(피터는 폴보다 작다)와 같은, 관계 판단judgment of relation이다. 관계 판단에서, 만약 내가 "보다 작음"이 A의 고유성질이라고 말한다면, A보다 작은 C가 또한 존재하기에("피터는 폴보다 작지만, 메리보다는 크다"), 동시에 나는 "보다 큼"이 또한 A의 고유성질이라고 말해야 하기 때문에, 우리는 더 이상 고유성질을 주어에 귀속시키고 있다고 말할 수 없다. 플라톤은 이것은 모순되는 고유성질들("보다 작음", "보다 큼")을 동일한 주어에 귀속시키는 일을 수반한다는 점을 이미 지적한 바 있는데, 이는, 귀속 판단이 동일성의 원리를 어기는 위반인 것으로 보이듯이, 무-모순의 원리를 어기는 위반인 것으로 보인다. (우리는 술어화되고 있는 고유성질들이 "보다 작음"과 "보다 큼"이 아니라, "폴보다 작음"과 "메리보다 큼"이라고 말함으로써 이의를 제기할 수 있을 터이지만, 이것은 문제를 해결하는 것이 아니다. 폴과 메리는 그 자체 실재적 존재자들이며, 그래서 개념 피터가 고유성질들을 내포할 수는 있겠지만, 피터 ─ 실재적 존재자 ─ 가 단순히 고유성질들이 아니라 다른 실재적 존재자들을 내포한다는 것은 가능하지 않다.) 요컨대, 관계 판단("피터는 폴보다 작다")은 귀속 판단("피터는 푸른 눈을 갖고 있다")으로 환원될 수 없다. 내가 "피터가 폴보다 작다"라고 말할 때, 이 관계는 피터의 고유성질도 아니고, 폴의 고유성질도 아니다. 그렇기는커녕, 이 관계는 둘 사이의 어떤 것이다. 하지만 이 "둘 사이"는 무엇인가? 관계의 토대foundation [fondement]는 자신이 통합하는 두 항들 중 어느 쪽에도 정초될 수 없다cannot be found. 그 신비는 불가해한 것으로 보인다(1983년 3월 1일 세미나). 그렇다면 이 관계는 어디에 정초되어야 하는가? 철학은 이 물음에 대한 적어도 세 가지 대답을 제공해 왔다.

첫째로, 플라톤의 기발한 대답은 관계들은 감성적 세계를 넘어서는 순수 이념들이라고 말하는 것이었다. 즉, 작은 것의 이념이 존재하고, 큰 것의 이념이 존재한다. 우리가 "A는 B보다 작고, C보다 크다"라고 말할 때, 우리는 단지 A는 항 B와 관련하여 작은 것의 이념에 참여하고, 항 C와 관련하여 큰 것의 이념에 참여한다고 말하고 있는 것이다. 하지만 이것은 단지 문제를 재진술할 뿐이다. 즉, 관계들은 사물의 속성들 혹은 고유성질들로 환원 불가능하다. 실로, 우리가 일단 관계들의 세계를 발견했다면, 우리는, 결국 **모든** 판단은 관계 판단이 아닌가 — 즉, 만약 고유성질들이 결코 존재하는 것이 아니라, 오직 관계들만이 존재하는가 — 하고 물을지도 모른다. 둘째로, 라이프니츠는 매우 다른 접근법을 취했다. 즉, 그는 **모든** 관계 판단은 귀속 판단으로 환원 가능하다는 점을 필히 보여 주려고 했으며, 실재적 존재자(피터, 폴, 아담, 카이사르)를 지시하는 모든 개념들은 다른 모든 개념들의 **총체성**을 내포하지 않으면 안 된다는 필연적인 결론을 내리기를 마다하지 않았다. 왜인가? 피터는 폴과 **관계를 맺고**, 더 멀게는 카이사르와 관계를 맺고, 훨씬 더 멀게는 아담과 관계를 맺는데, 이는 모든 실재적 존재자의 개념이 필연적으로 세계의 총체성을 표현한다고 말하는 것과 마찬가지이기 때문이다. 라이프니츠는 관계들은 관계 항들에 **내적**이라고 주장함으로써 귀속 판단을 구하려고 했다. 즉, 만약 개념 피터가 다른 모든 항들을 내포한다면, 모든 상상 가능한 관계들은 귀속들로, 즉 그 개념의 고유성질들로 환원될 수 있다.[18] 마지막으로, 흄의 위대성은 더 나은 방향으로 진전되어 정반대의 것,

즉 관계들은 관계 항들에 외적이라는 점을 주장한 데에 있다. 들뢰즈는 "나에게 이 명제는 철학에 있어서 천둥소리와 같았다"고 말했다 (1982년 12월 14일 세미나). 흄의 권고는, 이념들을 소환하거나 혹은 라이프니츠의 그것과 같은 복잡한 작업들을 기도하는 것이 아니라, 외면성을 수용하라는 것이었다. 흄 이전에, 철학자들은 내면성을 지지하는 경향이 있었다. 어떤 것을 이해하는comprehend 것은 개념 속에서든, 머릿속에서든, 그것을 내면화하는 것이었다. 어떤 종류의 내면성이 필연적이었다. 흄은 현장에 나타나서 "당신은 당신이 살고 있는 세계를 보고 있지 않다. 그 세계는 서로에게 환원 불가능하게 외적인, 조각들과 단편들의 무한한 패치워크인 세계, 외면성의 세계이다"라고 말한다.[19] 고유성질은 자신이 귀속되는 항에 내적인 반면, 관계는 외면성이다. 즉, 우리는 관계를 관계 항들에 관련시켜서는 관계를 설명할 수 없다. 들뢰즈가 흄에 관한, 자신의 첫 저서에서 주장한 바와 같이, 경험론의 근본적인 논지는 인식은 감성적 경험에서 유래한

---

18 하지만 이로 인해 라이프니츠는 새로운 문제를 제기하지 않을 수 없다. 즉, (개념 A에서) "A가 B보다 더 크다", 그리고 (개념 B에서) "B가 A보다 더 작다"라는 두 귀속 판단 사이의 관계는 무엇인가? 라이프니츠는 관계를 귀속으로 환원하지만, 그때 그는 그 관계를 두 관계들로 나눈다. 만약 우리가 (R_1과 R_2가 관계인 곳에서) "A R_1 B"와 "B R_2 A"를 가진다면, 그렇다면 R_1과 R_2 사이의 관계는 무엇인가? 라이프니츠의 천재성은 이 두 번째 관계를 설명하기 위해 또 다른 새로운 개념, 곧 "미리 확립된 조화"를 창조하는 데 있었다. 즉, 신의 지성에는 개념 A에 내포되어 있는 모든 것과 개념 B에 내포되어 있는 모든 것 사이에 일치와 조화가 존재한다는 것이다. 달리 말해서, 실재적 존재자들의 개념들로 표현되는 단일하고 독특한 세계가 존재한다는 것이다.

19 1982년 12월 14일 세미나. 또한 ECC 86~87, 그리고 *Pli: The Warwick, Journal of Philosophy* 9(2000), 190~199에 있는, 다비드 라푸자드, 「초월론적 경험론에서 노동자 유목론으로: 윌리엄 제임스」(알베르토 토스카노 옮김)를 보라. 라푸자드는 이와 유사한 시각에서 제임스의 "근본적 경험론radical empiricism"을 분석하고 있다.

다는 점이 아니라, 이보다 더 심오하게, 관계는 관계 항에 외적이라는 점이다(ES 98~99). 따라서 경험론은 새로운 논리학, 귀속의 논리학과 결별하는 관계의 논리학을 발명해야 하는 가공할 과제에 직면했는데, 이는 흄의 개연성 이론에서 시작되어 버트런드 러셀에서 그 확정적 형태를 띠게 된다(PI 37~38). 만약 경험론자들이 감성적 세계를 발견했다면, 그들이 그 안에서 발견한 것은 절대적으로 새로운 관계 논리학이었다.

들뢰즈는 관계에 관한 흄의 입장을 채택하지만, 그 자신의 초월론적 경험론을 전개할 때, 그는 흄의 입장을 수정해서 여러 방향으로 전개한다. 한편으로, 그는 관계에 대한 이러한 분석을 (『천 개의 고원』에 이르러서야 들뢰즈의 사상에서 개념으로서 충분한 중요성을 띠게 되는) 생성 개념과 연관시킨다.[20] 만약 관계가 관계 항들에 외적이고, 관계 항들에 의존하지 않는다면, 관계는 항들 중의 하나가(또는 둘 모두가) 변화하지 않고는 변화할 수 없다. A는 B와 유사하다, 피터는 폴과 유사하다는 이 관계는 그 항들에 외적이어서, 개념 피터 안에도, 개념 폴 안에도 내포되어 있지 않다. 만약 A가 B와 유사하기를 그친다면, 그 관계는 변화했지만, 그러나 이는 개념 A(또는 개념 B)도 또한 변화했다는 것을 의미한다. 만약 고유성질들이 견고한 어떤 것에 속해 있다면, 관계들은 훨씬 더 취약하며, 영속적인 생성과 분리

---

20 TP 232~309, 「1730: 강도적인 것-되기, 동물-되기, 지각 불가능한 것-되기…」라는 제목의 고원을 보라. 되기 개념은 보다 이른 시기에, 가령 『니체와 철학』에 나타나지만, 그것은 아직 들뢰즈가 이『천 개의 고원』텍스트에서 이 개념에다 결국 부여하게 되는 구성요소들, 그리고 틈, 정동과 지각percept 등과 같은 이후의 개념들에서 더 발달하게 되는 구성요소들을 갖지 않는다.

불가능하다. 비-철학적 예를 들어 본다면, 히치콕의 영화 전체는 관계의 진화(유죄라고 여겨진 무죄), 그리고 결합들의 다양한 유희(…하기 때문에, 비록 …일지라도, 만약 …한다면, 설사 …일지라도)를 모델로 삼아 만들어졌다. 가벼운 희극물인 「스미스 부부」에서, 히치콕은 결혼이 합법적이지 않고, 따라서 그들이 결혼한 적이 없다는 것을 갑자기 알게 되는 한 부부에게 무엇이 일어나는가? 하고 묻고(MI x, 202), 관계가 언제 변화하는가, 그 항들에는 무엇이 일어나는가? 하고 묻는다.

> [들뢰즈는 한 세미나에서 이렇게 언급한 적이 있었다.] 우리는 관계가 무엇이든 간에, 적어도 잠재적인 생성과 무관하게 관계를 사유할 수 없다. 내 견해로는, 관계 이론가들은, 아무리 그들이 강력했을지라도, 이 점을 보지 못했다. … 관계는 그 항들에 외적일 뿐만 아니라, "일시적transitory"이라는 의미에서 본질적으로 이행적transitive이다. (1982년 12월 14일 세미나)

다른 한편으로, 들뢰즈는 또한 관계들의 외면성 논지를 그 한계로까지 밀고 나아간다. 만약 관계가 그 항들에 외적이고 그 항들에 의존하지 않는다면, 만약 관계가 생성의 영역이라면(만약 모든 관계가 변화를 감싸 안고 있거나 함축하고 있다면), 그렇다면 우리는 그 극한에서, 혹은 더 깊은 수준에서, 심지어 항들마저 존재하지 않고 오직 가변적인 관계들의 다발만이 존재한다고 말할 수 있을지도 모른다. 우리가 항 그 자체라고 부르는 것은 오직 관계들의 다발일 뿐이다. 이런 의미에서, 우리는 들뢰즈가 실체 개념을 해체하여 다양체 개념이 되게 하는 과정 속에 있다고 말할 수 있을 것이다. "다양체 속에서, 중요한 것은 항들이나 요소들이 아니라, 그것들 '사이에' 존재하는 것, 사이, 서로 간에 분리 불가능한 일단의 관계들이다."(D viii) 이는 문학에 있어서, 사물들을 보는 것이 아니라, 사물들 사이를 보는 것이라는 버지니아 울프의 금언과 다르지 않다.[21] 하지만 그렇다면 "순수 관계", 즉 그 항들에 외적일 뿐만 아니라, 그 항들이 사라졌을 때에도 존속하는 관계에 대해 말한다는 것은 무엇을 의미하는가?

미분 관계

만약 들뢰즈가 미분 관계의 모델에 호소한다면, 이는 이 모델이 이러한 물음에 대한 최초의 수학적 대답을 제공하기 때문이다. 미분 관계differential relation는 17세기에 라이프니츠와 뉴턴에 의해 발견되었으며, 고대 이후 알려져 왔던 **분수 관계**fractional relation, 그리고 데카르트의 저작에서만 엄격한 지위를 받았을 뿐인 **대수 관계**algebraic relation와 구별될 수 있다. 이미 분수들에서, 관계가 그 항들 외적인 일종의 독립성이 나타난다. 가령, 분수 $\frac{2}{3}$는 3을 곱할 때 2가 되는 할당 가능한 수가 존재하지 않기 때문에, 정수가 아니다. 확실히, 우리는, 관례상, 분수를 수로 취급하도록, 즉 분수를 덧셈, 뺄셈, 곱셈의 규칙들을 받도록 결정할 수 있다. 더구나, 일단 분수 상징주의를 우리가 원하는 대로 사용할 수 있다면, 우리는 수들을 마치 그것들이 분수들인 것처럼 취급할 수 있다. 즉, 우리는 2를 $\frac{4}{2}$ 또는 $\frac{6}{3}$으로 표기할 수 있다. 하

---

21 D 30을 보라: 댈러웨이 부인은 "그녀가 가장 잘 알고 있는 사람들 사이에서 안개처럼 펼쳐져" 있었다.

지만 그 자체로, 분수들은 정수들의 복합체들이며, 그 자체로, 분수들은 그 항들로부터 독립한 관계에 대한 최초의 접근을 제공한다. 그럼에도 불구하고, 이러한 최초의 접근은 여전히 제한적이다. 분수 관계에서, 관계는 두 항들 사이에 존재하며, **규정적** 가치가 항들에 배당되어야만 한다. 즉, 항들은 주어지고 특정되어야만 한다(2와 3). 이와 대조적으로, $x^2+y^2-R^2=0$과 같은 대수 관계에서, 규정적 가치가 더 이상 항들에 배정될 필요가 없다. 관계의 항들은 **가변적**이다. 그것은 마치 대수 관계가 분수 관계보다 높은 정도의 독립성을 획득하는 듯이 보인다. 관계의 항들이 더 이상 그 자체로 특정될 필요가 없기 때문이다. 그러나 비록 내가 **규정적** 가치를 항들에 배정할 필요가 없다 할지라도, 가변적인 것은 **규정 가능한** 가치를 가져야만 한다. 변수 x와 y는 여러 특이한 가치들을 가질 수 있지만, 그럼에도 불구하고 그것들은 가치를 가져야만 한다. 달리 말해서, 대수 관계에서, 관계는 실로 항들의 모든 특수한 가치로부터 독립해 있지만, 그럼에도 변수의 규정 가능한 가치로부터 독립해 있는 것은 아니다. 같은 것이, 변수가, 비록 미규정적일지라도, 논증들 전반에 걸쳐서 그 동일성을 지속해야만 하는 상징 논리학에도 해당한다.

미분 관계가 수학적 관계의 이러한 역사에서 세 번째 단계를 이룬다. 1701년에, 라이프니츠는 「극한 산법을 정당화하기」라는 제명의 세 쪽짜리 짧은 텍스트를 썼는데, 여기서 그는 일반 대수학에서 끌어온 예를 사용해서 미분 관계의 성격을 보여 주었다.[22] 미분 관계 dx/dy에서 y와 관련하여 dy는 영(0)과 동등하고, x와 관련하여 dx는 영과 동등하다 ── 그것들은 무한하게 작은 양들이다. 따라서 17세기에 자주 행해졌듯이, $dx/dy=0/0$이라고 쓰는 것이 가능하다. 그렇지만 관계

0/0은 0과 동등하지 않다. 미분 관계에서, **항들이 사라질 때도 관계는 존속한다.** 이 경우에, 관계를 확립하는 항들은 규정되지도 않고, 심지어 규정 가능하지도 않다. 항들 그 자체는 실존도, 가치도, 의미도 갖지 않는다(DI 176). 규정되는 유일한 것은 항들 사이의 상호 관계이다. 항들은 사라지는 항들로, 사라지는 양들(혹은 잠재성들)로 환원되지만, 이 사라지는 양들 사이의 관계는 영과 동등한 것이 아니라, **유한한 가치,** $dx/dy=z$를 가지는 세 번째 항을 지시한다. 예를 들어, 원에 적용해 보면, 미분 관계 dx/dy는 우리에게 세 번째 것, 곧 삼각 탄젠트에 관해 말해 준다. 우리는 z는 미분 관계의 한계이다, 혹은 미분 관계는 한계로 향한다라고 말할 수 있다. 관계의 항들이 사라질 때, 관계는 한계 z로 향하기 때문에 존속한다. 관계가 무한하게 작은 항들 사이에 확립될 때, 항들과 더불어 취소되는 것이 아니라, 한계로 향한다. 이것이 17세기에 해석되었을 때 — 현실 무한에 대한 해석과 동일했던 해석 — 의 미분법의 기초이다. 결국 바이어슈트라스와 러셀이 미분법에다 **정적이고 서수적인** 해석을 제공하는데, 이는 무한소에 대한 모든 지시로부터 미분법을 해방시켰으며, 미분법을 순수 관계 논리학 안으로 통합한 것이다.

　　그렇다면 이것이 들뢰즈가 미분 관계에 부여하는 중요성이다. 즉, 그것은 들뢰즈가 "즉자적 차이"라고 부르는 것의 예를 제공하는 순수 관계이다. 차이는 관계이며, 통상적으로 — 즉, 경험적으로 —

---

22 라이프니츠, 「일반 대수학의 극한 산법에 의해 극한 산법을 정당화하기」, 『철학 논문과 서한』, 르로이 E. 룀커 편(Dordrecht, Holland: D. Reidel, 1956), 545~546. 라이프니츠의 텍스트에 대한 더 상세한 분석에 대해서는, 시론 11을 보라.

차이는 선행하는 동일성을 가지는 두 사물 사이의 관계이다("x는 y 와 다르다"). 관계는 선행하는 관계항들을 요구하며, 차이는 선행하 는 동일성을 요구한다. 그러나 미분 관계 개념과 더불어, 들뢰즈는 차 이 개념을 정확히 **초월론적인** 수준, 즉 관계가 더 이상 항들에 의존하 지 않는 영역으로 가져간다. 이것이 미분법 모델을 공리적 집합 이론 과 구별짓는 것이다. 즉, 후자는 특정되지 않은 요소들 사이의 관계들 (외연성의 공리)을 확립하는 데 반해, 전자에서 요소들은 관계들 그 자체에 의해 상호적으로 규정된다. 미분 관계는 항들에 외적일 뿐만 아니라, 또 항들이 사라졌을 때에도 관계는 존속할 뿐만 아니라, 우리 는 또한 관계는 항들을 규정한다고 말할 수 있을 것이다. 여기서 차이 는 동일성을 **구성**하게 된다. 즉, 차이는 생산적이고 발생적이 되며, 따 라서 발생적 철학은 그 근거를 차이의 원리에서 발견한다는 마이몬 의 요구를 충족시킨다.

특이성들과 다양체들

어떤 의미에서, 우리는 이 차이의 원리는 들뢰즈 철학의 출발점이며, 이로부터 그는 실재적 경험의 조건들을 구성하는 많은 관련된 개념 들을 연역한다고 말할 수 있을 것이다.[23] 미분 관계가 둘(혹은 그 이 상)의 잠재적 요소들을 상호적으로 규정할 때, 그것은 **특이성, 특이점** 이라고 불리는 것을 생산한다. 이것은 들뢰즈가 미분 관계로부터 연 역하는 첫 번째 개념이다. 수학에서, 특이한 것은 (논리학에서처럼)

---

23 이와 대조적으로, 『주름』에서 들뢰즈는 미분적 **변곡** 개념을 갖고서 개념들에 대한 그의 연역 을 시작한다.

보편성에 대립하는 것이 아니라, 보통적인 것 혹은 규칙적인 것에 대립한다. 특이점(혹은 특이성)은, 특히 규정적 도형상의 점들에 관해 말할 때, 보통점들 혹은 규칙점들과 구분된다. 예를 들어, 정사각형은 네 특이점, 네 각 혹은 **극값**, 그리고 이 정사각형의 네 변을 이루는 무한한 보통점을 가진다(극값의 미분법). 원의 호와 같은, 간단한 곡선들은 더 이상 극값이 아니라 극대점 혹은 극소점인 특이성들에 의해 규정된다(극대와 극소의 미분법). 복잡한 곡선들의 특이성들은 훨씬 더 복잡다단하다. 즉, 이러한 특이성들은 특이점들을 이루는데, 그 점들 근방에서 미분 관계가 기호를 변화시키며, 곡선이 분기하고, 증가하거나 감소한다(미분법).

보통점과 특이점의 그러한 배합체는 들뢰즈가 **다양체** ─ 세 번째 개념 ─ 라고 부르는 것을 이룬다. 우리는 모든 **규정** 일반에 대하여 ─ 즉, 모든 개체에 대하여 ─ 다양체는 특이한 것과 평범한 것, 특출한 것과 규칙적인 것의 결합체라고 말할 수 있을 것이다. 특이성들은 어떤 것이 다양체 내에서, 혹은 또 다른 다양체와 관련하여 "일어나는" 바로 그 점들(사건)로, 다양체의 본성을 변화시키는 원인이 되고 새로운 어떤 것을 생산한다. 예를 들어, 물리 체계의 예를 들어 보면, 주전자 안의 물은 다양체인데, 물이 끓거나 얼 때 이 체계 속의 특이성이 일어나고, 이렇게 하여 물리적 다양체의 본성(이 다양체의 위상 공간)을 변화시킨다. 마찬가지로, 어떤 사람이 허물어지며 눈물을 흘리거나, 혹은 끓어올라 화를 내는 점은 보통점들의 무리에 둘러싸여 있는, 그들의 심리적 다양체 안의 특이점이다. 모든 규정적 **사물**은 특이한 것과 보통적인 것의 결합체, 영속적 유동 속에서 부단히 변화하고 있는 다양체이다.

우리는 들뢰즈가 여기서 사물들을 본질 혹은 실체에 의해 ─ 즉, 동일성에 의해 ─ 정의하는 오랜 전통과 결별하고 있다는 것을 알 수 있다. 들뢰즈의 차이의 철학은 전통적인 실체 개념을 다양체 개념으로 대체하고, 본질 개념을 사건 개념으로 대체한다.[24] 사물의 본성은 그저 소크라테스의 물음 "… 무엇인가?"(본질의 물음)에 의해 규정될 수 있는 것이 아니라, 오직 어떻게? 어디에서? 언제? 얼마만큼? 어떤 관점에서? 등등과 같은, 그러한 물음들(사건에 관한 물음들)을 통해서만 규정될 수 있다.[25] "무엇이 특이하고 무엇이 평범한가?"라는 물음은 들뢰즈의 존재론에서 제기되는 근본적인 물음들 중의 하나이다. 왜냐하면, 일반적인 의미에서, 우리는 "모든 것은 특이하다!"라고 말할 수 있을 만큼 "모든 것은 평범하다"라고 말할 수 있을 것이기 때문이다(FLB 91). 새로 사귄 친구가 예기치 않게 나에게 버럭 화를 터뜨릴지도 모르고, 나는 내가 무얼 했기에 그의 심리적 다양체에 그러한 특이성을 유발했는지 의아하게 여길지도 모른다. 하지만 그때 어떤 사람이 나에게 몸을 기대며 "걱정하지 마세요. 그는 항상 이렇게 한답니다. 그것은 특이한 것이 전혀 없어요, 그것은 당신하고는 아무 관련이 없어요. 그것은 세상에서 가장 **평범한** 일입니다. 우리 모두는 그런 일에 익숙합니다" 하고 말한다. 모든 주어진 다양체에서 무엇이

---

24 미겔 데 베이스테기는 자신의 『진리와 발생: 차이 존재론으로서의 철학』(Bloomington and Indianapolis: Indiana University Press, 2004)에서 들뢰즈의 차이 존재론이 가져오는, 실체에서 다양체로 옮겨 가는 변화를 상세하게 분석했다.

25 알프레드 노스 화이트헤드는 『관념의 모험』(New York: Free Press, 1967), 173에서 이와 유사한 주장을 펴고 있다: "우리는 결코 ─ 얼마만큼, ─ 어떤 비율로, ─ 다른 사물들과 어떤 패턴의 배치로와 같은 물음들에서 도망칠 수 없다. … 비소는 어떤 패턴의 상황 속에서 건강 또는 죽음을 분배한다."

특이하고 무엇이 평범한가 평가하는 일은 복잡한 과제이다. 이런 이유로 니체는 철학자를, 현상들을 보다 깊은 관계들의 상태들을 반영하는 증후들인 듯 평가하는 일종의 의사로서 특징지을 수 있었다.

두 가지 예: 라이프니츠와 스피노자

신기하게도, 비록 라이프니츠가 관계는 관계 항들에 내적이라는 논지의 위대한 지지자들 중의 한 사람이었다 하더라도, 그의 실제적 분석 ── 특히『새로운 인간지성론』에서 행한 분석 ── 은 자주 정반대의 논지를 보여 주는 경향이 있었다. 대부분의 위대한 사상가들과 마찬가지로, 그는 한 발은 과거에 딛고 있었고(그의 신학), 한 발은 미래에 딛고 있었다(그 밖의 모든 것). 이것은 특히, 들뢰즈가 자주 이러한 개념들의 예시로서 호소하는 라이프니츠의 지각 이론에 해당한다. 라이프니츠는 우리의 의식적 지각들의 발생은 의식적 지각들을 이루고 내 의식적 지각이 "통합하는" 미세한 무의식적 지각들에서 발견되어야만 한다고 주장했었다. 예를 들어, 나는 해변에 밀려오는 파도 소리, 혹은 파티에 모여 있는 일단의 사람들의 웅성거림을 포착할 수 있지만, 각 파도의 소리, 혹은 일단의 사람들 중에 포함되어 있는 각 사람의 음성을 반드시 포착할 수 있는 것은 아니다. 의식적 지각은 이 미세한 잠재적 지각들 중 적어도 두 지각 ── 두 파도 소리 혹은 두 음성 ── 이 다른 소리들을 "능가하여" 의식적이 되는 특이성을 규정하는 미분 관계(dx/dy)에 들어갈 때 생산된다. 모든 의식적 지각들은 부단히 변하는 문턱을 이룬다. 미세한 잠재적 지각들의 다양체는 세계의 모호한 먼지, 세계의 배경 소리, 마이몬이 "의식의 미분들"이라고 부르기를 좋아했던 것이며, 미분 관계는 이 다양체로부터 세계 위에 있는 내 유한한 명료성의 지대를 추출해 내는 심리적 메커니즘이다. 따라서 라이프니츠는 "명료하고 판명한" 것에 대한 데카르트의 호소를 두 환원 불가능한 영역으로 나눈다(DR 146, 213). 예를 들어, 바다 소리에 대한 내 의식적 지각은 **명료하지만 혼잡하다**(판명하지 않다). 의식적 지각을 이루는 미세한 지각들은 판명하지 않은 채로 남아 있기 때문이다. 역으로, 무의식적 지각들은 그 자체 **판명하지만 모호하다**(명료하지 않다). 즉, 모든 물방울들은, 미분 관계들, 이 관계들의 변이들, 그리고 이 관계들이 규정하는 특이점들과 함께하면서, 지각의 발생적 요소들로서 판명한 채로 남아 있는 한에서, 판명하다. 하지만 모든 물방울들은, 의식적 지각 속에서 아직 "구별되어 있거나" 현실화되어 있지 않고, 오직 사유에 의해서만, 혹은 기껏해야, 졸음, 현기증, 어지럼 발작의 상태에 가까운 순식간의 상태들 속에서만 포착될 수 있는 한에서, 모호하다.

이것이 마이몬이 요구한 발생적 철학의 요소들은 이미 라이프니츠에 나타나 있다고 들뢰즈가 말할 수 있는 이유이다. 라이프니츠는 모호한 것과 잠재적인 것(다양체)으로 출발함으로써 실재적 경험의 조건을 규정한다. 명료한 지각은 발생적 과정(미분 메커니즘)에 의해서 모호한 것으로부터 현실화된다. 이러한 미세 지각들은 우리 안에 무한 지성이 현존한다는 점을 가리키는 것이 아니라 — 이는 마이몬에 대한 칸트 자신의 비판이었다(DR 192~193; FLB 89) —, 유한한 사유 내에 무의식적인 것이 현존한다는 점 — 프로이트가 전개한 대립적 무의식과는 완전히 다른 미분적 무의식 — 을 가리킨다. 들뢰즈가 쓰고 있는 바와 같이,

살로몬 마이몬—라이프니츠로 복귀하는 최초의 칸트-이후 철학
자—은 이러한 종류의, 지각의 심리적 자동 과정으로부터 모든 결
과들을 이끌어 냈다. 그것은, 우리를 촉발할 수 있는 대상을, 그리고
우리가 촉발될 수 있는 조건들을 지각이 전제하도록 하는 것[칸트]이
결코 아니라, 지각으로서의 대상의 완결된 규정, 그리고 조건으로서
의 공간-시간의 규정 가능성 둘 **모두를** 수반하는 미분들의 상호 규정
(dy/dx)이다. … 물리적 대상과 수학적 공간은 둘 모두 지각의 (미분적
이고 발생적인) 초월론적 심리학을 지시한다. 공간-시간은 주체 속에
서 미분 관계들의 총체 혹은 연쇄가 되기 위하여 순수하게 주어진 것
이기를 그치고, 대상 그 자체는 의식적 지각 속에서 이 관계들의 산물
이 되기 위하여 경험적인 주어진 것이기를 그친다. (FLB 89)

이것이 들뢰즈가 실재적 경험의 조건들은 자신들이 조건 짓는
것과 **동시에** 규정되어야만 한다고 말할 때 그가 의미하는 것이다. 여
기서 공간과 시간은 지각의 미리-주어진 조건들이 아니라, 그 자체
지각과 **더불어** 다수의 공간들과 시간들 속에서 구성된다.

비교의 논점으로서, 우리는 들뢰즈도 또한 완전히 상이한 17세
기 맥락 속에서 이러한 동일한 개념들을 사용한다는 점을, 즉 더 이
상 라이프니츠의 지각 이론이 아니라, 스피노자의 개체화 이론을 사
용한다는 점을 주목할 수도 있겠다.[26] 스피노자는 한 개체는 그가 "단

---

26 다음에 오는 분석은, 들뢰즈가 1980년 12월과 1981년 3월 사이에 행한 스피노자에 관한 일
    련의 14회 세미나의 일부를 형성하는, 1981년 3월 10일 세미나에서 끌어온 것이다. 어떤 면
    에서, 이 세미나의 내용은 『스피노자와 표현의 문제』에 있는 스피노자에 대한 해석과 상당히
    다르다.

순 신체들"이라고 부르는 무한한 부분들로 이루어져 있다고 주장했다. 하지만 정확히 무엇이 단순 신체로 간주되는가? 들뢰즈의 논지는, 스피노자의 경우, 단순 신체들은 **현실적으로 무한하다**. 현실적으로 무한한 것(=현실 무한) ─ 형이상학적이고 수학적이고 물리학적인, 17세기의 가장 풍요로운 개념들 중의 하나 ─ 은 유한한 것과 무한 정적인 것 둘 모두와 구별되어야만 한다. **유한한 것의 공식**은, 어떠한 분석을 하더라도, 우리는 분석이 끝나는 한계점 ─ "원자"와 같은 한계점 ─ 에 도달한다는 것을 의미한다. **무한정적인 것의 공식**은 분석을 아무리 멀리까지 밀어붙인다 하더라도, 우리가 도달하는 모든 한계점은 언제나 그 이상, 무한정하게, 한없이 분할되거나 분석될 수 있다 ─ 결코 최후의 혹은 궁극의 한계점이 존재하지 않는다 ─ 는 것을 말해 준다. 그러나 현실적으로 무한한 것은 유한한 것도 무한정적인 것도 아니다. 한편으로, 그것은 더 이상 분할될 수 없는 궁극의 혹은 최후의 한계점들이 실로 존재한다는 점을 말해 주며, 따라서 그것은 무한정적인 것에 반한다. 하지만 다른 한편으로, 현실적으로 무한한 것은 이 궁극의 한계점들이 무한으로 나아간다는 점을 말해 주며, 따라서 이 한계점들은 원자들이 아니라 "무한하게 작은" 한계점들, 혹은 뉴턴이 말하듯이, "사라지는 한계점들"이다.

이러한 구별이 제기하는 세 가지 문제들은 우리의 목적들을 보여 준다. 첫째로, 현실 무한의 한계점들은 어떠한 주어진 양보다 작으므로, 그것들은 결코 하나하나씩 취급될 수 없다. 즉, 그것들은 수적으로 취급될 수 없다. 개개로 고찰될 수 있는 무한하게 작은 한계점에 대해 말하는 것은 난센스일 것이다. 오히려, 무한하게 작은 한계점들은 무한한 회집체에서만 실존할 수 있다. 달리 말해서, 스피노자의 단순 신체들은 사실상 **다양체들**이다. 즉, 신체들 중 가장 단순한 것은 무한하게 작은 한계점들의 무한한 집합들로서 실존하는데, 이는 그것들이 회집적으로 실존하는 것이지 배분적으로 실존하는 것이 아님을 의미한다.[27] 그러나 이러한 유형의 다양체들은 부분들을 갖지 않는다. 즉, 그것들은 **강도적**intensive이다. 물론, 칸토어의 집합 이론은 후에 현실 무한 개념을 완전히 상이한 기초 위에서 **외연적인**extensive 것으로서 재발견하며, 이것은 들뢰즈에게 본질적인 논점을 제기한다. 들뢰즈는 다양체 이론은 언제나 (강도적이거나 외연적인, 연속적이거나 이산적인, 비-계량적이거나 계량적인) 두 유형의 다양체를 수반한다고 주장한다. 왜냐하면 중요한 것은 이 둘 **사이**에서 발생하는 바로 그것, 즉 부단한 변형들과 생성들이기 때문이다(WP 152). 둘째로, 심지어 스피노자의 경우에서도, 이 무한하게 작은 한계점들은 내면성을 갖지 않는다. 그것들은 서로에 대해 외면적인 엄밀하게 외재적인 관계들을 가진다. 그것들은, 스피노자 자신의 언어로 말하면, 순수 외면성의 "양태적" 물질을 형성한다. 이것이 들뢰즈 접근법의 두 번째 특징을 보여 준다. 즉, 비록 관계들의 외면성이라는 "경험론적" 금언에 부단히 호소할지라도, 들뢰즈는 결국 이 금언을 스피노자와 라이프니

---

27 대부분의 17세기 사상가들과 마찬가지로, 라이프니츠는 또한 무한정한 것과 반대되는 현실 무한 개념을 제시했다: "나는 현실 무한에 무척 찬동하기 때문에, 흔히들 자연은 현실 무한을 혐오한다고 말하지만 나는 이를 인정하지 않고, 대신에 자연은 자신을 창조한 자의 완전함을 더 효과적으로 보여 주고자, 모든 곳에서 현실 무한을 사용한다는 점을 주장한다. 따라서 나는 현실적으로 분할되지 않는 ─ 나는 분할 가능하다고 말하지 않는다 ─ 물질의 부분은 존재하지 않는다고 믿고 있고, 따라서 가장 작은 입자라 하더라도 무한한 상이한 창조물들로 가득 찬 세계로 간주되어야 한다."(푸처에게 보내는 편지, 1693년 3월 16일, 『G. W. 라이프니츠의 철학 저술들』, C. J. 게르하르트 편, Berlin: George Olms, 1965, I, 416)

츠의 "합리론적" 사상 속에서 (그러나 그들의 이른바 합리론 때문이 아니라, 무한한 것이라는 문제의 도입 때문에) 매우 철저하게 탐구하게 된다. 마지막으로, 개체들은 그 자체 무한한 다양체들인 무한한 단순 신체들로 이루어진다는 스피노자의 주장은 물음을 제기한다. 우리는 어떻게 한 개체에 속하는 단순 신체들을 다른 한 개체에 속하는 단순 신체들과 구별할 수 있는가? 달리 말해서, (무한 집합들은 모든 배정 가능한 수들을 넘어서므로, 무한 집합들은 그것들의 부분들과 구별될 수 없는데) 우리는 어떻게 한 무한한 회집체를 또 다른 무한한 회집체와 구별할 수 있는가? 여기에서 다시, 외연적 다양체와 강도적 다양체가 상이한 대답을 발생시켰다. 즉, 칸토어의 초한수들은, 한 주어진 집합의 부분집합들의 집합은 필연적으로 원집합보다 크므로, 무한한 외연적 집합들의 무한성(알레프 수aleph numbers)을 의미했다 (WP 120). 이에 반해서, 17세기에 무한 다양체들은, 무한하게 작은 것, 혹은 사라지는 양은 (스피노자가 "운동과 정지의 관계"라고 부른) 미분 관계와 무관하게 정의될 수 없으므로, (더 큰 힘 혹은 더 작은 힘의) 미분 관계에 의해 구별될 수 있다. 하지만 이 물음 자체는 들뢰즈 사상의 세 번째 국면을 보여 준다. 즉, 실재적 경험의 조건들에 대한 탐색은 스피노자와 라이프니츠 둘 모두를 사로잡은 물음에 찬동하면서, 즉 어떤 관계하에서 무한한 것은 유한한 개체에 속할 수 있는가? 라는 물음에 찬동하면서 칸트의 초월론적 주체의 "구성적 유한성"에 등을 돌리는 것을 의미한다.

문제적인 것, 잠재적인 것, 강도적인 것

이 라이프니츠와 스피노자의 예들을 염두에 두면서, 우리는, 우리가 들뢰즈의 개념들을 연역할 때, 세 가지 마지막 개념, 즉 문제적인 것, 잠재적인 것, 강도적인 것으로 돌아갈 수 있다. 이 개념들 중 앞 두 개념은 이 물음에 상응한다. 즉, 이러한 미세하고 무의식적인 지각들에 의해 구성되는 다양체들의 지위는 무엇인가? 들뢰즈는 다양체들은, 수정된 칸트의 의미에서 이념들의 대상들이라고 말한다. 비록 다양체들이 현상적 경험 속에서 직접적으로 **주어진다** 할지라도, 그럼에도 불구하고 다양체들은 현상적 경험의 조건들로서 **사유될** 수 있기 때문이다. 그것들은, 말하자면, 현상에 가장 가까운 본체이다(DR 222). 조건들에서 조건 지어지는 것으로 이동하는 것은 **문제**에서 해로 이동하는 것이거나, 혹은 같은 말이 되지만, **잠재적인 것**에서 **현실적인 것**으로 이동하는 것이다.

우리는 때로 철학을 영속적인 문제들에 대한 해결을 찾는 것으로서 생각하며, "참"과 "거짓"이라는 용어들을 이러한 해결을 한정하기 위해 사용한다. 하지만 사실상 가장 위대한 철학자들의 노력은 문제들 그 자체의 본성으로 향해 있었고, 참 문제를 거짓 문제와 대립되는 것으로서 규정하려는 시도로 향해 있었다. 예를 들어, 첫 번째 비판서의 "초월론적 변증론"에서 칸트는 우리에게 세계(혹은 우주, 존재하는 것의 총체성) 개념은, 인과성 범주에서 유래하는 거짓 문제로부터 발생하기 때문에, 가상이라는 점을 말해 준다. 인과성의 문제는 사건 A가 사건 B의 원인이 되고, 사건 B가 사건 C의 원인이 되고, 사건 C가 사건 D의 원인이 되고,… 등등의 사실에서, 그리고 이 인과적 네트워크는 모든 방향으로 무한정하게 뻗어 나간다는 사실에서 기인한다. 만약 우리가 이 계열의 총체성을 파악할 수 있다면, 우리는 세계를 가질 것이다. 하지만 사실상 우리는 이 무한한 총체성을 파악할 수 없다. 세계 이념의 진정한 대상은 바로 이 문제, 이 인과적 연쇄이다. 우리가 그것을 문제로서 파악하지 않고, 대신에 그것을 대상(세계)으로 생각할 때, 그리고 이 대상에 관한 물음들을 제기할 때 (그것은 한계가 있는가, 아니면 한계가 없는가? 그것은 영원한가, 아니면 시작이 있는가?), 우리는 초월론적 가상의 영역에 있게 되며, 거짓 문제의 희생자가 된다. 이런 이유로 칸트는 ── 영혼, 세계, 신과 같은 ── 이념은 객관적으로 **문제적인** 구조라고 말했다. 칸트가 말한 바와 같이, 그것은 "아무런 해가 존재하지 않는 문제"이다.[28]

들뢰즈는 그가 실재적 경험의 조건들은 문제의 **객관적인** 구조를 가진다고 말할 때 ── 비록 동일하지 않을지라도 ── 이와 유사한 어떤 것을 마음에 품고 있다. 객관적인 실존을 가지는 문제에 대해 말하는 것은 무엇을 의미하는가 ── 인식으로 향하는 도상에서 주관적인 장애물이 도저히 극복될 수 없는가? 미분법이 다시 한번 단서를 제공한다. 미분법이 발명되자마자 곧, 미래는 전적으로 과거에 의해 규정된다는, 결정론에 관한 고전적인 견해, 어떠한 새로움도 없는 시계 장치 우주 이론에 신빙성을 부여하는 것으로 보인 것이 바로 미분법이었다. 예를 들어, 미분 방정식 덕분에 수학자들은 다음 일식(헬리Halley), 혜성이 회귀하는 정확한 날짜(랄랑드Lalande), 혹은 명왕성의 발견을 가져온 해왕성의 궤도를 동요하게 하는 또 다른 천체가 존재한다는 사실(르베리에Le Verrier)을 예측할 수 있었다. 그러한 천문학적 문제들을 해결하는 데에 성공했기 때문에, 결국 **모든** 미래 사건

---

28 임마누엘 칸트, 『순수이성비판』, 노먼 켐프 스미스 옮김(London: Macmillan, 1929), 319, A327/B384.

은 미분 방정식을 사용하여 설명될 수 있을 것이라는 라플라스의 주장과 같은 과장된 주장이 있게 되었다. 그러나 오늘날, 미분법의 지지를 받는 결정론에 대한 이러한 믿음은 붕괴되었다. 그 이유는 단순하다. 즉, 미분 방정식을 세우는 일과 미분 방정식을 푸는(=해결하는) 일은 별개이기 때문이다. 컴퓨터가 도래할 때까지, **해결될 수 있는** 방정식은 수렴적 계열을 가진 일차 방정식(선형 방정식), "원인은 결과에 비례하고, 힘은 반응에 비례하는 단순하고 이념화된 상황들을 기술하는" 방정식인 경향이 있었다.[29] 따라서, 미분법 역사의 이른 시기부터, 이언 스튜어트가 쓰고 있듯이, "자기-선택 과정이 시작되었고, 이로 인해 해결될 수 없는 방정식이 해결될 수 있는 방정식보다 자동적으로 덜 관심을 받았다".[30] **해결될 수 없는** 방정식은 무한한 계열이 발산하는 장들을 기술하는 비-선형적 방정식인 경향이 있었으며, 그리고 대부분의 미분 방정식들은 비-선형적 방정식임이 판명되었다. 그럼에도 불구하고, 1800년대 말에, 앙리 푸앵카레는 그러한 방정식들을 연구할 수 있는 길을 생각해 냈다. 비록 정확한 해결이 달성될 수 없었을지라도, 푸앵카레는 그가 작업하고 있는 방정식들에 대하여 해결들이 취해야 하는 —— 초점(=과상점過狀點), 중심점(=과심점過心點), 안장점(=안부점鞍部點), 매듭점(=결절점結節點) 등과 같은 —— 일반적 패턴들을 인지할 수 있다는 점을 발견했다. 오늘날, 컴퓨터의 사용을 통하여, 훨씬 더 많은 복잡한, 유명한 로렌츠 끌개와 같은 해결 패

---

29 스티븐 스트로가츠, 『싱크: 자발적 질서의 창발 과학』(New York: Hyperion, 2003), 181.

30 이언 스튜어트, 『신은 주사위를 던지는가?: 카오스의 수학』(London: Blackwell, 1989), 73~74.

턴들이 발견되었다. 간단히 말해, 방정식에 대한 해결은 끌개 안의 점들 중 한 점에서 발견되겠지만, 우리는, 방정식에 의해 정의되는 계열이 발산하므로, 그것이 어떤 점일지 사전에 말할 수 없다. 이런 이유로 우리는 날씨를 더 정확하게 예측할 수 없다. 우리 자신이 모든 변수들에 대한 지식을 결여하기 때문이 아니라, 날씨 체계 그 자체가 **객관적으로 문제적이기** 때문이다. 모든 순간에, 현실성 속에서, 날씨 체계가 끌개의 어느 궤적을 따를지는 객관적으로 배정 불가능하다. 날씨 체계의 문제적 구조는 **발산적 계열**의 무한한 집합에 의해 적극적으로 구성되기 때문이다. 그럼에도 불구하고 발산적 계열의 무한한 집합은 끌개 그 자체에 의해 완전하게 규정된다.

하지만 그렇다면 해와 구분되는 문제의 **양상적** 지위는 무엇인가? 이 물음은 우리를 들뢰즈의 가장 유명한 개념들 중의 하나가 된 잠재적인 것the virtual이라는 개념으로 데리고 간다. 그러나 이 개념은 "잠재적 실재virtual reality"라는 널리 알려진 개념과는 별로 관계가 없다. 오히려, 이 개념은 문제적 이념들의 양상적 지위와 관련이 있다. 우리는 문제는 해 속에 실현되기를 기다리는 **가능성들**의 장소라고 가정하고 싶은 생각이 들지도 모른다. 하지만 이런 맥락의 가능성 개념으로는 새로운 것을 사유할 수 없고, 분화differenciation의 메커니즘을 이해할 수 없으므로, 들뢰즈는 이 개념을 강력하게 비판한다. 그 이유는 우리는 가능한 것을, 마치 창조 행위 이전에 신의 지성 안에 존재하는 가능한 세계들의 무한한 집합처럼(라이프니츠), 어떤 식으로든 실재적인 것보다 "이전에 존재하는 것"으로 사유하는 경향이 있기 때문이다. 들뢰즈는 실현(=실재화)realization 과정은 그때 유사성의 규칙과 제한의 규칙이라는 두 가지 규칙을 받게 된다고 언급한다. 한편으로, 실재적인 것은 그 자신이 실현하는 가능한 것과 유사하다고 상정되는데, 이는 모든 사물이 개념의 동일성 속에서 이미 주어져 있음을, 그리고 그 자체가 "실현될" 때 그 자체에 부가되는 실존 혹은 실재를 가질 뿐임을 의미한다. 더구나, 실존 속에서 가능한 것이 실현되는 수단은 여전히 불명료한 채로 남아 있다. 실존은 "우리의 등 뒤에서 언제나 일어나는 야생적인 분출, 순수한 행위나 도약으로서" 언제나 일어난다(DR 211). 다른 한편으로, 가능한 모든 것이 실현되는 것은 아니므로, 실현 과정은 어떤 가능성들은 좌절되는 반면, 어떤 가능성들은 실재적인 것으로 들어가도록 "합격하는" 한계 혹은 배제를 수반한다. 요컨대, 가능성 개념과 더불어, 모든 것은 이미 주어져 있다. 모든 것은 이미 신의 마음 안에 품어져 있다(가능한 단어들의 양상 논리학에서 신학적 전제를 식별해 내기란 어렵지 않다).[31] 들뢰즈는, 새로움 속에서 실존을 파악하는 것이 아니라, "이 경우 실존 전체가 미리-형성된 요소들과 관련되어 있으며, 이 요소들로부터 모든 것이 단순한 '실현'에 의해 출현하기로 되어 있다"고 쓰고 있다(B 20; cf. 98).

문제적 다양체들의 양상적 지위를 기술할 때, 들뢰즈는 가능한 것이라는 개념을 잠재적인 것이라는 개념으로 대체해서, 가능한 것-실재적인 것의 대립 관계를 잠재적인 것-현실적인 것의 상보 관계로 대체할 것을 제안한다. 이는 말이나 의미론의 문제보다 훨씬 더 많

---

31 B 98을 보라: "가능한 것과 닮은 것이 실재적인 것이 아니라, 실재적인 것과 닮은 것이 가능한 것이다." 가능성 개념은 들뢰즈가 칸트의 가능성의 조건들이라는 개념에 제기하는 것과 같은 비판을 받을 수 있다: "초월론적인 것을 의식으로서 정의하는 모든 규정들의 오류는 초월론적인 것을 자신이 정초하게 되어 있는 것의 이미지와 유사성 속에서 이해한다는 데 있다."(LS 105)

은 것을 의미한다. 들뢰즈가 정식화하는 바와 같이, 잠재적인 것은 실재화(=실현) 과정이 아니라 **현실화** 과정에 놓이며, 현실화의 규칙들은 유사성과 제한이 아니라, **발산**과 **차이** — 달리 말해서, 창조와 새로움 — 이다. 이런 의미에서, "문제적"과 "잠재성"은 들뢰즈의 저작에서 엄격히 상관관계적 개념들이다. 문제는 자신의 (현실적) 해들과 별도로 사유될 수 있는 객관적으로 규정된 구조이다. 문제는 미분 관계들, 상호적으로 규정된 요소들, 특이성들, 수렴적이고 발산적인 계열들을 가지는, 완전하게 미분화되어 있는differentiated 잠재적 다양체이다.[32] 그렇지만 잠재적 다양체(혹은 문제)의 "본질"은 그 자체를 현실화하는 것, 현실화되는 것(혹은 해결되는 것)이다. 그리고 현실화될 때, 문제는 그 자체와 다르고, 필연적으로 분화된다differenciated. 즉, 문제는 차이를 생산한다. 문제는 새로운 것을 생산한다.[33] (알이 성체와 유사하지 않듯이) 조건은 조건 지어지는 것과 유사하지 않으며, 초월론적인 것은 경험적인 것의 이미지 안에 품어져 있지 않다. 이것이 바로 들뢰즈가, 실재적인 것의 조건들 속에서, 차이 나는 것은 차이 그 자체를 **통하여** 차이 나는 것과 관련되어야만 한다는 요건을 충족시키는 방식인데(DR 299), 그는 이 점을 "미/분화different/ciaton" 라는 복합 개념으로 요약한다(DR 246). 즉, 문제는 완전하게 미분화

---

32 이런 이유 때문에, 들뢰즈의 저작은 복잡계 이론과 카오스 이론의 어떤 전개를 예견하는 것으로 간주되었다. 특히 마누엘 데 란다는 『강도의 과학과 잠재성의 철학』(London and New York: Continuum, 2002)에서 이 연관을 강조하고 있다. 카오스 이론의 수학에 대한 전반적 설명에 대해서는, 이언 스튜어트, 『신은 주사위를 던지는가?: 카오스의 수학』을 보라.

33 B 97을 보라: "잠재성의 특징은, 분화됨으로써 현실화되는 방식으로 실존하는 데에, 현실화되기 위해 그 자체를 분화하지 않을 수 없고, 그 자체의 분화의 선들을 창조하지 않을 수 없는 방식으로 실존하는 데에 있다."

되어 있으며differentiated(t가 들어 있다) ── 즉, 문제는 속속들이 차이(미분 관계, 발산적 계열)에 의해 구성되며 ──,현실화될 때 문제는 필연적으로 그 자체를 분화한다(=차이화한다)differenciates(c가 들어 있다) ── 즉, 문제는 새로운 차이를 창조한다. "이념 전체는 미/분화 different/ciation라는 수학적-생물학적 체계에 휘말려 있다."(DR 220)

따라서, 모든 순간에, 나의 실존 ── 날씨 체계의 그것과 같이 ── 은 객관적으로 **문제적**이다. 이는 나의 실존이 잠재적 요소들과 발산적 계열들에 의해 구성되는, 문제의 구조를 가진다는 점을 의미한다. 그래서 내가 따라갈 정확한 궤적은 사전에 예측 가능하지 않다. 지금부터 한순간 후에, 나는 그 잠재성들 중 어떤 것을 실현하게 될 것이다. 가령, 나는 어떤 방식으로 말을 하거나 손짓을 하게 될 것이다. 그렇게 할 때, 나는 (실재적인 것이 이미-개념화된 가능성과 유사한) "가능성을 실현하는" 것이 아니라, "잠재성을 실현하게" 될 것이다 ── 즉, 나는 새로운 어떤 것, 차이를 생산하게 될 것이다(현실적인 것은, 실재적인 것이 가능한 것과 유사한 방식으로, 잠재적인 것과 유사하지 않다). 더구나, 내가 잠재성을 현실화하거나 문제를 해결할 때, 그것은 문제적 구조가 사라졌다는 점을 의미하지 않는다. 말하자면, 다음 순간은 여전히 문제적 구조를 갖지만, 방금 발생한 현실화에 의해 지금은 수정된 문제적 구조를 가진다. 달리 말해서, 잠재적인 것의 현실화는 또한 잠재적인 것을 **생산한다**. 현실적인 것과 잠재적인 것은 한 단일한 동전의 앞면과 뒷면과 같다. 이것이 들뢰즈가 조건과 조건 지어진 것은 동시에 규정된다고 말할 때, 또 조건은 그 자체가 조건 짓는 것보다 결코 클 수 없다 ── 따라서 실재적 경험의 조건들을 위한 마이몬의 요구를 충족시킨다 ── 고 말할 때 그가 의미하는 것이다. 비록 새로운 것이 결코 **무로부터** 생산되지 않을지라도, 그리고 언제나 패턴(이 패턴은 우리가, 심리적 체계에서, 우리의 "성격"이라고 부르는 것이다)에 들어맞는 것으로 보일지라도, 모든 사건은, 심지어 우리 자신에 대해 말할 때조차도, 새롭다고 우리가 말할 수 있는 것은 바로 이 이유 때문이다.

마지막으로, 우리는 최종 형태의 차이, 즉 들뢰즈가 『차이와 반복』 제5장에서 분석하는 강도, 혹은 전위차(=전위의 차이)difference of potential를 우리의 연역에 도입할 수 있다(DR 222~261). 들뢰즈는 왜 이 최종 개념의 차이를 초월론적 장, 혹은 실재적인 것의 조건들을 기술하는 데에 추가할 필요가 있는가? 우리는, 마치 잠재적인 것의 현실화가 (지각물과 같은) 새로운 **사물**을 생산하는 것처럼, 편리와 습관에 따라 말해 왔지만, 이는 사실이 아니다. 차이의 모든 분화는 정확히 말해 사물이 아니라 **관계**인 새로운 차이를 생산하기 때문이다. 강도, 혹은 ── 물리학의 용어를 사용한다면 ── 전위차는 이 새로운 유형의 관계를 지시하는 들뢰즈의 용어로, 모든 미분 관계로 표현되는 역능들을 비교하는 일에서 유래한다($\frac{-y^2}{x}$ = P). "사태 혹은 '도함수'는 … 좌표들의 체계 속에서 배분되는 **전위**를 잠재적인 것으로부터 취하지 않고는 잠재적인 것을 현실화하지 않는다."(WP 22; cf. DR 174~175) 그렇다면 이 "전위차(=전위의 차이)"는 무엇인가? 들뢰즈는 전위차를 기술하기 위해 여러 용어들 ── 강도, 차등성 disparity, 즉자적 부등성the unequal-in-itself(이 용어들은 모두 동등한 것이 아니다)을 사용하지만, 아마도 가장 강력한 어구는 "어두운 전조 dark precursor"라는 어구로, 이는 폭풍의 시작을 예고하는 조짐의 기호를 나타내는 프랑스 용어이다. 번쩍하는 번개는 구름 속에 있는 정전기 전하의 집결에서, 즉 음전하와 양전하 사이의 전위차에서 그 조건을 발견하는 현상이다. 번쩍임 그 자체는, 일어날 때, 이 차이를 "상쇄(=취소)시키는 것"이다. 이 예는 들뢰즈의 더 폭넓은 주장을 이해하기 위한 단서를 제공한다. 즉, 그 강도, 혹은 전위차는 나타나는 모든 것의 조건이다. 그것은 감성적인 것의 이유, 곧 페노메논(=현상)phenomenon과 가장 가까운 누메논(=본체)noumenon이다(D 31). "모든 현상은 자신을 조건 짓는 부등성을 지시한다. … 모든 변화는 자신의 충족이유인 차이를 지시한다."(DR 222) 그리고 미분들이 문제의 해들 속에서 사라져야만 하듯이(DR 177~178), 강도는 그 자체가 일으키는 현상들 속에서 그 자체를 필연적으로 상쇄시킨다. 강도 개념에 대한 들뢰즈의 분석은 그의 가장 복잡한 분석들 중의 하나이지만, 한 지점에서 그는 일상생활의 경험에서 이끌어 낸, 이 개념에 대한 매우 구체적인 예들을 제공한다. 한 파티에서, 나는 배가 고파서, 몇 발자국 떨어져 있는 테이블로 가서 전채 요리hors d'œuvre를 급히 먹는다. 여기서 전위차가 내 배고픔의 감각과 내 음식 지각 사이에 개시된다. 공간 속의 내 운동은 그 충족이유를 이 전위차에서 발견하고, 내가 전채 요리를 집어먹고 이 음식을 소화시킬 때, 이 전위차의 일종의 동등화가 일어난다. 그렇지만 이러한 차이의 "상쇄"는 차이가 사라졌다는 것을 의미하는 것이 아니라, **새로운** 전위차가 개시되었다는 것을 의미한다. 즉, 배고픔을 채우고, 나는 돌아서서, 내가 한 친구를 바라보고 대화를 나누기 시작한다. 잠재적 문제들을 강도 속에서 현실화되는 일과 연결시키는 것이 바로 **새로운** 것이다. 새로운 것은 그러한 문제를 해결하는 행위처럼, 혹은 ── 결국 동일한 것이지만 ── 전위차를 현실화하는 것처럼, 차등적인 것들 사이에 소통을 확립하는 것처럼 출현한다.

우리의 목표는 들뢰즈의 모든 개념들을 설명하는 것이 아니라, 새로운 것의 문제에 관한 들뢰즈의 사유를 통과하며 어느 정도 특정한 궤적을 따라가는 것이었으므로, 이것으로 우리는 다소 자의적으로 연역을 멈춘다. 첫째로, 논리적으로 가능한 것 혹은 가능한 경험의 조건들과 대립되는 바의, **실재적 경험**의 조건들의 문제에 대한 획정이 존재한다. 둘째로, 살로몬 마이몬의 저작에서 유래하는, 실재적 경험(혹은 새로운 것)의 조건들에 관해 말하는 일이 의미하는 것에 대한 이중적 획정이 존재한다. 즉, 우리는 **발생적** 요소들을 찾아야만 하고, 우리는 **차이**의 원리를 이 요구를 충족시키는 것으로 정립해야만 한다. 마지막으로, 들뢰즈는 미분법 모델에서, 잠재적이고 문제적인 초월론적 장을 획정하는 데 역할을 하는, 그리고 실재적 경험을 정의하는 데 역할을 하는 다양한 차이 개념들(미분 관계, 특이성들, 다양체들 등등)을 발견한다. 들뢰즈에게, 존재 그 자체는 언제나 문제적 형식하에서 현시되는데, 이는 존재 그 자체가 부단히 **발산하는** 계열들에 의해, 그 현실성 속에서 구성된다는 점을 의미한다. 비-유클리드 기하학들과 새로운 대수학을 따라서, 발산적 계열들에 대한 적극적 이해를 되살리는 일은, 현대 수학에서 그 자체 일종의 코페르니쿠스적 혁명을 보여 주고 있다.[34] 그리고 —— 부분적으로, 이러한 수학적 진보

---

34 이 주제에 관해서는, 모리스 클라인, 『고대에서 현대까지의 수학적 사유』(Oxford: Oxford University Press, 1972), 1096~1097을 보라: "코시Augustin Louis Cauchy와 더불어 엄밀한 수학이 출현한 이후, 대부분의 수학자들은 그의 지령을 따랐고, 발산적 계열을 불건전하다고 해서 거부했지만, 그러나 비-유클리드 기하학과 새로운 대수학의 도래와 더불어, 수학자들은… 수렴에 대한 코시의 정의가 더 이상 어떤 초인간적인 힘에 의해 통보를 받는 보다 높은

에서 유래하는 ——들뢰즈의 차이의 철학은, 그것이 새로운 것(차이)의 문제를 단순히 형이상학이라는 변경 지대에서 다루어지는 물음이 아니라, 존재 그 자체에 대한 일차적인 규정으로 삼는 한에서, 철학에 있어서 그 자체의 코페르니쿠스적 혁명을 보여 주고 있다.

필연성으로 간주될 수 없다는 점을 서서히 이해하기 시작했다."

열려진 것

열려진 것이라는 이념: 운동에 관한 베르그손의 논제들

베르그손은 "열려진 것은 전체이다"라는 논제를 제시했는데, 이 논문에서 나는 베르그손의 열려진 것이라는 이념을, 뿐만 아니라 들뢰즈가 이를 전유해서 그 자신의 저작에 사용하는 방식을 탐구하고자 한다.[1] 열려진 것이라는 개념은, 분명 베르그손만의 특유한 개념은 아니다. 하이데거는 열려진 것에 관한 그 자신의 개념을 제시했다. 하이데거가 더 자세히 말하기 위해 다시 돌아가서 논한, 열려진 것에 관한 릴케와 휠덜린의 시들이 존재한다. 그리고 조르조 아감벤은 최근에 이 주제에 관한 책을 쓴 바 있다.[2] 나는 이러한 다른 작가들을 논하지는 않겠지만, 열려진 것이라는 주제는 현대철학의 중요한 관심사라는 점은 분명하다. 하이데거와 베르그손 사이의 엄청난 차이들에도 불구하고, 그들은 세 가지 개념들을 함께 연결하는 데에는 일치하고

1　이 논문은 2008년 11월 7일 노르웨이 스타방에르에서 열렸던, 아르네 프레드룬트가 조직한 '들뢰즈 2008: 들뢰즈의 열려진 것'이라는 학술회의에 발표문으로 최초로 제출되었다.

2　조르조 아감벤, 『열려진 것: 인간과 동물』, 케빈 앳텔 옮김(Stanford: Stanford University Press, 2004).

있었던 것으로 보인다.

1. 전체, 혹은 총체성

2. 열려진 것, 혹은 여는 것이라는 이념

3. 시간과 시간성, 혹은 베르그손이 지속이라고 부르는 것

내가 다음에 오는 것에서 검토하고자 하는 것은, 이 세 가지 개념들 사이에서 베르그손이 확립하는 상호 관계이다.

베르그손의 직관 개념

베르그손은 이 방법론적 접근법을 "직관intuition"이라고 불렀다 ── 베르그손이 이 용어로 의미하는 것은 ("여자의 직감intuition"이라는 어구와 같은) 일상 언어에서나 혹은 수학에서 이 용어를 사용하는 일과는 거의 아무런 관련이 없으므로, 아마도 불운한 용어 선택일 것이다. 베르그손에게, 세계는 혼합체의 세계이며 ── 경험에서 우리에게 주어지는 것은 언제나 공간-시간의 혼합체 혹은 복합체이다(1981년 11월 10일 세미나) ──, 베르그손은 우리가 경험에서 우리에게 주어지는 혼합체들을 이해할 수 있게 하는 방법을 기술하기 위해서 "직관"이라는 용어를 사용한다. 이 방법은 세 가지 측면을 가진다.

1. 철학의 과제는 이 혼합체를 **분석**하는 것이다.

2. 분석한다는 것은 모든 주어진 혼합체에서 **순수한 것**을 찾아낸다는 것이다.

3. 혼합체에서 순수한 것은 요소들이 아니라 **경향들**이다.[3]

예를 들어, 복도에서 친구를 알아보는 작용은 지각(나는 내 앞에 있는 사람을 본다)과 기억(나는 그 친구의 얼굴을 기억하기 때문에 그를 알아본다) 둘 모두를 함축하는 혼합체이다. 그래서 『물질과 기억』에서 베르그손은 순수 지각과 순수 기억 개념을 창조하려고 시도했다. 지각과 기억은 경험에서 혼합돼 있으므로, 만약 우리가 지각과 기억의 분리 가능한 "경향들"을 구분해 낼 수 없다면 우리는 심지어 알아보는 단순한 작용에 대해서조차 혼란스러운 개념을 가질 것이다. 들뢰즈와 과타리는 『자본주의와 분열증』에서 베르그손의 방법을 채택해서, 네 가지 "순수" 사회구성체 개념 —— 원시 영토성, 국가, 자본주의, 전쟁 기계 —— 을, 비록 사실상 우리가 구체적 혼합체의 경험에서만 늘 이 유형들을 마주칠지라도, 분리해 냈다. 우리가 모든 주어진 사회 배치에서 발견되는 혼합체들의 복합성을 분석하기 시작할 수 있는 것은 이러한 순수 개념들을 분리해 냈을 때뿐이다. 이와 유사한 방식으로, 들뢰즈는 베르그손의 직관의 방법을 운동의 문제에 적용함으로써 열려진 것의 이념에 도달한다. 베르그손이 묻는 물음은 이렇다. 즉, 순수 운동은 무엇인가? 순수 경향으로서의 운동은 무엇인가? 『운동-이미지』의 초두에서(MI 1~11), 들뢰즈는 세 가지 논제에 의거해서 운동에 대한 베르그손의 분석을 요약하는데, 나는 이를 다

---

3   1987년 5월 3일 세미나를 보라: "한 혼합체의 두 부분은 결코 동등하지 않다. 두 부분 중의 하나는 언제나 대체로 주어져 있고, 다른 하나는 대체로 만들어져야 한다. 내가 계속 매우 베르그손답게 남아 있는 것은 바로 이러한 이유 때문이다. 베르그손은 그 점에 관해 매우 아름다운 것들을 말했다. 베르그손은 말하길, 우리는 한 혼합체 안에서 결코 동등한 두 요소를 가지는 것이 아니라, 우리에게 주어져 있는 불순함의 역할을 하는 한 요소, 그리고 우리는 가지고 있지 않은, 만들어져야만 하는 순수한 요소를 가진다고 했다. 그것은 나쁘지 않다."

음에 오는 논평들을 조직적으로 기술하기 위해 사용하고자 한다.

1. 운동은 지나온 공간과 구분된다.

2. 순간은 운동의 부동적 단면이다.

3. 운동은 지속의 가동적 단면이다(운동은 열려진 것과 동등한, 지속 혹은 전체의 변화를 표현한다).

베르그손의 첫 번째 논제: 운동은 지나온 공간과 구분된다

베르그손의 첫 번째 논제는 우리가 운동을 가로질러 온 공간과 혼동하는 경향들을 가진다는 것이다. 예를 들어, 제논의 유명한 운동의 역설은 이 혼동에 의존하고 있다. 과녁에 도달하려면 화살은 처음에 과녁까지 공간의 반을 가로질러 가야 하고, 다음에 남아 있는 공간의 반을 가로질러 가야 하고, 또 다음에 그 남아 있는 공간의 반을 가로질러 가야 하고 등등 이런 식으로 무한히 가로질러 가야 하기 때문에, 아킬레우스는 거북이를 결코 따라잡지 못할 것이고, 또는 화살은 결코 과녁에 도달하지 못할 것이다. 하지만 베르그손은, 제논은 화살의 **운동**과 **화살이 가로질러 간 공간**을 혼동했다고 주장한다. 가로질러 간 공간은 이산적이거나 분할 가능하며, 무한하게 분할 가능한 데 반해, 운동은, 그 공간을 가로질러 가는 행위로서, 분할 불가능하거나 연속적이다. 첫 번째 논제에서, 베르그손은 분할 가능한 공간과 분할 불가능한 운동 사이의 범주적 대립을 확립한다. 즉, 운동은 분할 가능한 공간이 아니라, 분할 불가능한 **지속**이다. 그런 다음 베르그손은 우리에게 첫 번째 논제에 대한 두 번째 설명을 제시한다. 만약 우리가, 제논이 그러는 것처럼, 분할 가능한 공간으로 시작한다면, 우리는 실로 운동을 재구성할 수 있겠지만, 운동을 오직 계기繼起로서, 즉 공간 속 위치들의 계기로서, 혹은 시간 속 순간들의 계기로서, 재구성할 수 있을 뿐이다. 『창조적 진화』에서, 베르그손은 이것을 영화적 착각illusion, 영화를 작동하게 하는 착각이라고 부른다. 1초당 24개의 부동의 프레임들(필름의 한 토막들)이 영사기를 통해 지나가지만, 이 부동의 프레임들은 균일한 시간 속에 발생하는 운동의 착각을 생산한다. 실로, 우리가 추상적이고, 동질적이고, 동등화 가능하고, 균일적인 시간 관념을 이끌어 내는 것은 이 두 개념 —— 부동적인 프레임들 혹은 단면들, 그리고 우리가 이것들에다 부여하는 계기의 형식 —— 으로부터이다. 하지만 이러한 균일적 시간 개념은 두 가지 명백한 이유 때문에 운동의 본성을 놓친다. 첫째로, 이 개념은 운동이 아닌 어떤 것, 즉 부동의 프레임들 혹은 순간들로부터 운동을 재구성하려고 한다(철학자들은 자신들이 시간을 분석하고자 T^1, T^2, T^3, 등등의 상징을 사용할 때 이와 다른 것을 행하는 것이 아니다). 둘째로, 그리고 더 중요하게, 부동의 순간들이 아무리 가깝다 하더라도, 두 순간들 사이에는 언제나 간격이 존재한다. 그리고 운동은 언제나 순간이 아니라, (간격이 아무리 작다 해도) 간격 속에서 일어나고 있을 것이다. 이것은 언제나 운동은 운동을 생각하는 사람 등 뒤에서 발생한다고 말하는 또 다른 방식이다. 우리는 부동의 단면들 —— 공간 속의 위치들 혹은 시간 속의 순간들 —— 을 증가시킬 수 있지만, 우리가 운동을 재구성할 수 있는 것은 부동의 단면들을 증가시킴으로써가 아니다.

중요한 결과가 이 분석으로부터 따라 나온다. 즉, 운동은, 언제나 간격 속에서 일어나고 있으며, 추상적이고 동질적인 시간에 의해서 결코 측정될 수 없다. 사람의 걸음, 말의 걸음, 사자의 질주, 가젤의 도약, 황소의 돌진 등을 생각해 보라. 이 서로 다른 운동들은, 서로 에게 환원될 수 없기 때문에, 동질적인 시간 속에서 펼쳐진다고 말할 수 없다. 이 운동들 사이에는 공통 척도가 존재하지 않는다. 각 운동 은 그 자체의 지속, 그 자체의 분절들, 그 자체의 분할들과 세부 분할 들을 가진다(우리는 각자가 남들이 알아볼 수 있는 걸음 스타일을 갖 고 있다). 피타고라스 학파는, 정사각형의 변들과 정사각형의 대각선 을 측정할 수 있는 공통 단위가 존재하지 않듯이, 천구들의 운동조차 공약 불가능하다는 점을 발견했다. 추상적 시간은 공통 단위들로 구 성되어 있지만, 실재적 운동은 그렇지 않다. 만약 아킬레우스가 거북 이를 따라잡는다면, 이는 그 자신의 운동 단위들 — 아킬레우스의 도 약들과 약진들 — 이 거북이의 작은 걸음들과 공통 척도를 갖지 않기 때문이다. 사자가 가젤을 뒤쫓는다. 만약 사자가 가젤을 잡아 덮친다 면, 이는 그 자신의 달림 때문이다. 만약 가젤이 피해 달아난다면, 이 는 그 자신의 도약 때문이다. 추격이 전개될 때, 언제나 **예견되지 않는** 어떤 것이 존재하기 때문에, 거기에는 추상적 시간이 존재하지 않는 다. 즉, 우리는 누가 이길지 사전에 말할 수 없다. 사자의 운동과 가젤 의 운동은 질적으로 서로 다른 두 운동이고, 서로 다른 두 지속이다. 그 운동들은 공통 단위들로 구성되지 않는다. 한 운동은 다른 운동을 방해할 수도 있고, 또 다른 한 운동은 다른 운동을 따라잡을지도 모 른다. 사자가 가젤을 따라잡는 것은 도약 때문이지, 동질적인 시간 속 에서 대체될 수 있는 추상적 양 때문이 아니다. 만약 우리가 이 운동 들을 모델로 삼는다면, 그것들은 비-선형적 방정식의 형태를 띨 것이 다. 달리 말해서, 이 운동들은 **해가 없는 문제들**일 것이다. 베르그손의 첫 번째 논제가 향하는 생각은 다음과 같다. 즉, 운동은 근본적으로 시간적이지, 공간적이지 않다. 즉, 공간 속의 운동은, 더 심오하게도, 시간 속의 다양한 지속들을 표현한다.

역설 및 판단 체계

가로질러 온 공간은 무한하게 분할 가능하기 때문에 운동은 불가능하다고 주장하는 제논의 역설의 중요성은 무엇인가? 학술적인 관점에서, 제논의 역설은 소진법의 한 예이자 미분법의 초기 형태이기 때문에 유명하며, 제논이 그리스 수학의 복잡한 특징들과 문제들에 대한 깊은 이해를 가졌다는 것은 분명하다. 동시에, 이 역설은 경험이 전하는 것을 무시하는 것으로 보인다. 분명 제논은 물체가 운동한다는 것을 알고 있고, 아킬레우스가 거북이를 따라잡는다는 것을, 화살이 과녁에 도달한다는 것을 알고 있다. 그런데 그는 왜 정반대의 것을 주장하는가? 이 역설은 철학자를 구름들 속에 머리를 박고 있는(=뜬구름을 잡는) 어떤 사람(탈레스)이라는 철학자의 고대적 이미지를 지지하는 것으로 보인다. 궁수가 과녁에다 화살통 안의 모든 화살들을 쏠 수 있고, 제논이 그 옆에 서서 역설로 "보라, 나는 당신에게 운동은 불가능하다는 점을 증명할 수 있다"라고 말한다고 하자. 이 역설은 매혹적이고 도발적이지만, 왠지 우스꽝스러워 보인다. 소크라테스는 제논의 주장과 다르지 않은 주장, 즉 악은 실존하지 않는다, 악은 무이다라고 한 것으로 유명했다. 이 또한 상식에 위배되는 주장인 것으로 보이지만, 소크라테스의 주장은 제논의 주장만큼이나 교육적이다. 소크라테스는 대화 상대자에게 묻는다. "당신은 악한 사람인가? 당신은 사람을 죽이고 싶은가?" 대답: "예, 나는 모든 사람을 죽이기를 원합니다." 소크라테스: "하지만 당신은 왜 모든 사람을 죽이기를 원하는가?" 대답: "이유가 없습니다. 단지 죽이기를 원할 뿐이기 때문입니다. 그건 저에게 쾌락을 줍니다!" 소크라테스: "하지만 쾌락은 당신에게 선인가, 악인가?" 대답: "저에게 쾌락을 주는 것은 분명 선한 것입니다." 소크라테스가 승리를 거둔다: "하지만 지금 당신은 당신 자신과 모순된다. 당신이 원하는 것은 모든 사람을 죽이는 것이 아니다. 사람을 죽이는 것은 단지 수단일 뿐이다. 당신이 원하는 것은 당신의 쾌락이다. 그것이야말로 당신 행위의 진정한 목적이다. 당신은 선의 본성에 대해 잘못 알고 있을 뿐이다." 어떤 시점에서, 보통 소크라테스의 대화 상대자는 떠나면서, "소크라테스, 당신과 이야기를 나누는 것은 불가능한 일입니다…"라고 말한다. 소크라테스는 악한 사람은 잘못 알고 있다는 점을 보여 주려 하고 있다. 즉, 심지어 살인하는 사람의 의지조차도 선에 대한 의지이므로, 아무도 자발적으로 악하지 않다. 그러니 당신의 선이 무엇인지를 찾아내라. 즉, 만약 그것이 죽이는 일이라면, 좋다, 그러나 그것은 여전히 선이며, 당신은 정말로 악을 구하고 있는 것이 아니다. 그러므로 악은 무이다라는 소크라테스의 후렴이 있는 것이다.

소크라테스의 논점은 악한 사람은 **잘못 판단하는** 어떤 사람이라는 점이다. 그들은, 사실상 그들이 선the Good을, 그들 자신의 선good을 추구하고 있을 때, 악을 추구하고 있다고 생각한다. 철학자는 자신의 머리를 구름들 속에 박고 있을지도 모르지만, 그럼에도 그는 선하다. 그는 **잘 판단하는** 것을 주장하기 때문이다. 달리 말해서, 철학이 발명하는 것은 **판단의 체계**이다. 만약 판단이 역설의 형식을 취한다면, 이는, 그 가장 단순한 수준에서, 역설은 다음의 것을 말하는 데에 있기 때문이다. 즉, "존재하는" 어떤 것이 있다, 그렇지만 그것은 사유될 수 없다. x가 실존한다, 그렇지만 그것은 사유 불가능하다. 이것이 제논과 소크라테스를 연결하는 지점이다. 즉, 운동과 악은 현실적으로 실존하는 것들이지만, 문제는 이 실존하는 것들을 어떻게 **사유하느냐** 하는 것이다. 제논이 보여 주려고 하는 것은 운동이 "존재하지 않는다"라는 것이 아니다. 오히려 그는 운동으로서의 운동은 사유 불가능하다는 점을, 운동은 모순 없이는 사유될 수 없다는 점을 보여 주려 하고 있다. 마찬가지로, 실지로, 소크라테스가 보여 주기를 원하는 것은 악으로서의 악은 모순 없이는 사유될 수 없다는 점이다. 역설은 실존하는 어떤 것은 사유 불가능하다는 점을 알려 준다.

역설은 왜 그런 강렬한 쾌락을 철학자에게 주는가? 우리가 그들이 말하는 것 — 운동은 사유될 수 없다, 악은 사유될 수 없다 — 은 우스꽝스럽다고 주장하면 할수록, 철학자들은 그만큼 더 "좋다, 네 뜻대로 해라. 하지만 네가 이 역설을 어떻게 다루는지 나에게 말하라" 하며 되받아칠 것이다. 얼핏 보기에, 이것은 사유의 승리처럼 보이지 않을 것이다. 사유는 운동을 사유할 수 없다, 사유는 악을 사유할 수 없다, 사유는 실존을 사유할 수 없다, 사유는 거의 아무것도 사유할 수 없는 것으로 보인다. 그렇다면 사유는 무엇을 사유할 수 있는가? 사유는 "오직 정의만이 정의롭다"(플라톤)와 같은 사유들을 사유할 수 있음이 드러난다. 이는 만약 실존이 사유 불가능하다면, 사유 가능한 것은 순수 이념성, 이념이라고 말하는 것과 마찬가지이다. 더 많은 철학자들이 이념성을 사유하는 데 만족할수록, 실존하는 사물들을 사유하는 데 그만큼 덜 만족한다. 그들은 무엇을 행하는 과정 속에 있는가? 그들은 존재하는 모든 것, 실존하는 모든 것을 판단하는 수단, 즉 판단의 체계를 구성하는 것인 철학의 운명을 성취하고 있다. 이것이 니체의 주제에 대한 들뢰즈의 설명이다. 즉, 생명은 생명보다 더 높은 가치들에 의해 판단되고, 실존은 실존보다 더 높은 이념성들에 의해 판단된다. 들뢰즈의 변함없는 주제들 중의 하나는 **판단과 결별하는 것**, 판단의 체계와 결별하는 것이라는 아르토에게서 빌려 온 어구로 요약될 수 있다. 이런 이유로 들뢰즈는 스피노자와 니체와 같은 철학자들을 소크라테스와 반대되는 지위에 놓는다. 그들은 말한다. 악은 무일 수도 있겠지만, 그때 **선 또한 무**이다. 하지만 "선good과 악evil을 넘어서"는 좋음good과 나쁨bad을 넘어서를 의미하지 않는다. 이와 반대로, 우리가 좋음과 나쁨의 실존적 관계들을 **사유하기** 시작할 수 있는 것은 오직 우리 자신에게 선과 악의 초월적 이념들을 제거함으로써뿐이다. 들뢰즈가 자주 반복하듯이, 그는 단지 가능한 경험이 아니라, 실재적 경험의 조건들을 탐구하기를 원한다. 이것이 베르그손에 대한 들뢰즈의 관심을 보고자 할 때 들여다보아야 할 렌즈 — 혹은 렌즈 중의 하나 — 이다. 만약 제논이 운동은 사유 불가능하다고 말한다면, 베르그손의 응수는 이렇게 묻는 것이다. 실재적 운동이 사유 가능할 수 있게 되는 조건들은 무엇인가? 이러한 것이 베르그손의 첫 번째 논제의 결론이다. 즉, 운동은 우리가 운동을 지나온 공간과 혼동하는 한, 사유 불가능하다.

운동에 관한 베르그손의 두 번째 논제: 순간은 운동의 부동적 단면이다

이제 우리는 운동에 관한 베르그손의 두 번째 논제로 향할 수 있다. 첫 번째 논제는 운동을 순간들 또는 찰나들로부터 재구성하는 것은 착각이라고 말한다. 『창조적 진화』에서 전개된 두 번째 논제는 사실상 두 유형의 착각, 즉 특권적인 순간들로부터 운동을 재구성하는 두 가지 방식 — 고대적인 방식과 근대적인 방식 — 이 존재한다고 말한다. 이 차이를 특징짓는 흔한 방식은 고대 과학은 질적인 데 반해, 근대 과학은 양적이라고 말하는 것이다. 하지만 베르그손은 이 차이를 평가하는 그 자신의 방식을 갖고 있다. 즉, 고대인들은 운동을 **특권적인 순간들**에 관련시켰던 데 반해, 근대 과학은 운동을 **모든 순간**에 관련시켰다.[4] 운동의 고대적 개념에서 근대적 개념으로 향하는 변화는 사유에 있어서 근본적인 혁명이었다.

고대인들에게 운동은, 우리가 어떤 사람의 인생을 아동기와 노년기로 자연적 과정에 맞추어 분할할 때처럼, 자연적인 분절을 갖고 있었다. 비록 우리가 어떤 사람의 인생에 시간의 연속성이 존재한다는 점을 알고 있을지라도, 우리의 지각과 우리의 언어는 "각각 일종의 개체성을 나타내는" 어떤 특권적인 순간들 또는 시기들을 분리하는 경향이 있다.[5] 같은 것이 운동하는(=움직이는) 신체에도 해당하는데, 이러한 신체는, 아리스토텔레스가 말하듯이, **하향** 또는 **상향** 운동, 혹은 **중심**으로 향해 운동하는 경향에 의해 정의될 수 있다. 예를 들어, 진자는 결국 한 단일한 지점에서 정지하게 되며, 이 중지 점 혹은 최종 항은 진자 운동의 본질적인 순간, 진자 운동이 향하는 **텔로스**로 설정되었다. 이 관점에서 보아, 플라톤의 이념들은 물론 아리스토텔레스의 형상들은 "사물들의 역사에서 특권적이거나 부각되는 순간들

---

4 앙리 베르그손,『창조적 진화』, 아서 미첼 옮김(New York: Henry Holt, 1911), 330: "고대 과학은 자신이 일부 특권적인 순간들에 주목했을 때 그 대상을 충분히 알고 있다고 생각하는 데 반해, 현대 과학은 모든 순간에 그 대상을 고려한다."
5 앞의 책, 331.

에 상응한다".[6] 이런 식으로 이해하면, 운동은 형상들의 "변증법"을 표현했다. 운동은, 무용할 때 취하는 자세들 혹은 한 사람의 일생에서 겪는 단계들처럼, 한 형상Form 혹은 이념Idea에서 또 다른 형상으로 향하는 규제된 이행이었다. 가령, 물이 끓을 때, 차가운 것의 형상Form of the Cold이 뜨거운 것의 형상Form of the Hot으로 되는 것이 아니라, 물질 그 자체가 한 형상에서 다른 한 형상으로, 차가운 것의 형상에서 뜨거운 것의 형상으로 이동하는 것이다(1981년 11월 10일 세미나). 한 형상을 물질 속에 현실화하거나 실현하거나 "예화하는" 활동은 ── 마치 조각가가 물질에 형상을 새겨 넣음in-form으로써 인간 형상을 대리석 덩어리에 현실화하듯이 ── 그리스인들이 "형상을 새겨 넣음information"이라고 부른 것이다(1981년 11월 10일 세미나). 그 자체로 형상들은 부동이며 ── 혹은, 결국 같은 말이 되지만, 형상들은 순수 사유의 운동들이다 ──, 물질이 한 형상에서 다른 형상으로 이동하는 것이다. 물질의 운동은 물리적이지만, 형상들의 연속은 순수하게 논리적이거나 변증법적인 연속이다.

근대의 과학 혁명 ── 그 천재적 수완 ── 은 운동을 더 이상 특권적 순간들에 관련시키지 않고 **모든 순간들**any-instant-whatever에 관련시키는 데 그 본질이 있다.[7] 한 순간이 다른 한 순간 위에 놓이는 특권이나 혹은 한 형상이 다른 한 형상 위에 놓이는 특권이 더 이상 존재하지 않는다. 근대 과학에서, 모든 순간들은 서로에 대해 동등하고, 서

---

6 앞의 책, 330.
7 앞의 책, 331: "갈릴레오는 본질적인 순간, 특권적인 순간이 존재하지 않는다고 생각했다."

로로부터 등거리이다.[8] 데카르트 기하학의 위대한 착상은 도형은 궤적의 모든 순간에서 규정 가능한 궤적을 언급한다는 점이다 — 이는 데카르트는 더 이상 도형이나 형상을 언급하지 않고, **방정식**을 언급한다는 점을 의미한다. 운동은 **변증법**을 받는 것이 아니라 **분석**을 받는다. 이것이 초월성에서 내재성으로 향하는, 근대 과학의 혁명이다. 운동을 운동 외부의 형상들을 지시하는 초월적 순간들을 통해 재구성하는 것이 아니라, 운동은 운동 그 자체의 내재적 요소들을 통해 재구성된다. 『창조적 진화』에서, 베르그손은 근대 과학의 이러한 변형을 보여 주는 네 가지 예를 제공한다. 이 네 가지 예는 궤도와 궤도를 횡단하는 데 필요한 시간 간의 관계를 규정한 근대 천문학(케플러), 낙하하는 물체가 횡단하는 공간과 물체가 낙하하는 데 걸리는 시간 간의 관계를 규정한 근대 물리학(갈릴레오), 평평한 곡선의 방정식을 규정한 근대 기하학(데카르트) — 즉, 운동하는 직선 위에, 그 과정의 모든 순간에 점을 놓기 —, 그리고 무한히 가깝게 합쳐질 수 있는 단면들이나 단편들의 관념에 기초하는 근대 미분법과 적분법(뉴턴과 라이프니츠)이다.[9] 근대 과학에서, 고대 형상 변증법은 순간들의 기계론적인 계기에 의해 대체된다. "근대 과학은 특히, **시간을 독립 변수로 간주하고자 하는 염원에 의해 정의되어야만 한다.**"[10]

이제, 베르그손에게, 운동에 대한 이 두 가지 접근법 — 고대적

---

8 그리스인들의 경우, 도형은 형태에 의해, 즉 특권적 점들에 의해 정의된다(원은 하나의 특권적인 점, 중심점을 가진다. 유한한 선은 두 특권적 점, 곧 끝점 혹은 극점을 가진다. 삼각형은 세 특권적 점을, 사각형은 네 특권적 점을, 정육면체는 여덟 특권적 점을 가진다, 등등).

9 MI 4. 베르그손은 『창조적 진화』 제4장에서 이 논점들을 전개한다.

10 앞의 책, 336. 이는 MI 4에 인용되어 있다.

인 것과 근대적인 것 — 에 여전히 공통된 것은 그것들이 모두, 운동을 초월하고 물질 속에 현실화돼 있는 형상들을 통해서든, 운동에 내적이거나 내재적인 부동의 단면들을 통해서든, 부동적인 어떤 것에 의해서 운동을 재구성한다는 점이다(1981년 11월 10일 세미나). 두 경우 모두에서, 운동은 부동적인 것에 희생되어 있고, 지속은 균등한 시간에 희생되어 있다. 달리 말해서, 우리는 고대 과학과 근대 과학에서, **전체는 주어져 있다**고, 즉 전체는 이미 사전에 주어져 있다고 말할 수 있을 것이다.[11] 고대인들에게, 영원은 형상들 혹은 이념들에 있어서 우리에게 주어져 있고, 시간은 영원한 것의 타락이다. 플라톤이 『티마이오스』에서 말하듯이(37d), "시간은 영원의 가동적 이미지이다". 원환적 시간 관념은, 시간에 대한 이유가 시간 외부에서 영원한 이념들에, 형상들에 놓여 있다는 것을 의미한다. 근대 과학에서, 전체는 이와는 다른 방식으로 주어져 있다. 즉, 시간 외부의 영원한 이념들의 형식으로서가 아니라, **후속하는 순간이 선행하는 순간을 반복한다**는 의미에서, 시간 그 자체의 형식으로 주어져 있다. 운동은 이미 종료돼 있고, 이미 주어져 있다. 운동은 과정 속에 있지 않다. 라플라스의 악마가 예시하는 바와 같이, "결정론" 개념 — 미래와 과거의 전체는 현재의 인식으로부터 규정될 수 있다는 가정 — 은 그 자체로 **전체가 이미 주어져 있다**는 발상에서 유래한다. 고대 과학과 근대 과학 둘 모두의 경우에서, 우리의 유한한 지성을 감안할 때, 설사 우리가 전체

---

11 앞의 책, 37: "기계론적 설명의 본질은 미래와 과거를 현재의 계산 가능한 기능으로 간주하는 데에, 따라서 전체는 주어진 것이다[tout est donné]라고 주장하는 데에 있다." 또한 39, 345를 보라.

를 결코 획득하지 못할지라도, 전체는 원리상 주어질 수 있는 것이다.

이제 베르그손은, 근대 과학은 운동을 모든 순간에 관련시키고 시간을 독립 변수로 만들어 놓음으로써, 영원한 것의 낡은 형이상학과 결별한 시간의 새로운 형이상학 —— 즉, 시간의 새로운 사상, 지속의 사상 —— 을 가능하게 했어야 했다고 주장한다. 요구되는 것은, 과학이 전체가 주어져 있다거나 혹은 심지어 주어질 수 있다고 하는 발상을 포기하는 것이었다. 칸트와 같은, 많은 근대 사상가들은 전체는 주어져 있는 것도 주어질 수 있는 것도 아니라고 말했지만, 이렇게 하여 그들은 전체는 의미를 결여하는 개념이라고, 혹은 적어도 그 기능이 순수하게 실용적인 개념이라고 생각했다. 베르그손은 우리가 **전체는 열려진 것**이라는 점을 이해하는 조건하에서, 전체는 완전하게 일관된 개념이라고 주장한다. 언뜻 보기에 이것은 근본적인 열림의 이념, 그리고 폐쇄되거나 종료된 어떤 것을 의미한다고 생각되는 전체 혹은 총체성의 이념, 이 두 겉보기에 모순되는 개념을 통합하는 기묘한 가설처럼 보일지도 모른다. 전체는 열려진 것이라고 말할 때, 베르그손은 전체는 지속이라고, 창조라고 말하고 있는 것이다. 베르그손은 네 용어 간의 동등성을 확립하고 있다. 전체=열려진 것=지속=창조(혹은 새로운 것).

베르그손에 따르면, 고대 과학과 근대 과학 둘 모두가 놓치고 있는 것은, 운동은 언제나 간격 속에서 발생하고 있다는 점이다. 즉, 운동을 부동적 단면들을 통해서 재구성함으로써, 심지어 근대 과학조차 운동을 적절하게 파악하지 못하고 있다. 중요한 것은 한 순간이 다른 한 순간에 서로 계기하는 방식이 아니라, 운동이 한 순간에서 다른 한 순간으로 연속되는 방식이다. 운동은 연속의 현상이며, 한 순간에서 다른 한 순간으로 향하는 운동의 이러한 연속은 어떠한 순간들로 도 혹은 순간들의 어떠한 계기로도 환원될 수 없다. 베르그손이 **지속** 이라고 부르는 것은 바로 한 순간에서 다른 한 순간으로 향하는 운동 의 이러한 연속이다. 운동에서, 선행하는 순간은 후속하는 순간 속에 서 연속하지만, 후속하는 순간은 단지 선행하는 순간의 반복이 아니 다. 오히려, 새롭고 예견되지 않은 어떤 것이 후속하는 순간에 일어난 다(사자가 뛰어들어 가젤을 죽인다). 따라서 지속 개념은 새로운 어떤 것이 어떻게 생산될 수 있는가? 하는 물음을 근본적인 물음으로 삼는 형이상학을 함의한다.[12] 베르그손의 세 번째 논제로 우리를 이끄는 것 은 바로 이 물음이다.

운동에 관한 베르그손의 세 번째 논제: 운동은 지속의 가동적 단면이다
베르그손의 첫 번째 논제는 운동은 지나온 공간과 구분된다고 말했다 (공간은 분할 가능하지만, 운동은 그렇지 않다. 운동은 연속이다). 두 번째 논제는 순간은 운동의 부동적 단면이다라고 말했다(그것은 운동을, 마치 영화에서처럼, 부동적 단면들을 통해 재구성하는 착각이다). 이 제 베르그손의 세 번째 논제는 운동은 지속의 가동적 단면이다라고 말 한다. 즉, 운동은 지속에서의, 또는 전체에서의 변화를 표현한다고 말 한다. 지속이란 무엇인가? 지속이란 변화하는 것이고, 변화하기를 그 치지 않는 것이다. 하지만 그렇다면, 변화란 무엇인가? 이것이 베르

---

12 (들뢰즈가 최후의 위대한 미국 철학자라고 여긴) 화이트헤드라면 그 자신의 방식으로 이 문 제를 다룰 것이다. 그가 **합생**concrescence이라고 부른 것은 세계 속에서 새로운 어떤 것(**창조성**) 을 생산하는 것이다.

그손의 세 번째 논제의 요지일 것이다. 즉, 변화는 전체의 영향이다. 운동은 부분들 간의 관계이지만, 변화는 전체의 영향이다. 더 중요한 것은 이렇다. 즉, 운동은 단지 지속의 표현일 뿐이다. 즉, 부분들 간의 모든 관계는 전체의 영향을 표현한다. 베르그손이 말하듯이, 공간 속의 모든 이행translation(부분들 간의 관계로서의 운동)은 더 심오한 어떤 것, 즉 변형transformation 혹은 전체에서의 변화를 표현한다.[13] 달리 말해서, 이행의 메커니즘을 넘어, 우리는 변형의 메커니즘을 상상하지 않으면 안 된다(1981년 11월 17일 세미나). 나는 두 가지 세부 논제를 제시함으로써 잠시 이 세 번째 논제를 탐구하고자 한다. 이는 **전위차(=전위의 차이) 개념과 관계 개념**에 의해서 베르그손의 주장을 설명하려고 하는 시도이다.

1. 첫 번째 세부 논제: 운동은 전위차(강도의 차이)를 함축한다. 다음과 같은 일련의 실재적 운동들을 생각해 보자. 해가 지고 있을 때, 나는 도시에 있는 내 집을 떠나 시골로 산책하러 간다. 이것은 운동이고 공간 속의 이행이지만, 또한 전체the Whole —— 즉, 도시의 전체, 그날의 전체, 시골의 전체 —— 의 영향을 받고 있는 배당 가능한 변형이기도 하다. 내가 산책하고 있을 때, 한 떼의 새들이 이동하려고 날아오른다. 이것 또한 전체 속의 변화, 기후 변화의 표현이다. 그날 저녁 늦게, 한 모임에서, 나는 배가 고파 테이블로 가서 전채 요리를 먹는다. 이 또한 전체의 또 다른 변형이다. 이러한 변형들을 설명하기 위해서, 들뢰즈는 물리학에서 끌어온 개념인, **전위차**에 호소한다(1981년

---

13 베르그손, 『창조적 진화』, 32: "그런 과학은 **변형**의 기계학일 것이며, 우리의 이행의 기계학은 그것의 특수한 사례가 될 것이다."

11월 17일 세미나). 그 모임에서, 전위차가 내 배고픔의 감각과 음식의 지각 사이에서 개시되고, 나는 공간 속을 움직이는데, 이는 그 충족이유를 이러한 전위차에서 발견했기 때문이다. 내가 음식을 흡입할 때 이러한 전위의, 일종의 동등화가 발생할 것이며, 이 지점에서 또 다른 전위차가 전체 속에서 열리게 될 것이다. 즉, 배고픔을 채우고 나서, 나는 돌아서서 친구를 보고는 그에게 걸어가 대화를 시작한다. 전체의 한 상태에서 전체의 다른 한 상태로 이동하는 것은 한 전위차에서 다른 한 전위차로 이동하는 것 — 안정적이거나 불안정적인 것이 아니라, "준안정적인metastabel" 체계(LS 103) — 이다. 따라서 이행의 운동들은 결코 순수 상태에서 실존하는 것이 아니라, 언제나 전체 속에서 더 깊은 질적인 변형들을 표현한다. 이행의 모든 운동들은 섭동, 변양, 텐션 또는 에너지의 변화, 한 차이에서 다른 한 차이로 향하는 추이를 지시한다. 이러한 전위차들은 결코 국소화될 수 없는데, 까닭인즉 국소화될 수 있는 것은 차이가 확립되어 있는 두 항들이기 때문이다. 오히려 차이들은 전체와 관련돼 있다. 모든 이행 운동을 위한 충족이유를 이루는 차이들에 의해서 기능하는 것은 바로 전체이다. 이것이 『차이와 반복』 제5장에서 더 상세하게 들뢰즈가 전개하는 주제이다. 즉, "모든 변화는 자신의 충족이유인 차이를 지시한다. 일어나는 모든 것들과 나타나는 모든 것들은 차이들의 층위, 즉 수준, 온도, 압력, 텐션, 전위의 차이들, **강도의 차이**"와 상호 관련돼 있다(DR 222).

이런 이유로, 전체, 혹은 전체들은 집합들과 혼동되어서는 안 된다. 집합들은 닫힌 체계들인 데 반해, 전체는 열려져 있다. 이 점에서, 우리는 베르그손이 드는, (물 속에서 녹는 설탕과 같은) 실재적 운동의 예들을 17세기 물리학에서 드는 운동의 전형적인 예, 즉 당구공들의 운동과 비교할 수 있다.[14] 만약 이 예가 그렇게 인기가 있다면, 이는 17세기는 운동의 과학과 운동의 소통을 창조하려고 시도하고 있기 때문이었다. 하지만 베르그손이 공간 속의 이행들이 전체의 변형들을 표현한다는 그의 주장을 펴기를 원할 때, 그는 일부러 이와 상이한 예들에 의존한다. 즉, 그는 실재적 운동들의 예들을 고찰하지, 인위적인 고립된 상황들 속에서 파악된 추상적 운동들을 고찰하지 않는다. 이러한 것이 집합과 전체의 차이이다. 즉, 집합은 닫힌 체계 안에서 부분들의 회집이며, 닫혀 있는 모든 것은 인위적으로 닫혀 있는 데 반해, 전체는 지속과 변화 — 즉, 열려진 것 — 이다(베르그손에게, 전체는 결코 모든 집합들의 집합일 수 없다). 집합 혹은 닫혀진 체계의 인위적 분할이 순수 가상이 아니라는 점은 사실이다. 그것은 잘 정초되어 있다. 체계는 언제나 닫혀 있고 지속으로부터 분리되어 있을 수 있다. 물질의 조직은 닫힌 체계를 가능적인 것으로 만들고, 공간의 배치는 닫힌 체계를 필연적인 것으로 만든다. 실로, 현상은 그 자체를 닫힌 체계에 관련시킴으로써만 과학적으로 연구될 수 있다. 체계가 양화될 수 있는 것은 오직 이러한 조건들 아래에서이다. 왜냐하면, 방정식을 가능하게 하는 것은 좌표(가로 좌표와 세로 좌표)의 체계이기 때문이다. 하지만 이것이 과학이 이행의 운동을 더 심오한 변형(전체 속의 변화)의 표현으로서 파악할 수 없는 이유이다. 왜냐하면, 어떠한 체계도 결코 완전히 닫힐 수 없기 때문이다. 들뢰즈가 쓰고 있듯이,

---

14 한 잔의 물에 설탕을 섞는 베르그손의 유명한 예에 대해서는, 『창조적 진화』, 9~10을 보라.

"전체는 닫힌 집합이 아니다. 전체 때문에 어떠한 집합도 결코 절대적으로 닫히지 않고, 결코 완전하게 보호받지 못하며, 마치 집합을 우주의 남은 부분에 꿰매 붙이는 가장 가느다란 실이 그러는 것처럼 집합을 어딘가에 계속 열어 놓는다"(MI 10).

요컨대, 전체와 부분은 동일한 평면에 존재하지 않는 두 개념이다. 많은 사상가들이 전체는 부분들의 총합과 다른 어떤 것이라는 주장을 펴 왔지만, 베르그손의 독특성은 그가 이러한 주장에 대해 제시하는 정당화에 놓여 있다. 즉, 부분들은 언제나 공간 속에 존재하는 데 반해, 전체는 시간이다, **실재적** 시간이다. 이것은, 전체는 열려진 것이므로, 전체는 결코 주어지지 않는다고 말하는 또 다른 방식이다. 즉, 전체는 부단히 변화하고 있다. 전체는 지속이다. 전체는 시간 그 자체이다. 그러므로 베르그손의 첫 번째 논제에 상응한다고 말할수 있는 두 공식이 이제 더 엄격한 지위를 차지한다. 즉, "부동의 단면들+추상적 시간"은 부동의 단면들이 부분들을 이루는 닫힌 집합, 계기적 상태들이 추상적 시간 속에서 계산되는 닫힌 집합을 가리킨다. 반면에, "실재적 운동+구체적 지속"은 지속하는 전체의 열려짐, 닫힌체계를 횡단하는 매우 많은 가동적 단면들이 운동들을 이루는 열려짐을 가리킨다. 베르그손에게, 근대 과학의 위대성은 시간을 독립 변수로 삼았다는 데 있는데, 그렇지만 그러함에도 불구하고 과학은 여전히 고대 형이상학에 접목되어 있었다. 지속 개념과 더불어, 베르그손은 근대 과학에 상응하는 형이상학을 제공하려고 시도했는데, 이 형이상학은 영원한 것의 형이상학이 아니라 실재적 시간의 형이상학이다.

따라서 베르그손의 세 번째 논제에 힘입어 들뢰즈는 세 가지 수준의 실재적 운동들을 분리해 낼 수 있었다.

1. 공간 속에는 이산적 대상들(물체들)이 존재한다.

2. 그때 한 순간에서 다음 한 순간으로 연속되는 이 대상들의 운동(이행)이 존재한다.

3. 하지만 이 운동들은 그 자체의 충족이유를 열려진 것인 전체의 영향들 또는 변형들(전위차들)로서 발견한다.

이 세 수준은 모두 공존한다. 그런데 지속 그 자체가 어떤 때에 그 자체를 세분하여 세부-지속들과 리듬들(가젤의 도약, 사자의 돌진)로 만드는 힘을 갖지 않는다면 아무것도 기능하지 않을 것이다. 반면에 다른 어떤 때에는 이 리듬들과 세부-지속들을 통일하고 결합하여 하나의 동일한 지속으로 만든다(사자가 가젤을 덮친다). 모든 운동은 그 자체 지속의 유동 속에 있는 가동적 단면이지만, 지속(전체)은 이러한 시간 흐름들이 ("모든 정도의 팽창과 수축의 지속의 공존 관념이 있는" 곳에서— DR 331 n14) 부단히 분할되고 회집되고 있는 영속적 운동이다.

2. 두 번째 세부-논제: 전체는 관계들에 의해 정의된다. 두 번째 세부-논제는 관계들의 지위에 관한 것이며, 열려진 것의 이념을 사유하는 데 대한 들뢰즈 자신의 기여에 우리가 접근하는 것은 바로 여기에서이다.[15] 관계들의 문제는 그 시초부터 철학을 따라다니며 괴롭

---

15 이 절은 시론 12에서 더 상세히 전개되는 주제들을 요약한 것이다.

혀 왔으며, 불가분하게 판단의 문제와 연결돼 있다. 판단의 가장 간단한 형식은 하늘은 파랗다, 곧 A는 B이다와 같은 **귀속** 판단이다. 하지만 모든 **귀속** 판단이 동일성의 원리(=동일률)에 대한 일종의 위반이라는 점을 발견하기란 어렵지 않다. A는 A이다(사물은 그 자신과 동일하다)를 이해하는 일은 쉽지만, "A는 B이다"라고 말하는 것은 어떻게 가능할까? 결국 철학은, 귀속 판단에서 A와 B는 같은 것이 아니라는 점을 말함으로써 이 점을 설명할 것이다. 즉, 이 판단은 **술어**(파랗다)를 **주어**(하늘)에 귀속시키거나, 혹은 고유성질property 혹은 속성attribute을 실체에 귀속시킨다. 모든 실체 형이상학은 그 기원을 귀속판단에서 발견한다고 말할 수 있다.

하지만 더 복잡한 두 번째 종류의 판단, 가령 A는 B보다 작다와 같은 **관계** 판단이 존재한다. 관계 판단은 귀속 판단과 매우 다르며, 다른 형이상학의 길을 열어 놓았다. 우리가 "피터는 폴보다 작다"고 말할 때, 우리는 더 이상 주어에다 고유성질을 귀속하고 있는 것이 아니다. 만약 내가 "보다 작음"이 A의 고유성질이라고 말한다면, 나는 또한 동시에, A보다 작은 C가 또한 존재하므로, "보다 큼"이 A의 고유성질이라고 말해야 할 것이다("피터는 폴보다 작지만, 메리보다는 크다"). 하지만 플라톤은 이는 모순되는 고유성질들("보다 작음", "보다 큼")을 동일한 주어에 귀속시키는 것을 수반한다고 이미 지적한 바 있는데, 이는 귀속 판단이 동일성의 원리를 위반하는 것으로 보이듯이, 무-모순의 원리(=모순율)를 위반하는 것으로 보인다. 우리는 술어인 고유성질들이 단지 "보다 작음"과 "보다 큼"이 아니라, "폴보다 작음"과 "메리보다 큼"이라고 말함으로써 이의를 제기할 수도 있겠지만, 그러나 이것은 문제를 해결하지 않는다. 폴과 메리는 그 자체 존재자들이며, 개념 피터가 고유성질을 내포할 수는 있겠지만, 개념 피터가 다른 실재적 존재자들을 내포하는 것은 불가능하다. 그러므로 우리가 "피터가 폴보다 크다"고 말할 때, 이 관계는 피터의 고유성질도 아니고 폴의 고유성질도 아니다. 그렇기는커녕, 그것은 둘 사이의 어떤 것이다. 하지만 이 "둘 사이"란 무엇인가? 만약 그것이 두 항중 어느 항에도 속하지 않는다면 이 "사이"는 무엇에 속하는가? 철학은 이 물음에 대한 적어도 세 가지 대답, 플라톤, 라이프니츠, 흄의 견해가 전형적인 예가 되는 대답을 제공해 왔다.

플라톤에게, 관계들은 그 항들에 의존하지 않는다. 관계들은 대문자 "I"가 있는 이데아들Ideas이기 때문이다. 가령, 작은 것의 이데아, 큰 것의 이데아가 존재하며, 우리가 "A는 B보다 작고 C보다 크다"라고 말할 때, 우리는 A는 B와 관련하여 작은 것의 이데아에 참여하고, C와 관련하여 큰 것의 이데아에 참여한다고 말하고 있는 것이다. 플라톤에게, 관계들은 감성적 세계를 넘어서는 순수 이데아들이기 때문에 속성들로 환원될 수 없다. 어떤 의미에서 플라톤은 들뢰즈가 걸어갈 길을 예기하고 있다. 즉, 우리가 일단 관계들의 세계를 발견했다면, 우리는 **모든** 판단이 결국 관계 판단이 아닌가 — 즉, 고유성질들이 전혀 존재하지 않고 오직 관계들만이 존재하는가 — 하고 물을 수있다.

라이프니츠는 매우 다른 접근법을 취했다. 그는 모든 관계 판단들은 귀속 판단으로 환원될 수 있다는 점을 보여 주려고 시도했으며, 이로부터 필연적 결론을 이끌어 내기를 마다하지 않았다. 즉, 그는 (피터, 폴, 아담, 카이사르 등과 같은) 실재적 존재를 지시하는 모든 개념은 다른 모든 개념들의 총체성을 내포해야 한다는 점을 깨달았다.

왜 그런가? 왜냐하면 피터는 폴과 관계를 맺고 있고, 더 멀리는 카이사르와 관계를 맺고 있고, 훨씬 더 멀리는 아담과 관계를 맺고 있다. 이는 모든 존재자의 개념은 필연적으로 세계의 총체성을 표현한다고 말하는 것과 마찬가지인 셈이다. 이는, 라이프니츠의 경우, 관계들은 그 항들에 내적이라는 점을, 그리고 만약 개념 피터가 다른 모든 항들을 내포한다면, 그렇다면 모든 상상 가능한 관계들은 귀속들로, 개념의 고유성질들로 환원될 수 있다는 점을 의미한다.

　　마지막으로, 흄의 위대성은, 현장에 나타나서, 관계들은 그 항들에 외적이라는 점을 주장했다는 데에 있다. 들뢰즈는 훗날에 "나에게, 이 명제는 마치 철학에 있어서 쾅 하는 천둥소리와 같았다"라고 논평한다(1982년 11월 14일 세미나). 흄의 권고는 "외면성을 받아들이라" 하는 것이다. 플라톤처럼 이데아들(=이념들)을 소환하거나, 혹은 라이프니츠의 그것과 같은 복잡한 조작들을 수행하는 것이 아니라, 흄은 외면성의 세계인, 우리가 살고 있는 세계를 받아들이라고 요청하고 있다. 경험론의 근본적인 논지는 인식이 경험에서 유래한다거나, 혹은 모든 것은 그 기원을 감성적인 것에서 발견한다는 점이 아니라, 관계들은 그 항들에 외적이라는 점이다. 고유성질들은 자신들이 귀속되는 항들에 내적일 수도 있겠지만, 관계들은 외면성들이다. 따라서 경험론은 귀속의 논리학과 분명하게 결별하는 새로운 논리학 ── 관계의 논리학 ── 을 창조하는 과업에 직면하게 되었다(이 논리학은 흄의 개연성 이론에서 시작되어 버트런드 러셀에서 확정적인 형태를 띤다). 우리는 흄 이전의 철학자들은 오직 내면성만을 지지했을 것이라고 말할 수도 있겠다. 어떤 것을 이해하는 것은 그것을 내면화하는 것 ── 그 어떤 것을 개념 안에다 내면화하는 것, 주어 안에다 내면화하는 것 ── 이었다. 흄은 더 이상 내면화하는 것이 아니라 철저한 외면성을 성찰하는 것을 과업으로 하는 완전히 다른 사유 이론을 개시하고 있다. 들뢰즈는 결국 관계들의 외면성의 원리로부터 두 가지 결과를 이끌어 낸다.

첫째로, 생성에 대해 사유하지 않고는 관계들을 사유한다는 것은 가능하지 않다. 내가 "피터는 폴과 닮았다"고 말할 때, 이 닮음(= 유사성)은 개념 피터나 개념 폴에 내포되지 않은 관계인데, 이는 **개념들이 변화하지 않고는 관계가 변화할 수 없다는 점**을 의미한다. 유사성은 강조되거나 상실될 수 있다. 고유성질들은 견고한 데 반해, 관계들은 취약하다. 관계는 그 항들에 외적일 뿐만 아니라, "일시적transitory"이라는 의미에서 본질적으로 이행적transitive이다. 만약 관계들에 대해 사유하기가 그토록 어렵다면, 이는 관계들은 변화를 함축하거나 감싸 안고 있기 때문이다. 관계는 생성의 영역이다. 들뢰즈가 다음과 같이 쓰고 있듯이.

나는, 관계가 무엇이든 간에, 적어도 잠재적인 생성과 무관하게 관계에 대해 사유할 수 없다는 점을, 그리고 내 견해로는, 그러나 관계 이론가들은, 그들이 아무리 강력하게 주장했을지라도, 이 점을 보지 못했다고 믿고 있다. (1982년 12월 14일 세미나)

둘째로, 우리가 일단 이 길을 따라 걸어 내려가기 시작하면, 우리는 멈출 수 없다. 만약 어떠한 항이라도 두 항 사이에 관계들이 존재한다면, 그리고 만약 관계들이 변화할 때 항들이 변화한다면, 그렇다면 그 한계점에 아마도 더 이상 항들이 존재하지 않고 오직 관계들의 다발만이 존재할 것이다. 우리가 항(또는 사물 또는 실체)이라고 부르는 것은 그 자체 오직 관계들의 다발, 즉 다양체 혹은 다중체일 뿐이다.

여러분이 일단 관계의 세계를 발견한다면, 여러분은 **모든** 판단이 관계 판단이 아닌가 하고 물을 수 있다. 즉, 여러분이 "피터는 푸른 눈을 갖고 있다"라고 말할 때, 여러분은 그것이 이미 관계 판단이 아닌가 하고 물을 수 있고, 또 심지어 고유성질들이 아니라 오직 관계들만이 존재하는 것은 아닌가 하고 물을 수 있다. (1982년 12월 14일 세미나)

이러한 것이 관계의 신비이다. 즉, 관계는 두 사물 사이에 존재하고, 두 사물을 통합하지만, 그 둘 중의 어느 것으로도 환원될 수 없다. 들뢰즈에게, 영미 철학의 위대성은 이러한 "사이in-between"를 그 자체로 보는 것을 본성으로 하는 형이상학을 전개했다는 점이다. 이것이 들뢰즈의 관계 논리학이 운동에 관한 베르그손의 논제와 연결되고 이를 확장하는 지점이다. 즉, 전체는 열려진 것 —— 즉, 지속과 변화 —— 이지만, 생성 그 자체의 영역은 순수 관계의 논리를 함축하고 있다.

제4부 ━━━━━━━━━━━━━━━

들뢰즈와
현대철학

자크 데리다

들뢰즈와 데리다, 내재성과 초월성: 최근 프랑스 사상의 두 방향

조르조 아감벤은, 최근의 한 논문에서,[1] 현대 프랑스 철학에서 하이데 거를 통과하는 두 다른 궤적을 확인했는데, 하나는 후설을 거쳐 칸트 까지 거슬러 올라가는, 레비나스와 데리다를 포함하는 **초월성**의 궤적 이고, 또 하나는 니체를 거쳐 스피노자까지 거슬러 올라가는, 푸코와 들뢰즈를 포함하는 **내재성**의 궤적이다.[2] 들뢰즈와 레비나스는 의심할 여지 없이 이 두 궤적을 가장 뚜렷이 대표하는 철학자들이다. 들뢰즈 는 명시적으로 그 자신을 내재성의 철학자라고 기술하는 반면, 레비 나스는 명시적으로 초월성의 역할을 주장한다("타자"는 초월성의 전

---

1   조르조 아감벤, 「절대적 내재성」, 『잠재성들: 철학 논문집』, 대니얼 헬러-로즌 옮김(Stanford: Stanford University Press, 1999), 220~239. 이디스 와이스코그로드는 『성자들과 포스트모더 니즘: 도덕철학 수정하기』(Chicago: University of Chicago Press, 1990)에서 차이의 철학자(레 비나스, 데리다, 블랑쇼)와 충만의 철학자(들뢰즈와 과타리, 주네)(191, 223, 229)를 구분하지 만, 이 구분은 아감벤의 구분보다 덜 적절한 것으로 보인다.
2   이 논문의 초기본은 2002년 6월 로테르담 에라스무스 대학에서 열렸던 철학과 문학 국제 협 회의 연례 회의에서 제출되었다. 이 논문에서 개진된 착상들은 뉴사우스 웨일즈 대학의 앤 드류 하스와 앤드류 몬틴과의 논의에서 비롯되었으며, 폴 패튼과 존 프로테비의 비판적 논 평들로부터 도움을 받았다.

형적 개념이다). 하지만 데리다 또한 분명히 초월성의 궤적에 속하며, 따라서 아감벤의 유형 분류는 우리에게 적어도 예비적인 방식으로 데리다와 들뢰즈의 관계를 평가하기 위한 가치 있는 틀을 제공한다. 아감벤 그 자신은 자신의 통찰을 상세하게 전개하지 않는데, 아마도 충분한 이유가 있기 때문일 것이다. 내재성과 초월성은 둘 다 철학사에서 매우 과잉 규정되어 있어서, 둘 중의 한 부류의 철학자라는 것이 무엇을 의미하는지 곧바로 분명하지가 않다. 바로 그 "초월성"이라는 용어는 더 광범위한 역사를 모호하게 하고 이 개념에 대한 다양한 철학적 사용을 모호하게 하는 경향이 있는 신학적이고 종교적인 함축을 지니고 있다. 더구나 우리는, 철학에서 대립적인 전략을 사용하는 일을 데리다와 들뢰즈가 공히 비판한다는 점을 감안할 때, 그들과 같은 철학자들을 특징짓기 위해 그러한 "이원적 대립"을 사용하는 일이 과연 옳은가 하고 의문을 제기하고 싶은 마음이 일어날지도 모른다. 하지만 그런 식으로 일축해 버리는 것은 성급하고 피상적일 것이다. 내재성과 초월성은 상대적 용어이지 대립적 용어가 아니다. 이는 각 경우에 무엇에 내재적인가? 혹은 무엇에 초월적인가? 하고 물어야만 한다는 점을 의미한다. 그러므로 내재성과 초월성은 데리다와 들뢰즈의 상이한 "입장"을 규정한다는 점에서가 아니라, 적어도 서로 간에 관련 있는, 상이한 철학적 궤적들을 작성하는 수단으로서 도움이 되는 용어들일 수 있다. 이 용어들이 특정하게 사용되는 세 가지 전통적인 철학 영역들 —— 즉, 주체성, 존재론, 인식론의 분야들 —— 이 존재한다. 데리다와 들뢰즈는 이 논제들 각각에 대해서 글을 썼는데, 비록 이러한 분야들이 내재성과 초월성의 주제들을 분명 샅샅이 다루지는 않을지라도, 그럼에도 불구하고 이 주제들은 아감벤의 유형 분류를 사용하면서 데리다와 들뢰즈의 저작을 평가할 수 있는 준거점을 제공한다. 그렇다면 다음에 오는 것에서, 나는 각 경우에 데리다는 어떻게 명시적으로 초월성의 궤적에 보조를 맞추어 왔는지, 반면에 들뢰즈는 어떻게 내재성의 궤적을 일관되게 따라왔는지를 보여 주며, 이 영역들 각각을 차례대로 고찰하고자 한다. 잘해야, 이것은 하나의 예비적인 연구, 일종의 "벡터적" 분석일 따름이다. 왜냐하면 이는, 데리다와 들뢰즈가 공히 안고 있었던 문제들에 대한 그들의 초기의 관심에도 불구하고(혹은 어쩌면 심지어 그러한 관심으로 인해서), 철학적 도정 속에서 그들이 따라온 발산적 방향들을, 일반적인 방식으로, 도해하고자 모색하는 것이기 때문이다.

주체성 분야

주체성의 전통은 우리에게 최초의 명백한 초월성 모델을 제공한다. 주체 혹은 마음으로 시작하는 모든 철학—즉, 많은 데카르트-이후의 철학—에 있어서 내재성 개념은 주체의 영역을 지시하는 반면, 초월성 개념은 "외적 세계" 혹은 "타자"와 같은, 주체 외부에 놓여 있는 것을 지시한다. 이 전통에서, "초월성"이라는 용어는 주체에 내재적인 의식 장을 초월하는 것을 지시한다. 이 점에서, 우리는 후설의 제5 『데카르트적 성찰』에서 제기된 문제들, 사르트르의 "타자들-과-함께-존재함Being-with-Others"이라는 주제, 혹은 레비나스 자신의 타자성alterity의 철학을 생각하기만 하면 된다. 하지만 우리는 또한 주체론적 전통에서, 사르트르가 「자아의 초월성」이라는 동일한 이름의 자신의 논문에서 부른 것인 아마도 더 심오할 수 있는 두 번째의 초월성 문제를 발견한다. 칸트의 경우, 자아 혹은 "나는 생각한다"는 모든 (혹은 대부분의) 나의 표상들을 동반한다 ─ 자아는 표상들을 나의 것으로 만드는 그것이다. 칸트에 반대하며, 사르트르는 윌리엄 제임스의 "의식의 순수 흐름"과 많이 유사한, 자아가 없는 비인격적인 impersonal 초월론적 장이라는 개념을 추진했다.[3] 달리 말해서, 우리가 의식 장이 초월론적 주체에 내재적이라고 말할 때, 우리는 이미 경험의 흐름을 넘어서는 초월성의 요소로서 주체를 세우고 있는 것이다.[4] 그렇다면 이미 우리는 주체론적 전통에서 두 가지 모델의 초월성이 작동하고 있음을 발견한다. 즉, 타자(혹은 하이데거의 "세계")는 자기self를 초월하는 것이지만, 주체 그 자체는 이미 "경험"(수동적 종합들)과 관련하여 초월적이다. 따라서 **타자의 초월성**에 혹은 **경험 그 자체의 내재적 흐름**에 호소함으로써, 초월론적 주체의 지위에 우리가 의문을 제기할 수 있는 두 가지 일반적인 수단("주체의 죽음"이라는 유명한 주제)이 존재한다고 말할 수도 있겠다. 데리다는 단순히 첫 번째 길을, 들뢰즈는 두 번째 길을 따라갔을 뿐이라고 언급한다면 이는 지나치게 단순화한 것이리라. 두 사상가의 "선택적 친연성"이 분명한 것으로 보인다. 그러나 데리다와 들뢰즈는 둘 모두 주체론적 전통에 비판적이며, 그 둘 사이의 강력한 차이는 다른 곳에 존재한다.

---

3 장-폴 사르트르, 『자아의 초월성』(New York: Noonday, 1957)을 보라. 또한 LS 98~99, 343~344에 있는 들뢰즈의 논평을 보라. 들뢰즈는 사르트르의 비인격적인 초월론적 장 개념을 그대로 유지하면서, 이 장을 구성적 의식으로 규정하는 것을 일체 막고 있다.

4 WP 46을 보라: "칸트는 초월성을 구제하는 새로운 방법을 발견했다. 이것은 더 이상 어떤 것 Something의 초월성, 혹은 모든 것보다 더 높은 일자One의 초월성(관조)이 아니라, 내재성의 장이 귀속되는 주체Subject의 초월성(반성)이다. 내재성의 장이 주체에 귀속되는 것은 이 장이 이러한 주체를 필연적으로 그 자신에게 표상하는 자기self에 속함으로써뿐이다."

존재론 분야

내재성/초월성 구별에 관해 생각하기 위한 두 번째 모델은 주체성 (의식의 장)의 물음이 아니라, 존재론(존재의 장)의 물음과 관련된 다. 간단하게 말해서, 내재적 혹은 순수 존재론은 존재Being를 "넘어 서는" 혹은 존재"보다 높은" 혹은 존재보다 "월등한" 것은 아무것도 없다는 존재론일 것이다. 이와 대조적으로, 근본적인 존재론적 초월 성 범주들은 기독교 전통의 "신", 플라톤의 "선", 플로티노스의 "일자" 를 포함할 것이다[5] —— 이 모든 것은 존재를 "넘어", 존재와 "다른 방 식으로" 있다(존재에 "초월적"이다)고 진술되고, 이렇게 하여 존재를 "판단하는" 데에, 혹은 존재를 설명하는 데에 사용된다.[6] 존재의 물음 에 관하여, —— 모든 현대 사상가들처럼 —— 데리다와 들뢰즈는 20세 기 사상에서 존재론의 르네상스를 개시한 하이데거에게 분명 빚지고 있다(이런 이유로 올바르게도 하이데거는 아감벤의 분류에서 중심 인 물로 기능한다). 그렇지만 들뢰즈와 데리다가 하이데거의 존재론적 기획을 매우 다른 두 방향에서 취한다는 점 역시 마찬가지로 분명하 다. 즉, 들뢰즈는 내재적 존재론을 전개하려고 시도하는 반면, 데리다 의 해체deconstruction는 필연적으로 초월성의 형식적 구조의 기초 위

---

5 ECC 137을 보라: "플라톤주의의 독 묻은 선물은, 초월성에다 그럴듯한 철학적 의미를 부여 하기 위하여, 초월성을 철학 안으로 재도입한 데 있었다." 들뢰즈는 여기서 존재론적 초월성 을 주로 언급하고 있다.

6 또한 마르틴 하이데거, 『니체 4: 허무주의Nihilism』, 프랭크 A. 카푸치 편, 데이비드 패럴 그렐 옮김(San Francisco: Harper & Row, 1982), 4를 보라: "'기독교의 신'은 또한 여러 의미에서 '초 월적인 것' 일반을 상징한다. 가령, '이상'과 '규범', '원리'와 '규칙', '목적'과 '가치'를 상징한다. 이 모든 것들은 전체로서의 존재Being에다 목적, 질서를 부여하기 위하여, 그리고 —— 간명하 게 표현되듯이 —— '의미'를 부여하기 위하여, 존재 '너머'에 놓여 있다."

에서 작동한다.[7] 이 점에서, 우리는 데리다와 들뢰즈의 서로 갈라서는 존재론적 궤적을 작성하는 데 도움이 되는 몇 가지 표제를 사용할 수 있다. 그 표제들은 그들 각자가 형이상학과 맺는 관계, "차이"의 상이한 개념(혹은 "의사-개념들"), ("신의 이름들" 전통을 예로 사용하는) 철학사의 상반된 사용이다.

1. **형이상학의 지위.** 그의 학적 도정의 초기에, 데리다는, 그 자신의 방식으로, "형이상학을 극복하는" 하이데거의 과제를 넘겨받은 반면, 들뢰즈는, 그 자신의 방식으로, 후에 "형이상학의 죽음 혹은 형이상학의 극복"은 그에게 결코 쟁점이 된 적이 없었다고 말한다(WP 9). 데리다와 들뢰즈를, 처음에, 초월성과 내재성이라는, 그들을 서로 갈라서게 하는 궤적 위에 놓은 것은 이 하이데거의 문제에 대한 그들 각자의 선택과 거부였다고 말한다면 이는 지나친 말이 아닐 것이다. 데리다의 경우, 형이상학은 구조적 "폐쇄"에 의해 규정되며, 해체는 이 폐쇄를 깨뜨려서 틈이나 단절을 창조한다. 형이상학적 폐쇄 그 자체의 개념은 초월성의 운동에 의존한다. 즉, "총체성을 넘어서는 것, 이것이 없다면 어떠한 총체성도 나타나지 않을 것이다."[8] 우리는 형

---

7 이 점에서, 데리다는 분명 하이데거에 더 충실하며, 하이데거의 저작에 이미 나타나는 궤적을 명시적인 방식으로 이월하려고 시도하고 있다. 즉, 『존재와 시간』에서 제기된 내재적 존재 물음 및 존재의 초월론적 지평(시간)은 점진적으로 Ereignis("사건")라는 초월적인 주제, 그리고 그것이 준다(시간과 존재의 "선물"[Gabe])에 의해 대체되게 된다. 이 궤적은 계시와 약속이라는 데리다의 주제 속에서 계속된다. 「말하는 것을 피하는 방법: 부인」, 『데리다와 부정 신학』, 해럴드 카워드·토비 포셰이 편(Albany: State University of New York Press, 1992), 122~124에 있는 데리다의 논평을 보라.

8 자크 데리다, 『글쓰기와 차이』, 앨런 배스 옮김(Chicago: University of Chicago Press, 1980)을 보라. 여기서 데리다는 역사를 "초월성의 운동 자체, 총체성을 초과하는 운동 ── 초월성이

이상학 그 자체를 초월할 수 없으므로 — 형이상학적 전통에는 "외부"가 존재하지 않는다 —, 우리는 오직 안으로부터 탈구조화하거나 탈구축할(=해체할)deconstruct 수 있을 뿐이다. 달리 말해서, "형이상학을 극복하기"라는 기획은 일종의 불가능성이지만, 바로 이러한 불가능성이 철학적 전통을 안으로부터 탈구축할 수 있는 가능성을 조건 짓는다. 형이상학의 외부로 나가려 하지 않고서도, 우리는 철학사에 나타나는 "철학소들philosophemes의 규제된 작동"을 어떤 빠져나감 혹은 미끄러짐에다 종속시킬 수 있다.[9] 이러한 미끄러짐은 우리가 철학소들을 "철학사에서 **제시될 수 없었던** 어떤 것의 증후들로서" 독해하도록 해 준다. 형이상학 안에 내재되어, 거기에 결코 그 자체로서 현전하게 될 수 없는 초월성의 형식적 구조가 놓여 있지만, 그럼에도 불구하고 형이상학 그 자체의 조건("의사-초월론적" 조건)으로서 기능한다. 따라서 데리다는 자신의 저작을 철학적 담론의 한계에, 가장자리에, 경계나 경계선에 위치시킨다고 말한다.[10] 그가 걸치는 경계는, 한쪽으로는 총망라된 개념들과 철학소들을 가지는, 형이상학의 폐쇄되고 내재적인 총체성, 다른 한쪽으로는 그 총체성을 넘어서는 것, 이를테면, 비록 그 자체로 결코 현전하게 되지 않을지라도 형이상학의 모든 곳에서 작동하고 있는 초월성의 형식적 구조 사이의 경계이다.

데리다는 이러한 초월성의 형식적 구조를 (그렇다면, 개념은 그

없다면 역사는 나타나지 않을 것이다"(117)로 특징짓는다.

9 자크 데리다, 『입장들』, 앨런 배스 옮김(Chicago: University of Chicago Press, 1981), 6~7. 또한 10을 보라: 우리는 "우리가 이 언어를 해체하는 바로 그 순간에… 형이상학 언어의 통사적이고 어휘적인 자원들을 차용하지 않으면 안 된다."

10 데리다, 『입장들』, 6.

자체 형이상학적이므로, 잘해야 "의사-개념"인) 차연différance 같은 개념들을 통해서 사유하려고 시도한다. 만약 형이상학이 현전presence에 의해 정의된다면, 그렇다면 차연은 "모든 본래적인 현전의 사라짐"을 나타내고,[11] 이렇게 해서 형이상학을 넘어서거나 초월하며, 이렇게 해서 이와 동시에 부단히 형이상학을 붕괴시키고 "와해시키는(=탈안정화하는)destabilize" 그것이다. 하이데거의 "존재론적 차이" 개념에 대해 논평하면서, 데리다는 이렇게 쓰고 있다.

> 존재와 존재자들 사이의 차이보다 생각지도 못한 훨씬 더 큰 차이가 존재할지도 모른다. … 존재와 존재자들을 넘어, 이 차이는 끊임없이 (자기 자신과) 달라지고 지연시키며, (그 자신에 의해) (그 자신을) 그려 갈 것이다. 만약 우리가 여전히, 여기서, 시작과 끝에 관해 말할 수 있다면 이러한 차연은 최초의 혹은 최후의 흔적일 것이다.[12]

데리다의 저작에서 전개되는 긴 일련의 개념들 ── 차연과 흔적뿐만 아니라, 또한 텍스트, 글쓰기, 이멘hymen, 대리보충supplement, 파르마콘pharmakon, 파레르곤parergon, 정의, 메시아성 등등 ── 은 모두 아포리아적 또는 이율배반적 지위, 불가능성에 의해 조건 지어지는 가능성 등등을 특징으로 하는 이러한 초월성의 형식적 구조의 흔적들이다. 따라서 해체(=탈구축)는 형이상학의 닫혀진 총체성과 차연

---

11 자크 데리다, 『파종』, 바버라 존슨 옮김(Chicago: University of Chicago Press, 1983), 168: "차연 곧 모든 근원적인 현전의 사라짐은, 가능성의 조건이자 진리의 가능성의 조건이다."
12 데리다, 「우시아와 그램」, 『철학의 여백』, 앨런 배스 옮김(Chicago: University of Chicago Press, 1984), 67.

의 형식적 초월성 사이의 **간격**(혹은, 그가 「법의 힘」에서 말하는 바와 같이, 법droit의 해체성과 정의의 비해체성 사이의 간격) 속에서 작동한다.[13]

이와 대조적으로, 들뢰즈는 하이데거와는 매우 다르게 형이상학과 관계를 맺고 있다. 그는 그 자신을 숨김없이 베르그손과 화이트헤드를 판에 박은 듯 닮은 "순수 형이상학자"로 기술했다. 그는 만년의 한 인터뷰에서 "나는 나 자신을 순수 형이상학자라고 생각한다. 베르그손은 현대 과학이 그 자체의 형이상학, 그 자체가 필요로 하는 형이상학을 발견하지 못했다고 말한다. 내 관심을 끄는 것은 바로 이러한 형이상학이다"라고 말했다.[14] 따라서 그는 그 자신을 "우리 세대의 가장 고지식한 철학자… 철학을 하는 데 대해 가장 작은 죄책감을 느꼈던 사람"이라고 간주했다(N 88~89). 만약 우리가 전통 형이상학에 대해, 혹은 동일성이나 본질과 같은 형이상학적 개념들에 대해 비판적이라면, 그렇다면 그는 철학적 과제는 형이상학을 "극복하려고" 시도하는 것이 아니라, **다른 형이상학**을 능동적으로 구축하려고 시도하는 것이라고 언급한다. 이 때문에 우리는, 들뢰즈에게 있어서, ("로고스 중심주의"와 같은, 혹은 "현전의 형이상학"과 같은) "서양 형이상학"의 "본성"에 관한 어떠한 일반적인 표명도 발견하지 못한다. 왜냐하면, 데리다가 언급하듯이, 우리가 그러한 표명을 할 수 있는 유일한 입장은 들뢰즈가 거부하는 초월성의 입장이기 때문이다. 따라서,

---

13 자크 데리다, 「법의 힘: 권위의 신비적 토대」, 『종교 행위』, 길 아니드자르 편(London and New York: Routledge, 2002), 243.

14 아르노 빌라니, 『말벌과 난초: 질 들뢰즈에 관한 시론』(Paris: Berlin, 1999), 130을 보라.

들뢰즈의 경우 폐쇄 개념 또한 존재하지 않는다(폐쇄 역시 마찬가지로 초월성에 의존하기 때문이다). 애초부터, 들뢰즈는 구조들 그 자체를—수학적이든, 철학적이든, 또는 다른 방식으로든—근본적으로 "열려진 것"으로 정의했으며, 그는 형이상학 그 자체를, 그 자신의 "가능성들"을 소진시키는 것과는 거리가 먼, 열려진 구조로 보았다. 이는 "새로운 것의 창조"가 형이상학 내에서 가능하다는 점을 의미할 뿐만 아니라, 또한 우리는—하이데거의 용어를 사용한다면—한때 열렸지만 그 결과 금세 다시 닫혀 버린, 형이상학의 역사에 나 있는 사유의 숲길을 복구할 수 있거나 반복할 수 있다(가령 일의성 개념)는 점을 의미한다. 들뢰즈는 자신의 저작을 형이상학에 엄격하게 **내재적인** 것으로 간주한다. 창조와 변형은 형이상학 내에서 가능하며, 과거의 형이상학에는, 이를테면, 재활성될 수 있고, 새로운 맥락들과 새로운 문제들 안으로 삽입될 수 있는 잠재성들이 존재한다. 달리 말해서, 형이상학 그 자체는 역동적이고, 부단한 생성 속에 있다.

2. **차이 개념.** 조야하게 말하면, 만약 데리다가 형이상학을 안 하려고 나선다면, 들뢰즈는 형이상학을 **하려고** 나선다. 그 결과들은 매우 유사한 것으로 보일 수 있지만—들뢰즈가 죽고 난 후, 데리다는 한 추모 텍스트에서 들뢰즈의 저작과 자신의 저작 사이에서 그가 목격한 "거의 전적인 친연성"에 관해 썼다—, 사실 그들 저작의 맥락, 즉 데리다의 초월성 지평(형이상학을 **극복하기 혹은 넘어서기**)과 들뢰즈의 내재성 기능(형이상학을 **하기**)은 매우 다르다.[15] 이 차이는 근소해 보일지 모르지만, 바로 이 근소함이 데리다와 들뢰즈를 아마도 양립할 수 없는 지점으로까지 서로로부터 점점 멀어지게 되는 두 갈라

지는 궤적들을 따라 추동시키는 나비 효과처럼 작용한다. 이 점이 들뢰즈 자신의 차이 이론에서보다 더 분명히 나타나는 곳은 없다. 들뢰즈와 데리다는 둘 모두 —— 올바르게도 —— 차이의 철학자로 간주된다. 데리다의 논문 「차연」과 들뢰즈의 책 『차이와 반복』은 둘 모두 1968년에 간행되었으며, 존재와 존재자들 사이의 "존재론적 차이"라는 하이데거의 개념이 그들의 차이 이론의 발달에 있어서 (비록 유일한 것이 아니기는 하지만) 주요한 추동력 중의 하나였다. 하지만 데리다는 초월성의 방향으로 곧바로 움직인다. 그는 우리에게 자신이 모색하고 있었던 것은 "존재와 존재자들을 넘어서는" 차이라고 말하며, 이것이 바로 그가 **차연**을 특징짓는 방식이다. 즉, "차이는 존재와 존재자들 사이의 [존재론적] 차이보다 생각지 않은 훨씬 더 많은 차이이다".[16] 이와 대조적으로, 『차이와 반복』에서 들뢰즈는 내재성의 방향으로 차이를 철저히 하는, 존재론적 차이에 대한 해석을 제시한다.

[들뢰즈는 이렇게 쓰고 있다.] 하이데거의 존재론적 직관에 따라서, 차이는 분절과 연결 그 자체이어야만 한다. 차이는 차이 나는 것을 동일한 것, 유사한 것, 유비적인 것, 대립되는 것의 어떠한 매개도 없이 차이 나는 것에 관련시켜야만 한다. 선행하는 유사성, 동일성, 유비, 대립이라는 조건하에 차이를 재현하는 것이 아니라 차이를 일시에

---

15 의미심장하게도, 데리다는 그가 들뢰즈에게 던졌을 최초의 물음은 내재성이라는 용어 —— "들뢰즈가 항상 주장했던" 용어 ——에 관한 것이었으리라고 말한다. 자크 데리다, 「나는 혼자서 거닐어야 하리」, 『애도 작업』, 파스칼 안 브로 · 마이클 나스 엮고 옮김(Chicago: University of Chicago Press, 2001), 189~196을 보라.

16 데리다, 「우시아와 그램」, 『철학의 여백』, 67.

모이게 하는, 차이소와 같은 즉자[Sich-unterscheidende], 곧 차이를 차이화하는 것이 있어야만 한다. (DR 117)

달리 말해서, 『차이와 반복』의 기획은 **차이 그 자체를 통해서 차이나는 것이 차이 나는 것과 관련되는** 존재론적 차이에 대한 내재적 분석을 제공하는 것이다. 존재는 존재자들 간의 외적 차이를 설명할 수 있어야만 할 뿐만 아니라, 또한 존재자들 그 자체가 "내적 차이"라는 특징을 갖는다는 사실도 설명할 수 있어야만 한다. 그리고 존재론적 차이는 존재와 존재자들의 차이를 지시해야 할 뿐만 아니라, 또한 존재가 그 자신과 다른 차이, "존재와 그 자체가 차이 안에서 결연하는 일"도 지시해야만 한다(DR 231). 들뢰즈가 『차이와 반복』에서 전개하는 차이 개념들 ──"강도에서의 차이, 환영에서의 차등, 시간 형식에서의 상이, 사유에서의 미분"(DR 145)은 데리다가 그의 논문 「차연」에서 전개하는 차이 개념과는 매우 다른 지위를 갖고 있다. 데리다에게, 차연은 존재론을 초월하는 관계, 존재론과 다른 관계, 존재와 존재자의 존재론적 차이를 넘어서거나 혹은 더 "본원적인" 관계이다. 이와 대조적으로, 들뢰즈의 목표는 존재론 그 자체가 차이의 원리에 의해 내재적으로 구성된다는 점을(따라서 단지 "의사─개념"이 아니라, 들뢰즈가 말하는 의미의 "개념"이라는 점을) 보여 주는 것이다. 들뢰즈는 하이데거주의자로 자주 간주되지만, 『차이와 반복』은 『존재와 시간』에 대해 내재성의 관점에서 행한 직접적 응답으로 독해될 수 있다. 들뢰즈에게, 존재는 차이이고 시간은 반복이다.

3. **철학사.** 들뢰즈는 그 자신이 데리다의 의사─개념 **차연**의 지위

를 평가하는 방식을 제공했다. 『철학이란 무엇인가?』에서, 들뢰즈와 과타리는 초월성이 철학 안으로 도입되어 온 세 가지 일반적인 전략들에 대한 다소 간략한 유형 분류를 제기한다. 의심의 여지 없이 전형적인 첫 번째 유형은 플라톤주의와 그 변이들에서 발견되는 유형이다. 즉, 내재성의 장은 우선 이데아(이념)의 선행하는 통일에(또는 후대의 변이들에서, 플로티노스의 "존재를 넘어서는 일자"에, 또는 기독교 "신"의 초월성에) 귀속되는 것을 오직 이차적으로만 소유하는 현상들 또는 나타남들의 단순한 장이다.[17] 근대 철학은 두 번째 유형의 초월성을 가져왔다. 즉, 데카르트, 이어서 칸트로 시작되어, **코기토**는 내재 면을 의식 장으로 취급하는 것을 가능하게 했는데, 이 의식 장은 더 이상, 우리가 본 바와 같이, 이념의 초월성에 귀속되는 것이 아니라, 주체 혹은 자아의 초월성에 귀속되었다. 마지막으로, ─ 우리가 관심을 갖고 있는 ─ 초월성의 (현대적) 세 번째 형태는 현상학과 그 계승자들에 의해 도입되었다. 내재성이 초월론적 주체성에 내재적인 것이 될 때, 초월성의 징표가 나타나야만 하는 것은 그 **자신의 장 내로**부터이다.

> [들뢰즈와 과타리는 이렇게 쓰고 있다.] 후설은 내재성을 주체 내의 체험의 흐름으로 이해했지만, 순수하고 심지어 원초적이기까지 한 이 체험은 이 체험을 그 자신에게 표상하는 자기self에게 완전히 속하

---

17 플라톤주의에 대한 들뢰즈의 해석에 대해서는, 특히 「플라톤과 시뮬라크르」, LS 253~266을 보라. 비록 여기서 전개된 시뮬라크르 개념이 들뢰즈의 저작에서 점점 덜한 중요성을 가지기는 하지만.

는 것은 아니므로, 초월적인 어떤 것의 지평이 재확립되는 것은 **속하지 않음**non-belonging의 영역에서이다. (WP 46)

들뢰즈와 과타리는 여기서 거명하고 있지는 않지만, 우리는 예들을 어렵지 않게 상상할 수 있다. 예를 들어, 레비나스는 윤리학을 반성적 주체의 지위에 도전하고 같은 것the Same의 우위성을 파기하는 "타자"의 무한한 초월성 위에 정초한다.[18] 다른 방식으로, 하버마스는 윤리학을 다른 자기들이 거주하고 "의사소통적 합의"에 의해 규제되는 상호주관적 세계의 특권적인 초월성 위에 근거 지으려고 시도한다. 그것이 어떤 형태를 취하든 간에, 초월성의 이러한 현대적 계기에서, 우리는 더 이상 내재성을 어떤 것(이념, 주체)에 내재적인 것으로 생각하는 것이 아니라, 이와는 달리 "우리는 내재성 그 자체의 한 복판 **내에 있는** 초월성을 내재성 장의 틈이나 단절로서 재발견하려고 모색한다"(WP 46). 달리 말해서, 우리는 내재성 **내의** 초월성을 모색한다.

데리다는, 그 자신의 방식으로, 분명 초월성의 이러한 현대적(그리고 현상학-이후) 전통에 속한다. 더구나, 이 점은 철학사에 등장하는 텍스트들을 그가 많이 읽은 데에서 입증되는데, 이러한 읽기를 통해 그는, 텍스트에 그 자체로 결코 현전하지 않지만, 부단히 텍스트를 붕괴시키고 와해시키는 역할을 하는 **차연**의 잠재적이고 초월적인 운

---

18 에마뉘엘 레비나스, 『총체성과 무한』, 알폰소 링기스 옮김(Pittsburgh: Duquesne University Press, 1969). 들뢰즈는 유대 철학의 한 예로 논할 때(WP 233 n5) 외에는 결코 레비나스의 저작을 논하지 않는다. 그러나 『윤리학: 악의 이해에 관한 시론』, 피터 홀워드 옮김(London: Verso, 2001)에 들어 있는 알랭 바디우의 비판을 보라.

동을, 전통적인 철학 개념들, 그리고 이 개념들의 "이원적 대립"의 명백한 내재적 운동 내에서, 밝히려고 시도한다. 철학사를 다루는 이러한 방식은 초월성과 내재성이라는 존재론적 주제와 내재적으로 연관되어 있는 물음을 제기한다. 하이데거가 현대철학에 물려준 것은 존재론을 새롭게 작성하는 것이었을 뿐만 아니라, 또한 그와 더불어, 존재론사의 "해체"는 물론이고 그 역사의 "복구" 혹은 "반복"이라는 이중 주제하에 철학사를 다루는 것이었다. 실로, 들뢰즈와 데리다가 속한 세대에게, 프랑스 대학에서 받은 철학 훈련은 거의 배타적으로 철학사로 향해 있었다. 따라서 형이상학에 대한 들뢰즈와 데리다의 대조적 관계는 철학사와 맺는 그들의 대조적 관계에 반영되어 있다. 이 점에서, 우리는 하이데거가 강력한 관심을 가졌던 중세철학 전통의 한 측면 ─ "신의 이름들"의 신학적 전통 ─ 을 바로 그 역사적 예로 생각해 볼 수 있다. 하이데거 그 자신은 처음에 그의 존재론적 물음을 이 중세 논쟁들의 맥락 속에서 정식화했으며, 데리다와 들뢰즈는 그들 자신의 설명을 위해 이 논쟁들을 수용할 때, 각각 분명히 차이가 나는 방향으로 움직였다. 즉, 데리다는 "부정 신학"(초월성)의 방향으로, 들뢰즈는 "일의성"(내재성)의 방향으로 움직였다.[19]

하이데거는, 존재Being의 본성에 관한 꽤 활기 넘치는 13세기 논쟁에 관여했던 둔스 스코투스에 관한 박사학위 논문을 썼다. 존재는 존재자들에 대해 말해지는데, 하지만 어떤 의미에서? 스콜라 철학자들

---

19 신의 이름들 전통에 대한 그들 각각의 논의에 대해서는, 들뢰즈의 『스피노자와 표현의 문제』, 마틴 조인 옮김(New York: Zone, 1990), 제3장(EPS 53~68), 그리고 자크 데리다, 『이름에 관하여』, 토머스 뒤토이트 옮김(Stanford: Stanford University Press, 1995)을 보라.

은 이 문제를 해결하는 여러 방식들을 지시하고자 세 가지 정밀한 용어들, 즉 다의성, 일의성, 유비를 사용했다. 존재가 다의적이라고 말하는 것은 "존재"가 존재자들에 대해 몇 가지 의미들로 말해지며, 의미들은 공통 척도를 갖지 않는다는 점을 뜻한다. 가령, "신은 존재한다"는 "인간이 존재한다"와 같은 의미를 갖지 않는다. 신은 인간과 같은 존재 유형을 갖지 않기 때문이다. 이와 대조적으로, 존재가 **일의적이**라고 말하는 것은, 둔스 스코투스가 단언했듯이, 존재는 오직 한 가지 의미를 가지며, 존재가 말해지는 모든 것에 대해, 그것이 신이든 인간이든, 동물이든 식물이든, 한 가지 같은 의미로 말해진다는 점을 뜻한다. 이 입장들은 물의를 빚는 결론을 가져오는 것으로 보였으므로 — 다의성은 우주 안의 질서를 부인하고, 일의성은 범신론을 의미했다 —, 이 두 극단 사이에 제3의 대안이 개발되었다. 존재는 다의적인 것도 일의적인 것도 아니라 **유비적인** 것이며, 존재의 형식들에는 실로 공통 척도가 존재하지만, 이 척도는 유비적이지 일의적인 것이 아니다. 이것은 하이데거가 『존재와 시간』 초두의 페이지들에서 논하는 아리스토텔레스의 입장이었다. 존재는 몇 가지 의미들에서 말해지며, 이 의미들은, 존재와 관련돼 있고 유비에 의해 서로 관련돼 있는 범주들이다. 기독교는, 유명한 일이지만, 이 존재론적 문제를 존재가 존재자와 맺는 관계가 아니라 신이 자신의 창조물과 맺는 관계에 관한 문제로 바꾸어 놓았다(이는 "존재-신학"이라는 하이데거의 주제이다). 중세 신학은 내재성/초월성에 대한 혼합적 해결을 전개했었다. 즉, 중세 신학은 **내재성의 요건** — 즉, 제1원리(신)는 존재자이어야 한다는 존재론적 요건 — 을 주장했지만, 또한 **초월성** — 즉, 신의 초월성은 존재를 넘어서는 일자로서 유지되어야 한다 — 은 더 강력한 요건을 주장했다. "신의 이름들"로서 알려지게 된 것은 이 두 가지 요건들의 결합에 위치해 있었다. 문제는 이러했다. 즉, 유한하고 내재적인 ─ 선성, 사랑, 지혜, 힘 등등과 같은 ─ 전통적인 신의 속성들이 어떻게 무한하고 초월적인 신에 대해 술어일 수 있는가? 아리스토텔레스를 따라서, 유비에 대한 기독교적 해석을 전개한 사람은 바로 토마스 아퀴나스였다. 실로 긍정적 성질들은 실질적으로 신에 속할 수 있지만, 이 성질들이 오직 "유비적으로" 취급될 수 있는 한에서만 그러하다. 즉, 두 비례들 사이의 질서 관계에 의해서(가령, 신적 선성이 신과 맺는 관계는 인간적 선성이 인간과 맺는 관계와 같다─"비례성의 유비"), 또는 초점적 의미 혹은 "주된 유사물"과 관련하여(가령, 신은 탁월하게 소유하고, 피조물들은 오직 파생적으로만 소유하는 "선성"─"비례의 유비") 취급될 수 있는 한에서만 그러하다.[20] 프랑스에서, 에티엔 질송Étienne Gilson과 같은 신토마스주의자들은 신학에서 내재성/초월성의 긴장의 양쪽에 걸치려고 시도한, 유비의 위대한 옹호자였다.

데리다와 들뢰즈가 이 정통적 분할의 어느 한 면에 꽤 확정적으로 위치하는 방식을 확인하는 일은 어렵지 않다. 일찍부터 데리다는 절대적 실체 혹은 본질 속의 신은 초월성의 엄격한 규칙들을 따라서 오직 부정적으로만 정의될 수 있다고 주장하는 "부정 신학"으로 알려져 있는 것과 "선택적 친연성"을 가지는 것으로 간주되었다. 가령, 마

---

20 유비에 대한 토마스 아퀴나스의 정식화에 대해서는, 『신학 대전』, 1. 13. 5를 보라. 긍정의 방식에 대한 현대의 위대한 주창자는 찰스 윌리엄스였다. 그의 책 『베아트리체의 모습: 단테 연구』(New York: Faber & Faber, 1943)를 보라.

이스터 에크하르트는, "x는 존재한다"란 당신과 나와 같은 존재자들에 대해 말해지는 진술인 데 반해, 신은 존재보다 탁월하게 월등하고 존재를 넘어서 있기 때문에, "신은 존재한다"고 말하기보다는 "신은 존재하지 않는다"라고 말하기를 선호했다.[21] 이것은 신을 모든 긍정을 벗어나 있는 만큼이나 모든 부정을 벗어나 있는 "초-실체적supra-substantial" 혹은 "과-본질적hyper-essential" 탁월 속에서 나타날 수 있게 해 준다. 부정 신학에서, 부정들(선이라는 용어의 인간적 의미에서, 신은 선하지 않다)을 통하여 긍정들(신은 선하다)을 넘어서며, 신의 **탁월성**을 성취하기 위하여 긍정들과 부정들을 넘어간다(신은 "비교 불가능한" 혹은 "형언 불가능한" 선성을 가지기에, 즉 모든 선성을 초월하는, 선성을 넘어 있는 선성을 가지기에 선하다). 혹은, 데리다가 말하듯이, 신에게 "고유한" 것은 고유성질 그 자체를 갖지 않는 것, 혹은 "무"로 "존재하는" 것이다. 초월성의 논리적 공식은 어떤 것은 x도 아니고 x 아닌 것도 아닌 것으로 "존재한다"고 진술하는 것이다. 어떤 것은 그 둘을 넘어 존재하기 때문이다.[22] 데리다는, 그가 스스로 인정한 바에 의하면, **차연**에 대한 분석에서 이 초월성의 공식을 채택한다. 그는 다음과 같이 말한다. **차연**은,

---

21 라이너 쉬르만, 『마이스터 에크하르트: 신비론자와 철학자』(Bloomington: Indiana University Press, 1978), 특히 172~192를 보라. 에크하르트가 내재성(176, 252 n56) 및 내재적 인과성(177)과 친연성이 있음을 인지하면서, 쉬르만은 에크하르트 가르침에 대한 조건부의 유비적 해석(179)을 제공하려고 시도한다.

22 데리다는 부정 신학의 전통에서 유래하는 용어들로 해체 그 자체의 본성을 특징짓는다. 데리다, 「한 일본인 친구에게 보내는 편지」, 『데리다와 차이』, 데이비드 우드·로버트 베르나스코니 편(Evanston: Northwestern University Press, 1988), 5: "해체란 무엇인가? '물론 아무것도 아니다.' 해체란 무엇이 아닌가? '물론 모든 것이다!'"

이것이나 저것으로, 감성적이거나 지성적인 것으로, 긍정적인 것이거나 부정적인 것으로, 우등한 것이거나 열등한 것으로, 능동적인 것이거나 수동적인 것으로, 현전하는 것이거나 부재하는 것으로, 심지어 제3의 계기를 갖는 변증법에 종속하는 것으로도, 어떠한 가능한 지양(Aufhebung)을 갖는 것으로도 "존재하지" 않는다. 그렇다면, 나타남들에도 불구하고, **차연**은 개념도 아니고 이름도 아니다. 차연은 일련의 이름들에 가담하지만, 또 다른 통사론을 요구하며, 심지어 술어적 담론의 질서와 구조를 넘어선다. 차연은 "존재하는" 것이 아니며, "존재하는" 것을 말하지 않는다. 차연은 완전히 다른 방식으로 쓰여진다.[23]

부정 신학이 "모든 긍정적 술어화를 넘어, 모든 부정을 넘어, 심지어 존재도 넘어", 아마도 어떤 종류의 "직관 혹은 예지" 속에서 주어질 "존재를 넘어서는 존재자, 어떤 과-본질성"을 보유하는 것으로 보이는 한에서, 데리다가 부정 신학을 "행하고" 있지 않은 것은 사실이다.[24] 하지만 비록 이러한 초월성에 어떠한 **내용**도 부여하는 것을 거부할지라도, 그가 전통으로부터 보유하는 것은 초월성의 **형식적** 구조이다. 즉, **차연**은 결코 그 자체로 현전하지 않는 것이고, 절대적으로 다른 것이고, 오직 흔적을 통해서만 식별될 수 있는 것이다. 이 흔적의 운동은 무한히 지연되고, 무한히 그 자신과 달리하는 것이고, 잘해야 그것이 아닌 것에 의해서 정의될 수 있다. 이런 이유로 데리다는

---

23 데리다, 「말하는 것을 피하는 방법: 부인」, 『데리다와 부정 신학』, 74.
24 앞의 책, 77, 79.

이렇게 쓰고 있다. "나는 부정 신학에 어떤 방식으로든 오염되지 않은 텍스트가 있다는 것을 믿지 않으며, 또 심지어 신학 일반과 어떠한 관계도 맺고 있지 않음을 명백히 주장하거나 원하거나 또는 믿고 있는 그러한 텍스트들 중에서도 오염되지 않은 텍스트가 있다는 것을 믿지 않는다."[25] 이러한 초월성의 형식적 구조에, 혹은 이러한 **차연**의 운동에 "오염되지" 않은 형이상학 전통의 텍스트는 존재하지 않는다.

들뢰즈가, 그 자신의 입장에서, 신의 이름들 전통에 간여할 때, 그는 유비와 부정 신학에 대해 똑같이 비판적이며, (둔스 스코투스가 처음 정식화했고, 들뢰즈가 스피노자와 니체에서 확장되었다고 보고 있는) 일의성의 전통과 명시적으로 보조를 맞추었다. 그 이유는 분명하다. 즉, 부정 신학의 유일한 존재 이유는 초월성을 **보존하는** 것인 데 반해(우리는 신의 모든 술어들 혹은 고유성질들을 부정해야 한다. 신은 그것들 모두를 초월하기 때문이다), 일의성은 가장 극한적인 지점까지 밀어붙여진 내재성의 입장이다. 둔스 스코투스가 정식화한 바와 같이, 일의성은 "존재Being"라는 용어가 언제나 일의적으로 사용된다는 점을 말한다. 달리 말해서, 내가 "신이 존재한다"거나 "인간이 존재한다"거나 "고양이가 존재한다"거나 "벼룩이 존재한다"고 말할 때, "존재한다"라는 단어는 이 모든 문장들에서 **하나의 같은 의미로** 사용되고 있다. 달리 말해서, 신은 여타의 피조물들과 다른 존재 양식 —즉, 오직 부정 혹은 유비를 통해서만 평가될 수 있는(혹은 평가될 수 없는) 초월적 존재 양식 —을 갖지 않는다. 존재의 일의성은

---

25 데리다, 『이름에 관하여』, 69.

어떠한 존재론적 초월성도 철저히 부인한다는 점을 수반하며, 그리고 이런 이유로, 범신론과 심지어 무신론을 암시했기 때문에 굉장히 이교적인 — 또 자주 이단적인 — 입장이었다. 들뢰즈는 일의성 전통은 신과 자연은 하나의 동일한 것이라고 말하는 스피노자에서, 이후 니체에서 계속되었다고 언급한다. 이런 의미에서, 일의성은 "신의 죽음"의 중세 존재론적 버전으로 독해될 수 있다. 『차이와 반복』은, 무엇보다도, 일의성의 — 신학적이 아니라 — 존재론적인 함축들을 완수하고자 하는 시도이다. 내가 아는 한, 데리다는 자신의 저술들에서 일의성의 전통에 대해 절대로 언급하지 않는다. 철학사에서 끌어온 이 예는 들뢰즈와 데리다 존재론 사이의 큰 차이를 전형적으로 보여 준다. 즉, 들뢰즈에게서 우리는 존재로부터 초월성의 모든 잔재들을 말소하려고 모색하는 존재론을 발견하는 데 반해, 데리다에게서 우리는 존재 내에서 초월성의 분출과 운동을 추적하려고 모색하는 존재론을 발견한다.

인식론 분야

우리는 이제 내재성-초월성 구별이 역사적으로 중요한 역할을 했던 세 번째 맥락으로 향하는데, 이는 칸트에서 발견되며 주로 인식론에 방향이 맞추어 있다. 한 지점에서, 칸트는 첫 번째 비판서의 전 기획을 내재성/초월성 구별에 의해서 기술한다. 즉, "우리는 가능한 경험의 한계들에 완전히 국한돼 있는 원리들을 내재적이라고 칭할 것이고, 다른 한편, 이 한계들을 넘어간다고 공언하는 원리들을 초월적이라고 칭할 것이다".[26] 한 유명한 이미지에서, 칸트는 지성의 영역을 획정된 "영역", 혹은 형이상학적 가상이라는 광대한 대양(초월성)에 의해 둘러싸인 섬(내재성)으로 묘사한다.[27] 내가 나의 직관이나 지각들을 종합하고자 "테이블"이나 "의자" 같은 개념을 사용할 때, 나는 가능한 경험의 한계 내에서 내재적으로 작동하고 있다. 하지만 내가 "영혼"이나 "세계"나 "신" 같은 개념을 사용할 때, 나는 가능한 경험의 한계들 너머로 가며 이 한계들을 초월하고 있다. 플라톤을 따라서, 칸트는 경험을 초월하는 이 개념들을 "이념들"이라고 부른다. 가령, 세계 이념은 존재하는 것의 총체성으로서, 그것에 상응할 수 있는 직관이나 지각을 결코 갖지 못한다. 유명한 칸트의 구별을 사용한다면, 우리는 세계를 **사유할** 수는 있지만, 세계를 결코 인식할 수는 없다. 엄격히 말해서, 세계는 우리 경험의 대상이 아니다. 따라서, 우리가 마치 세계가 경험의 대상인 것**처럼** 세계에 관해 물음을 제기할 때 우리는 불가피한 **가상들**에 이끌린다. 예를 들면, 세계는 시간 안에서 시초를 가지는가, 아니면 영원한가? 세계는 공간 안에서 경계들을 가지는가, 아니면 영구히 계속되는가? 같은 것이 우리의 영혼과 신 이념에도 해당한다. 즉, 영혼, 세계, 신은 모두 초월적 이념들이다. 『순수이성비판』의 긴 절인 "초월론적 변증론"에서, 칸트는 이러한 가상들 때문에 이성이 이끌린 역설과 아포리아의 본성, 즉 영혼의 오류추리, 세계의 이율배반, 신의 이상의 본성을 분석한다. 칸트는, 우리가 의식의 종합

---

26 임마누엘 칸트, 『순수이성비판』, 노먼 켐프 스미스 옮김(London: Macmillan, 1929), 298~299 (A295~296/B352).

27 칸트, 『순수이성비판』, 257(A236~237/B294~295)을 보라: "우리는 이제 순수 지성의 영토를 탐험하고, 주의 깊게 이 영토의 모든 부분을 탐사했을 뿐만 아니라, 또한 이 영토의 규모를 측정했고, 이 영토 안의 모든 것에다 적법한 자리를 부여했다. 이 영역은 변경 불가능한 한계 내에 있는 자연 그 자체에 에워싸인 섬이다. 이 영역은 폭풍우 이는 드넓은 대양, 가상의 고향에 둘러싸인 진리의 섬 ── 매혹적인 이름! ── 이다."

들의 이러한 적법한 사용과 부적법한 사용을 구별하도록 해 줄 **내재적** 기준을 모색했기 때문에, 자신의 기획을 **초월론적** 철학이라고 불렀다. 이런 의미에서, "초월론적transcendental"은 "초월적transcendent"과 상반된다. 칸트의 초월론적 철학의 목표는 초월성에 대한 비판이며, 따라서 비판의 내재적인 ― 즉, 이성 그 자체에 내재적인 ― 기준에 대한 탐색이다. 초월론적 비판은 순수하게 내재적 비판이다.

내재성과 초월성의 구별에 대한 칸트의 정식화는 두 가지 이유 때문에 우리의 목적에 유용하다. 한편으로, 칸트는 내재성에 의거한 자신의 기획을 초월성에 대한 비판이라고 정의하며, 들뢰즈의 선구자로서 기능한다. 다른 한편으로, 칸트는 그럼에도 불구하고 두 번째 비판서에서 초월적 이념들을 **실천** 이성의 필연적 공준들로서 부활시키고, 이렇게 해서 이념들에다 중요한 규제적 역할을 부여하는데, 이 점에서 데리다의 선구자로서 기능한다. 실로, "이념" 개념은 데리다와 들뢰즈 둘 모두에게 시금석이다. 들뢰즈는 자신의 대표작 『차이와 반복』의 전 장을, 우리가 예상하는 바와 같이, 순수하게 **내재적인** (다양체로서의) 이념 이론을 전개하는 데 할애한다. 데리다는, 그 자신의 입장에서, ―선물, 개방성, 민주주의 등 ― 많은 자신의 개념들이 "칸트적 의미에서" 초월적 이념들과 "유사한" 지위를 가진다는 사실을 반복해서 표시해 놓는다.[28] 예를 들어, 선물에 대한 분석에서, 데

---

28 데리다 그 자신은 그의 저작 도처의 수많은 지점에서 칸트의 이념들과 그 자신의 개념들 사이의 유사성을 이끌어 낸다. 예를 들어, 데리다는 우리에게 이렇게 말한다. 선물의 구조 혹은 논리는, "사유함과 인식함 간의 관계로서, 칸트의 초월론적 변증론과 유사한 형식"을 가진다. "우리는 선물의 일종의 **초월론적 가상**을 사유하거나 재사유하는 노력에 종사하는 데 몰두할 것이다."(자크 데리다, 『주어진 시간 1: 위조 지폐』, 페기 카뮈프 옮김, Chicago: University of

리다는 순수 선물, 순수 증여는 일종의 불가능성이라고 말한다. 왜냐하면 내가 "감사하다"고 말할 때, 혹은 심지어 선물을 받을 때도, 재전유의 운동 속에서, 나는 증여와 내 사의가 동등하다는 점을 제시하고 있으므로, 나는 선물을 취소하기를 시작하기 때문이다. 이렇게 하여 순수 선물의 초월론적 논리학은 교환과 부채의 내재적 경제학에 편입된다. 하지만 칸트는 이것이 초월적 이념들의 바로 그 본성이라고 말한다. 우리가 데리다가 자주 그렇게 하듯이("순수 선물", "절대적 책임", "무한한 타자"), "순수한" 혹은 "절대적인" 혹은 "무한한" 어떤 것에 대해 말할 때마다, 우리는 초월성의 영역에 있게 된다. 우리는 결코 우리의 경험 속에서 순수하거나 절대적인 것을 마주치지 않기 때문이다. 그것은 결코 우리의 경험에 현전할 수 있는 어떤 것이 아니다. 예를 들어, 순수한 어머니 이념은 어머니 이외의 어떤 것이 아닌 — 딸이 아니고, 연인이 아니고, 아내가 아닌 — 어머니 이념일 것이다(신의 어머니로서의, 기독교의 "동정녀 마리아" 이념은 이러한

Chicago Press, 1994, 29~30. 인용자 강조) 마찬가지로, 데리다는 다음과 같이 언급하고 있다. "나는 몇몇 기회에 '무조건적' 긍정 혹은 '무조건적' '호소'에 대해 말한 바 있다. … 이제, '무조건성'(내가 칸트적 의미의 범주적 명법의 성격을 우연히라도 떠올리지 않기 위해서 사용하는 단어)에 대해 말해질 수 있는 바로 그 최소한의 것은 그것이 모든 규정적 맥락으로부터, 심지어 맥락 일반의 규정으로부터 독립해 있다는 점이다. 무조건성은 맥락의 **열려진 곳** 속에서만 그 자체를 그 자체로서 내보인다."(자크 데리다, 『제한적 ABC』, 새뮤얼 웨버 편, Evanston, IL: Northwestern University Press, 1988, 152~153) 확실히, 데리다의 사상은 이러한 칸트의 논술 안에 수용될 수 없다. "왜 나는 언제나 그것[해체]을 칸트의 용어로, 예를 들어, 혹은 더 일반적으로 말해서 윤리적 혹은 정치적 용어로 정의하기를 주저해 왔는가? 그렇게 했더라면 매우 용이했을 것이고, 나는 매우 많은 비판들을 너무나 수월하게 피할 수 있었을 텐데 말이다. 왜냐하면 나에게 그런 정의는 그 자체 해체적 물음들을 요구하는 철학적 진술들과 본질적으로 결부되어 있는 것으로 보이기 때문이다."(『제한적 ABC』, 153) 데리다가 칸트와 맺는 관계에 대해서는, 마르틴 해그룬트, 『급진적 무신론: 데리다와 생명의 시간』(Stanford: Stanford University Press, 2008), 제1장 「시간의 자가면역: 데리다와 칸트」, 13~49를 보라.

순수한 어머니 이념에 근접한다고 말할 수도 있겠다). 같은 것이 순수 선물, 정의, 민주주의 등등의 논리에도 해당한다. 실로, 자신의 책 『아포리아들』에서 데리다는 자신의 개념들 ─ 더 정확히 말해, 자신의 "의사-개념들" ─ 의 형식적 지위를 기술할 수 있는 용어를 찾아다니고 있었을 때, 그는 처음에 칸트의 "이율배반"을 채택하려고 생각했지만, 결국은 대신에 그리스 용어 "아포리아"를 사용하기로 결정했다고 설명한다.[29] 그 이유는, 데리다가 설명하는 바와 같이, 그들 각자의 문제는 유사하지만, 동일하지 않으므로, 그는 칸트와 거리를 두기를 원했기 때문이다(부분적으로, 그 차이는 그들의 시간 구조에 놓여 있다). 데리다에게, 근본적인 아포리아 혹은 이율배반은, 가령 "선물"이나 "결정"을 위한 "가능성의 조건"이 바로 선물이나 결정의 **불가능성**이라는 점이며, 이런 이유 때문에 그는 자신의 의사-개념들이 "아주 많은 아포리아적 장소들 혹은 탈구들"이라고 기술한다.[30]

하지만 "순수 선물" 개념이 정의상 초월적 이념이라면, 이 개념에 상응하는 내재적 개념은 (증여되는 모든 선물은 교환과 부채의 순환에 곧바로 편입되므로) 정확히, **빚**이다. 이는 사실 우리가 들뢰즈의 저작에서 마주치는 것, 즉 순수 선물에 대한 초월적 분석이 아니라, 빚에 대한 내재적 분석이다. 이 점에서, 들뢰즈는 니체를 따르는데, 도덕에 대한 니체 그 자신의 내재적 비판 ─ 『도덕의 계보』 ─ 이 빚에 대한 분석에 근거하기 때문이다. 니체는 "어떤 사람이 다른 어떤

---

29 데리다, 『아포리아들』, 16. 또한 『죽음의 선물』, 84를 보라. 여기서 데리다는 두 용어 사이에서 여전히 주저하고 있다: "책임 개념은 아포리아 혹은 이율배반이라고 불릴 수 있는 것에 의해 무력하게 된다."
30 데리다, 『아포리아들』, 15.

사람을 처음 마주쳤을 때, 그 어떤 사람이 다른 어떤 사람과 대비하여 처음 그 자신을 측정한 것"은 바로 채무자-채권자의 관계에서였다고 쓰고 있다.[31] 이 점에서, 데리다와 들뢰즈 사이에는 어떤 양립 가능성이 존재한다. 들뢰즈는 "순수 선물"을 위한 가능성의 조건이 그것의 불가능성이라는 점에, 또 선물 그 자체는 "아포리아적" 지위를 가진다는 점에 의심할 여지 없이 동의할 것이다. 하지만 이것은 단순히 이 개념의 초월성을 가리킬 따름이고, 또 이 개념이 언제나 교환과 빚이라는 내재적 관계들에 말려들어 있는 한에서, 선물-증여에 대해 내재적 분석을 할 필요가 있음을 가리킬 따름이다. 데리다와 들뢰즈는 각각 그들의 철학적 기획을 요약하는 공식들에서 칸트의 "가능성의 조건들"이라는 개념을 수정한다. 데리다는 해체를 불가능한 것의 가능성에 대한 경험이라고 정의한다. 즉, 불가능한 것의 (불가능한) 가능성은 "가능한 것의 체제에 대한 절대적 단절을 나타낸다".[32] 그러한 것이 초월성의 공식이다. 들뢰즈는, 그 자신의 입장에서, 자신의 철학을 가능한 경험의 조건들에 대한 탐색이 아니라, 실재적 경험의 조건들에 대한 탐색이라고 정의한다. 그러한 것이 내재성의 공식이다.

우리가 들뢰즈와 데리다에서 발견하는 두 상이한 이념 이론 사이의 이러한 구별은 필연적으로 두 상이한 욕망 이론으로 이어진다. 플라톤은 이미 이념들을 욕망 이론(에로스)에 연결시킨 바가 있다. 칸트의 경우, 『실천이성비판』은 순수 형식(이념) — 보편적 입법의

---

31 프리드리히 니체, 『도덕의 계보』, 에세이 II, §8, 『니체의 주요 저술들』, 발터 카우프만 엮고 옮김(New York: Modern Library, 1969), 506. NP 213~214에 인용되어 있다.

32 데리다, 「추신」, 『데리다와 부정 신학』, 290.

순수 형식, 도덕 법칙 ── 의 표상에 의해 규정되는 "상위" 능력의 욕망에 대한 분석으로서 제시되어 있다. 이러한 같은 연결이 들뢰즈와 데리다로 이어진다. 어떤 특정 기간 동안, 『안티-오이디푸스』(1972)의 목표들 중의 하나가 순수하게 **내재적인** 욕망 개념을 전개하는 것이었기 때문에, 부분적으로 들뢰즈는 (적어도 프랑스에서) "욕망의 철학자"라는 특징이 부여되었다. 그러나 우리의 목적을 위해서, 대조를 이루는, 욕망의 **초월적** 개념에 대한 들뢰즈의 분석을 검토하는 것이 아마도 더 유용할 것이다. 이를 통해 우리는 데리다에게서 발견하는 욕망 이론을, 필요한 부분만 약간 수정하여, 예상하기 때문이다. 욕망의 초월적 이론은 세 가지 구분되는 계기들로 요약될 수 있다. 첫째로, 만약 내가 어떤 것을 욕망한다면, 이는 내가 그 어떤 것을 결여하기 때문이다. **요구**need는 그 대상이 획득되자마자 충족되는 상대적 결여인 데 반해, 전통적으로 **욕망**desire은 ── 그 대상이 초월적이거나 혹은 절대적으로 다른 것(선, 일자, 신, 도덕 법칙)이라는 바로 그 이유 때문에 ── 바로 그 본성상 실현될 수 없는, 해결 불가능한 존재론적 결여로 정의되어 왔다. 플라톤과 아우구스티누스에서 헤겔과 프로이트에 이르기까지, 욕망은 (이념으로 표현되는 바의) 초월성과 관련하여, 초월성 장의 기능으로서, 존재론적으로, 정의되어 왔다. 따라서 들뢰즈는 우리에게 "비극적" 인간관을 제시한다. 즉, 인간으로서 우리는 불완전하고 결핍투성이이며, 존재론적 욕망은 우리의 불완전성, 우리의 "존재 결여"를 암시하는 기호이다. 결국, 이러한 인간관의 "도덕"은 우리가 우리의 존재를 **획득할** 필요가 있다는 데 있다. 예를 들어, 플라톤의 경우, 우리는 우리의 욕망을 선의 질서, 즉 욕망 그 자체가 증진시키는 질서와 일치하게 할 필요가 있다(『향연』). 성 아우구스티누스의 경우, 욕망은 영혼의 영속적인 "불안restlessness"의 이유가 되는 (이 생에서) 불가능한 욕망, 즉 신을 목표로 삼는다(카리타스 caritas 대 **쿠피디타스**cupiditas). 그러므로 마침내, 탐구의 주제 속에서, 끊임없는 탐색의 주제 속에서 표현되는 욕망의 "극적" 차원이 있다. 우리의 존재 결여라는 최초의 공준은 회복된 존재라는 궁극적 공준으로 이끄는 일련의 중간 공준들로 가득 차 있다.

하지만 이러한 초월적 욕망 이론에는 두 번째와 세 번째 계기가 존재한다. 만약 욕망이 본성상 획득 불가능한 초월적 대상을 목표로 삼는다면, 그렇다면 이러한 욕망을 충족시키게 되는 것은 무엇인가? 대답은 이러하다. 즉, 이러한 초월적 욕망을 충족시키는 것, 초월적 욕망에다 일종의 내재성을 부여하는 것은 우리가 **쾌락**이라고 부르는 것과 흡사하다. 하지만, 아아, 이 쾌락은 거짓된 내재성, 사이비-내재성, 일종의 기만 혹은 가상이다. 욕망은 잠시 가라앉겠지만, 그러나 이후 다시 시작된다. 예를 들어, 프로이트의 경우, 욕망은 불유쾌한 장력, 일종의 "전하"로서, 에너지가 차 있는 상태로 경험된다. 이 불유쾌한 상태를 벗어나기 위해서는 **방전**이 필요하며, 이러한 방전은 쾌락으로서 경험된다. 그때 인간들은 평화를 가질 것이고, 그들의 욕망은 가라앉을 것이다. 하지만 욕망이 다시 생겨나고 새로운 방전이 필요하게 되기 때문에, 잠시 동안만 그러할 뿐이다. 이 수준에서, 쾌락은 욕망을 측정할 수 있는 유일한 내재적 단위가 된다. 마지막 세 번째 계기는 이러하다. 즉, 만약 욕망이 자신이 결여하는 것을 목표로 삼는 "지향성"이라면, 그 자신의 것이 아닌 단위(방전으로서의 쾌락)에 의해서 측정된다면, 그렇다면 우리는 ── 신비로운 것이든 그 밖의 어떤 것이든, 오르가즘이나 엑스터시와 같은 ── 이러한 쾌락의 상태들이 욕망에다 가상적이거나 외관적인 만족을 제공할 뿐이라고 말해야만 한다. 욕망의 "진정한" 만족은 결코 현전하지 않고, 영구히 지연되고, 무한정하게 연기된다. 욕망이 쾌락의 상태들로 환원될 수 없는 것은 또 다른 양식하에서 재차 확인되지 않으면 안 된다. 그것은 (라캉이 말하는 바와 같이) "불가능한 주이상스jouissance"와 죽음 사이의 관계이다. 달리 말해서, 욕망이 초월성의 함수로서, 다른 것을 위한 욕망으로서 정의되는 한, 그렇다면 욕망을 위한 가능성의 조건은 바로 그 욕망의 불가능성이다(욕망은 결코 욕망의 결여를 채울 수 없다). 그렇다면 들뢰즈의 분석들에서, 욕망의 초월적 이론은 세 가지 계기로 구성된다.

1. 욕망은, 욕망의 대상이 초월적이므로, 우리의 존재 "결여"의 표시이다.
2. 우리는 쾌락의 작용들 속에서 오직 욕망의 가상적인 방전들만을 희망할 수 있다. 따라서,
3. 욕망은 결국 불가능한 주이상스를 추구하고 있다.[33]

이러한 방식으로, 들뢰즈는 욕망 이론은 초월성의 장이라는 덫에 완전하게 걸려들어 있다고 말한다.

이것은 『안티-오이디푸스』에 제시되어 있는 욕망 분석을 신속

---

33 들뢰즈의 욕망 이론을 요약한 것에 대해서는, 1973년 3월 26일 세미나, 「이원론, 일원론, 그리고 다양체(욕망-쾌락-주이상스)」, *Contretemps: An Online Journal of Philosophy* 2(2001. 5.), 92~108을 보라.

하게 요약한 것이지만, 그러나 데리다가 이러한 전통에 참여하여, 실로 그것을 그 한계까지 밀고 나아간 정도를 확인하는 일은 어렵지 않다. 데리다는 순수하게 형식적인 초월성 구조를 "절대적 타자tout autre"로 가장하여 개념화할 뿐만이 아니다(더구나, 가령, 만약 절대적 타자가 개념이나 단어로 환원 불가능하다면, 이는 그것이 개념화나 언어의 질서들을 초월하기 때문이다). 데리다는 또한 이러한 초월성 경험에 대한 지속적인 탐구를 수행하는데, 그는 자주 이 경험을 "끝맺을 수 없는 경험", "불가능한 것의 경험", "이중 구속"과 같은, 들뢰즈의 욕망 분석과 거의 동일한 용어들로 표현한다. 우리는 불가능한 것을 "경험할" 수 있을까? 데리다는 경험할 수 있다고 대답한다.

> 만약 선물이 불가능한 것의 또 다른 이름일지라도, 우리는 선물을 사유하고, 명명하고, 욕망한다. 우리는 선물을 지향한다. 그리고 우리가 **결코** 선물을 마주치지 못하고, **결코** 선물을 알지 못하고, 결코 선물을 입증하지 못하고, 현전적인 실존 혹은 현상 속에서는 결코 선물을 경험하지 못할지라도, 혹은 그렇게 하지 못하기 때문에, 혹은 그렇게 하지 못하는 한에서, 그러하다.[34]

그렇다면 "불가능한 것의 경험"의 본성은 무엇인가? 데리다는 이 **중 구속**double bind이라고 대답한다. 데리다에게, 정의의 이념은 인식 불가능한 **무한하게 초월적인** 이념이기 때문에, 해체 가능하지 않다. 정의

---

34 데리다, 『주어진 시간』, 29.

의 이념은 어떠한 인식도 제공하지 않으며, 모든 규정 가능한 맥락으로부터 독립해 있다.[35] 한편으로, 이는 우리가 정의의 이념을 요청call으로서, 정의에 대한 요청으로서, 정의에 대한 절대적 요구demand로서, **실천적으로 경험할 수 있을 뿐이라는 점**을 의미한다. 하지만, 다른 한편으로, 그것은 정의의 이념은 우리에게 결정이 정당하거나 부당할 때 규정하기 위한 어떠한 규칙도 제공하지 않는다는 점을 의미한다. 그러므로 아포리아적 경험의 이중 구속은, 정당하게 행위하기 위한 가능성의 조건이 행위가 언제 정당한지, 혹은 정당하지 않은지를 결코 알지 못하는 불가능성에 근거한다. 그리고 데리다가 논평하듯이, "이중 구속은 추정될 수 없다. 우리는 오직 **열정** 속에서 그것을 인내할 수 있을 뿐이다".[36] 그렇다면 불가능한 것의 경험에 특유한 "열정" 혹은 "욕망"은 무엇인가? 그것은 절대적 타자로 향한 욕망이며, 따라서 그 충족fulfillment이 **무한하게 지연되는, 무한하게 유보되는 욕망**이다.

그 자신의 고유한 유보를 지니는 것, 죽음, 또는 욕망의 환영을 지니는 것이 욕망에 고유하지 않은가? 절대적 타자를 향해 가기 위하여,

---

35 법의 해체는 "무한한 '정의의 이념'을 기초로 해서 작동한다"는 견해에 대해서는, 자크 데리다, 「법의 힘: 권위의 신비적 토대」, 『종교 행위』, 특히 250~258을 보라. 또한 『해체의 요체: 자크 데리다와의 대화』, 존 D. 카푸토 편(New York: Fordham University Press, 1997), 17: 정의의 이념은 "비-회합, 분열, 이질성, 그 자신과의 비-동일성, 끝없는 비적실, **무한한 초월**을 함의한다". 정의의 이념이 모든 규정 가능한 맥락으로부터 독립해 있다는 점에 대해서는, 자크 데리다, 『우정의 정치학』, 조지 콜린스 옮김(London: Verso, 1997), 215~216을 보라.

36 자크 데리다, 『정신분석에 대한 저항』, 파스칼-안 브로·마이클 B. 나스 공역(Stanford: Stanford University Press, 1998), 36. 이 문헌을 알려 준 앤드류 몬틴에게 감사의 말씀을 드린다.

그것은 그 자신의 고유한 탄력(가속도), 그 자신의 전유 운동을 포기
하게 하는 욕망의 극단적인 긴장이 아닌가? … 그리고 우리는 우리
자신을 이러한 욕망 **이전에** 규정하지 않으므로, 자기와의 어떠한 관
계도 이러한 욕망에 선행한다고 확신할 수 없으므로, 더 정확히 말해
서, 타자와의 관계에 선행한다고 확신할 수 없으므로, … **모든 반성은**
이러한 소유격[즉, …의 욕망]의 계보에 휘말려 있다.[37]

따라서, 데리다에게, **개방성 혹은 발명의 가능성**(즉, "다른 정의",
"다른 정치" 등등의 가능성)[38]은 필연적으로 **절대적으로** 다른 것의 초
월적 이념과 연결되어 있다. 데리다가 사유에 도입하는 "파열들"은
초월성의 이러한 형식적 구조의 운동들이다. 우리는 어떻게 데리다
의 욕망 개념이 들뢰즈가 개요를 서술하는 초월적 욕망 이론의 세 가
지 계기들을, 가령 무한한 정의의 이념과 관련하여, 반복하는지를 명
료하게 간취할 수 있다.

1. 정의에 대한 "요청"은 어떠한 규정 가능한 맥락도 초월하는, 실현
불가능한 "무한한" 이념을 자신의 대상으로 가진다.
2. 정의에 대한 요청을 충족시키게 되는 것은 (가령, 법정에서 판사들
이 행하는) "결정들"이지만, 이러한 결정들 그 자체는 정당한 것으로
규정될 수 없으며, 그래서 정의에 대한 요청은 끊임없이 다시 생겨난
다. 그러므로

---

37 데리다, 『이름에 관하여』, 37.
38 가령, 데리다, 『우정의 정치학』, 24를 보라.

3. 정의에 대한 요청은 결코 성취되거나 충족될 수 없다. 그것은 근본적으로 불가능한 어떤 것에 대한 경험이다.

데리다는 초월성의 형식적 구조(**차연**)를 분리해 내려 할 뿐만 아니라, (이중 구속 혹은 불가능한 것의 경험으로 정의되는) 그 초월성에 대한 욕망 혹은 열정을 기술하려고 한다. 들뢰즈는, 그 자신의 입장에서, 데리다의 분석들에 동의하며, 그 자신의 변이들을 제공하지만, 그것들은 언제나 초월성을 제거하고 같은 현상에 대한 **내재적** 설명 —— 내재적 존재론(일의성), (다양체와 특이성으로서 정의되는) 내재적 이념 이론, (특이성의 연장 혹은 종합으로서 정의되는) 내재적 욕망 이론 —— 을 제공하기 위한 서곡이다.

내재성, 초월성, 그리고 윤리학

그렇다면, 우리가 어떠한 형성물을 고찰하더라도, 우리는 데리다와 들뢰즈가 초월성과 내재성이라는 이 두 가지 벡터라는 특징을 갖는, 발산하는 철학적 궤적들을 따르고 있음을 발견한다. 첫째로, 주체성의 전통에서, 초월성은 자기를 초월하는 것(타자, 세계), 혹은 보다 심오하게는, 순수한 "의식의 흐름" 또는 "경험의 흐름"을 초월하는 것으로서의 주체 그 자체을 지시한다. 우리는 타자의 초월성에 호소함으로써, 혹은 주체 그 자체가 초월하는 내재적 경험의 흐름의 조건들에 호소함으로써(강도 이론), 주체의 지위를 비판할 수 있다. 둘째로, 존재론의 물음과 관련하여, 초월성은 존재 "넘어서" 있는 혹은 존재와 "다른 방식으로" 있는 것을 지시한다. 혹은, 보다 현대적인 형식으로 말하면, 존재를 "방해하거나", 또는 존재 내에서 분출하거나 개입하는 타자와 맺는 관계를 지시한다. 들뢰즈는 존재와 존재자 둘 모두를 발생적 차이의 원리에 의해 내재적으로 정의하는 데 반해, 데리다는 차연을 존재와 존재자 둘 모두를 넘어서 있는 "근원적" 차이로서 초월적으로 정의한다. 마지막으로, 칸트의(혹은 신-칸트학파의) 인식론의 관점에서 볼 때, 초월성은 가능한 경험의 내재적 영역 외부에 놓여 있는 대상들의 그 이념을 지시한다. 들뢰즈는 이념들과 욕망의 내재적 이론을 정식화하려고 시도하는 반면, 데리다는 초월성의 순수하게 형식적인 구조 및 이러한 구조가 수반하는 이중 구속의 열정을 정의하려고 시도한다. 이러한 각각의 영역에서, 들뢰즈의 기획과 데리다의 기획은 표면상의 유사성과 친연성에도 불구하고, 매우 상이한 방향으로 움직인다.

하지만 이는 명백한 최종의 물음을 가져온다. 즉, 우리는 어떻게 이 차이를 **평가해야** 하는가? 우리는 초월성 혹은 내재성의 궤적이 다른 하나보다 더 "낫다"고 말할 수 있는가? 이는 아마도 결국 우리가 철학적 "취향"이라고 말할지도 모르는 것으로 환원될 수 있는 어려운 물음이다. 내 자신의 견해는 (니체의 어구를 사용하자면) "미래의 철학"은 적어도 두 가지 이유 때문에 내재성의 방향으로 움직일 필요가 있다는 것이다. 가장 명백한 이유는 초월성에 대한 비판의 타당성은 무엇보다도 초월성의 허구적 혹은 가상적 지위에 대한 이론적인 관심 —— 이것은 흄에서 칸트를 거쳐 니체에 이르는 철학의 상수, 철학의 "탈신비화하는" 기능이었다 —— 에서 유래하기 때문이다. 하지만 보다 중요한 이유는 실천철학, 곧 윤리학이나 정치학과 관련이 있다. 칸트, 레비나스, 데리다는, 많은 다른 철학자들과 더불어, 아마도 초월성의 구성적 지위를 거부할 터이지만, 그럼에도 불구하고 초월성에다 **실천적** 역할(규제적, 명법적, 의사소통적 등등)을 부여하기를 마다하지 않는다. 들뢰즈에게, 이것 역시 마찬가지로 부적법하지만, 그것은 들뢰즈가 이해하기 힘들 정도로 당혹스러워한 것의 근원이었던 것으로 보인다. 『철학이란 무엇인가?』에는 기묘한 대문이 있는데, 여기에서 들뢰즈와 과타리는 대략 이렇게 묻는다. 즉, 내재성에 있어서 그것은 무엇인가? 그것은 철학의 자연적인 획득과 환경이어야 하겠지만, 그러한 것이 언제나 사실인 것은 아니다. 더구나, 내재성에 반대해서 쏟아 대는 주장들은 거의 언제나 **도덕적** 주장들이다. 초월성이 없다면, 우리는 카오스의 어둠에 떨어져서, 순수 주관주의 혹은 상대주의로 환원되고, 대안적 미래에 대한 비전이 없이 아무런 희망도 없는 세계 속에서 살게 될 것이라고 경고를 받는다. 내재성의 궤적을 가장 멀리까지 밀고 나아간 두 명의 철학자 ── 스피노자와 니체 ── 는 그들의 동시대 사람들과 후대의 사람들에게 그들이 무신론자라서이기보다는 무도덕주의자라고 해서 비난을 받았다. 『윤리학』과 『도덕의 계보』에 도사리고 있음이 감지되었던 위험은 바로 내재성의 위험이었다.

[들뢰즈는 이렇게 쓰고 있다.] 내재성은 철학이 직면해야만 하는 모든 위험, 철학이 겪는 모든 비난, 박해, 반박을 떠맡기 때문에 모든 철학의 화급한 시금석이라고 말할 수 있다. 적어도 이것은 우리를 설득해서 내재성의 문제는 추상적이거나 단지 이론적이지 않음을 보여 준다. 언뜻 볼 때 내재성이 왜 그토록 위험한지 아는 일은 쉽지 않지만, 그러나 사실은 쉽다. 내재성은 현인들과 신들을 삼켜 버린다. (WP 45)

이러한 실천적 관점에서 볼 때, 스피노자는 내재성 입장의 가장 흥미로운 시험 사례를 제기한다. 하이데거 그 자신은 스피노자에 관해서 악명 높을 정도로 글을 거의 쓰지 않았는데, 이는 놀라운 생략이다. 스피노자의 『윤리학』은 무한 실체(존재)와 이것의 유한 양태들(존재자들) 간의 차이에 의해 명시적으로 존재론적 차이의 문제를 제기하는 순수 존재론의 저작이기 때문이다. 데리다 역시 스피노자에 관해 거의 쓰지 않았다. 이와 대조적으로, 들뢰즈는 스피노자의 용어들로 존재론을 재정식화한 덕택에 하이데거의 유산을 (데리다의 초월적 방향으로가 아니라) 내재적 방향으로 밀고 나아갔을 뿐만 아니라, 또한 명백히 윤리학적인 용어들로 그 존재론을 이해할 수 있게 되었다. 스피노자와 마찬가지로, 들뢰즈는 강도 혹은 "역능의 정도", 즉 (부단한 변이 속에 있는) 우리의 "변용들affections" 전체에 의해 모든 순간에 현실화되는 정도에 의해서 존재자들을 내재적으로 정의한다. 윤리학의 근본적 물음은 "내가 무엇을 해야만 하는가?"(도덕의 물음)가 아니라, "내가 무엇을 할 수 있는가?"이다. 내 역능의 정도를 감안할 때, 나의 능력들과 역량들은 무엇인가? 나는 나의 역능을 능동적으로 소유하게 될 수 있는가? 나는 어떻게 "내가 할 수 있는" 것의 한계로까지 갈 수 있는가? 권력자들은 행위할 수 있는 우리의 역량으로부터 우리를 분리해 내는 데 명백한 관심을 가지므로, 정치적인 문제가 이로부터 따라 나온다. 하지만 이러한 물음은 초월성을 현저하게 실용적이고 윤리적인 쟁점으로 만드는 그것이다. 우리가 레비나스와 데리다의 철학과 같은 초월 철학에서 발견하는 윤리적 주제들 ——내가 결코 떠맡을 수 없는, 타자로 향한 절대적 책임감, 혹은 내가 결코 충족시킬 수 없는, 정의에 대한 무한한 요청 ——은, 내재성의 관점에서 볼 때, 행위할 수 있는 나의 역량으로부터 나를 분리해 내는 것을 결과로 삼는 명법들이다. 달리 말해서, 내재성의 관점으로 볼 때, **초월성은 나의 노예 상태, 그리고 최저한도로 감소된 무능력을 나타낸다.** 이런 이유로 초월성 그 자체는 내재성의 철학에 정확하고도 어려운 윤리적 문제를 제기한다. 즉, 만약 초월성이 나의 무능력(역능=0)을 나타낸다면, 그렇다면 어떤 조건들하에서 나는 초월성을 **욕망하도록** 실제로 이끌릴 수 있는가? 니체의 용어로 말한다면, "가치-정립하는 눈의 전도"로 이끌었을 수 있는 조건들은 무엇인가? 나는 어떻게 내가 나의 노예 상태와 예속을 마치 그것이 나의 구원인 양 욕망하는 지점에 실제로 도달할 수 있었는가?(이와 유사한 방식으로, 내재성은 초월성의 철학에 정확하고 어려운 문제를 제기한다. 우리는 어떻게 초월적인 것과 내재적인 것을 분리하는 간격 — 가령, 정의의 비해체성과 법의 해체성을 분리하는 간격 — 에 다리를 놓을 수 있는가?)

요컨대, 내재성과 초월성이라는 두 철학적 궤적의 차이는 단지 이론적 영역에서가 아니라 윤리적-정치적 영역에서 산정되고 평가되어야만 한다. 이것은, 이미 칸트에서 볼 수 있듯이, 초월성의 사변적인 제거가 반드시 초월성의 실천적 제거를 가져오는 것이 아니기 때문이다. 하지만 보다 중요하게는, 이는 초월성과 내재성의 차이가 가장 격심하고 중대한 형태로 나타나는 윤리적 수준에 있기 때문이다. 이 점에서, 이러한 대조를 가장 극명하게 보여 주는 것은 아마도 들뢰즈와 레비나스의 차이일 것이다. 레비나스에게, 윤리학은 존재론에 **선행한다.** 윤리학은 필연적으로 존재Being와 "다른 방식으로" 있는 (그래서 절대적 책임과 의무와 같은 개념들에다 특권을 부여하는) 초월성의 요소(타자)에서 유래하기 때문이다. 들뢰즈에게, 윤리학은 존재론이다. 윤리학은 실존의 수준에서 존재자가 존재와 맺는 (그래서 puissance[역능 혹은 역량]와 같은 개념들에다 특권을 부여하는) 내재적 관계에서 유래하기 때문이다. 이런 이유 때문에 스피노자는 그의 순수 존재론을 **존재론**이 아니라 **윤리학**이라고 불렀다. 즉, 존재의 일의성에 관한 그의 사변적 명제들은 이 명제들이 봉하거나 함축하고 있는 윤리학의 수준에서 오직 실천적으로 판단될 수 있을 뿐이다. 요약해서 말하면, 레비나스에게, 윤리학은 초월성에서 유래하는 반면, 들뢰즈에게 초월성은 윤리학을 가로막는 것이다. 나에게, 내재성과 초월성 철학의 상대적 장점들이 평가되고 논의될 필요가 있는 것은 이 수준에서 — 단지 사변적 수준에서가 아니라 실천적 수준에서 — 인 것으로 보인다.

알랭 바디우

수학과 다양체 이론: 들뢰즈와 바디우 재고

들뢰즈는 독자적인 사상가들 간의 마주침은 언제나 불감대에서 일어난다고 한때 쓴 적이 있는데, 이는 바디우와 들뢰즈 간의 마주침에도 분명 해당한다.[1] 1988년에 바디우는 그의 책 『존재와 사건』을 출간했는데, 이 책에서 그는 공리적 집합 이론의 수학적 모델에서 유래하는 "다자의 존재론"을 전개하려고 시도했다.[2] 그는 그 이후 곧, 이 점에서 그의 주된 철학적 경쟁자는 마찬가지로 "철학은 다양체 이론이다"라

---

1 F 42(들뢰즈는 비릴리오가 푸코와 맺는 관계에 대해 말하고 있었다). 이 논문의 축소본이 장-자크 르세르클과 닐 배드밍턴이 조직한, 2002년 25~26일에 카디프 대학 '비판 이론과 문화 이론 연구소'에서 열렸던 "윤리학과 정치학: 알랭 바디우의 저작" 학술회의에서 제출되었으며, 『다시 생각하다: 알랭 바디우와 철학의 미래』, 피터 홀워드 편(London: Continuum, 2004)에 게재되었다. 나는 피터 홀워드의 책 『알랭 바디우: 진리를 향한 주체』(Minneapolis: University of Minnesota Press, 2003)의 도움으로 바디우의 저작을 이해하게 되었다. 이 책은 바디우의 철학에 대해 대단히 훌륭한 개관과 비판적 분석을 제시하고 있다. 나는 원고의 초안을 나에게 제공해 준 데 대해, 그리고 많은 이메일 서신 교환을 하는 동안 바디우와 들뢰즈에 관해 제공한 통찰과 해명에 대해 홀워드 교수에게 감사를 표하고 싶다. 이 시론은 바디우, 『세계들의 논리: 존재와 사건 2』, 알베르토 토스카노 옮김(London: Continuum, 2009)이 2006년 출간되기 전에 쓰여졌다.

2 알랭 바디우, 『존재와 사건』, 올리버 펠텀 옮김(London and New York: Continuum, 2005).

고 주장한 들뢰즈였음을 ─ 의심의 여지 없이 정확하게 ─ 깨달았다고 말한다.[3] 하지만 들뢰즈 자신의 다양체 개념은 상이한 수학적 근원들에서 유래하고, 존재론 그 자체에 대한 상이한 이해를 수반했다. 1997년에, 바디우는 『들뢰즈: 존재의 함성』이라는 제목의 들뢰즈 연구서를 출간했는데, 이 책에서 그는 그의 경쟁자와 직접 대치하며, 그들의 근본적인 차이점들을 제시하려고 시도했다. 바디우는 이 책 서론에서 이 연구는 1992년과 1994년 사이에 들뢰즈와 주고받은 편지 교환에서 비롯되었다고 말한다. 이 편지 교환은 바로 "다양체" 개념에, 그리고 "다양한 것의 **내재적** 개념화"라는 특정한 문제에 중점을 둔 것이었다.[4] 이 책 서두의 페이지에서, 바디우는 "들뢰즈가 선호하는 것은 미분법과 리만 다양체이다. … [이에 반해] 나는 대수학과 집합을 선호한다"고 언급한다[5] ─ 이 언급에 독자들은 서로 다른 수학적 원천에, 적어도, 부분적으로 기초하는 들뢰즈와 바디우의 다양체 개념의 비교를 다음에 오는 것에서 예상하게 된다.

그렇지만 우리가 『들뢰즈: 존재의 함성』의 잔여 부분을 읽을 때, 우리는 바디우는 들뢰즈에게 접근할 때 사실상 매우 다른 전략을 채택했다는 것을 금세 발견한다. 선언된 취지에도 불구하고, 이 책은 들뢰즈의 다양체 이론에 관한 단일한 논의를 담고 있지 않으며, 또 그 주제를 완전히 회피하고 있다. 대신에, 바디우는 곧바로 초점을 들뢰

---

3 질 들뢰즈, 「철학적 개념」, 『주체 후에 누가 오는가?』 에두아르도 카다바·피터 코너·장-뤽 낭시 편(New York: Routledge, 1991), 95.
4 알랭 바디우, 『들뢰즈: 존재의 함성』, 루이즈 버칠 옮김(Mineapolis: University of Minnesota, Press, 2000), 4.
5 바디우, 『들뢰즈: 존재의 함성』, 1.

즈는 전혀 다양체의 철학자가 아니라 "일자"의 철학자라는 주장에다 옮겨 놓는다. 또한 바디우는 들뢰즈의 다양체 이론의 수학적 원천들을 전혀 논하지 않는다. 대신에, 그는 들뢰즈가 다양체 이론을 가진다면, 그것은 바디우 자신의 것과 같은 수학적 모델에서 유래하는 것이 아니라, 그가 "유기적", "자연적", "동물적", "생기론적"이라고 여러 가지로 칭하는 모델에서 유래한다는 부차적인 주장을 제시한다.[6]

올바르게도 비평가들은 회피와 전치라는 이러한 이중 전략의 명백한 목표를 확인해 냈다. 즉, 바디우는 그 자신을 다자의 존재론자로 제시하고, 또 그의 존재론이 순수하게 수학적임을 주장하므로, 그는 이 두 관심으로부터 가능한 한 멀리 들뢰즈와 거리를 두기를 원한다.[7] 그러나 바디우-들뢰즈 마주침에서 흥미로운 것을 알아내려면, 이 대립의 진정한 항들은 분명 다른 곳에 놓여 있으므로, 이 명명백백한 전략들을 한쪽으로 제쳐 둘 필요가 있다. 바디우의 전반적인 철학적 (혹은, 메타-존재론적) 입장은, "수학만이 존재를 사유하는 것"이므로, "존재론=수학"이라는 등식에 의존한다.[8] 그러나 더 정확한 등식

---

6 바디우, 『존재와 사건』, 483을 보라: "들뢰즈 안에 잠재되어 있는 패러다임은 '자연적'이다. … 나의 패러다임은 수학적이다." 마찬가지로, 라이프니츠에 관한 들뢰즈의 책 서평 논문에서, 바디우는 "다자the Multiple의 두 가지 도식 또는 패러다임, 즉 수학적인 것과 유기체론적인 것이 존재해 왔을 뿐이다. … 이것은 형이상학의 절충이며, 들뢰즈의 위대함은… 동물을 위해 주저함이 없이 선택하는 것이다"라고 쓰고 있다(알랭 바디우, 「질 들뢰즈, 『주름: 라이프니츠와 바로크』」, 『질 들뢰즈와 철학 극장』, 콘스탄틴 V. 보운다스·도로테아 올코우스키 편, New York: Routledge, 1994, 55). 같은 주제가 바디우의 논문 「들뢰즈의 생기론적 존재론」, 알랭 바디우, 『실존에 관한 지침: 이행 존재론에 관한 소론』, 노먼 마다라즈 엮고 옮김(Albany: State University of New York Press, 2006), 63~72에 이어지고 있다.
7 가령, 바디우의 저서에 관한, *Futur Antérieur* 43(1998. 4.)에 수록된 에릭 알리에즈, 아르노 빌라니, 호세 질의 논문을 보라.
8 바디우, 「들뢰즈의 생기론적 존재론」, 『실존에 관한 지침』, 71.

은, 바디우에게 수학이 적합하게 그 자체를 "사유하고" 철학의 조건
을 구성하는 것은 오직 공리적 집합론에서일 뿐이므로, "존재론=공
리적 집합론"일 것이다.[9] 따라서 바디우의 존재론은, 물리학은 결국
수학으로 환원될 수 있고, 수학은 공리적 집합론으로 환원될 수 있다
는 흔한 환원주의적 전략을 따른다. 들뢰즈의 관점에서 볼 때, 바디
우 철학의 근본적인 한계 —— 뿐만 아니라, 근본적인 관심 —— 는 존재
론을 공리적 집합론과 이처럼 동일시하는 데 있다. 따라서 바디우가
들뢰즈와 세우는 대립은, 그들의 차이점이 직접적이고 실질적인 방
식으로 노정될 수 있는 것은 오직 여기에서뿐이므로, 바로 이 전선
들 —— 공리론, 집합론, 이에 상응하는 존재론 —— 각각에서 벌어져야
만 한다.

　이 관점에서 볼 때, 바디우와 들뢰즈 사이의 두 가지 본질적인 차
이점은 곧바로 밝혀진다. 첫째로, 들뢰즈에게 수학의 존재론은 공리
론으로 환원될 수 있는 것이 아니라, 공리론axiomatics과 그가 "문제론
problematics"이라고 부르는 것 사이의 복합적 긴장으로서 훨씬 더 폭
넓게 이해되어야만 한다.[10] 들뢰즈는 공리론을 "다수" 과학 혹은 "왕
립" 과학에 동화시키는데, 이러한 과학은 자본주의(그리고 국가)의

9　바디우, 『실존에 관한 지침』, 54를 보라: "수학의 '위기'는, 수학이 그 자신의 사유를 그 자신의
　　통일의 내재적 다양체로 생각하기 위해 제약되는 순간이다. 나는 수학, 곧 존재론이 철학의 조
　　건으로서 기능하는 것은 이 지점에서, 이 지점에서만이라고 믿고 있다." 바디우에게, 철학 그
　　자체는 "메타-존재론적"이다. 왜냐하면 수학이 존재 그 자체의 담론이라는 논지를 확립하는
　　것이 철학의 과제이기 때문이다(바디우, 『존재와 사건』, 13).
10　DR 323 n22를 보라: 그의 사상에서 "문제들"의 환원 불가능성을 감안할 때, 들뢰즈는 "명사
　　로 사용되는 'problematic'이라는 단어는 우리에게 필수불가결한 신조어라고 생각된다"고 쓰
　　고 있다.

사회적 공리성axiomatic에 연결되고, 그 자체 과학의 "소수적" 혹은 "유목적" 개념과 결합해 있는 수학의 문제적 극에 대한 축소, 혹은 심지어 억압을 시행하려고 끊임없이 시도한다. 이런 이유 때문에, 둘째로, 다양체 개념은, 심지어 수학 그 자체 내에서도, 단순히 집합 개념과 동일시될 수 없다. 오히려, 수학은 외연적 다양체 혹은 집합(공리적 극)과, 잠재적 혹은 미분적 다양체(문제적 극) 사이의 긴장, 그리고 후자가 전자로 향하는 끊임없는 이전이라는 특징을 가진다. 이러한 방식으로 재공식화되어, 바디우-들뢰즈 대립은 수학(공리론 대 문제론)과 다양체 이론(외연적 다양체 대 미분적 다양체)에 **내적인** 방식으로 제기되고 탐구될 수 있다.

이 두 기준에 의지해서 우리는 "일자"와 "생기론"이라는, 우리의 주의를 딴 데로 돌리는 것을 회피하는 방식으로 바디우와 들뢰즈의 차이점들을 평가할 수 있다. 비록 바디우가 "다양체에 관한 들뢰즈의 교훈적인 설명은, 처음부터 끝까지, 집합에 대한 격렬한 비판이다"라고 주장할지라도,[11] 사실상 들뢰즈는 그 어디에서도 집합을 두고 시비를 걸지 않았으며, 실로 그는 미분적 다양체를 외연적 집합으로 이전하는(혹은 환원하는) 일이 존재론적으로 불가피할 뿐만 아니라, 또한 과학적으로 **필연적**이다라고 주장했다.[12] 바디우와 들뢰즈

---

11 알랭 바디우, 「일자, 다자, 다양체」, 『이론적 저술들』, 레이 브라시에·알베르토 토스카노 엮고 옮김(London and New York: Continuum, 2004), 71.

12 TP 374를 보라: "오직 왕립 과학만이 개념적 장치 혹은 (실험 과학의 자율성을 포함하는) 과학의 자율성을 정의할 수 있는 계량적 힘을 원하는 대로 사용하고 있다." 그리고 TP 486을 보라: "다수 과학은 소수자의 영감을 끊임없이 필요로 하지만, 소수자는, 만약 가장 높은 과학적 요건들에 직면하고 부응하지 않는다면, 아무것도 아닐 것이다."

를 분리하는 것은 오히려 (바디우가 말하는 의미의) 사건들의 존재론적 지위이다. 들뢰즈에게, 수학은, 설사 사건들의 지위가 탈근거되어 ungrounded 있고 문제적problematic이라 하더라도, 그가 완전한 존재론적 지위를 수여하는 사건들로 충만하다. 들뢰즈의 의미sense는 그 자체 사건들에 의해 구성된다. 이어 공리론이, 바로 그 본성상, 수학에 "엄밀함"을 도입하여 그 토대foundation를 확립하고자 하는 노력 속에서 필연적으로 사건들을 선별하여 제거한다. 수학의 문제적 극은 "단지" 직관적이고 운용적일 뿐이고, 반면에 "왕립" 공리론은 개념적이고 공식화 가능한 것이라고 특징짓는 것은 잘못일 것이다.

> [들뢰즈는 이렇게 쓰고 있다.] 사실은 두 종류의 과학이 서로 다른 양식의 공식화를 가진다는 점이다. … 우리가 가지는 것은, 두 형식적으로 다른 과학 개념이며, 존재론적으로, **단일한 상호 작용**의 장이다. 이 장에서 왕립 과학[가령, 공리론]은 애매하거나 유목적인 과학[문제론]의 내용들을 끊임없이 전유하는 반면, 유목 과학은 왕립 과학의 내용들을 끊임없이 끊어 풀어놓는다. (TP 362, 367)

그렇다면, 들뢰즈 그 자신이 떠맡는 과제는 문제적 다양체와 공리적 다양체 간의 구별을 순수하게 내재적인 방식으로 정식화하는 것이고, 이 둘 사이의 존재론적이고 과학적인 변형들 혹은 전환들을 표시하는 것이다.

이와 대조적으로, 바디우는, 공리론을 자신의 존재론적 모델로 간주할 때, 존재론을 사건들을 제거한 것 위에 구성되는 수학의 극에 제한하며, 따라서 그는 필연적으로 사건들의 모든 존재론적 지위를 거부한다. 즉, "사건은 금지되고, 존재론은 사건을 거부한다".[13] 결과적으로, 그는 명시적으로 사건들을 제거하는 공리적 관점을 기초로 하여 사건 이론을 정식화하는 역설적 위치에 그 자신을 놓는다. 따라서 그의 저작에서 사건은 이중적 정의하에서 나타난다. 말하자면, 부정적으로, 사건은 공리론의 존재론적 관점에서 볼 때 결정 불가능하거나 식별 불가능하다. 사건은 상황 속에서 현시 가능한 것이 아니라, 상황의 일관적인 집합들을 넘어서는 비일관적인 다양체의 무한한 과잉의 징표로서 "허공의 가장자리"에서 (혹 실존한다고 말할 수 있다면) 실존한다. 그렇다면 긍정적으로, 여태까지 식별 불가능한 사건이 긍정될 수 있고, 상황에 개입하게 될 수 있는 것은 오직 순수하게 주관적인 "결정"을 통해서일 뿐이다. 바디우의 사건은, 어떠한 존재론적 지위도 결여하므로, 대신에 **주체성**의 엄격한 개념에 연결돼 있다. 주체는 사건을 "명명할" 수 있고 (정치학에서 "모든 사람은 평등하다", 혹은 사랑할 때 "나는 너를 사랑한다"와 같은) 공리의 선언을 통해서 사건에 충실함을 유지할 수 있는 유일한 사례이다. 이런 의미에서, 바디우의 사건 철학은, 그 핵심에서, "활동가적 주체"의 철학이다.

따라서 들뢰즈와 바디우는 수학을 해석하는 데 있어서 상반되는 궤적을 따라간다. 들뢰즈에게, 문제론과 공리론(소수 과학과 다수 과학)은, 후자가 끊임없이 계속 전자의 억압 — 혹은 더 정확히 말하면, 산수적 전환 — 을 가져오면서, 상호 작용의 단일한 존재론적 장을 함께 구성한다. 이와 대조적으로, 바디우는 공리론에만 존재론적 지

---

13 바디우, 『존재와 사건』, 184.

위를 수여하며, 그렇게 할 때 그는 "소수" 과학에 대한 반박과 비난과 더불어, 명시적으로 "다수 과학"의 존재론적 관점을 채택한다. 그 결과, 바디우는 들뢰즈의 잠재적 다양체 개념은 "집합의 현대사에서 발견될 수 있는 다자the Multiple보다 여전히 열등하다"[14]라고 주장할 뿐만 아니라, 또한 그는 사실상 수학의 "문제적" 극을 완전히 부인하면서 "잠재적인 것은 실존하지 않는다"[15]고 주장하기까지 한다. 흥미롭게도, 바디우와 들뢰즈 사이의 이러한 대조는 한 유명한 시적 공식에 그 정확한 표현이 나타나 있다. 바디우는 때때로 그의 전 기획을 로트레아몽의 "엄격한 수학"에 대한 시적 찬가의 기호하에 놓는데, 들뢰즈는 자신의 입장에서 비판적으로 이를 인용한다.

> [수학의] 편집증적-오이디푸스적-나르시시즘적 극 주위에서 일어나는 로트레아몽의 노래 —— 오, 엄격한 수학이여 … 산술학! 대수학! 기하학! 위풍당당한 삼인조여! 찬란한 삼인조여! —— 에 맞서, 또 다른 노래가 있다. 오, 제어 불가능하고 미친, 분열증적 수학. …[16]

들뢰즈가 그의 저작에서 밝히고 정식화하려고 시도하는 것은 이

---

14 바디우, 「일자, 다자, 다양체」, 『이론적 저술들』, 72.

15 바디우, 『들뢰즈: 존재의 함성』, 46: "나는 다자의 형식들은, 마치 이념들처럼, 언제나 현실적이며, 잠재적인 것은 실존하지 않는다고 확언한다." 들뢰즈는 집합을 이렇게 특징짓는 데에 동의한다. 즉, "모든 것은 수적 다양체에서 현실적이다. 모든 것은 '실현되지' 않는다. 하지만 거기의 모든 것은 현실적이다. 현실적인 것들 간의 관계 이외에는 어떠한 관계도 존재하지 않는다"(B 43).

16 AO 371~372. 로트레아몽에 대한 바디우의 호소에 대해서는, 「수학과 철학」, 『이론적 저술들』, 11~12, 그리고 『실존에 관한 지침』, 71을 보라.

러한 다른 수학 ——"특히 과학적인 오이디푸스로서의 공리론과 대립하는 바의 문제론"이다. 그러나 그러한 기획에 장애가 되는 것이 명백히 존재한다. 외연적 다양체 이론(칸토어의 집합론)과 이것의 엄밀한 공리화(체르멜로-프렝켈Zermelo-Fraenkel 등)는 현대 수학의 위대한 성취 중의 하나이며, 『존재와 사건』에서 바디우는 그의 철학적 목적을 위해 이러한 작업을 전유할 수 있었다. 들뢰즈에게, 과제가 이와는 매우 달랐다. 왜냐하면 그 자신은, 그의 설명에 의하면, "왕립" 수학에 의해 도태되어, 여태까지 실존한 적이 없는, 미분적 혹은 잠재적 다양체에 대한 (철학적) 정식화를 구축해야 했기 때문이다. 이 점에서, 들뢰즈가 수학사와 맺는 관계는 그가 철학사에 맺는 관계와 유사하다. 규범적인 인물들에게도 공식적인 수학사를 "회피하는" 무언가가 존재한다. 한 지점에서, 그는 심지어 과학과 수학의 역사에서 나오는 "문제적" 인물들의 목록을 제공하기도 한다.

> 데모크리토스, 메나이크모스, 아르키메데스, 보방, 데자르그, 베르누이, 몽주, 카르노, 퐁슬레, 페로네 등등. 이 과학자들의 특수한 상황을 고려하면, 각 사례마다 단행본의 연구서가 필요할 것이다. 국가 과학은 이 과학자들을 속박하거나 제재를 가한 후에만, 이들의 사회적 혹은 정치적 개념을 억압한 후에만 이들을 이용했다.[17]

---

17 TP 363. N 5~6에 나오는, 역사 철학과 맺는 관계에 관한 들뢰즈의 잘 알려진 논평을 보라. 수학사에 관한 가장 좋은 종합적인 저작은 칼 B. 보이어, 『수학사』(Princeton: Princeton University Press, 1968)와 모리스 클라인, 『고대에서 현대까지의 수학 사상』, 전 3권(Oxford: Oxford University Press, 1972)이다.

바디우는 수학에 관한 들뢰즈의 저술들을 대체로 무시했으므로, 다음에 오는 것에서 나는 먼저 들뢰즈가 문제론과 공리론 사이에 확립하는 전반적 대조의 성격을 개괄하고, 이어서 들뢰즈의 "다양체" 개념의 수학적 기원들을 간략하게 확인하고자 한다. 이 자원들을 간직하고서, 이어서 우리는 들뢰즈에 대한 바디우 특유의 비판으로 돌아갈 것이다. 이는 바디우의 비판에 내재하는 한계들을 보여 주기 위해서일 뿐만 아니라, 그들 각자의 철학적 입장들 사이의 더 유의미한 대조점이라고 생각되는 것을 확인하기 위해서이다.

문제론과 공리론

먼저 문제적-공리적 구별로 향해 보도록 하자. 비록 들뢰즈가 그 자신의 방식으로 이러한 구별을 정식화할지라도, 사실 그것은 수학사 내의 꽤 친숙한 긴장을 반영하는데, 이 점을 우리는 급히 세 가지 역사적 예들을 들어 보여 주는 데 만족해야만 한다.

1. 첫 번째 예는 그리스인들로부터 나온다. 프로클로스는, 『에우클레이데스의 원론 제1권에 관한 주석』에서, 이미 그리스 기하학 내의, 문제와 정리 사이의 구별을 정식화했었다.[18] 정리는 도형에 속하는 고유성질들을, 공리나 공준에 의거하여 증명하는 일과 관련되는데 반해, 문제는 직선자와 컴퍼스를 사용하여 도형을 작도하는 일과

---

18 프로클로스, 『에우클레이데스의 원론 제1권에 관한 주석』, 글렌 R. 머로 옮김(Princeton: Princeton University Press, 1970), 63~67. 이는 DR 163; TP 554 n21, LS 54에 인용되어 있다. 또한 TI 174에 나오는 들뢰즈의 논평을 보라: "정리와 문제는 부단히 서로를 지시하는 두 수학적 사례이다. 전자는 후자를 감싸 안고, 후자는 전자 안으로 미끄러져 들어가지만, 둘의 결합에도 불구하고 이 둘은 매우 다르다." 두 유형의 연역에 관해서는, TI 185를 보라.

관련된다.[19] 결국, 정리론과 문제론은 각각 두 서로 다른 "연역" 개념을 수반한다. 즉, 정리론에서 연역은 공리에서부터 공리에서 이끌어낸 정리로 향해 이동하는 데 반해, 문제론에서 연역은 문제에서부터 문제를 조건 짓는, 문제를 해결하는 사례들을 형성하는 이념적인 사건들accidents and events로 향해 이동한다. 들뢰즈는 "사건 그 자체는 문제적problematic이고 문제제기적problematizing이다"라고 쓰고 있다(LS 54). 예를 들어, 원뿔 곡선론(아폴로니오스Apollonius)에서, 타원, 쌍곡선, 포물선, 직선, 점은 모두 원뿔의 정점과 관련하여 분할 면에 투사된 원의 "사례들"이다. 정리론에서 도형은 그 자체의 본질과 파생된 고유성질들에 의해서, 플라톤의 방식으로, 정적으로 정의되는 데 반해, 문제론에서 도형은 영향을 받는 그 자체의 역량에 의해서 —— 즉, 그 자체에 닥치는 이념적 사건들, 즉 절개, 절단, 투사, 접음, 굽힘, 펼침, 비춤, 회전에 의해서 —— 동적으로 정의된다. 정리론적 도형일 때 원은 유기적인 고정된 본질이지만, 원의 형태론적 변이들("렌즈 모양", "산형화서繖形花序 모양", "톱니 모양" 등의 도형들)은, 후설의 용어로 말하면, "애매하지만 엄밀한", "우연적으로 부정밀한 것이 아니라 본질적으로 부정밀한" 문제적 도형들을 형성한다.[20] 그리스에서, 문

---

19 예를 들어, 세 각의 합이 180도라고 삼각형을 규정하는 것은 정리적이다. 모든 삼각형의 각들은 합하면 180도이기 때문이다. 이와 대조적으로, 주어진 유한한 직선상에서 등변 삼각형을 작도하는 것은 문제적이다. 우리는 또한 그 선상에서 비-등변 삼각형이나 비-삼각형 도형을 작도할 수도 있었을 것이기 때문이다(더구나, 등변 삼각형의 작도는 먼저 두 원의 작도를 통과해야만 한다). 고전 기하학자들은 수 세기 동안 세 가지 중대한 "문제" —— 하나의 각을 삼분하는 문제, 주어진 정육면체보다 곱절의 부피를 가지는 정육면체를 작도하는 문제, 원과 동등한 사각형을 작도하는 문제 —— 를 가지고 분투해 왔다. 직선자와 컴퍼스만을 사용해서는, 이 문제 중 어느 문제도 해결될 수 없다는 점이 드러나게 되지만 말이다. 『수학의 사람들』(New York: Simon & Schuster, 1937)에 나오는 E. T. 벨의 논평을 보라.

제론은 그 고전적 표현을 아르키메데스의 기하학(특히 「방법에 관하여」의 아르키메데스)에서 발견했다. 이 아르키메데스의 "작동적 기하학"에서 선은 본질로서 정의되는 것이 아니라, 연속적인 "선 만들기" 과정으로서, 원은 연속적인 "원 만들기" 과정, 정사각형은 연속적인 "정사각형 만들기" 과정 등등으로서 정의되었다.

그러나 프로클로스는, 그리스 기하학에서, 정리적인 것이 문제적인 것에 대해 상대적 승리를 거두는 것을 이미 보여 주었다. 이유는 이러하다. 즉, 그리스인들에게, "문제들은 본질들을 상상 속에 투사하는 **타락**의 증거를 보여 주는 오직 사건들과 정동들에 관련될 뿐이며", 따라서 정리론은 그 자체를 사유의 필연적인 "교정"으로서 제시할 수 있었다.[21] 이러한 교정은, 문자 그대로의 의미에서, 곡선적인 것에 대한 직선적인 것의 승리로 이해되어야만 한다.[22] 예를 들어, 직선

---

20 에드문트 후설, 『순수 현상학과 현상학적 철학의 이념들』, W. R. 보이스 깁슨 옮김(New York: Macmillan, 1931), §74, 208. 또한 『에드문트 후설의 기하학의 기원: 입문서』, 존 P. 리비, Jr.·데이비드 B. 앨리슨 편(Stony Brook, NY: H. Hayes, 1978)을 보라. 이 책에는 자크 데리다의 주해가 포함되어 있다. 후설은 문제론을 "원-기하학proto-geometry"으로 본 데 반해, 들뢰즈는 문제론을 완전히 자율적인 차원의 기하학으로 보되, 그가 "소수" 과학으로 간주하는 기하학으로 보고 있다. 이 역동적인 사건들 혹은 변이들을 정리적 취급을 받게 함으로써 제거하려고 시도하는 것은 "다수" 혹은 "왕립" 기하학 개념의 관점에서만 본 "원"-기하학이다.

21 DR 160. 들뢰즈는 계속해서 다음과 같이 말한다: "그러나 [귀류 논증을 사용한] 그 결과, **발생**적 관점은 열등한 지위로 강제 강등되었다. 즉, 어떤 것이 존재한다는 **사실**, 어떤 것이 존재하는 이유가 아니라, 어떤 것이 존재하지 않을 수 없다는 논증이 주어진다(따라서 기하학을 계속 동일률의 지배하에 놓고 충족이유의 기하학이 되지 못하게 막는 역할을 하는 부정적, 간접적, 귀류적 논증이 유클리드 기하학에서 빈발했다)."

22 직선적인 것의 언어는 또한 윤리학을 지배한다. 가령, 나쁜 행동을 "바로잡는rectify" 것, 어떤 사람을 "똑바로 일으키는straighten" 것, 상황을 "바르게right" 만드는 것. 프랑스어 droit는 기하학적 의미에서 "직선의straight", 그리고 법적인 의미에서 "공정한right"을 의미한다. 직각 angle droit은 "바른right" 각이다. 도덕적인 사람은 "똑바른upright" 어떤 사람이다. 잘못된 것은 "곧바르고 좁은" 것(직선)으로부터 일탈한 것이다.

을 "두 점 사이의 최단 거리"로서 정의하는 것은 아르키메데스의 기하학에서는 미분법 이전에 곡선의 길이를 정의하는 방식으로서 동적으로 이해되며, 이렇게 해서 직선은 곡선의 한 "사례"로서 간주된다. 이와 대조적으로, 유클리드 기하학에서, 선의 본질은 곡선적인 것에 대한 어떠한 참조(관계)도 제거함에 의해서 정적으로 이해된다("점들이 균등하게 그 자체 위에 놓여 있는 선").[23] 문제론의 "소수" 기하학에서, 도형들은 그 자체의 고유한 변이들, 영향들, 사건들과 분리 불가능하다. 이와 대조적으로, "다수" 정리론의 목표는 "변수들로부터 고정된 점들과 불변적 관계들을 추출해 내기 위해 연속적 변이의 상태로부터 변수들을 근절하는 것"이며(TP 408~409), 이렇게 하여 기하학을 정리적 연역과 증명의 "왕립적" 길 위에 놓는 것이다. 바디우는, 그 자신의 입장에서, 그의 존재론을 정리론의 위치에 정렬시킨다. 즉, "순수 다자, 존재의 유적 형식은 결코 사건 그 자체를 그 구성요소로서 **결코** 기꺼이 받아들이지 않는다."[24]

2. 17세기 무렵에, 기하학 내적인 문제와 정리 사이의 긴장은 한편으로는 기하학 그 자체와, 다른 한편으로는 대수학이나 산술학 사

---

23 DR 174를 보라: "수학자 우엘은 가장 짧은 거리는 전혀 에우클레이데스(=유클리드)의 개념이 아니라 아르키메데스의 개념이라고, 수학적 개념이라기보다 물리적 개념이라고 언급했다. 그것은 소진의 방법과 분리 불가능하며, 직선을 규정하는 역할을 한다기보다 직선에 의해 곡선의 길이를 규정하는 역할 — '부지중에 수행된 적분' — 을 한다고 언급했다."(쥘 우엘, 『초등 기하학의 기본 원리에 대한 비판적 시론』, Paris: Gauthier-Villars, 1867, 3, 75를 인용) 보이어는 『수학사』, 141에서 이와 유사한 주장을 펴고 있다. "그리스의 수학은 때때로, 가변성 개념을 별로 고려하지 않는, 본질적으로 정적인 것이라고 기술되어 왔다. 하지만 아르키메데스는, 그의 나선 연구에서, 미분법과 유사한 운동학적인kinematic 고찰을 통하여 곡선의 탄젠트를 발견한 것으로 보인다."

24 바디우, 「들뢰즈의 생기론적 존재론」, 『실존에 관한 지침』, 70~71.

이의 더 일반적인 긴장으로 옮겨 갔다. 예를 들어, 문제-사건에 중심을 두는 질적인 "소수" 기하학인 데자르그의 사영기하학은 (아주 유명한 일이지만, 이 점은 『원뿔과 평면의 마주침의 사건들을 다루기 위한 시도의 초안 기획』에서 개진되었는데, 보이어는 이 책을 "지금까지 출간된 책 중 가장 성공하지 못한 위대한 책 중의 하나"라고 적절하게 기술하고 있다) 페르마와 데카르트의 분석기하학 —— 기하학적 관계들을 대수학적 등식들(데카르트의 좌표들)로 표현될 수 있는 산술적 관계들로 번역하는 양적인 "다수" 기하학 —— 을 위하여 신속히 거부되었다(그리고 일시적으로 잊혀졌다).[25] 달리 말해서, "왕립" 과학은 이제 기하학 그 자체의 산술화를 수반했다. 들뢰즈는 "다수 과학을 구성하는 기하학과 산술학, 기하학과 대수학 사이에는 상관관계가 존재한다"고 쓰고 있다.[26] 데카르트는 데자르그의 초안 기획이 대수학을 사용하지 않고 원뿔 곡선을 다룬다는 말을 듣고 실망을 표했다. 왜냐하면 그에게 "대수학을 사용하지 않을 때보다 대수학을 사용할 때 더 쉽게 표현될 수 없는 원뿔에 관하여 말한다는 것은 조금도 가능한 것으로 보이지 않았기" 때문이다.[27] 그 결과, 데자르그의 방법은 위험하고 건전하지 못하다고 해서 거부되었으며, 그의 관점을 실행에 옮기는 일은 금지되었다.

사영기하학은 2세기가 지난 후 도형기하학의 창시자인 몽주

---

25 보이어, 『수학사』, 393.
26 TP 484. 그리스의 정리론과, "다수" 수학의 사례들인 17세기 대수학과 산술학 간의 관계에 관해서는, DR 160~161을 보라.
27 보이어, 『수학사』, 394. 들뢰즈는 "데카르트의 좌표들은 나에게 재영토화의 시도인 것으로 보인다"고 쓰고 있다(1972년 2월 22일 세미나).

Gaspard Monge의 저작에서, 그리고 아날뤼시스 시투스analysis situs 곧 위상학의 발달을 가져왔던 "연속성의 원리"를 정식화한 퐁슬레Jean-Victor Poncelet의 저작에서 부활되었다. 위상학(이른바 "고무-판 기하학")은 굽힘 혹은 펼침과 같은 변형들하에서도 불변인 채로 있는 기하학적 도형들의 고유성질에 관한 것이다. 그러한 변형들하에서, 삼각형, 사각형, 원과 같은, 유클리드 기하학에서 정리론적으로 구분되는 도형들은, 연속적으로 서로 다른 도형으로 변형될 수 있으므로, 하나의 동일한 "위상동형적homeomorphic" 도형으로 간주된다. 이것은 (칸트에서의) 경험적이거나 감성적인 지각의 한계를 멀리 넘어 기하학적 "직관들"을 확장하는 일을 수반했다. 들뢰즈는 레옹 브룅슈비크Léon Brunschvcg에 관해 논평하면서, "몽주와 더불어, 그리고 특히 퐁슬레와 더불어, 우리는 감성적인 표상, 혹은 심지어 공간적 표상(홈 파인 공간)의 한계를 실로 뛰어넘었지만, 추상화[즉, 정리론]의 상징적 힘의 방향으로가 아니라, 초-공간적 상상력, 혹은 초-직관(연속성)을 향하여 뛰어넘었다"라고 쓰고 있다.[28] 20세기에, 컴퓨터가 이 "초-직관"의 범위를 훨씬 더 확장하여, 질적 기하학에 새로워진 관심을 불러일으키고, 수학자들로 하여금 새로운 카오스와 복잡성 과학의 상징이 된 망델브로 집합과 로렌츠 끌개와 같은, 지금껏 상상하지 못한 대상들을 "보도록" 해 주었다. 들뢰즈는 계속해서 "봄seeing은, 일어나는 일을 봄은 언제나, 심지어 순수 수학에서조차, 증명보다 더

28 TP 554 n23에서 레옹 브룅슈비크, 『수학 철학의 단계들』(Paris: PUF, 1947. 신판. Paris: A. Blanchard, 1972)에 관해 논평하고 있다. 들뢰즈는 또한 미셸 샬 『기하학 방법의 기원과 발달에 대한 역사적 통찰』(Brussels: M. Hayez, 1837)의 한 텍스트에 호소하고 있다. 이 책은 "현대 기하학의 창시자들"인 데자르그, 몽주, 퐁슬레 사이의 연속성을 확립하고 있다(TP 554 n28).

큰 본질적인 중요성을 지녀 왔는데, 이는 응용과 무관한 시각적이고, 형상적인figural 것이라고 불릴 수 있다"라고 말한다. 즉, 오늘날 많은 수학자들은 컴퓨터가 공리적인 것보다 더 소중하다고 생각하고 있다 (WP 128). 하지만 19세기 초에 이미 사영기하학을 단지 분석에 대한 실용적인 의존으로, 혹은 이른바 상위 기하학으로 전환시키려는 갱신된 시도가 있었다(퐁슬레와 코시의 논쟁).[29] 함수 이론의 발달로 인해 결국 연속성의 원리에 대한 호소가 제거되고, 변이의 매끄러움이라는 기하학적 관념을 "사상mapping"이라는 산술적 관념, 혹은 점들의 일대일 상응(점-집합 위상학)이 대체하게 된다.

3. 이론화와 산술화로 향하는 이러한 다수 과학의 이중 운동은 주로 미적분법의 발명이 제기하는 문제들에 대응하여, 마침내 19세기 말에 전성기에 이르게 된다. 발생기에, 미적분법은 이중적 의미에서 문제론에 묶여 있었다. 첫 번째 의미는 미적분법이 직면했던 존재론적 문제들을 가리킨다. 즉, 미분법은 **탄젠트**tangent의 문제틀(주어진 곡선에 접선tangent line을 규정하는 방법)을 다루었던 반면, 적분법은 **구적求積**의 문제틀(주어진 곡선 내에 면적을 규정하는 방법)을 다루었다. 라이프니츠와 뉴턴의 위대함은 이 두 문제(면적을 발견하는 문제는 곡선에 접선을 규정하는 문제의 역이다) 사이의 밀접한 연관을 인지했다는 데에, 그리고 그 문제들을 서로 연결시켜서 해결하기 위한 상징을 발전시켰다는 데에 있다. 미적분법은 곧 우리가 "과학 혁명"이라고 부르는 것의 주요한 수학적 엔진이 되었다. 그렇지만 두 세기

---

29 브룅슈비크, 『수학 철학의 단계들』, 327~331을 보라.

동안 미적분법은, 아르키메데스의 기하학과 다르지 않게, 그 자체 두 번째 의미에서 문제적 지위를 유지했다. 즉, 미적분법에는 준-과학적인 지위가 할당되었고, "야만적인" 또는 "고딕적인" 가설, 혹은 잘해야 편리한 약정 또는 기초가 잘 돼 있는 소설이라는 꼬리표가 붙었다. 초기 정식화들에서, 미적분법은 무한소, 유율流率, fluxion과 변량變量, fluent, 임계점, 한계로의 이행, 연속적 변이와 같은 동적 개념들로 관통되었다 —— 이 모든 개념들은 **기하학적 연속성 개념**, 달리 말해 과정 관념을 가정했다. 대부분의 수학자들에게, 이 개념들은 수학적 정의의 영역을 넘어 놓여 있는 "형이상학" 관념들로 간주되었다. 유명한 일이지만, 버클리는 무한소를 "죽은 양들quantities의 유령"이라고 하며 비웃었다. 또, 유명한 일이지만, 달랑베르는 그의 학생들에게 "Allez en avant, et la foi vous viendra"(앞으로 나아가라, 그러면 신앙이 너희들에게 다가올 것이다)라고 말함으로써 응수했다.[30] 미적분법은 이러한 개념들이 없었다면 발명되지 않았을 터이지만, 그렇다 해도 그것들은 적합한 수학적 근거를 결여한 채 여전히 문제적인 것으로 남아 있었다.

긴 기간 동안, 미적분법은 물리학적 문제들을 해결하는 데 엄청난 성공을 거두었지만, 그 논리적 토대에 대한 탐구는 미루어졌다. 19세기 말에 가서야 비로소 미적분법은 "한계(=극한)-개념"의 발달을 통하여 "엄밀한" 토대를 받아들이게 된다. "엄밀한"은 미적분법이

---

30 칼 B. 보이어, 『미적분학사 및 그 개념적 발달』(New York: Dover, 1959), 267. 들뢰즈는 보이어의 책을 "미적분학사 및 그 현대적인 구조적 해석에 대한 가장 훌륭한 연구서"라고 추켜세우고 있다(LS 339).

기하학적 개념 혹은 "직관"의 문제적 기원으로부터 분리되어, 순수하게 산술학적 용어들로 재개념화되어야 했다는 점을 의미했다(여기서, 많은 뜻이 담긴 용어 "직관"은 "경험적" 지각과 거의 아무런 관련이 없고, 연속적인 운동과 공간이라는 "이념적인" 기하학적 개념이다).[31] 펠릭스 클라인Félix Klein이 부르는 바의, "분석의 이러한 산술화"[32]는 코시가 행한 작업을 뒤따라서, 후설의 스승 중 한 사람인 칼 바이어슈트라스에 의해 성취되었다(이로 인해 줄리오 조렐로Giulio Giorello는 바이어슈트라스와 그의 추종자들을 "유령 잡는 사람들"이라고 칭했다).[33] 분석(무한 과정에 관한 연구)은 **연속적인 크기**와 관련돼 있는 데 반해, 산술학은 **이산적인 수 집합**을 그 영역으로 삼고 있었다. 바이어슈트라스의 "이산화" 프로그램의 목표는 미적분법을 연속성의 기하학으로부터 분리해 내어, 그것을 수 개념에만 기초하게 하는 것이었다. 따라서 기하학적 개념들은 이산적인 점들의 집합에 의해 재개념화되었고, 이것은 결국 수에 의해 개념화되었다. 즉, 개별적인 수들로서의, 선 위의 점들, 순서쌍의 수로서의, 평면 위의 점들, n-개의 요소로 된 집합의 수로서의, n-차원 공간에서의 점들. 그 결과, 변수 개념은 정적 해석이 주어졌다. 초기 해석자들은, 그들이 변수 x가 한계

---

31 수학에서 "직관"이라는 용어를 사용하는 법에 관한 논의에 대해서는, 필립 J. 데이비스·루벤 허쉬, 『수학적 경험』(Boston, Basel, and Stuttgart: Birkhäuser, 1981), 391~405에 있는 "직관" 및 "4차원적 직관"에 관한 장들을 보라. 또한 한스 한의 고전적 논문 「직관의 위기」, 『수학의 세계』, J. R. 뉴먼 편(New York: Simon & Schuster, 1956), 56~76을 보라.

32 보이어, 『수학사』, 598('분석의 산술화'에 관한 장 중).

33 줄리오 조렐로, 「수학 혁명의 미세 구조: 형이상학, 정당성, 엄격성」, 『수학의 혁명들』, 도널드 길리즈 편(Oxford: Clarendon, 1992), 135. 이 참고 문헌을 알려 준 데 대해 앤드류 머피에게 감사드린다.

에 "접근한다"(가령, 다각형의 한계로서 정의되는 원)고 말할 때, 연속적 운동에 대한 기하학적 직관에 호소하는 경향이 있었다. 바이어슈트라스의 혁신은, 이 변수 x를 단순히 수적 가치들의 회집 중의 어느 하나를 지시하는 것으로서 산술학적으로 재해석하고(함수 이론), 이렇게 하여 연속성 개념으로부터 모든 역동성 혹은 "연속적 변이"를 제거하고, 또 차이화의 작동을 과정으로 해석하는 일을 제거하는 데 있었다. 들뢰즈는 다음과 같이 쓰고 있다. 바이어슈트라스는,

> 그 자신이 미분법에 대한 "정적" 해석이라고 부른 것을 제공했는데, 이 해석에는 더 이상 한계로 향하는 유동fluction이 존재하지 않고, 더 이상 임계 관념이 존재하지 않고, 오히려 서수적인 해석의 관점에서 선택 체계 관념이 존재한다.[34]

요컨대, 바이어슈트라스의 한계-개념에서, "한계에 접근함"이라는 기하학적 관념은 산술화되었고, 이산적 수들에 가하는 정적 제약에 의해 대체되었을 뿐이다(엡실론-델타 방법). 데데킨트는 실수들의 연속성을 "절단cut"에 의해 엄밀하게 정의함으로써 이러한 산술화를 한 걸음 더 내딛게 했다. 즉, "연속성의 이념적 원인 혹은 양화 가능성의 순수 요소를… 구성하는 것은 바로 절단이다"(DR 172). 마침내, 칸토어의 집합론은 무한 집합을 유한 집합과 같이 다루면서(멱집

---

34 1972년 2월 22일 세미나. 또한 DR 172를 보라: "한계는 더 이상 연속 변량의 관념을 전제하지 않는다. 이와 반대로, 연속성 그 자신의 정의는 오직 수만을 함의하는 반면, 한계 개념은 연속성에 대한 정적이고 순수하게 이상적인 새로운 정의를 근거 짓는다."

합 공리) ── 더 정확히 말해, 유한 집합이든 무한 집합이든 모든 집합을 수학적 대상으로 다루면서(무한 공리) ──, 무한성 개념 그 자체에 대한 이산적 해석을 제공했다.[35]

따라서 바이어슈트라스, 데데킨트, 칸토어는 이산화 프로그램, 그리고 "산술학적" 연속체의 발달(연속성을 이산적 수들을 지배하는 집합들의 함수로서 재정의하는 작업)을 가져온 위대한 삼인조를 형성한다. 그들을 이어, 미적분법의 기초 개념들 ── 함수, 연속성, 한계, 수렴, 무한 등등 ── 이 점진적으로 "명료화되고" "정련되었으며", 결국 집합론적인 토대가 주어졌다.[36] 바이어슈트라스의 이산화 문제의 가정들 ── 오로지 산술학만이 엄밀하고, 기하학적 개념들은 안전한 토대를 위해 부적합하다는 가정들 ── 은 이제 수학사를 훨씬 더 "잘 정초된well-founded" 입장으로 향한 진보로 보는 "정통적인" 혹은 "다수적인" 견해와 대체로 동일시되었다.[37] 이 프로그램은 두 추가적인

---

35 칸토어의 유한주의에 관한 논의에 대해서는, 패널로페 매디, 『수학의 자연주의』(Oxford: Oxford University Press, 1997), 51~52를 보라.

36 들뢰즈는 DR 176에서 이 발달에 대한 요약을 제공하고 있다: "현대 수학을 정의하는 진정한 경계선은 미적분법 그 자체에 놓여 있는 것이 아니라, 미적분법에 대한 이에 못지않게 엄밀하게 유한한 해석을 제공하는 집합론과 같은 ── 비록 그것이 그 자체의 입장에서 무한성의 공리를 요구할지라도 ── 다른 발견들에 놓여 있다. 우리는 한계 개념이 그 운동학적인 phoronomic 성격을 상실했고 오직 정적 고찰만을 수반한다는 점, 가변성이 간격의 모든 가치를 통해 가는 진행을 나타내기를 그쳤고 그 간격 내의 오직 한 가치의 선언적인disjunctive 가정만을 의미하게 되었다는 점, 도함수와 적분이 양적 개념이 아니라 서수적 개념이 되었다는 점, 그리고 마지막으로 미분은 요구되는 바의 주어진 수보다 더 작게 될 수 있기 위하여 미규정인 채로 남아 있는 오직 크기만을 지시한다는 점을 사실상 알고 있다. 이 점에서 구조주의의 탄생은 미적분법의 모든 발생적 혹은 역동적 야망의 죽음과 일치한다."

37 (인지 과학의 관점에서 쓰여진) 바이어슈트라스의 "이산화 프로그램"에 관한 논의에 대해서는, 조지 레이코프·라파엘 누네즈, 『수학은 어디에서 오는가: 신체화된 마음이 어떻게 수학을 존재로 데리고 오는가?』(New York: Basic, 2000), 257~324.

발달을 통과하게 된다. 집합론에 의해 발생한 모순들은 그 토대에 "위기"감을 가져왔는데, 힐베르트David Hilbert의 형식주의적(혹은 형식화) 프로그램은 **공리화**를 통해서 ── 즉, 집합론이 후에 체르멜로-프렝켈에 의해 부호화되는, 공리들의 유한 집합에서 유래할 수 있다는 점을 보여 주려고 시도함으로써(칸토어의 신학적인 경향을 감안할 때, 심지어 그조차 약간의 공리적 엄밀함을 필요로 했다) ── 이를 개선하려고 시도했다. 마침내, 괴델과 폴 코언은, 그들의 유명한 정리들에서, 바디우의 언어로 말하면, 일관적으로 공식화할 수 있는 우리의 능력을 넘어서는 "무한 초과" 속에서 다양한 수학적 형태들이 존재한다는 점을 증명하면서, 결국 공리화의 내적인 한계들(불완전성, 결정불가능성)을 노정하게 된다.

이러한 역사적 소묘는, 비록 어쩔 수 없이 간략하긴 하지만, 그럼에도 불구하고 우리가 바디우와 들뢰즈 각자의 기획들 사이의 차이를 꼭 집어 말할 수 있는 기초를 제공한다. 존재론을 공리적 집합론과 동일시할 때, 바디우는 "이산화"와 "공리화"라는 이중적 프로그램을 갖는 "다수" 수학의 입장을 채택하고 있다. 이 현대적 정통설은 자주 "존재론적 환원주의"라는 특징을 부여받아 왔다. 이 관점에서 볼 때, 페넬로페 매디Penelope Maddy가 기술하는 바와 같이, "수학의 대상과 구조는 집합론적 대리물과 동일시되거나 그것으로 예시되었으며, 수학의 대상과 구조에 관한 고전적 정리들은 집합론의 공리들에 의거하여 증명되었다".[38] 루벤 허쉬는 여기에다 더 관용어법적이고 구성주의적인 특징을 부여한다.

공집합에서 시작해서, 모든 부분집합들의 집합을 형성하듯이, 몇 가지 조작들을 수행하라. 오래지 않아 여러분은 실수, 복소수, 4원수, 힐베르트 공간, 무한-차원적 미분 가능한 다양체, 그리고 여러분이 좋아하는 다른 모든 것을 끼워 넣을 수 있는 장려한 구조를 갖게 된다.[39]

바디우는 들뢰즈에게 이와 유사한 호소를 했다고 우리에게 말하면서, "'주름', '간격', '휘감기', '톱니꼴', '프랙탈', 또는 심지어 카오스와 같은 모든 유형의 도형은 어떤 집합족 속에서 이와 상응하는 도식을 갖는다…"고 주장한다.[40] 들뢰즈는, 그 자신의 입장에서, 이러한 정통주의적 입장을 충분히 인지하고 있다. "현대 수학은 미분법이 아니라 군론이나 집합론에 기초를 두고 있다고 여겨진다."(DR 180) 그럼에도 불구하고, 그는 문제론과 공리론의 본성상 근본적인 차이는 심지어 현대 수학에도 존속한다고 주장한다.

현대 수학은 또한 우리를 이율배반의 상태에 놓아둔다. 왜냐하면 현대 수학이 미적분법에다 부여하는 엄격하고 유한한 해석은 그럼에도 불구하고, 비록 이러한 공리가 미적분법에서 아무런 예시를 발견하지 못할지라도, 집합론적 토대에 무한성의 공리를 전제하기 때문이다. 여전히 실종되고 있는 것은 미분에 의해 이념으로 표현되는, **바로 문제의 형식으로 표현되는** 명제 외적이고 재현 이하적인 요소이다.

---

38 루벤 허쉬, 『도대체 수학이란 무엇인가?』(Oxford: Oxford University Press, 1997), 13.
39 페넬로페 매디, 『수학의 자연주의』, 28.
40 바디우, 『들뢰즈: 존재의 함성』, 47.

(DR 178)

들뢰즈가 존재론과 공리화된 집합론을 동일시하는 바디우의 견해를 거부하고 문제적인 것들의 존재론적 환원 불가능성을 주장하는 몇 가지 이유가 존재한다. 아주 명백하게도, 바디우의 존재론은 물리학(그리고 다른 과학들)을 수학으로 종국적으로 환원하는 것을 가정하고 있는데, 이는 현재에는 그 자체 현재 무한소의 유령에 대한 18세기 신앙의 문제와 진배없는 것이다. 많은 이유들 중 한 예를 뽑아 든다면, 프리먼 다이슨Freeman Dyson은 이러한 환원주의적 가정에 강한 의문을 품어 왔다. "물리학의 법칙을 [수학의 등식들의 유한 집합으로] 최종적으로 진술한다는 개념은 모든 수학을 위한 최종적 결정 과정의 개념만큼이나 착각적인 것으로 판명날 것이다."[41] 더 중요하게는, 수학 그 자체 내에, 이산화 프로그램의 장악 바깥에 존속하는 개념들이 존재한다. 가장 현저하게는, 기하학적 연속체 그 자체, 비-이산적 "연속적 연속체"인데, 이는 그 자체의 문제적 지위를 여전히 유지한다. 괴델은 "모든 점들을 합계하는 이 직관 개념에 따른다 해도, 우리는 여전히 선을 얻지 못한다. 오히려 점들은 선 위에 어떤 종류의 비계를 형성한다"고 사려 깊게 말했다.[42] 혹은 헤르만 바일이 말하는 바와 같이,

---

41 프리먼 다이슨, 『무한한 다양성을 위하여』(New York: Harper & Row, 1988), 52~53. 존 휠러는 『시간의 경계선』(Austin: Center for Theoretical Physics, University of Texas, 1978)에서 물리학의 법칙은 그 자체 "변하기 쉽다"는 더 강력한 논지를 제공했다(13).

42 쿠르트 괴델. 하오 왕, 『수학에서 철학으로』(New York: Humanities Press, 1974), 86에 인용되어 있다.

데데킨트, 칸토어, 바이어슈트라스에도 불구하고, 피타고라스가 무리수를 발견한 이래 우리가 직면해 왔던 큰 과제는 오늘날 여전히 완료되지 않은 채로 남아 있다. 즉, (시간의 흐름과 운동 속에서) 직관에 의해 직접적으로 우리에게 주어지는 **연속성**은 아직 수학적으로 파악되지 않았다.[43]

("연속체"라는 용어가 두 유형의 연속성 — 연속적인 기하학적 연속체와 이산적인 산술학적 연속체 — 을 지칭하기 위해, 두 개념이 본성상 다른데도 여전히 사용되고 있다.) 한 세미나에서, 들뢰즈는 "양적인 생성이 존재한다는 관념, 생성의 한계라는 관념, 무한한 작은 양들이 한계로 향한다는 관념, 이 모든 것은 절대적으로 불순한impure 개념으로, 공리적이지 않거나 공리화가 가능하지 않은 개념으로 간주되었다"고 언급했다(1980년 4월 29일 세미나). 들뢰즈 자신의 다양체 이론의 목표 중 하나는 그러한 개념들의 지위를 문제적인 것으로 평가하는 것이다.

---

43 헤르만 바일, 『연속체: 분석의 토대에 대한 비판적 고찰』(1918), 스티븐 폴라드·토머스 볼 옮김(New York: Dover, 1994), 23~24(비록 바일이 여전히 연속적 연속체에 대한 이산적 해석을 찬동하기는 하지만). 버틀런드 러셀은 그의 『수학의 원리』(New York: Norton, 1938), 347에서 푸앵카레를 인용하면서 같은 주장을 펴고 있다: "그렇게 [산술적으로 혹은 이산적으로] 이해된 연속체는 일정한 질서 속에 정돈된, 수가 무한한 개체들의 집합체라는 것은 사실이지만, 그러나 그것은 서로에게 외적인 개체들의 집합체일 뿐이다. 이것은 연속체의 요소들로 전체를 형성하는 일종의 친밀한 유대가, 연속체의 요소들 사이에, 존재하게 되어 있는 통상적인 [기하학적이거나 '자연적인'] 이해가 아니다. 연속체의 요소들 사이에 이러한 친밀한 유대에서는 점이 선에 선행하는 것이 아니라, 선이 점에 선행한다. 다양성 속의 통일이라는 유명한 공식에 의거할 때, 산술적 혹은 이산적으로 이해된 연속체는 다양성만이 존속하고 통일은 사라졌다."

더 최근의 한 예는 현대 수학 내에서 문제론과 공리론 사이에 진행되고 있는 긴장을 보여 주는 역할을 하는 데 도움이 될 것이다. 심지어 바이어슈트라스의 저작 이후에도, 미적분법을 사용하는 수학자들은, 무한소를 사용하여 추리하고, 또 무한소가 바이어슈트라스의 방법에 의해 대체될 수 있다는 (자주 점검되지 않은) 가정으로 그들의 수학적 양심을 만족시키면서, 계속 정밀한 결과를 획득하고 새로운 발견을 했다. 불순하고 혼잡한 형이상학적 개념의 "제거"가 가정되었지만, 유령 같은 무한소 개념은 수학에서 계속 문제적 개념으로서 긍정적 역할을 했다.

> [1966년에 에이브러햄 로빈슨Abraham Robinson은 이렇게 썼다.] 심지어 지금까지도, 미분 기하학에서 [무한소의 사용을 통하는 것 이외의] 다른 방식으로는 결코 확립된 적이 없는 많은 고전적 결과들이 존재하는데, 그 가정은, 엄밀하지만 덜 직관적인 ε, δ(엡실론-델타) 방법은 어떤 식으로 해서든 동일한 결과를 가져온다는 것이다.[44]

이러한 상황에 응답하여, 로빈슨은 무한소 그 자체의 공리화를 제시하는 **비-표준적 분석**을 개발했는데, 이는 마침내 수학자들에게 무한소를 증명 속에서 사용할 "권리"를 수여하는 것이었다. 형식 언어 이론을 사용하면서, 그는 통상적인 수 이론에다 (우리가 무한소 대신

---

44 에이브러햄 로빈슨, 『비표준적 분석』(Princeton: Princeton University Press, 1966), 83을 보라. 또한 277을 보라: "바이어슈트라스의 사상이 퍼짐에 따라, 극소량의 증가를 수반하는 논증은, 특히 미분 기하학에서 또 응용 수학의 몇몇 분야에서 살아남아서, 자동적으로 e, d 접근법에 의한, 이에 상응하는 발달을 위한 일종의 속기로 간주되기 시작했다."

에 i라고 부를 수 있는) 새로운 상징을 추가하여, i는 어떠한 유한수 $\frac{1}{n}$ 보다 작지만 영이 아니라고 말하는 공리들을 정립했다. 그런 다음 그는 이 강화된 수 이론이 일관되고, 통상적인 수 이론의 일관성을 가정한다는 점을 보여 주었다. 그 결과로 따르는 수학적 모델은 그것이 "표준적" 유한수와 초한수 외에도, 초실수hyperreal numbers와 무한소와 같은 비-표준적 수들을 함유한다는 점에서 "비-표준적"인 것으로 기술된다.[45] 비-표준적 모델에서, 모든 실수 r 주위에는 로빈슨이 라이프니츠에 수긍하면서 "모나드"라고 칭했던 무한소의 무리가 존재한다(모나드는 r의 "무한소적 이웃"이다). 초한수와 무한소는 서로 다른 방식으로 무한의 정도를 특징짓는 두 유형의 무한수이다. 사실상, 이는 현대 수학이 "두 별개의, 미적분법의 엄밀한 형식화"를 가진다는 점, 즉 무한소를 제거한 바이어슈트라스와 칸토어의 그것과, 무한소를 복원하고 적법화한 로빈슨의 그것을 가진다는 점을 의미한다.[46] 그러나 이러한 두 노력은 모두 무한소 개념을 문제적 개념으로서 도입하는 데 그 기원이 있었는데, 결국 상이하지만 관련이 있는 공리화를 야기했다. 들뢰즈의 주장은 수학의 존재론은 만약 그것이 문제론의 특정성과 환원 불가능성을 참작하지 않는다면, 불충분하게 이해된다

---

45 FLB 129~130을 보라: "로빈슨은 라이프니츠의 모나드는 초한수와는 매우 다른 무한수로, 세계의 수렴하는 계열을 반영하는 무한히 작은 수들의 지대에 의해 둘러싸인 단위로 간주되어야 한다고 언급했다."

46 루벤 허쉬, 『도대체 수학이란 무엇인가?』, 289. 로빈슨의 업적에 관한 논의에 대해서는, 짐 홀트의 유용한 서평, 「무한히 그대에게」, *The New York Reviews of Books*, 20(1999. 5.)을 보라. 또한 데이비스와 허쉬의 『수학적 경험』, 237~254에 있는 「비표준적 분석」에 관한 장을 보라. 후자는 다음과 같은 것을 언급하고 있다: "로빈슨은 어떤 의미에서 19세기 수학의 변통 없는 엄격함에 대항하여 18세기 수학의 무모한 방종을 옹호했고, 유한한 것과 무한한 것, 연속적인 것과 이산적인 것 사이의 결코 끝날 줄 모르는 전쟁에 대한 새로운 장을 추가했다."(238)

는 점이다.

이 두 예를 간직하면서, 수학의 문제적인 것과 공리적인 것 사이의 관계에 관해, 혹은 더 광범위하게 말해, 소수 과학과 다수 과학 사이의 관계에 관해 몇 가지 간략한 논점을 펼 수 있다. 첫째로, 들뢰즈에 따르면, 수학은 객관적으로 문제적 지위를 가지는 개념들을 부단히 생산하고 있다. 공리론(혹은 이것의 선행 이론)의 역할은 이러한 문제적 개념들을 코드화하고 고체화하여, 이 개념들에다 정리적인 근거 혹은 엄밀한 토대를 제공하는 것이다. 말하자면, 공리론자들은 수학에 있어서 "법과 질서" 타입의 사람들이다. "힐베르트와 드브로이Louis de Brogile는 과학자들인 만큼이나 정치가들이었다. 이들은 질서를 재확립했다."(TP 144) 알베르 로트망이 언급했듯이, "무리수, 무한히 작은 수, 도함수 없는 연속함수, e와 π의 초월성, 초한수는 모두 그것들에 대한 연역 이론이 존재하기 전에 사실의 불가해한 필연성에 의해 수용되었다."[47] 이런 의미에서, 공리론은 수학에 있어서 토대적이지만 **이차적인** 기획이므로, 바로 그 자신의 실존을 위해 문제론에 의존한다. 장 디외도네Jean Dieudonné가 언급하듯이,

새로운 개념들이 소개되는 팽창의 시기에, 그 개념들을 배치하는 조건들을 정확히 획정하는 일은 종종 매우 어려우며, 이 새로운 개념들에 대한 다소 긴 기간의 숙련을 일단 우리가 습득했다면, 우리는 오직 합리적으로만 그렇게 할 수 있는 점을 인정해야만 한다. 이러한 숙련

---

47 알베르 로트망, 『수학, 이념, 그리고 물리적 실재』, 사이먼 더피 옮김(London: Continuum, 2011), 88.

에는 불확정성과 논쟁이 지배하는, 얼마간 늘어난 개척[défrichement]
시기를 필요로 한다. 일단 개척자들의 영웅 시대가 지나가면, 이어서
다음 세대가 그들의 작업을 코드화해서, 잉여적인 것을 제거하고 그
기반을 고체화한다 ── 요컨대, 집을 정리한다. 이때, 새로운 사상을
가져오는 다음의 전복[bouleversement]이 있을 때까지, 공리적 방법
이 다시 군림한다.[48]

니콜라 부르바키Nicholas Bourbaki는 훨씬 더 강하게 이러한 논
점을 펴면서, "공리적 방법은 수학의 '테일러 시스템' ──'과학적 경
영' ──일 뿐이다"라고 언급한다.[49] 들뢰즈는 이와 유사한 역사적 논
지를 채택하면서, "19세기 말 공리론을 향한 추동은 자본주의에서 테
일러리즘이 일어난 것과 동시에 일어났다. 즉, 공리론과 수학의 관계
는 테일러리즘과 '근로'의 관계와 같다"고 언급한다.[50]

둘째로, 문제적 개념들은 (항상은 아니지만) 자주, 들뢰즈가 금
속공학(=야금학), 측량, 채석, 투시도법과 같은 과학들을 포함하는

---

48 장 디외도네, 『현대 수학의 공리론』, 47~48. 이는 로베르 블랑세, 『공리론』(Paris: PUF, 1955),
91에 인용되어 있다.

49 니콜라 부르바키, 「수학의 건축술」, 『수학 사상의 큰 흐름』, 프랑수아 르 리오네 편, R. A.
홀·하워드 G. 베르그먼 옮김(New York: Dover, 1971), 31. 그럼에도 불구하고 부르바키는 ──
들뢰즈와 과타리가 그러듯이 ── 이 유비는 정확한 것이 아니라고 주장한다. 즉, 수학자들은
"직관"이 그들의 연구에서 근본적인 역할을 하므로, 노동자들이 조립 라인에서 하듯이 기계
적으로 작업하지 않는다고 주장한다. "[부르바키는 이렇게 설명한다.] 이것은 상식의 직관이
아니라, 통상적 행동에 대한 (모든 추리에 앞서는) 일종의 직접적 접술이다. 그는, 오랜 연합
으로 인해 현실 세계의 대상만큼이나 친숙해진 수학적 존재들에 의거하여 이러한 통상적 행
동을 예상할 수 있는 권리를 가진다."(31) 들뢰즈와 과타리는 AO 251에서 이와 유사한 주장
을 펴고 있다.

"보행步行" 과학이라고 칭하는 것에 그 근원을 두고 있다. (우리는 군사 시설에 관한 저작에서 아르키메데스가 마주친 수학 문제, 투시 기법에 관한 데자르그, 흙의 운송에 관한 몽주 등등을 생각하기만 하면 된다.) 그러나 그러한 영역의 본성은 과학이 자율적인 힘을 갖추도록 허용하지 않는다는 점이다. 들뢰즈에 따르면, 그 이유는 보행 과학들이,

> (물질의 흐름을 **따르고**, 매끄러운 공간을 그리고 **연결하면서**) 직관과 구축의 감성적 조건들에 자신들의 모든 작동들을 복속시키기 때문이다. 모든 것은 실재 그 자체와 동연적인 객관적인 변동 지대에 위치해 있다. 아무리 세련되거나 엄밀할지라도, "근사치의 인식"은 자신들이 해결하는 것보다 더 많은 문제를 제기하는 민감하고 감성적인 평가들에 여전히 의존한다. 즉, 문제론은 여전히 그것의 유일한 양식이다. (TP 373)

그러한 과학들은 공리론의 요구가 "차단" 혹은 금지된 ──이질성, 역동성, 연속적 변이, 흐름 등등과 같은 ── 개념들과 연관을 맺고 있으며, 따라서 그 과학들은 역사에서 대체되거나 뒤에 남겨진 것으

---

50 1972년 2월 22일 세미나를 보라: "더 이상 코드들을 통과하는 것이 아니라 공리적인 것을 통과한다는 과학적 과업의 발상은 19세기 말 무렵 수학에서, … 최초로 일어났다. 우리는 이것이 오직 19세기의 자본주의에서만 잘 형성되어 있음을 발견한다." 들뢰즈의 정치철학은 그 자체 부분적으로 공리적인 것과 문제적인 것의 구별에 기초하고 있다: "우리가 사용하는 '공리적'이라는 단어는 은유와는 거리가 멀다. 우리는 국가와 관련하여 반복되는 공리적인 것 안의 모델들에 의해 제기되는, 같은 이론적 문제들을 **문자 그대로** 발견한다."(TP 455)

로서 나타나는 경향이 있다. 이와 대조적으로, 왕립 과학에 고유한 것은, 즉 왕립 과학의 정리적 혹은 공리적 힘에 고유한 것은 "직관의 조건들로부터 모든 작동들을 떼어 내어, 그것들을 진정한 내재적 개념들 혹은 '범주들'로 만드는 것이다. … 이 범주적, 필증적 장치가 없다면, 차이적 작동들은 현상의 진전을 따르지 않을 수 없을 것이다"(TP 373~374). 달리 말해서, 소수 과학과 다수 과학 사이의 존재론적 상호 작용의 장에서,

> 보행 과학은 일단의 집단적이고 비과학적인 활동들 전체에 묶여 있는 해결을 가지는 **문제들을 발명**하는 데 국한돼 있지만, 이와 반대로, 문제의 과학적 해결은 왕립 과학에 의존하고, 왕립 과학이 자체의 정리적 장치 및 작업의 조직 안에 문제를 도입함으로써 문제를 변형시킨 방식에 의존한다. 이것은 베르그손의 직관과 지성과 다소 유사하다. 베르그손의 경우, 오직 지성만이 직관이 제기한 문제들을 형식적으로 해결할 수 있는 과학적 수단을 가지기 때문이다. (TP 374)

셋째로, 따라서 이 두 극 사이의 상호 작용에서 매우 중요한 것은 이 두 극 사이에서 발생하는 번역 과정 —— 가령, 데카르트와 페르마의 경우 기하학적인 것에 대한 대수학적 번역, 바이어슈트라스의 경우 동적인 것에 대한 정적 번역, 데데킨트의 경우 연속적인 것에 대한 이산적 번역 —— 이다. 들뢰즈는 "번역의 풍부함과 필연성은 폐쇄나 중단의 위험 못지않게 개방을 위한 많은 기회들을 포함한다"고 쓰고 있다(TP 486). 일반적으로, 수학적 "인식론"에 관한 들뢰즈의 작업은 문제적인 것을 공리적인 것에, 내포적인 것(=강도적인 것)을 외연적

인 것에, 연속적인 것을 이산적인 것에, 비-계량적인 것을 계량적인 것에, 비-가산적인 것을 가산적인 것에, 리좀적인 것을 수목형적인 것에, 매끄러운 것을 홈 파인 것에 환원하는 데에 중점을 두는 경향이 있다. 분명, 이 모든 환원들이 동등한 것은 아니며, 들뢰즈는 이것들을 각각의 방식에 의거하여 분석한다. 들뢰즈 자신은 이것들 중 두 가지를 강조한다. 첫 번째 것은 "우리가 강도를 외연량으로, 혹은 더 일반적으로 말해, 거리distance의 다양체들을 이 다양체들을 측정하고 다양체들에 홈을 내는 크기magnitude의 체계로 번역하는 수단의 복잡성이다(이와 관련하여, 대수對數, logarithm의 역할)". 둘째로, "리만의 매끄러운 공간의 조각들이 유클리드의 결합을 수용하는 수단의 미묘성과 복잡성(무한소에 홈을 낼 때의 벡터의 평행주의의 역할)"(TP 486). 때로 공리론은 문제론을 중지시키고자 하는 고의적인 의지를 소유할 수 있다고 들뢰즈는 언급한다. "국가 과학은 유목 과학에 대해 오직 그 자체가 전유할 수 있는 것만을 보유한다. 국가 과학은 그 나머지 것을 어떠한 실재적인 과학적 지위도 없는, 일단의 엄밀하게 제한된 공식들로 전환시키거나, 혹은 단순히 그것을 억압하고 금지한다."[51] 하지만 최선의 노력에도 불구하고, 공리론은 그 자체의 존재론적 지위와 엄격함을 유지하는 문제론을 결코 해치울 수 없다.

소수 과학은 끊임없이 다수 과학을 풍부하게 하고 있고, 그 자체의 직

---

51 TP 362. 또한 TP 141~142를 보라: "'과학의 정치학'이라는 어구는, 단지 외부로부터 과학에 작용을 가하는 정황들이나 상태 요인들이 아니라, 과학 내적인 이러한 흐름들을 위한 좋은 어구이다."

관을 그 자체에다 소통시키고 있다. 진행 방식, 편력, 물질에 대한 감각과 취향, 특이성, 변이, 직관주의적 기하학, 그리고 번호를 매기는 수 … 다수 과학은 소수 과학의 영감을 끊임없이 계속 필요로 하지만, 소수 과학은 만약 그것이 가장 높은 과학적 요구에 직면하지 않고 또 부응하지 않는다면, 아무것도 아닐 것이다. (TP 485~486)

들뢰즈의 용어를 사용해서, 우리는 "진보"가 정리론과 공리론의 수준에서 이루어질 수 있는 반면, 모든 "생성"은 문제론의 수준에 일어난다고 말할 수도 있겠다.

넷째로, 이는 공리론은 문제론 못지않게 그 자체 발명적이고 창조적인 활동이라는 점을 의미한다. 우리는 푸앵카레를 따라 문제론을 "발견의 방법"(리만)으로, 공리론을 "증명의 방법"(바이어슈트라스)으로 간주하고 싶은 마음이 생길지도 모른다.[52] 하지만 문제론이 그 자체의 정식화와 연역 양식을 가지듯이, 공리론도 그 자체의 직관과 발견 양식을 가진다(가령, 공리들은 임의적으로 선택되는 것이 아니라, 특정한 문제와 직관에 따라서 선택된다).[53]

과학에서 공리론은 전혀 초월적이고, 자율적이고, 실험과 직관에 반하는, 의사결정적 힘이 아니다. 한편으로, 공리론은 그 자체의 암중모

---

52 앙리 푸앵카레, 「바이어슈트라스의 수학 전작」, *Acta Mathematica* 22(1898~1899), 1~18. 이는 보이어, 『수학사』, 601에 인용되어 있다. 보이어는 우리는 리만에게서 "바이어슈트라스 학파의 산술화하는 경향과 날카롭게 대비되는 분석에서 강력하게 직관적이고 기하학적인 배경을 발견한다"(601)고 언급한다.
53 FLB 48을 보라: "공리들은 문제들에 관한 것이며, 증명을 회피한다."

색, 실험, 직관 양식을 가진다. 서로 독립해 있다면, 공리들은 추가될 수 있을까? 추가된다면 어느 지점까지 추가될 수 있을까(포화된 체계)? 공리들은 철회될 수 있을까("약화된" 체계)? 다른 한편으로, **결정 불가능한 명제들**에 맞닥뜨리는 것, 자신이 정복할 수 없는 **필연적으로 더 높은 힘들**에 직면하는 것이 공리론의 본성이다. 마지막으로, 공리론은 과학의 최첨단을 구성하지 않는다. 공리론은 훨씬 더 중단점이 자, 물리학과 수학[=문제론]의 탈코드화된 흐름들이 모든 방향으로 도주하지 않도록 재정렬하는 것이다. 위대한 공리론자들은 과학 내에 존재하는 국가의 사람들로, 수학에서 매우 빈번히 일어나는 도주선을 봉쇄하고, 비록 일시적일지라도, 새로운 **계약**을 부과하고, 과학의 공적 정책을 정한다. 그들은 기하학의 정리적 개념의 후계자들이다. (TP 461)

이 모든 이유 때문에, 문제론은, 바로 그 본성상, "분류하기가 매우 힘들어 보이고, 심지어 그 역사를 추적하기가 힘든 일종의 과학, 혹은 과학의 표현 방법이다."[54] 그럼에도 불구하고, 들뢰즈에 따르면, 문제의 환원 불가능성과 발생적 역할을 인지하는 일은 캉길렘, 불리강, 뷔유맹, 로트망과 같은, 다른 방식으로 다양한 작업에서 예시되는 바의, "현대 인식론의 가장 본래적인 특징들 중 하나"가 되었다.[55] 수

---

54 TP 361. "유목론"(361~374)의 이 절은 "다수" 과학과 "소수" 과학 간의 차이를 상세하게 전개하고 있다.

55 DR 323 n22. 들뢰즈는 조르주 캉길렘, 『정상적인 것과 병리적인 것』, 캐럴린 R. 포셋 옮김 (New York: Zone, 1978)에 나오는, "문제"와 "이론"의 구분, 조르주 불리강의 『절대적 수학-논리학의 몰락』(Paris: Éditions d'Enseignement Supérieur, 1949)에 나오는 "문제-요소"와 "포

학의 해석에 있어서 그 중요성을 넘어, 문제론은 들뢰즈의 존재론은 물론이고 이념론에서 중요한 역할을 하고 있다("존재"는 필연적으로 그 자체를 문제적 형식하에서 제시하며, 문제 그 자체는 존재론적이다). 이 모든 영역에서, 들뢰즈의 문제론 이론은 다양체 이론 속에서 확장되며, 이제 우리가 향하는 곳은 그러한 다양체의 본성이다.

들뢰즈의 다양체 이론

바디우의 가장 집요한 주장 중의 하나는 들뢰즈의 다양체 이론이 수학적 패러다임이 아니라, "생기론적" 패러다임에서 유래한다는 점이다. 다음에 오는 것에서 나는 바디우와 반대로, 들뢰즈의 이론은 사실 오로지 수학에서만 ── 그 문제적 극에서 ── 유래한다는 점을 확고히 하고자 한다. 적어도 바디우는 들뢰즈의 다양체 개념이 부분적으로 미분법에서 유래한다는 점을 인정하지만, 그는 이 점을, 들뢰즈의 "실험적인 다양체 구축은 **칸토어 이전의** 것이기 때문에 시대착오

괄적 종합 요소" 간의 구분, 그리고 알베르 로트망의 "문제"와 "해"의 구분을 언급하고 있다. 이 모든 사상가들은 문제의 이중적 환원 불가능성을 주장한다. 즉, 문제는 그 "해결 가능성"에 의해 외재적으로 평가되어서도 안 되고(철학적 가상), 또 문제는 단지 두 대립하거나 모순되는 명제들 사이의 갈등으로 상상되어서도 안 된다(자연적 가상)(DR 161). 이 점에서, 들뢰즈는 대체로 수학은 그 자체를 넘어 수학 그 자체의 발생을 설명하는 메타-수학적인 힘 ── 즉, 문제의 일반 이론 및 문제의 이념적 종합 ── 을 가리키는 **변증법**에 참여한다는 로트망의 논지를 따르고 있다. 알베르 로트망, 『수학의 변증법적 구조에 관한 새로운 연구』(Paris: Hermann, 1939), 특히 「변증법에서 유래하는 수학의 발생」이라는 표제의 절을 보라: "발생 개념이 함의하는 질서는 이론의 최초의 공리들에서 이론의 모든 명제들이 흘러나온다는 의미로 수학에서 말하는 논리적 재구축의 질서가 더 이상 아니다. 왜냐하면 변증법은 수학의 부분이 아니며, 변증법의 개념들은 이론의 시원적 개념들과 아무런 관계가 없기 때문이다."(13~14) 바디우는 자주 로트망의 이름에 호소하지만, 로트망의 저작에 호소하는 일은 (설사 있다 하더라도) 거의 있지 않으며, 로트망이 메타-수학적 변증법에 호소하는 일에 반대한다.

적이다"라고 하며 오직 불만을 토로하기 위해서만 수긍한다.[56] 그러나 칸토어의 집합론은 수학에서 "이산화"를 향한 경향(집합을 순수하게 외연적인 것으로 이해하는 것)의 정점을 나타내는 데 반해, 들뢰즈의 기획은, 우리가 본 바와 같이, 수학의 문제적 극에 상응하는 다양체 개념을 정식화하는 것이다. 달리 말해서, 문제론은, 공리론에 못지않게, 순수 수학의 대상이다. 바이어슈트라스, 데데킨트, 칸토어가 이산화 프로그램에 있어서 위대한 이름이듯이, 또 힐베르트, 체르멜로-프렝켈, 괴델, 코언이 공식화와 공리화를 향한 운동에 있어서 위대한 이름이듯이, 아벨, 갈루아, 리만, 푸앵카레는 문제론의 역사에 있어서 위대한 이름들에 속한다. 들뢰즈는 바이어슈트라스 이전의 미분법 이론(마이몬, 보르다스-드물랭, 브롱스키, 라그랑주, 카르노…)을 궁구하는 일과 연루된 분명한 "시대착오성"을 충분히 알아차리고 있다. 그는 "상징 dx를 진지하게 다루는 데에는 수많은 진정으로 철학적인 소박함이 요구된다"고 인정하는 반면, 그럼에도 불구하고 "미분법에 대한 이른바 미개하거나 전과학적 옛 해석에는 보물이 매장되어 있는데, 이 보물은 그 모암母巖으로부터 분리되어야만 한다"고 주장한다(DR 170). 그러나 들뢰즈가 미분(dx)의 역할에 초점을 맞추는 이유는 이중적이다. 한편으로, 미분법에서, 미분은 본성상 문제적이다. 미분은 자신이 결과 혹은 해 속에서 **사라져야**만 하는 바로 그 이유인, 문제 그 자체의 내적 성격을 이룬다.[57] 다른 한편으로, 플라톤은

---

56 바디우, 「일자, 다자, 다양체」, 『이론적 저술들』, 72.

57 DR 161. 또한 DR 177~178을 보라: "만약 미분이 그 결과 속에서 사라진다면, 이는 문제-심급이 해-심급과 본성상 다른 한에서이다."

자신의 초월적 이념을 **불변하는** 정리적 형식으로 보았기 때문에 초월적 이념 개념을 위한 모델로 기하학을 사용한 데 반해, 들뢰즈는 미분이 그에게 **순수 변화**라는 문제적 형식의 수학적 상징을 제공하기 때문에 미분법을 내재적 이념 개념을 위한 모델로 사용한다(베르그손은 **엘랑 비탈**의 통찰을, 수학을 통하여, 포획하는 수단으로서, 미분 혹은 "유율"에 대해 이미 말한 바 있다).[58] 따라서 들뢰즈는 "미분 관계"와 "공리 관계"를 강력하게 구분짓는다(1980년 4월 29일 세미나). 그러나『차이와 반복』에서조차 미분법은 들뢰즈가 자신의 다양체 이론을 정식화할 때 사용하는 여러 수학 영역 중의 하나일 뿐이다. 즉, "우리는 미분법이 문제 그 자체의 유일한 수학적 표현이라고 가정할 수 없다. … 더 최근에는, 다른 절차들이 이 역할을 더 잘 이행해 왔다".[59] 달리 말해서, 쟁점이 되는 것은 (가령, 보행 과학에서처럼) 수학 문제의 경험적이거나 직관적인 기원도 아니거니와, 수학적 공식화의 역사적 시점(칸토어 이전 또는 칸토어 이후)도 아니다. 들뢰즈는 "[연속적인] 연속체가 이념들과, 또 이념들의 문제적 사용과 관련되어야만 하는 것은 사실이지만, 이것은 연속체가 더 이상 감성적이거나 심지어 기하학적인 직관에서 빌려 온 특징들에 의해 정의되어서는 안 된다는 조건하에서이다"라고 쓰고 있다(DR 171). 들뢰즈가 순수 수학에서 발견하는 것은 직관의 조건들과 단절될 뿐만 아니라, 또한 그것들

---

58 앙리 베르그손, 『창조적 마음』, 마벨 L. 앤디슨(Totowa, NJ: Littlefield, Adams, 1946), 33. 또한 191을 보라: "형이상학은 자신을 모든 성질들, 즉 실재 일반으로 확장하기 위하여, 우리 수학의 발생 관념[즉, 변화 또는 생성]을 채택해야 한다."

59 DR 179. 또한 D ix를 보라: "우리에게 과학, 수학, 물리학의 가장 높은 목적은 다양체인 것으로 보이고, 또 집합론과 공간론은 둘 모두 아직 초창기에 있는 것으로 보인다."

의 해결 가능성과도 단절된, 문제 그 자체의 구성이라는 엄밀한 개념이다. 들뢰즈가 결국 —— 문제론의 양식하에서만 이해될 수 있는 —— 연속적 변이와 생성과 같은 수학적 개념에다 정밀한 지위를 부여할 수 있게 되는 것은 이러한 정식화의 기반 위에서이다. 지면 관계상 여기서 들뢰즈의 다양체 이론에 관한 더 상세한 분석을 할 수 없다. 우리의 목적을 위해, 나는 문제 이론을 정식화해 왔고, 들뢰즈가 자신의 다양체 개념을 문제적인 것으로서 정식화할 때 사용하는 세 가지 수학 영역을 단지 강조하고 싶을 뿐이다.[60]

1. 첫 번째 영역은 **군** 이론인데, 이는 처음에 (미분 방정식이 아니라) 어떤 대수 방정식의 해결 가능성에 관한 물음들에서 생겨났다. 대수 방정식에는 특수하고 일반적인 두 종류의 해가 존재한다. **특수한** 해는 수적 가치에 의해 주어지는 데 반해($x^2+3x-4=0$ 그 자체의 해로 x=1을 가진다), **일반적** 해는 대수 방정식에 모든 특수한 해의 전반적 패턴을 제공한다(위의 방정식은, $x^2+ax-b=0$으로 일반화되면, $x=\frac{\sqrt{a^2}}{2}+b-\frac{a}{2}$ 라는 해를 가진다). 하지만 그러한 해들은 "일반적이든 특수하든, 그 자신의 의미를 오직 자신들에게 영감을 주는, 토대를 이루는(아래에 위치한) 문제에서만 발견한다"고 들뢰즈는 쓰고 있다(DR 162). 16세기 무렵에, 일반적 해결 가능성이 2차, 3차, 4차 방정식에서는 가능하다는 점이 증명되었다. 하지만 5제곱 이상으로 올린 방정식들은 (근호를 통한) 이전 방법을 따르기를 거부했으며, "5차 방정식"

---

60 들뢰즈의 다양체 이론에 관한 분석에 대해서는, 로빈 듀리, 「내재성과 차이: 관계 존재론을 향하여」, *Southern Journal of Philosophy*, Vol. 60(2002), 1~29; 키스 안셀-피어슨, 『철학과 잠재적인 것의 모험: 베르그손과 생명의 시간』(London and New York: Routledge, 2002); 마누엘 데 란다, 『강도의 과학과 잠재성의 철학』(London: Continuum, 2002)을 보라.

의 수수께끼는 19세기에 라그랑주, 아벨과 갈루아의 작업이 있기까지 2세기 이상 계속 풀리지 않은 채 있었다. 1824년에, 아벨은 5차 방정식은 사실상 **해결 불가능하다**는 깜짝 놀랄 만한 결과를 증명해 냈는데, 하지만 그가 사용한 방법은 그 결과만큼이나 중요했다. 아벨은 앞네 방정식(사례)의 해에는 패턴이 존재하고, 5차 방정식의 다루기 힘듦을 이해하는 열쇠를 쥐고 있는 것이 바로 이 패턴이라는 점을 인지했다. 아벨은 "해결 가능성"의 물음은 문제 그 자체에 **내재하는** 조건들에 의해 내적으로 규정된다는 점을, 문제는 이후 점진적으로 그 자체의 해결 가능성의 "장들"을 특정한다는 점을 보여 주었다.

아벨의 작업에 기반하면서, 에바리스트 갈루아는 오늘날 **군론**으로 알려진 기법을 사용하여, 이 패턴에 대한 연구에 접근하는 길을 전개했다. 간단하게 말하면, 갈루아는 "공식에 의해 해결될 수 있는 방정식들은 특수한 유형의 군들을 가져야만 하며, 5차 방정식은 그릇된 부류의 군을 가진다는 점을 보여 주었다".[61] 방정식의 "군"은 문제의 조건들을 포획한다. 군 내의 어떤 대체들을 기초로 하여, 해들은 방정식의 타당성에 관한 한, 구별 불가능한 것으로 제시될 수 있다.[62] 특히, 들뢰즈는 갈루아가 논하는 **첨가**의 근본적인 절차를 강조한다.

기초적 "장" R에서 시작하여, 이 장에 잇달아 첨가되는 것들(R^1, R^2, R^3…)은 한 방정식의 근들에 대해서, 가능한 대체들을 점진적으로 제

---

61 이언 스튜어트·마틴 홀루비츠키, 『무서운 균형』(Oxford: Blackwell, 1992), 42.
62 클라인, 『수학적 사고』, 759. "군은 근들의 구별 불가능성의 정도를 표현하므로, 한 방정식의 군은 그 방정식의 해결 가능성의 열쇠이다. 군은 우리가 근들에 대해서 알지 **못하는** 것을 우리에게 말해 준다."

한함으로써, 점진적으로 더 정확한 구별을 허용하게 한다. 따라서 "부분적 해결자"의 잇따름, 혹은 해를 바로 그 문제의 조건들부터 따라 나오게 하는 "군들"의 포매embedding의 잇따름이 존재한다. (DR 180)

달리 말해서, 한 방정식의 군은 우리가 그것의 군에 대해서 무엇을 알고 있는지 말해 주는 것이 아니라, 오히려 조르주 베리스트 Georges Verriest가 논급하듯이, "우리가 그것들에 대해 알지 못하는 것의 객관성"을 말해 준다.[63] 갈루아 그 자신이 썼듯이, "이 두 논문집에서, 특히 두 번째 논문집에서, 우리는 자주 나는 … 알지 못한다는 공식적 표현을 발견한다".[64] 이러한 알지-못함non-knowledge은 부정적인 것이거나 불충분함이 아니라, 문제의 객관적 차원에 상응하는, 알려져야 할 규칙 혹은 어떤 것이다. 들뢰즈가 『대수학의 철학』에서 행한 쥘 뷔유맹의 모범적인 분석을 따라, 아벨과 갈루아에서 발견하는 것은 "문제-해 관계의 급진적인 전복, 코페르니쿠스 혁명보다 더 대단한 혁명이다".[65] 어떤 의미에서, 우리는 "해결 불가능성"이 공리론에서의 "결정 불가능성"이 행하는 역할과 유사한 역할을 문제론에서 행한

---

63 DR 180. 여기서 C. 조르주 베리스트, 「에바리스트 갈루아와 대수 방정식 이론」, 『갈루아의 수학 전작』(Paris: Gauthier-Villars, 1961), 41을 인용하고 있다.

64 ECC 149. 여기서 앙드레 달마스, 『에바리스트 갈루아』(Paris: Fasquelle, 1956), 132에 있는 갈루아의 텍스트를 인용하고 있다.

65 DR 170. 여기서 쥘 뷔유맹, 『대수학의 철학』(Paris: PUF, 1962)을 언급하고 있다: "쥘 뷔유맹의 책은 수학에서의 구조들의 결정[혹은 들뢰즈의 의미에서의 다양체]을 제시한다. 이 점에서, 그는 (수학의 아벨을 따라서) 문제 이론의 중요성을, 그리고 결정(갈루아를 따라서 상호적이고 완결되고 점진적인 결정)의 원리들을 주장한다. 그는 어떻게 구조들이, 이런 의미에서, 진정한 발생적 방법의 야망을 실현하기 위한 유일한 수단을 제공하는지를 보여 준다."(DI 306 n26)

다고 말할 수 있을 것이다.

2. 들뢰즈가 활용하는 두 번째 영역은 미분법 그 자체인데, 이 점에서 들뢰즈의 분석들은 알베르 로트망이 자신의 『수학의 구조와 실존 개념에 관한 시론』에서 제기한 해석에 많은 정도 기초하고 있다.[66] 로트망의 저작은 문제와 해 사이에는 본성상 근본적인 차이가 있다는 착상, 해 없는 문제들의 실존에 의해 증명되는 (문제와 해 사이의) 구별이 있다는 착상에 기초하고 있다. 라이프니츠는 "미분법은 … 지금껏 해결될 수 없는, 혹은 실로, 심지어 제기될 수 없는 문제들을 표현한다는 점을 이미 보여 주었다"고 들뢰즈는 언급한다(DR 177). 결국 로트망은, 발산하기 때문에 해결될 수 없는, **비-선형적** 미분 방정식의 본성을 이해하기 위한 열쇠를 제공하는 것은 특이성 이론이었으므로, 미분 방정식 이론과 특이성 이론의 관계를 확립한다. 방정식에 의해 규정될 때, 특이점들은 곡선의 보통점들과 구별된다. 즉, 특이성들은 곡선이 방향을 바꾸는 점들(변곡점, 첨점 등)을 표시하며, 따라서 상이한 **유형**의 곡선들을 구별하기 위해 사용될 수 있다. 1800년대 후반에, 앙리 푸앵카레는, 단순한 비-선형적 방정식을 사용하여, 방정식에 상응하는 네 가지 유형의 특이점들(과상점過狀點, 안부점鞍部點, 결절점結節點, 과심점過心點)을 발견할 수 있었고, 그러한 점 근방에서의

---

66 알베르 로트망, 「수학의 구조와 실존 개념에 관한 시론」, 알베르 로트망, 『수학, 이념, 그리고 물리적 실재』, 사이먼 더피 옮김(London: Continuum, 2011); 87~193. 이 중요한 책에서, 더피 덕분에 영어권 독자들은 수학 철학에 관한 로트망의 거의 모든 저작을 접할 수 있게 되었다. 비록 바디우가 때때로 로트망에 호소하긴 하지만(『들뢰즈: 존재의 함성』, 98을 보라), 그 자신의 존재론은 로트망의 존재론과 크게 대립한다. 더구나, 바디우는 로트망의 미분 방정식 이론에 대한 들뢰즈 자신의 전유를 고려하는 법이 전혀 없다. 들뢰즈는 1968년 이후 거의 모든 그의 저서에서 로트망의 이론을 인용하고 있는데도 말이다.

해들(적분 곡선들)의 위상학적 행동을 증명할 수 있었다.[67] 푸앵카레의 작업을 기초로 해서, 로트망은 문제와 해 사이에 존재하는 본성상 차이의 본성을 특정할 수 있었다. 방정식이 제기하는 **문제**의 조건들은 미분화된differentiated 위상학적 장(벡터의 장)에서의 특이점들의 실존과 분배에 의해 규정되는데, 이 장에서 각 특이성은 객관적 미규정성의 지대(특이성을 둘러싸고 있는 보통점들)와 분리 불가능하다. 결국, 방정식의 해는 이 특이성들의 근방에 의해 구성되는, 문제적 장의 분화differenciation(혹은 현실화)의 시작을 표하는 적분 곡선과 함께해서만 나타나게 된다. 이런 방식으로 문제 그 자체의 존재론적 지위는 그 해들과 분리된다. 그 자체로, 문제는 특이성들의 다양체, 방향적 벡터들의 중첩된 장이다. 이 방향적 벡터들이 해에서의 곡선들의 "잠재적" 궤적을 정의하지만, 그것들이 모두 현실화될 수 있는 것은 아니다. 따라서 날씨와 같은, 객관적으로 문제적인 물리적 체계들의 모형을 만들기 위해 비-선형적인 방정식들이 사용될 수 있다. 방정식들은 체계의 잠재적 "끌개들"을 정의할 수 있지만(장기적으로 궤적들이 향할 내재하는 특이성들), 어느 궤적이 현실화될지 사전에 말할 수 없기에(방정식은 해결될 수 없다), 정확한 예측을 불가능하게 한다. 달리 말해서, 문제는 해(현실성)와는 별도의, 객관적으로 규정된 구조(잠재성)를 가진다.[68]

---

67 푸앵카레에 관한 논의에 대해서는, 1980년 4월 29일 세미나를 보라. 또한 클라인, 『수학적 사고』, 732~738, 그리고 로트망, 『수학, 이념, 그리고 물리적 실재』, 259를 보라. 그런 특이성들은 이제 "끌개들"이라고 칭해진다. 즉, 물리학의 언어를 사용한다면, 끌개들은 "영향권" 내에 들어오는 곡선들의 궤적을 정의하는 견인의 대야를 통제한다.

68 이런 이유 때문에, 들뢰즈의 저작은 복잡계 이론과 카오스 이론에서의 어떤 발달을 예상하

3. 하지만 문제-해 전복에는 "어떠한 혁명도 존재하지 않는다"
고 들뢰즈는 계속해서 말한다.

우리가 유클리드 기하학에 매여 있는 한에서이다. 우리는 충족이유
의 기하학, 연속성에 기반하는 불연속성을 일으키는 경향이 있는, 혹
은 해를 문제의 조건 속에 근거 짓는 경향이 있는 리만-유형의 미분
기하학으로 이동해야만 한다. (DR 162)

이것은 들뢰즈의 세 번째 수학적 자원, 곧 가우스와 리만의 **미분
기하학**으로 이끈다. 가우스는 미분 방정식을 활용하여 순수하게 내재
적이고 "국소적인local"인 방식으로, 즉 (분석기하학의 데카르트의 좌
표들과 같은) "전역적인global" 포매 공간에 대한 어떠한 참조도 없이,
곡선과 표면을 연구할 수 있다는 점을 깨달았다.[69] 이어서, 리만의 성
취는 일반적인 n-차원 곡면을 분석함으로써 공간 연구에 대한 접근법
전체를 재고찰하기 위해 가우스의 미분 기하학을 사용한 것이었다.
그는 (유클리드의 공리들이 자명한 진리가 아님을 보여 주면서) 그가
순수 "다양체" 혹은 "다중체"[Mannigfaltigkeit]라고 칭한, 다차원적이
고, 비-계량적이고, 직관 가능하지 않은 "모든 공간any-space-whatever"

는 것으로 간주되었다. 특히 데란다는 『강도의 과학과 잠재성의 철학』에서 이 연관을 강조한
바 있다. 카오스 이론의 수학에 대한 설명에 대해서는, 이언 스튜어트, 『신은 주사위를 던지
는가?: 카오스의 수학』(London: Blackwell, 1989), 95~144를 보라.

69 로트망, 『수학, 이념, 그리고 물리적 실재』, 112를 보라: "다양체의 내재적 속성들이 들어갈
모든 공간과 무관하게, 다양체의 내재적 속성들을 연구하는, 가우스와 리만이 구성한 미분
기하학은, 보편적 용기에 대한, 혹은 특권적 좌표들의 중심에 대한 어떠한 관련도 제거한다."

의 비-유클리드 기하학을 전개했다. 그는 상응하는 좌표가 극소(무한소)량에 의해서만 상이한 두 점 사이의 거리를 정의함으로써 시작했으며, 다양체의 곡률을 이웃들의 누적에 의해서 정의했다. 이웃들의 누적만이 다양체의 연관(관계)을 규정하기 때문이다.[70] 우리의 목적을 위해, 리만 다양체의 두 가지 중요한 특징들은 이 다양체의 가변적 수의 차원들(그것의 n-차원성), 그리고 이 다양체에게 외재적으로 정의된 좌표들 혹은 통일성을 부과하는 모든 보완적 차원의 부재이다.[71] 들뢰즈가 쓰고 있듯이, 리만 다양체는

> n-차원적이고, 연속적이고, 정의된 다양체이다. ··· **차원들**이라는 말로 우리는 현상이 의존하는 변수들 혹은 좌표들을 의미한다. **연속성**이라는 말로 우리는 이 변수들의 변화들 사이의 [미분] 관계들의 집합 —— 가령, 좌표들의 미분들의 2차 형식 —— 을 의미한다. **정의**라는 말로 우리는 이 관계들에 의해 상호적으로 규정된 요소들, 만약 다양체가 그것의 질서와 계량을 변화시키지 않는다면, 변화할 수 없는 요소들을 의미한다. (DR 182)

---

70 로트망, 『수학, 이념, 그리고 물리적 실재』, 97~98을 보라. "리만 공간들은 모든 종류의 동질성을 결여해 있다. 각 공간은 두 무한히 근접한 점들 사이의 거리의 제곱을 정의하는 표현 형식이라는 특징을 지닌다. ··· '한 리만 공간 안의 두 이웃하는 관찰자들은 자신들의 직접적 근방에 점들을 위치시킬 수 있지만, 새로운 약정 없이 서로와 관련하여 공간들을 위치시킬 수는 없다.' 각 근방은 유클리드 공간의 조각과 같지만, 그러나 한 근방과 옆의 한 근방 사이의 연관은 정의되지 않고, 무한한 수의 방식으로 성취될 수 있다. 따라서 가장 일반적인 의미에서 리만 공간은, 병치되지만 서로 간에 들러붙지 않는 조각들의 무정형적 합집으로 현시된다."
71 DR 183, 181을 보라. 즉, 리만의 다양체는 "다양체가 침몰하는 균일적 공간에 대한 외적 관련이나 의존 없이 내재적으로 정의된다. ··· 다양체는 체계를 형성할 필요를 전혀 갖지 않는다."

들뢰즈에 대한 비판에서, 바디우는 리만 기하학은 "차이의 중화"(하지만 리만 공간은 미분적으로 정의된다)와 "일자라는 예비적인 도형"(하지만 리만 공간에는 어떠한 예비적인 통일체도 존재하지 않는다)을 수반할 뿐만 아니라, 또한 리만 기하학은 집합론에서 그 발명의 토대를 이루는 존재론을 발견한다(하지만 리만 기하학의 **발명**은 문제론과 무한소의 사용과 결부돼 있다)고 언급한다. 오히려, 바디우의 논평은 내재적 다양체를 외연적 집합의 이산적 용어들로 번역하기 위한 "다수" 과학의 불가피한 노력이다(비록, 에이브러햄 로빈슨이 언급했듯이, 무한소들을 사용해서 미분 기하학에서 획득된 결과들이 결코 분명하지 않을지라도, 바이어슈트라스의 방법들을 사용해서 자동적으로 획득 가능하다).[72]

『차이와 반복』에서, 들뢰즈는 문제적인 것 혹은 미분 다양체의 일반 이론을 전개하기 위해 이 모든 자원들에 의존하는데, 이 미분 다양체의 정식화 가능한 조건들은 다음과 같이 간략하게 요약될 수 있다.

1. 다양체의 요소들은 단지 "결정 가능할" 뿐이다. 그 요소들의 본성은 한정 특성이나 공리(가령, 외연성)에 의해 사전에 규정되지 않는다. 오히려, 그 요소들은 동일성, 감성적 형식, 개념적 함의, 할당 가능한 함수를 갖지 않는 순수 잠재성들이다(규정 가능성의 원리).

2. 그럼에도 불구하고, 다양체의 요소들은 미분 관계 안의 특이성들

72 바디우, 「일자, 다자, 다양체」, 『이론적 저술들』, 78.

로서 상호적으로 규정된다. 즉, 다양체를 "문제적인 것"으로 보는 순수하게 내재적인 정의를 제공하는, "국소화 불가능한 이념적 연관"으로서 상호적으로 규정된다. 미분 관계는 그 항들에 **외적**일 뿐만 아니라, 또한 그 항들에 대해 **구성적**이다(그 항들을 구성한다)(상호 규정의 원리).

3. 이 관계들의 가치들은 문제의 완결된 규정을 정의한다. 즉, "실존, 수, 그리고 그 조건들을 문제**로서** 정확히 제공하는 결정점들의 분배"(완결된 규정의 원리).[73]

마지막으로, 충족이유의 이러한 세 측면은 점진적 규정의 시간적 원리 속에서 자신들의 통일성을 발견하는데, 그것은 이 점진적 규정을 통하여, 우리가 아벨과 갈루아의 작업에서 본 바와 같이, 문제가 해결되기 때문이다(첨가 등)(DR 210). 들뢰즈 기획의 힘은, 문제론과 관련하여(비록 들뢰즈가 그의 이론을 순수하게 철학적인 방식으로 제시하면서, 그의 결론에 과학적 지위를 부여하는 것을 명백히 거부하더라도), 공리론에서 행해진 "엄밀함"을 향한 운동과 어떤 의미에서 유사하다. 들뢰즈의 기획은 기하학적 직관과 해결 가능성으로부터 벗어나고, 순수 사유 속에서만 존재하는 문제 이론의 정식화를 제시한다.[74] 이 기획을 착수할 때, 그에게는 철학적 선구자(로트망, 뷔유맹)가 거의 없었으며, 그가 자신의 노력에 성공한 정도는 의심할 여지 없이

---

73 특히 DR 183을 보라. 제5장 전체가 들뢰즈의 다양체 이론에 관한 상세한 서술이긴 하지만.
74 DR xxi을 보라: "우리는 우리가 과학적이지 않은 방식으로 과학에 대해 말해 왔다는 점을 잘 알아차리고 있다."

여전히 미결 문제로 남아 있다. 마누엘 데란다Manuel De Landa는, 최근의 저작에서, 현대 과학에서 유래하는, 들뢰즈의 정식화에 보이는 몇 가지 정교함을 제시했다. 즉, 어떤 유형의 특이성은 이제 "이상한 끌개"로서 인지될 수 있고, 문제적 장의 해결(잠재적인 것에서 현실적인 것으로 향한 운동)은 이제 시-공간적 "대칭 파괴의 연쇄cascade"로 기술될 수 있다, 등등.[75] 하지만 들뢰즈의 이론에 대한 그 자신의 변경에도 불구하고, 데란다가 주장하듯이, 들뢰즈 그 자신은 "적합하게 문제론의 문제를 제기한 점에 대해서 인정받아야 한다".[76]

들뢰즈와 바디우

이제 들뢰즈의 문제론 개념에 대한 더 적절한 이해를 장착하고서, 우리는 이제 바디우의 비판으로 돌아가, 들뢰즈에 관한 바디우의 두 가지 주요 논제들 중 어느 것도 그들의 근본적 차이의 실제적인 본성을 왜 표현하지 못하는지 알 수 있다. 들뢰즈가 일자의 철학자라는 바디우의 논제는 몇 가지 이유에서 설득력이 거의 없다. 첫째로, 바디우는 들뢰즈의 일의성 개념으로부터 이끌어 내어, "일의성=일자"라는 등식을 제시한다. 하지만 이미 스코투스의 경우에서, "존재의 일의성" 학설은 신플라톤주의의 "일자의 철학"과 절대로 양립 불가능하다(또 부분적으로 대항한다). 더구나, 『차이와 반복』에서 들뢰즈의 명시적인(그리고 반복되는) 논제는, "존재Being"라는 용어가 단일하

---

75 데란다, 『강도의 과학과 잠재성의 철학』, (끌개에 관한) 15, 그리고 (대칭 파괴의 연쇄cascade에 관한) 제2장과 3장을 보라.
76 데란다, 『강도의 과학과 잠재성의 철학』, 102를 보라.

고 일의적 의미에서 말해질 수 있는 유일한 조건은 존재가 **차이 그 자 체**에 대해 일의적으로 말해진다면이다(즉, "존재는 일의적이다"="존 재는 차이이다").[77] 바디우가 그렇게 하듯이, 들뢰즈의 작업이 일자로 서의 존재에 대한 존재론적 선이해를 기초로 하여 작동한다고 주장 하는 것은 사실상 들뢰즈가 일의성 학설을 **거부한다**고 주장하는 것이 다.[78] 달리 말해서, "존재는 일의적이다"와 "존재는 일자이다"는 절대 로 양립 불가능한 논제인데도, 바디우는 이 두 논제를 합체했는데, 여 러 논평가들이 언급해 온 바와 같이, 이는 일의성 이론에 대한 근본적 인 오해를 드러내는 것이다.[79] 둘째로, 그럼에도 불구하고 들뢰즈는 일의성과 양립 가능한 일자 개념을 제시한 것은 사실이지만(가령, 카 오스로부터 잘라진 할면으로서의 내재 면의 "하나-모든 것"; WP 35, 202~203을 보라), 바디우는 그 자신의 일자 개념의 비견실성이라는 일부 이유 때문에 이 점을 표현할 수 없는 것으로 보인다. 바디우의 일자 개념은, 몇 가지 예만 들어 보아도, 신플라톤주의의 일자, 기독 교의 신, 스피노자의 실체, 라이프니츠의 연속성, 칸트의 무조건적 전 체, 니체의 영원회귀, 베르그손의 **엘랑 비탈**, 일반화된 통일성 개념, 그

---

77 DR 117을 보라: "하이데거의 존재론적 직관에 따르면, 차이는 그 자체 안의 분절과 연결이어 야만 한다. 차이는 차이 나는 것을 어떠한 매개도 없이 차이 나는 것에 관련시켜야만 한다."

78 바디우, 『들뢰즈: 존재의 함성』, 20. 들뢰즈에 대한 바디우의 신플라톤적 정의에 대해서는, 26을 보라: "그것은 마치 역설적이거나 최고로 탁월한 일자가 내재적으로 자신이 분배하는 일의적 의미를 가지는 존재자들의 행렬을 생겨나게 한다."

79 이러한 융합은 바디우, 『들뢰즈: 존재의 함성』, 46에서 가장 분명하게 진술된다: "일자의 일 의적 통치권." 일의성 이론에 대한 바디우의 독해에 관한 논의에 대해서는, 네이선 위더, 「시 뮬라크르의 권리, 들뢰즈와 존재의 일의성」, *Continental Philosophy Review* 34 (2001), 437~453, 그리고 키스 안셀-피어슨, 「단순한 잠재적인 것: 일자에 관한 새로운 사고」, 『철학과 잠재적 인 것의 모험: 베르그손과 생명의 시간』, 97~114를 보라.

리고 들뢰즈의 잠재적인 것 등에 여러 가지로 동화되었기 때문이다.[80] 이러한 개념적 유동성의 이유는 분명해 보인다. 즉, 바디우에게 현대 철학의 임무는 "일자의 포기"이므로, 또 그에게는 오직 집합론적 존재론만이 이 임무를 이행할 수 있으므로, "일자" 개념은 바디우의 저술에서 사실상 **모든** 비-집합론적 존재론을 가리키는 표지에 지나지 않는 것이 된다. 하지만 —— 유명한 예를 사용한다면 —— 아우구스티누스가 자신의 신플라톤주의(일자를 신봉함)를 포기함으로써 기독교인(신을 믿는 사람)이 되었다는 사실은 이 용어들이 쉽사리 상호 교환될 수 없다는 점을 보여 주기에 충분하며, 일자를 포기하는 것은 심지어 신을 포기하는 것을 수반하지 않는다. 더구나, 칸트는 "세계" 이념은 초월적 가상이라는 점을 이미 보여 주었다. 우리는 오직 초월성의 관점에서 존재의 "전체"("존재하는 것의 총체성")에 대해 말할 수 있을 뿐이다. 총체성으로서의 존재Being 개념이라면 그 어떤 것도 **방지하는** 것은 바로 존재Being 개념의 "내재성"(일의성)이다. 셋째로, 또 가장 중요하게는, 일자 개념은, 심지어 "내재적 다자 개념"의 문제에 관한, 바디우와 들뢰즈 사이의 차이를 표현하지 못한다. 외연적 다양체(집합)와 미분적 다양체(가령, 리만의 다중체)는 둘 모두, 일자나 전체나 통일에 의존함이 없이, 순수하게 내존적intrinsic이거나 내재적인immanent 방식으로 정의된다. 진정한 **차이**differend는 공리론과 문제론, 다수 과학과 소수 과학 사이의 차이에 위치해야만 한다.

이와 대조적으로, 들뢰즈의 "생기론vitalism"에 관한 바디우의 논

---

80 가령, 바디우, 「일자, 다자, 다양체」, 『이론적 저술들』, 70을 보라: 일자는 "'모든 것' 혹은 '전체', '실체', '생명', '기관 없는 신체' 혹은 '카오스'의 이름을 띨 수도 있다".

지는 실재적 차이를 표현하는 데로 더 가까이 다가간다. (확실히, 바디우는 들뢰즈가 이 생물학적 용어를 반쯤은 신비스러운 생명-력life-force을 가리키는 전통적인 언급과 결별하며, 다소 도발적인 방식으로 사용한다는 점을 인지하고 있다.) 비록 들뢰즈의 정식적인 다양체 이론이 수학적 모델에서 유래할지라도, 그가 다양체를 현실화하는, **개체화**의 강도적 과정을 기술할 때 수많은 비-수학적 영역(생물학, 뿐만 아니라 물리학과 지질학)에 호소한다는 것은 사실이다. 달리 말해서, "생기론"은 개체화의 수준에서 등장한다 — 따라서 『차이와 반복』에서, "차이의 이념적 종합"에 관한 제4장(수학에 호소하는, 다양체 이론)과 "감성적인 것의 비대칭적 종합"(생물학에 호소하는, 개체화 이론)에 관한 제5장의 구별이 있다. 하지만 이 구별은 배타적인 것도 아니고 규제적인 것도 아니다. 심지어 수학에서도, 문제에서 해로 향하는 운동은 현실화 과정을 이루고 있다. 비록 형식적으로는 구분되지만, 이 두 사례들 사이에는 어떠한 존재론적 분리도 존재하지 않는다(들뢰즈의 "미/분화different/ciation"라는 복합 관념). 들뢰즈가 설명하는 바와 같이,

> 우리는 미분화의 **수학적** 기능과 분화의 **생물학적** 기능으로부터 철학적 개념을 구성하려고 했을 때, 이 두 개념 각각의 대상들의 수준에서는 나타날 수 없는 이 두 개념 사이의 진술 가능한 관계가 존재하는지 여부를 물었다. … 수학과 생물학은 여기서 오직 잠재적인 것[문제적 다양체]의 노정과 현실화[생물학적 개체화]의 과정을 허용하는 기법적 모델로 가장하고서 나타날 뿐이다. (DR xvi, 220~221)

따라서 들뢰즈는 바디우가 존재론을 수학으로 환원하는 작업을 거부하며, 생물학은 그 자체 수학, 물리학, 화학의 다양한 발달을 포괄하고 종합할 수 있는 가장 상위의 과학일 수도 있다는 에른스트 마이어Ernst Mayr의 제언에 공감을 표해 왔다.[81]

　　바디우가 이러한 "생기론"에 저항하는 것은 존재론에 대한 그의 제한된 이해(그의 제한된 존재론 개념)에 의해 설명될 수 있다. 바디우에게, 존재론이라는 용어는 실존의 문제에 무관심한, 오로지 "존재being로서의 존재Being"(공리적 집합론) 담론만을 가리킨다. 이와 대조적으로, 들뢰즈에게, 존재론은 존재, 존재자, 그리고 (하이데거의 용어를 사용한다면) 존재와 존재자의 존재론적 차이를 포괄하며, 그러므로 "존재-그-자체"의 규정들은 실존 속에 있는 존재자와 무매개적으로 관련되어야만 한다. 이런 이유로 미적분법은 들뢰즈와 바디우를 비교할 때 강력한 시험 사례로서 기능한다. 올바르게도, 미적분법은 물리적 우주에 대한 수학적 탐구를 위해 지금껏 발명된 것 중 가장 강력한 도구로 기술되어 왔다. 그러나 미적분법의 초기의 정식화들에서, 우리가 보아 온 바와 같이, 미적분법은 고전 대수학이나 산술학의 관점에서 보아 정당화되지 않는 개념들을 동원했다. 라이프니츠가 말한 대로, 그것은 수학적 실재로 환원될 수 없는 허구였다. 그러나 이 기원들로부터 우리는 미적분학의 역사를, 말하자면, 두 벡터, 즉 미적분법의 토대를 확립하는 일로 향하는 벡터, 혹은 실존에 대한 계속 심화되는 탐구 속에서 미적분법을 사용하는 일을 향하는 벡터

---

81 에른스트 마이어, 「생물학은 자율적 학문인가?」, 『생물학의 새로운 철학을 향하여: 한 진화론자의 관찰』(Cambridge, MA: Harvard University Press, 1988), 8~23.

를 따라 추적할 수 있다. "왕립" 과학에 의한, 수학의 엄밀함으로 향하는 운동은 수학 내적인 미적분법 개념을 위한 토대를 확립하려는 시도에 의해 동기가 부여되었다. 바디우는 자신의 저작을 오로지 이 길에 위치시키며, 공리적 집합론을 "합리적 존재론 그 자체"로서 특징 짓는다.[82] 이와 대조적으로, 들뢰즈는 공리론의 토대적 필연성(필요성)을 강조하는 한편, 마찬가지로, 실존을 이해하기 위해 행하는 미적분법의 역할을 강조한다.

> [들뢰즈는 이렇게 쓰고 있다.] 미분법은 수학과 실존하는 것(=실존자)의 일종의 결합이다 — 명확히 말해, 미분법은 실존하는 것의 상징 체계이다. 이는 미적분법이 수학적 진리와 관련하여 잘 정초된 허구이며, 따라서 실존의 실재에 대한 기초적이고 실재적인 탐구 수단이기 때문이다.[83]

헤르만 바일이 말하듯이, 자연의 법칙은 필연적으로 미분 방정식으로서 표현되며, 수학과 실존의 이 연관을 확립하는 것은 바로 미적분법이다(가령, 아인슈타인의 일반 상대성은 텐서 미적분법을 사용했다. 공리론이 미적분법의 토대를 수학 내에서 확립한 반면, 우리는 바

---

82 바디우, 「일자, 다자, 다양체」, 『이론적 저술들』, 73.
83 1980년 4월 22일 세미나를 보라. 또한 1980년 4월 29일 세미나를 보라: "모든 사람은 미분 기호들이 모든 수학적 실재에, 즉 기하학적, 산술적, 대수적 실재에 환원될 수 없다는 점에 동의한다. 그 차이는, 어떤 사람들은, 결과적으로, 미분법은 오직 약정 — 다소 수상쩍은 약정 — 에 불과하다고 생각하고, 또 어떤 사람들은, 이와 반대로, 수학적 실재와 관련한 그 인위적 성격 덕분에 물리적 실재의 어떤 측면에 적합하다고 생각할 때, 일어난다."

로 미적분법 그 자체에서 수학이 **실존**과 맺는 관계(문제론)를 찾아내야만 한다. 이는 의심할 여지 없이 바디우와 들뢰즈의 근본적인 차이다. 바디우는 실존을 자신의 존재론으로부터 완전히 제거한다(어떠한 물질, 생명, 감성의 "존재자"도 없다…). 그러나 들뢰즈의 경우, 실존은 완전히 존재론 그 자체의 차원이다. 즉, "힘"은 물질의 존재자에 대한 규정이고(라이프니츠), "생기론"은 생명체의 존재자에 대한 규정이고(베르그손), "강도"는 감성적인 것의 존재자에 대한 규정이다 (칸트) 등등. 집합론적 공리론이 여전히 접근할 수 없는 것은 수학의 이러한 발생적이고 문제적인 측면이다.[84]

바디우가 들뢰즈 사상의 "문제적" 차원을 무시하는 일은 그가 들뢰즈를 읽을 때 수많은 부적절함을 초래한다. 『들뢰즈: 존재의 함성』에서 바디우의 접근법은, "들뢰즈의 방법이 요구하는 출발점은 언제나 구체적인 **사례**"라는 가정에 의해 인도된다.[85] 하지만 이는 그릇된 가정이다. 즉, 들뢰즈에게, 출발점은 언제나 **문제**이며, "사례들"은 그 자체 문제로부터 유래한다. 근본적인 물음은 어떤 문제들이 흥미롭거나 주목할 만한지를, 혹은 문제 그 자체 내에서 무엇이 흥미롭거나 주목할 만한지를 규정하는 것이다(군론). 만약 우리가 사례로 시작한

---

84 DR 178을 보라: "현대 수학은 우리를 이율배반의 상태에 놓아두고 있다. 왜냐하면, 미적분법에서 어떠한 예시도 발견하지 못하는 데도 불구하고, 이 공리가 미적분법에 부여하는 엄밀한 유한적 해석이 집합론적 토대상의 무한성 공리를 전제하고 있기 때문이다. 여전히 누락되고 있는 것은 미분에 의한 이념으로, 정확히 말해 문제의 형식으로 표현되는 명제 외부적 혹은 재현 이하적 요소이다."

85 바디우, 『들뢰즈: 존재의 함성』, 14. DR 192를 보라: "재현과 인식은 전적으로 해의 사례들을 지시하는 의식의 명제들을 본으로 삼지만, 그 명제들 자체는 자신들을 사례들로서 생겨나게 하는, 완전히 부정확한 심급의 개념을 부여한다."

다면, 이는 그 사례가 상응하는 문제를 규정하기 위해서이다("개념의 창조는 언제나 문제의 함수로서 일어난다." [ABC H]). 유명한 일이지만, 에르되시 팔은 수학 문제에다, 난이도뿐만 아니라 **문제로서의** 중요도에 따라 10에서 3,000에 이르는 화폐 가치를 부여했으며, 문제가 해결되었을 때 (자주 대학원생들에게) 돈을 지불하곤 했다.[86] 마찬가지로, 푸앵카레는 흥미롭지 않은 문제를 증명하는 것은 주목할 만한 문제의 증명에서 결함을 발견하는 것보다 나쁘다고 말하곤 했다.[87] 달리 말해서, 해의 진리는 다루어지고 있는 문제의 "관심"의 진리보다 덜 중요하다(문제는 언제나 그것이 "받을 만한" 해를 가진다).

또, 우리는 —— 바디우가 빈번히 그렇게 하듯이 —— 들뢰즈는 단순히 "형상적인figural" 것에 대한 현상학적 기술을 생산할 목적으로 "구체적인 것"에 의존할 뿐이다라고 말할 수 없다. 바디우는 들뢰즈의 작업은 "추상적인 것의 진정한 권리를 지지하지 않고, 대신에 "구체적 분석의 유혹적인 번뜩임"에 몰두한다"고 주장하기까지 한다. 기껏해야, 바디우는 들뢰즈가 수학에서 "강력한 은유"(그렇다, 나는 진정 은유를 의미한다)를 이끌어 내고, "순수 변화를 은유화하는 현상학"에 지나지 않는 것을 생산한다고 생각한다.[88] 이는 "구체적인" 것

---

86 폴 호프만, 『오직 수만을 사랑한 남자: 에르되시 팔의 이야기와 수학적 진리에 대한 탐구』 (New York: Hyperion, 1998), 17.

87 N 130을 보라: "푸앵카레는 많은 수학 이론들은 전적으로 부적절하고 무의미하다고 말하곤 했다. 그는 그 이론들이 틀렸다고 말하지 않았다. 그렇게 말했더라도 그렇게 나쁘지 않았을 것이다."

88 바디우, 『들뢰즈: 존재의 함성』, 1, 98~99. 또한 70을 보라. 여기에서 바디우는 들뢰즈를 플라톤의 "은유적 수학"에 결부시키고 있다. 바디우는 들뢰즈의 악명 높은 은유 혐오를 언급하고 있지만, 여기서 그 혐오가 사라진다고 생각할 이유가 전혀 없다. 가령, "주름" 개념은 은유가 아니라, 문자 그대로의 위상학적 변형이다. "리좀" 개념조차도, 그 은유적 공명이 무엇이든

에 대한 단순화된 견해를 의미할 뿐만 아니라(들뢰즈가 언급하듯이, "구체적인 것의 정반대는 추상적인 것이 아니라, 이산적인 것이다. … 체험lived experience은 절대적으로 추상적인 것이다"),[89] 또한 이는 문제론이라는 정식적 이론에 대한 들뢰즈의 전개, 그리고 이러한 전개의 복잡한 수학적 원천들을 완전히 무시하는 것을 의미한다. 들뢰즈가 쓰고 있듯이,

> 우리는 "특이점과 독특점"이나 "첨가 장"…과 같은 이 모든 표현들에서 수학적 은유들을 보아서는 안 된다. 이 표현들은 변증법적 이념의 범주들이고, … 모든 영역에서 이념에 상응하는… 미분법의 외연들이다. (DR 190)

결국, 이렇게 회피함으로써 바디우는 몇 가지 잘못된 주장을 펴게 된다. 예를 들어, 들뢰즈는 자신의 책 『베르그손주의』에서, 베르그손의 "직관"을 문제들을 진술하고 창조하는 일을 본성으로 하는 정교한 방법으로 정의한다(B 14). 바디우는, 그 자신의 논지를 지지하기 위해, 이 정의를 무시하고, 대신에 직관을, 존재자들을 "단지 일자의 국소적 강도들"로 사유하는 방법으로 재해석한다.[90] 마찬가지로, 들

간에, 수학 그리고 다른 곳에 보이는 "수목형" 도식의 문자 그대로의 사용(수목 구조, 가지, 분기 등)의 반대쪽으로 주로 향해 있다.

89 1978년 3월 14일 세미나: "추상적인 것은 체험이다. 일단 체험에 도달하면, 여러분은 추상적인 것의 가장 완전한 핵에 도달한다고 나는 말하고 싶다." 또한 1978년 3월 21일 세미나를 보라. "여러분은 추상적인 것 이외에 아무것도 살아갈 수 없으며, 그 누구도 추상적인 것 이외의 어떤 것도 살아오지 않았다."

90 바디우, 『들뢰즈: 존재의 함성』, 36.

뢰즈는 다음과 같이 언급한 바 있다.

> 직관주의 학파(브라우어르Brouwer, 헤이팅Heyting, 그리스Griss, 불리강
> Bouligand)는 수학에서 대단히 중요하다. 이 학파가 직관의 환원 불가
> 능한 권리들을 주장하거나, 혹은 심지어 매우 참신한 구성주의를 정
> 교하게 다듬었기 때문이 아니라, **문제 개념을 개발했고, 본질적으로**
> **공리론에 필적하고 다른 규칙들에 의해 진행되는 문제들의 미적분법을**
> **개발했기 때문이다.**[91]

하지만 바디우가 들뢰즈를 "현대 수학의 구성주의적 시각, 그리
고 실로 직관주의적 시각"과 연관시킬 때, 그는 다시 문제론과의 연
관을 무시하고, 대신에 기묘하게도 구성주의 학파를, "이미 복합적인
응결물"에 대한 감성적 직관에서 시작하는 순수하게 "기술적인" 과
제를 추구한 것으로 이해한다.[92]

공리론에 대한 바디우의 강조는 또한 들뢰즈의 철학사 작업에
대한 그의 독해에 영향을 미친다. 가령, 바디우는 "수학만이 존재를
사유한다"고 주장하는 "스피노자가 다루는 수학의 기능을 들뢰즈가
무시한다"고 하며 불만을 토로한다.[93] 하지만 이 역시 결코 올바른 것

---

91 TP 570 n61. 또한 TP 461을 보라: "직관주의가 공리론에 반대했을 때, 그것은 직관주의의 이
   름, 구축과 창조의 이름에서뿐만 아니라, 또한 문제들의 미적분법의 이름에서였고, 덜 추상
   적인 것이 아니라, 결정 불가능한 것과 순식간의 것 속에서 작동하는 완전히 다른 추상 기계
   를 의미했던 과학의 문제적problematic 개념의 이름에서였다."
92 바디우,『실존에 관한 지침』, 50. 들뢰즈의 방법론이 직관에 의존한다는 바디우의 주장은『들
   뢰즈: 존재의 함성』, 제3장, 특히 31~40에서 논의된다.
93 바디우,『실존에 관한 지침』, 71.

이 아니다. 즉, 들뢰즈는 스피노자가 수학을 순수하게 공리적인 형식을 취하도록 놓아둔다고 하며 스피노자를 비판한다. 들뢰즈는 "스피노자의 경우, 기하학적 방법의 사용은 전혀 '문제들'을 수반하지 않는다"고 쓰고 있다(DR 323 n21). 이런 이유로, 스피노자를 독해할 때, 들뢰즈는 (공리적 연역의 범위 바깥에 있고, "변용들" 주제를 전개하는, 『윤리학』의 유일한 요소들인) 방주의 역할, 그리고 (문제적 단절과 수축을 연역적 설명 그 자체에 도입하는) 다섯 번째 책의 역할을 강조한다.[94] 정리적 장치와 공리적 장치에 중점을 두는 바디우가 들뢰즈의 스피노자를 "인지할 수 없게" 만드는 것은 윤리학의 문제적 측면들에 대한 이러한 강조이다.[95] 실로, 문제론과 관련하여, 들뢰즈는 데카르트는 스피노자보다 실제로 더 멀리 나아갔으며, 기하학자 데카르트는 철학자 데카르트보다 더 멀리 나아갔다고 언급한다. 즉, "데카르트의 방법"(명료한 것과 판명한 것에 대한 탐색)은 문제를 해결하기 위한 방법인 데 반해, 데카르트의 『기하학』에서 제시된 분석 절차는 문제 그 자체의 구성에 초점을 두고 있다("데카르트의 좌표들"은 『기하학』 어디에서도 나타나지 않는다).[96] 이 모든 특징 부여에서, 우리는 때로 바디우에게서 어느 정도는 "왕립" 과학자들을 후원하는 태도를 감지하는데, 이들 "왕립" 과학자는 들뢰즈의 사상이 문제론 및 문제론

---

94 방주의 역할에 대해서는, EPS 342~350(방주에 관한 보유)을 보라. 『윤리학』 제5책의 독특함에 대해서는, ECC 149~150을 보라.

95 바디우, 『들뢰즈: 존재의 함성』, 1. 스피노자에 관한 바디우의 시론, 「스피노자의 폐쇄적 존재론」, 『실존에 관한 지침』, 73~87을 보라.

96 DR 161, 323 n21을 보라. 또한 『도대체 수학이란 무엇인가?』, 112~113에 있는, 데카르트에 관한 허쉬의 논평을 보라: "유클리드의 확실성은 대담하게 **방법** 속에서 선전했고, 몰염치하게 **기하학** 속에서 내팽개쳤다."

의 열등한 개념의 수렁에 빠져 있다고, 또 "엄격한 수학"과 그 "섬세한 공리론"의 작업을 위해 요구되는 탄탄함을 결여한다고 본다.

하지만 아마도 바디우의 저작에서, 특히 그의 정치적 관심들을 감안할 때, 가장 주목할 만한 생략은 들뢰즈의 정치철학을 무시했다는 점이다. 왜냐하면 들뢰즈의 정치철학은 이러한 수학적 모델로부터 직접적으로 유래하기 때문이다. (바로 그 제목이 공리론-문제론 구분을 반영하는)『자본주의와 분열증』의 중심적 주제는 자본주의 그 자체는 ― 은유적으로가 아니라 글자 그대로 ― 공리적인 것을 기반으로 하여 기능한다.[97] 이는 자본 그 자체는 문제적 다양체이기 때문이다. 즉, 자본은 우리의 급료 지불 수표에서 이산적 양들에로 전환되어 변화를 느슨하게 할 수 있지만, 그 자체로 화폐 집적체는 자신을 제어하는 어떠한 기관도 없이 증가하고 감소하는 연속량 혹은 강도량이다. 연속량과 마찬가지로, 자본은 공리에 의해 정복될 수 없다. 더 정확히 말해, 자본은 부단히 새로운 공리들의 창조를 요구한다(자본은 "공리적인 것에 묶여 있으나 공리적인 것을 넘어서는 연속체의 힘과 같다". TP 466). 결국, 자본은 이러한 자본 순환을 따르는 다른 흐름들, 즉 상품들의 흐름, 인구의 흐름, 노동의 흐름, 교통의

---

97 TP 455를 보라: "우리가 사용하는 단어 '공리적인 것'은 은유와 거리가 멀다. 우리는 국가와 관련하여 반복되는 공리적인 것의 모델들이 제기하는 것과 같은 이론적 문제들을 글자 그대로 발견한다." 부분적으로, 이것은 역사적 테제이다. 수학을 산술화하는 바이어슈트라스의 계획, 그리고 동시에 전개되는 작업을 조직하는 테일러의 계획은 우연에 의해서가 아니다. 1972년 2월 22일 세미나를 보라: "더 이상 코드들을 통과하는 것이 아니라 공리적인 것을 통과한다는 과학적 과업의 발상은 19세기 말 무렵 수학에서, 즉 미분화의 작동이 더 이상 과정으로 간주되지 않는, 미분법에 대한 정적 해석을 착수하여, 미분 관계들의 공리를 만드는 바이어슈트라스와 더불어 최초로 일어났다. 우리는 이것이 19세기 자본주의에서만 잘 형성되어 있음을 발견한다."

흐름, 지식의 흐름 등등을 생산하며, 이 모든 흐름들은 자본주의 제도의 관점에서 필연적으로 "문제적인" 지위를 가진다. 들뢰즈의 독해에 의하면, 자본주의 국가의 근본적 작동은 이러한 "탈영토화된" 흐름들을 공리화함으로써 그 흐름들을 제어하려고 시도하는 것이다. 하지만 이러한 공리화는 결코 완결될 수 없다. 모든 공리적인 것에 내재하는 한계 때문이 아니라, 새로운 "문제적인 것들"이 부단히 창조되는 과정 속에 있기 때문이다. 들뢰즈는 "진정한 공리적인 것은 사회적인 것이지 과학적인 것이 아니다"라고 말한다.[98] 잘 알려진 한 가지 예를 들어 보자. 들뢰즈에게 "소수자들"은 그 자체로 비-가산적 다양체들이다. 그들은 가산되고, 계산되고, 신분증이 주어지고, (가산적인 다양체, 즉 이산적인 수적 요소들의 다양체인) 다수자의 일원이 됨으로써 자본주의적 공리 체계로 인도될 수 있다. 하지만 또한 공리적인 것 안으로 들어가지 않는 데에서 오는 소수자들의 힘이 존재한다. 이 힘은 소수자들을 단지 공리적인 것 안의 "찢어진 곳"이나 "갈라진 곳"으로 환원하는 것이 아니라, 그들에게 문제적인 것으로서의, 그들 자신의 객관적이고 결정 가능한 존재론적 적극성positivity을 부여한다.[99]

---

98 1972년 2월 22일 세미나를 보라: "진정으로 공리적인 것은 사회적인 것이지 과학적인 것이 아니다. … 과학적으로 공리적인 것은 자본주의 기계에 의해 과학의 흐름, 인식의 흐름을 인도하고, 수용하는 수단 중의 하나일 뿐이다. … 모든 공리론은 과학을 자본주의 시장으로 이끄는 수단이다. 모든 공리론은 추상적인 오이디푸스 형성물들이다."

99 한 텍스트에서, 바디우는 문제적인 것과 공리적인 것의 구별을 그 자신의 방식으로 인지하는 것으로 보인다: "오늘날, 우리는 오히려 이미 복합적인 응결체에서 출발하는데, 집합 혹은 결정된 토대의 면에 관심을 갖지 않고서 응결체의 탈구축-재구축의 원리를 발견하는 것은 특이성을 따라 응결체를 접거나 펴는 문제이다. 공리론은, 놀라운 복합성과 상호 관계의 가동적인 파악을 위해 간과된다. 들뢰즈의 리좀은 데카르트의 나무를 누르고 승리를 거둔다. 이질적인 것이 동질적인 것보다 더 사유에 기여한다."(『실존에 관한 지침』, 50) 하지만 바디

[들뢰즈는 이렇게 쓰고 있다.] 쟁점은 전혀 무질서 대 질서, 혹은 심지어 중심화 대 탈중심화가 아니라, 미적분법 또는 비-가산 집합의 **문제** 개념 대 가산 집합의 **공리적인** 것이다. 그러한 미적분법은 그 자체의 조성, 조직, 그리고 심지어 중심화를 가질 수도 있다. 그럼에도 불구하고, 미적분법은 국가 혹은 공리적 과정을 통해서가 아니라 소수자의 순수 생성을 통해서 진행된다.[100]

마지막으로, 이것은 우리를 다시 사건의 문제로 데리고 가는데, 이 문제는 바디우와 들뢰즈의 **차이점**이 아마도 가장 극명한 대조 속에서 나타나는 곳일 것이다. 사실상, 들뢰즈와 바디우 각자의 존재론은 서로 반대되는 방향으로 움직인다. 즉, 들뢰즈의 존재론은 (문제론에서 이산화-공리화로 올라가는) "상향적" 존재론인 데 반해, 바디우의 존재론은 (문제론의 존재를 부인하며, 오로지 공리론의 관점에서만 정교하게 논술되는 "하향적" 존재론이다. 들뢰즈의 관점에서 볼 때, 이렇게 문제론을 부인한다면 바디우 존재론은 고치기 힘든 한계를 이루게 되는데, 이는 결국 두 가지 형태로 나타난다. 한편으로, 바디우에게, 존재는 순수하게 **이산적인** 용어로 제시된다. 즉, 정합적 집합

우는 그럼에도 불구하고 들뢰즈의 방향으로 움직이고 있는 것으로 보인다. 자신의 더 최근의 시론 「존재와 나타남」에서 그는 (논리학과 위상학을 통한) 최소한의 관계 이론을 도입하고, 심지어 "사건"에다 최소한의 존재론적 지위를 할당한다. 무섭고 창조적인 비견실성 속에서, 혹은 모든 장소의 장소 없음인 공허 속에서, 사건은 "존재 그 자체"이다(『실존에 관한 지침』, 168을 보라).

100 TP 471. 그리고 AO 255: "이론적 대립은 다른 곳에 놓여 있다. 즉, 이론적 대립은 한편으로는 자본의 충만한 신체에 관한 공리적인 부류에 들어가는 탈코드화된 흐름, 그리고 다른 한편으로 그 자신을 이 공리로부터 해방시키는 탈코드화된 흐름 사이에 존재한다."

(인식)을 구성하는 "일자로-간주되는" 규칙에서 "공제되는" 것은 비정합적 혹은 "포괄적" 다양체이다. 이 다양체는 그 자체로 식별 불가능하고, 현시되지 않고, 그 자체 명명 불가능한 채로 남아 있는, 존재의 순전하게 이산적인 다양체(빈 곳the void)이다. 사건 ──"존재로서의 존재"가 아닌 것 ── 이, 만약 일어난다면, 이 빈 곳의 "가장자리에서" 개입하고, 진리-절차의 조건을 구성한다. 하지만 이러한 특징 부여 전체는 이산적인 것의 영역 안에서 맴돈다. 이산적인 것의 영역 내에서 진정으로 "명명되지 않는" 것은 문제론의 영역 전체이고, 연속적 변이와 같은, 이 영역의 "억압된" 개념들이다. 그러한 것이 들뢰즈가 『철학이란 무엇인가?』에서 바디우에게 가하는 비판의 본질이다. 들뢰즈는 "다양체 이론은 '다양체라면 어떠한 다양체이든' 하는 다양체의 가설, 즉 순전하게 '포괄적인' 이산적 다양체의 가설을 지지하지 않는다"고 쓰고 있다(WP 152). 이산화 프로그램은 문제론에서 그 "발생" 지점을 발견했으며, 따라서 모든 적합한 수학적 존재론은 "애당초 적어도 두 다양체, 두 유형", 즉 연속적 다양체와 이산적 다양체, 비-계량적 다양체와 계량적 다양체 등등이 존재해야만 한다. 계속해서 들뢰즈는 "이는 이원성이 일원성보다 더 낫기 때문이 아니라, 다양체는 바로 이원성과 일원성 사이에서 일어나는 것이기 때문이다"라고 말한다. 즉, 다양체는 연속적 다양체에서 이산적 다양체로, 비-계량적 다양체에서 계량적 다양체 등등으로 이행하는 전환의 운동 속에서 일어난다. 우리가 위에서 소묘하려고 시도해 온 것은 바로 이러한 이행의 운동이고, 문제적 다양체에 대한 들뢰즈 자신의 정식화이다. 다른 한편으로, 바디우에게, 존재의 "진리"는 순수하게 **공리적**인 형식으로 제시된다. 그 결과, 비견실성의 다양체를 표현하는 일 혹

은 **사유하는 일** ─ 진리-절차의 작동 ─ 은 오직 **주관적일 수 있을 뿐**이다. 왜냐하면 사건이 긍정될 수 있고, 또 다양체의 지금껏 구별 불가능한 요소들이 명명되어, 공리의 선언을 통해서 "상황"을 변경하는 것은, 오직 순수하게 주관적인 "결정"에 의할 뿐이기 때문이다. 바디우는 필연적으로 이러한 주체화의 과정을 존재론 그 자체와 분리시킨다. 변경된 상황의 요소들이 견실성을 성취하도록 해 주는 것은 오직 사건에 대한 주체의 "충실성"이기 때문이다. 그러므로 바디우는 존재와 사건 사이에 근본적인 이원성을 정립한 것이고, 존재의 표현을 주체 혹은 진리의 길로부터 분리시킨 것이다. 이와 대조적으로, 들뢰즈에게, 진리의 발생(그리고 공리론 그 자체의 발생)은 언제나 **문제론**에서 발견되어야만 한다. 즉, 존재는 필연적으로 문제적 형식하에서 현시되며, 문제들과 그 이념적 사건은 언제나 존재론적인 것이지, 주관적인 것이 아니다. 달리 말해서, 진리의 발생은 문제의 구성에서 유래하며, 언제나 문제는 그 자신이 문제**로서** 완전히 구성되는 한에서, 그 자신이 "받을 만한" 진리를 가진다. 수학의 미적분법의 위대성은 그것이 미적분법이 발명되기 이전에는 심지어 제기될 수조차 없었던, 문제를 표현할 수 있는 정밀한 상징을 제공했기 때문이다. 만약 바디우가 진리를 순수하게 주관적인 용어로 정의하지 않을 수 없다면, 이는 그가 자신의 존재론을 공리론에 그릇되게 제한하기 때문이고, 문제론에서 논하는 진리의 실재적인 존재론적 근거를 부인하기 때문이다.

　　그렇다면, 『존재와 사건』에서 바디우가 따라가는 길은 들뢰즈가 『차이와 반복』에서 따라가는 길과 거의 정반대이며, 이 두 길은 내재적 존재론과 초월적 존재론이라는 들뢰즈 자신의 구별을 전형적으로 보여 주고 있다. 들뢰즈에게, 순수하게 "내재적인" 존재론은 존재 "외부에" 혹은 존재 "이외에" 아무것도 있지 않은 존재론이며, 따라서 그는 문제론과 공리론 둘 다에게 완전한 존재론적 지위를 수여한다. 바디우는 자신의 존재론을 공리론에 제한하므로, 그는 사건의 형식 안에, 존재론에 "보완적인", "잉여적인" 초월성의 요소를 재도입하지 않을 수 없다. 즉, 사건 그 자체가 존재 안에 갈라진 곳을 들여오고, 존재의 구조 안에 "찢어진 곳"을 들여오므로, 사건의 존재론이 전혀 존재할 수 없다. 바로 이것이 『철학이란 무엇인가?』에서 들뢰즈가 초월성을 구원하는 "현대적인" 방법을 정의하는 방식이다. 즉, "갈라진 틈이 예상되는 것은 이제 내재성 내로부터이다. … 초월적인 어떤 것이 지평에서, 속하지 않음non-belonging의 영역에서", 혹은 바디우가 말하듯이, "빈 곳의 가장자리"로부터 재확립된다"(WP 46~47). 내재적 존재론은 결코 그 자체상에서 누설되는 것에 "보완적인 차원"을 갖지 않는 데 반해, 초월적 존재론은 "언제나 추가적인 차원을 가진다. 초월적 존재론은 언제나 주어진 것의 차원에 보완적인 차원을 함축한다"(TP 266; SPP 128). 이런 의미에서, 바디우의 존재론은 실로, 사건을 "구원하는" 초월성의 메커니즘을 요구하는 유비적이고 반성적인 존재론이다.[101] 비록 바디우가 자신의 철학으로부터 신과 일자를 추방하겠다고 결심할지라도, 그는 결국, 뒷문으로 슬그머니 들어오듯이, 사건에다 이전에 신적인 것에 부여한 많은 초월적 특징들을 재부여한다. 플로티노스의 경우, 존재 "너머"에 있는 것은 일자이다. 바디우

---

101 바디우, 『들뢰즈: 존재의 함성』, 91을 보라: "들뢰즈는 내가 언제나 이 일을 행할 때 초월성으로 후퇴하고 유비의 다의성으로 들어간다고 주장했다."

의 경우, "존재로서의 존재가 아닌" 것, 존재를 차단하는 것은 사건이다. 종교적 삶에서, 딴사람이 되게 하는 것은 신에 대한 충실함이다. 바디우의 경우, 그것은 사건에 대한 충실함이다. 기독교 신학에서, 무로부터 창조하는 것은 신이다. 바디우의 경우, 사건을 공포하고, 어떤 의미에서 저 한때 신적이었던 권능을 가정하는 것은 주체이다(바디우가 의기양양하게 "나는 절대적인 시작을 개념화한다"고 선언하듯이!).[102] 이 논문의 주요 목표는, 바디우가 했던 것보다 더 적절한 방식으로, 두 철학자 사이의 근본적인 상위점을 분명히 하는 것이었다. 그러나 들뢰즈는 자주 철학에서 "취향"은 환원 불가능하다는 점을 주장했는데, 만약 이 분석들이 올바르다면, 수학의 이산화와 공리화에 대한 바디우의 취향은 총체적인 파열과 절대적인 시작을 개념화하는 일을 수반하는, 일종의 내재성-내의-초월성에 대한 보다 깊은 취향을 숨기고 있다고 생각될 수 있을 것이다.

---

102 바디우, 『들뢰즈: 존재의 함성』, 91. 또한 64를 보라: "진리는 '휴지interruption'로 사유되어야만 한다."

자크 라캉

구조의 반대면: 라캉에 관한 들뢰즈에 관한 지젝

___

죽기 직전에 있었던, 1995년 한 인터뷰에서, 들뢰즈는 인터뷰 담당 기자 디디에 에리봉에게 자크 라캉과의 관계에 대해서 질문을 받았다. 대답하면서, 들뢰즈는 다음과 같은 이야기를 들려주었다.

> 라캉은 그의 세미나의 한 회기를 자허-마조흐에 관한 내 책[1967]에 할애했을 때 나를 눈여겨보았다. 나는 그가 한 시간 이상을 내 책에 할애했었다는 말을 들었을 뿐, 이 이상 아는 바가 없었다. 그 후 라캉은 내가 그때 강의하고 있었던 리옹에 있는 한 학술회의장으로 왔다. 그는 정말 믿기 어려울 정도로 멋진 강의를 했다. … 라캉이 그의 유명한 정형 문구, "정신분석학은 바보를 이해될 수 있는 것으로 보이게 만드는 것을 제외하고는 모든 것을 할 수 있다"를 말한 곳이 바로 거기였다. 학술회의 후에, 그는 우리가 머무는 곳에 와서 저녁 식사를 했다. 그리고, 라캉은 매우 늦게 잠자리에 들었기에, 한참 동안 그곳에 머물러 있었다. 나는 이렇게 기억한다. 자정을 지나서였는데, 그는 특별한 위스키를 꼭 마셔야 했다. 그 밤, 그 일은 정말 악몽이었다.

내가 단독으로 그와 본격적으로 마주친 것은 『안티-오이디푸스』[1972]의 출간 후였다. 나는 그가 이 책을 좋지 않게 보았다고 확신한다. 그는 이 책을 보고 우리, 곧 펠릭스와 나를 마땅치 않아 했음이 틀림없었다. 하지만 마침내 두서너 달 후, 라캉은 나를 호출했다 — 이 말을 대신할 다른 말이 없다. 그는 나를 보기를 원했고, 그래서 나는 그에게 갔다. 라캉은 나더러 대기실에서 기다리게 했다. 그곳은 사람들로 꽉 차 있었는데, 나는 그들이 환자들인지, 숭배자들인지, 언론인들인지 알지 못했다. … 그는 나를 한참 — 여전히 조금 오래 — 기다리게 했으며, 그런 뒤 그는 마침내 나를 맞이했다. 라캉은 그의 모든 제자들의 목록을 펴더니, 그들은 모두 형편없다[nuls]고 말했다(그가 나쁜 말을 하지 않은 유일한 사람은 자크-알랭 밀레르Jacques-Alain Miller였다). 이 모습을 보고 나는 빙그레 웃고 말았다. 비슷한 장면의 이야기를 전하는 빈스방거를 떠올렸기 때문이다. 프로이트는 존스, 에이브러햄 등등에 관해서 좋지 않은 말을 하고 있었다. 빈스방거는 자기가 그곳에 없을 때 프로이트가 자기에 관해 같은 말을 하리라고 매우 재빠르게 추정해 냈다. 라캉은 말을 하고 있었고, 밀레르를 제외한 모든 사람이 비난을 받았다. 그런 뒤 그는 나에게 말했다. "내가 필요로 하는 것은 당신과 같은 사람입니다."[C'est quelqu'un comme vous qu'il me faut.][1]

이것은 적어도 두 가지 이유 때문에 흥미로운 사실을 드러내는

---

1 「질 들뢰즈를 기억하다」(디디에 에리봉과의 인터뷰), *Le Nouvel Observateur* 1619(1995. 11. 16~22), 50~51.

일화이다. 첫째로, 우리는 라캉이 결국 "얻은" 제자는 질 들뢰즈가 아니라 다른 누구보다도 슬라보예 지젝이었다고 말할 수도 있겠다. 이로부터 우리는 『신체 없는 기관』에서 지젝이 들뢰즈와 마주친 일을, 흥미로운 사실을 드러내는 회고의 빛 속에서 바라볼 수 있다.[2] 둘째로, 그리고 더 중요하게는, 들뢰즈가 라캉과 개인적으로 마주친 일은 1972년 『안티-오이디푸스』 출간 후에 일어났다. 다른 무엇보다도, 『안티-오이디푸스』는 부분적으로 라캉의 작업에 관여함으로써 들뢰즈와 과타리가 추구했던, 정신분석학에 대한 (거부는 아니지만) 유명한 비판을 제기한다. 이런 의미에서, 우리는 들뢰즈는 실로 라캉주의자이지만, 똑같은 방식으로 그는 스피노자주의자 혹은 라이프니츠주의자라고 말할 수 있을 것이다. 들뢰즈는 라캉의 맹종적인 추종자도 독단적인 독자도 아니라, 라캉 사상의 내적인 궤적을 따라가며 그 미분적 한계 지점까지 밀고 나아갔다(사상가들이 그들 자신의 "괴물 같은" 아이들을 낳게 만드는, 너무나 잘 알려진 들뢰즈의 철학적 "비역" 이미지). 들뢰즈가 『안티-오이디푸스』에 대한 라캉의 반응을 처음에 우려했음에도 불구하고, 라캉은 분명 이 책을 묵살하지 않았다. 이와는 반대로, 이 책을 읽은 것이 들뢰즈를 "소환하는" 명백한 근거가 되었을 뿐만 아니라, 또한 그는 심지어 그 자신의 사유를 정립해 가는 데에 있어서 『안티-오이디푸스』의 영향을 받은 것으로도 보인다. 지젝 그 자신이 라캉의 후기 작업(1964년 세미나 XI 이후)은 충동들과 반-오이디푸스 주제들에 관한 이론에 관심이 증가되어 있는 특징을

---

2 슬라보예 지젝, 『신체 없는 기관: 들뢰즈와 결과들』(London: Routledge, 2003).

보인다고 언급하고 있다(OB 102, 176).『안티-오이디푸스』에 정교하게 서술되어 있다고 생각되는 충동들의 복합적인 지위를 감안할 때 (가령, "충동들은 하부구조 그 자체의 일부이다". AO 63), 우리는 라캉이 들뢰즈를 적대적인 비평가나, 혹은 심지어 (밀레르와 같은) 정설의 잠재적 보존자로 보지 않고, 대단히 독창적인 여행 동반자로 보았다고 가정해 볼 수 있다.

　이 점에서『신체 없는 기관』은 라캉 자신이 들뢰즈와 맺는 관계를 급격히 벗어나는 것은 물론, 우리를 약간은 실망스럽게 만든다. 이는 지젝의 책의 오직 약 사분의 일만이 (만약 그렇다면) 실제로 들뢰즈에 할애되고, 나머지 부분에서는 지젝이 그 자신의 일을 하기 때문이 아니다. 또 심지어 그가 이런저런 점에서 들뢰즈를 잘못 읽기 때문도 아니다. 들뢰즈는 "독자적인 사상가들끼리의 마주침은 언제나 불감대에서 일어난다"고 썼는데, 이는 바디우와 들뢰즈의 마주침 못지않게 지젝과 들뢰즈의 마주침에도 해당한다.[3] 실망스러운 것은, 비록 지젝이『신체 없는 기관』을 "들뢰즈에 관한 라캉의 책"이라고 묘사하기는 하지만(OB xi), 라캉에 관한 들뢰즈 자신의 작업에 관해서는 결국 한 마디 말도 하지 않는다는 점이다. 이것은 아마도 단지 좌절된 기대에 지나지 않을 것이다. 나는 지젝의 책에서 들뢰즈-라캉 마주침의 복잡성을 뚫고 갈 수 있는 일종의 지침을 발견하길 희망했지만, 그러한 종류의 것은 아무것도 그 책에 나오지 않는다. 대신에, 일찍부터, 지젝은 재빨리 그리고 퉁명스럽게『안티-오이디푸스』를 "단연코

---

3 F 42. 들뢰즈는 비릴리오가 푸코와 맺는 관계에 대해 말하고 있었다.

들뢰즈 최악의 책"(OB 21)이라고 하며 일축하며, 곧바로 그의 관심을 다른 곳으로 돌려 버린다.

이 점에서, 『신체 없는 기관』은 알랭 바디우의 1997년 책 『들뢰즈: 존재의 함성』과 이상하게도 닮아 있다. 바디우는 "다자의 존재론"을 전개하는 데 있어서 들뢰즈를 자신의 주 경쟁자로 보았으며, 그가 들뢰즈와 벌이는 논쟁의 근원은 "다양체"에 대한 그들의 상이한 철학적 이해라고 분명히 선언하면서 자신의 책을 시작하고 있다.[4] 그렇지만 계속 읽어 갈 때, 우리는 이 책이 들뢰즈의 다양체 이론에 관한 단하나의 논의도 포함하지 않는다는 점을 금세 발견한다. 이 책은 그 주제를 완전히 무시한다. 대신에, 바디우는 단순히 들뢰즈는 **실제로** "일자"의 사상가에 불과하다는 의심스러운 주장을 되풀이하는 데 만족할 따름이다. 그는 자신이 하고자 하는 말만을 악착같이 고수함으로써 기자들의 물음을 회피하는 정치가와 거의 비슷하다. 지젝은 자신이 들뢰즈에 대한 바디우의 독해에 "광범위하게" 의존했다는 점을 인정하며(OB 20n), 다소 비굴하게 바디우 독해의 논지를 채택하고, 결국 "일의성"과 "생기론"에 관한 수많은 오류들을 재생산한다(지젝은, 들뢰즈가 "최후의 가장 위대한, 일자의 철학자"라고 충실하게 반복한다. OB 121; cf. 28). 하지만 지젝은 바디우와 내용은 물론 문체도 닮았다. 왜냐하면 우리는 지젝의 책 ── 라캉에 관한 들뢰즈의 독해에 대해 단 하나의 논의도 포함하지 않는, 들뢰즈에 관한 "라캉의" 책 ── 에서 회피와 전치라는 바디우와 유사한 전략을 발견하기 때문이다.

---

4 알랭 바디우, 『들뢰즈: 존재의 함성』, 루이즈 버칠 옮김(Minneapolis: University of Minnesota Press, 2000), 3~4.

들뢰즈 자신의 이미지를 차용하면서, 지젝은 자신이 들뢰즈에 대한 일종의 헤겔식 [그리고 이렇게 추가할 수도 있겠는데, 라캉식] 비역에 종사하고 있다고 주장한다(OB 48). 그의 책의 궁극 목표는, 들뢰즈는 우리가 예상하는 것보다 "정신분석학과 헤겔에 훨씬 더 가까이에" 있다는 점을 — 달리 말해서, 실제로 들뢰즈는 아직은 설익은avant la lettre 일종의 지젝주의자라는 점을 — 우리에게 보여 주는 것이다(OB 69). 결과적으로, 지젝의 들뢰즈 독해는, 가장 긍정적으로 보아도, 자주 들뢰즈의 개념들을 지젝 자신의 라캉(그리고 헤겔) 용어들로 전사하는 것에 거의 지나지 않는다. 우리는 지젝의 기획을 시기하지 않지만 — 그는 분명 오늘날 살아 있는 매력적인 다작 사상가들 중의 한 사람이다 —, 그렇다고 해도 우리는, 통속적 헤겔의 지양을 장난치듯 일종의 연습으로서 행하는 것이 아니라면, 들뢰즈로 우회하는 길이 도대체 왜 필요한지 의아하게 여기지 않을 수 없다.

그럼에도 불구하고, 모든 비역의 한가운데에서 발생하는, 진지한 들뢰즈 독해가 존재한다. 지젝은 『의미의 논리』를 들뢰즈의 중추적 저작의 지위로 격상시키기 위해(라캉이 『냉담함과 잔인함』과 『의미의 논리』를 그의 세미나 회기들에서 논했으므로, 단연코, 다시 한번 이 거장에게 경의를 표하고자) 『안티-오이디푸스』를 어쩔 도리 없이 묵살하고 만다. 들뢰즈 그 자신이 『의미의 논리』에서 다루려고 시도하고 있는 근본적인 물음을 다음과 같은 방식으로 요약한 바 있다.

의미가 자신이 구현하는 사태를 생산한다는 것[존재자들의 **생산 원리로서의 의미**], 그리고 의미가 그 자체 이러한 사태들에 의해 혹은 신체의 능동과 수동에 의해 생산된다는 것[물질적 원인들의 초연한 결과(=효과)] 이 둘 모두를 우리는 어떻게 주장할 수 있을까?[5]

지젝은 (자신 이전에) 그 누구도 『의미의 논리』의 중심에 놓여 있는 (생산 대 결과라는) 이 긴장을 지각한 적이 없었다는 모종의 놀라움을 가장하며, 이 긴장이 사실상 들뢰즈의 저작 전체를 이해할 수 있는 열쇠를 쥐고 있다고 주장한다(OB 21). 지젝은 들뢰즈 철학의 "개념적 구조물"은 "근본적으로 양립 불가능한" 이러한 두 의미의(혹은 사건의) "논리학" 사이에서 동요한다고 주장한다(OB 20). "이 대립은 유물론과 관념론의 대립이 아닌가? 들뢰즈의 경우, 이 대립은 『의미의 논리』 대 『안티-오이디푸스』를 의미한다."(OB 21) 간명하게 말하면, 우리는 들뢰즈에게서 하나는 좋은 존재론, 다른 하나는 나쁘고 소박한 존재론, 이렇게 두 대립되는 존재론을 발견한다. 즉, "결과(=효과)로서의 의미"는 좋은 존재론이고, "생산으로서의 의미"는 나쁜 존재론이다. "결과"로서의 의미는 라캉적이기 때문에 좋다. 사건은 인과성의 영역 내의 실재적인 것the Real이 돌입하는 것이다. (사건은 "의사-원인quasi-cause"에 의해 생산되는데, 지젝은 흥미롭게도 이 의사-원인을 "라캉의 대상 a"[OB 27], 그리고 "라캉의 '팔루스적 기표'를 지시하는 들뢰즈의 이름 둘 모두와 정확히 동등한 것"[OB 93]으로 간주한다. 이렇게 하여, 그는 들뢰즈가 분리해 놓은, 라캉의 욕망 이론의 두

---

5 LS 124. 또한 LS 96을 보라: "우리는 어떻게 [의미의] 이 두 모순적인 측면들을 조화시킬 수 있는가? 한편으로 우리는 사태와 관련하여 **초연함**, 명제와 관련하여 중성을 가지고, 다른 한편으로 우리는 명제와 관련하여, 또 사태 그 자체와 관련하여 **발생**의 힘을 가진다."

극을 합체하는 것으로 보인다.) "[『의미의 논리』에 보이는] 들뢰즈 존재론의 기본 전제는 바로 물체적 인과성은 완전하지 **않다**는 점이다. 새로운 것the New이 출현할 때, 물체적 원인과 결과의 수준에서는 기술될 수 없는 무언가가 일어난다."(OB 27) 이 무언가는 **사건**, 즉 "물체적 인과성의 간극을 메우는, 의미의 흐름을 지속시키는 무-의미의 점…"(OB 28, 27)이다. 이러한 간극은 "긍정적 결여 개념, '발생적' 부재"(OB 35), 존재 구조물 안의 환원 불가능한 균열을 수반한다. 이 간극은, "혁명적 사건들의 폭발"과 실재 안에서 발생하는 객관적인 물질/사회경제학적 과정 사이의 차이를 나타내기 때문에, 정치학의 진정한 영역이다(OB 32). 따라서 이것은 바디우가 "존재"와 "사건" 사이에 확립하는 이원론이다.

이런 이유 때문에, 지젝에게 일어나는 유일한 해석적인 물음은 이렇다. 즉, 어떻게 그리고 왜 들뢰즈는 아름답게 라캉적인 『의미의 논리』에서 비-라캉적인 잘못된 길을 잡은 『안티-오이디푸스』로 이동하는가? 이 물음에 대한 대답은 처음에 인신공격적인 것으로 보인다. 즉, 범인은 들뢰즈의 사상을 감염시킨 펠릭스 과타리 바이러스이다. 다른 많은 철학자들(데리다, 바디우)과 마찬가지로, 지젝은 "좋은" 들뢰즈(혼자서 하는 들뢰즈)와 "나쁜" 들뢰즈(과타리와 함께하는 들뢰즈)를 다소 쉽게 구별 짓는다. 과타리의 영향은 부분적으로 정치적이었다. 혼자서 하는 들뢰즈는 "대단히 엘리트주의적인, 정치학에 무관심한 작가이다"라고 지젝은 주장했다(OB 20). 들뢰즈 그 자신은 『안티-오이디푸스』는 그의 작업의 심대한 변화를 보여 주었다는 점을 인정했다. 즉, "내 쪽에서 본다면, 나는 과타리를 통해, 푸코를 통해, 엘리 삼바르Elie Sambar를 통해 특수한 문제들에 접촉하게 되면서,

1968년 5월경 정치학으로 일종의 전환을 이루었다. 『안티-오이디푸스』는 처음부터 끝까지 정치철학서였다".[6] 하지만 인신공격적 숙고 배후에는 더 실질적인 주장이 놓여 있다. 즉, "유일한 진지한 철학적 물음은 어떠한 내재하는 난관이 들뢰즈가 과타리로 향하는 원인이 되었는가이다"(OB 20). 지젝에 따르면, 난관은 바로 좋은 존재론과 나쁜 존재론 사이의 긴장이다. 즉, "과타리가 들뢰즈의 이전 입장의 교착 상태로부터 용이하게 도주할 수 있도록 알리바이를 대변하기 때문에, 들뢰즈는 과타리를 향해 추동되지 않았는가?"(OB 21) 용이한 도주는, 나쁜 과타리의 존재론(생산과 생성으로서의 사건)을 위해 라캉의 존재론(결과로서의 사건)을 포기하는 것이다. 즉, "들뢰즈는 일자-실체One-Substance를 다수의 무관심한 매체로서 배치한다"(OB 33). 요컨대, 이러한 것이 들뢰즈에 대한 지젝의 간략한 언급에서 발견되는 이야기의 결말이다. 즉, 『의미의 논리』의 좋은 라캉적 계기는 『안티-오이디푸스』와 악한 펠릭스 과타리에게 배신을 당했다. 만약 들뢰즈가 『의미의 논리』의 통찰들을 고수했다면, 그는 지젝-되기에 들어갈 수 있었을 것이고, 이 통찰로부터 떨어져 나가 과타리의 사막으로 들어가지 않았을 것이다.

하지만 라캉 그 자신을 따르면서 『안티-오이디푸스』를 들뢰즈의 가장 나쁜 책과 다른 어떤 것으로 읽는 일이 가능할까? 우리는 어떻게 『안티-오이디푸스』에 대한 라캉 자신의 긍정적인 반응을 이해

---

6 N 170. 엘리 삼바르는 *Revue des études palestiniennes*[팔레스타인 연구지]의 편집자였다.

할 수 있을까? 아마도 『의미의 논리』에서 발견되는 다소 용이한 전유보다 더 깊은, 라캉의 사상에 충실한 내용이 『안티-오이디푸스』에 담겨 있는 것은 아닐까? 지젝은 분명 『의미의 논리』와 『안티-오이디푸스』 사이에 들뢰즈 사상의 변화를 정확히 감지하고 있다. 들뢰즈는 1973년에 "표면-심층 문제[『의미의 논리』]에 나는 더 이상 관심이 없다"고 발언한 바 있다. "지금 내 관심을 끄는 것은 충만한 신체, 기관(들) 없는 신체, 이동하는 흐름 사이의 관계이다."(DI 261) 그리고 지젝은 또한 이러한 변화는 들뢰즈가 과타리와 나누는 교제와 관계가 있었다는 점을 정확히 감지하고 있다. 들뢰즈는 후에 이렇게 설명했다.

> 참 이상하게도, 정신분석학으로부터 펠릭스를 구출해 낸 것은 내가 아니었다. 그가 나를 구출해 냈다. 마조흐에 관한 내 연구[『냉담함과 잔인함』]에서, 그리고 이어 『의미의 논리』에서, 나는 정신분석학과 모순되지만 융화할 수 있었던, 사디즘과 마조히즘의 그럴듯한 통일에 관한 것들, 혹은 사건에 관한 것들을 발견했다. 다른 한편으로, 펠릭스는 정신분석학자였고, 여전히 정신분석학자 라캉의 학생이었지만, 그러한 융화가 불가능하다는 점을 이미 알고 있는 "아들" 같았다. 『안티-오이디푸스』는 결별을 나타낸다. … (N 144)

하지만 지젝이 (라캉이 분명 그러했던 것처럼) 깨달았다고 보이지 않는 것은 들뢰즈가 정신분석학과 결별한 것은 다름 아닌 라캉 그 자신에 의해 야기되었다는 점이다. 『안티-오이디푸스』는, 많은 다른 무엇보다도, 라캉에 대한 독해이며, 그토록 많은 다른 것들이 이 책에 나오지 않았더라면 의심의 여지 없이 이 책은 라캉의 이름을 그 제목 속에 가졌을 것이다. 라캉은 자주 프로이트에 대한 언어학적이고 구조적인 재해석을 가져온 사람으로 제시된다. 그러나 들뢰즈에게, 이 것은 라캉의 중요성이 놓여 있는 지점이 아니다.

우리에게 말해 주다니 그것 참 좋은 일이다. 즉, 너는 아무것도 이해하지 못한다, 오이디푸스, 그것은 아빠-엄마가 아니다, 그것은 상징이고, 법이고, 문화의 도래이다, 그것은 기표의 효과이다, 그것은 주체의 유한성이다, 그것은 생명인 "존재-의-결여"[manqué-à-être]이다. (D 81)

오히려, 라캉의 중요성은 그가 정신분석학을 자가-비판의 지점까지 밀고 나아갈 수 있는 방식에 놓여 있으며, 들뢰즈가 『안티-오이디푸스』에서 수용해서 추구하는 것은 바로 이 정신분석학에 대한 라캉의 비판이다.

생이 끝날 무렵에 프로이트를 괴롭힌 문제들이 있다. 즉, 어떤 문제는 정신분석학에 걸맞지 않고, 어떤 문제는 막혀 있다. 프로이트는 그 문제가 끝없이 계속되고 있고, 치료는 끝없이 계속되는 것 같고, 아무데도 가고 있지 않다고 생각했다. 그리고 라캉은 얼마나 멀리 사물들이 개편되어야 하는지 최초로 보여 주었다. (DI 234)

그 명성에도 불구하고, 『안티-오이디푸스』는, 비록 어떤 제자들에 의해 라캉의 사상이 수용되는 방향에 대해, 그리고 라캉을 둘러싸고 성장한 정설에 대해 때로 비판적일지라도, 그에 관해 단 하나의 부정적인 논평을 포함하지 않는다.

이것이야말로 우리가, 지젝이 라캉주의자로서 들뢰즈-라캉의 마주침을 간과하고, 라캉 그 자신이 하지 않은 방식으로『안티-오이디푸스』를 묵살하기를 선택한 사실을 그만큼 더 유감스럽게 여기는 이유이다. 아마도, 언젠가, 그렇게 할 수 있는 역량이 있는 독자는 이 만남의 윤곽과 결과를 분석하게 되리라.[7] 그 역량을 결여하지만, 나는 그러한 분석과 관련이 있을지도 모르는 많은 점들을 적어도 열거할 수는 있는데, 그중 일부는 지젝이 그의 책에서 지나가듯이 다룬 것들이다.

1. **내재성과 초월성.** 들뢰즈는 그 자신을, 유명한 일이지만, 내재성의 철학자로 제시해 왔으며, 그의 정신분석학 비판은 내재성의 관점에서 일어난다. 들뢰즈는『철학이란 무엇인가?』에서 내재성으로부터 멀어지고자 하는 끊임없는 유혹이 되어 왔던 세 가지 유형의 초월성을 식별해 낸다. 즉, 관조, 혹은 이념의 초월성(플라톤), 반성, 혹은 주체의 초월성(칸트), 그리고 이어서 우리가 균열breach 또는 파열rupture이라고 부를 수도 있는 세 번째 유형이다. 들뢰즈는 "이 현대 시기에, 우리는 더 이상 내재성을 초월자에 내재하는 것으로서 사유하는 데 만족하지 않는다. 우리는 내재성 내에서 초월성을 사유하기를 원하며, 균열이 예상되는 것은 바로 내재성으로부터이다"라고 쓰

---

7 유진 홀랜드의『들뢰즈와 과타리의 안티-오이디푸스: 분열분석 입문』(New York: Routledge, 1999)은 들뢰즈와 라캉의 관계를 광범위하게 다루는 몇 안 되는 저작의 하나이다(가령, 89~91을 보라).

고 있다(WP 47). 달리 말해서, 우리가 현재 "비견실성inconsistency" 혹은 "빈 곳the void"(바디우)을 찾으려고 하는 것은 내재성 그 자체 내로부터이다. 혹은 우리가 "간극" 혹은 "파열", 실재적인 것의 "돌입"(지젝)을 찾아내려고 하는 것은 내재성 내로부터이다. 들뢰즈는 용어가 무엇이든 간에, 그것은 언제나 ——"내재성은 감옥이고 초월적인 것이 이 감옥으로부터 우리를 구해 낼 것이다라고 우리로 하여금 사유하게 만드는" —— 동일한 모델이다라고 언급한다(WP 47). 지젝은 이러한 현대적 초월성 모델이 그 자신의 모델임을 솔직하게 인정한다. "'초월성'은 현상들의 내재성이 파열되어 있고, 균열되어 있고, 비견실성인 사실을 가상적으로 반영하는 것이다."(OB 61) 그는 이 새로운 초월성 개념은 더 이상 넘어선 것(신)이나 주체를 지시하는 것이 아니라, "내재성 내의 간극"을 지시한다고 언급한다(OB 62). 내재성은 주어지는 것, 현실적인 것이다. 그러므로 우리는 새로운 것의 돌입(사건, 내재성 내의 초월성)을 통해서 내재적인 것의 현실성으로부터 우리를 구해 줄, 균열, 파열, 간극, 비틀림, 구부림(다자로서의 존재)을 발견할 필요가 있다. 이어서 지젝은 불가피한 물음을 묻는다. 즉, "내재성 안의 이 간극이 들뢰즈가 받아들일 수 없는 것이라면 어찌 되겠는가?"(OB 61) 그리고 지젝은 참으로 올바르다. 즉, 들뢰즈는 정신분석학 사상 안의 초월성에 대한 이러한 현대적 호소를 받아들이지 않는다.

> [들뢰즈는 이렇게 묻는다.] 공공연히 또는 은밀하게 경건한 라캉주의에 대한 얼마나 많은 해석들이 이러한 방식으로… 상징적인 것the Symbolic 안의 간극을 소환했는가? … 라캉의 어떤 제자들이 쓴 일부

훌륭한 책들에도 불구하고, 우리는 라캉의 사상이 실제로 이런 방향으로 가는지 의아스럽게 여기고 있다. (AO 83, 53)

달리 말해서, 들뢰즈가 내재성 안의 간극에 대한 호소를 거부하는 것은 바로 라캉의 사상에 대한 충실함으로부터이다.

2. 실재적인 것의 지위. 그렇다면 들뢰즈는 어떻게 이 모델과 결별하는가? 어떤 면에서, 이 물음에 관건이 되는 것은 라캉의 의미에서 실재적인 것the Real의 지위이며, 지젝은 이 점을 인지하고 있다. "들뢰즈에게 중요한 것은 잠재적인 실재가 아니라 (라캉의 용어로, 실재적인 것인) 잠재적인 것의 실재이다."(OB 3) 사실, 들뢰즈와 과타리는『안티-오이디푸스』를, 처음부터 끝까지, 실재적인 것의 이론으로 명시적으로 특징짓는다.

> 우리는 상상적인 것the Imaginary과 상징적인 것the Symbolic 사이에 본성상의 어떠한 차이도, 어떠한 경계선도, 어떠한 한계도 정립할 수 없다. … 본성상의 진정한 차이는 상징적인 것과 상상적인 것 사이에 존재하는 것이 아니라, 욕망적 생산을 구성하는 실재적인 기계적 요소와, 단지 신화와 그 변종들을 형성할 뿐인 상상적인 것과 상징적인 것의 구조적 전체 사이에 존재한다. (AO 83)

들뢰즈와 과타리는 이 책의 목표는, 실재적인 것the Real의 수준에서, 분석 기계, 욕망, 생산 간의 유대를 갱신하는 것이다(AO 53)라고 우리에게 말한다. 그들의 언어로 말하면, 실재적인 것=욕망적 생산이다. 무의식은 "상상적인 것도 상징적인 것도 아니다. 무의식은 실재적인 것 그 자체, '불가능한 실재적인 것', 그리고 실재적인 것의 생산이다. … 욕망의 기계들은 … 상징적인 것과 상상적인 것 너머에 혹은 아래에, 실재적인 것 그 자체를 구성한다"(AO 53). (그럼에도 불구하고 들뢰즈와 과타리는 "실재적인 것은 불가능하지 않다"고 주장할 것이다. 이와 반대로, 실재적인 것 내에서 모든 것은 가능하고, 모든 것은 가능하게 된다. … 욕망이 불가능한 것과 융합하는 일이, 거세로서 정의되는 결여와 더불어, 수행되는 것은 오직 구조[상징적인 것]에서뿐이다. AO 27, 306) 무엇이 들뢰즈로 하여금 실재적인 것을 욕망 이론과 이런 방식으로 연결하도록 해 주는가(욕망=생산)?

3. 칸트의 욕망 이론. 『안티-오이디푸스』는 그 주요한 모델을 『실천이성비판』에서 발견한다고 말할 수 있다. 욕망의 능력을 **생산적 능력**("욕망의 표상들에 의해서, 그 표상들의 현실적 대상의 원인이 되는 능력")으로 최초로 정의한 사람이 바로 칸트였기 때문이다.[8] 우리는 칸트가 왜 생산에 의해 욕망을 정의했는지 알고 있다. 즉, 자유의 문제는 자유로운 존재자가 메커니즘의 인과적 결정론으로 환원될 수 없는 어떤 것의 원인이 되게 할 수 있는 작동과 관련이 있다. 물론, 칸트는 실재적 대상들은 외적 인과성과 외적 메커니즘에 의해서만 생산될 수 있다는 점을 알아차렸다. 그가 욕망의 "병리학적" 생산이라고 부른 것에서, 생산되는 것은 단지 (환상적, 환각적, 섬망적 대상을

---

8 임마누엘 칸트, 『판단력비판』, 제임스 크리드 메러디스 옮김(Oxford: Oxford University Press, 1952), 서론, §3, 각주 1, 16 n1. 또한 TRM 309를 보라: "『안티-오이디푸스』는 칸트의 야망을 품고 있었다. 우리는 무의식의 수준에서 일종의 『순수이성비판』을 시도했다. 따라서 무의식에 속하는 종합의 규정, 이 종합들을 시행하는 역사의 전개, 그리고 오이디푸스를 모든 역사적 생산을 왜곡하는 불가피한 가상으로 보고 이를 맹렬히 비난하기."

가지는) **심리적 실재**psychic reality이다(AO 25). 그럼에도 불구하고, 이 것이 실천 철학에 있어서 칸트의 코페르니쿠스적 혁명이었다. 즉, 욕 망은 더 이상 **결핍**(나는 어떤 것을 갖지 않기 때문에 그것을 욕망한다) 으로 정의되지 않고, **생산**(나는 대상을 욕망하기 때문에 그것을 생산 한다)으로 정의된다. 『안티-오이디푸스』의 근본적 논지는 칸트의 주 장을 더 강력하게 변화시킨 것이다. 칸트는 자신의 주장을 필연적 결 론으로까지 밀고 나아갔다. 즉, "만약 욕망이 생산한다면, 그 생산은 실재적이지", 환상에 불과한 것이 아니다(AO 26). "'심리적 실재'라고 명명될 수 있는 특수한 실존 형식은 존재하지 않는다."(AO 27) 실로, 들뢰즈는 이 결론을 라캉의 용어로 진술한다. 즉, "욕망의 객관적 존 재는 실재적인 것the Real 그 자체이다"(주체 그 자체는 욕망의 산물이 다)(AO 27).

　　4. **욕망과 내재성.** 하지만 들뢰즈는 단도직입적으로 말해 분명 히 칸트적인 사람이 아니다. 칸트에게, 근본적인 물음은 욕망 능력 의 (비-병리학적인) **상위 형식**과 관련돼 있다. 욕망은 그것이 그 자체 내에서 그 자신의 실행의 법칙을 발견하고, 따라서 **자율적으로** 기능 할 때 상위 형식을 가진다. 욕망의 상위 형식은 칸트가 "의지"라고 부 르는 것이다. 즉, 욕망은 그것이 보편적 입법의 순수 형식(범주적 명 법)인, 순수 형식의 표상(도덕 법칙)에 의해 규정될 때 의지가 된다. 그러나 칸트의 경우, 도덕의 "사실"로서의 자유는 영혼, 세계, 신이라 는 세 가지 거대한 초월적 이념들을 자신의 공준들로서 요구한다. 바 로 이 도덕 법칙의 **초월성**이 자신의 대상을 인식할 수 없고 파악하기 어려운 것으로 만든다. 이것은 라캉 그 자신이 그의 유명한 논문 「사 드와 함께하는 칸트」――들뢰즈는 이 논문에 빚지고 있음을 인정하

고 있다 —— 에서 보여 준 것이 아닌가?[9] 따라서 『안티-오이디푸스』는 (비록 그것이 더 이상 의식의 종합이 아니라, 무의식의 종합과 관련될지라도) 칸트에 대한 내재적 **전도**를 가져왔다고 말할 수 있다. 『안티-오이디푸스』의 앞 두 장에서, 들뢰즈는 무의식의 세 가지 종합에 대한 순수하게 내재적인 정의 —— (더 이상 영혼Soul이 아니라, 반-자기counter-Self를 형성하는) **연접**, (더 이상 세계가 아니라, "카오스모스"를 형성하는) **통접**, 그리고 (신학적 원리를 악마적 원리로 바꾸는) 이접을 제공한다. 그리고 주어진 사회 배치 내에서 이 종합들을 따르는 계열들과 궤적들을 그려 냄으로써 (생산의 원리로서의) 욕망이 어떻게 실재적인 것을 구성하는지를 보여 준다. "실재적인 것은 최종 산물, 즉 욕망의 부분적 종합들을 무의식의 자가-생산으로 잘 처리하는 수동적 종합들의 결과이다."[10]

5. **라캉의 동요.** 하지만 들뢰즈는 라캉 자신의 사유가 이미 1972년에 이러한 내재적인 방향으로 움직이고 있지 않았는가? 하고 묻는다. 『안티-오이디푸스』에서, 들뢰즈와 과타리는 라캉의 욕망 이론에

---

9 자크 라캉, 「사드와 함께하는 칸트」, *October 51*(Winter 1989), 55~75. 들뢰즈가 라캉의 사드 독해를 사용하는 일에 대해서는, M 81~90에 있는 그의 「유머, 아이러니, 그리고 법」을 보라.

10 AO 26~27. 한 지점에서, 들뢰즈와 과타리는 명백히 칸트적인 용어로 『안티-오이디푸스』의 기획을 기술하고 있다: "자신이 비판적 혁명이라고 칭하는 것에서, 칸트는 의식의 종합들에 대한 적법한 사용과 부적법한 사용을 구별하고자 지성에 내재적인 비판을 발견하려고 의도했다. 그러므로 **초월론** 철학(기준의 내재성)이라는 이름으로, 그는 형이상학에 나타난 것과 같은 종합들에 대한 초월적 사용을 비난했다. 유사한 방식으로, 우리는 정신분석은 자신의 형이상학 —— 그 이름은 오이디푸스이다 —— 을 가진다고 말하지 않을 수 없다. 그리고 혁명 —— 이번에는 유물론적 혁명 —— 은, 기준의 내재성에 의해 정의되는 초월론적 무의식을 재발견하기 위하여, 또 우리가 분열분석이라고 부를 이에 상응하는 실천을 재발견하기 위하여 오이디푸스의 정신분석에서 발견되는 무의식의 종합에 대한 부적법한 사용을 비난함으로써, 오직 오이디푸스에 대한 비판을 통해서만 진행될 수 있다."(75)

서 (지젝이 합체하는 것으로 보이는) 두 극을 식별해 냈다. 즉, "라캉의 감탄할 만한 욕망 이론은 두 극을 사용하는 것으로 보인다. 즉, 한 극은 욕망을 실재적 생산으로서 정의하고, 따라서 모든 결핍 관념과 모든 환상 관념을 넘어서는, 욕망 기계로서의 '대상 a'와 관련돼 있다. 그리고 다른 극은 어떤 결핍 관념을 재도입하는, 기표로서의 '대타자 great Other'와 관련돼 있다"(AO 27n).『안티-오이디푸스』의 혁신은, 라캉의 사유를 제2의 "오이디푸스적" 방향(팔루스적 기표의 초월성과 관련된 욕망)으로 밀고 나아가려는 라캉의 "첫 제자들"(AO 83)의 노력에도 불구하고, 이 책이 라캉이 펼쳐 놓은 최초의 길(대상 a와 관련된 내재적 욕망 개념)을 따라가려고 시도한 것이었다. 들뢰즈와 과타리는 이 두 극 사이의 동요가 라캉 자신의 사유 내에 현존하고 있었음을 인정한다.

> 우리가 의미의 연쇄 전체(혹은 연쇄의 일부)를 포함하는, 무의식의 코드라는 이 비옥한 영역을 발견하게 된 것은 자크 라캉 덕분이다. 따라서 이는 분석을 완전히 변형시키는 발견이었다. … 이 연쇄들은 기호들로 이루어져 있기 때문에, "의미화 연쇄들signifying chains"이라고 불리지만, 그러나 이 기호들은 그 자체 의미화하지 않는다. … 만약 라캉의 첫 제자들이 오이디푸스적[상징적Symbolic] 멍에를 다시 채우려는 유혹을 받았다면, 그들은 라캉이 의미화 연쇄를 전제적 기표에다 행하는 일종의 투사를 유지하는 것으로 보이는 한에서 그렇게 하지 않았겠는가?… 비-의미화하는 욕망의 기호들은 오직 부재 혹은 결핍의 기표에 의해서만 표상 속에서 의미화하는 것이 된다. (AO 38, 83)

따라서 『안티-오이디푸스』는, 라캉을 따르면서, 욕망의 적법한 내재적 종합들(부분적 연접, 포괄적 이접, 다성적polyvocal 통접 ── 욕망의 실재적Real 생산, 대상 a)을 부적법한 초월적 종합들(전역적 연접, 배제적 이접, 이의적biunivocal 통접 ──"팔루스적 기표"를 통한, 욕망의 오이디푸스적 혹은 상징적 재현)로 전도시키고 전환시키는 수단을 분석하려고 시도한다.

6. 라캉의 반-오이디푸스적 궤적. 하지만 다시 한번 말하는데, 이러한 동요에도 불구하고, 정신분석학을 오이디푸스와 상징적인 것을 벗어나도록 밀고 나아간 사람은 라캉 그 자신이 아니었는가? 지젝은 지난 수십 년간의 라캉의 가르침에 보이는 "au-delà de l'Œdipe"(=오이디푸스 너머)에 대한 언급을 지적하면서, "들뢰즈가 '오이디푸스'로서 제시하는 그것은 라캉의 입장을, 전적으로 곡해한 것은 아닐지라도, 다소 우스꽝스럽게 단순화한 것이다"라며 불평을 토로한다(OB 80). 하지만 들뢰즈와 과타리는 이 후자의 정의에 동의할 것이다. 즉, 그들의 눈에, 라캉은 그 자신이 위대한 반-오이디푸스적 사상가이다(그들은 "나는 결코 오이디푸스 콤플렉스에 대해 말한 적이 없다"는 라캉의 1970년 주장을 찬동하며 인용한다. AO 53n). 라캉은 "상상적인 것과 상징적인 것의 바퀴 안에서, 분석적인 다람쥐처럼, 빙빙 도는 데 만족하지 않았다"고 그들은 쓰고 있다(AO 308). 실재적인 것은 모든 상징화 과정의 내적 한계이지만, 라캉으로서는 실재적인 것을 상징적 과정 ── 상징적인 것은 이 상징적 과정의 내면화된 배제를 바탕으로 해서 구성된다 ──내의 저항적 핵심으로서 부정적으로 기술하는 것(구성적인 것으로서의 부정 혹은 배제)은 충분한 것이 아니었다. 오히려, 라캉은 정신분석학을 실재적인 것이 그 자체의 모든 긍정성

positivity으로 나타날 수 있는 "자기비판의 지점"까지 밀고 나아가고 있었다(AO 310). 이 지점은, "구조가 자신을 채우는 이미지들[환상들], 그리고 재현 내에서 자신을 조건 짓는 상징적인 것을 넘어, 자신의 반대면을, 자신을 해체하는 긍정적 비견실성 원리로서 드러내는 지점"이다(AP 311). 따라서 들뢰즈와 과타리는 『안티-오이디푸스』를 라캉 그 자신이 개시한 궤적을 계속하는 것으로 제시한다. "라캉이 너트와 볼트를 풀어놓은 곳에서 그것들을 죄는 것은 시의적절한 것이 아니었다. … 대상object(작은 o)이 구조적 평형의 한복판에서 지옥 기계, 욕망 기계의 방식으로 분출한다."(AO 83)

7. 실재적인 것과 분열증. 실재적인 것을 지시하는 들뢰즈의 용어는 (임상적 실체로서의 분열증적인 것the schizophrenic과 구별되어야만 하는) 순수 과정으로서의 분열증schizophrenia이며, 들뢰즈가 라캉의 사유를 그 한계와 결말로까지 가지고 가는 것은 이 개념과 더불어서이다. "라캉이, 정신병적 장을 오이디푸스화하는 일 대신에 분석적 장을 분열증화하는 일을 발견하는 것은 … [상징적] 구조의 이 반대면 전체이다."(AO 309) 라캉 그 자신이 가리키는 방향을 따라가면서, 『안티-오이디푸스』는 실재적인 것을 그것의 모든 긍정성 —— 즉, 간접적 종합들에 들어가는 미분적 부분대상들 혹은 강도들, 모든 것이 가능한 긍정적 순수 다양체들(횡단적 연접들, 다성적 통접들, 포괄적 이접들), 의미화 연쇄를 구성하지만 그 자체는 비-의미화하는 것인 욕망 기호들 등등 —— 속에서 기술하려고 시도한다(AO 309). 실재적인 것의 영역은 "재현 이하적인 장"(AO 300)이지만, 들뢰즈는 "우리는 재현 이하적인 것을 관통할 수단을 갖고 있다"(DI 115)고 주장하기를 주저하지 않는다. 역으로, 만약 실재적인 것이 재현 이하적이라

면, (만약 우리가 이 단어를 계속 보유하기를 원한다면) "가상"은 이후 현실적인 것 속에서 나타날 뿐이다. 즉, 욕망이 결핍으로서, 거세로서 부정적으로 나타나는 것은 오직 상징적인 것(재현) 내에서뿐이다. 들뢰즈가 분열증은 신경증보다 무의식과 실재적인 것의 본성에 더 좋은 단서를 제공한다고 언급하는 것은 이런 이유 때문이다. 즉, 정신병자들은 너무나 액체 같거나 혹은 점성이 있는 리비도를 갖기 때문에 치료화에 저항한다. 그들은 단어를 사물로 오인하며, 상징적인 것에 들어가는 것에 저항한다(폐색foreclosure). 하지만 "자아의 저항이 아니라, 이것은 모든 욕망적 생산의 강렬한 외침이다"(AO 67). 「루이스 울프슨; 혹은 그 절차」와 같은, 들뢰즈의 가장 심오한 텍스트들 중의 일부는 언어를 그 한계로까지 밀고 나아가서 언어의 함의작용signification, 지시작용, 번역작용을 황폐케 하는, 명확히 분열증적인 언어 사용을 분석하는 텍스트들이다.[11] 들뢰즈는 정신분열증자를 위해 건의되어 왔던 통상적인 부정적 진단 기준 — 해리, 실재로부터의 유리, 자폐증 — 은 정신분열증자들에게 **귀를 기울이지 않기** 위해 특히 유용한 용어라고 언급한다. 하지만 결국 이 문제는 정신분열증자에게만 특유한 것이 아니다. 즉, "우리는 **모두** 욕망 흐름의 비-오이디푸스적 성질을 증언하는,… 너무나 끈적거리고 너무나 유동적인 리비도들이다…"(AO 67; cf. 312).

8. 기관 없는 신체. 그러므로, 『의미의 논리』는 (루이스 캐럴처럼)

---

11 ECC 7~22. 또한 AO 310을 보라: "엘리자베트 루디네스코는, 라캉에게 있어서 언어-로서의-무의식의 가설이 무의식을 언어적 구조 안에 가두는 것이 아니라, 기표의 구조적 조직이 의고체로서 작용하는 전제적인 큰 기표에 어떻게 여전히 의존하는지를 보여 줌으로써, 언어학을 그 자체의 자가비판 지점까지 이끈다는 점을 분명히 보았다."

의미의 표면에 계속 남아 있는 데에 만족하는 데 반해, 『안티-오이디푸스』는 신체의 심층으로 뛰어들었다고 말할 수 있다(아르토). 수동적 종합들(실재적인 것)의 논리는 결국 그 모델을 신체 — 혹은 더 정확히 말하면, "기관 없는 신체" — 에서 발견한다.[12] 이 잘 알려져 있지만 복잡한 들뢰즈의 개념은 세 가지 근본적인 구성요소들을 가진다. 정신분열증자들은 자신들의 신체를 비유기적nonorganic 방식으로, 즉 "기계적 배치"의 복잡한 기능 속에서 다른 요소들과 연결돼 있는 요소들 혹은 특이성들로서 경험한다(연접적 종합). 하지만 이 기관-기계들의 와해는 두 번째 주제 — 기관 없는 신체 그 자체라는 주제, 즉 기관들의 무-유기적an-organic 기능이 일종의 긴장성 혼미 속에서 갑자기 딱 멈추어 있는 비-생산적 표면(이접적 종합) — 를 드러낸다. 이 두 극 — 기관들의 생기적인 무-유기적 기능, 그리고 기관들 사이에 실존하는 **견인**과 **반발**의 모든 변이들을 가지고, 얼어붙은 긴장성 상태 — 은 정신분열증자의 고통 전체를 번역한 것이라고 말할 수 있는데, 이는 이어서 세 번째 주제, 즉 **강도적 변이들**이라는 주제를 가리킨다(통접적 종합). 이 극들은 결코 서로 분리될 수 없지만, 이 극들 사이에 어떤 때는 반발이 지배하고 어떤 때는 견인이 지배하는 다양한 형식들, 즉 분열증의 편집증적 형식(반발), 그리고 분열증의 기적화하거나 혹은 환상적인 형식(견인)을 발생시킨다. 정신분열증자

---

12 『의미의 논리』에서, 표면과 심층의 차이는 루이스 캐럴(표면)과 앙토냉 아르토(심층)의 차이에서 나란히 제시되는데, 들뢰즈가 (표면보다는) 아르토와 심층의 차원을 선호한다는 것은 이미 명백하다: "우리라면 아르토의 한 페이지를 캐럴의 모든 페이지와도 바꾸고 싶지 않을 것이다. 아르토는 문학에서 절대적 심층이었던 유일한 사람이었고, 생기적 신체와 이 신체의 엄청난 언어를 발견한 유일한 사람이었다."(LS 93)

들은 이 동요하는 강도들을 거의 순수한 상태로 경험하는 경향이 있다(조증이 강도 속에서 상승하고, 우울증이 강도 속에서 하강한다…). 감관들의 환각들("나는 본다", "나는 듣는다") 및 사유의 섬망들("나는 생각한다") 아래에, 더 심오한 어떤 것, 강도의 느낌, 즉 **생성** 혹은 이행("나는 느낀다")이 존재한다. 변화도가 교차되고, 역閾이 초과되거나 철수되고, 이주가 초래된다. 즉, "나는 여자가 되고 있음을 느낀다", "나는 신이 되고 있음을 느낀다", "나는 순수 물질이 되고 있음을 느낀다"…. 『안티-오이디푸스』의 혁신은 기관 없는 신체의 이 재현 이하적인 분열증적 영역을 뚫고 들어가서, 그것을 무의식 그 자체를 위한 모델로 사용했다는 점이다. 이 무의식에 대한 분석은 들뢰즈와 과타리가 "분열분석"이라 칭하는, 이에 상응하는 실천을 수반한다.

9. **정신분석과 분열분석.** 그렇다면 정신분석과 분열분석의 차이는 무엇인가? "정신분석은 재영토화의 상상적[환상] 재현물과 구조적[상징적] 재현물에 정착하는 반면, 분열분석은 탈영토화의 기계적 지표를 따른다."(AO 316) 우리는 지젝이, 특히 "팔루스"(제목인 "신체 없는 기관")에 관한 절에서, 전자의 운동을 분석하는 그 열의에 그저 감탄할 따름이다(OB 87~95를 보라). 팔루스는, 거세의 기표로서, 리비도의 탈성화를 가져오고, 신체(충동들)가 상징적 사유로 향하는 "불가능한" 이행, 신체적 심층에서 표면 사건으로 향하는 이행(상징적 거세)을 가능하게 만드는 그것이다. 오이디푸스는 (충동들의) 탈영토화의 모든 운동은 (상징적인 것을 향한) 재영토화를 동반하는 한에서, "탈영토화의 작동자"(83)라는 지젝의 주장에 심지어 들뢰즈와 과타리는 분명 동의하기까지 할 수 있을 것이다. 그들은 "과정으로서의 분열증, 과정으로서의 탈영토화는 그것을 차단하고, 악화시키거

나 원환 속에서 돌게 하고, 신경증, 도착, 정신병으로 재영토화하는 정체停滯와 분리 불가능하다"(AO 318)라고 쓰고 있다(후자는 라캉의 진단 도식 안의 세 가지 주요 범주들이다). 실로 오이디푸스와 거세는 정신분석이 지어내지 않은 실재들이다. 하지만 이와 대조적으로, 분열분석은 정반대 반향으로 움직이며, 정신분석과는 완전히 다른 방식으로, 이 재영토화 내에서, 탈영토화의 지표들을 찾아내려고 모색한다. 즉 "거세 속에서 재현되는 벌어진 상처[내재성 안의 간극]가 아니라", 욕망의 내재적 과정의 실재적 운동을 구성하는 "무수한 작은 연접들, 이접들, 통접들"을 찾아내려고 모색한다(AO 314). 거칠게 말해서, 정신분석은 상징적인 것으로 시작해서, "불가능한" 실재적인 것의 돌입을 나타내는 "간극들"을 찾아내는 데 반해, 분열분석은 욕망의 내재적 과정으로서의 실재적인 것으로 시작해서, 이 과정의 중단(재영토화) 및 이 과정의 연속과 변형(생성, 강도)을 보여 주려고 모색한다.

10. **욕망의 배치.** 따라서 들뢰즈 욕망 이론의 근본 개념은 **배치**[agencement] 개념이다. 들뢰즈와 과타리에 대한 흔하지만 오도된 비판이 존재하는데, 이러한 비판을 가하는 이들은 들뢰즈와 과타리가 결핍, 법, 거세로부터 욕망을 빼낼 때, 결국 자연 상태를 소환하게 되고, 결국 사회에 의해 억압되는 자연적이고 자발적인 실재일 욕망을 소환하게 된다고 주장한다.[13] 하지만 들뢰즈와 과타리의 주장은 정확

---

13 가령, 그의 모든 초기 저작에서 주디스 버틀러는 들뢰즈와 과타리의 욕망 개념을 "문화의 금지법을 받는, 근원적인 억압되지 않은 리비도적 다양성"으로서 특징짓고, 또 루소나 몽테스키외의 무-역사적 또는 "전前-문화적 이상", "그 결과로서 제한적 문화에 의해 부정되어 온 자연적 에로스"로서 특징짓고, 들뢰즈와 과타리는 저 더 근원적인 풍부한 욕망의 해방을 약

히 이와 반대된다. 즉, 배치된[agencé] 욕망 이외의 욕망은 존재하지 않는다는 것이다. 들뢰즈는 "욕망은 결코 '자연적'이거나 '자발적'인 규정이 아니라 … 결코 '자연적 실재'가 아니라" 언제나 "고도로 발달된, 잘 처리된 풍부한 상호작용의 배합[montage]"의 결과로 나온 것이며, 또 욕망은 규정적인 사회적 배치 혹은 장치를 제외하고서는 파악될 수도 이해될 수도 없다고 쓰고 있다.[14] "욕망적 생산"으로서 욕망은 생산하는 것이자 생산되는 것이다. 주어진 모든 욕망의 배치 내에는, 한편으로 욕망을 "규범화하는", 욕망을 "재현"하거나 "상징화"하는 경향이 있는, 퇴적과 재영토화라는 경직된 선들이 존재한다. 그리고 다른 한편으로, 미래의 배치를 위하여 배치가 변형되거나 혹은 심지어 와해되도록 해 주는 창조성과 탈영토화(탈주선 혹은 도주선)라는 유연한 선들이 존재한다. 이 두 유형의 벡터들은 모든 욕망 과정에, 모든 "욕망 기계"에 내재한다. 억압의 메커니즘이 으스러뜨리는 것은 자연적으로 주어진 것으로서의 욕망이 아니라, 이러한 첨단의 욕망 배치들이다(새로운 것의 생산).[15] 모든 순간에, 물음은 욕망이 구축 혹은 배치(탈영토화와 재영토화, 혹은 수학 용어로 말한다면 연속성과 불연속성)의 과정에 있는 벡터에 관한 것이다. 하지만 다시 한번, 우리는 이 두 극 혹은 벡터에 의해서 욕망의 물음을 제기한 사람은 라캉 그 자신이었다는 점을 강조해야만 한다. 즉, "라캉의 경우, 구

속한다고 주장한다. 주디스 버틀러, 『욕망의 주체들』(New York: Columbia University Press, 1999), 214~215, 206. 지젝은, 올바르게도, 이 해석을 따르지 않는다.

14 질 들뢰즈, 「욕망과 쾌락」, 『푸코와 그의 대담자들』, 아놀드 I. 데이비드슨 엮음(Chicago: University of Chicago Press, 1997), 185~186, 그리고 TP 215를 보라.

15 들뢰즈, 「욕망과 쾌락」, 『푸코와 그의 대담자들』, 186.

조의 상징적 조직화는 욕망의 **실재적 비조직화**를 그 자체의 반대면으로 가진다"(AO 328; cf. 39).

11. **탈성화와 정치철학.** 마지막으로, 들뢰즈의 정치철학과 그의 욕망 이론 간의 관계에 관해 간략히 논평해 보겠다. 프로이트는 리비도는 "탈성화"되거나 "승화"되는 조건을 제외하고는 사회-정치적 장에 투여하지 않는다는 가설 — 지젝이 수용하고 옹호하는 가설("성애는 오직 탈성화에 의해서만 보편화될 수 있다" [OB 91]) — 을 강력하게 고수했다. 들뢰즈와 과타리는 이 프로이트의 원리를 명시적으로 거부한다. "이와는 반대로, 우리의 가설 전체는 사회적 장은 성애적 리비도 그 자체에 의해 투여된다는 점, 그리고 이것은 사실상 리비도의 근본적인 활동이라는 점이다."(1971년 11월 21일 세미나) 승화와 탈성화 개념은 정신분석의 암묵적인 **가족주의**와 연결돼 있다. 지젝의 주장이 계속된다. "적어도 처음에" 무의식은 가족 관계 속에서 표현되며, 사회적 관계는 오직 **이후에** 일어날 뿐이다. "'상징적 거세'는 주체가 가족 네트워크 바깥으로 던져져서, 더 넓은 사회적 네트워크를 향해 추동되는 방식이다."(OB 83) 이 가족주의적인 프로이트의 개념에 반대하여, 들뢰즈와 과타리는 리비도는 (투입/투출, 탈성화/승화, 혹은 상징화와 같은) 어떠한 매개도 없이 **직접적으로** 사회적 관계에 투여한다고 주장할 뿐만 아니라, 이러한 투여는 **애초부터** 충동들의 수준에 있다. 『안티-오이디푸스』의 가장 심오하고 원대한 논지들 중의 하나는 프로이트의 리비도 경제학과 마르크스의 정치경제학은, 비록 이 경제학들이 서로 다른 체제를 가지긴 하지만, **하나의 동일한 경제학**이라는 점이다("정동들 혹은 충동들은 하부구조 그 자체를 형성한다"[AO 53]). 배치 개념은 그 자체 이러한 통찰에서 유래한다. 리비도가 사

회-정치적 관계에 투여하는 것은 탈성화하는 확장을 통해서가 아니다. 이와 반대로, 리비도가 '부부', '가족', '개인', '대상들'이라는 유형의 협소한 세포들 속에 그 자체의 흐름을 담기 위해 그 흐름을 억압하도록 만들어지는 것은 제한, 봉쇄, 환원을 통해서이다(AO 293). 사실상, 이 논지는 들뢰즈가 『안티-오이디푸스』에서 전개하기 시작해서 『천 개의 고원』에서 계속되는 정치철학의 기반이다. 비록 지젝은 이 점을 대부분 의식하지 못하고 있는 것으로 보이긴 하지만. 그러므로, 지젝이 들뢰즈를 "후기 자본주의 이데올로기 신봉자"(184)로 특징지을 때, 자본주의에 대한 들뢰즈의 분석 혹은 이데올로기 개념에 대한 들뢰즈의 비판에 대해서 아무 말도 하지 않으므로, 그가 의미하는 바를 우리로서는 알기가 어렵다.

분명 이러한 논점들은 들뢰즈의 가장 난해하고 야심적인 텍스트들 중의 하나인 『안티-오이디푸스』의 독해를 거의 구성하지 않으며, 미래의 작업으로 향하는 논점 이상의 것을 행할 수 없다. 하지만 『안티-오이디푸스』에 관해 주목할 만한 것은, 들뢰즈와 과타리가 자신들이 라캉에게 빚지고 있음을 전적으로 인정하고, 자신들의 기획이 라캉의 심오한 사유를 미분적이고 내재적인 결론으로 가져가려는 시도라고 기술하는 정도이다. 들뢰즈가 설명한 바와 같이,

> 펠릭스는 나에게 그가 이미 "욕망-기계"라고 부르고 있었던 것에 관해 말했었다. 그는 기계로서의 무의식, 분열증적 무의식에 관한 이론적이고 실천적인 온전한 이해를 지니고 있었다. 그래서 나 자신은 그가 나보다 더 나아갔다고 생각했다. 하지만 그의 무의식적 기계에도

불구하고, 그는 여전히 구조, 기표, 팔루스 등등에 의거해 말하고 있었다. 그는 (내가 그랬듯이) 라캉에게 매우 많은 것을 빚지고 있었으므로, 이는 그다지 놀랄 만한 것이 아니었다. 하지만 나는, 만약 우리가 라캉의 창조적인 측면에서 나오지 않고 그의 주변에서 쌓아 놓은 정설에서 나온 개념들을 사용하는 대신에 올바른 개념을 발견했다면, 그 모든 것이 훨씬 더 잘 되었으리라 생각했다. 라캉 그 자신이 "나는 많은 도움을 받지 못하고 있다"고 말한다. 우리는 그에게 분열증에 관한 도움을 좀 주리라고 생각했다. 그리고 일단 우리가 구조, 상징적인 것, 기표와 같은 개념들을 내버렸다면, 우리가 그만큼 더 라캉에게 빚지고 있다는 것은 의심할 여지가 없다. 구조, 상징적인 것, 기표와 같은 개념들은 완전히 오도된 것[mauvaises]이기 때문이고, 라캉 그 자신이 언제나 이 개념들의 반대면을 보여 주기 위해 어떻게 해서든 이 개념들을 뒤집어 놓으려고 했던 것이기 때문이다. (N 13~14)

이런 의미에서, 들뢰즈는 상징적인 구조의 반대면(실재적인 것)을 기술하기 위해 일단의 완전히 새로운 개념들을 창안해 내는, 라캉의 가장 심오하지만 또한 가장 독자적인 제자들 중의 한 사람으로 간주될 수 있다. 그는 정설을 지키는 자인 자크-알랭 밀레르, 상징적인 것을 공리적으로 다루는 알랭 바디우, 현대 문화를 라캉식으로 읽는 지젝 그 자신과 같은, 다른 제자들과는 완전히 다른 길을 따라갔다. 라캉과 들뢰즈가 서로의 저작에 대해 가졌던 찬탄은 분명 깊고 존경심으로 가득 찬 것이었다. 들뢰즈는 한때 이렇게 쓴 적이 있다. "내가 한 작가에 관해 글을 쓸 때, 나의 이상은 그에게 슬픔을 안겨 줄 수 있는 것은 아무것도 쓰지 않는 것이리라."(D 119) 그리고 이는 의심의 여지 없이 그가 『안티-오이디푸스』에서 라캉을 다룰 때도 해당하는 것이었다. 이에 대한 보답으로, 라캉은 한때 자신의 저작을 비판하는 한 책에 대해 "나를 이토록 잘 읽은 사람을 본 적이 없다. 아주 많은 사랑을 담아서."라고 말했는데, 우리는 그가 『안티-오이디푸스』에 대해서도 같은 발언을 하는 모습을 대체로 상상할 수 있다.[16] 아마도 언젠가, 우리는 들뢰즈가 라캉의 사유를 수용해서 전개하는 방식 ──그리고 아마도 라캉이 자신의 후기 저작에서 들뢰즈의 통찰을 수용해서 전개하는 방식 ──에 대한 더 완전한 독해를 제공받게 될 것이다. 불행히도, 지젝은 그 사람이 아니다. 『신체 없는 기관: 들뢰즈와 결과들』은 날카로운 통찰과 번뜩이는 농담으로 가득 차 있는, 지젝의 우주에서 뛰어다니며 노는 매력적인 책이지만, 들뢰즈의 독해로서, 그것은 우리의 이해에 별달리 보탬이 되는 것이 없다. 들뢰즈에 대한 라캉식 평가를 위해 우리가, 그럼에도, 가야 하는 최선의 장소는 지젝이 아니라, … 라캉 그 자신이다.

---

16 자크 라캉, 『여성 성애에 관하여, 사랑과 인식의 한계: 자크 라캉의 세미나』, 책 20: 『앙코르』, 자크-알랭 밀레르 편, 브루스 핑크 옮김(New York: Norton, 1999), 62. 이 문헌을 알려 준 데 대해 에밀리 자킨에게 감사의 뜻을 표하고 싶다. 라캉은 장 뤽 낭시·필립 라쿠-라바르트, 『문자라는 증서: 라캉을 읽는 한 가지 방법』(1973), 프랑수아 라풀·데이비드 페트그루 옮김 (Albany: State University of New York Press, 1992)에 대해 말하고 있었다.

피에르 클로소프스키

클로소프스키의 니체 독해: 충동, 환영, 시뮬라크르, 스테레오타입

니체에 관한 독해에서, 피에르 클로소프스키는 니체 자신의 전작에
는 나오지 않는 ── 강도, 환영, 시뮬라크르, 스테레오타입, 상사성과
비상사성, 군거성gregariousness과 특이성과 같은 ── 다양한 개념들을
사용한다.[1] 이 개념들은 클로소프스키 자신이 창조한 것들이며, 사유
에 그 자신이 기여한 것들이다. 비록 클로소프스키가 그 자신을 철학
자로 특징짓는 것을 일관되게 거부했더라도(그는 한때 "나는 '미치
광이다'. 더 이상 말하지 마, 그게 다다!"라고 말한 바 있다),[2] 그의 모
든 저작은 비범한 개념적 창조라는 특징을 지녔다. 이 관점에서 볼
때 ── 적어도, 철학을 개념의 창조 혹은 발명으로 정의한(WP 2) 들
뢰즈가 이 용어에 부여한 특이한 의미에서 ──『니체와 악순환』은 철

---

1 이 시론은 본서에 NVC라는 약호로 인용되어 있는, 피에르 클로소프스키의 『니체와 악순환』,
   대니얼 W. 스미스 옮김(Chicago: University of Chicago Press, 1997)에 대한 독해이다.
2 요하네스 가흐낭, 「이미지의 정복에 대하여」, 『피에르 클로소프스키』(Paris: Flammarion;
   Brussels: Ludion, 1996), 9("나는 '미치광이다'. 더 이상 말하지 마, 그게 다다!")에 인용되어
   있다.

학의 저작으로 읽힐 수 있다. 의심의 여지 없이, 클로소프스키는 여전히 거의 분류 불가능한 인물 — 철학자, 소설가, 수필가, 번역가, 예술가 — 이며, 그의 저작을 철학의 프리즘을 통해 분석하려는 시도는 클로소프스키의 우수한 전작의 복잡다단함을 숨기는 환원적인 접근법으로 보일지도 모른다. 그러나 클로소프스키를 개념적 혁신자로서 읽는 것은 적어도, 그 밖의 다른 차원들(정동적, 지각적, 문학적 등등)을 부인하지 않고서, 클로소프스키의 난해하고 종종 미로 같은 텍스트를 관통하는 일관된 궤적을 그리도록 해 주는 이점을 가진다. 그렇다면, 다음에 오는 것에서 나는 클로소프스키의 가장 특징적이고 중요한 개념들 중 셋 — 충동 및 충동의 강도, 환영, 시뮬라크르 및 시뮬라크르의 스테레오타입 — 을, 뿐만 아니라 그가 이 세 개념 사이에 확립하는 정확한 상호 관계를 검토하고자 한다. 합해서 말해 본다면, 이 세 가지 개념은 그가 니체의 사상을 해석하는 데 수단이 되는 암묵적 모델을 이루는, 3부로 이루어진 영혼 경제학이라고 칭하는 것을 나타낸다.

변동하는 강도로서의 충동들

클로소프스키는 니체와 사드에 관한 그의 책들을 "이데올로기가 아니라 서로 간에 크게 다른 문제적 사상가들의 **골상**에 헌정되는 논문들"로서 기술한다.[3] 사상가들의 "골상"에 대한 이러한 강조는, 몸은 신화와 미신에 덜 둘러싸이는, 더 접근 가능한 현상이므로, 마음이 아

---

3 장 드코티니, 『클로소프스키』(Paris: Henri Veyrier, 1985), 137에 있는 피에르 클로소프스키의 「후기」.

니라 **몸**을 철학의 지침으로 삼는다는 니체의 주장을 반영하고 있다. 니체는 "출발점으로서의 신체와 생리학. 왜? … 신체의 현상은 더 풍요롭고, 더 명료하고, 더 손에 잡히는 현상이다. … 신체에 대한 민음은 영혼에 대한 믿음보다 더 근본적이다"라고 썼다.[4] 그러나 클로소프스키 그 자신은 충동들의 강도적 지위에 관해 쓸 때, 빈번히 "영혼"(âme)이라는 용어를 사용하는데, 이는 의심의 여지 없이 부분적으로 마이스터 에크하르트와 아빌라의 테레사Theresa of Ávila와 같은, 신비론자들의 신학 문헌에 대한 관심에서 기인한다. 신비론자들에게, 영혼의 깊은 곳은 환원 불가능하고 창조되지 않은 어떤 것이다. 그것은 창조된 지성의 행사를 회피하며, 오직 부정적으로 파악될 수 있을 뿐이다.[5] 그럼에도 불구하고, 만약 우리가 클로소프스키에게서 이와 유사한 부정적 접근 방식(혹은 "부정 신학")을 발견할 수 있다면, 그것은 신의 초월성에 관련되는 것이 아니라, 오로지 영혼의 강도적 정동들의 내재적이고 카오스적인 운동에만 관련된다. 영혼(혹은 신체)에서 전달 불가능한 것은 영혼의 "충동들" —— 부단한 변이 속에 있는, 충동 강도의 변동, 충동의 상승과 하강, 충동의 조증적 고양과 우울증적 침하 —— 이다.

　니체 그 자신은 클로소프스키가 "충동impulse"이라는 용어로 요약하는 것을 기술하기 위해 매우 다양한 어휘에 의지했는데, 그

4　프리드리히 니체, 『힘에의 의지』, 발터 카우프만·R. J. 홀링데일 옮김(New York: Random House, 1967), §§492, 489~491.

5　알랭 아르노, 『피에르 클로소프스키』(Paris: Seuil, 1990), 8~9. 아르노는 클로소프스키의 선구자로서 아우구스티누스, 마이스터 에크하르트, 아빌라의 테레사를 들고 있다. 아르노의 책은 클로소프스키 저작의 가장 좋은 전반적 입문서 중의 하나이다.

어휘들은 충동drive(Triebe), 욕망(Begierden), 본능(Instinkte), 역능 power(Mächte), 힘force(Kräfte), 충동impulse(Reize, Impulse), 정념 (Leidenschaften), 느낌(Gefühlen), 정동(Affekte), 파토스(Pathos) 등이다.[6] 클로소프스키는 다양한 형태("공격성, 관용, 겁박, 고뇌, 혼자 있고 싶은 욕구, 자기 자신을 망각하는 것")를 띨 수 있는, 영혼의 변동하는 강도들의 이러한 상태 — 다양한 톤, 음색, 변화하는 진폭 — 를 기술하기 위해 빈번히 음악 용어 음조tonalité를 사용한다(NVC 6). 실지로, 이 충동들이 표현하는 것은 클로소프스키가 본성상 전달 불가능한 인간 영혼의 "완강한 특이성"이라고 부르는 것이다. 이 충동들은 그가 영혼의 "교환 불가능한 심층"(le fond inéchangeable) 혹은 "이해 불가능한 심층"(le fond inintelligible)이라고 부르는 것을 구성한다. 모든 개인들을 "특이한 경우" 혹은 "특이한 것"으로 만드는 것은 그 개인을 구성하는 충동들의 유일무이한 배치이다. 클로소프스키에게, "특이한"이라는 용어는 보편적인 것에 반대되는 것이 아니라, 개인의 특이성을 공통 분모로 환원하고, 소통될 수 있는 것만을 표현하는 군거적인 것, 종, 니체가 "무리"라고 부르는 것에 반대된다. 니체의 관점주의 이론("사실이 아니라, 오직 해석만이 존재한다")과 힘에의 의지의 기원에 놓여 있는 것이 바로 니체의 충동 이론이다. 관점적인 것은 세계를 해석하는 우리의 **충동들**impulses or drives이지, 우리의 "자기들"이 아니다. 우리 모두는, 개인들로서, 우리 자신 내에 그러한 "모순적인 충

---

6 클로소프스키의 연구에 비견할 만한, 니체의 충동 개념에 대한 유일한 연구는 그레이엄 파크스의 권위 있는 저작, 『영혼을 작곡하다: 니체 심리학의 범위』(Chicago: University of Chicago Press, 1994)이다.

동들의 방대한 혼합체" — 니체가 말하고 싶어 했던 바와 같이, 우리는 다양체이지 단일체가 아니다 — 를 함유하고 있다.[7] 내가 세계에 대한, 너와 다른 관점을 가지는 것이 아니라, 우리 각자는 우리의 다양한 충동들 — 서로들 간에 자주 모순적인, 그래서 서로들 간에 끊임없는 투쟁이나 전투 속에 있는 충동들 — 때문에 세계에 대한 다양한 관점들을 가진다. "우리 자신 내에서, 우리는 이기적이거나 이타적일 수 있으며, 비정하거나 도량이 넓거나 공정하거나 관대하거나 불성실할 수 있고, 고통을 일으킬 수 있거나 쾌락을 줄 수 있다."[8] 더욱이, 우리의 충동들 각각은 내적인 힘에의 의지라는 특징을 지니고 있다. 니체는 "모든 충동은 일종의 지배하고자 하는 욕망이다. 각 충동은 그 자체가 다른 모든 충동들로 하여금 규범으로 받아들이라고 강요하기를 원하는 자신의 관점을 가진다"고 쓰고 있다.[9]

우리가 충동들에 대항해서 싸울 수 있다는 것, 정념들의 지배에 대항해서 투쟁할 수 있다는 것 — 이것은 철학에서 플라톤주의에서 기독교에 이르기까지 가장 오래된 주제들 중의 하나이다 — 은 사실이다. 하지만 니체는 묻는다. 정확히 누가 충동들에 대항하는 그러한 투쟁을 떠맡는가?

[니체는 이렇게 대답한다.] "우리"가 격렬한 한 충동에 대해 불평하고 있다고 믿고 있지만, 실지로는 그 **충동에 불평**하고 있는 것은 다른 한 충

---

7 프리드리히 니체, 『힘에의 의지』, §259, 149.
8 파크스, 『영혼을 작곡하다』, 291~292에 인용되어 있다.
9 프리드리히 니체, 『힘에의 의지』, §481, 267.

동이다. 이를테면, 우리가 **격렬한** 한 충동을 겪고 있다는 것을 알아차리게 되는 것은 또 다른 똑같이 격렬하거나 혹은 훨씬 더 격렬한 충동의 실존을 전제하며, 우리의 지성이 편들어야 할 가능성 속에 **투쟁**이 있다는 것을 전제한다.[10]

우리는 우세한 충동을 취해서, 당분간 그 충동을 자아 전체로 바꾸고, 모든 보다 약한 충동들을, 마치 다른 그 충동들은 나가 아니라 다른 어떤 것, 내 내부의 **다른** 어떤 것, 프로이트의 "이드"와 같은 일종의 "그것"이라는 듯이, 관점적으로 더 멀리 놓는 경향이 있다. "나"에 대해 말할 때, 우리는 그 순간 어느 충동이 우리 안에서 가장 강력하고 지배적인지를 우선적으로 가리키고 있다. 나의 이른바 "자기-동일성"은 사실상 충동에서 충동으로 옮겨 가는 미분적인 명멸이다. 달리 말해서, 충동들에 대항하는 이성의 투쟁은 존재하지 않는다. 그렇기는커녕, 우리가 우리의 "이성"이라고 부르는 것은 "다양한 정념들 사이의" 어떤 특정한 "관계들의 체계"(WP 387) 이상의 것이 아니다.[11] 니체는 『즐거운 학문』에서 말했다. "그대가 이전에 진리 혹은 확률이라고 하며 사랑했던 어떤 것이 지금 오류가 되어 그대를 가격한다. 그래서 그대는 이전의 진리를 벗어 던지고, 그것이 그대 이성의 승리를 나타낸다고 공상한다." 하지만 그것은 그대 이성의 승리라기

---

10 프리드리히 니체, 『아침놀: 도덕적 편견들에 대한 사상』, R. J. 홀링데일 옮김(Cambridge: Cambridge University Press, 1982), §109, 65.

11 니체, 『힘에의 의지』, §387, 208: "정념과 이성에 대한 오해, 마치 후자가 독립적 실체이고, 다양한 정념과 욕망 사이의 관계가 아닌 양, 또 바로 그 정념이 이성의 정량을 소유하지 않은 양."

보다는 변화하는 강도들과 음조들을 가지는, 그대 충동들 간의 관계의 변화이다.

> 아마도 이 오류는, 그대가 '진리들'이라고 하며 제시하는 모든 것이 그대에게 필요한 만큼이나, 그대가 다른 사람이었을 그때 ── 그대는 언제나 다른 사람이다 ── 그대에게 필요한 것이었으리라. … 그대를 위해 그 의견을 불식시킨 것은 그대의 새로운 생명[즉, 새로운 충동]이었지 그대의 이성이 아니었다. 즉, 그대는 더 이상 **이성을 필요로 하지 않으며**, 이제 이성은 붕괴하고, 비이성이 마치 한 마리의 벌레처럼 이성으로부터 기어나와 빛으로 간다. 우리가 어떤 것을 비판할 때, 이는 결코 자의적이거나 비개인적인 사건이 아니다. 이는 적어도 매우 자주, 자라서 허물을 벗고 있는, 우리 안의 생기적 에너지의 증거이다. 우리는 우리 안의 어떤 것 ── 아마도 우리가 아직까지 알지 못하거나 보지 못했을 어떤 것 ── 이 살기를 원하고 긍정하기를 원하기 때문에, 부정하고, 부정해야만 한다.[12]

신체의 충동의 변동하는 강도들에 대한 이러한 강조는 니체가 "신의 죽음"을 선언한 그 결과들 중의 하나이다. 클로소프스키의 가장 지속적인 주제들 중의 하나는 신의 죽음은 자기의 동일성과 세계의 정합성 둘 모두의 상실을 의미한다는 점이다. 자기, 세계, 신은 칸트가 『순수이성비판』에서 초월적 가상으로 드러내었던 전통 형이상

---

12 프리드리히 니체, 『즐거운 학문』, 발터 카우프만 옮김(New York: Vintage, 1974), §307, 245~246.

학의 세 가지 거대한 종단점이다. 클로소프스키에 관한 논문에서, 들뢰즈는 클로소프스키가 칸트의 사유를 "새로운 이성비판"을 향해 밀고 나아간 방식을 강조했다.[13]

　만약 신이 죽었다면, 그렇다면 모든 가능한 창조는 신에서 나오는 것이 아니라 카오스에서 — 즉, 충동들에서 — 나오며, 자기는 오직 카오스의 연장된 극한일 뿐이다. 그러나 신의 죽음은 종교의 거부를 의미하는 것이 아니라, 재활성화를 의미하는데, 이는 클로소프스키가 자신의 초기 논문 「니체, 다신론, 그리고 패러디」에서 탐구한 주장이다.[14] 『차라투스트라는 이렇게 말했다』는 다신론에서 일신론 monotheism(혹은 그가 다른 곳에서 "유일신론monoto-theism"이라고 부르는 것)으로 향하는 이행을 설명하는 한 우화를 제시한다. 즉, 신들 중의 한 신이 자기 자신을 유일한 신(일신론적 신)이라고 선언했을 때, 다른 신들(다신론의 신들)은 — 웃다가 죽을 때까지 — 웃으며 무릎을 철썩 치고 의자에 앉아 앞뒤로 흔들고 있었다.[15] 다신론은 웃

---

13 클로소프스키에 관한 들뢰즈의 시론, 「클로소프스키 혹은 신체-언어」(LS 280~301)는 클로소프스키가 칸트와 맺는 관계를 강조한다: "신의 질서는 다음과 같은 요소들을 포함한다. 즉, 궁극적 토대로서의 신의 동일성, 주위 환경으로서의 세계의 동일성, 잘 정초된 행위자로서의 인격의 동일성, 기반으로서의 신체들의 동일성, 그리고 마지막으로 다른 모든 것을 지칭하는 역능으로서의 언어의 동일성. 하지만 이러한 신의 질서는 또 다른 질서에 반하여 구축되는데, 이 또 다른 질서는 신 안에 존속하고, 신을 소비한다. … 반-그리스도의 질서는 신의 질서에 하나하나 대립한다. 그것은 신의 죽음, 세계의 파괴, 인격의 해체, 신체들의 붕괴, 이제는 강도 이외에는 아무것도 표현하지 않는 언어 기능의 변화를 특징으로 한다."(292, 294)

14 피에르 클로소프스키, 「니체, 다신론, 그리고 패러디」, 『그토록 죽음 같은 욕망』, 러셀 포드 옮김(Albany: State University of New York Press, 2007), 99~122.

15 프리드리히 니체, 『차라투스트라는 이렇게 말했다』, 『포터블 니체』, 발터 카우프만 엮고 옮김(New York: Viking, 1954), 제3부, §8 「배교자에 대하여」, 290~294: 294. 이 주제에 관한 역사적 논의에 대해서는, 조너선 커시, 『신들에 대항하는 신: 일신론과 다신론 간의 전쟁사』(New York: Viking Compass, 2004)를 보라.

다가 죽었다.[16] 니체에게 신들의 창조는 ―― 들뢰즈에게 개념의 창조가 철학의 근본적인 창조적 과업들 중의 하나이듯이 ―― 종교의 근본적인 창조적 과업들 중의 하나이며, 신들과 악마들은 그 자체 충동들 및 충동들의 변동하는 강도의 인물들이다. 만약 다신론이 영혼의 다양한 충동들, 영혼의 위대한 미장센을 표현한 것이라면, 일신론은 다른 모든 충동들을, 니체가 『도덕의 계보』에서 원한의 충동으로 간주하는, 한 단일한 지배적인 충동의 지배에 종속시킨다는 것을 의미한다. 니체가 마음속에 그리는 가치들의 재평가는 필연적으로 새로운 신들 ―― 즉 새로운 정동들 ―― 의 창조를 의미한다. "얼마나 많은 새로운 신들이 여전히 가능한지!" 하고 니체는 외친다. "종교적인 본능, 즉 신을 형성하는 본능은 불가능한 때에도 때때로 활동적이 되는 나 자신에 대해 말할 것 같으면, 얼마나 다르게, 얼마나 다양하게 신적인 것이 매번 그 자체를 나에게 드러내 왔는지!"[17] 클로소프스키가 고대 종교들에서 발견한 것은 변동하는 충동들을 표현하는 악마들과 여신들의 으르렁거리는 카오스였다. 그의 위대한 텍스트, 『목욕하는 디아나』는 미래의 종교를 나타내며, 아우구스티누스의 일신론적 『신의 도시』에 대한 일종의 다신론적 전도로서 명시적으로 제시된다.[18]

하지만 클로소프스키가 충동들에 관해 부단히 제기하는 물음은 이렇다. 즉, 만약 우리가 더 이상 (플라톤의 경우처럼) 초월적 질서,

---

16 클로소프스키에 관한 모리스 블랑쇼의 시론, 「신들의 웃음」, 『우정』, 엘리자베스 로텐버그 옮김(Stanford: Stanford University Press, 1997), 169~182를 보라.

17 프리드리히 니체, 『힘에의 의지』, §1038, 534. 이는 NVC 209에 인용되어 있다.

18 피에르 클로소프스키, 「목욕하는 디아나」, 『목욕하는 디아나/로마의 여인들』, 소피 호크스 옮김(Boston: Eridanos, 1990), 2~84, 특히 82~84를 보라.

혹은 (칸트의 경우처럼) 초월론적 주체성, 혹은 (헤겔의 경우처럼) 진화적 변증법의 계기들에 호소하지 않는다면, 어떤 가치 기준들이 충동들에 적용될 수 있는가? 기준들은 충동들 그 자체에 내적인 것이 되어야만 한다. 즉, 어느 충동들이 건강에 좋은가? 어느 것이 병적 상태 혹은 불건강을 표현하는 것인가? 어느 것이 특이한가? 어느 것이 군거하고자 하는 의지를 표현하는가? 어느 것이 활력에 넘치는가? 어느 것이 퇴폐적인가?[19] 만약 충동들이 해석된다면, 그렇다면 물음은 주어진 충동 혹은 정동이 제공하는 해석의 "유형", 즉 능동적 대 반응적, 강한 대 약한, 건강한 대 병든 등등을 규정하는 물음이다.

『니체와 악순환』에서, 클로소프스키는 니체 자신의 병약한 상태들이 그에게 충동의 삶을 연구할 수 있는 일종의 실험실을 제공했다는 사실을 강조한다. 편지와 메모에서, 니체는 자신의 편두통과 질병들이 함축하는 바에 대해 거의 한결같은 평가를 내리고 있다. "내 신경계는 그것이 해야 하는 엄청난 일을 고려할 때 눈부실 정도로 뛰어나다. 내 신경계는 꽤 민감하지만 매우 강해서, 내 놀라움의 원천이다."[20] 혹은 또,

고통과 거의 완전한 포기라는 바로 이러한 조건 속에서 내가 지적이고 도덕적인 영역에서 교육적인 실험을 하지 않았다면, 나는 오래전

---

19 클로소프스키는 『니체와 악순환』, 제4장 「퇴폐, 활기, 군거성, 특이 사례 등 네 가지 기준들의 기원에 있는 병적 상태들」에서 이 기준들을 분석하고 있다(NVC 74~92).

20 프리드리히 니체, 「프란치스카 니체에게 보내는 편지」, 1881년 7월 중순, 『미간행 편지』, 커트 F. 라이데커 엮고 옮김(New York: Philosophical Library, 1959), 편지 29, 81~82. 이는 NVC 21에 인용되어 있다.

에 **무시무시한 짐**인 나의 실존을 거부했을 것이다. 지식을 열렬히 원하는 이 즐거운 분위기가 나를 모든 고문과 같은 고통과 거의 모든 절망에 대해 내가 승리를 거둔 높은 곳으로까지 올려다 놓았다.[21]

하지만 니체는 그 자신의 충동들로 정확히 어떤 실험을 하고 있었는가? 니체가 편두통을 경험했을 때, 클로소프스키는 니체가 읽거나 심지어 쓰는 것조차 불가능하다는 점을 발견했을 뿐만 아니라, 또한 **사유하는** 것이 불가능하다는 점을 발견했다고 추측한다. 니체는 편두통을 그 자신의 사유, 그 자신의 사유 작용을 중지시킨, 자신의 유기체에 대한 공격으로 경험했다. "자신의 능력들을 회복하자, 니체는 이러한 사유의 중지를 기술하려고 했고, 다른 유기적 기능들과 관련하여 뇌가 기능하는 일을 성찰하려고 했다. 그리고 그는 그 자신의 뇌를 불신하기 시작했다."(NVC 23) 왜 이러한 불신이 생겼는가? 쟁점은 다름 아닌 주체로서의 우리 자신의 **통일성**에 대한 우리의 경험에 관한 것이다. 우리가 충동들의 카오스적인 삶을 통일성을 갖는 것으로 경험하도록 만드는 것은 클로소프스키가 프랑스어로 suppôt라고 부르는 것인 **환영**phantasm이다. 이 단어는 "아래에 놓이는 것"이라는 뜻의 라틴어 suppositum에서 유래하며, substantia("substance" 실체) 혹은 subjectum("subject" 주체)이라는 용어와 밀접하게 연관돼 있다. 클로소프스키에게, suppôt(또는 자기)는 그 자체 환영, 즉 충동들의 움직이는 카오스에다 심리적, 유기적 통일성을 부여하는 복잡하

---

21 니체, 「O. 아이스너 박사에게 보내는 편지」, 1880년 1월. 이는 NVC 20에 인용되어 있다.

고 취약한 실체이다. 그것은 부분적으로 "나"라는 문법적 허구를 통해서 이 일을 행하는데, "나"는 충동들을 (물질적이고 도덕적인) 군거적 욕구의 위계에 의해 해석하며, 그 자신을 충동들의 전투를 침묵 쪽으로 환원하는 개념들(실체, 원인, 동일성, 자기, 세계, 신)의 네트워크를 통해서 위장한다.[22]

클로소프스키는 "니체를 이해하기 위해서는, 유기체가 가져온 이러한 전도를 보는 일이 중요하다. 즉, 유기체가 개발한 가장 취약한 기관[즉, 뇌, 신경계]이, 이를테면, 자신의 바로 그 취약성 때문에 신체를 지배하게 된다"고 쓰고 있다(NVC 27). 따라서 니체의 사유에는 한편으로는 지성 혹은 의식, 다른 한편으로 언어와 의사소통 사이에 밀접한 연관이 존재한다. 지성과 언어는 ─ 독특한 사례, 개별적인 것에 복무하는 것이 아니라 ─ 종, 군거성, 무리에 복무한다. 니체가 『즐거운 학문』에서 쓰고 있는 바와 같이,

> 나에게 의식의 미묘함과 힘은 언제나 인간의(혹은 동물의) **의사소통 능력에 비례**했던 것으로 보인다. … 인간은, 모든 생명체와 마찬가지로, 이 점을 알지 못한 채 끊임없이 사유한다. 의식에 일어나는 사유는 오직 이 의식의 가장 작은 부분 ─ 가장 피상적이고 가장 안 좋은 부분 ─ 일 뿐이다. 왜냐하면 오직 이러한 의식적 사유만이 **단어들, 말하자면 의사소통의 기호들의 형태를 취하기** 때문이다. … 의식은 실로 인간의 개인적 실존에 속하는 것이 아니라, 그의 사회적이거나 무리적 본

---

22 클로소프스키의 앞잡이 이론에 대한 상세한 분석에 대해서는, 장-폴 마두, 『클로소프스키 전작에 나오는 악마와 시뮬라크르』(Paris: Méridiens Klincksieck, 1987), 35~41.

성에 속한다는 것이 내 생각이다. … 근본적으로, 우리의 모든 행위들은 모두 비교할 수 없을 만큼 개인적이고, 유일무이하고, 무한히 개별적이다. 이 점에는 의심의 여지가 없다. 하지만 우리가 우리의 모든 행위들을 의식에로 번역하자마자 그것들은 더 이상 그러한 것으로 보이지 않는다. … 의식적이 되는 것은 무엇이든, 그와 마찬가지로 얇은 것, 가는 것, 상대적으로 어리석은 것이 된다. … 의식적인 것이 되는 모든 것은 크고 철저한 오염, 곡해, 그리고 피상성과 일반화 쪽으로 환원하는 일을 수반한다. … 우리는 인간 무리, 종의 관심에 유용할지도 모르는 바로 그만큼의 많은 것을 "알고 있다"(또는 믿거나 상상하고 있다).[23]

심지어 우리의 "내적 경험" ── 우리에게 겉보기에 가장 개인적이고 가장 직접적인 것 ── 조차 같은 곡해를 받는다. 즉, "'내적 경험'은 이 경험이 개인이 이해하는 언어를 발견한 후에만 우리의 의식 안으로 들어온다. … '이해한다'는 것은 단지 새로운 어떤 것을 낡고 친숙한 어떤 것의 언어로 표현할 수 있다는 것을 의미할 따름이다".[24] 클로소프스키의 용어로 말하면, 언어의 기능과 지성은 (무의식적) 강도를 (의식적) 의도로 전환하는 데 있다.

그렇다면 니체 그 자신이 설정한 과제, 즉 자아 없이 사유한다는 것, 의식적 지성의 관점에서가 아니라, 충동들의 복잡한 관점에서 사유한다는 것은 거의 불가능한 과제였다. "자기 자신을 이 환영적 자아 phantastic ego로서 느끼는 일을 멈추어라!" 니체는 그의 한 공책들에서 그

---

23 니체, 『즐거운 학문』, §354, 298~299.
24 니체, 『힘에의 의지』, §479, 266.

자신에게 다음과 같이 훈계했다.

> 상정된 개인을 버리는 것을 점차적으로 배워라! 자아의 오류들을 발견하라! 자아중심주의는 오류라는 점을 깨달아라! 하지만 이타주의의 반대로 이해되지 않도록 하라! 이타주의란 상정된 다른 개인들에 대한 사랑일 것이다. 아니다! "나"와 "너"를 넘어서거라! 우주적으로 경험하라!

다시 또, "요구되는 것은 다른 눈으로 보는 일을 연습하는 것이다. 인간 관계들을 떠나서 보는 일, 따라서 객관적으로 보는 일을 연습하는 것!"[25]

강박적 이미지로서의 환영

이것은 우리를 클로소프스키의 두 번째 근본 개념인 환영phantasm으로 데리고 간다. 클로소프스키의 경우, 이 용어는 우리의 충동적 생명의 무의식적 힘들에 의해 우리 안에서 생산된 강박적 이미지obsessional image를 가리킨다. 환영은 우리 각자를 독특한 사례로 만드는 그것이다. 클로소프스키는 그 자신에 대해 "나의 진정한 주제들은 자기 자신들을 표현하려고 모색하는 하나 이상의 강박적 본능들에 의해 지령을 받는다"고 쓰고 있다.[26] 혹은, 그는 다른 곳에서 "나는 오직 충동

---

25 니체, 「1881년 이후의 미간행 메모」, 파크스, 『영혼을 작곡하다』, 300에 인용되어 있다.
26 피에르 클로소프스키, 「조건과 귀결」, *L'Arc* 43(1970), 10. 이 시론의 일부는 클로소프스키의 『유사성』(Marseille: André Dimanche, 1984)에 재수록되었다.

들의 생명의 **지진계**일 뿐이다"라고 말하고 있다.[27] "환영"이라는 단어
는 희랍어 phantasia(나타남, 상상)에서 유래하며, 정신분석 이론에서
더 전문적인 의미로 수용되었다(환상 이론theory of fantasy). 그러나 클
로소프스키에게, 환영은 프로이트의 경우처럼 대체 형성물이 아니
다. 리오타르가 설명하듯이, 환영은 "비실재unreality 혹은 탈-실재de-
reality가 아니다. 환영은 리비도의 격렬한 요동을 움켜쥐는 '어떤 것',
리비도가 지어내는 어떤 것이다".[28]

　　니체 그 자신은 위대한 철학자들의 사상을 그들의 환영에 의해
서, 즉 그들의 우세하거나 지배적인 충동들에 의해서 해석하는 경향
이 있다. 철학자들은 단순히 그들의 우세한 충동(앎에의 의지)의 안
내를 받으며 그들 자신의 강도적 상태들의 운동을 표현할 따름이다.

> 그들은 그것이 ―실상 그들 자신의 문제일 뿐인데도―"진리"의 문
> 제라고 주장한다. 아니 오히려, 그들의 가장 맹렬한 충동이 한 근본적
> 인 충동의 모든 몰염치와 무지를 지니고서 드러난다. 즉, 이러한 충동
> 은 그 자체를 지배적인 것으로 만든다. ⋯ 철학은 오직 충동이 마침내
> 말할 수 있는 일종의 적당한 시기와 기회일 뿐이다. ⋯ 그렇다면 스피
> 노자 혹은 칸트는 무엇을 했는가? 그들의 우세한 충동을 해석했을 따
> 름이다. 하지만 그들의 건축물에로 번역될 수 있는 것은 오직 그들 행
> 동의 **전달 가능한** 부분이었을 뿐이다. (NVC 4~5)

---

27 장-모리스 몬뇨에, 『화가와 그의 악마: 피에르 클로소프스키와의 대화』(Paris: Flammarion,
　1985), 61.

28 장-프랑수아 리오타르, 『리비도 경제학』, 이언 해밀턴 그랜드 옮김(Bloomington and
　Indianapolis: Indiana University Press, 1993), 72.

이는 한 철학자는 오직 한 가지 사유만을 사유한다는 하이데거의 주장(그의 경우, "존재"의 사유)이나 모든 철학은 한 가지 직관을 가진다는 베르그손의 주장과 다른 것이 아니며, 한 철학자의 전작의 방대함은 이 직관과, 그들이 이 직관을 표현하고자 원하는 대로 사용할 수 있는 수단 사이의 공약 불가능성에 의해 설명될 수 있다.[29] 그 자체로, 환영은, 이해 불가능하고 형언 불가능하기 때문에, 전달 불가능하다. 하지만 환영이 또한 **강박적인** 것은 환영이 이해 불가능하고 전달 불가능하기 때문이다. 이해 불가능성, 전달 불가능성, 강박은 그 자체 클로소프스키의 환영 개념의 강도적 구성요소들이다.

들뢰즈는 자신의 책 『프루스트와 기호들』에서, 특히 프루스트가 사랑을 논하는 문맥에서, ── 비록 "환영"이라는 용어를 사용하지는 않긴 하지만 ── 환영의 본성에 대한 통찰력 있는 분석을 제공했다(PS 26~38). 사랑에 빠짐은 영혼의 강도, 높은 음조이며, 우리의 최초의 유혹은, 우리가 사랑하는 대상에서, 마치 연인이 왠지 우리의 정열의 강도에 대한 비밀을 쥐고 있다는 듯, 그 강도의 의미, 그 강도에 대한 설명을 찾아내려고 하는 데 있다. 하지만 불가피하게, 그 다른 사람은 이 점에서 우리를 실망시키고, 그때 우리는 그 비밀을 밝혀내고자 우리 자신으로 향한다. 그리하여 아마도 우리는 그 강도가 연인과, 다른 어떤 사람(연인을 사랑하는 다른 사람들, 우리의 부모) 또는 다른 어떤 것(장소, 시기) 사이에서 우리가 만든, 우리 자신 안의 주관적 연합들에 의해 유발되었으리라고 생각한다. 하지만 이 또한 실패한

---

29 앙리 베르그손, 「철학적 직관」, 『창조적 마음: 형이상학 입문』, 마벨 앤디슨 옮김(Totowa, NJ: Littlefield, Adams, 1946), 107~129.

다. 왜냐하면 우리의 사랑 배후에 —— 객관주의적인 유혹과 주관주의적인 보상 둘 모두의 배후에 —— 놓여 있는 것은 바로 (프루스트 그 자신이 환영이 아니라 "본질"이라고 부른) 전달 불가능한 환영이기 때문이다. 사실, 우리의 사랑은 그 자체를 반복하는 경향이 있다. 우리는 같은 "유형"과 사랑에 빠지고, 우리는 같은 패턴에 떨어지고, 우리는 같은 실수를 하는 것으로 보인다. 우리의 사랑은 어떤 것이 반복되고 있는 계열을 형성하지만, 언제나 약간의 차이를 갖고서 그렇게 하는 것으로 보인다. 이 "어떤 것"은 우리가 강박적으로 반복하지만 그 자체 여전히 전달 불가능한 것으로 남아 있고, 그것을 해독하려는 우리의 모든 시도에도 불구하고 우리 안에서 그 자체의 비밀스러운 작업을 계속하는 우리의 환영 이상의 것이 아니다. 하지만 들뢰즈가 언급하듯이, 이러한 연모하는 반복은 결코 선행하는 동일성의 메마른 혹은 벌거벗은 반복이 아니다. 그것은 언제나 차이의 옷 입은 혹은 가면을 쓴 반복, 언제나 새로운 차이들을 생산하는 반복이다.

> 반복한다는 것은 행동한다는 것, 하지만 유사하거나 동등한 것이 전혀 없는, 독특하거나 특이한 어떤 것과 관련하여 행동한다는 것이다. … 가면이야말로 반복의 진정한 주체이다. 반복은 본성상 재현과 다르기 때문에, 반복되는 것은 재현될 수 있는 것이 아니다. 오히려, 반복되는 것은, 반복되는 것을 의미하는 그것에 의해 가면이 씌워지고, 또 반복되는 것 그 자체가 의미하는 그것에다 가면을 씌우면서, 언제나 의미되어야만 한다. (DR 17~18)

우리가 보게 되겠지만, 클로소프스키가 시뮬라크르라고 부르는 것은 가면이다. 이 가면은 자기 자신을 고발하면서, 자신이 가장하는 그것 ── 즉, 환영 그 자체 ──의 윤곽들을 그린다. 프루스트 그 자신이, 그러한 본질들 혹은 환영들이 드러나는 것은 (대상에서가 아니라, 주체에서가 아니라) 오직 **예술**에서뿐이라고 말한다. 우리가 우리의 사랑에서 잃은 시간이 되찾아질 수 있고 회복될 수 있는 것은 오직 예술에서뿐이다.

클로소프스키 소설의 독자들은 클로소프스키 그 자신의 환영적 phantasmic 강박의 주요 대상이었던 환영, 즉 그가 (삼부작 『환대의 법칙』 후기에서) 자신의 작업의 "독특한 기호"라고 부르는 로베르트의 모습에 친숙해질 것이다.[30] 환영은 본성상 전달 불가능하므로, 환영의 저항 불가능한 제약을 따르는 주체는 결코 환영을 기술하기를 끝낼 수 없다. 따라서 클로소프스키의 서사 작품은 하나의 단일한 반복에 의해 횡단되고, 하나의 같은 운동에 의해 수행된다. 사실상, 반복되는 것은 언제나 같은 장면이다. 『오늘 밤 로베르트』에서의 로베르트의 강간, 『프롬프터』*Le Souffleur*에서의 연극적 재현, 『목욕하는 디아나』에서의 여신의 환상vision, 『바포메』*Le Baphomet*에서의 성 테레사 조상彫像에 대한 묘사,[31] 이 모든 것은 하나의 동일한 환영을 표현한다. 즉, 천

---

30 피에르 클로소프스키, 『환대의 법칙』(Paris: Gallimard, 1965), 342, 349. 클로소프스키의 3부작은 별도로 간행된 세 가지 제목, 즉 『오늘 밤 로베르트』(Paris: Minuit, 1954), 『낭트 칙령의 파기』(Paris: Minuit, 1959), 『프롬프터 혹은 사회극』(Paris: Jean-Jacques Pauvert, 1960)이다. 앞의 두 책은 *Roberte ce soir*와 *The Revocation of the Edict of Nantes*라는 제목으로 영역 간행되어 있다(오스트린 웨인하우스 옮김, New York: Grove, 1969). 영어로 된 클로소프스키에 관한 가장 좋은 연구서는 이언 제임스의 『피에르 클로소프스키, 이름의 지속성』(Oxford: Legenda, 2000)이다.

31 피에르 클로소프스키, 『바포메』, 소피 호크스·스티븐 사타렐리 옮김(Boston: Eridanos, 1988).

사이든 악마이든, 죄책감이 드는 관능을 전하는 여인, 자신의 몸이 제 3자의 시선 또는 폭력하에 있음을 발견하는 여인을 표현한다. 클로소프스키는 자신의 문학 작품 전체를 이러한 근본적인 강박과 맺는 관계에 의해 기술한다. 즉, "나는 이미지의 지령[dictée]하에 있다. 그것은 환상vision이 나에게 주는 모든 것을 말해야 한다고 요구하는 바로 그 환상이다".[32]

그렇다면, 니체의 근본적인 환영은 무엇인가? 클로소프스키는 니체의 가장 강렬한 환영은 **영원회귀**였다고 언급한다. (그러나, 우리는 영원회귀가 니체의 유일한 환영이 아니었다는 점을 언급해야 한다. 그리스는 젊은 니체에게 환영이었으며, 그리고 클로소프스키는 루 살로메와 코지마 바그너와 같은, 니체 자신의 연인들 속에서 계시된 환영들을 간과하지 않는다.) 하지만 니체의 환영은 니체 철학의 명시적인 학설 중의 하나로서의 영원회귀도 **아니고**, 심지어 사상으로서의 영원회귀도 아니다. 오히려 니체의 환영은 1881년 8월에 실스-마리아에서 그에게 계시된 **체험**으로서의 영원회귀였으며, 그것은 영혼의 충동, 강도, 높은 음조로서 —— 그리고 실로 영혼의 가능한 한 **가장 높**은 강도로서 —— 경험되었다. 가장 높은 것, 가장 강력한 정동, 가장 건강하고 가장 활기찬 충동, 가장 **긍정적인** 정동을 찾겠다는 니체의 탐구가 충족된 것은 영원회귀의 계시와 더불어서였다. 니체는 "사유들은 정동들의 유희와 전투의 기호들이다. 사유들은 언제나 숨겨진 뿌리에 의존한다"고 쓰고 있다.[33] 이 점에서, 클로소프스키는 니체가 영

---

32 알랭 아르노, 『피에르 클로소프스키』의 뒤표지에 인용되어 있다.
33 니체, 1885년 가을에서 1886년 봄까지의 공책. 이는 NVC 216에 인용되어 있다.

원회귀를 살로메, 그리고 그의 가장 가까운 친구인 프란츠 오버벡에게 드러내 보였을 때 두 사람 모두가 느낀 기묘함에 대한 인상 —— 쉰 목소리의 충격적인 톤, 대화할 때의 장려한 모습 —— 을 강조한다. 비록 니체는 영원회귀를 위한 (윤리적이거나 과학적이거나 또는 우주론적인) 수많은 형식의 표현을 찾고자 하지만, 그 표현들 중 어떤 것도 환영 그 자체의 근본적인 전달 불가능성을 표현할 수 없었다. 이런 이유로, 클로소프스키는 영원회귀는 학설이 아니라 학설의 시뮬라크르라고 말한다.

시뮬라크르 및 시뮬라크르의 스테레오타입

그렇다면 이것은 우리를 클로소프스키의 어휘 목록의 세 번째 용어, 곧 시뮬라크르로 데리고 간다.[34] "시뮬라크르"는 이 보이지 않는 영혼의 동요를 흉내 내는, 환영의 (문학, 회화, 또는 조형 형식에서 하는) 의지적인 재생산이다. "시뮬라크르는, 그 **모방적** 의미에서, 전달 불가능하고 재현 불가능한 어떤 것 그 자체의 현실화, 즉 강박적 제약 속에 있는 **환영**의 현실화이다."[35] 시뮬라크르라는 용어는 라틴어 simulare(복사하다, 재현하다, 가장하다)에서 유래하며, 로마 제국 말기에 이 용어는 도시 입구에 자주 줄지어 서 있는 신들의 조상彫像을

---

34 클로소프스키는 로마 연극에 나오는 신들의 방탕한 표상들에 대한 교부들(테르툴리아누스, 아우구스티누스)의 비판으로부터 시뮬라크르 개념을 최초로 되찾아 구해 냈다. 피에르 클로소프스키, 「로마 여인들의 어떤 관습의 성스럽고 신비로운 기원」『목욕하는 디아나/로마의 여인들』, 89~138, 특히 132~135를 보라. 또한 『리비도 경제학』 66~94에 있는 클로소프스키에 관한 장-프랑수아 리오타르의 주해들을 보라.

35 클로소프스키, 『유사성』, 6.

가리켰다. 더 정확히 말해, 시뮬라크르는, 비록 인간들에 의해 만들어졌지만, 신들의 보이지 않는 힘을 측정하는 수단인 물건이었다. 헤르메스 트리스메기스투스Hermes Trismegistus에 따르면, 예술가들은 그들 단독으로 신들의 조상에 생기를 불어넣을 수 없다. 그들은 신들의 영혼을 소환해야 하고, 악마적 힘을 포획해서 우상 혹은 성상 속에 담기 위하여, 사기 행위를 통해서, 악마적 힘을 유혹해야 한다. 따라서 **시뮬라크르**는 클로소프스키가 더 나아가 회화나 말이나 글로 돼 있는 재현물에 적용하는 조각 용어이다. 시뮬라크르는 말이나 조형이나 글로 돼 있는 환영의 복사물, 즉 환영으로 **간주되는** (혹은 **동등하고, 교환될 수 있는**) 인공물이다. 클로소프스키의 경우, 이러한 악마적 힘들은 신들과 여신들을 더 이상 가리키지 않고, 충동들과 정동들을 가리킨다. 더 정확히 말해, 신들과 여신들은 그 자체 충동들과 정동들의 시뮬라크르이다. 클로소프스키의 경우, **미메시스**는 보이는 것의 맹종적 모방이 아니라, 재현 불가능한 것의 흉내 내기이다.[36]

    이런 이유 때문에, 시뮬라크르는 클로소프스키가 자신의 후기 저작들에서 "스테레오타입"이라고 부르는 것과 복잡한 관계를 맺고 있다.[37] 한편으로, 시뮬라크르를 지어내는 일은 언제나, 느낌과 생각의 습관적 용법들(무리the herd)에 의해 이미 도식화된 형식 속에서 체험의 군거적인 측면을 표현하는 일단의 선행하는 스테레오타입 ── 클로소프스키가 『니체와 악순환』에서 "일상 기호들의 코드"라고 부

---

36 장-폴 마두, 『클로소프스키 전작에 나오는 악마와 시뮬라크르』, 88.
37 클로소프스키의 스테레오타입 이론에 대해서는, 「조건과 귀결」 15~20의 '고전 통사론에서 실행된 스테레오타입의 사용과 견책에 관하여'를 보라.

르는 것 ── 을 전제한다. 이런 의미에서, 일상 기호들의 코드는 영혼의 강도적인 운동들을 이해 가능하게 함으로써 그 운동들의 특이성을 전도시키고 곡해한다.

우리는 어떻게 감성의 환원 불가능한 깊이를 이 깊이를 배반하는 행위들에 의거하지 않고 설명할 수 있겠는가? 그러한 환원 불가능한 깊이는 사유 바깥에서 저질러지는 행위들에 의거하지 않고는 결코 반성되거나 파악될 수 없는 것으로 보인다.[38]

클로소프스키는 충동들의 운동을 일상 기호들의 코드에로, 환영을 통해서, 번역하는 운동을 설명한다.

충동들이 의식의 수준에서 의지가 되기 위해서, 후자는 충동에다 목표로서의 흥분 상태를 주어야만 하고, 따라서 충동에게 환영이 되는 것의 의미를 정교하게 만들어 내야만 한다. 즉, 예상되는 흥분, 따라서 이전에 경험된 흥분들에 의해 규정되는 도식에 따르는, 가능한 흥분… 하나의 환영, 혹은 몇몇 환영들은 충동적 힘들 간의 관계들에 따라서 형성될 수 있다. … 이런 식으로, 친숙하지 않은 새로운 어떤 것이 이미 알려져 있는 어떤 것으로 잘못 해석된다. (NVC 47)

---

38 피에르 클로소프스키, 『나의 이웃 사드』, 알폰소 링기스 옮김(Evanston, IL: Northwestern University Press, 1991), 14. 또한 클로소프스키, 「조건과 귀결」, 19를 보라. "(문학적이든 회화적이든) 소통의 영역에서, ('스타일'로서의) 스테레오타입은 통용되는 사용의 수준에 떨어지고, 통속적인 해석에 맡겨지고 내버려진 (강박적인 제약에 상응하는) 시뮬라크르의 잔여물이다."

다른 한편으로, 클로소프스키는 또한 "스테레오타입의 과학"에 대해 말한다. 이 스테레오타입의 과학에서 스테레오타입이 과잉의 지점까지 "강조됨"으로써, 스테레오타입 그 자체가 환영에 대한 그 자체의 군거적 해석에 대한 비판을 가져올 수 있다. "신중하게 실행되면, (통사론의) 제도적 스테레오타입들은 자신들이 제한하는 것의 현존을 유발하며, 스테레오타입들의 에둘러 말하기는 환영의 부조화를 감추지만, 동시에 환영의 불투명한 골상의 윤곽을 그려 낸다."[39] 클로소프스키의 산문은 그 자체 이러한 스테레오타입의 한 예이다. 그 자신의 용인하에, 클로소프스키 자신의 저작들은 프랑스어의 문학적 시제와 접속사들을 체계적으로 사용하는, "인습적인 의미에서" 고전적인 통사론으로 쓰여져 있다. 이는 프랑스어에다 결정적으로 박학하고 귀중하고 심지어 부르주아 톤을 주기까지 하지만, 프랑스어의 환영적 구조를 끌어내 보이는 과장된 방식으로 그렇게 한다. 클로소프스키가 쓰고 있듯이, "시뮬라크르는 스테레오타입적인 도식을 과장함으로써 효과적으로 환영의 제약을 모조한다. 즉, 스테레오타입을 증가시키고 강조하는 것은 곧 스테레오타입이 구성하는 복제물이 모조하는 강박을 끌어내 보이는 것이다."[40] 만약 클로소프스키가 1970년 후에 글쓰기를 포기했다면, 이는 적어도 부분적으로, 전달 불가능한 환영을 표현하고자 시도할 때 그가 결국 단어와 통사론의 매개보다 신체적인 제스처와 이미지 — 그가 "형체적 관용구"라고 부르는 것 — 의 웅변을 선호했기 때문이다. "오직 한 가지 보편적인 진

---

39 클로소프스키, 「조건과 귀결」, 16~19.

40 클로소프스키, 『유사성』, 78. 이는 아르노, 『피에르 클로소프스키』, 60에 인용되어 있다.

정한 언어가 존재할 뿐이다. 즉, 비형체적 기호들의 비밀스러운 언어를 통해 신체들을 교환하기."[41]

하지만 클로소프스키가 사용하는 매체가 무엇이든 간에, 우리는 시뮬라크르와 스테레오타입 사이에 있는 이 게임의 현기증 나는 본성을 감지할 수 있다. 만약 시뮬라크르가 후에 기독교 사상에서 악마론의 대상이 되었다면, 이는 시뮬라크르가 군거적 스테레오타입의 "대립자"가 아니라 ─ 악마적인 것이 신적인 것의 대립자가 아니듯이, 사탄은 타자the Other가 아니고, 신으로부터 가장 멀리 있는 극이 아니고, 절대적인 반정립이 아니다 ─, 훨씬 더 우리를 당혹케 하는 어떤 것, 즉 같은 것the Same, 완벽한 분신, 정확히 헛닮은 것semblance, 도플갱어, 기만이 너무나 완벽해서 사기꾼(사탄, 루시퍼)과 "실재"(신, 그리스도)를 구별하는 일이 불가능한 빛의 천사이기 때문이다. 마치 플라톤이 『소피스트』에서 소크라테스와 소피스트가 식별 불가능하게 되는 지점에 도달하게 되듯이. 클로소프스키의 관심은 타자the Other의 문제가 아니라, 같은 것the Same의 문제이다. 따라서 악마적 시뮬라크르는, 언제나 아이콘적이고 초월적 심급의 유비적 현출인 신학적인 상징과 날카롭게 대조를 이루고 있다.[42] 부정합성은 클로소프스키의 우주의 법칙이므로, 가장 많은 것을 가장하는 자

---

41 아르노, 『피에르 클로소프스키』, 104.

42 이 주제들에 관해서는, 클로소프스키에 관한 미셸 푸코의 시론, 「악타이온의 산문」, 『푸코의 주요 저작: 1954~1984』, 제2권: 『미학, 방법, 인식론』, 제임스 D. 포비옹 편(New York: New Press, 1988), 123~135, 특히 123을 보라: "타자인 악마가 같은 것the Same이라면 어쩌지? 또 (그리스도의) 유혹이 큰 적대감의 일화가 아니라 분신을 미묘하게 암시하는 것이라면 어쩌지?" 클로소프스키는 푸코의 시론이 자신의 저작에 대한 가장 좋은 주해들 중의 하나라고 생각했다.

가 자신의 보이지 않는 모델과 가장 닮은 자이다.

영혼의 3부 경제학: 토리노에서의 희열

그렇다면 우리가 클로소프스키에게서 발견하는 것은 영혼 경제학의 일종의 3중 회로이다.

1. 첫째, 강도의 상승과 하강, 고양과 침하를 가지는 충동들이 존재하는데, 이것들은 그 자체의 아무런 의미도 목적도 갖지 않는다.
2. 둘째, 이 충동들은 개체적 영혼의 전달 불가능한 깊이와 특이성을 구성하는 환영들을 생겨나게 한다("자아" 혹은 "나"는 그 자체 종 혹은 무리에 복무하며 우리의 충동적 생명에 통일성을 부여하는 환영이다).
3. 셋째, 환영의 강박적 제약하에서, (스테레오타입의 과장을 통해서) 환영의 재생산 혹은 반복인 시뮬라크르가 생산된다.

충동, 환영, 시뮬라크르-스테레오타입은 3중 회로이다. 만약 클로소프스키가 『니체와 악순환』을 주로 니체의 골상을 해석하는 것으로서 제시한다면, 이는 그것이 이 3중 회로를 니체의 사상에서 표현되는 대로 따르려고 시도하기 때문이다. 즉,

1. 클로소프스키는 먼저 니체에게 제약을 행사한 충동들 혹은 강도적 힘들(특히 니체의 병약한 상태와 관련이 있는 것)을 기술하려고 시도한다.
2. 이어서 그는 그 충동들이 니체 안에서 생산한 환영들, 특히 영원회귀의 환영을 영혼의 가장 높고 가장 긍정적인 정동으로 간주한다.

3. 마지막으로, 니체가 환영들을 표현하기 위해 창조한 다양한 시뮬라크르, 즉 우리가 니체의 "철학"으로 알고 있는 것인 개념들, 학설들, 특징들에 관한 설명을 제시한다.

이 3중 회로의 목표 혹은 목적, 그것의 의도는 무엇인가?

[클로소프스키는 이렇게 쓰고 있다.] 니체의 공언 불가능한 기획은 의도 없이 행위하는 것 — 즉, 불가능한 도덕 — 이다. 이제 이러한 의도 없는 우주의 전 경제학은 의도적인 존재자들을 창조한다. "인간" 종은 힘의 강도를 의도 — 즉, 도덕의 작업 — 로 전도시키는 이러한 종류의 피조물이다 — 이는 순전히 우연한 일이다. 시뮬라크르의 기능은 인간적 의도를 환영들을 생산하는 힘들의 강도로 되돌려 놓는 것이다. (NVC 140)

하지만 이것 즉 "인간적 의도를 힘의 강도들로 되돌려 놓는다는 것"은 정확히 무엇을 의미하는가? 이 물음에 관하여, 아마도 니체에 관한 클로소프스키의 책에서 가장 중요한 텍스트는 「토리노에서의 희열」이라는 제목이 붙은 끝에서 두 번째 장일 텐데, 여기서 그는 니체가 1888년 12월 31일에서 1889년 1월 6일까지 한 주 동안 쓴 편지들과 메모들을 통해서 니체의 신경쇠약과 광기를 검토한다.

니체의 광기에 대한 두 가지 명백히 문제적인 독해들이 있다. 즉, 하나는 광기는 니체 철학의 논리적인 내적 성과로 간주된다는 독해이고, 다른 하나는 광기는 철학 그 자체와는 아무런 관련도 없는, 외적 원인(매독 감염)에 의해 생산되었다는 독해이다. 클로소프스키는 이 두 극단 사이의 중도를 간다. 그는 충동들의 **부정합성**과, 이 충동들을 자기self의 고유성질들로 만드는 주체[suppôt]의 **정합성** 사이의 긴장을 그 누구도 니체보다 더 잘 알아차리지 못했다고 말한다. 이것이 적어도 부분적으로, 니체가 『이 사람을 보라』의 유명한 문구, "디오니소스 대 십자가에 못 박힌 자"로 의미했던 것이다. 즉, 디오니소스는 변용metamorphoses의 신, 충동들의 모든 부정합성에도 불구하고 건강하고 강한 충동들을 긍정하는 신인 데 반해, 십자가에 못 박힌 자는 약자의 신, 군거성의 신, 무리의 신, 책임감 있는 자기의 수호자이다. 이런 이유로 클로소프스키는 니체의 편두통을 강조한다. 왜냐하면 니체의 자기가, 훨씬 더 방대하지만 더 시간이 짧고 취약한 일종의 청명함 — 이 청명함 속에서 신체의 이러한 말없는 힘들과 충동들이 일깨워졌다 — 으로 와해된 것은 정확히 니체 뇌의 청명함이 중지되었을 때였기 때문이다(NVC 31). 니체의 병약 상태에서 작용하는 이러한 변화들을 검토함으로써, 클로소프스키는 니체는 그의 사유와 사유를 **형체화하는** 것으로서의 신체 — 즉, 자기의 고유성질로서의 신체가 아니라, 충동들의 우발적인 장소로서의 신체 — 사이의 새로운 유형의 정합성을 찾고 있었다고 언급한다. 달리 말해서, 니체는 충동들의 그림자들을 관통하기 위해서 그 자신의 청명함을 사용하기를 원했다. 하지만 우리는, 만약 충동들의 그림자를 관통하기 위해서 우리가 청명함의 바로 그 장소 — 즉, 자기 — 를 파괴해야만 한다면, 어떻게 청명한 채로 계속 있을 수 있겠는가? 오랫동안, 니체는 충동들(강도)의 부정합성과 자기의 정합성(의도) 사이에서 오가는 운동을 관찰하는 데 만족했다.

토리노에서 무슨 일이 일어났는가? 그것은 극치의 순간이었으니, 토리노에서 니체는 마침내 "인간의 의도를 힘들의 강도로 되돌려 놓았다". 클로소프스키는 "니체는 토리노에서 이 최후의 날들을 보낸 시기보다 (광기에서 벗어나) 더 청명한 정신 상태를 유지한 적이 결코 없었다. 그가 자각한 것은 자신이 니체임을 끝냈다는 사실이었다. 말하자면 그의 인격을 비웠다는 사실이었다"(NVC 235). 니체는 갑자기 이성을 상실하여 그 자신을 낯선 인물과 동일시하기 시작한 것이 아니었다. 더 정확히 말해, 교수 니체는 자신의 동일성을 상실했고(혹은 폐기했고), 청명한 정신 상태에 들어 그 자신을 충동들의 부정합성에다 내버렸으며, 이 충동들 각각은 이제 그 자체의 고유명을 받아들였다. 그가 자신의 몇몇 편지에 "십자가에 못 박힌 자"로 서명했다는 사실은, 즉 그 자신의 동일성의 상실을 감추고자 그리스도의 골상을 선택했다는 사실은 니체의 엄청난 황홀경을 보여 준다. 즉, 디오니소스와 십자가에 못 박힌 자는 더 이상 대립 속에 있지 않고, 막연한 평형 상태 속에 있다. 요컨대, 니체의 섬망은 그의 충동들이 각각 갖가지 고유명을 받아들인 일련의 강도적 상태들을 거쳐 갔다. 그 고유명 중 어떤 것들은 그의 동지들, 혹은 강도의 조증적인 상승(프라도, 레셉스, 샹비주, "정직한 범죄자들")을 지시한 반면, 또 어떤 것들은 그의 적들, 혹은 강도의 우울증적 하강(가야바, 빌헬름, 비스마르크, "반유대주의자들")을 지시했다. 니체는 결국 (어떤 정신분석가들이 말하듯이, 아버지의 이름이 아니라) "역사의 모든 이름들"이 투여된 순수 진동의 카오스 속에 있었다.

니체가 광기에서 벗어나 외견상 청명한 정신 상태에 든 것처럼 보이는 것이, 신기하게도, 니체의 가장 가까운 친구들 중 두 사람에 의해 증명되었다. 토리노에서 갑자기 쓰러진 지 1년 후인 1890년 1월

21일에, 니체의 대필자인 페터 가스트Peter Gast는 예나의 정신병원에 있는 친구를 방문했다.

[가스트는 후에 이렇게 썼다.] 그는 그렇게 아파 보이지는 않았다. 나는 그의 정신 착란이 친하게 어울려 지내는 친구들을 위해 그가 예전에 했던 유머러스한 익살을 그저 더 끌어올린 것으로 이루어져 있다는 인상을 받았다. 그는 나를 바로 알아보더니, 나를 껴안고 입맞춤을 했고, 나를 보고 대단히 기뻐했으며, 내가 거기에 실제로 있다는 것을 믿을 수 없다는 듯이 되풀이해서 그의 손을 악수하겠다고 나에게 내밀었다.

하지만 니체와 매일 긴 산책을 하는 동안, 가스트는 그가 "치유되기"를 원하지 않는다는 것을 알 수 있었다. "(비록 끔찍하긴 하지만) 니체는 단지 광기를 가장하는 것처럼, 일이 이런 식으로 끝나서 기뻐하는 것처럼 보였다." 이러한 관찰은 프란츠 오버벡이 한 달 후인 1890년 2월에 니체를 보러 왔을 때 받은 그의 느낌과 일치한다.

나는 그의 광기가 가장되었다는 … 섬뜩한 의심을 피할 수 없다. 이러한 인상은 내가 니체의 자기-감춤에 대해, 그의 정신적 가면에 대해 가졌던 경험에 의해서만 설명될 수 있다. 하지만 여기서 또한 나는 모든 인격적인 사유와 사색을 제압하는 사실들이 있다는 것을 알고 이에 머리를 숙이지 않을 수 없었다.[43]

비록 클로소프스키가 이 가스트와 오버벡의 관찰들을 인용하지 않을지라도, 그는 불가피한 물음을 제기한다. 즉, 니체의 사유는 이러한 광기의 가장 속에서 어디에 도달하는가?

> [클로소프스키는 이렇게 언급한다.] 니체의 강박적 사유는 사건들, 행위들, 명백한 결정들, 그리고 실로 세계 전체는 시간이 시작된 이래, 언어의 영역에서 이러한 것들이 취해 왔던 것들과는 완전히 다른 측면을 가진다는 점이다. 이제 그는 언어를 넘어 세계를 보았다. 즉, 그것은 **절대적인 말없음**의 영역이었을까? 아니면 반대로 **절대적인 언어**의 영역이었을까? (NVC 251)

클로소프스키는 어쩔 수 없이 이 물음을 대답하지 않은 채 놓아두고 있다. 책 앞부분에서, 그는 니체가 그 해 말에 분명 쇠미해지는 그 자신의 상태에 관한 어떤 조심성을 내보이는 1888년 봄의 한 메모를 인용한다. 그것은 "가장 위험한 오해"라는 제목이 붙어 있는데, 아프다거나 미쳤다고 간주되는 사람들에 관한 것이다. 니체는 그들의 도취는 삶의 과도한 충만함에서 오는가, 아니면 뇌의 참으로 병리학적인 쇠락에서 오는가? 우리는 어떻게 **풍요로운** 유형과 **소진된** 유형을 구분할 수 있는가? 하고 묻는다. 이것이 『이 사람을 보라』에서 표현되는 바의 니체의 이중적 두려움, 즉 예언자로 오인되는 두려움, 뿐만 아니라 "영원한 광대"로 오인되는 두려움이었다(NVC 86). 요컨대, 우리는 영원회귀의 **기분**Stimmung의 높은 음조가 건강과 과도한 풍

---

43 가스트와 오버벡의 관찰은 로널드 헤이먼, 『니체: 비판적 생』(Oxford: Oxford University Press, 1980), 340~341에 기록되어 있다.

요로움의 표현인지, 아니면 소진과 병의 표현인지 어떻게 구별할 수 있는가? 이것은 영원회귀 학설의 역설적(혹은 "이율배반적") 지위에서 유래하는 물음이다. 체험으로서, 니체는 처음에 영원회귀를 사유로서가 아니라, 충동, **기분**, "영혼의 높은 음조"로서 경험했다. 그렇다면 **사유**로서, 영원회귀는 오직 언제나 한 학설의 **시뮬라크르**일 수 있을 뿐이라고 클로소프스키는 주장한다. 이러한 영원회귀는 근본적으로 전달 불가능한 환영을 전달하려고 시도하며, 따라서 그 환영의 모조(따라서 왜곡perversion)이다. 더구나, 이러한 역설은 자신의 구체적인 현출을 우리 현대의 산업(혹은 자본주의) 조직에 의한, 정동들의 직접적 조작 속에서 발견한다. 군거적인 욕구나 원함에 **이바지하는** 의지적이고 의식적인 조작을 제외한다면, 무엇 때문에 마케팅이나 광고가 존재하겠는가? 아무런 목표나 목적을 갖지 않는, 자본과 상품의 흐름과 변용들metamorphoses은 니체의 영원회귀 학설의 악의적인 캐리커처의 구체적인 형식이다(NVC 171). 클로소프스키는 자신의 책 『살아 있는 화폐』*La Monnaie vivante*에서 산업사회에서의 충동들의 운명에 관한 자신의 성찰을 계속하며, (현대의 산업과 자본주의 질서가 그 자체 영원회귀의 패러디로서 간주될 수 있는 한에서) 정치경제학의 일종의 패러디를 구성한다.[44]

이 개념들 ─ 충동과 강도, 환영, 시뮬라크르와 스테레오타입 ─ 각각은 우리가 여기에서 제시할 수 있었던 것보다 더 상세한

---

44 피에르 클로소프스키, 『살아 있는 화폐』(Paris: Éric Losfield, 1970; Paris: Gallimard, 2003).

분석을 필요로 할 것이다. 그러나 합해서 말해 본다면, 이 개념들은 내가 클로소프스키의 저작에서 일차적으로 중요하다고 생각하는 것을 가리킨다. 이러한 충동-환영-시뮬라크르의 회로를 갖고서, 클로소프스키는 상사, 동시, 모조, 이화라는 복잡한 작동을 가지는, 기이하고baroque 미로 같은 논리를 분리해 냈다. 그것은 ─ 그가 비난하지도 낭만화하지도 않는 ─ 니체의 광기에서뿐만 아니라, 또한 그의 관심을 받은 다른 많은 작가들 ─ 마르키 드 사드 및 그의 도착들, 조너선 스위프트 및 걸리버에 대한 그의 불균형적 환상 등등 ─ 에서 그가 밝히는 어떤 것이다. 따라서 클로소프스키의 경제학은 일종의 원환을 따른다. 즉, 영혼의 충동들은 환영을 낳고, 환영들로부터 시뮬라크르가 생산되고, 시뮬라크르는 스테레오타입들로 경화된다. 하지만 결국 스테레오타입들은 본원적 환상, 충동들의 본원적 파토스로 되흘러간다. 이런 의미에서, 이 회로의 "진리"를 밝힐 수단은 전혀 존재하지 않는다. 클로소프스키가 말하듯이, "만약 우리가 탈신비화한다면, 그것은 오직 더 많이 신비화하는 것일 뿐이다…"(NVC 131).

폴 패튼

들뢰즈와 자유주의 전통: 규범성, 자유, 판단

폴 패튼의 『들뢰즈와 정치적인 것』은 의심할 여지 없이 질 들뢰즈에 관해 이제까지 쓰여진 책 중에서 가장 중요한 책들 중의 하나이다.[1] 이 책은 짧은 책이지만, 그 짧음이 그 복잡성을 숨기고 있다. 이 책은 들뢰즈의 사유를 한 특정한 관점 ——"정치적인" 것의 문제 —— 에서 접근하지만(이 책은 루틀리지 출판사의 "정치적인 것을 사유하기 Thinking the Political" 시리즈의 일부이다), 그렇지만 동시에 이 책은 들뢰즈 철학 전반에 대한 간명하고 섬세한 평가를 제공한다.[2] 이 책은 들뢰즈의 사유를 처음 접한 독자들에게 귀중할 "잠재적 다양체", "기

---

1 이 시론은 폴 패튼의 『들뢰즈와 정치적인 것』(London and New York: Routledge, 2000)에 대한 평론이다. 본서에 DP라는 약호로 인용되어 있다. 이 논문의 초기본은 2000년 11월 23~25일에 열렸던, 오스트레일리아 시드니 뉴사우스 웨일즈 대학 소재 오스트랄라시아 대륙 철학 협회(ASCP)의 2000년 연례 회의에서 제출되었다. 폴 패튼의 응답은 물론, 다른 토론자들 리넬 세콤과 스티븐 무에케의 논평에 큰 도움을 받았다.

2 출판사 루틀리지Routledge의 중요한 "정치적인 것을 사유하기" 시리즈는 키스 안셀-피어슨과 사이먼 크리츨리가 편집한 것으로, 여기에는 지금까지 푸코, 데리다, 니체, 하이데거, 라캉, 리오타르에 관한 책들이 들어 있다.

계적 배치", "생성", "탈영토화"와 같은 "특유한" 들뢰즈의 개념들에 대한 간결한 개관을 포함한다. 특히 정치적 수준에서, 이 책은 또한 『자본주의와 분열증』의 근본적인 혁신을 이루는, 사회구성체의 추상적 유형 분류에 관한 여태까지 논의 중에서 가장 광범위한 논의를 담고 있으며, 이 논의에는 "유목적 전쟁 기계"라는 들뢰즈와 과타리의 중요하지만 잘못 이해되어 온 개념이 포함되어 있다. 이 두 측면 모두에서, 들뢰즈 개념들에 대한 패튼의 분석은, 비록 어쩔 수 없이 선택적이긴 하지만, 전형적이다. 독자들은 패튼이 들뢰즈의 참신한 개념들과 정치 술어의 미로를 통해 가는 신뢰할 만하고 신중한 안내자가 된다는 것을 발견하게 될 것이다.

『들뢰즈와 정치적인 것』은 또한 사적인 책이기도 하다. 패튼은 잘 알려진 들뢰즈 학자일 뿐만 아니라, 현대 정치철학의 역사에 관해 폭넓게 글을 써 온, 그 자신의 능력을 갖춘 정치사상가이다.[3] 이 책을 읽을 때, 또 특히 역능에 관한 장을 읽을 때, 우리는 니체, 푸코, 들뢰즈 못지않게 홉스와 롤스를 포함하는, 패튼 자신의 정치적 사상에 영향을 끼쳐 온 인물들에 대한 명료한 이해를 얻는다. 패튼은 또한 오스트레일리아 원주민의 토지권에 관해 글을 써서, 획기적인 1992년 마보 소송 사건Mabo case에 관한 중요한 분석들을 간행했다.[4] 이 책의 가

---

3 폴 패튼, 「권력과 자유에 관한 테일러와 푸코」, *Political Studies* 37/2(1989. 6.), 260~276, 「홉스와 니체의 정치학 및 권력 개념」, 『니체, 페미니즘, 그리고 정치 이론』, 폴 패튼 편(London and New York: Routledge, 1993), 144~161, 그리고 「권력에 관한 푸코의 주제」, 『후기 푸코: 정치학과 철학』, 제러미 모스 편(London: Sage, 1998), 64~67을 보라.

4 폴 패튼, 「마보, 자유, 그리고 차이의 정치학」, *Australian Journal of Political Science* 30/1(1995. 3.), 108~119, 그리고 「오스트레일리아의 주권, 법, 차이: 마보 소송 이후」, *Alternative* 21(1996)을 보라.

장 독창적인 절들 중의 하나인 마지막 장은 특히 들뢰즈의 관점에서 식민화, 그리고 원주민 토지 소유 권리의 쟁점들을 검토하고 재분석하려고 시도한다. 그러므로 『들뢰즈와 정치적인 것』은 들뢰즈에 대한 주석으로 읽힐 수 있을 뿐만 아니라, 또한 이 다양한 관심들을 한데 묶어서 정합적인 전체로 만든, 수년간의 연구와 성찰의 결과물인, 패튼 자신의 종합적 저작으로도 읽힐 수 있다.

　『들뢰즈와 정치적인 것』의 많은 재물 중에서, 여기서 나는 이 책의 한 단일한 면에, 즉 들뢰즈가 정치철학의 "자유주의적" 전통과 맺는 관계에 대한 패튼의 분석에 초점을 맞추고 싶다. 내 견해로는, 이 것은, 만약 들뢰즈의 정치사상이 보통 자유주의적 전통이 아니라, 오직 마르크스주의적 전통의 맥락에서 읽혀 왔기 때문이라면, 패튼 연구의 가장 중요한 기여들 중의 하나이다. 패튼은 이러한 마르크스적 유산을 무시하지 않으며, 또 들뢰즈가 마르크스주의와 맺는 관계는 이미 잘 알려져 있고 문서로 잘 입증되어 있다. 들뢰즈는 "어떠한 정치철학도 자본주의에 대한 분석 및 자본주의가 발달해 온 방식을 중심 주제로 삼아야만 한다"고 주장하면서, 그 자신을 명시적으로 마르크스주의자로 특징지었다(N 171). 하지만 장-프랑수아 리오타르가 오래전에 언급한 바와 같이, 『자본주의와 분열증』은 그럼에도 불구하고 ── 상부구조와 하부구조, 노동자들의 투쟁, 프롤레타리아, 노동-가치 이론과 같은 ── 수많은 고전적인 마르크스의 개념들이 대부분 들뢰즈와 과타리의 분석들에서 빠져 있고, 분석되지도 비판되지도 않고 단지 무시될 뿐이므로, 마르크스에 대한 암묵적 비판을 담고 있다.[5] 더구나, 전통적 마르크스주의는 자본주의적 기계가 분쇄되어 마침내 붕괴하는 한계가 존재한다고 가르쳤으며, 마르크스주의 정치학은 이러한 한계를 탐색하는, 즉 새로운 유형의 사회구성체 — 처음에 "조야한 공산주의"(사유재산의 폐지), 그런 다음 "완전히 발달한 인본주의"의 적극성 — 의 나타남을 가능하게 하는 혁명적 "조건들"을 탐색하는 바탕 위에 구축되었다. 들뢰즈와 과타리는 또한 이러한 종말론적인 개념을 완전히 포기하고, 자본주의를 모순과 계급(자본가 대 프롤레타리아)이 아니라 도주선과 소수자성에 의거해서 정의한다(N 171~172). 이 전략은 결코 마르크스주의에 대한 거부를 의미하지 않는다. 마르크스 자신이 자본주의에 대한 그 자신의 분석들은 변화하는 조건들에 비추어 반드시 수정되어야 할 것이라고 주장했기 때문이다. 그러므로 들뢰즈와 과타리는 일관되지 않은 점 없이 그들 자신을 마르크스주의 전통에 정확히 위치시킬 수 있는 반면, 동시에 매우 중요한 마르크스의 개념들을 거부할 수 있다. 그들은 자신들의 분석에서 제시된 새로운 개념들은 자본주의의 현 상태가 제기하는 새로운 중심 문제가 요구하는 것들이라고 주장한다. 결과는, 패튼이 모두 상세히 분석하는 도주선, 차이, 생성과 같은, 일단의 새로운 개념들을 갖고서 기능하는 마르크스주의 정치학이다(DP 6~9).

그러나 마르크스주의 전통에 대한 이 비판적 긍정과 대조적으로, 들뢰즈가 자유주의 전통의 정치사상과 맺는 관계는 훨씬 더 미약하고, 자주 부정적이다. 패튼은 첫 페이지에서 들뢰즈의 저작은 "정의나 자유의 본성, 민주주의, 규범성, 절차적 정당화"와 같은, 자유주의 전통과 가장 관련 있는 쟁점들을 대체로 무시하면서, "영미 정치사

---

5 장-프랑수아 리오타르, 「광신자 자본주의」, *Semiotext(e)*, 2/3(1977), 11~26.

상의 중심 문제와 규범적 언질에 대한 관심을 거의 완전히 결여하고 있음을 보여 준다"고 언급한다(DP 1). 우리는, 만약 들뢰즈가 어떤 특정한 마르크스의 개념들을 무시하는 일을 마다하지 않았다면, 자유주의 전통의 개념들을 **완전히** 무시하는 일을 거의 마다하지 않았다고 말할 수도 있겠다. 이 점이 패튼이 개입하는 지점이다. 패튼은 들뢰즈 자신이 마르크스주의 전통을 변형했듯이, 자유주의 전통의 개념적 장치는 들뢰즈의 관점에서 이와 유사한 변형을 받을 여지는 없을까? 라고 묻는다. 패튼의 책은 이런 방식으로 들뢰즈 사상의 현재적 수용에 강력하게 개입하는 역할로서 투입된다. 즉, 그의 책은 들뢰즈의 정치사상과 자유주의 전통 사이의 복잡한 대치를 무대에 올리고, 그 맥락에서 들뢰즈 개념들의 현대적 적절성뿐만 아니라, 들뢰즈의 개념들이 정치철학의 마르크스주의 전통과 자유주의 전통 **둘 모두**를 변형하기 위해 가지는 잠재력을 증명하려고 시도한다.[6] 그러한 대치를 제시할 때, 패튼은 들뢰즈 연구에 있어서 새롭고 풍요로운 영토를 획정하고, 또 의심할 여지 없이 다른 사람들에 의해 수용될 연구 의제를 제시하고 있다. 패튼은 『들뢰즈와 정치적인 것』에서, 이 책의 몇몇 목표를 감안해 볼 때, 어쩔 수 없이 다소 완곡하게 이 의제를 추구하는데, 다음에 오는 것에서 나의 목표는 단지 패튼의 분석 과정에서 이러한 특수한 궤적이 펼쳐지는 방식을 강조하는 것일 따름이다.

---

6 이 점에서, 패튼의 주요 선구자들은 마이클 하트와 안토니오 네그리이다. 이들의 저작은, 공공연하게 마르크스적이긴 하지만, 또한 대략 들뢰즈적인 관점에서 본, 자유주의 전통에 관한 중요한 분석을 포함하고 있다. 이들의 영향력 있는 『제국』(Cambridge, MA: Harvard, 2000)을 보라. 또한 초기 저작 『디오니소스의 노동』(Minneapolis: University of Minnesota, 1997)을 보라.

들뢰즈의 개념 분석론

『철학이란 무엇인가?』에서 들뢰즈와 과타리는 철학을, 유명한 일이지만, **개념의 창조**로 정의한다(WP 5). 패튼은 올바르게도 이러한 개념 창조 활동을 그의 책의 첫 번째 명시적인 초점으로 삼는다. 개념 창조 활동은 그가 들뢰즈의 사상을 제시하는 관점을 제공할 뿐만 아니라, 또한 그 자신의 수정 기획을 착수하는 토대를 제공하기 때문이다. 그는 "이 연구의 주도적 원리는 정치사상에 대한 들뢰즈의 기여는 그 자신의 철학 개념 및 철학의 실천과 관련하여 평가되어야만 한다는 데 있다"고 쓰고 있다(DP 2). 따라서 제1장(사유의 개념과 이미지: 들뢰즈의 철학 개념)은 "사회계약"이라는 정치 개념의 검토로 시작되는데, 패튼은 이 개념을 들뢰즈와 과타리가 개념을 정의할 때 의거하는 다양한 측면들을 예시하기 위해 사용한다. 그 다양한 측면들이란, 즉 개념들을 그 자신의 권한으로 차례차례 구성하는, 이 개념의 **강도적 구성요소**들(자연 상태, 권력에 대한 끊임없는 욕망, 계약에서 결과하는 법인), 이 개념의 내적 **견실성**(이 요소들이 내적으로 결합되는 방식, 이 개념의 "내-견실성"), 이 개념의 **내재 면**plane of immanence(사회계약 개념이 주권, 입법, 정의와 같은, 관련 개념들과 외적으로 연관되는 방식, 개념들의 "외-견실성")이다. 놀랍게도, 패튼은 정치철학의 맥락에서 레비아탄Leviathan, 고결한 야만인Noble Savage, 왕자Prince 등등을 포함할 수도 있는 **개념적 페르소나**conceptual personae라는 매우 중요한 들뢰즈의 개념을 논하지 않는다(WP 63). 한 개념에 대한 **비판**은 이러한 모든 수준에서 발생할 수 있다. 즉, 우리는 구성요소들을 더하거나 빼거나 변형하거나, 또는 그들 사이의 관계들을 변경할 수 있다. 예를 들어, 사회계약에 대한 로크의 버전에서, 주체들은 더 이상 홉스의 경우처럼 권력을 향한 욕망에 의해 정의되지 않고, 그들의 재산 소유권에 의해 정의되며(구성요소들의 변화), 이는 결국 자기 자신과 타인들을 향한 의무를 의미한다(견실성의 변화). 이것은 개념들이 전 역사에 걸쳐서 갱생되고 갱신될 수 있는 변형적 과정의 좋은 예이며, 그것은 들뢰즈의 관점에서 자유주의적 개념들을 재해석하고자 하는 패튼 자신의 기획의 기초에 놓여 있다. 마지막으로, 패튼은 이 모든 측면에서 개념들은 언제나 그 필연성을 역사적으로 규정된 문제틀들 problematics로부터 이끌어 온다는 사실을 강조한다(DP 21). 홉스의 문제틀은 가령 행정당국의 구성과 합법화인 데 반해, 『정의론』에 보이는 존 롤스의 문제틀은 정의 사회(=공정한 사회)의 원리에 관한 것이다. 그 맥락에서 롤스 그 자신은 사회계약 개념을 또다시 수용해서 변형한다(DP 13).

이러한 분석은, 거의 세 페이지가 안 되는 길이이지만, 역작이며, 들뢰즈와 과타리 그 자신들이 『철학이란 무엇인가?』에서 제공하는 분석보다 (다소 모호한 들뢰즈의 타자 개념를 통하여) 훨씬 더 접근 가능한 개념적 분석의 예를 제공하고 있다(WP 16~19). 이러한 분석은 패튼의 맥락에서 이중 역할을 행한다. 즉, 그것은 그가 들뢰즈와 과타리의 개념 이해를 요약하도록 허용하는 한편, 동시에 자유주의 전통의 정치철학의 토대 개념들 중의 하나에 대한 간략한 역사를 우리에게 제공한다. 이러한 분석은 우리를 곧바로 이 책의 두 번째 명시적인 목표 ── 우리와 관련된 것 ── 로 이끌고 가는데, 이는 들뢰즈의 저작과 영미 전통의 정치철학 사이의 "연관점들"을 보여 주는 것이다(DP 135). 그러나 이것은 예비적이지만 필연적인 물음을 제기한다. 즉, 들뢰즈 그 자신은 **왜** 사회계약과 같은 자유주의 전통의 정치 개념들을 대체로 무시했는가? 패튼은, 이렇게 회피하는 이유가 들뢰즈 철학에서 실시되는 주체의 지위에 보이는 근본적인 변화에서 발견된다고 언급한다. 사회계약 이론이 제기하는 일반적 물음은 이렇다. 즉, 개인들은 어떻게 상호 이익이 되는 협력에 들어가는가? 이런 의미에서, 사회계약은 정치적 주체로서의 이미-구성된 개인들의 선행하는 실존을 전제한다. 이와 대조적으로, 들뢰즈의 경우, 주체 그 자체는 이차적 현상, 즉 더 일차적인 흐름들 혹은 **과정들**(푸코가 "주체화의 과정들"이라고 부른 것)의 집합의 산물 혹은 결과가 된다. 그러므로 들뢰즈가 묻는 정치적 물음들은 언제나 **전-주체적인**pre-subjective 과정들의 수준에서 제기된다. 예를 들면 이렇다. 욕망은, 과정으로서, 그 자신의 억압을 욕망하게 될 수 있는가? 노동과 같은 (비록 추상적이긴 하지만) 주체적인 과정이 어떻게 제도, 혹은 국가 장치에 의해 "포획될" 수 있는가? 『자본주의와 분열증』에서 전개된 정치철학은 사회구성체를 일차적으로 그 과정들에 의해서 — 혹은 더 정확히 말해, "흐름"(유동), 즉 물질의 흐름, 인구와 상품의 흐름, 자본과 노동의 흐름, 교통의 흐름, 지식의 흐름, 욕망의 흐름 등등의 광범한 이론에 의해서 — 정의된 물리적 체계로서 우선적으로 분석하려고 시도한다. 극단적으로 단순화하면, 우리는 들뢰즈는 주체의 철학자가 아니라 전-주체적인 과정들 혹은 흐름들의 철학자라고 말할 수 있을 것이다. 이것은 들뢰즈 철학에 있어서 근본적인 형이상학적 변화이며, 들뢰즈의 개념이 기술하려고 시도하는 것은 바로 이 과정들이다.

그렇다면 패튼이 떠맡고 있는 과제는 자유주의 정치 개념들이 어떻게 이러한 형이상학적 변화에 비추어 보존될 수 있고 변형될 수 있는지를 보여 주는 것이다. 결국, 그는 그러한 변형의 가능성은 그 자체 들뢰즈 자신의 개념 분석론에, 그리고 들뢰즈가 개념들에 부여하는 "인식적 기능"에 의지해야만 한다고 언급한다(DP 26). 이 점에서, 패튼은 철학 개념들은 "순수 사건들에 대한 인식을 제공한다"는, 『철학이란 무엇인가?』에서 제공되는 정의를 강조한다(DP 26). 하지만 "순수 사건"이란 무엇인가? 들뢰즈는 사태 속에서 혹은 체험 속에서 — 즉, **역사** 속에서 — 현실화하는 사건과, 현실화로 환원될 수 없는 순수 사건, 즉 "생성 속의, 특정한 견실성 속의 사건"을 구별한다(DP 27). 이러한 순수 사건은 역사를 회피하고, 지금-여기에 있되 아무 데도 없는 "유토피아" 같은 것(새뮤얼 버틀러Samuel Butler의 유토피아 신조어 **에레혼**Erewhon에 관한 연극)이며, 그리고 자기-정립적 개념 속에서 표현된다. 이러한 구별의 한 예로서, 패튼은 푸코, 하버마스, 리오타르와 같은 다양한 철학자들이 최근에 다루어 온 『능력들의 경합』에 나오는, 프랑스 혁명에 관한 칸트의 유명한 성찰들을 지적한다. 칸트는 "저 이상들로 향한 유럽인들의 '열광' 속에서 표현된 바의, 보편적 권리들을 위한 혁명의 개념들"(이것은 개념과 관련한, 저 이상들의 "생성"을 나타내는 것이다)과, "개념과 저 이상들이 1789년 피 묻은 사건들 속에서 현실화된 방식들"(이것은 "역사"이다)을 구별했다(DR 27). 패튼은 (일종의 "영토성"으로 간주되는) "혁명"과 같은 정치 개념들이 어떻게 이중 구조를 갖는지 보여 주면서, (관객과 배우 사이의) 이러한 칸트의 구별을 재정식화해서 (사건과 사태 사이의) 들뢰즈의 구별로 만든다. 한편으로, 특수한 사태(1789년의 현실적 사건) 속에서 현실화되거나 혹은 특수한 사태를 지시하는 한에서 개념이 존재한다. 이 특수한 사태에서 개념은 **상대적 탈영토화**의 운동, 봉쇄되거나 재영토화될 수 있는 운동(혁명의 "배반", 혁명의 불가피한 실망)을 가져온다. 다른 한편으로, **절대적** 탈영토화, 순수 내재성의 자기-지시적 운동, 다양한 현실화들에 의해 결코 소진되지 않는 "순수 비축"으로서 혁명을 정립하는 "순수 사건"을 표현하는 한에서, 개념이 존재한다(DP 97, 107, 136). 들뢰즈는 **유토피아**라는 용어를 개념의 이 두 측면이 결합되는 "임계점", 즉 개념에 의해 표현되는 절대적 탈영토화가 현재의 상대적 환경과 연결되는 지점을 지시하기 위해 사용한다.

> [들뢰즈와 과타리는 이렇게 쓰고 있다.] 혁명이 그 자체 내재성의 유토피아라고 말하는 것은 혁명을 내재 면으로서, 무한한 운동과 절대적 탐사로서 정립하는 것이지만, 이러한 특징들이 앞의 투쟁이 배반당할 때마다 새로운 투쟁을 다시 시작하면서, 자본주의에 대항하는 투쟁 속에서 지금 여기의 실재적인 것과 연결되는 한에서이다. (WP 100)

패튼이 자유주의 정치 개념을 정정할 때 작동시키는 것은 바로 이 사건에 기반을 둔 개념 이론이다. 그의 방법은 자유주의 개념의 "순수 사건"을 추출하여 — 그와 동시에 — 이를 현재 상황에 재주입하는 것이며, 이렇게 해서 그 개념의 변형을 가져오는 것이다. 패튼은 "주목할 만하거나 흥미로운 개념들은, 새로운 환경들 속에서 거듭해서 수용되어, 역사를 통해서 계속 전복적인 길을 일구어 갈 수 있는 개념들이다"라고 쓰고 있다(DP 133). 이것은, 여기서는 우리가 개념 혹은 이념과 맺는 관계에 의해서 정의되지, 우리가 구체적 사태 혹은 정치적 상황과 맺는 관계에 의해서 정의되지 않기 때문에, 정치적인 것에 대한 기묘한 이해로 보일지도 모른다. 예를 들어, 칸트의 경우, 유럽인들의 "열광"은, 그들의 혁명적-되기는 명백하게 프랑스에서 그들 앞에 전개된 바의 역사적 혁명과 연관되는 것이 아니라, 혁명 개념과 연관된다. 즉, 거의 마치 혁명 그 자체가 부차적인 어떤 것인 듯, 순수 사건과 연관된다. 하지만 한나 아렌트가 그녀의 『칸트 정치철학 강의』에서 언급하듯이, 이것은 정치철학의 본질에 대한 정의이다.

> 로버트 커밍Robert Cumming은 최근에 "현대 정치철학의 주제는 … 폴리스나 정치가 아니라, 철학과 정치의 관계이다"라고 썼다. 이 발언은 실제로 모든 정치철학에 적용되며, 무엇보다도 아테네의 초창기 정치철학에 적용된다.[7]

그러한 것이 들뢰즈에도 해당하는 것으로 보인다. 즉, "'유토피아'라는 단어는 철학이 혹은 개념이 현재의 환경과 맺는 그 연계 —— 정치철학 —— 를 지시한다"(WP 100). 그렇다면, 들뢰즈 자신의 방법론을 사용할 때, 패튼의 제안은 어떤 특정한 자유주의 개념들(규범성, 자유, 판단)을 이러한 들뢰즈의 의미에서 "순수 사건들"로서 —— 즉, 사태이든 특수한 정치 이론이든, 다양한 현실화로 환원될 수 없는, 따라서 변화하는 역사적 문제들과 관련하여 그 자체 변형될 수 있는 유토피아 개념들로서 —— 다루는 것이다.

---

7 한나 아렌트, 『칸트 정치철학 강의』, 로널드 바이너 편(Chicago: University of Chicago Press, 1982), 22. 아렌트의 입장에 대한 비판에 대해서는, 알랭 바디우, 『『정치철학』에 반대하며』, 『메타정치학』, 제이슨 바커 옮김(London: Verso, 2005), 10~25를 보라.

그러나 이 방법론적 접근법은, 비록 그의 기획 전체에 암묵적으로 나타나긴 하지만, 패튼이 드러내 놓고 논하지 않는, 이른바 **소진된** 개념들의 가능성이라는 미묘한 문제를 일으킨다. 만약 (홉스, 로크, 롤스의 사회계약과 같은) 어떤 특정한 개념들이 철학 내에서 다시 취택되어 변형된다면, 이는 그 개념이 표현하는 것("순수 사건")이 그 현실화로 환원될 수 없기 때문이다.[8] 하지만 심지어 순수 사건 같은 개념도 포함해서 어떤 개념들이 결국 "소진되게" 되는가? 들뢰즈는 "진리" 개념은 그 자체 철학에서 매우 과소(또는 과도) 규정되어 있어서, 이 개념이 상응하는 문제적인 것은 언제나 주의 깊게 기술되어야만 한다고 언급한다(DR 158~159를 보라). 다른 곳에서, 그와 과타리는, 이와 비슷한 식으로, "이성은 오직 개념, 매우 빈곤한 개념일 뿐이다"라고 쓰고 있다(WP 43). 만약 들뢰즈가 자유주의 개념들을, 혹은 심지어 어떤 특정한 마르크스(주의) 개념들조차 무시하는 경향이 있었다면, 이는 그가 그런 개념들은 소진되었거나 혹은 더 이상 현대적 문제와 관련이 없다고 생각했기 때문이었을까? 더욱이, 이것은 들뢰즈가 철학을 **새로운** 개념들 ── 변화하는 조건들에 대한 응답을 구성하는 개념들 ── 의 창조로 정의하는 이유가 아닌가? 간단히 말해서, 우리는 어떻게 철학에서 **새로운** 개념을 창조할 필요성과, **이미-실존하**는 개념을 재활성화하거나 변형할 가능성 간의 차이를 평가할 수 있는가?

우리는 불가피한 대답을, 적어도 원리상, 이미 알고 있으면서 이

---

8 가령, 패튼은 사회계약 개념은, 절대적 탈영토화의 표현으로서, "법 앞의 평등에 기초하는 정치 제도의 순수한 미규정적 사건의 표현으로 간주될 수 있다"고 주장한다(DP 28).

러한 물음을 일으킬 수 있다. 즉, 철학이 취해야 할 방향을 결정할 선재하는 기준들은 있을 수 없으며, 이 때문에 들뢰즈는 부단히 **실험**의 필연성을 주장한다. 하지만, 사실상, 이것은 철학사에서 몇몇 잘 알려진 극적인 대문들을 생겨나게 한 어렵고도 복잡한 문제이다. 예를 들어, 『순수이성비판』에서 칸트는 플라톤의 "이념" 개념 안으로 중요한 변화를 도입하는 바로 그 순간에, 이 개념에 대한 자신의 전유를 유의해서 조심스럽게 설명한다.[9] 하이데거는 『존재와 시간』에서, "이해"라는 전통적 개념을 현존재의 근본적인 **실존** 양식으로 재구성하는 바로 그 순간에 이 개념에 대한 자신의 보유를 조심스럽게 설명한다.[10] 마찬가지로 『정의론』에서 롤스는 "공정으로서의 정의"라는 자신의 이론의 맥락에서 사회계약 용어에 대한 그 자신의 보유를 정당화하지 않을 수 없다.[11] 이와 유사한 드라마가 패튼의 책에서 작동하고 있다. 패튼은 자유주의 정치 개념들에 대한 들뢰즈의 거부를 대략적으로 비판하면서, 단순히 논평가로서 글을 쓰고 있는 것이 아니다. 더 미묘하게는, 그는 들뢰즈 철학이 우리의 현대 역사적 상황 및 변화하는 철학적 문제에 비추어 재평가될 수 있고 또 그렇게 되어야만 한다고 언급하면서, 철학자로서 글을 쓰고 있다. 들뢰즈가 무시하는 자유주의 개념들은 들뢰즈 자신의 철학에 어떤 빛을 던지는가? 역으로, 들뢰즈의 개념들은, 자유주의의 현재 상황을 고려할 때, 어떤 종류의 변형을

---

9 임마누엘 칸트, 『순수이성비판』, 노먼 켐프 스미스 옮김(London: Macmillan, 1929), 309~310, A312/B368ff.

10 마르틴 하이데거, 『존재와 시간』, 존 맥쿼리·에드워드 로빈슨 옮김(New York and San Francisco, Harper & Row, 1962), 182~185, 143~145.

11 존 롤스, 『정의론』(Cambridge, MA: Harvard University Press, 1971), 16.

자유주의 전통 안으로 도입할 수 있는가? 요컨대, 자유주의 개념과 들뢰즈의 개념은, 서로 간에 접촉하게 될 때, 어떤 종류의 "생성" 안으로 들어오는가? 사실은 우리는 한 주어진 개념의 생성 과정을 사전에 알 수 없다는 점이다. 들뢰즈가 쓰고 있듯이, "그것은 모든 종류의 사물들을 한 단일한 개념하에 가져오는 문제가 아니라, 각 개념을 자신의 변이들을 설명하는 변수들과 관련을 맺게 하는 문제이다"(N 31).

요컨대, 들뢰즈의 개념 분석론은 오직 실험적으로 해결될 수 있을 뿐이며, 이 경우에 실험은 패튼이 들뢰즈에 대한 자신의 분석들 안으로, 다소 은밀하게, 들여오는 몇몇 "자유주의" 개념들 ── 규범성, 자유, 판단(뿐만 아니라 비-자유주의적 개념인 사회적 상상물the social imaginary) ── 위에서 수행된다. 이러한 실험적 대결은 요란하게 포고되는 것이 아니라, 이 책 전체를 통하여 조용하고 참을성 있게 추구된다. 다음에 오는 절들에서 나는, 패튼이 어떻게 이 각 개념들을, 자유주의 전통의 정치철학에 대한 새로운 이해를 가리키는 방식으로, 그의 분석들의 과정을 통하여 실험적으로 변형시키는가를 예비적인 방식으로 탐구하고자 할 따름이다.

새로운 것의 조건으로서의 규범성

패튼이 자신의 들뢰즈 독해에서 사용하는 첫 번째 자유주의 개념은 규범성 개념이다. 비록 색인에는 열거되어 있지 않지만, 이 용어는 권력에 관한 장 제3절에서 빈번히 나타난다(DP 9, 20, 49, 59, 87, 106, 135, 136, 144 n11). ("권력"과 "욕망"에 관한) 이 두 중심적 장에 나타나는 패튼의 과제 중의 하나는 들뢰즈의 욕망 이론이, 어떤 일정한 개념적 차이들에도 불구하고, 푸코와 니체에서 발견되는 권력 이론과 결합될 수 있다는 점을 주장하는 것이다. 그러나 이 맥락에서 일어나는 규범성에 관한 논의는 훨씬 더 어려운 문제, 정치철학에서 벌어지는 최근 몇몇 논쟁의 한복판에 있는 문제를 다룬다. 가령, 낸시 프레이저Nancy Fraser와 위르겐 하버마스와 같은 비평가들은 푸코의 유명한 권력 이론은 전적으로 "비-규범적"이라고 주장한 바 있다(DP 59). 규범성은 그 자체 다소 과잉규정된 철학 개념, 즉 "도덕적 고찰들이 우리에게 행사하는 권위의 원천은 무엇인가?"라는 물음에 상응하는 철학 개념이다. 규범성은 보통 "당위ought"가 "존재is"와 대조를 이루듯이, 기술적인 것the descriptive과 대조를 이룬다. 하버마스와 프레이저가 권력을 행사하는 상이한 **방식들**을 구별하기 위한 규범적 기준을 제공하지 못한다고 하며 푸코를 비판할 때, 그러므로 그들은 자유주의 정치 이론과 사회계약 전통의 핵심 관심들 중의 하나, 즉 "언제, 어떤 방식으로 권력은, 특히 국가 권력은 정당화되는가?"에 대해 대답하지 못했다고 하며 푸코를 비난하고 있다(DP 59).

패튼은 들뢰즈의 관점에서 그런 비판들에 대답하려고 시도한다. 그는 "푸코의 권력 분석론과 달리", 권력에 대한 들뢰즈의 접근법은 "**명백히 규범적이다**"라고 쓰고 있다. 들뢰즈는 자주 규범성의 문제들을 등한시한다(혹은 회피한다, 혹은 거부한다…)고 하며 푸코와 더불어 비난받으므로, 이것은 다소 놀라운 주장이다. 실로, 우리는 규범성이 없다는 비판에 대한 두 가지 가능한 들뢰즈의 대답을 상상할 수 있을 것이다. 우리는 규범성이 좋은 개념인지 혹은 엄격한 개념인지 물을 수도 있고, 나아가 들뢰즈의 관점에서 그 개념을 비판할 수도 있다. 이 경우에 우리는, 푸코와 들뢰즈는 그들의 작업이 규범성 바로 그 개념에 대한 비판을 수반하기 때문에 규범성의 쟁점들을 다루지 못한다고 주장할 수 있을 것이다. 그러나 패튼은 반대 접근법을 따른다. 그는 규범성의 문제를 진지하게 생각하며, 겉모습과 다르게 우리는 들뢰즈의 저작에서 그가 이름을 대고 확인하는, 명백한 규범적 기준을 발견할 수 있다고 주장한다. 즉, "최우선시하는 규범은 탈영토화의 그것이다"(DP 9). 이것이 『들뢰즈와 정치적인 것』의 세 번째 핵심 논지이다. 즉, "당 연구의 핵심 주장은 들뢰즈와 과타리가 철학에 귀속시키는 유토피아적 소명의 무게를 지니는 것은 바로 '탈영토화' 개념이라는 점이다"(DP 9). 그렇다면 어떤 의미에서 들뢰즈의 탈영토화 개념은 규범적 개념의 역할을 행하는가?

만약 들뢰즈의 정치철학이 주체에서 과정으로 향하는 변화를 가져온다면, 규범성 개념은 그에 따라서 변경되어야 할 것이다. 패튼에 따르면, 이것이 바로 들뢰즈의 저작에 나타나는 것이다. 즉, "운동 혹은 과정을 기술하고 평가하는 "규범적인 체제"를 제공하는 것은 바로 탈영토화 개념이다(DP 136). 들뢰즈에게, 사회구성체를 분석하는 것은 사회구성체를 다양체로서 구성하는 가변적인 선들과 특이한 과정들을 풀어내는 것이다. 즉 이러한 선들과 과정들의 연접과 이접, 회로와 짧은-회로, 무엇보다도 이러한 선들과 과정들의 모든 가능한 변형들을 풀어내는 것이다. 초월성의 요소들을 도입해서 그런 내재성의 장들을 분석하기 위해서는, 이 과정들의 불변적인 좌표들로서 역할을 하는 "보편자들"을 도입하여, 효과적으로 "이 과정들의 운동을 정지시키는" 것으로 충분하다고 들뢰즈는 말한다(WP 47). 들뢰즈는 보편자들은 아무것도 설명하지 않는 추상태들이라는 점을 부단히 강조한다. 보편자들은 오히려 설명될 필요가 있는 그것이다. 가령, "순수 이성" 혹은 보편적 이성성rationality과 같은 그런 것이 존재하는 것이 아니라, 인식론 분야에서 알렉상드르 쿠아레, 가스통 바슐라르, 조르주 캉길렘이, 사회학에서 막스 베버가, 철학에서 프랑수아 샤틀레가 분석한 종류의 것과 같은 다수의 이질적인 "이성화 과정rationalization"이 존재할 따름이다. 마찬가지로, 보편적 인간 권리들의 담지자로 기능할 수 있는 보편적 주체 혹은 초월론적 주체가 존재하는 것이 아니라, 푸코의 용어를 사용해서 말해 본다면, 오직 가변적이고 역사적으로 다양한 "주체화 과정"이 존재할 따름이다.[12] 우리가 모든 주어진 사회-정치적 배치에서 발견하는 것은 보편적 "이성"이 아니라, 이성화의 가변적 과정이고, 보편화 가능한 "주체들"이 아니라 주체화의 가변적 과정이고, "전체", "일자", "대상들"이 아니라 총체화의 매듭들, 통일화의 초점들, 대상화의 과정들이다. 그런 과정들은 구체적인 다양체들 내에서 작동하고, 이 다양체들과 관련되어 있으며, 따라서 그 과정들 나름대로 분석될 필요가 있다.

들뢰즈는, 자신이 직접 이 쟁점을 다루었다면, 규범성을 분석할 때 의심할 여지 없이 같은 접근법을 따랐을 것이다. 푸코 그 자신이, 실존하는 힘 관계들과 실존하는 "규범들"에 의해서 우리를 주체들로서 창조하는, **규범화**의 과정이라고 부른 권력에 대해 말했다. 푸코에게, 규범화는 단지 판결adjudication의 추상적 원리가 아니라, 이미 현실화된(그리고 언제나 현실화되는) 권력 관계이다. 그렇다면 푸코의 물음은 이렇게 된다. 즉, 이러한 규범화의 권력을 회피하거나 **저항하**는 일이 가능한가? 들뢰즈의 용어로 말하면, 같은 물음이 다음과 같

---

12 PV 14~17을 보라. 그리고 「'배치'란 무엇인가?」, 『미셸 푸코: 철학자』, 프랑수아 에발드 편, 티모시 J. 암스트롱 옮김(New York: Routledge, 1992), 162를 보라.

은 용어들로 진술될 것이다. 즉, 주어진 사회적 배치 혹은 "영토성" 내에서, 우리는 실존하는 규범(혹은 영토성)에서 도피하거나 이를 변형시키게 할 수 있는 "도주선" 혹은 상대적 탈영토화의 운동을 발견할 수 있는가? 이 관점에서 볼 때, 푸코도 들뢰즈도 규범성의 쟁점을 회피하지 않는다. 그들은 단순히 규범성을 내재적 과정에 의해서 분석할 따름이다. 초월성의 오류는 규범적 기준들을, 설사 이 기준들이 상호주관적 혹은 의사소통적 용어들로 정의된다 하더라도, 추상적 보편자들로서 정립하는 것이리라. 이와 대조적으로 내재성의 관점에서 볼 때, 규범의 생산 및 규범의 가능한 파괴 혹은 변경 둘 모두를 설명하는 것은 바로 과정 그 자체이다. 주어진 배치에서, 우리는 실로 가령 국가 권력의 적용을 통제하는 규범적 기준들을 발견할 터이지만, 우리는 또한 그 규범들에 대한 비판과 수정, 탈영토화를 위한 수단을 발견하게 될 것이다. 진정으로 "규범적인" 원리는 권력의 남용을 비난하기 위한 규범들을 제공해야만 할 뿐 아니라, 또한 그 자체 권력의 남용이 된 규범들(가령, 여자, 노예, 소수자 등등의 대우를 통제한 규범)을 비난하기 위한 수단을 제공해야만 한다. 달리 말해서, 내재적 과정은 창조의 원리와 비판의 원리로서 동시에 기능해야만 한다(발생적 방법). "진정한 비판과 진정한 창조의 조건들은 하나의 동일한 것이다."(DR 139) 하나는 다른 하나 없이 실존할 수도 없거니와 실존해서도 안 된다.

그렇다면, 만약 탈영토화가 패튼에게 규범으로서 기능한다면, 그것은 다소 역설적인 규범이다. 어떠한 배치이든 배치 내에서, 규범적인 것은 탈영토화이다. 즉, 주어진 규범에서 탈출하도록 해 주거나 혹은 그 규범을 변형하도록 해 주는 "도주선"(들뢰즈)의 창조 혹은

"저항"(푸코)이다. 언제나 규범적으로 남아 "있어야만 하는" 것은 실존하는 규범들을 비판하고 변형하는 능력, 즉 새로운 어떤 것을 창조하는 능력이다(새로운 것이라는 범주는 여기서 사회적 변화뿐만 아니라, 또한 예술적 창조, 개념적 혁신 등등을 포함하는, 넓은 의미로 이해되어야 한다). 우리는 새로운 것을 위한 선재하는 규범들이나 기준들을 가질 수 없다. 그렇지 않다면 그것은 새롭지 않을 터이고, 이미 예견된 것일 터이다. 이것이 패튼이 들뢰즈의 권력 개념은 명백히 규범적이라고 주장할 때 의지하는 기반이다. 즉, 그는 "주어진 배치가 행하거나 되어 갈 수 있는 것은 그 배치가 겪을 수 있는 도주선 혹은 탈영토화에 의해 규정된다"고 쓰고 있다(DP 106).[13]

그러므로 패튼은 "규범성" 개념을 프레이저나 하버마스와는 매우 다른 방식으로 사용하고 있다. 그들은, 탈영토화는 모든 보편적 기준들을 피하고 실로 이러한 기준들의 수정을 허용하므로, 규범적이 아니고 또 규범적일 수도 없다고 말하곤 했다. 패튼은 사실상 이렇게 말함으로써 응답한다. 즉, 바로 그 이유 때문에, 규범적 개념으로 간주되어야 하는 것은, 설사 그것이 규범성이 무엇인가에 대한 새로운 개념을 수반할지라도, 바로 탈영토화이다. 『차이와 반복』의 한 지점

---

13 여기서 우리는 ─ 『천 개의 고원』에서 소개된 ─ 그런 운동들이나 도주선을 따라서 그 자체가 구축되는 "유목적 전쟁 기계" 개념이 사회구성체를 다루려는 들뢰즈와 과타리의 시도라는 점에 주목할 수도 있겠다. 패튼은 그런 배치들은 사실상 "변용metamorphosis" 기계들이라고 불려야 한다고 제안하는데(DP 110), 이는 의심할 여지 없이 다른 사람들이 수용할 제안이다. "변용 기계는 절대적 탈영토화의 현실화의 조건이자 상대적 탈영토화가 일어나는 수단일 것이다. 즉, '변용 기계는 포획이나 지배의 장치라는 거대한 **통접**에 대항하여 **연접**을 행사한다'. … 그렇다면 변용 기계는 완전히 다른 어떤 것의 생산을 야기하는 … 것이리라."(110)

에서, 들뢰즈는 "우리는, 만약 우리가 원한다면, 본질이라는 단어를 보존할 수 있지만, 본질은 정확히 사건the accident or the event이라고 말하는 조건하에서만 그러하다"라고 쓰고 있다(DR 191). 패튼은 이와 유사한 어떤 것을 말하는 것으로 보인다. 즉, 우리는, 만약 우리가 원한다면, 규범성이라는 단어를 보존할 수 있지만, 규범적인 것이 새로운 것 혹은 탈영토화된 것이라고 말하는 조건하에서만 그러하다. 따라서 패튼 자신의 궤적이 뚜렷이 보이기 시작하고 있다. 규범성 개념을 단순히 버리거나 무시하는 것이 아니라, 대신에 그는 오래된 규범성의 구성요소들을 비판하고, 또 그 규범성을 일단의 매우 상이한 관련된 개념들과 연계시킴으로써 규범성의 새로운 개념을 창조할 것을 제안한다. 이러한 방식으로, 그는 자유주의 개념의 변형을 가져오고 있지만, 그러면서도 그는 여전히 그 자신의 작업을 자유주의 전통 내에 철저히 위치시키려고 시도하고 있다.

"비판적 자유" 개념

패튼이 그의 들뢰즈 분석들에다 포함시키고, 규범성 개념과 연계시키는 두 번째 개념은, 비록 들뢰즈 그 자신은 그의 저술들에서 이 용어를 거의 사용하지 않긴 하지만, 자유 개념이다(과타리는 프랑스어에서 vérité, liberté, taraté taraté…와 같은 악상accent으로 끝나는 단어를 싫어한다고 발언한 바 있다고 전해진다). 그럼에도 불구하고, 패튼은 그의 책 제4장에다 "욕망, 생성, 자유"라는 표제를 붙이고, 들뢰즈의 사상은 "자유의 윤리학"이라고 기술하기까지 한다(DP 83). 들뢰즈 자신의 사유에 이질적인 개념의 관점에서 들뢰즈의 철학을 특징지을 때, 패튼은 사실상 그 자체 들뢰즈적인 전략을 사용하고 있다.

예를 들면, 스피노자에 관한 책들에서, 들뢰즈는 일의성 개념은, 비록 "일의성"이라는 용어가 스피노자의 텍스트들에 단 한번도 나타나지 않는데도, "스피노자 철학 전체의 쐐기돌"이라고 주장한다(SPP 63). 그러나 그러한 기법의 결과는 들뢰즈가 한 지점에서 "이중 생성"이라고 부르는 것을 생산하는 데 있다. 즉, 이질적 개념의 도입은 자주 한 주어진 사상가의 사유의 운동을 평가하는 준거점이나 프리즘으로 역할을 할 수 있는 반면, 동시에 이 개념 자체는 변형되어, 그 자신의 생성으로 들어간다. (그럼에도 불구하고, 그것은 들뢰즈가 왜 규범성이나 자유와 같은 개념들을 피하고, 반면에 "이념"이나 "본질"과 같은, 무척 격론을 부를 철학 개념들을 거리낌 없이 채택했는가 하는 흥미로운 물음으로 남아 있다.)

자유 개념은 들뢰즈의 사상과 접촉하게 될 때 어떻게 변형되는가? 패튼이 들뢰즈의 저작에서 발견하는 것은 그가 소극적 자유나 적극적 자유와 구별하는 "비판적 자유" — 제임스 툴리James Tully가 그의 책 『이상한 다양체』에서 전개한 용어 — 라고 부르는 활동이다.[14] 아이제이아 벌린Isaiah Berlin이 그의 고전적 시론 「자유의 두 개념」에서 정식화한 바의 **소극적 자유**negative freedom는 현대 자유주의 전통의 한복판에 놓여 있는 개념들 중의 하나이다.[15] 이 시론에서 벌린은 소극적 자유을 가능한 선택들과 활동들을 막는 "장애의 부재"로서 부정적으로 정의한다. 여기서 "장애의 부재"란 행위자들이 그들의 욕망

---

14 제임스 툴리, 『이상한 다양체: 다양성 시대의 입헌주의』(Cambridge and New York: Cambridge University Press, 1995).

15 아이제이아 벌린, 「자유의 두 개념」, 『자유에 관한 네 편의 시론』(Oxford: Oxford University Press, 1969), 118~172.

과 목적을, 그들의 선택이 다른 사람들의 개입에 의해 제한됨이 없이 자유롭게 추구하도록 허용되는 "불간섭의 영역"을 의미한다. 이와 대조적으로, 찰스 테일러Charles Taylor가 옹호한 바의, **적극적 자유**positive freedom 개념은 "자기-극복"이나 "강한 평가"라는 더 강력한 개념, 즉 자기 자신의 욕망이나 목적을 평가하고 정의함으로써 능동적으로 "자기의 삶에 대한 통제를 행사하는"(DP 84) 관념을 의미한다.[16] 벌린은 적극적 자유를 자유liberty에 대한 위협으로 간주한다. 적극적 자유가 주체들이 미리 정해진 방식으로 행위하도록 제약될 것이라는 점을 의미하기 때문이다. 테일러는 우리의 선택의 자유는 언제나 우리의 환경에 의해 이미 부분적으로 제한되어 있고 미리 정해져 있으며, 우리는 오직 그 환경(문화, 공동체, 국가 및 국가의 법들)의 맥락 내에서만 평가하고 선택한다고 주장한다.

그러나 이 자유 개념 둘 모두가 공유하는 것은 주체를 관심, 목적, 욕망의 규정적 구조로서 이해하는 것이다. 즉, 주체의 자유는 이러한 관심과 목적을 추구하기 위해 행위할 수 있는 능력에 놓여 있다는 것이다. 그들이 간과하거나 혹은 과소평가하는 것은 개인들은 자주 그들의 최초의 (혹은 물려받은) 선호들을 멀리하고 근본적인 방식으로 그 선호들을 변경한다는 사실이라고 패튼은 주장한다(DP 84). 이것은 개인적인 수준(종교적 유산을 바꾸거나 떠나는 사람)이나, 혹은 우리가 사유 방식과 생활 방식을 바꾸도록 노정되는 사회적 맥락(페미니스트적 혹은 인종적 비판, 우리 자신의 문화 내의 다른 문화 혹

---

16 찰스 테일러, 「소극적 자유는 무엇이 잘못되었는가?」, *Philosophy and the Human Sciences: Philosophical Papers*, Vol. 2(Cambridge: Cambridge University Press, 1985), 211~229.

은 소수자들과의 접촉에 노정되는 것)에서 일어날 수도 있다. 그러한 변형들은 우리의 사상과 행동을 바꿀 수 있는 능력을, 우리의 물려받은 문화적 방식들에 대해 사유 안에서 묻고, 실천 안에서 도전할 수 있는 능력을 전제하며(DP 85), 그리고 툴리가 "비판적 자유critical freedom"라고 칭하는 것은 바로 이러한 능력이다. 그것은 비판할 수 있는 자유, 변형될 수 있는 자유, 변화될 수 있는 자유이다. 푸코가 말했듯이, 그것은 "다르게 사유할 수 있는" 능력, 혹은 들뢰즈가 이렇게 말할지도 모르겠지만, 그 자신을 **변용할**affect 수 있는 능력이다.[17] 여기서 패튼의 제안은 들뢰즈를 자유주의 정치사상에 대한 툴리의 기여와 보조를 맞추게 하는 것이며, 비판적 자유에다 "규범적" 지위를 부여하는 것이다.

　그렇다면, 하지만 패튼은 어떻게 이 비판적 자유 개념을 들뢰즈의 사상 내에 위치시키는가? 사실상, 들뢰즈는 자유주의 전통과 관련하여 완전히 침묵하고 있다. 『천 개의 고원』에서, 들뢰즈와 과타리는 어떻게, 자유주의 전통 그 자체 내에서, **주체들**의 자유 개념이 **국가**에서 유래하는 "사유의 이미지"와 불가피하게 묶여 있는지 보여 주려고 시도한다. 그들의 분석에 의하면, 사회계약 이론은 주체와 입법자라는 두 극 사이에서 작동한다. 주체로서 나는 나의 자유를, 다른 이들로부터 그리고 자연의 상태로부터 보호해 주는 대가로 국가에게 내준다("예속의 작인作因"으로서의 국가). 이러한 예속에 대한 대가로, 국가는, 입법자로서, 나에게 최대한의 가능한 범위의 자유를 제공한

---

17 미셸 푸코, 『성의 역사 2: 쾌락의 활용』, 로버트 헐리 옮김(New York: Vintage, 1985), 8.

다(소극적 자유의 장소로서의 국가). 그러나 칸트의 손안에 들어와서, 주체와 입법자의 이러한 연관은 자기-입법하는 이성적 존재자로서 **오직 그 자신에게만** 복속되는 주체 개념("자율성")을 바탕으로 그 극한으로까지 밀어붙여지게 된다. 즉, "계약은 그 극한으로까지 밀어붙여져야만 한다. 달리 말해서, 계약은 더 이상 두 사람들 사이에서 성사되는 것이 아니라, 자기와 자기 사이에서, 종속적인 것과 자주적인 것으로서의 같은 사람—나=나—내에서 종결된다"(TP 460). 칸트의 정식화에서, 자유는 같은 사람 안의 주체와 입법자의 **동일성**으로서 정의된다. "당신이 [주체로서] 복종하면 할수록, 당신은 그만큼 더 [입법자로서] 주인이 될 것이다. 왜냐하면 당신은 오직 순수 이성에, 달리 말해서 **당신 자신**에게 복종하고 있을 뿐이기 때문이다. …"(TP 376) 우리가 여기서 발견하는 것은 아마도 어떤 형태의 헤겔주의에서 절정에 도달한, 주체, 국가, 이성 간의 수상한 "채무 계약nexum"이다. 이성은 권리상 보편적 국가라는 허구를 지어내고, 국가를 **권리상의**de jure 이성성으로까지 끌어올려서, 실현된 이성은 **권리상의** 국가와 동일시되고, 국가는 이성 그 자체의 생성이 된다(국가들의 특수성은 단지 우연한 사실일 뿐이다). 결국 국가는 사유 그 자체에게 (사유가 입법자와 주체의 동일성을 개념화하도록 해 주는 형식적 조건들하에서) 자기self 안에서 입법자와 주체 둘 모두로서 내면화된 모델(자유롭고 이성적인 사람들의 공화국, **보편적 사유**cogitatio universalis)을 제공한다(TP 375, 556 n42).

이제 만약 들뢰즈 자신의 철학이 이러한 채무 계약nexus과 결별한다면, 들뢰즈의 용어들로 자유 개념을 재정식화하는 모든 것은 주체들이나 국가의 수준에서가 아니라, 그 발생적 과정의 수준(주체화, 층화, 이성화)에서 작동해야 할 것이다. 패튼이 보여 주듯이, 이것은 실로 들뢰즈가 실제로 이 용어를 사용하는 두서너 텍스트들 중의 하나에 분명하게 나타나 있다(DP 41~42). 『차이와 반복』에서, 들뢰즈는 사회성sociability의 "미분적 대상"은 현실적 사회들과 더불어 살아질 수 있는 것이 아니라, "사회적 대변동의 요소 속에서 살아져야만 하고 살아질 수 있을 뿐이다(달리 말해서, 오래된 질서의 잔재와 새로운 것의 첫 결실 속에 언제나 숨겨져 있는 **자유**)"라고 쓰고 있다(DR 193). 여기서, 자유freedom는, 주어진 사회구성체나 국가 내에서 우리의 이익을 추구하며 이리저리 이동하는 자유liberty와 동등하지 않다. 오히려, 자유는 사회적 구조 그 자체의, 변화의 조건들과 관련이 있다. (『천 개의 고원』에서 국가와 대조적으로, 이 역할을 행하게 되는 것은 전쟁 기계이다.) 그렇다면 『차이와 반복』에서 들뢰즈는 자유 개념에다 일단의 변경된 구성요소들을 주어, 자유 개념이 그의 철학의 근본 문제들 중의 하나인, 새로운 것의 생산을 위한 조건들에 상응하게 하고 있었다. (이것은 **변화**의 조건들의 문제와는 다른 문제이다. 새로운 것은 진정으로 새로운 것이기 위해서 예견될 수도, 개념화될 수도, 심지어 예상되거나 희망될 수도 없다.) 자유는, 새로운 것의 조건으로서, 여기에서, 심지어 칸트에게서 발견하는 것보다 훨씬 더 철저한 의미에서 한계-개념(혹은 이념Idea)으로 나타난다.

패튼이 이러한 자유의 한계 개념을 분석할 때, 그는 과정의 **연접**과 **통접**을 구별짓는 들뢰즈의 작업에 의거해서 그렇게 한다(DP 101~102). 이 구별은 들뢰즈의 철학에서 어렵고 미묘한 것이지만, 패튼은 그것이, 과정들 혹은 흐름들 사이의 상호 작용 방식들을 평가하는 내재적인 규범적 기준으로서 기능한다고 주장한다. 흐름들의 통접conjunction은, 한 흐름이 다른 흐름들을 — 이 흐름들을 "초코드화"할 수 있는 — 한 단일한 흐름의 지배하에 가져오는 방식으로 전자가 후자를 차단하거나 제약할 때, 일어난다(그래서 "포획", "통합", "퇴적", "층화" 등등과 같은, 들뢰즈와 과타리의 용어 사용이 있는 것이다). 이와 대조적으로, 연접connection은 어떤 것이 두 흐름 **사이를** 지나가는 방식으로 두 흐름이 관계를 맺을 때 일어나며, 두 흐름의 상호 작용은 주어진 장에서 실재적 변형을 도입하는 **새로운** 어떤 것을 생산한다. 이 두 번째 것이 들뢰즈가 "생성"이라고 칭하는 것이며(TP 232~309를 보라), 패튼은 올바르게도 들뢰즈의 새로운 것의 철학(혹은 "자유의 윤리학")을 생성의 정치학이라고 칭한다. 하지만 그는 또한 그러한 정치학에 수반되는 복잡성과 불확실성을 강조한다.

> 자유주의 자유liberal freedom의 규범적 지위와 가치는 단도직입적으로 적극적인 데 반해, 비판적 자유는 훨씬 더 양면 가치적이고 위험 부담이 있는 사안이다. 즉, 비판적 자유는 그것이 좋은지 나쁜지 언제나 명료하지 않은 결과를 갖고서, 가치의 실존하는 근거를 뒤에 남기는 일을 수반하므로, 더욱 양면 가치적이다. 개인의 수준에서든, 집단적 배치의 수준에서든 어디로 그러한 변이와 변화 과정이 인도될지 사전에 알 수 없으므로, 위험 부담이 있다. (DP 87)

이것이 패튼의 교정된 규범성과 비판적 자유, 그리고 그가 이 둘 사이에서 확립하려고 시도하고 있는 "외-견실성"에 대한 간명한 진술이다. 여기에서 다시, 우리는 패튼이 들뢰즈에 대한 그의 평석 한가운데에서, 한 걸음 한 걸음, 창조하는 과정에 있는 개념적 장치에 대한 명료한 이해를 얻을 수 있다.

들뢰즈의 판단 이론

패튼이 자신의 분석 안으로 가져오는 세 번째 외래 용어는, 비록 그저 잠시 지나가듯 하는 말이긴 하지만, **판단**이라는 용어이다. 한 지점에서, 그는 니체의 사상을 "복잡하고 미묘한 판단 체계"로서 기술한다(DP 63). 이는 갑자기 나를 멈추게 한 문구이다. 왜냐하면 들뢰즈의 가장 지속적인 주제 중의 하나는 "판단과 결별할"(이는 비록 들뢰즈가 이 어구에다 많은 더 폭넓은 범위를 부여하긴 하지만, 아르토에게서 유래하는 공식적 표현이다) 필요가 있다는 것이기 때문이다. 들뢰즈는 "판단"보다는 "평가"라는 용어를 선호하며, 니체를 따라서 그가 "판단의 체계"라고 부르는 것을 부단히 비판한다. 내 최초의 반응은 이 단어에 대한 패튼의 사용은 단지 부적절하다는 것이었는데, 하지만 내가 읽어 갈수록, 그만큼 더 패튼이 적극적으로 판단 이론에 호소하는 것은 우연이 아니라는 점이 명료해졌다. 들뢰즈는 왜 판단에 "반대하는가"? 판단은 특수한 것을 일반적인 것에 포섭시키는 작용이며, 들뢰즈는 일반적인 것 혹은 보편적인 것이라는 개념에 명백히 비판적이다. 들뢰즈는 보편자들은 아무것도 설명하지 않고, 그 자체 설명될 필요가 있다고 말하는데(D vii), 패튼 역시 "판단의 초월적 점이나 균일한 표준"이 존재하지 않고 존재할 수도 없다고 주장한다(DP 64).

하지만 패튼은 이렇게 묻는다. 이것은 우리가 판단 개념 그 자체와 결별해야만 한다는 것을 의미하는가? 가령, 칸트 그 자신은 『판단력비판』에서 풍요로운 **반성적** 판단 ── 특수한 것으로 시작해서, 주어져 있지 않고 단지 "문제적" 지위를 가질 뿐인 일반적인 것을 찾는 판단—개념을 전개했다.[18] 장-프랑수아 리오타르와 한나 아렌트 같은 사상가들은 정치철학을 위한, 반성적 판단 개념의 중요성을 증명해 보여 주었다. 규칙적인 것과 특이한 것에 대한 들뢰즈 자신의 구별이 여기서 밀접한 관계가 있다. 규칙적인 것은 일반적 규칙에 복속되는 것, 규제되는 것이지만, 특이한 것은 규칙 외부에 놓여 있는 것이기 때문이다. 하지만 이것은 우리가 "건전한" 판단에 대해 말할 때 우리가 의미하는 것, 즉 분명한 규칙이 존재하지 않을 때 행위할 수 있는 능력을 의미하는 것이 아닌가? 이것이 아렌트가 자신의 책 『예루살렘의 아이히만: 악의 평범성에 대한 보고』*Eichmann in Jerusalem: A Report on the Banality of Evil*에서 펴는 논점이다. 아렌트는 다음과 같이 말한다. 즉, 우리가 나치 독일의 상황과 같은 상황에 처해 있는 사람들에게 기대한 것, 혹은 적어도 희망한 것은,

> 인간 존재들은 그들을 인도해야 하는 모든 것이 그들 자신의 판단일 때에도, 더욱이 그들이 그들 주위의 모든 사람들의 만장일치적 의견이라고 간주해야만 하는 것과 그들 자신의 판단이 공교롭게도 완전히 상충할 때에도, 옳은 것과 그른 것을 구별할 수 있어야 한다는 것이다. … 옳은 것과 그른 것을 여전히 구별할 수 있었던 저 소수의 사람들은 오직 그들 자신의 판단에 의해서만 실제로 나아갔고, 그리고

---

18 칸트에 관한 자신의 책 『칸트의 비판철학』에서, 들뢰즈는 능력들의 어떤 일치에 언제나 의존하는 판단의 모호성에 대해 논하고 있다. 「판단은 능력인가?」라는 표제의 짧지만 중요한 절을 보라(KCP 58~61).

그들은 [폴 패튼이 "비판적 자유"라고 부르는 행위 속에서] 거리낌 없이 그렇게 했다. 그들이 봉착하는 특수한 사례들이 포섭될 수 있는, 준수되어야 할 규칙들은 전혀 존재하지 않았다. 그들은 매 사례를 일어날 때마다 결정해야 했다. 전례가 없는 것에는 어떠한 규칙도 실존하지 않았기 때문이다.[19]

「유목, 포획, 식민화」라는 표제의, 원주민 토지 소유 권리에 관한 결론을 맺는 장에서, 패튼은 아렌트의 궤적과 유사한 궤적을 따르는 것으로 보인다. 들뢰즈에게, 법은 일종의 공리적 체계이다. 즉, 법 혹은 (인간 권리와 같은) 권리는 어떤 정리들이 연역되는 공리들이다(가령, 고문은 내 권리의 침해이다). 하지만 결정 불가능성이 모든 공리적 체계에 내재한다. 즉, 결정 불가능한 사례들은 결국 법정에서, 마침내 어떠한 규칙도 부재하는 가운데서 판단을 내려야만 하는 판사 앞에 서게 된다(만약 분명한 규칙이 존재한다면, 그 사례는 법정에 서게 되는 일은 없을 것이다). 그렇다면, 결정은 하나의 전례로서, 하나의 특이성으로서 법의 신체 안으로 들어간다. 따라서 법은 두 권역에서 작동한다. 즉, 입법자들은 법들을 만들어 내고 공리들, 규칙들을 결정한다. 반면에 법관들(관습법)은 사례에서 사례로, 특이성에서 특이성으로 이동한다. 그것은 특이성의 연장이다. 원주민 곧 오스트레일리아 원주민의 토지 소유 권리가 오스트레일리아 관습법의 일부를 형성했다는 것을 최초로 확인한 오스트레일리아 고등법원의 획

---

19 한나 아렌트, 『예루살렘의 아이히만: 악의 평범성에 대한 보고』, 개정 확대판(New York: Viking, 1965), 294~295.

기적인 1991년 마보 소송은 그러한 특이성이며, 패튼은 이 사례를 들뢰즈의 용어들로 분석한다. 즉, 그것은 단순히 국가의 법적인 포획 메커니즘을 탈영토화한 것이 아니라, 토착법과 관습법 사이의, 일종의 "식별 불가능성의 지대"를 창조한 것이자(DP 128~129), 심오한 "연장들prolongations"을 지녀 왔고 계속해서 지닐 일종의 "법학상의 매끄러운 공간"을 창조한 것이다(DP 31). 하지만 패튼의 분석들은 다음과 같은 물음을 가져온다. 즉, 마보 판결 그 자체는 **판단** 행위의 결과가 아닌가? 들뢰즈 그 자신이 "권리들을 진정으로 창조하는 것은 바로 법학이다"라고 말한다(DP 3, 120). 법학은 변용metamorphosis의 전위potential 공간이다. 그렇다면 들뢰즈는 왜 판단과 결별하기를 원하는가? 법학에서, 권리들을 **창조하는** 것은 판단 행위가 아닌가? 판단은 "법정 판결"과 "입법적 제정" 둘 모두의 수준에서 작동하는 것이 아닌가? 그러므로 우리가 법학에서 이루어지는 권리들의 창조에 대해 말할 때 (보편적인 것에서 벗어난) 판단 개념을 **보유하는** 일이 가능하지 않은가? 패튼의 분석들은 이 방향을 가리키는 것으로 보인다. 더욱이, 우리는 그러한 판단 개념이 어떻게 패튼이 도입하는 다른 "자유주의적" 개념들과 연관되는지 알 수 있다. 즉, a) 탈영토화는 실로 "규범적"이다. b) 그것은 "비판적 자유"의 공간을 열어 주고, 이 공간 내에서 c) 우리는, 선재하는 규칙들 바깥에서, 새로운 것(가령, 새로운 권리들)을 진정으로 창조하고 생산할 판단을 행할 수 있기 때문이다.

　　오스트레일리아의 원주민 토지 소유 권리, 그리고 들뢰즈가 법학에다 부여하는 창조적 역할에 대한 패튼의 분석들을 담은 절은, 내 견해로는, 『들뢰즈와 정치적인 것』의 가장 독창적인 절들 중의 하나이다(DP 120~131). 왜냐하면 이 절은 아마도 자유주의 전통 한복판에 놓여 있을 개념, 즉 **권리** 개념을 다루기 때문이다. 이 역시 들뢰즈가 거의 논하지 않는 개념이며, 논한다 해도 그는 인간 권리(혹은 프랑스어로, les droits de l'homme, 보편적 "인간의 권리")라는 바로 그 개념에 대해 비판적이다. 들뢰즈는 1988~9년 『아베세데르』 인터뷰에서 "인간 권리들에 대해 사람들이 내보이는 존중심 때문에 우리는 섬뜩하고 끔찍한 입장들을 거의 옹호하고 싶어진다"라고 의미심장하게 말하고 있다(ABC G). 그러나 들뢰즈의 비판은 권리 개념 그 자체보다는, 인간 권리들에 수여된 **보편적** 지위로 향하는 것으로 보인다. 이러한 보편적 지위는, 들뢰즈로 하여금 심지어 "인간 권리들"의 "신비화"를 말하게 하는 지점으로까지 권리 개념을 "순수 추상", "공허한" 개념으로 전환하기 때문이다(WP 225 n18). 들뢰즈와 과타리의 용어로 말하면, 인간 권리들은 보편자들이 아니라 **공리들**이며, 자본주의 시장 내에서 다른 공리들 —— 특히 재산 담보라는 공리가 그러하다. 이 이름으로 아마도 민주적이라고 하는 국가들은 자주 인간 권리들을 무시하거나 보류할 것이다 —— 과 함께 공존한다. "빈곤한 자들이 그들의 영토인 빈민가를 떠날 때 어떤 사회 민주주의가 추방하라는 명령을 내리지 않았던가?"(WP 107) 더욱이, 알랭 바디우가 발언했듯이, 인간 권리와 같은 공리들은 개인들에게 직접적으로, 구체적인 다양체 속에서 관련되는 것이 아니라, 오직 이 다양체가 계산될 수 있는 "하나"(투표하는 개인, 감금되는 개인, 사회 보장에 기여하는 개인 등등)로 환원되는 한에서만 관련된다.[20] 달리 말해서, 인간 권리

---

20 알랭 바디우, 『법, 국가, 정치라는 모호한 재앙에 대하여』(Paris: Éditions de l'Aube, 1991), 39~57.

들은 권리들이 제공되는 국민의 내재적 실존 양태에 관해서 아무것도 말하지 않는다(WP 107).

『아베세데르』인터뷰에서, 들뢰즈는 그 당시 아르메니아에서 전개되는 상황의 예를 지적한다. 즉, 소비에트 공화국의 한 소수민족 거주지에서 살고 있는 아르메니아인들은 터키인들에 의해 대량학살을 당했다. 생존자들은 아르메니아 공화국으로 도피했으나, 그들은 엄청난 지진에 의해 거의 즉각적으로 완전히 파괴되었다. "그것은 마치 마르키 드 사드에 나오는 어떤 것 같았다. 이 불쌍한 사람들은 그들이 직면할 수 있는 최악의 시련들을 겪었으며, 그들이 가까스로 피난처로 도피할 때 자연은 그 모든 것을 다시 시작한다."(ABC G) 계속해서 들뢰즈는 터키인들이 아르메니아인들을 대량학살할 권리를 갖지 않았다거나 혹은 그들은 아르메니아인들의 권리를 침해했다고 주장하는 것으로는 충분하지 않다고 말한다. 아르메니아인들이 겪은 혐오스러운 것들은 추상적 권리의 부인이 아니다. 그것들은 **사례들**, 혐오스러운 사례들, (설사 그러한 사례들이 자주 서로 닮았다 하더라도) 특이한 사례들이다. 이 경우에, 쟁점이 되는 것은 영토적 조직, 즉 적대적인 터키인들에 의해 둘러싸인, 소비에트 공화국 안의 한 소수민족 거주지라는 특정한 사례이다. 그 소수민족 거주지는 어떻게 제거될 수 있는가, 혹은 생존할 수 있게 되는가? 아르메니아인들이 이 상황으로부터 탈출하는 일을 가능하게 하여, 그들이 더 이상 단지 터키인들의 손에 넘겨지지 않도록 무엇이 행해질 수 있는가? 지진은 가령 건물들의 부적합한 건축에 관한, 이와 다른 물음들을 제기했다. 이 각 사례들에서 요구되는 것은 보편적 권리를 적용하는 일이 아니라, 각 사례에서 이것 또는 저것이 더 이상 가능하지 않도록 법학을 발명하는 일이다. 그러한 일들은 두 가지 매우 다른 절차들이다. 들뢰즈가 말하듯이, "'인간의 권리들'은 존재하지 않는다. 생명이 존재하고, 생명의 권리가 존재한다. 오직 생명이 사례별로 진행될 따름이다"(ABC G).

들뢰즈는 여기서 단순히 위에서 펼쳐 놓은 궤적을 따르고 있을 뿐이다. 즉, 권리들과 같은 보편적 좌표들은 아무것도 설명하지 않는다. 구체적 배치에서 분석될 필요가 있는 것은 권리들이 창조되기도 하고 비판되기도 하는 **과정들**이다. 그러므로 법학의 중요성이 있는 것이다. 즉, 법학은 들뢰즈에게 보편적인 권리가 아니라, 주어진 배치 그리고 특정한 사례들의 특수성 혹은 특이성과 항상 연관되는 권리의 창조를 위한 모델을 제공한다. 『아베세데르』 인터뷰에서, 들뢰즈는 또한 일상적으로 일어나는 예를 제공한다. 1970년대 말에, 한 택시 운전사가 승객들에게 택시 안에서 흡연을 금하게 한다고 해서 파리에서 성공리에 기소되었다. 그 결정의 구실은 이렇다. 즉, 택시 안의 승객은 아파트 안의 세입자와 같다. 세입자들은 사용의 권리하에 그들의 아파트 안에서 흡연이 허용된다. 택시들은 승객들이 일시적 세입자로서 점유하는 이동식 아파트와 같다. 그러므로 어떤 사람이 택시를 탈 때 그들은 세입자로 간주되며, 흡연이 허용되어야만 한다. 1980년대 말 무렵, 파리의 모든 택시에서 흡연이 금지되었다. 택시를 타는 일이 더 이상 사적 아파트를 임대하는 일과 동등하지 않았고, 공적 서비스로 간주되었으며, 공공 영역에서 흡연을 금하는 것은 적법했다. 이러한 것이 법학의 과정이다. 즉, 그것은 보편적 권리의 문제가 아니다. 그것은 상황의 문제, 진화하고 있는 상황의 문제이다. 들뢰즈는 "자유를 위해 행위하는 것, 혁명가가 되는 것은 법학 면

plane에서 행위하는 것이다"라고 말한다(ABC G). 이것이 패튼이 원주민 토지 소유 권리를 분석할 때 그가 따라가는 정확한 길이며, 오스트레일리아의 마보, 캐나다의 칼더Calder와 같은 획기적인 결정이 함의하는 그것이다(DP 127~131). 패튼은 "우리는 새로운 권리들의 탈영토화하는 힘을 너무나 빨리 깎아내려서는 안 된다. 권리들도 또한 잠재적 특이성들이며, 특정한 법원 결정, 입법적 제정 속에서 현실화되는 것은 오직 이 잠재적 특이성들의 결과일 뿐이다"라고 쓰고 있다(DP 127).

그렇지만, 법학 과정에 호소함에도 불구하고, 들뢰즈는 결코 이에 수반되는 판단 개념을 내놓지 않았다는 점은 여전히 주목할 만하다. 들뢰즈 자신의 개념 이론을 고려할 때, 그가 판단 개념의 구성요소들을 변경함으로써 판단 개념을 보유한다는 것은 가능한 것으로 보이는데, 패튼의 분석들은 이 가능성을 강력하게 암시하고 있다. 그렇다면 들뢰즈 그 자신은 왜 이 길 ― 아렌트와 리오타르가 "반성적 판단"에 호소할 때 그려 놓았던 길 ― 을 택하는 것을 거부했는가? 이 물음은 아마도 우리를 들뢰즈와 그의 동시대인들을 갈라놓는 차이의 한가운데로 데려간다. 가령, 자크 데리다는 한때, 리오타르는 "우리 시대에 대항하는 범주적 도전을 착수했다. … 그는 우리에게 이렇게 말하고 있다. '그대들은 판단과 결별하지 못했고, 판단과 **결코** 결별하지 못할 것이다'"라고 쓴 적이 있다.[21] 의도적이든 아니든, 이를 아르토의 문구에 대한 이러한 고의적인 전도로서, 나아가 들뢰즈 사

---

21 자크 데리다, 「편견」, 『판단력』(Paris: Minuit, 1985), 96~97.

상에 대한 직접적인 도전으로서 독해하는 일은 어렵지 않을 것이다. 그 자신의 입장에서, 데리다는 그의 시론, 「법의 힘: 권위의 신비적 토대」에서 반성적 판단 이론에 대한 그 자신의 분석(혹은 해체)을 제시했다.[22] 들뢰즈와 데리다가 판단에 대한 그들의 분석을 행할 때 취하는 방향은 동시대 프랑스 사상에서 두 일반적인 궤적을 보여 준다. 칸트의 경우, 반성적 판단은 규칙의 부재 속에서 행해지는 — 즉, 규정적 개념이 없는 — 판단이다. 즉, 지성이 미규정적이 되는 것과 동시에 상상력은 자유롭게 된다. 하지만 무엇이 능력들의 이러한 "자유로운 유희"를 가능하게 만드는 조건인가? 칸트는 그것은 이성의 **이념**이 개입함을 통해서만 가능하다고 말한다. "반성적 판단은, 만약 (영혼, 세계, 신이라는) 초감성적인 이념들이 '유비에 의해' 경험 안으로 '투사하는' 통일성과 체계성에 의해 이 판단이 고취되지 않는다면, 자신의 추이를 그려 낼 수 없을 것이다."[23] 만약 규정적 판단이 규칙 또는 개념하에서 작동한다면, 반성적 판단은 이념들의 직접적인 역할, 그리고 이념들의 "유비적" 연관들에 의존한다. 『판단력비판』의 목표 중의 하나는 초월적 이념들이 유비를 통해서 감성적 자연 속에서 현시되는 방식(숭고한 것, 상징화, 천재, 목적론)을 분석하는 것이다.

하지만 이것은 들뢰즈가 『차이와 반복』에서 "판단의 유비"에 대한 강력한 비판을 내놓는 바로 그 이유이다. 반성적 판단은 이념들에

---

22 자크 데리다, 「법의 힘: 권위의 신비적 토대」, 『해체 및 정의의 가능성』, 드루실라 코넬 등 편 (New York: Routledge, 1992), 25~27.
23 알베르토 괄란디, 『리오타르』(Paris: Les Belles Lettres, 1999), 119. 또한 괄란디의 『들뢰즈』 (Paris: Les Belles Lettres, 1998)를 보라. 리오타르와 들뢰즈의 판단 이론이 괄란디의 분석에서 각각 두드러지게 나타나고 있다.

근거하므로(반면에, 규정적 판단은 개념들에 근거한다), 반성적 판단 이론들 간의 차이는 이에 상응하는 이념들 이론에 의해서 평가될 수 있다. 예를 들어, 리오타르의 경우 이념들은 근본적으로 "현시 불가능"하다. 데리다에게, 법의 판단들은 무한한 초월적 "정의 이념"을 기초로 하여 작동하며, 결정이나 반성적 판단을 위한 가능성의 조건은 바로 그 정의 이념의 불가능성이다. 그러나 들뢰즈가 거부하는 것은 바로 이 초월성의 요소이다.『차이와 반복』제4장(「감성적인 것의 이념적 종합」)에서 들뢰즈는 순수하게 내재적이고 미분적인 이념 이론을 전개하려고 시도한다(DR 168~221). 이러한 초월성과의 결렬이야말로 들뢰즈가 이에 상응하는 판단 이론과의 결렬을 가져오도록 해주는 그것이다. 내재적 이념들은 현실화될 때 극화되지만, 이 극화의 행위자는 판단이 아니라 **욕망**이다. 패튼은 "욕망은 그것이 실재적 연관을 생산한다는 의미에서 생산적이다"라고 쓰고 있다(DP 70). 혹은 들뢰즈와 과타리가 말하듯이, 단순히 "욕망은 수동적 종합들의 집합이다"(AO 26). 법 또는 권리의 영역에서, 들뢰즈는 무한한 정의 이념의 초월성에 호소하지 않는다. 내재적 이념의 운동은 생성들 속에서 그리고 정동들의 생산 속에서 현실화된다. 이것이 욕망 그 자체의 과정이다. 어떤 의미에서 들뢰즈의 내재적 이념들은 여전히 "규제적"인 채로 있지만, 오직 이 이념들이 문제들을 제기하는 한에서, "문제화하는problematizing" 한에서 그러하다. 들뢰즈의 이념들은 의식적 판단에 의해서가 아니라, 욕망의 무의식적 과정('수동적' 종합)을 통해서 현실화되는 종합의 방향들과 벡터들(연접, 통접, 이접)의 지도를 그린다. 이것이 들뢰즈가 무의식은 미리-주어진 것(=선소여)이 아니라, 그 자체 **구축되어야만** 한다고 말하는 이유이다. 즉, 법에 있어서, 사례에서 사례로 가는 운동을 구축하는 것, 특이성들을 연장하는 것은 바로 욕망의 과정이다. 이것은 또한 들뢰즈가 인간 권리의 문제는 "정의의 문제가 아니다. 그것은 법학의 문제 — 즉, 욕망의 문제 — 이다"라고 말할 수 있는 이유이기도 하다(ABC G).

이것은 우리가 들뢰즈에게서 발견하는 "개념의 노동"의 좋은 예이다. 들뢰즈가 "판단 개념과 결별할" 수 있도록 해 주는 것은, 그리고 (칸트의 의미에서, 초월적 이념에 의해 유비적으로 인도되는) 의식적인 반성적 **판단** 개념을, (들뢰즈의 의미에서, 내재적 이념의 수동적 종합을 가져오는) 무의식적이지만 생산적인 **욕망**의 과정으로 대체할 수 있도록 해 주는 것은 "이념" 개념의 변화이다. 칸트 그 자신은 『실천이성비판』을, 순수 형식의 표상에 의해 정의되는, 즉 보편적 입법의 순수 형식(도덕 법칙)의 표상에 의해 규정되는 욕망의 "상위" 능력에 대한 분석으로서 제시한다(KCP 28~29). 만약 『판단력비판』에서 아름다움의 반성적 판단이 도덕성의 "상징"으로서 현시될 수 있다면, 이는 아름다움의 대상은 이성의 이념과 유사한 것(흰 백합은 천진무구함의 이념과 유사한 것이다)으로 간주될 수 있기 때문이며, 그러므로 우리로 하여금 도덕성의 경향을 갖도록 해 준다고 말해질 수 있기 때문이다. 그렇다면 칸트의 경우에도, 반성적 판단 이론의 기능은 도덕적 존재들로서 우리의 궁극적 목적지인, 욕망의 "상위" 능력의 방향으로 우리를 지정하는 것이다. 칸트와 마찬가지로, 들뢰즈도 "실천" 철학에서 욕망의 근본적인 역할을 주장하지만, 그는 보편적 입법의 초월적 이념을 갖고서가 아니라, **특이성들**의 연장을 통해서 작동하는 내재적인 미분적 이념을 갖고서 욕망을 종합함으로써 칸트의 전도를 가져온다. 이 관점에서 볼 때, 『안티-오이디푸스』의 목표 중의 하나는 욕망의 적법한(내재적) 종합들과 부적법한(초월적) 종합들을 구별하기 위한 기준들을 정식화하는 것이며(AO 75), 그리고 이런 의미에서, 『안티-오이디푸스』는 『실천이성비판』에 대한 들뢰즈와 과타리 자신의 버전으로서 독해될 수 있다. 따라서 들뢰즈가 법학의 미분적 이념과 욕망 과정 사이에 확립하는 내재적 관계는 데리다가 무한한 정의 이념과 불가능한 결정이나 판단 사이에 확립하는 아포리아적 관계와 대비될 수 있다. 들뢰즈에게, 이념은 한낱 가능한 경험이 아니라, 실재적 경험의 조건을 구성한다. 데리다에게, 이념은 정의의 가능성의 조건을 구성하는데, 오직 그와 동시에 이념의 불가능성을 구성함으로써이다. 이 둘 사이의 차이점들은 깊다. 패튼의 성찰들은 판단력 개념이 그럼에도 불구하고 들뢰즈의 용어들로 재정식화될 수 있다고 언급하는 것으로 보이는데, 하지만 그것은 분명 들뢰즈 사유의 이러한 개념적 운동을 고려해야 할 것이다.

상상적인 것the imaginary의 문제들

패튼이 들뢰즈에 대한 그의 분석에 들여오는, 들뢰즈의 용어가 아닌 마지막 용어가 있는데, 이는 자유주의 전통에서 나오는 용어가 아니라, 아마도 패튼 자신의 기획의 범위를 증명해 보이는 마지막 예의 역할을 할 수 있는 개념이다. 이것은 사회적 상상물the social imaginary이라는 개념이다(DP 72, 79, 80, 81, 89, 119, 126을 보라). 사회적 상상물이라는 개념은 자주 의식되지 않고 사유되지 않지만, 그럼에도 불구하고 개인들과 집단들의 신체화된 동일성을 구성하는 ── 정치적 우화, 집단적 가상, 법적 허구, 은유, 신화, 이미지와 같은 ── 상상적인 구축물들을 지시하기 위해서 다양한 현대 사상가들에 의해 사용되어 왔다. 특히 스피노자는 사회적, 정치적 생활에 있어서 상상력의 근본적인 역할을 강조했다. 모이라 게이튼스Moira Gatens와 제너비브 로이드Genevieve Lloyd가 언급했듯이,

> 상상력에 관한 스피노자의 설명은 "능력"에 관한 이론이 아니라 인간 존재들이 그러한 것으로 구성되는 영구적인 구조에 관한 이론이다. … 사회적 상상물의 힘은 이 힘이 그 자체의 논리 ── 단순히 주장의 허위, 내재하는 모순들, 또는 아포리아를 증명함으로써 흔들리거나 약화될 수 없는 논리 ── 를 구축하는 데 있다.[24]

들뢰즈가 스피노자에게 빚지고 있음을 감안할 때, 우리는 들뢰즈의 저작에서 강력하게 개진된 상상력 이론 혹은 사회적 상상물을 발견하리라 기대할지도 모른다. 하지만 사실은 그렇지 않다. 『대담』에는 "상상적인 것에 관한 회의"라는 표제의 인터뷰가 포함되어 있는데, 여기서 들뢰즈는 "상상적인 것은 좋은 개념인가?" 하는 물음을 던지고, 그것이 "다소 미규정적 개념"이라는 점을 발견한다(N 65~66).[25]

---

24 모이라 게이튼스·제너비브 로이드, 『집합적 상상: 스피노자, 과거와 현재』(London and New York, 1999), 143.

25 상상적인 것이라는 개념에 가한 비판과 같은 예에 대해서는, 피에르 부르디외의 『남성 지배』, 리처드 나이스 옮김(London: Polity, 2001), 40을 보라: "다소 무모하게 여기저기서 사용되는 것을 보는 '상상적인 것'이라는 언어는, 그것이 상상의 지배적 원리는 단순한 심적 표상, 환상('사람들의 머릿속에 든 관념들'), 이데올로기가 아니라, 사물들 속에 또 신체들 속에 튼튼하게 감입돼 있는 구조들의 체계라는 점을 잊도록 만든다는 점을 고려하면, ['의식을 고양함'에서와 같은] '의식'이라는 언어보다 훨씬 더 부적절하다." 그러나 들뢰즈는 상상적인 것과 정동적인 것을 동등시할 때 스피노자를 따르고 있다. 설사 그가 보통 전자보다 후자를 사용할지라도 말이다.

다른 곳에서, 들뢰즈는 이 개념에 관해 회의를 가지는 이유는 그가 자신의 저작 전체를 통해서 분석하는 과정들 ─ 생성, 탈영토화와 재영토화, 흐름, 정동 등등 ─ 이 실재적인 것의 영역에 속하지 상상적인 것의 영역에 속하지 않기 때문이다(AO 30, 83, 304~307).

그러나 몇몇 대목에서 패튼은 들뢰즈의 회의에 조용히 도전을 제기하며, 아주 흥미롭게 이 실재적 과정들은 그럼에도 불구하고 상상적인 차원을 가진다고 언급한다. 그는 (내 견해로는, 그릇되게) 들뢰즈와 과타리의 "사회체" 혹은 "기관 없는 신체" 이론을 일종의 사회적 상상물과 동등시하며(DP 71~72, 89를 보라. 즉, "사회체는 전체로서의 사회의 상상적 신체이다"), 들뢰즈와 과타리가 여자-되기 becoming-woman와 같은 "생성들becomings"이라고 정의하는 것은 사회적 상상물 속에서 발견되는 이미지들과 관련하여 발생할 수 있다고 언급한다(DP 81). 패튼은 이 논점들을 자세히 전개하지는 않는다. 그렇지만 개념들의 역할, 그리고 개념들이 일관될 필요성에 대한 그 자신의 강조를 감안할 때, 그의 주장은 수많은 흥미로운 물음들을 불러온다. 패튼은 어떻게 들뢰즈의 "상상적인 것에 관한 회의"를 극복하는가? 들뢰즈 자신의 저작 내에서, 이러한 "상상적인 것에 관한 회의"는 어떻게 이미지들(사유의 이미지들, 영화의 이미지들 등등)의 분석에 대한 들뢰즈 자신의 관심과 관련되는가? 들뢰즈의 사유는 어떻게 게이튼스와 로이드의 『집합적 상상: 스피노자, 과거와 현재』, 미셀 르되프의 『철학적 상상물』, 베네딕트 앤더슨Benedict Anderson의 『상상의 공동체』, 그리고 코르넬리우스 카스토리아디스Cornelius Castoriadis의 『사회의 상상적 제도』와 같은 저작들 ─ 이 모든 저작들은 다양한 (그리고 반드시 공통적이지는 않은) 방식으로 사회적 상상물이라는 개념을 사용한다 —— 과 관련될 수 있는가?[26] 가장 중요하게는, 사회적 상상물이라는 개념이 어떻게 패튼이 그의 들뢰즈 독해에 도입한 교정된 자유주의 개념들(규범성, 비판적 자유, 판단)과 일관되게 연결될 수 있는가?

이러한 것들은 큰 쟁점들이며, 내 생각에 이 쟁점들은 여전히 진정으로 미해결의 문제로 남아 있는데, 이는 명백히 패튼이 사회적 상상물에 지나가듯 호소한 데서 유발되었다. 나로서는, 사회적 상상물의 분석과 관련될지도 모르는 들뢰즈 사유의 적어도 세 가지 측면이 존재하는 것으로 보인다. 패튼은 (사회적 상상물 이론의 한 작은 부분을 구성한다는 점이 인정되는) 이미지들이 신체화에 맺는 관계에 관한 첫 번째 측면을 명시적으로 다룬다. 예를 들어, (광고와 텔레비전에서, 뿐만 아니라 이보다 덜 분명한 상상물들에서) 이념화된 신체들의 이미지가, 설사 무의식적으로일지라도, 내가 내 신체를 그 이미지의 요구들에 기꺼이 종속시키는 지점으로까지(가령, 다이어트, 보디빌딩, 성형 수술, 화장품 등등) 내가 내 자신의 신체와 맺는 관계에 영향을 미칠 수 있다는 점이 자주 주목되어 왔다. 이것은 **욕망**의 더 일반적인 문제의 예로 간주될 수 있는데, 들뢰즈와 과타리는 이를 "정치철학의 근본 문제"로 간주해 왔다. 즉, "사람들은 왜 노예 상태가 마치 그들의 구원이라도 되는 양 집요하게 그들의 노예 상태를 얻기 위해 싸우는가?"(AO 29) 이 경우에는 이렇다. 즉, 나는 왜 내가 결코 따

---

26 모이라 게이튼스·제너비브 로이드, 『집합적 상상: 스피노자, 과거와 현재』; 미셸 르 되프, 『철학적 상상물』, 콜린 고든 옮김(Stanford: Stanford University Press, 1989); 베네딕트 앤더슨, 『상상의 공동체』(London: Verso, 1991); 코리넬리우스 카스토리아디스, 『사회의 상상적 제도』, 캐슬린 블래미 옮김(Cambridge: Polity, 1987)을 보라.

를 수 없는, 또 그 실재적 결과가 결국 나 안에 부적절함과 원한의 슬픈 정동을 생산하는 이념화된 이미지에다 내 신체를 자발적으로 종속시키는가? 비록 이 현상은 평범한 일이지만, 이 현상이 발생하는 메커니즘은 그렇게 평범하지는 않다. 이미지들의 사회적, 공공적 생산이 정확히 어떻게 내 개인적 욕망들의 사적 생산에 영향을 미치는가? 더 폭넓은 용어들로 진술하면 이렇다. 즉, 정치경제학(사회적 생산)과 리비도 경제학(욕망들의 생산) 간의 — 요컨대, 마르크스와 프로이트 간의 — 관계는 무엇인가?

패튼이 언급하듯이, 이것은 『안티-오이디푸스』에서 명시적으로 다루어지는 문제이다(68~69). 통상적인 대답은, 이미지들에 담긴 정보와 내포들을 어떤 식으로든 "내면화하거나 투입하는" 것이라고 말하는 것이며, 그리고 역으로, 이미지들 자체는, 이미지들의 생산자들이 자신들은 단순히 "사람들에게 그들이 원하는 것을 주고" 있는 것이라고 주장할 수 있는 지점으로까지, 이미지들을 소비하는 사람들의 욕망을 "투출한 것"에 지나지 않는다고 말하는 것이다. 하지만 『안티-오이디푸스』 전체는 이 논지와 반대 방향으로 향해 있다. 즉, "마르크스-프로이트의 유사성은, 마르크스와 프로이트가 서로 간에 완전히 이질적이길 그치지 않고, 그 유사성이 마르크스와 프로이트를 서로 간의 투입이나 투출로 만드는 용어들로 표현되는 한, 완전히 무익하고 무관심한 채로 남아 있게 된다"(AO 28~29). 들뢰즈와 과타리의 주장은 이미지들(혹은 상상물)의 사회적 생산과 욕망의 생산은 **하나의 동일한** 과정이며, 따라서 이미지들의 힘을 설명하기 위한 투입, 투출, 승화와 같은 어떠한 매개하는 심리적 작동들도(혹은 어떠한 사회적 생산의 측면도) 정립할 필요가 없다. 패튼은 욕망에 관한 장(특히 DP 68~70)에서 어떠한 간단한 요약도 허하지 않는 이 유명한 (그리고 복잡한) 논지를 분석한다. 하지만 여기서 행하는 패튼의 분석들은 들뢰즈 철학의 일반적 정향에 관한, 앞에 나오는 그의 주장과 연계되어 있다. 그 주장은 이러하다. 즉, 상상적인 것에 관한 회의들에도 불구하고, 들뢰즈는 의심할 여지 없이 사회적 상상물의 실존을 인정할 수 있을 터이지만, 그의 주요 관심은 사회적 상상물의 생산과 결과(이 경우에는, 이미지와 신체화)를 설명하는, 기저에 놓여 있는 **과정들**로 향해 있을 것이다. 들뢰즈에게, 사회적 생산과 욕망이 두 상이한 과정으로 간주되는 한, 사회적 상상물들의 현실적 작동은 신비로 남아 있게 될 것이다.

두 번째 측면은 이러한 물음에 관한 것이다. 즉, 그럼에도 불구하고 상상력은 왜 들뢰즈 철학에서 특출한 개념이 아닌가? 나는 어떤 의미에서 상상력은 들뢰즈의 사상에서 **실로** 중요한 역할을 행하지만, 아마도 그것은 스피노자에게만큼이나 칸트에게 빚지고 있는 형태로 나타난다고 제안하고 싶다. 『순수이성비판』의 도식론 장에서, 칸트는 **재생산적** 상상력과 그가 **생산적** 상상력이라고 부르는 것을 새롭게 구별짓는다.[27] 재생산적 상상력의 활동은 이미지들로 개념을 재생산하는 것이다. 즉, 팽팽한 실이나 또는 칠판에 그려 놓은 도형이 선의 이미지로 간주되듯이, 접시, 해, 바퀴는 원의 이미지들이다. 하지만 생산적 상상력의 활동은 매우 다르다. 즉, 여기서 상상력은 개념에 따르는, 경험에서 둥글거나 곧은 어떤 것을 내가 구축하도록 해 주는 "도

---

27 칸트, 『순수이성비판』, 180~187, A137~147/B176~187.

식"을 생산한다.

칸트는 개념도 이미지도 직관에서 원이나 직선을 생산하는 방법을 나에게 말해 주지 않기 때문에 도식이 필요하다고 말한다. 개념은 내가 직선을 **인식하도록(=재인하도록)** 해 주지만, 오직 도식만이 나에게 경험에서 직선을 **구축하는** 일이 어떻게 가능한지 말해 줄 수 있다. 따라서 칸트는 "가장 짧은 길"은 개념 "직선"의 **술어**로 이해되어서는 안 되고, 직선을 구축하기 위한 **도식**("두 점 사이의 가장 짧은 길을 따라가라…")으로 이해되어야 한다고 주장한다. 그러므로 생산의 규칙으로서 도식은, 비록 개념을 따르기는 하지만, 살아지는 경험(=체험)의 한 측면으로서 ── 역동적 과정으로서 역동적으로 **살아져야만** 하는 어떤 것으로서 ── 간주되어야만 한다.

『차이와 반복』에서, 들뢰즈는 칸트의 도식 이론을 재정식화해서 "시-공간적 역동성"(공간과 시간을 점유하는 방식)이라는 복합 이론을 만들었는데, 그는 이 역동성에 훨씬 더 광범위한 적용 영역을 제공했다.[28] 예를 들면, 생물학에서 한 동물 개념은 유와 종차에 의해 규정될 수 있지만, 이 개념에서 이끌어 낼 **수 없는** 것은 이 동물이 공간과 시간을 차지하는 방식 ── 이 동물의 영역, 이 동물이 다니는 길, 이 동물이 이 길을 다니는 데 걸리는 시간, 이 동물이 그 영역에 남기는 흔

---

28 비록 들뢰즈가 도식론을 칸트 사상의 참신하고 중요한 혁신이라고 생각하긴 하지만, 그 자신은 매우 다른 방향으로 이 개념을 취하고 있다. 만약 "도식"이 칸트의 개념 외부에 존재한다면, 들뢰즈가 "극화"라고 부르는 것은 들뢰즈적 의미에서 이념들에 내적이다. "역동성이 더 이상 개념들의 도식이 아니라 이념들의 드라마로 정립될 때 모든 것이 바뀌게 된다."(DR 218) 이와 유사한 영감을 받고, 피에르 부르디외는, 자신의 저작 도처에서, 범주 또는 인식 구조와 도식 또는 성향(아비투스habitus)을 구분한다(『남성 지배』, 8~9를 보라).

적들, 이 동물이 반응하는 흥분들, 이 동물이 유지할 수 있는 정동들 등등 — 이다. 이런 이유로 들뢰즈는 "동물행동학" 분야에 많은 관심을 보이고(진드기에 대한 윅스퀼의 동물행동학적 분석에 자주 호소하고), 동물들을 그 시-공간적 역동성에 의해서, 즉 살아질 뿐만 아니라 또한 "신체화되는"(신체가 무엇을 **행할** 수 있는가?) 시-공간의 블록들로서 분류하려고 시도한다.[29] 마찬가지로, 종족학자들은, 그들이 인간의 태도와 정동을 기술하는 한, 인간의 시-공간적 역동성 — 유적 개념 "인간"에 필연적으로 변화를 주는 역동성 — 을 기술한다고 말할 수 있다.[30] 예를 들어, 북미 원주민들은 유럽인들이 들여온 인플루엔자와 같은 질병들을 이기고 살아남을 수 없었기 때문에 식민주의 하에서 자주 죽음을 당했다. 그들은 같은 정동들을 유지할 수 없었다. 더 추상적인 수준에서, 『자본주의와 분열증』의 목표 중의 하나는 구체적인 사회구성체 안에서 현실화되어, 다양한 조합과 상호 작용으로 들어가는 그러한 역동성의 복잡한 유형론을 전개하는 것이었다. 원시 사회, 국가, 유목, 자본주의 모두는 상이한 방식 — 영토를 형성하기(원시 사회), 공간에 홈을 내기(국가), 매끄러운 공간을 점유하기(유목), 공간을 탈영토화하고 재영토화하기(자본주의) 등등 — 으로 시공간을 점유한다. 가령, 들뢰즈는 전쟁 기계들은 "전쟁과 무슨 관련이 있는 것이 아니라, 시-공간을 점유하고 차지하는, 혹은 **새로운 시-공간을 발명하는** 특수한 방식과 관련이 있다"라고 설명한다(N 172).

---

29 야콥 폰 윅스퀼, 『동물과 인간 세계로의 여행/의미론』, 조지프 오닐 옮김(Minneapolis: University of Minnesota Press, 2010), 44~52.

30 1978년 3월 28일, 1978년 4월 4일 세미나를 보라.

더욱이, 그가 전쟁 기계들(혹은 패튼이 이렇게 부르기를 선호하듯이, "변용 기계들metamorphosis machine")에 부여하는 혁명적 잠재력은 새로운 시-공간적 역동성을 구축할 수 있는 역량에서 유래한다. 들뢰즈는 많은 예들 중 한 예를 지적하며 "사람들은 PLO [팔레스타인 해방 기구]가 어떻게 아랍 세계에서 시-공간을 **발명해야** 했는지를 충분히 고려하지 않는다"고 쓰고 있다(N 72). 달리 말해서, 만약 상상력이 들뢰즈의 정치철학에서 한 역할을 행한다면, 그것은, 비록 상상력의 두 역할이 명백히 관련되어 있다 하더라도, 재생산적 상상력(이미지들의 생산)의 형태가 아니라, 우선적으로 이러한 형태의 생산적 상상력(시-공간적 역동성의 생산)하에서 나타나는 것으로 보인다. 만약 이 논지가 옳다면, 들뢰즈의 사상은 사회적 상상물들의 본성과 기능을 "시-공간적 역동성"으로서 사유하는 새로운 방식을 열어 줄지도 모른다.

마지막으로, 세 번째 측면은 사회적 상상물들이 **변형될** 수 있는 방식들에 관한 것이다. 이 물음에 대한 들뢰즈의 한 가지(단 한 가지) 대답은 **예술**의 정치적 역할을 다루는 것이리라(DP 72~73). 일상생활에서 우리가 마주치는 것은 클리셰의 지위로 환원된 이미지들 ── 그 자신 이외의 힘들에 복무하는 인습들과 억견들 ── 이며, 그러한 인습들을 단순히 재생산하는 예술 작품들을 생산하는 일은 어렵지 않다("문화 산업"). 따라서 그러한 기성의 이미지들에 대항하는 저항이라는 정치적 행위는 어떤 의미에서 이미지에 대항하는 이미지의 투쟁을 수반하며, 들뢰즈는 예술가들이 **단지 이미지만을 생산하기 위해** ── 고다르가 말하듯이, "공정한" 이미지가 아니라, 어떠한 이미지이든, 단지 이미지만을 생산하기 위해 ── 겪어야만 하는 "클리셰에 대항하는 투쟁"을 되풀이해서 강조한다.

> 때때로 이미지를 만들기 위하여, 예술, 회화, 음악은, 설령 이미지의
> 내용들이 매우 빈약하고, 매우 평범할지라도, 조금이라도 다른 목적
> 을 가질 수 있는가? … 이미지가 그 자체의 모든 특이성들 속에서 출
> 현하는 지점에 도달함으로써, 전혀 더럽혀지지 않은 순수한 이미지,
> 오로지 이미지일 뿐인 이미지를 만든다는 것은 지극히 어려운 일이
> 다. (ECC 158)

자신의 저작 여러 지점에서, 특히 『시간-이미지』에서 제3세계
정치적 영화 제작의 지위(TI 215~224), 사뮈엘 베케트의 작품에 나
타나는 이미지의 역할(ECC 152~174), 프랜시스 베이컨에서의 클
리셰에 대항하는 투쟁(FB 71~80)을 분석할 때, 들뢰즈는 그런 이미
지-만들기 혹은 "허구 창작"의 정치적 효과에 대해 논한다. 확실히,
사회적 상상물 개념은 예술적 혹은 정보적 이미지들보다 훨씬 더 많
은 것을 포함하지만, 예술의 정치적 기능은 예술적 창조와 정치적 변
화 —— 둘 모두 새로운 것의 생산을 위한 조건들에 관해 들뢰즈가 제
기하는 문제의 예들이다 —— 사이의 수수께끼 같은 관계에 대한 광범
위한 문제를 다룬다.

패튼의 책에는 언급되어야 할 다른 많은 것들이 존재한다. 이 책
의 가장 강력한 요소들은 분명 들뢰즈의 개념들에 대한 독해, 그리고
들뢰즈의 철학적 기획에 대한 개관이며, 이것들은 초보든 고급이든
모든 독자들에게 유익할 것이다. 하지만 이 책의 더 창조적인 측면은,

내가 볼 때, 들뢰즈에 대한 해석을 따라서 강구되고 있는 이 다소 은밀한 "패튼의" 기획인데, 이에 대해서 우리는 의심할 여지 없이 미래에 더 많은 것을 보게 될 것이다.[31] 들뢰즈의 사상을 자유주의 전통과 대치하게 함으로써, 패튼은 규범성, 자유, 판단과 같은 친숙한 개념들을 변형시키는 길을 보여 줄 수 있다. 더욱이, 패튼은 그 자신의 기획의 범위가 들뢰즈와 자유주의 간의 대치를 넘어선다는 점을 보여 주는 ── "사회적 상상물"과 같은 ── 다른 비-들뢰즈적 개념들을 자신의 분석 안으로 가져온다. 다음 과제는 패튼이 그 자신이 발전시키는 과정 속에 있는 개념적 장치의 (내-, 외-) 견실성을 보여 주는 것이리라고 우리는 상상해 볼 수도 있겠다. 나는 그런 장치의 윤곽들은 이미 『들뢰즈와 정치적인 것』에 보인다고 언급해 왔다. 규범성은 "탈영토화" 과정의 운동에 의해서 재정의된다. 이어서 이 과정들은 "비판적 자유"를 실행하는 일, 즉 새로운 것(권리들의 창조, 사회적 상상물들의 창조와 변형, 새로운 시공간의 생산 등등)을 생산하는, 선재하는 규칙들 외부에서 판단을 실행하는 일을 위한 조건을 구성한다. 그렇다면, 『들뢰즈와 정치적인 것』은 단순히 들뢰즈에 대한 독해를 제시하는 것이 아니고, 혹은 심지어 들뢰즈의 정치철학을 제시하는 것도 아니다. 그것은 그와 동시에 패튼 자신의 기획을 상세하게 서술하는 것이며, 그 목적 중의 하나는 정치학에 대한 전통적인 자유주의 개념들에 도전하는 것이다. 패튼은 단순히 들뢰즈의 사상을 자유주의 개념들에 "적용"함으로써가 아니라, 이 개념들을 ── 그 자체 새로운

---

31 패튼의 최근의 책, 『들뢰즈의 개념들: 철학, 식민화, 정치학』(Stanford: Stanford University Press, 2010)을 보라.

어떤 것, 들뢰즈에게도 자유주의에게도 환원될 수 없는 어떤 것을 생산하지만, 현대 정치사상에 대한 패튼 자신의 독특한 기여를 구성하는—생성 안으로 밀어 넣음으로써 성취하고 있다.

옮긴이 후기

이 책『질 들뢰즈의 철학』의 원 제목은 *Essays on Deleuze*로, 저자 대니얼 W. 스미스Daniel W. Smith가 1996년부터 2012년까지 15년 동안 집필해 온 프랑스 철학자 질 들뢰즈Gilles Deleuze, 1925~1995에 관한 20편의 시론들을 한데 모은 책이다. 이 시론들은 들뢰즈의 모든 저서, 인터뷰, 세미나 등을 참조하며, 형이상학, 인식론, 윤리학, 정치학, 미학 등 철학의 모든 부문을 들뢰즈의 관점에서 다루고 있다.

저자 대니얼 스미스는 19세기와 20세기 유럽 철학에 초점을 맞추어 철학을 연구하고 있는 학자이다. 또 스미스는 미학, 현상학, 니체, 칸트, 스피노자, 베르그손, 사회철학, 정치철학, 기술철학 부문을 연구하며 강의하고 있다. 무엇보다, 스미스는 들뢰즈 철학의 연구자로 잘 알려져 있다. 스미스는 두 권의 들뢰즈 책『프랜시스 베이컨: 감각의 논리』,『비평적인 것과 진단적인 것』을 번역하기도 했다. 이 두 번역서에 실린 역자 서문은 각각 "감각의 논리", "비평적인 것과 진단적인 것"에 대해서 자세히 설명하고 있어서 들뢰즈 사유의 핵심을 읽어 내는 데 큰 도움이 된다. 이 서문들은 각각 본서 13장과 12장에 수록되어 있다.

들뢰즈의 저작은 철학의 거의 모든 부문을 다루는데, 스미스의 시론들은 들뢰즈의 사유를 있는 그대로 따라가려고 노력하면서 들뢰즈의 저작을 분석하고 있다. 인식론 부문에서는 "철학은 개념의 창조"라는 들뢰즈의 정의가 함의하는 바를, 형이상학 부문에서는 들뢰즈의 유명한 개념 "시뮬라크르", "잠재적인 것", "일의성"을 탐구한다. 미학 부문에서는 들뢰즈가 회화, 영화, 문학에 관한 저술들에서 전개한 "감각의 논리"를, 윤리학 부문에서는 들뢰즈가 니체, 라이프니츠, 스피노자의 저작들에 의거해서 "내재성의 윤리학"을 도출하는 방법을 해명한다. 또 스미스는 들뢰즈가 데리다, 바디우, 라캉, 지젝, 클로소프스키, 패튼 등 동시대인들과 맺는 관계를 탐색한다. 가령 바디우의 경우는 들뢰즈와 바디우의 서로 다른 다양체 개념을, 데리다의 경우는 프랑스 철학에서 전개되어 온 내재성과 초월성의 두 전통을 들뢰즈와 데리다가 각각 대변하는 방식 등을 탐색하고 있다.

『질 들뢰즈의 철학』은 2012년에 출간되어, 지금까지 들뢰즈 연구의 이정표로 불려 왔다. 키스 안셀-피어슨은 이 책을 두고 "매우 유쾌할 정도로 풍부한 시론들을 담고 있는 책이다. 시론들이 하나같이 탁월하다"고 하며, "적어도 영어권 세계에서 대니얼 스미스만큼 들뢰즈의 철학적 독창성을 잘 밝힌 사람은 없다"고 평가하고 있다. 이 책은 터키어, 슬로베니아어, 스페인어, 에스토니아어, 일본어로 부분역되어 있을 정도로 영어권 바깥의 세계에서도 좋은 평가를 받고 있다. 여기에 보태 이제 이 책은 한국어 완역을 얻게 되었으니, 세계 속의 한국인에게도 아마도 훌륭한 평가를 받지 않을까 싶다. 『질 들뢰즈의 철학』은 꽤 두터운 책이지만, 저자가 쉬운 예들을 들어 가며 친절히 명확하게 설명하고 있으므로, 독자분들이 하루에 한 장 정도 정성껏 읽는 시간을 내어 20여 일을 보낸다면, 들뢰즈와 함께 즐거운 사유의 길을 걸을 수 있게 될 것이다.

3년 전 딸과 함께 이 책을 읽다가 딸의 권유로 이 책을 번역하려던 차에 운이 좋게도 작년에 이 책을 번역할 수 있는 기회를 얻게 되었다. 기간 내에 번역을 마치긴 했지만, 그린비 출판사의 적극적인 도움이 없었다면 이 책의 완결된 모습을 보기가 어려웠을 것이다. 녹록하지 않은 이 책을 꼼꼼하게 읽으며 정성을 다해 좋은 책으로 만들어 준 편집장 이진희 선생님, 편집 담당자 주승일 선생님을 비롯한, 그린비 출판사의 여러분들께 깊은 감사의 말씀을 드리지 않을 수 없다.

2023년 7월

수조산 박인성

참고 문헌

Agamben, Giorgio, *The Open: Man and Animal*, trans. Kevin Attell (Stanford: Stanford University Press, 2004).

———, *Potentialities: Collected Essays in Philosophy*, trans. Daniel Heller-Roazen (Stanford: Stanford University Press, 1999).

Alliez, Eric, *La Signature du monde* (Paris: Cerf, 1993).

Althusser, Louis, and Balibar, Étienne, *Reading Capital*, trans. Ben Brewster (London: Verso, 2009).

Anderson, Benedict, *Imagined Communities* (London: Verso, 1991).

Ansell-Pearson, Keith, *Philosophy and the Adventure of the Virtual: Bergson and the Time of Life* (London and New York: Routledge, 2002).

Antier, Daniel, *L'Étude des flux et des stocks* (Paris: Sedes, 1957).

Arendt, Hannah, *Eichmann in Jerusalem: A Report on the Banality of Evil*, rev. and enlarged edn. (New York: Viking, 1965).

———, *Lectures on Kant's Political Philosophy*, ed. Ronald Beiner (Chicago: University of Chicago Press, 1982).

Aristotle, *The Basic Works of Aristotle*, ed. Richard McKeon, trans. W. A. Pickard-Cambridge (New York: Random House, 1941).

Arnaud, Alain, *Pierre Klossowski* (Paris: Seuil, 1990).

Artaud, Antonin, *Heliogabalus, or The Crowned Anarchist*, trans. Alexis Lykiard (Clerkenwell: Solar, 2004).

———, *Selected Writings*, ed. Susan Sontag, trans. Helen Weaver (New York: Farrar Straus &

Giroux, 1977).

Atlas, Samuel, *From Critical to Speculative Idealism: The Philosophy of Salomon Maimon* (The Hague: Martinus Nijhoff, 1964).

Augustine, *Concerning the City of God Against the Pagans*, trans. Henry Bettenson (New York: Penguin, 1984).

_____, *De Doctrina Christiana* (Indianapolis: Bobbs-Merrill, 1978).

Bacon, Francis, *The Brutality of Fact: Interviews with David Sylvester* (London: Thames & Hudson, 1975).

Badiou, Alain, "Against 'Political Philosophy,'" in *Metapolitics*, trans. Jason Barker (London: Verso, 2005).

_____, *Being and Event*, trans. Oliver Feltham (London and New York: Continuum, 2005).

_____, *Briefings on Existence: A Short Treatise on Transitory Ontology*, ed. and trans. Norman Madarasz (Albany: State University of New York Press, 2006).

_____, *The Century*, trans. Alberto Toscano (Cambridge: Polity, 2007).

_____, *The Communist Hypothesis*, trans. David Macey and Steve Corcoran (London: Verso, 2010).

_____, *Deleuze: The Clamor of Being*, trans. Louise Burchill (Minneapolis: University of Minnesota Press, 2000).

_____, *D'un désastre obscur: droit, état, politique* (Paris: Éditions de l'Aube, 1991).

_____, *Ethics: An Essay on the Understanding of Evil*, trans. Peter Hallward (London: Verso, 2001).

_____, *Logics of Worlds: Being and Event 2*, trans. Alberto Toscano (London: Continuum, 2009).

_____, *Theoretical Writings*, ed. and trans. Ray Brassier and Alberto Toscano (London and New York: Continuum, 2004).

Bakhtin, Mikhail M., *The Dialogical Imagination: Four Essays*, trans. Caryl Emerson and Michael Holquist, ed. Michael Holquist (Austin: University of Texas Press, 1981).

Baudrillard, Jean, *Simulacra and Simulation*, trans. Sheila Faria Glaser (Ann Arbor: University of Michigan Press, 1994).

Beiser, Frederick C., ed., *The Cambridge Companion to Hegel* (Cambridge:Cambridge University Press, 1993).

_____, *The Fate of Reason: German Philosophy From Kant to Fichte* (Cambridge, MA: Harvard University Press, 1987).

Beistegui, Miguel de, *Truth and Genesis: Philosophy as Differential Ontology* (Bloomington and

Indianapolis: Indiana University Press, 2004).

Bell, E. T., *Men of Mathematics* (New York: Simon & Schuster, 1937).

Bellour, Raymond, "Thinking, Recounting: The Cinema of Gilles Deleuze," trans. Melissa McMahon, in *Discourse*, Vol. 20, No. 3 (Fall 1998), 56~75.

Bergman, Samuel H., *The Philosophy of Salomon Maimon*, trans. Noah L. Jacobs (Jerusalem: Magnes, 1967).

Bergson, Henri, *Creative Evolution*, trans. Arthur Mitchell (New York: Henry Holt, 1911).

_____, *The Creative Mind*, trans. Mabelle L. Andison (Totowa, NJ: Littlefield, Adams, 1946).

_____, *Matter and Memory*, trans. Nancy Margaret Paul and W. Scott Palmer (New York: Zone, 1988).

_____, *Time and Free Will: An Essay on the Immediate Data of Consciousness*, trans. F. L. Pogson (London: George Allen, 1913).

_____, *Two Sources of Morality and Religion*, trans. T. Ashley Audra and Cloudesley Brereton with W. Horsfall Carter (New York: Henry Holt, 1935).

Berlin, Isaish, *Four Essays on Liberty* (Oxford: Oxford University Press, 1969).

Blanché, Robert, *L'Axiomatique* (Paris: PUF, 1955).

Blanchot, Maurice, *Friendship*, trans. Elizabeth Rottenberg (Stanford: Stanford University Press, 1997).

Bogue, Ronald, *Deleuze and the Arts*: Vol. 1: *Deleuze on Cinema*; Vol. 2: *Deleuze on Literature*; Vol. 3: *Deleuze on Music, Painting, and the Arts* (New York: Routledge, 2005).

Borges, Jorge Luis, *Ficciones* (New York: Grove, 1962).

Bouligand, Georges, *Le Déclin des absolus mathématico-logiques* (Paris: Éditions d'Enseignement Supérieur, 1949).

Boundas, Constantin V., "Deleuze-Bergsonian Ontology of the Virtual," in *Deleuze: A Critical Reader*, ed. Paul Patton (London: Basil Blackwell, 1996), 81~106.

_____, and Olkowski, Dorothea, eds., *Gilles Deleuze and the Theater of Philosophy* (New York: Routledge, 1994).

Bourbaki, Nicholas, "The Architecture of Mathematics," in *Great Currents of Mathematical Thought*, ed. François Le Lionnais, trans. R. A. Hall and Howard G. Bergmann (New York: Dover, 1971).

Bourdieu, Pierre, *Homo Academicus*, trans. Peter Collier (Stanford: Stanford University Press, 1988).

_____, *Masculine Domination*, trans. Richard Nice (London: Polity, 2001).

_____, *The State Nobility: Elite Schools in the Field of Power*, trans. Lauretta C. Clough

(Stanford: Stanford University Press, 1988).

Bousquet, Joë, *Les Capitales* (Paris: Le Cercle du Livre, 1955).

Boyer, Carl B., *The History of the Calculus and its Conceptual Development* (New York: Dover, 1959).

_____, *History of Mathematics* (Princeton: Princeton University Press, 1968).

Bransen, Jan, *The Antinomy of Thought: Maimonian Skepticism and the Relation between Thoughts and Objects* (Dordrecht and Boston: Kluwer Academic, 1991).

Breazeale, Daniel, "The Hegel-Nietzsche Problem," in *Nietzsche-Studien* 4 (1975), 146~64.

Brontë, Emily, *Wuthering Heights* (New York: Norton, 1990).

Brunschvicg, Léon, *Les Étapes de la philosophie mathématique* (Paris: PUF, 1947; new edn: Paris: A. Blanchard, 1972).

Buchanan, Ian, *Deleuze and Guattari's "Anti-Oedipus": A Reader's Guide* (London: Continuum, 2008).

Büchner, George, *Complete Plays and Prose*, trans. Carl Richard Mueller (New York: Hill & Wang, 1963).

Buci-Glucksmann, Christine, "Le Plissé baroque de la peinture," *Magazine littérarire*, 257 (Sep 1988), 54~7.

Bunge, Mario, *Causality and Modern Science*, 3rd rev. edn. (New York: Dover, 1979).

_____ *Philosophy in Crisis: The Need for Reconstruction* (Amherst, NY: Prometheus, 2001).

Burroughs, William, *Naked Lunch* (New York: Grove, 1966).

Butler, Judith, *Subjects of Desire* (New York: Columbia University Press, 1999).

Butor, Michel, *Comment écrire pour Jasper Johns* (Paris: Éditions de la Différence, 1992).

Buydens, Mireille, *Sahara: L'Esthétique de Gilles Deleuze* (Paris: Vrin, 1990).

Cage, John, *Silence* (Middletown, CT: Wesleyan University Press, 1961).

Canguilhem, Georges, *On the Normal and the Pathological*, trans. Carolyn R. Fawcett (New York: Zone, 1978).

Canto-Sperber, Monique, "Pour la philosophie morale," in *Le Débat* 72 (Nov-Dec 1992), 40~51.

Caputo, John D., *The Prayers and Tears of Jacques Derrida* (Bloomington: Indiana University Press, 1997).

Castoriadis, Cornelius, *The Imaginary Institution of Society*, trans. Kathleen Blamey (Cambridge: Polity, 1987).

Cavell, Stanely, *Themes Out of School: Effects and Causes* (Chicago: University of Chicago Press, 1984).

Chasles, Michel, *Aperçu historique sur l'origine et le développement de méthodes en géométrie* (Brussels: M. Hayez, 1837).

Châtelet, François, *Chronique des idées perdues* (Paris: Stock, 1977).

Chauvin, Rémy, *Entretiens sur la sexualité*, ed. Max Aron, Robert Courrier, and Étienne Wolf (Paris: Plon, 1969).

Cohen, Hermann, *Kants Theorie der Erfahrung*, 2nd edn. (Berlin: Dümmler, 1885).

Cornell, Drucilla, ed., *Deconstruction and the Possibility of Justice* (New York: Routledge, 1992).

Couturat, Louis, "On Leibniz's Metaphysics," in Harry G. Frankfurt, ed., *Leibniz: A Collection of Critical Essays* (Garden City, NY: Anchor, 1972).

Critchley, Simon, ed., *A Companion to Continental Philosophy* (Oxford: Blackwell, 1998).

Curley, Edwin M., *Spinoza's Metaphysics: An Essay in Interpretation* (Cambridge, MA: Harvard University Press, 1969).

Dalmas, André, *Évariste Galois* (Paris: Fasquelle, 1956).

Daniel, Stephen, ed., *Current Continental Theory and Modern Philosophy* (Evanston, IL: Northwestern University Press, 2005).

Danto, Arthur, *The Philosophical Disenfranchisement of Art* (New York: Columbia University Press, 1986).

Davidson, Arnold I., *The Emergence of Sexuality: Historcial Epistemology and the Formation of Concepts* (Cambridge, MA: Harvard University Press, 2001).

_____, ed., *Foucault and his Interlocutors* (Chicago: University of Chicago Press, 1997).

Davis, Philip J., and Hersh, Reuben, *The Mathematical Experience* (Boston, Basel, and Stuttgart: Birkhäuser, 1981).

Decottignies, Jean, *Klossowski* (Paris: Henri Veyrier, 1985).

De Landa, Manuel, *Intensive Science and Virtual Philosophy* (London: Continuum, 2002).

Deleuze, Gilles, *Bergsonism*, trans. Hugh Tomlinson and Barbara Habberjam (New York: Zone, 1988).

_____, "Bergon's Conception of Difference," trans. Melissa McMahon, in John Mullarkey, ed., *The New Bergson* (Manchester: Manchester University Press, 1999).

_____, "De Sacher-Masoch au masochisme," in *Arguments* 5/21 (Jan-Apr 1961), 40~6.

_____, *Desert Islands and Other Texts*, ed. Sylvère Lotinger, trans. Michael Taormina (New York: Semiotext(e), 2004).

_____, "Desire and Pleasure," in *Foucault and his Interlocutors*, ed. Arnold I. Davidson (Chicago: University of Chicago Press, 1997), 183~92.

_____, "Deux questions," in *Recherches*, 39 bis (Dec 1979), 231~4.

_____, *Difference and Repetition*, trans. Paul Patton (New York: Columbia University Press, 1984).

_____, "Dualism, Monism and Multiplicities (Desire-Pleasure-*Jouissance*)," trans. Daniel W. Smith (seminar of 26 Mar 1973), in *Contretemps: An Online Journal of Philosophy* 2 (May 2001), 92~108.

_____, *Empiricism and Subjectivity: An Essay on Hume's Theory of Human Nature*, trans. Constantin V. Boundas (New York: Columbia University Press, 1991).

_____, *Essays Critical and Clinical*, trans. Daniel W. Smith and Michael A. Greco (Minneapolis: University of Minnesota Press, 1997).

_____, *Expressionism in Philosophy: Spinoza*, trans. Martin Joughin (New York: Zone, 1990).

_____, *The Fold: Leibniz and the Baroque*, trans. Tom Conley (Minneapolis: University of Minnesota Press, 1993).

_____, *Foucault*, trans. Seán Hand (Minneapolis: University of Minnesota Press, 1988).

_____, *Francis Bacon: The Logic of Sensation*, trans. Daniel W. Smith (Minneapolis: University of Minnesota Press, 2003).

_____, "The Idea of Genesis in Kant's Aesthetics," trans. Daniel W. Smith in *Angelaki*, Vol. 5, No. 3 (Dec 2000), 39~70.

_____, "Le 'Je me souviens' de Gilles Deleuze" (interview with Didier Éribon) in *Le Nouvel Observateur* 1619 (16~22 Nov 1995).

_____, "Lettre-préface," in Mireille Buydens, *Sahara: L'Esthétique de Gilles Deleuze* (Paris: Vrin, 1990), 5~6.

_____, *The Logic of Sense*, trans. Mark Lester, with Charles Stivale; ed. Constantin V. Boundas (New York: Columbia University Press, 1990).

_____, *Masochism: Coldness and Cruelty*, trans. Jean McNeil (New York: Zone, 1989).

_____, *The Movement-Image*, trans. Hugh Tomlinson and Barbara Habberjam (Minneapolis: University of Minnesota Press, 1986).

_____, *Negotiations*, 1972~1990, trans. Martin Joughin (New York: Columbia University Press, 1995).

_____, *Nietzsche and Philosophy*, trans. Hugh Tomlinson (New York: Columbia University Press, 1983).

_____, "One Manifesto Less," in *The Deleuze Reader*, ed. Constantin V. Boundas (New York: Columbia University Press, 1994).

_____, *Périclès et Verdi* (Paris: Minuit, 1988).

_____, "A Philosophical Concept," in *Who Comes After the Subject*, ed. Eduardo Cadava,

Peter Connor, and Jean-Luc Nancy (New York: Routledge, 1991), 95~7.

_____, "À propos des nouveaux philosophes et d'un problème plus général," *Minuit* 4, supplement (5 Jun 1977).

_____, *Qu'est-ce que fonder?* (What is Grounding?), cours hypokhâgne, at Lycée Louis le Grand, Paris, 1956~7, on-line at webdeleuze.com.

_____, "Reversing Platonism (Simulacra)," trans. Heath Massey, published as an appendix to Leonard Lawlor, *Thinking Through French Philosophy: The Being of the Question* (Bloomington and Indianapolis: Indiana University Press, 2003), 163~77. The original article appeared in the *Revue de Métaphysique et de Morale* 71/4 (Oct-Dec 1966), 426~38.

_____, *Spinoza: Practical Philosophy*, trans. Robert Hurley (San Francisco: City Lights, 1988).

Deleuze, Gilles, and Guattari, Félix, *Anti-Oedipus*, trans. Robert Hurley, Mark Seem, and Helen R. Lane (New York: Viking, 1977).

_____, *Kafka: Toward a Minor Literature*, trans. Dana Polan (Minneapolis: University of Minnesota Press, 1986).

_____, "La Synthèse disjonctive," in *L'Arc* 43 (1970), 54~62.

_____, *A Thousand Plateaus*, trans. Brian Massumi (Minneapolis: University of Minnesota Press, 1987).

_____, *What is Philosophy?*, trans. Hugh Tomlinson and Graham Burchell (New York: Columbia University Press, 1994).

Deleuze, Gilles, and Parnet, Claire, *Dialogues*, trans. Hugh Tomlinson and Barbara Habberjam (New York: Columbia University Press, 1987).

Derrida, Jacques, *Acts of Religion*, ed. Gil Anidjar (London and New York: Routledge, 2002).

_____, *Aporias*, trans. Thomas Dutoit (Stanford: Stanford University Press, 1993).

_____, *Deconstruction in a Nutshell: A Conversation with Jacques Derrida*, ed. John D. Caputo (New York: Fordham University Press, 1997).

_____, *Dissemination*, trans. Barbara Johnson (Chicago: University of Chicago Press, 1981).

_____, "Force of Law: The Mystical Foundation of Authority," in Drucilla Cornell, *Deconstruction and the Possibility of Justice* (New York: Routledge, 1992).

_____, *The Gift of Death*, trans. David Willis (Chicago: University of Chicago Press, 1995).

_____, *Given Time*, Vol. I : *Counterfeit Money*, trans. Peggy Kamuf(Chicago: University of Chicago Press, 1994).

_____, "How to Avoid Speaking: Denials," in *Derrida and Negative Theology*, ed. Harold Coward and Toby Foshay (Albany: State University of New York Press, 1992).

_____, "Letter to a Japanese Friend," in *Derrida and Difference*, ed. David Wood and Robert Bernasconi (Evanston: Northwestern University Press, 1988).

_____, *Limited ABC*, ed. Samuel Weber (Evanston, IL: Northwestern University Press, 1988).

_____, *Margins of Philosophy*, trans. Alan Bass (Chicago: University of Chicago Press, 1984).

_____, *On the Name*, trans. Thomas Dutoit (Stanford: Stanford University Press, 1995).

_____, *Politics of Friendship*, trans. George Collins (London: Verso, 1997), 215~16.

_____, *Positions*, trans. Alan Bass (Chicago: University of Chicago Press, 1981).

_____, *The Post Card*, trans. Alan Bass (Chicago: University of Chicago Press, 1987).

_____, "Préjugés," in *La Faculté de juger* (Paris: Minuit, 1985).

_____, *Resistances to Psychoanalysis*, trans. Pascale-Anne Brault and Michael B. Naas (Stanford: Stanford University Press, 1998).

_____, *Spectres de Marx: L'État de la dette, le travail du deuil et la nouvelle Internationale* (Paris: Galilée, 1993).

_____, *The Truth in Painting*, trans. Geoff Bennington and Ian McLeod (Chicago: University of Chicago Press, 1967).

_____, *The Work of Mourning*, ed. and trans. by Pascale-Anne Brault and Michael Naas (Chicago: University of Chicago Press, 2001).

_____, *Writing and Difference*, trans. Alan Bass (Chicago: University of Chicago Press, 1980).

Descombes, Vincent, *Modern French Philosophy*, trans. L. Scott Fox and J. M. Harding (Cambridge: Cambridge University Press, 1980).

Detienne, Marcel, *The Masters of Truth in Archaic Greece*, trans. Janet Lloyd (New York: Zone, 1999).

Dewey, John, "Time and Individuality," in *The Essential Dewey*, Vol. I: *Pragmatism, Education, Democracy*, ed. Larry A. Hickman and Thomas M. Alexander (Bloomington and Indianapolis: Indiana University Press, 1998), 217~26.

Dickens, Charles, *Our Mutual Friend*, in *The Oxford Illustrated Dickens* (London: Oxford University Press, 1952).

Dosse, François, *Gilles Deleuze and Félix Guattari: Intersecting Lives*, trans. Deborah Glassman (New York: Columbia University Press, 2010).

Durie, Robin, "Immanence and Difference: Toward a Relational Ontology," in *Southern Journal of Philosophy*, Vol. 60 (2002), 1~29.

Dyson, Freeman, *Infinite in All Directions* (New York: Harper & Row, 1988).

Eliade, Mircea, *The Myth of the Eternal Return* (Princeton: Princeton University Press, 1954).

Engel, Pascal, *The Norm of the True* (Toronto: University of Toronto Press, 1991).

Faulkner, Keith, *Deleuze and the Three Syntheses of Time* (New York: Peter Lang, 2005).

Faye, Jean-Pierre, *La Raison narrative* (Paris: Balland, 1990).

Ferguson, Niall, *The Ascent of Money: A Financial History of the World* (New York: Penguin, 2008).

Forrester, Jay W., *Principles of Systems*, 2nd edn. (New York: Pegasus, 1968).

Foucault, Michel, *The Archaeology of Knowledge*, trans. A. M. Sheridan Smith (New York: Pantheon, 1972).

_____, *The Care of the Self: The History of Sexuality*, Vol. 3, trans. Robert Hurley (New York: Pantheon, 1986).

_____, *Death and the Labyrinth: The World of Raymond Roussel* (Garden City, NY: Doubleday, 1986).

_____, *Essential Works of Foucault: 1954~1984*, Vol. 2: *Aesthetics, Method, and Epistemology*, ed. James D. Faubion (New York: New Press, 1988), 123~35.

_____, *The Foucault Reader*, ed. Paul Rabinow (New York: Pantheon, 1984), 381~90.

_____, *Language, Counter-Memory, Practice: Selected Essays and Interviews*, ed. Donald F. Bouchard, trans. Donald F. Bouchard and Sherry Simon (Ithaca, NY: Cornell University Press, 1977).

_____, *The Order of Things* (New York: Vintage, 1973).

_____, *The Use of Pleasure: The History of Sexuality*, Vol. 2, trans. Robert Hurley (New York: Vintage, 1985).

_____, "What is a 'dispositif'?" in *Michel Foucault: Philosopher*, ed. François Ewald, trans. Timothy J. Armstrong (New York: Routledge, 1992), 162.

Frankfurt, Henry G., *Leibniz: A collection of Critical Essays* (Garden City, NY: Anchor, 1972).

Freud, Sigmund, *Civilization and its Discontents*, trans. James Strachey (New York: W. W. Norton, 1961).

Gandillac, Maurice de, and Pautrat, Bernard, *Nietzsche aujourd'hui* (Paris: Union Générale d'Éditions, 10/18, 1973), Vol. I, *Intensities*, 186~7.

Gasquet, Joachim, *Cézanne: A Memoir with Conversations*, trans. Christopher Pemberton (London: Thames & Hudson, 1991).

Gatens, Moira, and Lloyd, Genevieve, *Collective Imaginings: Spinoza, Past and Present* (London and New York: Routledge, 1999).

Genosko, Gary, *Félix Guattari: An Aberrant Introduction* (London and New York: Continuum, 2002).

Gilson, Étienne, *Being and Some Philosophers* (Toronto: Pontifical Institute of Mediaeval

Studies, 1952).

_____, *History of Christian Philosophy in the Middle Ages* (London: Sheed & Ward, 1955).

_____, *Introduction à l'étude de Saint-Augustin* (Paris: Vrin, 1929).

_____, *Jean Duns Scot: Introduction à ses positions fondamentales* (Paris: J. Vrin, 1952).

Giorello, Guilio, "The 'Fine Structure' of Mathematical Revolutions: Metaphysics, Legitimacy, and Rigour," in *Revolutions in Mathematics*, ed. Donald Gilles (Oxford: Clarendon, 1992).

Gleick, James, *Chaos: Making a New Science* (New York: Viking, 1987).

Gobard, Henri, *L'Aliénation linguistique* (Paris: Flammarion, 1976).

Goethe, Johann Wolfgang von, *Color Theory*, ed. Rupprecht Matthaei (New York: Van Nostrand, 1971).

Goodman, Nelson, *Languages of Art*, 2nd edn. (Indianapolis: Hackett, 1976).

Gualandi, Alberto, *Deleuze* (Paris: Les Belles Lettres, 1998).

_____, *Lyotard* (Paris: Les Belles Lettres, 1999).

Guattari, Félix, *The Anti-Oedipus Papers*, ed. Stéphane Nadaud, trans. Kélina Gotman (New York: Semiotext(e), 2006).

_____, *Chaosophy*, ed. Sylvère Lotringer (New York: Semiotext(e), 1995).

Guattari, Félix, and Negri, Antonio, *Communists Likes Us* (New York: Semiotext(e), 1991).

Guéroult, Martial, *La Philosophie transcendentale de Salomon Maïmon* (Paris: Alcan, 1929).

_____, *L'Évolution et la structure de la Doctrine de la Science chez Fichte*, 2 vols. (Paris: Les Belles-Lettres, 1930).

Habermas, Jürgen, *The Philosophical Discourse of Modernity* (Cambridge, MA: MIT Press, 1988).

Hacking, Ian, "Biopower and the Avalanche of Printed Numbers," in *Humanities in Society* 5 (1982), 279~95.

_____, "The Invention of Split Personalities," in *Human Nature and Natural Knowledge*, ed. Alan Donagan, Anthony N. Perovich, Jr., and Michael V. Wedlin (Dordrecht: Springer, 1986), 63~85.

_____, "The Making and Molding of Child Abuse," in *Critical Inquiry* 17 (Winter 1991), 253~88.

_____, "Making Up People," in *Historical Ontology* (Cambridge, MA: Harvard University Press, 2002), 99~114.

_____, "What is Tom Saying to Maureen?," in *London Review of Books*, Vol. 28, No. 9 (May 2006), 3~7.

_____, "What Mathematics Has Done to Some and Only Some Philosophers," in *Proceedings* of the British Academy 103 (2000), 83~138.

Hadot, Pierre, Philosophy as a Way of Life, ed. Arnold I. Davidson (Cambridge, MA: Blackwell, 1995).

Hägglund, Martin, Radical Atheism: Derrida and the Time of Life (Stanford: Stanford University Press, 2008).

Hahn, Hans, "The Crisis in Intuition," in J. R. Newman, ed., The World of Mathematics (New York: Simon & Schuster, 1956), 1956~76.

Hallett, Garth, A Commentary to Wittgenstein's "Philosophical Investigations" (Ithaca, NY: Cornell University Press, 1977).

Hallward, Peter, Subject to Truth: The Work of Alain Badiou (Minneapolis: University of Minnesota Press, 2003).

_____, ed., Think Again: Alain Badiou and the Future of Philosophy (London: Continuum, 2004).

Halperin, David, One Hundred Years of Homosexuality: And Other Essays on Greek Love (New York: Routledge, 1989).

Hardt, Michael, and Negri, Antonio, Empire (Cambridge, MA: Harvard University Press, 2000).

_____, The Labors of Dionysus (Minneapolis: University of Minnesota Press, 1997).

Hayman, Ronald, Nietzsche: A Critical Life (Oxford: Oxford University Press, 1980).

Hegel, G. W. F., Phenomenology of Spirit, trans. A. V. Miller (Oxford: Oxford University Press, 1979).

_____, Science of Logic, trans. A. V. Miller (London: George Allen & Unwin, 1969).

Heidegger, Martin, The Basic Problems of Phenomenology, trans. Albert Hofstadter (Bloomington and Indianapolis: Indiana University Press, 1988).

_____, Being and Time, trans. John Macquarrie and Edward Robinson (New York and San Francisco: Harper & Row, 1962).

_____, Hegel's Phenomenology of Spirit, trans. Parvis Emad and Kenneth Maly (Bloomington: Indiana Unviersity Press, 1988).

_____, Kant and the Problem of Metaphysics, trans. James S. Churchill (Bloomington: Indiana University Press, 1962).

_____, Nietzsche, Vol. I: The Will to Power as Art, trans. David Farrell Krell (London: Routledge & Kegan Paul, 1981).

_____, Nietzsche, Vol. 4: Nihilism, trans. Frank A. Capuzzi, ed. David Farrel Krell (San Francisco: Harper & Row, 1982).

_____, *On Time and Being* (1962), trans. Joan Stambaugh (New York: Harper & Row, 1972).

_____, *What is Called Thinking*, trans. Fred D. Wieck and J. Glenn Gray (New York: Harper & Row, 1968).

Heilbroner, Robert L., *The Worldly Philosophers: The Lives, Times, and Ideas of the Great Economic Thinkers*, rev. 7th edn. (New York: Touchstone, 1999).

Hoffman, Paul, *The Man Who Loved Only Numbers: The Story of Paul Erdós and the Search for Mathematical Truth* (New York: Hyperion, 1998).

Holland, Eugene, *Deleuze and Guattari's Anti-Oedipus: An Introduction to Schizoanalysis* (New York: Routledge, 1999).

Holt, Jim, "Infinitesimally Yours," in *The New York Review of Books*, 20 May 1999.

Houël, Jules, *Essai critique sur les principes fondamentaux de la géométrie élémentaire* (Paris: Gauthier-Villars, 1867).

Hoy, David Couzens, ed., *Foucault: A Critical Reader* (New York: Basil Blackwell, 1986).

Hughes, Joe, *Deleuze and the Genesis of Representation* (London and New York: Continuum, 2008).

Husserl, Edmund, *Edmund Husserl's Origin of Geometry: An Introduction*, ed. John P. Leavey, Jr. and David B. Allison (Stony Brook, NY: H. Hayes, 1978).

_____, *Ideas: General Introduction to a Pure Phenomenology*, trans. W. R. Boyce Gibson (New York: Macmillan, 1931).

Hyppolite, Jean, *Genesis and Structure of Hegel's "Phenomenology of Spirit,"* trans. Samuel Cherniak and John Heckman (Evanston, IL: Northwestern University Press, 1979).

_____, *Logic and Existence* (1952), trans. Leopard Lawlor and Amit Sen (Albany: State University of New York Press, 1997).

Jacob, François, *The Logic of Life*, trans. Betty E. Spellman (New York: Pantheon, 1973).

James, Ian, *Pierre Klossowski: The Persistence of a Name* (Oxford: Legenda, 2000).

James, William, *Pragmatism* (New York: Dover, 1995).

_____, *Principles of Psychology*, 2 vols. (New York: Dover, 1950).

Jones, Graham, *Difference and Determination: Prolegomena Concerning Deleuze's Early Metaphysic*, unpublished Ph.D. thesis, Monash University, 2002.

Kafka, Franz, *The Diaries of Franz Kafka: 1910~1913*, ed. Max Brod, trans. Joseph Kresh (New York: Schocken, 1948).

Kant, Immanuel, *Critique of Judgment*, trans. James Creed Meredith (Oxford: Oxford Unviersity Press, 1952).

_____, *Critique of Practical Reason*, in *Immanuel Kant: Practical Philosophy*, trans. Mary J.

Gregor (Cambridge: Cambridge University Press, 1996).

_____, *Critique of Pure Reason*, trans. Norman Kemp Smith (London: Macmillan, 1929).

_____, *The Metaphysics of Morals*, in *Immanuel Kant: Practical Philosophy*, trans. Mary J. Gregor (Cambridge: Cambridge University Press, 1996).

_____, *Philosophical Correspondence, 1759~99*, ed. Arnulf Zweig (Chicago: University of Chicago Press, 1967).

Kellner, Douglas, *Jean Baudrillard: From Marxism to Postmodernism and Beyond* (Stanford: Stanford University Press, 1989).

Keynes, John Maynard, *The General Theory of Employment, Interest, and Money* (New York: Harcourt, 1964).

Kierkegaard, Søren, *Fear and Trembling*, trans. Alastair Hannay (London: Penguin, 1985).

Kirsch, Jonathan, *God Against the Gods: The History of the War Between Monotheism and Polytheism* (New York: Viking Compass, 2004).

Klee, Paul, *Das Bildnerische Denken*, ed. Jürg Spiller (Basel: Schwabe, 1964).

_____, *On Modern Art*, trans. Paul Findlay (London: Faber, 1966).

Kline, Morris, *Mathematical Thought from Ancient to Modern Times*, 3 vols.(Oxford: Oxford University Press, 1972).

Klossowski, Pierre, *The Baphomet*, trans. Sophie Hawkes and Stephen Sartarelli (Boston: Eridanos, 1988).

_____, *Diana at her Bath* and *The Women of Rome*, trans. Sophie Hawkes (Boston: Eridanos, 1990), 132~8.

_____, *Les Lois de l'hospitalité* (Paris: Gallimard, 1965).

_____, *La Monnaie vivante* (Paris: Éric Losfield, 1970; Paris: Gallimard, 2003).

_____, *Nietzsche and the Vicious Circle*, trans. Daniel W. Smith (Chicago: University of Chicago Press, 1997).

_____, *Pierre Klossowski* (Paris: Flammarion; Brussels: Ludion, 1996), catalog of and exhibition held at the Museé d'Ixelles, Brussels, 8 Feb~28 Apr 1996.

_____, "Protase et Apodose," in *L'Arc* 43 (1970), 10~20.

_____, *La Ressemblance* (Marseille: André Dimanche, 1984).

_____, *La Révocation de l'Édit de Nantes* (Paris: Minuit, 1959).

_____, *Roberte ce soir* (Paris: Minuit, 1954).

_____, *Roberte ce soir* and *The Revocation of the Edict of Nantes*, trans. Austryn Wainhouse (New York: Grove, 1969).

_____, *Sade My Neighbor*, trans. Alphonso Lingis (Evanston, IL: Northwestern University

Press, 1991).

_____, *Le Souffleur ou le théâtre de société* (Paris: Jean-Jacques Pauvert, 1960).

_____, *Such a Deathly Desire*, trans. Russell Ford (Albany: State University of New York Press, 2007).

Kojève, Alexandre, *Introduction to the Reading of Hegel*, ed. Allan Bloom, trans. James H. Nichols, Jr. (New York: Basic, 1969).

_____, "Tyranny and Wisdom," in Leo Strauss, *On Tyranny* (New York: Free Press, 1963).

Kundera, Milan, *The Art of the Novel*, trans. Linda Asher (New York: Grove, 1988).

Lacan, Jacques, *Le Séminaire*, livre XVI: *D'un autre à l'autre (1968~1969)*(Paris: Seuil, 2006).

_____, "Kant with Sade," in *October* 51 (Winter 1989), 55~75.

_____s, *On Feminine Sexuality, the Limits of Love and Knowledge: The Seminar of Jacques Lacan*, Book 20: *Encore*, ed. Jacques-Alain Miller, trans. Bruce Fink (New York: Norton, 1999).

_____, "Seminar on *The Purloined Letter*," trans. Jeffrey Mehlman, in *Yale French Studies* 48 (1972), 39~72.

Lakoff, George, and Núñez, Rafael E., *Where Mathematics Comes From: How the Embodied Mind Brings Mathematics Into Being* (New York: Basic, 2000).

Lapoujade, David, "From Transcendental Empiricism to Worker Nomadism: William James," trans. Alberto Toscano, in *Pli: The Warwick Journal of Philosophy* 9 (2000), 190~9.

Lautman, Albert, *Essai sur les notions de structure et d'existence en mathématiques*, Vol. I: *Les Schémas de structure*; Vol. 2: *Les Schémas de genèse* (Paris: Hermann, 1938).

_____, *Mathematics, Ideas, and the Physical Real*, trans. Simon Duffy (London: Continuum, 2011).

_____, *Nouvelles Recherches sur la structure dialectique des mathématiques* (Paris: Hermann, 1939).

_____, *Le Problème du temps* (Paris: Hermann, 1946).

Lawlor, Leonard, *Thinking Through French Philosophy: The Being of the Question* (Bloomington and Indianapolis: Indiana University Press, 2003).

Lawrence, D. H., *Fantasia of the Unconscious* (New York: Viking, 1960).

Le Dœuff, Michèle, *The Philosophical Imaginary*, trans. Colin Gordon (Stanford: Stanford University Press, 1989).

Leibniz, Gottfried Wilhelm, *The Leibniz-Clarke Correspondence*, ed. H. G. Alexander (Manchester: Manchester University Press, 1956).

_____, *New Essays on Human Understanding*, ed. and trans. Peter Remnant and Jonathan

Bennett (Cambridge: Cambridge University Press, 1981).

_____, *Philosophical Papers and Letters*, 2nd edn., ed. Leroy E. Loemker (Dordrecht: D. Reidel, 1969).

_____, *Die Philosophischen Schriften von G. W. Leibniz*, ed. C. J. Gerhardt (Berlin: George Olms, 1965).

_____, *Theodicy: Essays on the Goodness of God, the Freedom of Man, and the Origin of Evil*, trans. E. M. Huggard, ed. Austin Farrer (La Salle, IL: Open Court, 1985).

Leiris, Michel, *Francis Bacon*, trans. John Weightman (New York: Rizzoli, 1998).

_____, *Francis Bacon: Full Face and in Profile*, trans. John Weightman (New York: Rizzoli, 1983).

Lévi-Strauss, Claude, *Totemism*, trans. Rodney Needham (Boston: Beacon, 1962).

Levinas, Emmanuel, *Totality and Infinity*, trans. Alphonso Lingis (Pittsburgh: Duquesne University Press, 1969).

Lionnais, François Le, ed., *Great Currents of Mathematical Thought*, trans. R. A. Hall and Howard G. Bergmann (New York: Dover, 1971).

Loemker, Leroy E., ed., *Philosophical Papers and Letters of G. W. Leibniz* (Dordrecht: D. Reidel, 1956).

Lowry, Malcolm, *Selected Letters of Malcolm Lowry*, ed. Harvey Breit and Margerie Bonner Lowry (Philadelphia and New York: Lippincott, 1965).

Lundy, Craig, *History and Becoming in Deleuze's Philosophy of Creativity* (Edinburgh: Edinburgh University Press, 2012).

Lyotard, Jean-François, *Driftworks*, ed. Roger McKeon (New York: Semiotext(e), 1984).

_____, "Energumen Capitalism," in *Critique* 306 (Nov 1972), 923~56. English translation in *Semiotext(e)*, Vol. 2, No. 3 (1977), 11~26.

_____, *The Inhuman: Reflections on Time* (Stanford: Stanford University Press, 1988).

_____, *Lessons on the Analytic of the Sublime*, trans. Elizabeth Rottenberg (Stanford: Stanford University Press, 1994).

_____, *Libidinal Economy*, trans. Iain Hamilton Grant (Bloomington and Indianapolis: Indiana University Press, 1993).

_____, *The Postmodern Condition: A Report on Knowledge*, trans. Geoff Bennington and Brian Massumi (Minneapolis: University of Minnesota Press, 1984).

_____, *Que peindre? Adami, Arakawa, Buren* (Paris: Éditions de la Différence, 1987).

MacIntyre, Alasdair, *After Virtue: A Study in Moral Theory*, 2nd edn. (Notre Dame, IN: University of Notre Dame Press, 1984).

Maddy, Penelope, *Naturalism in Mathematics* (Oxford: Oxford University Press, 1997).

Madou, Jean-Pol, *Démons et simulacres dans l'œuvre de Pierre Klossowski* (Paris: Méridiens Klincksieck, 1987).

Maimon, Salomon, *Salomon Maimon: An Autobiography* [1888]. trans. J. Clark Murray (Champaign-Urbana: University of Illinois Press, 2001).

_____, *Essay on Transcendental Philosophy*, trans. Nick Midgley, Henry Somers-Hall, Alistair Welchman, and Merten Reglitz (London: Continuum, 2010).

Maldiney, Henri, *Regard parole espace* (Lausanne: L'Age d'Homme, 1973).

Martin, Jean-Clet, *Variations: The Philosophy of Gilles Deleuze*, trans. Constantin V. Boundas and Susan Dyrkton (Edinburgh: Edinburgh University Press, 2010).

Mates, Benson, *The Philosophy of Leibniz; Metaphysics and Language* (Oxford: Oxford University Press, 1986).

Mayr, Ernst, *Toward a New Philosophy of Biology: Observations of an Evolutionist* (Cambridge, MA: Harvard University Press, 1988).

Melville, Herman, "Hawthorne and his Mosses," in *The Portable Melville*, ed. Jay Leyda (New York: Viking, 1952), 411~14.

Merleau-Ponty, Maurice, *The Essential Writings*, ed. Alden L. Fischer (New York: Harcourt, Brace & World, 1969).

_____, Maurice, *Phenomenology of Perception*, trans. Colin Smith (London: Routledge & Kegan Paul, 1967).

_____, Maurice, *The Primacy of Perception*, ed. James Edie (Evanston: Northwestern University Press, 1964).

Mannoyer, Jean-Maurice, *Le Peintre et son démon: Entretiens avec Pierre Klossowski* (Paris: Flammarion, 1985).

Mullarkey, John, ed., *The New Bergson* (Manchester: Manchester University Press, 1999).

Nancy, Jean-Luc, and Lacoue-Labarthe, Philippe, *The Title of the Letter: A Reading of Lacan*, trans. François Raffoul and David Pettigrew (Albany: State University of New York Press, 1992).

Negri, Antonio, *Revolution Retrieved: Writings on Marx, Keynes, Capitalist Crisis, and New Social Subjects (1967~1983)* (London: Red Notes, 1983).

Nietzsche, Friedrich, *Basic Writings of Nietzsche*, ed. and trans. Walter Kaufmann (New York: Modern Library, 1968).

_____, *Daybreak: Thoughts on the Prejudices of Morality*, trans. R. J. Hollingdale (Cambridge: Cambridge Unversity Press, 1982).

_____, *The Gay Science*, trans. Walter Kaufmann (New York: Vintage, 1974).

_____, *Genealogy of Morals*, in *Basic Writings of Nietzsche*, ed. and trans. Walter Kaufmann (New York: Modern Library, 1968).

_____, *Philosophy and Truth*, ed. Daniel Brezeale (Atlantic Highlands, NJ: Humanities Press, 1979).

_____, *The Portable Nietzsche*, ed. and trans. Walter Kaufmann (New York: Viking, 1954).

_____, *Sämtliche Werke: Kritische Studienausgabe*, ed. Giorgio Colli and Mazzino Montinari (Munich: Deutscher Taschenbuch, 1980).

_____, *Unpublished Letters*, ed. and trans. Kurt F. Leidecker (New York: Philosophical Library, 1959).

_____, *Will to Power*, trans. Walter Kaufmann and R. J. Hollingdale (New York: Random House, 1967).

_____, *Writings from the Late Notebooks*, ed. Rüdiger Bittner, trans. Kate Sturge (Cambridge: Cambridge University Press, 2003).

Parkes, Graham, *Composing the Soul: The Reaches of Nietzsche's Psychology* (Chicago: University of Chicago Press, 1994).

Pascal, Blaise, *Pensées*, trans. W. F. Trotter (New York: E. P. Dutton, 1958).

Pasolini, Pier Paolo, *L'Expérience hérétique* (Paris: Payot, 1976).

Patton, Paul, "Anti-Platonism and Art," in *Gilles Deleuze and the Theater of Philosophy*, ed. Constantin V. Boundas and Dorothea Olkowski (New York: Routledge, 1994).

_____, ed., *Deleuze: A Critical Reader* (London: Basil Blackwell, 1996).

_____, *Deleuze and the Political* (London and New York: Routledge, 2000).

_____, *Deleuzian Concepts: Philosophy, Colonization, Politics* (Stanford: Stanford University Press, 2010).

_____, "Foucault's Subject of Power," in Jeremy Moss, ed., *The Later Foucault: Politics and Philosophy* (London: Sage, 1998), 64~7.

_____, "Mabo, Freedom, and the Politics of Difference," in *Australian Journal of Political Science* 30/1 (Mar 1995), 108~19.

_____, "Politics and the Concept of Power in Hobbes and Nietzsche," in Paul Patton, ed., *Nietzsche, Feminism, and Political Theory* (London and New York: Routledge, 1993), 144~61.

_____, review of *What is Philosophy?* in the *Times Literary Supplement*, 23 Jun 1995, 10~12.

_____, "Sovereignty, Law and Difference in Australia: After the Mabo Case," in *Alternatives* 21 (1996).

_____, "Taylor and Foucault on Power and Freedom," in *Political Studies* 37/2 (Jun 1989), 260~76.

Peirce, Charles Sanders, *The Collected Papers*, ed. Charles Hartshorne and Paul Weiss (Cambridge, MA: Havard University Press, 1935~66).

Peppiatt, Michael, *Francis Bacon: Anatomy of an Enigma* (New York: Farrar, Straus & Giroux, 1996).

Poincaré, Henri, "L'Œuvre mathématique de Weierstrass," *Acta Mathematica* 22 (1898-9), 1~18.

Proclus, *Commentary of the First Book of Euclid's Elements*, trans. Glenn R. Murrow (Princeton: Princeton University Press, 1970).

Protevi, John, *Political Affect: Connecting the Social and the Somatic* (Minneapolis: University of Minnesota Press, 2009).

_____, *Political Physics: Deleuze, Derrida, and the Body Politic* (London and New York: Athlone, 2001).

Proust, Marcel, *By Way of Sainte-Beuve*, trans. Sylvia Townsend Warner (London: Chatto & Windus, 1978).

_____, *In Search of Lost Time*, 6 vols., trans. C. K. Scott Moncrieff and Terence Kilmartin; rev. D. J. Enright (New York: Modern Library, 1992).

Rawls, John, *A Theory of Justice* (Cambridge, MA: Harvard University Press, 1971).

Rimbaud, Arthur, *A Season in Hell*, in *Rimbaud: Complete Works, Selected Letters*, trans. Wallace Fowlie (Chicago: University of Chicago Press, 1966).

Robinson, Abraham, *Non-Standard Analysis* (Princeton: Princeton University Press, 1966).

Robinson, Richard, *Plato's Earlier Dialectic*, 2nd edn. (Oxford: Clarendon, 1953).

Rorty, Richard, *Philosophy and the Mirror of Nature* (Princeton: Princeton University Press, 1979).

Rosen, Stanley, *Plato's Sophist: The Drama of Original and Image* (New Haven and London: Yale University Press, 1983).

Russell, Bertrand, *An Outline of Philosophy* (London: Routledge, 1996).

_____, *Principles of Mathematics* (New York: Norton, 1938).

Russell, John, *Francis Bacon* (New York: Oxford University Press, 1971; rev. edn., 1979).

Sacks, Oliver, *The Man Who Mistook his Wife for a Hat* (New York: Harper & Row, 1970).

Samuel, Claude, *Conversations with Olivier Messiaen*, trans. Félix Aprahamian (London: Stainer & Bell, 1976).

Sartre, Jean-Paul, *The Transcendence of the Ego* (New York: Noonday, 1957).

Schmitt, Bernard, *Monnaie, salaires et profits* (Paris: PUF, 1966).

Schürmann, Reiner, *Meister Eckhart: Mystic and Philosopher* (Bloomington: Indiana University Press, 1978).

Sellers, Wilfred, "Meditations Leibniziennes," in *Leibniz: Metaphysics and Philosophy of Science*, ed. R. S. Woolhouse (Oxford: Oxford University Press, 1981).

Serres, Michel, *Atlas* (Paris: Julliard, 1994).

_____, *The Birth of Physics*, trans. Jack Hawkes, ed. David Webb (Manchester: Clinamen, 2000).

_____, *The Five Senses*, trans. Margaret Sankey and Peter Cowley (London: Continuum, 2008).

_____, *Le Système de Leibniz et ses modèles mathématiques* (Paris: PUF, 1968).

Sider, Ted, *Four-Dimensionalism* (Oxford: Oxford University Press, 2001).

Simondon, Gilbert, *L'Individu et sa genèse physico-biologique* (Paris: Presses Universitaires de France, 1964).

_____, *L'Individuation à la lumière des notions de forme et d'information* (Grenoble: Jérôme Millon, 2005).

Smith, Daniel W., "Concepts as Continuous Variation" (interview with Justin Litaker), in *Journal of Philosophy: A Cross-Disciplinary Inquiry*, a quarterly publication of the Society for Philosophy and Literary Studies, Kathmandu, Nepal, Yubraj Aryal, ed., Vol. 5, No. 11 (Winter 2010), 57~60.

_____, "From the Surface to the Depths: On the Transition from *Logic of Sense* to *Anti-Oedipus*," in *Symposium: Canadian Journal of Continental Philosophy / Revue canadienne de philosophie continentale*, Vol. 10, No. 1 (Spring 2006), 135~53.

_____, "Inside Out: Guattari's *Anti-Oedipus Papers*," in *Radical Philosophy* 140 (Nov-Dec 2006), 35~9.

_____, "'Knowledge of Pure Events': A Note on Deleuze's Analytic of Concepts," in *Ereignis auf Französisch. Zum Erfahrungsbegriff der französischen Gegenwartsphilosophie: Temporalität, Freiheit, Sprache*, ed. Marc Rölli (Munich: Wilhelm Fink, 2003), 363~74.

_____, and Murphy, Timothy S., "'What I Hear is Thinking Too': Deleuze and Guattari Go Pop," in *Echo: A Music Centered Journal*, Vol. 3, No. 1 (2001), on-line at www.echo.ucla.edu.

Spinoza, *The Collected Works of Spinoza*, ed. and trans. Edwin Curley, 2nd edn. (Princeton: Princeton University Press, 1985).

_____, *Complete Works*, trans. Samuel Shirley (Indianapolis: Hackett, 2002).

_____, *Theological-Political Treatise*, trans. Samuel Shirley (Leiden: E. J. Brill, 1984; Indianapolis and Cambridge: Hackett, 1998).

Stern, Daniel N., *Diary of a Baby* (New York: Basic, 1992).

_____, *The Interpersonal Wolrd of the Infant: A View from Psychoanalysis and Developmental Psychology* (New York: Basic, 1985).

Stewart, Ian, *Does God Place Dice?: The Mathematics of Chaos* (London: Blackwell, 1989).

Stewart, Ian, and Golubitsky, Martin, *Fearful Symmetry* (Oxford: Blackwell, 1992).

Straus, Erwin, *The Primary World of the Senses: A Vindication of Sensory Experience*, trans. Jacob Needleman (New York: Free Press, 1963).

Strauss, Leo, *On Tyranny* (New York: Free Press, 1963).

Strogatz, Steven, *Sync: The Emerging Science of Spontaneous Order* (New York: Hyperion, 2003).

Sylvester, David, *The Brutality of Fact: Interviews with Francis Bacon 1962~1979*, 3rd edn. (New York: Thames & Hudson, 1987).

Taylor, Charles, "What's Wrong with Negative Liberty," in *Philosophy and the Human Sciences: Philosophical Papers*, Vol. 2 (Cambridge: Cambridge University Press, 1985).

Thoburn, Nick, *Deleuze, Marx and Politics* (New York and London: Routledge, 2003).

Tournier, Michel, *The Wind Spirit: An Autobiography*, trans. Arthur Goldhammer (Boston: Beacon Ness, 1988).

Tully, James, *Strange Multiplicity: Constitutionalism in an Age of Diversity* (Cambridge and New York: Cambridge University Press, 1995).

Uexküll, Jacob von, *A Foray into the Worlds of Animals and Humans, with A Theory of Meaning*, trans. Joseph D. O'Neil (Minneapolis: University of Minnesota Press, 2010).

Vauday, Patrick, "Écrit à vue: Deleuze-Bacon," *Critique*, 426 (Nov 1982), 956~64.

Vernant, Jean-Pierre, *Mortals and Immortals: Collected Essays*, ed. Froma I. Zeitlin (Princeton: Princeton Unviersity Press, 1991).

_____, *Myth and Society in Ancient Greece* (New York: Zone, 1990).

_____, *Myth and Thought among the Greeks* (London: Routledge & Kegan Paul, 1983).

_____, *The Origins of Greek Thought* (Ithaca, NY: Cornell University Press, 1982).

Verriest, C. Georges, "Évariste Galois et la théorie des équations algébriques," in *Œuvres mathématiques de Galois* (Paris: Gauthier-Villars, 1961).

Vidal-Naquet, Pierre, *The Black Hunter: Forms of Thought and Forms of Society in the Greek World*, trans. Andrew Szegedy-Maszak (Baltimore: Johns Hopkins University Press, 1986).

Villani, Arnaud, *La Guêpe et l'orchidée, Essai sur Gilles Deleuze* (Paris: Belin, 1999).

Virilio, Paul, *Speed and Politics*, trans. Mark Polizzotti (New York: Semiotext(e), 1986).

Von Senden, Marius, *Space and Sight: The Perception of Space and Shape in the Congenitally Blind Before and After Operation*, trans. Peter Heath (London and Glencoe, IL: Free Press, 1960).

Vuillemin, Jules, *L'Héritage kantien et la révolution copernicienne: Fichte, Cohen, Heidegger* (Paris: Presses Universitaires de France, 1954).

_____, *La Philosophie de l'algèbre* (Paris: PUF, 1962).

Walzer, Michael, "The Politics of Michel Foucault," in *Foucault: A Critical Reader*, ed. David Couzens Hoy (New York: Basil Blackwell, 1986).

Wang, Hao, *From Mathematics to Philosophy* (New York: Humanities Press, 1974).

Watson, Jannell, *Guattari's Diagrammatic Thought* (London: Continuum, 2009).

Weber, Max, *The Protestant Ethic and the Spirit of Capitalism and Other Writings* (London: Penguin, 2002).

Weyl, Hermann, *The Continuum: A Critical Examination of the Foundations of Analysis* (1918), trans. Stephen Pollard and Thomas Bole (New York: Dover, 1994).

Wheeler, John, *Frontiers of Time* (Austin: Center for Theoretical Physics, University of Texas, 1978).

Whitehead, Alfred North, *Adventures of Ideas* (New York: Free Press, 1967).

_____, *The Concept of Nature* (Cambridge: Cambridge University Press, 1920).

_____, *Modes of Thought* (New York: Free Press, 1938).

_____, *Process and Reality*, ed. David Ray Griffin and Donald W. Sherburne (New York: Free Press, 1978).

_____, *Religion in the Making* (New York: Fordham, 1996).

Widder, Nathan, "The Rights of Simulacra: Deleuze and the Univocity of Being," in *Continental Philosophy Review* 34 (2001).

Williams, Charles, *The Figure of Beatrice: A Study in Dante* (London: Faber & Faber, 1943).

Williams, James, *Gilles Deleuze's Philosophy of Time* (Edinburgh: Edinburgh University Press, 2011).

Wittgenstein, Ludwig, *Philosophical Occasions, 1912~1951*, ed. James Klagge and Alfred Mordmann (Indianapolis: Hackett, 1993).

Wolfe, Thomas, "The Story of a Novel," in *The Autobiography of an American Artist*, ed. Leslie Field (Cambridge, MA: Harvard University Press, 1983).

Wölfflin, Heinrich, *Principles of Art History: The Problem of the Development of Style in Later*

Art (1915), trans. M. D. Hottinger, from the 7th German edition (1929) (New York: Dover, 1932).

Wolfson, Harry Austryn, *From Philo to Spinoza: Two Studies in Religious Philosophy* (New York: Behrman House, 1977).

Woolf, Virginia, *The Diary of Virginia Woolf*, ed. Anne Olivier Bell (London: Hogarth, 1980).

_____, *Mrs. Dalloway* (New York: Harcourt Brace & World, 1925).

Woolhouse, R. S., ed., *Leibniz: Metaphysics and Philosophy of Science* (Oxford: Oxford University Press, 1981).

Worringer, Wilhelm, *Abstraction and Empathy: A Contribution to the Psychology of Style* (1908), trans. Michael Bullock (Chicago: Elephant Paperbacks, 1997).

_____, *Form in Gothic* (1911), ed. Herbert Read (London: G. P. Putanm's Sons, 1927).

Wyschogrod, Edith, *Saints and Postmodernism: Revisioning Moral Philosophy* (Chicago: University of Chicago Press, 1990).

Zac, Sylvain, *Salomon Maïmon: Critique de Kant* (Paris: Cerf, 1988).

Žižek, Slavoj, *Organs Without Bodies: Deleuze and Consequences* (London: Routledge, 2003).

Zourabichvili, François, "Six Notes on the Percept (On the Relation between the Critical and the Clinical)," in *Deleuze: A Critical Reader*, ed. Paul Patton (Cambridge, MA: Blackwell, 1996), 188~216.

색인

개념

ㄱ

가능성 104, 109
가능성의 조건 127, 179, 180, 237, 279,
　369, 584, 585, 660, 677, 678, 681, 683,
　850, 852
가능한 경험 115, 180, 185, 188, 191,
　225, 248, 272, 309, 488, 582~586, 622,
　633, 673, 678
가동적 단면 627, 643, 693
가변성 311, 325, 336, 535, 553, 564
가산적 308, 523, 721
가상 63, 76, 155, 274, 332, 431, 613, 674,
　680, 774
가언적 204, 273, 458
가장 33, 42, 414
가젤 628, 629, 644
가족주의 779
간극 67, 458, 761, 766

갈라진 곳 748, 752
감각 이론 248
감성론 14, 225
감성적인 것 167, 217, 218, 226, 237,
　238, 621, 647, 742
감성적인 것의 비대칭적 종합 233, 258,
　739
강도 119, 217, 238, 241~243, 255, 262,
　306, 459, 513~515, 620, 685, 688
강도=0 119, 241, 515
강박적 796, 798
강요된 운동 53, 261, 553
같은 것 40, 51, 53, 54, 62, 65, 74, 77, 666
개념의 동일성 34, 115, 142, 497, 617
개념의 창조 15, 27, 186, 317, 340, 351,
　546, 743, 783, 791, 820
개념적 페르소나 32, 319, 343, 357, 820
개방성 675, 684
개별자 117, 132, 139~142
개체 497

인명

ㄱ

가스케 Joachim Gasquet 509, 566

가스트 Peter Gast 811

가흐낭 Johannes Gachnang 783

갈루아 Évariste Galois 725, 728, 729, 735

게루 Martial Gueroult 175, 585

게이튼스 Moira Gatens 853, 854

겐트의 헨리 Henry of Ghent 87

고다르 Jean-Luc Godard 191, 260, 314, 356

고바르 Henri Gobard 531, 533

골드슈타인 Kurt Goldstein 557

곰브로비치 Witold Gombrowicz 54, 496

괄란디 Alberto Gualandi 46, 151, 849

괴델 Kurt Gödel 711, 725

괴테 Johann Wolfgang von Goethe 208, 259, 260, 377, 511

굿맨 Nelson Goodman 312

그레코 El Greco 85

그리피스 D. W. Griffith 521

글릭 James Gleick 240

긴즈버그 Allen Ginsberg 519

ㄴ

낭시 Jean-Luc Nancy 692, 782

네그리 Antonio Negri 397, 400, 819

노발리스 Novalis 217

누네즈 Rafael E. Núñez 710

뉴턴 Isaac Newton 145, 259, 260, 593, 601, 610, 706

니진스키 Vaslav Nijinsky 498

니체 Friedrich Wilhelm Nietzsche 25, 26, 47, 80, 81, 84, 88, 111, 135, 160, 165, 171, 182~184, 215, 217, 247, 269, 313, 345, 348, 359, 363, 365, 369, 374, 378, 390, 427~448, 467~470, 474, 494, 517, 518, 633, 673, 677, 686, 687, 783~797, 801, 807~814, 828, 841

ㄷ

다빈치 Leonardo da Vinci 314, 551

다이슨 Freeman Dyson 713

단테 Dante Alighieri 95

단토 Arthur Danto 82

달랑베르 Jean le Rond d'Alembert 707

달마스 André Dalmas 729

더스 패서스 John Dos Passos 519

더크턴 Susan Dyrkton 15, 83, 113

데데킨트 Richard Dedekind 709, 720, 725

데란다 Manuel De Landa 736

데리다 Jacques Derrida 102, 159, 163, 165, 173, 233, 272, 274, 431, 453, 471, 653, 654, 657, 848, 849, 852

데이비드슨 Arnold I. Davidson 322

데이비스 Philip J. Davis 708, 716

데자르그 Girard Desargues 704

데카르트 René Descartes 52, 97, 151, 165, 203~206, 246, 299, 313, 338, 344, 589, 601, 608, 636, 704, 720, 746

데콩브 Vincent Descombes 160

도스, 프랑수아 François Dosse 186

둔스 스코투스 Duns Scotus 87~90, 92, 123, 170, 174, 667, 668, 672

Essays on Deleuze by Daniel W. Smith

Copyright © 2012(1988) by Daniel W. Smith
Korean translation rights © 2023 by Greenbee Publishing Co.
All rights reserved.
This Korean edition was published by arrangement with Edinburgh University Press Ltd through
Shinwon Agency Co.

철학의 정원 59
질 들뢰즈의 철학
들뢰즈 연구의 이정표

초판1쇄 펴냄 2023년 8월 28일

지은이 대니얼 W. 스미스
옮긴이 박인성
펴낸이 유재건
펴낸곳 (주)그린비출판사
주소 서울시 마포구 와우산로 180, 4층
대표전화 02-702-2717 | **팩스** 02-703-0272
홈페이지 www.greenbee.co.kr
원고투고 및 문의 editor@greenbee.co.kr

편집 이진희, 구세주, 송예진, 김아영 | **디자인** 권희원, 이은솔
마케팅 육소연 | **물류유통** 유재영, 류경희 | **경영관리** 유수진

독자의 학문사변행學問思辨行을 돕는 든든한 가이드 _(주)그린비출판사